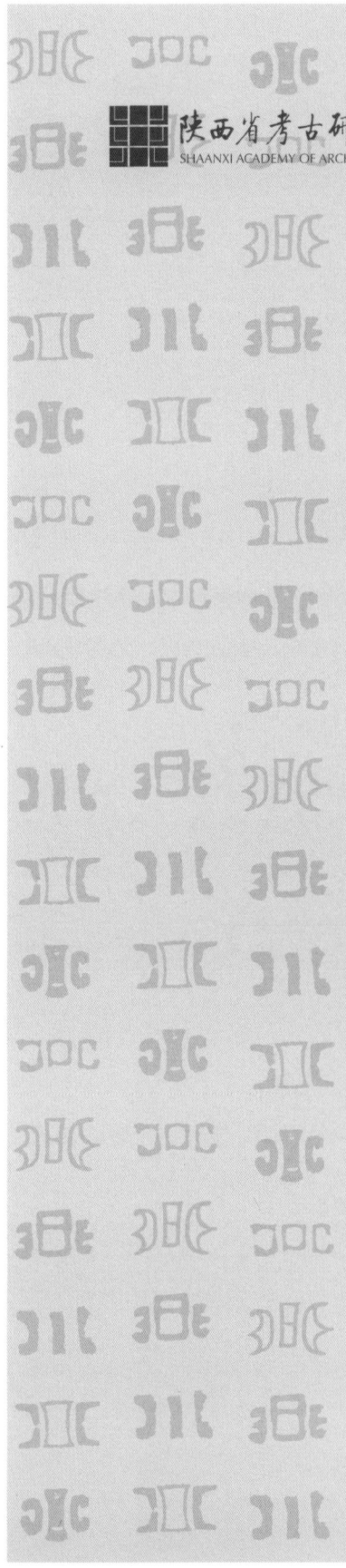

陝西省考古研究院
SHAANXI ACADEMY OF ARCHAEOLOGY

陝西省考古研究院專家學術研究叢書

吳鎮烽　著

吳鎮烽金文論集

圖書在版編目(CIP)數據

吳鎮烽金文論集 / 吳鎮烽著. —上海：上海古籍
出版社，2023.11
（陝西省考古研究院專家學術研究叢書）
ISBN 978-7-5732-0591-9

Ⅰ.①吳… Ⅱ.①吳… Ⅲ.①青銅器(考古)—中國—
文集②金文—中國—文集 Ⅳ.①K876.414-53
②K877.34-53

中國國家版本館 CIP 數據核字(2023)第 010214 號

陝西省考古研究院專家學術研究叢書
吳鎮烽金文論集
吳鎮烽　著
上海古籍出版社出版發行
（上海市閔行區號景路 159 弄 1-5 號 A 座 5F　郵政編碼 201101）
（1）網址：www.guji.com.cn
（2）E-mail：guji1@guji.com.cn
（3）易文網網址：www.ewen.co
上海中華商務聯合印刷有限公司印刷
開本 787×1092　1/16　印張 44.25　插頁 7　字數 911,000
2023 年 11 月第 1 版　2023 年 11 月第 1 次印刷
ISBN 978-7-5732-0591-9
K·3323　定價：258.00 元
如有質量問題,請與承印公司聯繫

2011 年 2 月王岐山副總理看望袁仲一、吳鎮烽、禚振西

1960 年 6 月在西鄉李家村遺址與部分隊友合影（前排右二）

正在寫作（1998 年）

2010 年與李學勤先生在國家文物局鑒定文物

1999 年與王世民先生（右）在《中國青銅器全集》編委會上

1998 年 3 月與袁仲一先生（右三）在香港鑒定樂府鐘

2012 年 10 月在上海博物館學術會宣讀論文

1989 年 7 月在日本兵庫縣博物館作學術報告

1975 年冬雪天陪同馬承源館長參觀西安碑林博物館

1993 年 10 月參加香港中文大學國際中國古文字學研討會（2 排第 7）

1989 年 7 月在日本兵庫縣參觀古遺址　　　　2016 年 2 月接受記者采訪

2018 年 11 月《商周青銅器銘文暨圖像集成》獲得第三屆全球華人國學成果獎

目　録

史　論　篇

考　釋　篇

鑒 賞 篇

史 地 篇

其 他 篇

金文人名研究

　　人名是一種社會文化現象。何謂人名？人名就是一個人的代號，就是人與人進行區別的一種標記。《禮記·檀弓上》孔穎達疏："生若無名，不可分别，故始生三月而加名。"

　　人名的社會功能主要是用於區别。那麼，人名的産生必然是私有觀念出現以後的事情。在人類社會早期階段，人們没有私有財産，人們没有私有觀念，社會交往都是以氏族爲單位，任何活動都體現了整體性，求偶活動也不例外，在當時以個人爲規定性的"我"的概念並不存在。隨着社會的進一步發展，私有財産出現，人們的社會交往越來越多，個人在社會中的地位越來越突出，特别是實行了族外婚以後，促進了個體意識的産生與加强，於是就有了以個人爲規定性的"我"的概念，有了代表"我"的符號和呼號，這種符號和呼號就是人名。應該説，人名産生於文明社會的初期。

　　到了商周時期，特别是西周時期，隨着禮制的建立和發展，人們對於命名取字十分重視，甚至發展到爲子女取名還要舉行一定的儀式。《禮記·曲禮》説："名子，父之則。命之名，所以示之教也。"是説父母通過取名，對子女進行"謹始"教育。成年之後，男子要舉行"加冠取字之禮"，同時對名字的含義也要講究。《白虎通義·姓名》説："人必有名何？所以吐情自紀，尊事人者也。《論語》'名不正，則言不順'。"這就是説人生取名除了識别之外，人名的取義也反映了當時人們的思想意識和社會制度。

　　商周青銅器銘文中的人名約有 21000 個，内容十分豐富，對於研究商周社會歷史和中國人名文化有着重要意義，不少金文學家都進行過研究，貢獻很大，有的考釋人名，校勘史書；有的用人名與有關事件進行青銅器斷代，特别是盛冬鈴先生發表的《西周銅器銘文中的人名及其對斷代的意義》一文，[1] 對西周金文人名做了較全面的分析研究，創見頗多，令人深受啓發。今在前人的基礎上，再從金文人名的種類、組成方式、取字命名的特點以及同名現象等幾個方面作一些論述，以就教於大家。

一、金文人名的種類

　　商周金文人名指的是廣義上的人名，也就是把出現在青銅器銘文中的代表某一具體人

[1]　盛冬鈴：《西周銅器銘文中的人名及其對斷代的意義》，《文史》第 17 輯，中華書局，1983 年。

的名稱,都當作人名,時代的下限定在秦始皇統一中國之年,即公元前221年。這些人名大體可分爲兩種四類。第一種是稱呼在世者的,可叫作在世人名;第二種是稱呼過世者的,可叫作過世人名。在世人名又可分爲私名和通名,過世人名又可分爲日名和謚號,現分述之。

(一) 私名

私名包括名和字。名和字都是一個人的稱謂,但兩者在意義和用途上有所不同。"名"是一個人在出生之時所取的稱號,是讓父母和長輩叫的。一般來説自稱用名,尊長對於晚輩、位高者對於位卑者,都可以稱呼其名。"字"是名的延伸,是名之外的又一稱謂。"字"是在成年時所取的稱號,按照古代禮儀,男子到了二十歲時要行加冠禮,同時取"字",這就表示已成年,可以娶妻成家,進行社交活動;而女子到了十五歲時要行及笄禮,表示該女子已成年,可以許嫁婚配。稱字是爲了顯示在朋輩間應該互相尊重,只稱其字,不呼其名。也就是説,字是平輩之間相互稱叫的,尤其是位卑者對於位尊者和平輩之間稱呼對方的尊長,都只能稱呼其字。《禮記·檀弓》:"幼名冠字。"孔穎達疏:"故始生三月而加名,故云幼名也;年二十有爲人父之道,朋友等類不可復稱呼其名,故冠而加字。"《册府元龜·名字》也説:"孩而名之,冠而字之。"這就把名和字的緣由、作用和兩者之間的關係講得十分清楚了。

(二) 通名

所謂通名,就是以官爵、行第、姓氏中的一種或幾種相互組合起來表示一個具體人所形成的人名。這種人名具有共性,是具有同一特定身份的人都可以使用的。它出現在不同的時空表示的是一個不同的具體人,例如太師、太史、魯伯、蔡侯、虢仲、叔氏等。

(三) 日名

日名,有人也叫廟號,是古代活着的人對過世者的稱謂,特別是殷商族群或受殷商文化影響的族群,均使用日名。古人不願對故去的長輩(如祖父母、父母、兄長等)直呼其名,便通過占卜選定一個記日的天干字和親屬稱謂組成日名。據文獻記載,夏代已出現日名,夏王的日名就有孔甲、履癸等。日名在商代最爲流行,從卜辭和金文看,除商王之外,商王室成員和貴族不分男女都有日名。在西周時期商人的後裔和受殷商文化影響的族群仍舊使用日名,直至西周末年。商代日名的組成成分,一般是天干字前加上親屬稱謂,如:祖甲、父乙、母辛、兄丁等。另一種是在天干字之前加上"日"字,如:日戊、日己、日辛等。西周時期,受周人習俗和禮制的影響,日名的組成情況也有了新的發展,除上述原有的兩種方式以外,還有在天干字之前加上親屬的身份稱謂,如:太子乙(見小臣缶鼎)、太子丁(見聽簋)、太子癸(見董鼎),或者在天干字之後加上尊稱"公"字或行第字,如:甲公、乙伯、日癸公等。親屬稱謂中稱亡父爲考、祖父爲祖、祖母爲妣,並在親屬稱謂前增飾表示善、大、美等意思的形容詞,如:

文祖乙公、烈考甲公、皇妣日庚、文母日庚、文考庚仲等。

（四）謚號

謚號也是在世者對過世者的稱謂,是人死後按其生前的事迹評定褒貶給予的稱號,臨葬而謚之。《逸周書・謚法解》云:"謚者,行之迹也;號者,功之表也;車服,位之章也。是以大行受大名,細行受小名。行出於已,名生於人。"李學勤先生認爲西周已有謚法。盛冬鈴更進一步闡發其説,認爲商代日名中天干字前附加的康、文、武等有頌美之意的區別字,就是謚號的濫觴,[1]真正的謚號起源於周初。最初的謚號只是爲了追謚文王、武王,彪炳其開國的勳業,後來臣下也效仿起來。金文中發現的謚號都是由具有尊隆意義的字與"王""公"等尊號或伯、仲、叔、季等行第字組成。目前發現的周王謚號有文王、武王、成王、康王、昭王(金文作卲王)、穆王、恭王(金文作龔王)、懿王、孝王(金文作考王)、夷王(金文作徫王)、厲王(金文作剌王);諸侯卿大夫等貴族的謚號,如:文公(見奠簋)、武伯(見奠簋)、成公(見叔夷鐘)、康公(見哀成叔鼎)、穆公(見叔夷鐘)、恭伯(見鄣簋)、懿伯(見番壺)、靈公(見庚壺)、襄公(見叔夷鐘)、剌仲(見師㝬父鼎)、幽伯(見琱生簋)、釐王(見彔伯㺱簋)、釐季(見小克鼎)、桓王(見中山王嚳鼎)、桓公(見陳侯因㳑敦)、夷叔(見伊簋)、聖公(見師趛鼎)、宫伯(見叔興鼎)、德叔(見師丞鐘)、静公(見秦公及王姬鐘)、憲伯(見揚簋)、惠孟(見衛盉)等。貴族婦女的謚號一般隨其丈夫,即以丈夫的謚詞加上本人的姓構成,如:恭叔之妻曰恭姒(見頌鼎)、聖公之妻曰聖姬(見師趛鬲)、聖叔之妻曰聖姜(見繛鎛)、幽伯之妻曰幽姜(見琱生簋)、惠仲之妻曰惠妣(見善夫梁其簋)等。另外,還有以兩個或兩個以上尊隆字組成的謚號,如:有成惠叔、有成惠姜(見繛鎛)等。

二、金文人名的組成方式

金文人名分別是由名、字、姓、氏、排行、爵稱、天干、尊隆字及親屬稱謂等成分中的一個或幾個組成,以名和字爲主。

金文中的人名,由於被稱叫人的年齡、性別、地位,稱叫人的尊卑、長幼以及與被稱叫人的關係等因素,形成多種多樣的組成方式。上節已將過世人名中的日名、謚號的組成方式講清楚了,下邊主要講在世人名的組成方式。

男子名與女子名的組成方式區別較大。本文主要論述男子的稱名,女子稱名的組成方式很複雜,擬另文討論。

---

[1] 盛冬鈴:《西周銅器銘文中的人名及其對斷代的意義》。

男子稱名大體有 23 種組成方式。

1. 單稱名。金文人名有單字名、雙字名和多字名。男子單字名最多,雙字名次之,多字名最少。

單字名,就是用一個表義的字作爲人名,如:啓(見啓尊)、望(見望爵)、永(見永盂)、禹(見禹鼎)、旅(見虢叔旅鐘)、麥(見麥尊)、員(見員鼎)、虘(見虘鐘)等。單字名中有一種兒化的人名,即在一個表義的字後面加上尾詞"兒"字,如:丁兒(見丁兒鼎蓋)、三兒(見三兒簋)、者兒(見者兒觶)、庚兒(見庚兒鼎)、易兒(見易兒鼎)、羅兒(見羅兒匜)、慍兒(見慍兒盞)、寬兒(見寬兒鼎)、沇兒(見沇兒鐘)、僕兒(見僕兒鐘)、配兒(見配兒句鑃)等,這種兒化的名字稱叫起來簡單上口,而且多含有親昵的意味,在金文中目前所見均是自稱。

雙字名,是由兩個表義的字組成一個人名,如:多友(見多友鼎)、視工(見應侯視工鐘)、梁其(見梁其鼎)、義楚(見徐王義楚盤)、宿車(見奚子宿車盤)、棄疾(見楚子棄疾簋)等。

多字名,是由兩個以上的字組成的人名,春秋戰國時期多見於南方的徐、越、吳等國,如:余兹佫(見僕兒鐘)、者故蜌(見徐沇尹鉦鍼)、余达斯于(見僕兒鐘)、者尚余卑(見者尚余卑盤)、姑馮昏同(見姑馮昏同之子句鑃)、姑發者反(見姑發者反之子通劍)等。

在青銅器銘文中,單稱名的現象是很普遍的,所謂單稱名就是在名(不論是單字名、雙字名還是多字名)的前後不再附加任何成分。以尊臨卑都是直呼其名的,間接提到地位較低的人也是直呼其名的,如:蔡簋(《集成》04340)"王若曰:蔡,昔先王既命汝作宰,司王家。今余唯申就乃命,命汝眔曶乿定對各,死司内外……"[1]中的蔡和曶;周我父簋(《集成》04048)"周我父作交尊簋"中的交;應公方鼎(《集成》02553)"應公作寶尊彝,曰奄以(與)厥弟用夙夕黊享"中的奄;生史簋(《集成》01400)"召伯命生史事于楚,伯賜賓,用作寶簋"中的生史等,比比皆是。另外,自稱中單稱名的現象也很普遍,如達簋(《集成》03788)"達作寶簋"中的達;諫簋(《集成》04285)"諫拜稽首,敢對揚天子丕顯休,用作朕文考惠伯尊簋"中的諫;梁其壺(《集成》09716)"梁其作尊壺"中的梁其;多友鼎(《集成》02835)"多友敢揚公休,用作尊鼎"中的多友等,都是其例。

2. 單稱字。單稱字有自稱和他稱兩種。自稱是自我稱謂,都是在青銅器銘文中單獨出現,前後不再附加任何成分。男子的字一般由一個表義的字和一個"父"字組成,如:安父(見安父簋)、來父(見來父盂)、駒父(見駒父盨蓋)、其父(見廠鼎)、遲父(見遲父鐘)等。他稱是朋輩之間互相稱謂,或者平輩稱對方的尊長,都是只稱其字,以示尊敬。金文中所見人名,自稱字較多,他稱字較少,其原因是銅器多爲自作用器。自稱的如:友父簋(《集成》03726)"友父作寶簋,子子孫孫永寶用"中的友父;吉父鼎(《集成》02512)"吉父作旅鼎,其萬

[1] 中國社會科學院考古研究所編:《殷周金文集成》(修訂增補本),中華書局,2007 年。以下簡稱《集成》。

年子子孫孫永寶用”中的吉父。他稱的如：多友鼎(《集成》02835)“丁酉,武公在獻宫,廼命向父召多友,廼延于獻宫”中的向父。

3. 用族氏稱具體人。在金文人名中,氏與姓是不相同的。姓是一種古老的血緣親屬關係的標誌。《説文・女部》云:“姓,人之所生也,因生以爲姓。”很明顯,姓的本義就是出生,就是生殖。金文中“百姓”均作“百生”即其證。姓起源於史前時期,是由各個氏族的徽號演變而來的。氏族社會時期,各個氏族都有自己的族號。這種族號就代表了氏族成員的血統,表明其所生,又因當時已嚴格實行族外婚制,所以氏族成員又靠它區别婚姻。這種族號就是最原始的姓。目前,金文中發現的古姓有姬、姜、姞、嬴、姚、妊、妘、嬀、姒、改、娉、媿、嫼、孎(芈)、妀、妠、姛、嫊(曹)、嫞(祁)、嬬、嫜、娣等二十多個。

氏是文明時代的産物,是家族組織的標誌。在由原始社會向階級社會過渡的時期,氏族中子孫繁衍,人口增長,於是内部出現了若干支派,這些支派就是家族組織。他們從原先的氏族中分出來時,除保留原先的姓以外,又爲自己起了新的稱號,這種稱號就是氏。許多不同的氏,可以源出於一個姓,所以《通鑑外紀》説:“姓者,通其祖考所自出;氏者,别其子孫所自分。”氏名大多數是由地名轉化來的,諸侯有封國,卿大夫有封邑,他們及其後裔就以國邑爲氏。《左傳・隱公八年》説:“天子建德,因生以賜姓,胙之土而命之氏。”指的就是這一類氏。另外,還有以父祖的名字、行第、官職、爵位爲氏的。目前金文中見到的氏有三百多個。

用氏來稱呼具體人的現象是在特定的語言環境中,把氏用作家族長的稱呼,和現今稱呼某人只稱其姓是一樣的,如：裘衛盉(《集成》09456)“矩伯庶人取瑾璋于裘衛,……矩又取赤琥兩”,其中矩是氏,伯是行第,庶人是私名,後一個矩就是用氏來替代矩伯庶人的。

4. 用排行稱呼具體人。金文中,凡是僅以排行或排行之後加“氏”字稱呼具體人,大都是同族人稱其尊長的,如：录簋(《集成》04122)“伯雍父來自㝬,賜赤金,對揚伯休”中“揚伯休”的“伯”;㪺尊(《集成》05988)“仲賜㪺瓚,㪺揚仲休”的“仲”;不嬰簋(《集成》04328)“唯九月初吉戊申,伯氏曰：不嬰！馭方玁狁廣伐西俞”中的“伯氏”;叔妀簋(《集成》04137)“叔妀作寶尊簋,眔仲氏萬年用侃喜百生、朋友眔子婦,子孫永寶用”中的“仲氏”;逆鐘(《集成》00060)“唯王元年三月,叔氏在大廟,叔氏命史盨召逆,叔氏若曰：逆！乃祖考許政於公室”中的“叔氏”;厌叔多父盤(《小校》9.79)“厌叔多父作朕皇考季氏寶盤”中的“季氏”等。

金文中,也有以排行和排行之後加“氏”字自稱的,如：伯尊(《集成》05969)“伯作蔡姬宗彝,其萬年世孫子永寶用”、仲甗(《集成》00860)“仲作旅甗”、叔鼎(《集成》01927)“叔作尊鼎”、季鼎(《集成》01931)“季作寶”、伯氏姒氏鼎(《集成》02643)“唯鄧八月初吉,伯氏姒氏作嚣(芈)嫚罢饙鼎”中的伯、仲、叔、季、伯氏等。

5. 用官職稱呼具體人。用官職來稱呼一個具體的人,也是在特定的環境中,在不至於發生誤會的情況下才使用的,一般是地位較低的人對尊長而言,也有平輩互稱的,都是表示對被稱人或者被提及人的一種尊敬,如：堇鼎(《集成》02703)“燕侯令堇飴太保于宗周”、豆閉簋(《集成》02643)"王呼内史册命豆閉。王曰:閉!賜汝織衣⋯⋯"中的太保、内史等。

金文中,也有自稱官職而不具私名的現象,如:太師簋(《集成》03633)"太師作孟姜饋簋"、太史罍(《集成》09809)"太史作宗彝"中的太師、太史等。

6. 用爵號稱呼具體人。凡是以爵號或爵號之後加"氏"字稱呼一個具體人的現象,大多是位卑者稱呼其君侯,如:耳尊(《集成》06007)"侯各耳□,侯休于耳,賜臣十家"、鮴鎛(《集成》00271)"唯王五月初吉丁亥,齊辟鮑叔之孫,躋仲之子鮴,作子仲姜寶鎛,用祈侯氏永命萬年,鮴保其身"、國差罎(《集成》10361)"國差立事歲,咸,丁亥,工師伵鑄西庸寶罎四秉,用實旨酒,侯氏受福眉壽"、微尊(《集成》05975)"公賜微貝,對公休"、何尊(《集成》06014)"王誥宗小子于京室,曰:昔在爾考公氏,克述文王"中的侯、侯氏、公、公氏等。

金文中,也有國君自稱公、公氏或侯氏的,如:公盂(《集成》09397)"公作寶尊彝"、侯氏簋(《集成》03781)"侯氏作孟姬尊簋"等。

7. 族氏+名。族氏與單字名組成的人名,如:兮熬(見兮熬壺)、宋費(見韓定戈)、周雒(見周雒盨)、邵剛(見静簋)、郝訧(見郝訧鼎)、陳逆(見陳逆簋)等,其中兮、宋、周、邵、郝、陳是國氏,熬、費、雒、剛、訧、逆等是單字名;族氏與雙字名組成的人名,如:番匊生(見番匊生壺)、吕不韋(見吕不韋戈)、吕服余(見吕服余盤)、許者俞(見許者俞鉦)等,其中的番、吕、許是氏稱,匊生、不韋、服余、者俞是雙字名;雙字氏與單字名組成的人名,如:南宮呼(見南宮呼鐘)、公孫灶(見公孫灶壺),雙字氏與雙字名組成的人名,如:城虢遺生(見成虢遺生簋)等。

此外,還有在族氏和名之間加上"氏"字或"人"字的組合方法,如:厚氏元(見厚氏元鋪)、羍氏詹(見羍氏詹鐘)、克氏楚(見楚戈)、干氏叔子(見干氏叔子盤)、尹氏賈良(見尹氏賈良簋)、杕氏福及(見杕氏壺)、邢人妾(見邢人妾鐘)、荆人敢(見五祀衛鼎)、晋人吏寓(見晋人吏寓鼎)等。

8. 族氏+字。如:散車父(見散車父壺)、費奴父(見費奴父鼎)、函皇父(見函皇父鼎)、事宜父(見事宜父鼎)、吳大父(見同簋)等。另外,也有在族氏之後加上"氏"字,再連接字的組合方式,如:散氏車父(見散氏車父壺)等。

氏與名組成的人名,用於自稱和尊長對幼輩的稱呼,氏與字組成的人名,用於自稱和朋輩間互稱。

9. 排行+名。排行與單字名組成的人名,如:伯克(見伯克壺)、仲農(見散氏盤)、叔單(見叔單鼎)、季楚(見季楚簋)等;排行與雙字名組成的人名,如:伯梁其(見伯梁其盨)、仲義君(見仲義君鼎)、叔黑頤(見鑄子叔黑頤鼎)、季老或(見季老或盂)等,其中伯克、叔單、季楚、伯梁其、仲義君、叔黑頤、季老或等都是作器者自稱,仲農屬於他人稱呼,另外還有臧孫鐘(《集成》00093)"唯正月初吉丁亥,攻敔仲冬肢之外孫坪之子臧孫,擇其吉金自作和鐘"、留鎛(《集成》00015)"留爲叔貉穌鐘"中的仲冬肢、叔貉,大凡都是作器者的長輩或親屬。

10. 排行+字。如:伯賓父(見伯賓父簋)、孟奠父(見孟奠父簋)、仲義父(見仲義父鼎)、叔原父(見叔原父甗)、季右父(見季右父鬲)等,都是作器者自稱;另外,一般用於自稱和平輩間互相稱呼,如:伯多父盨(《集成》04419)"伯多父作成姬多母寶盨"、叔皮父簠(《集成》04090)"叔皮父作朕文考弗公眔朕文母季姬寶簠"中的伯多父、叔皮父;也有晚輩稱呼長輩的,如:魯司徒仲齊盨(《集成》04440)"魯司徒仲齊肇作皇考伯徒父饋盨簠"、善夫山鼎(《集成》02825)"山敢對揚天子休命,用作朕皇考叔碩父尊鼎"中的伯徒父和叔碩父。

11. 排行+名+字。金文中排行與名、字組成的人名都是用於作器者自稱,組合規律一般是先排行,次字,最後爲名。如:叔向父禹(見禹簠)、伯其父慶(見伯其父慶簠)、伯家父部(見伯家父部簠)。其中的伯、叔是行第,向父、其父、家父是字,禹、慶、部是名。有的則是將名放在字之前,如:伯旅魚父(見伯旅魚父簠),伯是行第,旅是名,魚父是字。

12. 族氏+排行。如:邢伯(見長由盉)、虢仲(見虢仲鬲)、黃仲(見黃仲鬲)、毛叔(見此鼎)、散季(見散季簠)、鄭丼叔(見鄭丼叔鐘)等。另外,還有在族氏之後加上"氏"字,再連接行第的組合形式,如:原氏仲(見原氏仲簠)。這種人名用於自稱和他稱的都很多,上述虢仲、黃仲、散季、鄭丼叔等都是作器者自稱,邢伯、毛叔是他人稱呼,另外也有子輩稱其父輩的,如:季魯簠(《集成》03949)"季魯肇作文考丼叔寶尊彝"、師瘨簠蓋(《集成》04284)"瘨拜稽首,敢對揚天子丕顯休,用作朕文考外季尊簠"中的丼叔和外季,他們分別是季魯和師瘨的父親。

13. 族氏+排行+名。單字族氏、排行與單字名組成的人名,如:邢伯(見師瘨簠蓋)、呂仲僕(見呂仲僕尊)、戴叔朕(見戴叔朕鼎)、邢季敻(見邢季敻鼎)等;雙字族氏與排行、單字名組成的人名,如:鄭邢叔康(見鄭邢叔康盨)等。另外,也有在族氏之後加上"氏"字,再連接名的組成形式,如尹氏叔緐(見尹氏叔緐簠)。這種複合人名在金文中自稱和他人稱呼的都很多。

14. 族氏+排行+字。如:魯伯原父(見魯伯原父盤)、散伯車父(見散伯車父鼎)、南仲邦父(見駒父盨蓋)、鬲叔興父(見鬲叔興父盨)等;也有以雙字族氏、排行和字組成的人名,如:鄭楙叔賓父(見鄭楙叔賓父壺)。這種形式的人名既用於自稱也用於他人稱呼,上述南仲邦父在駒父盨蓋銘文中就是由駒父稱呼的;另外還有晚輩稱呼長輩的,但其前要加上親屬稱謂,如:師訇鼎(《集成》02830)"作公上父尊于(與)朕文考辜(郭—虢)季易父禰宗"中的虢季易父。

15. 族氏+排行+字+名。目前所見都是用於作器者自稱,如:曾伯宮父穆鬲(《集成》00699)"唯曾伯宮父穆迺用其吉金,自作寶櫓鬲"、曾仲大父蚰簠"曾仲大父蚰迺用吉攸取乃醻金,用自作寶簠,蚰其用追孝于其皇考"中的曾伯宮父穆和曾仲大父蚰等。

16. 官職+名。如:小臣缶(見小臣缶方鼎)、史免(見史免簠)、師虎(見師虎簠)、太史益(見太史益甗)、大祝禽(見大祝禽鼎)、大師盧(見大師盧簠)、大宰徵(見邿大宰徵子敀鐘)、宰胐(見吳方彝)、司馬伐(見芒令司馬伐戈)、司土虣(見十三年瘨壺)、司工眉(見永盂)、士上(見土上盃)、丞申(見廿五年上郡守戈)、丞相觸(見丞相觸戈)、相邦樛斿(見相邦樛斿戈)、走馬應(見大鼎)、作册大(見作册大鼎)、工師華(見廿九年陳愈戈)、庶長鞅(見庶長鞅殳鐓)、内小臣侯生(見魯内小臣侯生鼎)等。

17. 官職+字。如：史宜父(見史宜父鼎)、師毛父(見師毛父鼎)、司土毘父(見永盂)、司寇良父(見司寇良父壺)、善夫吉父(見善夫吉父盂)等。

由官職與名、字分別組成的人名,在金文中相當普遍,不勝枚舉,既用於自稱,也用於他人稱呼。稱官職是對人的尊敬,所以帶有官職的人名就不論其後面是字還是名,都可以稱呼。

18. 國名(族氏)+爵。商周時期的金文中,用於組成人名的國名指的是周代諸侯國名(也就是這個國家的統治集團),爵稱則是廣義的,不僅包括西周時期表示邦國之君身份的王、公、侯、伯、子、男等,也包括春秋時期封君的君和戰國時期秦國的二十等爵。

文獻記載西周的爵稱,除周王之外,是公、侯、伯、子、男五種,即《禮記·王制》所謂"王者之制禄爵,公、侯、伯、子、男凡五等"。《周禮·春官·大宗伯》職文也説："以玉爲六瑞,以等邦國。王執鎮圭,公執桓圭,侯執信圭,伯執射圭,子執穀璧,男執蒲璧。"西周金文中,確有公、侯、伯、子、男的稱謂,但從金文内容看,"公"應是指在朝任職的公卿的稱謂,外服諸侯在朝任職者亦可稱"公",到了春秋時期"公"便成爲大多數諸侯國國君的稱謂。侯、伯、子、男西周時期是外服諸侯,其間並没有等差的區別,只是諸侯國君的一種通稱。此外,還有諸侯稱王的現象。西周時期諸侯稱王僅限於異姓,戰國時期則屬於僭越現象。"伯"在商代卜辭中已出現,是被用來稱呼方國部落的君長和一些臣屬於商王朝的具有相當於西周諸侯身份的貴族,如盂方伯、人方伯、周方伯等。在西周金文中,"伯"既是爵稱又是排行第一的稱號。周代實行嫡長子繼承制,諸侯國君必然是嫡長子,故國名之後的伯,兼有諸侯稱謂與排行稱謂的雙重意義。

以國名(族氏)和爵稱組成的人名,也是上節講過的所謂通名的一種。用這種人名表示的一個具體人就是該諸侯國的某一代國君,既用於自稱也用於他人稱呼,如：燕侯(見圉方鼎)、邢侯(見臣諫簋)、鄧公(見鄧公簋)、秦公(見秦公鐘)、北子(見北子鼎)、芮伯(見芮伯壺)、許男(見許男鼎)等。

上述鄧公、秦公的"公",當然是一種爵稱,但"公"還是一種尊稱,常常作爲一種成分出現在人名中(詳後)。

西周金文中出現的異姓諸侯稱王的有矢王(見同卣)、豐王(見豐王斧)、吕王(見吕王鬲)、燮(幽)王(見燮王鬲)、雍王(見雍王戈)等。戰國時期稱王的則有徐王(見徐王元子柴爐)、吳王(見尹氏叔孫簋)、越王(見越王劍)、秦王(見秦王鐘)、楚王(見蔡侯鐘)和燕王(見燕王戎人戈)等。

19. 國名(族氏)+爵稱+名。如：燕王喜(見燕王喜矛)、燕侯旨(見燕侯旨鼎)、許子妝(見許子妝簋)、黄君孟(見黄君孟鼎)、奚君單(見奚君單鼎)、陳侯因資(見陳侯因資敦)、鄧公午離(見鄧公午離簋)、攻敔王夫差(見攻敔王夫差鑒)等。這種人名既用於自稱,也用於他人稱呼。上述燕王喜、燕侯旨等都是作器者自稱,他人稱呼的如:禹鼎(《集成》02833)"嗚呼哀哉! 用天降大喪于下國,亦唯鄂侯馭方率南淮夷、東夷廣伐南國東國,至于曆内"中的鄂侯馭方。

20. 國名(族氏)+爵稱+字。如:晋侯邦父(見晋侯邦父鼎)、晋侯喜父(見晋侯喜父盤)、成伯孫父(見成伯孫父鬲)等。

21. 爵稱+名。如:上造但(見寺工獻車軎)、大良造鞅(見大良造鞅戟)等。上造、大良造都是秦國的爵稱,上造是二十等爵的第二級,大良造又稱大上造,是二十等爵的第十六級。但和鞅是私名。又如:大夫始(見大夫始鼎)、大夫敚(見公孼里雕戈)。大夫也是廣義的爵稱,大夫始是西周中期人,大夫敚是戰國時期燕國人。爵稱與名組成的人名,在金文中都是自稱用名。

22. 由表示尊敬之義的"公"字與爵稱、官職、排行、私名組成。在古代"公"字是最具表示尊敬之義的詞,殷王稱祖宗爲公,周人對地位尊貴的人也稱公。金文中,凡是以公字和爵稱、官職、排行、私名分別組成的人名,都是位卑者對其國君、長官、祖先的稱謂,自稱"公"或"公某"者也是爲了顯示身份。這個"公"是由尊稱"公"轉化而來的。公字與爵稱組成的人名,如:亳鼎(《集成》02654)"公侯賜亳杞土、麋土、㮚禾、齜禾,亳敢對公仲休"中的公侯;公字與官職組成的人名,如:旅鼎(《集成》02728)"唯公太保來伐反夷年"、作册魋卣(《集成》05432)"王遣公太史,公太史在豐,賞作册魋馬"、效尊(《集成》06009)"唯四月初吉甲午,王雚(觀)于嘗,公東宫内鄉于王,王賜公貝五十朋"中的公太保、公太史、公東宫;公字與排行組成的人名,如:虜簋(《集成》04167)"虜拜稽首,休朕匋君公伯,賜厥臣弟虜井五提……,對揚伯休"、不嬰簋(《集成》04328)"不嬰拜稽首休,用作皇祖公伯孟姬尊簋"、㝬簋(《集成》10581)"唯八月甲申,公仲在宗周,賞㝬貝五朋"、賢簋(《集成》05067)"唯九月初吉庚午,公叔初見于衛,賢從公,命吏晦賢百晦糧"中的公伯、公仲、公叔;公字與私名組成的人名,如:作册大方鼎(《集成》02758)"公束鑄成王異鼎"中的公束;公字與字組成的人名,如:師訊鼎(《集成》02830)"天子弗忘公上父猷德,……用作公上父尊于(與)朕考章(郭)季易父敦宗"中的公上父。

23. 表示身份的稱謂+私名。在商代"子"是族長的稱謂,所以金文中有一種由"子"字與名組成的表示族長身份的人名,如:子豪(見子豪鼎)、子臭(見子臭卣)、子漁(見子漁尊)、子蓱(見子蓱鼎)、子彔(見子彔爵)、子韋(見子韋鼎)、子鼗(見子鼗鼎)、子妥(見子妥鼎)等;到了春秋戰國時期,"子"則演變成尊稱、美稱及有德之稱,如:子牙父(見屍敔簋蓋)、子邦父(見子邦父甗)、子禾子(見子禾子釜)等。同時,"子某"也成爲一種習慣取名方法,"子"字成爲私名的一部分,如:子庚(見王子午鼎)、子璋(見子璋鼎)、子孔(見子孔戈)、子之(見中山王譽鼎)、子噲(見中山王譽鼎)等。

三、商周時期取名的特點

(一) 率直樸真

從金文人名中可以看出,商周時期人們命名取字和現代人有許多共同之處,但也有不少特點,最突出的是率直樸真,貼近生活,所取之名大都是簡單明瞭,易記易寫,粗俗質樸,不避惡字。當時人們命名取字主要有以下十個方面。

1. 以干支、月相、季節取名。人的出生是在一定的時間和一定的空間裏,因此取名往往就和時間聯繫在一起。商周時期以干支記日記時,以出生日的天干或出生時辰的地支取名是常見的現象。以干支取名既好記又好寫,以天干取名的如:甲(見蘇公子簋)、兮甲(見兮甲盤)、乙(見乙簋)、子乙(見子乙鼎)、曾侯乙(見曾侯乙鐘)、伯丙(見伯丙簋)、丁兒(見丁兒鼎蓋)、伯丁父(見令簋)、史戊(見吳方彝)、己(見己方鼎)、賈子己父(見賈子己父匜)、庚(見四十年上郡守起戈)、庚兒(見庚兒鼎)、子庚(見王子午鼎)、徐王庚(見沇兒鐘)、辛(見辛鼎)、伯辛父(見伯辛父鼎)、邡子辛(見邡子辛簋)、壬俌(見壬俌鼎)、癸父(見蘇公子簋)等;以地支取名的如:工師丑(見三十三年大梁左庫戈)、史寅(見士上卣)、工寅(見五年呂不韋戈)、卯(見卯簋)、瞿卯(見南行唐令瞿卯劍)、陳卯(見陳卯戈)、辰(見臣壺)、伯辰(見伯辰鼎)、太宰巳(見邢姜太宰巳簋)、王子午(見王子午鼎)、陳侯午(見陳侯午敦)、戊未(見十六年春平侯劍)、申(見申簋蓋)、丞申(見二十五年上郡戈)、王子申(見王子申冗)、太史申(見呂太史申鼎)、酉(見師酉簋)、大亥(見大亥簋)、易亥(見易亥簋)等。

一天的時辰又可分爲早晨、中午、下午、傍晚、夜晚等,因此有名晨的,如:晨(見晨簋、晨角、晨瓶)、伯晨(見伯晨鼎)、師晨(見師晨鼎)。早晨太陽剛出來謂之朝,亦謂之旦,《説文·倝部》"朝,旦也",《日部》"旦,明也",《爾雅·釋詁》"朝,早也",《洪範·五行傳》云"平旦至食時爲日之朝",此時所生故名朝,如:冶尹朝(見廉相如鈹)。清晨日將出,啓明星高掛東方,此時出生故名之啓,如:啓(見啓卣、啓尊)、小子啓(見坿小子啓鼎)、丞相啓(丞相啓、狀戈)、冶尹啓(見鄭令郭橐澔戈)、鄂君啓(見鄂君啓節)。傍晚日暮,故傍晚出生取暮爲名,如:莫(見莫尊)、夆莫父(見夆莫父卣)等。"莫"爲暮的本字,日將落也。《説文·茻部》"莫,日且冥也,從日在茻中",注云:"平野中望日將落,如在草茻中。"日落謂之昏,《説文·日部》:"昏,冥也,從日氐省,氐者下也。"《爾雅·釋詁》"昏,代也",注云:"代明也。"疏:"日入後二刻半爲昏,昏來則明往,故云代明。"日落後出生便取名昏,如:義叔昏(見義叔昏簋)。夜晚所生,有以夜爲名的,如:叔夜(見叔夜鼎)等。

月相是月球明亮部分的不同形象。隨着月球、地球和太陽三者相對位置的變化,地球上所見月球被太陽照亮的部分多少也不時在改變,呈現盈虧(圓缺)的各種形狀。月始生謂之朏,《説文・月部》:"朏,月未盛之明。"《書・召誥》"唯丙午朏",傳云:"朏也,月三日明生之名。"在初二、初三出生的人有取名朏者,如:朏(見曶鼎)、虤朏(見九年衛鼎)、宰朏(見吴方彝)。十五六日月兒圓,月圓謂之望,《釋名》:"望,月滿之名也,月大十六日,小十五日,日在東,月在西,遥相望也。"月圓時出生的就以望爲名,如:師望(見師望簋)、司馬望(見司馬望戈)等。

以所生季節取名在商周時期也是常見的,如:伯夏父(見伯夏父鼎)、攻敔仲冬戕(見臧孫鐘)等。

2. 以鳥獸蟲魚爲名。申繻與魯桓公議論爲子命名時曾説"名有五,有信、有義、有象、有假、有類……,取於物爲假",就是説假借萬物之名爲人名也。商周金文中假借鳥獸蟲魚之名爲人名的現象是很多的,這不僅反映了商周時期風俗質樸,同時也是人們借動物之特性以表達某種心願的體現。

以禽爲名的如:禽(見禽鼎)、大祝禽(見大祝禽鼎)、貝鳥(見貝鳥觚)、隹(見隹尊)、邾來隹(見邾來隹鬲)、烏(見烏簋)、鴐(見鴐觶)、周雒(見周雒盨)、公族瑀鼇(見師酉簋)等。大祝禽即周公旦的長子伯禽,封於魯爲魯侯,同時又擔任周王朝的大祝,主管祭祀。瑀即鴻,鴻雁是高飛遠行的候鳥,取名鴻鼇就是希冀志向遠大,有所作爲。

以獸爲名的如:史獸(見史獸鼎)、先獸(見先獸鼎)、宰獸(見宰獸簋)、蘇貉(見蘇貉豆)、貉子(見己侯貉子簋)、狽(見狽尊)、孚公貅(見孚公貅甗)、子蝠(見子蝠爵)、象(見象爵)、冶象(見廿七年泌陽戈)、麃父(見麃父尊)、伯嚥父(見伯嚥父鼎)、帣(見帣爵)、叔龟(見叔龟簋)、史㲋(見史㲋盨)、邢季㲋(見邢季㲋鼎)、季魯(見季魯簋)、叔䨏(見叔䨏方彝)、小子豰(見小子豰鼎)、樂子嚷豧(見樂子嚷豧簠)、叔緐父(見㒼簋)、虎(見虎簋蓋)、吴虎(見吴虎鼎)、師虎(見師虎簋)、旅虎(見㚒山旅虎簠)、滕虎(見滕虎簋)、封虎(見封虎鼎)、召伯虎(見琱生簋)、叔虎父(見叔虎父鼎)、師彪(見䜌鼎)、許伯彪(見許伯彪戈)、屯鼉(見屯鼉簋)等。貉、貅、狽、蝠、象、麃、嚥、㲋、魯、䨏、豰、豧、帣、緐、虎、彪、鼉皆爲獸。《正字通》:"貉狀似貍,鋭頭尖鼻斑色,毛深厚温滑可爲裘。"貅爲猛獸,《禮記・曲禮》"前有摯獸,則載貔貅",注云:"貔貅亦摯獸也。"豰、豧均是野豬的别稱。帣、緐都是野豬類動物。《説文・帣部》云"帣,脩豪獸,一曰河内名豕也""緐,帣屬"。麃爲鹿屬,《漢書・郊祀志》"郊雍,獲一角獸,若麃然",顔師古注:"麃,鹿屬也,形似獐,牛尾,一角。"龟、㲋、魯、䨏都是與兔相似的動物。《説文・龟部》云"龟,獸也,似兔青色而大""㲋,獸也",《玉篇》:"㲋似貍。"虎是"山獸之君",雄健威武,是勇猛剛强的象徵。虎也稱爲彪,庾信《枯樹賦》:"乃有拳曲擁腫,盤坳反覆,熊彪顧盼,魚龍起伏。"《古今韻會舉要・尤韻》:"彪,小虎。"彪常用來比喻健壯魁梧。以虎、彪爲名是人們對虎彪雄健威武所向無敵性格的嚮往。

以蟲爲名的如:蠆(見蠆鼎)、禹(見禹鼎)、好盗(見好盗壺)、江叔螽(見江叔螽鬲)、陸韓(見邾公釨鐘)、沈子它(見沈子它簋)、曾仲大父蛕(見曾仲大父蛕簋)等;以魚爲名的如:

伯魚（見伯魚鼎）、伯魚父（見伯魚父壺）、伯旅魚父（見伯旅魚父簠）、犀伯魚父（見犀伯魚父鼎）等。

　　另外，還有以傳說中的動物爲名的，如：子龍（見子龍瓿、子龍鼎）、樊君夒（見樊君夒盆）、伯其父麔（見伯其父麔簠）、叔黽（見叔黽簋）等。傳說中的動物都具有某種神奇的力量和瑞象，是爲了滿足人們某種心理的需要。以傳說中的動物爲名，表達了人們追求和平、幸福、吉祥、長壽的文化心理。龍是中國人民自古以來崇拜的神物，它變化莫測，充滿力量。夒是古代傳說中的一種神異動物，如龍一足，《莊子・秋水》："夒謂蚿曰：吾以一足趻踔而行。"麔即麐的本字，《説文・鹿部》："麐，牝麒也。"今作麟。麒麟是人們想象中的仁獸，吉祥動物，它善良、平和，象徵天下太平。黽雖非想象中的動物，但古人視黽爲靈物，商周時期人們以黽占卜，祈求靈應。《禮記・禮運》"山出器車，河出馬圖，鳳凰麒麟，皆在郊藪"，又云"鳳麟龜龍，謂之四靈"。黽爲介蟲之長，耐饑耐渴，壽命長。以黽爲名是人們祈求長壽願望的反映。

　　野生動物爲獸，豢養動物爲畜。有以野獸爲名的，也有以牲畜爲名的。牲畜一般指馬、牛、羊、雞、犬、豕等，現今之人小名叫狗娃、牛兒的很多。漢代著名文學家司馬相如小名就叫犬子，梁冀的兒子叫胡狗。南宋人王楙在論及此事時説："相如小名，父母欲其易於生長，故以狗名之。"[1]周代金文中亦有以牲畜爲名的，如：牧牛（見戲匜）、豚（見豚卣）、王孫豕（見王孫豕戈）、豕商（見豕商鼎）、牢犬（見牢犬簋）、長子狗（見長子狗鼎）、狄（見狄爵）、羊（見羊卣）、羊角（見羊角戈）、郱公牼（見郱公牼鐘）、司工馬（見相邦司工馬鈹）、晉侯獒馬（見晉侯獒馬壺）、内史駒（見師奎父鼎）、駒父（見駒父盨蓋）、仲駒父簋（見仲駒父簋）、叔駒父（見叔駒父簋）、絲駒父（見絲駒父鼎）等。商周人以牲畜命名除有父母希望兒子像牲畜一樣易於生長外，還反映了當時人們的風俗質樸。

　　3. 以山原川泉爲名。以山原川泉爲名是人們的一種寄托和希望，兩周時期以山原川泉取名的有：善夫山（見善夫山鼎）、冶山（見鄩令裠戈）、伯山父（見伯山父方壺）、歸叔山父（見歸叔山父簋）、召叔山父（見召叔山父簠）、鄭邢伯山父（見鄭邢伯山父簋）、鄭子石（見鄭子石鼎）、單伯原父（見單伯原父鬲）、鄭師原父（見鄭師原父鬲）、鄭饔原父（見鄭饔原父鼎）、魯原（見魯原鐘）、魯太宰原父（見魯太宰原父簋）、仲原父（見仲原父匜）、叔原父（見叔原父甗）、盤埜（見楚王酓忎鼎）、子㡀（見子㡀葬戈）、雍伯原（見雍伯原鼎）、滋（見滋簋）、仲滋（見仲滋鼎）、沱（見蔡公子沱戈）、申沱（見司工馬鈹）、屈叔沱（見屈叔沱戈）、伯濼父（見伯濼父壺）、師汙父（見牧簋）、司土淲（見十三年瘓壺）、臺君淲盧（見無者俞鉦）等。埜是野的初文，從土從林，甲骨文與此同；原是源的本字，從泉在厂下，源爲後起字。滋、沱、濼、汙、淲皆水名。淪爲水波，《説文・水部》："淪，小波爲淪，從小侖聲，詩曰：河水清且淪漪。"古人以山石取名寓

[1]　（宋）王楙：《野客叢話・小子名犬》，中華書局，1987年。

意雄偉堅強,以原野取名寓意寬廣博大,以泉源爲名寓意自强不息。

4. 以草木花卉爲名。金文所見以植物取名的有：禾(見禾鼎)、伯禾(見伯禾鼎)、來父(見來父盉)、麥(見麥鬲)、作册麥(見麥鼎)、伯芳(見伯芳簋)、伯芳父(見妊小簋)、紀華父(見紀華父鼎)、師華父(見大克鼎)、郱公華(見郱公華鐘)、藥(見藥鼎)、工師葉(見二十二年相邦冉戈)、莫(見莫壺)、旅莫(見旅莫尊)、果(見蔡公子果戈)、柞(見柞鐘)、士杉(見乘父盨)、宜桐(見宜桐盂)、伯楲(見伯楲簋)、伯楲盧簋(見伯楲盧簋)、荆(見散氏盤)、諸稽荆(見諸稽荆爐盤)、南宮柳(見南宮柳鼎)、仲枏父(見仲枏父簋、仲枏父鬲)、郱太宰檻(見郱太宰檻鐘)等。

5. 以城邑邦家爲名。以城邑邦家爲名也有寄托之情,如：張邦(見張邦戈)、伯邦父(見伯邦父鬲)、叔邦父(見叔邦父簋)、子邦父(見子邦父甂)、南仲邦父(見駒父盨蓋)、晋侯邦父(見晋侯邦父鼎)、成伯邦父(見成伯邦父壺)、成周邦父(見成周邦父壺蓋)、邑(見邑觶)、小臣邑(見小臣邑斝)、伯邑父(見五祀衛鼎)、伯章(墉)父(見伯章父鬲)、昶伯章(墉)(見昶伯墉盤)、伯舍(見復公子簋)、小臣宅(見小臣宅簋)、晋侯家父(見晋侯家父盤)、伯家父(見伯家父簋)等。章爲古文墉,《説文·土部》："墉,城垣也。"章亦釋郭,城郭也。此外,還有以朝代或國名爲名的,如：殷(見殷簋)、魯(見齊生魯方彝)、丞秦(見三十八年上郡守慶戈)、太師鄭(見曾太師鄭鼎)、國楚(見國戈)、莊王之楚(見莊王之楚戟)、章子國(見章子國戈)、甚六(見甚六編鐘)、尋楚獣(見甚六編鐘)等。尋楚獣是甚六的父親,父子二人的名字都是用國名組成的。斟,《史記·夏本紀》集解："斟尋氏,一作斟氏、尋氏。"六即六國,偃姓,公元前226年滅於楚,故地在今安徽六安縣北;尋,姒姓國,夏之後,其地可能先在河南,後遷山東;楚爲芈姓,南方大國;獣即文獻中的歸姓胡國,故地在今安徽阜陽,公元前495年滅於楚。

6. 以壽考爲名。人總是要死的,但誰都不願早死,總希望健康長壽,因而以壽、考等字命名作字是很常見的事。如：壽(見壽簋)、丕壽(見丕壽簋)、師壽(見三年瘭壺)、王孫壽(見王孫壽甗)、壽商(見九年衛鼎)、壽母(見魯生鼎)、上郡守壽(見十二年上郡守壽戈)、考(見考尊、考卣、考鼎、考作客父鼎)、考臼(見臼鼎)、考隻(見考隻鼎)、伯考父(見伯考父鼎)、仲丂父鼎(見仲丂父鼎)、工老(見家丞禺戈)等。

7. 以母家的國氏與"生"字組成私名,表示男性之所出。如：倗生(見倗生簋)、珊生(見珊生簋)、翏生(見翏生盨)、魯生(見魯生鼎)、齊生(見齊生魯方彝)、伊生(見伊生簋)、黃生(見黃生匜)、康生(見康生豆)、弗生(見弗生甂)、番生(見番生簋)、番匊生(見番匊生壺)、史虢生(見頌鼎)、周棘生(見周棘生簋)、單冥生(見單冥生鋪)、單伯冥生(見單伯鐘)、善夫豐生(見吳虎鼎)、戎伯異生(見戎伯異生壺)、城虢遣生(見城虢遣生簋)等,其中倗、珊、翏、魯、齊、伊、黃、康、弗、番、匊、虢、棘、冥、豐、異、遣等,都是前述這些人母家(舅父家)的族氏,表示前述這些人是上述族氏的外甥。

8. 以疾病字或與疾病有關的字取名。商周金文人名中,有許多以疾病字爲名的,如：上郡守疾（見五年上郡守疾戈）、冢子疾（見梁陰令率鼎）、瘒（見瘒簠）、微伯瘒（見微伯瘒鋪）、聾（見聾鼎）、疧（見鄭莊公之孫盧鼎）、師瘨（見師瘨簠蓋）、趙瘁（見相邦春平侯矛）、痼（見公孳里胐戈）、瘯（見瘯鼎）、瘡（見信安君鼎）、李瘣（見李瘣壺）、安令癰（見卅年庫令癰鼎）、啓封令癰（見啓封令癰戈）、甾丘令癰（見甾丘令癰戈）、瓸令樂疢（見瓸令樂疢戈）、吳痁（見四年建信君鈹）、鄩痔（見右使車盤）、司馬癟（見邦司寇野弟矛）、工師瘨（見私官鼎）、冶吏痀（見陽安君鈹）、冶瘩（見十六年鄭令趙距戈）、冶痶（見大梁司寇綏戈）、冶痰（見十五年春平侯劍）、冶瘥（見宅陽令陽登戟、宅陽令陽登矛）等。疾、瘒、聾、疧、瘨、瘁、痼、瘯、瘡、瘣、癰、疢、痁、痔、癟、瘨、痀、瘩、痶、瘥皆病名或與疾病有關的字。

古稱輕病曰疾，後泛指病。《説文·疒部》：“疾，病也。”段玉裁注：“析言之則病爲疾加，渾言之則疾亦病也。”聾，聽覺失靈或閉塞。《左傳·僖公二十四年》：“耳不聽五聲之和爲聾，目不別五色之章爲昧。”《韓非子·解老》：“耳不能別清濁之聲則謂之聾。”瘨，頭暈眩病也，《宋人軼事彙編》卷十九：“唐出觀燈歸，忽坐瘨，息奄奄，若將絶者，良久始蘇。”《廣韻》：“瘁，病也。”《詩·小雅》“僕夫況瘁”，又“匪舌是出，唯躬是瘁”，注云：“勞也。”痼，同痀，即痀瘻病也。痼同傴，《集韻》：“傴，《説文·人部》：‘僂也。’或作痼。”瘯，瘡痕。《玉篇·疒部》：“瘯，瘢瘯也。”《廣韻·麻韻》：“瘯，瘡痕。”瘡是一種心悸病。《玉篇·疒部》：“瘡，病也。”《篇海類編·人事類·疒部》：“瘡，心悸也。”瘣也是一種病。《説文·疒部》：“瘣，病也，從疒鬼聲。詩曰‘譬彼瘣木’，一曰腫旁出也。”癰，腫瘍。由皮膚或皮下組織化膿性的炎症引起。《説文·疒部》：“癰，腫也。”《釋名·釋疾病》：“癰，壅也，氣壅否結，裏而潰也。”疢是一種頭手顫抖的病。《説文·疒部》：“疢，顫也。”嚴章福《説文校議議》：“此從又，又者手也，則爲手顫。”《玉篇》：“疢，頭搖也。”“疢”或即“痔”字，《急就篇》第二十九章：“疕瘍保辜謕呼號。”顏師古注：“毆人皮膚腫起曰疕，毆傷曰瘍。”《説文·疒部》：“瘍，疕瘍也。”《玉篇》：“瘍，瘡也。”《抱朴子·擢才卷》：“生瘡瘍於玉肌。”張衡《西京賦》“所惡成瘡瘍”，注：“瘡瘍謂瘢痕。”“痁”即“瘍”，病痛也。《字彙》：“癟，鬁也。”《集韻》：“瘰鬁，筋結病也。”即今之淋巴結核病。“瘨”即“癲”，也就是癲癇病。《廣韻·先韻》：“瘨，病也。癲同瘨。”《説文·疒部》：“瘨，病也。”徐鍇繫傳：“瘨，揚雄曰：‘臣有瘨眩病。’瘨，倒也。”《玉篇·疒部》：“瘨，狂也，《詩·大雅》‘胡寧瘨我以旱’。”痀，《説文·疒部》：“痀，曲脊也。”《集韻》：“痀，痀瘻，身曲病。”瘩，也是一種病，叫作“瘩貢頭”，即“螻蛄疖”。《説文·疒部》：“痶，熱病也。”段玉裁注：“其字從火，故知爲熱病。《小雅》：‘痶如疾首。’箋云：‘痶，猶病也。’此以痶爲煩熱之偁。”《漢書·宣帝紀》“孝武皇帝曾孫病已”，注云：“蓋以屢遭屯難而多病苦，故名病已，欲其速差也。”瘥，病癒。《説文·疒部》：“瘥，瘉也。”徐鍇繫傳：“今人病差字。”徐灝注箋：“猶言痼疾若失也。”《玉篇·疒部》：“瘥，疾愈也。”兩周時期人們以疾病字取名大概也是“欲使病魔速除”的緣故吧！

9. 奇怪的名字。金文中，有人取名爲鬼（見鬼壺）、丞鬼（見二十年相邦冉戈）、子臭（見子臭卣）、左姦（見左姦罍）、岡劫（見岡劫尊）、閵（見隴西戈）、喪（見史喪尊）以及亡、無等，令人不可思議。《説文·鬼部》：“鬼，人所歸爲鬼，从人，象鬼頭，鬼陰气賊害，从厶。”《禮記·祭義》：“衆生必死，死必歸土，此謂之鬼。”鬼是人們所不願聞，不願見，更不願爲的，但在當時却有人以鬼爲名，可見其怪。以臭爲名亦不尋常，穢惡氣味謂之臭，《孔子家語·六本》：“與善人居，如入芝蘭之室，久而不聞其香，即與之化矣；與不善人居，如入鮑魚之肆，久而不聞其臭，亦與之化矣。”臭引申爲厭惡，所以臭則人人討厭。以姦、劫爲名更莫名其妙，《説文·女部》“姦，私也”，《釋名》“姦，奸也，言奸正法也”，謂犯法作亂也。《書·舜典》“寇賊姦宄”，傳云：“劫人曰寇，殺人曰賊，在内曰姦，在外曰宄。”《廣雅·釋詁四》“姦，盜也”，《左傳·文公十八年》“盜器爲姦”。又淫行也，《左傳·莊公二年》：“夫人姜氏會齊侯于禚，書姦也。”又邪惡不正也，《墨子·辭過》：“是以其民饑寒並至，故爲姦衺。”劫也有賊寇之義，《玉篇》：“劫，强取也。”打家劫舍，强盜也。總之，姦、劫都是極不受歡迎的貶義詞。男子割去生殖器曰閹，《廣韻》：“男無勢，精閉者。”古人竟有以閹字爲名者，其爲怪哉。喪，死亡之事也，《玉篇》：“喪，亡也。”現今之人誰願意以喪字作爲自己的大名呢？周代非但有人以喪爲名，還有用與喪字同義的“亡”和近義的“無”爲名的，如：亡、天亡（見天亡簋）、亡智（見梁十九年鼎）、無龍（見昶仲無龍鬲）、無卹（見曾姬無卹壺）、無土（見無土鼎）、無壽（見無壽觚）、無更（見無更鼎）、無玼（見無玼鼎）等。取這類奇怪難聽的名字，是出於人們標新立異顯示自己與衆不同的心理，還是出於其他某種原因，耐人尋思。

另外，還有以數字爲名的，如：億（見億簋）、三兒（見三兒簋）、叔五父（見叔五父簋）、伯六辭（見伯六辭鼎）、工九（見五年吕不韋戈）、伯百父（見伯百父盤）、伯多父（見伯多父盨）等；有以器具爲名的，如：小臣缶（見小臣缶鼎）、陳盞（見陳盞戈）、丞鬲（見十五年上郡守壽戈）、小子網（見小子網簋）、舟（見舟簋）、車（見車鼎）、伯車父（見伯車父盨）、魯伯車（見魯伯車鼎）、旂（見旂作日乙鼎）、旂父（見旂父鼎）、師旂（見師旂鼎）等；有以其經歷和所遇事件爲名的，如：禦戎（見邿伯禦戎鼎）、禦寇（見陳禦寇戈）、仲伐父（見仲伐父甗）等；有以相貌特徵爲名的，如：叔黑臣（見鑄子叔黑臣鼎），此名猶如晋成公名黑臀，鄭公孫名黑肱（見《左傳》宣公二年、襄公十八年）。“臣（頤）”即下頷也。鑄子的下巴殼生來有黑痣或黑瘢，便以黑頤爲名。還有的名字的含義是出自感念，抒發愛憎，追求理想，表達德操和紀念聖賢的。

（二）區分長幼

從金文人名所反映的情況看，周代人對於親屬之間的長幼順序是特別重視的。兄弟姐妹雖屬同輩，但給他們命名還要依次排列，即所謂的“排行”（行第），目的是要在名字中體現出他們各自的次序，進行長幼的區分，以便盡長愛其幼、幼敬其長的天責。

周代兄弟之間一般是以伯、仲、叔、季四個字作爲年齒長幼的先後順序，也就是説用伯、仲、叔、季分別代表第一、第二、第三、第四四個序數，例如：陝西出土的青銅器銘文中虢氏家族有虢伯（見虢伯甗）、虢仲（見虢仲盨）、虢叔（見虢叔盨）、虢季（見師丞鐘）之名；弭氏家族有弭伯（見弭伯簋）、弭仲（見弭仲盨）、弭叔（見弭叔鬲）之名；南氏家族有南伯（見裘衛簋）、南仲（見無叀鼎）、南叔（見司馬南叔匜）、南季（見南季鼎）之名；邢氏家族有邢伯（見長由盉）、邢叔（見邢叔鐘）、邢季（見邢季夒尊）之名；強氏家族有強伯（見強伯簋）、強季（見強季尊）之名，等等。

　　上面列舉的人名例子，都是以族氏後加上伯、仲、叔、季行第字來區分兄弟長幼的組合形式。除此之外，還有在私名之前、表字之前、名與字連稱之前、官職與族氏連稱之後，以及族氏與名字之間再加上排行以表示兄弟長幼等五種組合形式。私名之前加排行字的，如：伯各（見伯各尊）、仲虎（見仲虎簋）、叔我（見叔我鼎）、季楚（見季楚簋）等；表字之前加排行的，如：伯辛父（見伯辛父鼎）、仲伐父（見仲伐父甗）、叔皇父（見叔皇父鼎）、季右父（見季右父鬲）等；名與字連稱之前加排行的，如：伯旅魚父（見伯旅魚父簋）、叔向父禹（見叔向父禹簋）等；官職與族氏連稱之後加排行的，如：司土單伯（見揚簋）、司馬南叔（見司馬南叔匜）等；族氏與名字之間加排行的，如：召伯虎（見琱生簋）、曾仲游父（見曾仲游父壺）、戴叔慶父（見戴叔慶父鬲）、事季良父（見事季良父簋）等。

　　金文中也有以“孟”字代替“伯”字作爲兄弟排行第一的現象。這種現象出現在西周中期，如：孟戠父（見孟戠父壺）等；西周晚期較多，如：孟上父（見孟上父壺）、孟辛父（見孟辛父鬲）、孟奠父（見孟奠父簋）、孟狂父（見孟狂父簋）、孟肅父（見孟肅父簋）、孟弜父（見孟弜父簋）等。但是，它的組成形式只能是孟字與表字組合，即孟字放在表字之前，如上舉七例，而不能與族氏組成諸如“虢孟”“邢孟”之類，也沒有發現把孟字放在族氏與名字之間組成人名的現象。這說明“孟”字表示排行是有局限性的，謝維揚先生認爲“孟”表示的是庶長，[1]如魯桓公之孫公孫敖，既稱仲孫氏，又稱孟孫氏。仲孫氏是從其父公子慶父（共仲）在其家族中的總排行角度稱謂，孟孫氏是從慶父又爲庶長子的角度稱謂。

　　這種以伯、仲、叔、季命名的習俗，大約濫觴於商代後期。它是周人的創造，據文獻記載，周太王古公亶父就曾給長子取名泰伯，次子取名仲雍（又名虞仲），少子取名季歷。周文王的長子也取名伯邑考。爲什麼要用伯、仲、叔、季四字作爲排行用字呢？伯、仲、叔、季是什麼意思呢？《詩·小雅·何人斯》“伯氏吹壎，仲氏吹篪”，注云：“伯、仲、叔、季，兄弟相次之先後也。”《白虎通義·姓名》亦云：“稱號所以有四何？法四時用事先後，長幼兄弟之象也。故以時長幼，號曰伯、仲、叔、季也。伯者，長也。伯者，子最長，迫近父也；仲者，中也；叔者，少也；季者，幼也。”

　　隨着周王朝的建立和禮制的形成，人們對於親屬之間長幼順序的區分特別重視。這種以伯、仲、叔、季爲命名順序的習俗，也得到不斷發展和完善。男子的這種命名更有其特殊意

---

[1]　謝維揚：《周代家庭形態》171 頁，中國社會科學出版社，1990 年。

義,就是爲適應奴隸主貴族在血緣關係上的需要。它是周代奴隸主貴族家庭制度的重要特徵之一,不但姬姓家族如此,就是非姬姓家族也普遍采用起來,上列强氏、弭氏家族均非姬姓就是明證。區分長幼在兄弟之間除了爲盡長愛其幼、幼敬其長的天責外,還有繼承上的需要。在周代,繼承制度不僅包括財產的繼承,還包括官爵的繼承。因此,這種區分長幼的習俗與周代繼承制度有着密切關係。

在命名中區分長幼這一習俗,盛行於西周和春秋時期,戰國時期隨着禮崩樂壞,這種習俗也開始被打破,但其影響仍遠及秦代和後世。

(三)區分性別

金文中大部分人名都貫徹着性別的區分。通常區分性別采用兩種方式,第一種方式是在表字後加上"父"字或"母"字。加"父"字表示男性,加"母"字表示女性。也就是説,男子的表字是由一個表義的字和"父"字組成,如:吉父(見吉父鼎)、駒父(見駒父盨蓋)、遲父(見遲父鐘)、召父(見召父鼎)、安父(見安父鼎)等;表字往往與行第連稱,如:伯吉父鼎)、仲南父(見仲南父壺)、叔賓父(見叔賓父簋)、季右父(見季右父鬲)等。"父"字既表示性別,又是男子的美稱。女子的表字是由一個表義的字和"母"字組成,如:寧母(見寧母鬲)、成母(見成母鬲)等;女子的表字也與行第及姓連稱,如:孟姬良母(見齊侯匜)、仲姬客母(見干氏叔子盤)、叔姬可母(見蔡太師鼎)、季姬福母(見王伯姜鼎)等。"母"字既表明性別,又是女子的美稱。王國維説:"男子字曰某父,女子字曰某母。蓋男子之美稱莫過於父,女子之美稱莫過於母。男女既冠笄,有爲父母之道,故以某父某母字之也。"[1]第二種方式是通過人名中含有姓氏的成分體現性別。姓氏是個人所生家族的稱號,奴隸主貴族無論男女,每個人都有自己的姓和氏。第二節第三目已經講過,姓和氏有着本質的不同。姓用來區别婚姻,氏用來區别貴賤。男子稱氏,女子稱姓,正如《通志·氏族略》説的:"三代之前,姓氏分而爲二,男子稱氏,婦人稱姓。氏所以别貴賤,貴者有氏,賤者有名無氏。……故姓可呼爲氏,氏不可呼爲姓。姓所以别婚姻,故有同姓、異姓、庶姓之别。"因此,金文人名中含姓不含族氏者必爲女名,含族氏不含姓者必爲男名,既含族氏又含姓的亦是女名。

(四)名字相應

金文中見到的許多人的字,其含義與他的名的含義相同、相近或相互關聯,有的名與字的含義相反,但關係密切,相互呼應。王引之《春秋名字解詁序》云:"名字者,自昔相承詁言

---

[1]　王國維:《觀堂集林·女字説》,中華書局,1959年。

也。《白虎通義》曰:'聞名即知其字,聞字即知其名。'蓋名之與字,義相比附,故叔仲《説文》屢引古人名字,發明古訓,莫著於此。"王充在《識餘》卷三亦説:"古者立字展名,取同義。名賜,字子貢;名予,字子我。"《册府元龜》云:"蓋以名者,義之制;字者,名之飾。"兩者相輔相成,相互爲用,關係十分密切,故聞其一便知其二了。就目前所知,這種名字相應的特點最早見於西周早期,它對後世起名取字有着深遠的影響,現分述如下:

1. 名與字的含義相同,互爲訓詁。如:成康時期的臣諫簋,器主名諫,字趲父(見叔趲父卣),兄弟排行第三,擔任周王朝臣職。進言曰諫,也稱進諫;直言規勸,使其改正錯誤。李學勤先生説:"趲讀爲勸(勸有'進'義,故從'走')。名諫字勸,正相呼應。"[1]又如兮甲(見兮甲盤),字吉父(見兮吉父簋),兮國族人,西周宣王時期的重臣,即《詩·小雅·六月》中的吉甫。甲是天干的開始,吉也有始義,名字的含義相同。王國維先生説:"甲者,日之始,故其字曰伯吉父。吉有始義,古人名月朔爲月吉,以月之首八日爲初吉,是其證也。"[2]又如叔向父(見叔向父禹簋、多友鼎),名禹(見禹鼎、叔向父禹簋),西周厲王時期人,是以蜩蟲命名取字的。孫詒讓説:"《説文》云:'蠁,知聲蟲也,重文蛹。'司馬相如説從向。《玉篇·蟲部》:'蠁,禹蟲也。'若然,禹、蠁一蟲也。禹字叔向即以蟲名爲義,向即蛹之省。"[3]還有西周宣王時期的伯辛父(見伯辛父鼎),名此(見此鼎、此簋),旅國族首領,擔任周王朝善夫之職。該人以柴薪爲名,名與字含義相同。李學勤先生説:"《月令》注:'大者可析謂之薪,小者合束謂之柴。'名'此(柴)'可以字'辛(薪)'。"[4]再如西周晚期的伯其父(見伯其父慶簋),名慶,以傳説的瑞獸麒麟爲名字。慶即麖,麖同麟。《説文》:"麖,牝麒也。"段玉裁注:"張輯注上林賦曰:雄曰麒,雌曰麟,其狀麇身牛尾狼題。郭璞云麒似麟而無角。""其"是麒之省,《説文》:"麒,麒麟,仁獸也,麇身牛尾一角。"

2. 名與字含義相近。如:西周晚期旅族有個廟屛(見廟屛鼎),字淲父(見仲淲父鼎)。他是善夫伯辛父之弟。李學勤先生説:"'日乙'即'淲'字,意思是'水流下滴';'屛'假爲'潺湲'之'潺',流貌;也是名、字相應。"[5]潺潺流水和水流下滴含義相近。

3. 名與字的含義相互關聯,即所謂"連義",也就是由名的意義聯想到字的含義。如:西周中期的成周邦父壺蓋中的邦父,名周,成國人。周有環繞之義,引申爲一匝、四周和周圍。邦爲諸侯封國,既爲邦國就有疆域,就有國之四周和周圍。邦,古又通封,封疆就要環繞國之四周封樹。名取周而字稱邦父,由周(四周、周匝)聯想到有四面封疆的邦國。又如春秋時期

---

[1] 李學勤、唐雲明:《元氏銅器與西周的邢國》,《考古》1979 年第 1 期。

[2] 王國維:《觀堂集林·別集補遺·兮甲盤跋》,中華書局,2004 年。

[3] 孫詒讓:《古籀餘論》3·11,清光緒二十九年(1903 年)籀經樓刻本。

[4] 周瑗(李學勤):《矩伯、裘衛兩家族的消長與周禮的崩壞》,《文物》1976 年第 6 期。

[5] 周瑗(李學勤):《矩伯、裘衛兩家族的消長與周禮的崩壞》。

的郮公湯(見郮公湯鼎),字伯斲(見郮公伯斲簋),郮族首領,名湯。湯者,熱水也,斲可轉借
爲沸,熱水再加熱即可煮沸。由熱水聯想到水沸。又如西周孝夷時期的虢叔旅(見虢叔旅
鐘),亦稱虢旅(見嚭攸比鼎),虢國公族,字魚父(見虢旅魚父鐘)。旅借爲魯,魯字从魚从
𠙴、𠙴爲盛魚用具。"魯"的初義當爲盛放魚類的簍筐。名魯字魚父是由盛魚的用具——
魯,聯想到魚。春秋早期還有一個伯旅魚父,與虢叔旅(叔旅魚父)同名同字,名字取義完全
相同。再如西周中期有人名貧(見鱻鼎),字公貿。楊樹達云:"貧……疑是泉布之布之本字
也。泉布字經傳通作布,乃假布帛之布爲之,此字从貝,乃與泉布之義相合。……知其人字
公貿,蓋泉布爲貿易所需,故名字義互相應合如此。《詩·衛風·氓》云'抱布貿絲',是其證
也。"[1]再如西周晚期有一位中友父(見中友父簋),中氏,與同坑出土的中義鐘的中義爲一
人,名義字友父,取其與朋友交往要有情義。另外,西周晚期的仲𢏚臣父(見仲𢏚臣父盤),名
𢏚,字臣父。《說文·𢏚部》:"𢏚,持也,象手有所𢏚據也。……讀若戟。"甲骨金文中𢏚字像
人雙手作持物狀,巩(鞏)、㧴(執)、𢳂、𢶘(執)、𩛵等字均从𢏚,就連頌揚的揚字(𢏚、𢏚、𢏚)
字的形旁亦作𢏚,故𢏚有奉義。《說文·臣部》:"臣,牽也,事君也,象屈服之形。"名𢏚字臣
父,即由𢏚(奉)聯想到侍奉於王朝公室的臣僕。

4. 名與字含義相反。如西周中期的作册吳盉中有一個名叫舊偈的人,是周王的近臣,跟
隨周王在斄南林參加執駒典禮,後又跟隨周王在渭參加執駒典禮,稱舊趄(見達盨),舊氏。
"偈"和"趄"乃一名一字。偈,形容疾馳。《廣雅·釋詁一》:"偈,疾也。"《詩·檜風·匪風》:
"匪車偈兮。"陸德明釋文:"偈,疾也。"《文選·宋玉〈高唐賦〉》:"偈兮若駕駟馬,建羽旗。"李
善注引《韓詩》曰:"偈,桀伛也,疾驅貌。"趄,形容躊躇不前、徘徊不進。《說文·走部》:"趄,
不行兒。"《楚辭·東方朔〈七諫·沉江〉》:"驥躊躇於弊輦兮。"王逸注:"躊躇,不行貌。"偈與
趄含義相反。又如春秋中期蘇國公子名甲,字癸父(見蘇公子癸父甲簋)。甲和癸分別是天
干的首和尾,含義相反。金文中這些含義相反的名與字關係十分密切,兩者相輔相成,相互
呼應,表現出了古人命名取字的創造性和藝術性。

四、金文中的同名現象

同名現象古今皆有,明代人余寅編纂的《同姓名錄》起自上古,迄於元代,雖然較梁元帝
的《古今同名姓錄》廣泛得多,但仍不免掛漏棄遺,特別是金文資料爲其所未見。

金文資料反映出商周時期同名現象是很普遍的,同名現象最多的是婦女名、日名、謚號
和在一定場合中用官爵、排行代替一個具體人的名稱。上面已經講過,日名是在世者對過世

---

[1]　楊樹達:《積微居金文說》107—108 頁,中國科學院,1952 年。

者的稱呼,組成方式是在天干之前加上親屬稱謂的祖、妣、父、母、兄或"曰"字,或者在天干之後加上行第或"公"字組成。天干只有十個,所以重複的機會特別多。據不完全統計,目前發現叫乙伯者 10 人,乙公者 18 人,母辛者 23 人,曰辛者 24 人,祖丁者 78 人,祖乙者 105 人,父庚者 105 人,父戊者 142 人,父己者 307 人,父癸者 455 人,父辛者 456 人,父丁者 642 人,父乙者 752 人。

　　謚號是古人在人死後按其生前的事蹟評定褒貶給予的稱號,臨葬而謚之。金文中謚號只使用幾個具有尊隆義或者貶義的字,所以重複的機會也比較多。

　　一些官職稱號,在其特定的場合中,可以代表一個具體人;在不同場合,不同銘文中有可能是指不同的人,因爲同一官職,同時期或者先後可以由不同的若干人擔任,它和今天的總統、總理等稱號一樣。

　　在排行上冠以族氏名的某伯、某仲、某叔、某季等稱謂,也是一個通名。這一輩可以這樣稱呼,下一輩也可以這樣稱呼;這一個族氏可以這樣稱呼,另一個族氏也可以這樣稱呼。爵稱也是這樣,這一代有邢侯、榮伯,下一代也有邢侯、榮伯,只要國不滅,每代都會有邢侯、榮伯。所以,這類人名重複的現象當然會很多。

　　本文所說的同名是指私名,即名與字的相同者。這種同名現象雖不如上述幾類嚴重,但仍然是很多的。如:取字角父者有 2 人,一人爲伯角父(見伯角父盉),西周中期人,他在兄弟間排行爲老大;另一個是叔角父(見叔角父簋),亦西周中期人,但他在兄弟間排行第三,族徽爲"ㄱ"。取字伐父者有 2 人,西周中期後段有一個叔伐父(見叔伐父鼎),西周晚期有一個仲伐父(見仲伐父甗),一仲一叔必爲二人。取字𤎟父者 2 人,一爲叔𤎟父(見叔𤎟父卣),西周康昭時期人,他在兄弟間排行第三;另一位稱師𤎟父(見叔多父簋),他是叔多父的祖父,擔任周王朝的師職,生世約在西周晚期。取字吉父者 3 人,一爲兮伯吉父(見兮甲盤),兮氏,在兄弟間排行第一,西周宣王時期的重臣,擔任善夫之職;另一位是遣叔吉父(見遣叔吉父盨),西周晚期人,遣氏,在兄弟間排行第三;再一個是小子吉父(見小子吉父方甗),小子吉父方甗出土於河南陝縣上村嶺虢國墓地,當爲虢國器物,此吉父是春秋早期虢國國君的小兒子。取字爲辛父者 3 人,都是西周晚期人,一個叫伯辛父(見伯辛父鼎),從同坑出土的器物得知他爲旅氏族長,名此,擔任周王朝善夫之職;另一個叫仲辛父(見仲辛父簋),族氏不明,在兄弟間排行第二;第三個叫孟辛父(見孟辛父鬲),按照謝維揚的說法,他應是某國氏的庶長子。取字友父者 3 人,中友父(見中友父簋),西周晚期中氏家族人;郳友父(見郳友父鬲),春秋早期郳國人,郭沫若先生說:"友父,疑即春秋郳子益之字,與魯哀公同時。"[1]另外,西周晚期還有一個叔友父(見叔友父簋)。取字山父者 3 人,一個是伯山父(見伯山父壺),是某氏的族

---

[1]　郭沫若:《兩周金文辭大系圖錄考釋》考 193 頁,科學出版社,1957 年。

長;另一個是召叔山父(見召叔山父簠),春秋早期人,召公的後裔,兄弟排行第三,擔任鄭國的大司工;再一個是歸叔山父(見歸叔山父簠),西周中期後段人,歸氏,兄弟間排行也是第三,其妻爲疊姬。取字其父者3人,西周穆王時期有其父,是敔的上司(見敔鼎);西周晚期還有伯其父(見伯其父簠)、仲其父(見仲其父簠),排行不同當爲二人。取名吴者也有3人,西周早期有兩個人名吴,一個見於吴鼎、吴卣,另外還有一個見於吴盤、吴盂,但這位名吴者族徽爲"亞御";西周恭王時期有人名吴,擔任周王朝内史和作册之職(見吴方彝和師虎簠)。取名申者4人,西周中期前段有名申的(見申簠蓋),春秋時期楚國的王子名申(見王子申盞),莒國太史名申(見莒太史申鼎),秦國上郡武庫監造兵器的丞名申(見二十五年上郡守厝戈)。取字皇父者4人,都是西周晚期人,一個是叔皇父(見叔皇父鬲),族氏不明,在兄弟間排行第三;第二個是辛叔皇父(見辛叔皇父簠),辛氏族人,其妻爲中姬(中氏之女);第三個是函皇父(見函皇父鼎),函氏家族人,娶妻琱妘;第四個是王仲皇父(見王仲皇父盂),王氏,兄弟間排行第二。取名啓者5人,西周早期有坰氏的小子名啓(見坰小子啓鼎),春秋早期楚國有冶尹名啓(見鄭令郭橐澮戈),戰國中期楚國有鄂君啓節(見鄂君啓節),戰國時期有某國右庫的管理人員名啓(見武信令馬師閤鈹),戰國晚期有秦國的丞相啓(見丞相啓顛戈)。取字多父者4人,有伯多父(見伯多父盨),器出於陝西,西周晚期人,非姬姓,其妻爲成姬多母;芮伯多父(見芮伯多父簠),西周晚期人,姬姓,芮國族首領;叔多父(見叔多父簠),西周晚期人,姜姓,師馘父的後裔,兄弟排行第三;厥叔多父(見厥叔多父盤),亦稱厥多父,西周晚期人,厥氏,兄弟排行第三。取字魚父者4人,西周中期有伯魚父(見伯魚父壺)和叔旅魚父(見叔旅魚父鐘),西周晚期有犀伯魚父(見犀伯魚父鼎),春秋早期有伯旅魚父(見伯旅魚父簠)。三個伯魚父排行、表字相同,但前兩個是西周時期人,後一個則是春秋早期人。西周的兩個伯魚父一個在中期,一個在晚期,且爲犀氏。叔旅魚父和伯旅魚父均名旅字魚父,但排行不同,從相關器物得知,叔旅魚父又稱虢旅、虢叔旅,是虢國公族。取字上父者4人,西周早期的攸爵有上父,西周恭王時期的師訇鼎有公上父,西周晚期有孟上父(見孟上父壺)和伯上父(見伯上父鬲)。取字良父者4人,其中叔良父2人,一見於叔良父盨,器出於陝西扶風縣,西周晚期人;一見於叔良父匜,也是西周晚期人,擔任鑄(祝)國的大正;第三個是事季良父(見事季良父壺),亦爲西周晚期人,事氏,擔任周王朝太師之職;第四個是司寇良父(見司寇良父壺),同樣是西周晚期人,擔任西周王朝司寇之職。取名元者5人,商末周初有人名元(見元卣),族徽爲"狽";西周早期後段有人名元(見元卣);春秋早期虢國太子名元(見元戈、元矛);春秋時期魯國的大司徒名元(見元鼎);吴國國王一名元(見攻吴王元劍),吴王壽夢之子,公元前560年即位,在位十三年。取字家父者5人,一個只稱家父(見家父爵),未帶排行,西周早期人;一個是叔家父(見叔家父簠),國氏不明,其妻爲仲姬。另外兩個是伯家父,一個姜姓,其女兒叫孟姜(見伯家父作孟姜簠),西周晚期人;另一個伯家父(伯家父簠蓋),也是西周晚期人,但名鄁字家父;第五個是晉叔家父(見晉叔家父盤),晉國公族,李學勤先生認爲即晉殤叔,晋侯邦父之弟,《史記·晋世家》載晋穆侯二十七年(前 785 年)卒,弟殤叔自立,後四年(前 781 年)被文侯所殺。取字原父者 6 人,一個是西周晚期單國族首領,叫單伯原父(見單伯原父鬲);一個是魯國太宰(見魯太宰原父簋),春秋早期人;再一個是西周晚期的仲原父(見仲原父匜),其妻爲許姜;還有一個是叔原父(見叔原父甗),春秋早期陳國的公子;另外兩個都是鄭國人,分別是春秋早期鄭國的師(見鄭師原父鬲)和饗人(見鄭饗原父鬲)。取字邦父者 6 人,一個叫伯邦父(見伯邦父鬲),西周晚期人,兄弟排行第一;一個叫成周邦父(見成周邦父壺蓋),西周中期後段人,成氏,名周字邦父;一個是晋侯邦父(見晋侯邦父鼎),西周晚期晋國國君(有人認爲是晋穆侯費王);一個叫南仲邦父(見駒父盨蓋),西周宣王時期人,南氏,兄弟排行第二,曾隨同駒父去南淮夷收取貢賦;再一個叫叔邦父(見厲盨),西周屬宣時期人,在厲王奔彘後,輔佐宣王有功,宣王曾賜給車輛馬匹等;另外還有一個子邦父(見子邦父甗),西周中期人,子氏。另外,還有名叫令、疾、丂、卬、倗、明、冉、恒、立、青、召、引、員、夾、中、賓父、士父、侯父等等,都有較多重名,不再贅述。

(1993 年在國際周秦文化學術討論會上宣讀,1998 年 11 月收入《周秦文化研究》,陝西人民出版社,1998 年,2021 年 4 月修訂)

試論周代女性稱名方式

傳世文獻對於先秦古國、古族的姓氏有許多記載,如今有些已經佚失,有的互相矛盾。兩周青銅器銘文中包含大量的女性稱名,這對於判斷諸侯國族姓有着重要的意義。但由於女性稱名在銘文中非常複雜,同一位女子自名是一回事,別人稱呼又是一回事;這個人這樣稱呼,那個人那樣稱呼。一個人就有好多種稱名。其實,男性也是這樣,本文討論女性的稱名,故男性的稱名問題暫不涉及。學者們對於女性稱名做過許多研究,但由於沒有抓住要害,同樣一條資料,却會得出不同的結論,甚至於得出相反的結論。

古代彝銘往往很簡約,當事人在當時的場合所用的稱名,他們很容易區分,而我們面對的却是西周到春秋戰國將近一千年中衆多的諸侯國和不斷增加的族氏,還有一些未搞清的古國、古族和古姓。要正確區分某一女子的族氏,除了符合常規以外,還需要具體問題具體分析,並要得到旁證才能下結論。

一個人的稱名,關鍵點在於站在哪種立場來稱呼他。在傳世文獻或者青銅器銘文中出現的女性稱名,同一位女子,由於稱呼人立場不同,就會形成幾種不同的稱名。筆者把古代女性的稱名分爲兩大類。一類是他稱,是別人稱呼的名稱;另一類是自稱,就是女性自己作器使用的名稱。

傳世文獻中見到的女性稱名,有未婚女子,也有已婚婦人,但都是他稱,因爲文獻是古代史官的記録,或者是書籍作者的記述,所以都是他稱。如《左傳·襄公十二年》載"秦嬴歸於楚"中的"秦嬴",又如《左傳·僖公四年》"晋獻公欲以驪姬爲夫人"中的"驪姬"等。這種稱謂一般都是由女子的族氏和姓組成,基本上都不會有女子私名。

他稱可分爲父母、祖父母、兄弟爲女子鑄造的媵器銘文中對女兒、孫女、姊妹的稱謂,丈夫爲妻子、兒子爲母親鑄造青銅器時在銘文中對妻子或母親的稱謂,以及其他作器者在銘文中對他人妻子或其他女性的稱謂等。自稱是婦女爲自己鑄造青銅器,或者爲其丈夫、長輩鑄造青銅器時列舉的自己的名稱。下面我們分別進行討論。

壹 女性的他稱

一、父母爲女兒鑄造媵器中對女兒的稱名

父母爲女兒鑄造媵器對女兒的稱名方式,在青銅器銘文中目前見到十種。其中第一種

是較爲完整、正式的稱名通例,省去排行、姓名等部分則是其變例。

1. 婿家族氏+排行+自家的姓+女兒名字。如:楚王鼎"楚王滕隨仲芈加飤繇"(《銘圖》02318)。[1]"隨"是女兒丈夫的族氏,即曾,"仲"是女兒的排行,"芈"是楚國王室的姓,"加"是女兒的私名。"芈加"亦可稱"加芈",2012 年湖北隨州市公安局偵破盜墓案件所繳獲文物中有 4 件簋,銘文爲"加芈之行簋,其永用之"(《銘續》0375)。[2]

另外,傳世的王子申盞(《銘圖》05960),銘文有"王子申作嘉芈盞盨","嘉芈"即"加芈",均與芈加爲同一位女子。

2. 婿家族氏+排行+自家的姓。這是第 1 式的變例之一,稱謂中省去女子的名字。如曹伯盤"曹伯滕齊叔姬盤"(《銘圖》14394)。"曹"是文王第六子曹叔振鐸的封國,姬姓,嫁女於姜姓的齊國,稱女兒爲"齊叔姬"。"叔"是女兒的排行。鄭伯匜"鄭伯作宋孟姬滕匜"(《銘圖》14946)。鄭伯的女兒嫁於宋,故用其婿家的族氏和自家的姓,再加上排行來稱呼女兒。又如賈伯簋"賈伯作世孟姬尊簋"(《銘圖》05130)。賈伯將大女兒嫁給世氏,稱女兒爲"世孟姬"。另外,還可以在婿家氏名之後加上"氏"字,如毛叔盤"毛叔滕彪氏孟姬寶盤"(《銘圖》14489)。有的還在婿家氏名之後加上表示身份的"婦",如芮公鬲"芮公作鑄京氏婦叔姬滕鬲"(《銘圖》02989)。又如仲白匜"魯大司徒子仲白作其庶女厲孟姬滕匜"(《銘圖》14993)。"厲"是女兒丈夫家的族氏,"姬"是作器者子仲白家的姓,其中還標明"孟姬"是其庶女。

3. 婿家族氏+自家的姓+女兒名字。這是第 1 式的變例之二,稱謂中省去女子的排行。如魯伯愈父鬲"魯伯愈父作邾姬仁滕羞鬲"(《銘圖》02902)。"邾"是女兒丈夫的族氏,"姬"是魯伯愈父的姓,"仁"是魯伯愈父女兒的私名。

4. 婿家族氏+自家的姓。這是第 1 式的變例之三,稱謂中省去女子的排行和名字。如蔡侯鼎"蔡侯作宋姬滕鼎"(《銘圖》02144),"宋"是女兒丈夫的國家,也就是族氏;"姬"是蔡侯的姓,故蔡侯稱女兒爲"宋姬"。宋眉父鬲"宋眉父作豐子滕鬲"(《銘圖》02811)。宋爲子姓,嫁女於豐氏,故宋眉父稱女兒爲"豐子"。還有倗仲鼎"倗仲作畢媿滕鼎"(《銘圖》01961),倗氏媿姓,嫁女於姬姓的畢氏,倗仲稱女兒爲"畢媿"。邾友父鬲"邾友父滕其子胙曹寶鬲"(《銘圖》02938)。邾是曹姓,邾友父的女兒嫁於姬姓的胙氏,稱女兒爲胙曹。

5. 自家族氏+婿家族氏+自家的姓+女兒名字。這一式是在第 1 式基礎上增加了自家的族氏。如眞侯簋蓋"眞侯作眞邢姜妢母滕尊簋"(《銘圖》04939)。"眞"是父家的國氏,

[1] 吴鎮烽:《商周青銅器銘文暨圖像集成》,上海古籍出版社,2012 年。以下簡稱《銘圖》,後面的數字爲該器的編號。爲行文方便,銘文釋文均采用通行漢字。

[2] 吴鎮烽:《商周青銅器銘文暨圖像集成續編》,上海古籍出版社,2016 年。以下簡稱《銘續》,後面的數字爲該器的編號。

"邢"是夫家的國氏，"姜"是自家的姓，"妢母"是女兒的字。這是一個既有父家族氏又有夫家族氏和女兒姓名的稱謂。當然也可以加上女子的排行，成爲最繁複的父母對出嫁女兒的稱名。

6. 排行+自家的姓+女兒名（或字）。這一式稱謂中既没有婿家的族氏，也没有自家的族氏。如曹公簠"曹公縢孟姬惢母筐簠"（《銘圖》05929），楚屈子赤目簠"楚屈子赤目縢仲羋璜飤簠"（《銘圖》05960），魯太宰原父簠"魯太宰原父作季姬牙縢簠"（《銘圖》04919）。"孟""仲""季"是女子的排行，"惢母""璜""牙"是女子的字或名。又如王伯姜鼎"王伯姜作季姬福母尊鼎，季姬其永寶用"（《銘圖》02074）。前面稱女子爲"季姬福母"，後面稱"季姬"，省略了女子的字"福母"。另外，也可以加上親屬稱謂"子""孫"等，表示與作器者的親屬關係。如：番匊生壺"番匊生鑄縢壺，用縢厥元子孟改乖"（《銘圖》12416），長子龘臣簠"長子龘臣擇其吉金，作其子孟羋之母縢簠"（《銘圖》05973），養仲盤"養仲作其孫叔嬴酏縢盤"（《銘續》0943）。"子""孫"均親屬稱謂，表示與作器者的親屬關係。"乖、之母、酏"分別是番匊生的長女、長子龘臣的長女和養仲的三孫女的私名。又如薛仲蕾簠"薛仲蕾作仲妊兹母縢伯同縢簠"（《銘續》0503—0505）。薛仲蕾爲女兒做縢器，稱名中"仲"是排行，"妊"是自家的姓，"兹母"是女兒的字。另外，銘文中還加上了婿家的族名"縢"和女婿的名字"伯同"。

7. 排行+自家的姓。這一式没有夫家的族氏，也不加女子的名字，是父母對出嫁女兒稱名的簡略式之一。如胡叔胡姬簠"胡叔胡姬作伯媿縢簠，用享孝于其姑公"（《銘圖》05057），蔡侯簠"蔡侯縢孟姬寶筐簠"（《銘圖》05933），伯家父鬲"伯家父作孟姜縢鬲"（《銘圖》02900），復公仲簠"復公仲若我曰：其擇吉金，用作我子孟媿寢小尊縢簠"（《銘圖》05105），荀侯盤"荀侯作叔姬縢盤"（《銘圖》14419）。其中"伯""孟""叔"是這些女子的排行。"伯"和"孟"都表示姊妹中排行居長者，一個是嫡長女，一個是庶長女。《白虎通·姓名》："適長稱伯，伯禽是也；庶長稱孟，魯大夫孟氏是也。"另外，也可以在姓之前加上親屬稱謂"子""元子"等。如齊侯盂"齊侯作縢子仲姜寶盂"（《銘圖》06225），槃可忌豆"槃可忌作厥元子仲姞縢敦"（《銘圖》06152）。"子"和"元子"僅表示受器者與作器者之間的關係，不是女子稱謂的組成部分。

8. 自家的姓與女兒的名（或字）連稱。既没有婿家的族氏，也不加排行。這也是父母對出嫁女兒稱名的簡略式之一。如魯伯愈父簠"魯伯愈父作姬仁縢簠"（《銘圖》05862），陳侯鼎"陳侯作鑄嫣四母縢鼎"（《銘圖》02212），榮有司再鼎"榮有司再作齍鼎，用縢嬴龖母"（《銘圖》01971）。其中"姬""嫣""嬴"都是女兒父家的姓。"仁"是女兒的名，"四母""龖母"分別是陳侯和榮有司再女兒的字。魯伯愈父簠共3件，同組器還有6件鬲、3件盤和1件匜，均爲魯伯愈父爲女兒姬仁所作的縢器。在鬲、盤、匜銘文中，稱女兒爲邾姬仁，帶有丈夫的族氏"邾"，此則省却。此式中也可以把女婿的名字放在女兒名字的前面。如：辛王姬簠"辛王姬作叔西父姬西母賸簋"（《銘圖》05017）。"叔西父"是其女婿，"姬"是自家的姓，"西母"是女兒的字。

9. 僅稱自家的姓。這一式最簡單，只有女子的姓，也就是作器者的姓。如楚季旬盤"楚季旬作羋尊賸盥盤"（《銘圖》14465）。另外，也可以在姓之前加上"子"。如公子㠱父鼎"公子㠱父作子姜賸鼎"（《銘續》0183）。"子"是親屬稱謂，表示受器者是㠱父的女兒。"子"在古代兼指兒女。《儀禮·喪服》："故子生三月，則父名之，死則哭之。"鄭玄注："凡言子者，可以兼男女。"《史記·淮南衡山列傳》："衡山王賜，王后乘舒生子三人，長男爽爲太子，次男孝，次女無采。又姬徐來生子男女四人。"

10. 僅稱女兒的名或字。這一式也最簡單，只有女子的名字，如夒膚簠"夒膚擇其吉金，爲騅兒鑄賸簠"（《銘續》0501），杞伯雙聯鬲"杞伯作車母賸鬲，用享孝于其姑公"（《銘續》0263），許夆魯生鼎"許夆魯生作壽母賸鼎"（《銘圖》02127）。這三件器物也是父親爲女兒所作的賸器，其稱名與女子出嫁前在家的稱名相同。

據統計，《銘圖》與《銘續》中父母所作賸器中對女兒的稱名共 230 條，除去情況不明者 25 條外，其中列舉婿家族氏者 93 例，不列舉婿家族氏者 112 例。不列舉婿家族氏者占到總數的一半還多。

有人認爲只有用"丈夫的氏名（即宗族名）+自己的姓"這種稱名，才能方便父親區分嫁給同姓族氏的幾個女兒。其實，這是多餘的假想。現實生活中情況並不是這樣。像第 9 種和第 10 種方式，只稱呼自家的族姓或女兒的名字，或者只用自家的姓+女兒私名，同樣也可以區別，不論有幾位女兒，不論她嫁到哪個國家或宗族，都不會造成混亂。這是爲什麼呢？因爲賸器是父母給出嫁女兒使用的，賸器也要隨着女兒送到夫家。自己知道哪個女兒嫁給了哪個國家、哪個宗族，女婿家族也明白她是來自哪個國家、哪個宗族，在這種特定的場合、特定的時段內，不會發生混亂。所以，父家在賸器銘文中對女兒的稱謂加上夫家的族氏，並不是爲了區別，更不應把加上女兒夫家族氏看作是宗法制度下女子稱名的一條原則，其實它就是一種女性稱名方式而已。

二、父母爲女兒鑄造賸器中對隨嫁賸女的稱名

文獻記載，周代諸侯間嫁女往往有隨嫁的賸女。《左傳·成公八年》："衛人來賸共姬，禮也。凡諸侯嫁女，同姓賸之，異姓則否。"《公羊傳·莊公十九年》說："賸者何？諸侯娶一國，則二國往賸之，以姪娣從。"《儀禮·士昏禮》也有："婦徹于房中，賸御餕，姑酳之。"鄭玄注："古者嫁女必姪娣從，謂之賸。姪，兄之子；娣，女弟也。"從青銅器銘文中得知，賸女除同姓者外，異姓也從賸，與《左傳》所說不同。

父母爲女兒鑄造賸器，有的在女兒的賸器銘文中也列舉賸女的稱名，有的還單獨給隨嫁賸女鑄造賸器。其稱名方式目前見到的有三種。

1. 媵女的族氏+媵女的姓（也可加媵女的排行和名字）。這是最常用的一式。如楚王鐘“楚王媵邛芈南龢鐘”（《銘圖》01247）。邛與楚同姓“芈”，楚王嫁女，邛國女子從媵。楚王爲她鑄造媵器，稱她爲“邛仲芈南”。“邛”是其所在國的族氏，“仲”是其排行，“芈”是其姓，“南”是媵女之名。這是同姓國從媵。對此銘文也有不同理解。有人認爲此爲楚王嫁女於邛，邛即江，文獻記載江爲嬴姓，故“邛仲芈南”是楚王之女。“邛”與“江”是否一國，尚有争論。筆者認爲“邛”與“江”二字雖可通假，但它不是一個國家。從下面的曾侯簠可知邛與楚是同姓國，而非嬴姓江國。

曾侯簠“叔姬霝乍黄邦，曾侯作叔姬、邛芈媵器簠彝”（《銘圖》05936）。“叔姬霝乍黄邦”即叔姬霝嫁往黄國，曾侯爲其女叔姬作媵器，邛國芈氏女來媵，曾侯並鑄之於器。邛與楚同姓，春秋時期的小國，或爲楚之附庸。又如許子妝簠“許子妝擇其吉金，用鑄其簠，用媵孟姜、秦嬴”（《銘圖》05962）。許爲姜姓，“孟姜”是許子妝的大女兒，“秦嬴”是來自秦國的媵女，嬴姓，故稱秦嬴。這是異姓國女子從媵。還有上䣜公簠“上䣜公擇其吉金，鑄叔芈、番改媵簠”（《銘圖》05970）。文獻記載䣜國是允姓，但䣜國被秦占領後，䣜國一部分居民逃到湖北宜城稱爲上䣜，有人説是楚國的附庸，實際上它就是楚國的一個縣邑。楚國所封的縣公一般都是楚國公族或王子。所以，筆者認爲這個上䣜公是芈姓，這件媵簠是上䣜公爲自己出嫁的女兒叔芈所作的媵器，番氏之女從媵，番爲改姓，故稱番改。

2. 媵女的排行+媵女的姓。如魯伯大父簋“魯伯大父作孟姜媵簋”（《銘圖》04861）。我們知道魯國是姬姓，此女姜姓，她肯定不是魯伯大父的女兒，應是從媵魯伯大父女兒的一位姜姓女子，但在稱名中没有提及女子的族氏，只稱排行和姓。另外有一件魯伯大父爲季姬婧鑄造的媵簋，形制、紋飾與魯伯大父爲孟姜鑄造的媵簋相同，大小相若，銘文除女子之名不同外，其餘完全相同，也證明了孟姜就是季姬婧的從嫁媵女。相同的例證還有4件陳侯簠，形制、紋飾相同，大小相若。其中兩件陳侯簠銘文是“陳侯作王仲嬀㸑媵簠”（《銘圖》05937、05938），這是陳侯爲嫁往周王室的次女仲嬀所作的媵器；而另外兩件陳侯簠銘文是“陳侯作孟姜𤔲媵簠”（《銘圖》05939、05940）。陳國嬀姓，此女姜姓，這位姜姓國女子肯定是王仲嬀的從媵女子，陳侯也爲她單獨鑄造了兩件相同的媵器。

3. 媵女名字+媵女國的姓。如曾夫人匜“曾夫人作仲姬、辛姬盥匜”（《銘圖》14964），銘文中雖然没有“媵”字，但從銘文内容可知這應是曾夫人爲女兒和媵女所作的媵器。曾夫人稱自己的女兒爲仲姬，説明是二女兒，稱媵女爲“辛姬”。這裏“辛”不會是族氏，因爲從中伯作辛姬變人媵壺可知“中”氏是姬姓，女兒姬變人嫁於辛宗族，證明辛宗族不是姬姓。所以此處的“辛”應是媵女之名。周代女子同時稱私名和姓，名在姓前與姓後，均是可以的。史書就有例證，如《國語·晉語》的“殷辛伐有蘇，有蘇以妲己女焉”。《史記》索隱説“有蘇氏女，妲字，己姓也”。青銅器銘文的例證如季宫父簠“季宫父作仲姊孃姬媵簠”（《銘圖》05889），“仲”是排行，“姊”是親屬稱謂，“姬”是自家的姓，“孃”是私名，就是放在姓之前的。又如隨州市棗樹林曾侯寶夫人墓（M169）出土的楚王爲女兒所作的媵盤、缶稱“隨仲芈加”，而夫人自作的一套編鐘就自稱“加芈”。還有鄬子孟青嬭簠（《銘圖》05795），器銘云“鄬子孟青嬭之飤簠”，蓋銘云“鄬子孟嬭青之飤簠”，其他例證還有許多，此處就不多舉了。

三、兄弟爲姊妹鑄造媵器中對姊妹的稱名

青銅器銘文中，兄弟爲姊妹鑄造媵器對姊妹的稱名，基本上和父母爲女兒作媵器的稱名方式一樣，只是其中有對姊妹的親屬稱謂。目前見到的有五種方式。

1. 姊（或妹）+夫家族氏+夫人+排行+自家的姓。如宋公欒簠“有殷天乙唐孫，宋公欒作其妹句吳夫人季子媵簠”（《銘圖》05904）。“句吳”也就是吳國，姬姓。據考證此句吳夫人就是吳王光的夫人。“季”是宋公欒妹妹的排行，“子”是宋公的姓，故稱“季子”。這一式中間的“夫人”二字可有可無，也可以再加上女子的名字。

2. 排行+姊（或妹）+夫家族氏+自家的姓。如邢公簠“邢公作仲姊婁姬寶尊簠”。其中“姊”是親屬稱謂，“婁”是邢公姊夫家的族氏，“姬”是邢公的姓。婁國或者婁氏見於婁伯簠（《銘續》0509），是一個妊姓族氏。這一式也可以再加上女子的名字。

3. 姊（或妹）+排行+自家的姓+姊妹的名字。這一式沒有夫家的族氏。如養伯受簠“養伯受用其吉金，作其元妹叔嬴爲心媵饎簠”（《銘圖》05941）。“妹”表示親屬稱謂，“叔”是其妹的排行，“嬴”是自家的姓，“爲心”是其妹的私名。

4. 姊（或妹）+女子名字。如西替簠“西替作其妹斳尊簠”（《銘圖》05799），銘文中雖然沒有“媵”字，哥哥爲妹妹所作之器，即便不是出嫁時所作，但也是要送往妹夫家使用的，等同於媵器。

5. 僅稱親屬稱謂（妹、姊），也可以在親屬稱謂之前加上尊隆之詞。如芮伯盂“芮伯拜稽首，敢作王姊盂，其罕倗伯萬年，用饗王逆覆”（《銘續》0979），這是芮國國君爲嫁給倗伯的姐姐所作的媵器，銘文中雖然沒有“媵”字，稱名中既不加姐夫倗伯的族氏，也沒有自家的姓，僅僅稱其爲“姊”。“王”在此應讀爲“皇”，義爲大、美。它和史伯碩父鼎“史伯碩父追孝于皇考釐仲、王母泉母尊鼎”中的王母一樣，是對其長輩的尊稱、美稱。當然，像伯康簠“伯康作寶簠，用饗朋友，用饋王父、王母”中的王父、王母的稱名，有人就以《爾雅·釋親》的“父爲考，母爲妣；父之考爲王父，父之妣爲王母；王父之考爲曾祖王父，王父之妣爲曾祖王母；曾祖王父之考爲高祖王父，曾祖王父之妣爲高祖王母”之説來解釋銘文中的“王父”就是“祖父”，“王母”就是“祖母”。表面上看似有道理，其實不然。《爾雅》成書於漢初，資料來自《楚辭》《列子》《莊子》《吕氏春秋》等書，其中的親屬稱謂已與商周時期不同。在商周金文中祖父一般稱爲“祖”，祖母稱爲“妣”，如戜鼎（《銘圖》02448）“其用夙夜享孝于厥文祖乙公，于文妣日戊”。又如復丰壺（《銘圖》12447）“復丰及仲子作爲寶壺，用享用孝于其皇祖、皇妣、皇考、皇母，用祈眉壽久歲難老，其萬年無疆”。所以，芮伯盂的“王姊”應讀爲“皇姊”；伯康簠中的“王父”

"王母"應讀爲"皇父""皇母",他們是伯康的父母,而不是祖父母。"王父、王母"義爲偉大的美好的父親母親。

四、丈夫作器對妻子的稱名

青銅器銘文中丈夫爲妻子作器,或者丈夫自作器,對妻子的稱謂有六種方式。

1. 岳父家族氏+妻子的排行+岳父家的姓。如仲生父鬲"仲生父作邢孟姬尊鬲"(《銘圖》03005),善夫旅伯鼎"善夫旅伯作毛仲姬尊鼎"(《銘圖》02210),大祝追鼎"伯大祝追作豐叔姬鸞彝"(《銘圖》02396)。這是最基本的方式,其中還可以增加女子的名字。去掉姊妹間排行,則爲變例。

2. 岳父家族氏+岳父家的姓。如佣伯鼎"佣伯作畢姬用鼎"(《銘圖》01821),這是佣伯爲來自姬姓畢氏的夫人作器,對夫人的稱名用岳父家(妻子的父家)的族氏和姓。伯碩父鼎"伯碩父作尊鼎,用道用行,用孝用享于卿事、辟王、庶弟、元兄……伯碩父、申姜其受萬福無疆",這是伯碩父自作用器,在銘文中爲自己和妻子祈福,稱妻子爲"申姜"。"申"是其妻父家的族氏,"姜"是申國的姓。《左傳·隱公元年》曰:"鄭武公娶于申,曰武姜。"《國語·周語中》云:"齊、許、申、吕由大姜。"韋昭注:"四國皆姜姓。"又如伯猇(yín)父鬲"伯猇父作邢姬、季姜尊鬲"(《銘圖》02830),伯猇父爲二位夫人作器。第一位夫人用岳父家的族氏和姓稱"邢姬",第二位夫人用姊妹間排行和岳父家的姓稱"季姜"。

3. 自家的族氏+岳父家的姓。如虢仲鬲"虢仲作虢改尊鬲"(《銘圖》02739)。另外,1993年三門峽2009號墓出土四件虢仲盨(《銘圖》05577、05578),銘文是"虢仲作虢改寶盨"。"虢"是姬姓,這位"虢改"必是改姓族氏的女子嫁於虢仲者。這一式稱名曾有許多奇奇怪怪的解釋。如有人認爲"虢改"與墓主虢仲的關係可能是公公與兒媳的關係,也有人認爲她更可能是虢仲的母親,這是虢仲將爲母親所作的祭器帶入了自己墓中。

兒子爲父母鑄作祭器都是爲了享祀父母、崇敬父母。凡是兒子爲母親鑄造的祭器,不管用何種方式,其前必然都有修飾詞"皇母"或"文母"之類,如果一件器物同時是給父親和母親鑄造的祭器,那麼在其父母稱謂之前就分別冠以"皇考""皇母",或者只有"皇考""文考"之類的修飾詞,以統領父母,而虢仲鬲、虢仲盨則沒有。況且,虢仲鬲銘文是"尊鬲",虢仲盨銘文是"寶盨",也看不出是祭器,説明虢改不是虢仲的母親。

認爲虢仲鬲、虢仲盨是虢仲爲兒媳鑄造,這更是一種不着邊際的猜想。在青銅器銘文中,至今尚未見到公公給兒媳作器的確鑿例證。虢仲盨一套四件都出土於三門峽虢仲墓(即2009號墓)內。丈夫將爲妻子作的器物埋進自己的墳墓,表示夫妻關係和諧,兒子將爲母親作的器物埋進自己的墳墓説明兒子懷念母親,而公公爲兒媳作器的用意是什麼?而且還把一整套盨都埋到自己的墳墓裏,這恐怕不合常理吧!所以"虢改"只能是虢仲的妻妾,這個例證不應該受到懷疑。只是此種對妻子的稱謂使用的是自家的族氏+夫人的姓。

4. 自家的國氏+妻子姊妹間排行+岳父家的姓。如黃子盤"黃子作黃孟姬行器"(《銘圖》14455)。這件盤和黃子鼎、黃子鬲、黃子豆、黃子罐、黃子盉、黃子匜等都是 1983 年河南光山縣寶相寺上官崗同墓出土的一組器物。有的稱其妻爲"黃夫人孟姬",有的稱"黃夫人",有的稱"黃孟姬",顯係同一人。

5. 妻子的排行+岳父家的姓。如鄭邢叔甗"鄭邢叔作季姞甗"(《銘圖》03320),鼂叔盨"鼂叔作仲姬旅盨,鼂叔其萬年,永及仲姬寶用"(《銘圖》05609),虢子碩父鬲"虢仲之嗣虢子碩父作季嬴羞鬲"(《銘圖》03023)。這幾件都是丈夫爲妻子所作的器物,對妻子的稱名未用其妻父家的氏稱,也沒用自家的氏名,僅用妻子姊妹間的排行和姓。

6. 僅稱其妻的姓。如伯甯父鬲"伯甯父作姞尊鬲"(《銘圖》02779)。有的還在姓之後加上"氏"字。如散車父壺"散車父作皇母醒姜寶壺,用逆(迎)姞氏"(《銘圖》12404),散車父爲母親作器,也用此方式稱其妻爲"姞氏"。

另外也有一些男性爲女性作器,在婦女的姓之前加上身份(婦),如召樂父匜"召樂父作婦改寶匜,永寶用"(《銘圖》14906),女性姓前加"婦"字,有可能女性身份是宗婦。仲宮父盨"仲宮父作姬氏旅盨,其萬年永寶用"(《銘圖》05585),伯爉簋蓋"伯爉作媿氏旅,用追孝"(《銘圖》04556)。在姓後綴以"氏"字,可能是作器者的妻子,也有可能是其宗婦,這就不好判斷了。

在談到丈夫爲妻子作器的稱名時,有人認爲丈夫爲妻子作器的稱名原則是"稱她所來的宗族的氏名(正好與女子父親對她的稱呼相反),以及她所來的宗族的姓"。也就是上述 1、2 兩種方式,但是第 3、4 兩種方式恰巧與之相反。丈夫在爲妻子作器時也和岳父對女兒的稱名完全相同,用的是自家族氏和岳父家的姓。第 5 種方式也和岳父作媵器時對女兒稱名的第 7 種方式完全相同,甚至簡化到只稱妻子的姓。所以,丈夫爲妻子作器時對妻子的稱名以父家族氏和姓來稱呼並不是什麼固定原則,只是其中的一種方式而已。

如果同一人或者同一家族有兩位婦女來自同姓宗族的稱名,則用大、小(少)或者長、幼來區別。這在青銅器銘文中比較少見,但也有其例。如伯沘父鬲"伯沘父作大姬盦鬲,子子孫孫永寶用"(《銘圖》02913),此銘稱夫人爲"大姬",不言而喻,他還有一位年紀小的夫人或者如夫人稱爲"小姬"或"少姬"。又如 2020 年新發現的孟簋,銘文是"孟肇作靜寶簋,用日祀于厥祖戊公于妣大嬞、少嬞"(見圖一),其中"大嬞""少嬞"就是戊公的兩位夫人,來自同一宗族或者同姓兩國的女子。"嬞"就是兩位夫人的姓,這個字可能就是曹姓邿國的"曹"字。還有芮公叔盤銘文"唯十又一月,王至于祈,芮公賜貝百朋,芮姒賜貝卅朋。芮公叔用作芮少姒,孫子永寶"(《銘圖》14514)。銘文中芮公與芮公叔是兄弟倆,芮公夫人與芮公叔夫人同爲姒姓,於是器銘中稱芮公夫人爲"芮姒",而稱芮公叔夫人爲"芮少姒"。這説明在同一家族中同姓姒娳也是要用長幼來區別的。

同一人的幾位夫人有的來自幾個同姓國家,有的來自同一個國家,金文中尚未見到,傳世文獻中有其例證。來自幾個同姓國家,即用夫人父家族氏+夫人的姓來稱呼。如果是來自同一個國家,其稱謂是夫人父家族氏+夫人的姓,並在其前加上長、幼來區別。如《左傳·僖公十七年》:"齊侯之夫人三,王姬、徐嬴、蔡姬,皆無子。齊侯好内,多内寵,内嬖如夫人者六人,長衛姬生武孟,少衛姬生惠公,鄭姬生孝公,葛嬴生昭公,密姬生懿公,宋華子生公子雍。"齊侯三位夫人,兩位是姬姓。一位來自周王室,一位來自蔡國,分別稱爲王姬、蔡姬;一位來自徐國,稱徐嬴,稱名的組成都是父家族氏+自己的姓。如夫人六人,四位姬姓,來自衛、鄭、密三國者,分別以國名(也就是族氏)加以區別,來自衛國的兩位如夫人,再以長幼區分,大的稱長衛姬,小的稱少衛姬。

圖一

五、兒子爲父母作器對母親的稱名

青銅器銘文中,兒子爲父母作器大多數都是爲過世的父母所作的祭器,也有爲在世的父母作器,銘文中對母親的稱名方式目前見到的有七種。

1. 母家族氏+母家的姓。如伯頵父鼎"伯頵父作朕皇考犀伯、吳姬寶鼎"(《銘圖》02249),這是伯頵父爲過世的父母所作的祭器,"犀"同於"遲",是謚號。伯頵父稱父親爲遲伯,稱其母親爲吳姬,説明母親姓前沒有用謚號而是用的族氏。吳國姬姓,吳姬應是來自吳國的姬姓女子。還有遣小子𣝔簋"遣小子𣝔與其友作𦵏男、王姬鼎彝"(《銘圖》04728)。銘文中的"友"不是一般的朋友,而是同宗族的兄弟。𦵏男是𦵏國國君,顯然是大宗宗主,𣝔是小宗,王姬是周王室的女子嫁給𦵏男,是宗婦。這件簋是𣝔和兄弟們(肯定都是小宗)一起爲宗主𦵏男和他的夫人所作的用器。雖然𦵏男和王姬不是𣝔的親生父母,對於他們的稱名方式應該與親生父母同等看待。

有人認爲兒子爲母親作器是稱自己的氏與母親的姓,與丈夫對她的稱法是完全相反。這種看法並不完全正確。上述例證中的吳姬、王姬都是兒子稱呼自己母親,與其父親稱呼自己的夫人(即兒子的母親)方式中的"岳父家族氏(兒子母親的族氏)+岳父家的姓(兒子母親的姓)"完全一樣。目前青銅器銘文中兒子爲父母作器,還沒有見到對母親的稱謂用自己的族氏+母親的姓這一方式。

2. 母親的排行+母家的姓。如叔皮父簋"叔皮父作朕文考弇公眔朕文母季姬寶簋"(《銘圖》05080),家伯束邟簋"家伯束邟作其公辟、叔姜寶簋"(《銘續》0452)。叔皮父稱被祭祀的母親爲季姬,家伯束邟稱自己的宗婦爲叔姜,都只用母親(或者宗婦)的排行和姓,也没有尊隆之辭。

3. 謚號+母家的姓。在家伯束邢簋中，家伯束邢還説“用享用孝于其丕顯皇祖文太子、皇妣太師氏姜、皇考武公、皇母武姜”，稱父親爲武公，母親爲武姜。“武”是父親的謚號，在古代婦女的謚號一般隨從丈夫，所以稱其母爲“武姜”。又如師趛鼎“師趛作文考聖公、文母聖姬尊鼎”（《銘圖》02317），頌壺“頌敢對揚天子丕顯魯休，用作朕皇考恭叔、皇母恭姒寶尊壺”（《銘圖》12451）以及六年琱生簋“亦我考幽伯、幽姜令”（《銘圖》05341）等，“聖、恭、幽”均爲謚號，是兒子用謚號和母親的姓來稱呼過世的母親。

4. 謚號+母親的排行+母親的姓。如禾簋“禾肇作皇母懿恭孟姬饋彝”（《銘圖》04811）。“懿恭”，雙謚號。

5. 謚號+母親身份（夫人）。如鄭莊公之孫盧鼎“余鄭莊公之孫，余刺痎之子盧，作鑄饎彝，以爲父母……曰：嗚呼哀哉，烈叔、烈夫人，萬世用之”（《銘圖》02408）。“烈”，謚號。父母同謚“烈”。《逸周書·謚法解》：“有功安民曰烈；秉德遵業曰烈。”

6. 僅稱母親的名或字。如史伯碩父鼎“史伯碩父追孝于皇考釐仲、王母泉母尊鼎”（《銘圖》02424），這是史伯碩父爲父母所作的祭器。同樣，“王”讀爲皇，義爲大、美。“泉母”是其母親的字。在周代並沒有過多的尊卑禁忌，兒子可以直呼其父母的名字、侄兒直呼姑母之名（見應侯視工簋，《銘圖》05311），由此可見一斑。

7. 母家的姓+“氏”字。如毳盤“毳作王母媿氏沬盤，媿氏其眉壽，萬年用”（《銘圖》14452），這是毳爲在世的母親鑄造的盥洗用盤。“媿”是毳的母親的姓，所以稱媿氏。

六、孫子爲祖父母作器對祖母的稱名

孫子爲祖父母作器都是祭器，銘文中對祖母的稱名方式目前見到的僅有兩種。

1. 祖母娘家的族氏+祖母的姓（有的也可以帶有其祖母的名字）。如詢簋“詢……用作文祖乙伯、凡姬尊簋”（《銘圖》05378）；師詢簋“師詢……用作朕烈祖乙伯、凡益姬寶簋”（《銘圖》05302）。這兩件簋是同一人爲同一祖父母所作的祭器。作器者“師詢”與“詢”是同一個人，區別只是稱名中一個帶有官職，一個沒有官職，對於祖母的稱謂前者稱“凡姬”，後者稱“凡益姬”。“凡”是其祖母的族氏，“姬”是其姓，“益”是其母的名或者謚號。“凡”是周公兒子的封國，姬姓。《左傳·僖公二十四年》：“凡、蔣、邢、茅、胙、祭，周公之胤也。”又如家伯束邢簋銘中，家伯束邢説“用享用孝于其丕顯皇祖文太子、皇妣太師氏姜、皇考武公、皇母武姜”，稱祖母爲“太師氏姜”，是用祖母娘家的氏名（太師）和姓來稱呼祖母。“太師”在這裏是氏稱，是某位擔任周王朝太師職官的後裔以官爲氏。

2. 祖母的排行+祖母的姓。如不其簋“用作朕皇祖公伯、孟姬尊簋”（《銘圖》05387），不其稱自己的祖母爲“孟姬”。稱名中僅用祖母的排行和姓，沒有祖母娘家的族氏。李學勤先生考證不其是西周宣王時期的秦莊公，那麼不其是嬴姓，其祖母來自姬姓之國。

七、侄兒爲姑母鑄造媵器中對姑母的稱名

青銅器銘文中有侄兒爲姑母鑄造媵器,與父母爲女兒鑄造媵器的稱名基本相同,區別在於稱名之前有親屬稱謂——姑,其方式有三種。

1. 姑夫家族氏+姑母的排行+自家的姓。如復公子白舍簠"復公子白舍曰:啟親,作我姑鄧孟媿媵簠"(《銘圖》04932)。"鄧"即鄧國,也就是孟媿夫家的氏名。

2. 姑夫家族氏+自家的姓。如應侯視工簋蓋銘"……余用作朕王(皇)姑單姬尊簋,姑氏用賜眉壽永命,子子孫孫永寶用享"(《銘圖》05311)。這件簋的銘文雖然沒有"媵"字,不是媵器,但它是給出嫁後的姑母所作的用器,等同於媵器。應侯爲姬姓,應侯視工的姑母嫁到單族,應侯視工稱她爲"單姬",是用姑夫家族氏和自家的姓。伯庶父簠"伯庶父作王姑凡姜尊簠"(《銘圖》04904),凡是姬姓,伯庶父是姜姓,姑母嫁到姬姓的凡國,故稱其爲凡姜。

3. 自家的姓+姑母的名字。同一件應侯視工簋,器銘則爲"應侯作姬原母尊簋,其萬年永寶用"(《銘圖》05311),姬原母的稱名是自家的姓和姑母的字組成,與蓋銘中的單姬顯然是一個人。蓋銘的祝福語又稱其姑母爲"姑氏",可見古人對同一個人的稱名,還可以采取多種方式以避免在同一篇銘文中重複。

八、女性作器對婆母的稱名

女性爲婆母作器,青銅器銘文見到的不多,對婆母的稱謂有下列三種方式。

1. 婆母的父家族氏+父家的姓。最近新見的伇佳尊(《銘三》1011),[1]銘文是"伇佳作厥姑召姬尊彝"。"召"族姬姓,説明伇佳的婆母是來自召族的婦女。

2. 僅用日名。如姬鼎"姬作厥姑日辛尊彝"(《銘圖》01803)。

3. 僅用尊隆字+身份(姑)字。如庚嬴卣"庚嬴對揚王休,用作厥文姑寶尊彝"(《銘圖》13337)。"文",文德。"文姑"即有文德的婆母。

父親的姊妹(侄兒稱姑母)和丈夫的母親(兒媳稱婆母)在銘文中都稱"姑",兩者如何區別呢? 作器者是男性,銘文中"姑"必是其姑母;作器者是女性,該"姑"便是婆母,因爲未出嫁的女子受經濟社會地位的局限不可能給姑母製作媵器或者用器,出嫁後的婦女爲娘家姑母作器目前尚未見到。

九、一般作器者對他人妻子或其他女性的稱名

在青銅器銘文中,我們還看到作器者在一篇銘文中提到他人的妻子或其他女性,其稱名

---

[1] 吴鎮烽:《商周青銅器銘文暨圖像集成三編》,上海古籍出版社,2020 年。以下簡稱《銘三》,後面的數字爲該器的編號。

有四種方式。

1. 他人的族氏+他人妻子的姓。如九年衛鼎"矩取省車……乃捨裘衛林孤里。䣄厥唯顔林，我捨顔陳大馬兩，捨顔姒虡吝，捨顔有司壽商貉裘、盠幎"(《銘圖》02496)。銘文中的顔姒是顔陳的妻子，作器者矩稱她爲"顔姒"，使用的是顔陳的族氏"顔"和他妻子的姓"姒"。琱生尊"唯五年九月初吉，召姜以琱生䋣五尋、壺兩以君氏命曰……"(《銘圖》11816)，這是召族小宗的琱生因事求見宗君，首先通過給宗婦送禮，以求宗君的指示。召族爲姬姓，此稱宗婦爲召姜，用的是宗君的族氏和宗婦的姓。

2. 他人妻子父家族氏+他人妻子的姓。如莃簋"王命莃眔叔緖父饋吴姬饔器，師黄儐璋一、馬兩，吴姬儐帛束"(《銘圖》05205)，莃稱師黄夫人爲吴姬。我們知道吴國爲姬姓。所以這個稱名中没有師黄的氏名，而用的是師黄夫人父家的族氏和姓。

以上説明，别人稱叫自己妻子時，可以用自己的氏名和妻子的姓，也可以用妻子父家的氏名和姓。

3. 姓後綴以"氏"字。如蚋鼎"唯三月初吉，蚋來遘于妊氏，妊氏令蚋事保厥家，因付厥且僕二家"(《銘圖》02405)。"遘"同"覯"，《説文》："遘，遇也。"《爾雅・釋詁》："覯，見也。"在這裏有晋見的意思。妊氏應是蚋所在宗族的宗婦，這是對宗婦的尊稱。鑄叔鼎"鑄叔作嬴氏寶鼎，其萬年眉壽，永寶用"(《銘圖》02095)，𪒠季鼎"𪒠季作嬴氏行鼎"(《銘圖》02142)。這兩件鼎也應是鑄國小宗的鑄叔和𪒠族小宗的𪒠季爲宗婦作器，僅稱宗婦的姓。

4. 尊稱婦氏。如五年琱生簋"琱生有事，召來合事，余獻婦氏以壺……余酬于君氏大璋，報婦氏帛束、璜"(《銘圖》05340)。"君氏"即召族的宗君，"婦氏"是召族的宗婦，也是對宗婦的一種尊稱。

貳　女性自稱

一、女性自己作器的自稱名

青銅器銘文中見到的女性作器的自稱名方式，並不是"和她兒子一樣，稱她丈夫的氏名和自己的姓"那麽簡單，其實女子自稱名很複雜，基本方式有 3 種(即下文 1—3 種，第 4 種與第 3 種基本相同，只是把夫家族氏與父家族氏的順序前後調换而已)，加上簡稱和其他衍生出來的稱謂共 22 種，現列述如下。

1. 夫家族氏+父家的姓。這是已婚女子站在夫家的立場自稱名方式。如晋姞盤(《銘圖》14461)，銘文是"晋姞作鑄旅盤匜"。晋是姬姓，這位女子自己作器，自稱"晋姞"，説明她是嫁到晋的姞姓族氏女子。又如楚嬴盤(《銘圖》14493)，銘文是"楚嬴鑄其寶盤"。楚爲羋姓，此是嬴姓女子嫁於楚者，自作器自稱楚嬴。還有芮姞簋(《銘圖》04330)，銘文是"芮姞作旅簋，⋈"。"芮"是姬姓諸侯國，同樣説明此女子是來自姞姓宗族。銘文最後還綴以族徽"⋈"。

女性器主帶族徽標記的不多，一般是帶夫家的標記，但芮國不用族徽，此標記必爲芮姑父家的族徽。

2. 父家族氏+父家的姓（也就是女子的姓）。這是已婚女子作器，强調父家地位的稱名方式。如齊姜鼎（《銘圖》01615），銘文是“齊姜作寶尊鼎”。“齊”是姜姓，“齊姜”之名是齊國女子的自稱不成問題。這種自稱與其丈夫對她的稱呼是一樣的。還有魯姬鬲“魯姬作尊鬲”（《銘圖》02801），吴姬簋“吴姬旅簋”（《銘續》0170），祭姬爵“祭姬作彝”（《銘圖》08426）。魯、吴、祭都是姬姓。南宫姬鼎“南宫姬作寶尊鼎”（《銘圖》01698），南宫族的始祖是南宫括，又稱南公，輔佐周文王、武王，革殷之命，安定了天下，周王封他於曾，南宫族是姬姓無可置疑（見曾侯與編鐘）。南姬盉“南姬作彝”（《銘圖》14685），南氏也是南宫括的後裔，自然是姬姓。晋姬盨“晋姬作寶盨”（《銘續》0464），晋爲姬姓，晋姬作盨用的就是父家族氏和自己的姓。觴姬簋“觴姬作稻嫚媵簋”（《銘圖》04901），這件簋雖然屬長輩爲出嫁女子所作的媵器，但有婦女的自稱，故在這裏加以引用。觴讀爲唐，唐氏是唐叔虞的後裔，自然是姬姓。唐姬的夫家爲嫚姓，她爲嫁給稻氏的女兒作媵簋，自稱名中没有夫家的氏名，而有父家的氏名。曾姬無卹壺（2件，《銘圖》12424、12425）“唯王廿又六年，聖桓之夫人曾姬無卹，吾兹漾陲、蒿間之無匹，用作宗彝尊壺，後嗣用之，職在王室”，這對壺是曾姬無卹的自作器，曾是姬姓，自稱“曾姬”，稱名的方式是父家族氏和父家的姓。吕姜簋“吕姜作簋”（《銘圖》04075），會妘鼎“會妘作寶鼎，其萬年子子孫永寶用享”（《銘圖》02056）。文獻記載吕是姜姓、會是妘姓，正好符合。

上述魯姬、吴姬、祭姬、南宫姬、南姬、晋姬、唐姬、曾姬、吕姜、會妘，都是以“父家族氏+父家的姓”自稱，與“夫家氏名+自己的姓”自稱正好相反。南宫姬鼎、南姬盉、祭姬爵、吕姜簋都是西周早期器，齊姜鼎是西周中期器，魯姬鬲、晋姬盨、唐姬簋、會妘鼎，還有下面提到的吕季姜壺、許季姜簋（《銘圖》04724）都是西周晚期器，叔姜簋是春秋晚期器，它們從西周早期一直貫穿到春秋晚期。可不要小看這些國家和族氏，特別是魯、齊、祭、南宫、南、晋、唐、吕、申、許都是周代“姬姓”和“姜姓”兩大婚姻集團最爲重要的成員，是周王朝的重要支柱，如果“夫家氏名+自己的姓”是一個女性自稱的原則，爲什麽姬姜婚姻集團的成員首先就不遵守呢？可見其説不確。

3. 父家族氏+夫家族氏+父家的姓。這是已婚女子作器，以父家的立場並兼顧夫家的自稱名方式。如蘇衛改鼎“蘇衛改作旅鼎”（《銘圖》01870）。衛爲姬姓，蘇是改姓，她是蘇氏女子嫁到衛國者。南宫佣姬簋“南宫佣姬自作寶尊旅簋”（《銘圖》04603），上面已經説過南宫族是姬姓。傳世的佣仲鼎（《銘圖》01901），時代爲西周中期，銘文是“佣仲作畢媿媵鼎，其萬年寶用”，可知佣是媿姓。

4. 夫家族氏+父家族氏+父家的姓。這是已婚女子作器，以夫家的立場並兼顧父家的自稱方式，正好與第3種方式相反。如邞華妊鬲，銘文是“邞華妊作羞鬲”（《銘圖》02763）。由邾慶鬲銘文的"邾慶作華妊羞鬲"(《銘圖》02782)可知,邾慶就是邾君慶,小邾國國君。"邾"是華妊丈夫邾君慶的族氏,邾是曹姓,"華"是父家的族氏,妊姓。此華是與邾國相近的山東境內的妊姓華氏。

以上是已婚女子自稱名的基本方式,下面是在基本方式中增添女子的排行、名字、身份、職官,或者減少夫家、父家族氏等成分所形成的稱名變例。

5. 夫家族氏+排行+父家的姓。如京叔姬簠"京叔姬作寶簠,其永用"(《銘圖》05800)。從京叔作孟嬴滕盤可知京氏宗族爲嬴姓。所以,京叔姬是姬姓女子嫁到京氏宗族者。

6. 父家族氏+排行+父家的姓。如吕季姜壺"吕季姜作醴壺"(《銘圖》12283),吕氏是姜姓,吕季姜作壺自稱中也没有列舉夫家族氏,而是列舉了父家的族氏。許季姜簠"許季姜作尊簠"(《銘圖》04724),許爲姜姓,男爵,季姜是某代許男的小女,自作器使用的是父家族氏。曾仲姬壺"曾仲姬之尊壺"(《銘圖》12190),曾是姬姓,自稱名中也没有用夫家族氏。有人認爲這種以領有格爲語法結構的銘文雖然在大多數情況下可以認爲"之"前的名字就是器主,但是究竟它是器主自己作的,還是別人爲她(特別是在女子的情況下)作的祭器或用器,這從銘文本身是看不出來的。

筆者認爲銘文本身看不出來,但可以通過分析來認證。曾仲姬壺文中没有"滕"字,明顯不是父母爲她作的滕器,可以排除。另一種可能是丈夫爲妻子作器,上面我們在丈夫爲妻子作器中已經討論過了。丈夫爲妻子作器,銘文中都會有丈夫自己的稱名,曾仲姬壺則没有,看來這也不是丈夫爲她所鑄造的壺。再一種可能是兒子爲母親所作的祭器或用器。這也説不通,一是没有兒子的自稱,二是没有把曾仲姬稱爲"皇母"或者"文母",所以此種可能也就被否定了。除此之外,一個人爲另一個人作器,銘文中都會標示作器者的稱名或者身份,曾仲姬壺則没有,説明此壺就不是別人給她鑄造的。器主之前不出現作器者就説明器主是作器者。

7. 父家族氏+女子名字+父家的姓。如齊巫姜簠"齊巫姜作尊簠"(《銘圖》04801),"齊"是女子父家的族氏,"姜"是父家的姓,"巫"是女子的名,名在姓前。周代女子同時稱私名和姓,名在姓前與姓後,均是可以的(詳見父母爲女兒鑄造滕器中對隨嫁滕女的稱名第3條)。

8. 夫家族氏+父家族氏+父家的姓+女子名字。如辛中姬皇母鼎"辛中姬皇母作尊鼎"(《銘圖》02173)。從中伯壺"中伯作辛姬變人滕壺"(《銘圖》12361)銘文可知"中"宗族是姬姓。"中"是該女子父家的族氏,"姬"是其姓,"皇母"是其字,"辛"則是夫家的氏名。

9. 排行+父家的姓+女子名或字。如孟芈玄簠"孟芈玄之行簠"(《銘續》0481),仲姞義母匜"仲姞義母作旅匜"(《銘圖》14948),季嬴靁德盉"季嬴靁德作寶盉"(《銘圖》14738)。孟、仲、季是女子的排行,芈、姞、嬴是女子的姓,玄、義母、靁德是其私名。

10. 父家的姓+女子名或字。如嬴靁德鼎"嬴靁德作小鼎"(《銘圖》01622),姜休母鋪"姜休母作羞鋪"(《銘圖》06119),姬鼀母鼎"姬鼀母作鮨鼎"(《銘續》0153)。這些都是女子爲自己鑄器，既没有標明丈夫的氏名，也没有父家的族氏，只是用了自己的姓名嬴霝德、姜休母和姬㒟母。

11. 排行+父家的姓。如伯姜簋“伯姜作寶簋”（《銘續》0348），孟姒鬲“孟姒作寶鬲”（《銘圖》02722），仲姬鬲“仲姬作鬲”（《銘圖》02691），叔姞盨“叔姞作旅盨”（《銘圖》05550），季姬匜“季姬作匜”（《銘圖》14853）等。另外有的還在前面加上顯赫的祖先稱號，如叔姜簠“申王之孫叔姜，自作飤簠”（《銘圖》05897）。申王之孫，表明父家的祖上是申國國君，炫耀自己顯赫的出身。

12. 僅用自己的名或字。如嫼盤“唯曾八月，吉日唯亥……嫼擇其吉金，自作浣盤”（《銘續》0948），華母壺“華母自作薦壺”（《銘圖》12297），考母簋“考母作胡璉”（《銘圖》04243），帛母鬲“帛母作齍鬲”（《銘圖》02725）。嫼是女子的名，華母、考母、帛母均爲女子的字。

13. 夫家族氏+丈夫名+身份。如上都猬妻鼎“上都猬妻自作尊鼎”（《銘續》0176），“上都”是其丈夫的族氏，“猬”是丈夫的私名，“妻”是自己的身份。

14. 職官+婦女名字。如保侃母簋蓋“保侃母賜貝于南宫，作寶簋”（《銘圖》04625），保㚤母簋“保㚤母錫貝于庚姜，用作旅彝”（《銘圖》04658）。在古代“保”是后宫女官名。《禮記·内則》注：“保，保母也。”侃母、㚤母是作器婦女的私名。

15. 僅用其姓。如姞簋“姞作寶尊彝”（《銘圖》04152）。或者姓後面綴以“氏”字。如嬴氏鼎“嬴氏作寶鼎”（《銘圖》01434），姞氏簋“姞氏自作爲寶尊簋”（《銘圖》04873），媿氏盨“媿氏作旅盨”（《銘續》0464）。

或以爲上面提到齊姜、魯姬、吴姬、祭姬、曾仲姬以及伯姜、嬴霝德、姜休母、加芈、孟芈玄等可能都是未出嫁女子的自稱名。筆者認爲未出嫁女子在家無論是長輩對其稱呼，或者女子自稱，只須稱其名字即可，不必稱呼族氏和姓，稱呼族氏和姓者必然是出嫁的女子。更重要的是，未出嫁的女子經濟地位和社會地位也不允許自己作器。自作器的女子必然都是已婚女子，且在家族中地位較高，不是宗婦，便是丈夫已經去世，操持家務的主婦。下面列舉三例爲證。

其一，南姬爵“南姬作公寶彝”。此南姬與南姬盉的南姬爲同一個人。“南”與周王同姓，南姬爲公父（丈夫的父親）作器，使用父家的族氏和姓自稱。其二，祭姬簋“祭姬作父庚尊簋”。“祭”爲周公之子的封國，祭姬爲父庚作祭器，説明她嫁給了一個非姬姓宗族，她和祭姬爵的祭姬是同一個人，而其公父使用日名。所以南姬、祭姬可以肯定是已嫁女子。其三，傳世的姬寏母豆（《銘圖》06159），銘文云“姬寏母作太公、庸公、䰜公、魯仲、憲伯、孝公、静公豆，用祈眉壽，永命多福，永寶用”。姬寏母爲其祖先鑄造祭器，也僅用自己的姓和名來自稱。姬寏母豆中這些列祖列宗與 1992 年陝西扶風縣召公鎮巨浪海家村出土的師㝨鐘中師㝨的列祖列宗完全相同。説明師㝨和姬寏母不是夫妻關係便是兄妹（或姐弟）關係，能够爲祖先鑄造祭器，可以肯定她具有一定的社會地位和經濟地位。她不是某宗族大宗宗婦，至少是小宗宗婦則無可置疑。

16. 夫家族氏+自己身份。如喬夫人鼎"喬夫人鑄其饋鼎"(《銘圖》02863)。

17. 夫家族氏+自己身份+名或字。如鄘夫人嬿鼎"鄘夫人嬿擇其吉金,作鑄沐鼎,以和御湯"(《銘圖》02425),"嬿"是鄘夫人之名。又如坪夜君夫人戈"坪夜君夫人妖之造"(《銘續》1288),"妖"是坪夜君夫人的私名。妖,義爲艷麗、嫵媚。《玉篇·女部》:"妖,媚也。"《文選·宋玉〈神女賦〉》:"近之既妖,遠之有望。"李善注:"近看既美,復宜遠望。"三國魏曹植《美女篇》詩:"美女妖且閑,采桑歧路間。"這件戈也是目前見到的第一件女性鑄造兵器的範例,極有可能坪夜君夫人也像婦好一樣是一位帶兵打仗的女將。

18. 夫家族氏+自己身份+父家族氏+自己的姓。如曾姬盤"鄘夫人曾姬之盤"(《銘圖》14375)。

19. 夫家族氏+自己身份+自己的姓+名字。如樊夫人龍嬴鼎"樊夫人龍嬴自行鼎"(《銘圖》01743),樊夫人即樊君的夫人,"嬴"是其姓,"龍"是其私名。

20. 自己身份+夫家族氏+自己的姓。如宗婦䣄嬰簋"王子剌公之宗婦䣄嬰,爲宗彝肆彝,永寶用,以降大福,保辝䣄國"(《銘圖》05037),這是女性爲宗廟所作的祭器。"宗婦"是這位婦女的身份,"䣄"是其丈夫(即王子剌公)的族氏,"嬰"是該婦女的姓。

21. 丈夫身份+自己身份+自己的姓+名字。如昆君婦媿霝壺"昆君婦媿霝作旅壺,其萬年子子孫孫永用"(《銘圖》12353),"昆君"是其丈夫的身份,"婦"是自己的身份,"媿"是自己的姓,"霝"是自己的名。

22. 丈夫身份+自己身份。如宋君夫人鼎"宋君夫人自作饋鼎"(《銘圖》02222)。

二、女性爲丈夫作器中的自稱名

目前,青銅器銘文中見到女性爲丈夫作器的自稱,有如下四種方式。

1. 夫家族氏+父家族氏+父家的姓。如胡應姬鼎(《銘續》0221),這是胡應姬受到周昭王接見和賞賜之後,爲丈夫公叔所作的祭器。銘文是"唯昭王伐楚荆,胡應姬見于王,辝皇,賜貝十朋,玄布二乙,對揚王休,用作厥嫡君公叔乙尊鼎"。"胡"即胡國,從胡叔胡姬作伯媿媵簋可知胡國媿姓;"應"即應國,應國姬姓。應國女子嫁到胡國,作器時自稱"胡應姬",雙方的族氏都用上了。這例與上述婦女自作器自稱名的第4種方式相同,而與第3種方式相反。

2. 排行+自己的姓+名字。如孟姬脂簋"孟姬脂自作饋簋,其用追孝于其辟君武公、孟姬其子孫永寶"(《銘圖》05015)。這件簋是姬姓婦女爲丈夫鑄造的祭器。"辟君"是古代祭祀時妻子對丈夫死後的稱呼。《禮記·曲禮》:"夫曰皇辟。"鄭玄注:"更設稱號,尊神異於人也。"銘文中作器婦女的自稱没有用父家的族氏,僅以姊妹間排行、自己的姓和私名自稱。

3. 排行+自己的姓。如叔姬鼎"叔姬作陽伯旅鼎"(《銘圖》01878),這位姬姓女子爲丈夫陽伯作器,自稱中没有父家的族氏,也没有夫家的族氏。又如2006年陝西韓城市昝村鎮梁帶村芮國墓地出土的仲姜簋"仲姜作爲桓公尊簋"(《銘圖》04532),這位仲姜就是《左傳·桓公三年》提到的芮伯萬的母親芮姜。她爲其亡夫芮國國君(諡號桓公)所作的祭器,在銘文中没有使用丈夫的國氏稱芮姜,而是使用自己的姓和姊妹間排行自稱"仲姜"。

4. 僅用自己的姓自稱。如妊鼎"妊作孟恒父尊鼎"(《銘續》0112),這是一位妊姓女子爲丈夫孟恒父作器,自稱中僅用其姓。

三、女性爲女兒作媵器的自稱名

女性單獨爲女兒鑄造媵器的自稱名方式,目前僅見一種,即父家族氏+自己的姓。如唐姬簋蓋"唐姬作稻嫘媵簋"(《銘圖》04901)。我們知道唐氏的來源有兩個:一個源於唐堯,是爲祁姓,商代立國,地在今山西省的中心地域,爲周所滅;另一個是周成王滅唐之後分封其弟叔虞於唐,稱唐叔虞,是爲姬姓,後來改稱晉,其後裔有一支便以唐爲氏。唐姬簋蓋的唐應是晉國的唐氏,夫家是一個嫘姓宗族,女兒丈夫的族氏是"稻",所以稱爲"稻嫘"。這個唐還見於1986年西安市長安區張家坡西周墓出土的唐仲簋(《銘圖》01452)和唐仲多壺(《銘圖》12179)。

四、女性爲父家人(祖父母、父母、兄弟、侄女等)作器的自稱名

婚後女性爲父家人作器的自稱目前僅見兩種方式。

1. 夫家族氏+父家的姓。如蔡姑簋"蔡姑作皇兄尹叔尊肆彝,尹叔用綏多福于皇考德尹、惠姬"(《銘圖》05216)。蔡爲姬姓,此爲姑姓女子嫁到蔡宗族者,爲兄長尹叔作器,求福於父母,其兄必爲同胞兄長,德尹、惠姬也就是蔡姑的生身父母。

2. 夫家族氏+父家族氏+父家的姓。如辛王姬簋"辛王姬作姬西母媵簋"(《銘圖》05017),"辛"是其丈夫的族氏,"王"雖然不是氏名,但也指其父家,即周王室,"姬"是其姓。説明辛王姬是周王室之女嫁到辛宗族者。又由伯逆車作辛姒媵簋(《銘續》0382)可知辛宗族是姒姓。這件簋的受器者是姬西母,也是一個姬姓女子,與辛王姬同姓,所以她不可能是辛王姬的女兒,應當是辛王姬父家兄弟的女兒,即辛王姬的侄女,也就是説作器者辛王姬是姬西母的姑母。辛王姬爲侄女鑄造媵器,自稱中既有夫家族氏,也有父家族氏。

叄　結　語

兩周青銅器銘文中的女性稱名很複雜,通過以上梳理,可以歸納爲他稱和自稱兩大類。他稱又可分爲父母對女兒、父母對女兒的隨嫁媵女、兄弟對姊妹、丈夫對妻子、兒子對母親、孫子對祖母、侄兒對姑母、兒媳對婆母和一般人對他人妻子的稱名等。父母爲女兒鑄造媵器對女兒的稱名方式有十種,完整的方式是"婿家族氏+排行+自家的姓+女兒名字",最簡單的

方式是只稱女兒的名字或者自家的姓。還有一種方式是"自家族氏+婿家族氏+自家的姓+女兒名字"。《銘圖》與《銘續》所見父母作媵器對女兒的稱名中列舉婿家族氏者 93 例,不列舉婿家族氏者 112 例。不列舉婿家族氏者占到總數的一半還多。

父母爲女兒鑄造媵器中對隨嫁媵女的稱名方式有三種,一是"媵女的族氏+媵女的姓(也可加媵女的排行和名字)",二是"媵女的排行+媵女的姓",三是"媵女名字+媵女的姓"。

兄弟爲姊妹鑄造媵器中對姊妹的稱名和父母爲女兒作媵器的稱謂方式基本一樣,只是其中增加了對姊妹的親屬稱謂,最簡單的僅稱"妹(或姊)"。

青銅器中丈夫作器對妻子的稱名基本方式有兩種。一種是"岳父家族氏+岳父家的姓",另一種是"自家的族氏+岳父家的姓",這兩種方式中都可以增加妻子在姊妹間的排行。另外,還有一種最簡單的方式就是只稱其妻的姓。

兒子爲父母作器大多數都是爲過世的父母所作的祭器,也有爲在世的父母作器,銘文中對母親的稱名方式目前見到的有"母家族氏+母家的姓"、"母親的排行+母家的姓"、"謚號+母家的姓"、"謚號+母親的排行+母親的姓"、"謚號+母親身份(夫人)",以及僅稱母親的名或字。商周時期沒有過多的忌諱,兒子在銘文中可以直書長輩的名字。

青銅器銘文中見到侄兒爲姑母鑄造媵器,與父母爲女兒鑄造媵器的稱謂基本相同。

青銅器銘文中孫子爲祖父母作器目前見到的都是祭器。銘文中對祖母的稱名方式有兩種。一種是"祖母娘家的族氏+祖母的姓(有的也可以帶有其祖母的名字)",另一種是"祖母的排行+祖母的姓"。

兒媳爲婆母作器,青銅器銘文見到的不多,目前僅見三種,一是"婆母的父家族氏+父家的姓",二是稱其日名,三是"尊隆字+身份(姑)字"。

女性自稱名可以分爲女性自己作器的自稱名,女性爲丈夫作器中的自稱名,女性爲女兒作媵器的自稱名以及女性爲父家人(祖父母、父母、兄弟、侄女等)作器的自稱名等。女性自作器的自稱名最爲複雜,基本方式有 3 種,加上簡稱和其他衍生出來的稱謂多達 22 種。基本方式一是"夫家族氏+父家的姓",二是"父家族氏+父家的姓",三是"父家族氏+夫家族氏+父家的姓",這是已婚女子作器,以父家的立場並兼顧夫家的自稱名方式。這種方式可以顛倒過來,夫家族氏在前,父家族氏在後,即"夫家族氏+父家族氏+父家的姓",這是已婚女子作器,以夫家的立場並兼顧父家的自稱方式。在這三種基本方式的任何一種中都可以增加女子自己的名字、身份、職官,或者減少夫家、父家族氏等成分。

目前,青銅器銘文中見到女性爲丈夫作器的自稱最繁複的方式是"夫家族氏+父家族氏+父家的姓",大多數則采用"排行+自己的姓+名字"、"排行+自己的姓"或者僅用自己的姓自稱。

女性單獨爲女兒鑄造媵器的自稱名方式,目前僅見一種,即"父家族氏+自己的姓"。

婚後女性爲父家人作器的自稱名目前僅見 2 種方式,一種是"夫家族氏+父家的姓",另一種是"夫家族氏+父家族氏+父家的姓"。

　　總之,女性稱名的方式是多種多樣的。無論是女性自稱還是他稱,大多數並不帶有宗族氏名。女子自稱中有的帶有父家的氏名,有的帶有夫家的氏名,有的父家和夫家的氏名都有,要區別金文中一位女性的國別、族別,不能設定一個什麽原則,或者什麽模式,而是既要看這個名稱是自稱還是他稱,同時還要看所帶族氏與姓的關係,並結合文獻記載以及金文中的内在聯繫,甚至於還要注意器物出土地點及墓葬的國別、族別等等,綜合進行分析研究,才能作出正確的判斷。

（原名《也談周代女性稱名的方式》,原載復旦大學出土文獻與古文字研究中心網,2016年6月7日,經修改,並於2018年5月4日在西南大學古文獻研究所演講,後載於《青銅器與金文》第六輯)

試論古代青銅器中的隨葬品

商周時期,人們"事死如事生,事亡如事存",對待死者要像對待活人一樣,用於衣、食、住、行的物品也要埋在墓中,供死者享用。青銅器是"别等列,明貴賤"的標識物,在有身份的死者墓中是必不可缺的器物。

凡是隨着死者埋入墓中的器物都可稱爲隨葬品。從考古發現來看,商周墓葬出土的青銅器,其中有墓主生前祭祀祖先的祭器、宴饗賓客的禮器、日常生活的用器、婚嫁帶來的媵器、親朋饋贈的賵器,還有專爲死者製造的青銅隨葬品。本文只討論專爲死者隨葬鑄造的青銅器(不包括埋入墓中的生前使用的器物)。這類青銅器稱爲"從器""行器""遣器""葬器""走器"等。古文獻一般稱爲"明器"或者"冥器",以示與生前使用的器物(一般稱爲實用器)相區别。筆者多年來對於古代喪葬青銅器多有關注,遂草就此文,分别對這類青銅器的名稱來源及其性質、功能予以闡述,以就教方家。

一、行　　器

1. 行器的定義

行器,就是大行之器,是隨葬用的青銅器。因古人諱稱人死爲遠行、大行,所以死後隨葬的用品便被稱爲"行器"。在青銅器銘文中有行器、行彝、行具、行+器名(如行鼎、行簋、行簠之類)等名稱。

行器的"器"、行彝的"彝"、行具的"具",都是指器物、器具、用具。《説文·皿部》:"器,皿也。"《説文·糸部》:"彝,宗廟常器也。"《爾雅·釋器》:"彝、卣、罍,器也。"龔自珍《説宗彝》:"彝者,百器之總名也。"《字彙·八部》:"具,器具也。"《左傳·襄公二十三年》:"季孫喜,使飲己酒,而以具往,盡舍旃,故公鉏氏富。"杜預注:"具,饗燕之具。"所以,行器、行彝、行具以及行+器名,其義相同,都是指同一性質的青銅器物,故可統稱爲"行器"。

據不完全統計,商周青銅器中的行器共 240 件。其中自稱行器、行彝、行具者 43 件,自稱行+器名者 197 件。

行器最早出現在西周中期後段,目前見到的僅有尹氏士叔善父壺,銘文是:"尹氏士叔善父作行尊□,其萬年眉壽,永寶用。"(《銘圖》30832)西周晚期也只有豳季鼎和虢叔盨。豳季鼎銘文是"鼄季作嬴氏行鼎,子子孫其眉壽萬年,永用享",虢叔盨銘文是"虢叔鑄行盨,子子孫孫永寶用享"。最晚的是戰國早期的沖子甔鼎,銘文是"沖子甔之行鼎"。其餘均爲春秋時期之物,以春秋中晚期爲最多。器形涉及鼎、鬲、甗、簋、盨、簠、豆、盆(盞)、壺、瓶、缶、盤、匜、鐘、鎛、戈、戟等(詳見附表一、行器統計表),禮器、樂器和兵器的主要類型都包括其中。

2. 行器的功能

關於"行器"的功能,歷來研究者以爲主要是出行、巡行、征戰之時所用。馬衡先生認爲旅器就是行器,他認爲旅器爲征行而作,"旅"有行義,旅器就是行器。[1]黃盛璋先生説行器主要用於征行,由旅器中可以移動、外用之功能演化而來。所以行器重在"行",也就是用於行旅和征行。[2]鄒芙都先生認爲行器具有多種用途,其一爲邦交盟會出使時所用器,其二爲隨葬的明器,其三爲征行巡守所用器,其四爲外出娛游所用器。[3]陳英傑先生認爲金文中用"行"修飾的禮器都應爲出行所用,春秋時社會變動,列國之間往來頻繁,行器至多,蓋與此有關。而兵器上的"行"當解爲行軍之用。[4]其後,陳先生在《讀曾國銅器劄記》一文中,認爲《曾國青銅器》一書中著録的行器,大多存在製作不够精細、範縫未經打磨、圈足内澆鑄不足、芯範未清理、銘文字迹較模糊等現象。他據之判斷這些器物應該是爲隨葬而製作的,並非器主生前的實用器。此時他承認行器中有一部分應該是專門製作的隨葬器。[5]楊華先生認爲:"青銅'行器'的用途絶不限於征行、燕行等,它們也可視爲隨葬的'遣器'。"[6]

筆者經過梳理研究,得出的結論是:行器是隨葬的"明器",凡是自名爲"行器""行彝""行具"或"行+器名"者,均爲隨葬品,與出行、巡行、燕行、征行没有絲毫關係,理由有三。

首先,我們從"行"字的含義説起。行(又讀 háng),本指道路。羅振玉《殷虚書契考釋》説:"行,像四達之衢,人之所行也。"《爾雅·釋宫》云:"行,道也。"《詩·豳風·七月》:"女執懿筐,遵彼微行。"孔穎達疏:"行,訓爲道也。步道謂之徑,微行爲牆下徑。"同書《周頌·天作》:"岐有夷之行,子孫保之。"朱熹集傳:"行,路也。"《吕氏春秋·下賢》:"桃李之垂於行者,莫之援也;錐刀之遺於道者,莫之舉也。""行"與"道"爲同義詞對舉,所指者爲道路。《説文·行部》云:"行,人之步趨也。"《廣韻·庚韻》:"行,去也。"這已經是"行"的引申義了。行走、出行、去、離開等是人們最常用的"行"字之義。《左傳·僖公五年》:"宫之奇以其族行。"

[1]　馬衡:《凡將齋金石叢稿》,中華書局,1977年。
[2]　黃盛璋:《釋旅彝——銅器中"旅彝"問題的一個全面考察》,《歷史地理與考古論叢》,齊魯書社,1982年。
[3]　鄒芙都:《銅器用途銘辭考辨二題》,《求索》2012年第7期。
[4]　陳英傑:《西周金文作器用途銘辭研究》,綫裝書局,2008年。
[5]　陳英傑:《讀曾國銅器劄記》,《曾國考古發現與研究學術研討會論文集》,清華大學,2014年。
[6]　楊華:《"大行"與"行器"——關於上古喪葬禮制的一個新考察》,《湖南大學學報(社會科學版)》2018年第2期。

杜預注:"行,去也。"《詩·唐風·杕杜》:"獨行踽踽。豈無他人? 不如我同父。嗟行之人,胡不比焉。"王褒《洞簫賦》:"時奏狡弄,則彷徨翱翔,或留而不行,或行而不留。"

但是,從西周時期開始,"行"字又有了另外一種含義,就是人們把死亡諱稱爲"行""遠行"或"大行",也就是說死者遠行不歸。《吕氏春秋·先識》:"管仲有疾,桓公往問之,曰:'仲父之疾病矣,將何以教寡人?'管仲曰:'齊鄙人有諺曰:"居者無載,行者無埋。"今臣將有遠行,胡可以問。'"高誘注:"行,謂即世也。"即世,就是去世、離世。《駢雅·釋訓》:"即世……,死也。"《左傳·成公十三年》:"天禍晋國,文公如齊,惠公如秦,無禄,獻公即世。"又《儀禮·既夕禮》:"行器,茵、苞、器序從。"賈公彥疏:"釋曰苞牲訖,明器當行鄉壙,故云行器。"彭林注曰:"行器,指明器,明器不載於車,由人持之,故稱爲行器。"[1]賈公彥之説係望文生義,彭林所説的"行器,指明器"是對的,但不是因爲"明器不載於車,由人持之,故稱爲行器"。"行器"就是隨葬用器,也就是死者的用器,因爲死亡諱稱"行",所以死者的用器就稱爲"行器"。"行器"之中包括禮器、樂器、用器,也包括兵器等。《禮記·中庸》:"事死如事生,事亡如事存,孝之至也。"《左傳·哀公十四年》:"事死如事生,禮也。"按照禮和孝的邏輯,古人視死若生,活人所享用的,死者依然照用,所以隨從死者埋入墓中的器物就是行器。

其二,目前所見自名爲行器(包括行彝、行具)或行+器名的器物,一般都質地不良,製作粗糙,不具備實用器的功能。除陳英傑先生上面提到的《曾國青銅器》一書中著録的"行器"之外,其他"行器"基本上也都是銅質不良,製作不够精細,鑄茬未經打磨,不鑄花紋或者紋飾簡單,銘文字迹模糊,不見使用痕迹。如:隨州市曾都區淅河鎮義地崗黄仲酉墓(M1)和可墓(M2)出土的鼎、簠、壺、盤、匜等,均自名爲"行器",屬一套完整的組合,但皆胎體輕薄、製作粗陋,無任何使用痕迹,有的銘文模糊;銅壺的蓋、器連鑄一體,蓋及圈足裝飾的鏤孔大多未穿透;黄仲酉鼎的足部正面多處裸露範土。M6 出土的曾公子棄疾分體甗上部特大下部特小,不合比例,且算孔没有穿透;4 件加芈簠,器壁甚薄,質地極差,出土時大都破碎。隨縣均川鎮劉家崖春秋墓出土的一套 3 件連迁鼎,自名爲"行升",即"行升鼎"。鼎耳與口沿榫頭連接甚淺,出土時全部分離殘斷,鼎足範土裸露。M1 出土的盗叔行壺也是蓋與器連鑄一體。《銘圖》和《銘續》著録的兩套曾侯子鐘、鎛,製作粗糙,没有調音槽,内範大部分未取,銘文缺詞少字,語意不全,第 2 套編鐘的第 1、2 件銘文是"曾侯子之永用之",第 3、5 件爲"曾侯子之其永用之",第 4 件爲"曾侯子之其用之",第 6 件爲"曾侯子之其永之",第 7 件爲"曾侯子之行",第 8 件爲"曾侯子之"。就連製作比較精良的鍾離君柏行鐘,張聞捷先生在其《周代的"行鐘"與"行器"》一文中也説:"經測音後發現,該組編鐘使用的是徵—羽—宫—商—角—

---

[1]　彭林:《儀禮》,嶽麓書社,2001 年。

羽—商—角—羽這樣的音階結構，並未見到較之其他編鐘音色更爲高亢的特點，所以這裏的'行鐘'顯然不吻合於巡狩征行之需。"

這些現象都説明"行器"不是死者生前的實用器，而是專門爲死者所作的隨葬品，所以在質地、造型、紋飾以及銘文方面都不太講究，有的甚至就是急就之作。當然，也不能一概而論，有一些行器是死者生前自己主持鑄造的，其質量還是不錯的，但不能因爲質量好就認爲它是出行或征行用器。

其三，有的行器銘文本身也説明它是專爲死者所作的隨葬品。如：2003 年湖北棗陽市郭家廟吳店鎮 17 號墓出土的曾亘嫚鼎，銘文是"曾亘嫚非录，爲爾行器，爾永祐福"。銘文是説"曾亘嫚去世了，給你鑄造隨葬品，希冀你永受祐福"。銘文中的"非录"即不禄、無禄。禄者，福運，氣運也。《儀禮·少牢饋食禮》："使女受禄于天，宜稼于田。"鄭玄注："古文禄爲福。"《左傳·莊公四年》："（楚武王）入告夫人鄧曼曰：'余心蕩。'鄧曼歎曰：'王禄盡矣。'"朱謀㙔《駢雅·釋訓》："即世、物故、登假、不諱、不禄，死也。"不禄就是無禄、無福，無福運了，也就是亡故了、死亡了。劉熙《釋名·釋喪制》："人始氣絶曰死，死，澌也，就消澌也。士曰不禄，不復食禄也。"《公羊傳·隱公三年》："三月庚戌，天王崩。……曷爲或言崩，或言薨。天子曰崩。"注："大毀壞之辭。""諸侯曰薨"，注："小毀壞之辭。""大夫曰卒"，注："卒猶終也。""士曰不禄"，注："不禄，無禄也，皆所以别尊卑也。"《國語·晋語》："二十六年，獻公卒，……大夫許諾，乃使梁由靡告於秦穆公，曰：'天降禍於晋國，讒言繁興，延及寡君，使寡君之紹續昆裔，隱悼播越，托在草莽，未有所依，又重之以寡君之不禄，喪亂並臻。'"韋昭注："士死曰不禄，禮君死赴於它國曰寡君不禄，謙也。臻，至也。"其實，天子死曰崩，諸侯死曰薨，大夫死曰卒，士死曰不禄，這是戰國時期形成的等級觀念，西周到春秋時期並没有嚴格的區别，一般人死亡亦可諱稱"非录""不禄""無禄"。曾亘嫚鼎銘文明確説"曾亘嫚非录"，就是説曾亘嫚去世了。曾亘嫚乃一女子，並非"士"，她去世亦可稱"非禄"。

河南濬縣辛村衛國墓地 5 號墓出土的 3 件衛夫人行鬲，銘文原是"衛夫人作其行鬲，用從遥征"。其後又補刻"文君""叔姜"4 字，全文便爲"衛文君夫人叔姜作其行鬲，用從遥征"。銘文雖爲"衛夫人作其行鬲"，其實並不是衛夫人在世時自作之器，而是死後家人用其名義爲之鑄造。"用從遥征"，遥者遠也，《方言》卷六："遥，遠也。梁楚曰遥。"《禮記·王制》："自江至於衡山，千里而遥。"《文選·賈誼〈弔屈原賦〉》："見細德之險徵兮，遥曾擊而去之。"李善注引李奇曰："遥，遠也。"這裏的"征"不能理解爲從軍出征，衛夫人怎麼能帶兵征戰呢！史書也没有衛君夫人從事過征戰的記載。這裏的"征"應解釋爲"行"。《爾雅·釋言》云："征，行也。"《詩·小雅·小明》："我征徂西，至于艽野。"鄭玄箋："征，行。""用從遥征"是説隨從她（衛文君夫人）去遠行，也就是説用於隨從衛文君夫人葬於墓中。

1983 年河南光山縣寶相寺上官崗春秋墓出土的黄子爲黄夫人所作的一組行器，包括鼎、鬲、豆、壺、罐、盤、盉、匜、罐、器座等，銘文大多數爲"黄子作黄夫人行器，則永祐福，令終靈後",有的是"黃子作黃夫人孟姬行器,則永祜福",有的則省為"黃子作黃夫人孟姬器則",省去"行"及"永祜福"等字。以上皆可證明"行器"就是專門為死者所鑄造的隨葬品,質地、紋飾、銘辭不一定十分講究。

3. 行器的製作

行器有自作器和他人作器兩種。據統計,在225件行器中,銘文稱"自作"器57件。如:樊夫人龍嬴盤的"樊夫人龍嬴自作行盤",黃君孟器組的"黃君孟自作行器,子子孫孫則永祜福",曾侯子鎛的"唯王正月初吉丁亥,曾侯子擇其吉金,自作行鎛"等。筆者認為銘文的"自作"有兩種可能,一種確為死者生前為自己鑄造的隨葬用器,另一種可能是死者親屬以死者的名義為其鑄造的隨葬品。

明確是他人作器者有33件,如鼄季鼎:"鼄季作嬴氏行鼎,子子孫其眉壽萬年,永用享。"唐侯壺:"唐侯制隨夫人行壺,其永祜福。"黃子器組:"黃子作黃夫人行器,則永祜福,霝終霝後。"巫簠:"巫為其舅叔考臣鑄其行器。"牧臣簠:"(器銘)牧臣行器,爾永祜福。(蓋銘)曾公鷄鸞為爾行簠,爾永祜福。"曾亙嫚鼎:"曾亙嫚非彔,為爾行器,爾永祜福。"等等。鼄季鼎、唐侯壺和黃子器組是丈夫為其夫人鑄造行器,巫簠是外甥為其舅父鑄造行器,牧臣簠是牧臣的長輩或親友為牧臣鑄造行器。

其中31件銘文中有作器者名,如衛夫人鬲:"衛夫人作其行鬲,用從遙征。"虢叔盨:"虢叔鑄行盨,子子孫孫永寶用享。"伯大父盤、伯大父匜:"伯大父作行盤匜。"曾子伯誩鼎:"曾子伯誩鑄行器,爾永祜福。"曾子叔牡父簠:"曾子叔牡父作行器,用祜福。"這些行器,雖然有作器者,但僅云"某某作""某某鑄",並沒有"自作"字樣。我們認為這些行器有可能是死者生前所作,也有可能是死後其家屬或者親朋以死者名義所鑄造,後者的可能性更大。其中曾子伯誩鼎銘文既有"曾子伯誩鑄行器",又說"爾永祜福",相互矛盾。前者似為自鑄器,後者又在祝福他人。我們知道"爾"是代詞,指代你、你們。《書·盤庚》:"凡爾眾,其惟致告:自今至于後日,各恭爾事。"《詩·小雅·無羊》:"誰謂爾無羊? 三百維群!"鄭玄箋:"爾,女(汝)也。""爾永祜福"就是你永祜福,這說明此鼎實際上還是曾子伯誩死後親屬為其鑄造的行器。鑄器者本想以死者名義鑄器,但又想祝福死者,於是就出現了矛盾的用語。這種現象只能出現在用於隨葬的"行器"上,活人的實用器絕不可能出現這種亂象。

另外的102件無作器者之名。銘文一般為"某某行器(或者"行+器名")""某某之行器"(或者"之行+器名")等。如"薛侯行壺""可之行簠""曾叔旂之行鼎""彭子射之行鯀""連迁之行升(鉶)""曾公子棄疾之行缶""王子午之行戟",還有曾孫卲壺的"曾孫卲之大行之壺",以及省略器名的"申伯諮多之行"(壺)、"壽之行"(戈)、"蔡叔膚秋之行"(戟)等等。這些"行器"或者"之行器"前面的人名,應該就是器主,但他(她)不是作器者,而是受器者。這些器主都是已經去世的人。這些器物的作器者應是死者的親屬或者朋友。

需要特別指出的是,上述"行器"銘文中,往往也有常見於宗廟禮器或者婚嫁媵器上的

"眉壽無期""萬年無疆""則永祜福,靁冬靁後""其永用之""子子孫孫,永寶用享"之類的嘏辭。有人認爲鑄有這些用語的青銅器都是陽間活人的用品,旨在祈求自己長壽,獲取福祉,希冀子孫後代永遠享用這些器物。其實不然,古人視死若生,認爲死者在冥冥世界生活,仍然要使用這些器物祭祀、宴饗,用以祈求福祉,長壽萬年,並且希冀進入家族墓地的後代子孫也能永遠寶用這些器物,所以把這些用語鑄造在行器上當在情理之中。

另外,還要提及的是,有一部分行器確能知道是死者生前主持鑄造的,生前享用,死後準備一同隨葬。如1978年河南淅川縣倉房鎮下寺1號墓出土的一套敬事天王鐘就是一個很好的例證,鐘銘是"唯王正月初吉庚申,□□□□(原器主名,易主後被鏟掉)自作詠鈴,其眉壽無疆,敬事天王,至于父兄,以樂君子,江漢之陰陽,百歲之外,以之大行"。"百歲之外"與《詩·唐風·葛生》的"百歲之後"語義完全相同,就是指代死亡。[1]"大行",本指遠行。《左傳·哀公二十五年》:"以魯國之密邇仇讎,臣是以不獲從君,克免於大行,又謂重也肥?"楊伯峻注:"大行,猶遠行。"因此,人們便用"大行"指代死亡。死亡猶如遠行,遠行不歸。《後漢書·安帝紀》:"孝和皇帝懿德巍巍,光于四海;大行皇帝不永天年。"李賢注引韋昭曰:"大行者,不反之辭也。天子崩,未有謚,故稱大行也。"《漢書·韋賢傳》:"(韋)賢門下生博士義倩等與宗家計議,共矯賢令,使家丞上書言大行,以大河都尉玄成爲後。"敬事天王編鐘和《行器統計表》中的225件行器有所不同,從其銘文可知,編鐘是死者生前所鑄造的,既用於祭祀,也用於宴樂,去世之後,再用於隨葬。因爲生前使用,死後才用於隨葬,身兼兩職,所以鐘名叫作"詠鈴",而不稱爲"行鈴""行鐘"或者"行器"。不幸的是,這套編鐘還沒有等到器主去世後隨葬,就被他人奪得,並把名字鏟去。

4. 行器與征行之器的區別

兩周青銅器中,用於出行、行旅、巡行、征戰的器物,我們稱之爲"征行之器",它與用於隨葬的"行器"是不同類的器物。征行之器出現在西周早期,一直沿用到春秋晚期;隨葬"行器"最早見於西周中期後段,流行於春秋時期,戰國時期偶爾也有鑄造。隨葬的行器均自名爲行器、行彝、行具或者行+器名;而征行之器的器銘中並不帶"行"字,一般是饋+器名、飤+器名、旅+器名、戎+器名之類,表示其功能則用"以征以行""用征用行",或者"用征行""用征"之類的詞語。如:西周早期的用征尊、用征卣,銘文是"用征"2字。西周晚期的叔邦父簠,銘文是"叔邦父作簠,用征用行,用從君王,子子孫孫,其萬年無疆";鄭義伯罍銘文是"鄭義伯作季姜罍,余以行以征,我酒既清,我用以克□,我以林狩,用賜眉壽,孫子是永寶";史免簠銘文是"史免作旅筐,從王征行,用盛稻粱,其子子孫孫,永寶用享";衛姒鬲銘文是"衛姒作鬲,以從永征";春秋早期的叔夜鼎,銘文是"叔夜鑄其饋鼎,以征以行,用煮用享,用祈眉壽無疆";哀鼎銘文是"戁

---

[1]《詩·唐風·葛生》:"夏之日,冬之夜,百歲之後,歸于其居。冬之夜,夏之日,百歲之後,歸于其室。"鄭箋:"居,墳墓也;室,猶冢壙。"

晏生之子孫哀爲改善會鼎,用征用行,萬年無疆,子子孫孫,永保用之";庚兒鼎銘文是"唯正月初吉丁亥,徐王之子庚兒,自作飤鎔,用征用行,用穌用羹,眉壽無疆";虢宮父鬲銘文是"虢宮父作鬲,用從永征";伯克父盨銘文是"唯伯克父甘婁,自作盨盨,用受黍稷稻粱,用之征行,其用及百君子宴饗";侯母壺銘文是"侯母作侯父戎壺,用征行,用求福無疆"等。遍查兩周青銅器銘文,凡是用於征行的青銅器,一般不自稱爲"行器";凡是自名爲"行器"的青銅器,銘文中一般也不會出現"用征用行""以征以行""用之征行"等征行詞彙。

當然,也有個別例外者,如爲夫人盨銘文是"□□爲夫人行盨,用征用行,萬歲用常",而爲夫人鼎銘文是"□□爲夫人饋鼎,用征用行,萬歲用常"。繫聯兩件器物的銘文,可知兩者是同一人同時爲其夫人鑄造的器物。鼎稱"饋鼎",可以確定它不是隨葬品;盨稱"行盨",但從盨的圖像來看,也屬實用器,兩者的作器者名字均被鏟掉,説明兩器均已易主,也就是説它們没有出土在這位夫人的墓中,可以確定這套器物的性質和敬事天王鐘一樣,身兼兩職,生前用於祭祀、宴饗和征行,死後用於隨葬,但未等到夫人去世就被他人奪去。所以,這類器物與行器既有區别,又有關聯。

用於田狩、田獵的青銅器,也與"行器"無關,器銘中也不會出現"行"字,而往往用"田"字;其功能用辭,一般爲"田狩""以狩""用田用狩"等,總之,用"狩"而不用"行"。如:西周中期的伯太師鼎,銘文是"伯太師作饋鼎,我用田用狩,用祈眉壽";西周晚期的晋侯對盨,一套4件,銘文是"唯正月初吉庚寅,晋侯對作寶尊皀盨,其用田狩,甚樂于原隰,其萬年永寶用";春秋晚期的雍戈,銘文是"雍之田戈";徐王義楚詐蓏之攻劍,銘文是"徐王義楚詐蓏之攻自作劍,用以狩邊邦,莫敢不從"。

另外,2011年湖北隨州市曾都區淅河鎮蔣寨村葉家山西周墓出土一對曾侯壺,時代爲西周早期,銘文是"曾侯作田壺"。銘文中的"田"有可能是人名,即曾侯的親屬;也有可能是壺名的修飾語,表明此壺的功能是作田狩之用。

二、遣　　器

1. 遣器的定義與功能

遣者,送也,也指隨葬之物。《儀禮·既夕禮》:"公史自西方東面,命毋哭,主人主婦皆不哭,讀遣卒,命哭,滅燭出。"鄭玄注:"遣者,入壙之物。君使史來讀之,成其得禮之正以終也。"又"書遣於策",鄭玄注:"遣,猶送也。謂當所藏物茵以下。"賈公彦疏:"則盡遣送死者明器之等,並贈死者玩好之物,名字多,故書之於策。""入壙之物"就是隨從死者埋入墓壙之中的器物,故稱"遣器"。

2. 青銅器中的遣器

目前見到的遣器有23件(見附表二、遣器統計表)。其中有一組否叔器,時代爲西周早期後段,包括尊、卣、觚(2 件)、爵(2 件)、觶等。否叔尊、卣的銘文是"否叔獻彝,疾不已,爲母宗彝則備,用遣母〔聑日〕"。第一件否叔觚銘文是"否用遣母〔聑日〕",第二件否叔觚銘文是"用遣母〔聑日〕",兩件否叔爵銘文均爲"用遣",否叔觶銘文只有"遣"一字。

　　張光裕先生將銘文中的"〔聑日〕"釋爲"霝"。他認爲"用遣母霝"可有兩種解釋,一是作爲名詞,可以理解爲否叔母親的名字;二是讀爲金文中習見的"霝終"之霝,訓爲"善"。張先生采用第二種解釋,"用遣母霝"的意思是説母有善終,因以爲遣。張先生説無論遣作何種解釋,這組銅器是"用以伴隨母親一起遣送的隨葬品",所以實可稱之爲"遣器"。[1]陳英傑先生也將"〔聑日〕"釋爲"霝",讀爲神靈的"靈"。認爲否叔器銘文是説否叔患了疾病,一直不能痊癒,以爲是母親的神靈在作祟,所以爲他的母親製作了一套宗廟祭器。"用遣母靈"就是遣送作祟的母親的神靈。[2]李學勤、李春桃先生將"〔聑日〕"釋爲"星",讀爲"眚",訓爲"災"。"否叔獻彝,疾不已,爲母宗彝則備,用遣母星",大意是否叔由於母親的鬼魂來作祟,害自己生病很久,因此作了銅器奉獻給母親,以遣送、遣逐母親鬼魂作祟所帶來的眚災。[3]其實,此字既不是"霝",也不是"星",仔細觀察此字,其結構並不是並列的三個口,而是左右各爲一個C 形,方向相反,中間是一個方框。該字是一個複合族氏銘文,一般釋爲"聑日",商代晚期"耳"字多爲象形,"日"呈長方框中有一横畫,如父乙鼎的"〔字形〕",父乙方彝的"〔字形〕";西周早期"耳"則變成"C"形,"日"變成空心方框或者實心方形,如故宫博物院隻爵的"〔字形〕",河北省博物館聑日卣的"〔聑日〕"和聑日爵的"〔字形〕"等。故銘文"爲母宗彝則備,用遣母。聑日"是説製作了一套宗彝用來遣送母親,也就是用來爲母親隨葬。"聑日"表示否叔是"聑日"家族人氏。

　　否叔器組的釋讀雖然還有爭論,可暫存待考。但是,這組銅器是否叔爲死去的母親隨葬所用,則是可以肯定的,故其應是一組"遣器"。

　　除上述否叔器之外,青銅器中還有寫明用途是"遣"的遣器,如:美國華盛頓賽克勒美術館收藏的遣盉,時代爲西周中期,銘文是"作遣盉,用追孝,匄萬年壽,令終",没有作者者,但自名爲"遣盉",這是一件無可争辯的"遣器";拙著《商周青銅器銘文暨圖像集成續編》收録的皇毁鼎,銘文是"罘欿公子皇毁,擇其吉金,自作飤𤱯,千歲之外,我是以遣";1979 年河南固始縣城關鎮東關侯古堆 1 號春秋墓出土的一套編鎛,銘文是"唯正月初吉丁亥,□□(原器主名,易主後被鏟掉)擇其吉金,自作龢鐘,肅肅倉倉,嘉平方奏,孔樂父兄,萬年無期,□□參

[1] 張光裕:《學齋學術論文二集》,藝文印書館,2004 年;又《西周遣器新識——否叔尊銘之啓示》,《"中研院"歷史語言研究所集刊》70 本第 3 分,1999 年。

[2] 陳英傑:《讀曾國銅器劄記》。

[3] 李學勤:《論殷墟卜辭的新星》,《北京師範大學學報》2000 年第 2 期。李春桃:《否叔諸器銘文釋讀——兼釋甲骨文中的"眚"字》,《文史》2019 年第 1 期。

壽,其永鼓之,百歲外,遂以之遺”。皇獒鼎的“千歲之外”和編鎛的“百歲外”與《詩・唐風・葛生》的“百歲之後”語義完全相同,猶言“壽終之後”,以之指代死亡。銘文説明作器者生前鑄造鼎、鐘,是爲在世時祭祀、宴饗,娛樂親朋,祈求長壽,死後“用之以遺”,就是用於隨葬,以供在陰間繼續享用。但是,侯古堆編鎛的命運和下寺敬事天王編鐘一樣,没有等到壽終隨葬就被别人奪走了,連自己的名字都没有留下。

有一些器物雖然没有使用“遺”字,但用其他的同義詞表述,如春秋晚期的鄭莊公之孫盧鼎,銘文是“唯正六月吉日唯己,余鄭莊公之孫,余剌之疚子盧,作鑄𩰫彝,以爲父母。其徙于下都,曰:嗚呼哀哉,烈叔烈夫人,萬世用之”。這是鄭莊公之孫盧爲其父母所作的隨葬器物。神話傳説中稱天帝所住的都邑爲“下都”。《山海經・西山經》:“西南四百里,曰昆侖之丘,是實爲帝之下都。”“徙于下都”就是説把隨葬父母的器物送到天帝所處的都邑,實指人死後神魂所處的冥府。銘文中雖然没有“遺”字,却有“徙”字。《説文》:“徙,移也。”《玉篇・彳部》:“徙,遷也。”《玉篇・辵部》:“遺,送也。”徙與遺同義。“其徙于下都”,就是將這些器物移送到墓中,供死者在另一個世界享用。

三、從　器

青銅器銘文中,有一批以“從鼎”“從簋”“從壺”“從鐘”“從彝”等命名的器物。我們統稱爲“從器”。

從器中的“從”字,是器名的修飾語,是表明器物功能的。從器所用的“從”字,除作“從”形外,尚有“从”“㐺”“彸”“𨑫”等寫法。“从”“從”爲古今字,“從”是形聲字。“从”爲二人相隨,“㐺”爲三人相隨,“彸”爲“从”加行旁“彳”,“𨑫”是“从”加形旁“止”,“彳”“止”都表示行義,是“從”字的形旁。爲行文方便,本文均用“從”字。

1. 從器銘文格式

據統計,青銅器銘文中從器共有121件(見附表三、從器統計表)。從表中可以看出,從器的表述有11種方式。

(1) 僅有一個“從”字。這是從器的最簡式。不書作器者、受器者,甚至連“作”“鑄”之類的動詞都省掉了,器名僅用其修飾詞“從”字替代。

(2) 從+器名。這也是從器的最簡式之一。如:從睘小器的“從睘”。

(3) 作+從。這一式是在第一式基礎上增添了動詞“作”。仍然没有作器者、受器者,以“從”替代器名。如故宫博物院收藏的作從爵和作從尊,銘文僅有“作從”2字。

(4) 作+從+彝(或尊彝)。這一式只是在“作從”之後增添了“尊”“彝”之類的器物共名,亦無作器者和受器者。如:作從彝鼎、作從彝盤和作從尊彝尊等,銘文是“作從彝”或“作從尊彝”。

（5）作器者+作+從。這一式雖有作器者,但無受器者和器名。如:牧正簋"牧正作從",天尊"天作從",單尊"作從,單",戈爵"作從,戈"等。"牧正"應是作器者的官名,"天""單""戈"都是作器家族的氏名。

（6）作器者+作+從+彝(或宗彝、旅彝、寶彝)。這一式是在上一式基礎上增添了器物的共名。如:豐簋"豐作從彝",豐卣"豐作從寶彝",傳冊尊"傳冊作從宗彝",北單鼎"北單作從旅彝",亞夫觚"亞夫作寶從彝",戈尊"作從彝,戈"等。其中"豐""傳冊"是作器者,"北單""亞夫""戈"是作器的族氏。

（7）作器者+從+彝(或尊彝),如:亞𦅞觚"亞𦅞從尊彝"。此式與上一式基本相同,但省去了動詞"作"。

（8）作器者+作(鑄)+從+器物專名。這是從器中自作器的一種完備式。如:申鼎"申作從鼎",叔逆簋"叔逆作從簋",芮公簋(《銘圖》04576)"芮公作鑄從簋,永寶用",芮公簋(《銘圖》04575)"芮公作鑄從用簋,永寶"等。銘文中沒有標明受器者,實際上作器者就是受器者,也就是自作從器。金文中也有表明"自作"或"自鑄"的從器,如方妝各鼎"方妝各自作夒從鼎,其永用"。

（9）受器者+從。這是從器的另一種簡式。銘文中只有受器者和"從"字,以"從"替代器名。如:魚從鼎等9件魚從器,遽從簋等5件遽從器,銘文僅有"魚從"或"遽從"2字,其中的"魚"或"遽"應是受器者。

（10）受器者+作+從+彝(或尊、寶彝)。這一式沒有作器者,也沒有鼎、簋等器物專名。如:作封從彝角的"作封從彝",作㚸從彝卣蓋銘"作㚸從彝"、器銘"作㚸從寶尊彝",作員從彝罍的"作員從彝",作彭史尊的"作彭史從尊"等。銘文中的"封""員""彭史"都是受器者,是作器家族的成員或作器者的親屬。"㚸"是姓,説明受器者是一位婦女,是來自㚸姓族氏的作器家族成員。"寶"表示寶貴,"尊"表示尊貴。

（11）作器者+作+受器者+從+彝(或從寶彝、從宗彝)。這是從器中他人作器的一種完備式。如:叔鼎"叔作母從彝",這是某家族的老三爲其母親所鑄造的從鼎。麃父尊"麃父作妝氏從宗彝",這是一位名叫麃父的人爲其親屬妝氏所鑄造的從器。

2. 從器用途辨正

雒有倉先生認爲從器主要用於宗廟祭祀、征行和日常飲食。另外還用於宴享、婚媾等方面。之所以稱爲"從彝"或"從+器名"就是説它們是"同類銅器或同組銅器的從屬器"。"從簋可視爲從屬器之簋,既可指成套列簋中的簋,亦可指同組銅器,如河南河清所出鼎、簋、甌、觚、盉中的簋。'從鼎、從鐘、從壺',可依此類推。由於狹義的尊、彝各代表飲器中的一部分器物,而廣義的'尊爲飲器中盛酒器之共名,彝爲宗廟器之共名,或一切貴重之飲飤器之大共名',故'從尊、從彝'既可以理解爲貴重器的從屬器,也可以理解爲從屬器之尊、從屬器之彝或盛酒之從屬器、宗廟之從屬器。""'從宗彝'用於宗廟祭祀,可以理解爲宗廟用器的從屬器;‘從旅彝’用於征行,可以理解爲征行用器的從屬器;‘從用簋’用於日常飲食,可以理解爲日常用器的從屬器。”[1]

雒先生之説基本上仍是宋人“陪器説”的翻版,將“陪器”改爲“從屬器”而已。北宋吕大臨在其《考古圖》卷四“單粟從彝(即壹卣)”考釋中説:“右得於河南河清……初,河濱岸崩,聞得十數物,今所存者此彝外尚有五物(鼎、簋、甌、觚、盉等),形制多不同,今列于後,皆曰單作從彝,疑五物者,爲此彝陪設,故謂之從彝。”[2]此後,王黼、薛尚功、董逌、趙希鵠等人在其使用功能、鑄造性質、所盛祭品等不同層面有所申論,但皆大同小異,認爲“從彝”不是主器而是陪器。[3]“陪器説”本身就是站不住腳的,吕大臨將同出的鼎、簋、甌、觚、盉等説成是壹卣的陪器,因爲壹卣没有“從彝”2字,其他5件器物都有“從彝”2字。這種推斷是不科學的,同出的鼎、簋、甌是食器,兩件鼎還都是方鼎,卣、觚是酒器。周人認爲殷人由於酗酒亡國,所以周人重食輕酒,西周的隨葬品屬於以食器爲主的組合方式,考古發掘的周代墓葬也證明了這點。河清出土的方鼎、簋、甌怎麼倒成了一件卣的陪器呢? 其説不能成立。

周代青銅器無論祭祀宴饗用的禮器,還是日常生活的用器,同時鑄造的一組器物一般情況下使用同一篇銘文,銘文中也看不出主、從之分。例如1931年山東益都縣(今青州市)蘇埠屯一個西周墓出土16件青銅器,銘文全是“作封從彝”,没有一件是“作封寶尊彝”,那麼這16件“從彝”就没有主器可從屬;又如出土於洛陽一個西周墓的10餘件遺器,有遽從鼎5件,遽從甌1件,遽從卣1件,遽簋1件,遽父己犧尊1件,遽父乙觶1件,按照從屬器説,5件鼎、1件甌和1件卣都是從屬品,那麼這組器物的主器又是誰呢? 是簋是犧尊,還是觶? 還有叔逆簋,蓋銘是“叔逆作從簋”,器銘是“叔逆作旅簋”,這又如何解釋呢? 這件簋是從屬器還是旅器? 所以説從屬器之説是站不住腳的。

雒先生説方妣各鼎是圓鼎,銘文“方妣各自作齊從鼎”。“齊”通“齋”,“齋”指方鼎,可知此圓鼎是方鼎的從屬器。那麼,上述河南河清出土的兩件鼎都是方鼎,銘文是“單𤔲作從彝”,這兩件方鼎又怎麼成了從屬器呢?

“齋”指方鼎之説源於容庚的《金文編》,此説不確。“齋”即文獻中的“齍”“粢”,本指祭祀所盛的穀物,後又指盛放穀物的祭器,也泛指祭祀用器。《説文·皿部》:“齍,黍稷在器以祀者。”《周禮·天官·九嬪》:“凡祭祀,贊玉齍。”鄭玄注:“玉齍,玉敦受黍稷器。”《集韻·脂韻》:“粢,一作齊。”朱駿聲《説文通訓定聲·履部》:“齊,叚借爲齍。”《詩·小雅·甫田》:“以

---

[1] 雒有倉:《説“從彝”及其相關問題》,《古文字研究》第31輯,中華書局,2016年。

[2] 吕大臨:《考古圖》,中華書局,1987年。

[3] 王黼:《博古圖》卷十九,周單從盉,《金文文獻集成》,綫裝書局,2005年。薛尚功:《歷代鐘鼎彝器款識法帖》卷十二56頁,中華書局,1986年。董逌:《廣川書跋》卷一“二方鼎”,《金文文獻集成》第16册180頁,綫裝書局,2005年。趙希鵠:《洞天清録·鼎大小》,《四庫全書》電子版,上海人民出版社、迪遠文化出版有限公司,1999年。

我齊明,以我犧羊。"毛傳:"器實曰齊,在器曰盛。"陸德明釋文:"齊,本又作齍,同。"1962 年
河南洛陽市北窰村龐家溝西周墓出土的旨鼎,形制是圓鼎,銘文是"旨作齍"。1973 年冬陝西
岐山縣京當鄉賀家村 3 號西周墓出土的帶流圓鼎,銘文是"榮有司再作齍鼎,用媵嬴龘母"。
甚至尹姑鬲也説"(尹姑)拜稽首,對揚天君休,用作寶齍"。

另外,還要指出所謂的"從宗彝"是宗廟用器的從屬器、"從旅彝"是征行器的從屬器、"從
用器"是日常用器的從屬器等等,都不足爲信。筆者認爲"宗彝""旅彝""用器"的稱謂活人
的器物可以用,死人的器物也可以用,這不足爲怪。因爲古人"事死如事生",以爲死去的人
在另一個世界也要像活着的時候一樣生活,祭祀宴饗,出行遊樂。所以説這些例證都不足以
證明從器就是所謂的"從屬器"。

從器不是"同類銅器或同組銅器的從屬器",青銅器中自有例證。如前面提到的作封從
彝角、作姒從彝卣、作員從彝罍、作彭史從尊,説明這些器物是給名叫封、員、彭史和一位姒姓
婦女所作的從器,叔鼎的"叔作母從彝"就是某家族的老三爲其母親所作的從器。廉父尊的
"廉父作妭氏從宗彝"是一位名叫廉父的人爲其親屬妭氏所作的從器。這些青銅器都説明從
器是人(死亡人)的從屬器,而不是某件、某類或者某組青銅器的從屬器。

劉洪濤先生在其《戰國文字考釋兩篇》一文中認爲從器表示器物是隨從、隨行的用品。
他説:"金文中常見'從+器物名'的結構,如'從鐘''從鼎''從簠''從壺''從彝'等,表示器
物是用來隨從、隨行的。"[1]劉先生説從器是隨從、隨行是對的,但没有説清楚是隨從誰的,
是隨從活人的,還是隨從死者的。竊以爲從器是隨從死人埋入墓中的。其性質、功能與行
器、遣器完全相同,是隨葬品。"從"者隨也,有跟隨,隨從之義。《詩·邶風·擊鼓》:"從孫子
仲,平陳與宋。"同書《齊風·敝笱》:"齊子歸止,其從如水。"但"從"又指從死,隨葬,殉葬。
同書《秦風·黄鳥》:"誰從穆公? 子車奄息。"人殉葬稱"從死",物隨葬稱"從器"。所以"從
器"就是隨從死者埋入墓葬的器物。

3. 從器的製作

從器中 1 至 4 式,没有作器者,也没有受器者,銘文僅有"從""作從""作從彝""作從尊彝"
和"從+器名"之類。這些從器大凡都是青銅器鑄造作坊的商品,誰買去都可以爲其親屬隨葬。

有作器者的從器,可分爲自作器和他人作器兩種。自作器,如"方妭各自作齍從鼎,其永
用",又如"芮公作鑄從壺"、"虘作從彝"(尊)、"中作從彝"(簠)等。這幾件雖没有説是"自
作",按照青銅器銘文慣例,也應是作器者爲自己所鑄造的從器。當然,也有可能是死者家人
以死者名義鑄造的隨葬品。他人作器,如"廉父作妭氏從宗彝齍"(尊、卣)、"叔作母從彝"
(鼎)等。

---

[1]　劉洪濤:《戰國文字考釋兩篇》,《出土文獻研究》第 12 輯,中西書局,2013 年。

　　另外還有“天黽作從彝”(尊)、“亞夫作寶從彝”(瓠、盉)、“單𣁋作從彝”(鼎、瓠)、“北單作從旅彝”(鼎)等,這些從器前面列舉的都是族氏名。説明這些從器都是各自族氏爲其首領或者重要成員所作的隨葬品,還有一些從器列舉有死者之名,但没有列舉作器者私名,也没有列舉族氏名,如“作封從彝”(鼎、角、瓠、觶、卣、壺、罍、盤、盉)、“作姒從彝”(卣)、“作員從彝”(罍)等,這些從器也應該是死者所在族氏爲死者所作的隨葬品。

　　故宫博物院收藏的上官豆(自名“卷”),銘文是“富子之上官獲之畫鐠銅卷十,以爲大赴之從卷,莫其居”。劉洪濤先生將“大赴”釋爲“大役”,認爲是指大型的徭役或戰爭。因此,他説“從卷”的“從”字也應該是隨從、隨行之義。“大役之從卷”是指服兵役或徭役所攜帶的銅器。[1]筆者以爲這十件卷也應是隨從死者的“從器”。李家浩、張亞初將所謂的“大役”釋爲“大赴”是對的。《説文·走部》云:“赴,趨也。”也就是到、去、前往之義。《史記·滑稽列傳》:“欲赴佗國奔亡,痛吾兩主使不通。”《列子·力命》:“農赴時,商趨利,工追術,仕逐勢,勢使然也。”“赴”如同“行”,“大赴”如同“大行”,也是對死亡的一種諱稱。銘中的“以爲大赴之從卷”是説這十件卷用於死後隨葬。莫,有布、布置、陳列之義。《廣雅·釋詁三》:“莫,布也。”《詩·唐風·葛生》:“夏之日,冬之夜,百歲之後,歸于其居;冬之夜,夏之日,百歲之後,歸于其室。”鄭箋:“居,墳墓也;室,猶家壙。”豆銘中的“居”與《葛生》中的“居”“室”相同,指墳墓。“莫其居”就是埋在墓内、陳列於墓室。

四、走　器

　　兩周青銅器中有一部分自名爲“走器”,命名方式爲“走+器名”。目前見到的有走鐘和走戈。如遼寧省博物館收藏的自鐘,時代爲春秋時期,銘文是“自作其走鐘”。又如2002年河南葉縣葉邑鎮常莊春秋墓出土的許公戈,銘文是“許公之造走戈”。曾侯乙墓出土的曾侯乙走戈和曾侯逑走戈,均是戰國早期之物。曾侯乙戈銘文是“曾侯乙之走戈”,曾侯逑戈銘文是“曾侯逑之走戈”。曾侯乙走戈數量最大,據發掘報告説共計35件。目前見到著録的走器共28件(見附表四、走器統計表)。自鐘和許公戈是自作器,曾侯乙戈和曾侯逑戈是他人作器。

　　有人認爲“走戈”是徒兵使用的武器,那麽“走鐘”就不好講了。《説文》云:“走,趨也。”《釋名·釋姿容》:“徐行曰步,疾行曰趨,疾趨曰走。”“走”的古義就是“跑”,走字的引申義有前往、趨向、去也。“徒”與“走”不同。“徒”指步行,也指步兵,《詩·魯頌·閟宫》:“公徒三萬,貝胄朱綬。”朱熹集傳:“徒,步卒也。”《孫子·行軍》:“塵高而鋭者,車來也;卑而廣者,徒來也。”青銅器中徒兵的武器都帶有“徒”字,如“虢太子元徒戈”“陳子翼徒戈”“左徒戈”“武

---

[1]　劉洪濤:《戰國文字考釋兩篇》。

城徒戈”“仕斤徒戈”“吳叔徒戈”“子壴徒戟”“平阿左造徒戟”“魏叔子之左車篷輅徒戟五百”等等。所以“走戈”不會是徒兵的武器。

我們知道，“走”又爲死亡之諱言，如同今人還把“某某死了”説成“某某走了”，爲人送葬稱：“某某一路走好！”所以，走器亦應是隨從死者埋入墓内的器物。曾侯乙走戈 35 件，發掘報告説它們“大小形制很接近，有的很可能出自相同的範，柲長也很接近（1.27—1.29 米）。這些戈似從未使用過”。[1]這些現象都説明了這批戈並不是實戰兵器。張吟午先生認爲它們可能就是爲隨葬而專門製作的明器，[2]筆者同意張先生的意見。走戈、走鐘就是隨葬品，其功能與“行器”相同。

五、葬　　器

青銅器銘文中，目前見到自稱爲葬器的只有兩件，爲同一人之器。一件是曾公子棄疾甗，銘文是“曾公子棄疾之葬甗”；另一件是曾公子棄疾簠，銘文是“曾公子棄疾之葬簠”，不用多言，自身就標明了它是隨葬的器物。有趣的是，爲這位曾公子鑄造的一組隨葬品，除這兩件稱爲“葬+器名（甗或簠）”，另外還有兩件鼎、兩件壺和一件缶，銘文自稱爲“行鼎”“行壺”和“行缶”（見附表一、行器統計表）。這組器物的稱名，直接證明了行器就是葬器，即隨葬的器物，而不是活人出行或者征行所用之物。

結　　語

從以上討論可以得出如下結論：

遣器、行器、從器、走器、葬器都是用於死人隨葬的器物。行器的功能就是隨葬，不是征行。它與行旅、征行、田狩無關。行器最早出現在西周中期後段，盛行於春秋時期，戰國時期較少。行器有食器、酒器、樂器、水器、兵器等，也就是説活人用於祭祀宴饗的禮器、樂器和征戰的兵器都可作爲行器，用於隨葬。行器流行的區域主要是南方的曾、黃、楚、樊以及申、鄀、蔡、鍾離等國，尤以曾國最爲盛行；北方諸國較少，目前只見於虢、衛、薛等國。

西周早期把隨葬品稱爲“遣”，把記録隨葬品的竹簡稱爲“遣策”。遣策之名一直沿用到後代。遣器之名最早見於西周早期。它不是宗廟祭器，也不是一般用器，遣器的功能和行器相同，是用於隨葬的明器，是死者在陰間使用之物。

青銅器中的從器之名，最早見於商代晚期後段，目前僅見兩三件，西周早期最多，西周中

---

[1] 湖北省博物館：《曾侯乙墓》254 頁，文物出版社，1989 年。
[2] 張吟午：《“走器”小考》，《江漢考古》1995 年第 3 期。

晚期次之,春秋早期以後很少出現。從器既不是同類銅器或同組銅器的從屬器,也不是某件器物的陪器。從器並不用於宗廟祭祀、征行或者日常飲食,也不用於宴享、婚媾等方面。所謂“從”不是隨從、隨行在世者,它的性質、用途也和行器一樣,是隨從死者埋入墓中的隨葬物品。

“行器”之名出現之後,基本上取代了遣器和從器。但是,“遣”名並沒有就此消失,它主要出現在記錄隨葬品的書簡上,戰國、秦漢時期楚地墓葬出土諸多遣策,就是證明。

青銅器中的走器,目前只見於春秋戰國時期的楚國。走戈不是步卒所用的兵器,它與徒戈不是一回事。走器也是一種隨葬器物的稱謂。

不管是稱爲葬器、遣器、行器、從器,還是走器的青銅器,都説明從西周早期一直到戰國時期,古人們對於死去的先人“視死若生”,不僅要把在世所用的青銅器埋入墓葬,同時還專門製作隨葬品,以供死者在冥冥世界享用。到了春秋戰國時期隨着社會的變化,隨葬品與實用器漸行漸遠,愈來愈形式化、明器化。

2018 年 11 月第一稿

2019 年 11 月第二稿

(原載《青銅器與金文》第五輯)

附:

一、行器統計表

1. 行鼎(鬲)

器　名	數量	銘圖、銘續著録號	時　代	銘　　文
鼒季鼎	1	02142	西周晚期	鼒季作嬴氏行鼎,子子孫其眉壽萬年永用享。
鄂侯鼎	5	待著録	春秋早期	鄂侯作夫人行鼎。
曾子𩫖鼎	1	待著録	春秋早期	曾子𩫖自作行鼎,其永祜福。
彭子射鼎	3	01666、01667,另 1 件待著録	春秋早期	彭子射之行鬲。
緐子宿車鼎	2	02154、02155	春秋早期	唯緐子宿車作行鼎,子孫永寶,萬年無疆,自用。
樊夫人龍嬴鼎	1	01743	春秋中期	樊夫人龍嬴自行鼎。

續　表

器　名	數量	銘圖、銘續著錄號	時　代	銘　文
洛叔鼎	1	01841	春秋中期	洛叔之行鼎，永用之。
連迁鼎	3	01467—01469	春秋中期	連迁之行升（鼒）。
唐侯鼎	2	待著錄	春秋中期	唐侯制隨夫人行鼎，其永祜福。
黄仲酉鼎	1	01884	春秋晚期	曾少宰黄仲酉之行鼎。
曾叔旅鼎	1	續 0109	春秋晚期	曾叔祈之行鼎。
曾公子棄疾鼎	2	續 0126、0127	春秋晚期	曾公子棄疾之行鼎。
巫鼎	1	待著錄	春秋晚期	巫爲其舅叔考臣鑄行緐鼎。
敔鼎	1	01327	春秋時期	敔之行鼎。
子陝□之孫鼎	1	01744	春秋時期	子陝□之孫……行𩱢。
沖子鄜鼎	1	01670	戰國早期	沖子鄜之行鼎。

2. 行鬲（鬶）

衛夫人鬲	3	02863—02865	春秋早期	衛夫人作其行鬲，用從遥征。（另補刻有"文君""叔姜"，全文爲"衛文君夫人叔姜作其行鬲，用從遥征"）
鄂侯鬲	3	待著錄	春秋早期	鄂侯作夫人行鬲。
樊夫人龍嬴鬲	2	02889、02890	春秋中期	樊夫人龍嬴用其吉金自作行鬶。
曾侯與鬲	1	續 0240	春秋晚期	曾侯與之行鬶。
行鬲	1	續 0236	春秋晚期	殘存"行鬲"2 字。

3. 行甗

黄仲酉甗	1	03313	春秋晚期	曾少宰黄仲酉之行甗。
曾孫伯國甗	1	續 0277	春秋晚期	曾孫伯國之行甗。

4. 行簋

鄂侯簋	2	待著錄	春秋早期	鄂侯作夫人行簋。
加芊簋	4	續 0375，另 3 件待著錄	春秋中期	加芊之行簋，其永用之。

5. 行盨

器　名	數量	銘圖、銘續著錄號	時　代	銘　文
虢叔盨	1	05567	西周晚期	虢叔鑄行盨，子子孫孫永寶用享。
爲夫人盨	1	05590	春秋早期	□□爲夫人行盨，用征用行，萬歲用常。

6. 行簠

器　名	數量	銘圖、銘續著錄號	時　代	銘　文
曾孟嬴剈簠	2	05834，另1件待著錄	春秋早期	曾孟嬴剈自作行簠，則永祐福。
牧臣簠（曾公鈃鼄簠）	1	待著錄	春秋早期	器銘：牧臣行器，爾永祐福。蓋銘：曾公鈃鼄爲爾行簠，爾永祐福。
曾子遈簠	2	05778、05779	春秋晚期	曾子遈之行簠。
曾都尹定簠	1	05783	春秋晚期	曾都尹定之行簠。
曾孫卲簠	1	續0482	春秋晚期	曾孫卲之行簠。
曾工差臣簠	1	續0484	春秋晚期	曾工佐臣之行簠。
可簠	1	05757	春秋晚期	可之行簠。
媄簠	1	續0478	春秋晚期	媄之行簠。
㹞簠	1	05758	春秋晚期	㹞之行簠。
黃仲酉簠	1	05802	春秋晚期	曾少宰黃仲酉之行簠。
甬巨簠	1	續0480	春秋晚期	甬巨之行簠。
孟芊玄簠	1	續0481	春秋晚期	孟芊玄之行簠。

7. 行鉦（豆）

器　名	數量	銘續著錄號	時　代	銘　文
戲子煩豆	1	續0530	春秋晚期	戲子煩作鑄行鉦（鐙—豆）眉壽無疆，子子孫孫永保用之。

8. 行盆（盇、盇）

器　名	數量	銘續著錄號	時　代	銘　文
郳子宿車盆	1	06267	春秋早期	唯郳子宿車自作行盆，子子孫孫，永寶用享，萬年無疆。

器　名	數量	銘圖、銘續 著錄號	時　代	銘　　文
子諆盆	1	06266	春秋中期	唯子諆鑄其行盄,子子孫永壽用之。
賹于敔盨	1	06059	春秋晚期	賹于敔之行盨。

9. 行壺(盉)

器　名	數量	銘圖、銘續 著錄號	時　代	銘　　文
尹氏士叔善父壺	1	續 0832	西周中期	尹氏士叔善父作行尊□,其萬年眉壽永寶用。
薛侯壺	1	12120	春秋早期	薛侯行壺。
郳季宿車壺	1	12326	春秋早期	蓋銘:郳季宿車自作行壺,子孫永用之;器銘: 郳季宿車自作行壺,子孫永寶用之。
右走馬嘉壺	1	12224	春秋早期	右走馬嘉自作行壺。
樊夫人龍嬴壺	1	12296	春秋中期	樊夫人龍嬴用其吉金,自作行壺。
曾大醢尹壺	2	12225、12226	春秋晚期	曾大醢尹鱝之行壺。
佣多壺	1	續 0810	春秋晚期	佣多之行壺。
曾孫喬壺	1	續 0814	春秋晚期	曾孫喬之行壺。
曾孫卲壺	1	續 0820	春秋晚期	曾孫卲之大行之壺。
曾公子棄疾壺	2	續 0818、0819	春秋晚期	曾公子棄疾之行壺。
唐侯壺	2	續 0829, 另 1 件待著錄	春秋晚期	唐侯制隋夫人行壺,其永祐福。
申伯諺多壺	1	12189	春秋晚期	申伯諺多之行。
可壺	1	12123	春秋晚期	可之行盉。
黃仲酉壺	1	12249	春秋晚期	曾少宰黃仲酉之行盉。

10. 行瓶

器　名	數量	銘圖、銘續 著錄號	時　代	銘　　文
郜□孟城瓶	1	14037	春秋早期	郜□孟城作爲行瓶,其眉壽無疆,子子孫孫永寶 用之。

11. 行缶

器　名	數量	銘圖、銘續 著錄號	時　代	銘　　文
曾子遝缶	1	14067	春秋時期	曾子遝之行缶。
孟嬴啙不缶	1	14086	春秋中期	唯正月初吉庚午,嘉子孟嬴啙不自作行缶,子孫 其萬年無疆,永用之。

續　表

器　名	數量	銘圖、銘續著録號	時　代	銘　　文
宿兒缶	2	14091、14092	春秋晚期	唯正八月初吉壬申,蘇公之孫宿兒擇其吉金,自作行缶,眉壽無期,永保用之。
曾公子棄疾缶	1	續 0963	春秋晚期	曾公子棄疾之行缶。

12. 行盤

器　名	數量	銘圖、銘續著録號	時　代	銘　　文
邾季宿車盤	1	14445	春秋早期	邾季宿車自作行盤,子子孫孫永寶用之。
伯大父盤	1	14393	春秋早期	伯大父作行盤匜。
樊夫人龍嬴盤	1	14408	春秋中期	樊夫人龍嬴自作行盤。
彭子射盤	1	14388	春秋晚期	彭子射之行盤。
句吳大叔盤	1	14415	春秋晚期	句吳大叔姞如自作行盤。
佢多盤	1	續 0926	春秋晚期	佢多之行盤。
黃仲酉盤	1	14409	春秋晚期	曾少宰黃仲酉之行盥。
可盤	1	14363	春秋晚期	可之行盤。

13. 行匜

器　名	數量	銘圖、銘續著録號	時　代	銘　　文
邾季宿車匜	1	14925	春秋早期	邾季宿車自作行匜,子孫永寶用之。
伯大父匜	1	14857	春秋早期	伯大父作行盤匜。
公父宅匜	1	14992	春秋早期	唯王正月庚午,襃公之孫公父宅鑄其行匜,其萬年,子子孫永寶用之。
樊夫人龍嬴匜	1	14900	春秋中期	樊夫人龍嬴自作行匜。
彭子射匜	1	14878	春秋晚期	彭子射之行會曳(匜)。
黃仲酉匜	1	14902	春秋晚期	曾少宰黃仲酉之行匜。

14. 行鐘

器　名	數量	銘圖、銘續著録號	時　代	銘　　文
曾侯子鐘(第1套)	9	15141—15149	春秋早期	曾侯子之行鐘,其永用之。
曾侯子鐘(第2套)	8	續 1001—1008	春秋早期	第1、2件銘文爲"曾侯子之永用之",第3、5件"曾侯子之其永用之",第4件"曾侯子之其用之",第6件"曾侯子之其永之",第7件"曾侯子之行",第8件"曾侯子之"。

器　名	數量	銘圖、銘續 著録號	時　代	銘　文
鍾離君柏鐘	9	續 1016—1024	春秋中期	唯王正月初吉丁亥，鍾君柏作其行鐘，鍾離之金。
蔡侯申行鐘	4	15538—15541	春秋晚期	蔡侯申之行鐘。
敬事天王鐘	9	15222—15230	春秋晚期	唯王正月初吉庚申，□□□□自作詠鈴，其眉壽無疆，敬事天王，至于父兄，以樂君子，江漢之陰陽，百歲之外，以之大行。

15. 行鎛

曾侯子鎛 （第 1 套）	4	續 1041—1044	春秋早期	唯王正月初吉丁亥，曾侯子擇其吉金，自作行鎛。
曾侯子鎛 （第 2 套）	4	續 1041—1044	春秋早期	唯王正月初吉丁亥，曾侯子擇其吉金，自作行鎛。

16. 行戈、行戟

盜叔戈	1	16723	春秋中期	盜叔之行戈。
隨大司馬戲有戈	1	續 1215	春秋中期	隨大司馬戲有之行戈。
楚王戟	1	續 1124	春秋晚期	楚王之行戟。
楚王昭戟	1	續 1147	春秋晚期	楚王昭之行戟。
楚固戈	1	16725	春秋時期	楚固之行戈。
蔡侯申戈	1	16830	春秋晚期	蔡侯申之行戈。
昭之瘠夫戈	2	17057，續 1202	春秋晚期	昭之瘠夫之行戈。
王子午戟	2	16843、16844	春秋晚期	王子午之行戟。
王孫誥戟	2	16846、16847	春秋晚期	王孫誥之行戟。
王子寅戟	1	續 1154	春秋晚期	王子寅之行戟。
大府戟	1	續 1129	春秋晚期	大府之行戟。
曾侯越戟 （雙戈戟）	3	16877—16879	戰國早期	曾侯越之行戟。
曾侯遹戟 （三戈戟）	2	16882、16883	戰國早期	曾侯遹之行戟。

器　名	数量	銘圖、銘續著録號	時　代	銘　　　文
王得戈	1	待著録	春秋中期	王得之行。
蔡叔膚孜戟	1	續 1170	春秋晚期	蔡叔膚孜之行。
壽戈	1	續 1097	戰國晚期	壽之行。

17. 行器、行彝、行具

器　名	数量	銘圖、銘續著録號	時　代	銘　　　文
曾亘嫚鼎	2	02005、02006	春秋早期	曾亘嫚非录,爲爾行器,爾永祜福。
曾子牧臣鼎	1	待著録	春秋早期	曾子牧臣自作行器,永祜福。
曾子牧臣壺	2	待著録	春秋早期	曾子牧臣自作行器,永祜福。
牧臣簠	1	待著録	春秋早期	牧臣行器,爾永祜福。
幕子匜	1	14935	春秋早期	幕子作行彝,其萬年無疆,子孫永保用。
曾子斁鼎	1	續 0146	春秋早期	曾子斁自作行器,其永用之。
曾子壽鼎	1	續 0147	春秋早期	曾子壽自作行器,則永祜福。
曾子伯誩鼎	1	01944	春秋早期	曾子伯誩鑄行器,爾永祜福。
曾子伯選鼎	1	續 0140	春秋中期	曾子伯選行器,則永祜福。
曾子伯選壺	1	續 0824	春秋中期	曾子伯選行器,則永祜福。
黃君孟鼎	1	02003	春秋中期	黃君孟自作行器,子孫則永祜福。
黃君孟鼎	1	02004	春秋中期	黃君孟自作行器,子子孫孫則永祜福。
黃君孟豆	1	06146	春秋中期	黃君孟自作行器,子子孫孫永祜福。
黃君孟壺	2	12324,另 1 件待著録	春秋中期	黃君孟自作行器,子子孫孫則永祜福。
黃君孟鑪	2	13996,另 1 件待著録	春秋中期	黃君孟自作行器,子子孫孫則永祜福。
黃君孟盤	2	14440	春秋中期	黃君孟自作行器,子子孫孫則永祜福。
黃君孟匜	1	14917	春秋中期	黃君孟自作行器,子孫則永祜福。
黃子鼎	1	02087	春秋中期	黃子作黃夫人行器,則永祜福,霝冬霝後。
黃子鬲	1	02844	春秋中期	黃子作黃夫人行器,則永祜福,霝冬霝後。

器　名	數量	銘圖、銘續著錄號	時　代	銘　　文
黄子豆	2	06148, 另1件待著録	春秋中期	黄子作黄夫人行器,則永祜福,霝冬霝後。
黄子壺	2	12338、12339	春秋中期	黄子作黄夫人行器,則永祜福,霝冬霝後。
黄子罐	2	13997、13998	春秋中期	黄子作黄夫人孟姬行器,則永祜福,霝。
黄子盤	1	14455	春秋中期	黄子作黄孟姬行器,則永祜福,霝冬霝後。
黄子盂	1	14769	春秋中期	黄子作黄夫人行器,眉壽無期,永保用之。
黄子匜	1	14942	春秋中期	黄子作黄孟姬行器,則永祜福,霝冬霝後。
黄子罐	1	19232	春秋中期	黄子作黄孟姬行器,則永祜福,霝冬霝後。
叔師父壺	1	12414	春秋中期	唯王正月初吉甲戌,邟太宰孫叔師父作行具,眉壽萬年無疆,子子孫永寶用之。
伯彊簠	1	05828	春秋時期	伯彊爲皇氏伯行器,永祜福。
巫簠	1	待著録	春秋晚期	巫爲其舅叔考臣鑄其行器。
曾子叔牡父簠	1	05840	春秋晚期	曾子叔牡父作行器,用祜福。
曾子屖簠	2	05827、05828	春秋晚期	曾子屖自作行器,則永祜福。
鄦子簠	1	05841	春秋晚期	鄦子作飤簠,叀爲其行器,永壽用。
鄦子莫塦鼎	1	02011	春秋晚期	鄦子莫塦爲其行器,其永壽用之。

二、遣器統計表

器　名	數量	銘圖、銘續著錄號	時　代	銘　　文
否叔尊	1	11771	西周早期	否叔獻彝,疾不已,爲母宗彝則備,用遣母,霝。
否叔卣	1	13299	西周早期	否叔獻彝,疾不已,爲母宗彝則備,用遣母,霝。
否叔觚一	1	09804	西周早期	否用遣母,霝。
否叔觚二	1	09805	西周早期	用遣母,霝。
否叔爵	2	07682、07683	西周早期	用遣。

續　表

器　名	數量	銘圖、銘續 著録號	時　代	銘　　　文
否叔觶	1	10153	西周早期	遣。
遣妊爵	2	07407、07408	西周早期	遣妊。
遣盉	1	14757	西周中期	作遣盉,用追孝,匃萬年壽,令終。
皇敤鼎	1	續 0192	春秋晚期	哭㱃公子皇敤,擇其吉金,自作飤𦉜,千歲之外,我是以遣。
鄭莊公之孫㿝鼎	2	02408、02409	春秋晚期	唯正六月吉日唯己,余鄭莊公之孫,余刺之疢子㿝,作鑄𩰬彝,以爲父母。其徙于下都,曰:嗚呼哀哉,烈叔烈夫人,萬世用之。
鄭莊公之孫㿝缶	2	14095、14096	春秋晚期	余鄭莊公之孫,余刺之子,擇鑄𩰬彝,以爲父母,其正仲月己亥,升刺之尊器,爲之若缶。其徙下都,曰:嗚呼哀哉,刺叔刺夫人永寶用享。
侯古堆編鎛	8	15806—15813	春秋晚期	唯正月初吉丁亥,□□擇其吉金,自作龢鐘,肅肅倉倉,嘉平方奏,孔樂父兄,萬年無期,□□㥓壽,其永鼓之,百歲外,遂以之遣。

三、從器統計表

1. 從器、從彝

器　名	數量	銘圖、銘續 著録號	時　代	銘　　　文
從爵	1	06773	商代晚期	從。
車從鼎	1	00673	商代晚期	車從。
寅從戈	1	16369	商代晚期	寅從。
魚從鼎	1	00669	西周早期	魚從。
魚從簋	2	03623、03624	西周早期	魚從。
魚從瓿	1	09535	西周早期	魚從。
魚從尊	1	11281	西周早期	魚從。
魚從卣	1	12730	西周早期	魚從。
魚從盤	1	14333	西周早期	魚從。

器　名	數量	銘圖、銘續著錄號	時　代	銘　　文
魚從盉	1	14625	西周早期	魚從。
遽從鼎	5	00680—00684	西周早期	遽從。
遽從甗	1	03156	西周早期	遽從。
遽從簋	1	03721	西周早期	遽從。
遽從角	2	08731、08732	西周早期	遽從。
遽從盤	1	14334	西周早期	遽從。
作從爵	1	07679	西周早期	作從。
作從尊	1	11286	西周早期	作從。
牧正簋	1	待著録	西周早期	牧正作從。
◆觚	1	09794	西周早期	◆作從彝。
✦尊	1	11517	西周早期	作從彝，✦。
中簋	1	04053	西周早期	中作從彝。
中盉	1	14694	西周早期	中作從彝。
戈鼎	1	待著録	西周早期	戈作從彝。
戈尊	1	11499	西周早期	作從彝，戈。
戈卣	1	13013	西周早期	作從彝，戈。
戈爵	2	續 0654、0655	西周早期	作從，戈。
戎卣	1	13011	西周早期	戎作從彝。
獸卣	1	13006	西周早期	作從彝，獸。
✦甗	1	03236	西周早期	✦作从彝。
✦簋	1	04072	西周早期	✦作從彝。
✦斝	1	11045	西周早期	✦作從彝。
單尊	1	11418	西周早期	作從，單。
單盉	1	14716	西周早期	蓋銘：單作從彝，✦；器銘：單從彝，✦。
單✦鼎	2	01425、01426	西周早期	單✦作從彝。
單✦甗	1	考古圖 4.13	西周早期	單✦作從彝。

器　名	數量	銘圖、銘續著錄號	時　代	銘　文
單𬎦簋	1	04197	西周早期	單𬎦作從彝。
單𬎦觚	1	09809	西周早期	單𬎦作從彝。
北單鼎	1	01618	西周早期	北單作從旅彝。
作從彝鼎	1	01041	西周早期	作從彝。
作從彝甗	1	03199	西周早期	作從彝。
作從彝簋	2	03944、03945	西周早期	作從彝。
作從彝爵	1	08269	西周早期	作從彝。
作從彝觚	3	09718—09720	西周早期	作從彝。
作從彝尊	1	待著錄	西周早期	作從彝。
作從彝卣	3	12884、12885，另1件待著錄	西周早期	作從彝。
作從彝壺	2	12086	西周早期	作從彝。
作從彝盤	2	14350、14351	西周早期	作從彝。
作從尊彝尊	1	11533	西周早期	作從尊彝。
作封從彝鼎	3	01276—01278	西周早期	作封從彝。
作封從彝角	2	08774、08775	西周早期	作封從彝。
作封從彝觚	3	09788—09790	西周早期	作封從彝。
作封從彝觶	1	10558	西周早期	作封從彝。
作封從彝卣	1	續0861	西周早期	作封從彝。
作封從彝壺	1	12104	西周早期	作封從彝。
作封從彝罍	1	13793	西周早期	作封從彝。
作封從彝盤	2	14357，續0923	西周早期	作封從彝。
作封從彝盉	2	14688，續0959	西周早期	作封從彝。
作姒從彝卣	1	13088	西周早期	蓋銘：作姒從彝；器銘：作姒從寶尊彝。
作員從彝罍	2	13791、13792	西周早期	作員從彝。
作彭史尊	1	11551	西周早期	作彭史從尊。
羕㝬卣	1	13054	西周早期	羕㝬作從彝。
扶册觚	1	09808	西周早期	扶册作從彝。

續　表

器　名	數量	銘圖、銘續著錄號	時　代	銘　　文
亞𤔲觚	1	09815	西周早期	亞𤔲從尊彝。
亞夫觚	2	09823、09824	西周早期	亞夫作寶從彝。
亞夫盂	1	14708	西周早期	蓋銘：亞夫；器銘：作從彝。
天黽尊	1	11550	西周早期	天黽作從彝。
麀父尊	1	11716	西周早期	麀父作姛氏從宗彝肆。
麀父卣	1	13229	西周早期	麀父作姛氏從宗彝肆。
傅閞尊	1	11613	西周早期	傅閞作從宗彝。
豐卣	1	13071	西周早期	豐作從寶彝。
豐簋	1	04120	西周中期	豐作從彝。
天尊	1	11422	西周中期	天作從。
叔鼎	1	01461	西周中期	叔作母從彝。
虙尊	1	11570	西周中期	虙作從彝，曳。
作從彝尊	2	11419、11420	西周中期	作從彝。

2. 從鼎

申鼎	1	01235	西周早期	申作從鼎。
方姛各鼎	1	02055	西周晚期	方姛各自作變從鼎，其永用。
芮公鼎	3	01879—01881	春秋早期	芮公作鑄從鼎，永寶用。

3. 從簋

作姛氏簋	2	04239、04240	西周早期	作姛氏從簋。
馬天豕簋	2	04349、04350	西周早期	作從簋，馬天豕。
叔逆簋	1	04447	西周中期	蓋銘：叔逆作從簋；器銘：叔逆作旅簋。
芮公簋	1	04575	春秋早期	芮公作鑄從用簋，永寶用。
芮公簋	2	04576、04577	春秋早期	芮公作鑄從簋，永寶用。

4. 從壺

續　表

器　名	数量	銘圖、銘續著録號	時　代	銘　　　文
芮公壺	3	12244—12246	春秋早期	芮公作鑄從壺,永寶用。

5. 從鐘

器　名	数量	銘圖、銘續著録號	時　代	銘　　　文
芮公鐘	1	15140	春秋早期	芮公作從鐘,子孫寶用。
芮公鐘鈎	2	19365、19366	春秋早期	芮公作鑄從鐘之鈎。

6. 從豆

器　名	数量	銘圖、銘續著録號	時　代	銘　　　文
上官豆	1	06149	戰國時期	富子之上官獲之畫鎧銅卷十,以爲大赴之從卷,莫其居。

7. 從環

器　名	数量	銘圖、銘續著録號	時　代	銘　　　文
從睘小器	1	19315	戰國時期	從睘。

四、走器統計表

器　名	数量	銘圖、銘續著録號	時　代	銘　　　文
自鐘	1	15123	春秋時期	自作其走鐘。
許公戈	1	16652	春秋晚期	許公之造走戈。
曾侯乙戈	25	16867—16871	戰國早期	曾侯乙之走戈。
曾侯遬戈	1	待著録	戰國早期	曾侯遬之走戈。

五、葬器統計表

器　名	数量	銘圖、銘續著録號	時　代	銘　　　文
曾公子棄疾甗	1	續 0280	春秋晚期	曾公子棄疾之葬甗。
曾公子棄疾簠	1	續 0486	春秋晚期	曾公子棄疾之葬簠。

兩周金文所見諸侯國及族氏考

（山東篇）

　　傳世文獻對於先秦古國、古族有許多記載,多來自《春秋》經、傳、注、疏,以及《國語》《史記》《漢書》《後漢書》《水經注》《元和郡縣志》《太平寰宇記》《路史》《世本》《潛夫論》等。如今有些已經佚失,有的互相矛盾,學者們對此做過許多研究,成績斐然。但是,有些問題並沒有得到解決。兩周青銅器銘文在這方面有大量的信息,是研究判斷兩周諸侯國、族氏、族姓的重要依據。特別是青銅器中的媵器,在性質上屬於女子出嫁的陪嫁器,大多數是女子父家所作,可以通過受器者女子的稱謂來判斷作器方諸侯國、族氏及族姓。當然,也有個別的例外,銘文中沒有出現"媵"字,或者沒有表達出作器者與受器者之間的親屬關係,經過其他材料的參證,我們也能夠判斷出作器者與受器者的關係,從而判斷出作器者的國族及族姓。另外,也有一些女性自作之器,其稱謂也能反映出父家或夫家的國族和族姓。下面我們利用青銅器銘文資料,並結合文獻記載,來考證周代一些諸侯國、族氏和族姓。由於篇幅太長,故分爲山東篇、河南篇、山西篇、陝甘篇和其他篇,還有一些國、氏尚未整理出來,有待來日。首先述說山東篇。

　　1. 魯國

　　武王滅商之後,封周公旦於魯(今山東曲阜市),周公旦仍留宗周輔助成王,由長子伯禽就封,傳三十四代,九百餘年,至魯頃公時亡於楚。

　　魯國出自周族,自然是姬姓。見於著録的魯國青銅器,最早是西周早期的魯侯爵(《銘圖》08580)、魯侯鼎(2件,《銘圖》01573、01574)、魯侯熙鬲(《銘圖》02876)、魯侯簋(《銘圖》04955)、魯侯盉蓋(《銘圖》14724)等,共70餘件,此處不備舉。其中有30多件嫁女的媵器,均可反映魯國是姬姓。如:西周晚期的魯侯壺(《銘圖》12205)、魯侯匜(《銘圖》14923)、魯侯鬲(《銘圖》02735)、魯司徒馬皇父鼎(《銘續》0193)、魯司徒馬皇父簋(2件,《銘續》0418、0419)。春秋早期有魯侯壺(2件,《銘圖》12121、12122)、魯侯鼎(《銘圖》02059)、魯侯簋(《銘圖》05852)、魯大司徒子仲白匜(《銘圖》14993)、魯太宰原父簋(《銘圖》04919)、魯宰馴父鬲(《銘圖》02927)、伯馴父盤(《銘圖》14444)等。

　　西周晚期的魯侯壺,銘文是"魯侯作尹叔姬壺"。這是魯侯爲女兒或者姊妹尹叔姬所作的媵器。"尹"是女子夫家的族氏,"叔"是女子的排行,"姬"是女子的姓,也就是魯國的姓。

魯侯匜和魯侯鬲也是西周晚期之物,匜銘是"魯侯作杞姬番媵匜,其萬年眉壽寶",鬲銘是"魯侯作姬番鬲"。兩器的作器者均是魯侯,匜銘的受器者是"杞姬番",鬲銘的受器者是"姬番",兩者應是同一位女子。"杞"是其夫家的國名,"姬"是自己的姓,"番"是其私名,只是鬲銘中女子稱謂沒有夫家的國名而已。"媵匜"表明這是一件陪嫁品,鬲銘雖無"媵"字,但兩相印證,表明這都是魯侯爲嫁往杞國的女兒或姊妹所作的媵器。1982年山東泰安市岱嶽區化馬灣鄉城前村墓葬出土的魯侯鼎、魯侯簠,銘文是"魯侯作姬嫽媵鼎(或簠),其萬年眉壽永寶用"。這是春秋早期一位魯侯爲女兒或姊妹姬嫽所作的媵器。"姬"是魯國的姓,"嫽"是女子的名。女子稱名中沒有出現夫家的族氏。

魯大司徒子仲白匜,銘文有"魯大司徒子仲白作其庶女厲孟姬媵匜";近年出現的魯司徒馬皇父鼎和魯司徒馬皇父簠,銘文有"魯司徒馬皇父作姬此母媵鼎(或簠)";早年山東鄒縣田黃鎮七峪村出土的魯宰駟父鬲,銘文有"魯宰駟父作姬雕媵鬲";伯駟父盤銘文有"伯駟父作姬淪媵盤";以及傳世的魯太宰原父簠,銘文有"魯太宰原父作季姬牙媵簠"。這幾件銅器分別是魯國大司徒子仲白、司徒馬皇父、宰駟父和太宰原父嫁女的媵器,出嫁女子均爲姬姓,説明這幾位魯國重臣與魯侯同宗,均爲姬姓。

另外,有一組魯伯器,時代均爲春秋時期。"魯伯"不是魯國國君的稱謂,而是魯國的伯氏。青銅器有魯伯愈父鬲(6件,《銘圖》02901—02906)、魯伯愈父簠(3件,《銘圖》05860—05862)、魯伯愈父盤(3件,《銘圖》14448—14450)、魯伯愈父匜(《銘圖》14932)、魯伯大父簠(3件,《銘圖》04861—04863)、魯伯厚父盤(2件,《銘圖》14413、14417)、魯伯者父盤(《銘圖》14416)等。

上述6件魯伯愈父鬲,銘文是"魯伯愈父作邾姬仁媵羞鬲,其永寶用",3件魯伯愈父盤和1件魯伯愈父匜,銘文除器名不同外,其餘皆與魯伯愈父鬲相同。這是魯伯愈父給出嫁的女兒或者姊妹所作的媵器。"邾"是女子夫家的國名,"姬"是自家的姓,女子名叫"仁",故稱"邾姬仁"。另外3件簠,銘文是"魯伯俞父作姬仁簠,其萬年眉壽永寶用"。作器者"魯伯俞父"在鬲、盤、匜銘文中作"魯伯愈父","俞"與"愈"音同字通,"魯伯俞父"即"魯伯愈父",受器者同爲"姬仁"。簠銘中省去了夫家國名,且沒有"媵"字。這一批青銅器是道光十年(1830年)山東滕縣鳳凰嶺出土,此地正是邾國的所在。從現有資料來看,邾姬仁的媵器竟有6鬲、3簠、3盤、1匜,共13件(可能還有其他器物),是母家陪嫁青銅器最多的一位女子。

魯伯大父簠共3件,其中一件(《銘圖》04862)銘文有"魯伯大父作仲姬俞媵簠",兩件魯伯厚父盤,銘文有"魯伯厚父作仲姬俞媵盤"。三件器物的受器者同是仲姬俞,而作器者一位是魯伯大父,另一位是魯伯厚父,説明魯伯大父和魯伯厚父是同宗兄弟,爲同一出嫁的女子作媵器。至於仲姬俞是魯伯大父還是魯伯厚父的女兒,抑或是兩者的姊妹,都不得而知。魯伯者父盤,銘文有"魯伯者父作孟姬嫡媵盤",這是魯伯者父爲女兒或姊妹所作的媵器。魯伯厚父、魯伯大父、魯伯者父都是魯國伯氏一支。

另外，還有兩件魯伯大父簋，一件銘文是"魯伯大父作季姬婧媵簋，其萬年眉壽，永寶用"，另一件銘文是"魯伯大父作孟姜媵簋，其萬年眉壽，永寶用"。兩件簋均是魯伯大父所作的陪嫁品。第一件簋受器者女名"季姬婧"，與魯伯大父同姓，應是其女兒或者姊妹。第二件簋與第一件簋形制、紋飾相同，大小相若，作器者也是魯伯大父，銘文除受器者不同外，其餘均與第一件相同。受器女名是"孟姜"，她肯定不是魯伯大父的女兒或者姊妹，應該是魯伯大父女兒（或姊妹）的媵女，來自一個姜姓之國，屬異姓相媵。

最近發現一件魯姬鼎（《銘三》0209），時代爲西周早期前段，銘文是"魯姬賜貝十朋，用作寶尊鼎"。傳世品有一件魯姬鬲（《銘圖》02801），時代爲西周晚期，銘文是"魯姬作尊鬲，永寶用"。這兩件青銅器是不同時代的兩位魯國女子出嫁後在其夫家的自作器，其稱謂是用父家族氏＋父家的姓組成，説明她們的身份一定是某國國君的夫人或者宗婦。

2. 齊國

齊國始封君爲姜太公，名呂尚，都營丘，在今山東淄博市臨淄區。姜太公仍留宗周輔佐成王，齊國留給兒子呂伋經營，傳至胡公時曾遷都薄姑（臨淄西北五十里）。公元前 859 年獻公繼位，返都營丘，並改名臨淄。到了齊康公十九年（前 386 年），大夫田和放逐康公，自立爲國君（即齊太公），二十六年（前 379 年）姜齊滅亡，代之爲嬀姓田氏齊國，史稱"田齊"，齊王建四十四年（前 221 年）被秦國所滅。

齊國，春秋時是五霸之一，戰國時又是七雄之一，所以遺存的青銅器很多，據不完全統計，姜齊王室及重臣的有銘青銅器就有 45 件。田齊在青銅器銘文中稱爲"墜（陳）"，不稱"齊"。《史記·田敬仲完世家》説："陳完者，陳屬公他之子也……如齊，以陳字爲田氏。"索隱："以陳、田二字聲相近，遂以爲田氏。"正義："不欲稱本國故號，故改陳字爲田字。""田"與"陳"雙聲疊韻，故相通假。田齊所用的"陳"，金文作"墜"。如齊桓公田午，金文稱"墜侯午"，田齊的有銘青銅器將近 60 件。

青銅器銘文中齊國的媵器，都是西周晚期和春秋時期之物。目前見到的有 7 件（組）。

1. 齊巫姜簋（《銘圖》04801），時代爲西周晚期，銘文是"齊巫姜作尊簋"。這是某國夫人的自作器，她來自姜姓齊國。稱名中"齊"爲父家族氏，"姜"爲自家的姓，名叫"巫"。

2. 齊伯里父匜（《銘圖》14966），時代是春秋早期，銘文是"齊伯里父作周姜媵匜"。這是齊伯里父爲女兒或者姊妹周姜所作的媵器。"周"是女子夫家的族氏，"姜"是自家的姓。這個"周"不是周王室，而是族徽爲"囝"的周（琱）氏。如果是嫁給周王室，那應該稱"王姜"，而不應該稱爲"周姜"。

3. 齊侯鼎，還有同銘文的敦、盤、匜（《銘圖》00236、06076、14518、14997），齊侯四器是光緒十八年（1892 年）河北易縣出土，銘文是"齊侯作媵寬圝孟姜善鼎"。這是某代齊侯爲女兒或者姊妹寬圝孟姜所作的媵器，"寬圝"是女子夫家的族氏，從出土於河北易縣推測圝氏有可能是燕國的貴族,"孟"是女子的排行,"姜"是齊國的姓。

4. 齊侯盂(《銘圖》06225),這也是春秋晚期之物,銘文有"齊侯作滕子仲姜寶盂"。這是某代齊侯爲女兒仲姜所作的媵器。"子"指女兒"仲姜"。在古代兒子、女兒均可稱"子"。女子的稱謂中没有夫家的族氏,只有女兒的排行"仲"和自家的姓"姜"。

5. 齊侯子仲姜鬲(2 件,《銘續》0260、0261),銘文連讀,銘文是"唯王正月既死霸丁亥,齊侯子仲姜媵鑰。其眉壽萬年,永保其身,它它熙熙,老壽期,永保用之"。這是齊侯爲女兒所作的媵器。器名稱"鑰",實際上是鬲,這是鑄造一批青銅器而使用同一銘文所致。金文中有例可證,如 1955 年安徽壽縣春秋蔡侯墓出土的蔡侯申尊、蔡侯申盤,銘文均自名爲"缶",同鑄的還應有"缶",只是没有同出而已;1964 年河南洛陽市北窑村龐家溝西周墓出土的考母簋、考母壺、考母罍銘文均自名爲"胡璉";2002 年山東棗莊市小邾國墓出土的邾慶簋、邾慶壺、邾慶匜,銘文均稱"匜"等。此齊侯與齊侯盂的齊侯可能是同一位齊國國君,稱謂中的"子"是親屬稱謂,女子亦可稱"子",即"仲姜",是齊侯的二女兒。

6. 齊侯鐸(《銘三》1294),銘文是"齊侯作滕仲姜寶鐘,其眉壽萬年,齊邦謐静安寧,永保其身,子子孫孫永保用之"。這件鐸有可能與齊侯鬲同墓出土。

7. 齊姜鼎(《銘圖》01615),1983—1986 年西安市長安區馬王鎮張家坡西周墓出土,時代爲西周中期,銘文是"齊姜作寶尊鼎"。這是宗周地區某族氏的夫人的自作器,該夫人來自齊國,以其父家的國氏和姓自稱。

以上 7 例青銅器銘文都表明了吕氏齊國是姜姓。

另外,還有春秋早期的齊侯盤(《銘圖》14457),銘文是"齊侯作皇氏孟姬寶盤,其萬年眉壽無疆";齊侯匜(《銘圖》14982),銘文是"齊侯作虢孟姬良母寶匜,其萬年無疆,子子孫孫永寶用";春秋中期的齊侯盤(《銘圖》14463)和齊侯匜(《銘圖》14944),銘文是"齊侯作㯖姬寶盤(或匜),其萬年,子子孫孫永保用";齊嬴姬簋(《銘圖》04726),銘文是"齊嬴姬作寶簋";齊叔姬盤(《銘圖》14485),銘文是"齊叔姬作孟庚寶盤,其萬年無疆,子子孫孫永受大福用";齊縈姬盤(《銘圖》14491),銘文是"齊縈姬之侄作寶盤,其眉壽萬年無疆,子子孫孫永寶用享"。這些都是不同時代的齊國國君爲其夫人所作的用器,或者齊侯夫人的自作器,説明了姜姓齊國世代與姬姓聯姻。目前金文中還没有發現與其他族姓結婚的例證。

田氏齊國的青銅器銘文中没有反映出其族姓。

3. 厲國

厲國是商代至春秋時期的部落方國,魯昭公四年(前 538 年)亡於楚。"厲"字與"賴"字古代的讀音相通,常常與"賴"字相混,厲國也因此被稱爲賴國。如在《春秋》三傳中,同樣記載昭公四年楚滅厲一事,《左傳》作"滅賴",《公羊傳》《穀梁傳》作"滅厲"。《公羊傳》:"慶封之罪何? 脅齊君而亂齊國也,遂滅厲。"音義云:"滅厲如字,又音賴。"故而有人認爲古代的厲國就是賴國。但若把所有的厲都視爲賴,則會使厲國的歷史顯得撲朔迷離。僅在厲國地望問題上,就存在以下六種説法。

1. 湖北隨州。《左傳·桓公十三年》載楚屈瑕伐羅:"楚子使賴人追之,不及。"杜預注:"賴國在義陽隨縣,賴人,仕於楚者。"這裏所説的義陽即義陽郡,當時郡治在今湖北棗陽縣東南,領有隨縣(包括今隨州市及隨縣)。《漢書·地理志》南陽郡隨縣注:"隨,故國。屬鄉,故屬國也。師古曰:'屬讀曰賴。'"徐少華認爲古屬鄉在今隨州市北偏東的殷家店一帶。[1]《左傳·僖公十五年》:"秋七月齊師、曹師伐厲。"杜預注:"厲,楚與國,義陽隨縣北有厲鄉。"皇甫謐《帝王世紀》也説:"神農氏起列山,謂列山氏,今隨厲鄉是也。"唐李泰《括地志》也贊同此説,認爲賴國以境内的厲山而得名,其山"在隨州隨縣北百里,山東有石穴。〔或〕曰神農生於〔此〕,所謂列山氏也。春秋時爲厲國"。清《世本·氏族篇》下載:"厲氏,國名。神農生於厲鄉,所謂烈山氏也。春秋時爲厲國。"

2. 明清之際的王夫之認爲厲國在河南鹿邑。他在《春秋稗疏》中説:"此所伐之厲,即楚圍所滅之賴也。老子生於苦縣之厲鄉,一曰賴鄉。地在考城、鹿邑、亳州之間。"《史記·老莊申韓列傳》云:"老子者,楚苦縣厲鄉曲仁里人。"正義曰:"厲音賴。"楊伯峻在其《春秋左傳注》中也認爲"以地理考之,齊移救徐之師以伐厲,《稗疏》之説較合"。顧祖禹《讀史方輿紀要》鹿邑縣有賴鄉,注云:"在廢真源縣東。《九域志》真源縣有賴鄉及曲仁里,相傳老子所居也。賴一作'厲',音賴。"

3. 厲國在河南息縣。西晋司馬彪,宋朝鄭樵、羅泌,元朝馬端臨,清朝顧棟高都主張厲國在息縣東北。

4. 厲(賴)在河南商城南。明末清初人顧祖禹在《讀史方輿紀要》商城縣又説:"賴亭,在縣南,春秋時賴國也。昭四年,楚滅賴,楚子欲遷許于賴,即此。"顧棟高在其《春秋大事表》光州條下説:"商城縣南有賴城。"

5. 東漢服虔認爲厲在山東聊城縣西。《史記·齊太公世家》:"趙鞅伐齊,至賴而去。"集解:"服虔曰:賴,齊邑。"清人也認爲,《左傳·哀公十年》趙鞅帥師伐齊,取犁及轅,"毁高唐之郭,侵及賴而還"中的賴便指今聊城西部一帶。

6. 厲在山東章丘西北(或歷城東)。主張這種説法的人主要是近代的一些地理學家。他們認爲《左傳·哀公六年》齊侯陽生"使胡姬以安孺子如賴",杜預注曰:"賴,齊邑。"並引《後漢書·郡國志》:"菅縣有賴亭。"菅縣即今濟南市章丘區西北。

筆者認爲"厲"與"賴"古音可相通假,但不應因此認定"厲國"就是"賴國"。從史書記載來看,春秋時期有二厲一賴。西周早期周王省視公族的"隨"即"厲",與唐國相鄰,姬姓國,就是楚之與國的"厲",也就是隨縣的厲,故址在今隨州市東北的殷家店附近。

---

[1] 徐少華:《古厲國歷史地理及其相關問題》,《江漢論壇》1987年第3期。

　　齊、曹救徐以伐厲的厲國，是另一個厲國，故址在今河南省鹿邑縣，也就是老子誕生地。《左傳・僖公十五年》："秋七月齊師、曹師伐厲。"杜預注、皇甫謐《帝王世紀》以及唐李泰《括地志》是將兩個厲國混淆了。僖公十五年楚國進攻徐國，齊、曹兩國爲了援救徐國，便出兵討伐楚國的附庸厲國。從方位上看，徐國在今安徽泗縣一帶，與湖北隨州的厲國相去甚遠，中間又有其他國家相阻隔，齊、曹顯然不可能用兵於千里之外。而且從齊、曹兩國的力量看，在齊國最爲强盛的齊桓公時期，曾聯合宋、陳、衛、鄭、許、曹六國軍隊與楚國作戰，但也僅能進軍到遠離楚國腹地的楚國邊境陘（今河南方城一帶）。何況這時的齊國已經衰落，又缺乏當年七國聯軍的聲勢，僅以齊、曹兩國之力，斷然不可能進軍到楚國腹心之地的厲。河南鹿邑縣距離曹、徐最近，所以，這裏所説厲國顯然不是遠在湖北隨州的厲國，而只能是河南鹿邑縣的厲國。

　　《左傳・昭公四年》經曰："秋七月，楚子、蔡侯、陳侯、許男、頓子、胡子、沈子、淮夷伐吳，執齊慶封殺之，遂滅賴。"傳云："遂以諸侯滅賴。賴子面縛銜璧，……王從之，遷賴於鄢。"鄢即今湖北宜城縣。此賴既非隨縣之厲，也非苦縣之厲。《後漢書・郡國志》汝南郡："褒信侯國，有賴亭，故國。"嘉慶《息縣志・輿地》："褒信在息縣東北七十里，……後廢爲集，古賴國，今賴亭是。"故城在今息縣東北 35 公里的包信鎮。魯昭公四年（前 538 年）楚靈王率諸侯伐吳之後乘勢滅掉了東部的賴國，即此賴國。

　　商城之賴，則有楚靈王滅賴之後將賴遷到鄢的所在地。至於山東聊城或章丘之賴，可能是齊邑而非厲國。隨縣的厲國，可能是見於中觶銘文"王錫中馬，自鷹侯四鷈"中的"鷹"。"鷹"即"厲"字，説明在西周初年湖北隨州一帶也有一個厲國，它與魯大司徒子仲白女兒所適的厲國，也就是《左傳・僖公十五年》齊、曹所伐的賴（厲）國無涉。又《左傳・宣公九年》："楚子爲厲之役故伐鄭。"杜注："六年，楚伐鄭，取成於厲，既成，鄭伯逃歸。"説明鄭國亦有厲邑，其地望不詳。

　　關於厲國的族姓，顧棟高認爲厲國是炎帝後裔所建的國家，姜姓。而《臺灣姓氏堂號考》《臺灣姓氏源流》《中華姓氏源流堂號考據》《蕉嶺賴氏家譜》等書中，認爲賴國（厲國）出自姬姓，是周武王十三年封其弟叔穎於厲，爲子爵，建厲子國，史稱厲子。此後累世相傳，至魯昭公四年爲楚所滅。但此説較晚出，可信度還有待研究。傳世青銅器有魯大司徒子仲白匜（《銘圖》14993），時代爲春秋早期，銘文是"魯大司徒子仲白作其庶女鷈（厲）孟姬媵匜，其眉壽萬年無疆，子子孫孫，永保用之"。銘文中"厲"作"鷈"，郭沫若《兩周金文辭大系圖録考釋》謂："鷈即厲之繁文。從石與從厂同義。從邁省聲與萬聲同。在此乃孟姬所適之國名。"仲白擔任魯國的大司徒，他女兒的稱謂是"厲孟姬"。由此可知，他與魯侯同姓，按照周代同姓不婚的原則，厲國應非姬姓，姜姓之説可能是對的。魯國大司徒的女兒所適之厲國不可能遠到湖北隨州，或者河南息縣，有可能是河南鹿邑之厲國，亦有可能是齊國厲邑的厲氏。

4. 莒國

莒國,商周時期的諸侯國,春秋中晚期,國力强盛,多次參與諸侯會盟,曾經侵犯魯國,伐滅向國、杞國、鄶國,後爲楚所滅。古本《竹書紀年》和《史記·楚世家》謂周考王十年即楚簡王元年(前431年),楚滅莒。而《皇王大紀》云周貞王:"二十四年,楚滅杞,東拓地至泗上,遂滅莒。"周貞王二十四年即楚惠王四十四年(前445年),兩説不知孰是,今並存待考。

莒國都城舊都介根,亦作計斤或斤,故址在今山東膠州市西南,西漢設計斤縣。《漢書·地理志》琅琊郡計斤縣注云:"莒子始起此,後徙莒,有鹽官。師古曰:即《春秋左氏傳》所謂'介根'也。"《春秋地名考略》説:"莒,初封介根,即計也。應劭曰:周武王封兹輿期於此,即莒之先也,春秋初徙於莒。襄二十四年,齊侯伐莒取介根。杜注:介根,莒邑。今城陽黔陬縣東北計基城是也。漢置計斤縣,屬琅邪郡,顏師古曰:計斤即介根,……今膠州西南五里有介根城。"春秋初期遷到莒,即今山東莒縣。《太平寰宇記》密州莒縣條云:"故莒子國也,《地理志》云:'周武王封少昊之後,嬴姓。'兹輿期于莒。……至莒子朱居渠丘,號渠丘公。"《左傳·成公八年》:"晋侯使申公巫臣如吳,假道於莒,與渠丘公立於池上。"杜注:"渠丘公,莒子朱也……渠丘,邑名,莒縣有蘧里。""渠""蘧"音同字通,"蘧丘"即"渠丘"。是知莒子朱曾都於渠丘。

關於莒國的族姓歷來有三説。一爲己姓,《左傳·文公七年》:"穆伯娶于莒,曰戴己,生文伯,其娣聲己生惠叔。"是莒爲己姓。《潛夫論·志氏姓》亦云:"莒,子姓己氏。"

二爲嬴姓,《史記·秦本紀》載:"太史公曰:秦之先爲嬴姓,其後分封以國爲姓,有徐氏、郯氏、莒氏、終黎氏……"《漢書·地理志》莒縣顏師古注:"莒,故國,盈姓,三十世爲楚所滅,少昊後。"《左傳·隱公二年》:"夏五月,莒人入向。"疏云:"《譜》云:莒,嬴姓,少昊之後,周武王封兹輿於莒,初都計,後徙莒,今城陽莒縣是也。《世本》自紀公以下爲己姓,不知誰賜之姓者,十一世兹丕公方見《春秋》,共公以下微弱,不復見,四世楚滅之。"《春秋世族譜》:"莒,少昊之後,曰兹輿,己姓,武王時封於莒其,十一世孫至兹平公。"逄振鎬《山東古國與姓氏》[1]依據上述資料以及《世本》秦嘉謨按認爲莒國初爲嬴姓,自紀公以下爲己姓。但未説明紀公是嬴姓統治者更换成己姓統治者,還是同一統治族群將嬴姓更改爲己姓。

三爲曹姓,陳槃《春秋大事表列國爵姓及存滅表譔異》云:"鄭語:曹姓鄒、莒,陸終第五子安之後。"《世本·氏姓篇》:"莒自紀公以下爲己姓。"張澍按:"《鄭語》,'曹姓鄒、莒',陸終第五子安之後,皆非。"查四庫本《國語·鄭語》並没有此語。原文是:"東有齊、魯、曹、宋、滕、薛、鄒、莒。"韋昭注:"齊,姜姓;魯、曹、滕,皆姬姓;宋,子姓;薛,任姓;鄒,曹姓;莒,己姓,東夷

[1] 逄振鎬:《山東古國與姓氏》,山東人民出版社,2006年。

之國也。”但不知陳槃所引出自何種版本。

《路史·後紀·疏仡紀》云:“晏安,封曹,爲曹姓。朱婁、驕、繹、倪、莒、小朱、根牟,皆曹分也。……莒則周滅之。”注:“非己姓之莒。周滅之以封兹興期。”又云:“周興,封帝之後於祁,而置莒後興期於始都計,二世兹丕歸莒,至紀公復紀(己)姓,歷世三十,楚簡併之。”注:“與曹姓莒别,故名,世猶以興期爲陸終後誤。”羅泌謂周封以前之莒爲曹姓,周滅之,以封興期。看來莒國曹姓之説還是有據的,只是它是商代的莒國,與兩周時期的莒國無關。

“莒”金文作“膚”“簹”“鄽”和“筥”。西周晚期有筥小子簋(2件,《銘圖》05035、05036);春秋早期有膚公之孫鼎(《銘三》0594);春秋中期有 1977 年冬山東沂水縣院東頭鄉劉家店子村西周墓葬出土的鄽公戈(《銘圖》16415);春秋晚期莒國的青銅器有簹太史申鼎(《銘圖》02350)、1975 年山東莒南縣大店鎮二號墓出土的筥叔之仲子平鐘(9件,《銘圖》15502—15510)、鄽侯少子簋(《銘圖》05149)、1988 年山東莒縣中樓鄉于家溝村出土的孝子平壺(《銘圖》12358)、簹戟(《銘圖》16604);戰國早期有 1970 年春山東諸城市馬莊鄉臧家莊(今名龍宿村)戰國墓出土的公孫潮子鐘(4件,《銘圖》15180—15183)、簹丘子戟(《銘圖》16782)等。

陳絜在其《鄽氏諸器銘文及其相關歷史問題》一文中認爲春秋晚期鄽侯少子簋銘文提到“作皇妣𠚴君仲妃祭器八簋”之辭,説明莒侯曾娶改姓之女爲妻,斷定莒國非改姓。[1]筆者認爲此説不確,“仲妃”非“仲改”。“改”字從女從己,而“妃”字從女從已,本作“妃”。該字還見於亞㠯妃盤和陳侯午敦“作皇妣孝大妃祭器”,《金文編》795 頁云:“《説文》:‘妃,匹也。’‘改,女字也。’二字皆己聲,一在左一在右。妃匹之,妃當是妃之訛。”《左傳·桓公二年》云:“嘉耦曰妃。”[2]《儀禮·少牢饋食禮》:“以某妃配某氏。”鄭玄注:“某妃,某妻也。”《禮記·曲禮下》:“天子之妃曰后。”孔穎達疏:“以特牲、少牢是大夫、士之禮,皆云‘某妃配某氏’,尊卑通稱也。”《康熙字典》引《總要》:“女與己身儔也。古嬪御之貴,次於后者,曰妃。”“仲妃”與陳侯午敦的“大妃”相類。“大妃”意爲大夫人,第一位夫人;“仲妃”即次夫人,第二位妻子,它不是婦人之名,所以,“妃”就不是姓了。

目前,傳世和出土的莒國青銅器銘文均反映不出莒國的族姓,兩周時期的莒國的族姓是嬴還是己(改)有待新的資料出現來解決了。

5. 𢍰國

𢍰既非紀也非杞,是一個不見經傳的諸侯小國,商代甲骨文、金文均有𢍰侯,是商代一個較大的國族。今北京房山琉璃河、盧溝橋、順義牛欄山與遼寧喀左北洞地區出土的許多青銅器上鑄銘“𢍰侯”,揭示了商代𢍰侯這一族氏的分佈範圍。《甲編》2398+2877 云:“癸未卜,在

[1] 陳絜:《鄽氏諸器銘文及其相關歷史問題》,《故宫博物院院刊》2009 年第 2 期。
[2] 容庚編著,張振林、馬國權摹補:《金文編》,中華書局,1985 年。

帥貞：今巫九備，王……于異侯缶師。"[1]王獻唐先生認爲殷亡以後，異國仍然存在，直到戰國初期。[2]

　　我們這裏考證的是周代異國的族姓。《集韻·止韻》："異，古國名，衛宏説與杞同。"郭沫若《兩周金文辭大系圖録考釋·異公壺》云："然杞乃姒姓之國，此異乃姜姓之國，異與杞非一也。"[3]西周到春秋時期大概在今山東莒縣北部，約在戰國初期周考王十年(前 431 年)與莒國一起被楚國所滅。

　　異國的青銅器和與異國有關的青銅器，西周早期有繁簋(《銘圖》05150)；西周中期有公貿鼎(《銘圖》02341)、昔雞卣(《銘三》1138)、昔雞尊(《銘三》1016)、異仲飲壺(《銘圖》10863)；西周晚期有異侯簋蓋(《銘圖》04939)、弟叟鼎(《銘圖》02231)、師袁簋(2 件，《銘圖》05366、05367)；春秋早期有異公壺(《銘圖》12407)、異伯子宨父盨(4 件，《銘圖》05631—05634)、異伯宨父盤(《銘圖》14407)、異伯宨父匜(《銘圖》14896)、異孟姜匜(《銘圖》14929)、異夫人匜(《銘圖》14973)、哀鼎(《銘圖》02311)等。

　　繁簋銘文是"唯十又一月初吉辛亥，公令繁伐于異伯，異伯蔑繁曆，賓被廿、貝十朋，繁對揚公休，用作祖戊寶尊彝"。"伐"，誇獎、誇耀之義，也泛指功業、功勞。《左傳·莊公二十八年》："且旌君伐。"杜預注："旌，章也；伐，功也。"《漢書·高帝紀》："(懷王)非有功伐，何以得專主約。"顏師古注："積功曰伐。"繁簋銘文大意是説某位王朝公卿派遣繁去表彰異伯的功勞，異伯賓贈給繁被二十、貝十朋。繁感謝上司對他的重用，於是鑄造了這件祭祀祖父的寶簋。公貿鼎銘文是"叔氏使貧安異伯，賓貧馬響乘，公貿用牧休鬽，用作寶彝"。"安"，問安，請安，省親之意。用同"寧"，即"歸寧"。《詩·周南·葛覃》："歸寧父母。"毛傳："寧，安也，父母在則有時歸寧耳。"此銘文大意是：叔氏派遣公貿去向異伯問安，異伯賓贈一套馬具，公貿鑄造了這件鼎以示紀念。師袁簋的時代是西周晚期，銘文記載周王令師袁率領齊師、異、萊、僰、眉、左右虎臣，征淮夷，獲得勝利。異孟姜匜，是春秋早期器，上海博物館收藏，銘文是"王婦異孟姜作旅匜，其萬年眉壽用之"。"異孟姜"之名，一方面説明它來自異國，另一方面説明異國是姜姓。"王婦"就是周王之婦，是異侯與王室結親。以上幾件青銅器銘文可以看出從西周早期到西周晚期異國與周王室關係密切，周王不時派遣大臣慰問，也娶異侯的女兒爲妻，異國也派兵勤王，參與征伐淮夷的戰争。

　　昔雞卣、昔雞尊銘文是"唯四月乙酉，異伯賜昔雞貝，用對異伯休，用作父丁尊彝"，銘文記載異伯賞賜給昔雞貝幣之事，昔雞爲感謝異伯而作器。異仲飲壺銘文是"異仲作佣生飲壺，匄三壽，懿德萬年"，這是異國公族異仲爲佣生作器，異仲與佣生肯定有親屬關係。"佣

[1]　董作賓：《殷虚文字甲編》，商務印書館，1948 年。簡稱《甲編》，下同。
[2]　王獻唐：《山東古國考》，齊魯書社，1983 年。
[3]　郭沫若：《兩周金文辭大系圖録考釋》，科學出版社，1957 年。

生”讀爲“倗甥”，説明其舅家是媿姓的倗國。冀侯簋蓋銘文是“冀侯作冀邢姜妢母媵尊簋，其萬年子子孫孫永寶用”，這是西周晚期一位冀侯爲其女兒或者姊妹所作的媵器。女子稱名的組成是：冀（父家國名）+邢（夫家國名）+姜（父家的姓）+妢母（女子的字），由此可知冀國爲姜姓，女子嫁給了姬姓的邢國。冀公壺銘文是“冀公作爲子叔姜媵盥壺，眉壽萬年，永保其身，施施熙熙，受福無期，子孫永保用之”，這是春秋早期一位冀公爲自己的三女兒所作的媵器。冀伯窀父盤、匜，銘文是“冀伯窀父媵姜無沬盤（或匜）”，這是冀伯窀父爲女兒或姊妹所作的一套媵器。哀鼎銘文有“冀匽生之子孫哀爲改善會鼎，用征用行，萬年無疆，子子孫孫，永保用之”，作器者哀自稱他是冀匽生之子孫。從“冀匽生（甥）”之名可知冀國某位公族曾娶燕國女子爲妻。

以上諸器可知冀在西周早期就已立國，姜姓，與周王室關係密切，周天子曾娶冀侯之女爲妻，冀國與姬姓的邢和燕、媿姓的倗國通婚，也曾參加過征伐淮夷的戰爭。

6. 紀國

文獻記載，紀國本炎帝後，姜姓國，周王朝續封，侯爵。

《左傳·隱公元年》：“八月，紀人伐夷。”孔穎達疏：“《世族譜》：‘紀，姜姓，侯爵。’”《春秋·桓公九年》：“紀，季姜歸于京師。”杜預注：“季姜，桓王后也。季，字；姜，紀姓也。”《元和姓纂》載：“紀，姜姓，炎帝之後，封紀，爲齊所滅，以國爲姓。”紀爲姜姓，並見於《史記》索隱及《路史》諸書。紀國早在商代已立國，西周時期稱紀侯者在東土爲諸侯，稱紀公者則與其後裔在宗周奉事周王。周莊王七年（前 690 年）齊襄公吞併了紀國。紀國故城在今山東壽光市南 10 公里紀臺鎮。

紀，金文作“己”。紀國的青銅器，西周中期有己侯簋（《銘圖》04673）、己侯貉子簋蓋（《銘圖》04918）、衛鼎（《銘圖》02346）、盧鐘（3 件，《銘圖》15269—15271）；西周晚期有 20 世紀 50 年代山東黃縣（今龍口市）和平村出土己侯鬲（《銘圖》02892）、山東壽光縣（今壽光市）人得之於紀臺鎮紀侯臺下出土的己侯虤鐘（《銘圖》15124）、1974 年冬山東萊陽市中荊鎮前河前村西周墓出土的己侯壺（《銘圖》12293）、傳世的霍鼎（《銘圖》01912）、大鼎（《銘圖》02465）、兮仲鐘（7 件，《銘圖》15232—15238）等。

西周中期的己侯簋，現藏上海博物館，銘文是“己侯作姜縈簋，子子孫其永寶用”。己侯貉子簋蓋，銘文是“己侯貉子分己姜寶，作簋，己姜祐用蠶，用匄萬年”。可知作器者爲紀國國君，受器者爲姜姓女子，結合文獻記載紀國爲姜姓，知此器是紀侯爲本家女子出嫁所作的媵器。

衛鼎銘文是“衛肇作厥文考己仲寶饙鼎，用桒壽，匄永福，乃用饗王出入使人，眔多朋友，子孫永寶”；盧鐘銘文是“唯正月初吉丁亥，盧作寶鐘，用追孝于己伯，用享大宗，用樂好賓，盧暨蔡姬永寶，用邵大宗”；霍鼎銘文是“霍作己公寶鼎，其萬年用”；大鼎銘文有“王召走馬應令取騳𤞤卅二匹賜大。大拜稽首，對揚天子丕顯休，用作朕烈考己伯盂鼎”；兮仲鐘銘文是“兮仲作大林鐘，其用追孝于皇考己伯，用衍饎前文人，子子孫孫，永寶用享”。衛、虘、霍、大以及兮仲都是紀國公族小宗，爲其父輩或者先祖紀伯、紀公作鑄祭器。

7. 杞國

文獻記載，杞原是夏商時期古國，姒姓，夏禹之後。商朝初期，商湯將夏族的一支分封在今河南杞縣，稱之爲“杞”。周武王滅商之後，進行分封，求夏禹之後，得東樓公，封之於杞，本在河南杞縣，後遷於山東境內。《大戴禮記·少間》載湯滅夏之後：“乃遷姒姓于杞。”甲骨文有帝辛在杞地田獵的記載。《史記·陳杞世家》云：“周武王克殷紂，求禹之後，得東樓公，封之於杞，以奉夏后氏祀。”國都仍在河南杞縣，西周晚期謀娶公遷到今山東省新泰，魯桓公六年（前706年）杞國占領了淳于國，便把國都遷到淳于，故址在今山東濰坊市坊子區杞城村。魯僖公十四年（前646年）萊國占領淳于城，杞國又遷都緣陵，萊國滅亡後，其城歸於齊，魯襄公二十九年（前544年）在晉國的協助下杞國收回淳于，又把國都遷回淳于。楚惠王四十四年（前445年），杞國被楚國所滅。

緣陵故城已經被發現，今名營陵故城，“營陵”即“緣陵”之訛，在今山東昌樂縣東南50里古城村，金釵河北岸，北距濰坊市區約30里。經考古勘探，城牆南北長1500、東西寬1480米，分內城與外城兩部分。內城有北門、東門、南門和西南門。城內發現有建築基址、磚瓦以及龍山、商周時期的陶片。外城之外有城壕。

杞國的青銅器，見於著錄的都是春秋早期的，如道光、光緒間山東新泰縣（今新泰市）出土的杞伯每亡鼎（3件，《銘圖》02061、02062、02213）、杞伯每亡簋（7件，《銘圖》04854—04860）、杞伯每亡盆（《銘圖》06265）、杞伯每亡壺（2件，《銘圖》12379、12380）、杞伯每亡匜（《銘圖》14943）。另外有傳世杞子每亡鼎（《銘圖》01920）和新發現的杞伯每亡鼎（《銘續》0177）、杞伯雙聯鬲（《銘續》0262）等。與杞國相關聯的青銅器有1986年陝西安康縣（今安康市漢濱區）王家壩出土的史密簋（《銘圖》05327）和傳世的魯侯匜（《銘圖》14923）等。

新泰出土的杞伯每亡鼎、簋、盆、匜的銘文，除器名不同外，其餘相同。鼎銘是“杞伯每亡作邾曹寶鼎，其萬年眉壽，子孫永寶用享”。杞伯每亡壺銘文有“杞伯每亡作曹氏醴壺”。這批青銅器是杞伯每亡爲其妻邾曹所作的器物，稱名中“邾”是夫人父家的國名，“曹”是夫人的姓。杞伯每亡壺銘文中對夫人的稱謂沒有父家的國名，只有其姓。這與《元和姓纂》及《通志·氏族略》記載的“邾國出自曹姓”相符。杞伯雙聯鬲銘文是“杞伯作車母媵鬲，用享孝于其姑公，萬年子子孫孫永寶用”。這是某代杞伯爲女兒或姊妹車母所作的出嫁媵器，但銘文中沒有給出杞國的姓。值得一提的是1976年山東平邑縣東陽鄉蔡莊春秋墓葬出土一件叔虎父簋（《銘圖》05926），時代爲春秋早期，銘文是“□叔虎父作杞孟姒簋，其萬年眉壽，子子孫孫，永寶用享”。簋的作者是□叔虎父，受器者杞孟姒是其夫人，可惜叔虎父的族氏模糊不清，其夫人稱謂“杞孟姒”，表明杞國爲姒姓，與文獻記載相符。簋的出土地平邑縣東陽鄉，春秋時期屬於魯國的疆域，故推測叔虎父是魯國的公族。

史密簋記載南夷與盧、虎、杞夷、舟夷等侵犯周之東國,周王命師俗父和史密前往征伐,師俗率齊師、遂人爲左路軍,史密率族人、萊伯、棘、眉爲右路軍,圍攻長必,取得了勝利。可見杞國在西周中期曾反叛周王朝,受到了懲罰。魯侯匜是西周晚期器,銘文是“魯侯作杞姬番縢匜,其萬年眉壽寶”。這是魯侯爲嫁往杞國的女兒或者姊妹所作的縢器,說明杞國與姬姓魯國聯姻。

8. 邾國(鼄國)

邾國是山東地區的一個先秦古國,又稱邾婁、訾婁、鄒等,金文作鼄。相傳黄帝之孫顓頊的後裔陸終娶於鬼方,生有6子,第5子名安,爲曹姓之祖,邾國即爲曹安之後。《大戴禮記・帝系》載:“陸終氏娶于鬼方氏,鬼方氏之妹,謂之女隤氏,産六子,……其五曰安,是爲曹姓。”

周武王滅商之後,封晏安的五世孫挾(一作俠)於曹,史稱曹挾或邾挾。歷非、誠、車輔、將新、訾父五世至夷父顔,因有功於王室,周宣王封其次子友(名肥)於郳,建立郳國,又稱小邾國。不久,夷父受魯國弑君之亂牽連,被宣王誅殺,宣王又立夷父顔的同母弟叔術爲君。

周宣王死後,叔術又把君位讓給夷父顔的兒子夏父。夏父封叔術於濫,爲濫國。至此邾國分立爲邾國、郳國和濫國,這便是史學界所説的“邾分三國”。穆公繼位後,國名改爲鄒,傳至二十九世,於公元前469年被楚惠王所滅。

邾國早期定都於訾婁,故址在今曲阜市息陬一帶,二遷於邾瑕,故址在今濟寧市南5公里處,邾文公五十二年(前614年)三遷於嶧山之陽,故址在今山東鄒城市南10公里的嶧山鎮。王獻唐先生在其《春秋邾分三國考》中説邾國疆域“在今鄒縣(鄒城市)中部、南部,濟寧東境,滕縣北境,東、西、北三面界魯”。[1]

嶧山鎮的邾國故城,現爲全國重點文物保護單位。經考古勘查,故城位於嶧山南麓,有東西城牆與南城牆,北部接嶧山山脊,南北長2320、東西寬1900米,分南北兩區,南區“皇城臺子”發現宫殿建築基址,北區是國君及貴族的墓地。

邾國的青銅器,西周早期有妊爵(《銘圖》08474);西周晚期有邾伯鬲(《銘圖》02909);春秋早期有邾訧鼎(《銘圖》01977)、邾伯御戎鼎(《銘圖》02086)、邾翔伯鼎(2件,《銘圖》02237、02238)、邾來佳鬲(《銘圖》02885);春秋晚期有邾君鐘(《銘圖》15175)、邾公牼鐘(4件,《銘圖》15421—15424)、邾公華鐘(《銘圖》15591)、邾公孫班鎛(《銘圖》15784)、邾太宰欉子甛簋(《銘圖》05971)、邾大宰徲子啟鐘(《銘圖》15276)和邾叔之伯鐘(《銘圖》15319)等。

與邾國有關的青銅器有杞伯每匕鼎(3件,《銘圖》02061、02213,《銘續》0177)、杞伯每匕

---

[1]　王獻唐:《春秋邾分三國考》,齊魯書社,1982年。

簋(7 件,《銘圖》04854—04860)、杞伯每巳盆(《銘圖》06265)、杞伯每巳壺(3 件,《銘圖》12379、12380,《銘續》0834)、杞伯每巳匜(《銘圖》14943)。還有魯伯愈父鬲(6 件,《銘圖》02901—02906)、魯伯愈父盤(3 件,《銘圖》14448—14450),魯伯愈父匜(2 件,《銘圖》14932、14943)等。

傳世的邾公鈺鐘是春秋晚期的青銅器,現藏上海博物館,銘文有"陸螎之孫邾公鈺作厥龢鐘,用敬恤盟祀"。"螎"是"融"字的別體,讀爲"終"。邾公鈺在鐘銘中追述其先祖爲陸終,與《大戴禮記・帝系》所載完全相合。説明邾國出自陸終,爲曹姓無疑。

妊爵是 1981 年山東滕縣(今滕州市)姜屯鎮莊里西村出土,時代爲西周早期,銘文是"妊作邾嬴彝"。這是一位妊姓婦女爲嫁給邾國的嬴姓女子作器,雖然没有"媵"字也應是媵器。這位妊姓婦女是這個嬴姓國君的夫人,是邾嬴的母親或者女性長輩。這是見於金文的最早的與邾國有關聯的青銅器。

邾翔伯鼎銘文是"邾翔伯作此嬴尊鼎,其萬年眉壽無疆,子子孫孫永寶用"。這是邾翔伯爲其夫人所作的用器,夫人嬴姓,名此。邾伯御戎鼎銘文是"邾伯御戎作滕姬寶鼎,子子孫孫永寶用"。滕姬是邾伯御戎的夫人,滕國是周武王之弟叔繡的封國,姬姓,與邾國爲鄰,滕國的女子故名滕姬。魯伯愈父諸器是魯伯愈父爲其女兒所作的媵器,銘文有"魯伯愈父作邾姬仁媵羞鬲(或沬盤、沬匜)"。女兒的稱謂是"邾姬仁","邾"是夫家的國名,"姬"是自家的姓,"仁"是女兒的名。上述青銅器説明邾國與近鄰姬姓滕國、魯國以及嬴姓國相互聯姻。

杞伯每巳諸器均是杞伯每巳爲其夫人邾曹所作的用器,銘文有"杞伯每巳作邾曹寶鼎(或簋、盆、壺、匜)",對其夫人或稱邾曹,或稱曹氏。證明邾國確爲曹姓。

9. 郳國(小邾)

郳,金文作"兒",《左傳》作"郳",《穀梁傳》作"倪"或"兒",《公羊傳》作"小邾婁",《路史》作"小朱"。《大戴禮記・帝系》云:"陸終氏娶于鬼方氏,鬼方氏之妹,謂之女隤氏,産六子,……其五曰安,是爲曹姓。"《路史・後紀・疏仡紀》:"晏安,封曹,爲曹姓。朱婁、驪、繹、倪、莒、小朱、根牟,皆曹分也。武王得曹挾,復封之朱,曰朱婁。"

甲骨卜辭東方之國有"兒",多次出現"兒伯""兒人",説明郳是一個古老的部族。商代的兒國是否曹姓不得而知,其國大概亡於商末周初。西周時期兒國舊地屬於邾國。

周宣王時,邾君夷父顔有功於王室,於是封其子友(名肥,字友父)於兒國舊地,建立倪國,地處齊、魯、宋、楚等大國之間。因其出自邾國,故而又稱小邾國。故址在今滕州市區龍泉塔東側一里的小邾城,魯莊公十五年(前 679 年)宋、齊、邾三國伐郳之後,遷都於今棗莊市山亭區山城街道辦東江村附近。郳國傳十四世,爲楚國所滅。

郳國都城原有:1. 滕縣説。《滕縣志》云:"郳城在縣東六里。"同書《古迹志》:"郳犁來城在縣東六里。"2. 承縣説。《路史・國名紀》兒條:"今承縣,滕東南有郳故城。"《太平寰宇記》："倪城在承縣，土人曰小灰城，小邾之訛也。"3. 嶧縣説。《春秋事義全考》卷三："邾，曹姓。……爲附庸國，地在今嶧縣界。"《春秋地理考實》卷一："今兗州府滕縣、嶧縣並有郳城，……則在嶧者爲近。"《嶧縣志·雜記》："邑治北西暨村，土臺高數尺，方廣數十畝，居人呼爲盟臺。相傳以爲春秋諸侯盟於暨，即此。其旁有舊城基，即郳城，小邾之都也。"4. 滕縣昌慮故城東北説。《左傳·莊公五年》經："秋，郳犁來來朝。"杜預注："附庸國也，東海昌慮縣東北有郳城。"《文獻通考·封建考》："小邾，曹姓，子爵，……周封其子友於郳，爲附庸。地在東海昌慮縣東北。郳城，今沂州。"

滕縣東二里有土城村，經考古勘查，土城村地處城河東岸，水從東北流繞村東而南，向西流去，村周圍能揀到鬲足、鼎足、繩紋陶片等，是一處周代遺址，但未發現城牆遺迹，是否是一處郳國早期都邑，待考。

承縣，隋代大業初設置，治所在今棗莊市嶧城鎮西，唐代初年移治嶧城鎮，金代明昌六年改爲蘭陵縣，貞祐四年以縣置嶧州，元至元二年將蘭陵縣撤銷，轄地併入嶧州，明洪武二年降州爲縣（縣治在今棗莊市嶧城鎮），1958 年移治棗莊，1960 年改爲棗莊市。所謂盟臺在今棗莊市西集鎮河北村附近，西集鎮就是《嶧縣志》所説的西暨村，北距東江古城 10 公里，後人稱爲"郳犁來城"，現在當地人稱爲"梁王城"。所以，承縣説與嶧縣説，實際上所指相同，因時代不同，所説的縣名不同而已。經考古勘查，這裏確是一處東周時期遺址，《山東古城古國考略》認爲是郳國東江古城毀壞後再遷的晚期都邑遺址。[1] 遷都時間大約在魯莊公十五年以宋國爲首的有齊國、邾國參與的伐郳之戰以後，國破城毀，遂遷新址。

昌慮縣故城東北説是對的。昌慮縣故城位於藤州市東南約 30 里，即今羊莊鎮境内，爲三邾之一濫國所在地，漢代設昌慮縣，屬東海郡。隋開皇六年改設滕縣，後廢。今東江郳國故城的發現證明此説不誤，東江古城恰在昌慮縣故城東北。墓地位於棗莊市山亭區山城街道辦東江村東南，爲臺形城址，經考古勘查得知，城址平面呈方形，南北長 240、東西寬 224 米。墓地北依馬山，十字河在墓地之東由北向南，再折向西匯入薛河。

郳國青銅器見於著録者，西周晚期有 2002 年山東棗莊市山亭區東江小邾國墓地出土的邾友父鬲（6 件，《銘圖》02938—02942，《銘續》0258），另有傳世的邾友父鬲（《銘圖》02943）、郳祁鬲（《銘圖》02860）。春秋早期有 2002 年山東棗莊市山亭區東江小邾國墓地出土的兒慶鼎（《銘圖》01947）、兒慶鬲（3 件，《銘圖》02866—02868）、兒慶盤（《銘圖》14414）、兒慶匜（《銘圖》14905）、邾慶鬲（《銘圖》02782）、邾慶簠（2 件，《銘圖》05878、05879）、邾慶壺（《銘圖》12352）、邾慶匜（《銘圖》14955）、邾君慶壺（5 件，《銘圖》12333—12337）、邾慶父簋（2 件，《銘續》0388、0389）、邾華妊鬲（2 件，《銘圖》02762、02763）、子皇母簠（《銘圖》05853）、[2] 邾

［1］ 王永波、王傳昌：《山東古城古國考略》，文物出版社，2016 年。

［2］ 棗莊市政協臺港澳僑民族宗教委員會、棗莊市博物館編：《小邾國遺珍》，中國文史出版社，2006 年。

公子害簋(2件,《銘圖》05907、05908);山西聞喜公安局繳獲的邾季智鼙簋(2件,《銘三》0571、0572);[1]傳世品有郳始逆母鬲(《銘圖》02813)。春秋晚期有新發現的郳公鈹父鎛(4件,《銘圖》15815—15818)、郳公鈹觥(《銘續》0891)以及郳公胄敦(《銘圖》06067)、郳公戈(《銘三》0574)、郳左庭戈(《銘圖》16543)、郳斿權(《銘圖》18856)等。

春秋晚期的郳公鈹父鎛銘文有"王正九月元日庚午,余有螎之子孫,郳公鈹父,恪勤大命,保朕邦家,……作朕皇祖恭公、皇考惠公彝"。"有螎"郳公鈦鐘作"陸螎"。"螎"是"融"字的別體。"有"是詞頭,與"有夏""有熊""有周"的"有"字同例;"融"是"陸融"的省稱。"融"讀爲"終","有融"即"陸終"。郳公鈹父自稱陸終的子孫,與文獻記載相合。金文資料已證明邾國爲曹姓,郳國出自邾國亦曹姓無疑。杜預《春秋世族譜》及唐陸淳《春秋集傳纂例》卷十云:"小邾,邾俠之後也。夷父顏有功於周,其子友別封爲附庸,居郳。曾孫犁來始見《春秋》,附從齊桓以尊周室,命爲小邾子。穆公之孫惠公以下《春秋》後六世楚滅之。"小邾穆公見《左傳》襄公七年(前566年)及昭公三、四、十七年(前539、538、525年),其孫惠公見於《左傳》莊公五年孔穎達疏引杜預《世族譜》。結合鎛銘與這條記載,穆公以下世系爲穆公——恭公——惠公——鈹父。

邾友父鬲是邾友父爲其嫁往胙國的女兒所作的媵器,銘文是"邾友父媵其子胙曹寶鬲,其眉壽永寶用"。邾友父,即肥,夷父顏之子,郳國始封君。鬲銘自稱邾友父,推測原因有二:其一,有可能女兒出嫁之時尚未被分封於郳;其二,友父初封於郳,當時只是邾國的一個封邑,並不是獨立的諸侯國,所以稱謂還是冠以"邾"。

兒慶鼎、兒慶鬲、兒慶盤、兒慶匜,又有邾慶鬲、邾慶壺、邾慶匜、邾君慶壺、邾慶父簋。兒慶器銘文是"郳慶作秦妊匜鼎(或羞鬲、盤、匜),其永寶用"。邾慶器銘文是"邾慶作秦妊簋"。邾君慶壺、邾慶父簋也都是爲秦妊所作,所以兒慶、邾慶、邾君慶、邾慶父是同一個人,是郳國的一代國君。同一國君爲同一人作器,分別冠以兒(郳)、邾。理由如上所述,慶父在前期尚未得到爵位,依舊是封邑,故而名前仍冠以"邾",後期得到爵位,名前便冠以"兒(郳)"。

子皇母簋銘文是"子皇母作饙簋,其萬年眉壽,永寶用之",這是子皇母自作用器。子皇母簋出自小邾國墓地,她當是某代郳君的夫人。"子皇母"的"子"是這位夫人的姓,"皇母"是其字,説明這位夫人來自子姓國。《左傳·昭公二十五年》載:"季公若之姊爲小邾夫人,生宋元夫人,生子,以妻季平子。昭子如宋聘,且逆之。公若從,謂曹氏勿與,魯將逐之。"杜注:"曹氏,宋元夫人。"《左傳·哀公二十三年》"宋景曹卒",杜注:"景曹,宋元公夫人,小邾女,季桓子外祖母。"正義:"宋景曹者,宋景公之母,姓曹氏也。"可見郳國與魯、宋互通婚姻,所

[1]　山西省公安廳、山西省文物局編:《國寶回家——2018年山西公安機關打擊文物犯罪成果精粹》,文物出版社,2018年。

以,子皇母極有可能是宋國女子。

邿華妊鬲銘文是"邿華妊作羞鬲"。這是郳君慶父夫人自作器,稱名中的"邿"是夫家國名,"妊"是父家的姓,"華"有可能是父家氏名,也有可能是女子的私名,私名的可能性最大,猶如叔妊秦,又稱秦妊。邿君慶(又稱兒慶、邿慶)同爲秦妊、華妊作器,秦妊、華妊又都姓妊,極有可能是姊妹倆,或者同來自鑄國公族,一個出嫁,一個從媵。

10. 濫國

濫,金文作"濧"。周宣王時,邾國國君夷父顔受魯國弑君之亂牽連被誅,其弟叔術代立。周宣王死後,叔術又讓位給夷父顔之子夏父,夏父封叔術於濫,稱爲濫國。邾國爲曹姓,濫國自然也是曹姓。公元前 517 年,濫國大夫黑肱棄濫奔魯時,濫國國勢開始衰微,其後滅亡。

濫國故城在今滕州市東南 30 公里羊莊鎮土城村。《後漢書・光武帝紀》:"遂攻董憲於昌慮,大破之。"李賢注:"昌慮,縣,屬東海郡,故城在今徐州滕縣東南。古邾國之濫邑也。《左傳》曰'邾庶其以濫來奔',即此地。"又《郡國志》:"昌慮有藍鄉。"李賢注:"《左傳》昭三十一年邾黑肱以濫來奔。杜預曰:縣所治,城東北有郳城。郳,小邾國也。"經考古勘探,濫國故城東西長 1000 米,南北寬 600 米左右。土城村全爲古城址範圍,村南殘存一段牆基,其他已夷爲平地。地面常見陶器殘片,以南部居多,可辨器型有罐、盆、豆、瓦之類。

濫國的青銅器,有濫公宜脂鼎(《銘續》0191),2009 年在山東棗莊市嶧城區徐樓村 M2 出土,時代爲春秋晚期,銘文是"唯正月初吉日丁亥,濫公宜脂,擇其臧金,用鑄其爨宜鼎"。M1 出土的濫夫人鎛(《銘續》1040)有殘破,殘存銘文"……用樂以喜,濫夫人永……"。宋公固鼎(《銘續》0209)銘文是"有殷天乙唐孫宋公固作濫叔子饙鼎,其眉壽萬年,子子孫孫永保用之"。宋公固鋪(3 件,《銘圖》06157,《銘續》0531、0532)銘文是"有殷天乙唐孫宋公固,作濫叔子饙鋪,其眉壽萬年,子子孫孫永保用之"。另外還有一件濫公燊戈(《銘續》1149),也應是在徐樓村墓地被盜出土,銘文是"濫公燊之造戈"。

從宋公固鼎和宋公固鋪銘文分析,作器者是宋公固,即宋共公,受器者是濫叔子,"叔"是女子的排行,"子"是其姓。我們知道宋國子姓,所以作器者宋公固與受器者"叔子"不會是夫妻關係,只能是父女關係或者兄妹關係,"濫"是女子夫家的國名。所以,這是一件没有"媵"字的媵器。同墓出土的濫夫人鎛的器主濫夫人就是這位"濫叔子",亦有可能濫公燊就是其夫君。目前還没有出土有關濫國族姓的青銅器,有待來日。

11. 鑄國(祝國)

鑄國,大多數文獻作"祝",金文作"鑄"和"𨱆"。

《吕氏春秋・慎大》載:"武王勝殷,入殷,未下轝,命封黄帝之後於鑄,封帝堯之後於黎,封帝舜之後於陳;下轝,命封夏后之後於杞,立成湯之後於宋,以奉桑林。"《史記・周本紀》載:"武王追思先聖王,乃褒封神農之後於焦,黄帝之後於祝,帝堯之後於薊,帝舜之後於陳,大禹之後於杞。"而《禮記・樂記》則説:"武王克殷,反商,未及下車而封黄帝之後於薊,封帝堯之後於祝，封帝舜之後於陳；下車而封夏后氏之後於杞，投殷之後於宋。”三說不盡相同。《通鑑外紀》三上引胡氏注補云：“祝與鑄，古音本同。”鑄與祝爲同一個國家。今本《竹書紀年》載晉文侯十三年（前768年）“齊人滅祝”，此後復國。《左傳·襄公二十三年》載“臧宣叔娶於鑄”，杜注：“鑄國，濟北蛇丘縣所治。”《路史·國名紀》：“鑄，侯爵，祝也。兖之襲丘治，故虵丘，屬濟北，有鑄鄉。”蛇丘縣，西漢設置，屬泰山郡，東漢屬濟北國，北齊天保七年（556年）廢，故址在今山東肥城市東南。

目前見到的鑄國青銅器均爲春秋早期之物，如：鑄侯求鐘（《銘圖》15178）、鑄公簠（《銘圖》05905）、鑄仲簠（《銘續》0364）、鑄叔盤（3件，《銘圖》14456）、鑄叔鼎（《銘圖》02095）、鑄叔簠（《銘圖》05883）、鑄叔皮父簠（《銘圖》05126）、鑄子叔黑臣鼎（《銘圖》02128）、鑄子叔黑臣鬲（《銘圖》02979）、鑄子叔黑臣簋（《銘圖》04853）、鑄子叔黑臣盨（2件，《銘圖》05607、05608）、鑄子叔黑臣簠（2件，《銘圖》05881、05882）、鑄子獣匜（《銘圖》14899）、禦姬鬲（《銘圖》02825）、禦司寇獣鼎（《銘圖》01978）等。

關於鑄國的族姓，大體有五說。其一，祁姓說。《帝王世紀》云：“帝堯，陶唐氏，祁姓也。”《春秋大事表》：“鑄，祁姓，堯後。”其二，任姓說。“任姓”即“妊姓”。《世本·氏姓篇》云：“任姓，謝、章、薛、舒、呂、祝、終、泉、畢（當作卑）、過（當作遇）。”其三，姬姓說。《新唐書·世系表》：“祝氏出自姬姓。周武王克商，封黃帝之後於祝。”又《路史·後紀》：“陶唐氏，帝堯陶唐氏姬姓。”《路史·國名紀》陶唐氏：“祝姓則亦陶唐氏之後。”其四，己姓說。“己姓”即“改姓”。《通志·氏族略》周異姓國祝氏：“己姓，黃帝之後。周武王封黃帝之裔於祝。”其五，姜姓說。《金文世族譜》引用鑄侯求鐘銘文“鑄侯求作季姜媵鐘”，以“季姜”是鑄侯求之女，因謂鑄國姜姓。

鑄叔盤2002年在山東棗莊市山亭區東江小邾國墓地被盜掘出土，時代爲春秋早期，銘文是“鑄叔作叔妊秦媵盤，其萬年眉壽永寶用”。這是一件媵器。受器女子是“叔妊秦”，排行爲“叔”，“妊”姓，名“秦”，從出土地可知小邾國是叔妊秦的夫家，可以確定鑄叔與叔妊秦是父女（或者兄妹）關係。鑄公簠在山東齊東縣（今已併入鄒平縣）出土，銘文是“鑄公作孟妊車母媵簠”。作器者鑄公與受器者孟妊車母亦是父女（或者兄妹）關係。另外還有禦姬鬲，銘文是“禦姬作孟妊姑兹羞鬲”。“禦”即“祝”的別體，“祝姬”是姬姓女子嫁到祝國，是祝國一位夫人。她給“孟妊姑兹”作器，此鬲也應是一件媵器，祝姬是孟妊姑兹的母親或長輩。從以上幾組媵器可知鑄國爲妊姓。妊姓即《世本》的任姓，由此，《世本》記載鑄國爲任姓得到青銅器銘文的印證，也說明鑄國出自黃帝之後，而不是帝堯。

鑄侯求鐘，銘文是“鑄侯求作季姜媵鐘，其子子孫孫，永享用之”。銘文中有“媵”字，是一件真真正正的媵器，可是受器者不是妊姓女子，而是一位姜姓女子。那只能有兩種可能，一種是鑄公求爲姜姓國女子季姜作媵器，與《春秋·成公十年》“齊人來媵”相同，可謂“媵異姓”；另一種可能是鑄侯求爲自己女兒的媵女單獨作媵器，媵女來自姜姓之國。由於目前没有發現鑄公求爲其女兒所作的媵器,所以還難以確鑿證明這是爲媵女所作的媵器。不過,爲異姓他國之女出嫁作媵器在文獻和金文中尚未發現實例,而爲自己出嫁女兒的媵女單獨作媵器,金文中有所發現,如:魯伯大父簋(《銘圖》04863)“魯伯大父作季姬婧媵簋,其萬年眉壽,永寶用”、魯伯大父簋(《銘圖》04861)“魯伯大父作孟姜媵簋,其萬年眉壽,永寶用”。兩件簋形制、紋飾相同,大小相若,銘文除女子名字不同外,餘皆相同。兩位女子一位與魯伯大父同姓姬,另一位姓姜,可知她是來自姜姓國的媵女。由此推之,鑄侯求鐘極有可能是鑄侯求爲自己女兒的媵女所作的媵器,這位媵女來自姜姓國家。

鑄仲簋銘文是“鑄仲作季姬寶簋”。這是鑄仲爲其夫人所作的用器。夫人姬姓,稱謂中没有冠以父家的國氏。鑄叔鼎、鑄叔簋銘文是“鑄叔作嬴氏寶鼎(或簋),其萬年眉壽,永寶用”。這是鑄叔爲其夫人所作的用器,夫人是嬴姓國女子,故稱嬴氏。通過以上青銅器銘文可知鑄國爲妊姓,並與嬴姓、姬姓相互通婚。由是論之,則祁、己、姬、姜爲鑄(祝)國之姓説,皆不能成立。

12. 滕國

滕,金文作朕。文獻記載滕國姬姓。武王滅商之後封其弟叔繡於滕,稱滕侯。《世本·春秋列國公侯世系》云:“周文王子錯叔繡,封於滕。”《左傳》:“郜、雍、曹、滕、畢、原、酆、郇,文之昭也。”越王朱勾三十四年(前 415 年)被滅(見古本《竹書紀年》),不久復國,後又被宋或齊滅掉。《春秋世族譜》云:“春秋後六世,齊滅之。”《戰國策·宋策》:“(宋)康王大喜,於是滅滕、伐薛,取淮北之地。”宋鮑彪《戰國策校注》云:“《大事記》云:杜氏《世族譜》滕爲齊滅,觀《孟子》所載滕定公、文公,則杜説誤,《策》所記是也。”杜預《春秋釋例·氏族譜》:“滕,姬姓,文王子錯叔繡之後。武王封之,居滕,今沛郡公丘縣是也。自叔繡及宣公十七世乃見春秋,隱公以下,春秋後六世,而齊滅滕矣。”《左傳·隱公七年》正義云:“《世本》云齊景公亡滕。案:齊景之卒,在滕隱之前,《世本》言隱公之後仍有六世爲君,而云齊景亡滕,爲謬何甚。服虔昭四年注亦云:齊景亡滕。是不考校而謬言之。《地理志》云:沛郡公邱縣,故滕國也,周文王子錯叔繡所封,三十一世爲齊所滅。”雷學淇《竹書紀年義證》:“國策謂宋粵滅之者,必宋與粵嘗伐其國,毁其宗社,越一二年復立其後嗣,如楚之於陳、蔡者,故孟子時猶存,後始爲田齊所滅耳。”[1]其説可通。

滕國故城在今山東滕州市西南的姜屯鎮南部。經考古勘查有大小二城,小城建於西周或春秋時期,大城建於戰國時期,兩漢時期仍修補使用。大城呈不規則圓角長方形,東西最長約 1450、南北最寬處 1100 米,城牆寬約 25—35 米。小城亦呈不規則長方形,東西長 96、南北寬約 680 米,城牆寬約 12—20 米。小城南牆基本與大城南牆重合。

---

[1] 諸説參見陳槃:《春秋大事表列國爵姓及存滅表譔異》,上海古籍出版社,2009 年。

滕國青銅器,西周早期有 1982 年山東滕縣(今滕州市)姜屯鎮莊里西村西周墓出土的滕侯鼎(《銘圖》01576)、滕侯簋(2 件,《銘圖》04487、04488);西周中期有滕虎簋(4 件,《銘圖》04702—04705);春秋早期有 2002 年山東棗莊市山亭區東江小邾國墓地出土的滕侯蘇盨(2 件,《銘圖》05560、05561)、滕□伯毃鼎(《銘續》0204)、滕司徒毌卑戈(《銘續》1201)、滕司城裘戈(2 件,《銘續》1206、《銘三》1472);春秋中期有滕太宰得匜(《銘圖》14879);春秋晚期有 1987 年山東滕縣(今滕州市)洪緒鎮杜莊村出土的滕侯吳敦(《銘圖》06057)、滕侯賕鎛(《銘圖》15757)、滕子戈(《銘圖》16422)、滕侯耆戈(2 件,《銘圖》16750、16751)、滕侯吳戈(3 件,《銘圖》16752—16754)、滕侯吳戟(2 件,《銘續》1188、《銘三》1437)、滕司徒戈(《銘圖》16854)、者兒戈(《銘續》1255)、滕之不㤅劍(《銘圖》17852);戰國晚期滕大司馬友壺(《銘續》0822)、滕大司馬得戈(《銘三》1468)等。

滕國青銅器銘文均不能反映出滕國的族姓,但可從傳世的邥伯御戎鼎(《銘圖》02086)知其族姓。邥伯御戎鼎的時代是春秋早期,銘文是“邥伯御戎作滕姬寶鼎,子子孫孫永寶用”。這是邥伯御戎爲夫人所作的用器,夫人“滕姬”是由父家國名和自己的族姓組成,故知滕國爲姬姓。

13. 薛國

薛國是夏、商、周三代東方一個諸侯國,文獻記載爲妊姓。鄭樵《通志·氏族略》云:“薛氏,任姓,黃帝之孫顓帝少子陽封於任,故以爲姓,十二世孫奚仲,爲夏車正,禹封爲薛侯,奚仲遷於邳,十二世孫仲虺,爲湯左相,復居薛,……臣扈、祖己,皆仲虺之胄也。祖己七世孫曰成,徙國於摯,更號摯國,女大任生周文王,至武王克商,復封爲薛侯。”《左傳·定公元年》載:“薛宰曰:‘薛之皇祖奚仲居薛,以爲夏車正。奚仲遷於邳,仲虺居薛,以爲湯左相。’”薛宰去古未遠,且爲薛之公族,自述其先祖源流,當信而有徵。由此可知,奚仲初居薛,後遷邳,其後人仲虺繼而居薛,爲湯左相,是邳、薛同屬奚仲之後。

薛封於夏,目前尚無考古證據予以確認,然而薛在商代已得到甲骨卜辭的證實。甲骨文屢見“命薛”“往薛”“宅薛”“伐薛”“伐薛伯”等。武王滅商之後,復以其裔胄爲薛侯。春秋時期薛侯頻繁參與諸侯盟會。薛國相傳三十一世,周顯王四十六年(前 323 年)爲齊國所滅,或云齊湣王三年(前 298 年)滅於齊。

薛國故城在今山東省滕州市南 21 公里官橋鎮與張汪鎮之間,現爲全國重點文物保護單位。薛國城分爲大城、小城、內小城。大城保存基本完整,平面呈不規則長方形,北牆長 3265 米,南牆長 3000 米,東牆長 2480 米,西牆長 1860 米,牆高現存 1—5 米。小城位於大城的東南角,內小城在小城中部。小城內文化層堆積深厚,有龍山文化、岳石文化、商周文化和漢代文化層依次疊壓。小城東北牆外有皇室貴族墓地。

薛,金文作“胯”。薛國的青銅器目前見到 14 件。西周早期有薛侯戚鼎(《銘圖》01865)、毳尊(《銘三》1012)、毳卣(《銘三》1140);春秋早期有 1973 年山東滕縣官橋公社(今滕州市官橋鎮)狄莊村薛城遺址出土的走馬薛仲赤簠(《銘圖》05871)、薛子仲安簠(4件,《銘圖》05839—05842)、1995年薛國故城春秋墓出土的薛侯壺(《銘圖》12120),傳世品有薛侯盤(《銘圖》14477)、薛侯匜(《銘圖》14974)、薛仲蕾簠(3件,《銘續》0503—0505,其中兩件僅見簠蓋);還有春秋中期的薛國公子戈(《銘圖》17050),春秋晚期的薛侯之剛戈(《銘三》1456)和薛比戈(《銘圖》16811);戰國時期有薛侯定戈(《出土全集》6卷393)[1]等。

　　黿尊、黿卣是近年見到的流散青銅器,時代爲西周早期,銘文是"唯四月,王初征裸于成周。丙戌,王格于京宗,王賜宗小子貝,黿罘麗賜,黿對王休,用作薛公寶尊彝,唯王五祀"。這是周王在五年四月,在成周舉行裸祭之後,於丙戌這天在京宗賞賜自宗小子,同時也賞賜了黿,黿便鑄造了祭祀薛公的尊、卣。説明黿是薛公的後代。春秋早期的薛侯盤、匜是薛侯爲出嫁的女兒或者姊妹叔妊襄所作的媵器,銘文是"薛侯作叔妊襄媵盤(匜),其眉壽萬年,子子孫孫永寶用"。女子的稱謂是"叔妊襄","叔"是其排行,"妊"是自家的姓,"襄"是女兒的名。薛仲蕾簠是薛仲蕾爲嫁給滕伯的女兒或者姊妹所作的媵器,銘文是"薛仲蕾作仲妊茲母、滕伯同媵簠"。"仲"是女子的排行,"妊"是自家的姓,"茲母"是女子的字。從上述薛侯女兒(或姊妹)和薛仲蕾女兒(或姊妹)的稱謂可知薛國爲妊姓。"妊"文獻作"任",二字通用。青銅器銘文所反映薛國的妊姓與文獻記載相符。

　　14. 邳國

　　邳,出於任姓,夏商古國。今本《竹書紀年》帝仲康七年:"世子相出居商丘,依邳侯。"《左傳·昭公元年》:"商有姺、邳。"杜預注:"二國商諸侯,邳,今下邳縣。"《殷虚文字丙編》上輯一:"庚申卜,王貞:余伐不?"又"庚申卜,王貞:余□不?""辛酉卜,㱿,羽壬戌,不至?"張秉權先生考證説:"不,可能是《左傳》'商有姺、邳'的邳。"《説文·邑部》:"邳,奚仲之後,湯左相仲虺所封國,在魯薛縣。"

　　何光嶽認爲邳出於任姓奚仲。任姓起源於陝甘,其後部分子族散居於河南,奚仲遷居丕山,稱邳,商湯所封仲虺亦在此地,即今河南濬縣東南二十里之大伾山,又稱黎山。邳人後遷於滎陽之邳卑,商代中葉,遭到武丁征伐,被迫遷到今山東沂水縣之邳鄉。戰國初年,又南遷到今江蘇之下邳,即今江蘇睢寧縣古邳鎮東。後受楚國所迫,於前339年(梁惠王三十一年)遷於薛國東境,今棗莊市之嶧城區,即所謂的上邳。[2]王獻唐也認爲出土邳伯罍(即邳伯夏子缶)的嶧城區就是邳國都城所在。[3]

　　邳國何時滅亡,史書無載,據《史記·楚世家》載楚頃襄王十八年(前281年)獵人向頃襄王獻擴大疆土之計説:"故秦、魏、燕、趙者,騏鵰也;齊、魯、韓、衛者,青首也;騶、費、郯、邳者,

[1] 李伯謙主編:《中國出土青銅器全集》,科學出版社、龍門書局,2018年。簡稱《出土全集》。
[2] 何光嶽:《邳國的來源和遷徙》,《東南文化》1991年第5期。
[3] 王獻唐:《邳伯罍考》,《考古學報》1963年第2期。

羅鷿也。外其餘則不足射者，見鳥六雙，以王何取?"可見此時邳國猶存。同書《魯周公世家》
載："楚頃王東徙於陳。十九年，楚伐我，取徐州。"戰國時期的徐州，即今之薛城。極有可能
楚在取徐州之時，一同把邳國滅掉。

邳，甲骨文、金文均作"不"。邳國的青銅器出土甚少，只有 1954 年山東棗莊市嶧縣（今
嶧城區）出土的邳伯夏子缶（2 件，《銘圖》14089、14090），時代爲戰國早期，銘文是"唯正月初
吉丁亥，不（邳）伯夏子自作尊鬶，用祈眉壽無疆，子子孫孫，永寶用之"。銘文顯示這兩件缶
是邳伯自作的祭祀用器，反映不出邳國的族姓。

15. 逢國（夆國）

逢，金文作夆。文獻記載逢國是夏商周時期的諸侯國，本炎帝之後，姜姓。商朝初年封
炎帝裔孫陵於逢，建立逢國，爲伯爵，姜姓，稱逢伯陵。商王常在逢、樂、鄀等地占卜，[1]商朝
末年其地被薄姑氏吞併，西周初年遷到今濟陽縣劉臺子附近。《左傳·昭公二十年》晏嬰對
齊景公説："昔爽鳩氏始居此地，季萴因之，有逢伯陵因之，蒲姑氏因之，而後大公因之。"杜預
注："逢伯陵，殷諸侯，姜姓。"《國語·周語下》伶州鳩對景王説："則我皇妣大姜之姪，伯陵之
後，逢公之所憑神也。"韋昭注："大姜，大王之妃，王季之母，姜女也。女子謂昆弟之子，男女
皆曰姪。伯陵，大姜之祖有逢伯陵也。逢公，伯陵之後，大姜之姪，殷之諸侯，封於齊地。"《古
今姓氏書辯證》："逢，出自夏、商之世，諸侯有逢伯及逢公者，國於齊土，因以國爲氏。"

逢國族的居地有過多次遷徙，始祖伯陵居於齊地。元于欽《齊乘》云："逢陵城，般陽府東
北四十里。"[2]元代般陽府治故址，即今山東淄博市淄川區淄川鎮東北四十里，約在今臨淄
區南部或張店區西南部。《山東通志》載淄川縣逢陵城："在縣西南四十里。"與《齊乘》所説
方向正好相反，西南四十里就在今博山區所在地附近。孫敬明先生認爲逢國地近逢山，即今
山東臨朐縣南十里的西朱封遺址。[3]朱繼平先生依據《水經注》青州與臨朐附近有逢陵故
城，"濟水又東，有楊渚溝水，出逢陵故城西南二十里，西北逕土鼓城東，又西北逕章丘城東，
又北逕寧戚城西。西北流，注於濟水也"，她認爲逢陵故城當在淄博市淄川區西北二十里商
家鎮，東商莊商周遺址即其遺存。[4]商末之前西遷到古濟水以北，即今山東濟陽劉臺子附
近。李學勤先生結合甲骨文和商代金文相關內容，認爲商代逢國地近尋，即文獻中的斟尋，
其地與齊都臨淄很近，在帝辛二年以前居住於臨淄一帶。後受薄姑氏的壓迫，便遷到濟陽劉
臺子一帶。[5]1979 年以來，考古工作者在山東濟陽縣姜集鄉劉臺子遺址進行了三次發掘，發

［1］　胡厚宣主編：《甲骨文合集》（簡稱《合集》）36904、36905、36914，中國社會科學出版社，1999 年。
［2］　于欽：《齊乘》，濟南出版社，2015 年。
［3］　孫敬明：《逢史獻芏》，《夏商周文明研究》，中國文聯出版社，1999 年。
［4］　朱繼平：《金文所見商周逢國相關史實研究》，《考古》2012 年第 1 期。
［5］　李學勤：《有逢伯陵與齊國》，《古文獻叢論》，上海遠東出版社，1996 年。

現逢國貴族墓地,出土銅器最早的是康昭時期之物,西周早期逢國的國都或許就在濟陽縣劉臺子附近。

逢國在西周時期擁有較高的地位,劉臺子6號墓出土一件王妘鼎(《銘圖》01721),時代爲西周早期,銘文是"王妘作豙姑寶尊彝"。這是王妘爲豙姑所作祭器。"王妘"是周成王的后妃,"豙姑"是成王的姊妹或者王妘的姑母,嫁到逢國。3號墓出土有王季鼎(《銘圖》01934)。王季有可能就是武王的小弟冄季,王室貴族。王季的鼎能出現在逢國墓地,説明逢國與周王室的關係非同一般。穆王時期逢公固還率師勤王,古本《竹書紀年》載穆王:"十二年,毛公班、井公利、逢公固帥師從王伐犬戎。"[1]此後,尚有西周中期和春秋時期的青銅器傳世,説明春秋時期逢國尚在,但不知春秋末期被何國所滅。

逢國的青銅器,西周早期有山東濟陽縣姜集鄉劉臺子2號西周墓出土的夆彝簋(2件,《銘圖》03725、03726)、夆鼎(2件,《銘圖》00274、01234)、夆觶(《銘圖》10152)、夆盤(《銘圖》14314)、夆盉(《銘圖》14600);[2]西周早期的傳世器有夆伯命甗(《銘圖》03276);西周中期有夆季壺蓋(《銘圖》12275)、夆吂父卣(《銘圖》13086);最近幾十年發現的春秋早期流散青銅器夆子選鼎(《銘續》0429)、夆子選簋(3件,《銘圖》05890、05891,《銘續》0430)、夆子選鑐(《銘續》0431)、夆子訇簋(《銘續》0485)、夆子訇壺(《銘續》0817);春秋晚期有山東滕縣出土的夆叔盤(《銘圖》14522)、夆叔匜(《銘圖》15001)等。

春秋早期的夆子訇簋、壺,銘文是"逢子訇鑄叔嬴甾匜"。這是逢子訇爲夫人叔嬴甾所作的用器,夫人嬴姓。春秋晚期的夆叔盤、匜,銘文是"唯王正月初吉丁亥,逢叔作季改盥盤,其眉壽萬年,永保其身,施施熙熙,壽老無期,永保用之"。這是逢叔爲其夫人季改所作的盤和匜。以上幾件青銅器銘文説明逢國與嬴姓和改姓通婚。目前所見的青銅器,還没有反映逢國族姓的銘文。

16. 費國

費國的來源有三説。其一,虞舜所封,爲嬴姓。《史記·秦本紀》云:"女華生大費,與禹平水土。已成,帝錫玄圭。禹受曰:'非予能成,亦大費爲輔。'帝舜曰:'咨爾費,贊禹功,其賜爾皂遊。爾後嗣將大出。'乃妻之姚姓之玉女。大費拜受,佐舜調馴鳥獸,鳥獸多馴服,是爲柏翳。舜賜姓嬴氏。"《竹書紀年》載帝啓二年:"費侯伯益(即柏翳、大費)出就國。……六年,伯益薨。"又帝太戊三十一年:"命費侯中衍爲車正。"可見從夏代到商末一直是伯益及其後代爲費侯。徐旭生在《中國古史的傳説時代》中講到費國,他説:"費建國很早,秦、趙祖先

---

[1] 方詩銘、王修齡:《古本竹書紀年輯證》,上海古籍出版社,1981年。

[2] 德州行署文化局文物組、濟陽縣圖書館:《山東濟陽劉臺子西周早期墓發掘簡報》,《文物》1981年第9期。德州地區文化局文物組、濟陽縣圖書館:《山東濟陽劉臺子西周墓地第二次發掘》,《文物》1985年第12期。山東省文物考古研究所:《山東濟陽劉臺子西周六號墓清理報告》,《文物》1996年第12期。

的菫廉的'菫',當與'費'同字異形。國滅於周初,地在今山東費縣境内。"

　　其二,夏后氏後裔的封國,爲姒姓。《史記·夏本紀》載:"太史公曰:禹爲姒姓,其後分封,用國爲姓,故有夏后氏、有扈氏、有男氏、斟尋氏、肜城氏、褒氏、費氏、杞氏、繒氏、辛氏、冥氏、斟戈氏。"索隱云:"費作弗。"《山東通史》費國故址:"在今山東魚臺縣西南。"

　　其三,周之同姓國。《路史·後紀·高辛紀》云:"周之初興,大封同姓,五十有三國,而文武之胙,又三十有二,管、蔡、成、霍、魯、衛、毛、聃、郜、雝、曹、滕、畢、原、豐、荀,文之昭也;虢、晋、應、韓、寒、狄,武之穆也;而凡、蔣、邢、茅之與胙祭,則周公之裔也;召、虢、燕、陽、閻、鎦、邵、鎬、方、卬、息、隨、肜、單、縱、寯、梁、項、岑、鄧、滑、養、盛、極、鞏、穀、謝、郭、密、榮、丹陽、楊、逢、觚、欒、甘、鱗、主、頓、鼓、肥、宫、遂、冥、麗、暴、載、岐、費、紀、胡、康、莨、解、張、隗、藺、運、冀、潘、龐、馮、沈、賈、鄭、暎、芮、魏、焦、樊、巴、周、徐、橋、北燕、鮮虞、陽樊,皆姬國也。"清代葉圭綬的《續山東考古録》認爲,西周初年,費自爲國,爲魯國的附屬國。大約在周宣王(公元前827—前781年)時,周王室封魯懿公之孫爲費伯。又《齊乘》云:"費縣西北二十里,古費伯國,姬姓,懿公之孫,後爲季氏邑。"[1]

　　費國,西周初年成爲魯國的附庸,魯侯伯禽討伐東夷,在此誓師,作《費誓》。春秋早期,費國漸强,戰國時期,魯國衰弱,費國也乘勢稱公,相對於魯而獨立。費國什麽時候滅亡,史無記載。費國故城在今山東魚臺縣舊縣西南的古費亭。春秋早期費國仍然存在。《左傳·隱公元年》:"夏四月,費伯帥師城郎。"杜注:"費伯,魯大夫;郎,魯邑。"洪亮吉以爲:"費於春秋前蓋魯附庸國。孔安國《尚書·費誓》傳:伯禽爲方伯,監七百里内之諸侯,帥之以征,歛而救之。《左傳》隱公元年,費伯帥師城郎。伯,蓋其封爵。郎地近費,故帥師城之。否則或受命於魯。合觀傳二年書法,自明。杜注言魯大夫,非也。"《説苑·尊賢》:"魯人攻鄪,曾子辭於鄪君曰:'請出,寇罷而後復來,請姑毋使狗豕入吾舍。'鄪君曰:'寡人之於先生也,人無不聞。今魯人攻我,而先生去我,我胡守先生之舍?'魯人果攻鄪,而數之罪十,而曾子之所争者九,魯師罷,鄪君復修曾子舍而後迎之。"文稱"費君",費君又自稱"寡人",可知曾子處費之時費是國家而不是城邑。《孟子》:"費惠公曰:'吾於子思則師之矣,吾於顏般則友之矣,王順、長息,則事我者也。'非惟小國之君爲然也,雖大國之君亦有之。"趙氏注:"小國之君若費惠公者也。"除《孟子·萬章下》提到"費惠公"外,《史記·楚世家》談到"騶、費、郯、邳",以之與"齊、魯、韓、衛"以及"秦、魏、燕、趙"並提。《吕氏春秋·慎勢》的記載還説:"王者之封建也,彌近彌大,彌遠彌小,海上有十里之諸侯。以大使小,以重使輕,以衆使寡,此王者之所以家以完也。故曰:以滕、費則勞,以鄒、魯則逸,以宋、鄭則猶倍日而馳也,以齊、楚則舉而加綱旃而已矣。"可見,與魯國一樣,費也是一個獨立的國家。大約在戰國時期費國才滅亡。

---

[1]　于欽:《齊乘》。

　　春秋中期魯僖公於前 659 年封其叔父季友於費邑,故址今山東省費縣附近。這個費是封邑而不是國,邑主都是姬姓,與費國無涉。但南宋王應麟認爲戰國時期的費國不是姒姓費國,而是季孫氏以費邑僭稱的費國。他在《困學紀聞》卷八云:"《孟子》引費惠公之言謂'小國之君也'。春秋時費爲魯季氏之邑。《史記·楚世家》有'騶、費、郯、邳',蓋戰國時以邑爲國,意者魯季氏之僭歟。"清代學者顧炎武在《日知錄》卷七費惠公篇説:"按春秋時有兩費,……在子思時,滑國之費,其亡久矣,疑即季氏之後而僭稱公者。"他還引仁山金氏曰:"費本魯季氏之私邑,而《孟子》稱'小國之君',曾子書亦有費君、費子之稱。蓋季氏專魯,而自春秋以後,計必自據其邑,如附庸之國矣。大夫之爲諸侯,不待三晋而始然,其來亦漸矣。"閻若璩、梁玉繩也主此説。但楊朝明先生在其《"魯季氏立費國"説商榷——兼論曾子處費之地所在》一文中認爲季孫氏僭稱費君之説不可信。他説:"自僖公時開始,季孫氏世代執政,勢力發展很快,到魯昭公時,'政在季氏'已有好幾代。此時的季氏在魯國地位顯赫,可謂炙手可熱,三桓'四分公室',季氏擇二;昭公欲奪回權力,却遭到季氏有力反擊。然而,季氏却一直没有篡國意圖。"當季氏與昭公矛盾激化後,雙方開戰,昭公兵敗出走他國,此時季孫氏奪取君位易如反掌,然而季氏意如並没有這樣做,在此後的七年中,季孫意如總在謀求迎昭公回國,並且"事君如在國"。《左傳·昭公三十二年》記晋國的趙簡子問於史墨曰:"季氏出其君,而民服焉,諸侯與之;君死于外,而莫之或罪也?"對曰:"……天生季氏,以貳魯侯,爲日久矣。民之服焉,不亦宜乎! 魯君世從其失,季氏世修其勤,民忘君矣。雖死于外,其誰矜之?"在這種"民不知君"而知季氏的情況下,季氏終究也没有代魯爲君。所以,季孫氏在費僭稱諸侯是一種誤讀、誤解。[1]

　　費國的青銅器,目前僅見弗奴父鼎(《銘圖》02126),1972 年夏山東鄒縣(今鄒城市)嶧山鎮紀王城村邾國故城址出土,時代爲春秋早期,銘文是"弗奴父作孟姒府媵鼎,其眉壽萬年永寶用"。這是弗奴父爲女兒孟姒府所作的媵器。"孟"是女兒排行,"姒"是其姓,"府"是其名。銘文中没有"孟姒府"往嫁的夫家國名,但從其出土於邾國故城,可知女兒夫家是曹姓的邾國。《世本·氏姓篇》云:"禹後有弗氏。"《史記·夏本紀》説:"禹爲姒姓,其後分封,用國爲姓,故有夏后氏、有扈氏、有男氏、斟尋氏、彤城氏、褒氏、費氏……"《索隱》認爲"費"應作"弗"。傳世的叔皮父簋(《銘圖》05080)是西周晚期之物,銘文是"叔皮父作朕文考茀公眔朕文母季姬寶簋,其萬年子子孫永寶用"。叔皮父稱自己的父親爲"茀公","茀"即弗、費,説明其爲費國首領。費奴父鼎和叔皮父簋説明兩個問題,第一,費國西周時期已經立國,春秋時期仍然存在,而且還與邾國有婚姻關係;第二,叔皮父的母親名叫"季姬",是姬姓婦女,説明費國不是姬姓國家。費奴父之女名叫孟姒,那麼這個費爲姒姓之國無疑。

[1]　楊朝明:《"魯季氏立費國"説商榷——兼論曾子處費之地所在》,《東嶽論叢》1999 年第 6 期。

　　對於嬴姓費國應如何解釋？2009 年 5 月，山東棗莊市嶧城區徐樓村在施工中發現兩座春秋晚期墓葬，出土一件宋公固鼎和兩件宋公固鋪，銘文是"有殷天乙湯孫宋公固作潃叔子饋鼎（或鋪），其眉壽萬年，子子孫孫永保用之"。這是宋公固爲其女兒所作的陪嫁媵器。宋公固亦作宋公瑕，即宋共公，在位十三年（前 588—前 576 年），"潃叔子"是宋公固女兒的稱謂，"潃"是其夫家的國氏，"叔"是女兒的排行，"子"是宋國的姓。"潃"字，李學勤先生認爲上從邱，下從水，就是文獻裏的費國，位於山東魚臺，與棗莊徐樓村相距不遠。《書·費誓》的"費"，《史記集解》本作"柴"，正是從"比"聲的字。[1]燕生東先生將"潃"字隸定爲"鄁"，認爲《左傳》的費伯之"費"、魯僖公賜季友之"費"與《書·費誓》之"費"以及先秦兩漢文獻中讀爲"秘"的費國、費地的"費"均應爲"柴"，並認爲 1994 年棗莊市文物部門在徐樓村北 206 國道附近鑽探出一座東周時期古城，時代從春秋初期延續至戰國晚期，城牆邊長在 600 米以上，城內發現大量戰國時期豆、鬲、罐、瓦當等遺物，就是柴國故城。[2]趙平安先生將此字隸定爲"潃"即"灒"字，讀爲"灒"，也就是邾國三分的灒國。[3]這個觀點已爲大多數學者所接受。所以，"潃"即灒，灒國曹姓，與費國（柴國）没有關係。

　　綜上所述，筆者認爲費國建國很早，夏商之時一直是伯益及其後裔的嬴姓之國，蜚廉（一作飛廉）即其國人。其地就在山東魚臺縣境內。商末，蜚廉及其兒子惡來助紂爲虐，周武王伐商，殺惡來，蜚廉後又參與三監叛亂，失敗後逃奔商蓋（亦稱商奄）。商蓋是東方一個嬴姓大國，《逸周書·作雒解》説："周公立，相天子，三叔及殷、東、徐、奄及熊盈（嬴）以畔（叛）。……凡所征熊盈（嬴）族十有七國，俘維九邑。"這充分説明嬴姓國族在這場戰亂中的地位。清華簡《繫年》："成王伐商蓋，殺飛[廉]，西遷商蓋之民于邾虛，以禦奴虘之戎，是秦先人。"《孟子·滕文公下》："周公相武王，誅紂伐奄，三年討其君，驅飛廉於海隅而戮之，滅國者五十，驅虎豹犀象而遠之，天下大悦。"由此可知，嬴姓費國在此時滅亡，飛廉的後裔等嬴姓貴族西遷於今甘肅甘谷縣西南，這些"商奄之民"便是秦國的先人。周公東征，蕩平商奄等叛亂之後，便將夏后氏的後裔封於費，其後的費國便是姒姓之國。

　　《齊乘》所説的費縣西北二十里古城，就是費縣上冶古城。該城址位於費縣西北 25 里的上冶鎮古城村、畢城村、寧國莊及其周圍。據山東省考古工作者勘探和試掘，古城平面近圓角長方形，東牆 2150、西牆 2420、南牆 900、北牆 850 米，面積 223 萬平方米以上，城牆殘高 1—5、寬 8—21 米，城內堆積厚 1 米以上。城東南角和東部曾清理出東周墓葬，城內還發現過東周時期大型墓葬。東周時期，郭城城牆南北長 1500、東西寬約 1000 米，有的地段城牆存高 5 米。城內西北部築小城，可能爲宮城。城內東部有一座夯土基址，長近 50、寬 12—14 米。

[1]　李學勤：《棗莊徐樓村宋公鼎與費國》，《史學月刊》2012 年第 1 期。

[2]　燕生東：《考古所見"費"國及曾子里籍問題》，《東方考古》第 11 集，科學出版社，2014 年。

[3]　趙平安：《宋公圍作叔子鼎與灒國》，《中華文史論叢》2013 年第 3 期。

臺基内有石砌排水管道。就出土遺物而言,時代約在春秋晚期至戰國晚期。漢代城牆係在周代的東、南、西城牆基礎上加寬增高,重新修建,使城範圍擴大,南北城牆超過 2000 米。[1]這座城址應該是一處費國都城,其後成爲魯國季氏的封邑,兩漢設立費縣。

至於《路史・後紀・高辛紀》所説的姬姓費國,以及《續山東考古録》和《齊乘》所説魯懿公之孫的封國,未詳所據,待考。

17. 鄑國

鄑國,有學者聯繫《史記・夏本紀》和《通志・氏族略》的斟鄑氏,認爲金文中的鄑氏爲夏之後裔,乃姒姓之國族。其實,鄑國乃是殷商部族的一支,見於殷墟卜辭。如:《合集》36904黃組:"癸亥卜,在樂貞,王旬無咎。癸酉卜,在𡧛(鄑)貞,王旬無咎。癸未卜,在逢貞,王旬無咎。"又《合集》36905黃組:"癸丑卜,……王旬無……。癸亥卜,在樂貞,王旬無咎。癸酉卜,在𡧛(鄑)貞,王旬無咎。"又《合集》36914黃組:"癸酉王卜,在𡧛(鄑)貞,旬無咎,王占曰吉。癸未王卜,在逢貞,旬無咎。癸巳王卜,在桑貞,旬無咎。"[2]從這些卜辭可知商王經常在鄑、樂、逢、桑等地占卜,間隔均爲十天,説明這三地相距不遠。樂在今濟南歷城,逢、桑在今淄博與青州之間。陳絜先生考證,周代金文所見的鄑氏,乃殷商王族之支庶,或爲殷末征人方後留守該地的殷商貴族,地望在今山東濟南歷城和淄博之間,大致在今山東章丘縣龍山鎮一帶。兩周之際曾與曹姓的小邾國聯姻,春秋中期則爲齊國吞併,[3]其後成爲鮑叔的封地之一,説明西周到春秋時期存在一個鄑國。

鄑國的青銅器以及與鄑國相關聯的青銅器,西周中期有淮伯鼎(《銘圖》02316),銘文有"淮伯作鄑垂寶尊彝,其用戍蕭盟大牢,垂其及厥妻、子孫、百姓敔飤猒肉"。春秋早期有 1981年山東臨朐縣五井鎮泉頭村春秋墓出土的鄑仲盤(《銘圖》14479)、鄑仲匜(《銘圖》14978)和上海博物館收藏的鄑伯匜(《銘圖》14910),另外還有一件鄑公遂戈(《銘續》1214)。

從鄑伯匜和鄑仲盤、鄑仲匜銘文可知其爲子姓,與斟鄑氏無關。鄑伯匜銘文云"鄑伯作邾子□□媵匜,子子孫孫永寶用"。這是鄑伯爲女兒所作的媵器,該女之名爲"邾子□□",是由夫家族氏+父家的姓+女兒名字組成。由於器底殘缺一塊,女名不得而知,但"邾子"二字清晰可辨,説明鄑伯嫁女於邾國。邾國爲曹姓,金文寫作"嬞"。銘文中的"子"即爲鄑伯的姓。鄑仲盤、匜是鄑仲嫁女的媵器,銘文是"鄑仲媵仲女子盤(或匜),其萬年無疆,子子孫孫永寶用"。其中"仲女子"也説明鄑氏爲子姓。該名字與伯百父盤的"孟姬"、宋公欒簠的"季子"相類似,"仲"是排行,"仲女"既表明排行,也是親屬稱謂,"子"在排行之後,與伯庸父盉的

---

[1] 謝治秀主編:《輝煌三十年——山東考古成就巡禮》第五章,"依山傍水統一方——費縣故城",科學出版社,2008 年。

[2] 胡厚宣主編:《甲骨文合集》(簡稱《合集》)。

[3] 陳絜:《鄑氏諸器銘文及其相關歷史問題》。

“姑”相當,應是子姓之“子”,而不是子女的“子”。可證陳絜先生之説正確。

另外要提及的是,馬立志先生認爲“尋”和“譚”在上古音中韻部同屬侵部,“尋”“譚”可以通假。銘文中的“尋”指的就是文獻中記載的周代譚國。《左傳・莊公十年》經:“冬十月,齊師滅譚,譚子奔莒。”譚國的地望大致在今山東章丘縣龍山鎮一帶。[1]而田秋棉、陳絜根據賓組、黄組卜辭考證,認爲㝷、尋、譚三字音可通假,但不是一個部族。㝷地在今山東泰安周邊,與㚸姓斟鄩氏有關;尋在章丘一帶,爲子姓鄩氏;譚在沂水縣境内,即《春秋・莊公十年》“齊師滅譚”之譚。[2]

18. 邿國

邿國,是西周到春秋時期的一個諸侯國,魯襄公十三年(前560年)邿國發生内亂,一分爲三,魯國出兵救援,乘機吞併了邿國,故址在今山東濟南市長清區。考古發掘證明長清區的仙人臺是邿國貴族墓地,時代爲西周晚期到春秋晚期。《左傳・襄公十三年》經:“十有三年春,公至自晋。夏取邿。”杜注:“邿,小國也。任城亢父縣有邿亭。”《公羊傳》和《水經注》並作詩,金文作邿、寺、時。

見於著録的邿國青銅器,西周晚期有1933年春山東滕縣安上村出土的時伯鬲(3件,《銘圖》02797—02799),傳世的寺季故公簋(2件,《銘圖》04759、04760);春秋早期有1991年山東長清縣(今濟南市長清區)萬德鎮石都莊西周墓葬出土的邿仲簠(2件,《銘圖》05893、05894)、山東長清縣五峰山鎮北黄崖村仙人臺出土的邿召簠(《銘圖》05925)、傳世的邿伯鼎(《銘圖》02194)、邿伯祀鼎(《銘圖》02195)、邿季鬲(《銘圖》02935)、邿造譴鼎(《銘圖》01976)、邿譴簋(2件,《銘圖》05021、05022);春秋中期有1995年山東長清縣五峰山鎮北黄崖村仙人臺出土的公典盤(《銘圖》14526)等。

關於邿國的族姓,文獻缺載。晚近學者以寺伯鬲、寺季鬲和邿伯鼎銘文進行推論。陳槃在其《春秋大事表列國爵姓及存滅表譔異》中説:“邿季鼎‘邿季肇作孟姬寶母鼎’……案此蓋邿氏爲其女作鼎,曰某姬,曰姬某,蓋邿氏姬姓。”[3]楊伯峻則認爲邿伯鼎是邿伯爲其女兒孟妊所作的媵器,在其《春秋左傳注》中推斷爲妊姓。[4]皆誤。

邿伯鼎銘文是“邿伯肇作孟妊膳鼎,其萬年眉壽,子子孫孫永寶用”,邿季鬲銘文是“邿季作孟姬庿母率鬲,其萬年子孫用之”。兩器的作器者一位是邿伯,另一位是邿國公族,他們應該是同姓,而兩器的受器者是兩位女性,一位妊姓,一位姬姓,顯然都不是邿國的女子,應是來自妊姓和姬姓國的女子。這種情況只能是孟妊是邿伯的夫人,孟姬庿母是邿季的夫人。

[1] 馬立志:《論周代的尋氏銅器及其相關問題》,《中國國家博物館館刊》2019年第7期。
[2] 田秋棉、陳絜:《商周㝷、尋、譚諸地的糾葛及相關歷史問題之檢討》,《史學集刊》2021年第1期。
[3] 陳槃:《春秋大事表列國爵姓及存滅表譔異》。
[4] 楊伯峻:《春秋左傳注》(修訂本),中華書局,1990年。

銘文中没有出現"䐆"字,也没有文獻相印證,故不能以此來判斷邿國的族姓。

1991 年山東長清縣(今濟南市長清區)萬德鎮石都莊西周墓葬出土的邿仲簠爲解決邿國的族姓問題提供了可靠的依據。邿仲簠銘文是"邿仲䐆孟嬴寶簠,其萬年眉寶,子子孫孫永寶用"。這是邿仲給出嫁女兒所作的媵器,銘文中的"孟嬴",任相宏誤釋爲"孟嫣",[1]故將邿國定爲嫣姓。該字是嬴字無疑。邿仲的長女稱謂"孟嬴"表明邿國爲嬴姓,毋庸置疑。

關於邿國地望,歷來有幾種説法。其一,認爲在今濟寧市東南邿堆。《左傳·襄公十三年》杜預注:"邿,小國也,任城亢父縣有邿亭。"《漢書·地理志》《後漢書·郡國志》和《水經注》均采此説。清人高士奇《春秋地名考略》也説:"今濟寧州南五十里有亢父城,又有邿城,在州東南。"其二,認爲在今平陰縣東。《左傳·襄公十八年》:"乙酉,魏絳、欒盈以下軍克邿。"杜注:"平陰西有邿山。"筆者認爲邿國都城最初位於平陰縣境,在齊國勢力西擴的春秋中期南遷到濟寧市東南,故地成爲齊之邿邑。南遷後邿國淪爲魯國附庸,公元前 560 年因内部分裂而滅於魯。因此,魯取之邿應是南遷後的邿國,山東長清仙人臺邿國貴族墓地當對應平陰之邿。

19. 曹國

文獻記載曹國姬姓。周武王滅商後封其弟振鐸於曹,都陶丘,故亦稱"陶",《左傳·定公四年》:"陶叔授民。"陶叔即曹叔振鐸。歷二十六世到曹伯陽十五年(前 487 年),被宋景公滅掉。《左傳·哀公八年》經:"八年春,王正月,宋公入曹,以曹伯陽歸。"傳云:"八年春,宋公伐曹,將還,褚師子肥殿。曹人詬之,不行。師待之。公聞之,命反之,遂滅曹。執曹伯及司城彊以歸,殺之。"焦循《孟子正義》:"惠氏士奇《春秋説》云:曹滅於哀之八年,復見於哀之十四年。宋向魋入於曹以叛。杜注:'曹,宋邑。'非也。曹伯爵而當甸服,故曰曹爲伯甸。其國雖小,豈徒一邑哉! 蓋宋雖滅曹,仍爲附庸於宋;故至戰國而尚有曹君。趙岐注《孟子》曰:曹交,曹君之弟。然則曹與滑皆滅而仍存者也。故《春秋》言'入'不言'滅'者,以此。閻氏若璩《釋地續》云:……安知曹滅於宋在春秋哀八年,下到孟子居鄒時已一百七十餘年,不更有國於曹者,交爲其介弟? 觀其言,願因鄒君假館舍,備門徒,儼然滕更挾貴之風,孟子則麾而去之。故趙岐以爲曹君之弟,非無謂也。……趙氏佑《温故録》云:曹之復,事在春秋後,趙氏蓋當有所案據。"[2]

曹國都城故址即今山東定陶縣。楊伯峻《春秋左傳注》桓公五年:"曹,國名,姬姓,武王封其弟叔振鐸於曹,都陶丘,故城當在今山東省定陶縣西南七里。"[3]

目前没有見到西周時期的曹國青銅器,春秋時期也僅有 7 件。春秋早期有曹伯盤(《銘

[1] 任相宏:《邿中簠及邿國姓氏略考》,《文物》2003 年第 4 期。

[2] (漢)趙岐注,(宋)孫奭疏:《孟子注疏》卷十二《告子章句下》,清光緒石印本。

[3] 楊伯峻:《春秋左傳注》(修訂本)103 頁。

圖》14394）、曹伯匜（《銘圖》14876）、曹伯狄簋蓋（《銘圖》04977）、曹公子沱戈（《銘圖》17049）、曹右庫戈（《銘圖》16772）；春秋晚期有 1973 年河南淮陽縣大連鄉堌堆李莊村出土的曹公簠（《銘圖》05929）和曹公盤（《銘圖》14486）等。

曹伯盤和曹伯匜是一套媵器，銘文是"曹伯媵齊叔姬盤（或匜）"，"齊叔姬"是曹伯的小女，從其稱謂可知曹國姬姓，嫁往齊國，故稱齊叔姬。春秋晚期的曹公簠銘文是"曹公媵孟姬㤅母匤簠，用祈眉壽無疆，子子孫孫永壽用之"。曹公盤與曹公簠的銘文除器名之外其餘完全相同。此時曹國的國君稱"公"。簠、盤是這位曹公爲女兒孟姬㤅母所鑄造的媵器，"孟"是女兒的排行，"姬"是曹國的姓，"㤅母"是女兒的字，稱謂中没有夫家的國氏，器物的出土地河南淮陽，春秋時期是媯姓陳國的國都，説明其夫家應是陳國。這是曹、陳聯姻的見證。

20. 州國（淳于國）

周代有兩個州國。一個爲姜姓州國，周武王滅商之後，封炎帝的後裔於淳于，稱爲州國，故址在今山東濰坊市坊子區黄旗堡鎮西南 4 公里杞城村。《史記·三皇本紀》司馬貞索隱云："炎帝神農氏……其後有州、甫、甘、許、戲、露、齊、紀、怡、向、申、吕，皆姜姓之後，胤並爲諸侯。"另一個爲偃姓州國，皋陶氏後裔的封國，在今湖北省境内。

《左傳·桓公五年》經："冬，州公如曹。"傳："冬，淳于公如曹，度其國危，遂不復。"杜預注："淳于，州國所都。"故州公亦稱淳于公。魯桓公六年（前 706 年）州國被姒姓的杞國占領，杞國便把國都遷到淳于。魯僖公十四年（前 646 年）萊國又把杞國趕走。

州國（淳于國）的青銅器見於著録的只有兵器，未見禮器。春秋早期的有 3 件，一件是淳于左戈（《銘圖》11683），20 世紀 70 年代末山東新泰市出土，另外兩件是淳于仲豕戈（《銘續》1122）和新見的淳于公戈（《銘三》1426）；春秋晚期有 4 件，一件是淳于公戈（《銘圖》16850），1987 年山東新泰市鍋爐檢驗所出土，淳于右戈（《銘圖》16684），1999 年山東泰安市泰山區虎山東路戰國墓出土，另外還有故宫博物院收藏的兩件淳于公嵩戈（《銘圖》16851、16852）等。按照史書記載，淳于國於魯桓公六年（前 706 年）被齊國占領，但是春秋晚期淳于公和淳于公嵩戈的出現，説明春秋晚期淳于國仍然存在。杞國占領的只是淳于國都，淳于國並没有滅亡，國都遷到了别處。這些兵器銘文均不能反映出淳于國的族姓。

另外，2013 年發現的兩件邾慶父簋（《銘續》0388、0389），有可能是 2002 年山東棗莊市山亭區東江小邾國墓地被盜出的器物，銘文是"邾慶父作州㚤車母寶簋，永寶用"。這是邾慶父爲夫人所作的用器，夫人的稱謂是"州㚤車母"，"州"是其父家的國名，"㚤"是其姓，"車母"是其字，可知州國是"㚤"姓。該姓不見於文獻記載，與司馬貞所説的姜姓亦不符。黄錫全、楊鵬華在《邾慶父簋銘文校補與有關問題》（載《中國文字研究》第 36 輯）一文中認爲"州"後一字從女從以，即"姒"字。這樣，州國便是"姒"姓。這也與司馬貞所説的姜姓不符，有待進一步研究。

21. 萊國（釐國）

萊國，又稱萊子國，萊夷，商周時期東夷古國。商代已經建國，西周初年，萊國實力强大。

《史記·齊太公世家》載:"於是武王已平商而王天下,封師尚父於齊營丘。東就國,道宿行遲。逆旅之人曰:'吾聞時難得而易失。客寢甚安,殆非就國者也。'太公聞之,夜衣而行,犁明至國。萊侯來伐,與之爭營丘。營丘邊萊。萊人,夷也。"王獻唐先生據《左傳·襄公二年》"夏,齊姜薨,……齊侯使諸姜宗婦來送葬。召萊子,萊子不會,故晏弱城東陽以偪之",證明萊國爲姜姓。但孔穎達疏引正義説:"《世族譜》不知萊國之姓,齊侯召萊子者,不爲其姓姜也,以其比鄰小國,意陵蔑之,故召之。"萊國最初鄰近營丘(今山東昌樂縣東南),春秋時期逐漸衰微,齊靈公十一年(前 567 年)齊國滅萊,舊都萊邑爲齊占有,萊共公被遷到今龍口市,稱爲東萊,戰國時期東萊亦被齊國吞併。故城在今山東龍口市東南 15 里的歸城。歸城古城築有内外二城,外城沿盆地四周的山岡而上,因山勢築成不規則形,周長約 10 公里。

萊,金文作𨸏、𨟚或𨟡。萊國的青銅器以及與萊國相關聯的青銅器,西周早期有𨸏伯鼎(《銘圖》01448);西周中期有史密簋(《銘圖》05327);西周晚期有剌鬲(4 件,《銘圖》02879—02881)、伯碩夅盤(《銘圖》14447)以及師袁簋(2 件,《銘圖》05366、05367)。

𨸏伯鼎出土於山東黄縣萊陰(即今龍口市蘭高鎮歸城曹家村一帶),銘文是"𨸏(萊)伯作旅鼎","𨸏"即"𨟡",讀爲"萊","萊伯"是萊國的國君。史密簋銘文有"王命師俗、史密曰:'東征。'敆南夷膚虎會杞夷、舟夷蘿不折,廣伐東國齊師、族土、遂人,乃執鄙寬亞。師俗率齊師、遂人左,□伐長必;史密右,率族人、𨟡(萊)伯、僰、殿,周伐長必,獲百人"。師袁簋銘文有"今余肇令汝率齊師、曩、𨟚(萊)、僰、殿、左右虎臣,征淮夷",是説西周中晚期南淮夷數次侵犯周王朝東土,周王命令齊國軍隊聯合周邊小國征伐南淮夷,萊國也參與戰鬥。

剌鬲銘文是"𨟡伯僮母子剌作寶鬲,子孫永寶用","𨟡"即"萊",國名,"僮母"是女字,"伯"是其排行,"子"是其姓,"剌"是其名。這是𨟡伯爲其女兒或者姊妹所作用器,但銘文中漏鑄"爲"字。完整的銘文應是"𨟡伯爲僮母子剌作寶鬲,子孫永寶用",故知萊國爲子姓。伯碩夅盤銘文是"伯碩夅作𨟡姬饗盤,其萬年子子孫孫永用",這是伯碩夅爲𨟡姬所作的器物。由剌鬲得知萊國爲"子"姓。那麽,"𨟡姬"的稱謂便是夫家族氏+自家的姓組成。銘文中雖然没有"媵"字,亦可知這是伯碩夅爲嫁往𨟡國的女兒所作的媵器,"姬"是伯碩夅家族的姓。

22. 取國(取氏)

取氏是一個古老的族群,殷墟賓組卜辭有"取""取伯"。《合集》14581:"壬……貞:令(?)……比取伯。丙辰卜,賓貞:翌辛酉酒河,牢。……大……七月。"《合集》14582:"貞:……比取[伯]。貞:于來辛未……河……,……七月。"卜辭中的取伯就是取方國的首領,説明取國早在商王武丁時期就已經存在,一直延續到春秋早期。

有學者以爲"取"即"耶"或"陬",也稱邾、邾婁和鄒,也就是顓頊之後的邾國。[1]其實不

<hr />

[1]　黄錫全:《"取子"所鑄銚器考》,《古文字論叢》112 頁,藝文印書館,1999 年。

然,取族與邾族同見於賓組卜辭。《合集》4025:"乙卯卜,貞:叀令比殸(邾),受坒。乙卯卜,貞:叀畢令比殸(邾)。"《合集》32555:"叀[殸(邾)]、舟[比]。弜比殸(邾)、舟。"《屯南》4584+106:"王叀殸(邾)犬比,亡灾。王叀盍(祹)犬比,亡灾。王叀尧(率)犬比,亡灾。王叀脱(祝?)犬比,亡灾。"《合集》36839+37487:"乙酉卜,在勌貞:王田,往來亡灾。丁亥卜,在勌貞:王步亡灾。畢。兹孚。獲狼五。庚寅卜,在殸(邾)貞:王田,往來亡灾。"上述卜辭中殸族也就是邾族。[1]這個邾族從武丁到帝辛的二百餘年間也一直與取族並存於東方。所以,取、邾並不是同一個族群或者國家。

取氏的青銅器商代晚期有取爵(《銘三》0646)、取父癸卣(《銘圖》12816);西周早期有取叔甗(待收錄);西周中期有取子孜鼓鉞(《銘圖》18248);春秋早期有取它人鼎(《銘圖》01656)、取盧亐商盤(《銘圖》14468)和取盧亐商匜(《銘圖》14961);春秋晚期有取盧公之孫賃丘子敦(《銘三》0594)、邾太宰欑子智簠(《銘圖》05971)和邾太宰欈子敂鐘(《銘圖》15276)等。

取子孜鼓鉞1980年在山東鄒縣(今鄒城市)張莊鎮小彥村出土,現藏鄒城市博物館。形制與甘肅靈臺縣百草坡西周墓出土的耳形龍首鉞基本相同,唯下部不是二穿而是銎筒,内緣飾龍紋,龍頭圓目張嘴,與鉞的上端相結合,龍口作圓筒形,與銎筒相對,以便納柲頭。銎壁鑄銘文9字,銘文是"隹(唯)取子孜鼓盤(鑄)鉞元喬(鐈)"。"取子"即取國國君,"孜鼓"是國君的私名。鉞是象徵征伐權力的古代兵器,不是一般貴族所能擁有的,更進一步證明"取"是一個諸侯國。

取盧亐商盤、匜銘文是"取盧亐商鑄盤(或匜),用媵之麗姒,子子孫孫永寶用"。這是取盧亐商給女兒所作的一套媵器。女名"麗姒",其名是由夫家族氏與女子的姓(也就是父家的姓)組成。"麗"殆即《春秋·僖公元年》"公子友帥師敗莒師于酈"的"酈"。杜預注:"酈,魯地。"據此推測,酈邑殆在魯(曲阜)、莒(縣)之間。"姒"是取盧亐商的姓,這個姓不見於文獻記載,屬金文首見。"取盧"即"取"的緩讀音,亦即取族、取氏,由此也進一步證明"取"不是"耶"或"陬",它與邾國不是一個國家。上面已經提到邾國與取國從商王武丁時期就同時存在。據文獻記載和青銅器銘文可證邾國爲曹姓。

春秋晚期的邾太宰欑子智簠和邾太宰欈子敂鐘爲同一人的作品。"欑子智"即"欈子敂"。"欑"與"欈"右旁皆爲"叢",故可相通,"叢"從"取"聲,故與"取"相通。"智"是耕部匣紐,"敂"字從京聲,屬陽部見紐,耕陽旁轉,見匣同爲牙音,屬旁紐,故"智"與"敂"可通假。"邾太宰"是器主的官職,"子"爲族之首領,即宗子,也就是取氏的宗子。欑子智擔任邾國的太宰,説明此時取國已經滅亡,或爲邾國所兼併。而此時的取盧公之孫賃丘子敦也是取盧公

---

[1] 陳劍:《釋屮》,《出土文獻與古文字研究》第三輯1—89頁,復旦大學出版社,2010年。

的後裔名叫賃丘子者所鑄之器。

　　那麽,取國國都的故址在何處?《春秋·僖公三十三年》載:"公伐邾,取訾婁。"《穀梁經》作"公伐邾,取訾樓",而《公羊經》則作"公伐邾婁,取叢"。可知"訾婁""訾樓""叢"三者是同一個地名。顧頡剛、王煦華在其《春秋地名考》中説:"按叢從取得聲,故《史記·建元以來王子侯者年表》叢,《集解》徐廣曰'一作取'。取與婁音近,合訾婁二音則爲取音。"[1]《公羊傳》陸德明釋文也説:"取菆,才工反。二《傳》作'取訾樓'。"可知"叢"又可作"菆"。魯僖公時期(前659—前627年)叢(或菆)已經是邾國的城邑,也就是説取國在春秋中期之初已被邾國兼併。

　　邾國在邾文公五十二年(前614年)遷都嶧山之陽,故址在今山東鄒城市南10公里的嶧山鎮。王獻唐先生在其《春秋邾分三國考》中説邾國疆域"在今鄒縣(鄒城市)中部、南部,濟寧東境,滕縣北境,東、西、北三面界魯"。[2]那麽,取國的國都大約在今山東省鄒城市西南部,鄒城市張莊鎮小彦村一帶或就是取(叢)邑故址之所在。

　　23. 狐駘國(狐駘丘)

　　狐駘國,史籍記載闕如,歷史已不可考,僅據地下出土的金文資料,我們知道狐駘國最遲在春秋早期便已名世,一直延續到戰國早期,是周代山東地區一個小國,傳世文獻僅有狐駘地名的零星記載。《左傳·襄公四年》:"冬十月,邾人、莒人伐鄫,臧紇救鄫,侵邾,敗於狐駘。"

　　狐駘的地望,《左傳·襄公四年》杜注:"狐駘,邾地,魯國番縣東南有目台亭。"楊伯峻《春秋左傳注》:"狐駘,今山東滕縣東南二十里之狐駘山。"明萬曆十三年《滕縣志》記載滕縣有"狐台山,一名目台山",在今滕州市東南十五公里的木石鎮境内。考古部門調查得知木石鎮境内的狐駘山西坡下有一處兩周時期的文化遺址,稱爲化石溝Ⅱ號遺址,面積約20萬平方米,李魯滕認爲"化石溝Ⅱ號遺址"就是兩周時期的虖台丘,即狐駘國國都所在。[3]從地理位置來看,狐駘國北邊和西邊與邾國相鄰,東邊是郳國,東南是濫國,基本上被邾氏三國所包圍,有可能就是邾國的附庸,故杜預稱其爲"邾地"。

　　狐駘國立國於何時,滅亡於何時何國,史書無載,根據出土的青銅器推測,狐駘國最早見於春秋早期,大約在戰國早期之後便被某國吞併。

　　狐駘國的青銅器目前見到的有春秋早期的虖丘鼎(《銘圖》01465)、郳妘逞母鬲(2件,《銘圖》02813,《銘三》0207);春秋中期有虖台丘君盤(《古代文明》6卷);春秋晚期的虖台君尭鼎(《銘圖》01982)、虖台丘君賞盤(《銘續》0931)、虖台丘堂匜(《銘圖》14880);戰國早期有

[1] 顧頡剛、王煦華:《春秋地名考》第1册517頁,北京圖書館出版社,2006年。

[2] 王獻唐:《春秋邾分三國考》。

[3] 李魯滕:《"虖台(丘)"略考》,《古代文明》第6卷,文物出版社,2007年。

虎卣丘君豫戈（《銘圖》17089）、虘台丘子俟戈（《銘圖》17063）等。

以上銘文有的稱"虘丘"，有的稱"虘卣丘""虘𠯑丘""虎卣丘"，有的稱"虘駘"。"虘""虎"讀爲"狐"，"卣""𠯑""台"讀爲"駘"，即狐駘國。"虘卣丘"是全稱，"虘丘""虘卣"是省稱，前者省去"卣"，後者省去"丘"。

1986 年山東滕州市官橋鎮狄莊薛國古城（M147）出土的虘𠯑丘君盤，銘文是"虘（狐）卣（駘）丘君作叔姶媵盤，其萬年眉壽，子子孫孫永寶用之"。狐駘丘首領既稱"君"，證明"狐駘"是一個國家。這件盤是狐駘國君爲三女兒出嫁所作的媵器，三女名叫"叔姶"，説明狐駘國爲姶姓。"姶"姓屬金文首次出現，其族氏之所出不明，待考。這件盤的銘文未給出女兒夫家的族氏，從出土於薛國古城或可推測其夫可能就是薛國貴族。

虘𠯑丘君賞盤是 20 世紀 50 年代由壽縣文化館（或地方政府）撥交安徽省博物館，傳説出土於壽縣楚王墓，據吳長青研究，未必可靠。[1] 該盤的時代爲春秋晚期，銘文是"虘（狐）卣（駘）丘君賞之浣盤"，虘卣君党鼎銘文是"虘（狐）卣（駘）君党擇其吉金，自作旅鼎"，虘卣丘堂匜銘文是"虘（狐）卣（駘）丘堂之會匜"。狐駘君党、狐駘丘君賞與狐駘丘堂有可能就是一個人。"党""堂""賞"古音相通。虎卣丘君豫戈和虘台丘子俟戈都是戰國早期之物，説明狐駘國建有軍隊，是一個相對獨立的小國。

虘丘鼎銘文是"虘丘作季姬"，這是狐駘國君爲其夫人所作的用器。夫人姓姬，是來自某個姬姓族氏的小女。郳姶逞母鬲銘文是"郳姶逞母鑄其羞鬲"，這是嫁於郳國（小邾國）的姶姓女子名叫逞母的自作器，這個"郳姶逞母"極有可能就是狐駘國君之女，因爲狐駘國是"姶"姓，狐駘國就是郳國的西鄰。以上幾件青銅器説明狐駘國與郳國、薛國，以及姬姓國聯姻，反映了狐駘對外交往與同盟的關係。

24. 鬲氏（有鬲氏）

有鬲氏曾是夏商和西周初期很强大的部族，在夏代曾參與大禹治水，平定寒浞之亂，助少康復國。夏亡之後，歸附於商，仍爲當時一大强國。商亡後，又歸附於周，此後曾參與了武庚與三監叛亂，周公平叛後便將鬲國貴族遷封別處。《潛夫論·志氏姓》云："偃姓……高國。"汪繼培箋："'高'當爲'鬲'，即《漢志》平原郡之鬲，《國名紀》引《郡國縣道記》云：'古鬲國，偃姓，皋陶後。漢爲縣。'"《水經注·河水》云："應劭曰：鬲，偃姓，咎繇後。"王先謙《水經注校本》説："趙氏曰：'全氏曰：按先贈公曰：有鬲氏當是夏之同姓，應氏以爲偃姓，恐非。'"張學海先生依據文獻研究與考古發掘資料，認爲夏代有鬲氏繁衍生息於今山東禹城、齊河、濟陽一帶，而都城在今山東禹城市禹城鎮。考古發現證明禹城鎮地下的龍山文化城，就是鬲

---

[1]　吳長青：《壽縣李三孤堆楚國大墓出土銅器的初步研究——以安徽省博物館藏該墓青銅器爲中心》10、25 頁，北京大學碩士學位論文，2005 年。

國國都。[1]又《史記·夏本紀》正義引《括地志》云：“故鬲城在洛州密縣界。”唐洛州即今洛陽市，密縣故城在今密縣東三十里。此地當是西周時期鬲國的居地。鬲國何時被何國所滅，史書失載。

夏商時期鬲國的青銅器尚未發現，目前僅有西周晚期的鬲叔興父盨（《銘圖》05589）一件，銘文是“鬲叔興父作旅盨，其子子孫孫永寶用”。該盨只能説明西周晚期鬲國仍然存在，既反映不出鬲國的族姓，也無法給出更多鬲國的信息。

25. 慶氏

史載慶氏有三：

姜姓慶氏，春秋時齊桓公之孫公孫克，封於慶，稱慶克，其後以慶爲氏。《通志·列傳·齊》：“慶封，字子家，桓公之後也。桓公生公子無虧，無虧生慶克，慶克生慶封，慶封以父名爲氏。”又《通志·氏族略》“慶氏”注：“姜姓，齊桓公之子公子無虧之後也。無虧生慶克，亦謂之慶父，名字通用，是亦以字爲氏者。”按云：“諸侯之子稱公子，公子之子稱公孫，公孫之子以王父字爲氏，今無虧之子慶父，其後爲慶氏，此又以父字爲氏，而不以王父字爲氏也，也不可一概言。”

嬀姓慶氏，《潛夫論·志氏姓》載：“帝舜姓虞，又爲姚君嬀，武王克殷而封嬀滿於陳，是爲胡公。陳哀氏、咸氏、舀氏、慶氏、夏氏、宗氏、來氏、儀氏、司徒氏、司城氏，皆嬀姓也。”

吳姓慶氏，《會稽先賢傳》載：“賀本慶氏，后稷之裔。太伯始居吳。至王僚，遇公子光之禍。王子慶忌挺身奔衛。妻子迸渡浙水，隱居會稽上。越人哀之，予湖澤之田，俾擅其利。表其族曰慶氏，名其田曰慶湖。今爲鏡湖，傳訛也。安帝時，避帝本生諱，改賀氏，水亦號賀家湖。”

慶氏的青銅器，見於著録的有春秋晚期的慶叔匜（《銘圖》14998）和慶孫之子峡簠（《銘圖》05796）。慶叔匜，宋代出土，最早著録於《薛氏鐘鼎彝器款識》，銘文是“慶叔作媵子孟姜盥匜，其眉壽萬年，永保其身，沱沱熙熙，男女無期，子子孫孫，永保用之”。這是一件媵器，銘文字體、用語皆爲齊系。作器者是慶叔，受器者是孟姜。“子”是親屬稱謂，即“孟姜”是慶叔的女兒，在古代男女均可稱“子”。由此可知此慶叔爲姜姓，即姜姓的慶氏，而非嬀姓或吳姓的慶氏。

26. 干氏

《廣韻·寒韻》：“干，……《左傳》宋有干犨。”《元和姓纂》：“干，《左傳》宋大夫干犨之後。”道光二十五年（1845 年）五月山東鄒縣紀王城（今屬鄒城市嶧山鎮）出土一件干氏叔子盤（《銘圖》14474），時代爲春秋早期，銘文是“干氏叔子作仲姬客母媵盤，子子孫孫永寶用

---

[1] 張學海：《虞夏時期禹城歷史探索》，《禹城與大禹文化集》，中國文聯出版社，2007 年。

之”。這是干氏叔子女兒仲姬客母出嫁的媵器,從其稱名可知干氏爲姬姓,父家是否在宋國的干氏不得而知,從出土地山東鄒城市紀王城可知這是姜姓紀國的國都,其夫家應爲紀國的貴族無疑。

27. 㮚氏

㮚氏,《萬姓統譜・卦韻》云:“㮚,見《姓苑》。”金文中首見。

1987 年山東淄博市臨淄區敬仲鎮白兔邱村出土一件㮚可忌豆(《銘圖》06152),時代爲春秋晚期,銘文是“唯王正九月,辰在丁亥,㮚可忌作厥元子仲姞媵敦”。《近出》誤釋爲“梁伯可忌”,[1]近年又發現一件㮚可忌敦(《銘三》0595),可證《近出》之誤。敦銘是“唯王正九月,辰在丁亥,㮚可忌作厥元仲姞媵器寶敦,用享用孝,以祈老壽,男子□□□咎,子子孫孫,永保用享”。從銘文看,這兩件青銅器同時鑄造,是一組媵器。作器者㮚可忌,“可忌”是其名,“㮚”是其氏稱。“仲姞”是其二女兒,“元”的本義是首、頭。《左傳・僖公三十三年》:“〔先軫〕免冑入狄師,死焉。狄人歸其元,面如生。”杜預注:“元,首。”在這裏當指“仲姞”是其夫人所生,即嫡女。從女兒的稱謂可知,㮚氏爲姞姓。臨淄是齊國國都,㮚可忌女兒“仲姞”的媵器出現在這裏,説明其夫家就在臨淄。

28. 鮑氏

據《元和姓纂》和《通志・氏族略》記載,春秋時期夏禹後人,杞國公子敬叔,出仕齊國,食采於鮑邑,因以爲鮑氏,稱鮑敬叔,其子鮑叔牙,曾孫鮑國,世代爲齊國上卿。唐代《鮑防碑》亦云:“其先祖蓋夏禹之苗裔,春秋時杞公子有仕於齊者,食采於鮑,因以命氏。”鮑邑故址在今山東歷城縣(今濟南市歷城區)東鮑山下。

“鮑”金文作“䵋”。鮑氏的青銅器有春秋中期的𪊲鎛(《銘圖》25828)、春秋晚期的鮑子鼎(《銘圖》02404)和鮑氏孫𠃌鐘(《銘圖》15416)等。

𪊲鎛是鮑叔之孫,躋仲之子𪊲爲祖先所作的祭器,銘文中講到“皇祖聖叔、皇妣聖姜,于皇祖有成惠叔、皇妣有成惠姜、皇考躋仲、皇母仲姜”,可知其世代與姜姓結親。

鮑氏出自杞國公子,自是姒姓。鮑子鼎銘文有“鮑子作媵仲匋姒,其獲皇男子,勿有闌已,佗佗熙熙,男女無期,仲匋姒及子思,其壽君毋死,保而兄弟,子孫孫永保用”。這是鮑子爲女兒所作的媵器,銘文中的“仲”是女兒的排行,“姒”是其姓,“匋”是其名,可知鮑氏確爲姒姓,與文獻記載相合。

29. 臧氏

《通志・氏族略・以邑爲氏》載:“臧氏,姬姓。魯孝之子公子彄,食采於臧,因以爲氏。”《元和姓纂》亦云:“魯孝公子彄食采於臧,因氏焉。”但《左傳・隱公五年》正義却說:“僖伯,

[1] 劉雨、盧岩:《近出殷周金文集録》,中華書局,2002 年。簡稱《近出》。

名彄,字子臧。……諸侯之子稱公子,公子之子稱公孫,公孫之子不得祖諸侯,乃以王父之字爲氏。計僖伯之孫始得以臧爲氏,今於僖伯之上已加臧者,蓋以僖伯是臧氏之祖,傳家追言之也。"臧邑故址在今山東郯城縣歸昌鄉一帶。

青銅器中有臧氏鼎(《銘續》0180),時代爲春秋早期,銘文是"臧氏作□母媵鼎,其眉壽萬年,子子孫孫永寶用之"。從鼎的形制、紋飾風格看屬齊魯系統,故此臧氏有可能就是魯國的臧氏。

2019 年 8 月完稿

兩周金文所見諸侯國及族氏考

（河南篇）

1. 康國（衛國）

衛國是周代的一個重要諸侯國，最初稱康國，後改稱衛國。春秋戰國時期衛國屢見於經傳，直到秦二世元年，即衛君角二十一年（公元前 209 年）才被秦朝所滅。這是東方諸侯最後一個被秦所滅的國家。

孔安國《書·康誥》傳云："命康叔之誥，康圻内國名，叔封字。"孔穎達疏："以定四年《左傳》祝佗云：'命以康誥。'故以爲命康叔之誥。知'康圻内國名'者，以管、蔡、郕、霍皆國名，則康亦國名，而在圻内。"《史記·衛康叔世家》索隱曰："康，畿内國名。宋忠曰：'康叔從康徙封衛，衛即殷墟定昌之地。畿内之康，不知所在也。'"

關於康國始封的時間，歷來有兩説。一是認爲始封於武王。唐蘭、陳夢家、顧頡剛、劉起釪、屈萬里等力主此説。二是始封於成王説。現今學者大都持此觀點，依據《史記·管蔡世家》在叙述武王滅商後，"於是封叔鮮於管，封叔度於蔡，二人相紂子武庚禄父治殷遺民。……康叔封、冉季載皆少未得封"。筆者贊同武王説，理由是根據《史記·周本紀》記載，康叔參加了武王滅商後第二天舉行的接受天命建立周王朝的儀式，並在儀式上鋪設籍席、進行傅禮，事後還與畢公出殷"百姓之囚"，可知康叔參加了伐商之役，康叔當時應是成年。《周本紀》在叙述周公、召公、管叔之封以後，接着説"餘各以次受封"，表明子弟都已受封，所以叔封在武王時受封於康地是完全合理的事情。《管蔡世家》的"年少未封"之説應是史遷的失誤。

康叔最初的封地在"康丘"。清華簡《繫年》第四章載："周成王、周公既遷殷民于洛邑，乃追念夏商之亡也，旁設出宗子，以作周厚屏。乃先建衛叔封于庚（康）丘，以侯殷之餘民。衛人自庚（康）丘遷于淇衛。"這是説叔封最初封於康丘，以後遷於淇衛。[1]康丘的地望據考證在今河南禹州市西北 16 公里處，潁水河北，龍潭河西側，順店鎮北 4 公里，今名康城村。康城遺址今爲縣級文物保護單位。"城西殘留的城牆遺址約有數十米長，高三丈有餘，夯土層清

---

[1] 吴鎮烽：《康衛問題再研究》，《青銅器與金文》第七輯，上海古籍出版社，2021 年。收入本書。

晰可見,地裏隨處可見商周時期的繩紋碎陶片。城東有座‘點將臺’(按應是夯土建築基址),高約數米,圍約十幾米,黃土夯成,洞痕累累,雖經三千多年的風雨侵襲,但依然屹立,仍可見其巍峨之狀。"[1]

從 1931 年河南濬縣辛村(今屬鶴壁市淇濱區龐村鎮)衛國墓地出土的沫司徒疑簋可知周公敉平三監叛亂之後,成王令康侯丰將統治中心遷到淇衛,鎮守殷商舊地,到了西周中期後段,約在懿王十年之後到夷王時期才改稱衛國,[2]此時國都仍在衛地,以都邑"衛"之名爲國名。該地即今河南鶴壁市淇濱區境內。春秋初遷都於曹,在今河南滑縣東,衛文公二年(前 658 年)遷都楚丘,在今滑縣東北,後又遷於帝丘,在今河南濮陽縣西南,衛懷君二十九年(前 254 年)爲魏所滅,後在秦國支持下復國,遷都野王,即今河南沁陽市,秦二世元年(前 209 年)爲秦所滅。

康(衛)國的青銅器以及與康(衛)國相關聯的青銅器,西周早期有康侯丰鼎(《銘圖》01575)、康侯鬲(《銘圖》02623)、康侯爵(《銘圖》07673)、康侯觶(《銘圖》10268)、康侯刀(《銘圖》18322)、康侯矛(《銘圖》17555)、康侯斧 2 件(《銘圖》18727、18728)、康侯鑾鈴(《銘圖》19043)、王作康季鼎(《銘圖》01718)、微斝(《銘圖》11061)、微盂(《銘圖》06214)、沫司徒疑簋(《銘圖》05020)、衛師錫泡 4 件(《銘圖》18480、18481、18490、18491);西周中期有康伯簋 2 件(《銘圖》04589、04590)、康伯壺蓋(《銘圖》12145)、衛姒簋蓋(《銘圖》04772)、卻智簋(《銘圖》05215)、晙簋(《銘圖》05386)、賢簋 5 件(《銘圖》05067—05071);西周晚期有衛叔甲父壺(《銘三》1064)、衛姒鬲(《銘圖》02802)、衛姒豆 2 件(《銘圖》06121、06122)、蘇衛改鼎 4 件(《銘圖》01870—01873)、司寇良父簋(《銘圖》04808)、司寇良父壺(《銘圖》12331);春秋早期有衛伯須鼎(《銘圖》02002)、衛夫人鬲 3 件(《銘圖》02863—02865)、衛子叔旡父簠(《銘圖》05792)、衛量(《銘圖》18810);春秋中期有衛侯之孫書鐘(《銘三》1279、1280);春秋晚期有衛公孫呂戈(《銘圖》17054)等。

康侯丰鼎出土於 1931 年河南濬縣辛村衛國墓地,是第一代康侯,名丰,文獻作"封"。同墓地出土的衛師錫泡,時代也是西周早期,此"衛"明顯是地名、都邑名,並非國名,國君仍稱康侯。

微斝、微盂銘文是"微作康公寶尊彝",卻智簋銘文有"唯元年三月丙寅,王格于太室,康公右卻智,賜織衣、赤⊙巿",晙簋銘文有"唯十年正月初吉甲寅,王在周殷太室,旦,王格廟,即位,贊王,康公入門,右晙立中廷,北嚮,王呼作冊尹冊命晙"。説明西周早期康國有人在朝擔任卿士,故稱"康公"。康伯壺蓋是 1963 年在河南洛陽市北窰村龐家溝(今屬老城區邙山鎮)出土的,説明康公的後人有的居住在東都洛邑。

---

[1]　逯富太:《衛國文化史考》,中州古籍出版社,2013 年。
[2]　吳鎮烽:《康衛問題再研究》。

司寇良父簠、司寇良父壺，銘文是“司寇良父作爲衛姬簠（或壺），子子孫孫永保用”。這是司寇良父爲其夫人所作的用器，夫人名“衛姬”是由父家的族氏和姓組成，説明衛國是姬姓無疑。

2. 蔡國

商周時期有兩個蔡國，一個是姞姓蔡國，最早見於商代甲骨卜辭。[1]饒宗頤《巴黎所見甲骨録》14 號有“㱿貞，于帀（蔡），黍受年”。《潛夫論·志氏姓》也載：“黃帝之子二十五人，……姞氏封於燕，有賤妾燕姞……姞氏之别，有闞、尹、蔡、光、魯、雍、斷、密須氏。”《路史·後紀·黃帝紀》亦云：“南燕、密須、闞、允、蔡、光、敦、偪、燕、魯、鼅、斷、密、雝，右十四國，皇帝後，結（姞）姓分。”《詩·小雅·都人士》“彼君子女，謂之尹吉”，鄭箋：“吉，讀爲姞。尹氏、姞氏，周室婚姻之舊姓也。”《左傳·桓公十一年》：“宋雍氏女於鄭莊公，曰雍姞，生厲公。”杜注：“雍氏，姞姓，宋大夫也。”可見姞姓之蔡、雍、魯爲南燕之别封，與姬姓之蔡、雍、魯祖系不同，周初滅國，成王之時改封同姓，但其族人春秋時期有仕於列國者，所以《左傳》得見其蹤迹。

另一個是姬姓蔡國。周武王克商後，以殷商舊都封給紂子武庚，並以殷都以東爲衛，由其弟管叔監管；殷都以西爲鄘，由其弟蔡叔監管；殷都以北爲邶，由其弟霍叔監管，謂之三監。成王初年，武庚與三監叛亂，於是周公東征，誅武庚，殺管叔，而放蔡叔，廢霍叔爲庶民，平定了三監之亂。成王續封叔度之子胡於蔡，是爲蔡仲，都城在今河南上蔡縣。春秋初年，蔡國尚出兵與魯、宋等伐鄭。前 684 年楚國利用蔡、息兩國的矛盾，出兵俘虜蔡哀侯，將蔡國納入楚國控制範圍。前 531 年，楚國一度滅蔡，三年後蔡平侯復國，並遷都吕亭，即今河南新蔡。前 506 年蔡國曾隨吳國伐楚，並攻入郢都。前 493 年在楚國的逼迫下，蔡昭侯遷都州來，稱下蔡，故址在今安徽鳳臺縣，經五世，於公元前 447 年再次爲楚國所吞併。

兩周時期蔡國的青銅器很多，約有 130 件，主要有蔡侯申、蔡侯産、蔡侯朔、蔡侯朱，蔡侯班、蔡公子果、頌、從、加、班、縝、宴、佗、林、義工、公孫鱓、蔡叔虘孜以及蔡國一些太師、司馬等大臣的器物。

其中西周晚期的蔡侯匜（《銘圖》14874），銘文有“蔡侯作姬單媵匜”；春秋早期的蔡侯鼎（《銘圖》02144），銘文有“蔡侯作宋姬媵鼎”；春秋晚期的蔡侯簠 2 件（《銘圖》05933、05934），銘文有“蔡侯媵孟姬𥃳匡簠”，蔡侯簠（《銘三》0582），銘文有“蔡侯媵楚仲姬炑飤簠”，蔡侯盤、匜（《銘圖》14519、14996），銘文有“蔡侯作媵鄦仲姬丹盥盤（或匜）”，蔡大師腆鼎（《銘圖》02372），銘文有“蔡大師腆媵許叔姬可母飤鑮”，蔡大司馬燮盤（《銘圖》14511），銘文有“蔡大司馬燮作媵孟姬赤盥盤”，蔡侯申尊 2 件（《銘圖》11721、11815）、蔡侯申缶（《銘圖》14078）、

---

[1]　饒宗頤：《巴黎所見甲骨録》，香港大宏雕刻印刷公司，1956 年。

蔡侯申盤(《銘圖》14535),銘文記載蔡侯申爲大孟姬鑄造媵器,蔡叔季之孫貰匜(《銘圖》15003),銘文有"蔡叔季之孫貰媵孟姬有之婦沬盤";戰國時期的蔡公子缶(《銘圖》14075),銘文有"蔡公子作姬安尊薺□"。這些器物都是蔡侯或者蔡國宗族嫁女的媵器,説明此蔡國是姬姓。

另外還有蔡妘盉(《銘續》0964)等,以上器物除了證明蔡國是姬姓之外,還反映了蔡國與子姓宋國、姜姓許國、芈姓楚國、楚國鄔氏和姑姓尹氏,以及妘姓之國通婚。

1955年安徽壽縣西門内春秋蔡侯墓出土的蔡侯申尊(《銘圖》11815)、蔡侯申盤(《銘圖》14535),銘文有"元年正月初吉辛亥,蔡侯申虔恭大命,上下陟祜,攡敬不易,肇佐天子,用作大孟姬媵彝缶(或盤)……敬配吳王,不諱考壽,子孫蕃昌,永保用之,終歲無疆"。"大孟姬"即蔡侯申的大姐,姊妹間排行第一,吳王的夫人。"吳王",陳夢家先生認爲是吳王僚。[1]另外,同墓還出土兩件吳王光鑒,銘文是"唯王五月,既字迺期,吉日初庚,吳王光擇其吉金,玄鏐白鑛,以作叔姬寺吁宗彝薦鑒,用享用孝,眉壽無疆,往已叔姬,虔敬乃後,子孫勿忘"。從銘文可以看出這是吳王光爲女兒叔姬所作的媵器。器出自蔡侯申墓,説明蔡侯申是叔姬的夫君。這又是吳、蔡同姓聯姻的一個例證。以上銘文所示,蔡國、吳國都是姬姓之國,蔡侯申將大孟姬嫁給吳王僚、吳王光將女兒嫁給蔡侯申均屬政治婚姻,吳、蔡結成聯盟以對付强楚。

另外要討論的是蔡姑簋(《銘圖》05216),該簋早年出土於山東蓬萊市,時代爲西周晚期,銘文是:"蔡姑作皇兄尹叔尊肅彝,尹叔用綏多福于皇考德尹、惠姬,用祈匄眉壽、綽縮、永命、彌厥生,霝終,其萬年無疆,子子孫孫永寶用饗。"作器者自稱"蔡姑",稱謂組成方式有兩種可能,一種是父家族氏+自己的姓,那就是此蔡國是姑姓;另一種方式是夫家族氏+自己的姓,則作器者是蔡國的夫人,來自姑姓之國族,此蔡國還是姬姓,周之同族。劉節《中國古代宗族移殖史論》亦認爲此"蔡姑"是姑姓蔡國。[2]考察銘文"蔡姑作皇兄尹叔尊肅彝,尹叔用綏多福于皇考德尹、惠姬",説明此簋是蔡姑爲其兄長尹叔作器,"尹叔"應是尹氏公族,尹氏是姑姓,不僅文獻記載如此,青銅器銘文中也能得到證實,如西周中期的尹叔鼎(《銘圖》01740)"尹叔作鄤姑媵鼎"、尹氏士吉射簋(《銘圖》04809)"尹氏士吉射作廬姑媵簋",西周晚期的宗仲盤(《銘圖》14386)"宗仲作尹姑盤"等。所以,筆者認爲蔡姑簋的"蔡"是姬姓蔡國,"蔡姑"是蔡國某位國君或者貴族的夫人,來自尹氏公族。

3. 祭國

祭國,本爲商王朝的邦國,見於殷墟甲骨文,周滅商之時亡國。周公東征後,成王封周公子(一説第五子、第七子或第八子)於祭。《國語·周語》:"穆王將征犬戎,祭公謀父諫曰:'不可。'"韋昭注:"祭,畿内之國,周公之後也,爲王卿士。"《通志·氏族略》:"祭氏,姬姓。

---

[1] 陳夢家:《壽縣蔡侯墓銅器》,《考古學報》1956年第2期。
[2] 劉節:《中國古代宗族移殖史論》132頁,正中書局,1948年。

周公第七子所封。”《廣韻·怪韻》：“祭，周大夫邑名，又姓。周公第五子祭伯，其後以爲氏。”《路史·後紀·高辛紀》：“凡、蔣、邢、茅之與胙、祭，則周公之裔也。”

王引之《爾雅述聞》認爲祭國是文王時期的祭公之後。《國語·晋語》：“文王……孝友二虢，而惠慈二蔡。”王氏説：“蔡，讀爲祭公謀父之祭。《漢書·古今人表》有祭公，與虢仲、虢叔、閎夭、南宫适、辛甲同時，即此所謂‘詢於八虞而咨於二虢，度於閎夭而謀於南宫，諏於蔡、原而訪於辛、尹’者也。昭王時有祭公隕於漢水，穆王時有祭公謀父，《春秋》隱元年祭伯來，桓八年祭公來，莊二十三年祭叔來聘。蓋皆文王時祭公之後。《路史·後紀》曰：‘祭事文王，受商之命。’蓋別有所據也。祭與蔡，古字通。……上文曰：‘孝友二虢，而惠慈二蔡。’此言‘咨於二虢’，即上文之二虢；則此言‘諏於蔡’，亦即上文之二蔡也。二蔡，蓋二人皆食邑於祭者。惠慈猶惠愛也，故不必愛子而後謂之慈也。説者以二蔡爲管叔、蔡叔，失之。管、蔡不賢，豈得置武王、周公而愛管、蔡乎？”

兩説不知孰是，並存待考。

周代祭國，原爲畿內國，後東遷，故址在今河南鄭州市東北金水區祭城村。春秋初期，鄭莊公滅掉了祭國。

祭國的“祭”金文作“兼”“盚”或“盚”。祭國的青銅器，西周早期有祭季鬲（《銘圖》02665）、祭姬爵（《銘圖》08426），爵銘是“祭姬作彝”，大史觶（《銘圖》10629），銘文有“太史作宗彝，祭季”；西周中期有祭姬簋（《銘圖》04900）；西周晚期有祭俗父鼎（《銘圖》02031），銘文是“祭俗父作旅鼎，子子孫孫其永寶用”。

與祭國相關聯的青銅器，西周早期有司鼎（《銘圖》02225），銘文有“祭公蔑司曆，賜睘□煩嬰”，厚趠鼎（《銘圖》02352），銘文有“唯王來格于成周年，厚趠有賫于祭公”，雩鼎2件（《銘圖》02365、02366），銘文有“唯王伐東夷，祭公令雩眔史旟曰：以師氏眔有司、後國夌伐貊”，令鼎（《銘圖》02451），銘文有“王歸自諆田，王馭祭仲僕，令暨奮先馬走”；西周中期前段有矜簋3件（《銘圖》05258，《銘續》0448，《銘三》0519），銘文有“祭叔右矜即立中廷，作册尹册命矜”；西周中期後段有宗人簋，銘文有“唯正月初吉庚寅，伯氏召祭伯飤漬醩，納樂，伯氏命宗人舞，宗人卒舞，祭伯乃賜宗人爵”。

其中祭姬簋銘文是“祭姬作父庚尊簋，用作乃後御，孫子其萬年永寶”。這是某國夫人爲父庚所作的祭器，這位夫人來自祭國，稱名由父家族氏+自家的姓組成，猶如吴姬、南宫姬、南姬、晋姬、唐姬、曾姬、吕姜、會妘等。[1]故可知祭國爲姬姓。

4. 應國

應國原是殷代的方國，今本《竹書紀年》載盤庚七年：“應侯來朝。”商王武丁時期的甲骨

[1] 吴鎮烽：《試論周代女性稱名方式》，《青銅器與金文》第六輯，上海古籍出版社，2021年。收入本書。

文中也有關於應國的記載,《殷虚書契續編》3.30.6:"庚子卜,在畺,貞,王步于應,無災?"丁山先生根據卜辭推測應國受封於武丁之世,[1]故址在今山西應縣一帶。武王滅商,應國亦被滅。

周代的應國是周武王四子叔達的封國。《左傳‧僖公二十四年》周大夫富辰述及周初往事說:"昔周公弔二叔之不咸,故封建親戚,以蕃屏周。管、蔡、郕、霍、魯、衛、毛、聃、郜、雍、曹、滕、畢、原、酆、郇,文之昭也。邘、晉、應、韓,武之穆也。"《逸周書‧王會解》載:"内臺西面正北方:應侯、曹叔、伯舅、中舅。"注:"應侯,成王弟。"

關於周代應國初封地,學術界有兩種觀點,郭沫若、李學勤先生認爲始封於河南平頂山一帶,[2]何光嶽、王龍正先生認爲初封於今山西長子縣,主要是爲防範殷王朝的復辟,康王時期殷王朝舊勢力已被消滅殆盡,於是遷於平頂山以充實南疆。[3]其後應國都城一直就在今平頂山市滍陽鎮。兩周時期應國有着顯赫的地位,應侯曾參加"成周之會",位列曹叔、伯舅之前。春秋以後,應國逐漸衰微而不見於經傳。顧棟高《春秋大事表》卷五《列國爵姓及存滅表》說應:"不知何年絕封。"《左傳‧哀公十七年》子穀追叙:"縣申、息,朝陳、蔡,封畛於汝。"說明楚國疆域直達汝水,應地與申、繒、吕地一起,應地在汝南、滍北,似乎此時應國已被楚國吞併。但是 2003 年河南平頂山市新華區滍陽鎮應國墓地 321 號墓出土的應侯啓戟(《銘續》1160),窄直援,前鋒尖銳,長胡,闌側三長穿一小穿,闌下出齒,長方形内,上有一橫穿和一圓孔,銘文是"應侯啓之用戟"。[4]從其形制、銘文書體看,與王孫名戟、曾侯郕戟最爲接近。王孫名戟的年代被定爲春秋晚期,曾侯郕戟的時代是戰國早期,所以應侯啓戟的年代最遲可到戰國早期,說明春秋晚期應國還沒有滅亡,大約在春秋末到戰國初被楚國吞併。

"應"金文作"雁"。傳世和新出土的應國的青銅器銘文很多,有的稱應公,有的稱應侯。在朝爲卿者稱公,在國守土者稱侯。西周早期到西周晚期的青銅器,總數在 30 件以上。從銘文中可知應國與姜姓國、姚姓國、曼姓鄧國以及歸姓胡國都有婚姻關係。胡應姬鼎(《銘續》0221)銘文記載胡應姬在昭王伐楚路經胡國時,曾受到昭王的接見和賞賜貝十朋、玄布二匹。作器者"胡應姬"稱名的組成方式是夫家族氏(胡)+父家族氏(應)+自家的姓(姬),可知應國爲姬姓,與文獻記載相符。

美籍華人范季融先生首陽齋收藏的應侯視工簋(《銘圖》05311),蓋銘有"應侯作姬原母尊簋,其萬年永寶用",器銘有"……余用作朕王姑單姬尊簋,姑氏用錫眉壽永命,子子孫孫永

[1] 丁山:《甲骨文所見氏族及其制度》之《殷商氏族方國志》,中華書局,1988 年。

[2] 郭沫若:《釋應監甗》,《考古學報》1960 年第 1 期。

[3] 何光嶽:《應國略考》,《江漢考古》1988 年第 2 期。王龍正:《應國歷史及相關問題綜合研究》,《平頂山應國墓地Ⅰ》,大象出版社,2012 年。

[4] 曹錦炎:《鳥蟲書通考(增訂版)》,上海辭書出版社,2014 年。

寶用享”。另一件傳世的應侯簋（《銘圖》04711），銘文是“應侯作姬原母簋，其萬年永寶用”。器銘中“王姑”即皇姑，“王”“皇”古通用。皇者，美好也。芮伯盤就有“芮伯拜稽首，敢作皇姊盤”。《詩·大雅·臣工》：“於皇來牟，將受厥明。”孔穎達疏：“皇，訓爲美。”朱熹集傳：“於皇，歎美之辭。”漢揚雄《法言·孝至》：“堯舜之道皇兮，夏、殷、周之道將兮。”李軌注：“皇，美。”又義爲贊美、嘉許。《詩·周頌·執競》：“不顯成康，上帝是皇。”毛傳：“皇，美也。”高亨注：“言上帝嘉美贊許成王、康王。”“皇姑”就是美好的姑母之意。器銘中的“單姬”就是蓋銘中的“姬原母”，是應侯視工的姑母，“單”是其名，“原母”是其字，“姬”是應國的族姓。周代女子之名（或字）可在姓前，也可在姓後。此簋也證明應國是姬姓。有人認爲銘文中的“單”可能是其夫家的族氏，筆者以爲不然，因爲單氏也是姬姓（見單氏篇）。

另外有一件傳世的應侯簋（《銘圖》05024），銘文有“應侯作生㭪姜尊簋”，這是應侯爲其姜姓夫人所作的簋。1988 年河南平頂山市新華區滍陽鎮應國墓地出土的應姚盤（《銘圖》14471），銘文是“應姚作叔誥父寶盤，其萬年子子孫孫永寶用享”。應姚是叔誥父的夫人，來自姚姓國族，稱謂用夫家族氏名和自家的姓，故稱應姚。

5. 許國

許國，是周成王時期分封的諸侯國之一，男爵，姜姓，始封君爲許文叔，四嶽伯夷之後。《左傳·隱公十一年》：“秋，七月壬午，公及齊侯鄭伯入許。”疏：“譜云：許，姜姓，與齊同祖，堯四嶽，伯夷之後也。周武王封其苗裔文叔於許，今潁川許昌是也。”西周時期國都在今河南許昌城東 20 公里建安區的張潘古城。春秋時期，常受鄭、楚兩國侵略，前 576 年許靈公被迫遷到了葉，即今河南葉縣西南舊縣鎮；前 533 年許悼公遷夷，又名城父，在今安徽亳州市東南城父集，後又遷析，又名白羽，即今河南西峽縣；前 529 年遷回葉；前 524 年許男斯又遷至容城，即今河南魯山縣東南，成爲楚國的附庸；前 504 年，鄭國大將游速率軍伐許，許國遂遭滅國。此後，在楚國的扶持下，許國後裔重新立國，又持續了 100 餘年，戰國中期楚宣王十三年（前 357 年）爲楚所滅。

金文中“許”作𤔲、鄦、𨙐、𦡉、無等。有關許國的青銅器，西周早期有許仲𣎴尊（《銘圖》11740）、許仲𣎴卣（《銘圖》13267）；西周中期有許季鼎（《銘圖》01433）；西周晚期有許男鼎（《銘圖》02076）、許姬㝨（《銘圖》02778）、許季姜簋（《銘圖》04724）；春秋早期有鄦麥魯生鼎（《銘圖》02127）、許子□父鼎（《銘續》0161）、許成孝鼎（《銘續》0190）、伯國父鼎（《銘續》0194）、許戈（《銘續》1221）；春秋中期有許公簋（《銘續》0510、0511）；春秋晚期有蔡大師腆鼎（《銘圖》02372）、許子疢簠蓋（《銘圖》05962）、許公買簠（《銘圖》05965、05966）、許子佗敦（《銘圖》06058）、許子鐘自鎛（《銘圖》15792、15793）、許公戈 4 件（《銘圖》16649—16652）、許公㽙戈（《銘圖》16653）、無伯彪戈（《銘圖》16841）；戰國早期有鄦戈 3 件（《銘圖》16654、16655，《銘續》1119）、許尚戈（《銘續》1093）、許公尚戈 5 件（《銘三》1385—1389）等。

上海博物館收藏的鄦麥魯生鼎，是春秋早期之物，銘文有“鄦（許）麥魯生作壽母媵鼎”，只知許夅魯生的女兒名叫壽母,並未説出其姓。1977 年西安市長安區馬王村西周窖藏出土的許男鼎,銘文是“許男作成姜桓母媵尊鼎,子孫孫永寶用”,受器女子出自姜姓許國,父親是許國國君,“桓母”是女子的字,“成”是其夫家的族氏(姬姓國),故稱成姜桓母。這件媵鼎銘文雖然没有交代出嫁女子與許男的親屬關係,但她也不外乎是許男的女兒或姊妹。2002 年中國國家博物館徵集的兩件許公簠,時代爲春秋中期,銘文有“許公作叔姜媵簠”,是許公出嫁女兒的媵器,女兒名叔姜。傳世的西周晚期許姬鬲,銘文是“許姬作姜虎旅鬲”,作器者和受器者均爲女性,但受器女子與作器者不同姓。“許姬”是嫁入姜姓許國的姬姓女子,她是以許國夫人的身份爲許國女子“姜虎”作器。器銘雖無“媵”字也知其爲媵器。上海博物館收藏的春秋晚期許子疨簠蓋,銘文是“許子疨擇其吉金,用鑄其簠,用媵孟姜、秦嬴”,是許子疨爲其大女兒孟姜和隨嫁媵女所作的媵器,媵女來自秦國,故稱秦嬴。由以上幾例銘文可知許國是姜姓,與文獻記載相同。

另外,1966 年河南洛陽市北窰村龐家溝(今屬老城區邙山鎮)西周墓地出土的仲原父匜(《銘圖》14889)時代爲西周晚期,銘文是“仲原父作許姜寶匜”。這是仲原父爲夫人所作的用器,夫人名“許姜”,説明她來自姜姓許國。1985 年内蒙古寧城縣甸子鄉小黑石溝石槨墓出土的許季姜簋(《銘圖》04724),也是西周晚期之物。這是許季姜的自作器。許季姜是某國國君的夫人,她是許國國君或宗室的小女,故稱許季姜。這一例也説明許國是姜姓之國。

6. 宋國

周公平定武庚叛亂之後,殷紂王庶兄微子啓受封於宋,都商丘,以續殷祀,國號宋。宋國在古文獻中有時也稱“殷”,如《晏子春秋·内篇問上》:“魯近齊而親殷。”此殷即指宋。有時也稱“商”,如《莊子·天運》:“商太宰蕩問仁於莊子。”釋文:“司馬云:商,宋也。”《觀堂集林·説商》説:“古之宋國,實名商邱。……杜預《春秋釋地》以商邱爲梁國睢陽,又云‘宋、商、商邱三名一地’,其説是也。……至微子之封,國號未改,且處之商邱,又復其先祖之地,故國謂之宋,亦謂之商。”[1]宋國自微子啓受封,共三十四君,曾是春秋五霸之一,享國八百二十九年,周赧王二十九年(前 286 年)被齊、魏、楚三國所滅。《史記·宋世家》載:“齊湣王與魏、楚伐宋,殺王偃,遂滅宋而三分其地。”

清康熙四十四年《商丘縣志》載:“(周)封微子啓於閼伯之墟,今商邱,故宋都也。”商丘故址在今河南商丘市睢陽區舊商丘縣城南,城址平面呈長方形,東牆長 2900 米,南牆長 3550米,西牆長 3010 米,北牆長 3252 米,城牆頂部距地表最淺處一米左右,總面積 10.2 平方公里。2006 年公布爲全國文物重點保護單位。

宋國的青銅器,西周中期前段有宋叔鼎(《銘續》0218,銘文是“唯七月,辰在己丑,密伯至

---

[1]　王國維:《觀堂集林》,中華書局,1961 年。

于某应，賜宋叔貝十朋、赤金二鈑，揚厥休，用作邦寶尊鼎”）、宋姜鬲（《銘圖》02693）；春秋早期有宋眉父鬲（《銘圖》02811）、宋大史孔壺（《銘三》1065）；春秋中期有宋莊公之孫趞亥鼎（《銘圖》02179）；春秋晚期有宋公欒鼎蓋（《銘圖》01564）、宋公欒簠 3 件（《銘圖》05904）、宋公欒戈（《銘圖》16829）、宋公固鼎（《銘續》0229）、宋公固鋪 3 件（《銘圖》06157，《銘續》0531、0532）、宋公戌鎛 6 件（《銘圖》15751—15756）、宋公差戈 4 件（《銘圖》16825—16827，《銘續》1216）、宋公得戈（《銘圖》16828）、宋君夫人鼎（《銘圖》02222）、宋君夫人鼎蓋（《銘圖》01846）、宋左太師𡒦鼎（《銘圖》01923）、宋右師延敦（《銘圖》06074）等，共 30 多件。

　　宋公欒簠是 1979 年河南固始縣城關鎮東關侯古堆 1 號春秋墓出土的，時代爲春秋晚期，銘文是“有殷天乙湯孫，宋公欒作其妹句吳夫人季子媵簠”。宋公欒即宋景公，在位六十六年（前 516—前 451 年）。銘文中的“季子”是其小妹，“季”是其妹的排行，“子”是宋國的族姓，“妹”是親屬稱謂，表明宋公欒與季子是兄妹關係。季子嫁給吳王，故稱勾吳夫人。宋公固鼎、宋公固鋪 2009 年在山東棗莊市嶧城區徐樓村東周墓出土，[1]時代也是春秋晚期，銘文是“有殷天乙湯孫宋公固作濫叔子饙鼎（或鋪），其眉壽萬年，子子孫孫永保用之”。宋公固亦作宋公瑕，即宋共公，在位十三年（前 588—前 576 年）。銘文中有“淺”字，即濺，讀爲濫，即濫國。“濫叔子”是宋公固女兒的稱謂，“濫”是其夫家的族氏，“叔”是女子的排行，“子”是宋國的姓。現藏上海博物館的宋眉父鬲，時代屬春秋早期，銘文有“宋眉父作豐子媵鬲”，是宋眉父爲女兒所作的媵器。“豐子”是其女兒的稱謂，“豐”是女兒夫家的族氏，“子”是宋國的姓。這些銅器銘文所顯示的宋國子姓，與文獻記載相合。

　　另外，西周晚期的鄭伯匜（《銘圖》14946），銘文記載“鄭伯作宋孟姬媵匜”，是姬姓鄭伯的庶長女嫁給宋國，故稱宋孟姬。還有春秋早期的蔡侯鼎（《銘圖》02144），銘文記載“蔡侯作宋姬媵鼎”，是姬姓蔡國國君嫁女給宋君，故稱宋姬。《列女傳·齊靈仲子》：“齊靈仲子者，宋侯之女，齊靈公之夫人也。”説明宋國以聯姻方式與姬姓、姜姓鄰國通好，以相互照應。

　　7. 陳國

　　陳國是一個古老的封國，歷夏商周三代。據《大戴禮記·少閒》載：“舜崩，有禹代興，禹卒受命，乃遷邑姚姓于陳。”盧辯曰：“遷邑姚姓於陳，謂改封虞氏後於陳，因使氏焉。”此應是陳國之始。《世本》：“陳遂舜後。”宋忠注：“虞思之後，箕伯直柄中衰，殷湯封遂於陳，以爲舜後是也。”《史記·陳杞世家》：“陳胡公滿者，虞帝舜之後也。昔舜爲庶人時，堯妻之二女，居于嬀汭，其後因爲氏姓，姓嬀氏。舜已崩，傳禹天下，而舜子商均爲封國。夏后之時，或失或續。至于周武王克殷紂，乃復求舜後，得嬀滿，封之於陳，以奉帝舜祀，是爲胡公。”索隱：“按：商均所封虞，即今之梁國虞城是也。夏代猶封虞思、虞遂是也。”《左傳·襄公二十五年》鄭子

─────────────

[１]　棗莊市博物館、棗莊市文物管理委員會辦公室、棗莊市嶧城區文廣新局：《山東棗莊徐樓東周墓發掘簡報》，《文物》2014 年第 1 期。

產曰:"昔虞閼父爲周陶正,以服事我先王,我先王賴其利器用也,與其神明之後也,庸以元女大姬配胡公,而封諸陳,以備三恪。"杜注:"閼父,舜之後,當周之興,閼父爲武王陶正。……元女,武王之長女。胡公,閼父之子滿也。"《元和姓纂》云:"陳,嬀姓……周武王封舜後胡公滿於陳,後爲楚所滅。"

春秋晚期,在周景王十一年(前534年)陳國被楚國所滅,後五年(前529年),陳惠公復國,到湣公二十四年(前478年)又被楚惠王所滅,歷二十五世。陳宣公時,厲公之子陳完與太子禦寇交好,宣公殺太子禦寇改立子款,國內混亂,陳完逃奔齊國,爲齊國大夫,其後裔於公元前386年取代姜齊爲侯,史稱田齊。

陳國始建都於株野,今河南柘城胡襄鎮,史稱陳胡公,後遷都於宛丘,即今河南淮陽縣。20世紀80年代考古工作者對陳國故城進行勘察試掘,知其宛丘城在今淮陽縣東三里,始建於春秋時期,最早城牆疊壓在最下層,高度在2米以上,夯土築成,夯層0.1米左右,出土陶片有板瓦、筒瓦、盆、罐等。城址平面略呈長方形,周長約4500米。

"陳"金文作"敶"。陳國的青銅器最早見於西周中期,如陳弟鼎(《銘圖》01432);西周晚期有陳侯簋2件(《銘圖》04674、04827)、陳侯盉(《銘續》0975)、陳侯鬲(《銘續》0254)、陳生崔鼎(《銘圖》01970);春秋早期有陳侯鼎(《銘圖》02212)、陳侯鬲2件(《銘圖》02975、02976)、陳侯簠5件(《銘圖》05937—05940,《銘續》0846)、陳侯盤(《銘圖》14507)、陳侯匜(《銘圖》14991)、陳侯壺2件(《銘圖》12294、12295)、陳侯簋(《銘續》0337)、陳伯元匜(《銘圖》14967)、陳子匜(《銘圖》14994);春秋中期有陳公子仲慶簠(《銘圖》05935)、陳姬小公子盙(《銘圖》05554);春秋晚期有陳樂君欺瓵(《銘圖》03343)、陳子毗盞(《銘續》0526)等。

青銅器銘文中能夠判斷陳國族姓的有如下11件媵器:1.西周晚期的陳侯簋,1976年陝西臨潼區零口鎮西段村窖藏出土,銘文是"陳侯作王嬀媵簋,其萬年永寶用"。這是某位陳侯爲嫁給周王的女兒所作的媵器。由於周王獨尊,所以王族成員稱"王"即可,無須繫以"周"之氏名。其中"嬀"自是陳侯的族姓。2.另外10件爲春秋早期器。其中陳侯簠(《銘圖》05937、05938)銘文是"唯正月初吉丁亥,陳侯作王仲嬀㜏媵簠,用祈眉壽無疆,永壽用之"。陳侯盤、陳侯匜銘文是"唯正月初吉丁亥,陳侯作王仲嬀㜄母媵盤(或匜),用祈眉壽,萬年無疆,永壽用之"。這4件器物是春秋早期某位陳侯將女兒嫁於周王所作的媵器,"仲嬀㜄母"是陳侯女兒的稱謂,"仲"是其排行,"嬀"是其族姓,"㜄母"是其字,也單稱"㜏(㜄的別體)"。陳侯簠傳說出土於洛陽鞏縣之間,春秋王室之器出於該地是合理的。陳侯鼎銘文是"唯正月初吉丁亥,陳侯作鑄嬀四母媵鼎,其永壽用之",這是某位陳侯爲出嫁的女兒所作的媵器,器銘中女兒的稱謂只有族姓和女字,没有夫家族氏。陳侯鬲銘文是"陳侯作畢季嬀媵鬲,其萬年子子孫孫永用"。這兩件鬲是陳侯爲嫁往姬姓畢國的女兒所作的媵器。陳侯壺銘文是"陳侯作嬀櫓媵壺,其萬年永寶用",這是某位陳侯爲出嫁女兒嬀櫓所作的媵器。陳伯元匜銘文是"陳伯鷗之子伯元作西孟嬀姬母媵匜,永壽用之",這是陳伯鷗的兒子伯元爲嫁給西氏的女兒孟嬀媯母所作的媵器。陳子匜銘文是“唯正月初吉丁亥,陳子作庈孟媯穀母媵匜。用祈眉壽萬年無疆,永壽用之”,這是陳國某位公子爲嫁給庈氏的女兒孟媯穀母所作的媵器。陳姬小公子盨(《銘圖》05554)銘文是“陳姬小公子子爲叔媯飤盨”,這是陳姬小公子爲女兒出嫁所作的媵器。以上這些銅器銘文,無疑都表明了陳國爲媯姓,也反映了陳國與周王室有着親密的關係。

另外要提及的2件陳侯簠(《銘圖》05939、05940),銘文是“唯正月初吉丁亥,陳侯作孟姜㛢媵簠,用祈眉壽,萬年無疆,永壽用之”。這兩件簠與陳侯爲嫁往周王室的女兒仲媯𡟰所作的媵簠,形制、紋飾相同,大小相若,銘文字體也十分相近,但受器女子名爲“孟姜”。“孟姜”是誰呢? 筆者認爲“孟姜”是一個來自姜姓國的姑娘,是陳侯女兒的陪嫁媵女。

8. 凡國(凡氏)

凡,亦作汎。凡國,西周至春秋時期的諸侯國。商代甲骨卜辭中有凡邑,本商王狩獵之地。周成王封周公庶子於凡,建立凡國。《左傳·僖公二十四年》云:“凡、蔣、邢、茅、胙、祭,周公之胤也。”又隱公七年:“初,戎朝于周,發幣于公卿,凡伯弗賓。冬,王使凡伯來聘,還,戎伐凡伯於楚丘以歸。”杜預注:“凡伯,周卿士;凡國,伯爵也,汲郡共縣西南有凡城林。”晋汲郡共縣即今河南輝縣市,城關鎮西南的雲門鎮有凡城村,當爲凡國舊址。歷代凡國國君皆是王室卿士。若按鄭凡媿鼎銘文和散氏盤的“封于凡道”,説明凡氏在宗周畿内的鄭地(今陝西鳳翔)有其采邑。史書關於凡國的最後記載見於魯隱公七年(前716年),凡國何時被何國所滅不得而知。

凡國的青銅器以及與凡國相關聯的青銅器,西周早期有它簋蓋(《銘圖》05384)、小臣宅簋(《銘圖》05225);西周中期有凡𠂤簋(《銘圖》04553)、詢簋(《銘圖》05378)、師詢簋(《銘圖》05402)、伯或父鼎(《銘續》0231);西周晚期有伯庶父簋(《銘圖》04904)、鄭凡媿鼎(《銘圖》01916)、元年師兑簋2件(《銘圖》05324、05325)、幾父壺2件(《銘圖》12438、12439)等。

西周早期的它簋蓋,原稱沈子也簋蓋,銘文有“它曰:拜稽首,敢𠬝昭告朕吾考,令乃鴅沈子作𦅫于周公宗,陟二公,不敢不𦅫休,凡公克成綏吾考,以于顯顯受命”。又小臣宅簋銘文有“唯五月壬辰,凡公在豐,令宅事伯懋父,伯錫小臣宅畫干、戈九、錫金車、馬兩,揚公伯休”。説明凡氏爲周公的子嗣,歷代爲周王室的卿士。

西周晚期的元年師兑簋,銘文有“唯元年五月初吉甲寅,王在周,格康廟,即位,凡仲右師兑入門立中廷,王呼内史尹册命師兑”。1960年10月陝西扶風縣法門鎮齊家村西周銅器窖藏出土幾父壺銘文有“唯五月初吉庚午,凡仲窞西宫,錫幾父幵𢦏六、僕四家、金十鈞”。説明凡氏公族的凡仲亦在朝任職公卿。

詢簋1959年6月在陝西藍田縣寺坡村西周銅器窖藏出土,時代爲西周中期,銘文有“用作文祖乙伯、凡姬尊簋,詢萬年子子孫永寶用”。傳世師詢簋銘文有“(師詢)用作朕烈祖乙伯、凡益姬寶簋,詢其萬斯年,子子孫孫永寶”。研究者認爲“詢”和“師詢”是同一個人,“師”

是其所擔任的官職。詢稱其祖母爲"凡姬",師詢稱其祖母爲"凡益姬",按照孫兒作器對祖母的稱謂方式,祖母父家族氏+父家的姓,可知凡國爲姬姓,"益"是其祖母的名或字。伯或父鼎是西周中期之物,銘文有"唯王三月初吉丁亥,伯或父作凡姬□宫寶尊鼎,凡姬乃親于宗人曰:用爲汝嫡賓器"。這是伯或父爲凡姬作器,"凡姬"應是伯或父的夫人,亦可證明凡國爲姬姓。

宋嘉祐年間劉原父得於扶風的伯庶父簋,時代爲西周晚期,銘文是"唯二月戊寅,伯庶父作王姑凡姜尊簋,其永寶用"。説明伯庶父是姜姓,其姑母嫁給凡國,故稱凡姜。説明凡國與姜姓國聯姻。

9. 南申國

申國原在陝西關中西部,周宣王爲了加强對南土的控制,改封王舅申伯於原謝國的土地上建邑立國,此申國遂稱南申,春秋時期也簡稱"申"。今本《竹書紀年》云周宣王:"七年王錫申侯命。"南申建國應在公元前821年。《詩・大雅・崧高》:"亹亹申伯,王纘之事。于邑于謝,南國是式。王命召伯,定申伯之宅。登是南邦,世執其功。……申伯信邁,王餞于郿。申伯還南,謝于誠歸。"《國語・鄭語》載史伯分析西周晚期形勢時説:"當成周者,南有荆蠻、申、呂、應、鄧、陳、蔡、隨、唐。"此即申伯遷封的南申。

申伯遷封於謝地,即今河南南陽市,其中心位於南陽市區,都城即今宛城區白河北岸的宛城遺址。西周晚期尚無城垣,其城大約始建於春秋時期,一直延續到明代。[1]

《左傳・莊公六年》(即楚文王二年,前688年)云:"楚文王伐申,過鄧。"哀公十七年楚太師子穀追憶楚之舊事説:"彭仲爽,申俘也,文王以爲令尹,實縣申、息,朝陳、蔡,封畛於汝。"杜預注:"楚文王滅申、息以爲縣。"昭公十三年載:"楚之滅蔡也,靈王遷許、胡、沈、道、房、申於荆焉。平王即位,既封陳、蔡,而皆復之,禮也。"杜預注:"滅蔡在十一年,許、胡、沈,小國也,道、房、申,皆故諸侯,楚滅以爲邑。"陳槃據此認爲:"申雖楚文王滅之爲邑,至平王即位時,則又復國,如陳、蔡之滅而又復封矣。"[2]楊伯峻先生亦説:"則魯莊之時申已爲楚滅。然據昭十三年《傳》文,楚平王似曾復其國。"[3]徐少華先生則認爲楚文王取申設縣之後,申國並未滅亡,而是降爲附庸,東遷於今河南信陽一帶,史稱東申。楚靈王時又將其與許、胡、沈諸國一併遷於荆(即荆山附近的楚之内地),楚平王即位後又"皆復之",即讓他們回到被遷於荆以前的故地。又據春秋晚期的申伯諓多壺和曾侯乙編鐘銘文的"申"與楚、周、齊、晋、曾諸國相互對應,證明戰國早期申國仍然存在,並且有一定的地位。[4]大約在戰國早期之後南申

[1]　王建中:《南陽宛城建置考》,《楚文化研究論集》第四集348—360頁,河南人民出版社,1994年。
[2]　陳槃:《春秋大事表列國爵姓及存滅表譔異》,上海古籍出版社,2009年。
[3]　楊伯峻:《春秋左傳注》(修訂本),中華書局,1990年。
[4]　徐少華:《從叔姜簋析古申國歷史與文化的有關問題》,《文物》2005年第3期。

國被楚國吞併。

　　南申的青銅器以及與南申有關的青銅器，西周晚期有南申伯虔父簋2件（《銘三》0475、0476）、仲再父鼎（《銘圖》02052）、仲再父簋2件（《銘圖》05199、05200）；春秋早期有申比父豆（《善齋》9.17）、申子巤氏大叔簠2件（《銘三》0584、0585）、申伯戈2件（《中原文物》2020年第5期）；春秋中期有申子𠭯鼎（《銘三》0278）；春秋晚期有申伯諺多壺（《銘圖》12189）、申文王之孫州萃簋（《銘圖》05943）和申王之孫叔姜簋（《銘圖》05897）等。

　　仲再父鼎和仲再父簋1981年在河南南陽市北郊磚瓦廠內西周墓葬出土，仲再父簋銘文有“南申伯太宰仲再父厥辭，作其皇祖考夷王、監伯尊簋”。銘文中的“厥辭”是作器者之名，“仲再父”是其字，“夷王、監伯”是他的祖父和父親。“夷王”就是周夷王燮，“監伯”是夷王之子，屬王的兄弟。所以仲再父與周宣王是同輩兄弟，周宣王任命他擔任南申國的太宰，也就是南申國的相，總管南申國的衆官。這件簋是他給祖父和父親所作的祭器。該簋的時代屬於西周宣王時期。這件銅器的發現證明了仲再父和宣王的舅父一同遷到了南申。兩件南申伯虔父簋，2018年10月出現在香港大唐國際秋季拍賣會。造型爲斂口鼓腹，一對獸首耳，下有象鼻形卷珥，圈足沿外侈，其下連鑄三個獸面小足，蓋面隆起，上有圈狀捉手。蓋沿和器口下飾無目竊曲紋，蓋上和腹部飾瓦溝紋，圈足飾垂鱗紋。該簋的造型、紋飾與仲再父簋基本相同，只是仲再父簋的竊曲紋是S形有目竊曲紋，而南申伯虔父簋是回形無目竊曲紋，故其時代亦應在宣王時期。他不是第一代就是第二代南申伯。

　　申伯諺多壺1975年在洛陽市漢河南縣城東北角東周墓出土，時代爲春秋早期，銘文是“申伯諺多之行［壺］”。兩件申伯戈，是河南省文物考古研究院2019年在南陽市宛城區白河街道李八廟村發掘的東周墓出土的，銘文既稱申伯，說明此時申國尚未亡國。申子巤氏大叔簠，時代亦爲春秋早期，銘文是“申子巤氏大叔作孟姜愨筐簠”。這是巤氏大叔爲女兒或姊妹“孟姜愨”所作的媵器。銘文中巤氏大叔既稱自己是“申子”，器又出土於南陽，說明他是申氏的後裔。“孟姜愨”的稱謂，“孟”是其在姊妹間的排行，“姜”是其姓，“愨”是其名，說明其家族爲姜姓。既是“申子”又稱“巤氏”，說明他是申氏支子，已獲得別邑，而以邑爲氏。

　　州萃簋，相傳出土於河南靠近安徽處，銘文有“申文王之孫州萃，擇其吉金，自作食簋”。李學勤先生認爲“申文王之孫”是楚文王之孫的申氏，[1]就是說申氏是楚王的後裔。筆者以爲非也。既名“申文王”，自是申國的文王，其孫當是申國的後裔。1990年湖北鄖縣五峰鄉蕭家河春秋楚墓出土的叔姜簋（《銘圖》05897），器主自稱“申王之孫叔姜”，該女子排行第二，姜姓，是申王的女性後裔。說明這個申王是姜姓，與“申文王”應是同一個人。該簋出土地鄖縣蕭家河是楚國的管轄範圍，當是這位叔姜的夫家所在地。州萃簋和叔姜簋的時代均爲春

---

[1]　李學勤：《楚國申氏兩簠讀釋》，《江漢考古》2010年第2期。

秋晚期，其祖先曾經稱王，所以在其稱名上疊加"申文王之孫"，以示其出身。

田成方先生亦主此説。他説《左傳》宣公十八年的"申舟"，與文公十年的"文之無畏""子舟"、《吕氏春秋·行論》的"文無畏"、《潛夫論·志氏姓》的"申無畏"以及清華簡《繫年》第十一章"（楚）莊王即位，使孫（申）伯無畏聘于齊"的"申伯無畏"是同一個人，名無畏，字子舟，又稱文之無畏、文無畏，楚穆王、莊王時人。申無畏稱文之無畏，猶稱"申文王之孫無畏"，與"申文王之孫州桼"都是申文王的後代，可能比州桼早二至四代。史書所載之申包胥，又稱王孫包胥，申胥，也應是寄居楚國的申氏貴族。稱王孫包胥是與南申國一度稱王有關。[1]

另外還有一批青銅器，有 1975 年河南南陽市西關煤場春秋墓葬出土的申公彭宇簠 2 件（《銘圖》05958、05959）、南陽市臥龍區物資城墓葬出土的春秋晚期的申公壽簠（《銘續》0498）、彭公之孫無所鼎（《銘圖》02158）、彭公之孫無所簠（《銘圖》05906）、申公之孫彭子射兒鼎（《銘圖》02264）、彭子射緐鼎（《銘圖》01666）、彭子射湯鼎（《銘圖》01667）、彭子射簠（《銘圖》01667）、彭射缶 2 件（《銘圖》14057、14058）、彭子射盤（《銘圖》14388）、彭子射匜（《銘圖》14878）、新見的彭子疾鼎（《銘續》0205）以及傳世品彭子仲盆蓋（《銘圖》06271）等。

申公彭宇簠，時代爲春秋早期後段，銘文稱"申公"而不稱"申伯"，説明此時申國已經遷往信陽，原地設立的是楚國的申縣，這是縣公的稱謂。楚國所封的縣公一般都是楚國公族或者王子，自是羋姓，但此彭宇有可能是一個例外。《左傳·哀公十七年》："子穀曰：'觀丁父，鄀俘也，武王以爲軍率，是以克州、蓼，服隨、唐，大啓群蠻。彭仲爽，申俘也，文王以爲令尹，實縣申、息，朝陳、蔡，封畛於汝，唯其任也，何賤之有。'"彭宇似爲彭仲爽之子或孫，被封爲申縣的第一任縣尹。申公壽應是第二代申縣縣公。申公之孫彭子射、彭子疾、彭子仲、彭公之孫無所等，都是申公的後裔。

由申公之孫無所鼎和彭公之孫無所簠可知，申公又稱彭公。"申公"是站在申縣縣公的角度的稱謂，"彭公"是以其族氏的角度的稱謂。

10. 吕國

吕氏也是一個古老的族群，相傳爲四嶽之後（見《國語·周語》），受封於虞夏之時，或爲伯夷之封（見《國語·鄭語》），歷夏、商、周三代統繼不絶。

關於吕國的地望，《詩·大雅·崧高》云："崧高維嶽，駿極于天，維嶽降神，生甫及申。"毛傳："崧，高貌；山大而高曰崧。"高大的嶽山即大嶽。甫族也就是吕族。申、吕二族皆姜姓，兩國密邇相鄰，皆發迹於大嶽山區。

關於嶽山在什麼地方，歷來有三説。其一，在今陝西隴縣。《周禮·職方氏》："正西曰雍州，其山鎮曰嶽山，其澤藪曰弦蒲。"鄭玄注："嶽，吴嶽也，及弦蒲在汧。"賈公彦疏："按《地理

---

[1]　田成方：《申氏銅器與楚申氏的族屬》，《考古》2016 年第 12 期。

志》吳山在汧，西有弦蒲之藪，汧水出焉。"《爾雅·釋山》"河西，嶽"，郭璞注："吳嶽。"漢汧縣即今寶雞市隴縣。吳嶽在隴縣南境，縣北有弦蒲藪。其二，錢穆以爲在今山西霍州。他在《周初地理考》中説："岳者，古晋人謂霍太山一曰太嶽山。《禹貢》'既修太原，至于岳陽'是也。《崧高》之詩亦言之，曰'維嶽降神，生甫及申'，甫即吕也。姜氏之先居近太嶽，故曰'維嶽降神'矣。……今霍州西三里有吕鄉，西南十里有吕城。"[1]其三，日人白川静則以河南嵩山爲羌（姜）族起源之地。白川氏以卜辭有嶽神崇拜，有河神崇拜，有時則河、嶽並舉。河當即黄河，嶽亦當去河不遠，而嵩嶽在中州大平原中崒然高峙，可當殷人所崇拜之嶽。羌姓所自出之所謂"崧高維嶽"亦即此嶽。[2]鄭傑祥、江林昌即沿其説，認爲嵩山在今河南宜陽縣境内，姜戎又稱"九州之戎"，亦稱伊洛之戎，活動範圍大約在陝西上洛以東至河南嵩縣一帶，商滅夏的變故時一支是隨夏人向北遷到晋南、晋中地區，另一支從嵩山以西進入關中地區。[3]

　　筆者以爲第二、三種説法都不靠譜。前人已經指出《崧高》中的"嶽"就是"嶽山"。嶽山亦稱"吳嶽"，在今陝西隴縣。隴縣西與甘肅清水、張家川兩縣毗鄰，北與甘肅華亭、崇信、靈臺三縣接壤。據考古調查發現陝西扶風以西的岐山、鳳翔、寶雞、千陽、隴縣、麟遊、長武，以及甘肅靈臺、崇信、涇川等地，都有姜戎文化遺存，已經發掘的有扶風劉家姜戎墓地、寶雞鬥雞臺、長武碾子坡、麟遊園子坪、蔡家河等遺址。園子坪、蔡家河遺存共分三期，第一期的年代相當於殷墟二期早段，有可能早到殷墟一期；第二期相當於殷墟二期晚段至三期早段；第三期相當於殷墟三期晚段至商周之際。[4]劉家姜戎墓地共分五期，第一期相當於二里頭文化晚期；二至五期的時代爲商代前期至周人遷岐；第六期爲西周文武之際。[5]由此可知，姜戎族群從夏商一直到周初，都生息繁衍在陝西關中西部和甘肅隴東一帶。結合申國到西周時期居地在今甘肅靈臺，《崧高》又云"維嶽降神，生甫及申"，可知申、吕相鄰或者相去不遠，故西周前期吕國的居地亦應在陝甘交界或者關中西部。大約宣王在遷封王舅申伯之時，也把吕國遷封到今南陽城西三十里，兩國仍是密邇相鄰，同處南陽盆地中心，成爲西周晚期控馭南土的重要據點。

　　大約在楚文王占領申、息之時，吕國亦被占據，將其族遷居於今河南新蔡縣西南，成爲楚國附庸，史稱"東吕"，後被宋國所併，繼而又淪爲陳國屬地，陳被楚滅，其地復歸於楚。

　　至於今河南宜陽縣一帶的姜戎（伊洛之戎）當是東周時期從陝甘一帶遷徙而來。《左傳·襄公十四年》記載戎子駒支對范宣子説："昔秦人負恃其衆，貪于土地，逐我諸戎。惠公

［1］　錢穆：《周初地理考》，《燕京學報》第 10 期，北京大學出版社，2001 年。

［2］　轉引自陳槃：《春秋大事表列國爵姓及存滅表譔異》。

［3］　鄭傑祥：《論禹、戎禹和九州的關係》，《中原文物》1997 年第 3 期。江林昌：《由姜與夏的關係看姜嫄　　　族的起源與遷移》，《華夏考古》2000 年第 3 期。

［4］　雷興山：《蔡家河、園子坪等遺址的發掘與碾子坡類遺存分析》，《考古學研究》，科學出版社，2000 年。

［5］　陝西周原考古隊：《扶風劉家姜戎墓葬發掘簡報》，《文物》1984 年第 7 期。

蠲其大德,謂我諸戎是四嶽之裔胄也,毋是翦棄。賜我南鄙之田。”就是明證。

吕國的青銅器以及與吕國有關聯的青銅器,西周早期有吕仲僕爵(《銘圖》08578)、吕仲僕尊(《銘圖》11730)、吕季鬲(2020 年 10 月保利香港拍賣會)、吕盉簋(《銘圖》04335)、吕自(師)戈(《銘圖》16496);西周中期有吕伯簋 3 件(《銘圖》04902,《銘三》0501、0502)、吕姜簋(《銘圖》04075)、吕服余盤(《銘圖》14530)、静簋(《銘圖》05320)、班簋(《銘圖》05401)、伐簋(《銘圖》05321);西周晚期有吕王鬲(《銘圖》02877)、吕王壺(《銘圖》12292)、吕季姜壺 2 件(《銘圖》12283、12284)、吕季姜簋(《銘續》0401)、吕雒䵼鬲(《銘圖》02878)、吕仲生匜(《銘圖》14931);春秋早期有吕王之孫璋戈(《銘圖》17062);春秋晚期有䵼鐘 9 件(《銘圖》15351—15359)、䵼鎛 5 件(《銘圖》15797—15803)、吕大叔斧 3 件(《銘圖》18736—18738)。

由吕王鬲、吕王壺、吕王之孫璋戈和䵼鐘銘文可知西周晚期到春秋時期吕曾一度稱王。

銘文中有吕伯、吕仲、吕叔、吕季之稱,説明吕氏最少有四支。吕伯爲其宗子,亦是吕國的國君,西周晚期又見其稱王。文獻記載周穆王命吕侯爲司寇(或曰爲“三公”爲“相”),掌司法,制定《吕刑》,以詰四方。穆王時期的吕伯簋銘文有“吕伯率邦君祼于西宫”,静簋有“王與吴忝、吕犅佮鬮、蒞師,邦君射于大池”,班簋銘文有“王令毛公以邦冢君、徒馭、或人伐東國痟戎,咸,王令吴伯曰:以乃師左比毛父,王令吕伯曰:以乃師右比毛父,遣令曰:以乃族從父征”。可知穆王時期吕侯確曾擔任公卿,曾率邦君祼於西宫,曾與周王一起習射;在毛伯班征伐東夷時,又以本族師旅出征。

伐簋是西周中期後段之物,銘文記述七年正月周王命伐遺送魯侯,魯侯賞賜伐“小子夆一家與友五十夫”,於是伐爲吕姜製作了這件尊簋,用享於宗室。伐與魯侯同族,是魯侯的長輩,“吕姜”當是伐的母親或宗婦,可知吕氏爲姜姓,與文獻記載相合。

吕季姜簋,2015 年出現在香港中華古美術公司,據傳同坑出土四件,形制、紋飾相同,大小相若,皮殻鏽色一致,字體風格相同,應是一次鑄造,同時埋入墓中。其中三件爲伯逆車作辛姒媵簋,蓋、器對銘,另一件蓋是伯逆車作辛姒媵簋,而器銘爲吕季姜作尊簋。據分析,這是伯車父爲其女兒所作的一套媵器,女兒名辛姒,“辛”是夫家的族氏,“姒”是自己的姓,也就是伯車父的姓,而吕季姜則是伯車父的夫人、辛姒的母親。由吕季姜的稱名也可知,吕國爲姜姓。

吕姜簋,1972 年甘肅靈臺縣獨店公社(今獨店鎮)吊街村西嶺西周墓葬出土。既名吕姜,可知其爲吕國女子嫁於某國(族)爲宗婦,出土地靈臺西嶺村,當是其夫家,從一個側面説明吕國亦當與靈臺縣相去不遠。

吕王壺銘文是“吕王造作芮姬尊壺,其永寶用享”。這是某代吕王爲夫人芮姬所作的用器,芮國姬姓,故稱芮姬。説明吕國與姬姓的芮國互結婚姻。

春秋晚期的䵼鐘,銘文有“余吕王之孫,楚成王之盟僕”。這是吕國被楚所滅後出仕於楚的吕王後裔所作之器。

11. 息國

息是一個古老的國族，商周兩代都有息國，但不同族，也不同姓。

商代的息國始於何時文獻失載，但大凡與《詩・商頌・殷武》所歌頌的武丁伐荆楚有關。商人勢力到達淮河下游，建立了息國。甲骨文有"戊申，帚息示二屯永"（《續》六・九・四）。"帚息"即"婦息"。丁山先生在《甲骨文所見氏族及其制度》中認爲息是氏族徽號，則"帚息"係息族之婦適於商王者[1]胡厚宣先生在《武丁時五種記事刻辭考》中以爲"帚息"乃是武丁后妃之一。[2]由甲骨刻辭可知，早在武丁時期，息國就是商朝的重要與國。息族且與商王室通婚，雙方關係相當密切。河南羅山縣莽張鎮天湖村墓地出土商代銅器表明，這個息國至商代末期依然存在。

20 世紀 80 年代，考古工作者在河南羅山縣莽張鎮竹竿河西岸的天湖村後李莊發掘的古墓群，[3]被認定屬於殷墟 3 至 4 期，即武丁到殷紂王時期。[4]

商息的"息"，在金文中寫作"𦥑"。該墓地出土的青銅器有息鼎 3 件（《銘圖》00092—00094）、息爵 3 件（《銘圖》06425—06427）、息觶（《銘圖》10085）、息尊（《銘圖》11289）、息戈（《銘圖》16051—16053）、息矛（《銘圖》17514）、息尊彝觚（《銘圖》09683）、息乙爵（《銘圖》07279）、息乙觚 2 件（《銘圖》09231、09232）、息父乙鼎（《銘圖》00780）、息父乙觚（《銘圖》09559）、息己爵（《銘圖》07314）、息庚爵（《銘圖》07315）、息辛爵 3 件（《銘圖》07325、07326）、息父辛鼎（《銘圖》00884）、息父□爵（《銘圖》07982）、息母觚（《銘圖》09298）、息斤尊（《銘圖》11237）等。

以上青銅器銘文使用父乙、父丁、父己、父庚等日名也說明這個息國爲商人所建，都城當在羅山縣莽張鎮境內。

姬姓息國見於《左傳・隱公十一年》"鄭、息有違言，息侯伐鄭。鄭伯與戰于竟，息師大敗而還。君子是以知息之將亡也。不度德，不量力，不親親"，杜注："鄭、息同姓之國。"《路史・後紀・高辛紀》亦云："周之初興大封同姓，五十有三國。……召、虢、燕、陽、閻、鎦、邘、鎬、方、卭、息、隨、肜、單……皆姬國也。"又《左傳・莊公十年》："蔡哀侯娶於陳，息侯亦娶焉。息媯將歸，過蔡。蔡侯曰：'吾姨也。'止而見之，弗賓。息侯聞之，怒，使謂楚文王曰：'伐我，吾

---

［1］丁山：《甲骨文所見氏族及其制度》22 頁。

［2］胡厚宣：《甲骨學商史論叢初集》第三册，河北教育出版社，2002 年。

［3］信陽地區文管會、羅山縣文化館：《河南羅山縣蟒張商代墓地第一次發掘簡報》，《考古》1981 年第 2 期。信陽地區文管會、羅山縣文化館：《羅山縣蟒張後李商周墓地第二次發掘簡報》，《中原文物》1981 年第 4 期。河南省信陽地區文管會、河南省羅山縣文化館：《羅山天湖商周墓地》，《考古學報》1986 年第 2 期。信陽地區文管會、羅山縣文管會：《羅山蟒張後李商周墓地第三次發掘簡報》，《中原文物》1988 年第 1 期。

［4］胡進駐：《殷墟晚商墓葬研究》222—224 頁，北京師範大學出版社，2010 年。

求救於蔡而伐之.'楚子從之。秋,九月,楚敗蔡師于莘,以蔡侯獻舞歸。"莊公十四年:"蔡哀侯爲莘故,繩息嬀以語楚子。楚子如息,以食入享,遂滅息。以息嬀歸,生堵敖及成王焉。"清華簡《繫年》第五章也有相同記載。簡文"明歲,起師伐賽(息)"的"明歲"是指莊公十一年,[1]這與《左傳》莊公十四年"滅息"的記載有所不同。田成方、陳鑫遠認爲從近年出土材料及相關研究看,楚文王之滅息,可能不是將之亡國絶祀,而是與滅申、滅許、滅應一樣,保留其宗祀,降其爲附庸。息的最終滅國,大概到了戰國中期以後。[2]

周代息國應是在成康時期滅商息之後所封,[3]國名、地理沿商代息國而來。歷西周時期,到東周初年,申、息諸國仍然拱衛着周王朝的南土。春秋早期後段(楚文王初年)楚人越過漢水,進入漢淮之間,先後攻滅申、息兩國。《左傳·哀公十七年》載:"觀丁父,鄀俘也,武王以爲軍率,是以克州、蓼,服隨、唐,大啓群蠻。彭仲爽,申俘也,文王以爲令尹,實縣申、息,朝陳、蔡,封畛於汝。"杜預注:"楚文王滅申、息以爲縣。"

據考古調查,息國故城位於今河南息縣城西南6公里的青龍寺一帶,淮河故道北岸,東北有清水河。該遺址的大部分城牆已平毁,但城垣基礎依稀可辨,城牆東西長846米,南北寬420米,牆基寬30米,城垣周長2532米,城址面積約爲35.5萬平方米。北城牆一段保存完好,長30米,寬25米,高10餘米,斷面夯工層厚0.08—0.12米,夯窩直徑0.04米,現爲省級文物保護單位。

姬姓息國的"息",金文亦作"𣄰"。青銅器有微簋(《銘圖》04137)、息伯卣2件(《銘圖》13296、13297),均爲西周早期之物。微簋原藏清宫,後歸潘祖蔭,2001年出現在美國紐約蘇富比拍賣行,現藏不明,銘文是"公使微,事有息,用作父乙寶尊彝,冉蜢"。"有息"就是息國。銘文是説微受"公"的派遣,到息國辦事或者省視,回來後受到賞賜,便爲亡父鑄造了這件祭器。説明這個息國與周王室關係密切。息伯卣現藏廣州市博物館,銘文是"唯王八月,息伯賜貝于姜,用作父乙寶尊彝"。"王八月"説明息國使用周正,符合姬姓封國身份。"賜"字在此處是被動用法,意爲息伯受"姜"(周王后妃)的賜貝,鑄造了祭祀父親的銅卣。

1975年湖北隨州市曾都區淅河鎮出土的鄎子行盆(《銘圖》06262),時代爲春秋中期後段,銘文是"鄎(息)子行自作飤盆,永寶用之"。田成方、陳鑫遠認爲器主自稱"鄎(息)子行",其身份應爲息國貴族。稱"某子某"者爲楚系國家所常見,息子行屬於附楚的息國貴族,亦不排除是息國國君的可能。[4]

---

[1] 蘇建洲、吳雯雯、賴怡璇:《清華二〈繫年〉集解》297頁,臺灣萬卷樓圖書股份有限公司,2013年。

[2] 田成方、陳鑫遠:《息器與周代息國、楚息縣》,《出土文獻》第15輯,中西書局,2019年。

[3] 徐少華在其《周代南土的歷史地理與文化》(武漢大學出版社,1994年,117頁)中認爲周代息國的受封當在西周中晚期。但廣州市博物館收藏的息伯卣説明西周早期息國已被封國。

[4] 田成方、陳鑫遠:《息器與周代息國、楚息縣》,《出土文獻》第15輯,中西書局,2019年。

目前傳世和出土的息國青銅器中還没有直接顯示息國族姓的資料,有待新的考古資料出現。《通志·氏族略·周異姓國》所説的“息氏,……嫣姓,今蔡州新息縣是。莊十四年,楚滅之”和《路史·國名紀》有虞氏所説的“楚文妃息嫣國。後周之息州,非姬姓之息”都是錯誤的。這是誤解了《左傳·莊公十四年》“蔡哀侯爲莘故,繩息嫣以語楚子。楚子如息,以食入享,遂滅息。以息嫣歸,生堵敖及成王焉”的記載,以爲“息嫣”是息侯之女所致。

另外,傳世品有塞孫考叔痈父鼎（《銘三》0232）,又 1969 年湖北枝江市百里洲鎮王家崗出土的考叔痈父簠 2 件（《銘圖》05951、05952）、塞公孫痈父匜（《銘圖》14989）以及流散品塞孫考叔痈父鼎（《銘三》0232）、鄭之王戟 2 件（《銘圖》16686、《銘三》1376）、塞公屈穎戈（《銘圖》16696）等。這些器物的時代均爲春秋中期。銘文中的“塞”讀爲“息”,二字同屬心母職部,故可相通。塞公孫痈父即考叔痈父,即塞公之孫。此塞（息）公應是楚國的縣公。《吕氏春秋·察微》高誘注:“楚僭稱王,守邑大夫皆稱公。”顧炎武在《日知録·非三公不得稱公》中也説:“《左傳》自王卿而外,無書公者,惟楚有之,其君已僭爲王,則臣亦僭爲公。宣十一年所謂‘諸侯縣公皆慶寡人’者也。傳中如葉公、析公、申公、郎公、蔡公、息公、商公、期思公,並邊中國,白公邊吴,蓋尊其名以重邊邑。……此縣公之公也。”[1]楚國的縣公一般都是楚國公族或王子擔任,所以,此塞（息）公不是息國的國君,“塞公孫”也不是息國的公孫氏。塞公屈穎戈的“塞（息）公”名“屈穎”就是明證。“屈氏”是楚國公族中最有勢力的三個氏族（屈氏、景氏、昭氏）大宗之一。

12. 蘇國（温國）

蘇國是一個古國,見於夏商周三代。《國語·鄭語》:“己姓昆吾、蘇、顧、温、董,董姓鬷夷、豢龍,則夏滅之矣。”《世本》:“祝融之後,己姓,滅於夏。”今本《竹書紀年·夏紀》又有:“三十三年,封昆吾氏子于有蘇。”《新唐書·宰相表》:“蘇氏出自己姓。顓頊裔孫吴回爲重黎,生陸終。生樊,封於昆吾,昆吾之子封於蘇。”蘇與昆吾同祖,是夏之蘇爲己姓。《國語·晉語》:“殷辛伐有蘇,有蘇氏以妲己女焉。”是商之蘇亦己姓。至於周,武王有司寇蘇忿生,賜十二邑建立蘇國,故址在今河北臨漳縣西,後遷於温,即今河南温縣西南三十里。周之蘇也當是己姓。文獻之己姓,金文均作“改”。

蘇國,史傳或稱温國。《左傳·僖公十年》經曰:“狄滅温,温子奔衛。”傳云:“十年春,狄滅温,蘇子無信也。蘇子叛王即狄,又不能於狄,狄人伐之,王不救,故滅,蘇子奔衛。”杜預注:“蘇子,周司寇蘇公之後也,國於温,故曰温子。”魯僖公十年即周襄王二年（前 650 年）,蘇國被狄族所滅。

蘇國的青銅器見於著録的有 20 件,其中有 8 件西周時期器和 3 件春秋早期器的銘文可

[1] 顧炎武:《日知録》868 頁,甘肅民族出版社,1997 年。

看出蘇國的族姓。

1. 蘇公簋(《銘圖》04596),時代是西周晚期,銘文是"蘇公作王改 𣢠 簋"。銘文中雖然沒有"媵"字,但從"王改"的稱謂可以得知,這位蘇公之女嫁給了周王,是一位王妃。

2. 蘇公盤和蘇公匜(《銘圖》14404、14892),銘文是"蘇公作晉改盤(或匜)"。銘文中也沒有"媵"字,從上述蘇公作王改簋例推之,可知這也是蘇公女兒出嫁時的媵器,時代是西周晚期,其中"晉"就是晉國,是夫家的國名,"改"是蘇國的姓。

3. 蘇衛改鼎 4 件(《銘圖》01870—01873),這組簋爲西周晚期器,銘文是"蘇衛改作旅鼎,其永用"。這位蘇衛改是衛國國君夫人,其稱謂由父家族氏(蘇)+夫家族氏(衛)+自己的姓(改)組成。

4. 蘇夫人盤(《銘圖》14405),時代爲西周晚期,銘文是"蘇夫人作侄改襄媵盤"。蘇夫人即蘇君的夫人,"侄"是女子的身份。古時女子稱兄弟的子女爲侄。《爾雅·釋親》:"女子謂昆弟之子爲侄。"《釋名·釋親屬》:"姑謂兄弟之女爲姪。"《儀禮·喪服傳》:"侄者何也? 謂我姑者,我謂之侄。"《左傳·僖公十五年》:"侄從其姑。"《左傳·襄公十九年》:"齊侯娶於魯,曰顏懿姬,無子,其姪鬷聲姬生光,以爲大子。"又襄公二十三年:"臧宣叔娶於鑄,生賈及爲而死,繼室以其姪,穆姜之姨子也。"銘文中"改"是出嫁女子的姓,蘇國的族姓,"襄"是女子的名字。這位"侄改襄"是其姑出嫁的媵女。蘇國是改姓,蘇夫人必非改姓,所以"侄改襄"不可能是蘇夫人母家兄弟的女兒的侄女,應是蘇夫人女兒的侄女(其兄弟之女),從媵其姑。蘇夫人是出嫁女的母親,"侄改襄"的祖母。該盤是蘇夫人爲女兒陪媵的孫女所作的媵器。

5. 蘇沔妊鼎(《銘圖》02089)和蘇沔妊盤(《銘圖》14454),這兩件器物的時代爲春秋早期。蘇沔妊鼎銘文是"蘇沔妊作虢改魚母媵,子子孫孫永寶用",蘇沔妊盤銘文是"蘇沔妊作虢改魚母盤,子子孫永寶用之"。兩器的作器者與受器者相同,一個有"媵"字無器名,一個無"媵"字而有器名,兩相參證可知都是蘇沔妊爲虢改魚母所作的媵器。蘇沔妊是嫁入改姓蘇國的妊姓女子,她是以蘇國的主婦身份爲嫁往虢國的女兒作媵器。

6. 上海博物館從香港購藏的蘇公匜(《銘圖》14980),銘文是"蘇公作仲改媵匜"。這是春秋早期一位蘇公給二女兒鑄造的媵器。

通過蘇公簋、蘇公盤(匜)、蘇夫人盤、蘇衛改簋、蘇沔妊鼎(盤)銘文,我們可知周代的蘇國依然是改姓。

13. 養國(羕、鄴)

養,周代小國,文獻失載。養與淮河上游的江、黃、樊等國同族,皆東夷少昊族的後裔。

金文中養作羕、鄴,金文所見養器有 8 件,西周早期有羕史尊(《銘圖》11552),銘曰"羕(養)史作旅彝"。養史即養國的史官,説明養在西周早期已經立國並有自己的史官。春秋早期有鄴仲盤(《銘續》0943)、鄴仲匜(《銘續》0994);春秋中期有鄴伯受簋(《銘圖》05941)、鄴子伯受鐸（《銘圖》15960）；春秋晚期有郳子曰鼎（《銘圖》02310）、郳戈（《銘圖》16603）等。

20 世紀 70 年代以來，河南桐柏縣月河鎮左莊附近，多次發現有銘記的養國青銅器。郳子伯受鐸 1993 年出土於一座春秋中期墓葬，銘文是"郳子伯受之鐸"。養子伯受與郳伯受爲同一個人，可知此墓爲養國國君墓。養國故址當在今河南桐柏、泌陽一帶，中心約在月河附近。

上述郳伯受簠是 1970 年在湖北江陵一座春秋中期墓葬出土，説明此時周王室所封之養國尚存，大約在春秋中期晚段被楚所滅。此器是養伯受爲其元妹出嫁所作的媵器，出自楚墓，證明楚、養通婚。銘文記載養伯受之妹名叫叔嬴爲心。"叔"爲其女子排行，"嬴"爲養國的族姓，"爲心"是女子的名字。養仲盤和匜銘文是"養仲作其孫叔嬴酏媵盤（或匜）"，是養仲爲孫女叔嬴酏出嫁所作的媵器，均可説明養國爲嬴姓。

青銅器中出現不少"昶"氏銘文的器物，見於著録的有 20 餘件，西周晚期有昶伯㿟匜（《銘圖》14947）、夫人昶姬匜（《銘三》1254）；春秋早期有昶伯業鼎（《銘圖》02215）、昶仲無龍鬲 2 件（《銘圖》02928、02977）、昶仲無龍匕（《銘圖》06306）、昶仲無龍匜（《銘圖》14960）、昶伯夑父簠 2 件（《銘圖》04893、04894）、昶伯夑父盨（《銘圖》13826）、昶伯夑父盉（《銘續》0978）、昶伯墉鎛（《銘圖》13991）、昶戊鎛 2 件（《銘圖》14003、14004）、昶伯墉盤（《銘圖》14460）、昶仲匜（《銘圖》14953）、昶匐仲叟鼎（《銘續》0172）、昶匐仲比鬲 2 件（《銘續》0255、0256）、昶緄伯壺（《銘續》0831）和昶子白鼎（《銘三》0174）等。

董全生、張曉軍兩位先生認爲"昶"字實際上是"郕"字，郕通羕、養，認爲是古代的養國；[1] 徐少華先生則認爲所謂"昶"是"永"字的另一種形體，其右上或左上是一指示符號，作爲國族之稱，當是古羕國之"羕"，羕國嬴姓。[2] 爲方便叙述，本文仍稱爲"昶"。

目前傳世和新出土的昶國青銅器銘文，還没有一件能夠反映出昶國的族姓。唯有 2017 年西泠印社秋季拍賣會上有一件夫人昶姬匜，時代爲西周晚期，銘文是"夫人昶姬作寶匜，其萬年子子孫孫永寶用享"。這是某國族首領的夫人名叫昶姬的自作器。在金文中，女子自稱有兩種方式，第一種方式是夫家族氏 + 自家的姓，如虢姜鼎"虢姜作旅鼎"、衛姒簋蓋"衛姒作寶尊簋"、楊姞壺"楊姞作羞醴壺"、晋姞盤"晋姞作鑄旅盤匜"等，如此則"昶姬"夫人的夫家就是昶氏，夫人則來自一個姬姓族氏。第二種方式是父家族氏 + 父家的姓，如南姬盉"南姬作彝"、吕姜簋"吕姜作簋"、晋姬盨"晋姬作寶盨"、齊姜鼎"齊姜作寶尊鼎"、南宫姬鼎"南宫姬作寶尊鼎"之類。如果是這樣，"昶姬"夫人便是來自姬姓昶國的女子，"昶"就是姬姓，與嬴姓郳國相悖。那麼，"昶"與"郳"是同一個國家，就不可能了。究竟如何，有待今後出現新的資料來判定。

［1］　董全生、張曉軍：《從金文羕、郕看古代的養國》，《中原文物》1996 年第 3 期。

［2］　徐少華：《羕國銅器及其歷史地理探析》，《考古學報》2008 年第 4 期。

14. 獸國(胡國)

根據陳槃《春秋大事表列國爵姓及存滅表譔異》所載,[1]古代有四個胡國,歸姓胡國、姬姓胡國、嬀姓胡國、董姓胡國。前三個胡國分別在安徽阜陽、河南郾城、河南許昌等地。董姓胡國指參胡,地在今山西南部、河南西部一帶。[2]姬、嬀兩姓胡國目前没有得到古文字材料印證,裘錫圭先生認爲不存在姬姓胡國。

胡國的"胡",金文作"獸"或"姑"。媿姓獸國的青銅器或者與媿姓獸國有關聯的青銅器,西周早期有榮仲鼎(《銘圖》02412)。西周晚期有獸叔獸姬簋(《銘圖》05057—05062),這組簋有六件,形制、紋飾相同,大小相若,其中三件是蓋、器同銘,另外三件蓋銘與前三件相同,器銘的作器者却是芮叔廌父;另有獸叔信姬鼎(《銘圖》02407)、姑仲衍鐘(《銘圖》15177),以及傳世的姑衍簋蓋(《銘圖》04752)、獸叔簋(《銘圖》05858)等。

榮仲鼎是近年發現的一件很重要的西周早期青銅器,銘文有"王作榮仲序,在十月又二月生霸吉庚寅,子賀榮仲場瓚一、牲大牢。已巳,榮仲速芮伯、胡侯、子。子賜白金鈞,用作父丁饙彝。史"。説明西周早期胡國已經存在,且與榮氏、芮伯、王子有密切來往。西周晚期的胡叔胡姬簋是1978年陝西武功縣蘇坊鎮任北村西周銅器窖藏出土,銘文是"獸叔獸姬作伯媿媵簋,用享孝于其姑公,子子孫其萬年永寶用"。這是獸叔獸姬夫婦爲其大女兒伯媿所作的媵器,説明此獸國是媿姓之國。由伯媿的媵器與芮叔廌父同坑出土,且有三件與芮叔廌父簋蓋合璧,説明芮叔廌父有可能就是伯媿的丈夫。獸叔信姬鼎是1973年在陝西藍田縣草坪公社草坪村出土,姑仲衍鐘是2006年陝西扶風縣城關鎮五郡村西周銅期窖藏出土的。姑仲衍鐘和姑衍簋的"胡"字均作"姑",也是"胡"字在金文中的一個別體。姑仲衍與姑衍應是同一人,是胡國的公族。

獸叔簋銘文是"獸叔作吳姬尊筐,其萬年子子孫永寶用",這是胡叔爲其夫人所作的用器。這個"吳"是姬姓,不是春秋時期稱霸一時的蘇南句吳,而是太伯奔吳的吳,其地當在今陝西隴縣寶雞一帶的吳山南麓。[3]另外還有獸叔信姬夫婦作器,以及獸叔嫁女於芮國,使我們知道胡國與信、吳、芮三國(氏)有婚姻關係。

媿姓胡國的地望,史書缺載,考古發現未見胡侯之器。張亞初先生根據胡叔信姬鼎出土於陝西藍田縣草坪村,推斷此媿姓胡國在今陝西藍田縣附近。[4]張海先生認爲媿姓諸宗起源於山西南部,胡國的大宗應在晉國境內,胡叔諸器出土於陝西藍田縣,只是胡國的一個小

[1] 陳槃:《春秋大事表列國爵姓及存滅表譔異》。

[2] 張亞初:《古文字分類考釋論稿》,《古文字研究》第17輯,中華書局,1989年。

[3] 沈長雲:《談銅器銘文中的"夨王"及相關歷史問題》,《考古與文物》1989年第6期。

[4] 張亞初:《古文字分類考釋論稿》。

宗,因某種原因遷居周都畿內居住。[1]同理,猷仲家族也是胡國的一個小宗,居地可能就在今陝西扶風縣南部。

歸姓胡國見於《左傳》《世本》等文獻。《左傳·襄公三十一年》載魯襄公薨,魯人:"立胡女敬歸之子子野,次於季氏。秋,九月癸巳,卒,毁之。"魯人另"立敬歸之娣齊歸之子公子稠",杜注:"胡,歸姓之國。敬歸,襄公妾。"又注:"齊,謚。稠,昭公名。"胡女姊妹二人生姓皆稱"歸",其母家必爲歸姓無疑。《世本·氏姓篇》説:"胡子國,歸姓。"所指當是敬歸父家的族氏。魯定公十五年(前495年)歸姓胡國亡於楚,故址在今安徽阜陽市西北。

有關歸姓胡國的青銅器,西周早期有伯夅鼎(《銘續》0213),銘文是"唯公省,徂南國,至于漢,厥至于猷,公錫伯夅寶玉五品,馬四匹,用鑄宫伯寶尊彝"。西周中期前段有猷應姬鼎(《銘續》0221),銘文有"昭王伐楚荆,猷應姬見于王,辭皇,錫貝十朋,玄布二匹,對揚王休,用作厥嫡君公叔乙尊鼎";窽鼎(《銘圖》02340),銘文是"唯十又一月,師雍父省道至于猷,窽從,其父蔑窽曆,錫金,對揚其父休,用作寶鼎";遄甗(《銘圖》03359),銘文是"唯六月既死霸丙寅,師雍父戍在由師,遄從師雍父肩事遄使于猷侯,侯蔑遄曆,錫遄金,用作旅甗";录簋(《銘圖》05115),銘文是"伯雍父來自猷,蔑录曆,錫赤金,對揚伯休,用作文祖辛公寶蠶簋,其子子孫孫永寶"。春秋早期有猷侯之孫陳鼎(《銘圖》01745),銘文是"猷侯之孫墜之鬲"。春秋晚期有猷侯定盞(《銘續》0522),銘文是"猷侯定自作飤皿"。

伯夅鼎南巡的"公",根據傳世文獻,周初開發江漢地區最有關係的人物是召公,清光緒時陝西岐山劉家原出土的太保玉戈銘文也記載了召公省視南國的事情,銘文云"六月丙寅,王在豐,命太保省南國,帥漢,誕殷南,命屬侯辟,用鬯走百人"。巡視的路綫是從宗周出發,循漢水而下,抵達江漢一帶;伯夅鼎記載的巡視南國的也可能是召公,巡視的路綫是從成周出發途經胡國而去南國。猷應姬鼎銘文記述的是昭王伐楚荆,途經猷國,猷應姬朝見昭王之事。這和伯夅鼎所講的省南國的路綫一致。這幾件銅器銘文中的猷,應該就是歸姓胡。

《左傳·襄公二十八年》:"夏,齊侯、陳侯、蔡侯、北燕伯、杞伯、胡子、沈子、白狄朝于晋,宋之盟故也。"楊伯峻《春秋左傳注》:"胡有二,一爲姬姓之國……故城當在今河南漯河市東。此胡子則爲歸姓國,三十一年《傳》胡女敬歸可證。故城在今安徽阜陽縣治。定十五年(前495年)爲楚所滅,此當是歸姓之胡。"[2]

李學勤先生根據1975年扶風縣莊白窖藏青銅器銘文認爲,當時淮夷侵周,穆王命伯威帶領成周的武裝戍防,在胡國同敵搏戰,取得勝利。後來,伯威又爲穆王先行省道,到過猷國。這個猷國就是文獻中歸姓的胡國,在今安徽阜陽,是自成周通往淮水流域的必經要地。[3]裴

---

[1] 張海:《懷姓九宗研究》25頁,河北大學碩士學位論文,2008年。

[2] 楊伯峻:《春秋左傳注》(修訂本)。

[3] 李學勤:《從新出青銅器看長江下游文化的發展》,《新出青銅研究》,文物出版社,1990年。

錫圭先生認爲："所以郾城和阜陽很可能是歸姓之胡先後所居之地,並非一爲姬姓之國,一爲歸姓之國。……但是從春秋初年的形勢來看,鄭武公所伐的胡應該在郾城而不在阜陽,却是完全可以肯定的。西周金文中所見的戲(胡)國,其所在地自然也以定在郾城爲宜。"[1]戲應姬鼎的戲應姬,是姬姓應國宗室女子嫁給戲國者,也就是戲侯的夫人,亦證明裴錫圭先生之説可信。

有人認爲金文中的媿姓之戲即文獻中的歸姓之胡,"隗""媿"與"歸"均爲微部見紐字,雙聲疊韻,故相通假。[2]筆者認爲,"隗""媿"與"歸"字固可通假,但不等於兩者爲同一姓氏。陝西關中地區出土的戲國諸器,時代爲西周早期到西周晚期,南方出土或者昭王伐楚、伯雍父征伐淮夷所經過的戲國,其時代也是從西周早期一直到西周晚期,春秋時期還有戲侯的器物出土。説明這兩個胡國没有承襲關係,不會是北方胡國遷封於南方,也不會是南方胡國有人在朝擔任公卿、在畿内存在封邑的可能,因爲没有文獻記載也没有出土資料可證。

15. 復國

復國古代有二,一爲嬴姓復國,二爲媿姓復國。《姓觿》九十一載:"《姓考》云:古有復國,嬴姓,滅於夔,因氏。《地譜》云:即沔陽郡,去夔遠,當滅於楚。"《路史·後紀》:"江、黄、耿、弦、兹、蒲、時、白、郟、復、巴、貳、穀、麋、邙、葛、祁、譚,皆嬴姓國也。……巴、復入於夔,而江、黄、邙、弦、時、麋、白滅於楚矣,後各以國令氏。"《姓觿》和《路史》所舉皆春秋時期小國,則此"復"亦應是春秋時期國家。嬴姓復國至今未發現青銅器資料,詳細情況不得而知。

媿姓復國是一個古老的國家,鬼侯的一支,是商王朝的一個方國。甲骨文有复國。《鐵雲藏龜》145.1:"乙卯卜,余乎复。"《殷虚書契前編》5.13.5:"乙酉卜,爭貞,往复……"《殷契拾掇二編》201:"貞,勿入复,若,二月。""复""復"本爲一字。從媿姓倗國在晋南絳縣橫水鎮的發現,可知鬼方部族殷商時期居住在晋南一帶,也就是周初的懷姓九宗,並可進一步推知媿姓復國殷商時期也應在今晋南地區。徐少華先生考證復國在西周初期大分封之時被遷封到南方,其地望在今河南桐柏縣西北,可能在春秋初期之後被楚國吞併。[3]湖北隨州葉家山曾國墓地出土的曾侯諫盉(《銘圖》03292)、曾侯諫簋(《銘圖》04352),係西周早期之物,銘文是"曾侯諫作媿寶尊彝",這是曾侯諫爲其夫人所作器,則其夫人出自媿姓族氏,有可能就是狄人南遷所建立的復國之女。

復國的青銅器目前發現6件,5件是西周晚期偏早之物。即復公仲簋蓋(《銘圖》05105)、復公仲壺(《銘圖》12371)、復公子伯舍簋(3件,《銘圖》04932—04934),另一件是春秋早期的復公聞簋(《銘圖》04889)。

[1] 裴錫圭:《説戲簋的兩個地名——棫林和胡》,《古文字論集》,中華書局,1992年。
[2] 何浩:《"胡爲夔出"説辨證——兼論羋夔立國及歸胡地望》,《中原文物》1989年第2期。
[3] 徐少華:《復器、復國與楚復縣考析》,《"中研院"歷史語言研究所集刊》80本第2分,2009年。

　　復公仲壺是復公仲自鑄的用於宴饗的醴壺，復公仲簋是復公仲爲其女兒孟媿所作的媵器，銘文是"復公仲若我曰：其擇吉金，用作我子孟媿寢小尊媵簋，其萬年用壽，用狙萬邦"。"子"是親屬稱謂，在古代兼指兒女。"我子孟媿"是説我的女兒孟媿，"孟"是女兒的排行，"孟"字之後的"媿"爲女子的族姓。裘錫圭先生從文字結構和字音加以論證後指出"媿"就是"媿"字別體，也就是復國的族姓。[1]復公子伯舍簋銘文是"復公子伯舍曰：啟親，作我姑鄧孟媿媵簋，永壽用之"。這是一位復國的公子，名叫伯舍。該簋是他爲其姑母鄧孟媿出嫁所作的媵器。這個鄧孟媿從稱謂中可以知道她的夫家是鄧氏，也就是鄧國，其在商周時期的地望尚不可考，春秋時期的都城，從其出土的鄧公諸器可知在今湖北襄陽市西北的鄧城遺址。有可能這位鄧孟媿就是復公仲的女兒孟媿，伯舍是復公仲的孫子輩。由"鄧孟媿"的"媿"也證明了裘錫圭先生指出的"孟媿"之"媿"是"媿"字別體之説十分正確。復公聞簋，是春秋早期器，銘文是"復公聞自作饙簋，其萬年子子孫孫永壽用之"。這位復公名聞，"復"字作"郮"。該簋是復公聞的自作用器。

　　16. 番國（潘國）

　　番國，也作潘、鄱，周代諸侯國，文獻記載爲祝融的後裔，改姓。西周中晚期，番國貴族就世代在周王室擔任要職。番氏也嫁女於周王室。西周時期番國的地望文獻失載，學者或以爲在今河南溫縣一帶。如徐少華説："從屬王前後番國首領於王室任要職，並與周天子通婚的史實來看，西周時期的番國應在北方中原地區。番族出自己姓昆吾之後，西周及其以前，己姓諸國並在黄河中游兩岸活動，作爲己姓支族而別封的番國，則亦應在這一地區，或與同姓的蘇國（'溫'）相近。"[2]春秋初期番國遷到信陽平橋區，春秋中後期又遷到固始。故城位於固始縣及城北一帶，是一座規模宏大的東周時期土城牆遺址。故城分内外兩城，内城位於外城的東北部，兩城的城牆大部分尚存。外城周長 13.5 公里，外城的護城河大部分尚存，[3]現爲全國重點文物保護單位。春秋晚期，番國完全淪爲楚國的附庸。《左傳·定公六年》載："四月己丑，吳太子終累敗楚舟師，獲潘子臣、小惟子及大夫七人。"《史記·吳太伯世家》云："十一年（前 504 年）吳王使太子夫差伐楚，取番，楚恐而去郢徙鄀。"此時番已是楚國的一個城邑，説明在此之前番國已亡於楚。潘子臣應是番邑的大夫，而不是番國的國君。

　　番國的族姓史書有二説，其一，畢公高之後季孫所封，姬姓。《路史·後紀·高辛紀》載："文公薨，畢公高入職焉。子季孫邑潘，……有畢、魏、藩、番、龐、呂、獻、豫、芮、垣、新、王。"《元和姓纂》："潘，周文王子畢公高之後，子伯季食采於潘，因氏焉。"其二，殷太丁同母弟堂陽

[1] 裘錫圭：《復公仲簋蓋銘補釋——兼説珦生器銘"寢氏"》，《裘錫圭學術文集》第 3 卷 195 頁，復旦大學出版社，2012 年。

[2] 徐少華：《周代南土歷史地理與文化》133 頁，武漢大學出版社，1994 年。

[3] 固始縣政府信息網：《關於籌建番國故城遺址公園情況的匯報》，2017 年 12 月 30 日。

之後,子姓。《路史·後紀·高辛紀》又有:"太丁侯母弟堂陽,爲堂陽氏。蕩、陽、番、署,御姓國也。四、時、茶、共、梅、稚、定、巢、郅、同、黎、比、髦、扨、段、瓦、鐵、繁、沛、來、向、施、蕭、饑、索、空桐、鮮虞,皆子國也。"

　　番國的青銅器見於著録者,西周中期有番伯鬲(《銘續》0246)、番生簋蓋(《銘圖》05383);西周晚期有番匊生壺(《銘圖》12416)、番匊生鼎(《銘三》0279)、王作番改鬲(《銘圖》02870);春秋早期有 1986 年河南信陽市五星鄉平西村春秋墓出土的番叔壺(《銘圖》12289)、1978 年河南潢川縣彭店鄉劉砦村出土的番君伯歂盤(《銘圖》14473)、1974 年河南信陽長臺關鄉彭崗村墓葬出土的番伯酓匜(《銘圖》14952)、番伯官曾鑪(《銘圖》14006)、番伯ㄩ孫自鬲(《銘圖》02843)、番君䣇伯鬲(3 件,《銘圖》02990—02992)、番君匜(《銘圖》14970)、番仲ㄒ匜(《銘圖》14963)、番仲⊙匜(《銘續》0990);春秋晚期番君召簠(4 件,《銘圖》05914—05917)、鄱子成周鐘(9 件,《銘圖》15255—15263)、番仲戈(《銘圖》17070)等。

　　從目前出土的番伯鬲、番匊生壺、番生簋可知西周中期番國就已存在,春秋時期的番國青銅器諸如番君伯歂盤、番伯酓匜、番叔壺、鄱子成周鐘等,大多出土於河南潢川縣、信陽市、固始縣一帶。番伯鬲銘文"番伯作畢姬寶尊鬲",這是番伯爲其夫人所作的器物,其夫人來自姬姓的畢國,故稱畢姬,這就説明番國是非姬姓之國。王作番改鬲銘文説"王作番改齋鬲,其萬年永寶用",這是周王爲來自改姓番國的妃子所作的用器。所以此番國不是《元和姓纂》的姬姓潘國,也不是《路史·後紀·高辛紀》所説的爲子姓番國,而是改姓。番匊生壺銘文是"唯廿又六年十月初吉己卯,番匊生鑄媵壺,用媵厥元子孟改乖,子子孫孫永寶用",進一步證明番國爲改姓。另外還有春秋中期的上鄀公簠,銘文有"上鄀公擇其吉金鑄叔芉、番改媵簠"(《銘圖》05970)。這是楚國上鄀縣縣公爲出嫁的女兒叔芉所作的媵器,銘文中還寫入來自番國的媵女番改的名字,也證明了番國是改姓之國。

　　17. 黄國

　　據《竹書紀年》載,黄國與秦同源,爲伯翳之後,夏商時期活動於淮河流域,後遷到安徽與河南交界處,周王朝建立之後,黄國依然存在。兩周之際,黄國勢力有所發展,與淮水流域的同族江、道、柏、弦等嬴姓諸國結成同盟。同時,通過與漢陽地區的姬姓邦國聯姻,共同與强楚周旋。《廣韻》:"黄,陸終之後,受封於黄。"《姓觿》:"姓源云:陸終之後封於黄,爲楚所滅,因氏。宋學士集云:有謂出於高陽氏,自伯翳賜姓嬴,而其後有將、江、黄諸國,爲楚所滅。"《左傳·僖公十一年》曰:"黄人不歸楚貢。冬,楚人伐黄。"又僖公十二年:"夏,楚滅黄。"

　　黄國滅亡在楚成王二十四年(前 648 年)。但《戰國策·衛策》有:"犀首伐黄,過衛。使人謂衛君曰:'弊邑之師過大國之郊,曾無一介之使以存之乎? 敢請其罪。今黄城將下矣,已,將移兵而造大國之城下。'衛君懼,……"高誘注:"黄,國名也。"陳槃依此條推測:"戰國時尚有黄國者,蓋亡而復存如許、胡、沈、道、房、申、陳、蔡之等。"筆者認爲此黄即黄城,故址在今河南内黄縣西北,是一個城邑,當時可能屬於趙國,與衛國相鄰,它與淮南的嬴姓黄國並不相涉,高誘之説非是,陳槃的推測也是不可靠的。但是,近年有較多春秋晚期黄國青銅器出土,特别是黄子戌、黄子婁諸器的發現,説明黄國在春秋中期之初亡國後,又曾復國,抑或是楚成王二十四年(前 648 年)並未滅國,而是成爲楚國的附庸,春秋末期才被楚國所滅。黄國故城位於河南潢川縣西北 6 公里處的隆古鄉。

黄國青銅器見於著録的,西周中期有黄子魯天尊(《銘圖》11757);西周晚期有黄君簋蓋(《銘圖》05013)、黄君子叕鼎(《銘圖》02094)、黄君子叕簋(《銘圖》05859)、黄君子叕壺(《銘圖》12332)、黄仲匜(《銘圖》14903)、黄朱柢鬲(《銘圖》02818、02819);春秋早期有黄季鼎(《銘圖》02088)、黄季鼎(《銘圖》01974)、黄季佗父戈(《銘圖》16898)、黄子桀戈(《銘續》1143);春秋中期有黄君孟鼎(《銘圖》02003、02004)、黄君孟豆(《銘圖》06146)、黄君孟壺(《銘圖》12324)、黄君孟鑪(《銘圖》13997、13998)、黄君孟盤(《銘圖》14440)、黄君孟匜(《銘圖》14917)、黄君孟戈(《銘圖》16973)、黄子鼎(2 件,《銘圖》02038、02087)、黄子鬲(《銘圖》02844、02945)、黄子壺(《銘圖》12338、12339)、黄子豆(《銘圖》06148)、黄子盤(《銘圖》14455)、黄子盉(《銘圖》14769)、黄子匜(《銘圖》14942)、黄子罐(《銘圖》19232)、黄子器座(《銘圖》19302)、黄太子伯克盆(《銘圖》06269)、黄太子伯克盤(《銘圖》14520)、黄韋俞父盤(《銘圖》14490);春秋晚期有黄子戌鼎(《銘續》0108)、黄子戌缶(《銘續》0908)、黄子戌斗(《銘續》0912)、黄子戌盉(《銘續》0977)、黄子婁鼎(《銘續》0216)、黄子婁簋(《銘續》0506)、黄子婁盨(《銘續》0523)、黄子婁缶甲(《銘續》0906)、黄子婁缶乙(《銘續》0907)、黄子婁盉(《銘續》0973)等。

西周晚期的黄君簋蓋、春秋早期的黄季鼎以及春秋中期的黄太子伯克盤,均記載黄國爲嬴姓,可證文獻記載黄國爲嬴姓不誤。黄太子伯克盤銘文有"黄太子伯克作仲嬴𡚬媵盤",是黄國一位名叫伯克的太子,爲仲嬴𡚬作的媵器,作器者與受器女子不是父女關係,便是兄妹關係,女子的稱謂是"仲嬴𡚬"。"仲"是其排行,"嬴"是其族姓,"𡚬"字不識,應是女名。銘文證明了黄國爲嬴姓。黄君簋蓋銘文云"黄君作季嬴秘媵簋",是黄國國君爲一位名叫"季嬴秘"的女子所作的媵器。銘文中没有親屬稱謂,但作器者一般爲女方的父親或長輩。黄季鼎是 1972 年在湖北隨縣均川鎮熊家老灣出土,銘文云"黄季作季嬴寶鼎,其萬年子孫永寶用享"。銘文中也没有親屬稱謂,也没有"媵"字,但從作器者爲黄國公族,受器者爲嬴姓,可以認定這也是一件媵器,説明季嬴是黄季的女兒或者姊妹。湖北隨縣均川鎮熊家老灣是姬姓曾國之地,其夫家應是曾國公族。

另外,黄子婁缶甲銘文記載"唯正月初吉丁亥,黄子婁擇其吉金,以作其妻叔羋母賓缶,永保用之",説明黄國與羋姓國通婚。1983 年河南光山縣寶相寺上崗磚瓦廠春秋墓葬出土黄子爲黄夫人孟姬所作的用器有鬲 2 件,鑪 2 件,豆、盉、器座各 1 件,説明黄國和鄰近的姬姓曾國通婚。

18. 樊國

《國語·周語一》：“魯武公以括與戲見王，王立戲，樊仲山父諫曰：‘不可立也……’”韋昭注：“仲山父，王卿士，食采於樊。”又《左傳·莊公二十九年》云：“樊皮叛王。”樊皮即樊侯仲皮，是樊仲甫的後人。前 664 年周王命虢公討伐樊國，並把樊皮抓回京師。前 635 年周王將陽樊之地賜給晉國，晉文公圍樊，樊國遂爲晉國所有。這個樊是姬姓樊國。

《論語後録》云：“樊氏有二，姬姓，仲山甫之後，蓋以邑爲氏者也。又殷之後有樊氏。”[1]殷後之樊氏未見有封國的記載，殷爲子姓，所以這是子姓之樊。

1978 年在河南信陽市浉河區五星街道南山嘴清理了兩座樊國貴族墓，依銘文知其爲春秋中期樊國國君及其夫人的墓葬。[2]始知春秋時期這裏存在一個樊國，都城應在信陽一帶，後爲楚國所滅。這個樊國是什麽姓呢？ 墓葬出土有樊君夒盆（《銘圖》06261）、樊君夒匜（《銘圖》14962）；又有樊夫人龍嬴鼎（《銘圖》01743）、樊夫人龍嬴鬲（2 件，《銘圖》02889、02890）、樊夫人龍嬴壺（《銘圖》12296）、樊夫人龍嬴盤（《銘圖》14408）、樊夫人龍嬴匜（《銘圖》14900）等 6 件青銅器，銘文均記載樊夫人龍嬴自作器。從銘文可知，樊夫人來自嬴姓龍國或龍氏。

傳世的樊君鬲（《銘圖》02839），是春秋中期之物，銘文是“樊君作叔嬴、羋媵器寶鬲”。有人認爲銘文中的“叔嬴羋”應連讀，以爲“嬴”是樊國的姓，“羋”是樊君女兒的名字，[3]但結合樊夫人龍嬴是嬴姓，這個樊國就不可能是嬴姓。還有樊季氏孫仲嚚鼎（《銘圖》02240），時代爲戰國早期，銘文是“唯正月初吉，樊季氏孫仲嚚（羋）堇，用其吉金，自作橐沱”。從銘文可知樊國此時可能已經亡國，作器者“仲羋堇”自稱是“樊季氏孫”，自當是樊氏的後裔，從其稱名來看，“仲羋堇”應是女性。“仲”是其排行，“羋”是其姓，“堇”是其名。由此可知，此樊國是羋姓之國，那麽樊君鬲的“叔嬴羋”連讀起來看作一位女子就成了問題。如果分讀爲“叔嬴、羋”，“叔嬴”是一位嬴姓女子，“羋”是另一位羋姓女子，兩者的關係是主嫁女和媵女的關係，這個問題就解決了。再下來的問題就是作器者樊君究竟是哪位女子的父親。陳昭容女士認爲作器者樊君應是羋姓媵女的父親，這是媵女父親爲媵女和主嫁女所作的媵器，由於自己的女兒是媵女，所以銘文中必須把主嫁的叔嬴放在前面，以明嫡媵關係。雖然銘文中沒有“媵”字，也能判斷出這是一件媵器。[4]媵女的家長作媵器，陳氏還列舉了西周中期的伯猺父鬲和西周晚期的伯氏始氏鼎，與此鬲同例。

［1］（清）錢坫：《論語後録》，上海古籍出版社，1996 年。

［2］河南省博物館、信陽地區文管會、信陽市文化局：《河南信陽市平橋春秋墓發掘簡報》，《文物》1981 年第 1 期。

［3］于豪亮：《論息國和樊國的銅器》，《江漢考古》1980 年第 2 期。

［4］陳昭容：《兩周婚姻關係中的“媵”與“媵器”——青銅器銘文中的性別、身分與角色研究之二》，《“中研院”歷史語言研究所集刊》77 本第 2 分，2006 年。

淅川的芈姓樊國的由來，由於資料有限，目前尚不清楚。至於仲山甫的姬姓樊國，初在陝西長安東南樊川，後遷於太行山之南、黃河之北的陽邑，與晉國相鄰，即今河南濟源縣西南，故稱陽樊，與淅川的芈姓樊國無涉。殷後的子姓樊氏，目前尚未發現有關的新資料，無法確定其地望和族姓。

19. 囂國（敖國）

《古今姓氏書辯證》云：“高陽氏別號大敖，其後有敖氏。”《路史·後紀·疏仡紀》高陽氏：“伯益之字隤凱，次居子族之三，爲唐澤虞，是爲百蟲將軍，佐禹治水，封之於梁。舜嬗禹，禹異於益，辭焉。年過二百，南梁大敖，梁之析也。有梁氏、敖氏、伯氏。”又《路史·國名紀》商氏後：“囂敖，仲丁居，敖也。在陳留浚儀，秦之敖倉，今鄭之滎澤西十五有敖土，有敖城。《穆傳》‘囂氏之隧’，即《詩》‘薄狩於敖’者。”古本《竹書紀年》商仲丁：“元年，自亳遷於囂。”

西周敖國未見文獻記載，但見於西周晚期青銅器銘文，不知始封於何時。由囂仲晉盉和伯剌戈可知，春秋早期敖國尚在，大約在春秋中期被鄭國所滅。《左傳·宣公十二年》：“晋師在敖、鄗之間。”杜預注：“滎陽京縣東北有管城，敖、鄗二山在滎陽縣（即今河南滎陽市）西北。”

金文資料中，西周晚期有囂伯盤（《銘圖》14492）、囂伯歔夷匜（《銘圖》14976）；春秋早期有囂仲晉盉（日本泉屋博古館收藏）、伯剌戈（《銘圖》17348）。銘文中“囂”或“𪅂”（見囂伯歔夷匜），劉釗先生釋爲“敖”。“𪅂”字从囂从高省，應是在囂字上疊加高聲而成的一個累加聲符的形聲字，即囂字加聲符的一種異體。[1]“敖”與“囂”在典籍和古文字資料中經常相通，如人們熟知的楚官莫敖，在古文字資料中大都作莫囂。所以銘文中“囂伯”應讀作“敖伯”。

囂伯盤，時代爲西周晚期，銘文是“唯正月初吉庚午，囂伯媵嬴尹母沬盤，其萬年子子孫永用之”。這是囂伯爲女兒或者姊妹所作的媵器，其女姓嬴，字尹母，可知敖國爲嬴姓。

20. 會國

會國，《左傳》《國語》作“鄶”，《詩經》作“檜”，《漢書·地理志》作“會”，與西周青銅器銘文相同。

會，是一個古老的族群，相傳爲祝融的後代，周武王滅商紂後封之爲諸侯，故址在今河南新密市密縣老城東 35 公里與新鄭市交界處的曲梁鄉大樊莊。周平王二年（公元前 769 年），被鄭武公所滅。《毛詩譜》云：“昔高辛之土，祝融之墟，歷唐至周，重黎之後，妘姓處其地，是爲鄶國。”

1972 年 12 月陝西扶風縣法門鎮上康村發現的會妘鼎（《銘圖》02056），時代爲西周晚期，銘文是“會妘作寶鼎，其萬年子子孫永寶用享”。這是一位名叫會妘的夫人自己主持所作之

[1]　劉釗：《談新發現的敖伯匜》，《古文字考釋叢稿》116—119 頁，嶽麓書社，2004 年。

器,可知這位會妘已是某國族的宗婦,其稱名使用父家的國名和姓自稱,例同齊姜鼎的齊姜、晉姬盨的晉姬、祭姬爵的祭姬、吕姜簋的吕姜等。會國爲妘姓也得到了西周青銅器銘文的證實。另有故宮博物院收藏的會妘鬲(《銘圖》02724),銘文爲“會妘作媵鬲”。這是會妘爲女兒所作的媵器,銘文中没有列出女兒的名字和夫家的族氏,只知作器者會國的夫人是妘姓的婦女。

《詩經》有檜風四篇,《詩經集傳》云:“檜,國名,高辛氏,火正祝融之墟,在《禹貢》豫州外方之北,榮波之南,居溱洧之間。其君妘姓,祝融之後。周衰,爲鄭桓公所滅。”

21. 雍國

雍,金文作雗。雍國原爲商代諸侯國,子姓,武王滅商之後改封文王第十三子於雍。《左傳·僖公二十四年》:“昔周公弔二叔之不咸,故封建親戚,以蕃屏周,管、蔡、郕、霍、魯、衛、毛、聃、郜、雍、曹、滕、畢、原、酆、郇,文之昭也。”杜注:“雍國在河内山陽縣西。”漢山陽縣在今河南焦作市山陽區市政府西南 7 公里朱村鄉府城村。焦作市原屬修武縣。《修武縣志》載:“修武有雍城,舊志云在清化東修武西。今考縣西五十里有村曰府城,居民數百家,西北里許有廢址舊址,僅存西、北二面,東距山陽城二十里,西距清化二十五里。”今府城村西北 200 米處現存府城遺址,城垣方形,面積約 8 萬平方米。調查發掘證實,此城始建於夏末商初,沿用於東周時期。該遺址現爲全國文物重點保護單位。雍國於春秋中期被晉國吞併。

雍國的青銅器見於著録的只有 6 件,西周早期有雍伯鼎(《銘圖》02045),銘文是“王令雗(雍)伯眔于屮爲宫,雗(雍)伯作寶尊彝”;雍伯鼎(《銘三》0284)銘文是“唯九月辰在庚申,王□狩,自□師,命雗(雍)伯[鬱]冏、車馬,曰:以乃衆□昌土□生。雗(雍)伯揚[王]休,用鑄寶旅鼎”;雍妘簋(2 件,《銘圖》04325、04326),銘文是“雗(雍)妘作寶尊彝”。西周晚期有雍伯原鼎(《銘圖》02145)。春秋早期有雍子前彝戈(《銘續》1140)等。

目前所見雍國的青銅器只有周王封賞雍伯的記載,以及雍國與妘姓族氏聯姻,其他信息不多。

22. 北國(邶國)

北國,文獻作“邶”。《説文·邑部》:“邶,故商邑,自河内朝歌以北是也。”《漢書·地理志》:“河内本殷之舊都,周既滅殷,分其畿内爲三國,詩風邶、庸、衛國是也。邶,以封紂子武庚;庸,管叔尹之;衛,蔡叔尹之:以監殷民,謂之三監。故《書序》曰‘武王崩,三監畔’。周公誅之,盡以其地封弟康叔,號曰孟侯,以夾輔周室,遷邶、庸之民于雒邑。”師古曰:“自紂城而北,謂之邶;南,謂之庸;東,謂之衛。”

關於北國的都城史書記載模糊,有云在紂都朝歌之北,或曰在東,或曰在南。《清一統志》彰德府古迹又載:“湯陰縣東南三十里有北城鎮。”清《彰德府志》古迹又説邶城在安陽縣東三十里,《讀史方輿紀要·衛輝府》又説:“邶城,在府(今衛輝市)東北。周武王克商,分其地爲邶、鄘、衛。”以上諸説,則北國故地當在紂城朝歌東北,亦即殷墟安陽市東南。王國維則以爲河北淶水曾出土北國器物,認爲邶即燕。[1]王龍正以湖北江陵萬城出土北子諸器,認爲這是周公平定三監之亂後,將邶國南遷於江陵萬城附近。[2]而郭沫若則認爲:"邶國疆域,在今河南湯陰或者淇縣附近。不能遠至江陵。北國器在江陵出土,可能是經過曲折的經歷,爲楚國所俘獲。"[3]

邶國之"邶",金文倶作"北"。其首領有的稱"子",有的稱"伯"。

目前見到的北國的青銅器,主要有清光緒年間出土於河北淶水縣明義鄉張家窪和1961年12月出土於湖北江陵縣西45里之萬城(今屬荆州市荆州區李埠鎮)古墓葬的青銅器。張家窪出土的有西周早期的北伯鼎(《銘圖》01230)、北子鼎(《銘圖》01792)、北伯殹尊(《銘圖》11628)、北伯殹卣(《銘圖》13160)、北伯殹簋(《集成》05890);萬城出土的有西周中期前段的北子鼎(《銘圖》01052)、北子瓶(《銘圖》03237)、羿簋(2件,《銘圖》04951、04952),同出的還有西周早期的小臣觶(《銘圖》10627)、小臣尊(《銘圖》11633)和小臣卣(《銘圖》13166)。另外,傳世有西周早期的北伯鬲(《銘圖》02688)、北伯邑辛簋(《銘圖》04507)、北子禽觶(《銘圖》10619)、北子尊(《銘圖》11495)、北子卣(《銘圖》13048);西周中期前段的北子觶(《銘圖》10654)、北子宋盤(《銘圖》14412)等。

張家窪出土的北子鼎,銘文是"北子作母癸寶彝";萬城出土的北子鼎,銘文是"北子,𠭯(冉)";北子瓶銘文是"𦧻北子,𠭯(冉)";北子宋盤銘文是"北子宋作文父乙寶尊彝"。説明北族使用族徽和日名,它肯定不是姬姓封國,應是殷人的一支。目前所見北國的青銅器還反映不出北國的族姓。

23. 郘國(上郘、下郘、中郘)

郘,金文作"若""蓋""郘"和"蜍",是一個古老的族氏,屢見於文獻記載。據傳郘爲少昊之後允格所封國,允姓。殷商時期,郘國是商朝畿内實力較强的方國,其首領多在商王室擔任要職,出土的商代郘國銅器,如若父己爵、亞若鼎、亞若癸簋、若父己爵等多達22件。"亞"是商代一種職官,具有較高的權力和地位;若族首領出任"亞"職,説明若族與商王朝關係密切。商王也時常卜問若的收成情況,甲骨卜辭有"若受年"的記載。周武王滅商之後,遷郘國於南方,一支地處商密,在今河南淅川西南;另一支在湖北宜城,即今湖北宜城市東南與鍾祥市西北交界,蠻河與漢江交匯處。

《路史·後紀》載少昊之後:"允格封郘,有子郘姓,虞帝投之幽州,是爲陰戎之祖。"《國名紀》又云:"郘,子爵,舊郘本商密,秦楚界上小國。《世本》云:'允姓國,秦人之,後遷南郡。'今襄之宜城西南有郘亭,山上有城險固,郘鄉、郘水。"《左傳·僖公二十五年》:"秋,秦、晋伐

[1] 王國維:《觀堂集林·北伯鼎跋》,中華書局,2004年。
[2] 河南省文物考古研究所、平頂山市文物管理局:《平頂山應國墓地Ⅰ》868頁,大象出版社,2012年。
[3] 郭沫若:《跋江陵與壽縣出土銅器群》,《考古》1963年第4期。

都,楚鬭克、屈禦寇以申、息之師戍商密。"杜預注:"鄀本在商密,秦、晋界上小國,其後遷於南郡鄀縣。"

清華簡《楚居》載:"至酓繹,與屈紃,使鄀嗌卜徙於夷屯,爲楩室。室既成,無以内(納)之,乃竊鄀人之犝以祭。"此是説當周成王或者成康之際熊繹卜居於夷屯,建成宗廟,沒有祭品,便偷了鄀國人的牛作爲祭品。夷屯歷五代六王,直到熊渠(約周厲王世)。這説明楚國新遷的國都夷屯與鄀國相鄰。清華簡整理者認爲:"《左傳》僖公二十五年:'秋,秦晋伐鄀。'杜注:'鄀本在商密,秦楚界上小國,其後遷於南郡鄀縣。'銅器有上鄀和下鄀。河南淅川下寺春秋楚墓出土上鄀公瑚。本篇中的'若'當是商密之鄀。"高江濤認爲夷屯在丹、淅一帶,有可能就是商代的陝廩,極有可能就是淅川下王崗遺址。[1]而陳偉在《讀清華簡〈楚居〉劄記》中認爲夷屯即夷陵,在荆山地區。故《左傳‧昭公十二年》有"昔我先王熊繹,辟在荆山"。西周昭王時期的京師畯尊有"王涉漢伐楚",也説明周昭王時期楚都已在漢江之南了。筆者同意陳偉之説,既然此時楚國在漢南,則鄀國也應在南郡鄀縣,即今湖北的宜城市與鐘祥市交界。中國國家博物館收藏的士山盤(《銘圖》14536),時代爲西周恭王時期,銘文有周王命令士山"入荊侯,出徵蠚(鄀)、荆、方服",其中的鄀國,也應是這個鄀。

郭沫若根據青銅器銘文,認爲鄀有上鄀與下鄀,上下相對,必同時並存,蓋由分封而然。下鄀公諴鼎出於上雒(今陝西丹鳳、洛南二縣地),地與商密接壤,則此爲秦、晋所伐者,實是下鄀,下鄀後爲晋所滅也。南郡之鄀爲本國,故稱上;上雒之鄀爲分支,故稱下。南郡之鄀後爲楚所滅,故於春秋末年其故都竟成爲楚都也。兩鄀傳世之器均古,大率在春秋初年或更在其前,蓋其初實一强盛之國。[2]筆者基本同意郭説,但南郡之鄀與商密之鄀孰是本國,孰是分支,抑或兩者同時分封亦未可知,孰爲上孰爲下也不能確定。下鄀公諴鼎出於上雒,臨近商密,但淅川下寺春秋墓葬也曾出土上鄀公簠,淅川下寺更在商密附近,在沒有更多考古資料證明的情況下,這些問題都不能驟定。

宜城之鄀,在楚武王熊通之時被攻克,觀丁父被俘,鄀國從此又成了楚國的附庸。春秋晚期宜城之鄀被楚國吞併,改設爲縣邑。淅川之鄀,初被晋國占領,春秋晚期亦歸楚,距離商密不遠的倉房鎮下寺春秋墓地都是楚國貴族墓葬可爲其證明。

上鄀國的青銅器,最早見於春秋早期,有上鄀公敄人簠(《銘圖》05201)、上鄀公敄人鐘(《銘圖》15189)、上鄀狷妻鼎(《銘續》0176)、上鄀狷妻壺(《銘續》0834)、上鄀公盨(《銘續》0473)、上鄀公豪盤(《銘三》1212)、上鄀太子平侯匜(《銘三》1252)、上鄀公之孫盆(《銘圖》06273)、上鄀戟(《銘續》1103);春秋中期有上鄀公簠(《銘圖》05970)、上鄀府簠(《銘圖》05957)。上鄀國青銅器紀年曾使用鄀曆"鄀正"。

[1]　高江濤:《清華戰國竹簡〈楚居〉中的"夷屯"的一些思考》,《三代考古》,科學出版社,2013年。
[2]　郭沫若:《兩周金文辭大系圖録考釋》考175頁,科學出版社,1957年。

上郜國名的"郜"，一般作"郜"，而上郜公熹盤則作"蠚"。

下郜國的青銅器，最早見於西周晚期，有下蠚公諴鼎（《銘圖》02397）；戰國早期有下若唐公疲盤（《銘續》0984）。

還有一批青銅器國名只書"郜"，除個別者外，大多數分不出是上郜還是下郜。春秋早期有郜公平侯鼎（2件，《銘圖》02417、02718）、蜡公諴簠（《銘圖》05942）、郜公簠蓋（《銘圖》05895）、郜于子瓶簠（2件，《銘圖》05791、05839）、蜡公簠（《銘三》0570）、郜□孟城瓶（《銘圖》14037）、郜大史□戟（《銘續》1141）、郜公戈（《銘三》1368）；春秋晚期有若君雌子諲旟缶（2件，《銘續》0910、0911）。另外，還有兩件中郜僕公戈（《銘三》1454、1455），時代爲春秋中期。

上郜太子平侯匜和郜公平侯鼎中的"平侯"，是作器者私名。匜是平侯尚未繼位時所作之器，而鼎則是平侯即位後的作品。鼎銘的國名沒有"上"字，可知"上郜"可省稱爲"郜"。下蠚公諴鼎，《集古錄跋尾》云"陝西商雒（今丹鳳、洛南二縣地）出土"，作器者是"下蠚（郜）雍公緘"。郜公諴簠作者是"蜡（郜）公諴"，鼎銘的"郜"作"蠚"，簠銘的"郜"作"蜡"，屬繁簡之別；"緘"與"諴"音同字通，故兩者爲同一個人，下郜雍公緘即郜公諴。銘文中的國名沒有冠以"下"字，可知下郜國亦可簡稱"郜"。

上郜公簠是1979年河南淅川縣倉房鎮下寺春秋墓出土，時代爲春秋中期，銘文是"唯正月初吉丁亥，上郜公擇其吉金鑄叔羋、番改媵簠，其眉壽萬年無期，子子孫孫，永寶用之"。這是上郜公所作的一件媵器。文獻記載郜國允姓，二女名"叔羋"和"番改"，肯定都不是郜國國君之女。故此上郜公應是楚國上郜縣縣公。楚國的縣公一般都由楚國公族之人擔任。"叔羋"是上郜縣公之女，"番改"是來自改姓番國的媵女。這件簠當是上郜公爲小女叔羋和媵女番改所作的媵器。傳世的郜公簠蓋，現藏中國國家博物館，銘文有"郜公作犀仲、仲羋義男尊簠，子子孫孫永寶用之"。這件簠乃郜縣縣公爲其二女"仲羋"和丈夫"犀仲"所作的簠。"犀仲"是犀國（或犀氏）公族。

24. 原氏（陳國原氏）

《元和姓纂》云："原，周文王第十六子原伯之後，封在河内，子孫氏焉。周有原莊公、原伯，魯畿内諸侯也。魯人原壤，陳有原仲，晋原軫，亦爲原氏。"

1977年10月河南商水縣練集鎮朱集村春秋墓葬出土的3件原氏仲簠（《銘圖》05947—05949），時代爲春秋早期，銘文有"原氏仲作淪仲嫣家母媵簠"。這是原仲爲女兒所作的媵器，"淪"是女兒夫家的族氏，"仲"是女兒的排行，即二女兒，"嫣"是原氏的姓。《左傳·莊公二十五年》（前669年）："春，陳女叔來聘，始結陳好也。"杜注："季友相魯，原仲相陳，二人有舊。"又二十七年："秋，公子友如陳葬原仲。"杜注："原仲，陳大夫，原氏，仲字也。"這說明陳大夫原仲是春秋早期人，而原氏仲簠也是春秋早期之物，且爲嫣姓，所以此原氏仲就是陳國的大夫原仲。由此可知陳國原氏與周武王所封的河内原國（或稱采邑）無關。

25. 淪氏

1977 年 10 月河南商水縣練集鎮朱集村春秋墓葬出土原氏仲簠 3 件,時代爲春秋早期,銘文有"原氏仲作淪仲嬀家母媵簠"。這是原仲爲女兒所作的媵器。銘文中的"淪"是原仲女兒夫家的族氏。原仲是陳國的大夫,嬀姓。嫁女給淪氏,説明此淪氏也應是大夫或者大夫以上的貴族。

原氏仲簠的出土地河南商水縣練集鎮正是春秋早期頓國的所屬地,淪氏應是頓國的貴族。頓國見於《左傳》。《左傳·昭公四年》云:"夏,楚子、蔡侯、陳侯、鄭伯、許男、徐子、滕子、頓子、胡子、沈子、小邾子、宋世子佐、淮夷會于申。"《漢書·地理志》汝南郡南頓:"故頓子國,姬姓。"顏注:"應劭曰:頓迫於陳,其後南徙,故號南頓,故城尚在。"頓國是周滅商後於淮水中上游地區分封的姬姓諸侯國之一,子爵,亦稱頓子國,故城在今河南商水縣平店鄉李崗村,後爲陳國所迫,南遷到今河南項城市南頓鎮,稱南頓,與陳國、項國、沈國等相鄰,公元前 496年爲楚國所滅。此頓國淪氏不見於文獻記載。以其爲頓國的貴族推測,有可能與頓國國君同爲姬姓。此僅限於推測,没有確證,有待新資料出現,再做進一步的確定。

2019 年 9 月完稿

兩周金文所見諸侯國及族氏考

（山西篇）

1. 晉國

晉國,本名唐國。唐國最早即陶唐氏,是一個古老的部族,出自黃帝集團,祁姓,在商代已經存在於晉南,屬於殷商的方國。商代甲骨文有唐邑、唐土、唐侯。入周後也曾臣服,但不久因叛亂被周公討滅,以其地封叔虞,稱唐叔虞。《史記·晉世家》載:"武王崩,成王立,唐有亂,周公誅滅唐。"唐叔虞之子燮父之時改封於晉,始稱晉侯。《左傳·僖公二十四年》:"邘、晉、應、韓,武之穆也。"晉穆侯徙絳,故址即今山西翼城縣東南十五里故絳城,孝侯改絳曰翼,前 678 年曲沃代翼,晉武公入主翼都,別都曲沃(今山西聞喜縣東)。晉國自武公開始,大興滅國之風,自立爲諸侯,先後吞掉了霍、虢、虞、冀、黎、郇、董、韓、芮、魏、耿、賈、楊、沈、姒、蓐、黃等 17 國。前 403 年晉國卿大夫韓虔、趙籍、魏斯三家分晉,晉國滅亡。

晉國有銘文的青銅器主要有山西曲沃縣曲村鎮北趙村晉侯墓地、陝西韓城市昝村鎮梁帶村春秋墓地出土之物,以及傳世品和流散品,總數約 90 件。西周早期有叔矢鼎(《銘圖》02419)、晉侯豬尊(《銘圖》11610)、晉侯鳥尊(《銘圖》11713)、晉侯尊(《銘三》0998);西周中期有晉侯鼎(《銘圖》01429)、晉侯簋(2 件,《銘圖》04736、04737)、晉侯斷簋(4 件,《銘圖》05051—05053、《銘續》0423)、晉侯喜父盤(《銘圖》14501)、晉侯喜父盉(《銘圖》14784)、伯喜父簋(《銘三》0496)、晉姜鼎(《銘圖》02491)、晉姜簋(《銘圖》04233)、晉侯簋(《銘續》0361)、晉侯簋(《銘圖》04489)、晉侯僰馬壺(2 件,《銘圖》12276、12277)、僰馬盤(《銘圖》14503)、晉侯斷壺(2 件,《銘圖》12396、12397)、晉侯僰馬壺(2 件,《銘圖》12430、12431)、晉侯鬲(《銘續》0257)、晉侯簋蓋(2 件,《銘續》0333、0361);西周晚期有晉侯蘇鼎(5 件,《銘圖》01989—01993)、晉侯蘇鐘(16 件,《銘圖》15298—15313)、晉侯邦父鼎(《銘圖》02075)、晉侯邦父簋(《銘三》0562)、晉侯對鼎(2 件,《銘圖》02232、02332)、晉侯對盨(6 件,《銘圖》05630、05647—05650、《銘三》0537)、晉侯對鋪(《銘圖》06153)、晉侯對匜(《銘圖》14965)、晉侯鬲(2 件,《銘圖》02736、02737)、晉侯銅人(《銘圖》19343)、晉伯盠父甗(《銘圖》03339)、晉姬盨(《銘續》0464)、晉司徒伯郜父鼎(《銘圖》02143);春秋早期有晉侯簋 3 件(《銘圖》04712、04713,《銘三》0467)、晉侯戈(7 件,《銘圖》16623—16625,《銘續》1100—1102,《銘三》1367)、晉叔家父壺(2 件,《銘圖》12356、12357)、晉侯家父盤(《銘三》1188)、晉姑盤(《銘圖》

14461)、晋姑匜(《銘圖》14954）、晋姜鼎(《銘圖》02491）、晋姜簋(《銘圖》04233）、蘇公匜(《銘圖》14892）；春秋中期有晋公盨(《銘圖》03274）和晋公盤(《銘續》0952）等。

晋國國君初稱"侯"，春秋中期以後稱"公"。

其中春秋中期的晋公盨和晋公盤，銘文有"（晋公）作元女孟姬滕盨四"和"（晋公）作元女孟姬宗彝盤"，並説"唯今小子，敕乂爾家，宗婦楚邦"，説明這是晋公爲出嫁楚國的宗女所作的滕器，女子名"孟姬"，説明晋國的族姓爲"姬"。

另外，晋姜鼎銘文是"晋姜曰：余唯嗣朕先姑君晋邦，余不暇荒寧，經雍明德，宣㣁我猷，用詔匹台辟……"，這是春秋晚期某位晋侯的夫人自作器，並宣示自己嗣其先姑君晋邦，不暇荒寧，經雍明德，用詔匹以辟。這位君夫人自稱"晋姜"，説明她來自姜姓國。晋侯簋銘文是"晋侯作師氏姞簋，子子孫孫永寶用"，這是某位晋侯爲來自姞姓師氏的夫人鑄造用器。晋姑匜的晋姑也是一位來自姞姓國的晋侯夫人。以上數器均説明姬姓晋國與姜姓、姞姓族氏通婚。

2. 賈國

《元和姓纂》載："賈，唐叔虞少子公明，康王封于賈，後爲晋所滅。"《古今姓氏書辯證》二十六："曲沃武公取晋，併賈國，以其子孫爲大夫。"依此則知晋武公三十九年（前 677 年）賈國滅亡。《後漢書·郡國志》臨汾條劉昭注："《博物記》曰：有賈鄉，賈伯邑。"《通志·氏族略》："賈氏，伯爵，康王封唐叔虞少子公明於此，同州有賈城，即其地。或言河東臨汾有賈鄉是也。爲晋所滅，子孫以國爲氏。又晋既併賈，遂以爲邑，故晋之公族狐偃之子射姑食邑於賈，謂之賈季，其後則以邑爲氏。"同州賈城，即今陝西蒲城縣西南十五里賈曲鎮。有可能初封於蒲城賈城，後遷於臨汾之賈鄉。

賈國的青銅器，最早是 1974 年山西聞喜縣桐城鎮上郭村出土的賈子己父匜，[1]時代爲西周晚期，由於當時人們不識"賈"字，將其釋爲"貯"，故未定爲賈國之器。1982 年李學勤先生在其《重新估價中國古代文明》一文中將其改釋爲"賈"，使問題豁然明朗，知其賈子己父匜是賈國公子名己父者所作之器。賈子己父匜與荀侯稽匜同出一地。荀、賈兩國位置密邇，均爲晋武公所滅，兩器出自聞喜非常自然。[2]

2010 年筆者在北京古玩城見到 3 件賈伯簋(《銘圖》05130—05132），時代爲西周中期，銘文是"唯王二月既死霸丁亥，賈伯作邮孟姬尊簋，用享用孝，用祈萬壽，子子孫孫永寶用享"。2011 年 8 月中國文字博物館又購藏了兩件賈伯壺(《銘圖》12417、12418），銘文除器名不同外，其餘與賈伯簋相同。這 5 件賈伯器是賈伯爲女兒（或姊妹）所作的隨嫁滕器。"邮孟姬"

[1]　山西省文物工作委員會編：《山西出土文物》圖 67，1980 年。

[2]　李學勤：《重新估價中國古代文明》，《人文雜誌》增刊《先秦史論文集》，1982 年；又李學勤：《兮甲盤與駒父盨——論西周末年周朝與淮夷的關係》，《人文雜誌》叢刊第 2 輯《西周史研究》，1984 年。

的"孟"是女子的排行，"姬"是其族姓，"邶"是女兒夫家的族氏。"邶"即"世"，作爲國族名、城邑名往往增添邑旁。如鄭、鄔（許）、郿、邢、鄧，金文作奠、無、成、井、登，"邶"和"世"當依此例。兩周時期有世氏，見於文獻記載。《漢書·藝文志》記載春秋時期陳國有世碩，爲孔門七十子之弟子，著有《世子》二十一篇。世氏的來源有三説：一爲相傳黄帝有臣子大封，其玄孫世吾爲司馬，其後以爲氏，其姓不知。二爲子姓，以名爲氏。《孔子家語·本姓解》載，春秋時期，宋國的送父周，生世子勝，其後有世氏。三爲姬姓。春秋時期鄭國、衛國公族皆有世叔氏，其後簡稱世氏。《古今姓氏書辯證》："世，出自春秋，衛世叔氏之後，去叔爲世氏。"賈伯簋、壺的時代爲西周中期，這個世氏應與上述世氏無關，但此銘文證明賈國的族姓是姬姓。

　　見於著録的賈國青銅，西周晚期還有賈子伯炅父鬲（2 件，《銘圖》02807、02808）；春秋早期有賈叔鼎（《銘續》0203）、賈叔簋（《銘續》0432）、賈子伯龡父壺（《銘續》0838）、賈子伯龡父盤（《銘續》0947）等。

　　賈叔鼎、賈叔簋銘文是"唯王二月既死霸丁亥，賈叔作晋姬尊鼎（或簋），萬年子子孫孫永寶用享"。這是賈叔爲晋姬所作的用器。"晋姬"有人認爲是賈叔之女，嫁於晋侯。這是賈、晋通婚，證以《左傳·莊公二十八年》："晋獻公娶於賈無子。"[1]可備一説。筆者以爲還有另外一種可能，那就是賈叔以同姓國的立場爲晋侯之女出嫁所作的媵器，如同虢季爲燕姬鑄造媵甗一樣，係同姓相送媵器。

　　賈子伯龡父壺、賈子伯龡父盤銘文是："唯王二月既死霸丁亥，賈子伯龡父作孟姬尊壺（或寶盤），用享用孝，用祈萬壽，子子孫孫永寶用。"這兩件賈子伯龡父器，受器者"孟姬"與賈叔同姓，有可能是賈叔的女兒或者姊妹，銘文雖没有"媵"字，亦可知是爲其所作的媵器。

　　某私家收藏的賈龎尊（《銘續》0782），時代爲西周早期，銘文是"賈龎作父丁寶尊彝"。這件尊銘文有日名，此"賈"字也可能不是國族名，應是職官名或身份，讀爲商賈的"賈"，所以賈龎不是姬姓賈國人。還有一件賈孫叔子犀盤（《銘圖》14512），1981 年 10 月山東諸城市石橋子鎮都吉臺出土，時代爲春秋晚期，銘文是"賈孫叔子犀爲子孟姜媵盥盤，其萬年眉壽，室家是保，施施熙熙，妻□壽老無期"。此盤的器形、銘文書體、銘文行文均與齊系青銅器相同。再者，這是賈孫叔子犀爲孟姜所作的媵器，受器者是姜姓女子，親屬稱謂又是"子"，是賈孫叔子犀的女兒，而賈國是姬姓，此時賈國已滅亡一百多年，該器又出土於山東諸城都吉臺，春秋時期此地屬齊。孫敬明先生認爲以"子某子"稱名是齊國的獨特方式，如文獻中的"子墨子""子沈子""子列子"，金文中的"子禾子""子惆子"等。盤銘中的"子叔子"之"叔"應爲"排

［１］　王冰：《"虢季爲匽姬媵甗"乃姬姓間通婚證據辨正》，復旦大學出土文獻與古文字研究中心網，2021 年2 月 8 日。

行”，而“屖”爲私名，“子叔子屖”就是叔屖。[1]張志鵬、吳偉華認爲“賈子(應爲孫)叔子屖”
的“賈”並非氏稱，應讀爲商賈的“賈”，是叔屖所從事的職業與身份。[2]此説可備參考。筆
者認爲此盤的作器者賈孫叔子屖的“賈”還是氏稱，應爲齊國的賈氏，《左傳·襄公三十一年》
載：“夏五月，子尾殺閭丘嬰，以説于我師，工僂灑、渻竈、孔虺、賈寅出奔莒。”注：“四子，嬰之
黨。”故這個“賈”就是齊國境内食邑於“賈”的一個姜姓族氏。

3. 荀國

據先秦文獻和考古資料可知古代有兩個荀國。一個是黄帝之子荀姓方國部落，另一個
是周文王之子受封的姬姓荀國。

《國語·晋語四》晋大夫司空季子諫晋文公説：“凡黄帝之子二十五宗，其得姓者十四人，
爲十二姓，姬、酉、祁、己、滕、箴、任、荀、僖、姞、儇、衣是也。”何光嶽認爲黄帝之子的荀氏在今
陝西旬邑縣，[3]邵炳軍認爲黄帝之子的古荀國初在今河南新鄭縣的洧水流域，後遷新絳縣
故郇城，爲周武王所滅，其裔族南遷到今陝南洵水流域的旬陽縣。[4]

姬姓荀國，文獻又作“郇”，周文王第十七子的封國。《詩·曹風·下泉》有：“四國有王，
郇伯勞之。”毛傳：“郇伯，郇侯也。”今本《竹書紀年》昭王六年：“王錫郇伯命。”《左傳·僖公
二十四年》載：“昔周公弔二叔之不咸，故封建親戚，以蕃屏周。”音義：“管、蔡、郕、霍、魯、衛、
毛、聃、郜、雍、曹、滕、畢、原、酆、郇，文之昭也。”杜注：“十六國皆文王子也。”荀國見於記載有
三條。《逸周書·王會解》載：“成周之會……唐叔、荀叔、周公在左，太公望在右。”《竹書紀
年》云桓王：“元年壬戌十月，莊伯以曲沃叛，伐翼。公子萬救翼，荀叔軫追之，至於家谷。”又：
“五年(曲沃武公元年)芮人乘京，荀人、董伯皆叛曲沃。”《左傳·桓公九年》：“秋，虢仲、芮
伯、梁伯、荀侯、賈伯伐曲沃。”

關於荀國覆滅的時間，史書記載有兩説。一是今本《竹書紀年》云周桓王：“十三年(前
707年)冬，曲沃伯誘晋小子侯殺之。晋曲沃滅荀，以與地賜大夫原氏黯，是爲荀叔。”二是朱
右曾《汲冢紀年存真》云晋武公九年(前707年)“晋武公滅荀，以賜大夫原氏黯，是爲荀叔”，
又云“此未詳何年事，姑附於此”。故王國維《古本竹書紀年輯校》將“晋武公九年”改爲“晋
武公三十九年”。

按：周桓王十三年即曲沃武公九年，其後四年(即曲沃武公十三年，魯桓公九年，前703
年)尚有“虢仲、芮伯、梁伯、荀侯、賈伯伐曲沃”，説明此時荀國並未滅亡。曲沃武公在其後的

［1］ 孫敬明：《齊都陶文叢考》，《考古發現與齊史類徵》69—85頁，齊魯書社，2006年。孫敬明、王桂香、韓
　　　金城：《山東濰坊新出銅戈銘文考釋及有關問題》，《江漢考古》1986年第3期。
［2］ 張志鵬、吳偉華：《賈子叔子屖盤銘文考釋》，《出土文獻》第12輯，中西書局，2018年。
［3］ 何光嶽：《周源流史》，江西教育出版社，1997年。
［4］ 邵炳軍：《春秋荀國興滅暨地望考——春秋晋國詩歌創作歷史文化背景研究之一》，《史學集刊》2002
　　　年第2期。

二十多年間正在集中力量對付翼城晋國，所以分兵滅荀的可能性不大。滅荀的時間當在曲沃併晋之後，王國維《古本竹書紀年輯校》的武公三十九年（前 677 年）武公滅荀之説較爲合理。

關於荀國故城的地望，文獻記載有四説。1.《通志·氏族略二》云：“郇氏，周文王之子，封郇侯，或言第十七子。郇國故城在邠州三水東，其後以國爲氏。”唐李吉甫《元和郡縣志》三水縣云：“枸邑故城，在縣東二十五里，即漢枸邑縣，屬右扶風，古郇國也。”《太平寰宇記》三水縣：“今縣東北二十五里邠邑原上有枸邑故城，即漢理所。”2.《春秋地名考略》引臣瓚説：“荀國在河東。《水經注》古水出臨汾縣西，又西南流經荀城東，古荀國也。《都邑志》：荀城在絳州正平縣西十五里。正平，隋縣。今絳州東北二十五里有臨汾故城，是也。”楊伯峻《春秋左傳注》桓公九年亦認爲姬姓荀國在今山西新絳縣東北二十五里臨汾故城。[1]3.《太平寰宇記》蒲州猗氏縣云：“古爲郇國之地。……故郇城在縣西南四里。”《路史·後紀》云：“今猗氏西南古郇城是也。”4.《水經注·涑水》：“涑水又西逕郇城，《詩》云‘郇伯勞之’，蓋其故國也。杜元凱《春秋釋地》云：‘今解縣西北有郇城。’”

筆者以爲姬姓荀國最初應在今陝西旬邑縣東北二十五里。秦漢在此設立枸邑縣，後廢，北魏在境内設立三水縣，歷隋唐到宋金，元代併入淳化縣，明代復設，民國二年復名枸邑，1954年改爲旬邑。

東周時期荀國遷於河東，初在今襄汾縣趙康鎮晋城村。《都邑志》所説的正平縣，隋開皇十八年置，唐代爲絳州治，即今新絳縣。北魏臨汾縣故城在新絳縣東北二十五里晋城村（今屬襄汾縣），也就是《水經注》所説的荀國故城。由於這裏臨近晋國都城新田，迫於大國勢力，荀國又遷於今臨猗縣猗氏鎮西南四里。這就是《太平寰宇記》和《路史·後紀》所説的“郇城在（猗氏）縣西南四里”。猗氏縣是西漢時期設置的，故址在今臨猗縣南，隋代移治今猗氏鎮，1954年與臨晋縣合併，改稱臨猗縣。至於杜預所説的解縣西北，也就是臨猗縣猗氏鎮東南。兩者實指一處。

金文中“荀”作“筍”，荀國銅器目前見到的僅有 6 件，西周中期有 1961 年西安市長安區馬王鎮張家坡西周銅器窖藏出土的荀侯盤（《銘圖》14419）和近年發現的荀侯鬲（《銘續》0238）；西周晚期有上海博物館收藏的荀伯大父盨（《銘圖》05606）和西安大唐西市博物館收藏的荀侯戈（《銘圖》16749）；春秋早期有 1974 年山西聞喜縣桐城鎮上郭村出土荀侯稽匜（《銘圖》14937）等。

荀侯盤銘文是“荀侯作叔姬媵盤，其永寶用饗”。銘文説明荀侯與叔姬是父女或兄妹關係，“姬”便是荀國的族姓。荀侯盤出自西安市長安區馬王鎮張家坡西周銅器窖藏，同窖出土

---

[1] 楊伯峻：《春秋左傳注》（修訂本），中華書局，1990 年。

有伯庸父鬲八件,銘文是"伯庸父作叔姬鬲,永寶用"。這是伯庸父爲叔姬作的一套用器,説明伯庸父是叔姬的丈夫。夫家居住在國都鎬京,應是在朝任職的非姬姓高級貴族。荀伯大父盨,銘文是"荀伯大父作嬴、改鑄寶盨,其子子孫永寶用"。這是荀侯大父給嬴姓和改姓兩位夫人所作的用器。

4. 楊國

楊國之"楊",《左傳》《漢書·揚雄傳》《山西通志》作"揚",《通志·氏族略》則"楊""揚"互用。

關於楊國的始封,文獻有如下記載:1.《漢書·揚雄傳》云:"其先出自有周伯僑者,以支庶初食采於晋之揚,因氏焉,不知伯僑周何別也。揚在河、汾之間,周衰而揚氏或稱侯,號曰揚侯。"2.《元和姓纂·十陽》云:"周武王第三子唐叔虞之後,至晋出公遜於齊,生伯僑,歸周,天子封爲楊侯,子孫以國爲氏。一云周宣王曾孫封楊,爲晋所滅,其後爲氏焉。或曰周景王之後。"3.《新唐書·宰相世系表》云:"楊氏,出自姬姓。周宣王子尚父,封爲楊侯。"4.《廣韻·陽韻》載:"(楊)本自周宣王子尚父,幽王邑諸楊,號曰楊侯,後併於晋。"5.《路史·後紀·高辛紀》載:"宣之子三,一尚父,爲楊侯;一食陸卿,曰陸侯;一封謝丘,爲謝丘氏。"6.《通志·氏族略》:"揚氏,姬姓。周宣王子尚父,幽王時封爲揚侯,爲晋所滅,其後爲氏焉。"7. 四十二年逑鼎記載宣王説:"余肇建長父侯于楊,余令汝奠長父,休。"

上述1—2説不確,當以3—7爲準,特別是四十二年逑鼎,這是當時人的作品,是最可靠的史料。銘文不僅記載了周宣王分封自己兒子長父爲楊侯,並可確鑿知道始封之年爲宣王四十二年,即公元前786年,同時也可確定此楊國爲姬姓楊國。銘文中的"長父"即史書所説的"尚父","長"字陽部定紐,"尚"字陽部禪紐,定禪旁紐,故相通假。楊國歷100多年,大約在公元前661年或者在此之前被晋獻公滅掉,成爲羊舌大夫的封邑。《左傳·襄公二十九年》:"叔侯曰:虞、虢、焦、滑、霍、揚、韓、魏,皆姬姓也。"杜注:"八國皆晋所滅。"

楊國的地望,《春秋地名考略·楊氏》云:"今洪洞縣東南十八里有古楊城。"《水經注》卷六"汾水"條云"(汾水)又南過楊縣東",注:"應劭曰:故楊侯國。"漢晋楊縣,隋義寧二年(即唐武德元年)縣治移至洪洞,改名洪洞縣。李伯謙先生認爲20世紀50年代發現的洪洞縣坊堆村永凝堡西周早期至春秋時期遺址規模很大,80年代又發掘了高級貴族墓葬,出土350多件青銅器和大量玉器,可能是姬姓楊國的都邑遺址,[1]而陳昌遠、王琳認爲1960年山西考古工作者在洪洞縣東南9公里,霍山南面的范村、安樂村、張村之間發現的一座古城遺址是楊國故城。該城址在坊堆村永凝堡南面10多公里,與文獻記載的楊國故城基本相符,平面呈長方形,東西長1300米,南北寬580米。[2]

---

[1] 李伯謙:《也談楊姞壺銘文的釋讀》,《文物》1998年第2期。

[2] 陳昌遠、王琳:《從"楊姞壺"談古楊國問題》,《河南大學學報(社會科學版)》2001年第1期。

楊國的青銅器目前見到的不多,1993 年山西曲沃縣曲村鎮北趙村晉侯墓地 M63 出土楊姞壺兩件(《銘圖》12239、12240),另外有兩件楊伯簋(《銘圖》04302,《銘續》0347)和一件楊伯壺(《銘圖》12172),相傳出土於山西吉縣與洪洞一帶,現藏北京虎泉齋。

楊姞壺的時代諸家定爲西周晚期,銘文是“楊姞作羞醴壺,永寶用”。對於銘文的解釋有兩種截然不同的意見。一種意見以李學勤、王光堯爲代表,認爲楊姞是楊國之女,壺在晉國國君夫人墓中出土,有可能是楊國嫁女於晉時的媵器,墓主人可能就是楊姞。此楊國不是宣王兒子的封國,是一個不見於文獻記載的姞姓楊國。[1]李伯謙、陳昌遠和王琳等先生進一步認爲古代曾存在一個文獻失載的姞姓楊國,楊姞壺是姞姓楊國之女嫁於晉侯邦父之後的自作器。[2]另一種意見以王人聰先生爲代表,認爲楊姞是姞姓女子嫁於楊國之後的自稱,據文獻記載楊爲姬姓,楊姞壺出土於晉國國君夫人墓中,可能是晉滅楊時所得,後用以隨葬。[3]孫慶偉先生同意王人聰先生的看法,但他認爲楊姞壺出土於晉侯夫人墓的原因不可知,並不是晉滅楊國的戰利品。[4]董珊先生認爲壺銘所見“楊姞”可能跟春秋宋雍氏女於鄭莊公曰“雍姞”同例,是以邑爲氏,姞姓之楊未必曾經是諸侯國。[5]

姞姓楊國是否存在? 筆者的答案是肯定的。證據之一是: 殷墟卜辭有“昜(楊)”“昜(楊)伯”,説明楊國在殷商時期已經存在,臣服於殷商王朝。《合集》7412:“庚午卜,争,貞王叀昜伯𡿺眘,八。”7413:“昜伯𡿺眘。”8591:“己酉卜,賓,貞鬼方、昜亡囚,五月。”8592:“己酉卜,内,鬼方、昜亡囚,五月。”證據之二是: 相傳出土於山西吉縣、洪洞一帶的楊伯簋、楊伯壺時代爲西周中期,早於宣王封其子長父。楊伯壺銘文是“湯伯作季姞壺”,“湯”讀爲“楊”。作器者楊伯,受器者是季姞。這種稱謂有兩種可能,一種是丈夫爲妻子作器,如鄭邢叔甗“鄭邢叔作季姞甗”(《銘圖》03320),國子碩父鬲“虢仲之嗣國子碩父作季嬴羞鬲”(《銘圖》03023),都是丈夫爲妻子所作的器物,對妻子的稱名未用其妻父家的氏稱,也没用自家的族氏,僅用妻子姊妹間的排行和姓。第二種可能是兄弟爲姊妹或者侄兒爲姑母作器。兄弟對姊妹、侄兒對姑母的稱名一般規律是夫家的族氏+自家的姓,如邢公簋“邢公作仲姊斐姬寶尊簋”(《銘圖》04874)。但也有不加夫家的族氏,如養伯受簠“養伯受用其吉金,作其元妹叔嬴爲心媵饙簠”(《銘圖》05941)。又如應侯視工簋蓋銘“……余用作朕王(皇)姑單姬尊簋”,同一件應侯視工簋,器銘則爲“應侯作姬原母尊簋,其萬年永寶用”。器銘對其姑母的稱謂没有

[1] 李學勤:《晉侯邦父與楊姞》,《中國文物報》,1994 年 5 月 29 日。李學勤:《續説晉侯邦父與楊姞》,《寶雞文理學院學報(社會科學版)》2005 年第 6 期。王光堯:《從新出土之楊姞壺看楊國》,《故宫博物院院刊》1995 年第 2 期。

[2] 李伯謙:《也談楊姞壺銘文的釋讀》。陳昌遠、王琳:《從“楊姞壺”談古楊國問題》。

[3] 王人聰:《楊姞壺銘釋讀與北趙 63 號墓主問題》,《文物》1996 年第 5 期。

[4] 孫慶偉:《試論楊國與楊姞》,《考古與文物》1997 年第 5 期。

[5] 董珊:《略論西周單氏家族窖藏青銅器銘文》,《文物》2003 年第 4 期。

加上姑父家的族氏,僅用自家的姓及姑母名字的簡單方式。看來僅用女子排行和自己的姓稱呼姑母也是可以的,當然對於自己的姊妹也可以這樣稱呼。楊伯壺是楊伯爲其夫人所作的用器,還是爲自己的姊妹或姑母所作的用器,從銘文本身尚難確定。由於有楊姞壺的參證,極有可能此壺是楊伯爲其姊妹或姑母所作,也就是説此楊國與楊姞壺的楊國是同一個國家。關於楊伯諸器的斷代如下:

楊伯簋束頸,鼓腹,附耳,蓋面有圈狀捉手,捉手封頂,圈足沿外侈然後下折,並連鑄三個長方小足。捉手頂部飾團鳥紋,蓋沿和器頸飾垂冠回首分尾長鳥紋,蓋面和器腹飾直棱紋,圈足飾一道弦紋。楊伯簋與是娄簋、毳簋的形制完全相同,蓋面和腹部的直棱紋也相同,是娄簋通體飾直棱紋,毳簋的蓋沿和器頸不是鳥紋,而是無目竊曲紋。是娄簋的時代爲西周中期後段,毳簋的時代由於出現無目竊曲紋,被定爲西周晚期,因爲這種紋飾流行於西周晚期到春秋早期。另外還有一件老簋,是一件方座簋。除方座外,簋體的形制與楊伯簋、是娄簋、毳簋完全形同,紋飾與是娄簋完全一樣,方座也是直棱紋,從銘文得知其時代爲西周中期前段的穆王時期。

楊伯壺侈口長頸,腹部向外傾垂,圈足沿外侈,然後下折,内插式蓋,上有圈狀捉手,頸部有一對獸首銜環耳。蓋沿和頸部飾垂冠回首長鳥紋,圈足飾斜角變形夔龍紋。其形制與番匊生壺、瘋壺、幾父壺相同,但這些壺的紋飾均爲環帶紋。十三年瘋壺蓋沿飾重環紋,蓋頂飾團鳥紋,腹飾鱗帶紋,圈足飾環帶紋;三年瘋壺蓋沿飾變形鳥紋,蓋頂飾團鳥紋,腹飾環帶紋,圈足飾變形獸體紋;幾父壺蓋頂飾團鳥紋,蓋沿和頸中部飾竊曲紋,頸上下和腹部飾浮雕狀的波曲紋,圈足飾三角變形夔紋;番匊生壺蓋沿和圈足飾變形夔紋,腹飾環帶紋。這些壺的時代均被定爲西周中期偏晚。楊伯簋和楊伯壺所飾的分尾回首長鳥紋出現在西周昭穆時期,流行於恭懿時期。楊姞壺的形制基本與楊伯壺相同,但蓋沿、器腰和圈足均飾目雷紋,頸飾環帶紋,腹飾橫向的條紋與鱗紋相間排列。時代應晚於楊伯壺。

根據以上分析,筆者認爲楊伯簋和楊伯壺的時代均爲西周中期,以西周中期後段最爲合適,但不會晚到西周晚期。楊姞壺的時代爲西周晚期後段。這樣看來楊伯簋、楊伯壺以及楊姞壺都是姞姓楊國的作品,與長父的姬姓楊國無關。楊姞壺的楊姞,既不是姞姓女子嫁給姬姓楊國,也不是董珊先生所説的與姬姓楊國同時存在的一個以邑爲氏的姞姓邑主之女。楊姞壺出土於北趙晉侯墓地 M63,説明她就是晉穆侯夫人,來自姞姓楊國。這個姞姓楊國有可能是在長父分封之前被頻繁入侵的玁狁所滅掉,或者是被宣王廢掉,以封己子。

5. 楷國(黎國)

楷國,金文作楷(楷、楷、楷、唐),文獻作黎、髻、耆、飢、阞等,是一個古老的族群和古國。《路史·國名紀》炎帝后姜姓國:"耆,侯爵。自伊徙耆,爰曰伊耆。一曰阞黎也,故大傳作西伯戡耆。"

　　《路史·後紀·高辛紀》：“太丁侯母弟堂陽，爲堂陽氏。……四、時、荼、共、梅、稚、定、巢、郅、同、黎、比、髦、扐、段、瓦、鐵、繁、沛、來、向、施、蕭、饑、索、空桐、鮮虞，皆子國也。”同書《國名紀》云：“黎，黎氏故國。子姓國，侯爵。”看來，黎地初爲姜姓伊耆之國，堯的母家，到商代，變爲太丁的母弟堂陽氏後裔的封國，子姓。

　　關於西周時期的黎，史書有二説。其一，《吕氏春秋·慎大》云：“武王勝殷，入殷，未下輿，命封黄帝之後於鑄，封帝堯之後於黎……”其二，《路史·後紀·高辛紀》云：“西伯戡黎，武王復以封湯後黎侯。”《六韜·決大疑》亦云：“甲子，武王封湯後於犁（黎）。”這兩説均與事實不符，從青銅器銘文可知，西周時期爲姬姓黎國，是武王伐黎之後，將畢公之子封於黎（詳後）。春秋早期黎國鮮見於經傳，可能是被不斷南侵的狄族所滅。到魯宣公十五年（前594年）在晋國的幫助下復國，[1]春秋晚期又被晋國吞併。

　　黎國的地望史書記載有兩處，其一，山西壺關縣，《左傳·宣公十五年》晋侯將伐潞，杜預注：“黎氏，黎侯國，上黨壺關縣有黎亭。”《史記·周本紀》“明年，敗耆國”，張守節正義引孔安國《尚書傳》云：“黎在上黨東北。”《漢書·地理志》上黨郡壺關下引應劭云：“黎，侯國也，今黎亭是。”其二，山西黎城縣。《史記·周本紀》“明年，敗耆國”，張守節正義引《括地志》云：“故黎城，黎侯國也，在潞州黎城縣東北十八里。《尚書》云西伯既勘黎是也。”《讀史方輿紀要》云：“黎城縣，府東北百十里。又東北至河南涉縣八十里。古黎侯國。”《路史·國名紀》云：“黎，黎氏故國。子姓國，侯爵。文王所戡者，與紂都接，今潞城東十八有故黎侯城，黎亭。”

　　2005年下半年，山西黎城縣黎侯鎮西關村西南部發現一處大型西周墓地，考古工作者探明的92座墓葬中，大型墓3座，中型墓15座，小型墓74座。其中8號墓出土楷侯宰婆壺、楷宰仲考父鼎等多件有銘文的青銅器，[2]以及幾座諸侯級的大墓所顯示的信息，證明這是楷國的高級貴族墓地，也説明西周時期楷國國都應在黎城縣黎侯鎮附近。有可能黎國因狄族不斷南侵，曾一度遷駐上黨壺關縣黎亭。

　　楷（黎）國的青銅器以及與楷國相關聯的青銅器，西周早期有方簋蓋（《銘圖》05129）、獻簋（《銘圖》05221）、吹鼎（《銘圖》01523）、楷仲鼎2件（《銘圖》01450、01451）、楷仲簋（《銘圖》04129）、奚方鼎（《銘圖》02345）、楷叔奴父鬲（《銘圖》02742）、叔尃觶（《銘圖》10633）；西周中期前段有莙簋（《銘圖》05179）、楷侯鼎（《銘續》0085）、楷侯壺（《銘圖》12148）、楷侯盉（《銘續》0968）、師趛盨（《銘圖》05622）、周棘生簋（《銘圖》04876）、周棘生盤（《銘圖》14464）；中期後段有楷大司徒仲車父簋（2件，《銘圖》04682、04683）；西周晚期有楷侯貞盨（2

[1]　《左傳·宣公十五年》秋七月：“壬午，晋侯治兵于稷以略狄土，立黎侯而還。”
[2]　高智、張崇寧：《西伯既勘黎——西周黎侯銅器的出土與黎侯墓的確認》，《古代文明研究通訊》第34期38頁，北京大學震旦古代文明研究中心，2007年。

件,《銘圖》05568,《銘續》0465)、楷侯宰娑壺(《銘圖》12241)、楷大司工尚倸壺(《銘續》0833);春秋晚期有楷侯微逆簠(《銘圖》05820)等。

楷仲鼎、楷仲簋和奚方鼎是西周康昭時期之物,銘文中的楷仲是同一個人,仕於周王朝,應是楷侯之弟;楷叔奴父鬲的楷叔奴父,亦是楷國公族;楷侯鼎、楷侯壺、楷侯盉是西周中期前段的楷侯所作,名不詳;蓍簋的時代是西周中期前段,蓍是楷仲之子;楷侯貞盨和楷侯宰娑壺是西周晚期兩代楷侯的作品;楷侯微逆簠的時代爲春秋戰國之際,銘文是"楷侯微逆作簠,永壽用之",這是最晚的一位楷侯了。

方簋蓋(因爲現存僅有簋蓋),又名楷侯簋蓋,現藏日本東京書道博物館,銘文是"楷侯作姜氏寶饙彝,方使姜氏作寶簋,用永皇方身,用作文母楷妊寶簋,方其日受宜"。銘文中"方"是楷侯的名字,"楷妊"是楷侯的母親,此稱謂由自家的國名(楷)+母親的姓(妊)組成,與一般兒子對母親的稱謂用母親原來族氏+母親的姓組成的方式不同。"姜氏"即姜姓女子,應是楷侯方的夫人。楷侯稱夫人爲"姜氏",稱母親爲"楷妊",説明楷國既不是姜姓,也不是妊姓。

師趫盨現藏蘇州博物館,銘文是"唯王正月既望,師趫作楷姬旅盨,子子孫其萬年永寶用"。師趫鬲銘文是"唯九月初吉庚寅,師趫作文考聖公、文母聖姬尊鬲,其萬年子孫永寶用"。可知師趫的母親爲姬姓,"楷姬"無疑是他的夫人。按照丈夫爲妻子作器對妻子稱謂的一般規律,"楷"應該是夫人父家的國名,"姬"是夫人的姓,也就是父家的姓,證明楷國是姬姓國,與楷國爲畢公之子的封國相印證。

吹鼎銘文是"吹作楷妊尊彝"。此銘文簡約,可有兩種解釋。一種是吹爲出嫁的女兒或者姊妹作器,"楷"是女兒或者姊妹的夫家,"妊"是自家的姓;另一種是吹爲夫人作器,"楷"是夫人父家的族氏,"妊"是夫人的姓,也就是楷國的族姓。但是,上述楷侯簋明確楷侯母親是妊姓,所以楷國就不可能爲妊姓。由師趫盨和獻簋可知楷國爲姬姓。所以吹鼎不可能是爲夫人作器,應是吹給嫁往楷國的女兒或者姊妹作器,以其姊妹的可能性最大,雖然沒有"媵"字,但畢竟是爲出嫁的女兒或者姊妹所作的用器,亦應與媵器一樣看待。

周棘生簋銘文是"周棘生作楷妘媸媵簋,其孫孫子子永寶用,囝",周棘生盤銘文有"周棘生作楷妘媵盤"。這兩件器物是周棘生爲女兒或者姊妹所作的媵器,"楷妘"與"楷妘媸"是同一個人。"楷"是女子夫家的國名,"媸"是女子的私名,"妘"是女子的姓,也就是周棘生的姓。該周不是周王室之"周",這是一支殷文化圈的妘姓族群,目前所見青銅器均有族徽"囝",且均使用日名。這些青銅器説明楷國和妊姓、妘姓、姜姓國家均有婚姻關係。

通過以上分析,可知西周早期到春秋時期的楷國是姬姓國家。又由獻簋可知楷(黎)國的始封君是畢公之子。獻簋的器形、紋飾類似周初的禽簋,侈口束頸,鼓腹,圈足沿下折,形成一道邊圈,一對獸首耳,下有方形垂珥。頸和圈足均飾三列雲雷紋組成的列旗脊獸面紋,頸的前後增飾浮雕獸頭。時代爲西周早期前段,銘文是"唯九月既望庚寅,楷伯于遘王休,亡尤,朕辟天子,楷伯令厥臣獻金車,對朕辟休,作朕文考光父乙,十世不忘,獻身在畢公家,受天子休”。獻是楷伯的家臣,他自稱“在畢公家”,可知楷國是畢公之子所建。清華簡《耆夜》更進一步證實此一推斷之正確。《耆夜》記載周武王八年征伐耆國（即楷國、黎國）,得勝後回到周都鎬京,在文王宗廟舉行“飲至（飲酒慶功）”典禮,參加者有武王、周公、畢公、召公、辛甲、作册逸、師尚父等人,畢公爲客。“飲至”期間武王、周公先後向畢公醻酒,説明畢公是伐黎的主帥,功勞卓著,很有可能武王在此時或建國後不久便將黎（楷）分封給畢公,畢公仍留居鎬京輔佐武王,和周公封魯、召公封燕一樣,讓長子就封,這便是獻簋的楷侯,第一代楷國國君。叔尃觶銘文有“叔尃作楷公寶彝”,“楷公”依例是楷國的始封君。這就有力地否定了《吕氏春秋·慎大》“封帝堯之後於黎”和《路史·後紀·高辛紀》“武王復以封湯後黎侯”之説。

　　楷仲鼎、楷仲簋、奠方鼎、叔尃觶、仲車父簋以及楷大司工尚傑壺等器物,説明西周時期楷國還是比較強盛的國家,設有大司徒、大司工等官職;公族楷仲在王朝任職。箐簋是西周中期之物,銘文有“唯十月初吉壬申,馭戎大出于楷,箐搏戎,執訊獲馘”,反映了楷國也常受到來自北方狄族的侵擾,這和史書所説春秋早期黎國曾一度被狄族所滅,到魯宣公十五年（前594年）在晉國的幫助下復國相印證。

　　6. 霍國

　　霍本是殷商時期的國族,卜辭中有“癸未卜,在霍,貞王旬亡禍”“貞霍,其霍”的記載。武王滅商之後,封其弟叔處於霍,並與蔡叔、管叔分别監管殷商舊地邶、鄘、衛,謂之三監。成王初年,武庚與三監叛亂,於是周公東征,誅武庚,殺管叔,放蔡叔,貶霍叔爲庶民,平定了三監之亂。成王繼位後念其霍叔尚屬有德長董,復封於霍。

　　《元和姓纂》:“霍,周文王第六子霍叔之後。今河東有霍邑,是其國也,後爲晉所滅,子孫以國爲氏。”《史記·趙世家》:“趙夙,晉獻公之十六年伐霍、魏、耿,而趙夙爲將伐霍。霍公求犇齊。晉大旱,卜之,曰:‘霍太山爲祟。’使趙夙召霍君於齊,復之,以奉霍太山之祀,晉復穰。”高士奇《春秋地名考略》云:“至霍哀公爲晉所滅,哀公奔齊,晉以其地賜大夫先且居。文五年傳書‘霍伯卒’是也。後以大旱,卜之,曰:霍太山爲祟。復召霍君以奉祀,尋復滅之。《魏世家》‘慎之徙居霍’,即此。”[1]《水經注》“汾水”條云:“（汾水）又南過永安縣西,故彘縣也,周屬王流于彘,即此城也。王莽更名黄城,漢順帝陽嘉三年改曰永安縣,霍伯之都也。”《春秋地名考略》亦云:“漢置彘縣,東漢改爲永安,屬河東郡,晉屬平陽郡。……金置霍州,元因之,明以州治霍邑縣省入,今因之。古霍城在州西十六里。”明清霍州,1912年降爲霍縣,1989年改爲霍州市,古霍城在今霍州市西白龍鎮的陳村。該地已經發

---

[1]　高士奇:《春秋地名考略》,清康熙二十七年清吟堂刊本。

現了古城遺址。

霍國青銅器目前發現不多,僅見到故宮博物院收藏的叔男父匜(《銘圖》14983),時代爲西周晚期,銘文是"叔男父作爲霍姬媵旅匜。其子子孫孫其萬年永寶用,丼(邢)"。銘文表明叔男父的家族是丼氏。丼氏爲姬姓已被寶雞茹家莊強伯夫婦墓所證明。茹家莊 2 號墓是丼姬墓,出土強伯作丼姬青銅器多件,此丼姬是強伯的夫人,來自姬姓丼國無疑。另外還有1981 年甘肅寧縣湘樂鎮謝家村西周墓葬出土的仲生父鬲(《銘圖》03005),時代爲西周晚期,銘文是"仲生父作丼(邢)孟姬寶鬲,其萬年子子孫孫永寶用"。這是仲生父爲其妻丼(邢)孟姬所作的用鬲,也説明丼氏是姬姓。

叔男父的族氏是姬姓丼氏,"霍姬"又是姬姓霍國的女子。那麼,叔男父與霍姬就不可能是父女關係,一種可能是叔男父女兒出嫁、同姓的霍國以女來媵,叔男父爲霍姬單獨所作的媵器;或者是霍國嫁女,叔男父爲同姓諸侯之女鑄作媵器,筆者以爲第一種可能性最大。因爲同姓國嫁女,理應以自己女兒或者宗族女子從媵,僅作一件媵器似乎説不過去。無論何種可能,銘文中的"霍姬"説明霍國是姬姓則不誤。另外故宮博物院還收藏一件霍鼎(《銘圖》01912),銘文是"霍作己公寶鼎,其萬年用"。陳槃《春秋大事表列國爵姓及存滅表譔異》認爲是霍國之物。[1]我以爲此鼎的霍稱其父爲"己公",使用的是日名,應非姬周族氏,所以此"霍"應是一個殷商族氏的人名,而不是霍國的國名。

7. 佣國(郇國)

2004 年在山西絳縣橫水鎮,發現一處西周時期的墓地,經過考古人員數年發掘,出土大量青銅器,一個塵封近三千年的西周封國重現,這就是佣國。李學勤先生認爲佣國就是郇國。[2]《萬姓統譜·拯韻》:"郇,郇伯絮之後,國在虞、芮之間。"又《萬姓統譜·蒸韻》:"𨻅,𨻅伯繄之後。"《集韻·等韻》:"郇,國名,……或作𨻅。"則"𨻅"與"郇"相通,實爲一家,"繄"是"絮"字之誤。《穆天子傳》卷一云:"甲午,天子西征,乃絶隃之關隥。己亥,至于𨟖居、禺知之平。辛丑,天子西征,至于郇人,河宗之子孫郇柏絮,……丙午,天子飲于河水之阿,天子屬六師之人於郇邦之南,滲澤之上。"郭璞注:"隥,阪也,疑此謂北陵、西隃。西隃,雁門山也,音俞。……郇,國名,音叵肯切。……柏,爵。絮,名。古柏字多从木。"由《穆天子傳》可知佣國早先當在今内蒙古托克托一帶,絳縣橫水的佣國乃是"伯絮"之國南遷的結果。此後歷西周中晚期到春秋早期,大約在公元前 705 年前後被晉國吞併。佣國的都城故址有可能就是距離橫水墓地正東 4 公里的周家莊遺址。

目前出土和傳世的佣國青銅器,西周早期有佣季尊(《銘圖》11687);西周中期前段有橫

[1] 陳槃:《春秋大事表列國爵姓及存滅表譔異》,上海古籍出版社,2009 年。
[2] 李學勤:《絳縣橫北村大墓與郇國》,《中國文物報》,2005 年 12 月 30 日第 7 版;收入氏著《文物中的古文明》272—274 頁,商務印書館,2008 年。

水鎮西周墓出土的佣伯鼎（3 件，《銘圖》01821、01960、02261）、佣伯簋（2 件，《銘圖》04499、
《銘續》0442）、佣伯再簋（《銘圖》05208）、佣伯盆（2 件，《銘三》0616、0617）、南宫佣姬簋（《銘圖》04603）、佣叔壺（《銘圖》12401）、佣姬盤（《銘續》0924）、佣番生簋（《銘續》0370）、佣仲鼎（《銘圖》01961）、佣生簋（4 件，《銘圖》05307—05310）；西周晚期有佣伯廬簋蓋（《銘圖》04715）、佣伯鬲盨（2 件，《銘三》0541、0542）、峁弃生鼎（《銘圖》02036）、佣史鑾鈴（《銘圖》19044）等。

　　另外，與佣國有關聯的青銅器，西周中期前段有芮伯甗（《銘續》0276）、芮伯簋（《銘續》0372）、芮伯盤（《銘續》0939）、芮伯盉（《銘續》0979）、虎叔簋（《銘圖》04833）、冀仲飲壺（《銘圖》10863）等。

　　傳世的佣仲鼎，時代爲西周中期，銘文是“佣仲作畢媿媵鼎，其萬年寶用”。這是佣國公族佣仲爲嫁往姬姓畢氏的女兒或者姊妹所作的媵器，女子稱謂是“畢媿”。“畢”是其夫家的族氏，“媿”是自家的姓，故知佣國爲媿姓。峁弃生鼎，1956 年在山東棲霞縣（今棲霞市）松山鎮大北莊村桃莊出土，銘文有“峁弃生作成媿媵鼎，其子孫孫永寶用”。“峁”即“佣”字異體，“弃生”表明他是“弃氏”的外甥。“弃氏”族姓不詳。這是佣弃生爲女兒或者姊妹所作的媵器。“成媿”的“成”是夫家的族氏，成氏姬姓，是文王兒子叔武的封國。“媿”是女子自家的姓，亦即佣弃生的姓，説明佣國爲媿姓。同樣，橫水鎮橫北村 M2508 出土的佣番生簋，銘文是“佣番生作□媿媵簋”。銘文明確稱此器爲“媵簋”，説明這是佣番生爲出嫁的女兒或姊妹所作的媵器。按照先秦時期女子稱呼的習慣，“□媿”就是女子的稱謂。“□”字漫漶不清，有可能是夫家的族氏，也有可能是女子在姊妹間的排行。周代女子稱姓不稱氏，故知“媿”是出嫁女子的姓，也就是佣番生的姓，可證佣國爲媿姓。

　　“媿”文獻作“隗”，亦作“懷”。從其族姓“媿”分析，佣國可能就是成王分唐叔虞以“懷姓九宗”中的一支。懷姓九宗來源於鬼族，鬼族是中國大地上土生土長的族群，很早以前就一直居住在今山西南部。在傳説時代鬼族就已經和中原各族發生聯繫。鬼族奉黄河之神河伯（亦稱河宗）馮夷爲始祖，也就是説鬼族可能崇拜河神。[1]

　　2005 年山西絳縣橫水鎮西周墓出土的佣伯鼎與佣伯簋銘文相同，銘文是“佣伯作畢姬寶旅鼎（或簋）”。這是佣國國君爲其夫人所作的用器，死後殉葬在夫人墓中。“畢姬”的稱謂是父家族氏+父家的姓（也就是女子的姓）組成，説明她是來自畢氏公室的女子。另一件佣伯簋出土於橫水鎮 M1006，銘文有“佣伯肇作芮姬寶簋，其用夙夜享于厥宗”。這是某位佣伯爲其來自芮國的夫人所作的用器。

　　橫水鎮西周墓地出土的芮伯甗，銘文是“芮伯作佣姬旅甗”；芮伯簋的銘文是“芮伯作佣

---

[1] 張海：《懷姓九宗研究》，河北師範大學碩士學位論文，2008 年。

姬寶滕簋四”;還有芮伯盤和芮伯盉,銘文是“芮伯拜稽首,敢作王姊盤（或盉）,其罃佣伯萬年,用饗王逆覆”。這四件器物,都是佣伯墓葬出土,作器者是芮伯,受器者是佣姬或者王姊,從其相互關係可知王姊就是佣姬。“王”讀爲“皇”,意爲大、美,“皇姊”是芮伯對其姐姐的尊稱。由芮伯簋有“滕”字可知,這組青銅器是芮伯給出嫁到佣國的姐姐所作的陪嫁品。

保利博物館收藏的虎叔簋,時代也是西周中期,銘文是“虎叔作佣姒滕簋,萬年其子子孫孫永寶用”。這是虎叔爲其女兒或者姊妹所作的滕器。“佣姒”的稱謂由女子夫家的族氏+自己的姓組成,說明虎氏爲姒姓,女子夫家是佣國。

2006年9月中華青銅器網上登載一件南宮佣姬簋銘文,未見器形,但從字體和文例推測,時代約西周中期前段,銘文是“南宮佣姬自作寶尊旅簋”。作器者“南宮佣姬”應是佣國的一位宗婦,來自南宮氏,姬姓。其稱謂由父家族氏（南宮）+夫家族氏（佣）+女子的姓（姬）組成。這種女性稱謂在金文中還比較多見,如胡應姬（見胡應姬鼎）、蘇衛改（見蘇衛改鼎）、辛中姬皇母（見辛中姬皇母鼎）、邿秦妊（見邿秦妊鬲）等。“南宮氏”是周王朝重臣南宮括的後裔,與周同姓（見南宮氏篇）。橫水鎮橫北村M2158出土的佣姬盤,時代與南宮佣姬相同,銘文是“佣姬作寶盤”,是佣國某位姬姓夫人的自作器。筆者推測此佣姬與南宮佣姬是同一人。南宮佣姬簋極有可能也出自橫水墓地。

現藏上海博物館的異仲飲壺,橢方體,隆蓋直沿,蓋的捉手呈圈狀,下腹向外傾垂,矮圈足沿下折,蓋及腹兩側有透雕扉棱。蓋面和器腹飾變形卷體獸紋,頸飾曲喙鳥紋,前後有浮雕獸頭,蓋沿和圈足飾蛇紋,均以雲雷紋填地。時代爲西周中期前段,銘文是“異仲作佣生飲壺,匄三壽懿德萬年”。作器者“異仲”,受器者“佣生”。“佣生”可能是“異仲”的長輩。“佣生”即“佣甥”,他的母親來自佣國。可知佣國與遠在山東的姜姓異國通婚。

佣生簋又稱格伯簋,西周中期之物,銘文記載格伯與佣生以馬易田之事。佣生簋與異仲飲壺時代相同,“佣生”是否爲同一人,不得而知。從佣生簋銘文有族氏徽記“雷”,說明他是妘姓琱氏族人,其母是佣氏女子。

通過佣伯作畢姬鼎、佣仲作畢媿滕鼎、佣伯作芮姬簋、芮伯作佣姬瓶、芮伯作佣姬簋、芮伯作皇姊盤、芮伯作皇姊盉、南宮佣姬簋、佣姬盤等青銅器銘文,我們知道佣國在西周中期前段就和姬姓畢國、芮國、妘姓琱氏、姜姓異國以及顯赫的南宮家族互通婚姻。

8. 霸國（潞國）

2007年到2008年考古工作者在山西翼城縣隆化鎮大河口村進行大規模考古發掘,發現一個未見文獻記載的西周諸侯國,從出土的青銅器銘文可知該國名爲霸。黃錦前、張新俊兩位先生考證,霸國即春秋時期的潞國。[1]金文中“霸”亦作“格”。西周早期到中期前段一般

---

[1]　黃錦前、張新俊:《説西周金文中的“霸”與“格”——兼論兩周時期霸國的地望》,《考古與文物》2015年第5期。

作“霸”，中期後段到晚期一般作“格”。霸國在魯宣公十五年（前594年）被晉景公所滅，故址在今山西潞城市。

潞國，《國語》作“潞”或“路”，《逸周書》作“露”。《左傳·宣公十五年》載：“六月癸卯，晉師滅赤狄潞氏，以潞子嬰兒歸。”杜預注：“潞，赤狄之別種。潞氏，國，故稱氏。子，爵也。”

據文獻記載潞國的姓有姬、姜、妘、隗四種不同説法。[1]出土文物證明，霸國與當時的晉國、芮國、倗國、燕國以及周王室都有密切往來，傳世的格伯簋銘文有“格伯作晉姬寶簋”。大河口1號墓出土了多件與燕國有關的青銅器，其中燕侯旨卣銘文是“燕侯旨作姑妹寶尊彝”，燕侯旨是燕國第二任國君，“姑妹”是小姑姑的意思。這是燕侯旨爲其小姑所作的媵器，説明姬姓燕國和霸國有姻親關係。又《左傳·宣公十五年》記載：“潞子嬰兒之夫人，晉景公之姊也。”也説明姬姓晉國與霸（格、潞）國有婚姻關係，所以路國爲姬姓的説法不可靠。

《國語·鄭語》載“當成周者，……北有衛、燕、狄、鮮虞、潞、洛、泉、徐、蒲”，韋昭注：“潞、洛、泉、徐、蒲，皆赤狄，隗姓也。”杜預《春秋釋例·氏族譜》也以赤狄潞氏爲隗姓。“隗”即“媿”，可見霸（格、潞）國與倗國一樣應該是媿姓，屬於赤狄的一支。

霸國的青銅器主要是山西翼城縣隆化鎮大河口村西周墓地和曲沃縣天馬曲村西周墓葬出土之物，西周早期有霸仲甗（《銘圖》03200）、霸仲簋（《銘續》0323）、霸姞鼎（《銘圖》01603）、霸姞簋（《銘圖》04329）、霸伯簋（《銘圖》04296）；西周中期前段有霸簋（3件，《銘圖》04609、04610、《銘三》0454）、霸伯簋（《銘圖》05220）、格伯甗（《銘圖》03311）、霸伯盂（《銘圖》06229）、霸伯罍（《銘圖》13906）、霸伯豆（《銘續》0529）、霸伯盤（《銘續》0949）、霸伯盉（《銘三》1240）、霸仲甗（《銘三》0356）、霸仲盉（《銘續》0963）、格仲簋（2件，《銘三》0492、0493），另外還有傳世的格伯簋（《銘圖》04923）。

與霸國相關聯的青銅器，西周中期有倗生簋（4件，《銘圖》05307—05310），銘文有“唯正月初吉癸巳，王在成周，格伯取良馬乘于倗生，厥賈卅田，則析”。

2010年山西翼城縣隆化鎮大河口西周墓地M1017出土的霸伯盤，時代爲西周中期前段，銘文有“唯正月既死霸丙午，戎大捷于霸，伯搏戎，獲訊一夫，伯對揚，用作宜姬寶盤，孫孫子子其萬年永寶用”。傳世的格伯簋也是西周中期前段之物，銘文是“唯三月初吉，格伯作晉姬寶簋，子子孫孫其永寶用”。這兩件青銅器銘文與《左傳·宣公十五年》記載的潞子嬰兒之夫人是晉景公之姊相呼應，説明霸國與姬姓的晉國多次聯姻。至於霸國的族姓，目前出土和傳世的青銅器還没有可以證明其爲媿姓的資料。

9. 昆國（昆國）

《通志·氏族略》載：“昆氏，己姓，夏之諸侯昆吾氏之後也。”《世本·氏姓篇》載：“昆吾，

---

[1]　陳槃：《春秋大事表列國爵姓及存滅表譔異》。

古己姓之國,夏時諸侯伯祝融之後。"昆吾國是夏桀王朝三個與國之一,夏末被商湯伐滅。其地在今河南濮陽一帶。

《左傳·僖公十六年》:"秋,狄侵晋,取狐、廚、受鐸,涉汾,及昆都,因晋敗也。"楊伯峻先生《春秋左傳注》根據《讀史方輿紀要》認爲其地在今山西臨汾市南汾水之東。昆都,應該就是古昆國的都城所在地,由此可知昆國在魯僖公十六年(前 644 年)之前就被晋國吞併了,變成了晋國的一個城邑。如果昆氏與昆吾氏有關聯,有可能在商滅夏之後,昆吾氏的一支從河南濮陽遷徙至晋南。

昆國的青銅器目前僅見 5 件。其中 1 件是傳世品昆疕王賈鐘(《銘圖》15159),原藏羅振玉,時代爲西周晚期,銘文是"昆疕王賈作龢鐘,其萬年子孫永寶"。另外 4 件是春秋早期昆君婦媿霝所作之器。圁(昆)君婦媿霝壺一對(《銘圖》12353,《銘三》1055),2002 年在山東棗莊市山亭區東江小邾國墓地出土,銘文是"昆君婦媿霝作旅壺,其萬年子子孫孫永用"。昆君婦媿霝鼎(《銘圖》02009)和昆君婦媿霝鑒(《銘圖》14768)各一件,均爲傳世品,鼎銘是"昆君婦媿霝作旅尊鼎,萬年永寶用",鑒銘是"昆君婦媿霝作鑒,其萬年子子孫孫寶用"。銘文中"昆"作"圁",從囗,昆聲,與"國"和"或"爲一字例同。"昆君"即昆國的國君;"婦"是身份稱謂,即主婦,也就是昆君的夫人;"媿"是夫人的姓,"霝"是夫人的名。傅斯年先生認爲"霝"與"作"連讀,"霝作"即"善作",此説似不妥。遍檢青銅器銘文,有"作""作鑄""用鑄""造鑄""以鑄""鑄爲""作爲鑄"等,從未見"霝作"之例。"霝"通"令",善也,美也。《廣雅·釋言》:"霝,令也。"王念孫疏證:"皆謂善也。"金文中"霝"常用作女名,如嬴霝德(嬴霝德鼎)、叔姬霝(曾侯簠)等,筆者認爲"霝"在銘文中應是夫人之名。

目前還未發現有能夠證明昆國族姓的銘文。昆國是否爲昆吾氏的後裔,是否爲己(改)姓,不可妄下結論,昆國的族姓研究有待新的資料出現。晋南是鬼族分佈的地區,鬼族是媿姓,上述昆國地望在臨汾市汾水東岸,與鬼族國家相近,故互通婚姻是情理中事。

10. 寶氏

兩周時期的寶氏不見於文獻記載。考古發現有寶氏銅器。

1956 年山東棲霞縣(今棲霞市)松山鎮大北莊村桃莊出土一件寶弃生鼎(《銘圖》02036),時代爲春秋早期,銘文是"寶弃生作成媿媵鼎,其子孫孫永寶用"。這是一件媵器,作器者名叫寶弃生,受器者"成媿"是其出嫁的女兒(或者姊妹)。稱名中"成"是其夫家的國名。成國始封君是周文王的兒子叔武,西周時期尚在宗周畿內,西周末年周室東遷時遷居山東鄄城。"媿"是女子的姓,也就是寶氏爲媿姓。"寶弃生"的稱名,由氏名+某生組成。按照張亞初先生之説,"弃生"應讀爲"弃甥",意爲弃氏的外甥。[1]寶氏,張亞初先生認爲就是甲

---

[1] 張亞初:《兩周銘文所見某生考》,《考古與文物》1983 年第 5 期。

骨文中的缶國，《左傳·成公十三年》晉侯使呂相絕秦云：“伐我保城，殄滅我費滑。”此保城殆即甲骨文中的缶地，古無輕唇音，“缶”讀如“寶”，剛劫尊銘文的“寶尊彝”就寫作“缶尊彝”，缶、匋、寶、保，音同字通。寶氏是媿姓國族，也就是說它屬於鬼方的一個分支。殷代鬼方活動在山西南部，所以寶氏爲山西的部族，這與陳夢家先生的缶國在山西永濟之說相合。[1]

11. 京氏

京氏不見於先秦文獻記載，族源不詳。有人以爲京氏的得名與其祖先居地有關。[2]

京氏的青銅器目前見到 9 件，西周早期有影師耳尊（《銘圖》11806）；西周中期有京姜𫵴母鬲（《銘圖》02858）；西周晚期有京叔盤（《銘圖》14428）、京叔匜（又稱孟嬴匜，《銘圖》14877）、京叔簋（2 件，《銘續》0428、0429）、京叔盨（2 件，銘文略有不同，《銘圖》05534、05547）、京叔鑐（《銘續》0900）、京叔休父盨（2 件，《銘圖》05548、05586）、京良父簋（《銘圖》04599）；春秋早期有京叔姬簠（《銘圖》05800）等。

與京氏有關聯的青銅器 14 件，1940 年陝西扶風縣法門鎮任家村西周銅器窖藏出土的善夫吉父鬲（10 件，《銘圖》02966—02974、《銘續》0259）、伯吉父匜（《銘圖》14930），時代爲西周晚期。傳世有芮公鬲（3 件，《銘圖》02988、02989、03012），其時代也是西周晚期。

影師耳尊，原稱微師耳尊，現藏日本京都泉屋博古館，大口筒狀三段式，喇叭口，鼓腹，高圈足。頸下與圈足上部均飾弦紋兩道。腹部上下兩周紋帶均飾以雙綫勾勒的變形夔龍。夔龍紋帶上下用連珠紋鑲邊，時代爲西周早期前段。銘文記載𫵴侯賞賜給耳臣十家，於是耳製作了祭祀京公的祭祀禮器。“京公”是耳對其始祖的尊稱，其時代亦應在西周早期前段。京姜𫵴母鬲，時代爲西周中期，銘文是“京姜𫵴母作尊鬲，其永寶用”。這是一位京氏主婦的自作器，來自姜姓族氏。夫人字“𫵴母”，“𫵴”字不識。西周晚期的京氏諸器作器者有京叔、京叔休父以及京良父，均爲京氏族人。春秋早期僅見京叔姬盨，是一位京氏的主婦的自作器，主婦來自姬姓族氏。以上説明京氏與姜姓、姬姓族氏通婚。

京叔盤、京叔匜 1933 年在春山東滕州市東郭鎮安上村出土，銘文是“京叔作孟嬴媵盤（匜），子子孫永寶用”。這是京叔爲其女兒或姊妹所作的一套媵器，從中可知京氏爲嬴姓。京叔簋出土地點不明，銘文是“京叔作莆嬴媵簋，用享于文姑”。這是西周晚期一位京叔爲嫁給莆氏的女兒所作的媵器，也説明京氏是嬴姓。莆氏今不知其地望所在，也不知其族姓。京叔鑐的銘文是“京叔豎嬴媵鑐”。此銘文有缺失，“京叔”之後漏鑄“作”“鑄”之類的動詞。這是京叔嫁女於豎氏。豎氏也不見於文獻。

傳世的 3 件芮公鬲，其中 1 件銘文是“芮公作鑄京仲氏婦叔姬媵鬲，其子子孫孫永寶用”。另外 2 件芮公鬲銘文是“芮公作鑄京氏婦叔姬媵鬲，其子子孫孫永寶用享”。這是兩周

---

[1]　張亞初：《殷墟都城與山西方國考略》，《古文字研究》第 10 輯，中華書局，1983 年。

[2]　韓巍：《西周金文世族研究》，北京大學博士學位論文，2007 年。

之際的一位芮公給女兒叔姬所作的 3 件滕器。"京仲氏婦"和"京氏婦"是"叔姬"的定語,就是說叔姬是京仲氏家族(京氏的小宗)的主婦、宗婦,"京氏"是京仲氏的省稱,京氏就是叔姬的夫家。

善夫吉父鬲銘文是"膳夫吉父作京姬尊鬲,其子子孫孫永寶用"。銘文中没有"滕"字,以芮公鬲例推之,這是善夫吉父給京姬所作的器物。"京"是其夫家,"姬"是女子的姓,也就是善夫吉父家族的姓。伯吉父匜銘文是"伯吉父作京姬匜,其子子孫孫永寶用",與善夫吉父鬲的情況相同。善夫吉父、伯吉父、兮吉父(見兮吉父簋)、兮伯吉父(見兮伯吉父盨)、兮甲(見兮甲盤)是同一個人,兮氏家族,名甲,字吉父,排行老大(伯),擔任周王朝的膳夫之職,從銘文得知是兮氏姬姓。善夫吉父鬲和伯吉父匜都是善夫吉父爲出嫁的女子京姬(女兒或姊妹)所作的器物,伯吉父匜出土時間較早,出土地點不明,暫且不論;善夫吉父鬲一套 10 件出自周原的兮氏家族窖藏,而没有出土在京氏家族的居住地,其原因耐人尋味,極有可能是京氏家族發生變故或者其他原因,京姬回到娘家居住的緣故吧!

京氏從西周早期一直延續到春秋早期,其地望在哪裏呢? 稽查史書,京有以下三處:

1.《左傳·隱公元年》鄭莊公即位,其母武姜爲胞弟叔段"請京",使居之,謂之京城太叔。此"京"屬於鄭國,鄭武公之母弟太叔段的封邑,在今河南滎陽市區東南 10 公里的豫龍鎮京襄城村。《通志·氏族略》:"京氏,鄭武公少子段封於京,謂之京城太叔,因氏焉。舊滎陽京縣是其地,後齊廢入滎陽,其故城在縣東南二十里。"王輝和蕭春源在考釋京叔盨時將其時代定爲西周末至春秋初,也認爲京叔就是鄭武公之母弟太叔段,因封於京地,故稱京叔,[1] 此說不足采信。目前見到的京氏青銅器最早的是西周早期,且明確爲嬴姓,故與共叔段無涉。

2.《左傳·昭公二十二年》王子朝作亂,失敗後逃到京:"王師軍於京楚。辛丑,伐京,毁其西南。"此京在今河南洛陽西南,屬於東周王室管轄。此"京"地處西周王朝的東都洛邑近旁,不是王朝卿大夫,不可能在這裏有封邑。從目前所見青銅器,可知京氏並没有擔任王朝卿士,故此"京"不是京氏之京。

3. 晋地之京邑。《禮記·檀弓下》"是全要領以從先大夫於九京也"之"九京"。《水經注》汾水:"又南過大陵縣東。……又西逕京陵縣故城北,王莽更名曰致城矣。于春秋爲九原之地也。故《國語》曰:趙文子與叔向遊於九原,……。其故京尚存。漢興,增陵於其下,故曰京陵焉。"《水經注·河水》引汲冢《竹書紀年》曰:"晋武公元年,尚一軍,芮人乘京,荀人、董伯皆叛,匪直大荔故芮也。"乘即乘襲,侵犯之義。可知芮國與"京"相距不遠。西周末到春秋早期芮國故址有三處:大荔縣朝邑鎮南、韓城梁帶村、澄城劉家窪。"匪直大荔故芮也"當指國都在大荔時期的芮國。王暉、謝偉峰認爲此"京"在今大荔縣東,本稱"王城",是一個周王

---

[1] 王輝、蕭春源:《新見銅器銘文考跋二則》,《考古與文物》2003 年第 2 期。

之城。[1]大荔的“王城”又稱“京”，未見諸文獻。此“王城”的來歷不是周王的“城”，而是兩周時期這裏的一個大荔之戎，西戎八國之一，分佈於今陝西洛河下游。春秋早期，兼併諸戎，築城數十，首領稱王，治所在今陝西大荔東朝邑鎮，與義渠同爲西戎之强大者。秦厲共公十六年（前 461 年）爲秦所併。戎王之城，故稱“王城”。《括地志》：“古大荔戎國。今朝邑縣東三十步故王城，即大荔王城。”筆者認爲京氏之“京”應即九原之“故京”。九原即今山西新絳縣北部，春秋爲晉地，鄰近曲沃。在曲沃封君與翼城晉侯對抗期間，可能爲曲沃封君所控制，西臨郇國（今山西臨猗縣西南之鐵匠營），南有董國（聞喜縣北），西南有耿國（河津縣東南）。在曲沃武公繼位之初（公元前 715 年），芮伯便乘機侵伐曲沃的京，附近的郇國、董國也跟着反叛。晉侯湣四年（公元前 703 年）秋，芮伯還曾隨同虢仲、梁伯、荀侯、賈伯討伐曲沃武公（見《左傳·桓公九年》）。這說明芮國所乘的“京”是曲沃的“京”，而不是大荔的“王城”，亦可證京氏之“京”當在今山西新絳縣北。

2019 年 10 月完稿

---

[1]　王暉、謝偉峰：《韓城芮國考——從梁帶村發現談起》，《文博》2007 年第 3 期。

兩周金文所見諸侯國及族氏考

（陝甘篇）

1. 虢國

虢國，是西周時期重要的諸侯國。周武王滅商後，分封文王的弟弟虢叔於今陝西寶雞市東，史稱西虢；分封虢仲於今河南滎陽縣西汜水鎮，史稱東虢。西虢後來東遷到今河南陝縣東南，地跨黄河兩岸，河北稱爲北虢，河南稱爲南虢，實爲一國，公元前655年（晋獻公二十二年）被晋國所滅。西虢東遷後留在原地的一支稱爲小虢，公元前687年被秦國所滅。東虢於公元前767年（鄭武公四年）被鄭國所滅。《左傳・僖公五年》云："虢仲、虢叔，王季之穆也，爲文王卿士，勳在王室，藏於盟府。"《國語・晋語四》稱文王"孝友二虢"，韋昭注："二虢，文王弟虢仲、虢叔。"既然虢仲與虢叔是文王之弟，故虢國應爲姬姓。

陳夢家先生認爲金文中的四虢——伯、仲、叔、季都是排行，後變爲氏；西周四虢銅器出土地可考者，都在陝西寶雞地區及河南三門峽市，没有出土於東虢的。因此，西周金文中的虢伯、虢仲、虢叔、虢季四支，應該都屬於西虢。[1]在青銅器銘文中，東、西二虢的稱謂未見有所區分，大凡出土於寶雞地區和三門峽地區的均屬西虢；未有出土地點者，就無法區分了。

傳世和出土的虢國青銅器很多，西周早期的尚未見到，西周中期有虢伯器、虢叔器4件等。西周晚期有虢伯器、虢仲器、虢姞器、虢叔大父器，虢叔器、殷㲉器、虢姜器組、虢文公子𢼸器、虢季氏子𢼸器、虢宣公子白器、虢季子白器、虢季氏子組器，以及三門峽M2001的虢季器組、虢姜器組，還有最近山西垣曲北白鵝出土的虢季甗等100餘件。[2]春秋早期有三門峽虢國墓地出土的虢仲器組、虢宫父器組、國子碩父器組、虢太子元戈等16件。

西周晚期的虢伯鬲（《銘圖》02983），銘文是"虢伯作姬大母尊鬲，其萬年子子孫孫永寶用"。這件鬲是虢伯爲姬大母所作。銘文中"姬大母"是一位女子，字大母，與虢伯同姓，説明她不是虢伯的夫人，應是虢伯的姊妹或者姑母。雖然銘文中没有"媵"字，也應是一件媵器。

---

[1] 陳夢家：《西周銅器斷代》393—394頁，中華書局，2004年。

[2] 王冰：《"虢季爲匽姬媵甗"乃姬姓間通婚證據辨正》，復旦大學出土文獻與古文字研究中心網，2021年2月8日。

清光緒十八年（1892 年）河北易縣出土的齊侯匜（《銘圖》14982），時代爲春秋晚期，銘文有
“齊侯作虢孟姬良母寶匜”，這是齊侯爲其夫人所作的用器，夫人名號孟姬良母，説明她來自
虢國。這幾件青銅器均可證明虢國確爲姬姓。

　　陝西岐山出土的兩件虢仲鬲（《銘圖》02739、02740），時代爲西周晚期，銘文是“虢仲作姞
尊鬲”，女子姞姓，應是虢仲的夫人，來自一個姞姓族氏。三門峽虢國墓地 M2009 出土的 4 件
虢仲盨（《銘圖》05577、05578，另 2 件未公布銘文拓本）以及傳世的 1 件虢仲鬲（《銘圖》
02956），銘文有“虢仲作虢改寶盨（或尊鬲）”，這是西周晚期虢仲爲其改姓夫人所作的用器。
銘文中虢仲稱其夫人爲“虢改”，是用自家的族氏+岳父家的姓來稱呼夫人，與常見的以夫人
父家的族氏+父家姓的稱名有所不同。傳世的 3 件虢文公子㡇鼎（《銘圖》02207—02209）和
虢文公子㡇鬲（《銘圖》02987），銘文有“虢文公子㡇作叔改鼎（或鬲）”，這是虢文公子㡇爲其
夫人叔改所作的用器。虢姞鬲（《銘圖》02694）則是某代虢君的姞姓夫人自作器。還有三門
峽虢國墓地出土的國子碩父鬲（《銘圖》03023、03024），銘文有“虢仲之嗣國子碩父作季嬴羞
鬲”，是虢仲之子碩父爲其嬴姓夫人所作的用器。M2013 出土的虢仲簋（《銘圖》05867）銘文
有“虢仲作丑姜寶簋”，是虢仲爲其姜姓夫人所作的用器。虢姜諸器（2 鼎、2 簋、1 甗）則是某
代虢君的姜姓夫人的自作器。蘇冶妊鼎（《銘圖》02089）和蘇冶妊盤（《銘圖》14454）銘文有
“蘇脂妊作虢改魚母媵鼎（盤）”，是蘇國國君夫人爲其嫁往虢國的女兒所作的媵器等。以上
這些器物説明虢國與姜、姞、改、嬴等姓國家通婚。

　　2. 鄭國

　　鄭國見於文獻記載，是西周末至戰國初重要的諸侯國之一。關於鄭國的始封君鄭桓公，
歷來有兩説。其一，周厲王之少子。《史記·鄭世家》：“鄭桓公友者，周厲王少子而宣王庶弟
也。”集解：“徐廣曰：年表云母弟。”《國語·鄭語》“桓公爲司徒”，韋昭注：“桓公，鄭始封之
君，周厲王之少子，宣王之弟，桓公友也。宣王封之於鄭，幽王八年爲司徒。”其二，周宣王之
子。《國語·周語》：“鄭出自宣王。”今本《竹書紀年》周宣王二十二年：“王錫王子多父，命居
洛。”雷學淇《竹書紀年義證》説：“王子多父者，宣王之子鄭桓公友也。”[1]古本《竹書紀年》
晉文侯二年云：“周惠王子多父伐鄶，克之，乃居鄭父之丘，名之曰鄭，是曰桓公。”“惠”字有人
以爲是“厲”字之誤，有人以爲是“宣”字之誤。雷學淇《介庵經説·鄭系考》云：“考竹書，厲
王生於孝王七年，即位時年甫十五。即位之十二年奔彘，國人圍王宮，執召公之子殺之。時
年二十五。明年，共伯和攝行王事。攝之十四年，而厲王崩。明年宣王即位。《左傳》曰：‘至
於厲王，王心戾虐，萬民弗忍，居王於彘。諸侯釋位，以間王政。宣王有志，而後效官。’《國
語》曰：‘彘之亂，宣王在召公之宮，國人爲之，召公以其子代宣王。宣王長而立之。’《吕覽》

---

[1]　雷學淇：《竹書紀年義證》，藝文印書館股份有限公司，1956 年。

曰：'厲王，天子也，有讐而衆，故流於彘，禍及子孫；微召伯虎，而絶無後嗣。'此與古傳悉合。蓋宣王即位時，年甫十六，圍王宫時年甫二歲，故召公以其子代而國人不識也。厲王止生一子，故《吕覽》曰：'微召伯虎，而絶無後嗣。'以此推之，則鄭桓公非厲王之子，甚明。"[1]筆者同意雷學淇之説。鄭的始封當在周宣王二十二年（前806年），宣王之子受封。《史記·鄭世家》云鄭桓公名"友"，而《竹書紀年》稱爲"多父"，有可能是金文"友"字與"多"形近，故誤"友"爲"多"，也有可能是"友"與"多父"爲一名一字。

關於鄭桓公初封之地，傳統的説法認爲在漢代的鄭縣，即今陝西渭南市華州區。《毛詩·鄭譜》："初，宣王封母弟友於宗周畿内咸林之地，是爲鄭桓公。今京兆鄭縣是其都也。"《史記·鄭世家》："宣王立二十二年，友初封於鄭。"索隱："鄭，縣名，屬京兆。秦武公十一年'初縣杜、鄭'是也。"又引《世本》云："桓公居棫林，徙拾。"《漢書·地理志》鄭縣："周宣王弟鄭桓公邑，有鐵官。應劭曰：宣王母弟友所封也。其子與平王東遷，更稱新鄭。"王引之在《經義述聞》毛詩咸林中認爲："咸當作或，或者棫之借字也。古音或如棫，故棫通作或。或與咸字形相似，因誤作咸耳。"[2]而清代學者雷學淇則認爲此棫林"即《左傳》晋師伐秦濟涇至於棫林者，地在涇水之西，當去涇已遠。《地理志》謂扶風雍縣有棫陽宫，秦昭王起，似即因棫林爲名。是桓公之初居，在岐周之東，鎬京之西北，詩譜誤作咸林耳"。[3]唐蘭先生也認爲"西鄭本在鳳翔到扶風一帶，鄭桓公始封之鄭，是在涇西的棫林。後來才遷到京兆鄭縣，可能就是《世本》所説的'徙拾'。東周後又遷到新鄭，到秦武公'縣杜鄭'時則是以鄭桓公所遷之地爲鄭縣，不是始居的棫林了。後人不知道西鄭原在涇河之西，又不知道京兆鄭縣不是鄭桓公始封之地，而誤以鄭縣（今渭南市華州區）當作棫林，就和《左傳》所説棫林的地理不合了"。[4]學者們認爲"鄭"與"棫林"是一地是對的，雷學淇、唐蘭指出在涇河之西的鳳翔到扶風一帶也是對的，但對其具體地望却不甚了解。筆者以爲鄭桓公始封的"鄭（棫林）"，也就是穆王以下所居的"鄭"，史稱"西鄭"。

今本《竹書紀年》載："穆王以下都于西鄭。"古本作："穆王所居鄭宫、春宫。"此説不是指穆王遷都於西鄭，當是指穆王及其之後的諸王在西鄭設置離宫别館，時常居之。這一時期的銅器銘文中也屢見周王在鄭地活動的記載。如：懋尊、懋卣，銘文有"唯六月既望丁巳，穆王在鄭，蔑懋曆，賜緄帶"，旟伯簋有"唯正月初吉辛未，王格鄭宫，王賜旟伯貝十朋"，長由盉有"穆王在下減應，穆王饗醴"，免尊、免卣、大簋、三年瘨壺也有"王在鄭"，蔡簋、元年師旋簋有

[1]　雷學淇：《介庵經説》，叢書集成本，商務印書館，1936年。
[2]　王引之：《經義述聞》，上海古籍出版社，2016年。
[3]　雷學淇：《介庵經説》。
[4]　唐蘭：《用青銅器銘文來研究西周史——綜論寶雞市近年發現的一批青銅器的重要歷史價值》，《文物》1976年第6期。

"王在減应"。銘文中的"下減应"即"減应"，亦即"棫应"，是周王朝在棫地設立的行宫，也就是說鄭與棫是同一個地方。其中戀尊、戀卣、長由盉是典型的穆王時期之物，旂伯簋、免尊、免卣、蔡簋、大簋、三年瘨壺的時代爲西周中期，約在恭王到孝王時期；元年師旄簋的時代最晚，大約爲夷厲時期，均證明"穆王以下都于西鄭"不誤。

"下減""減"的得名應與附近的俞山有關。《山海經·西山經》云："又西七十里曰瑜次之山，漆水出焉，北流注於渭，其上多棫、橿……"《水經注》亦云："漆水出扶風杜陽縣俞山（麟遊縣與鳳翔縣的界山），東北入於渭。《山海經》曰：'瑜次之山，漆水出焉，北流注於渭。'蓋自北而南矣。"瑜次山，因山上多生棫橿，亦稱棫山。瑜、俞、棫、減音相同，故相通假。

關於棫林、西鄭的具體地望，尚志儒先生認爲在今陝西鳳翔縣東北30餘里的田家莊鎮西勸讀村，[1]尚說是。這裏地處俞山南麓的原地上，村西南有一處面積廣大的西周遺址，面積約15萬平方米，文化層堆積2—5米，暴露有西周早、中、晚三期的遺物、遺迹，尤以中期最爲豐富，鬲、鼎、盆、罐等陶片俯拾皆是，卜骨碎片時有發現，農民平整土地時曾發現幾處直徑一米左右的柱礎和夯土基址，曾出土對罍等多件青銅器，說明這裏曾有大型宮室建築。遺址之西約1公里的河北村有西周墓地，也曾出土西周獸面紋鼎、夔龍紋簋等青銅器。這裏在西周早期就是一個重要的聚落所在，穆王時期修建行宫，常來此居住理事、册命臣下，直到宣王二十二年（前806年），封其子友於此。其後便"徙拾"，即遷到漢代的鄭縣（今渭南市華州區），東周初又遷到新鄭。

至於秦德公的大鄭宮與秦昭王的棫陽宮雖然與穆王的鄭宮、棫林名稱相關聯，但其相距甚遠，並不在一個地方。秦德公的大鄭宮和秦漢時期的棫陽宮舊址在秦都雍城之内，即今鳳翔縣城南。該遺址均爲春秋到秦漢時期的遺迹、遺物，未見西周時期的任何遺存。大鄭宮、棫陽宮只是古地名的沿用而已。如果大鄭宮是建在穆王的鄭宮舊址上，棫陽宮是在棫林附近，那麼晉軍"濟涇而次，至於棫林"不就到了秦都雍城了麼？這與《左傳》的記載是相悖的。

傳世和新出土的鄭國青銅器，以及與鄭國有關聯的青銅器，西周晚期有鄭伯匜（《銘圖》14946）、趠鼎（《銘圖》02479）、鄭伯頵父壺（《銘續》0830）、鄭伯頵父鬲（《銘三》0360）、鄭叔原父簋（《銘三》0550）、鄭師原父鬲（3件，《銘圖》02978，《銘三》0325、0326）、鄭饔原父鼎（《銘圖》02008）；春秋早期有鄭伯盤（《銘圖》14431）、鄭子石鼎（《銘圖》01975）、鄭姚句父鼎（《銘圖》02085）、鄭伯氏士叔皇父鼎（《銘圖》02287）、鄭叔𠭯父鬲（《銘圖》02783）、鄭牧馬受簋蓋（3件，《銘圖》04848—04850）；春秋晚期有鄭莊公之孫盧鼎（2件，《銘圖》02408、02409）、鄭莊公之孫缶（2件，《銘圖》14095、14096）等。

趠鼎，時代爲西周宣王時期，銘文有"趠拜稽首，敢對揚天子丕顯魯休，用作朕皇考釐伯、

[1]　尚志儒：《鄭、棫林之故地及其源流探討》，《古文字研究》第13輯438頁，中華書局，1986年。

鄭姬寶鼎"。"鼇"讀爲"鼇",謚號。《逸周書·謚法解》云:"有伐而還曰鼇,質淵受諫曰鼇。"
趞的父親是用謚號稱謂,母親"鄭姬"的"鄭"不是謚號,應是族氏,可知其母來自鄭國,此鄭國
是姬姓無疑。

鄭伯匜,時代也是西周宣王時期,銘文是"鄭伯作宋孟姬媵匜,其子子孫孫永寶用之",這
是鄭伯爲嫁到宋國的大女兒所作的媵器。這件匜1985年出自河南永城縣陳集鄉,該地正是
宋國的範圍,銘文中夫家國名和父家國名俱全,更進一步證明此鄭國是姬姓鄭國,與文獻記
載相符。

鄭伯碩父壺,銘文是"鄭伯碩父爲叔姜尊壺,子孫永寶用享"。這是鄭伯碩父爲來自姜姓
國的夫人所作的用器,說明鄭國與姜姓國族有着婚姻關係。

3. 芮國

芮是商末到春秋時期的諸侯國,與周同姓,是一個龐大的國族,西周時期居於重要地位,
歷代芮國首領擔任周王朝公卿。武王克商,巢伯來朝,芮伯予以接待,並作《旅巢命》。《書
序》云:"巢伯來朝,芮伯作《旅巢命》。"孔傳:"芮伯,周同姓,圻内之國,爲卿大夫陳威德以命
巢。"成王臨終時芮伯爲顧命大臣之一。《書·顧命》說:"乃同召太保奭、芮伯、彤伯、畢公、衛
侯、毛公、師氏、虎臣、百尹御事。"厲王時期有芮良夫仕於朝廷。《逸周書·芮良夫解》:"芮伯
若曰:予小臣良夫,稽道謀告。"芮良夫亦見於清華簡《芮良夫毖》。春秋早期芮國還參與晉
國内部爭鬥。《左傳·桓公九年》載:"秋,虢仲、芮伯、梁伯、荀侯、賈伯伐曲沃。"據《史記·秦
本紀》載,德公元年,梁伯、芮伯一同朝見秦德公;成公元年,梁伯、芮伯又一同朝見秦成公,至
繆公二十年秦滅梁、芮。

芮國都城過去有三種說法。其一,《史記·周本紀》敘述虞芮之人爭田事,集解云:"《地
理志》虞在河東大陽縣,芮在馮翊臨晉縣。"其二,《史記·周本紀》正義引《括地志》云:"故虞
城在陝州河北縣東北五十里虞山之上,古虞國也。故芮城在芮城縣西二十里,古芮國也。"
《元和郡縣志》芮城縣:"故芮城,在縣西二十里。古芮伯國也。"其三,《史記·秦本紀》正義
引《括地志》云:"南芮鄉故城在同州朝邑縣南三十里,又有北芮城,皆古芮伯國。鄭玄云周同
姓之國,在畿内,爲王卿者。"芮城縣即今山西芮城縣,臨晉縣即今陝西大荔縣朝邑鎮。

根據今人考證,《詩·大雅·縣》"虞、芮質厥成"的芮國,不在今山西省芮城縣,也不在今
陝西大荔縣朝邑鎮,而在今陝甘交界。齊思和、張筱衡、尹盛平、賀旭志均認爲"虞"即"吳",
得名於吳山,芮國與汭(芮)水相關,《漢書·地理志》右扶風汧縣:"吳山在西。……芮水出西
北,東入涇。"所以芮國在華亭縣,虞國在隴縣。[1]漢汧縣即今陝西隴縣,吳山及其以南本屬

---

[1] 齊思和:《中國古史探研》,中華書局,1981年。張筱衡:《散盤考釋(下)》,《人文雜誌》1958年第4
期。尹盛平:《西周史徵》,陝西師範大學出版社,2004年。賀旭志:《虞芮國故址小議》,《長沙水電師
院學報(社會科學版)》1989年第2期。

隴縣,1958 年劃歸寶雞市,即今寶雞市陳倉區西部。故汭水即今之黑水河,發源於隴山,東北流經甘肅華亭縣、崇信縣南部、涇川縣南部,靈臺縣北,在陝西長武縣亭口鎮附近流入涇河。所以芮在甘肅華亭縣,虞在陝西隴縣(包括陳倉區西部)一帶,似較合理。

近年來,陝西韓城梁帶村發現了一處芮國墓地,並發掘了芮桓公和仲姜大墓,時代爲春秋早期前段,説明梁帶村附近也是一處芮國國君的居住地。張天恩先生認爲梁帶村的周代遺址就是春秋時期芮國的都城所在,[1] 徐世權、陳小三認爲這是芮伯萬在秦國幫助下返回大荔的芮國國都之後,其母芮姜和桓公被迫離開芮國故地到達韓城梁帶村的居地。[2] 王暉、謝偉峰則相反,認爲《括地志》所説的北芮城應是"芮伯乘京"的"京",也稱"王城"。至於韓城梁帶村之芮,《左傳·桓公三年》:"芮伯萬之母芮姜惡芮伯之多寵人,故逐之,出居於魏。"芮伯萬又在公元前 707 年被戎人接回所安置的地方,這是芮伯萬所建立的芮國,而大荔朝邑鎮的南芮城仍由其母芮姜和新芮君占據。[3] 另外,近年在陝西澄城縣劉家窪發現另一處芮國墓地,出土有芮定公鼓架銅套、芮公鼎、芮太子白鬲等(資料待發表)。根據兩處墓地出土的銅器銘文及墓葬規模可知,梁帶村兩座併葬的大墓是芮桓公夫婦墓,劉家窪被盜的兩座大墓是芮定公墓和另一位芮公墓,芮定公可能晚於芮桓公,屬於周僖王或周惠王時代。兩處墓地相距一百多公里,所以澄城劉家窪遺址應是芮國的又一都城遺址。

商末周初的芮國大約在近甘肅華亭縣與陝西隴縣一帶,西周中晚期在今陝西大荔朝邑鎮,春秋時期在今韓城梁帶村和澄城縣劉家窪附近,西周早中期,芮伯在朝擔任公卿,在王畿自應有其采邑,1978 年陝西武功縣蘇坊鎮任北村發現芮叔隨父銅器窖藏,其地有可能就是芮氏的封邑或者西周中期的芮國所在地。[4]

"芮"金文均作"内"。芮國的青銅器以及與芮國有關聯的青銅器相當多,西周早期有芮公簋(3 件,《銘圖》04432—04434)、芮公叔簋(《銘圖》04434)、芮公叔盤(《銘圖》14514)、芮伯卣(《銘續》0868)、芮姞簋(《銘圖》04330)、榮仲鼎(2 件,《銘圖》02412、02413);西周中期有山西絳縣橫水鎮橫北村西周墓地出土的芮伯簋(《銘續》0372)、芮伯盤(《銘續》0939)、芮伯盉(《銘續》0979)、芮伯瓿(《銘續》0276)、倗伯簋(《銘續》0442)、芮公簋(2 件,《銘圖》04825、04826)、芮叔鼎(《銘圖》01266)、霸簋(3 件,《銘圖》04609、04610,《銘三》0454)、芮伯壺(《銘圖》12220);西周晚期有芮公鬲(3 件,《銘圖》02988、02989、03012)、芮叔鬲(《銘圖》02708)、芮叔隨父簋(3 件,《銘圖》04971—04973)、芮伯多父簋(《銘圖》05096);春秋早期有

[1]　張天恩:《周代芮國君主的稱謂及其世系》,《古代文明》第 10 卷,上海古籍出版社,2016 年。

[2]　徐世權:《芮國考》,《出土商周時期青銅器銘文中的國名考察》,吉林大學碩士學位論文,2009 年。陳小三:《韓城梁帶村墓地三題》,《中國國家博物館館刊》2016 年第 3 期。

[3]　王暉、謝偉峰:《韓城芮國考——從梁帶村發現談起》,《文博》2007 年第 3 期。

[4]　盧連成、羅英傑:《陝西武功縣出土楚簋諸器》,《考古》1981 年第 2 期。

芮公鼎（3件，《銘圖》01879—01881）、芮子仲鼎（《銘圖》01910）、芮子仲殿鼎（2件，《銘圖》02124、02125）、芮太子鼎（2件，《銘圖》01945、01946）、芮公鼎（《銘圖》01973）、芮太子白鼎（《銘圖》02007）、陝西韓城市昝村鎮梁帶村春秋墓出土的芮公鬲（《銘圖》02884）、芮太子鬲（4件，《銘圖》02895—02897、02982）、芮太子白鬲（4件，《銘圖》02898—02981）、芮公簋（9件，《銘圖》04386、04575—04577，《銘續》0350，《銘三》0428—0431）、芮公簠（《銘圖》05831）、芮公壺（3件，《銘圖》12244—12246）、芮太子白簠（2件，《銘圖》05847、05848）、芮公壺（3件，《銘圖》12224—12226）、芮太子白壺（2件，《銘圖》12306、12307）、芮公鐘（《銘圖》15140）、芮太子白鼎（2件，《銘三》0229、0256）、芮太子白鬲（3件，《銘三》0328—0330）、芮公鼓架零件（《銘三》1724、1725），芮公鐘鉤（2件，《銘圖》19365、19366）、芮公戈（《銘圖》16521）、芮大改戈（《銘圖》16823）等。

其中，芮伯壺是清咸豐年間陝西大荔縣出土，時代爲西周中期後段，原藏端方、日本細川護立氏、英國埃斯肯納茲，2011年中國文物咨詢中心購回，2018年撥交上海博物館。銘文是“芮伯肇作釐公尊彝”，釐公即芮釐公，芮伯過世的父親。山西絳縣橫水鎮橫北村西周墓地出土的芮伯簋，銘文是“芮伯作倗姬寶媵簋四”。這是西周中期一位芮伯爲嫁到倗國的女子所作的媵器。銘文中女子名“倗姬”。“倗”是其丈夫的國名，出土地絳縣橫水鎮正是倗國的故地；“姬”是自家的姓，説明芮國是姬姓。同墓出土的一套盥洗器芮伯盤和芮伯盉，銘文是“芮伯拜稽首，敢作皇姊盤（或盉），其罙倗伯萬年，用饗王逆覆”，説明這位女子是芮伯的姐姐，嫁給了倗國國君。芮伯甗銘文是“芮伯作倗姬旅甗”。甗、盤和盉雖然没有“媵”字，也應是同時所作的媵器。另外，該墓地還出土一件倗伯簋，銘文有“倗伯肇作芮姬寶簋”，也説明了倗姬就是芮姬，是倗伯的夫人。

傳世的芮公鬲共3件，兩件銘文相同，銘文是“芮公作鑄京氏婦叔姬媵鬲，其子子孫孫永寶用享”。另一件銘文是“芮公作鑄京仲氏婦叔姬媵鬲，其子子孫孫永寶用”。這是西周晚期一位芮公爲嫁給京氏的叔姬所作的媵器，亦證明文獻記載芮國爲姬姓不誤。這位叔姬的丈夫是京族氏人，從其又稱“京仲氏”可知其爲京族的小宗。

另外，芮叔盤銘文是説周王來到芮氏宗廟，賞賜芮公夫婦貝幣，芮公將部分貝幣轉賜給弟弟芮公叔，芮公叔爲夫人作器，銘文中可以看出芮公和弟弟均娶姒姓女子爲妻。榮仲鼎銘文記述周王爲榮仲建立學校，芮伯、胡侯和王子前往慶賀事。2007年山西翼城縣隆化鎮大河口村西周霸國墓地也曾出土3件霸簋，銘文記載芮公贈送給霸伯馬匹、玉、金等。傳世還有芮子仲殿鼎，銘文記載芮子仲殿爲夫人叔媿作鼎。梁帶村墓地也曾出土晋侯簋、晋姞盤、晋姞匜和虢季鼎，這些器物都説明芮國與周王朝，以及周邊同姓的晋國、虢國有着親密的交往，與姜姓、姞姓、姒姓、媿姓等諸侯國有着婚姻關係。

4. 豐國（豐氏）

西周到春秋早期有三個豐國，或者豐氏。一個是姬姓，一個是姞姓，另一個是妊姓。

（1）姬姓封國（封邑）

姬姓豐見於文獻記載。"豐"文獻亦作"酆"。《漢書·古今人表》載："酆侯，文王子。"《世本·氏姓篇》載："酆氏，文王第十七子酆侯之後。"《竹書紀年集證》引孫之騄曰："武王既遷鎬京，乃封其弟於豐。"今本《竹書紀年》載成王："十九年，王巡狩侯、甸、方岳，召康公從。歸于宗周，遂正百官，黜豐侯。"其原因漢人著作中均以爲是酗酒犯禁所致，但《漢書·律曆志》又説："康王十二年六月戊辰朔，三日庚午，故《畢命豐刑》曰：惟十有二年六月庚午朏，王命作策《豐刑》。"則康王十二年尚命畢作策《豐刑》，則豐侯之國尚在。又《春秋會要》説："酆，姬姓，侯爵，文王子始封，僖二十四年見《傳》，春秋前已絕封。"有可能成王十九年廢黜，後又由其子繼承其爵位，就像蔡叔度參與武庚叛亂被放逐，由其子蔡仲繼承蔡國君位一樣。西周晚期豐伯車父簋等青銅器的出土就是明證。總之，姬姓豐國從西周早期一直延續到西周晚期，大概在幽王時期王朝衰微，戎狄内侵，豐邑遂被戎人侵占。

姬姓豐國其實應稱爲豐公的采邑，地望在周都畿内。情況猶如周公以太王所居的"周"作采邑而稱周公。豐邑故址在今西安市長安區灃河以西的馬王鎮一帶。要説明的是舊文獻一般都把在朝擔任卿士的王室子弟的采邑當成了諸侯國，所以把豐公稱爲豐（酆）侯。

姬姓豐國（豐氏）的青銅器或者與其有關聯的青銅器很多，西周早期有仲邑甗（《銘圖》03316）、師衛鼎（《銘圖》02185）、師衛簋（《銘圖》04937），另一套師衛鼎（《銘圖》02378）、師衛簋（2件，《銘圖》05142、05143）、咸鼎（《銘圖》01714）、咸簋（《銘圖》04422）、懹季遽父尊（《銘圖》11731）、懹季遽父卣（2件，《銘圖》13248、13249）、豐姬鼎（《銘續》0095）、豐姬盉（《銘續》0976）、豐伯劍（2件，《銘圖》17806、17807）、豐伯戈（2件，《銘圖》16593、16594）等；西周中期有黹簋（《銘圖》05258）、答簋（《銘圖》04641）；西周晚期有豐伯車父簋（《銘圖》05081）、豐兮夷簋（3件，《銘圖》04964—04966）、豐侯母鬲（《銘圖》02840）、有司簡簋蓋（《銘圖》05104）、輔伯瀰父鼎（《銘圖》02082）、伯大祝追鼎（《銘圖》02396）等。

其中西周早期的仲邑甗，銘文是"仲邑錫貝豐公，用作寶彝"。師衛鼎、簋銘文有"豐公戡反夷，在籯師，賚師衛，錫貝六朋，用厥父寶彝"。另一套師衛鼎、簋銘文是"豐公使衛陟于厥敵，臨射于覓，迳城，召公賚衛貝廿朋、臣廿、厥牛廿、禾卅車。師衛用作厥祖寶彝"。這些資料説明西周早期豐族首領在朝擔任執政大臣，與召公同朝共事，參與征伐反夷，地位很高，故稱豐公。

黹簋的時代爲西周中期前段，銘文是"唯正月初吉丁丑，昧爽，王在宗周，格大室，祭叔右黹即立中廷，作册尹册命黹，錫鑾，令邑于鄭，訊訟，取瑞五鋝。黹對揚王休，用作朕祖豐仲寶簋，世孫子其永寶用"。這是記載周王册命豐公的本家豐仲之孫黹，並封采邑於鄭地，黹爲祖父豐仲鑄造的祭器。有司簡簋蓋傳出西安市長安區豐鎬遺址，銘文是"豐仲次父其有司簡作朕皇考益叔尊簋，其萬年無疆，子子孫孫其永寶用享"。作器者是豐仲次父的有司（家臣），説明此時豐仲一支仍居住在故地豐邑。

咸鼎、咸簋銘文是"咸作豐大母尊彝"，這是咸爲其夫人所作的用器，夫人字大母，來自豐氏。懷季遽父尊、卣是 1972 年在陝西扶風縣法門鎮劉家村 3 號墓出土,銘文是"懷季遽父作豐姬寶尊彝",這是懷季遽父爲其夫人豐姬所作的用器,夫人的稱謂由父家族氏+父家的姓組成,說明豐國爲姬姓,扶風縣法門鎮劉家村就是豐姬丈夫懷季遽父的居地。西周晚期的伯大祝追鼎是 1994 年陝西岐山縣京當鄉禮村出土,銘文有"唯卅又二年八月初吉辛巳,伯大祝追作豐叔姬齍彝,用祈多福,伯氏其眉壽黄耇萬年,子子孫孫永寶享"。這是伯大祝爲其夫人作器,夫人來自豐國,名叔姬。

中國國家博物館收藏的舎簋,時代爲西周中期,銘文是"舎作豐嬬寶簋,子子孫孫永用"。這可能是一件没有"媵"字的媵器,舎爲嫁往豐國的女兒作器,"嬬"即"祁"。文獻記載西周杜伯國爲祁姓,故址在今西安市雁塔區杜城村,舎有可能是杜國人,將女兒嫁往鄰近的豐國。故宫博物院收藏的輔伯埋父鼎,時代爲西周晚期,銘文是"輔伯埋父作豐孟妘媵鼎,子孫孫永寶用"。這是妘姓的輔伯埋父爲嫁往豐國的女兒所作的媵器。"豐"是其夫家的族氏,"孟"是女兒的排行,"妘"是父家的姓,由此可知輔氏爲妘姓,與姬姓的豐氏結親。由輔師嫠簋的出土地長安區兆元坡可知,輔氏的居地在灃河之東,與豐國隔河相望。以上青銅器説明此豐與祁姓杜國、妘姓輔氏通婚。

1964 年河南洛陽市北窰村龐家溝(今屬老城區邙山鎮)西周墓 M215 出土的豐伯劍、M155 出土豐伯戈,時代均爲西周早期,蔡運章、陳長安先生認爲龐家溝貴族墓地埋葬的是西周王室高級貴族,出土大批青銅器中除豐伯之物外,還有毛公、康伯、王妊以及太保家族之物,所以此豐伯應是姬姓豐國的成員,[1]此説可從。

(2)姞姓豐國(姞姓豐氏)

傳世有西周中期的室叔簋(《銘圖》05207),銘文是"唯王五月,辰在丙戌,室叔作豐姞慈旅簋,豐姞慈用宿夜享孝于訦公,于室叔朋友,兹簋猷皀。亦壽人。子孫其永寶用"。這是室叔爲其夫人鑄造的用器,其妻爲豐國(或者豐氏)人,姞姓,名"慈",故稱"豐姞慈"。這件青銅器説明姞姓豐國(或豐氏)的存在。

1990 年河南三門峽市湖濱區上村嶺虢國 M2006 墓地出土豐伯盠父簠(《銘圖》05845),時代爲西周晚期或春秋早期,銘文是"豐伯盠父作簠,其子子孫孫永寶用"。同墓出土有曶叔奐父盨(《銘圖》05655),銘文是"曶叔奐父作孟姞旅盨,用受稻穛糯粱,嘉賓用饗有飤,則萬年無疆,子子孫孫永寶用"。陳昭容、姜濤等先生認爲曶叔奐父盨是没有"媵"字的媵器,曶叔奐父與孟姞是父女關係,傳世的師奞父作叔姞簋、師奞父作季姞鼎中的師奞父與曶叔奐父是同一個人,豐伯盠父簠是豐伯盠父以同姓國的立場爲曶叔奐父家的孟姞以青銅器相媵,[2]也就是

---

[1] 蔡運章、陳長安:《豐國銅器及相關問題》,《考古與文物》1983 年第 6 期。

[2] 陳昭容:《兩周婚姻關係中的"媵"與"媵器"——青銅器銘文中的性别、身分與角色研究之二》,《"中研院"歷史語言研究所集刊》77 本第 2 分,2006 年。姜濤等:《三門峽虢國女貴族墓出土玉器精粹》,文物出版社,2002 年。

説此豐伯盠父也是姞姓。筆者認爲此説有待商榷,首先,傳世的師寏父與嘼叔奐父是否一人很難肯定,嘼叔奐父有人讀爲"單叔奐父";其次,豐伯盠父是豐國(或豐氏),嘼叔奐父是嘼氏(或單氏),兩人不同氏,是否同姓也無法確定,最主要的還是"嘼叔奐父作孟姞旅盨"不能確定嘼叔奐父與孟姞是父女關係,按照通常的慣例把它看作是丈夫爲妻子作器更爲合適。豐伯盠父簠與嘼叔奐父給孟姞作的旅盨同出一墓,當另尋原因。

姞姓"豐"的地望目前無法得知。

(3)妊姓豐國(妊姓豐氏)

西周時期還有一個妊姓豐國或者豐氏,不見於文獻記載,但見於青銅器銘文。1976 年西安市臨潼區靈口鎮西段村西周銅器窖藏出土有一件王盉(《銘圖》14762),時代爲西周晚期,銘文是"王作豐妊單寶盤盉,其萬年永寶用"。這是周王爲來自豐國(或豐氏)名叫單的妃子所作的用器,這個豐國(或豐氏)是妊姓。這個豐氏的地望亦無從得知。

宋眉父鬲(《銘圖》02811)時代爲春秋早期,銘文是"宋眉父乍(作)豐子媵鬲",這是宋眉父爲女兒所作的媵器。"豐子"是其女兒的稱謂。"豐"是女兒夫家的國族名,"子"是宋國的姓。這個與宋國結親的"豐",是姬姓、姞姓,還是妊姓,不得而知。《路史·國名紀》:"酆,豐也,事周,紂惡之。韓子云:文王侵盂、克莒、舉酆,三舉。春秋徐之豐縣,又楚地。"此云酆是商時諸侯,族姓不明,歸周後仍然存在,一直到春秋早期。《路史·國名紀》所説的"酆",即今江蘇豐縣,與宋爲鄰,極有可能此"豐(酆)"就是宋眉父女兒的夫家。

5. 夨國

夨國不見於文獻記載,但青銅器銘文中多次出現,傳世有夨王鼎蓋、新出土有夨王簋蓋、夨伯鬲,可知夨是西周時期一個諸侯國。有人認爲夨是一個世族,應稱夨氏,不應稱夨國。[1]筆者認爲世族不能稱王,文獻未見世族稱王者,夨雖地處關中西部,距離周人活動中心不是很遠,但夨却能稱王,説明他應是一個諸侯國。

夨國的青銅器,西周早期主要有 1981 年陝西寶雞市金臺區紙坊頭強國墓出土的夨伯鬲(2 件,《銘圖》02700、02701)、傳世品夨王鼎蓋(《銘圖》01550)、相傳出土於陝西鳳翔縣的夨王觶(《銘圖》10587)、夨伯甗(《銘圖》03251);西周中期有 1974 年陝西寶雞縣賈村鎮上官村出土的夨王簋蓋(《銘圖》04823)、寶雞境內出土的夨伯戈(《銘三》1128)、陝西隴縣曹家灣鎮南坡西周墓出土的夨仲戈(《銘圖》16391)、1984 年秋陝西岐山縣青化鎮丁童村出土的夨叔簋(《銘圖》04231);西周晚期有 1983 年陝西寶雞縣賈村鎮扶托村西周墓葬出土的夨賸盨(《銘圖》05514)、2015 年 10 月湖北棗陽市郭家廟墓地曹門灣墓區出土的夨叔將父匜(《銘三》1257),以及出土於寶雞、隴縣、鳳翔一帶西周早期的車馬器夨當盧、夨銅泡、夨人銅泡以

---

[1] 韓巍:《西周金文世族研究》,北京大學博士學位論文,2007 年。

及矢戈等 24 件。

與矢國相關聯的青銅器,西周早期有陻王尊(《銘圖》11684);西周中期前段有同卣(《銘圖》13307);西周晚期有散氏盤(《銘圖》14542)和散伯匜(《銘圖》14875)等。

矢國商末周初就活動於關隴一帶,西周早期歸附周王朝,曾幾度稱王,與附近的散國、陻國、𢽁國、鄭氏(姜姓)聯姻。矢氏人丁興旺,矢伯則是矢氏的宗子,還有矢仲、矢叔等支族,矢𦟼也是矢氏的族人。矢王室也設有執政官員,西周中期的同卣,銘文記載矢王賞賜給臣下同金車、弓矢就是明證。西周晚期還曾與散國發生過糾葛。散氏盤又稱矢人盤,銘文記載矢、散兩國發生土地糾紛,矢國爲平息事件,付給散國一部分土地,並進行勘界,建立誓約之事。矢國和西周王朝相始終,平王東遷以後,再未見到矢國青銅器出土,當爲秦所吞併。

關於矢國的族姓,學界有過許多爭論。張政烺先生依據矢王簋蓋銘文"矢王作鄭姜尊簋,子子孫孫其萬年永寶",從而作出結論説:"矢王簋蓋應爲矢王所作以媵矢女之適於奠(鄭)者。無論如何,矢王姓姜當無問題。"他又據散季簋、散伯簋銘文判斷散國是姬姓,矢、散二國互爲婚姻。[1]黃盛璋先生亦認爲矢是姜姓,他説:"矢王簋記'矢王作鄭姜尊簋',鄭姜當爲矢國之女嫁於鄭國,矢王爲之作器,如此矢當爲姜姓。"[2]

李仲操先生依據散伯簋、散姬鼎、矢王簋蓋判斷矢國是姬姓。[3]沈長雲、曹定雲、胡進駐亦認爲矢國是姬姓。[4]

尹盛平先生則認爲矢爲二國,稱王的矢國爲姜姓,商周之際在汧水下游,即今寶雞市區一帶,有矢王鼎蓋、矢王簋蓋、矢王觶、矢王卣。稱伯的矢國即虞國,是太伯、虞仲所建之國,姬姓,居地在隴縣。矢伯即虞伯,矢仲即虞仲。[5]

尹先生按照稱"王"與稱"伯"將矢分成兩個國家可備一説。但矢王器與矢伯器出土地相互交叉,時代從西周早期到晚期均有,隴縣與寶雞市區相鄰,國名相同,族姓相異,一個可以通假爲"虞",一個就不通假,古人不知如何區別,今人更無法分清,實難令人信服。

以上諸位先生依據的資料基本一致,但得出的結論相反。散伯簋銘文是"散伯作矢姬寶簋"。散伯匜銘文是"散伯作矢姬寶匜"。作器者都是散伯,受器者是矢姬。散、矢兩國族姓不明,僅知女子姓姬。此器沒有"媵"字,一般認爲是丈夫爲妻子作器,按照丈夫對妻子的稱

[1] 張政烺:《矢王簋蓋跋——評王國維〈古諸侯稱王説〉》,《古文字研究》第 13 輯 177 頁,中華書局,1986 年。

[2] 黃盛璋:《銅器銘文中的宜、虞、矢的地望與吳國的關係》,《考古學報》1983 年第 3 期。

[3] 李仲操:《兩周金文中的婦女稱謂》,《古文字研究》第 18 輯,中華書局,1992 年。

[4] 沈長雲:《談銅器銘文中的"夨王"及相關歷史問題》,《考古與文物》1989 年第 6 期。曹定雲:《周代金文中女子稱謂類型研究》,《考古》1999 年第 6 期。胡進駐:《矢國、虞國與吳國史迹略考》,《華夏考古》2003 年第 3 期。

[5] 尹盛平:《西周史徵》。

名習慣使用岳父家的國氏+岳父家的姓,夨姬來自夨國,夨國則是姬姓。但是,銘文中也有女兒出嫁後父親爲她作器,有的也沒有"媵"字。這樣,此器有可能就是散伯爲女兒作器,按照父母對出嫁女兒的一般稱謂方式,即女婿家的國氏+女兒的姓,"夨"就是女兒丈夫的族氏,散國就是姬姓。散姬鼎銘文是"散姬作尊鼎",這是散姬自作器。女子自稱名方式也有兩種,一種是父家族氏+自己的姓,則散國爲姬姓。例如:魯姬鬲"魯姬作尊鬲"、齊姜鼎"齊姜作寶尊鼎"等,這是已婚女子作器,強調父家地位的稱謂方式。另一種是夫家族氏+自己的姓,如:晉姞盤"晉姞作鑄旅盤匜"、楚嬴盤"楚嬴鑄其寶盤"等,這是已婚女子站在夫家的立場自稱名方式。如此,散國爲非姬姓,結合散伯簋銘文,夨國則爲姬姓,此種方式較爲常見。同樣,夨王鼎蓋銘文"夨王作鄭姜尊簋,子子孫孫其萬年永寶用"也有二解,一是"鄭姜"爲夨王的夫人,來自姜姓鄭國,而夨國非姜姓;二是鄭姜爲夨王的女兒,嫁於鄭國,夨國爲姜姓。兩者都有兩解,都有根據,都有例證,但結論正好相反,所以依靠這幾件青銅器很難做出夨國族姓的判斷。

我們認爲碰到上述情況,不能驟然下結論,要尋找有力的旁證或文獻依據,最好是青銅器銘文中的直接證據。

2017 年筆者見到的一件㳟王尊,傳出甘肅。此尊屬於大口筒狀三段式,喇叭口,長頸鼓腹,高圈足,下有一道邊圈。腹部有四道扉棱,飾兩組下卷角獸面紋,上下以連珠紋鑲邊,雲雷紋填底,外底有斜網格筋綫。屬於王世民、陳公柔、張長壽先生分期圖譜的 I 型 1 式,與莊白窖藏出土的商尊、竹園溝 M7 出土的伯各尊、北京琉璃河出土的父戊尊造型相同,區別只是圈足和頸部沒有扉棱而已。時代爲西周早期成康之際。銘文是"㳟王作夨姬寶尊彝",作器者㳟王,就是申王。李守奎先生指出"㳟"字所從的"昃"是引申之申與伸展之伸的表意初文,"㳟"從阜"昃"聲,就是西申之"申"的早期用字。[1]我們知道申國爲姜姓,那麼,受器者"夨姬"就是申王的夫人,這是夨爲姬姓的確證。

2015 年湖北棗陽市郭家廟墓地曹門灣墓區 M43 出土的夨叔犟父匜,也是一件解決夨國族姓最有力的證據。該匜通高 20.4、通長 34.8、口寬 17.2、腹深 8.8 釐米,重 2.55 公斤。體呈瓢形,曲口長流槽,後部有一龍形鋬,龍尾上卷,口銜匜沿,圜底下設四條扁足,前兩條呈夔龍形,後兩條呈獸腿形。口沿飾 S 形竊曲紋,腹部飾瓦溝紋。時代爲西周晚期,鑄有銘文 23 字,銘文是"唯九月初吉壬午,夨叔犟父媵孟姬元母匜盤,其永壽用之"。這是夨叔爲其女兒孟姬元母所作的媵器。簡報作者認爲 M43 就是孟姬元母的墓葬,丈夫是曾國士一級貴族,墓葬就是旁邊的 M45。此夨就是陝西汧水流域隴縣寶雞鳳翔一帶的姬姓夨氏。[2]這是夨爲姬姓的又一確鑿證據。夨國雖爲姬姓,但與周王室並不同族。

---

[1] 李守奎:《清華簡〈繫年〉中的緇字與西申》,《歷史語言學研究》第 7 輯,商務印書館,2014 年。

[2] 武漢大學歷史學院、湖北省文物考古研究所、湖北荆州文物保護中心、棗陽市博物館考古隊:《湖北棗陽郭家廟墓地曹門灣墓區(2015)M43 發掘簡報》,《江漢考古》2016 年第 5 期。

矢國的地望,西周早期活動地域在汧水上游,隴縣南坡墓葬所見矢國遺址、遺物,屬西周初期,所出銅尊與涇陽高家堡先周文化第二期之尊相近,可證矢國在周滅殷前就在這裏活動。此地與申國居地甘肅靈臺相鄰,群山環抱,中間是一片谷地,宜於農牧,矢人早期在此發祥起家,建立邦國,自封王號,與申國聯姻。再後由於人口繁衍,生產發達,於是又向汧水中下游發展,並把國都遷到寶雞賈村鎮一帶,地處汧水下游,東濱汧水,南臨渭河。賈村、上官村、靈隴村一帶有較大西周遺址,南北長 4—5 華里,東西寬約 2 華里,有建築基址和墓葬區。[1]此地應是矢國後期都城所在地。

6. 申國(西申)

申氏是周代重要的世族。申國之君,《竹書紀年》和《史記》均稱"申侯",《詩經》則稱"申伯"。西周金文中目前見到的申氏族人有申伯、申季,未見申侯。《元和姓纂》載:"申,姜姓,炎帝四嶽之後,封於申,號申伯。"始封於西周初期,地在西土,與王室關係密切,在西周政治舞臺上扮演着重要角色,其形迹貫穿整個西周時代。《逸周書·王會解》記載,在成周洛邑落成時,四方諸侯皆來道賀,"西申以鳳鳥"來獻。西周中期申侯與嬴秦聯姻,守衛周疆西陲,孝王元年曾命申侯伐西戎(見《竹書紀年》),厲王、幽王都曾娶申侯之女爲后。厲王時期有一位申季,名不詳,申氏公族,任職王朝卿士,在善夫克(大克鼎)和伊(伊簋)接受周王册命儀式上擔任儐相。宣王時期爲了加强對南土的控制,改封王舅申伯於原謝國的土地上,建邑立國,史稱"南申",留在原地者史稱"西申"。鄭樵《通志·氏族略二》"夷狄之國"條有"西申氏"。西申勢力很大,對穩定西北局勢曾發揮過重要作用,由於其長期與諸戎雜居共處,故被稱作"申戎"。平王東遷後西申遷居河南汜水,鄰近虎牢,史稱"東申"。

幽王娶申侯之女爲王后,生太子宜臼。這個申侯從輩分推算,應該是南遷的申伯之子。那時申國與姒姓曾國及西戎交好,都很强大。幽王寵愛褒姒,廢申后,去太子宜臼,立褒氏之子伯服爲太子,引起社會動蕩。申國與曾國、西戎聯合伐周,造成西周覆滅。《國語·晋語》云:"周幽王伐有褒,有褒人以褒姒女焉,褒姒有寵,生伯服,於是乎與虢石甫比,逐太子宜臼,而立伯服。太子出奔申,申人、繒人召西戎以伐周,周於是乎亡。"《史記·周本紀》載:"幽王得褒姒愛之,欲廢申后並去太子宜臼,以褒姒爲后,以伯服爲太子。……申侯怒與繒、西夷、犬戎攻幽王,幽王舉烽火徵兵,兵莫至,遂殺幽王驪山下。"《竹書紀年》亦云幽王:"十一年春正月,日暈。申人、鄫人及犬戎入宗周,弒王及鄭桓公。犬戎殺王子伯服,執褒姒以歸。申侯、魯侯、許男、鄭子立宜臼于申,虢公翰立王子余臣於攜。"[2]按照史書記載周宣王已將王舅申伯改封於南陽,幽王時期的申國聯合繒、西夷、犬戎攻殺幽王,擁立太子宜臼繼位的申侯

[1] 盧連成、尹盛平:《古矢國遺址、墓地調查記》,《文物》1982 年第 2 期。黃盛璋:《銅器銘文中的宜、虞、矢的地望與吳國的關係》。

[2]《竹書紀年》四庫全書本。

肯定不是南申,而應是西申。

清華簡《繫年》5—7 號簡有:"周幽王娶妻于西繡(申),生坪(平)王₌(王。王)或(又)叡(取)孚(褒)人之女,是孚(褒)台(姒),生白(伯)盤。孚(褒)台(姒)辟(嬖)于王₌(王,王)與白(伯)盤逐(逐)坪₌王₌(平王,平王)走西繡(申)。幽王起自(師)回(圍)坪(平)王于西繡₌(申,申)人弗散(畀)。曾(繒)人乃降西戎,以攻幽₌王₌(幽王,幽王)及白(伯)盤乃滅,周乃亡。"與《竹書紀年》《史記·周本紀》等文獻記載相合,也證明此是西申。

青銅器銘文中"申"作"𨻶"與"𪔂"。李守奎先生指出"𨻶"所從的"𡙴"字是引申之"申"與伸展之"伸"的表意本字,象上下兩手拉絲綫之形。"𨻶"是申國之"申"的早期用字;"𪔂"字是申束之"申"的本字,本義是約束。兩者來源不同,義各有別,讀音相近,西周晚期到春秋時期,前者就被後者替代了,戰國楚簡又寫作"繡"。[1]

西申國的青銅器,西周早期有 1972 年 10 月甘肅靈臺縣西屯公社(今西屯鄉)白草坡西周墓葬出土的𨻶伯鼎(2 件,《銘圖》01592、01593)、𨻶伯簋(2 件,《銘圖》04300、04301)、𨻶伯尊(《銘圖》11595)、𨻶伯卣(2 件,《銘圖》13094、13095)、𨻶伯盉(《銘圖》14725)、伯爵(《銘圖》07674)、伯觶(《銘圖》10487)等。西周晚期有申仲獻簋(《銘三》0523)和申仲父盨(《夢坡》4.43)。

2017 年筆者見到的一件𨻶王尊,傳出甘肅。此尊屬於筒狀三段式,喇叭口,長頸鼓腹,高圈足,下有一道邊圈。腹部有四道扉棱,飾兩組下卷角獸面紋,上下以連珠紋鑲邊,雲雷紋填底,外底有斜網格筋綫。造型屬於王世民、陳公柔、張長壽先生器形分期圖譜的 Ⅰ 型 1 式,[2]與莊白窖藏出土的商尊、竹園溝 M7 出土的伯各尊、北京琉璃河出土的父戊尊造型相同,區別只是圈足和頸部沒有扉棱而已,時代爲西周早期成康之際。銘文是"𨻶王作矢姬寶尊彝"。"𨻶"即"申",銘文表明這是申王爲夫人所作的用器,夫人名"矢姬",來自姬姓的矢國。申王尊是目前見到的最早的一件申國青銅器,證明申國在西周初期就已被封國,首領也自稱"申王"。

與西申相關聯的青銅器有五祀裘衛鼎(《銘圖》02497)、大克鼎(《銘圖》02513)和伊簋(《銘圖》05339),以及伯碩父鼎(《銘圖》02438)等。

由以上青銅器可知申伯、申王應是申氏的宗主,亦是申國的國君,申仲、申季是申氏的兩個分支。夷屬時期的申季在王朝供職,擔任王朝卿士,在善夫克和伊接受周王册命時擔任儐相(分別見於大克鼎和伊簋銘文),而在西周中期恭王時期的五祀衛鼎中還有一位申季,職位較低,只是裘衛的家臣。

據文獻記載,申氏與齊、吕、許同爲"四嶽"之後。《左傳·隱公元年》:"鄭武公娶于申,曰

[1]　李守奎:《清華簡〈繫年〉中的繡字與西申》。

[2]　王世民、陳公柔、張長壽:《西周青銅器分期斷代研究》,文物出版社,1999 年。

武姜。"這是文獻記載申爲姜姓的明證。

　　青銅器銘文中有關申國族姓的資料有 2009 年甘肅合水縣何家畔村西周墓出土的伯碩父鼎,敞口,寬平沿外折,淺腹圜底,一對附耳高聳,三條蹄形足。頸部飾 S 形竊曲紋一周。附耳平沿鼎西周晚期已經出現,如晉侯蘇鼎、大鼎等,從同墓出土三件鼎來看,均屬西周晚期,此鼎年代最晚,約在宣幽之時,銘文是"唯王三月初吉辛丑,伯碩父作尊鼎,用道用行,用孝用享于卿事、辟王、庶弟、元兄,我用遯司冢戎、馭方。伯碩父、申姜其受萬福無疆,蔑天子曆,其子子孫孫永寶用"。這是伯碩父自作器,銘文中的"伯碩父、申姜其受萬福無疆",是伯碩父祈求自己與夫人申姜長久受福。伯碩父稱夫人爲"申姜"。按照慣例,"申"就是夫人父家的族氏,"姜"是夫人的姓,此申當是西申,[1]可證申爲姜姓之國無疑。西周晚期的申仲父盨,銘文有"申仲父作孟姜旅盨",此"孟姜"應是申仲父出嫁的姑母或者姊妹。

　　關於申國早期的居地,蒙文通先生認爲在今陝北安塞、米脂,西到寧夏中衛,依據是《山海經·西山經》有申山、申首之山、上申之山。[2]陳槃、王玉哲、徐少華先生認爲申、呂的發祥地在山西南部霍太山,後遷於嵩山,別部流徙於西方邊區,在宗周以西,故曰"西申",以別於東申。西申同化於戎,故亦稱申戎,乃申族之居西方者。[3]蒙氏與陳氏等人之說學界多有信從者。筆者認爲申、呂爲羌姜集團的重要組成部族。姜羌部族發祥於西部高原,一直活動在今陝西西部和甘肅隴東一帶。《史記·秦本紀》記載周孝王欲以非子爲大駱嫡嗣:"申侯之女爲大駱妻,生子成爲適。申侯乃言孝王曰:'昔我先酈山之女,爲戎胥軒妻,生中潏,以親故歸周,保西垂,西垂以其故和睦。今我復與大駱妻,生適子成。申駱重婚,西戎皆服,所以爲王,王其圖之。'"這段史料說明申氏自晚商一直到周孝王時期,曾幾度與秦人祖先結婚。秦人早期居地幾經遷徙,但都在關中西部和隴東一帶,所以申氏的居地當與秦人和西戎爲鄰。上述申姜的夫家伯碩父地處甘肅合水縣何家畔,西周末年幽王廢申后和太子宜臼,宜臼奔西申,幽王伐申,申侯聯合繒國、西夷、犬戎攻殺幽王,這些都說明西申在周土的西陲。1972 年甘肅靈臺縣西北 30 里西屯公社(今西屯鄉)白草坡 2 號墓,就是申伯的墓葬,出土禮器、兵器、陶瓷器、生產工具等 130 餘件,以及玉器 20 件左右,有銘文的禮器 10 件,均爲申伯之物,說明申國早期的封地就在甘肅靈臺一帶。

---

[1]　黃錦前先生認爲此鼎應係漢、淮流域一帶或山東南部地區所作,時代爲春秋早期前段,伯碩父之妻申姜來自南陽申國。器主是郜國史官,奉命赴陝西寧夏"司蠻戎",此說不確(黃錦前:《伯碩父鼎的年代與國別》,《西部考古》第 15 輯,科學出版社,2018 年)。

[2]　蒙文通:《古代民族遷徙考》,《禹貢》7 卷(6、7 期合刊),1937 年。

[3]　陳槃:《春秋大事表列國爵姓及存滅表譔異》,上海古籍出版社,2009 年。王玉哲:《先周族最早來源於山西》,《中華文史論叢》1982 年第 3 期。徐少華:《周代南土歷史地理與文化》,武漢大學出版社,1994 年。王玉哲先生認爲早期姜姓古國"源於山西霍太山一帶",徐少華認爲:"作爲太嶽之裔的呂族,長期以來,一直活動在以太嶽爲中心的山西的西南部。"

《左傳·文公八年》載:"晋侯使解揚歸匡、戚之田于衛,且復致公壻池之封,自申至于虎牢之竟。"杜預注:"申,鄭地。"彙纂:"當在鄭州氾水縣界。"此申即東申。它不是陳槃所謂的申人由發祥地霍太山遷來,申人發祥於霍太山之說不可信。氾水縣界鄰近虎牢,此申應是平王東遷洛邑之後申國所遷居之地,與鄭爲鄰,《左傳·隱公元年》:"初,鄭武公娶於申曰武姜。"即此申國,其後被鄭國所吞併。

7. 密國

密國,本稱密須,是一個古老的國族。《世本》載:"密須氏,商時姞姓之國。"今本《竹書紀年》殷紂:"三十二年,密人侵阮,西伯帥師伐密。三十三年,密人降於周師,遂遷於程。"《吕氏春秋·用民》:"密須之民,自縛其主,而與文王。"密國的彝器寶物也落入周人之手,後來又被轉賜給被封的諸侯。《左傳·定公四年》載:"分唐叔以大路、密須之鼓、闕鞏、沽洗。"又昭公十五年:"密須之鼓與其大路,文所以大蒐也。"杜預注:"密須,姞姓國也。在安定陰密縣。文王伐之得其鼓路以蒐。"楊伯峻《春秋左傳注》昭公十五年:"密須即密,《詩·大雅·皇矣》'密人不恭,敢距大邦',《尚書·大傳》'文王受命,三年伐密須',皆足證。"《國語·周語中》"密須由伯姞",韋昭注:"伯姞,密須之女也。傳曰:密須之鼓,闕鞏之甲,此則文王所滅而獲鼓甲也。"滅國後,周王朝又封姬姓密國,傳至密康公,被周恭王廢滅。

密須的地望,《史記集解》引臣瓚曰:"安定陰密縣是。"《漢書·地理志》:"陰密,《詩》密人國。"《史記正義》引《括地志》云:"陰密故城在涇州鶉觚縣西,其東接縣城,即古密國。"隋唐時的鶉觚縣就在靈臺,《舊唐書·地理志》:"靈臺,隋鶉觚縣。天寶元年,改爲靈臺。"

今靈臺縣城周圍秦漢墓葬較多,出有"密""密市"戳記的陶器;在該縣邵寨鄉也出土過"密""周市"戳記陶器。"密"即"陰密"省稱,足證漢陰密縣在今靈臺縣。也就是說商周密國故址當在今甘肅靈臺縣境内。《讀史方輿紀要》記載陰密城在靈臺縣西五十里,1935 年重修《靈臺縣志》說密須國故城在今百里鎮。百里鎮位於達溪河與其南岸支流南河交匯處。鎮南吴家山腳下有古城遺址,殘存西、北牆,周長約 1.5 千米,城垣下部爲周代夯土,上部在漢代以後加固沿用;城南"南將臺"處有西周灰坑、房址等,鎮東隔南河與洞山西周墓地相望,此當爲密國故址。[1]

密氏後遷河南新密市境内重新立國,《路史·國名紀》:"河南密縣東四十[里]故密城是,武德三爲密州。與須城比,故說者謂即密須,蓋亦號密須云。"齊桓公曾娶密國之女密姬爲如夫人,生公子商人,後爲齊懿公。[2]此密國後被鄭國所滅。密國城遺址位於新密市大隗鎮大

[1] 李仲立、劉得禎:《密須國初探》,《陝西師範大學學報(哲學社會科學版)》1989 年第 4 期。

[2] 《左傳·僖公十七年》:"齊侯之夫人三:王姬、徐嬴、蔡姬,皆無子。齊侯好内,多内寵,内嬖如夫人者六人,長衛姬生武孟,少衛姬生惠公,鄭姬生孝公,葛嬴生昭公,密姬生懿公,宋華子生公子雍。"

隗村,南鄰洧水河,東西長 1200 米,南北寬 800 米,面積 96 萬平方米。遺址地表保存有西周時期及漢代城牆,均爲夯土築成。城址內發現多處商、周時期文化遺址,遺址地表、文化層及灰坑中有陶器殘片、獸骨、筒瓦、板瓦等遺物。該遺址現爲鄭州市第二批重點文物保護單位。

姞姓密國的青銅器目前尚未見到。姬姓密國的青銅器以及與姬姓密國有關聯的青銅器,目前見到的有宋叔鼎(《銘續》0218)、申鼎(《銘圖》02441)、虎簋蓋(2 件,《銘圖》05399、05400)、趞簋(《銘圖》05304)以及密妘簋(《銘圖》05837)。

宋叔鼎的時代爲西周早期後段,銘文是“唯七月,辰在己丑,密伯至于某应,錫宋叔貝十朋、赤金二鈑,揚厥休,用作邦寶尊鼎”。銘文記述密伯在某地賞賜宋叔之事,説明密伯在王朝任職,可用“貝十朋、赤金二鈑”賞賜臣下。趞簋、虎簋蓋和申鼎,都是西周中期之物。趞簋銘文記載周王册命趞作廚師冢司馬;虎簋蓋記載周王任命虎“更乃祖考,啻師戲司走馬馭人罦五邑走馬馭人”;申鼎記載某年八月周王在比地,賞賜給申五十秭禾。這三次册命和賞賜儀式,都是密叔擔任佑者。密叔是密氏的小宗,在周王的册命儀式上擔任佑者(儐相)的人,其官職都高於被封賞者,往往是其所在部門的長官,據此推測,密叔的官職可能是周王朝的司馬。

密妘簋是西周晚期之物,銘文是“密妘作旅筐,其子子孫孫永寶用”。這件青銅器是密妘的自作器,1976 年陝西扶風縣法門鎮莊白村二號窖藏出土,同坑出土的還有畀仲雩父甗(《銘圖》03295)、仲大師小子休盨(《銘圖》05574)。“密妘”的“妘”是女子的姓,按照女子的自稱名習慣“密”要麽是女子夫家的族氏,要麽是女子父家的族氏。如果是父家的族氏,這個密國既不是姞姓,也不是姬姓,而是“妘”姓,但古文獻和青銅器銘文中從未發現妘姓密國。因此,筆者認爲“密妘”的稱謂是站在夫家的立場自稱。“密”應是夫家的族氏,“妘”是自己的姓。銅器窖藏所在地的扶風莊白村就是丈夫家族的居住地。她就是仲太師家族的一位夫人,也就是説仲太師氏是密氏的一支,密氏有人曾在王室擔任太師,其後裔以官爲氏稱太師氏。太師氏人丁繁衍,有一支便稱爲“仲太師氏”,次於“伯太師氏”。有時他們也以密氏自稱,故仲太師子休的夫人也自稱“密妘”。

姬姓密國除與妘姓聯姻以外,還和媿姓聯姻。密康公的母親就是媿姓。《史記集解》引徐廣曰:“密康公母者,姓媿氏。”《列女傳》亦云:“密康公之母,姓媿氏。”

《史記·周本紀》和《國語·周語》記載密康公跟隨周恭王遊於涇上,看見三位女子同奔,康公的母親勸説康公將三女獻給恭王,康公不獻,一年後密國被恭王廢滅。密妘簋是西周晚期之物,看來在朝爲官者並未受到密康公的牽連。

8. 秦國

《史記·秦本紀》記載,秦、趙共祖,非子這一支“以造父之寵,皆蒙趙城,姓趙氏”,至孝王時“非子居犬丘,好馬及畜,善養息之。犬丘人言之周孝王,孝王召使主馬於汧渭之間,馬大蕃息……,孝王曰:昔柏翳爲舜主畜,畜多息,故有土,賜姓嬴。今其後世亦爲朕息馬,朕其分土爲附庸,邑之秦,使復續嬴氏祀,號曰秦嬴"。前 821 年,秦莊公擊敗西戎,周宣王封其爲西垂大夫,前 771 年,幽王被西戎所殺,秦襄公率兵救周有功,平王東遷,襄公派兵護送,被封爲諸侯,賜之岐山以西之地。自此,秦國正式成爲諸侯。

秦都初在今甘肅清水縣,莊公徙西犬丘,即今甘肅禮縣;寧公遷平陽,即今陝西寶雞市陳倉區陽平鎮;德公遷雍,在今鳳翔縣南;獻公於前 383 年遷都櫟陽(今西安市閻良區武屯鎮官莊村與古城屯村之間),秦孝公十二年(前 350 年)遷都咸陽(今咸陽市渭城區窰店鎮)。

秦國青銅器主要見於甘肅禮縣永坪鄉趙坪村大堡子秦公墓地,有秦公鼎 11 件、秦公簋 11 件、秦公壺 7 件、秦子鐘、秦公鎛、秦子戈 7 件、秦子矛 2 件。1999 年陝西華陰市華山下鄉村出土的秦駰玉牘 2 件,2014 年甘肅甘谷縣毛家坪春秋墓出土的秦公戈,1978 年陝西寶雞縣(今寶雞市陳倉區)楊家溝公社(今東關街道)太公廟出土的秦公鐘 5 件、秦公鎛 3 件以及傳世的秦公簋、秦公鎛等。

上述諸多青銅器均不能反映出秦國的族姓。《史記·秦本紀》記載秦國爲嬴姓,《左傳·襄公十二年》也有"秦嬴歸於楚",杜注:"秦景公妹,爲楚共王夫人。"另有上海博物館收藏的許子疲簠(《銘圖》05962,原稱許子妝簠),時代爲春秋晚期,銘文有"鄦(許)子疲擇其吉金,用鑄其簠,用媵孟姜、秦嬴",這是許子疲嫁女的媵器,許國姜姓,孟姜應是許子疲的女兒,而秦嬴是來自秦國的女子從媵,由此可證秦國爲嬴姓,與文獻記載相合。

9. 辛氏(辛國、莘國)

辛,文獻中或作莘、姺、侁、兟、先、姓、甡,金文作"辛",個別作"婞",是一個古老而顯赫的族氏,存在於夏、商、周三代。《大戴禮記·帝系》載:"鯀娶于有莘氏之子,謂之女志氏。"《通志》云:"夏后啓別封支子于莘,亦曰有莘氏。"《史記·夏本紀》:"太史公曰:禹爲姒姓,其後分封,用國爲姓,故有夏后氏、有扈氏、有男氏、斟尋氏、彤城氏、褒氏、費氏、杞氏、繒氏、辛氏、冥氏、斟戈氏。"鯀妃母家之莘與禹後所封之莘,似本爲一國,鯀妃母家至夏啓時已滅,因以別封支子。《左傳·昭公元年》:"夏有觀、扈,商有姺、邳,周有徐、奄……狎主齊盟,其又可壹乎?"古本《竹書紀年》外壬:"元年庚戌,王即位,居囂。邳人、姺人叛。"甲骨卜辭有"壬戌卜,爭貞,三令擊田于先侯,十月",是莘爲商代侯伯之國。《列女傳》:"湯妃有娸者,有娸氏之女也。"《吕氏春秋·本味》:"湯於是請娶婦爲婚,有侁氏喜,以伊尹媵女。"文王妃太姒的母家就是辛國。《路史·國名紀》:"莘,姒姓,文王妃母家。"《詩·大雅·大明》:"纘女維莘。"《列女傳·周室三母》:"太姒者,武王之母,禹後有莘姒氏之女。"班簋稱"文王、王姒聖孫"。這説明商、周二族都與有辛氏通婚。

商紂末年辛甲棄紂奔周,文王任命爲公卿。古本《竹書紀年》帝辛:"三十九年,大夫辛甲出奔周。"雷學淇《竹書紀年義證》云:"甲乃莘之支庶,仕於紂朝爲大夫者。因紂爲無道,知天命在周,且係婚姻之國,故來奔也。"劉向《別錄》云:"辛甲事紂,蓋七十五諫而不聽,去之周。召公與語,賢之,告文王,文王親自迎之,以爲公卿。"辛氏歷代有人在朝廷任職。今本《竹書紀年》載昭王：“十九年春，有星孛于紫微。祭公、辛伯從王伐楚。天大曀，雉兔皆震，喪六師于漢。”又穆王元年：“王即位，作昭宮，命辛伯餘靡。”《吕氏春秋・音初》記載周昭王南征荆楚之時：“辛餘靡長且多力，爲王右。還反涉漢，梁敗，王及蔡（祭）公抎於漢中，辛餘靡振王北濟，又反振蔡（祭）公。”《史記・周本紀》正義引《帝王世紀》相同記載中“辛餘靡”作“辛游靡”。辛餘靡與穆王初年的辛伯餘靡是同一個人，事於昭、穆二王。《左傳・僖公二十二年》云：“初，平王之東遷也，辛有適伊川，見被髮而祭於野者。”杜預注：“辛有周大夫。”又桓公十八年載：“周公欲弑莊王而立王子克，辛伯告王，遂與王殺周公黑肩，王子克奔燕。”杜預注：“辛伯，周大夫。”可見春秋時期辛氏大宗仍仕於周王朝。

　　莘國的地望，《括地志》云：“古莘國城在同州河西縣南二十里。”唐河西縣在今陝西合陽縣東南二十里，今名夏陽村，地近黄河。所以莘國故城當在今合陽縣東南洽川鎮莘野村南。《太平寰宇記》郃陽縣下云：“按《郡國志》云：‘今縣南二十里有城，即古莘國地也。’散宜生爲文王求有莘氏美女以獻紂，即此地。按應劭注云‘在郃水之陽’，《詩・大雅・大明》云‘在洽之陽’，即也。”《太平寰宇記》所説與《括地志》相同，只是將河西縣誤爲郃陽縣。

　　辛國青銅器以及與辛國有關的青銅器，西周早期有乃子克鼎（《銘圖》02322）；西周中期有棄伯壺蓋（《銘圖》12405）；西周晚期有辛叔皇父簋（《銘圖》04727）、叔向父簋（8件，《銘圖》04792—04799）、辛中姬皇母鼎（2件，《銘圖》02173、02174）、辛王姬簋（2件，《銘圖》05017、05018）、中伯簋（《銘圖》04775）、中伯盨（2件，《銘圖》05516、05517）、中伯壺（2件，《銘圖》12361、12362）、伯逆車簋（2件，《銘續》0382、0383）等。

　　辛氏首領稱辛伯，又稱辛公。乃子克鼎銘文是“剢辛伯蔑乃子克曆，宝絲五十鋝，用作父辛寶尊彝，辛伯其普受厥永福”。辛伯是大宗宗子，克是小宗。辛伯賞賜給克五十鋝絲，克作鼎以紀念。棄伯壺蓋銘文是“唯王正月初吉庚寅，辛公再父宫，賜棄伯矢束、素絲束，對揚王休，用作饋壺”。辛公是棄伯的上司，來到棄伯宗廟，代表周王賞賜棄伯。

　　叔向父簋銘文是“叔向父作婡姒尊簋，其子子孫孫永寶用”。這是叔向父爲來自辛國的夫人所作的一套簋。銘文中“婡”讀爲“辛”，是其夫人父家的族氏，“姒”是夫人的姓，證明辛國爲姒姓。伯逆車簋銘文是“伯逆車作辛姒媵簋，其永寶用”。這是伯逆車爲辛姒所作的媵簋，辛姒必然是伯逆車的女兒或姊妹，説明伯逆車是辛氏的長輩。中伯壺銘文是“中伯作辛姬變人媵壺，其萬年子子孫孫永寶用”。這是中伯爲女兒（或者姊妹）所作的媵器。中氏姬姓，故稱姬變人，“辛”是女子夫家的族氏。此器也説明中氏姬姓而辛氏非姬姓。中伯盨銘文是“中伯作變姬旅盨用”。銘文中雖然没有“媵”字，但受器者“變姬”與中伯壺銘的“姬變人”應是同一個人，在古代姓在名前或在姓後無別，這也是中伯爲姬變人所作的媵器。

　　另有一件辛中姬皇母鼎，銘文是“辛中姬皇母作尊鼎，其子子孫孫永享于宗老”。這當如何解釋呢？該鼎是辛中姬皇母自作器，是以辛國夫人的身份作器。“辛中姬皇母”是她的自稱，稱謂中用的是夫家族氏（辛）＋父家族氏（中）＋父家的姓＋名字的方式。中族氏是姬姓，皇母是其字，合起來就是"辛中姬皇母"。

辛叔皇父簠銘文是"辛叔皇父作中姬尊簠，子子孫孫其寶用"。銘文中沒有"媵"字，女名"中姬"，"中"是其父家的族氏，"姬"是其姓，可知這位女子是中氏族人，那麼作器者就是其丈夫，是辛氏的小宗叔皇父。

另外還有兩件辛王姬簠，銘文是"辛王姬作叔西父、姬西母媵簠"，這又作何解釋呢？辛王姬應是周王宗族的女子嫁給辛族首領，周王宗族姬姓，其女子均可稱王姬。她給姬西母鑄造媵器，這個姬西母肯定不是她的女兒，應該是她母家的侄女，叔西父是姬西母的丈夫。姑母爲侄女作媵器是在情理之中。

10. 毛氏（毛國）

武王滅商之後，封其弟叔鄭於毛，稱"毛公"。《左傳·僖公二十四年》載："昔周公弔二叔之不咸，故封建親戚，以蕃屏周。"音義："管、蔡、郕、霍、魯、衛、毛、聃、郜、雍、曹、滕、畢、原、酆、郇，文之昭也。"杜注："十六國皆文王子也。"毛氏世爲王臣，《書·顧命》："成王將崩……乃同召太保奭、芮伯、彤伯、畢公、衛侯、毛公……"曾運乾正讀："太保、畢公、毛公，以三公兼領卿職也。"西周中期有征伐東國痟戎的毛公，《穆天子傳》的毛公班；西周晚期有毛公厝，爲鞏固王權立下了汗馬功勞，位極人臣，是宣王中興的柱石；春秋時期毛氏仍然世爲王朝卿士，歷見《春秋》《左傳》，如毛伯衛、毛伯過、毛伯得等，到了春秋晚期（約前 516 年前後），毛伯得介入王位之爭，因袓佐王子朝而以失敗奔楚，毛國遂亡。

毛氏的封地文獻失載，只能根據出土青銅器來推測。從毛公鼎出土於陝西岐山縣董家村，與毛氏有關的善夫旅伯家族銅器窖藏（包括此鼎、此簋等）也在董家村發現，推測毛氏的封邑在今陝西岐山縣董家村附近，東都洛邑也有其家族的居所（洛陽龐家溝 M333 出土有毛伯戈）；平王東遷之後，毛氏封地亦當東移。顧棟高《春秋大事表》云："宜陽，毛國在縣境。"春秋時期毛伯之國故當在畿內。不知顧氏所説何據。清代宜陽縣，今仍名宜陽縣，在洛陽城西南六十餘里。

毛氏（毛國）的青銅器最著名的是毛公鼎，清道光二十三年（1843 年）出土於陝西岐山縣董家村，現藏於臺北故宮博物院。通高 53.8 釐米，口徑 47.9 釐米，重 34.7 公斤，鑄有銘文 497字，是研究西周晚年政治史的重要資料。

另外，還有西周早期的毛公旅鼎（《銘圖》02336）；西周中期有 1965 年河南洛陽市北窰村龐家溝（今屬老城區邙山鎮）M333 出土的毛伯戈（《銘圖》16497）；西周晚期有毛伯噯父簋（《銘圖》04970）、毛虢父簋（2 件，《銘續》0424，《銘三》0489）、毛旃簋（《銘圖》04991）；春秋早期有毛叔盤（《銘圖》14489）、毛百父匜（《銘續》0988）等。

與毛氏相關聯的青銅器，西周中期有班簋（《銘圖》05401）、1961 年陝西西安市長安區馬王鎮張家坡西周銅器窖藏出土的孟簋（3 件，《銘圖》05174—05176）、傳世的師湯父鼎（《銘圖》02431）、斳簋（《銘圖》05295）、1975 年陝西岐山縣京當鄉董家村 1 號西周銅器窖藏出土的善夫旅伯鼎(《銘圖》02210)、此鼎(3件,《銘圖》02484—02486)、此簋(8件,《銘圖》05354—05361)以及傳世的鄩簋(2件,《銘圖》05342、05343)等。

班簋銘文記述周王命毛伯班率師征伐東方叛亂的部族,"三年靖東國";孟簋銘文記述孟的父親與毛公、遣仲征伐無需,因功得到毛公的賞賜;斯簋銘文記載周王册命斯時毛伯擔任儐相;鄩簋是西周晚期之物,銘文記述周王册命祝鄩時,毛伯擔任儐相;此鼎、此簋的時代也是西周晚期,銘文記述周王册命此時毛叔擔任儐相,這位毛叔大概是毛公厝之弟,擔任司土,屬三有司之一,管理土地和民政。這些都説明毛氏世代爲公卿,輔佐王室。

毛叔盤的時代是春秋早期,銘文是"毛叔媵彪氏孟姬寶盤"。"毛叔"是毛國的公族,"孟姬"是毛叔的女兒或者姊妹,"彪氏"是女子的夫家。這是毛叔爲孟姬出嫁所作的媵器。此爲姬姓毛國無疑。善夫旅伯鼎銘文是"膳夫旅伯作毛仲姬尊鼎,其萬年子子孫孫永寶用享"。這是善夫旅伯給夫人毛仲姬作的用器,亦證明毛國爲姬姓。

11. 召氏

召氏是召公奭的後裔。武王滅殷之後,封召公於燕,由長子克就封,召公居采邑輔佐王室,爵位由次子繼承,世代爲召公。

鄭玄《毛詩譜·周南召南譜》云:"文王受命,作邑於豐,乃分岐邦周、召之地爲周公旦、召公奭之采地,施先公之教於已所職之國。……周公封魯,死謚曰文公,召公封燕,死謚曰康公,元子世之。……其次子亦世守采地,在王官,春秋時周公、召公是也。"正義:"其旦與奭次子名謚,書傳無文。平王以西都賜秦,則春秋時周公、召公别於東都受采,存本周召之名也,非復岐周之地。"《晋書·地道記》云:"河東郡垣曲縣有召亭,周則未聞,今爲召州是也。"召公最初的采地,《詩地理考》引《括地志》云:"周公故城在岐山縣北九里,召公故城在岐山縣西南十里,此周、召之采邑也。"召公故城在"岐山縣西南十里",即今劉家塬村,清光緒二十八年曾出土太保玉戈。

《春秋地名考略》載召公奭采地:"扶風郡雍縣南有召亭,即其地也。……《春秋》所書召伯,乃東遷後别受采邑,在今絳州垣曲縣之召原。……宋白曰:垣縣東六十里有召原。"2020年山西省考古研究院在垣曲北白鵝發掘了一處大型周末春初墓地,多座墓葬出土太保燕仲的青銅器,認爲這是召氏家族太保燕仲一支在東周王畿采邑的墓地。北白鵝地處垣曲縣沇河之東的平原,正是所謂的"召原",與宋白之説相合。

召氏的青銅器以及與召氏關聯的青銅器,西周早期有小臣疌鼎(《銘圖》02102)、伯龢鼎(《銘圖》01900)、伯龢簋(《銘三》0452)、龢爵(《銘圖》08569)、伯憲盉(《銘圖》14752)、憲鼎(《銘圖》02386)、太史叴甗(《銘圖》03305)、召仲卣(《銘圖》13201)、師衛鼎(《銘圖》02378)、師衛簋(2件,《銘圖》05142、05143)、伇佳尊(《銘三》1011);西周中期有召叔鼎(《銘三》0273)、召叔簋(《銘續》0426);西周晚期有1993年7月河南洛陽市東郊邙山南麓焦枝鐵路楊文站西出土的召伯虎盨(《銘圖》05518)、召伯毛鬲(《銘圖》02793)、召仲鬲(2件,《銘圖》

02911、02912）、琱生簋（《銘圖》05340、05341）、琱生尊（《銘圖》11816、11817）、趞盠父盨（3件，《銘圖》05564，《銘續》0466，《銘三》0531）、召皇父盨（2件，《銘續》0472，《銘三》0543）；春秋早期有召叔山父簠（2件，《銘圖》05944、05945）等。

小臣𧊒鼎時代最早，應在武王時期初封燕國之時，銘文説"召公建燕，休于小臣𧊒貝五朋，用作寶尊彝"。這是召公屬下一位名叫"𧊒"的小臣，參與籌建燕國的事宜，得到賞賜而作器紀念。幾件師衛鼎、師衛簋是記載召公賞賜師衛的貝幣、臣僕與禾稼之事。而伯龢鼎、伯龢簋、龢爵、伯憲盉、憲鼎和太史客甗都是召公的子輩爲召公所作的祭器，稱召公爲"召伯父辛"。

西周早期的仪佳尊，銘文是"仪佳作厥姑召姬尊彝"。這是仪佳爲其姑母所作的器物，其姑名"召姬"。西周晚期的趞盠父盨，銘文爲"遣盠父作召姬旅簋，其萬年寶用"。這是一位名叫趞盠父的人爲其夫人所作的用器，他稱夫人爲"召姬"，由岳父家族氏+夫人的姓（即岳父家姓）組成。這兩件青銅器都證明召氏是爲姬姓。

12. 畢氏（畢國）

畢氏，古文獻有時稱畢國。畢氏的始祖是周文王少子畢公高，周王朝卿士，曾輔佐武王伐商，受封於畢，稱"公"不稱"侯"，封邑在畿內，故稱畢國不妥。其後歷代爲周王朝重臣。《史記·周本紀》載："武王即位，太公望爲師，周公旦爲輔，召公、畢公之徒，左右王師。"《書序》："成王將崩，懼太子釗之不任，乃命召公、畢公率諸侯相康王，作《顧命》。"《書·康王之誥》："王出在應門之內，太保率西方諸侯入應門左；畢公率東方諸侯入應門右。"又《書序》："康王命作冊畢，分居里，成周郊，作《畢命》。"康昭時期有畢仲，穆王時期有畢公桓，西周晚期有畢叔、畢鮮、畢伯克，春秋時期有畢仲弁等。

西周時期畢氏的封地在畢原，但是關於畢原又有二説。其一，認爲在今西安市長安區，與雁塔區交界；其二，認爲在今咸陽市渭城區。閻若璩在其《四書釋地》續卷上説："畢郢曰畢原，實有二處：在渭水南之畢原，一名畢郢，周文王墓在焉，武王墓在焉。周公薨，成王葬於畢，史稱畢在鎬東南杜中，地迫終南，韓愈《南山詩》'前尋徑杜墅，坌蔽畢原陋'是。在渭水北之畢原，則名畢陌，秦惠文王陵在焉，悼武王陵亦在焉，僅隔一里。《元和郡縣志》：畢原即咸陽縣所理也。原南北數十里，東西二三百里，無山川陂湖，井深五十丈，亦謂之畢陌，漢氏諸陵在其上。故劉滄《咸陽懷古詩》'渭水故都秦二世，咸原秋草漢諸陵'是。正文王庶子高所封畢，左氏注云在長安縣西北，是畢郢。《通典》云在咸陽縣，是畢陌。兩杜氏之言，吾從預。"[1]閻若璩認爲長安説是正確的，但他所説的長安縣西北，應爲東南之誤。

《元和郡縣志》萬年縣下云："畢原，在縣西南二十八里。詩注云'畢，終南之道名也'。書

---

[1] 閻若璩：《四書釋地》，四庫全書本。

序云‘周公薨，成王葬於畢’，是也。”《史記・周本紀》：“所謂‘周公葬於畢’，畢在鎬東南杜中。”《括地志》也説：“畢原在雍州萬年縣西南三十八里（按：“三”爲“二”之誤）。”唐代萬年縣故址在今西安市和平門外李家村附近，西南二十八里當在今西安市雁塔區南部，地接長安區。《竹書紀年》云：“畢西於豐三十里。”也就是説豐京在畢之西三十里。此説與《元和郡縣志》《括地志》相合。

1992 年西安市長安區申店鄉徐家寨黑河引水工程出土的吳虎鼎，時代爲西周宣王時期。銘文記載周宣王重申厲王之命，賞賜給吳虎土地“厥南疆畢人眔疆”，意思是説賜給吳虎的土地南界與畢氏的土地接壤。這説明西周宣王時期畢氏的封地仍然在豐鎬以東地區，與吳虎的土地毗鄰，進一步證明畢公的封地在今西安市雁塔區南部、長安區北部。平王東遷時，畢公家族隨王室遷於洛邑成周。

畢氏的青銅器，西周早期有逌甗（《銘續》0275）；西周晚期有畢鮮簋（《銘圖》05050）、畢伯克鼎（《銘圖》02273）；春秋早期有畢仲弁簠（《銘圖》05921）等。

與畢氏有關聯的青銅器，西周早期有史喦簋（2 件，《銘圖》04986、04987）、獻簋（《銘圖》05221）；西周中期有倗伯鼎（《銘圖》01821）、倗伯簋（《銘圖》04499）、倗仲鼎（《銘圖》01961）、番伯鬲（《銘續》0246）、段簋（《銘圖》05234）、永盂（《銘圖》06230）；西周晚期有伯夏父鼎（《銘圖》02170）、伯夏父鬲（10 件，《銘圖》02995—03004）、伯夏父甗（2 件，《銘圖》14001、14002）、七年師兑簋（《銘圖》05302）、吳虎鼎（《銘圖》02446）；春秋早期有陳侯鬲（2 件，《銘圖》02975、02976）；春秋晚期有邵黛鐘（13 件，《銘圖》15570—15582）等。

周原鳳雛宮殿遺址灰坑出土的龜甲刻辭有“畢公”“畢”，[1] 時代爲西周早期，此畢公就是畢公高。2007 年陝西韓城市昝村鎮梁帶村兩周墓地出土的畢伯克鼎，銘文是“畢伯克肇作朕丕顯皇祖受命畢公尊彝”。銘文中的“受命畢公”就是畢公高，畢伯克應是西周晚期一代畢氏大宗的宗子。史喦簋銘文説“王誥畢公，廼錫史喦貝十朋”，唐蘭等學者都將此器定爲康王時期，[2] 這位畢公也是畢公高。逌甗銘文是“逌（會）作畢公寶尊彝”，此畢公也應是畢公高，逌（會）是他的子輩。西周中期畢氏頗爲興盛，如清華簡《祭公》的“畢桓”是穆王時期的畢公，當是第三代或第四代畢氏之長。段簋也是西周中期之物，段自稱爲“畢仲孫子”，畢仲是畢公高的兒子，畢公高的長子封於黎而成爲“楷伯”，“畢仲”則繼承了畢公在王朝的爵祿。作爲“畢仲”的“孫子”，段的活動當在穆王時期。另外還有西周中期的倗伯、倗仲與畢氏聯姻亦是明證。西周晚期畢叔在朝任職，七年師兑簋中的畢叔在師兑接受册命時擔任儐相，説明這位畢叔也是周王朝的重臣。

《史記・魏世家》：“魏之先，畢公高之後也。畢公高與周同姓，武王之伐紂，而高封於畢，

［1］　曹瑋：《周原甲骨文》37 頁，世界圖書出版公司北京公司，2002 年。

［2］　唐蘭：《史喦簋銘考釋》，《考古》1972 年第 5 期。

於是爲畢姓，其後絕封，爲庶人，或在中國，或在夷狄。其苗裔曰畢萬，事晉獻公。”陳穎飛亦信從此説，並引《左傳·閔公元年》論及畢萬説“公侯之子孫，必復其始”，認爲：“這兩條材料相互可印證。‘其後絕封’和族人流散不能輕易否定。”並根據韓城梁帶村芮國墓地 M502 出土的畢伯克鼎，進一步推斷畢氏絕封當在厲王時期國人暴動之時，很可能畢氏卷入了這場政變，導致“絕封”。[1]筆者認爲陳氏之説不確，離亂中族人流散是可能的，但不能證明畢氏就在此時絕封。1996 年洛陽市唐宮路小學住宅樓工地一座戰國墓出土的畢公左御玉戈，[2]其形制和銘文字體有春秋戰國之際的特點，可見畢氏大宗並没有像《史記·魏世家》所説的“絕封，爲庶人”，而是隨王室東遷於成周，仍號“畢公”。説明畢氏從西周早期一直到春秋晚期都是王朝的重臣，輔佐周王，與王室相始終。

　　清代同治年間山西榮和縣（今萬榮縣西部）后土祠旁河岸出土的邵鸞鐘，時代爲春秋晚期，銘文有“邵（吕）鸞（緐）曰：余異（畢）公之孫，邵（吕）伯之子”。王國維指出邵鸞應爲晉卿魏氏之後，因魏氏曾徙於吕地，故又稱吕氏。魏氏始祖畢萬出自畢氏，故邵鸞自稱是畢公的後裔。[3]畢萬這一支有可能是西周末年變亂時逃到晉國的，是“國人暴動”時還是幽王被殺時逃到晉國的，不得而知。

　　關於畢氏的族姓，古文獻記載爲姬姓。《左傳·僖公二十四年》：“管、蔡、郕、霍、魯、衛、毛、聃、郜、雍、曹、滕、畢、原、酆、郇，文之昭也。”杜預注：“十六國皆文王子也。”然而，劉節和陳槃均認爲有姬姓之畢和媿姓之畢。劉節説：“古器物中有敔狄鐘，朋仲鼎有畢媿。畢本狄族而媿姓。《潛夫論·志氏姓》：‘隗姓赤狄。’”[4]陳槃説：“（朋仲）鼎云：‘朋中作畢媿媵（媵）鼎，其萬年寶用。’此媵器者，或（一）畢氏自媵其女；或（二）媵其同姓之女。無論屬何一事，均可以與舊記互證，亦絕無可疑；則知古有二畢，即一姬姓之畢，一媿姓之畢。”[5]此説有待商榷。我認爲只有一個姬姓畢氏，所謂媿姓只是對銘文的一種誤解。他們所説的佣仲鼎是一件傳世品，西周中期之物，銘文中的佣仲是作器者，畢媿是受器者。這確是一件媵器。作器者佣仲爲女兒或者姊妹所作的媵器。從近幾年考古成果可知，佣國是“懷姓九宗”中的一支，媿姓，故址在今山西絳縣橫水鎮附近。佣仲是佣國公族，某代佣侯之弟，女子的稱謂是“畢媿”。“畢”是其夫家的族氏，“媿”是自家的姓。中國國家博物館收藏的春秋早期陳侯鬲，銘文有“陳侯作畢季嬀媵鬲”，和佣仲鼎一樣，也是一件媵器，是陳國國君嫁女於畢氏，陳國嬀姓，“季”是女子的排行，故稱爲“畢季嬀”。這兩件青銅器證明畢氏不是媿姓，也不是嬀

［1］　陳穎飛：《清華簡畢公高、畢桓與西周畢氏》，《中國國家博物館館刊》2012 年第 6 期。

［2］　洛陽市文物工作隊：《洛陽唐宮路小學 C1M5560 戰國墓發掘簡報》，《文物》2004 年第 7 期。

［3］　王國維：《觀堂集林（外二種）》卷十八《邵鐘跋》，河北教育出版社，2003 年。

［4］　劉節：《中國古代宗族移殖史論》，正中書局，1948 年。

［5］　陳槃：《春秋大事表列國爵姓及存滅表譔異》。

姓,應是姬姓。

　　2005 年山西絳縣橫水鎮西周墓出土的倗伯鼎、倗伯簋,銘文是"倗伯作畢姬寶旅鼎(簋)"。此銘文中的"畢姬"可理解爲倗伯的夫人,也可理解爲倗伯的女兒。上面已經講過考古證明倗國是"懷姓九宗"中的一支,是媿姓,所以"畢姬"只能是倗伯的夫人,"畢姬"稱謂由父家族氏+父家的姓(也就是女子自己的姓)組成。因此,畢姬就是來自畢氏公室的女子,畢氏應爲姬姓無疑。另外,1974 年陝西岐山縣京當鄉賀家村西周銅器窖藏出土的伯夏父鼎、傳世的 10 件伯夏父鬲和 2 件伯夏父罐,銘文有"伯夏父作畢姬尊鼎(鬲、罐)"。還有傳世的番伯鬲,銘文是"番伯作畢姬寶尊鬲"等等,與倗伯鼎、簋情況相同,都可證明畢氏爲姬姓。

　　13. 成氏(成國)

　　成氏或成國的始祖爲文王的兒子叔武。周原甲骨文有烕叔,[1]"烕"即"成",學者們認爲就是成叔武。"成",《左傳》《穀梁傳》作"郕",《公羊傳》《穆天子傳》作"盛"。《左傳·僖公二十四年》:"管、蔡、郕、霍、……文之昭也。"《史記·管蔡世家》以成叔武爲武王的同母弟,排行第七。

　　郕國地望,《史記·管蔡世家》正義引《括地志》云:"在濮州雷澤縣東南九十一里,漢郕陽縣。古郕伯,姬姓之國,其後遷於成之陽。"《讀史方輿紀要》東平州汶上縣郕城:"縣西北二十里古郕國。"陳槃根據《左傳·隱公五年》"衛之亂也,郕人侵衛,故衛師入郕",杜注"郕,國也,東平剛父(平字之誤)縣西南有郕鄉",認爲郕國初都寧陽,其後遷至濮縣東南。[2]漢剛縣,晉曰剛平,後省。故址在今寧陽縣東北三十四里堽城鎮。濮縣原屬山東省,1956 年併入范縣,1964 年隨范縣由山東省劃歸河南省。所謂"濮縣東南"應在今河南范縣濮城鎮東南。成陽縣即今山東鄄城縣南偏西約 5 公里處,與范縣濮城鎮接壤。楊伯峻也認爲郕應在濮縣東南。[3]綜上所述,郕國地處齊、魯之間,轄區約有今山東省汶上、鄄城、寧陽到河南范縣等,國都曾數次遷徙,但並沒有出此區域。

　　魯莊公八年(前 686 年)夏,魯國和齊國圍攻郕國,郕國降於齊國(國並未滅)。魯文公十二年(前 615 年),郕國國君去世,太子以夫鍾與郕邿奔魯,在魯國的幫助之下得以即位,成爲魯國附庸。原來的國都成爲孟孫氏采邑,郕君地位僅與魯國大夫地位相當。齊宣公四十八年(前 408 年),齊國再度攻陷郕都,郕君亡國。

　　從西周金文和見於《春秋》的成蕭公、成簡公、成桓公可知,成叔武的後代除守成(郕)國之外,亦有在朝任職者,世代爲成公。

　　韓巍先生認爲山東境內的郕國與春秋王朝貴族成氏並非一事。郕國是國名,國君稱郕

---

[1]　曹瑋:《周原甲骨文》32、81、135 頁。

[2]　陳槃:《春秋大事表列國爵姓及存滅表譔異》。

[3]　楊伯峻:《春秋左傳注》(修訂本),中華書局,1990 年。

伯，不見與王室發生關係，與其交往者多爲齊、魯等諸侯國，應爲山東土著；春秋王朝貴族成氏，寫作“成”，稱“成公”。但同篇文章又説：“魯西的郕國應是成叔武之後，而王朝貴族成氏則應是西周金文中成氏的後代。兩者族源並不相同。”[1]我們知道，成叔武之後應爲姬姓，怎麼又成了山東土著呢？自相矛盾。山東郕國是叔武的封國，故稱郕伯（伯爲爵稱）；而西周金文中的成氏也是姬姓（詳後），亦應是叔武的後裔，兩者族源相同，只是一在外服爲諸侯，一在朝内任卿士。朝内任職者故稱“公”，西周時期采邑當在西周畿内（關中地區），東遷後采地當在洛邑附近。

目前見到的成國的青銅器，包括與成國相關聯的青銅器，均爲西周晚期之物。如：成伯邦父壺（《銘圖》12259）、成伯孫父鬲（《銘圖》02933）、戌伯聶生壺蓋（《銘圖》12269）、伯多父盨（《銘圖》05591）、許男鼎（《銘圖》02076）、宯弃生鼎（《銘圖》02036）等。

伯多父盨係傳世品，它與1976年陝西扶風縣法門鎮雲塘村一號窖藏出土的4件伯多父盨，[2]可能係一人的作品。時代爲西周晚期後段，銘文是“伯多父作成姬多母寳盨，其永寳用享”。銘文中的作者者名“多父”，受器者名“多母”。陳夢家先生在《西周銅器斷代》中指出金文中存在“夫妻同字”的現象。[3]所以，伯多父與成姬多母應是夫妻關係，也就是説這件盨是伯多父爲其夫人所作的用器。夫人爲姬姓，“成”是她的母家，證明成氏是姬姓無疑。

傳世的成伯邦父壺，銘文是“成伯邦父作叔姜萬年壺”。這是一位字爲邦父的成國國君爲其夫人所作的器具，夫人來自姜姓族氏。成伯孫父鬲是1975年陝西岐山縣京當鄉董家村1號銅器窖藏出土，銘文是“成伯孫父作浸嬴尊鬲，子子孫孫永寳用”。這是一位字叫孫父的成國國君爲夫人所作的用器，夫人名浸嬴，來自嬴姓族氏。“浸”有可能是族氏名，也有可能是女子的私名。因爲女子的私名可以放在姓後，也可以放在姓前。如楚王鼎“楚王媵隨仲羋加飤緐”，“羋加”名在姓之後；而加羋簋銘文“加羋之行簋”的“加羋”，名字就在姓之後。又如季宫父簋“季宫父作仲姊孃姬媵簠”，“仲”是季宫父姐姐的排行，“姬”是自家的姓，“孃”是姐姐的私名，名字就放在姓之前。

許男鼎，1977年出土於西安市長安區馬王鎮馬王村西周窖藏，銘文是“許男作成姜桓母媵尊鼎，子孫孫永寳用”。文獻記載許國男爵，許男是西周晚期某代許國國君。鼎是他爲女兒或者姊妹出嫁所作的媵器。“成姜桓母”的“桓母”是女子的字，“姜”是女子的姓，也就是許國的姓，與文獻記載相合。按照父母給女子出嫁鑄造媵器一般的稱名方式，“成”應是女子夫家的族氏。成氏姬姓，這是姬、姜兩國聯姻。

伯多父盨、成伯邦父壺、成伯孫父鬲以及許男鼎中的“成”，有可能就是留在國都輔佐王

[1] 韓巍：《西周金文世族研究》。

[2] 陝西周原考古隊：《陝西扶風縣雲塘、莊白二號西周銅器窖藏》，《文物》1978年第11期。

[3] 陳夢家：《西周銅器斷代》460頁，中華書局，2004年。

室的成叔武次子的後裔,其封邑可能就在今西安市長安區豐鎬遺址區域内。

崩弁生鼎出自山東棲霞縣,時代爲西周晚期,銘文是"崩弁生作成媿滕鼎,其子孫孫永寶用"。"崩"即"倗",倗國,媿姓。"成媿"的"成"即姬姓成國。此鼎是倗弁生爲成媿所作的滕器,倗國故址在山西絳縣横水鎮附近,鼎出於山東,説明此"成"就是外服的成國,文獻作"郕國"。傳世的宬伯睘生壺蓋,傳出河南,現藏故宫博物院,"宬"即"成",寫法與周原甲骨文相同。"睘生"即"睘甥",可知其母家是睘國。睘國是山東地區一個姜姓之國,約在今山東莒縣北部。所以,此"成"也應是外服的成國。

綜上所述,目前見到的成氏(或者成國)的青銅器均爲西周晚期之物。與成國通婚的國族有嬴姓、姜姓和媿姓等。

14. 杜氏(杜國)

杜氏,其先爲商周時期的唐國,周成王滅唐,改封其弟叔虞於唐,而將唐氏遷於畿内杜地,首領稱杜伯,爲周大夫。宣王時期末代杜伯被宣王無辜殺死,隰叔奔晋,族人散亡於秦、晋等地。《國語·晋語》士匄稱其祖先:"自虞以上爲陶唐氏,在夏爲御龍氏,在商爲豕韋氏,在周爲唐杜氏。"韋昭注:"周,武王之世,唐、杜,二國名,豕韋自商之末改國於唐,周成王滅唐而封弟唐叔虞,遷唐於杜,謂之杜伯。……杜伯爲宣王大夫,宣王殺之,其子隰叔去周適晋,生子輿,爲晋理官,其孫士會,爲晋正卿,食邑於范,是爲范氏。"

杜氏的封地在今西安市雁塔區杜城村附近。《水經注·渭水》:"(沄水)西北流逕杜縣之杜京西,西北流逕杜伯冢南,杜伯與其友左儒仕宣王,儒無罪見害,杜伯死之,終能報恨於宣王。……沄水又西北逕下杜城,即杜伯國也。"《史記·秦本紀》武公:"十一年初縣杜、鄭。"正義引《括地志》云:"下杜故城,在雍州長安縣東南九里,古杜伯國。"《長安志》載:"下杜城在縣南一十五里,其城周三里一百七十三步。《春秋左氏傳》:'晋范宣子曰:昔匄之祖,在周爲唐杜氏。'杜預注曰:'周成王滅唐遷之於杜,爲杜伯國。'《記》曰:'周宣王四十三年,杜伯入爲王卿士,無罪而王殺之。'《史記》曰:'秦武公十一年,初縣杜。'即此地也。《括地志》曰:'蓋宣王殺杜伯以後,子孫微弱,附於秦,及春秋後,武公滅之爲縣。漢宣帝時,脩杜之東原爲陵,曰杜陵縣,更名此爲下杜城。'《廟記》曰:'下杜城,杜伯所築,東有杜原,城在底下,故曰下杜。'"注曰:"杜伯冢在城之東南。"抗日戰争期間陝西鄠縣(今西安市鄠邑區)灃河灘出土的宗邑瓦書(《銘圖》19920),是戰國晚期之物。瓦文記載秦國右庶長壽燭受封宗邑之事,銘文有"四年,周天子使卿大夫辰來致文武之胙,冬十壹月辛酉,大良造庶長游出命曰:取杜在酆邱到潏水,以爲右庶長歜宗邑"。"歜"通"燭",即秦客卿壽燭,此時擔任秦國右庶長。封邑就在杜氏領地的範圍之内,具體範圍是"酆邱到潏水"。酆即周都豐京,因臨豐水得名,"酆邱"指豐水東岸;"潏水"即《水經注》的"沄水","沄""潏"用字不同而已。壽燭的封地範圍從豐河東岸到潏水,僅是杜邑範圍的西部一隅。下杜城今名杜城村,在西安城南,今屬雁塔區電子城街道辦事處，雁環路與丈杜路交匯處，與長安區接壤，有杜城街、杜城堡、杜城庵三個自然村。1973 年杜城村附近的北沈家橋村曾出土戰國秦的杜虎符，亦是其證明。

目前見到的杜氏青銅器，都是西周晚期之物。主要有杜伯鬲（《銘圖》02955）、杜伯盨（5 件，《銘圖》05642—05646）、杜伯盤（《銘三》1198）、單叔鬲（9 件，《銘圖》02957—02965）、𢒉公鋪（《銘圖》06143）、叔頌父鋪（《銘圖》06147）等。

杜氏的族姓文獻記載爲祁姓。《國語·晋語》云：“凡黃帝之子二十五宗，其得姓者十四人，爲十二姓，姬、酉、祁、己、滕、箴、任、荀、僖、姞、儇、衣，是也。”《元和姓纂》亦云：“杜，祁姓，帝堯裔孫劉累之後，在周爲唐杜氏，成王滅唐，遷封於杜，杜爲宣王所滅。”《左傳·文公六年》晋文公之妃：“杜祁以君故，讓偪姞而上之。”杜預注：“杜祁，杜伯之後，祁姓也。”

青銅器銘文中“祁”均作“嫊”。2003 年 1 月陝西眉縣馬家鎮楊家村單氏銅器窖藏出土的 9 件單叔鬲，銘文是“單叔作孟祁尊彝，其萬年子子孫孫永寶用”。作器者爲“單叔”，受器者是“孟祁”。“孟”是女子的排行，“祁”是女子的姓。單氏與周同姓（見單氏篇），所以“孟祁”就不會是單叔之女，而是單叔的夫人，“祁”是杜氏的族姓無疑。宋代出土的𢒉公鋪，原稱劉公鋪，現不知下落，銘文是“𢒉公作杜祁尊鋪，永寶用”。“𢒉公”應是在王朝任職的大夫，“杜祁”是其夫人，來自祁姓杜氏。近年發現的叔頌父鋪，形制、紋飾與𢒉公鋪相同，銘文是“□叔頌父作杜孟祁尊鋪，子子孫孫永寶用享”。第一字似爲“羿”字，應是其氏名，“叔”是其排行，“頌父”是其字，羿氏公族。“杜孟祁”是他的夫人，杜伯的長女，亦是杜氏爲祁姓的確證。新見的杜伯盤，同出的還有一件匜，是一套盥洗器，銘文是“杜伯作旅盤，枚姑永寶用”。這可能是杜伯爲姑母所作的用器。

杜伯鬲和五件杜伯盨相傳光緒二十年（1894 年）出土於陝西韓城或澄城縣，現在分別藏於故宮博物院和上海博物館。杜伯鬲銘文是“杜伯作叔祁尊鬲，其萬年子子孫孫永寶用”。作器者爲“杜伯”，受器者是“叔祁”。“叔”是該女子的排行，“祁”是其姓，銘文雖然没有“媵”字，也説明這是杜伯爲其姊妹所作的媵器。杜伯盨銘文是“杜伯作寶盨，其用享孝于皇神、祖考，于好朋友。用禱壽，匄永命，其萬年永寶用”。這是杜伯所作的祭祀禮器，用於祭神祈求福壽。

15. 散氏（散國）

散，是散氏的采邑，始祖散宜生與姜尚、太顛、南宮括爲文王四友之一，輔佐文王、武王滅商，獲封采邑。由夷王時期的散氏盤銘文可知散氏此時的采邑土田已擴展到寶雞一帶，與矢國接壤。但從扶風召陳村散伯車父銅器窖藏來看，散氏的大宗仍在周原居住。

1960 年扶風召陳村一座西周青銅器窖藏，出土西周中期後段青銅器 39 件，其中散車父器 11 件，包括散伯車父鼎（4 件，《銘圖》02297—02300）、散車父簋（5 件，《銘圖》04838—04842）、散車父壺（《銘圖》12404）、散氏車父壺（《銘圖》12359）等。

傳世品西周中期前段有散伯卣（3 件，《銘圖》13161—13163）、散姬鼎（《銘圖》01440）；西周晚期有散伯簋（4 件，《銘圖》04652—04655）、散伯匜（《銘圖》14875）、散季簋（《銘圖》05120）、散氏盤（《銘圖》14542）等。

關於散氏的族姓，史書無載，學界説法頗有分歧。張政烺先生依據散季簋、散伯簋銘文判斷散國是姬姓，矢、散二國互爲婚姻。[1]黄盛璋先生也認爲散國是姬姓，他説："散伯簋'散伯作矢姬寶簋'，矢姬當是散國之女嫁於矢國，散伯爲之作器，散必爲姬姓。"又説："散姬鼎'散姬作尊鼎'，散姬與矢姬必有一爲散國之女，不管哪一個姬，都可肯定散爲姬姓。"[2]李仲操、曹定雲先生則持相反的觀點。如前面所述，他們根據散姬鼎銘文，推斷散非姬姓，而又根據散伯簋銘文推斷，矢爲姬姓。[3]

我們再從召陳村銅器窖藏出土的散器分析。散伯車父鼎銘文云"唯王四年八月初吉丁亥，散伯車父作邢姞尊鼎，其萬年子子孫永寶"。散車父簋銘文是"唯王四年八月初吉丁亥，散車父作鄲姞饙簋，其萬年子子孫孫永寶"。散車父即散伯車父，作器者；邢姞和鄲姞爲受器者。有人認爲"邢姞"即"鄲姞"，也就是塱姞，來自姞姓塱氏。有人認爲"邢"與"鄲"爲兩個同姓族氏，邢姞與鄲姞是前妻與繼室的關係，或者妻與妾的關係。[4]不管是一人還是二人，都是姞姓，表明散伯車父非姞姓。

散車父壺銘文是"散車父作皇母盧姜寶壺，用逆姞氏，伯車父其萬年，子子孫孫永寶"。這是散車父爲其母親所作的用器，並用以迎娶自己的姞姓妻子，也就是上述"邢姞"或者"鄲姞"。散氏車父壺形制、大小與散車父壺相同，同坑出土，自是一對，銘文大同小異，區別是散車父壺稱其母爲"皇母盧姜"，是親屬稱謂+母名盧+母姓，散氏車父壺没有親屬稱謂，母名的用字也用別體，銘文後部也没有"用逆姞氏"。宋代陝西永壽縣出土的散季簋，銘文是"唯王四年八月初吉丁亥，散季肇作朕王（皇）母叔姜寶簋，散季其萬年子子孫孫永寶"，作器時間與散伯車父鼎、散車父簋時間完全相同，散季可能就是散伯的小弟，"皇母叔姜"即散伯車父的母親"盧姜"。以上諸器可知散氏兄弟的母親是姜姓，散伯車父的夫人爲姞姓。這都説明散氏與姜姓、姞姓通婚。按照周代貴族同姓不婚，則散氏既非姜姓，亦非姞姓。

散伯簋銘文是"散伯作矢姬寶簋，其萬年永用"，散伯匜銘文是"散伯作矢姬寶匜"。有的學者以此證明散國爲姬姓，有的學者以此證明矢國是姬姓。散姬鼎銘文是"散姬作尊鼎"，這是散姬自作器，有人以此認爲散國爲姬姓。由 2015 年 10 月湖北棗陽市郭家廟墓地曹門灣 M43 出土的矢叔諬父匜銘文已證實矢國爲姬姓（詳見矢國篇）。那麼，散伯簋、散伯匜就是散

［1］　張政烺：《矢王簋蓋跋──評王國維〈古諸侯稱王説〉》，《古文字研究》第 13 輯，中華書局，1986 年。

［2］　黄盛璋：《銅器銘文宜、虞、矢的地望及其與吳國的關係》。

［3］　李仲操：《兩周金文中的婦女稱謂》。曹定雲：《周代金文中女子稱謂類型研究》，《考古》1999 年第 6 期。

［4］　曹瑋：《散伯車父器與西周婚姻制度》，《文物》2000 年第 3 期。曹兆蘭：《金文與殷周女性文化》173—175 頁，北京大學出版社，2004 年。

伯爲其來自夨國的姬姓夫人所作的器物,散姬鼎是某代散伯的夫人,也來自某個姬姓國族,所以散國不是姬姓明矣!

另外,從歷史角度分析,散國也應與姬姓無關。散國是殷末周初輔佐周文王的散宜生之後。《史記・周本紀》載:"伯夷、叔齊在孤竹,聞西伯善養老,盍往歸之。太顛、閎夭、散宜生、鬻子、辛甲大夫之徒皆往歸之。"往歸者皆非姬周族,其中伯夷、叔齊爲孤竹人,鬻子爲楚之始祖,辛甲爲紂臣,史有明載,與他們一起奔周的散宜生,也應是外族首領,故散不可能是姬姓。

散氏既不是姬姓,也不是姜姓和姞姓,究竟是什麽姓,有待新資料出現,以作進一步考證。

16. 南宫氏(南氏)

據史書《尚友録》記載,南宫源自姬姓,是周文王四友南宫子之後。南宫氏(南氏)的始祖是南宫括,始封於曾,由其子南宫毛就封(詳見曾國篇),南宫括仍留京都輔佐王室,在畿内有封邑,故不稱國。"南氏"是"南宫氏"的簡稱。

南宫氏的青銅器或與南宫氏有關的青銅器,始見於西周早期,有20多件。主要有湖北隨州葉家山M111出土的犺簋(《銘續》0371),銘文是"犺作烈考南公寶尊彝";大盂鼎(《銘圖》02514),銘文有"用作祖南公寶鼎";山西曲沃縣曲村西周墓出土的南宫姬鼎2件(《銘圖》01698、01699),銘文有"南宫姬作寶尊鼎";南姬盉(《銘圖》14685),銘文是"南姬作彝";南姬爵2件(《銘圖》08527、08528),銘文是"南姬作公寶彝";湖北孝感出土的中鼎2件(《銘圖》02383、02384),銘文有"唯王令南宫伐反虎方之年";山西曲沃北趙晋侯墓地出土的𣪕甗(《銘圖》03363),銘文有"唯十又一月王令南宫伐虎方之年";𣪕卣(《銘三》1066),銘文有"唯十又一月王命南宫伐虎方之年";湖北安陸出土的中觶(《銘圖》10658),銘文有"王大省公族于唐,振旅,王賜中馬,自厲侯四䭾,南宫貺";陝西寶雞市茹家莊出土的伯簋(《銘圖》04177),銘文是"伯作南宫簋"。西周中期有南季鼎(《銘圖》02432),銘文是"唯五月既生霸庚午,伯俗父右南季,王錫赤⊘韍、玄衣、黹純、鑾旂,曰:用左右俗父司寇,南季拜稽首,對揚王休,用作寶鼎,其萬年子子孫孫永用";西安市長安區出土的吴王姬鼎(《銘圖》02187),銘文是"吴王姬作南宫史叔飤鼎";南宫倗姬簋(《銘圖》04603),銘文是"南宫倗姬自作寶尊旅簋";河南平頂山應國墓頂出土的柞伯簋(《銘圖》05301),銘文有"王大射在周。王命南宫率王多士,師魯父率小臣……";甾觶(《銘圖》10646),銘文是"甾作父己寶尊彝,南宫";南公有司𪓐鼎(《銘圖》02230),銘文是"南公有司𪓐作尊鼎";南姞甗(《銘圖》03355),銘文是"南姞肁乍厥皇辟伯氏寶𩰫彝,用匃百福,其萬年孫子子永寶用"。西周晚期有陝西扶風南陽鎮出土的南宫乎鐘(《銘圖》15495),銘文是"司徒南宫乎作大林協鐘,兹鐘名曰無斁。先祖南公、亞祖公仲、必父之家";陝西永壽好畤河出土的善夫山鼎(《銘圖》02490),銘文有"王在周,格圖室。南宫乎入右膳夫山,入門立中廷";寶雞市陳倉區出土的南宫柳鼎(《銘圖》02463),銘文有"王在康廟,武公右南宫柳即立中廷。王呼作册尹册命柳"。春秋晚期有隨州文峰塔曾國墓地出土的曾侯與鐘(《銘續》1029),銘文有"伯括上휷,左右文武,達殷之命,撫定天下,王逝命南公,

營宅沔土,君庇淮夷,臨有江夏”。

中鼎、敔甗、敔卣的時代,從相關的太保玉戈、寶雞市茹家莊出土的伯簋推斷,應在康王初期。此南宮當是《顧命》中的南宮毛,南宮括之子,他率師征伐虎方。虎方的地望學界一致認爲在殷商西周邊界以南,但具體方位尚有分歧。丁山、島邦男、鍾柏生先生認爲虎方在淮南地區,或是後來的淮夷之國,[1]李學勤、張懋鎔、孫亞冰、林歡等先生認爲在湖北地區的漢水流域,[2]彭明瀚、郭静云先生認爲在湘江流域或者贛江流域。[3]不管采取哪種説法,南宮伐虎方和周王省視南國,都曾到達今湖北北部和中部的曾、唐、鄧、噩等地。又據隨州曾侯與鐘和葉家山曾侯銅器銘文可以推斷,這次征伐虎方之後就把南宮分封在曾(今葉家山附近)爲曾侯,以監臨南夷、淮夷。

關於南宮氏的族姓問題,目前有四説,朱鳳瀚、黃鳳春先生主張姬姓説,[4]白川静、沈長雲等先生主張源於東方氏族説,[5]韓巍主張周之賜姓説(賜姓姬),[6]程樹德主張尹氏之別説。[7]其中,南宮氏爲東方族氏説和周之賜姓姬説的依據大多是采用張懋鎔先生“周人不使用日名説”的觀點來論證。其實,周人基本不用日名是對的,但是在西周初期諸如應公、燕侯旨以及同爲召公後裔的伯憲、伯穌等少數姬周高級貴族也曾使用過日名。張懋鎔先生也認爲這些特例可能是在商末周初,姬周上層貴族與殷商後裔中的貴族接觸較多,受到殷商文化的影響所致,但爲數不多,爲時很短,康王之後便告消失。所以南宮氏在西周初期使用日名不能作爲否定姬姓的依據。尹氏之別説依據《周書》記載周有“尹氏八士”,《論語·微子》:“周有八士,伯達、伯適、仲突、仲忽、叔夜、叔夏、季隨、季騧。”而南宮氏在文獻記載中正好有南宮伯達、南宮适、南宮忽這些人名,因此便認爲“尹氏八士”均是南宮氏之人。這便是周之南宮氏爲尹氏之別的僅有論據。此論點論據不足,不予采信。我們同意姬姓説。理由如下:

西周早期的南宮姬鼎、南姬盉、南姬爵,分别是已婚的南宮氏女子的自作器,取名的方式

[1]　丁山:《殷商氏族方國志》150頁,大通書局,1971年。島邦男著,濮茅左、顧偉良譯:《殷墟卜辭研究》804頁,上海古籍出版社,2006年。鍾柏生:《殷墟卜辭地理論叢》223頁,藝文印書館,1998年。

[2]　李學勤:《殷代地理簡論》,科學出版社,1959年。張懋鎔:《盧方、虎方考》,《文博》1992年第2期。孫亞冰、林歡:《商代地理與方國》,《商代史》436頁,中國社會科學出版社,2010年。

[3]　彭明瀚:《商代虎方文化初探》,《中國史研究》1995年第3期。郭静云:《商周虎方和盧方:兩國空間範圍考》,《南方文物》2014年第4期。

[4]　朱鳳瀚:《商周家族形態研究(增訂本)》339頁,天津古籍出版社,2004年。黃鳳春、胡剛:《説西周金文中的“南公”——兼論隨州葉家山西周曾國墓地的族屬》,《江漢考古》2014年第2期。

[5]　白川静:《金文通釋》卷一下672頁,白鶴美術館,1978年。沈長雲、何豔傑:《談南宮氏的族姓及相關問題》,《尋根》2008年第2期。

[6]　韓巍:《西周金文世族研究》118頁。

[7]　程樹德撰,程俊英、蔣見元點校:《論語集釋》第4册1298—1299頁,中華書局,1990年。

是父家族氏+父家的姓。有人懷疑"南宮"和"南"是丈夫的族氏，其實不然，此類女子稱名是已婚女子站在父家的立場作器時的自稱，是常見的婦女自稱的方式之一。例如姬姓的魯姬鬲、祭姬爵、晉姬盨、唐姬簋、吳姬簋和姜姓的齊姜鼎、吕姜簋、吕季姜壺、許季姜簋以及其他姓族的會妘鼎等。南宮倗姬簋也是南宮氏婦女的自作器，南宮是父家族氏，倗是夫家族氏（倗即鄁，已證明是媿姓），[１] 姬是父家的姓，其稱名的方式中既有夫家族氏，也有父家族氏和父家的姓，與胡應姬鼎的稱名方式基本一樣，只是把父家族氏放在了夫家族氏之前而已。山東莒縣嶠山鎮前集村出土的司馬南叔匜（《銘圖》14950）是西周晚期之物，銘文是"司馬南叔作虤姬媵匜，子子孫孫永寶用享"。南叔是南氏的公族，擔任周王朝司馬之職，爲女兒作媵器，女兒的稱謂是虤姬。"虤"是夫家的族氏，"姬"便是南叔家族的姓，也證明南氏爲姬姓。

那麽，這個姬姓是南宮氏原有的，還是後來周王恩賜的？隨州文峰塔曾國墓地出土的曾侯與鐘和狁簋銘文給出了答案。曾侯與編鐘銘文有："曾侯曰：伯括上庸，左右文武，達殷之命，撫定天下。王遣命南公，營宅汭土，君辝淮夷，臨有江夏。"這是周王封南宮於南土（該南宮應是南宮毛之子曾侯狋），其職責就在於監視和統治淮夷集團和江漢一帶的蠻夷方國。葉家山西周墓出土的狁簋，銘文有"狁作烈考南公寶尊彝"。狁與曾侯狋是爲同宗兄弟，説明南公是曾侯狋的父親，南宮括爲曾國的始祖，曾國姬姓，那麽南宮适自然是姬姓。在文峰塔 M1 出土的另一件曾侯與殘鐘有"曾侯與曰：余稷之玄孫"銘文。"稷"即周人始祖后稷。曾侯與稱自己是后稷的玄孫，更説明曾國的族氏和南宮氏本來就是姬姓，而不是周王恩賜給南宮氏的"姬"姓。

17. 琱氏（周氏）

琱氏文獻失載，《説文·玉部》："琱，治玉也。一曰：石似玉。从玉，周聲。"琱氏的得名可能與製作玉器有關。琱氏，青銅器銘文一般寫作"琱"，個別也寫作"周"，如函皇父的夫人一般均作"琱妘"，而函皇父匜則作"周妘"。琱生簋、琱生尊、琱生鬲的器主作"琱生"，但同人所鑄造的兩件周生豆却作"周生"。

"琱氏"殷商時期就已存在，雖可寫作"周氏"，但與建立周王朝的姬姓周族無關，也不是周公旦的後裔，這是一支殷文化圈的族群，目前所見青銅器一般均有族徽"田"，且均使用日名。董珊先生認爲"琱氏是周原舊有族氏，其與殷墟三期進入此地的姬姓周人，不同姓，當然也不會是同族。琱氏至西周晚期尚存，基本其與西周的歷史相始終"。[２]

琱氏的青銅器，商代晚期有田⊗⊗父癸壺（《銘圖》12935）；西周早期有田作父己鼎（《銘圖》01314）、田父己爵（《銘圖》08187）、族卣（《銘圖》13257）；西周中期有周棘生簋（《銘圖》

---

[１] 李學勤：《絳縣横北村大墓與倗國》，《中國文物報》，2005 年 12 月 30 日。

[２] 董珊：《從"曾國之謎"談國、族名稱的沿革》，《古文字與古代史》第 5 輯 187—202 頁，臺北"中研院"歷史語言研究所，2017 年。

04876）、周棘生盤（《銘圖》14464）、周乑壺 2 件（《銘圖》12392、12393）、周乎卣（《銘圖》13317）、周晋盤（《銘續》0950）、周晋盉（《銘圖》14793）、佣生簋 4 件（《銘圖》05307—05310）、筆簋（《銘圖》04734）；西周晚期有珊生簋 2 件（《銘圖》05340、05341）、珊生尊（《銘圖》11816、11817）、珊生禹（《銘圖》03013）、周生豆 2 件（《銘圖》06141、06142）、周雒盨（《銘圖》05566）、周宅匜（《銘圖》14914）、珊我父簋 3 件（《銘圖》05032—05034）等。族名寫作“珊”者一般没有族徽，族名寫作“周”者一般都有族徽“田”。

與珊氏相關聯的青銅器，西周中晚期有伯百父簋（《銘圖》04778）、師㲹簋 2 件（《銘圖》05381、05382）、函皇父鼎 2 件（《銘圖》02111、02112）、函皇父簋 4 件（《銘圖》05144—05146，《銘三》0500）、函皇父盤（《銘圖》14523）、函皇父匜（《銘圖》14921）、晋司徒伯郶父鼎（《銘圖》02143）等。

從西周早期的庚嬴鼎銘文有“王格珊宫”，西周中期的即簋“（周王命即）司珊宫人”，可知周王朝在珊地修建有宫室。珊氏很可能因封於珊地而得氏。即簋出土於扶風强家村銅器窖藏，珊我父簋出土於扶風齊家村，函皇父器組出土於扶風康家村，因此西周時期珊氏的封地應該就在周原一帶。還有兩件珊生尊出土於扶風縣城關鎮五郡村，珊生禹出土於永壽縣店頭鎮好時河村。“珊生”即“珊甥”，是珊氏的外甥。扶風縣五郡村和永壽縣好時河不遠，也支持珊氏的封邑在周原範圍内之説。

周棘生簋，銘文是“周棘生作楷妘媵簋，孫孫子子永寶用，田”。周棘生盤銘文是“周棘生作楷妘媵盤，□金用［逬］邦，其孫孫子子永寶用，田”。這是周棘生爲女兒或者姊妹所作的媵器，簋銘中的“楷妘媵”與周棘生盤銘中的“楷妘”是同一位女子。“楷妘媵”這個稱謂由夫家族氏+父家的姓+女子的名組成。“楷”即文獻中的黎國，又稱作“耆”，商代諸侯國，故址在今山西黎城縣黎侯鎮附近。商末爲周文王所滅，武王克商後，封畢公之子於耆，姬姓國，金文作“楷”。周棘生諸器説明珊氏爲妘姓。函皇父諸器銘文有“函皇父作珊妘盤盉尊器，鼎簋一具”。唐蘭先生認爲這些銅器是爲珊妘作的，“珊妘”是函皇父之妻，[1]陳夢家先生也認爲“珊妘”乃是妘姓的珊氏而嫁於函皇父者，函皇父諸器皆爲妻室所作。[2]二位先生所説十分正確。按照金文中丈夫對夫人的稱謂慣例，“珊”是夫人父家的族氏，“妘”是父家的姓，也證明珊氏爲妘姓。

周宅匜銘文是“田，周宅作救姜寶匜，子孫永寶用”。銘文有“田”是族徽，説明“周宅”的“周”就是未帶“玉”旁的“珊”，是珊氏族人。“救姜”當是其夫人，姜姓救氏之女，或者名救。晋司徒伯郶父鼎銘文是“晋司徒伯郶父作周姬寶尊鼎，其萬年永寶用”。伯郶父是晋國的司徒，極有可能與晋同姓，所以“周姬”就不可能是自己的夫人，也不可能是周王族人，如是王族應稱“王

［1］　故宫博物院編：《唐蘭先生金文論集》110 頁，紫禁城出版社，1995 年。
［2］　陳夢家：《西周銅器斷代》。

姬”。這個“周姬”應是伯郘父的女兒或者姊妹。這個“周”也是未帶“玉”旁的“琱氏”。伯百父簋是西周中期之物，宋代出土於藍田白鹿原，銘文是“伯百父作周姜寶簋，用夙夕享，用祈萬壽”。而 1961 年西安市長安區馬王鎮張家坡西周銅器窖藏出土的伯百父盤、鋆一套，銘文是“伯百父作盂姬媵盤（鋆）”，説明伯百父爲姬姓，那麼伯百父簋的“周姜”就不會是伯百父的女兒，只能是其夫人。“周”也没有“玉”旁，這有兩種可能，一是周王室的“周”，一是琱氏的“周”。但是，姜姓之女嫁給周王或者王室宗族，均稱“王姜”或者“王某姜”，稱“周姜”必定是嫁於“琱氏”者。琱生諸器中的“琱生”即“琱甥”，是琱氏的外甥。他在周王册命師毀的儀式上曾擔任儐相。由琱生簋、琱生尊銘文可知，琱生是召氏的小宗，自然是姬姓。佣生簋，原名格伯簋，作器者是佣生，銘文有族徽“囮”，説明佣生是琱氏族人，既稱佣生，説明他是佣國的外甥，他的母親來自晉南的佣國。以上資料説明琱氏主要與姬、姜二姓聯姻，此外還有媿姓的佣氏。

18. 中氏

姓氏文獻記載的中氏都在戰國時期或者之後，西周金文中出現的中氏從商代晚期一直到春秋早期，與之不是一回事。“中”金文作“⻊”或“串”。商代的“中”是一個族群，西周的“中”是國名還是族氏文獻失載，青銅器銘文尚不能確定，我們暫稱“中氏”。

商代中氏青銅器，目前見到的有中爵（《銘圖》06407）、中父乙爵（《銘圖》07777）、大中祖己觚（《銘圖》09727）、中父辛爵（《銘圖》08192）、◇ 大中爵（《銘圖》08056）、中觶（《銘圖》10624）、征中祖己尊（《銘三》0983）、大中卣（《銘圖》13111）、中盉（《銘圖》14582）、中鐃 7 件（《銘圖》15851—15857）、中戈（《銘圖》16152）。

周代中氏青銅器，西周早期有中鼎（《銘圖》00279）、中婦鼎（《銘圖》00970）；西周晚期有中友父簋 2 件（《銘圖》04665、04666）、友父簋 2 件（《銘圖》04646、04647）、中友父盤（《銘圖》14443）、中友父匜（《銘圖》14928）、中義鐘 8 件（《銘圖》15130—15137）、中伯壺 2 件（《銘圖》12361、12362）、中伯簋 2 件（《銘圖》04775、04903）、中伯盨 2 件（《銘圖》05516、05517）；春秋早期有中子化盤（《銘圖》14476）等。

與中氏有關聯的青銅器有辛叔皇父簋（《銘圖》04727）、辛中姬皇母鼎 2 件（《銘圖》02173、02174）。

商代中氏的青銅器基本上都出土於殷墟墓葬，説明商代中族居住地當在殷都，服務於商王室。陳絜先生在其《試論殷墟聚落居民的族系問題》一文中認爲商代中氏“不是改姓便是妊姓”。[1]其後在《中子化盤銘文別釋》一文中確認中氏是改姓，其證據是春秋時期的莒侯少子簋銘文中有“作皇妣剴君中改祭器八簋”，陳文認爲：“它説明莒侯曾娶改姓中氏之女爲妻室。這條材料或可作爲商代中族改姓的重要依據。”[2]筆者認爲陳先生之説不可信。莒侯

[1] 陳絜：《試論殷墟聚落居民的族系問題》，《南開大學學報（哲學社會科學版）》2002 年第 6 期。
[2] 陳絜：《中子化盤銘文別釋》，《東南文化》2008 年第 5 期。

少子簋是春秋晚期之物,目前没有證據證明商代中氏延續到春秋晚期,況且莒侯少子簋銘文中的所謂"中改"實爲"仲妃"。"中(仲)"字右上部不是一横,而是泐痕,不能視爲"中氏"的"中",而是"伯仲"的"仲";所謂的"改"實際上是"妃",後世訛作"妃",即嬪妃的"妃"。除此簋之外,尚有西周早期的亞疑妃盤、春秋早期的伯離盤和戰國時期的十四年陳侯午敦。陳侯午敦銘文有"作皇妣孝大妃(妃)祭器"。"改"字左從"己"右從"女","妃"字左從"女"右從"巳",絶不相混。妃(妃)即配偶,妻子。容庚《金文編》云:"《説文》'妃,匹也'。改,女字也。二字皆己聲,一在左,一在右。妃匹之妃,當是妃之訛。"《説文・女部》:"妃,匹也。"段玉裁注:"人之配耦亦曰匹。妃本上下通稱,後人以爲貴稱耳。"《儀禮・少牢饋食禮》:"以某妃配某氏。"鄭玄注:"某妃,某妻也。"《禮記・曲禮下》:"天子之妃曰后。"孔穎達疏:"以特牲、少牢是大夫、士之禮,皆云'某妃配某氏',尊卑通稱也。"陳侯午敦的"作皇妣孝大妃(妃)祭器"是説陳侯午鑄造祖母孝太妃(也就是祖父的大夫人)的祭器。莒侯少子簋的"作皇妣𠄔君仲妃(妃)祭器"意思是鑄造祖母、𠄔君第二位夫人的祭器,都與改姓無關。商代中氏從其使用日名和族徽來看,他們肯定不會是姬姜族類,至於是什麼族姓,有待新的資料出現。

西周時期的中氏,見 1960 年陝西省扶風縣法門鎮齊家村一座西周銅器窖藏出土的中友父諸器及一組中義鐘,共 14 件,時代爲西周晚期,是同一人的器物。"義"與"友父"爲一名一字。"義"謂恩義,情誼,"友"意謂親善友愛,詞義關聯。從出土地可知西周時期中氏的居地應在周原。

中伯壺銘文是"中伯作辛姬變人媵壺,其萬年子子孫孫永寶用";中伯簋銘文是"中伯作辛姬變人寶簋,其萬年子孫寶用";中伯盨銘文是"中伯作變姬旅盨用"。這六件器物是中伯爲女兒或者姊妹所作的媵器。中伯壺、中伯簋的作器者和受器者均分別對應,中伯壺有"媵"字,而中伯簋無"媵"字。"辛姬變人"稱謂中的"辛"是其夫家的族氏,即辛國,文獻作"莘",姒姓。"姬"是中伯的姓,"變人"是女兒的名字。中伯盨的受器者"變姬"與"辛姬變人"是同一個人,只是省去了女兒夫家的族氏——辛,女兒的名字省稱"變",且放在姓之前。這幾件器物都是中伯爲女兒或者姊妹所作的媵器殆無可疑,可知西周中氏的族姓爲姬。

西周晚期的辛叔皇父簋,銘文是"辛叔皇父作中姬尊簋,子子孫孫其寶用"。銘文中没有"媵"字,女名"中姬"。"中"是其父家的族氏,"姬"是其姓,可知這位女子是中氏族人,那麼作器者就是其丈夫,是辛國公族。另外,兩件辛中姬皇母鼎,也是西周晚期之物,銘文是"辛中姬皇母作尊鼎,其子子孫孫永享于宗老"。該鼎是辛仲姬皇母以辛國夫人的身份自作器。"辛中姬皇母"是她的自稱,稱謂中用的是夫家族氏(辛)+父家族氏(中)+自己的姓+名字的方式。中氏是姬姓,皇母是其字,合起來就是辛中姬皇母,這位辛國夫人也是中氏的女子。這三件辛國青銅器也證明了中氏是姬姓。

19. 單氏

單氏是有周一代的顯赫大族,自周初到春秋時期,世爲周朝卿士,不絶於書。《路史・後紀·高辛紀》:"周之初興,大封同姓五十有三國,……召、虢、燕、陽、閻、鎦、邲、鎬、方、卭、息、隨、肜、單、縱、甯、梁、項、岑、鄶、滑、養、盛、極、鞏、穀、謝、郭、密、榮、丹、陽、楊、逢、觚、欒、甘、鱗、主、頓、鼓、肥、宮、遂、冥、麗、暴、載、岐、費、紀、胡、康、葭、解、張、隗、蔺、運、冀、潘、龐、馮、沈、賈、鄭、暆、芮、魏、焦、樊、巴、周、徐、橋、北燕、鮮虞、陽樊,皆姬國也。"秦嘉謨《世本輯補》卷七《氏姓篇》云:"單氏,周成王封少子臻於單邑,爲甸内侯,因氏焉。"《元和姓纂》云:" 單,周成王封少子臻於單邑,爲甸内侯,因氏焉。襄公、穆公、靖公,二十餘代爲周卿士。"《國語·周語》單襄公言於周定王:"今雖朝也不才,有分族於周。"韋昭注:"朝,單子之名也。有分族,王之族親也。"

2003 年 1 月陝西眉縣馬家鎮楊家村發現的銅器窖藏,出土西周青銅器 27 件,其中逨盤記錄了單氏家族世系,自單公至恭叔,連同逨總共八代,[1]時代上自商末周初,下到宣王,這說明單氏家族周初就已經存在,所謂"成王少子"受封於畿内單邑之說不可信。

楊家村銅器窖藏全部是西周晚期單氏家族之物,另外,1955 年 3 月楊家村東 600 米處(楊家村的一個自然村——李村)發現一處銅器窖藏,出土盉器 5 件,[2]1972 年 5 月楊家村西北發現一處銅器窖藏,出土一件旟鼎(又稱眉縣大鼎),[3]1985 年 8 月楊家村北又發現一處銅器窖藏,出土逨鐘等青銅器 13 件,以及陶豆、陶鬲等殘片。[4]史言在《眉縣楊家村大鼎》一文中說:"此處和過去經常出土西周銅器的李村緊緊相連,文化層堆積很厚,西周的陶鬲、陶罐、陶盆等殘片很多,係一大型周代遺址,鼎出土的地點似爲遺址的居住區。"[5]由此可知單氏的封邑就在今陝西眉縣楊家村。

單氏的青銅器,西周早期有叔鼎(《銘圖》01717);西周中期前段有盉駒尊 2 件(《銘圖》11812、11813 僅存蓋)、盉方尊(《銘圖》11814)、盉方彝 2 件(《銘圖》13546、13547);西周晚期有楊家村窖藏 27 件,其中包括單叔鬲 9 件(《銘圖》02957—02965)、單五父壺 2 件(《銘圖》12349、12350)、逨盤(《銘圖》14543)、逨盉(《銘圖》14777)等,傳世品有單伯原父鬲(《銘圖》03007)、單伯婆生鐘(《銘圖》15265)、單婆生鋪(《銘圖》06129)、單子白盨(《銘圖》05612)、單子白盤(《銘圖》14384);春秋晚期有 2012 年陝西黃陵縣阿黨鎮史家河出土的單子戈(《銘三》1380)。

與單氏相關聯的青銅器,西周中期有裘衛盉(《銘圖》14800)、應侯視工簋(《銘圖》05311)、揚簋 2 件(《銘圖》05350、05351)和戚簋(《銘續》0450)等。

[1]　陝西省考古研究所等:《陝西眉縣楊家村西周青銅器窖藏發掘簡報》,《文物》2003 年第 6 期。

[2]　李長慶、田野:《祖國歷史文物的又一次重要發現——陝西郿縣發掘出四件周代銅器》,《文物》1957 年第 4 期。

[3]　史言:《眉縣楊家村大鼎》,《文物》1972 年第 7 期。

[4]　劉懷君:《眉縣出土一批西周窖藏青銅樂器》,《文博》1987 年第 2 期。

[5]　史言:《眉縣楊家村大鼎》。

　　逑盤記述了單氏八代恪盡職守,輔佐周室,銘文曰:"丕顯朕皇高祖單公,桓桓克明哲厥德,夾詔文王武王達殷,膺受天魯命,敷有四方,竝宅厥勤疆土,用配上帝;雩朕皇高祖公叔,克逑匹成王,成受大命,方狄丕享,用奠四域萬邦;雩朕皇高祖新室仲,克幽明厥心,柔遠能邇,會詔康王,方褱不廷;雩朕皇高祖惠仲盠父,盭龢于政,有成于猷,用會昭王、穆王,盜政四方,蕞伐楚荆;雩朕皇高祖零伯,粦明厥心,不墜□服,用辟恭王、懿王;雩朕皇亞祖懿仲,諫諫克,匍保厥辟孝王、夷王,有成于周邦;雩朕皇考恭叔,穆穆趩趩,龢訇于政,明䧤于德,享辟厲王;逑肇纘朕皇祖考服,虔夙夕敬朕尸事。"另外,裘衛盉銘文有單伯與伯邑父、榮伯、定伯、琼伯等執政大臣處理裘衛與矩伯的土地交易事宜;揚簋和戚簋銘文説明西周中期的這位單伯擔任周王朝司徒之職,在周王册命揚和戚的儀式上擔任儐相。這些充分説明了單氏世代爲周王朝的執政大臣,盡心爲王室服務。現藏澳大利亞墨爾本國立維多利亞博物館的叔鼎,時代爲西周早期後段,約在康王時期,銘文是"叔作單公寶尊彝"。這位作器者"叔"就是供職於成王的公叔,單公就是逑盤中的單公,單氏的始祖。

　　關於單氏的族姓,《路史》説周之初興大封同姓之國,單爲其一,也就是説單氏與周同姓。逑盤銘文稱其始祖單公"夾紹文王、武王達殷",説明單公的受封當在武王之時,首任單公應與武王同時,所以"成王少子"受封於單之説當棄。從逑盤闡述的單氏家族與周王世系的對應關係來看,盠器中的盠就是惠仲盠父,昭穆時期人。盠的父親大中當是逑盤的新室仲,祖父益公就是公叔。盠與逑是同一個家族。駒尊銘文有"王弗忘厥舊宗小子",可知盠與周王室同姓。但是,韓巍先生認爲"盠"與"惠仲盠父"不是一個人,盠駒尊銘文稱"文祖益公",説明盠是益公的後代,益氏家族的小宗,益氏應爲姜姓。[1]筆者認爲此説不確。逑器與盠器出土於同一地點,同屬一個家族,盠器的時代屬於穆王時期,與惠仲盠父的時代下限相同。"益公"與"公叔"是同一人的不同稱謂,"益"爲溢美之詞,"公"是爵稱。"公叔"是爵稱+排行,"益公"是美稱+爵稱,如畢鮮簋的"畢鮮作皇祖益公尊簋"、嬰簋的"嬰作皇祖益公、文公、武伯,皇考恭伯蕭彝"。韓先生在論述單伯昊生殘鐘中的穆公時説:"單伯昊生應爲單逑之子,'穆公'即指單逑。'單伯昊生'的'伯'是其排行,他應是繼承單逑爲單氏宗子。"[2]韓先生的這一説法是對的,單伯昊生不可能是穆氏的後裔,只能是單氏的後裔。韓先生在論述"益公"時却與此相反,把盠對先祖的稱謂當成了生稱。筆者認爲"穆公"的"穆"和"益公"的"益",都是溢美之詞,是對過世先人的美稱,並不是生稱。不能把此"穆公"與穆公鼎、禹鼎、尹姞鬲中的穆公混爲一談,當然也不能把盠器的"益公"與益公鐘、師永盂、師道簋、申簋蓋、詢簋以及走馬休盤等中的"益公"混同起來。否則就把單氏、畢氏、益氏搞成一個家族了。

[1]　韓巍:《西周金文世族研究》;又韓巍:《眉縣盠器群的族姓、年代及相關問題》,《考古與文物》2007 年第 4 期。

[2]　韓巍:《西周金文世族研究》。

　　另外，兩個窖藏相距僅有 600 米，正如史言所説這是一處周代遺址，在此範圍內不可能成爲兩位王朝重臣的封邑。例如周公封邑在岐山縣周公廟，召公封邑在岐山縣劉家原，畢公封邑在長安區畢原，均相距甚遠，最近的周、召二公的封地直綫距離也在六公里以上。

　　既然單氏是姬姓家族，那麽應侯視工簋中的“單姬”就得有個合理的解釋。應侯視工簋蓋銘有“余用作朕王姑單姬尊簋，姑氏用錫眉壽永命，子子孫孫永寶用享”，器銘則爲“應侯作姬原母尊簋，其萬年永寶用”。器銘的姬原母與蓋銘的單姬、姑氏顯然是一個人，即應侯視工的姑母。應侯視工稱其姑母爲“王姑單姬”。“王”在此讀爲“皇”，義爲大、美。它和史伯碩父鼎“史伯碩父追孝于皇考釐仲、王母泉母尊鼎”中的王母一樣，是對長輩的尊稱、美稱。可以看出應侯視工既可稱姑母爲單姬，又可用自家的姓和姑母私名稱她爲姬原母，也可以稱她爲“姑氏”。“姬”是應國的姓，當然也就是視工姑母的姓。出嫁女子的稱謂按照一般規律是夫家族氏+父家的姓，或者是女子排行+父家的姓，如果是女子自作器，也可以是父家族氏+父家的姓。但是，該器是應侯視工作器，不是其姑母的自作器，姓前的“單”肯定不是排行，那只能有兩種可能。其一，夫家的族氏。但是上面已經證明單氏爲姬姓，在西周時期同姓不可以通婚。其二，女子的名字。名字放在姓前在金文中比較少見，但也不是孤例。如：楚王鼎“楚王媵隨仲芈加飤緐”，楚王女兒名“加”，在其姓之後，稱“芈加”；而加芈簋銘文“加芈之行簋”，名字就在姓前，稱爲“加芈”。又如曾夫人匜：“曾夫人作仲姬、辛姬盥匜。”仲姬是曾夫人的女兒，辛姬是同姓國媵女。“辛”不會是族氏，因爲從中伯作辛姬變人媵壺可知中氏爲姬姓，女兒姬變人嫁於辛氏，證明辛氏不是姬姓。所以，此處的“辛”應是媵女之名。還有季宮父簋“季宮父作仲姊孃姬媵簋”，“仲”是季宮父姐姐的排行，“姬”是自家的姓，“孃”是姐姐的私名，名字就放在姓之前。因此，我們認爲“單”是應侯視工姑母之名，不是單氏之單。

　　再從單叔鬲的“單叔作孟祁尊器”、單子白盨的“單子白作叔姜旅盨”可知，單氏與周邊的姜、祁姓的族氏有婚姻關係。

　　20. 尹氏

　　《通志·氏族略》載：“尹氏，少昊之子封於尹城，因以爲氏。子孫世爲周卿士，食采於尹。”《春秋世族譜》云：“左翼云少昊之子封于尹城，子孫世爲周卿士，尹吉甫其後也。按周之卿士無先代諸侯之裔。尹氏出自少昊亦未可據，疑亦周之同姓也。”[1]《毛詩·小雅·都人士》：“彼君子女，謂之尹吉。”箋曰：“吉，讀爲姞。尹氏、姞氏，周室婚姻之舊姓也。”《金文世族譜》也將尹氏置於姞姓譜之内。《左傳·宣公三年》石癸云：“吾聞姬、姞耦，其子孫必蕃。”

　　《國語·晉語》言周文王“詢於蔡、原，而訪於辛、尹”，韋昭注：“蔡，蔡公；原，原公；辛，辛甲；尹，尹佚。皆周太史。”“尹佚”也作“尹逸”，又稱“史佚”。梁玉繩認爲尹佚應該是西周尹

[1]　（清）陳厚耀：《春秋世族譜》，四庫全書本。

氏之祖。[1] 這應該是對的。

《中華尹氏通志》認爲尹氏的封地在蒲子城,今山西隰縣東北。蒲子縣舊址後稱蒲子村。1971 年 5 月割隰縣東北交口、石口、川口、康城 4 鄉,靈石縣回龍、雙地 2 鄉;孝義縣大麥郊、壇索、溫泉 3 鄉設立交口縣,蒲子村屬石口鄉,今名蒲依村,"依"爲"邑"之訛。筆者認爲蒲子村可能是夏商時期的尹氏城,文王時期尹氏歸周,隨後輔佐武王伐商,是西周開國功臣之一,其封邑理應在畿內,具體地望不詳。平王東遷洛邑,尹氏被遷封於宜陽縣柳泉鎮北的尹村,[2] 稱"尹邑"(今河南新安縣),屬周王朝的畿內國。一說尹氏邑在今河南新安縣東南,《中華尹氏通志》認爲其與尹村實爲一地,另一說在今洛寧縣。

《左傳》記載魯昭公二十三年,由於卷入周室王位繼承之爭,東周與尹氏在王畿內發生一場戰爭,周敬王派單穆公、劉文公兩路軍隊沿洛河兩岸進攻尹邑,被尹辛率軍擊敗。公元前 516 年,晉國卿士趙鞅大會諸侯,前往支持周敬王,隨後趙鞅與荀躒率晉軍入周,占領王城,前 503 年,尹氏敗於窮谷,尹族遂亡。

青銅器銘文有關尹氏的器物多達 30 件。西周早期有尹公爵(《銘圖》08490)、尹丞鼎 3 件(《銘圖》00675—00677)、尹丞方彝(《銘續》0886)、尹伯甗(《銘圖》03297);西周中期前段有尹姞鬲 2 件(《銘圖》03039、03040)、公姞鬲(《銘圖》03035)、次尊(《銘圖》11792)、次卣(《銘圖》11314);西周中期後段有尹仲盨 2 件(《銘續》0805、0806)、尹叔鼎(《銘圖》01740)、尹氏士吉射簋 2 件(《銘圖》04809、04810)、尹氏士叔善父壺 2 件(《銘圖》12355,《銘續》0832);西周晚期有魯侯壺(《銘圖》12205)、射壺 2 件(《銘圖》12443、12444)、宗仲盤(《銘圖》14386)、宗仲匜(《銘圖》14861)、夷伯夷簋 2 件(《銘圖》05158、05159)、蔡姞簋(《銘圖》05216)、師穎簋(《銘圖》05364)、尹氏賈良簠(《銘圖》05869);春秋早期有尹氏叔絲簋(《銘圖》05825)、尹小叔鼎(《銘圖》01655)等。

與尹氏相關聯的青銅器,如:西周中期前段的永盂(《銘圖》06230);西周中期後段的楚簋 4 件(《銘圖》05284—05287)、郘伯師耤簋(《銘圖》05294)、郘叔師察簋 2 件(《銘圖》05291、05292)、師艅簋 2 件(《銘圖》05381、05382)、嗌甗(《銘續》0615)、癲鐘 4 件(《銘圖》15593—15596);西周晚期的𩵦鼎(《銘圖》02439)、頌鼎 3 件(《銘圖》02492—02494)、頌簋 8 件(《銘圖》05390—05397)、頌壺 2 件(《銘圖》12451、12452)、頌盤(《銘圖》14540)、卌二年逨鼎 2 件(《銘圖》02501、02502)、卌三年逨鼎 9 件(《銘圖》02503—02511)、大克鼎(《銘圖》02513)、伯頌父甗(《銘圖》05344)、善夫克盨(《銘圖》05678)、十月敔簋(《銘圖》05380)、曶壺蓋(《銘圖》12446)和曶簋(《銘續》1157)等。

其中,尹丞鼎時代最早,約在西周早期前段,係尹氏族人,大概與尹佚同時。尹伯甗時代

---

[1]　梁玉繩等:《史記漢書諸表訂補十種》,中華書局,1982 年。
[2]　《中華尹氏通志》(第一分冊)(尹氏族史研究所,1998 年。

爲西周早期後段,可能是尹佚的子輩,尹氏宗子。尹公爵時代也是西周早期後段,此人稱"公",應是尹佚公卿的繼承者,也有可能與尹伯爲同一個人。從西周中期前段到西周晚期,尹氏參與周王賞賜給師永土地交付儀式,在周王册命楚、彔伯、彔叔、師毀、嘂、頌、逑、克、敔、頌、訇的儀式上宣讀王命。説明尹氏世代爲史官之長,服務於周王朝。平王東遷之後尹氏仍然在王朝中擔任要職,地位很高,直到春秋晚期。

西周中期的尹叔鼎,銘文有"尹叔作鄍姞媵鼎",是尹叔爲出嫁的女兒鄍姞所作的媵器,"鄍"是女兒夫家的族氏,"姞"是自家的姓。尹氏士吉射簋,銘文有"尹氏士吉射作廬姞媵簋",是尹氏士吉射爲其女兒廬姞所作的媵簋,"廬"是女兒夫家的族氏,"姞"是自家的姓。尹仲盨銘文爲"尹仲作姞訇旅盨,其萬年永寶用",銘文雖然没有"媵"字,從相關的銘文可以推知這是尹仲給女兒或者姊妹姞訇所作的媵器。蔡姞簋銘文有"蔡姞作皇兄尹叔尊饙彝",蔡國爲姬姓,因此蔡姞是嫁到蔡國的姞氏之女,蔡侯的夫人,"皇兄尹叔"只能是她娘家的兄長。尹姞鬲的尹姞也稱公姞,説明她的夫君是一位公卿,稱名"尹姞"由父家族氏+自家的姓組成。宗仲盤、宗仲匜是1974年1月在陝西藍田縣輞川鄉枝家灣村出土的,銘文是"宗仲作尹姞盤(匜)"。這是宗仲給夫人尹姞作的用器,"尹"是夫人父家的族氏,"姞"是夫人的姓,也就是父家的姓,這些材料都有力地證明尹氏是姞姓無疑。《春秋世族譜》作者陳厚耀懷疑尹氏爲周之同姓是錯誤的。

魯侯壺銘文有"魯侯作尹叔姬壺",魯國姬姓,"尹叔姬"是魯侯女兒或者姊妹的名字,組成方式是夫家族氏(尹)+女子排行+自己的姓。説明魯國曾嫁女給尹氏公族。從以上材料可知姞姓尹氏從西周早期一直到西周晚期,與魯國、蔡國、鄍氏、宗氏、廬氏聯姻。

21. 遣氏(趨氏)

遣氏屢見於西周青銅器銘文,寫作"趨",遣氏世代擔任周王朝公卿,在畿内有采邑,但其族源不明。

遣氏的青銅器,西周早期有遣尊2件(《銘圖》11789、《銘續》0773)、遣卣(《銘圖》13311)、遣妊爵2件(《銘圖》07407、07408)、趨止尊(《銘續》0775);西周中期有遣叔鼎(《銘圖》01598);西周晚期有遣叔吉父盨3件(《銘圖》05602—05604)、遣盅父鼎(《銘三》0223)、遣盅父盨3件(《銘圖》05564,《銘續》0466,《銘三》0531)、遣盅父鋪(《銘續》0528)、遣小子斿簋(《銘圖》04728)等。

與遣氏相關聯的青銅器,西周早期有虡鼎(《銘圖》02354)、虡簋(《銘三》0506)、昔須甗(《銘圖》03349);西周中期有冉鼎(《銘續》0227)、冉簋4件(《銘圖》05213、05214,《銘續》0443、0444)、冉盨(《銘圖》05666)、孟簋3件(《銘圖》05174—05176)、永盂(《銘圖》06230)、守鼎(《銘圖》02398)、易旁簋3件(《銘圖》05009—05011);西周晚期有柞伯鼎(《銘圖》02488)、叔駒父簋(《銘圖》04668)等。

"遣"最早出現在虡鼎、虡簋和昔須甗,虡鼎、虡簋銘文有"王令遣戴東反夷,虡肇從遣征"，昔須鼺銘文有"昔須罘遣東征，多勳功"。遣參與了征伐東夷的戰事，其時約在成王時期。遣尊、遣卣時在西周昭王時期，銘文是"唯十又三月辛卯，王在斥，錫遣采曰趑，錫貝五朋，遣對王休，用作姑寶彝"。"王在斥"還見於作册瞏尊、作册瞏卣、作册折尊、作册折卣、作册折方彝、作册折觥以及小子生尊。唐蘭先生將這批青銅器的時代定在西周昭王時期是十分正確的。[1]銘文記載周王"錫遣采曰趑"，是說周昭王賞賜給遣采邑，也就是說遣氏自此才正式得到册封，其後人便以祖先的名字作爲氏名，享受公卿待遇。既是采邑，其地當在畿内，也就是在今陝西關中地區。由穷鼎銘文"遣仲令穷總司鄭田，拜稽首，對揚遣仲休，用作朕文考釐叔尊鼎"可知，穷是遣仲的家臣。"鄭田"應是采邑的田地。"鄭"就是西鄭，地在今陝西鳳翔縣一帶。[2]那麼，遣氏的采邑有可能就在鳳翔縣境内或其附近。

穆王時期有遣仲，仍從事軍旅，曾和毛公一起征伐無需，事見孟簋。恭王時期遣仲擔任執政大臣，曾和邢伯、榮伯、尹氏、師俗父等執政大臣一同參與周王賞賜給師永土地的踏查交割儀式。以上可知遣氏家族在當時具有顯赫的地位。厲王時期的柞伯簋記載虢仲、遣氏統帥部隊征伐南國，命令柞伯圍攻昏邑。西周晚期還有遣叔吉父、遣盨父、遣姬、遣小子齤青銅器出現，但到了春秋時期，文獻和青銅器銘文中都未見到遣氏的蹤影，可能就在西周末年變亂之後，遣氏絶封了。

上海博物館和故宫博物院分别收藏的幾件遣叔吉父盨，銘文是"遣叔吉父作虢王姑旅盨，子子孫永寶用"。遣叔吉父是作器者，虢王姑是受器者。"虢王姑"應是遣氏的女子嫁於虢國者。"王"讀作"皇"，皇者，大也、美也，是一種尊稱、美稱。既稱"皇姑"就不是遣叔的女兒，應是遣叔的姊妹或者姑母。此盨雖然沒有"媵"字，但也是遣叔爲出嫁的姊妹（或姑母）所作的媵器。由此可知遣氏爲姑姓世族。衍簋銘文有"用作朕文考鄭邢季寶簋，子子孫孫其萬年永寶用，遣姑罘作"，這是一個倒裝句，本應是"遣姑罘衍用作朕文考鄭邢季寶簋，子子孫孫其萬年永寶用"，說明遣姑與衍是夫妻關係，"遣姑"稱謂的組成方式是父家族氏+自己的姓，也證明遣氏爲姑姓。

再鼎、再盨和4件再簋是一批重要的青銅器，時代在西周中期，再鼎現藏中國國家博物館，從銘文可知這是遣伯爲再所作的一組宗廟祭祀禮器。"遣伯"是遣氏的宗子，"再"是小宗。銘文中再說"朕文考其經遣伯、遣姬之德言"，意思是"我父親能遵行遣伯、遣姬夫婦的道德之教"。"遣姬"是遣伯的夫人，稱名由夫家族氏+自家的姓組成。縣改簋記縣改"乃任縣伯室"，知縣伯之妻稱爲"縣改"，名從夫氏，與本銘同例。金文中相同的例子，還見於袁盤的"鄭伯、鄭姬"、歗叔歗姬簋的"歗叔、歗姬"等。這是遣氏與姬姓聯姻的例證。

---

[1] 唐蘭：《西周青銅器銘文分代史徵》268、292—296頁，中華書局，1986年。

[2] 尹盛平：《邢國改封的原因及其與鄭邢、豐邢的關係》，《三代文明研究（一）》129頁，科學出版社，1999年。尚志儒：《鄭、棫林之故地及其源流探討》，《古文字研究》第13輯438頁，中華書局，1986年。

　　近年見到的 3 件遣盅父盨,時代爲西周晚期,其中一件銘文是"遣盅父作召姬旅盨,其萬年寶用"。這是遣盅父爲夫人所作的用器,夫人名"召姬"。召氏是西周的大族,始祖爲太保召公奭,與周同姓。

　　叔駒父簋銘文是"叔駒父作遣姬饗簋,其萬年用"。作器者叔駒父,受器女子"遣姬",其稱謂由夫家族氏+自家的姓組成,説明她來自姬姓族氏,嫁給了遣氏家族。可知叔駒父是姬姓族人。

　　早年出土的遣小子韠簋,現已不知下落,銘文是"遣小子韠與其友作魯男、王姬齍彝"。裘錫圭先生認爲"小子"是小宗之長。[1]銘文是説遣小子韠與本家族的子弟爲大宗,即宗子魯男和宗婦王姬鑄造禮器。宗婦是周王室之女,故稱"王姬"。

　　以上可知遣氏與尹氏一樣,主要與姬姓通婚,這也符合《左傳》載石癸所説的"吾聞姬、姞耦,其子孫必蕃"的説法。另外,傳世還有遣妊爵,是西周早期某代遣氏夫人的自作器,出身妊姓世族。説明遣氏與妊姓通婚。

22. 輔氏

　　輔氏是西周時期掌管鐘鼓的樂官,以職官爲氏。

　　輔氏的青銅器目前見到的只有 5 件,即輔師嫠簋(《銘圖》05337)、師嫠簋(2 件,《銘圖》05381、05382)、輔伯疟父鼎(《銘圖》02082)和輔伯戈(《銘圖》16716)。

　　輔師嫠簋,1957 年在西安市長安區五星鄉兆元坡出土,現藏中國國家博物館。該簋通高15.2、口徑 21.8 釐米。侈口束頸,鼓腹圈足,獸首雙耳下有方垂珥。頸飾分尾長鳥紋,中隔浮雕虎頭,圈足飾弦紋兩道。屬於王世民等先生分期圖譜的 I 型 3 式,時代爲西周中期,約在恭懿時期。[2]頸部所飾長鳥紋屬於陳公柔、張長壽所分的 III 型 4 式,其時代亦當在恭懿時期。[3]郭沫若將其定爲宣王時期,稍嫌過晚。這是輔師嫠接受周王册命之後所作的紀念品,銘文有周王命"更乃祖考司輔",郭沫若認爲:"'輔'當讀爲鎛,'輔師'即《周禮·春官》的'鎛師'也。"鎛師的職責主要是掌管擊鼓。[4]陳夢家也認爲"司輔"即"司鎛","輔師"即"鎛師",也就是《周禮·春官》的"鎛師"。[5]鎛師掌金奏之鼓,凡祭祀鼓其金奏之樂,饗食賓射亦如之,軍大獻則鼓其愷樂。郭、陳之説十分正確。輔氏世代是掌管鐘鼓的樂官,氏稱由祖先的職官而來。

　　兩件師嫠簋是傳世品,現藏上海博物館,一件通高 23.1、口徑 21.5 釐米,重 5.75 公斤,另

[1]　裘錫圭:《關於商代的宗族組織與貴族和平民兩個階級的初步研究》,《裘錫圭學術文集》第五卷 130—131 頁,復旦大學出版社,2012 年。

[2]　王世民、陳公柔、張長壽:《西周青銅器分期斷代研究》。

[3]　王世民、陳公柔、張長壽:《西周青銅器分期斷代研究》。

[4]　郭沫若:《輔師嫠簋考釋》,《考古學報》1958 年第 2 期 1—3、121—122 頁。

[5]　陳夢家:《西周銅器斷代》196、237 頁。

一件通高 23.1、口徑 21.3 釐米,重 5.96 公斤。敛口鼓腹,獸首雙耳,下有方垂珥,圈足下有三個獸面扁足,蓋面隆起,上有圈狀捉手。蓋上和器腹飾瓦溝紋,蓋沿和器口下飾竊曲紋,圈足飾重環紋。此種形制的圈足簋流行於西周中期後段到西周晚期,銘文有"王若曰:師毀,在昔先王小學,汝敏可使,既命汝更乃祖考司小輔,今余唯申就乃命,命汝司乃祖舊官小輔眔鼓鐘",可知此師毀與輔師毀爲同一個人。此器銘文中的"先王"即輔師毀簋的"王",也就是説師毀簋的時代比輔師毀簋要晚一代,師毀歷事兩代周王。今王重申先王的任命,命師毀更替乃祖的舊官,掌管"小輔眔鼓鐘",也就是擔任鑄師和鐘師。

但是,白川静、李學勤、王世民諸先生認爲輔師毀簋與師毀簋的作器者不是一個人。[1]筆者不同意此種説法。兩器人名、職官相同,銘文内容密切關聯,況且時代相連,若是兩人之作,實難解釋得通。兩者器形、紋飾有所差别也不奇怪。例如 21 世紀初發現的一組獻器,傳説出土於陝西關中東部。其中獻簋有兩式,一式侈口束頸,鼓腹,矮圈足,一對獸首耳,長方形垂珥,蓋上有圈形捉手,蓋沿和頸部飾雲雷紋填底的分尾鳥紋,頸部前後增飾一對浮雕獸頭,圈足飾兩道弦紋;而另一式則爲敛口鼓腹,一對獸首耳,下有垂珥,矮圈足之下連鑄三個小足,口沿下飾垂冠回首尾下卷作刀形的夔龍紋,器腹飾瓦溝紋。兩者形制、紋飾差别較大,但却是同一人的作品。類似的例子還有不少,此不贅述。我們知道在青銅器的演變過程中,器物的形制、紋飾並不會一刀切,一些早期器形、紋飾會延續到較晚階段,一些晚期流行的器形或紋飾,也可能在早期已經出現,只是没有形成潮流而已。敛口鼓腹帶蓋的圈足簋雖然流行於西周晚期,但在西周中期後段已經出現,竊曲紋和重環紋也是這樣,常見於西周晚期後段。如果"滯後"特徵和"超前"特徵出現在同一人的器物群中,就顯得不協調了。

傳世品輔伯澭父鼎,現藏故宫博物院,時代爲西周晚期,銘文是"輔伯澭父作豐孟妘媵鼎,子孫孫永寶用"。這是輔伯爲女兒所作的媵器。"輔伯"是輔氏的宗子,字澭父,"豐"是女兒夫家的族氏,即豐國,故址在今西安市長安區灃河之西,"孟"是女兒的排行,"妘"是其族姓,由此可知輔氏爲妘姓世族,與姬姓的豐國結親。輔師毀簋的出土地長安區兆元坡,當是輔氏的居地,在灃河之東,與豐國毗鄰。

23. 微氏

微氏的青銅器最早出現在北宋,大量出土是在 20 世紀 70 年代陝西扶風縣法門鎮莊白村一號西周窖藏出土微氏家族青銅器。

微氏的青銅器和與微氏相關的青銅器,西周早期有 1980 年 6 月陝西寶雞市渭濱區竹園溝 4 號西周墓出土的微仲鬲(《銘圖》02707);西周中期後段有 叀鼎(《銘圖》01988)、罞母盨

---

[1] 白川静:《金文通釋》卷三上 334—343 頁,卷三下 767—775 頁,[日本] 白鶴美術館,1966 年。李學勤:《西周青銅器研究的堅實基礎——讀〈西周青銅器分期斷代研究〉》,《文物》2000 年第 5 期。王世民、陳公柔、張長壽:《西周青銅器分期斷代研究》65 頁。

蓋(《銘圖》05512),1976 年 12 月陝西扶風縣法門鎮莊白村一號西周窖藏出土微氏家族青銅器 103 件,其中有斦(或釋折、旂)器 3 件、豐(或釋豐、登)器 6 件、牆器 3 件、微伯器 40 件(微伯鬲 5 件、微伯瘨匕 2 件、微伯瘨鋪 1 件、微瘨盆 2 件、瘨簋 8 件、瘨盨 2 件、瘨壺 4 件、瘨爵 2 件、瘨鐘 14 件),最早的是西周早期,最晚者一般定爲屬王時期。另外還有微綊鼎(《銘圖》02447)、叔㻌父簋(3 件,《銘圖》05054—05056)等。

　　微氏家族銅器的族源和族姓問題,學界爭論較大,劉士莪、尹盛平先生認爲西周微氏家族屬於商代子姓微國的後裔。微氏本來是商族的一支,族徽爲"爲(爲)",始祖是商代微國的史官,投周之後繼續擔任史官,從孫子作册斦(即折)開始族徽改爲"樣册",[1]李學勤也認爲微氏家族是商朝畿内的微、箕之微,子姓之微,[2]徐中舒、洪家義、朱鳳瀚諸先生亦從此說。[3]黃盛璋先生則認爲微氏家族源於臣屬於殷的異族微方伯。此微常見於甲骨文,稱微、微伯或微方伯。武王伐商後臣服於周。既稱"方伯",就不會是殷商微子啓的封國。[4]唐蘭、李仲操先生認爲微氏是《書·牧誓》參與伐商的八國中的微國之後。[5]韓巍先生認爲同是微子啓的後代,宋國爲子姓,微氏家族爲姚姓,其原因有可能是姬周統治者有意將殷遺民同族各支定爲不同姓的緣故。[6]此說純屬猜測,缺乏事實依據,不能令人信服。

　　筆者認爲上列各家之說都有一定道理,但是都把帶有"微"的青銅器誤爲同一族氏之物。我們知道商周時期確有幾個微國,其族人都服事於周王朝。參與伐商的八國中的微氏,伐商之前就是周人的與國,微子啓是商滅後歸周,至於原來臣屬於殷商的微方伯,亦有可能在商亡之後轉而事周。所以,目前所見的微氏銅器可能就包括這三個微氏之物。

　　周原窖藏出土的微氏銅器,應該屬於商族微子啓的後代,自然是子姓。世襲周王朝的史官,掌管威儀。宋代出土的更鼎,體呈半球形,一對立耳,三條蹄形足,形似毛公鼎,頸部僅飾一周重環紋,時代當在屬王晚期或者宣王前期,銘文是"更作微伯、妘氏庖鼎,永寶用,羊册"。"羊册"即"樣册","羊""樣"通用。從其族氏徽記可知更是周原微氏家族之人,應是微伯瘨的支子。鼎是更爲父母所作的器物,母親妘姓。1933 年陝西扶風縣法門鎮上康村西周銅器窖藏出土的函皇父諸器有"琱妘",是函皇父之妻,妘姓琱氏族人。微伯瘨之妻妘氏極有可能

[1]　尹盛平主編:《西周微氏家族青銅器群研究》,文物出版社,1992 年。
[2]　李學勤:《西周中期青銅器的重要標尺——周原莊白、强家兩處青銅器窖藏的綜合研究》,《中國國家博物館館刊》1979 年第 1 期。
[3]　徐中舒:《西周牆盤銘文箋釋》,《考古學報》1978 年第 2 期。洪家義:《牆盤銘文考釋》,《南京大學學報(哲學社會科學版)》1978 年第 1 期。朱鳳瀚:《商周家族形態研究(增訂本)》。
[4]　黃盛璋:《西周微家族窖藏同器群初步研究》,《社會科學戰線》1978 年第 3 期。
[5]　唐蘭:《略論西周微史家族窖藏銅器群的重要意義——陝西扶風新出牆盤銘文解釋》,《文物》1978 年第 3 期。李仲操:《再論牆盤年代、微宗國別——兼與黃盛璋同志商榷》,《社會科學戰線》1981 年第 1 期。
[6]　韓巍:《西周金文世族研究》。

來自瑉氏。周原微氏的采邑當在扶風縣法門鎮莊白村。

宋崇寧初商州出土的微綕鼎,時代爲西周晚期,銘文有“唯王廿又三年九月,王在宗周,王令微綕總司九陂,綕作朕皇考䚢彝尊鼎”。這是周王册命微綕“總司九陂”。“陂”即陂池、陂塘,蓄水的池塘。《書‧泰誓上》:“惟宮室臺榭陂池侈服,以殘害于爾萬姓。”孔傳:“澤障曰陂,停水曰池。”《國語‧周語下》:“陂塘汙庫,以鍾其美。”韋昭注:“畜水曰陂,塘也。”微綕的職官可能相當於《周禮‧地官》的川衡,掌管江河川流。“總司九陂”則是掌管九個陂塘。這位微綕可能與周原微氏不是同一個宗族,因爲他的職掌與史官没有任何關聯。

傳出陝西鳳翔的叔㚟父簠,時代也是西周晚期,銘文是“牧師父弟叔㚟父御于君,作微姚寶簠,其萬年子子孫孫永寶用享”。作器者叔㚟父是牧師父之弟,受器者是“微姚”,作器的緣由是“御于君”。此“君”不會是周王,臣下不能稱周王爲“君”,只能稱“王”。此“君”應是叔㚟父的宗君,宗族之長,叔㚟父是小宗。《詩‧小雅‧吉日》:“發彼小豝,殪此大兕,以御賓客,且以酌醴。”孔穎達疏:“御者,給與充用之辭。”“御于君”就是“宗君”給予叔㚟父以饋贈或者賞賜。由此可知此簠的性質不是媵器。那麼“微姚”這位女子,要麼是叔㚟父的母親,要麼是叔㚟父的夫人,是其夫人的可能性最大。依丈夫對妻子稱謂的慣例,“微姚”應是由夫人父家族氏與父家的姓組成,也就是説此微氏應是姚姓,這也與周原微氏没有淵源關係,是一支姚姓微氏。至於他是跟隨武王伐商的微國,還是殷商時期微方伯的後裔則不得而知。韓巍將其歸於微子啓的後裔是錯誤的。

陝西寶雞縣賈村公社(今寶雞市陳倉區賈村鎮)上官村出土的咢母盨蓋,時代爲西周中期後段,銘文是“咢母作微姬旅盨”。作器者是位女性,字咢母,必定是一位已婚女子,在家族中地位較高,不是宗婦,便是丈夫已經去世操持家務的主婦,但不會是未出嫁的女子。因爲未出嫁女子社會地位和經濟地位都不允許自作器或者給他人作器。因此,受器者“微姬”應該是咢母的女兒,或者是丈夫的姊妹,也有可能是丈夫的母親,自己的婆母。總之,應是丈夫家族的女性。按照兒媳爲婆母作器,一般都要帶上“厥姑”“厥文姑”之類的親屬稱謂,以表示其親屬關係,此銘文没有,説明微姬不是咢母的婆母。母親爲女兒鑄造媵器,最常見的稱謂是婿家族氏+女兒的姓,主婦爲其丈夫的姊妹作器,目前尚未見到,其稱名應該和給女兒作器相同。因此,這件盨是咢母爲女兒或者丈夫的姊妹所作的媵器。“微”是女子夫家的族氏,“姬”是女兒的姓,也就是咢母丈夫的族姓。這個與姬姓通婚的微氏是哪個微氏,有待進一步研究。

微仲鬲的時代是西周早期後段,銘文是“微仲作旅鬲”。1980年6月出土於寶雞市渭濱區竹園溝4號墓,墓主是㝬季。竹園溝是西周時期㝬國墓地,微仲的自作器出土於此墓,屬於贈賄性質,説明此微氏與㝬國有着密切關係,極有可能是姻親關係。此微氏的居地與㝬國相鄰,亦在寶雞地區,有可能就是咢母女兒所適之微氏。

此外,西周中期的衛盉(《銘圖》14800),銘文有“司徒微邑”,應是微氏族人,擔任司徒之職。此司徒受命於伯邑父、榮伯、定伯、琼伯、單伯等執政大臣，參與矩伯與裘衛土地交易事宜。此司徒當屬地方職官，地位不高。屬宣時期的散氏盤，銘文中有參與矢、散兩國土地交割儀式的微武父，是矢人有司，即矢氏的家臣，地位也不高。這兩位微氏之人從其職掌和地位來看，可能不是周原微氏，而是寶雞地區的微氏，是否如此，有待新的資料證實。

24. 姚氏

《路史·國名紀》：“姚，春秋姚子國，子姓。”《左傳·昭公二十八年》：“叔向曰：‘……吾聞之，甚美必有甚惡，是鄭穆少妃姚子之子，子貉之妹也。’”看來，春秋時期確實存在一個子姓姚國，曾與鄭國聯姻。

但是，目前所見姚國的青銅器只有兩件，均爲春秋早期之物，一件是姚季鼎（《銘續》0135），另一件是姚季壺（《銘續》0823），銘文均是“姚季滕孟姬温母飲器”。從銘文可知這是一組滕器，作器者姚季是姚氏公族，受器者“孟姬温母”應該是姚季的女兒或者姊妹，“孟”是女子的排行，“姬”是其姓，“温母”是其名字。由此可知，此姚氏是姬姓，與文獻記載的子姓姚國不是一回事。此姚或是姬姓采邑主。

25. 鄭氏

西周時期除姬姓鄭國以外還有幾個非姬姓鄭氏，金文亦寫作“奠”。

1. 鄭凡媿鼎是一件傳世品，原藏陳介祺，時代爲西周中期後段，銘文是“鄭凡媿作旅鼎，其永寶用”。這是鄭凡媿自作器，稱謂中“媿”是女子的姓，“鄭”與“凡”都是國族名，必然有一個是女子的夫家，一個是女子的父家。文獻記載凡國是姬姓，始封君爲周公的兒子。《左傳·僖公二十四年》云：“凡、蔣、邢、茅、胙、祭，周公之胤也。”西周中期的詢簋銘文有“用作文祖乙伯、凡姬尊簋”也證明凡國爲姬姓。那麼，鄭凡媿稱謂的組成方式應該是父家族氏（鄭）+夫家族氏（凡）+父家的姓（媿）。由此可知，此鄭凡媿是鄭氏之女嫁到凡國，鄭的族姓爲媿。這個“鄭”就是媿姓鄭氏。

2. 袁鼎、袁盤的時代爲西周晚期，銘文記載袁在周王二十八年五月，在康穆宮接受册命的事情，受命後袁行叩拜大禮，稱揚並感謝周王的册命和豐厚的賞賜，於是鑄造了祭祀父母的禮器。盤銘稱父母爲“鄭伯、鄭姬”，鼎銘稱“鄭伯、姬”。“鄭姬”與“姬”均指袁的母親，很明顯其母爲姬姓。一般情況下被祭祀對象姓前之字，不是謚號便是族氏。查《逸周書·謚法解》謚號並沒有“鄭”，所以此“鄭”應是族氏名。西周時期同姓不婚，所以“鄭姬”的“鄭”不可能是姬姓國，而應是丈夫所屬的非姬姓鄭氏，也就是說袁的鄭氏極有可能是媿姓。

3. 矢王簋蓋，1974年陝西寶雞市陳倉區賈村鎮上官村出土，時代是西周中期後段，銘文是“矢王作鄭姜尊簋，子子孫孫其萬年永寶用”。此銘文有兩解，一是矢王爲其女兒或者姊妹作器；另一種可能是矢王爲其夫人作器。如果是矢王爲女兒（或者姊妹）所作的滕器，那麼矢國就是姜姓。但矢國已由 2015 年 10 月湖北棗陽市郭家廟墓地曹門灣墓區 M43 出土的矢叔鼹父匜銘文證明爲姬姓，故此設想不能成立。那就只能是矢王爲其夫人作器了。那麼這個"鄭"就是"鄭姜"的父家，也就是此"鄭"爲姜姓。矢王簋的時代爲西周中期，此時姬姓鄭國尚未誕生（詳見鄭國篇），所以也只能是一個姜姓鄭氏。

4. 衿簋是近年發現的重要流散青銅器，目前見到的共 3 件（1 件失蓋），其中一件 2004 年入藏中國國家博物館。通高 19.9、口徑 19.3 釐米。體較低矮，侈口束頸，下腹外鼓，一對獸首耳，下有方形短珥，蓋面隆起，上有圈狀捉手，圈足下連鑄三條矮足。蓋沿及頸部均飾兩對垂冠回首夔龍紋，以雲雷紋填地。與康簋的形制、紋飾相同。這種垂冠回首的夔龍紋見於段簋、鮮簋、仲伐父甗，它和垂冠回首的鳥紋一樣，這種紋飾出現於西周早期後段，流行於西周中期的恭懿時期。段簋、鮮簋的時代被定爲西周中期後段的恭王時期。所以，將衿簋的時代定爲西周恭懿時期是比較合適的。銘文内容是某年正月初吉丁亥日，周王在宗周大室册命衿，賜給衿鸞旂，命其"邑于鄭"，負責鄭地的訊訟，並可取得五鋝的俸祿。"邑于鄭"猶言以鄭地爲封邑。銘文中衿稱其祖父爲"豐仲"，説明衿原是豐氏，此次被封於鄭，就獲得新的氏稱"鄭氏"，但其族姓應與祖父豐仲一樣。我們知道豐也有兩個，一個是姬姓豐國。《漢書·古今人表》載："酆侯，文王子。"《世本·氏姓篇》載："酆氏，文王第十七子酆侯之後。"姬姓豐故址在周都豐京附近。另一個是姞姓豐國，見於室叔簋（《銘圖》05207），時代爲西周晚期，銘文是"唯王五月，辰在丙戌，室叔作豐姞慈旅簋，豐姞慈用夙夜享孝于諴公，于室叔朋友，茲簋獻皀。亦壽人。子孫其永寶用"。這是室叔爲豐姞慈所作的用器。"豐姞慈用夙夜享孝于諴公，于室叔朋友"，説明"豐姞慈"不是室叔的女兒，應是他的夫人。夫人才能享孝室叔的諴公和朋友。"豐姞慈"的稱謂由父家的族氏＋父家的姓＋女子的名字組成，所以此豐國應是姞姓，也就是説衿的封邑鄭也應是姞姓。

鄭是封邑，其地當處西周王畿之内，三年瘨壺、大簋、康簋、免尊、懋尊皆有"王在鄭"，旂簋有"王格鄭宫"。《竹書紀年》云："穆王以下都于西鄭。"即此。尹盛平先生認爲西周時期的鄭在今陝西鳳翔、寶雞一帶，[1]尚志儒先生則認爲西鄭在今鳳翔縣東田家莊鎮的西勸讀村，[2]不管怎麼説，西周時期的鄭氏封邑在今鳳翔縣境内是可信的。

5. 另外，還有鄭伯筍父鬲，時代爲西周晚期，銘文是"鄭伯筍父作叔姬尊鬲，其萬年子子孫孫永寶用"。此銘文也有兩解：一是鄭伯筍父爲其夫人作器，那麼叔姬來自姬姓族氏，此鄭則是非姬姓；二是鄭伯筍父爲其女兒或者姊妹作器，性質是媵器，那麼此鄭就是姬姓。考慮到鄭伯筍父鬲和鄭伯筍父甗的時代雖是西周晚期，但還晚不到宣王時期，同時銘文中並沒有

---

[1]　尹盛平：《邢國改封的原因及其與鄭邢、豐邢的關係》，《三代文明研究（一）》129 頁，科學出版社，1999 年。

[2]　尚志儒：《鄭、棫林之故地及其源流探討》，《古文字研究》第 13 輯 438 頁，中華書局，1986 年。

"媵"字,按一般銘文格式,這應是鄭伯筍父爲姬姓夫人作器,很有可能此鄭非姬姓,但是媿姓、姜姓還是姞姓不得而知。

以上非姬姓鄭存在有三:一是鄭凡媿鼎和袞鼎、袞盤銘文中的鄭,應是媿姓;二是矢王簋蓋中的鄭,應是姜姓;三是斨簋中的鄭是豐仲之孫所封,應爲姞姓。三者都出現在西周中期,媿姓鄭延續到西周晚期,這種現象如何解釋有待進一步研究。

26. 鄭邢氏(鄭井氏)

井(邢)氏不但有封於今邢臺市的邢國,還有留在王室服務,擔任王官卿士者,食邑於畿內,食邑稱爲邢邑。到了西周中期,人丁興旺,出現多個分支,故有邢伯、邢叔、邢季等稱謂。由於有的族人也在王朝任職,獲得新的封邑,於是又出現鄭邢、豐邢、咸邢等稱謂。

鄭邢氏是封邑在鄭地的族人。"鄭"是一個大地名。西周時期的大簋、免尊、免卣、癲壺都有"王在鄭",旟伯簋有"王格鄭宮"。《竹書紀年》亦云:"穆王以下都于西鄭。"説明其地西周時期建有鄭宮,西周中期周王常來此地駐蹕,並在鄭宮册命朝臣。同時把許多大臣的采邑也分封在鄭地,除鄭井(邢)氏之外,還有鄭虢氏(見鄭虢仲簋)、鄭羌氏(見鄭羌伯鼎)、鄭義氏(見鄭義伯盨、鄭義羌父盨)、鄭登氏(見鄭登伯鼎、鄭登叔盨)、鄭噩氏(見鄭噩叔之子寶登鼎)、鄭鑄氏(見鄭鑄友父鬲)、鄭楙氏(見鄭楙叔賓父壺)等等,西周中期前段的斨簋(《銘圖》05258)就有"唯正月初吉丁丑,昧爽,王在宗周,格大室,祭叔右斨即立中廷,作册尹册命斨,賜鑾,令邑于鄭"的記載,這就是鄭井(邢)氏。鄭邢氏的封邑在今寶雞市鳳翔區(原鳳翔縣)境內。[1]

鄭邢氏的青銅器,西周中期後段有鄭邢叔康盨(2件,《銘圖》05592、05593)、康鼎(《銘圖》02440)、鄭邢叔槐鼎(2件,《銘續》0175,《銘三》0251)、槐簋(2件,《銘續》0453、0454)、衍簋(《銘續》0455);西周晚期有鄭邢伯山父簋(《銘三》0445)、鄭邢伯大父盨(2件,《銘三》0529、0530)、鄭邢伯夆父甗(《銘圖》03333)、鄭邢伯大父盨(2件,《銘三》0065、0343)、鄭邢叔歡父鬲(2件,《銘圖》02809、02810)、鄭邢叔甗(《銘圖》03320)、鄭邢叔鐘(2件,《銘圖》15138、15139)、叔冉父盨(4件,《銘續》0468—0470,《銘三》0783)、鄭邢子伯良父簋(《銘續》0487)、鄭邢姜匜(《銘續》0986)、鄭邢小子傳鼎(《銘三》0231)、鄭邢伯小子傳匜(《銘三》1251)等。

由以上青銅器可知,鄭邢氏又繁衍出鄭邢伯、鄭邢叔、鄭邢季(見於衍簋)三個分支,可能還有鄭邢仲一支(只是尚未見有青銅器出土)。其中的衍簋和槐簋相傳出土於晉南某地。上面已經講過,鄭邢氏的采邑在今陝西寶雞市鳳翔區境內,那麼作爲鄭邢氏的衍和槐的器物怎麼會出土於晉南呢? 這有兩種可能,一是西周末年平王東遷時鄭邢氏衍和槐的後代也隨之

---

[1]　尹盛平:《邢國改封的原因及其與鄭邢、豐邢的關係》,《三代文明研究(一)》129頁,科學出版社,1999年。尚志儒:《鄭、棫林之故地及其源流探討》,《古文字研究》第13輯438頁,中華書局,1986年。

東遷到今山西晉南地區,故將這些祖上的禮器也攜帶到了新的住地;另一種可能就是鄭邢氏在西周中期後段又有一支(或許就是衍)的采邑被安置在晉南。衍簋銘文中"錫汝田于盇于小水"就是周王賜給衍的采地,但他們仍然保留了祖先的複合氏稱,把鄭邢氏的稱號帶到了新的居地。我傾向於第二種可能。

27. 鄭虢氏

虢氏是周人祖先古公亶父的後裔,王季之子,武王滅商之後,虢叔封於西虢,虢仲封於東虢,其後又有在王朝擔任卿士者,便在畿內享有采邑。采邑在鄭地者,稱鄭虢,采邑在城地者,稱城虢。"鄭虢"的"鄭"是封邑所在地,"虢"是原來的氏稱,故稱"鄭虢"。鄭虢地在今寶雞市鳳翔區境內。

鄭虢氏的青銅器,時代均爲西周晚期,主要有鄭虢仲簋(3 件,《銘圖》04995—04997)、鄭虢仲悆鼎(《銘圖》02171)、鄭虢叔安鼎(《銘續》0160)、鄭虢叔安簋(2 件,《銘續》0386、0387)。

由以上銘文可知鄭虢氏又有仲、叔等分支。

28. 鄭鑄氏

《呂氏春秋·慎大》載:"武王勝殷,入殷,未下輿,命封黃帝之後於鑄,封帝堯之後於黎,封帝舜之後於陳;下輿,命封夏后之後於杞,立成湯之後於宋,以奉桑林。"鑄氏爲妊姓,國都故址在今山東肥城市。

傳世青銅器有鄭鑄友父鬲(《銘圖》02925),時代爲西周晚期,銘文是"鄭鑄友父作季姜旅鬲,其子子孫孫寶用"。説明在西周晚期鑄國有人在王朝擔任卿士,其食邑就在鄭地,即今寶雞市鳳翔區。

29. 鄭棶氏

傳世青銅器有鄭棶叔賓父壺(《銘圖》12302),時代爲西周晚期,銘文是"鄭棶叔賓父作醴壺,子子孫孫永寶用"。銘文説明西周晚期棶氏有人在王朝任職,在鄭地享有采邑,故有鄭棶氏之稱。棶氏,文獻失載,據齊侯盤(《銘圖》14463)、齊侯匜(《銘圖》14944)銘文可知與周同姓。齊侯盤銘文是"齊侯作棶姬寶盤,其萬年,子子孫孫永保用"。這是齊侯爲夫人棶姬所作的用器,夫人名"棶姬"是父家族氏與父家的姓組成,故棶氏爲姬姓。棶大叔盨鋪(《銘三》0611)銘文是"棶大叔盨作雷叔姜寶鋪,其萬年眉壽無疆,子子孫孫永保用享"。説明棶氏與姜姓聯姻。

30. 豐邢氏

在"鄭邢氏"一節中我們已經講過,在王朝任職的邢氏又有分支獲得新的采邑,在鄭地者稱爲"鄭邢",在咸地者稱爲"咸邢",在豐地者稱爲"豐邢"。

豐邢氏的青銅器有豐邢叔簋(《銘圖》04879)和犀甗(《銘圖》03322)。豐邢叔簋的時代也是西周晚期,銘文是"豐井(邢)叔作伯姬尊簋,其萬年子子孫孫永寶用"。這是豐邢叔爲其出嫁的姊妹"伯姬"所作的媵器,只是銘文中没有"媵"字而已。犀甗銘文之後有"豐井(邢)"

2 字,表明犀是豐邢氏人。"豐"的地望應在文王都城豐邑附近,即今西安市長安區灃河西岸。1985 年西安市長安區馬王鎮張家坡出土邢鼎、邢叔鼎、邢叔飲壺、邢叔方彝、邢叔釆鐘的幾座墓,地處豐邑範圍之内,這裏應是擔任王朝卿士邢氏的最早采邑所在,故只稱"邢",其後的分支有封於鄭地者,有封咸地者,故將原來的族氏"邢"改稱"豐邢"。

31. 咸邢氏

傳世的趞觶(《銘圖》10659),也稱趞尊、趞簋,時代爲西周中期前段,銘文有"王在周,格太室,咸丼(邢)叔入右趞,王呼内史册命趞:更厥祖考服,賜趞織衣、緇韍、冋衡、旂"。陳夢家先生認爲"咸邢叔"即"鄭邢叔",[1]而《商周青銅器銘文選》和《長安張家坡西周井叔墓發掘簡報》却認爲:"至於趞觶的咸井叔,咸字似屬上讀,自成一句,則此右者井叔當即免毁、免尊之井叔。"[2]徐良高先生在其《邢、鄭井、豐井芻議》一文中也贊同此說。[3]筆者認爲以上兩說均不妥。

我認爲把"咸丼(邢)叔"讀爲"咸,丼(邢)叔"不可取。咸同既,畢也,終結也。漢揚雄《法言·重黎》:"或問:六國並,其已久矣,一病一瘵,迄始皇三載而咸,時、激、地、保,人事乎?"于省吾《雙劍誃諸子新證·法言新證》也說:"咸,猶畢也……言至始皇三載而畢也。"金文中"咸"的用例很多,如:德鼎的"唯三月王在成周,征武裸自郊,咸,王賜德貝廿朋",作册般甗的"王宜夷方無攼,咸,王賞作册般貝",史懋壺的"唯八月既死霸戊寅,王在莃京溼宫,親令史懋路筮,咸。王呼伊伯賜懋貝",班簋的"唯八月初吉,在宗周,甲戌,王令毛伯更虢城公服,屏王位,作四方極,秉繇、蜀、巢,令錫鈴、勒,咸。王令毛公以邦冢君、徒馭、或人伐東國痟戎,咸。王令吴伯曰:以乃師左比毛父"。上述四器的"咸",都是表示叙述同一個人做幾件事情,當完成一件事情之後,便用一個"咸"表示這件事情的終結,然後再叙述第二件事情,"咸"起着承上啓下的作用。趞觶的"王才周,各大室",只說王來到大室,還没有册命趞,怎麼就可以說"咸"(完畢或者結束)呢?所以,此說不合語例,文法不通。我意"咸丼(邢)叔"三字應連讀,是人名。"咸丼(邢)叔"是居於"咸"地的丼(邢)氏,與鄭丼(邢)無涉。金文中有豐(丼)邢叔簋,還有同出的犀甗,銘末署有"豐丼(邢)",可證鄭丼(邢)、豐丼(邢)和咸丼(邢)同爲丼(邢)氏,但采邑所在地不同,分別是鄭、豐、咸。

咸地在哪裏?商代晚期有咸爵、咸父乙簋、咸姝癸尊,其中的"咸"就是族氏名,商周時期族氏名也就是地名。雖然上述三件咸器不知出土地點,不能確定與咸丼(邢)叔的"咸"是否爲一地,但咸邢叔的"咸",既是采邑,應當就在西周王畿之内。《山海經·北山經》記載:"又

---

[1]　陳夢家:《西周銅器斷代》180 頁。

[2]　馬承源主編:《商周青銅器銘文選》,文物出版社,1990 年。中國社會科學院考古研究所灃西發掘隊:《長安張家坡西周井叔墓發掘簡報》,《考古》1986 年第 1 期。

[3]　徐良高:《邢、鄭井、豐井芻議》,《三代文明研究(一)》,科學出版社,1999 年。

東北七十里曰咸山,其上多玉,其下多銅,是多松栢,草多㠀草,條菅之水出焉,而西南流,注於長澤,其中多器酸,三歲一成,食之已癘。"長澤,即今山西運城市的鹽池。《水經注》:"涑水西南逕監鹽縣故城,城南有鹽池,上承鹽水。水出東南薄山,西北流逕巫咸山北。《地理志》曰:'山在安邑縣南。'"《水經注》所説的巫咸山,也就是《山海經》所説的咸山,又名覆奥山、瑶臺山,在今夏縣東南,山麓有巫咸祠、巫咸墓。咸山實際上就是中條山東端。咸丼(邢)氏的封邑有可能就在今山西夏縣、運城一帶。

32. 城虢氏

傳世青銅器有城虢仲簋(《銘圖》04375)和城虢遣生簋(《銘圖》04761),都是西周晚期之物,出土地不明。兩器器主均是城虢氏,應和鄭虢氏一樣,其先出於擔任王朝卿士的虢氏。鄭虢氏的采邑在鄭地,城虢氏的采邑當是城地。"城"的地望待考。

33. 歸氏

歸氏文獻未載。西周青銅器銘文有歸氏。

1981年冬,西安市長安區斗門鎮花園村17號西周墓出土歸爵(《銘圖》08476)、歸妃甗(《銘圖》03307)、歸妃壺(《銘圖》12256)、歸妃進飲壺(《銘圖》10860)、歸妃進鼎(3件,《銘圖》02337—02339);傳世青銅器,西周早期有歸鼎(《銘圖》01860);西周中期有歸鼎(《銘圖》01534)、歸叔山父簋(3件,《銘圖》04687—04689)。

歸妃進鼎銘文爲"唯八月辰在乙亥,王在莽京,王易歸妃進金,肄奉對揚王休,用作父辛寶薦,亞束"。銘文記載某年八月乙亥這天,周王在京賞賜歸妃進青銅之事。歸氏的青銅器銘文中使用日名,且有族徽"亞束",應是服務於周王朝的殷商貴族。花園村位於鎬京遺址範圍内,表明這個歸氏居住在宗周。

歸叔山父簋是1960年春陝西扶風縣法門鎮召陳村一座西周銅器窖藏出土,同坑出土有散伯車父鼎4件、散車父壺2件。歸叔山父簋的時代爲西周晚期,銘文是"歸叔山父作疊姬尊簋,其永寶用"。這是歸叔山父爲夫人疊姬所作之器,夫人爲姬姓。至於歸叔山父與散氏是什麼關係,爲何歸叔山父給疊姬所作的器物能到散氏家中尚不清楚。

2019年11月完稿

兩周金文所見諸侯國及族氏考

（其他篇）

1. 燕國（北燕國）

《史記·燕召公世家》載:"召公奭與周同姓,姓姬氏。周武王之滅紂,封召公於北燕。"司馬貞索隱:"後武王封之北燕,在今幽州薊縣故城是也。"始封君是召公奭,召公留在宗周輔佐成王,由長子克就封,故址在今北京市房山區琉璃河童家林,約在公元前 7 世紀,燕國兼併薊國,並以薊城爲都,故址在今北京市區西南部廣安門附近。戰國時期燕國勢力強盛,成爲七雄之一,燕昭王(前 311—前 279 年)又在今河北易縣營建武陽城,稱爲燕下都,形成了薊城、中都和下都武陽城"三都"體制。燕王喜三十三年(前 222 年)被秦國所滅。

燕都遺址位於北京市房山區琉璃河鎮,主要包括古城址、墓葬區、居住址三部分。東西長約 3.5 千米,南北寬約 1.5 千米,面積爲 5.25 平方千米。古城址位於遺址中部的董家林村,平面約爲東西向長方形,地面尚存北城牆和東西城牆的北半部,北牆長 829 米,東西牆北段尚存約 300 米,城的南北寬 700 餘米,城牆用黃土夯築而成,寬 10 米左右,殘高 1 米多,厚 5 釐米。在東、西、北三面城牆外,有寬深各 2 米多的護城河。宮殿區位於城內中部偏北,已知有六處夯土臺基,爲大型建築基址。墓葬區位於城東南部,以黃土坡村最爲集中,墓葬分爲大、中、小三型,大型墓多有兩條墓道。居住區位於城內及西部,有房屋、窖穴、灰坑、水井等遺存。1988 年被國務院公布爲全國重點文物保護單位。

燕下都位於易縣城東南 12 華里處,界於北易水和中易水之間,故均呈不規則長方形,東西長 8 公里,南北寬 4—6 公里,總面積 40 餘平方公里,城址中部有一道隔牆,將城分爲東、西二城。東城分爲宮殿區、手工業作坊區、居民區、墓葬區、古河道區五個部分。宮殿區在城址東北部,有 3 組建築群組成。大型主體建築武陽臺,坐落在宮殿區中心,東西最長處 140 米,南北最寬處 110 米,在燕下都夯土建築基址中,規模最爲宏大。武陽臺以北有望景臺、張公臺和老姆臺,坐落在一條中軸綫上。在武陽臺的東北、東南和西南,還有 3 組大型宮殿建築群遺存。手工業作坊區圍繞着宮殿區,墓葬區設在東城的西北部。西城區是爲加強東城區的安全而設的防禦性附城。1961 年燕下都被國務院公布爲第一批全國重點文物保護單位。

另外,還有一個南燕國,據說爲黃帝的後代伯儵所建,故址在今河南省延津縣東北,史書爲與薊地燕國相區別,稱作南燕。此燕國爲姞姓。《左傳》記載隱公五年衛人以燕師伐鄭,桓公十二年公會宋公、燕人盟於穀丘,十三年公會紀侯、鄭伯及齊侯、宋公、衛侯、燕人戰,齊師、宋師、衛師、燕師敗績,十八年王子克奔燕,莊公十九年衛師、燕師伐周,二十年鄭伯執燕伯仲父,以其伐周之故,宣公三年鄭文公有賤妾名燕姞,所説的都是南燕。後來南燕亡國。南燕國的青銅器至今尚未見到。

　　燕,金文作"匽"。北燕的青銅器,出土和傳世的都很多。西周早期有 1981—1983 年北京房山區琉璃河鎮琉璃河村燕國墓地,以及 2010 年山西翼城縣隆化鎮大河口西周墓地 M1 出土的燕國青銅器。主要包括大保鼎(《銘圖》13831)、大保盉(《銘圖》14789)、圉鼎(《銘圖》02019)、堇鼎(《銘圖》02290)、憲鼎(《銘圖》02386)、伯矩鬲(《銘圖》02908)、復尊(《銘圖》11770)、亞盉(《銘圖》14763)、燕侯旨鼎(2 件,《銘圖》01716、02203)、燕侯旨尊 2 件(待著録)、燕侯旨卣(《銘續》0874)、燕侯戈(《銘圖》16389)、燕侯戟(3 件,《銘圖》16595—16597)、燕侯盾泡(《銘圖》18482)、燕侯舞泡(《銘圖》18483)、燕侯舞錫泡 5 件(《銘圖》18484—18488)等。傳世品有世燕侯簋 2 件(《銘圖》04440,《銘續》0322)、燕侯盂 3 件(《銘圖》06207—06209)。西周中期有燕伯鼎(《銘續》0087);西周晚期有燕伯聖匜(《銘圖》14885)和燕子盨(《銘三》0534)。

　　春秋時期有燕公匜(《銘圖》14918)、燕車書(《銘圖》19015);戰國時期有燕侯載簋(《銘圖》05127)、燕王職壺(《銘圖》12406),以及燕王戈、燕王右庫戈、燕侯右宮戈、燕侯脮戈 2 件、燕侯載戈 6 件、燕侯職戈 5 件、燕王職戈 25 件、燕王詈戈 18 件、燕王喜戈 15 件、燕王噲戈、燕王戎人戈 9 件、燕王矛、燕右軍矛、燕王右、燕王桓矛、燕侯載矛、燕侯職矛、燕王職矛 17 件、燕王喜矛 13 件、燕王詈矛 4 件、燕王戎人矛 10 件,燕王喜鈹 4 件、燕王喜劍 11 件、燕王職劍 4 件等。

　　山東濟南市博物館收藏的燕侯簋,銘文是"燕侯作姬承尊彝"。作器者燕侯與受器者姬承應是父女關係或兄妹關係。燕侯給姬承作器,雖然没有"媵"字,也説明這是一件媵器,就是燕侯給出嫁後的姬承所作的用器,也是要送到姬承的夫家,所以和媵器的性質相當。臺北震榮堂收藏的一件燕侯簋銘文有"燕侯作姬娭",也説明姬娭是燕侯的女兒或者二人是兄妹關係。另外,2020 年山西運城市垣曲縣英言鎮北白鵝村西周晚期墓出土的虢季甗,銘文是"虢季爲匽(燕)姬媵甗,永寶用享"。這是虢季爲燕姬所作的媵器。我們知道虢國是姬姓,所以燕姬就不可能是虢季的女兒,聯繫到該墓地還出土有燕太子簋、太保燕仲盨等燕國的器物,説明此燕姬是北燕國女子。這件甗應該是虢季給同姓的燕國宗女出嫁所作的媵器。女子的稱謂由父家國氏+父家的姓組成,這是女性稱謂中他稱的一種方式。以上三件青銅器可證北燕國爲姬姓族氏。

　　2010 年山西翼城縣隆化鎮大河口 M1 出土的燕侯旨卣,銘文是"燕侯旨作姑妹寶尊彝"。同墓出土還有兩件旨爵,銘文是"旨作父辛爵",説明該墓是西周早期霸伯夫人的墓葬,也就是燕侯旨的姑妹,她把燕侯旨給父親所作的兩件祭器也帶到了夫家,死後埋在了自己的墓葬。“姑妹”一詞如何理解，一種可能就是其姑名叫“妹”，或者她的年齡小於燕侯旨，是燕侯旨的小姑，故稱姑妹。日本京都泉屋博古館收藏的燕侯旨鼎，銘文是“燕侯旨初見事于宗周，王賞旨貝廿朋，用作有姒寶尊彝”。記載燕侯旨向周天子述職，周王賞給旨貝幣二十朋，於是爲“有姒”鑄造了這件鼎。燕國姬姓，所以“有姒”應是燕侯旨的夫人，説明燕國與姒姓國族通婚。

2. 邢國

邢國是商周時的諸侯國，殷商時期稱爲“井”或“井方”。[1]《史記·殷本紀》“祖乙遷於邢”，歷祖辛、沃甲、祖丁至南庚 129 年。武丁時期，井伯之女婦妌嫁於武丁爲后，井地成爲井伯世襲封地，爲商朝的肘腋之國，是商國北部屏藩，也是有權參與商代先王祭祀典禮的少數方國之一。著名的司母戊大方鼎就是婦妌之子爲祭祀母親鑄造的祭器。商紂時期邢侯是三公之一，因忠諫被殺。《史記·項羽本紀》正義引《帝王世紀》説：“邢侯爲紂三公，以忠諫被誅。”河北邢臺市東先賢遺址是“祖乙遷邢”之邢墟，已被國務院公布爲第六批全國重點文物保護單位。

武王滅商後改封周公之子於此，亦稱邢侯。《左傳·僖公二十四年》：“凡、蔣、邢、茅、胙、祭，周公之胤也。”唐杜牧《樊川集》有《唐故歙州刺史邢君墓誌銘》：“周公次子静淵，封爲邢侯。”《路史·後紀》有相同記載，但無“次”字，《通志·氏族略》則作“第四子”。邢國初封於漢之平皋縣，即今河南温縣東，後遷河北邢臺，春秋僖公元年（前 659 年）爲避狄患遷於夷儀，在今山東聊城市東南，並與齊國結爲盟國。後邢、衛交惡，僖公二十五年（前 635 年）衛國進攻邢國都城，禮至（即師率比）兄弟劫持邢國太子，邢國君民束手無策，最終導致城破國亡。《後漢書·郡國志》：“平皋有邢丘，故邢國，周公子所封。”

周公子静淵雖封於邢國，其家族仍有人留仕王朝，在畿内還有采邑。據散氏盤可知其采邑當在今陝西寶雞市渭濱區境内，稱丼（邢）邑。寶雞茹家莊西周墓的墓主𢎭伯的夫人名丼（邢）姬，就是來自這個丼（邢）邑。

邢國的青銅器以及與邢國有關聯的青銅器，西周早期有麥鼎（《銘圖》02323）、麥尊（《銘圖》11820）、麥方彝（《銘圖》13541）、麥盉（《銘圖》14785）、榮簋（《銘圖》05274）；西周中期有臣諫簋（《銘圖》05288）；西周晚期有𢀒侯簋蓋（《銘圖》04639）、邢姜太宰巳簋（《銘圖》04852）。

畿内封邑的青銅器或者與邢氏有關聯的青銅器相當多，西周中期有邢伯甗（《銘圖》03253）、召簋（2 件，《銘圖》05230，《銘續》0446）、卲簋（3 件，《銘三》0514—0516）、師大簋（《銘續》0447）、豆閉簋（《銘圖》05326）、利鼎（《銘圖》02452）、七年趞曹鼎（《銘圖》02433）、

---

[1] 羅振玉：《殷虚書契後編》，民國五年影印本。

師奎父鼎（《銘圖》02476）、師毛父簋（《銘圖》05212）、救簋蓋（《銘圖》05278）、走簋（《銘圖》05329）、師瘨簋蓋（《銘圖》05338）、師虎簋（《銘圖》05371）、永盂（《銘圖》06230）、長由盉（《銘圖》14796）、五祀衛鼎（《銘圖》02497）、邢叔鼎（《銘圖》01078）、邢叔方彝（《銘圖》13521）、邢叔釆鐘（2件，《銘圖》15290、15291）、邢叔飲壺（《銘圖》10859）、邢叔姖壺（《銘圖》12375）、霸伯簋（3件，《銘圖》05220，《銘三》0510、0511）、免簋（《銘圖》05268）、免尊（《銘圖》11805）、免卣（《銘圖》13330）、山西垣曲出土的奪簋（4件，待著録）、弭叔師察簋（2件，《銘圖》05291、05292）、伯狋父鬲（《銘圖》02830）、晉鼎（《銘圖》02515）、晉簋（《銘三》0522）、晉壺蓋（《銘圖》12446）、邢南伯簋（《銘圖》05103）、㝬鼎（《銘圖》01536）、㝬伯鼎（4件，《銘圖》01734、01736、02269、02270）、㝬伯甗（《銘圖》03293）、㝬伯尊（《銘圖》11685）、邢季夐鼎（《銘圖》01602）、邢季夐尊（《銘圖》11603）、邢季夐卣（《銘圖》13102）；西周晚期有邢公簋（2件，《銘圖》04784、04875）、伯䢼父鼎（《銘圖》02028）、仲生父鬲（《銘圖》03005）、莓伯簋（《銘圖》04591）、邢弟叔安父簋（《銘圖》04762）、伯田父簋（《銘圖》04762）、叔男父匜（《銘圖》14983）、邢人妄鐘（3件，《銘圖》15320—15322）、邢仲㠠道子聖簋（《銘三》0508）；春秋早期有邢皇姬壺（《銘三》1038）。

榮簋，又名邢侯簋，早年出土，現藏大英博物館。銘文有"作周公彝"，證明邢侯確爲周公子。麥尊銘文有"王令辟邢侯出亳，侯于邢"，是説周王命出祂嗣任邢侯。臣諫簋記載戎侵伐邢國，到達軝地，邢侯率兵與戎搏鬥，命令臣諫率領亞旅駐守於軝。

邢姜太宰巳簋銘文是"邢姜太宰巳鑄其寶簋，子子孫孫永寶用享"。這是一位邢侯夫人的太宰的自作器。太宰稱夫人爲"邢姜"，説明這位邢侯的夫人來自姜姓族氏，亦説明邢姜的寢宮設有太宰之職。

召簋、卲簋、救簋、師大簋、豆閉簋、師瘨簋、師虎簋、利鼎、七年趞曹鼎、師奎父鼎、師毛父簋和走簋等記載的是召、卲、救、師大、豆閉、師瘨、師虎、利、趞曹、師奎父、師毛父、走接受册命時由邢伯擔任右者。這位邢伯，名親，擔任王朝司馬之職，應是留任王室的邢氏族人。邢叔鼎、邢叔方彝、邢叔釆鐘、邢叔飲壺、邢叔姖壺、霸伯簋、免簋、免尊、免卣、奪簋、弭叔師察簋的邢叔也是在王朝任職，在免、奪、弭叔師察等人接受册命的儀式上擔任右者。

邢公簋銘文是"邢公作仲姊婁姬寶尊簋，其萬年子子孫孫永寶用"。銘文中雖然没有"媵"字，亦可知這是邢公爲出嫁的二姐所作的媵器。二姐的稱謂是"婁姬"，"婁"是夫家的族氏，"姬"是自家的姓，説明邢氏是爲姬姓。邢南伯簋銘文有"唯八月初吉壬午，邢南伯作鄭季姚好尊簋"，這是邢南伯爲夫人所作的用器，夫人的稱謂是"鄭季姚好"，由夫人父家族氏＋夫人的排行＋父家的姓＋自己的名組成，説明邢氏與姚姓的鄭氏聯姻。

3. 楚國

據《世本》《古今姓氏書辯證》及《元和姓纂》等書所載，黄帝子昌意生顓頊，顓頊四世孫陸終第六子名季連，賜爲羋姓。季連生附沮，附沮生穴熊，穴熊的直系子孫是鬻熊，建立楚國。清華簡《楚居》對於"楚"名的來源認爲是：鬻熊的妻子妣厲，生子時難産，剖腹生下熊麗，而妣厲死去，巫師用"楚（荆條）"包裹其腹部埋葬，爲了紀念妣厲，後人就稱自己的國家爲"楚"。《路史·後紀》顓頊氏載："伯禹定荆州，季芈居其地，生附叙（一作沮），始封於熊，故其子爲穴熊。"故亦稱熊氏。楚國在楚武王、文王時期開始崛起，奄有江漢。楚國地處南方，與蠻夷相鄰，被中原諸國視爲蠻夷，而被蠻夷看成華夏。楚人雖樂於以華夏自居，但在與周王室鬧彆扭時也不惜以蠻夷自處。楚國都城先後有丹陽（今河南南陽淅川一帶）、郢（今湖北荆州西北）、陳（今河南淮陽）和壽春（今安徽壽縣）等處，其中鼎盛時期的 400 餘年，國都在郢。

　　傳世和新出土的楚國王室有銘青銅器就達 130 多件，主要有楚公豪鐘（5 件，《銘圖》15170—15174）、楚公豪戈（《銘圖》16715）、楚公逆鐘（3 件，《銘圖》15500—15502）、楚王酓延鼎（2 件，《銘圖》01980、02165）、楚王酓延簋（3 件，《銘圖》05842—05844）、楚王酓延盤（《銘圖》14425）、楚王酓延戈（《銘三》1419）、楚君酓脮尊（《銘圖》11790）、楚王鼎（3 件，《銘圖》02318，《銘續》0188、0210）、楚王酓忎鼎（2 件，《銘圖》02359、02360）、楚王酓忎盤（《銘圖》14508）、楚王熊忎衡末飾（《銘圖》19027）、楚王領鼎（《銘三》0257）、楚王領簋（《銘三》0476）、楚王領甗（《銘圖》03358）、楚王領鐘（《銘圖》15184）、楚王領盤（《銘三》1215）、楚王酓審盞（《銘圖》06056）、楚王酓忢盤（《銘圖》14402）、楚王酓忢匜（《銘圖》14869）、楚王酓忢俎（《銘三》0626）、楚王酓章鼎（《銘三》0226）、楚王酓章鐘（新見）、楚王酓璋戈（《銘圖》17322）、楚王酓章劍（2 件，《銘圖》17972、17973）、楚王孫遹簋（《銘三》0551）、楚王孫燮戟（2 件，《銘圖》16908、16909）、楚王孫燮戈（《銘三》1435）、楚王孫漁矛（《銘圖》17618）、王孫霝簠（《銘圖》05794）。楚國大臣器有楚大師鄧辥慎鐘（8 件，《銘圖》15511—15518）、楚太師鄧子辥慎鎛（8 件，《銘續》1045）、楚屈叔沱戈（《銘圖》17328）、楚屈子赤目簠（《銘圖》05960）等等。

　　朱德熙、裘錫圭、李家浩認爲楚公豪即熊渠之子熊摯，當周厲王之時（前 848—前 842 年）。[1]李學勤先生認爲是熊儀，熊儀即若敖，即位於周宣王三十八年（前 790 年），卒於周平王七年（前 764 年），是兩周之際的人物。[2]楚公逆，孫詒讓考定爲《史記·楚世家》的熊咢。熊咢即位於周宣王二十九年（前 799 年），卒於宣王三十七年（前 791 年）。

　　楚王酓延原釋爲酓肯，郭沫若認爲酓肯與酓忎爲一人，即楚幽王，馬衡、唐蘭、容庚等先生定爲考烈王，徐中舒定爲哀王，劉節定爲王負芻，[3]今大多數學者同意考烈王。楚考烈王

［1］ 朱德熙、裘錫圭、李家浩：《望山一、二號墓竹簡釋文與考釋》，《江陵望山沙冢楚墓》，文物出版社，1996 年。

［2］ 李學勤：《試論楚公逆編鐘》，《文物》1995 年第 2 期。

［3］ 劉節：《古史考存·壽縣所出楚器考釋》，人民出版社，1958 年。馬、徐等先生之説均見此文。

名熊元。考烈王二十二年遷都壽縣,卒於二十五年(前238年)。

楚王酓忎即熊悍,爲楚幽王,《史記·春申君列傳》載:"楚考烈王卒,李園果先入,伏死士於棘門之内。春申君入棘門,園死士俠刺春申君,斬其頭,投之棘門外。於是遂使吏盡滅春申君之家,而李園女弟初幸春申君有身而入之王所生子者遂立,是爲楚幽王。"

關於楚王領其人,曾有三説。羅振玉説"領"是"頵"的壞字,據《左傳》記成王名頵,認爲楚王領即成王頵。[1]"領"是"頵"的壞字説不能成立,今所見楚王領鼎、簋、甗、鐘、盤5器銘文十分清楚,該字左從"今"而不從"君",羅説不可信。郭沫若先生認爲是楚悼王。郭説(楚王領鐘):"器有紐,枚平,花紋乃所謂'秦式',蓋戰國時代之器,不得遠至春秋中葉。準此以求之,余意當即楚悼王。悼王名《史記·六國年表》及《通鑑》均作類……。類當即領若頷之誤。"[2]郭説亦不可信,鐘的時代不應在戰國時期。"領"亦不是"類"。陳夢家先生認爲是共王,謂:"楚王領,余釋爲楚共王簋。今、咸古音同。"[3]楚共王在位是前590—前560年,時在春秋中期,與器之形制、紋飾的時代特徵相符,當以共王説爲是。楚王酓審即楚共王。楚共王或名審(見《古今姓氏書辯證》"莊王生共王熊審")。

楚王酓章即楚惠王,《左傳·哀公六年》:"(楚)昭王攻大冥,卒于城父。子閭退曰:'君王舍其子而讓,群臣敢忘君乎,從君之命,順也;立君之子,亦順也;二順不可失也。'與子西、子期謀,潛師閉塗,逆越女之子章立之,而後還。"注:"越女,昭王妾;章,惠王。"

關於楚王酓恷是哪位楚王,也有幾種説法。王輝先生認爲"恷"與"珍"均有"美善"之義,"恷"與"珍"一名一字,酓恷可能是楚昭王熊珍。[4]鄒芙都先生提到恷、休、疑三字有相同義項,《儀禮·鄉射禮》傳云"疑,止也",毛傳云"悼,動也","止"與"動"反義相對;又《廣韻》"疑,不定也,恐也",《説文》"悼,懼也",同義互訓。恷、疑、悼三字正符合先秦時人命名、制諡的原則。所以,鄒先生認爲酓恷就是楚悼王熊疑。[5]筆者以爲酓恷可能是楚平王熊居。《史記·楚世家》載:"丙辰,棄疾即位爲王,改名熊居,是爲平王。"《左傳·昭公十三年》亦云:"丙辰,棄疾即位,名曰熊居。"恷讀爲休,《説文·人部》:"休,息止也。从人依木。"《詩·大雅·瞻卬》:"婦無公事,休其蠶織。"傳云:"休,息也。"居,也有止息之義。《左傳·僖公二十八年》:"不有居者,誰守社稷? 不有行者,誰扞牧圉?"《吕氏春秋·慎人》:"手足胼胝不居。"高誘注:"居,止。"《荀子·不苟》:"唯所居以其類至。"注:"所居,所止也。""恷"與"居"一名一字,即楚平王也。楚平王於周景王十七年(前528年)即位,在位十三年,其時處在春

[1] 轉引自郭沫若:《兩周金文辭大系圖録考釋》168頁,科學出版社,1957年。
[2] 郭沫若:《兩周金文辭大系圖録考釋》168頁。
[3] 陳夢家:《長沙古物聞見記序言》注9,《長沙古物聞見記》,金陵大學中國文化研究所,1939年。
[4] 王輝:《也説崇源新獲青銅器群的時代》,《收藏》2007年第11期。
[5] 鄒芙都:《新見"楚王酓恷"考釋》,《考古與文物》2009年第2期。

秋晚期後段，與器物形制、紋飾的時代風格亦相符合。

　　楚王室青銅器中有4件嫁女的媵器。第1、2件是楚王鼎，也稱隨仲芈加鼎，銘文有"楚王媵隨仲芈加飤繇"。作器者是一位楚王，受器者是隨仲芈加。可知這是楚王爲其女兒所作的媵器。"隨"是女子夫家的族氏，即隨國，也就是曾國。"仲"是女子的排行，"芈"是女子的族姓，"加"是女子的名字。"芈加"亦可稱"加芈"，2012 年湖北隨州市公安局偵破盜墓案件所獲文物中有4件簠，銘文爲"加芈之行簠，其永用之"。第 3 件是楚王領鬲，銘文是"楚王領媵徐季芈朔母媵鬲"。這是楚共王爲嫁到徐國的小女所作的媵器，小女字朔母。第 4 件是楚屈子赤目簠，銘文有"楚屈子赤目媵仲芈璜飤簠"。赤目屬於楚國四大族群中的屈氏，這是他給女兒仲芈璜所作的媵器。以上這些媵器均説明芈爲楚國的族姓，與文獻所載相合。

　　這裏還要討論的是楚王鐘（《銘圖》15247），時代爲春秋早期，銘文是"唯正月初吉丁亥，楚王媵邛仲嬭南龢鐘，其眉壽無疆，子子孫孫永保用之"。"嬭"即"芈"，楚國的族姓。所以，郭沫若、徐少華等認爲"邛仲芈南"就是楚成王之妹"江芈"。這件鐘是楚文王爲嫁往江國的女兒所作的媵器。[1]白川静認爲這是楚王以宗主國身份爲同姓女邛仲芈南作媵器，[2]陳昭容更進一步認爲此爲楚王嫁女，邛仲芈南以同姓女的身份陪嫁，楚王爲之單獨鑄作媵器，[3]這種解釋最爲合理。我們在分析曾侯簠中已經指出"邛國"非"江國"，江國是嬴姓，邛國是芈姓，與楚國是同姓。所以，楚王鐘是楚王爲自己女兒的同姓媵女"邛仲芈南"單獨鑄作的媵器。這也是金文中"同姓相媵"的一個例證。

　　另外，楚嬴盤（《銘圖》14493）、楚嬴匜（《銘圖》14979），時代爲春秋早期，銘文是"唯王正月初吉庚午，楚嬴鑄其寶盤（或匜），其萬年子子孫孫永用享"。這一套盥洗器，作器者楚嬴是某位楚王或者楚國公族的夫人，來自嬴姓國族，故稱"楚嬴"。楚媿歸母匜（《銘三》1250），銘文是"楚媿歸母自作盥匜，子子孫孫永孝用"。同樣，作器者楚媿歸母也是某位楚王或者楚國公族的夫人，來自媿姓之國。説明楚國與周邊的姬姓隨國（曾國）、嬴姓、媿姓諸國都有婚姻關係。

　　4. 鄂國

　　鄂國，夏商時期就已經是諸侯國，文獻記載爲姞姓。《史記·殷本紀》記載，商紂王時以西伯昌、九（鬼）侯、鄂侯爲三公。這説明在商代鄂國已經十分强大，故址初在今山西鄉寧縣南，後來遷到今河南沁陽西北邘邰村。[4]商末帝辛囚西伯昌，殺鄂侯，鄂國遺族南遷至今湖

［1］郭沫若：《兩周金文辭大系圖録考釋》。徐少華：《周代南土歷史地理與文化》，武漢大學出版社，1994 年。

［2］白川静：《金文通釋》，白鶴美術館，1973 年。

［3］陳昭容：《兩周婚姻關係中的"媵"與"媵器"——青銅器銘文中的性别、身分與角色研究之二》，《"中研院"歷史語言研究所集刊》77 本第 2 分，2006 年。

［4］劉起釪：《古史續辨》144 頁，中國社會科學出版社，1991 年。

北隨州安居鎮。西周初年,成王則將其弟邢叔分封於鄂國舊地,爲邢國。鄂國成爲周王朝屏藩南土的重要力量。鄂國以大洪山爲依托,東控隨棗走廊,直達鄂東,西出隨州——宜城埡口(現麻竹高速走向)可控漢水。在申伯南遷以前,周王室就倚重鄂國控制南淮夷、東夷諸國。

西周晚期,鄂國與周王室關係仍很密切,鄂侯曾與王室通婚。厲王用兵南方回歸途中,鄂侯馭方覲見納醴,熱情招待,並得到厚賞,頗受周王室重視,但不久便帶領南淮夷、東夷共同叛周,厲王命武公率領甲兵一舉攻下鄂都,俘虜鄂侯馭方,鄂國滅亡。

西周早期,鄂國國都在今湖北隨縣安居鎮。據考古勘探發現,遺址內有大小二城。小城南北長約 190 米,東西寬約 170 米,城址高出地面約 1 米,城牆東、北、西三面保存較爲完好,城牆寬約 10 米,牆外有寬約 10 米的護城河,小城之外有大城。安居城址北約 1 公里的羊子山是鄂國墓地,出土有西周早期鄂侯、鄂仲、鄂侯弟等人的青銅器,現爲全國文物重點保護單位。

西周晚期,鄂國國都大約在今河南南陽。2012 年 4 月河南南陽市宛城區新店鄉夏餉鋪村北 1 公里處,發現了西周晚期到春秋早期鄂國貴族墓地,出土 100 多件青銅禮器,有銘文者 38 件。銘文顯示有鄂侯、鄂夫人、鄂伯、鄂姜、養伯的銅器。發掘者認爲至少有四代鄂侯埋在這裏。所以,西周晚期的鄂國國都有可能就在南陽市宛城區境內。[1]

另外,周夷王時,楚王熊渠攻揚越到鄂(今湖北鄂州),封其中子紅爲鄂王。此當爲芈姓之鄂。戰國時楚國子皙之封邑,在今湖北鄂州。此亦爲芈姓,遺物有楚懷王時的“鄂君啓節”。《説苑·善説》楚莊辛謂襄成君曰:“君獨不聞夫鄂君子皙之泛舟於新波之中也?”

“鄂”金文作“噩”。鄂國青銅器見於著録者有 32 件,有考古發掘品,也有傳世和流散品。考古發掘品有 2007 年隨縣安居鎮羊子山墓葬出土的鄂侯鼎(《銘三》0147)、鄂侯卣(3 件,《銘圖》13046、13156,《銘三》1115)、鄂侯罍(2 件,《銘圖》13803、13804)、鄂侯盤(《銘圖》14364)、1976 年隨縣安居鎮羊子山墓葬出土的鄂侯弟厤季尊(《銘圖》11688),均爲西周早期之物;2012 年河南南陽市宛城區新店鄉夏餉鋪鄂國貴族墓地出土的鄂侯鐘(《銘圖》40846)、鄂姜簋(《銘續》0479),是西周晚期之物。傳世的有西周早期的鄂侯鼎(3 件,《銘圖》01565、01566,《銘續》0084)、鄂侯卣(《銘圖》13156)、鄂仲鼎(《銘圖》01596)、鄂叔簋(《銘圖》04305)、鄂叔父卣(《銘圖》13157)、鄂監簋(《銘圖》04441)、鄂侯弟厤季簋(《銘圖》04509)、噩侯弟厤季卣(《銘圖》13202)、鄂叔鄃尊(《銘圖》11600)、鄂季奞父簋(《銘圖》04510)等;西周晚期有傳世的鄂侯馭方鼎(《銘圖》02464)、鄂侯簋(4 件,《銘圖》04828—04831)等。

西周晚期的鄂侯簋,銘文是“鄂侯作王姞媵簋,王姞其萬年子子孫永寶”。這是鄂侯爲自

[1]《河南出土 100 多件周代青銅禮器》,新華網,2012 年 12 月 27 日。

己的女兒(或姊妹)所作的媵器。既稱"王姑",可知其爲王妃,說明此鄀國與周王通婚,也說明此鄀國就是夏商周以來的姞姓鄀國。

5. 鄧國

鄧是一個很古老的國族,但對鄧的始封和族姓,却有不同的記載。《路史·後紀·夏后紀》載:"帝仲康,太康之弟也。……十有八歲崩,子相立,其支封鄧,爲鄧氏。"同書《國名紀》云:"鄧,仲康子國,楚之北境,《史》云'阻之以鄧林'者,今之南陽。"《姓觽》八引《姓源》曰:"(鄧)夏仲康支庶封于鄧,後因氏。"此鄧乃夏之封國,是爲姒姓國。

《路史·後紀》九下又云:"初,武丁封季父於河北曼,曰曼侯,有曼氏、蔓、鄾氏。傻、鄧其出也。"《姓解·邑》三十一"鄧":"殷武丁封叔父於河北,是曰鄧侯,遂以爲氏。"[1] 這又是鄧國爲商王武丁叔父的封國,是爲子姓國。

《雲笈七籤·軒轅本紀》云:"少昊後有子七人,顓頊時,以其一子有德業,高陽帝賜姓曼氏。"[2]

綜上所述,鄧國初爲夏代仲康之子的封國,姒姓;到了商代武丁又改封其叔父於鄧,此又爲子姓國;到了西周,周王朝又改封顓頊的後裔爲鄧侯而成爲曼姓之國。或以爲武丁季父封於曼,曼侯之後以其國於鄧,遂爲鄧氏,以其出於曼,故以曼爲姓。

西周時期鄧國是南土的重要諸侯國,春秋早期滅於楚,在周王朝經營南土的戰略中扮演重要角色。《左傳·昭公九年》載:"及武王克商……巴、濮、楚、鄧,吾南土也。"安州六器之一的中甗記載:"王命中先省南國貫行,藝应在曾、……中省自方、鄧,彤□邦,在鄂師次,伯買父殒以厥人戍漢、中、州。"說明西周早期鄧國已經存在於今河南方城縣以南,漢水以北,曾、鄂以西區域。

《潛夫論·志氏姓》云:"曼姓封於鄧,後田氏焉。南陽鄧縣上蔡北有古鄧城,新蔡北有古鄧城。春秋時楚文王滅鄧。"又《左傳·桓公二年》"蔡侯、鄭伯會于鄧",杜注:"潁川召陵縣西南有鄧城。"漢代召陵,即今漯河市召陵鎮,正在上蔡縣北,所以此鄧城即上蔡北的鄧城。根據上述資料,陳槃先生認爲有可能鄧之初封在黃河以北,商代晚期遷到今河南漯河市東南,上蔡縣之北,後又遷到新蔡縣北,最後遷居襄陽之鄧城。[3]

《左傳·莊公七年》:"楚子伐鄧,十六年楚復伐鄧,滅之。"魯莊公十六年即楚文王十二年(前678年),楚國滅掉鄧國。

兩周時期鄧國的地望,《漢書·地理志》鄧縣下云:"故國。"注:"應劭曰鄧侯國。"《史記·楚世家》:"文王二年,伐申過鄧。"正義:"《晋太康地志》云:故鄧城在襄州安養縣北二十里,春秋之鄧國。莊十六年楚文王滅之。"劉宋時期盛弘的《荆州記》云:"樊城西北,有鄾

[1] (宋)邵思:《姓解》,北宋景佑年間刊本。
[2] (宋)張君房:《雲笈七籤》,齊魯書社,1988年。
[3] 陳槃:《春秋大事表列國爵姓及存滅表譔異》,上海古籍出版社,2009年。

城。……西北行十余里,鄧侯吳離之國,爲楚文王所滅,今爲鄧縣。”《通志・氏族略》鄧氏條:
“其地,今襄陽鄧城是也。”《路史・國名紀》云:“鄧,曼姓,侯爵,今襄之鄧城,二漢鄧縣,古鳳
林也。”清乾隆《襄陽府志》卷五“古迹”之襄陽縣“鄧城”條下云:“縣西北二十里。春秋時鄧
國地。”清同治《襄陽縣志》“古迹”之“鄧城”條下亦云:“縣城西北二十里。今城基尚存,高丈
餘,濠淤成田。”

考古勘查得知,湖北襄陽市樊城區團山鎮的鄧城遺址,時代爲西周中晚期到春秋早期後
段,城牆爲春秋中期所築,西周時期則無城牆。城牆略呈長方形,東牆長 766 米,南牆長 896
米,西牆長 713 米,北牆長 858 米,牆厚 10 至 15 米,殘高 3 米左右。現爲國家文物重點保護
單位。在其以北 5 公里的王坡發現有鄧國貴族墓地,曾出土西周晚期鄧公牧簋、侯氏簋,春秋
時期的鄧公孫無忌鼎等青銅器,附近的蔡坡墓葬區也發現侯氏簋、鄧公乘鼎、鄧尹疾鼎等。
城址東側的黃家村發現鑄銅作坊遺址,城址南約 600 米有製陶作坊遺址。鄧公乘鼎、鄧尹疾
鼎時代分別爲春秋中期和晚期前段,是楚國鄧縣縣公和縣尹之物。説明楚滅鄧之後在這裏
設立鄧縣,一直延續到南朝宋齊時期。

金文中“鄧”一般作𨙻、𨙻或鄾,鄧國青銅器以及與鄧國有關聯的青銅器,西周早期有鄧
仲犧尊 2 件(《銘圖》11598、11599,其中 11599 僅存蓋),鄧公盂(《銘圖》14684),鄧小仲鼎 2
件(《銘圖》02246、02247)、盂爵(《銘圖》08585);西周中期有鄧公鼎(《銘圖》01554)、鄧公簋
4 件(《銘圖》04648—04651)、鄧伯盨蓋(《銘圖》05506);西周晚期有鄧公簋(《銘圖》04710)、
鄧公簋蓋(《銘圖》04990)、鄧孟壺(《銘圖》12304);春秋早期有鄧公牧簋 2 件(《銘圖》04391、
04392)、鄧伯吉射盤(《銘圖》14462)、鄧叔孫姬鼎(《銘圖》02358)、鄧公孫無忌鼎(《銘圖》
02403)、鄧子仲無忌戈 3 件(《銘圖》17091—17093)、鄧子孫白鼎(《銘續》0092);春秋中期有
鄧公乘鼎(《銘圖》02093)、鄧公匜(《銘圖》14919)、鄧鱗鼎(《銘圖》01471)、鄧子與盤(《銘
圖》14494)、鄧子德簋(《銘續》0249)、鄧子旁鄦甒(《銘續》0281)、鄧子僕戈(《銘續》1152);
春秋晚期有鄧子午鼎(《銘圖》01659)、鄧尹疾鼎(《銘圖》01661);戰國早期有鄧君戈(《銘圖》
16506)、鄧冢璞戟(《銘續》1192)等。

盂爵銘文是“唯王初禱于成周,王令盂寧鄧伯,儐貝,用作父寶尊彝”。盂是南宮括的孫
子,西周康王時期的重臣,曾征伐鬼方。“寧”,安寧之義,用作動詞,義爲探望、省視、問安。
“寧鄧伯”就是探望鄧伯,向鄧伯表示問候。説明鄧侯與周王室關係密切,受到周王的重視。
鄧公簋一套 4 件,1979 年河南平頂山市新華區滍陽鎮義學崗應國墓葬出土,銘文是“鄧公作
應嫚𤔲媵簋,其永寶用”。可知這是鄧公爲嫁到應國的女兒嫚𤔲所作的媵器,出土地平頂山
正是夫家應國的國都。銘文中父家國名、夫家國名都記載得很清楚,這是資料最完整的媵
器。西周晚期的鄧孟壺,銘文是“鄧孟作監曼尊壺,子子孫孫永寶用”。銘文中雖没有“媵”
字,但從作器者鄧孟與受器者“監曼”同姓,兩者必是父女關係,或者同姓長輩與同姓女子關
係,可知此器亦爲媵器。春秋中期的鄧子與盤,1998 年秋湖北鍾祥市文集鎮黃土坡東周墓出

土,銘文是"唯正月初吉丁亥,鄧子與媵叔嫚盥盤,眉壽無期,子子孫永寶"。這是鄧子與給女兒叔嫚所作的媵器。

　　文獻也有此類記載。《左傳·桓公十一年》:"初,祭封人仲足有寵於(鄭)莊公,莊公使爲卿,爲公娶鄧曼,生昭公。"從上述三件媵器銘文中我們知道鄧國爲嫚姓之國,與文獻記載相符。"嫚"即"曼",金文中的姓往往帶有女旁,個別的亦作"曼",與文獻相同。

　　另外,要説明的是春秋中期的鄧公乘鼎、鄧公匜、鄧鱗鼎、鄧子與盤、鄧子德簋、鄧子旁鄝甗、鄧子僕戈;春秋晚期的鄧子午鼎、鄧尹疾鼎,以及戰國早期鄧君戈、鄧冡墣戟等均爲楚國鄧縣縣公、縣尹及其後代的遺物,不是曼姓鄧氏之物。

6. 曾國(隨國)

　　史書記載曾國有三。

　　其一,《元和姓纂》載:"曾,夏少康封少子曲烈於鄫,春秋時爲莒所滅。鄫太子巫仕魯,去邑爲曾氏。"《路史·後紀·夏后紀》也説:"帝杼,一曰松蔓,是爲帝輿。始作矛甲,滅戈豷,及即位,都於原,五歲征東海,伐三壽,乃封其仲曲列於繒,至周爲莒所滅,有繒氏、鄫氏、曾氏。"《姓氏急就篇》:"曾氏出於鄫,姒姓。"《國語》韋昭注:"鄫,姒姓,夏禹後。"《括地志》云:"繒縣在沂州承縣,古侯國。"唐沂州承縣在今山東棗莊市東。1981 年山東臨朐縣五井鎮泉頭村墓葬出土的春秋早期上曾太子般鼎(《銘圖》02381),自稱"上曾"。1998 年山東滕州前掌大村出土的商代晚期曾婦中姒觚(《銘圖》09642)證明早期曾就在山東境內。這個曾國可依《左傳》用字寫作"鄫"。《春秋·襄公六年》(前 567 年)"莒人滅鄫"。《戰國策·魏策》"八年謂魏王曰"章:"繒恃齊以悍越,齊和子亂,而越人亡繒。"似在戰國早期此鄫又復國而再亡於越。

　　其二,《國語·鄭語》史伯答鄭桓公語:"申、繒、西戎方彊,王室方騷,將以縱欲,不亦難乎? 王欲殺太子以成伯服,必求之申,申人弗畀,必伐之。若伐申,而繒與西戎會以伐周,周不守矣!"清華簡《繫年》5—7 號簡有:"周幽王娶妻于西申,生平王,王或取褒人之女,是褒姒,生伯盤。褒姒嬖于王,王與伯盤逐平王,平王走西申。幽王起師圍平王于西申,申人弗畀。繒人乃降西戎,以攻幽王,幽王及伯盤乃滅。"《史記·周本紀》也説:"申侯怒,與繒、西夷犬戎攻幽王。"此繒爲申之與國,必與西申、西戎鄰近。據考證西申在今甘肅靈臺縣一帶(詳見《陝甘篇》之西申國),故此繒亦當在今陝甘交界一帶。這個曾國可依《國語》用字寫作"繒",氏姓不詳。

　　其三,西周早期存在於湖北隨州之曾國,見於中甗、靜方彝等青銅器。董珊先生認爲曾人最早處於山東南部,在商代晚期由於周克商成功,繒人在周人的逼迫之下分爲三支:一支留在原地;一支遷到今陝甘交界處;此曾是南遷於今隨州的一支,後被周人所滅,改封姬姓之曾,[1]李

---

[1] 董珊:《從出土文獻談曾分爲三》,《出土文獻與古文字研究》第五輯 157 頁,上海古籍出版社,2013 年。

學勤以爲此即文獻記載的隨國。[1]

董珊先生基本同意曾、隨一國之説。他認爲“國”與“都”本來是一回事,國名就是都名。所謂“一國兩名”的現象,其實質是一國先後有兩個都城。古代氏族的遷徙,常以氏族名稱命名地點,或者是以地名命名氏族,因此形成“人地同名”的現象,又形成一族多名與一國多名。隨州的姬姓曾國是“姬姓之人先是因爲分封遷至曾,就繼承了妘姓曾人的名號;後來遷居至祁姓之隨的故地,又繼承了隨的名號”。[2]所以李學勤先生所説的曾、隨一國不誤。

2013年隨州市曾都區淅河鎮葉家山M111出土的狣簋(《銘續》0371),時代爲西周早期,銘文是“狣作烈考南公寶尊彝”;又2019年隨州市曾都區棗樹林M169出土的芈加鐘,時代爲春秋中期,銘文有“唯王正月初吉乙亥,曰:伯适受命,帥禹之緒,有此南汜。余文王之子孫,穆之元子,之邦于曾”;再有2009年隨州市曾都區文峰塔M1出土的曾侯與鐘,時代爲春秋晚期,銘文有“曾侯與曰:伯括上嘗,左右文武,達殷之命,撫定天下,王逝命南公,營宅汭土,君庇淮夷,臨有江夏”。根據以上資料可以確認曾國的始封君是伯括(即南宫适),伯括仍舊留佐王室,由其子南公就封。史載南宫适與周同姓,所以隨州之曾就是姬姓曾國。

考古發掘出土和傳世品有銘文的曾國(隨國)青銅器多達390餘件。西周早期主要有湖北隨州市曾都區淅河鎮蔣寨村葉家山西周墓地出土的32件;西周晚期有湖北隨州市曾都區萬店鎮周家崗、隨州市曾都區棗樹林墓地、隨縣均川鎮熊家老灣墓葬、河南新野縣城關鎮小西關墓葬出土的青銅器以及傳世品10件;春秋早期有湖北京山縣坪壩鎮蘇家壟墓葬、棗陽市郭家廟吳店鎮曾國墓地、棗陽市熊集鎮段營村、京山縣坪壩鎮羅新村、隨州市曾都區淅河鎮張嘴村義地崗春秋墓出土的青銅器以及傳世品80件;春秋中期有湖北襄陽市襄州區太平店宋家柵春秋墓、隨州市曾都區淅河鎮季氏梁春秋墓等出土的青銅器14件;春秋晚期有湖北隨縣安居鎮徐家嘴汪家灣春秋墓葬、隨州市曾都區淅河鎮義地崗曾國墓、河南淅川縣倉房鎮沿江村徐家嶺春秋墓葬、潢川縣隆古鄉高稻場村春秋墓出土的青銅器38件;戰國早期有湖北隨州市曾都區淅河鎮義地崗曾國墓、隨州市曾都區擂鼓墩曾侯乙墓、河南羅山縣高店鄉高廟磚瓦廠出土的青銅器以及傳世品212件;戰國中期有安徽壽縣朱家集李三孤堆(今屬淮南市謝集區楊公鎮雙廟村)楚王墓出土的青銅器3件。

其中,曾侯簠時代爲春秋早期,銘文有“叔姬霝乍黄邦,曾侯作叔姬、邛芈媵器薦彝”。“叔姬霝乍黄邦”即叔姬霝嫁往黄國,曾侯爲其女兒叔姬霝作媵器,邛國芈氏女來媵,曾侯並鑄之於器。邛與楚同姓,春秋時期的小國,或爲楚之附庸。又曾夫人匜,時代爲春秋中期,銘

[1] 李學勤:《曾國之謎》,《光明日報》,1978年10月4日,第3版;收入《新出青銅器研究》,文物出版社,1990年。
[2] 董珊:《從“曾國之謎”談國、族名稱的沿革》,李宗焜主編:《古文字與古代史》第5輯187—202頁,臺北“中研院”歷史語言研究所,2017年。

文是“曾夫人作仲姬、辛姬盥匜，其萬年眉壽永用之”。這是母親爲女兒和媵女所作的媵器。曾夫人稱自己的女兒爲仲姬，説明是其二女兒，稱媵女爲“辛姬”。這裏“辛”不會是族氏，因爲從中伯作辛姬變人媵壺可知“中”氏是姬姓，女兒姬變人嫁於辛宗族，證明辛宗族不是姬姓。所以此處的“辛”應是媵女之名。壽縣李三孤堆楚王墓出土的曾姬無恤壺，時代爲戰國中期，銘文是“唯王二十又六年，聖桓之夫人曾姬無恤，吾宅兹漾陲、蒿間之無匹，用作宗彝尊壺，後嗣用之，職在王室”。聖桓之夫人曾姬無恤是曾國公室之女，名無恤，楚王（諡號聖桓）的夫人。劉節以爲楚宣王的夫人，並引《孟子》“金聲而玉振之”趙注説：“聲，宣也。”李學勤認爲是楚聲王的夫人，楚宣王的祖母，楚宣王二十六年（前 344 年）仍健在，享年七十餘歲，故壺銘稱“聖桓之夫人”。[1]以上幾件器物均可證明此曾國（隨國）爲姬姓。

　　葉家山出土的 4 件曾侯諫簋（《銘續》0338、0365—0367）和曾侯諫尊（《銘續》0781），時代爲西周早期，銘文爲“曾侯諫作媿寶尊彝”，曾侯諫壺（《銘續》0815）銘文爲“曾侯諫作媿晉壺”。這是曾侯諫爲其夫人所作之器，其夫人出自媿姓族氏，有可能就是狄人南遷所建立的復國之女。2019 年湖北隨州市曾都區棗樹林 M169 出土的楚王盤、缶，另外還有被盜出土的同銘文的鼎 2 件，[2]時代爲春秋中期，銘文有“楚王媵隨仲芈加盥盤（或鼎、缶），其眉壽無期”。這是楚王爲二女兒所作的陪嫁品。女兒的稱名“隨仲芈加”由夫家國名（隨）＋女兒的排行（仲）＋自家的姓（芈）＋女兒的名（加）組成。從同墓地 M168 與 M169 爲異穴併葬墓證明隨仲芈加就是曾侯寶的夫人。[3]光緒年間湖北襄陽縣出土的曾孟芈諫盆（《銘圖》06264），時代爲春秋時期，銘文有“曾孟芈諫作饗盆”，這是某位曾侯或者公族夫人的自作器，稱名由夫家國名（曾）＋自己的排行＋自家的姓＋自己的名組成。自己姓芈，應來自芈姓之國，極有可能來自楚國。以上諸器都説明曾國與周邊的芈姓、媿姓諸國聯姻。

　　7. 邛國

　　《路史·國名紀》周氏：“邛，邛叔，采，山陽邛成縣。”《姓氏考略》以邛爲周代大夫邛叔的食邑，因以爲氏。

　　《説文·邑部》：“邛，邛地，在濟陰縣。”段玉裁注：“今本《地理志》曰：山陽郡郚成，侯國，宋氏祁云：‘郚當作邛。’《外戚侯表》：‘邛成屬濟陰，與山陽相距不遠。’玉裁按：宋説是也。《玉篇》邛字下曰：‘山陽邛成縣。’此邛成之確證。”邛成，在今山東成武縣東南。

　　邛國青銅器以及與邛國相關聯的青銅器，春秋早期有邛君婦龢壺（《銘圖》12325）、邛仲之孫伯戔盆（《銘圖》06272）、邛仲之孫伯戔盤（《銘圖》14517）、邛季之孫戈（《銘圖》17104）、

［１］　李學勤：《論江漢間的春秋青銅器》，《文物》1980 年第 1 期。

［２］　湖北省文物考古研究所、北京大學考古文博學院、隨州市博物館、曾都區考古隊：《湖北隨州市棗樹林春秋曾國貴族墓地》，《考古》2020 年第 7 期。

［３］　郭長江：《湖北隨州棗樹林墓地 2019 年發掘收獲》，《江漢考古》2019 年第 3 期。

楚王鐘(《銘圖》15247)、曾侯簠(《銘圖》05936);春秋中期有叔師父壺(《銘圖》12414)、邔伯
歈之孫痼君季峀鑒(《銘續》0535)。

邔君婦穌壺稱"邔君",可知邔是一個諸侯國,從以上銘文可知邔氏並有伯、仲、季等分
支。但這些青銅器銘文還没有這個邔國姓氏的信息,是否出自周氏不得而知,只有邔伯歈之
孫痼君季峀鑒的出土地也在山東沂水縣,但沂水縣距離成武縣尚遠,能否認爲這個邔國就是
周大夫邔叔的後裔建立的小國,有待進一步研究。

春秋早期的楚王鐘,銘文有"楚王媵邔仲羋南穌鐘"。有人認爲這是楚王爲其女嫁往邔
國所作的媵器。"邔"即"江",文獻記載江爲嬴姓,故"邔仲羋南"是楚王之女。[1]筆者認爲
"邔"與"江"二字雖可以通假,但邔是邔,江是江,它們不是同一個國家。江國青銅器銘文寫
作"江"或"洍",如 1953 年河南郟縣太僕鄉南寨門外窖藏出土的江小仲母生鼎(《銘圖》
01882)和 1978 年河南淅川縣倉房鎮下寺春秋墓出土的洍叔益鬲(《銘圖》02930)等。邔國與
楚同爲羋姓,曾侯簠銘文有"叔姬霝乍黃邦,曾侯作叔姬、邔羋媵器齎彝"。"叔姬霝乍黃邦"
即叔姬霝嫁往黃國,曾侯爲其女叔姬作媵器,邔國羋氏女從媵,曾侯並鑄之於器。這是異姓
國女子相媵。由此證明楚王鐘的"邔仲羋南"不是楚王之女,而是楚王之女的媵女,來自邔
國,楚王爲她鑄造媵器,這是同姓相媵。

從楚王鐘和曾侯簠中這個邔國與楚同姓,春秋時期的小國或爲楚之附庸,可以肯定這個
邔國與《路史·後紀·高辛紀下》和《姓氏考略》所説的"周大夫邔叔"無關。該邔國文獻失
載,其地望應在今湖北北部一帶,與楚國、曾國相距不會太遠。

8. 鍾離國

《史記·秦本紀》太史公曰:"秦之先爲嬴姓,其後分封,以國爲姓,有徐氏、郯氏、莒氏、終
黎氏……"集解引徐廣説:"《世本》作'鍾離'。"《史記·伍子胥列傳》索隱云:"《世本》謂之
'終黎',嬴姓之國。"《元和姓纂》卷一:"終利,嬴姓,與秦同祖。"終黎、終利、鍾離三者是指同
一個國家,古書用字不同而已。

鍾離國始建於何時,史書未載。《鳳陽縣志》認爲鍾離氏最初由山東曲阜附近的嬴姓鍾
離(一作終黎)氏族南遷於此定居,逐步演變成一個國家,春秋時(一説周時)以姓爲國封爲鍾
離子國。鍾離國的始建年代,一般認爲不會晚於春秋早期,强盛於春秋中期,由九里墩鍾離
君叙墓出土的鼓座銘文有"公克楚師""公獲飛龍("獲飛龍"即降服舒龍,群舒之一)",以及
鍾離君柏墓出土的戈銘有"童(鍾)麗(離)公柏獲徐人",可知鍾離與徐國發生過戰爭,並取
得勝利,繳獲了徐王兵器。春秋晚期,大國爭霸,地處淮河中游的鍾離國便成爲兵家必爭之
地。據《左傳》記載,魯成公十五年"冬十有一月,叔孫僑如會晉士燮、齊高無咎、宋華元、衛孫

---

[1]　方濬益:《綴遺齋彝器款識考釋》(三十卷),涵芬樓石印本,1935 年。郭沫若:《兩周金文辭大系圖録
　　考釋·伯盞盤》。

林父、鄭公子鯌、邾人會吳於鍾離”。魯昭公二十四年（前 518 年），楚平王爲舟師以略吳疆，師還，吳踵楚，遂滅巢及鍾離。

　　鍾離故城在今安徽鳳陽縣臨淮鎮東北三華里，板橋鎮古城村李二莊北有保存較好的鍾離古城遺址，平面呈正方形，南北長 380、東西寬 360 米，城牆牆基寬 18、殘高 3—5、頂部殘寬 6 米。遺址内有大量的文化堆積層，曾出土許多春秋戰國至漢唐的文物，現爲安徽省文物重點保護單位。

　　鍾離，金文作“童麗”“童鹿”。2008 年 6 月安徽蚌埠市淮上區小蚌埠鎮雙墩村發掘的鍾離君柏墓，出土文物 570 餘件。其中銅器 374 件，包括鼎 5 件、盉 1 件、簠 3 件（《銘圖》05898，《銘續》0476、0495）、盤 1 件、罍 2 件、匜 2 件、雙聯盒 1 件、豆 2 件、甗 1 件、勺 1 件、鈕鐘 9 件（《銘續》1016—1024）、戈 3 件、劍 1 件、戟 3 件（《銘圖》17055，《銘續》1144、1145）、矛 4 件、刀 1 件以及車馬器、工具等等。2007 年安徽鳳陽縣板橋鎮古城村卞莊墓，出土有鍾離公柏之季子康鎛 5 件（《銘圖》15787—15791）。1980 年 9 月安徽舒城縣孔集鎮九里墩村墓葬，出土有鍾離公叙鼓座（《銘圖》19305）等。

　　雙墩、卞莊和九里墩三座墓葬都是鍾離國的王侯貴族墓葬，時代均爲春秋中期，雙墩村墓較早，其次是卞莊墓，九里墩最晚。鍾離君柏鐘銘文是“唯王正月初吉丁亥，鍾離君柏作其行鐘，鍾離之金”。鍾離君柏簠銘文是“唯正月初吉丁亥，鍾離君柏擇其吉金，作其飤簠”。季子康鎛銘文是“唯王正月初吉丁亥，余敄厥于之孫，鍾離公柏之季子康，擇其吉金，自作龢鐘之鈗，穆穆鎗鎗。柏之季康是良，以從我師行，以樂我父兄，其眉壽無疆，子子孫孫永保是尚”。鍾離公叙鼓座銘文有“唯正月初吉庚午，余敄厥于之玄孫，鍾離公叙擇其吉金，玄鏐純鋁，自作鼀鼓。……迎□徐陳□□却蔡……□公獲飛龍……”。鍾離公柏戟銘文是“鍾離公柏之用戟”。另有一件鍾離公柏戈，内部銘文是“徐子伯𠃊此之元用戈”，胡部所刻銘文是“鍾離公柏獲徐人”。這些銘文説明了三個問題。其一，鍾離國的立國先祖名叫敄厥于，鍾離柏是其後代，季子康是鍾離君柏之子，鍾離公叙有可能是鍾離君柏的孫子，鍾離國至少已相傳六七代。其二，鍾離國首領既可稱“君”，亦可稱“公”。其三，鍾離國在鍾離君柏到鍾離君叙時期還是比較強盛的，敢與徐、蔡、楚等國抗衡，與徐國作戰，並能取得勝利。

　　目前所見鍾離國青銅器銘文没有涉及族姓的内容，鍾離國是否爲嬴姓尚未得到青銅器銘文的證實。

　　9. 州國（二）

　　州國，有的文獻作“舟”，春秋時期南方小國。

　　《戰國策·楚策》載：“莊辛謂楚襄王曰：‘君王左州侯，右夏侯，輦從鄢陵君與壽陵君，專淫逸侈靡，不顧國政。’”此州國蓋楚之附屬國。《姓觹》二十六尤引《姓考》云州：“近楚小國。”《左傳·桓公十一年》：“鄖人軍於蒲騷，將與隨、絞、州、蓼伐楚師。”杜預注：“州國在南郡華容縣東南。”《路史·國名紀》少昊後偃姓國之州：“今荆南監利，故華容古州也。昔隨、絞、州、蓼伐楚敗鄖者,皆近楚小國。莊辛言'州侯者,非淳于之州'。"又《路史·後紀·小昊紀》:"(皋陶)有子三人,長伯翳,次仲甄,次封偃,爲偃姓,偃匽,之後有州、絞、貳、軫、謠、皖、參、會、阮、菜、鬲、鄜匽止、舒庸、舒鳩、舒龍、舒蓼、舒鮑、舒龔州,則鹵滅之。"

又《國語·鄭語》載:"祝融亦能昭顯天地之光明,以生柔嘉材者也,其後八姓,於周未有侯伯。……禿姓舟人,則周滅之矣。"韋昭注:"祝融之後八姓:己、董、彭、禿、妘、曹、斟、羋也。"《古今姓氏書辯證》:"舟,出自禿姓,舟人國之,後以國爲舟氏。"又有州國禿姓之説。可能禿姓州國早先爲周人所滅,而春秋時期之州爲周人所改封。

另外,陳槃《春秋大事表列國爵姓及存滅表譔異》云:"州亦作'舟'。《説苑·正諫》:'荆文王,……得舟之姬,淫,期年不聽朝。'案:舟之姬即舟姬,'之'字無義。蓋舟人之女爲王姬妾,故曰舟姬矣。妾婦爲'姬',戰國、秦、漢以後則然。若舟之姬爲戰國以前舊辭,則舟國當是姬姓。曰舟姬,猶宋子、齊姜、魯姬、秦嬴之等之比矣。……舟(州)與楚文王通婚,而其女稱舟姬,則謂州人姬姓,亦不無可能。"[1]此又有州國姬姓之説。不過"姬"除解釋爲姬姓之外,既可是妾婦,也可爲女性的美稱,亦指稱美女。"妾婦"一稱固然出現在戰國,但"姬"爲女性的美稱早在周代已經存在。《古今韻會舉要·支韻》:"婦人美號皆稱姬。"《詩·陳風·東門之池》:"彼美淑姬,可與晤歌。"鄭玄箋:"言淑姬賢女,君子宜與對歌相切化也。"孔穎達疏:"美女而謂之姬者,以黃帝姓姬,炎帝姓姜,二姓之後,子孫昌盛。其家之女,美者尤多。遂以姬、姜爲婦人之美稱。"漢趙曄《吳越春秋·王僚使公子光傳》:"王(楚莊王)即位三年,不聽國政,沉湎於酒,淫於聲色,左手擁秦姬,右手抱越女。"南朝宋鮑照《蕪城賦》:"東都妙姬,南國麗人。"均是其例,所以,州國不必是姬姓。

總之,楚國附近的州國目前未見到有關青銅器出土,是偃姓、姬姓還是禿姓不得而知。

《春秋大事表》:"監利縣東三十里有州陵城,爲春秋時州國。桓十一年,鄖人將與隨、絞、州、蓼伐楚師,即此。"《辭海》云:"州,偃姓,在今湖北洪湖東北。"譚其驤具體指出州國在今洪湖市東北。[2]石泉先生認爲漢晋時期的華容縣在今鐘祥縣胡集附近,故認定"華容縣東南"即州國,漢晋時期的州陵也在今鐘祥縣西北。[3]州國故址究在何處,有待進一步研究。

關於州國的滅亡之年,《左傳·哀公十七年》載:"觀丁父,鄀俘也,武王以爲軍率,是以克州、蓼,服隨、唐,大啓群蠻。"此年即楚武王四十年(前701年),一般認爲州國此後不久即被楚國所滅。但何浩依據《説苑·正諫》載楚文王"畋於雲夢,三月不反;得舟之姬,淫,期年不

[1] 陳槃:《春秋大事表列國爵姓及存滅表譔異》444頁。
[2] 譚其驤:《雲夢與雲夢澤》,《復旦學報(社會科學版)》1980年增刊《歷史地理專輯》。
[3] 石泉:《齊梁以前古沮(雎)、漳源流新探——附荆山、景山、臨沮、漳鄉、當陽、麥城、枝江故址考辨》,《武漢大學學報(社會科學版)》1982年第2期。

聽朝”,後從保申之諫,逐舟之姬,務治平荆,兼國三十,認爲此時州國尚在,州國之滅大約在逐“舟之姬”之後,也就是楚文王後期,或延之楚成王十六年,約公元前684—前656年之間。[1]

10. 過國

《左傳・襄公四年》:“浞因羿室,生澆及豷,……使澆用師滅斟灌及斟尋氏。處澆于過,處豷于戈。”

《路史・國名紀》過:“夏之國,即有過。”《風俗通》:“過國,夏諸侯。”《史記・吳太伯世家》:“伍子胥諫曰:昔有過氏殺斟灌以伐斟尋……”集解引賈逵曰:“過,國名也。”索隱:“過音戈。寒浞之子澆所封國也,猗姓國。《晉地道記》曰:‘東萊掖縣有過鄉,北有過城,古過國也。’”《世本・氏姓》:“任姓,謝、章、薛、舒、呂、祝、終、泉、畢、過。”雷學淇據《世本》謂:“夷羿、寒浞並妘姓,過爲寒浞之子澆所封國,則此過則爲妘姓。猗姓之過,別爲一國。”[2]

程發軔在其《春秋地名今釋》中説:“余疑過即渦,在今淮陽、太康兩縣東南,《水經注》所謂渦水也,與戈爲近。戈在宋、鄭之間,過豈有舍中原而遠處掖縣?”[3]晉代東萊郡掖縣即今山東萊州市。淮陽、太康二縣地處河南省東南部,屬河南周口市管轄。它與山東萊州市的過國是否爲先後遷徙所致,抑或是不同的兩國,待考。

傳世青銅器過文簋(《銘圖》03637),時代爲商代晚期,銘文是“禍(過)文”。過伯簋(《銘圖》04771),時代爲西周早期後段,銘文是“迥(過)伯從王伐反荆,俘金,用作宗室寶尊彝”。過伯爵(《銘圖》08429),西周早期,銘文是“昷(過)伯作彝”。過伯簋(《銘三》0423),西周中期,銘文是“迥(過)伯作寶尊彝”。

從以上青銅器可知,這個過國存在於商末到西周早期,過伯曾跟隨周王征伐楚荆,但不知此過與夏代的過國有無關係,亦不知其族姓和地望。

11. 奩國

傳世青銅器有兩件奩侯簋(《銘圖》05876、05877),現藏臺北“中研院”歷史語言研究所。時代爲春秋早期,銘文是“奩侯作叔姬寺男媵簋,子子孫孫永寶用享”。從銘文可知這是奩侯爲其女兒或者姊妹所作的媵器。女子的稱謂是“叔姬寺男”,由女子的排行+自己的姓+女子的名組成,説明奩侯爲姬姓。“奩侯”既稱“侯”,肯定是春秋時期一個諸侯國,但此國文獻失載,銘文簡約,地望也無從得知。

12. 匜國

“匜”即“甕”。匜的首領稱“君”、稱“公”,説明匜是一個諸侯國。該國不見於文獻記載。

---

[1]　何浩:《楚滅國研究》,武漢出版社,1989 年。

[2]　雷學淇:《竹書紀年義證》,藝文印書館股份有限公司,1956 年。

[3]　轉引自陳槃:《春秋大事表列國爵姓及存滅表譔異》1214 頁。

其國地望也無從得知。

目前見到匜國的青銅器有兩件,均爲春秋時期之物,一件是匜君壺(《銘圖》12367),傳世品,現藏臺北故宮博物院,銘文是"甗君兹旂者,其成公鑄子孟改媵盥壺"。另一件是浙江紹興市越文化博物館收藏的匜公戈(《銘續》1106),銘文是"匜公之用"。

匜君壺是匜君成公爲女兒孟改所作的媵器,可知匜國屬於改姓之國。

13. 夒國(夒氏)

夒國或夒氏不見於文獻記載,春秋青銅器銘文出現夒伯鼎 2 件(《銘圖》02356、02357)、夒伯簠 1 件(《銘續》0509),銘文爲"唯正八月既生霸丙申,夒伯作楚叔妊、樂姬媵盂鼎(或匜簠),其眉壽無疆,子子孫孫永保用之"。這是夒伯爲女兒和媵女所作的陪嫁品。夒伯既稱"伯",有可能就是一個諸侯國。

銘文中的"楚叔妊"是夒伯的女兒,稱名由夫家族氏(楚)+女子排行(叔)+自家的姓(妊)組成,可知夒國(夒氏)爲妊姓。銘文中的另一位女子"樂姬"是陪嫁的媵女,姬姓,來自樂氏。

由夒伯嫁女於楚,推測此夒國的地望當與楚國鄰近。

14. 邴氏

《通志·氏族略》載:"邴氏,亦作丙。晋大夫邴豫食邑于邴。因以爲氏。齊亦有邴邑,而亦有邴氏。"《元和姓纂》:"邴,晋邴豫,食采于邴,因氏焉。"《穀梁傳·隱公八年》:"三月,鄭伯使宛來歸邴。"注:"邴,鄭邑。"又《傳》曰:"邴者,鄭伯所受命於天子,而祭泰山之邑。"鄭之邴邑,亦稱祊邑,是在天子祭泰山時,爲助祭湯沐之邑,今山東費縣東 37 里處的祊河沿岸。晋大夫邴豫的封邑,在今河南成武縣一帶。而齊國邴邑的地望今不知在何處,有人認爲鄭國的邴邑(祊邑)就是齊國的邴邑。

青銅器中有侎季簠 2 件(《銘圖》04463、04464),時代爲西周中期前段,銘文是"侎(邴)季學駟守鑄旅簠"。"侎"讀爲"邴",是爲氏稱。侎季簠出土地點不明,邴氏所在的邴邑地望無從稽考。侎季簠的邴氏早於晋邴邑和齊邴邑,也早於鄭伯助祭泰山湯沐之邴邑,後三者哪個是西周邴邑的延續,不得而知。

15. 姅氏

1977 年山東曲阜市魯國故城春秋墓葬出土的姅仲簠(《銘圖》05832),銘文是"姅仲作甫妖媵簠,子子孫孫永寶用"。這是一件媵簠,作器者姅仲。"姅"應是族氏,不見於文獻記載,由出土地魯國古城可知,他是魯國或者附近某國的一個小族群。姅仲的女兒稱謂是"甫妖",其夫家是甫氏,説明父家"姅氏"爲"妖"姓,也是一個不見於文獻的古老族姓。

16. 虎氏

西周中期青銅器有虎叔簠(《銘圖》04833),現藏保利藝術博物館,銘文是"虎叔作倗姒媵簠,萬年其子子孫孫永寶用"。這是虎叔給女兒倗姒作的媵器。"倗"是女兒夫家的族氏,也就是倗國,故址在今山西絳縣橫水鎮附近。從倗國墓地出土的青銅器得知倗國媿姓,"姒"是虎氏的族姓。

虎氏可能是夏人的一支，甲骨文有"虎方"，也就是虎國。《古今姓氏書辯證》載："出自高辛氏子八元，伯虎之後，子華子虎，以字爲氏。"

17. 長子氏

《路史·後紀·疏仡紀》載："帝之支子或封於辛，辛甲事紂，七十五諫，不從，文王以爲史，封之長子。"又《國名紀》載長子："紂太史辛甲國，今潞之長子縣，《紀年》之尚子也。"

上海博物館收藏一件長子騰臣簠（《銘圖》05973），出土地點不明，時代爲春秋中期，銘文是"唯正月初吉丁亥，長子騰臣擇其吉金，作其子孟嬬之母媵簠，其眉壽，萬年無期，子子孫孫，永保用之"。作器者"長子騰臣"，名騰臣，長子氏。受器者"孟嬬之母"，是長子騰臣的女兒，其稱謂中的"嬬"即"芈"，是長子氏的姓，"之母"是女兒的字。《路史》所説的"長子"是辛甲的封邑，辛甲是子姓，此長子是芈姓，兩者無關。此長子是某芈姓國（楚王）的庶長子的後裔，以長子爲氏，地望不詳。

18. 繁氏

繁氏出於子姓。《左傳·定公四年》云周成王時："分康叔以大路、少帛、綪茷、旃旌、大呂，殷民七族：陶氏、施氏、繁氏、錡氏、樊氏、饑氏、終葵氏。封畛土略，自武父以南，及圃田之北竟。"

1987 年安徽宿州市桂山鄉謝蘆村出土一件繁伯武君鬲（《銘圖》02944），時代爲春秋早期，銘文是"繁伯武君媵告姒寶鬲，子子孫孫永寶用"。這是繁伯武君爲女兒所作的媵器，女兒的稱謂是"告姒"，"告"即"郜"，是女兒夫家的族氏，"姒"是自家的姓，也就是説此繁氏是姒姓，當與殷民的繁氏無關。由於只有一件青銅器，且銘文簡約，繁氏的地望無從得知。

19. 稻氏

稻，金文作"䆃"。稻氏未見文獻記載。

青銅器銘文有觴姬簠蓋（《銘圖》04901），時代爲西周晚期，現藏臺北"中研院"歷史語言研究所，銘文爲"觴姬作䆃（稻）嬘媵簠，䆃（稻）嬘萬年子子孫孫永寶用"。陳昭容女士認爲銘文中"觴姬"的稱謂是夫家族氏＋自己的姓的組成方式，女兒姓"嬘"，因此"觴"就是"嬘"姓。[1] 筆者以爲"觴"讀爲"唐"，唐姬應是唐叔虞的後裔，以唐爲氏。唐姬爲稻嬘作媵器，那麼唐姬應是稻嬘的母親。"䆃"即"稻"字繁體，是女兒夫家的族氏，"嬘"是女子的姓，也就是唐姬丈夫的姓，她的自稱使用的不是夫家的族氏，而是父家的族氏。至於稻氏的族姓從簠銘中尚得不到相關信息。䆃（稻）嬘還有自作青銅器䆃嬘簠 4 件（《銘圖》04834—04837），銘文是"䆃嬘作尊簠，䆃嬘其萬年子子孫孫永寶用"。

---

[1] 陳昭容：《兩周婚姻關係中的"媵"與"媵器"——青銅器銘文中的性別、身分與角色研究之二》。

"嬽"文獻作"黑",是一個古老的姓,除此簋之外,還見於厌叔多父盤2件(《銘圖》14532、14533)。時代爲西周晚期,銘文有"厌叔多父作朕皇考季氏寶盤,用此純禄,受害福,用及孝婦嬽氏,百子千孫孫其事"。

查《潛夫論》載:"帝乙元子微子開,紂之庶兄也。武王封之於宋,今之睢陽是也。宋孔氏、祝其氏、韓獻氏、……黑氏、圍龜氏、既氏、據氏、磚氏、己氏、成氏、邊氏、戎氏、買氏、尾氏、桓氏、戴氏、向氏、司馬氏,皆子姓也。"上述觴姬簋蓋、蕭嬽簋和厌叔多父盤均是西周之物,早於宋微子後裔的黑氏,故與其没有淵源關係。

20. 蓬氏(鄏氏)

蓬氏是春秋時期楚國成、蓬、鬭、屈四大公族顯赫的一支,出自楚之先祖季連,羋姓。清華簡《楚居》:"季連聞其有聘,從及之盤,爰生緷伯、遠仲,游徜徉,現處于京宗。""遠仲"即"蓬仲",是知蓬仲是蓬氏的鼻祖。蓬氏幾乎累世都有人擔任楚國的要職。

《左傳·隱公十一年》:"王取鄔、劉、蒍、邘之田于鄭。"楊伯峻注:"蒍邑當在今河南省孟津縣東北。"[1]20世紀70年代末和90年代初,考古工作者在河南淅川縣倉房鎮的下寺、陳莊村和徐家嶺等地,發掘了30餘座蓬氏家族墓,出土了一批蓬氏貴族青銅器,另外在包山、新蔡等戰國楚簡中也有蓬氏宗族的信息。這些資料,上起春秋中期下到戰國中晚期,是研究蓬氏的寶貴史料。從蓬氏墓葬集中出現於河南淅川下寺、和尚嶺和徐家嶺一帶,説明蓬氏的封邑就在淅川縣倉房鎮境内。倉房鎮境内有多座先秦時期的城邑遺址,[2]其中位於淅川東南約50公里的丹江東岸(現已被水庫淹没)的龍城遺址,與蓬氏墓地僅一水相隔,面積達72萬平方米,時代爲春秋時期,應是蓬氏的封邑遺址。

蓬氏的"蓬",文獻作"蓬"或"蒍";金文中則作"鄏""鄏""佌""郿";戰國楚簡作"遠"。陶亮、于璐將"鄏"釋爲"鬭",説"此字(鄏)或是鬭字在楚系文字中的最初寫法。鬭字之所以從兩虎相倒之形,或許與鬭氏始祖子文'虎乳之'而取名鬭穀於菟傳説有關"。此説誤將和尚嶺墓地視爲以鬭氏改命之祖克黄夫婦爲中心的墓地,下寺視爲以令尹鬭成然爲中心的墓地,徐家嶺視爲以佐護昭王奔隨的鬭辛三兄弟爲中心的墓地,[3]實不可靠。

"鄏""鄏""佌""郿"均通"蓬",下寺、徐家嶺、和尚嶺三處均爲楚國蓬氏墓地,和尚嶺M1的克黄是蓬克黄,與《左傳》記載的鬭克黄無關。田成方認爲蓬氏氏稱中的四種形態,是蓬氏發展分化的直接反映,"蓬"是大宗,"蒍(鄏)""佌"是小宗。[4]當時田先生尚未見到郿子楚、郿子濾息諸器,"郿"字從"隹"從"邑"。"隹"字微部照紐,"蒍""鄏"所從的"爲"歌部

[1]　楊伯峻:《春秋左傳注》(修訂本),中華書局,1990年。

[2]　楊肇清:《淺談淅川楚文化的幾個問題》,《楚文化研究論集》第4集,河南人民出版社,1994年。

[3]　陶亮、于璐:《淅川楚墓與楚國鬭氏》,《中原文物》2015年第4期。

[4]　田成方:《東周時期楚國宗族研究》,科學出版社,2016年。

匣紐，微歌旁轉，照匣準雙聲，故可通假。如"惟"與"爲"通假，《書·康誥》"乃惟眚災"，《孔叢子·刑論》引惟作爲；《書·周官》"兹惟三公"，《唐六典》卷一引惟作爲；《詩·小雅·天保》"吉蠲爲饎"，《周禮·秋官·蜡氏》鄭注引爲作惟；《楚辭·九章》"專惟君而無他兮"，《考異》云"惟，一作思，一作爲"。又"帷"可通"幎"，《禮記·喪大記》"素錦褚加幎荒"，鄭注"幎當爲帷，或作于。聲之誤也"；《荀子·禮論》楊注："《通典·禮四十六》引幎作帷。"還有"維"與"爲"通假，如《詩·大雅·崧高》"維周之翰"，《禮記·孔子閒居》引維作爲；《楚辭·天問》"胡維嗜不同味"，《考異》云"維，一作爲"。[1] 故知"佳"可通"爲"，"郿"亦可通"鄬""蓮"。若依田先生所説，那麼，"郿"也是蓮氏的一個小宗。

《左傳·昭公二十三年》："冬十月甲申，吳大子諸樊入郹，取楚夫人與其寶器以歸，楚司馬蓮越追之不及。將死，衆曰：'請遂伐吳以徼之。'蓮越曰：'再敗君師，死且有罪。亡君夫人，不可以莫之死也。'乃縊於蓮澨。"杜預注："蓮澨，楚地。"

蓮氏是一個大族群，出土青銅器多達 40 餘件，從春秋早期到戰國中期，沿襲時間很長。主要出土於河南淅川縣倉房鎮下寺、徐家嶺與和尚嶺。主要有鄬（郿）子佣鼎、簠、簋、缶、盤、匜、戟、矛等 25 件；郿子受鼎、鬲、鐘、鎛、戟等 22 件；郿子吳鼎 2 件、郿子大簠、郿子辛簠、郿子辛戈、郿子孟丑嬭鼎、郿子孟青嬭簠、郿夫人嬭鼎、郿夫人曾姬盤、郿夫人坙缶、曾仲郿𡉈膡方座等；另外有湖北襄陽市穀城縣尖角墓地出土的郿子贈壺以及流散器郿子楚鼎、郿子楚軙簠 3 件、郿子冀豆、郿子濾息鼎、郿子濾息缶、郿子冀壺等。

與蓮氏有關聯的青銅器有蔡侯盤（《銘圖》14519）、蔡侯匜（《銘圖》14996）等。

郿夫人嬭鼎，2016 年出土於河南淅川縣倉房鎮徐家嶺 11 號墓，時代爲戰國早期，這是一位名叫嬭的蓮氏夫人自作器，銘文最後有"郿（蓮）大尹、嬴作之，後民勿忘"，可知其婆母是嬴姓族氏。蔡侯盤、匜的時代是春秋晚期，銘文是"唯王正月初吉丁亥，蔡侯作媵鄬仲姬丹盥盤（或會匜），用祈眉壽，萬年無疆，子子孫孫，永保用之"。這是蔡侯爲女兒或者姊妹所作的媵器，女子的稱謂是"鄬仲姬丹"，由夫家族氏＋女子排行＋自家的姓＋女子的名組成，其夫家"鄬"即蓮氏。另外，郿夫人曾姬盤也是一位來自姬姓曾國的女子成爲蓮氏的夫人。看來，蓮氏在楚國的勢力確實很大，就連曾國、蔡國都和蓮氏聯姻。

21. 屈氏

屈氏也是春秋時期楚國的强宗大族，世代擔任莫敖之職。關於屈氏的族源，王逸《楚辭章句》引《帝系》説："其孫武王，求尊爵於周，周不與，遂僭號稱王，始都于郢，是時生子瑕，受屈爲客卿，因以爲氏。"[2] 趙逵夫認爲屈氏受姓之祖爲句亶王熊毋康，他説："'無康''毋

---

[１] 高亨、董治安：《古字通假會典》，齊魯書社，1989 年。

[２] （宋）洪興祖撰，黃靈庚點校：《楚辭補注》，上海古籍出版社，2015 年。

康’，推其本源，當作‘伯庸’。”[1]王廷洽認爲：“莫敖之先實爲蚡冒，蚡冒音亦與莫敖
近。……《戰國策》稱其爲蚡冒勃蘇者，蓋蚡冒之後即爲莫敖氏、屈姓明矣。”[2]蔡靖泉也認
爲：“同屬莫敖氏，皆爲蚡冒（莫敖）之後裔。蚡冒謚號爲‘莫’。”[3]

　　清華簡《楚居》有：“至酓繹與屈約，使若嗌卜徙於夷屯。”田成方認爲：“屈約與屈氏之間
可能存在直接親屬關係。東周時期屈氏宗族世襲莫敖，或與屈約在早期楚史中的地位、貢獻
是分不開的。”[4]來國龍也認爲屈氏源於屈約。[5]筆者贊同田先生和來先生之説，即屈氏
的始祖應該就是屈約，與熊繹同時。

　　關於屈氏的封邑，趙逵夫在其《屈原與他的時代》中推測屈氏的封邑在古甲水附近，即古
麇國地域。[6]《漢書·地理志》上雒：“又有甲水出秦領山，東南至錫入沔。”《元和郡縣志》鄖
鄉縣：“本漢錫縣，古麇國之地也。《左傳》曰‘楚潘崇伐麇，至于錫穴’是也。漢錫縣屬漢中
郡，晋武帝改錫縣爲鄖鄉縣。”《水經注》卷二十七沔水：“漢水又東合甲水口，水出秦嶺山，東
南流逕金井城南，又東，逕上庸郡北，與關衬水合，……甲水又東南，逕魏興郡之興晋縣南，晋
武帝太康中立。甲水又東，右入漢水。漢水又東爲龍淵，淵上有胡鼻山，石類胡人鼻故也。
下臨龍井渚，淵深數丈。漢水又東，逕魏興郡（今陝西安康市）之錫縣故城北，爲白石灘。縣，
故春秋之錫穴地也。”田成方則認爲：“趙氏將屈氏封邑定在古甲水附近，略顯偏遠。屈氏封
邑更可能靠近楚都所在的南陽盆地，大約在今湖北鄖縣附近。”[7]2009年3月，鄖陽博物館
專家在鄖縣發現兩處漢代文化遺址及三處墓地，其中五峰鄉西峰村上莊遺址是漢代錫縣故
址。鄖縣即今十堰市鄖陽區，五峰鄉位於湖北省十堰市鄖陽區西南方，漢江南岸。該遺址處
在兩道梁子之間的寬闊溝谷臺地上，平面呈長方形，略高於周圍1至2米，北部爲漢水，分佈
面積達8萬平方米，隨處可見漢代板瓦、筒瓦殘片等（有的地段堆積竟厚達1米），附近還分
佈多個同時期的遺址及墓地，其中最大一處墓地約20萬平方米。

　　另外，《水經注·江水》：“又東，過秭歸縣之南。”注云：“（秭歸）縣東北數十里，有屈原舊
田宅。雖畦堰縻漫，猶保屈田之稱也。縣北一百六十里有屈原故宅，累石爲室基，名其地曰
樂平里。……故《宜都記》曰：秭歸蓋楚子熊繹之始國，而屈原之鄉里也。原田宅於今具存，
指謂此也。”《荆州記》也説：“秭歸縣北一百里有屈平故宅，方七頃，累石爲屋基，今其地名樂

［1］趙逵夫：《屈氏先世與句亶王熊伯庸——兼論三閭大夫的職掌》，《文史》第25輯，中華書局，1985年。
［2］王廷洽：《楚國諸敖考釋》，《江漢論壇》1986年第9期。
［3］蔡靖泉：《楚國的“莫敖”之官與“屈氏”之族》，《江漢論壇》1991年第2期。
［4］田成方：《東周時期楚國宗族研究》，科學出版社，2016年。
［5］［美］來國龍：《清華簡〈楚居〉所見楚國的公族與世系——兼論〈楚居〉文本的性質》，《簡帛·經典·
　　古史》，上海古籍出版社，2013年。
［6］趙逵夫：《屈原與他的時代》，人民文學出版社，2002年。
［7］田成方：《東周時期楚國宗族研究》。

平。"這説明秭歸是屈原所屬宗支食邑所在。

　　屈氏的青銅器出土較少，目前僅有楚屈子赤目簠（《銘圖》05960）、塞公屈頴戈（《銘圖》16696）、楚屈喜戈 2 件（《銘圖》16765，《銘三》1409）和楚屈叔佗戈 2 件（《銘圖》17048、17328）。

　　屈子赤目簠，曾稱屈子赤角簠，1975 年湖北隨縣涓陽公社鰱魚嘴（今屬隨州市曾都區淅河鎮）出土，時代爲春秋中期後段，銘文有"唯正月初吉丁亥，楚屈子赤目媵仲嬭（芈）璜飤簠，其眉壽無疆，子子孫孫，永保用之"。銘文記述屈子赤目爲仲芈璜出嫁作媵器。女子稱名爲"仲芈璜"，由女子的排行+自家的姓+女子的名組成，故知屈氏家族爲嬭（芈）姓無疑。有學者認爲屈子赤目就是見於《左傳·文公三年》的息公子朱，赤目是名，子朱是字。[1]他曾擔任楚國息縣縣公和左司馬等職。此簠出土於曾國境内，説明屈子赤目之女嫁於姬姓曾國。屈喜、屈叔佗也是春秋中期後段人，屈氏的族人，屈叔佗是屈氏的小宗；而塞公屈頴則是擔任塞邑縣公屈氏族人。

2019 年 12 月完稿

---

[1]　趙逵夫：《楚屈子赤角考》，《江漢考古》1982 年第 1 期。

中國最早的龍鈕玉璽

　　2016 年 4 月,陝西澄城縣王莊鎮柳泉溝村商末周初墓葬出土一枚龍鈕玉璽,[1] 現藏陝西省渭南市考古研究所。該璽通高 2.5、面徑 3×3.9 釐米。青玉質。體呈橢圓形,上面略鼓,蟠龍鈕,龍尾從右後方邊沿向前盤旋,繞過雙足,然後到後方,龍口微張,盤角露舌,眼、鼻、耳清晰,雙腿前屈,作蹲伏狀;龍體兩側的臺面裝飾着張口短夔,兩兩相對。下面內凹,有田字格。龍體後部有一個對穿小孔,可以繫帶,龍體裝飾鱗紋(圖一)。璽文旋轉分佈,4 個圖形文字是"龍、嬴(螺)、虎、鳥"(圖二)。

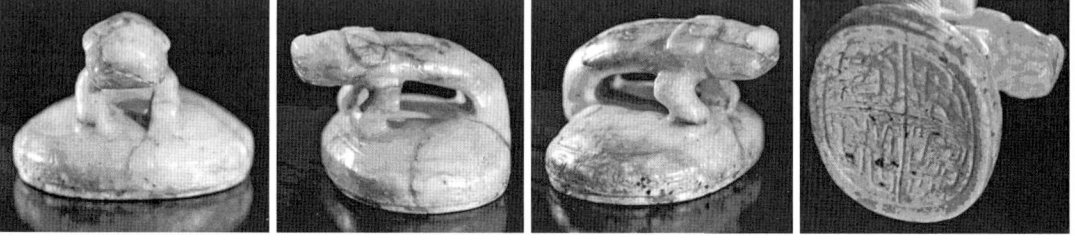

圖一

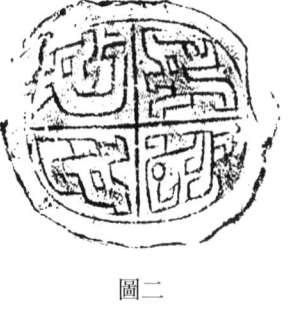

圖二

　　"龍"字,字形作" ",頭上有角,尾下卷。該字與商周青銅器紋飾中的夔龍相似,與子龍鼎(《銘圖》00465)的龍字" "、龍鼎(《銘圖》00272)的龍字" "、龍簋(《銘圖》03435)的龍字" "構形相近,只是一個是橫置,一個是豎置,均爲"龍"字,應無問題。龍是中國古代傳説中的一種神異動物。身長,形如蛇,有鱗爪,能興雲降雨,爲水族之長。《易·乾卦》云:"雲從龍,風從虎,聖人作而萬物覩。"

　　"嬴"字,字形作" ",身體蜷曲,頭有觸角。該字與子嬴觚(《銘圖》09323)的" (嬴)"字、子嬴爵(《銘圖》07362)的" (嬴)"字的形體幾乎完全相同。嬴,今寫作螺,是一

---

[1] 見 2016 年 7 月 1 日新華社西安電(記者:陶明、馮國):《陝西渭南發現西周"玉璽"》,電文中將其時代誤斷爲西周早期。本文玉璽照片係新華社記者陶明拍攝。

種具有迴旋形貝殼的軟體動物,有觸角。《説文・蟲部》:"蠃,螔蠃也。从虫羸聲,一曰虒蝓。"又:"蝸,蝸蠃也。"段玉裁注:"蠃者,今人所用螺字。……今人謂水中可食者爲螺,陸生不可食者曰蝸牛,想周、漢無此分別。"《易・説卦》:"爲蠃、爲蚌。"《爾雅・釋魚》:"蠃,小者蜬。"郭璞注:"螺,大者如斗,出日南漲海中,可以爲酒杯。"《國語・吳語》:"日臣嘗卜於天,今吳民既罷……其民必移就蒲蠃於東海之濱。"韋昭注:"蠃,蚌蛤之屬。"《尚書大傳》卷二:"鉅定蠃。"鄭玄注:"鉅定,澤也……蠃,蝸牛也。"《莊子・則陽》:"有所謂蝸者,君知之乎?"陸德明釋文:"李云:蝸,蟲,有兩角,俗謂之蝸牛。"《儀禮・士冠禮》:"蠃醢。"鄭玄注:"今文蠃爲蝸。"《周禮・天官・鼈人》:"祭祀共廬、蠃、蚳,以授醢人。"孫詒讓正義:"今語以水生者爲蠃,陸生者爲蝸牛,古人蓋無此分別。凡經典之言蚹蠃、言蠃,注家訓爲蝸,爲蝸牛者,皆當爲水蠃。"

"虎"字,字形作"",頭無角,尾上卷。該字的形體與虎簋(《銘圖》03555)的"(虎)"字、虎簋(《銘圖》03557)的"(虎)"字相近,是圖形文字"虎"字。虎,漢應劭《風俗通・祀典・桃梗葦茭畫虎》説:"虎者陽物,百獸之長也,能執搏挫鋭,噬食鬼魅。"

"鳥"字,字形作"",圓目,勾喙,有飄翎。它與同期的鳥紋基本相同,也與亞鳥父甲鼎(《銘圖》01114)的"(鳥)"字、鳥父甲卣(《銘圖》12758)的"(鳥)"字、婦鳥觚(《銘圖》09296)的"(鳥)"字大同小異。鳥,古代指尾羽長的飛禽。《説文・鳥部》:"長尾禽總名也。"段玉裁注:"短尾名佳,長尾名鳥,析言則然,渾言則不別也。"鳥,也指南方朱鳥七宿星座。《書・堯典》:"日中星鳥,以殷仲春。"孔傳:"鳥,南方朱鳥七宿。"

從璽鈕的蟠龍形體、紋飾以及璽面的圖形文字判斷,該玉璽時代應該是商代晚期。更重要的證據是:它與 1998 年安陽殷墟婦好墓出土的一件石器蓋(其實也是璽印,詳後)的形制完全相同,紋飾時代特徵相若,璽文的田字格,甚至内容都基本相同,故時代應當與之相同或者相近。我們知道,婦好是商王武丁的后妃,其時代在商代晚期前段,即殷墟第三期,所以該玉璽的時代屬於商代晚期毋容置疑。這是我國目前發現最早的玉質璽印,也是最早的龍鈕玉璽,比 1983 年廣州南越王墓出土的西漢早期龍鈕"文帝行璽"[1]要早一千一二百年。

婦好墓出土的所謂"石器蓋"也應該是一枚石璽(圖三)。《殷虛婦好墓》描述這件器物:"白色,微灰,大理岩。橢圓形,面部微鼓,上雕龍形鈕,龍口微張,露舌,眼、耳、鼻清晰,雙足前屈,作伏狀,尾盤於邊沿,背、尾均飾菱形紋;背面微凹,中間刻十字陰綫,長徑上下側各雕夔紋一對,頭相對,張口,身、尾極短。高 3、面徑 4.5×5.4、厚 0.8 釐米。"[2]它與澄城玉璽的

---

[1]　廣州象崗漢墓發掘隊:《西漢南越王墓發掘初步報告》,《考古》1984 年第 3 期。
[2]　中國社會科學院考古研究所編:《殷虛婦好墓》,文物出版社,1980 年。

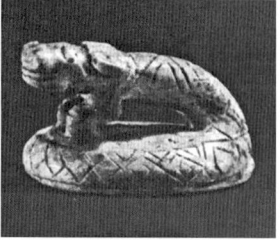

圖三

區別,一是澄城玉璽爲青玉質,婦好墓石璽爲大理岩質地;二是澄城玉璽龍體處於橢圓形臺面的縱向,龍頭伸出臺面之外。婦好墓石璽龍體處於橢圓形臺面的橫向,龍頭基本與臺面平齊;三是澄城玉璽的龍體飾鱗紋,婦好墓石璽的龍體飾菱形紋;四是澄城玉璽龍背後部有小穿孔,婦好墓石璽無穿孔。婦好墓石璽璽面所謂的"十字陰綫",連同邊緣一周的陰綫,實際上也是田字格,與澄城玉璽相同。因爲《殷墟婦好墓》作者認爲這是一個器蓋,所以也就没有説明田字格中的四個圖案的内容。從報告附圖可以看出,其内容與澄城玉璽基本相同,只是第二個圖形"蠃(螺)"稍有差異,或爲臨摹所致。

其一,這兩件器物很小,長寬不過 3—5.4 釐米,高僅 2.5—3 釐米,且呈橢圓形,兩座墓中均未出土相同質地的適合它們遮蓋的容器。

其二,這兩件器物下面有田字格,内有圖形文字,這是任何器蓋所不需要的,恰恰是商代晚期到秦漢時期璽印所常見的現象。

其三,有人提出兩件器物下面向内凹陷,不是平面,無法鈐印。殊不知商代晚期紙張和帛書尚未出現,璽印最初和陶拍一樣,只是按捺在銅器的陶範和陶器的泥坯上,後來就用於鈐印封泥。璽面内凹,並不影響使用,它使得壓印出的璽文更高凸清晰。

其四,20 世紀 30 年代,安陽殷墟就出土過 3 件商代晚期的銅璽,1935 年黄濬的《鄴中片羽》和 1940 年于省吾先生的《雙劍誃古器物圖録》都曾著録,其中後兩枚現藏臺北故宫博物院,均呈長方形或正方形,上有鼻鈕,第三枚璽面還有田字格。三枚的璽文分别是"翼子"(圖四:1、2)、"亞離示"(圖四:3、4)和"刂旬抑埵"(圖四:5、6)。[1]北京故宫博物院也收藏一枚商代晚期的銅璽,璽面正方形,橫截面呈梯形,背面平整,上有橋形鈕。璽面飾獸面紋,眉間有陽文"名"字(圖四:7)。[2]

[1] 李學勤:《璽印的起源》,《綴古集》,上海古籍出版社,1998 年。
[2] 何毓靈、岳占偉:《論殷墟出土的三枚青銅印章及相關問題》,《考古》2012 年第 12 期 71—72 頁。璽文"名"字在兩眉兩眼之間,所從的"夕"爲實筆月牙形,"口"字在月牙下部,作者以爲是獸面紋的組成部分,未釋爲字。

圖四

可喜的是, 20 世紀 90 年代以來, 考古工作者發掘的殷墟建築基址、祭祀坑和墓葬中又出土了 3 枚銅璽, 進一步證明了殷商晚期已經存在着成熟的璽印。一枚是 1998 年安陽殷墟東南部的安陽水利局院内一處夯土房基内出土, 正方形, 半環形鈕, 璽面鑄陽綫獸面紋(圖五：5、6), 年

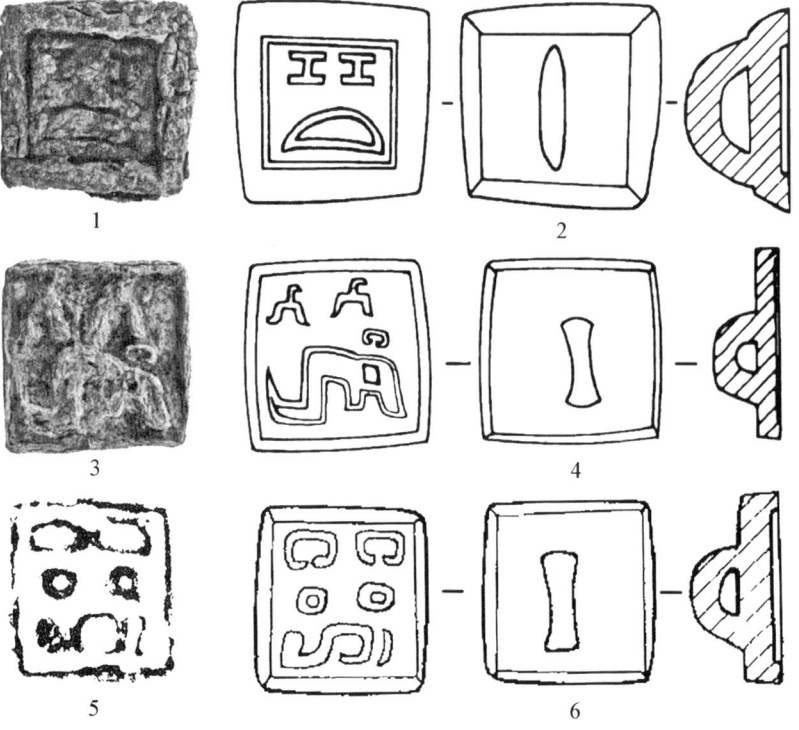

圖五

代屬殷墟文化第三、四期,即殷墟晚期。[1]第二枚是 2009 年河南安陽市殷都區王裕口村南地 M103 殷商墓出土,璽面爲陽文"吾(珏)"字(圖五：1、2),年代屬殷墟文化第 2 期。這枚銅璽整體呈方形,橫截面呈梯形,上有橋形鈕,印面內凹。[2]第三枚是 2010 年安陽殷墟南部的劉家莊 H77 祭祀坑出土,璽面鑄陽文"冂 冂"2 字,下部飾夔龍紋(圖五：3、4),年代亦屬殷墟文化第 2 期。[3]這些商代晚期銅璽的出土,更加證明了澄城玉璽、婦好墓石璽是商代晚期璽印的判斷不誤。

商周時期發現的璽印均以鼻鈕爲主,而這兩枚璽印突兀地使用了立體的龍鈕,在璽印史上是空前的創舉。龍鈕在秦漢以後的官印中有極高的地位。從石璽出土於婦好墓可知,使用龍鈕璽印的是殷商王族。澄城龍鈕玉璽應與之相當,或者更高。至於這枚玉璽爲什麼流落於澄城周墓中,尚待進一步研究。

從上述殷墟出土的七枚璽印可以看出,這一時期的璽印可分爲文字璽、圖形璽(也稱肖形璽)和文字與圖形相結合的圖文璽。澄城玉璽和婦好墓石璽的璽文是圖形文字,所以還屬文字璽。璽文"龍、嬴(螺)、虎、鳥"可能就是中國古代人們崇拜的四靈的濫觴,也是四靈印的早期形態。

四靈也叫作四象、四神,是中國古代人們所喜愛的吉祥物。四靈在古代有兩種説法,一種認爲是麟、鳳、龜、龍。《禮記·禮運》："何謂四靈？麟、鳳、龜、龍,謂之四靈。"孔穎達疏："以此四獸皆有神靈,異於他物,故謂之靈。"另一種認爲是青龍、白虎、朱雀、玄武。三國魏曹植《神龜賦》云："嘉四靈之建德,各潛位乎一方。蒼龍虯於東嶽,白虎嘯於西崗,玄武集於寒門,朱雀棲於南鄉。"明田藝蘅《留青日劄·四神四靈四祥》説："天有蒼龍、白虎、朱雀、玄武四星之精,降而在地則爲龍、虎、鳥、龜四獸之象,兵家爲之四神。"春秋戰國時期,由於五行學説盛行,所以四象被配上顏色成爲"青龍、白虎、朱雀、玄武",配上方位便是"左青龍,右白虎,前朱雀,後玄武"。兩漢時期,四象演化成爲道教所信奉的神靈,隨即被稱爲四靈。在漢族民俗文化中,四靈有祛邪、避災、祈福的祥瑞作用。

鳥在四靈中也被稱爲朱鳥、朱雀。朱鳥、朱雀後來演變成鳳凰。《詩·大雅·卷阿》："鳳凰于飛,翽翽其羽。"毛傳："鳳凰,靈鳥,仁瑞也。"古人視鳳凰爲神鳥,百雀之王,預示着吉祥、安寧、興旺、蓬勃騰達。

嬴有迴旋形硬殼,頭尾肢體可縮入甲殼之內,外剛內柔,深居簡出,具有一種神秘感,所

---

[1] 劉正成主編：《中國書法全集·先秦璽印卷》第 92 卷 199 頁,榮寶齋出版社,2003 年。何毓靈、岳占偉：《論殷墟出土的三枚青銅印章及相關問題》,《考古》2012 年第 12 期 70 頁。

[2] 中國社會科學院考古研究所安陽工作隊：《河南安陽市殷墟王裕口村南地 2009 年發掘簡報》,《文物》2012 年第 12 期。

[3] 中國社會科學院考古研究所安陽工作隊：《河南安陽市殷墟王裕口村南地 2009 年發掘簡報》,《文物》2012 年第 12 期。

以古人奉爲神物。《論衡·偶會》云:"月毀於天,螺消於淵。風從虎,雲從龍。同類通氣,性相感動。"《論衡》就將螺(贏)與龍虎並提,説明在四靈形成的初期階段,螺(贏)也是重要的靈物。後來四靈中的玄武,形象是龜蛇合體的神獸,可能就是由贏演化來的。龜和贏一樣也具有硬殼,體軀可伸可縮;蛇又稱小龍,猶如贏體蜿蜒伸出殼外,可能到了秦漢時期就代替了贏,成爲四靈之一。

四靈印,是指有"四靈"圖案或者"四靈"圖案與姓名相結合的印章。過去認爲四靈印最早出現在西漢中期,是私人印章種類之一。四靈體現了古人對自然的崇拜,後經多年的演化,成爲人們思維觀念中喜聞樂見的吉祥物,被大量刻入印章之中,佩戴以避邪。從澄城龍鈕玉璽和婦好墓龍鈕石璽的發現可知,遠在商代晚期就出土有四靈璽,把四靈璽印的出現提前了一千三百多年。

總之,這兩枚龍鈕璽是考古工作者從古代墓葬中科學發掘出土的。它們精緻的造型、巧妙的璽面佈局、奇詭的璽文結構是其顯著特色,在商代晚期璽印中,既是圖像印也是文字印的源頭,堪稱第一。它們的發現,對研究璽印史、古文字和古代藝術,都有着重要的意義。

(原載復旦大學出土文獻與古文字研究中心網,2016 年 6 月 10 日)

高祖、亞祖、王父考

　　在商周青銅器銘文中出現的高祖、亞祖和王父稱謂,對其含義的解釋歷來有很大的分歧。1995 年陝西咸陽市發現的𤔲鼎銘文,[1]對解決這一問題有很大的幫助。在叙述自己的七代世系中,銘文同時出現高祖、亞祖和王父的稱謂,每一稱謂後面都有官職和私名,而且有三位亞祖連稱。筆者不揣淺陋,運用𤔲鼎銘文對高祖、亞祖和王父進行考釋,以就教於大方。

　　現將𤔲鼎銘文照録如下(圖一):

　　　　𤔲曰:丕顯天尹,匍保王身,諫辪(乂)三(四)方,在朕皇高祖師婁、亞祖師夆、亞祖師褢、亞祖師僕、王父師彪于(與)朕皇考師孝,□作尹氏,□妾甸人,曓屯亡啟,□尹氏家。𤔲夙……

首先來談談高祖。

對於"高祖"的解釋,漢儒認為五世祖是為高祖。《爾雅·釋親》云:"父為考,母為妣;父之考為王父,父之妣為王母;王父之考為曾祖王父,王父之妣為曾祖王母;曾祖王父之考為高祖王父,曾祖王父之妣為高祖王母。"顧炎武不同意漢儒的説法,他在《日知録·高祖》中提出遠祖、始祖為高祖説;[2]黃盛璋先生在考釋牆盤銘文的文章中也認為"高祖一般指宗廟中始祖";[3]清人梁章鉅認為五世

圖一

---

[1] 吳鎮烽:《𤔲鼎銘文考釋》,《考古與文物》2005 年增刊《古文字論集(三)》。
[2] (清)顧炎武:《日知録》,甘肅民族出版社,1997 年。
[3] 黃盛璋:《西周微家族窖藏銅器群初步研究》,《社會科學戰綫》1978 年第 3 期。

祖以上統稱高祖,他在其《稱謂録》中引用閻若璩《潛丘劄記》之説:"曾祖之父爲高祖,然自是以上,亦通謂之高祖。"美國加州大學洛杉磯分校羅泰教授則認爲高祖是指命氏立族者,[1]其説亦可歸入始祖説。不管是五世祖、五世祖以上各代祖先或是始祖諸説,都是把"高祖"固定在某一代或者幾代先祖身上,其他先祖是不能稱爲"高祖"的,這些解釋可稱爲定點説。曹瑋先生在《高祖考》一文中羅列了歷代的多種説法,並分析了許多金文資料,結論認爲"高祖是始祖的稱謂,但直系的若干代先祖也可稱爲高祖"。[2]其説似是而非,或者説是自相矛盾,既然高祖是始祖的稱謂,那麼其他先祖就不可以稱爲高祖,其他先祖稱爲高祖那和始祖又怎麼區别呢? 筆者認爲,在商周時期,包括春秋戰國時期在内,"高祖"不是某一代先祖的專稱,也就是説高祖之稱是不定點的。

　　從金文資料和文獻資料稱高祖的實例來看,商周時期到春秋戰國時期,遠祖、始祖可以稱爲高祖,受命之君、命氏立族者可以稱爲高祖,九世祖也可以稱爲高祖,甚或曾祖父(四世)和祖父都可以被稱爲高祖。《書・康王之誥》有:"惟周文、武,誕受羑若……今王敬之哉! 張皇六師,無壞我高祖寡命。"在這裏康王把文王、武王稱爲高祖,就是以曾祖父或祖父爲高祖的。1976 年陝西扶風莊白村銅器窖藏出土的一式癞鐘銘文,[3]從高祖辛公到己身排列了四代,牆盤銘文[4]從高祖到己身排列了六代,癞鼎銘文從高祖到己身排列了七代,逑盤銘文[5]從第一個高祖到己身排列了八代。由此可證所謂"曾祖王父之考"(即五世祖)爲高祖説並不符合先秦時期的實際情況。在先秦時期,五世祖可以稱爲"高祖",但也可以不稱爲"高祖",上列牆盤、癞鼎的第五代先祖就沒有稱爲高祖。顧炎武等人所提出的始祖、遠祖、受命立國者、命氏立族者以及九世祖,都可以稱爲"高祖",但也可以不稱爲"高祖"。1992 年陝西扶風海家村出土的師宲鐘,[6]時代爲西周晚期,銘文就有"師宲自作朕皇祖大(太)公、庸公、執公、魯仲、憲伯、孝公,朕剌考……□和鐘"。所列世系也是七代,加上作器者師宲共八代。師宲稱其諸位先祖爲"皇祖"而不是"高祖"。太公爲第一代先祖,也就是命氏立族者,該族的始祖,也沒有被稱爲"高祖"。太公及其以下的庸公、執公、魯仲、憲伯、孝公,均屬"皇祖",這是銘文的省簡式,完整的叙述應該是"皇祖大公、皇祖庸公、皇祖執公、皇祖魯仲、皇祖憲伯、皇祖孝公,朕剌考……□和鐘"。春秋早期姬姓的晉國和嬴姓的秦國也稱自己的受命立國之君爲"皇祖"或者"先祖",而並没有稱爲"高祖"。如:晉公盆銘文載"晉公曰:我皇祖

[1]　[美] 羅泰:《有關西周晚期禮制改革及莊白微氏青銅器年代的新假設: 從世系銘文説起》,《中國考古學與歷史學之整合研究》,臺北"中研院"歷史語言研究所,1997 年。

[2]　曹瑋:《"高祖"考》,《文物》2003 年第 9 期 32 頁。

[3]　陝西周原考古隊:《陝西扶風莊白一號西周青銅器窖藏發掘簡報》,《文物》1978 年第 3 期。

[4]　陝西周原考古隊:《陝西扶風莊白一號西周青銅器窖藏發掘簡報》。

[5]　陝西省考古研究所等:《陝西眉縣楊家村西周青銅器窖藏》,《考古與文物》2003 年第 3 期。

[6]　高西省:《扶風巨良海家出土大型爬龍等青銅器》,《文物》1994 年第 2 期 96 頁圖 11。

唐公膚受大命,左右武王,教威百蠻,廣闢四方"(《集成》10342)。傳世秦公簋銘文有"秦公曰:丕顯朕皇祖,受天命,鼏宅禹迹,十又二公,在帝之坏"(《集成》04315)。傳世秦公鎛銘文爲"秦公曰:丕顯朕皇祖,受天命,肇有下國,十又二公,不墜上下"(《集成》00270)。而寶雞太公廟新出土的秦武公時期的秦公鎛銘文則爲"秦公曰:我先祖受天命,賞宅受國,烈烈昭文公、静公、憲公,不墜於上"。[1]

因此,筆者認爲從商周時期一直到春秋戰國時期,"高祖"只是一種尊稱,並不是哪一代先祖的專稱。"高"字和"皇"字一樣,是對"祖"的一種尊隆之詞,周王可以使用,一般貴族也可以使用。"高"有崇高、高尚、尊貴等義。《説文》云:"高,崇也。"《詩·小雅·車舝》:"高山仰止,景行行止。"即用此義。《廣雅·釋詁一》:"高,上也。"《禮記·月令》"高卑厚薄之度",疏云:"高者,尊也。"《吕氏春秋·離俗》:"故布衣人臣之行,潔白清廉中繩,愈窮愈榮,雖死,天下愈高之,所不足也。""高之"即"尊之",尊敬的意思。故郝懿行在《爾雅·釋親》義疏中解釋高祖時説:"高者,尊崇之稱。"這一解釋十分精當。所以,先秦時期將其先祖有的稱"高祖",有的稱"皇祖",有的也稱"皇高祖",不加尊隆字者則稱"祖"或者"先祖"。"高祖"被定位於由己身上溯四世,排列出高祖、曾祖、王父(或稱祖父)、考(即父親)、己身這樣一個五世系列,大概是到了秦漢時期才形成的。

現在來談談亞祖。

古文獻中没有見到"亞祖"這一稱謂,金文中僅有 5 例,除嚳鼎外,其他 4 例是:1. 牆盤"青幽高祖在微靈處,雩武王既戈殷,微史剌祖乃來見武王,武王則令周公舍宇于周,卑處甬,更(惟)乙祖遹匹厥辟,遠猷腹心,子(兹)䐱(納)舞明,亞祖祖辛,䟦毓子孫"。2. 五式癲鐘"癲曰:丕顯高祖、亞祖、文考,克明厥心"。3. 逑盤"雩朕皇高祖零伯,舞明厥心,不彖(憛)□服,用辟龏(恭)王、懿王;雩朕皇亞祖懿仲,匿諫諫克,匍保厥辟孝王、夷王,有成于周邦;雩朕皇考恭叔,穆穆趬趬,龢訇于政,明㡭于德,享辟厲王"。4. 南宮乎鐘"先祖南公、亞祖公仲、必父之家"。[2]

對於亞祖稱謂的解釋,譚步雲先生説"'亞祖'當與'亞父'之類同",亞者次也,"亞祖當指'祖'之兄弟"。[3]而最具代表性的是羅泰先生的"分支立族"説。他在《有關西周晚期禮制改革及莊白微氏青銅器年代的新假設:從世系銘文説起》[4]一文中認爲癲鐘和牆盤銘文中的高祖是指該族的命氏立族者,而亞祖(折)是微氏家族這一分支的立族者。並説:"高祖

[1] 盧連城、楊滿倉:《陝西寶雞縣太公廟村發現秦公鐘、秦公鎛》,《文物》1978 年第 11 期 4 頁。

[2] 羅西章:《扶風出土的商周青銅器》,《考古與文物》1980 年第 4 期 20 頁。

[3] 譚步雲:《郊氏諸器▼字考釋——兼説"曾祖"原委》,《容庚先生百年誕辰紀念文集》438 頁,廣東人民出版社,1998 年。

[4] [美]羅泰:《有關西周晚期禮制改革及莊白微氏青銅器年代的新假設:從世系銘文説起》。

與亞祖之間還有若干代先祖。”曹瑋先生也贊同這一觀點。[1]筆者認爲羅泰先生的這一觀點是值得商榷的。

　　從微氏家族銅器銘文的内在聯繫分析，五式癲鐘的“高祖”和“亞祖”，並不是牆盤所説的“青幽高祖”和“亞祖祖辛”。牆盤所叙述的從高祖、剌祖、乙祖、亞祖祖辛到文考乙公，是微氏家族連續的五代先輩，他們和銘文前段叙述的歷代周王是相對應的。用牆盤銘文所列的世系比照可知，五式癲鐘的“高祖”和“亞祖”，就是一式癲鐘的“高祖辛公”和“文祖乙公”。這位“高祖”“高祖辛公”，牆稱其爲“亞祖祖辛”，他是癲的曾祖父作册折（豐尊銘文中稱其爲父辛）；一式癲鐘和五式癲鐘銘文中的“亞祖”“文祖乙公”，牆稱其爲“文考乙公”，他是牆的父親，癲的祖父，名叫豐。五式癲鐘的“文考”就是一式癲鐘的“皇考丁公”，也就是牆盤的作器者牆，微伯癲的父親。五式癲鐘的“亞祖”和牆盤中的“亞祖”所指並不相同，一個指的是作册折，一個指的是豐；一個廟號是“辛”，一個廟號是“乙”。羅泰先生將兩個“亞祖”混爲一談，説成是微氏家族的分支立族者於理不通。同樣，述盤的“亞祖懿仲”也不能被解釋爲分支立族者。如果説從他的謐名“懿仲”分析，他在兄弟中排行第二，是爲小宗，另立分支家族被稱爲“亞祖”，那麽在述的先祖中第二代“皇高祖公叔”兄弟排行應爲老三，第三代“皇高祖新室仲”和第四代“皇高祖惠仲”亦均排行老二，都不是嫡長子，都應另立分支家族，但他們都没有被稱爲“亞祖”，而被稱爲“皇高祖”。還有述的父親“皇考龔叔”在兄弟間排行第三，也應另立分支家族，該稱他爲什麽呢？由此可見，將“亞祖”解釋爲“分支立族者”是站不住腳的。

　　𤼈鼎銘文在高祖以下連稱“亞祖師夆、亞祖師褱、亞祖師僕”，三個亞祖都有私名，官職都是“師”。西周時期實行世官制，先輩的官職由嫡長子繼承。三位亞祖的官職均爲“師”，充分説明他們不可能是分支立族者。那麽，“亞祖”又作何解釋呢？我認爲“亞”有次於、僅次之義。《爾雅·釋言》云：“亞，次也。”“亞祖”就是次一輩的先祖。譚步雲先生也説“亞者次也”，但他將“亞祖”理解爲次一位祖先，即前一位祖的弟弟是不對的。如果將亞祖解釋爲前一位祖的弟弟，那麽，𤼈鼎銘文中三位亞祖和高祖師㚔便成爲兄弟四人。兄弟四人同時擔任周王朝師職，這是西周時期世官制度所不允許的，何況𤼈在自述世系時也没有必要叙及先祖的兄弟這些旁系親屬，在文獻和金文中也没有發現這種先例。𤼈鼎銘文一連三個“亞祖”，應該和述盤一連五代都稱“高祖”是一樣的，就是連續的三代先祖，也就是從始祖師㚔向下第二、第三、第四代先祖。

　　最後再談談王父的問題。

　　𤼈鼎在叙述完列祖之後又有“王父師彪于（與）朕皇考師孝”。其中“王父”一詞爲商周青銅器銘文所首見。“王父”是誰呢？《爾雅·釋親》云：“父之考爲王父。”也就是説王父就

[1]　曹瑋：《“高祖”考》，《文物》2003 年第 9 期 32 頁。

是祖父。《禮記·曲禮下》載："祭王父曰皇祖考,王母曰皇祖妣。""王父"一詞還見於《史記·周本紀》引《太誓》:"離逷其王父母弟。"《牧誓》也有"昏棄厥王父母弟不迪"。鄭玄注云:"王父母弟,祖父母之族,必言'母弟',舉親者言之也。"以"王父母弟"爲一個詞,意爲同祖的從父昆弟,也就是伯父、叔父的兒子,即堂兄弟。《書》傳則説:"王父,祖之昆弟;母弟,同母弟。"認爲是兩個詞。筆者認爲鄭玄之説是錯誤的,同祖的堂兄弟,上古稱爲"從父昆弟",不稱"母弟",母弟者同母之弟也。《書》傳讀爲兩詞是對的,但認爲王父是祖父的昆弟,即祖父的弟弟也是不對的。䚄鼎的"王父"自成一詞,"王父師彪"就是䚄的祖父,名彪,擔任周王朝的師,故稱師彪。"母弟"一詞,另見於河北元氏縣西張村出土的臣諫簋,其文是"母弟引臋(庸)又(有)長子□",[1]是説臣諫的同母弟引庸有大兒子某(名字已漶泐)。很明顯"母弟"應爲同母所生的胞弟。

如果將王父解釋爲祖父的昆弟,那麼他是哪一位亞祖的昆弟,如果是最後一位亞祖的昆弟,即師僕的昆弟,則師僕、師彪兄弟二人同時擔任師職,這也是西周世官制度所不允許的。若再將亞祖理解爲前一位祖先的兄弟,䚄鼎銘文叙述的高祖到王父豈不成了兄弟五人,他們又同時擔任周王朝的師職,這不亂了套了?

從整個銘文看,皇考師孝是䚄的父親,王父師彪是䚄的祖父,亞祖師僕是䚄的曾祖父,也就是䚄的第四代先祖,亞祖師褱是師僕的父親,也就是䚄的第三代先祖,亞祖師夆是師褱的父親,也就是䚄的第二代先祖,皇高祖師娶是䚄的第一代先祖,是該族的命氏立族者。一連六代均擔任周王朝的師。

綜上所述,在先秦時代"高祖"和"皇祖"一樣,是一種尊稱,不是某一代先祖的專稱。"亞祖"是在記述多位先祖時所使用的詞語,是相對於前一位先祖的稱謂,既不是一個家族"分支立族者"的稱謂,也不是某一代先祖的專稱。"王父"是祖父的另一稱謂,並不是"祖父的昆弟"。

(原載《考古》2006 年第 12 期)

---

[1]　河北省文物管理處:《河北元氏縣西張村的西周遺址和墓葬》,《考古》1979 年第 1 期 25 頁。

康衛問題再研究

衛國是周代的一個重要諸侯國,最初稱康國,屢見於春秋戰國時期經傳,也屢有青銅器出土。衛國直到秦二世元年,即衛君角二十一年(公元前 209 年)才被秦朝所滅。這是最後一個被秦所滅的東方諸侯國。關於康國變稱衛國,王占奎先生發表了《康衛稱謂變遷考》一文,[1]也引發了我對康衛問題的興趣,今述拙見,以就教於方家。

一、康爲封國名

關於"康叔"之"康"是采邑名還是封國名,抑或是諡號,過去學界一直存在爭論。采邑説最早見於班固的《白虎通·姓名》,班云:"文王十子,詩傳曰伯邑考、武王發、周公旦、管叔鮮、蔡叔鐸、成叔處、霍叔武、康叔封、南季載,載所以或上其叔何也? 管、蔡、霍、成、康、南,皆采也。"此後馬融、王肅皆承此説。

諡號説以鄭玄爲代表,鄭云:"康,諡號。"[2]王弼《周易注·晋卦》"康侯用錫馬蕃庶"注曰:"康,美之名也。"其後,朱熹《周易本義》、江聲《尚書集注音疏》、王鳴盛《尚書後案》等均持此説,江聲以康叔在世時的作爲與《逸周書·諡法解》對諡號"康"的解釋相合爲據。[3]皮錫瑞進而發揮之,力主諡號説。[4]

封國説見於孔安國《書·康誥》傳:"命康叔之誥。康,圻内國名;叔,封字。"孔穎達疏:"以定四年《左傳》祝佗云'命以康誥',故以爲'命康叔之誥'。知'康,圻内國名'者,以管、蔡、郕、霍皆國名,則康亦國名,而在圻内。"《史記·衛康叔世家》索隱曰:"康,畿内國名。宋忠曰:'康叔從康徙封衛,衛即殷墟定昌之地。畿内之康,不知所在。'"孫星衍説:"康叔子又稱康伯,則康非諡甚明。舊説以爲國名,是也。"[5]

[1] 王占奎:《康衛稱謂變遷考》,《新果集(二):慶祝林澐先生八十華誕論文集》554 頁,科學出版社,2018 年。
[2]《書·康誥序》孔穎達疏引文。
[3] 轉引自皮錫瑞著,盛冬玲、陳抗點校:《今文尚書考證》卷一四,中華書局,1989 年。
[4] 皮錫瑞著,盛冬玲、陳抗點校:《今文尚書考證》卷一四。
[5] 孫星衍:《尚書今古文注疏》卷一五,中華書局,1986 年。

　　周代青銅器中有康侯丰鼎、康侯鬲、康侯爵、康侯觶、康侯矛、康侯刀、康侯斧、康侯鑾鈴等。這些青銅器銘文中的"康侯"都是作器者的自稱，並非後人追稱，足證"康"是諸侯國，而不是封邑，更不是謚號。特別是康侯丰鼎的出土使"康"爲封國不辯自明。康侯丰即康叔封，是第一代康侯。

二、康 國 始 封

　　關於康國始封的時間、地點、名稱問題，歷來有兩説，一是認爲始封於武王。唐蘭、陳夢家、顧頡剛、劉起釪、屈萬里等力主此説。唐蘭在《史徵》康侯丰鼎注釋中説："《史記·管蔡世家》説'武王已克殷紂，平天下，封功臣昆弟，……康叔封、冉季載皆少未得封'是錯的。《易·晋卦》説：'康侯用錫馬蕃庶晝日三接。'前人不得其解，其實就指康叔封。"[1]陳夢家説"西周金文稱康侯、康侯丰，《尚書·康誥》《酒誥》稱封，《史記》稱康叔封，《左傳·定公四年》稱康叔，《易·晋卦》有康侯。康是侯衛以前的封地，《衛世家》索隱云'康，畿内國名'"，"《康誥》或是武王封康叔封於康的誥命"。[2]顧頡剛、劉起釪在《尚書校釋譯論》中説："《史記·管蔡世家》説'封叔鮮於管，封叔度於蔡'也在管叔、蔡叔分監於鄘、衛之前。可知康叔也以同樣情況，在封於衛之前先封在康地。"[3]屈萬里也説："諸家以本篇（指《康誥》）爲武王告康叔之書，良是，惟仍以爲康叔封於衛時之誥辭，則非。蓋康叔封於衛，在武庚之亂平後，其時武王已殁也。今既知康叔初封於康，後徙封於衛，則封於康時自當在武庚之亂以前，亦即當武王之世。"[4]

　　二是認爲始封於成王。現今學者大都持此觀點。依據是《史記·管蔡世家》在叙述武王滅商後："封叔鮮於管，封叔度於蔡，二人相紂子武庚禄父，治殷遺民。……康叔封、冉季載皆少未得封。""周公旦承成王命，伐誅武庚，殺管叔，而放蔡叔，……從而分殷餘民爲二，其一封微子啓於宋，以續殷祀；其一封康叔爲衛君，是爲康叔。"

　　我同意康叔始封於武王。理由如下：

　　1. 武王伐商之時，叔封並非年幼。《史記·周本紀》記載滅商後的第二天，武王宣布承受天命建立周王朝，在儀式上，"毛叔鄭奉明水，衛康叔封布兹，召公奭贊采，師尚父牽牲，尹佚筴祝"。説明康叔參加了武王的受命儀式，並鋪設籍席。"布兹"，《逸周書》作"傅禮"。傅禮就是相禮、贊禮。《逸周書·克殷解》還説武王受命儀式已畢，"周公再拜稽首，乃出立王子武

[1]　唐蘭：《西周青銅器銘文分代史徵》33頁，中華書局，1986年。
[2]　陳夢家：《西周銅器斷代》13頁，中華書局，2004年。
[3]　顧頡剛、劉起釪：《尚書校釋譯論》，中華書局，2005年。
[4]　屈萬里：《尚書集釋》，中西書局，2014年。

庚,命管叔相,乃命召公釋箕子之囚,命畢公、衞叔出百姓之囚,乃命南宫忽振鹿臺之財、巨橋之粟,乃命南宫百達、史佚遷九鼎三巫"。還有《管蔡世家》記述平定三監之亂後不久,鑒於冉季、康叔皆有馴行,於是周公舉康叔爲周司寇,冉季爲周司空,以佐成王,治皆有令名於天下。既參加伐商之役,並與諸位兄長、召公、師尚父、尹伊、南宫括等大臣參加了武王的受命儀式,又是"傅禮",又是與畢公出殷"百姓之囚";相隔幾年,又被委以重任,擔任司寇,都説明叔封並非年幼,而是一位成年男子。

2.《周本紀》在叙述周公、召公、管叔之封以後,接着説"餘各以次受封",表明子弟都已受封,所以叔封在武王時受封於康地是完全應有的事情。《管蔡世家》的"年少未封"之説應是史遷的失誤。

3. 2011 年公布的清華簡《繫年》第四章載:"周成王、周公既遷殷民于洛邑,乃追念夏商之亡由,旁設出宗子,以作周厚屏。乃先建衞叔封于庚(康)丘,以侯殷之餘民。衞人自庚(康)丘遷于淇衞。"[1]這是説叔封最初封於康丘,之後遷於淇衞。對於這段記載的理解,李學勤認爲"乃先建衞叔封于庚丘"是説成王和周公在敉平三監叛亂之後"首先建立的便是衞國",也就是説康國(衞國)的始封是在平定三監叛亂之後,[2]劉光勝説:"《繫年》提供的信息非常寶貴:一是康叔首封在成王時期。……康丘之封是康叔的首次受封。"[3]我認爲此説有待商榷,對這段話的理解關鍵在於"乃先"二字。乃,助詞,無義。《説文·乃部》:"乃,曳詞之難也,像气之出難。"徐灝注箋:"古或用爲轉語,或爲發語。許云'曳詞之難',足以包舉衆義。"《書·大禹謨》:"乃聖乃神,乃武乃文。"孔穎達《禮記·雜記下》疏:"乃者,言之助也。"先,時間或次序在前者。《廣雅·釋詁一》:"先,始也。""先"可以理解爲首先,也可以理解爲當初、先前、原先。我以爲"乃先建衞叔封于庚(康)丘"是説當初衞叔封於康丘,"衞人自康丘遷于淇衞"是説後來將其族屬、部衆由康丘遷入衞地。這個"衞人"是《繫年》作者以後來的稱謂叙述前事,並非當時稱號的實録,準確地説當時應稱"康人"。"乃先(當初)"應指武王滅商之時。

4. 1931 年,河南濬縣辛村(今屬鶴壁市淇濱區龐村鎮)衞國墓地出土的沬司徒疑簋,曾被稱爲"康侯簋",是最爲著名的商周青銅器之一,現藏英國大英博物館,學界一致認爲這是西周成王時期之物。銘文有"王來伐商邑,誕令康侯啚于衞"。"沬司土疑"是作器者,名疑,原稱沬伯疑(見沬伯疑鼎),是沬地的首領,滅商後留用的殷商貴族,後擔任沬邑的司徒。"王來伐商邑"是指成王和周公平定武庚與三監叛亂之事。唐蘭先生指出:由此可證成王確從周

---

［1］ 李學勤主編:《清華大學藏戰國竹簡》(貳)114 頁,中西書局,2011 年。

［2］ 李學勤:《清華簡〈繫年〉解答封衞疑謎》,《文史知識》2012 年第 3 期。

［3］ 劉光勝:《"康丘之封"與西周封建方式的轉進——以清華簡〈繫年〉爲中心考察》,《史學月刊》2019 年第 2 期。

公伐殷商,是名義上的御駕親征,此時正在商邑。"誕令康侯啚(鄙)于衛"就是讓康侯在衛地防守邊境。[1]董蓮池先生認爲"誕令康侯啚(鄙)于衛"是說成王頒命康侯在衛地建守周邊,看法與唐蘭先生基本相同。[2]董珊先生則認爲"啚(鄙)于衛"應理解爲以衛爲邊邑,這是增大康侯的封地至衛。[3]陳夢家先生認爲"征令康侯啚于衛"的"啚"即"圖"字,是人名,即康侯封。"征令康侯啚于衛"就是命康侯圖爲衛侯。[4]按照簋銘給出的信息,可知此時康侯就在沬邑。他應是隨同周公平叛到達此地,故而命其防守衛地也好,增大封地也好,總之簋銘稱"康侯"是作器者當時對叔封的稱謂,可證康侯之封應早於平定三監之亂,應該就在武王滅商之時了。

三、康、衛之變遷

康國變衛國,歷經三個階段。第一階段是武王封叔封於康丘,稱康侯。第二階段是成王令康侯丰將統治中心遷到衛,鎮守殷商舊地,即沬司徒疑簋所說的"征令康侯啚于衛"和清華簡《繫年》所說的"衛人自庚(康)丘遷于淇衛"。這個"衛"是地名,也就是殷紂舊都朝歌(有人說是別都),又稱"妹"或"沬",故址在今河南鶴壁市淇濱區淇河邊。"衛"僅是國都之名,而不是國名,國名仍稱"康",國君仍稱"康侯"。古代國族之遷,或隨新遷之地而改國名,如唐改晉,魏改梁;或將原國名隨遷新地,如虢、鄭、韓。第三階段才是改康國爲衛國。

1931年河南濬縣辛村古墓被盜,出土了一批康侯青銅器,後來大部分流失海外,于省吾、劉體智、容庚、商承祚等人收藏有康侯斧、康侯戟等。于省吾在《雙劍誃吉金圖錄》中明確記載它們出土於河南濬縣康侯墓。1932—1933年,"中研院"史語所在河南濬縣辛村進行了四次考古發掘,清理大中小型被盜墓葬82座,其中大型墓8座,爲公侯或君夫人墓,獲得了大量珍貴文物,時代從西周早期到春秋時期,傳世的康侯丰簋等諸多康侯器據說也都出自該墓地,著名的沬司徒疑簋是1931年在此出土的。這裏出土西周早期的康侯諸器,也出土西周晚期到春秋早期的衛侯、衛夫人諸器。[5]說明辛村墓地從西周早期延續到春秋時期,既是衛國的國君家族墓地,也是衛國前身康國的國君家族墓地。

康(衛)國墓地所在的辛村就是文獻中的"衛"地所在,清華簡《繫年》稱爲"淇衛"。《史記·衛康叔世家》說衛地"居河、淇間故商墟",《水經注·淇水》引《竹書紀年》云:"淇絕于舊

[1]　唐蘭:《西周青銅器銘文分代史徵》。
[2]　董蓮池:《沬司徒疑簋"征"、"啚"釋"徙"、釋"圖"評議》,《中國文字研究》2018年第1輯。
[3]　董珊:《清華簡〈繫年〉所見的"衛叔封"》,復旦大學出土文獻與古文字研究中心網,2011年12月26日。
[4]　陳夢家:《西周銅器斷代》13頁。
[5]　郭寶鈞:《濬縣辛村》,科學出版社,1964年。

衛。”“衛”作爲地名也見於沫司徒疑簋“令康侯啚于衛”和辛村 M68、M71 出土的“衛師錫”盾飾。“衛”就是康（衛）國的國都，從第一代康侯到春秋時期衛國的統治中心就在此地。

什麼時候改稱衛國？以下有兩組青銅器可供探討。

一組是卻智簋和晙簋（《銘圖》05215、05386）。卻智簋現藏廣州市博物館，侈口束頸，下腹向外傾垂，腹部有一對龍首耳，無垂珥。頸部裝飾分尾鳥紋，前後增飾浮雕獸頭，圈足裝飾斜角夔龍紋，均以雲雷紋填地（圖一：1）。其形制、紋飾以及銘文字體，均與段簋、詈簋、輔師嫠簋基本相同。王世民、陳公柔、張長壽先生的《西周青銅器分期斷代研究》將段簋、詈簋的時代定爲西周中期前段，即穆王時期和恭王前期；輔師嫠簋定爲西周中期後段，即懿王到夷王時期。卻智簋的時代應與之相同或者相近。陳夢家將卻智簋定在恭王元年，[1]因懿王十年晙簋也有“康公入門，右晙立中廷”，恭王元年相距似較太遠，所以卻智簋的元年極可能是懿王元年。卻智簋銘文記載元年三月丙寅，周王在太室冊命卻智爲司徒，康公擔任儐相（圖二：1）。晙簋未見圖像，據目睹者記述該簋弇口鼓腹，一對獸首耳，下有垂珥，蓋面呈弧形鼓起，上有圈狀捉手，圈足下連鑄三個獸面附足。蓋沿和器口沿下飾竊曲紋，蓋上和器腹飾瓦溝紋，呈現出西周中晚期之交的形態。字體也是玉箸體，没有肥筆和波磔。銘文中記述晙在十年正月甲寅接受周王冊命爲司徒時，也是康公擔任儐相，王曰：“今朕丕顯考恭王既命汝更乃祖考事作司徒。今余唯申先王命，命汝總司西偏司徒。”（圖一：4）冊命晙的時王稱“朕丕顯考恭王”，説明時王就是恭王之子懿王，晙簋則爲懿王十年。[2]當今學術界一般都認爲古本《竹書紀年》所載“懿王元年天再旦于鄭”是一次日食記録，天文史學家張培瑜、劉次沅認爲如果是日食記録，那麼這一年就是公元前 899 年，懿王十年即前 890 年。兩簋的儐相均爲“康公”。此康公陳夢家、周寶宏説是密康公，[3]不確。密康公是恭王時期人，《史記·周本紀》載恭王游於涇上，密康公從，因不獻美女，後一年恭王滅密。況且，密康公的“康”乃是謚號，不是生稱。所以懿王十年的“康公”不是密康公甚明。唐蘭先生在《史徵》微盉、微斝中説：“康公應即康侯封，由於他做過三公，可以稱康公。這和伯禽稱魯公同例，陳夢家《美帝國主義劫掠我國殷周銅器集録》引懷履光記‘微斝蓋濬縣出土’，是康公即康侯之一證。卻智簋有康公，應是康叔封的後人。”准此，晙簋、卻智簋的康公就是懿王十年康國國君，故懿王十年（前 890 年）康國仍然未改稱衛國。

另一組是賢簋和衛姒簋蓋（《銘圖》05067—05071、04772）。銘文反映此時已經稱“衛”。

［1］陳夢家：《西周銅器斷代》175 頁。

［2］張聞玉在其 2015 年 6 月 1 日博客《晙簋與西周王年》中説晙簋有三個王，即命晙祖考作司徒的恭王；十年冊命晙職事的周王（孝王），重申恭王命的繼位懿王。進而推出孝王十年爲公元前 919 年，並將王序改爲恭王爲公元前 915—前 929 年，在位 23 年；孝王前 928—前 917 年，在位 12 年；懿王前 916—前 894 年，在位 23 年。張先生的意見可備一説，此處恕不采用。

［3］陳夢家：《西周銅器斷代》175 頁。周寶宏：《晙簋銘文考釋》，《中國文字研究》2014 年第 2 期。

1. 卻智簋

2. 一式賢簋

3. 二式賢簋

4. 畯簋銘文

圖一

賢簋共5件,分爲二式。一式3件,形制相同,侈口束頸,鼓腹,圈足沿外侈,圓雕顧龍形雙耳。頸飾圓渦紋間夔紋,圈足飾兩道弦紋。其中一件現藏臺北故宮博物院(圖一: 2),其餘兩件下落不明。二式2件,形制相同。斂口鼓腹,圈足沿外侈,一對獸首耳,下有方形垂珥,蓋面隆起,上有圈狀捉手,蓋、器均飾瓦紋,呈現出較晚的特徵,現藏上海博物館(圖一: 3),但5件簋銘文相同,顯然是同一人所作,但不同時。唐蘭先生的《史徵》將賢簋置於成王之時,但在説明中又説:"衛國的第一代衛侯實際是康伯髦,也就是王孫牟。《左傳》説他事康王,可見康王時康叔封已經死了……康伯髦作衛侯時,他的弟弟公叔初次去衛,而賢可能是公叔之子,所以衛侯給他一百畝采地。"准此,則賢簋便不是成王時器,即便如此,把賢簋的時代定爲康王時期也失之過早。一式賢簋雖然耳呈龍形,頸飾圓渦紋和夔龍紋,但已失去早期的風韵,且簋體較低矮,呈現出較晚的風格,特別是二式賢簋是斂口鼓腹,通體飾瓦溝紋,這是流行於西周中期後段到晚期的紋飾。結合一式所表現的較早的時代特徵,賢簋的時代可定爲西周中期後段,即懿孝時期。賢簋銘文有"公叔初見于衛,賢從"之語(圖二: 2)。這一"衛"字可以解釋爲國名,也可以解釋爲地名,國名的可能性較大。

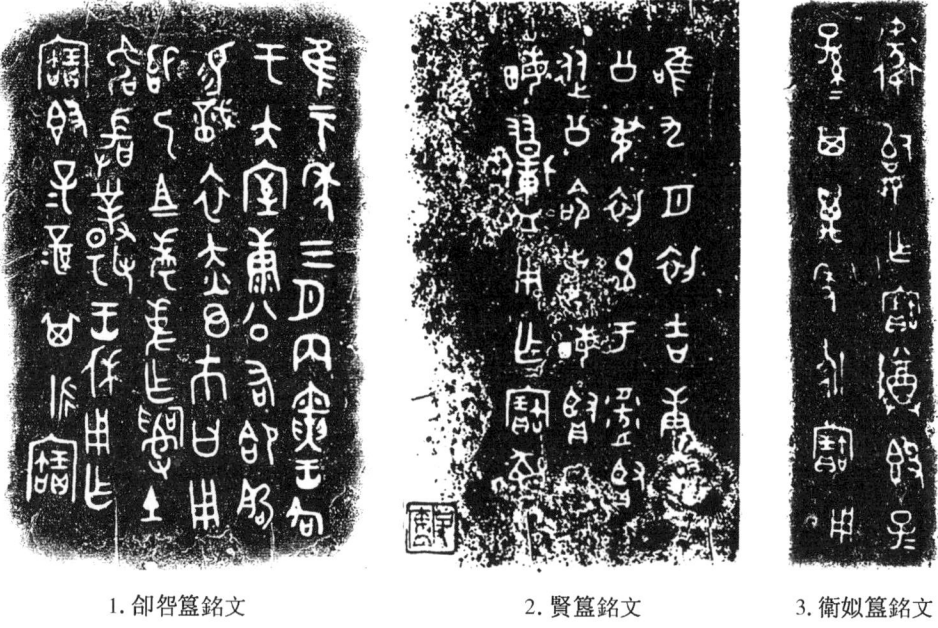

1. 卽智簋銘文　　　　2. 賢簋銘文　　　3. 衞姒簋銘文

圖二

至於衞姒簋蓋的"衞"自是國名毋庸置疑,這是康國已改稱衞國的確證。"衞姒"應是衞國國君夫人或者衞國公室某位成員的夫人,來自姒姓國家。如同晉姜鼎的晉姜、蔡姞簋的蔡姞。衞姒簋蓋現藏故宫博物院,未見圖像,銘文字體呈現西周中期的風格(圖二:3),與康伯簋、賢簋、班簋字體接近,其時代應與之相同或者相近,即西周中期後段,雖然賢簋和衞姒簋蓋都没有紀年,但其時代特徵與峻簋、卽智簋並不矛盾,大體可以確定康國改稱衞國就在西周懿王十年之後。

另外,《史記·衞康叔世家》:"頃侯厚賂周夷王,夷王命衞爲侯。"董珊認爲此是康國改稱衞國之始。"夷王命衞爲侯"一語不好理解,自從康侯丰開始,康國國君已經是"侯"爵了,有幾代康侯還擔任王朝公卿,稱"康公",怎麽頃侯還要賄賂夷王"晋爵爲侯"呢?董珊以爲"周夷王時的'命衞爲侯',應該是正式確認以淇水之衞邑作爲康侯之都,即承認既成事實上的徙封。自此開始'康侯'可稱'衞侯'"。[1]果真如此,康國便是在夷王時期以國都之名始稱衞國。這和峻簋所記懿王十年仍稱康公相去不遠,中間僅隔享年不多的孝王。

四、康 的 地 望

《繫年》整理者説:"'庚丘'即'康丘',其地應在殷故地邶、鄘、衞之衞地範圍内,故康叔

---

[1]　董珊:《清華簡〈繫年〉所見的"衞叔封"》。

封也稱衛叔封。"[1]董珊説康侯徙封衛以後,康還在衛疆之内。[2]路懿菡説:"'康丘'應位於《左傳·定公四年》衛祝佗所言的'殷虚'範圍内,即原商都故地。"[3]劉光勝也説:"康丘是衛國境内地名,應在朝歌以東(或附近地區)。"[4]

以上看法,都是根據《繫年》"衛人自庚(康)丘遷于淇衛"推測出來的,並没有其他證據,也指不出康丘的具體地望。另外,王獻唐先生據王作康季鼎出土於陝西岐山縣周家橋,提出康既是畿内國,地距周京必不遼遠,應在陝西一帶。[5]康季鼎非考古發掘出土,具體埋藏情況不明,反映的信息有限,況且青銅器可以通過婚嫁、贈予、掠奪等方式流傳到他國他地,所以不能以一兩件青銅器的出土確定一個國族居地。

朱鳳瀚先生意見不同,他説"衛人自康丘遷于淇衛"是言康叔受命將其族屬、部衆由康丘遷入衛地之内。他主張康丘不會在衛地範圍内,而是衛地之外,但既要監督殷民必不會距衛地太遠,應在衛之鄰近地。[6]朱先生説康丘不在衛地範圍内,非常正確,可惜他没有進一步考察其具體地望。

"康丘"不在原商都故地,又當在何處?

《漢書·武帝紀》元鼎四年十一月:"(武帝)行幸滎陽,還至洛陽。詔曰:祭地冀州,瞻望河洛,巡省豫州,觀於周室,邈而無祀,詢問耆老,乃得孽子嘉,其封嘉爲周子南君,以奉周祀。"《元帝紀》載:"(初元)五年春正月,以周子南君爲周承休侯,位次諸侯王。"顏師古注:"文穎曰:'姓姬,名延年。其祖父姬嘉,本周後,武帝元鼎四年封爲周子南君,令奉周祀。'師古曰:'承休國在穎川。'"成帝綏和元年(公元前8年)又進封爲周承休公,拓地百里。元始二年改曰鄭(邔字之誤)公。《後漢書·光武帝紀》建武二年五月庚辰"封周後姬常爲周承休公",李賢注:"武帝封周後姬嘉爲周子南君,成帝封姬延爲周承休公,常即延之後,承休所封故城,在今汝州東北。"又十三年二月庚午:"以殷紹嘉公,孔安爲宋公,周承休公姬常爲衛公。"同書《百官志》進而説:"衛公、宋公。本注曰:建武二年封周後姬常爲周承休公,五年封殷後孔安爲殷紹嘉公,十三年改常爲衛公,安爲宋公,以爲漢賓,在三公上。"

筆者以爲,兩漢王朝所封周王朝的後裔爲周子南君、周承休公、邔(康)公或衛公,其地就是康侯的封國舊地。

《書·康誥》孔安國傳:"康,圻内國名。"但漢魏時期學者們對康地所在已不甚了然,直到

[1] 李學勤主編:《清華大學藏戰國竹簡》(貳)145頁。
[2] 董珊:《清華簡〈繫年〉所見的"衛叔封"》。
[3] 路懿菡:《從清華簡〈繫年〉看康叔的始封》,《西北大學學報》2013年第4期136—140頁。
[4] 劉光勝:《"康丘之封"與西周封建方式的轉進——以清華簡〈繫年〉爲中心考察》。
[5] 王獻唐:《岐山出土康季鼏銘讀記》,《考古》1964年第9期。
[6] 朱鳳瀚:《清華簡〈繫年〉所記西周史事考》,《第四屆國際漢學會議論文集——出土材料與新視野》441—459頁,"中研院"歷史語言研究所,2013年。

北魏酈道元的《水經注》才提到康城,《水經注·潁水》說:"潁水又東,出陽關,歷康城南。魏明帝封尚書右僕射衛臻爲康鄉侯,此即臻封邑也。"又引《魏書·地形志》"陽翟縣有康城,至孝昌中,因置康城縣,屬陽城郡"。唐魏王李泰主編的《括地志》也有"故康城,在許州陽翟縣西北三十五里"。[1]宋羅泌《路史·國名紀》卷五更明確指出:"康,《姓書》:'康叔故城,在潁川。'孔安國、宋忠以爲畿內國。"《太平寰宇記》陽翟縣記載:"康城《洛陽記》云:夏少康故邑也。"說明其地稱"康"由來已久,以夏代少康故邑得名。《讀史方輿紀要》卷七禹州云:"康城,在州西北三十里,今爲安康里。"朱駿聲《說文通訓定聲》:"《書·康誥序》以殷餘民封康叔,馬注:'國名,在今河南開封府禹州。'"

孫星衍則說:"《路史·國名紀》云'康叔故城在潁川,宋忠以爲畿內國'。《姓書》蓋何氏《姓苑》,今亡。云'潁川者',《說文》'邟,潁川縣'。《漢書·地理志》潁川有周承休侯國,元始二年更名邟。《集韻》'邟,縣名,在潁川'。又有'鄘'同音地名,則即'康'也,元始二年始復稱'邟',今河南汝州是。"[2]《集韻》卷三:"邟,城名,在陽翟。"卷三、卷四皆有:"邟,縣名,在潁川。"《說文》:"邟,潁川縣。"所謂"潁川縣"是指邟是潁川郡所屬的縣,因爲漢代只有潁川郡沒有潁川縣。

東漢末年邟縣廢爲邟(康)鄉,延熹元年(158年)和獻帝時封袁紹爲邟鄉侯,三國時魏明帝又封尚書右僕射衛臻爲康鄉侯。北魏孝昌時期又於此設置康城縣,後廢。唐武德四年(621年)割陽城、嵩陽、陽翟三縣地再置康城縣,貞觀三年(629年)撤銷康城縣(見《舊唐書·地理志》)。此後康城便併入陽翟縣。金、元時期陽翟縣爲鈞州治,明洪武初廢入鈞州,萬曆三年(1575年)爲避神宗朱翊鈞名諱,改稱禹州,民國初年改爲禹縣,1988年改設禹州市。

"承休故城在今汝州東北"最先是李賢提出來的,實際上李賢是把隋大業二年(606年)由梁縣改稱的承休縣城當成了漢代的周承休侯國故城。隋承休縣城在汝水之東黃水之西,周承休侯故城則在潁水之北,兩者相去甚遠,不是一地。《元和郡縣志》說:"梁,郭下,隋煬帝改梁縣爲承休縣,屬汝州,貞觀元年又改爲梁縣。"《太平寰宇記》也說:"今梁縣,隋大業二年改爲承休縣,屬汝州,取漢舊承休城爲名,貞觀元年復爲梁縣。"可知隋承休縣只是用了承休之名,並沒有設置在承休侯國故城原址。酈道元《水經注》也把兩者搞混了。他在《水經注·汝水》說:"汝水又東,黃水注之,水出梁山,東南徑周承休縣故城東,爲承休水。縣故子南國也。"所以,李賢所說的承休故城,應是隋唐時期的承休縣,與漢承休侯國故城也就是邟(康)城不是一回事。

筆者以爲《括地志》所說的"故康城,在許州陽翟縣西北三十五里"就是《水經注·潁水》

[1]　賀次君輯校:《括地志輯校》卷三160頁,中華書局,1980年。
[2]　孫星衍:《尚書今古文注疏》。

所説的"潁水又東,出陽關,歷康城南"的康城故城,也就是康叔初封地康丘,在今禹州市順店鎮康城村。此城在今禹州市西北 16 公里處,潁水河北,龍潭河西側,順店鎮北 4 公里,今名康城村。這裏位於洛陽之東,管、蔡、霍三叔的封國管(鄭州)、蔡(下蔡)、霍(臨汝)三者中間,也就是周王朝東都洛邑的畿内。

康城遺址今爲縣級文物保護單位,逯富太《衛國文化史考》:"城西殘留的城牆遺址約有數十米長,高三丈有餘,夯土層清晰可見,地裏隨處可見商周時期的繩紋碎陶片。城東有座'點將臺'(按應是夯土建築基址),高約數米,圍約十幾米,黄土夯成,洞痕累累,雖經三千多年的風雨侵襲,但依然屹立,仍可見其巍峨之狀。"[1]此遺址的内涵、年代、性質有待進一步考古發掘來確定。

2019 年 6 月 10 日完稿

(原載《青銅器與金文》第七輯)

---

[1]　逯富太:《衛國文化史考》,中州古籍出版社,2013 年。

論芮國青銅器及其相關問題

　　最近幾年陝西省考古研究院在陝西韓城市梁帶村發掘西周末到春秋早期芮國墓葬,出土了一批芮公、仲姜和芮太子的青銅器,爲研究兩周時期關中地區諸侯國歷史提供了重要的資料。最近我在編撰《商周青銅器銘文暨圖像集成》過程中,也收集到未著録的芮國青銅器近 10 件,有西周早中期的,西周晚期的,也有春秋早期的。這些青銅器銘文之間多有聯繫,對於研究芮氏的世系無疑有重要的意義。現考釋如下,並就有關問題作進一步討論。

一、新見芮國銅器考釋

　　1. **芮伯卣**,洛陽博物館收藏,卣的橫截面呈橢圓形,腹部下垂較甚,矮圈足沿下折,形成一道邊圈,獸頭扁提梁,外罩式蓋,捉手作圈狀,兩端有犄角,沿下折作束腰形。提梁飾夔龍紋,蓋面及口沿下均飾夔龍紋,以雲雷紋填地,口沿下前後增飾浮雕獸頭,圈足僅飾一道弦紋(圖一:1)。蓋、器對銘,各 7 字,銘文是"内(芮)白(伯)乍(作)父寶隤(尊)彝"(圖一:2)。該卣的形制與作册𨟭卣、作册睘卣、作册魃卣、貉子卣、召卣等相似。這些卣的形制,王世民、陳公柔、張長壽先生的器類分期圖譜列爲Ⅱ3式,[1]時代均定爲西周早期後段。再從銘文字體和紋飾判斷,芮伯卣的時代被定爲西周早期康王時期是比較合適的。該芮伯極有可能就是《顧命》的芮伯,也就是祈公,芮公作祈宮寶簋之芮公的父親。

　　1992 年 5 月臺北故宮博物院購藏的芮姞簋,[2]侈口鼓腹,一對獸首耳,下有方形垂珥,圈足外侈,其下連鑄方座。腹部光素,器頸和圈足均飾兩道弦紋,頸部增飾浮雕獸頭,方座四壁飾凸綫回字紋。銘文是:"内(芮)姞乍(作)旅毁。⋈。"其時代與芮伯卣基本相同,或者相去不遠。器主芮姞出身是姞姓家族的女子,爲芮氏家族的一位夫人,是不是就是芮伯卣之芮伯的夫人不敢驟定。

　　2. **芮公爲祈宮寶簋**(爲與其他芮公簋區別,故取名較繁),共兩件,一件爲新加坡亞洲藝術博物館收藏,另一件爲某私家收藏。簋作侈口尖脣,腹部微鼓,一對獸首耳,下有垂珥,圈

[1]　王世民、陳公柔、張長壽:《西周青銅器分期斷代研究》204、205 頁,文物出版社,1999 年。

[2]　鍾柏生、陳昭容、黃銘崇、袁國華編著:《新收殷周青銅器銘文暨器影彙編》,臺灣藝文印書館,2006 年。

足外撇,其下連鑄方座。腹部飾兩對垂冠回首卷喙大鳳鳥,方座每面各飾一對大鳳鳥,均以雲雷紋填地,圈足飾一周斜角目雷紋(圖一:3)。該簋的形制、紋飾與孟簋基本相同,其紋飾

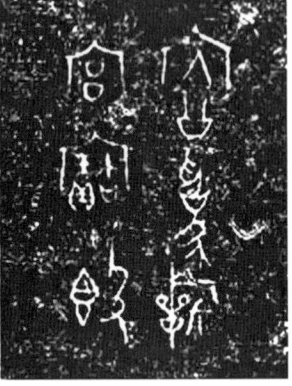

圖一

1. 芮伯卣　2. 芮伯卣銘　3. 芮公簋　4. 芮公簋銘　5. 芮公叔簋　6. 芮公叔簋銘

也見於諆簋、彧簋和穆公簋蓋。這種大鳳鳥是陳公柔、張長壽先生鳥紋譜系的Ⅱ6式和Ⅱ7式，[1]時代均爲昭、穆時期。該簋銘文有“鴻叔從王員征荆楚”，被認爲是昭王時期的標準器，孟簋、彧簋和穆公簋蓋是西周穆王時期的典型器物，所以，這件芮公簋的時代亦應在昭穆時期。簋的銘文是“内（芮）公爲濂（祈）宫寶毀（簋）”（圖一：4）。芮公是具有“公”這一稱謂的芮國公族，銘文中常見的公如周公、召公、單公、康公（康叔）等，當然也有可能就是當時芮國的國君，在周王朝供職。“祈宫”是其先輩（祈公）的宗廟。

“祈宫”，亦見於1980年山東黄縣（今龍口市）石良鎮莊頭村1號西周墓出土的一對芮公叔簋。[2]侈口鼓腹，圈足下連鑄方座（方座殘去下部），一對獸首耳，下有垂珥，蓋上有圈形捉手。蓋面、腹部各飾兩對垂冠回首卷喙大鳳鳥，以雲雷紋填地（圖一：5）。銘文爲“芮公弔（叔）作祈宫寶簋”（圖一：6）。簡報作者定其時代爲西周早期。另外，范季融先生首陽齋收藏芮伯簋，[3]器形、紋飾與芮公叔簋基本相同（圖二：1）。銘文爲“芮伯作祈公日寶簋”（圖二：3）。該簋曾在上海博物館展出，學者們指出這件芮伯簋年代應該在西周早期偏晚。

“祈宫”是祈公的宗廟。從芮公爲祈宫寶簋、芮公叔簋和芮伯簋的形制、紋飾判斷，三組簋極爲相似，銘文除作器者外，内容基本相同，字體又相近，可以判斷鑄造時間不會相距太遠，鑄造工匠和書手有可能是同一批人。所以，我認爲芮公和芮伯是一個人，芮伯（芮公）和芮公叔是同輩兄弟，是祈公的子輩。

祈公生前有“公”的稱號，死後的宗廟又稱“祈宫”。“祈”是謚號或廟號，其生前就是一代芮公。《書·顧命》中的芮伯（也可稱爲芮公，詳後）活動在成康時期，或許就是這位祈公。

有學者以爲黄縣芮公弔簋與首陽齋芮伯簋銘文遣詞相似，内容相關，故兩者當爲同人於同時所作之器。芮公弔的“弔”不能讀爲伯仲叔季之“叔”，而讀如本字，即弔喪之“弔”，[4]以爲“‘弔作’意言芮公於祈公殯宫弔祠而作器”，並將祈公説成是同墓出土的小夫卣器主小夫的父親，也就是姜姓吕氏的宗主，芮公的婦公。芮公弔簋應稱爲“芮公簋”，是芮公（也就是芮伯）遠赴海濱爲祈公弔喪而作的祭器。他認爲“祈公”的“公”並非爵稱，而爲親稱。他説：“芮公叔的‘芮’爲氏稱，‘公’爲爵稱，其後更附綴行字，不合制度。金文或見‘公叔’‘公仲’之稱，但‘公’字之前却並無復冠氏名者。”我們且不説祈公是姜姓吕氏的宗主、芮公的婦公是

———————————

[1]　王世民、陳公柔、張長壽：《西周青銅器分期斷代研究》204、205頁。

[2]　王錫平、唐禄庭：《山東黄縣莊頭西周墓清理簡報》，《文物》1986年第8期。

[3]　首陽齋、上海博物館、香港中文大學文物館編：《首陽吉金——胡盈瑩、范季融藏中國古代青銅器》102頁，上海古籍出版社，2008年。

[4]　馮時：《芮伯簋銘文研究》，《中國古代青銅器國際研討會論文集》，上海博物館、香港中文大學文物館，2010年。

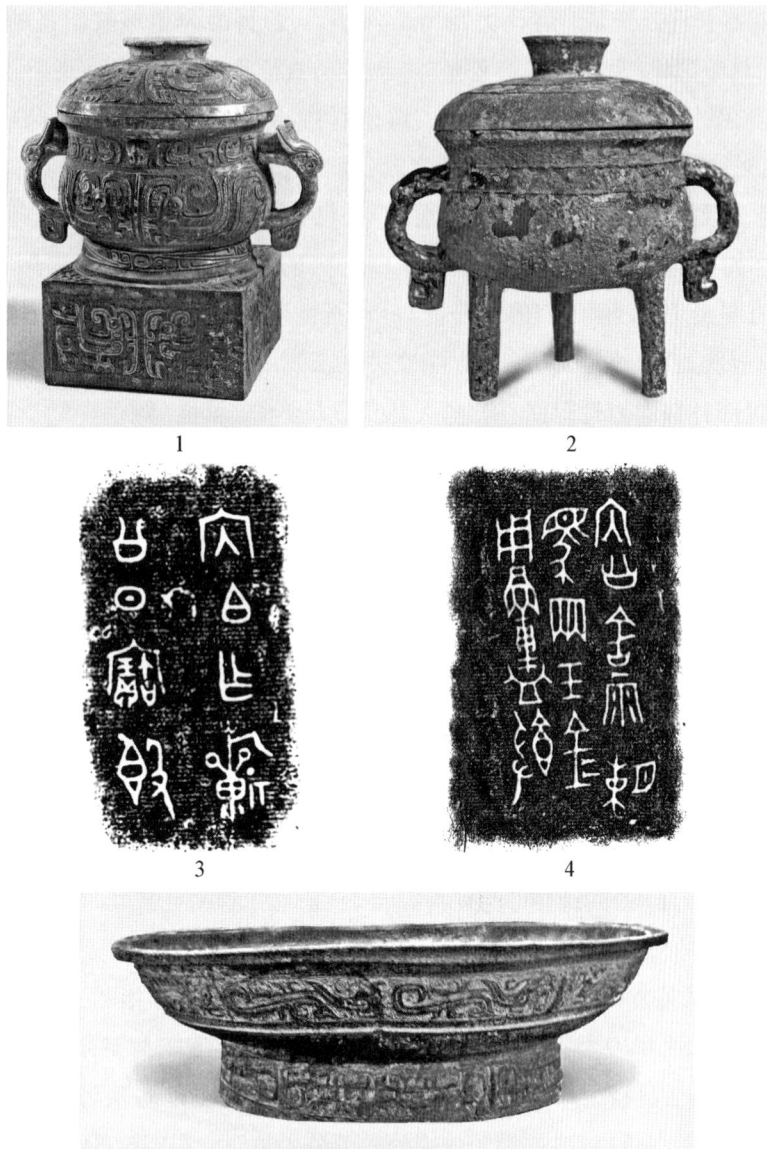

圖二

1. 芮伯簋　2. 霸簋　3. 芮伯簋銘　4. 霸簋銘　5. 芮公叔盤

作者由該簋出土於山東黃縣周墓而推想出來的,就是"弔作"作爲兩個動詞連用也是講不通的。動詞連用在金文中常見,但都是同義連用,如秦公鼎"秦公作鑄用鼎"之"作鑄",效卣"效不敢不萬年夙夜奔走揚公休"之"奔走"以及小臣謎簋"雩厥復歸在牧師"之"復歸"等。把"弔作"之"弔"解釋爲弔喪,"作"又是作簋、鑄簋,兩者所指不同,故不能連用,也不能把弔喪和作簋兩件事省稱爲"弔作",金文和文獻中都沒有此例。"弔"作爲弔喪在後面介紹的芮公叔盤銘中就更無法講通了(詳後)。芮公叔因其父爲一代芮公而得其稱謂。唐蘭先生在《西

周青銅器銘文分代史徵》中就曾指出,賢簋銘文中的"公叔"應爲康叔之子,因康叔生前曾稱
"公",故其子可稱"公伯""公仲""公叔"。[1]同理,芮公叔是上一代芮公(祈公)的第三個
兒子,故可稱芮公叔。"公仲""公叔"之前復加族氏名金文中並不是沒有其例,如:故宮博
物院收藏的復公仲簋蓋、國家博物館收藏的復公仲壺,作器者復公仲,"復"就是氏稱。我
們總不能把簋和壺稱爲復公簋、復公壺,把"仲"字與"擇其吉金"的"擇"連讀爲"仲
擇"吧!

　　另外,這裏還要介紹近年出現的兩件霸簋,其中有一位人物叫芮公。一件爲某私家的收
藏品,另一件是 2007 年山西省考古研究所在山西翼城大河口西周墓發掘的出土品。[2]霸簋
敞口,束頸鼓腹,兩側有一對獸首半環形耳,耳下有長方形垂珥,無圈足,簋底之下設有三條
柱足。口上設蓋,蓋面隆起,頂部有圈狀捉手。裝飾樸素,僅在蓋面和器頸各飾兩道弦紋(圖
二:2)。與霸簋形制相近的簋有相傳洛陽出土的一對臣辰父乙簋(《綜覽》簋 102)、[3]香港
趙不波收藏的作寶彝簋(《綜覽》簋 248)、日本出光美術館收藏的閟簋(《綜覽》簋 235)、上海
博物館收藏的妊簋(《夏商周》231)、季犀簋(《夏商周》232)、山東招遠曲城村出土的齊仲簋
(《銅全》6.82)、國家博物館收藏的壺簋(《美全》4.203)、瑞士玫茵堂收藏的伯裸簋(《玫茵
堂》103)、四月敢簋(《玫茵堂》104)等,這些簋均爲西周早期器,壺簋銘文有"壺從王伐荆",
更是昭王時期的標準器。這類加長足的簋型主要流行於早期後段,最晚的到穆王時期。兩
道弦紋的簡樸裝飾也是康昭時期出現的風格。所以,霸簋的時代應在西周昭王世,最晚也不
會超過穆王早期。霸簋銘文是"内(芮)公舍霸馬兩、玉、金,用鼉(鑄)段(簋)"(圖二:4)。
銘文中的芮公應該就是芮公爲祈宮寶簋的芮公。

　　保利博物館收藏的榮仲方鼎,[4]銘文中也出現一位"芮伯",年代約在昭王前後,與首陽
齋芮伯簋的芮伯時代相當,可能就是同一人。

　　3. **芮公叔盤**,見於 2010 年 3 月西安大唐西市海外文物回流展,香港某古玩店收藏。通高
9.9、口徑 35.4 釐米。直口淺腹,窄沿方唇,無耳,圈足較高。腹部飾長鳥紋,圈足飾夔龍紋,
均以雲雷紋填地(圖二:5)。内底鑄銘文 33 字。銘文是"唯十又一月,王至于斿(祈),内
(芮)公賜貝百朋,内(芮)妣賜貝卅朋。内(芮)公弔(叔)用作内(芮)少妣,孫子永寶"(圖
三:1)。該盤無耳,圈足較高,且不外侈,均呈早期風格,所飾分尾長鳥紋屬鳥紋譜系的Ⅲ4
式,故這件盤的時代應在昭穆時期,最遲不會晚於穆王之世。

[1]　唐蘭:《西周青銅器銘文分代史徵》119—120 頁,中華書局,1986 年。
[2]　謝堯亭等:《山西翼城大河口西周墓地》,《文物天地》2008 年第 10 期。
[3]　《綜覽》是[日]林巳奈夫《殷周青銅器綜覽》的簡稱,《夏商周》是陳佩芬的《夏商周青銅器研究》的簡
　　　稱,《銅全》是《中國青銅器全集》的簡稱,《美全》是《中國美術全集(青銅器卷)》的簡稱,《玫茵堂》是
　　　汪濤《玫茵堂藏中國銅器》的簡稱。
[4]　李學勤:《試論新發現的版方鼎和榮仲方鼎》,《文物》2005 年第 9 期 64 頁。

圖三

1. 芮公叔盤銘　2. 芮公簋銘　3. 芮公簋　4. 芮叔鬲　5. 芮子鼎銘　6. 芮叔鬲銘

盤銘不難釋讀,但需要討論的問題有 5 點。

(1)"王至于祈",即王到達祈地。祈在什麼地方? 從周王在此賞賜芮公、芮妣可知,該地當在芮國。我以爲"祈"就是"祈宮"的簡稱(或者漏鑄"宮"字),是上述祈公的宗廟。周王或者王后在諸侯、臣下的宗廟進行賞賜,金文中不乏其例。如:令鼎:"王歸自諆田,王馭祭仲僕……王至于祭宮,令拜稽首。"獄盤:"王格于師再父宮。……王賜獄佩、緇市素亢、金車……"大師盧簋:"王在周師量宮。旦,王格太室,即位。王呼師晨召太師盧入門,立中廷。王呼宰詛賜太師盧虎裘。"尹姞鬲:"休天君弗忘穆公聖舜明弼事先王,格于尹姞宗室繛林,君蔑尹姞鬲,賜玉五品,馬四匹。"其中的祭宮、師量宮、師再父宮、尹姞宗室繛林都是臣下的宗廟。

(2)"芮公賜貝百朋,芮姒賜貝卅朋",是説周王賞賜給芮公一百朋貨貝,賞賜給芮公夫人芮姒三十朋貨貝。上古好用倒裝句,如仲邑甗的"仲邑賜貝豐公"就是"豐公賜貝給仲邑"、束盂的"王在野,束賜市、鑾旂"就是"王在野,賜予束市、鑾旂"等均其例。"芮公賜貝"實際上是"賜貝給芮公",主語是上句提到的周王。

(3)"芮公叔用作芮少姒",是説芮公叔爲夫人少姒鑄造了此盤。句中省略或者漏鑄了"寶盤"或"沫盤"。這種現象在青銅器中時有出現。如穆公鼎銘文爲"穆公作旅","旅"後缺器名"鼎";上博收藏的芮公鬲銘文"芮公作鑄京氏婦叔姬媵",其後漏鑄"鬲"字;又有一件晋侯簋,銘文爲"晋侯作旅,孫子萬年",與另一組晋侯簋相校,"旅"後缺"寶簋","萬年"之後缺"永寶用"。此處還要解釋的是芮公與芮公叔、芮姒與芮少姒是一人還是兩人。我以爲芮公與芮公叔是兄弟二人,芮姒和芮少姒是妯娌二人,均是姒姓女子嫁到芮國公室。芮少姒之夫爲芮公叔,是芮公的三弟,故稱少姒。或以爲芮公與芮公叔是一人,芮公是國名與爵稱,"叔"是其私名。我認爲這種可能性不大,上面已經講過,"公叔""公仲"之類的稱謂,是具有"公"這一稱謂人的子輩才可以用"公+行第"的稱謂以顯示身份。"芮公"身份和輩份都比"公叔"高,何必取名"叔",來與"公叔"相混而降低身份呢? 另有人在芮公弔(叔)簋中將"弔"讀爲本字,即弔喪之"弔",在盤銘中無論如何是講不通的。

(4)周王賞賜給芮公夫婦貝幣,爲什麼却是芮公叔爲其妻芮少姒作器? 這應是芮公將周王賞賜的貝幣的一部分轉賜給三弟芮公叔。芮公叔用這些貝幣爲其妻鑄造了這件寶盤,只是没有言明其兄轉賜給他多少貝幣而已。將王或者上司賞賜的貝幣或物品轉賜給親屬或者下級在金文中也有例證。如:御正衛簋"五月初吉甲申,懋父賞御正衛馬匹,自王",意思是:五月初吉甲申日,伯懋父將周王賞給他的馬匹轉賜給御正衛。又如:小子夈鼎"乙亥,子賜小子夈王賞貝在丬師(次)",是説乙亥這天,商王在丬地賞賜給子貝幣,子又將一部分賞賜給小子夈。

(5)該盤的作器者芮公叔是誰? 我以爲他和山東黄縣莊頭村1號墓的芮公叔簋中的芮公叔是同一個人。理由有三,一是時代相同,都是昭穆時期人;二是同爲芮國的公叔;三是父親的宗廟都稱"祈"。芮公叔的兄長"芮公",也就是芮公爲祈宮寶簋的作器者芮公。

4. 芮公作子赶寶簋,一對,某私家收藏。通高26.7、口徑23釐米。侈口圓腹,一對龍首耳,垂珥上卷,圈足連鑄三個卷鼻獸頭支足。弧形蓋,上有圈狀捉手。蓋和腹均飾垂冠回首大鳳鳥紋,頸部飾竊曲紋,圈足飾垂鱗紋,均無地紋(圖三:3)。該簋的大鳳鳥與現藏臺北故宮博物院的師湯父鼎相似,屬鳥紋譜系的Ⅱ8式,時代約在恭、懿時期。此芮公簋的時代與之相當,晚於芮公爲祈宮寶簋,當是上述芮公之子。銘文鑄在蓋的捉手内壁,共17字:内(芮)公作鑄子趡寶簋,其子子孫孫永寶用享(圖三:2)。從銘文可知該簋是芮公爲子趡所作的禮器。“子趡”是國君的子輩,稱謂中的“子”指的就是公子。青銅器銘文中,晚輩給長輩作器的現象最爲普遍,長輩給晚輩作器一般只見於媵器,也就是女兒的陪嫁品,這種現象大多出現在西周晚期到春秋時期,西周中期尚未見到。此“子趡”極有可能是作器者的叔父,因其祖父是一代芮公,芮國國君,他叔父就是公子,故可稱“子趡”。這位芮公雖然位尊,又是大宗宗子,但對子趡來説,算是晚輩了。

5. **芮叔鬲**,1988年陝西延長縣安溝鄉岔口村出土,現藏延長縣文管所,通高11.5、口徑16.6釐米。寬平沿外折,束頸鼓腹,弧襠,三足下部呈圓柱狀,腹部飾環帶紋(圖三:4)。銘文是“内(芮)叔作旅鬲”(圖三:6)。從形制、紋飾、銘文字體判斷,應爲西周晚期之物。由於鬲足尚未變成蹄形,紋飾又是環帶紋,所以它的年代可能在厲王前期。芮國器未出土於芮國疆域之内,而出土於當年獫狁占據的陝北。獫狁從未臣服周王朝,芮國與獫狁不可能有往來,故將這些禮器贈予獫狁的可能性不大,極有可能是在戰爭中被獫狁擄掠而去的,是否如此有待將來發現更多的資料證實。

6. **芮子仲殿鼎**,内壁鑄銘文18字:“内(芮)子仲屄(殿)肇作叔媿尊鼎,子孫萬年其永寶用。”(圖三:5)此鼎僅見銘文拓本,是一位私家收藏的傳世鼎銘拓本。此鼎與道光初年劉燕庭官閩,以重金購置的現藏上海博物館的芮子仲殿鼎,銘文基本相同,都是芮子仲殿爲叔媿作器,但銘文字數和行款略有差異,可以肯定它們不屬於同一套列鼎。上海博物館收藏的芮子仲殿鼎。侈口束頸,頸部有一對附耳,腹微外鼓,圜底三蹄足。頸部飾竊曲紋。銘文是:“内(芮)子仲屄(殿)肇作叔媿尊鼎,子子孫孫永寶用。”其時代被定爲春秋早期。“芮子仲殿”,不是芮國國君,而是芮國國君的第二個兒子,名殿。

春秋時期青銅器銘文中“子+排行”的稱謂很普遍。如:歸父敦銘文“魯子仲之子歸父,爲其善敦”。韓巍先生認爲作器者歸父就是春秋時期魯國的公孫歸父,而子仲就是其父公子遂是對的。[1]公子遂又稱襄仲、仲遂。公子遂爲魯莊公之子,所以“子仲”稱謂中的“子”指的就是公子,“仲”是其在兄弟間的排行。同理,芮子仲殿就是芮國公子,排行老二,名殿。

7. **芮子仲鼎**,2005年11月出現在西安,爲一私家收藏。通高31.9、口徑39.2、腹深19.2釐米。敞口撇沿,方唇,一對附耳,圜底,三條蹄足。頸部飾無目竊曲紋。内壁鑄銘文10字:

[1] 韓巍:《重論西周單氏家族世系》,朱鳳瀚主編:《新出金文與西周歷史》194頁,上海古籍出版社,2011年。

"内（芮）子仲作旅鼎，永寶用享。"（圖四：2）當時作了拓本並拍照，所拍照片丟失。此鼎形制與上海博物館收藏的芮子仲屍鼎大體相同，銘文字體亦相近，時代也基本一致，或許與芮子仲殷就是同一個人，只是子仲之後沒有具其私名而已。

傳世的芮國青銅器如：芮公鼎（《集成》02387—02389、02475）、芮公簋（《集成》03707—03709）、芮公簠（《集成》04531）、芮公壺（《集成》09596—09598）、芮公鐘（《集成》00031）、芮公鐘鈎（《集成》00032—00033）、芮公戈（《集成》10973）、芮太子鼎（《集成》02448—02449）、芮太子白鼎（《集成》02496）、芮太子白簠（《集成》04537—04538）、芮太子白壺（《集成》09644—09645）等 22 件，以及陝西韓城梁帶村發掘出土的芮公、芮太子、芮太子白和仲姜等數十件芮國青銅器，全部都是春秋早期之物，只有傳世的芮叔鼎和芮伯壺屬西周中期。芮叔鼎，宋代出土，著錄於《博古圖錄》3.18，窄沿方唇，束頸鼓腹，口沿上有一對立耳，三柱足，頸飾垂冠回首尾下卷的夔龍紋，腹飾鳳鳥紋，足飾浮雕獸面紋，均以雲雷紋填地（圖四：1）。從頸部出現 S 形夔龍紋及大鳳鳥的變化看，該鼎的時代晚於上述芮伯簋，當屬穆恭時期之物。芮

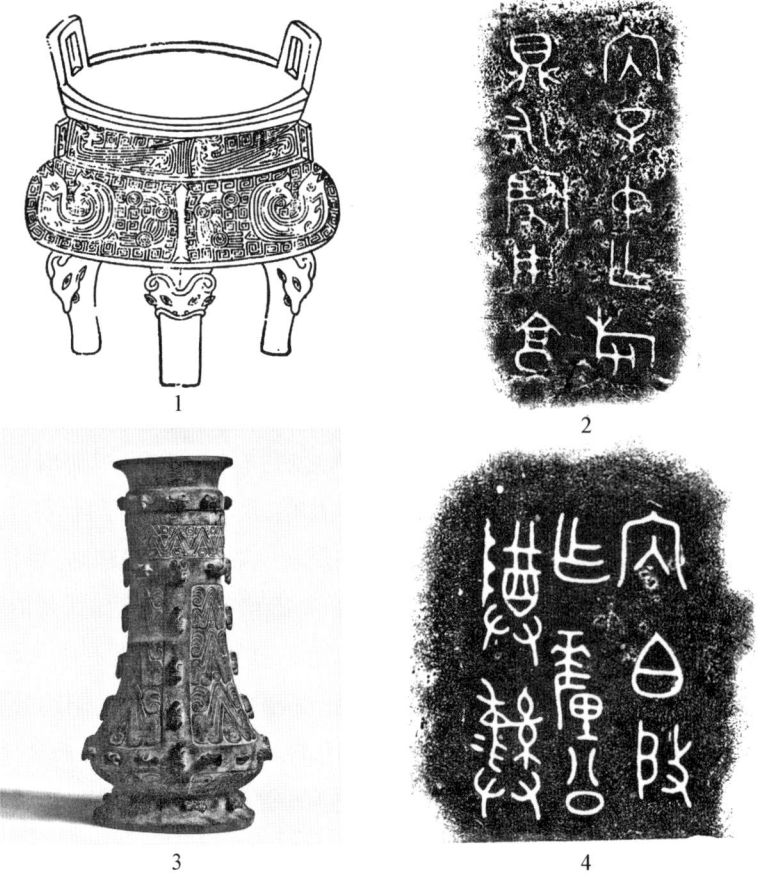

圖四
1. 芮叔鼎　2. 芮子仲鼎銘　3. 芮伯壺　4. 芮伯壺銘

伯壺，清咸豐年間在陝西大荔縣出土，體修長，直口長頸，下腹扁圓，矮圈足沿外侈，蓋有榫口，圈狀捉手。蓋頂飾團鳥紋，蓋沿飾蟬紋，口沿飾環帶紋，體飾寬帶絡紋，寬帶上飾圓雕蟬紋，寬帶之間飾環帶紋（圖四：3），銘文是“芮伯肇作盩公尊彝”（圖四：4）。其形制與十三年㾓壺、仲南父壺相似，時代相近，應是西周中期後段之物。芮公鬲（《夏商周》372）、芮伯多父簋（《集成》04109）和1987年陝西武功縣出土的3件芮叔𡩜父簋（《集成》04065—04067）屬西周晚期。芮公叔盤、芮公爲祈宫寶簋、首陽齋的芮伯簋，以及山東黄縣的芮公叔簋是西周昭王時期之物，洛陽博物館的芮伯卣和臺北故宫的芮姞簋時代約在康王時期，是目前所見到的芮國銅器中年代最早的了。

二、芮君稱謂中的“公”與“伯”

在文獻記載和青銅器銘文中，常常出現“芮公”和“芮伯”的稱謂。一般認爲稱公者應是周王朝的公卿，稱伯者是芮國國君，但也有人認爲芮公也是芮國國君。遍檢文獻及青銅器銘文，發現文獻記載中没有出現過一個“芮公”，而春秋時期的銘文只出現芮公，且都是自稱。西周銘文中芮公、芮伯都出現過，有的是自稱，如芮公簋的“芮公爲祈宫寶簋”、芮伯卣“芮伯作父寶尊彝”；有的是他稱，如霸簋的“芮公賜霸馬兩……”、榮仲方鼎的“榮仲速芮伯、胡侯”等，而文獻中的芮伯全部都是史書作者對芮國國君的稱謂，並没有芮君的自稱。

芮國雖爲姬姓小國，但由來悠久，據《史記・周本紀》記載，商代已有芮國，與周同姓，且與同姓的虞國相鄰，在文王經營周原時，聞文王賢，就來請求決斷與虞國争田之事。可見，芮國雖與周同姓，但不是周的支庶。從諸多文獻記載來看，周王朝建立之初，芮國國君便供職於周王朝，巢伯來朝，作《旅巢命》；成康時期，又是顧命大臣之一，位列六卿。宋林之奇《尚書全解》説：“顧命曰太保奭、芮伯、彤伯、畢公、衛侯、毛公，此雖六卿而無非牧民之長，蓋以牧伯而兼公卿故也。”宋易祓的《周官總義》也説：“成周之制，有以公卿大夫而出封者，齊、魯、晋、衛是也，有以諸侯而入爲天子之公卿大夫者，芮伯、彤伯、衛侯、毛公，是也。”

所以，我認爲芮君作爲國君可以用其本爵稱爲芮伯，在朝兼任公卿故可稱芮公，只要具備了公卿身份，自稱一般都用芮公，朋輩之間可稱其爲芮公，也可稱其爲芮伯。之所以文獻中没有芮公稱號，而只有芮伯的稱號，可能是因爲目前見到的文獻都是後人的記述，是諸侯而兼任朝官的一般都使用其諸侯稱謂，而青銅器銘文則是當時人們的記述或者就是本人的銘記，所以使用最爲榮耀的稱謂。有人會提出既然芮君兼任王朝公卿，爲什麽上述芮伯簋、芮伯卣的芮君不稱芮公呢？我以爲王朝職官是要册命的，上述芮伯雖然可能當時已繼任芮君，但其王朝職官還未被册命，所以鑄簋時就自稱爲芮伯了。

春秋時期青銅器中未見芮伯的稱謂，全爲芮公，是否仍兼任朝廷公卿文獻記載不詳，但在西周晚期還是如此。據《逸周書》周厲王時有芮伯字良夫，任王朝卿士，厲王寵幸榮夷公，芮良夫作桑柔之詩以諷諫。清華大學藏戰國竹簡中也載有芮良夫所作的諫戒厲王和助行虐政權臣的政治詩。

西周時期青銅器銘文中稱公的除芮公以外還有：周公（周公鼎自稱，牆盤他稱）、召公（小臣𧊒鼎、師衛鼎均他稱）、毛公（毛公鼎自稱、孟簋他稱）、康公（卻智簋他稱）、畢公（史䤩簋他稱）、邢公（邢公簋自稱、訇壺蓋他稱）、益公（益公鐘自稱、永盂他稱）、穆公（穆公簋蓋自稱、盠方尊他稱）、凡公（小臣宅簋他稱）、覞公（覞公簋自稱）、𣿩公（𣿩公盨自稱）、明公（魯侯簋他稱，指周公）、豐公（豐公㣽鼎自稱、師衛鼎他稱）、宮公（師衛壺他稱）、兮公（盂卣他稱）、遟公（師旟簋他稱）、德公（仲鹱父簋他稱）、尹公（尹公爵自稱）、智公（能匋尊他稱）、南公（有司簪鼎他稱）、祭公（厚趠方鼎他稱）、武公（多友鼎他稱）、應公（應公鼎自稱）、楚公（楚公逆鐘自稱）、鄧公（鄧公鼎自稱）、蘇公（蘇公盤自稱、寬兒鼎他稱），另外還有單公（叔方鼎他稱）、滕公（滕侯簋他稱）、魯公（魯侯熙鬲他稱）、唐公（晉公盆他稱）、齊公（豐卣他稱）、虞公（宜侯夨簋）等。

平王東遷，秦人因護駕有功，被封爲諸侯，一開始就不稱"侯""伯"而稱"公"，所以金文中從來就沒有發現秦侯或秦伯的稱謂，接下來宋（宋公欒簋）、許（許公買簋）、鄧（鄧公乘鼎）、邾（邾公牼鐘）、莒（莒公戈）、郜（郜公誠鼎）、鑄（鑄公簋）等非姬姓國也都稱"公"，後來晉（晉公盆）、燕（燕公匜）、曹（曹公簋）等姬姓國也有稱"公"的現象。可以説到了春秋時期，"公"的稱號基本上成了大多數諸侯國君主的統稱。

從以上所列可知，在西周時期"公"只是王朝卿士的稱謂，"公"的稱號只是一生一世，後世子孫不能世襲。[1]要有此稱謂，必須得到周王的册命。班簋銘文"唯八月初吉，在宗周，甲戌，王令毛伯更虢城公服，……令賜鈴、勒，咸。王令毛公以邦冢君、徒馭、或人伐東國痟戎"就是最好的一例。班在册命前被稱爲毛伯，册命後隨即改稱毛公。所以，金文中出現的"國名＋公"的稱謂，要具體分析，自稱毛公、康公、畢公、祭公、邢公、𣿩公、應公、鄧公、蘇公、芮公者，都是國君，但他們一定兼有朝廷的職務，具有公卿身份；周公、召公、豐公、益公、穆公、同公、宮公、兮公、遟公、德公、尹公、智公、南公、武公等，這些人並不是諸侯國的君長，但都是周王朝的卿士，具有比伯、侯更高的"公"的稱謂，既可以他人稱呼，也可以自稱；而銘文中見到的滕公、魯公、唐公、齊公、虞公等，都不是自稱，雖然也是"國名＋公"的格式，但從文句中明顯可知，這些都是晚輩對開國之君的尊稱。單公是"族氏＋公"，也是後輩對立族者的尊稱，他生前不一定具有公卿的身份。

另外，要提及的是西周晚期銘文中的楚公家、楚公逆都是自稱，這兩位楚君是否被任命爲朝官，具有公卿身份，目前還無法得到證明。楚是異姓諸侯國，如同與周天子並無統屬關

---

[1]　陳恩林：《先秦兩漢文獻中所見的周代五等爵》，《歷史研究》1994年第6期。

係的某些以姬(夨)、姜(呂)爲姓的氐羌首領一樣,雖無封爵也自稱爲"王"或者"公",春秋時期楚國不就率先稱王了麼?

春秋時期凡是自稱"國名+公"的應該都是國君。《春秋》及三傳中各國國君稱謂較多,魯國人都稱自己的國君爲公,對於他國,有的稱公,有的稱侯,有的稱伯,有的稱子。如《春秋》稱秦君爲秦伯,而金文中均自稱秦公。《春秋》稱杞君爲杞侯,而金文中却稱杞伯;其中有一例稱杞子,像秦子一樣,當是未即位時的稱謂。《春秋》稱鄧君爲鄧侯,金文中却稱鄧伯、鄧公,有自稱也有他稱,但未見一例鄧侯的稱謂。還有《春秋》稱楚君爲楚子,而金文中西周時期自稱楚公,春秋戰國時期自稱楚王。

我認爲《春秋》中對各諸侯國國君的稱謂,不一定就是這些國家國君的真實稱號。《春秋》乃魯人之作品。這種稱謂可能是當時魯人對各諸侯國國君的習慣稱呼,也有好惡褒貶的成分。《春秋》僖公"二十有七年,杞子來朝",《左傳》則説"二十七年春,杞桓公來朝,用夷禮,故曰子。公卑杞,杞不共也",就是最好的證據。所以,我們不能完全以文獻記載來定諸侯國國君的稱號,當以金文爲準,秦公就是當時秦君的稱號,秦子鎛、秦子戈的秦子,就不能套用《春秋》及三傳中的"國名+子"的格式,認爲他就是一代秦國國君。

三、關於芮國的世系

在先秦文獻中有關芮國記載還是比較多的,時代涉及商代末期到春秋早期,總括起來約有十多條。

1.《史記·周本紀》:"西伯陰行善,諸侯皆來決平,於是虞芮之人有獄不能決,乃如周,入界耕者皆讓畔,民俗皆讓長,虞芮之人未見西伯皆慙。"

2.《書·旅巢命》序曰:"巢伯來朝,芮伯作《旅巢命》。"孔穎達正義:"巢國,伯爵之君,南方遠國也,以武王克商,乃慕義來朝,王之卿大夫有芮伯者,陳王威德以命巢君。"

3.《書·顧命》:"惟四月哉生魄,王不懌。甲子,王乃洮頮水,相被冕服,憑玉几。乃同召太保奭、芮伯、彤伯、畢公、衛侯、毛公、師氏、虎臣、百尹、御事。"可見芮伯位列六卿。

4.《書·康王之誥》:"王出應門之内,太保率西方諸侯入應門左,畢公率東方諸侯入應門右,……太保暨芮伯咸進,相揖,皆再拜稽首曰……"也可看出芮伯在成康時期的地位僅次於太保召公和畢公,是成王臨終的六位顧命大臣之一。

5.《史記·周本紀》:"厲王即位三十年,好利,近榮夷公,大夫芮良夫諫厲王,曰:'王室其將卑乎,夫榮公好專利,而不知大難,夫利,百物之所生也,天地之所載也,而有專之其害多矣。……榮公若用,周必敗也。'厲王不聽,卒以榮公爲卿士用事,王行暴虐侈傲,國人謗王……三年乃相與畔,襲厲王,厲王出奔於彘。"

6.《國語·周語》:"厲王悦榮夷公,芮良夫曰:'王室其將卑乎,夫榮公好專利,而不知大難，……今王學專利其可乎，匹夫專利猶謂之盜，王而行之，其歸鮮矣，榮公若用，周必敗。'既，榮公爲卿士，諸侯不享，王流于彘。"韋昭注芮良夫："周大夫，芮伯也。"

7.《毛詩注疏》序《桑柔》："芮伯刺厲王也。"箋云："芮伯畿內諸侯，王卿士也，字良夫。"《逸周書》也有《芮良夫解》篇。

8.《左傳·桓公三年》："芮伯萬之母芮姜惡芮伯之多寵人也，故逐之，出居于魏。"

9.《左傳·桓公四年》："秋，秦師侵芮，敗焉，小之也。""冬，王師、秦師圍魏，執芮伯以歸。"注："三年，芮伯出居魏，芮更立君，秦爲芮所敗，故以芮伯歸，將欲納之。"

10.《左傳·桓公九年》："秋，虢仲、芮伯、梁伯、荀侯、賈伯伐曲沃。"

11.《史記·秦本紀》載寧公："八年，侵芮，芮敗我。芮伯先出在魏，遂與周師圍魏，執芮伯萬以歸，將納之。"

12.《史記·秦本紀》載出子："二年，納芮伯萬於芮。"

13.《史記·秦本紀》載德公："元年，初居雍城大鄭宮，以牲三百牢祠鄜畤，卜居雍，後子孫飲馬於河。梁伯、芮伯來朝。"

14.《史記·周本紀》："成公元年梁伯、芮伯來朝。"

15.《史記·秦本紀》載穆公："二十年秦滅梁、芮。"

上述文獻記載雖然很多，但都比較零碎，目前發現的金文資料，也沒有一件像牆盤和逨盤那樣詳細記載先輩事迹。所以，要排列出芮國的世系目前還是不可能的，不過有了前述青銅器的資料，結合這些文獻記載，我們大致可以把出現的芮國人物歸納到相應的周王世，以供研究者參考。特別要強調的是這些人物的上下關係並不一定都是連續的，有的中間還有缺環，上一王世的芮君與下一王世的芮君，除祈公父子和梁帶村芮公（桓公）、芮伯萬、芮太子白（伯萬之後的芮君）祖孫三代外，其他也不一定都具有父子關係，有的可能是兄弟或者祖孫關係。這些缺環和目前搞不清的關係，有待今后發現更多的金文資料加以補充校正。

西伯昌（文王）時期——虞、芮爭田之芮君

武王至成王前期——作《旅巢命》之芮伯（芮國國君、王朝卿士）

成王後期至康王——《顧命》之芮伯（洛陽博物館芮伯卣之芮伯，也就是祈公，芮國國君、王朝卿士）、芮姞簋之芮姞（芮氏公族夫人）

昭王至穆王前期——爲祈宮作簋之芮公（祈公之子，芮國國君、王朝卿士）、芮姒（芮公夫人）、首陽齋芮伯簋之芮伯（與爲祈公寶簋之芮公爲同一人）、芮公叔（芮氏公族）、芮少姒（芮公叔夫人）

穆王後期至恭王——作子趫寶簋之芮公（芮國國君、王朝卿士）、螯公（芮伯壺之芮伯的父親，與作子趫寶簋之芮公有可能是同一人）、子趫（作子趫寶簋之芮公的叔父）

懿王、孝王時期——芮伯壺之芮伯（芮國國君）、芮叔鼎之芮叔（芮國公族）

夷王至厲王前期——芮伯鬲之芮伯（芮國國君）、芮叔鬲之芮叔（芮國公族）

厲王後期至共和——芮良夫(芮國國君、王朝卿士)、芮叔轡父(芮國公族)

宣王前期——芮伯多父(芮國國君)

宣王後期至幽王——作京叔姬鬲之芮公(芮國國君、王朝卿士)、京氏婦叔姬(芮公之女)、呂王壺之芮姬(芮國公室之女嫁於呂王)

平王前期——作從鼎之芮公(芮國國君、王朝卿士,即芮桓公之父)

平王後期——芮桓公(梁帶村 M27 墓主,芮國國君)、仲姜(即芮姜、桓公夫人)

桓王、莊王時期——芮伯萬(芮國國君,芮姜之子、芮太子白之父)、芮姜(芮伯萬之母,即桓公夫人仲姜)、敗秦伐曲沃之芮伯(芮伯萬被廢之後的芮君,即芮太子白、梁帶村 M19.271 芮公鬲之芮公)、芮子仲殿(芮國公子)、芮子仲殿鼎之叔媿(芮子仲殿的夫人)

釐王、惠王時期——朝秦之芮伯(芮國國君)

襄王時期——亡國之芮伯(芮國國君)

(原題《新見芮國青銅器及其相關問題》,載《兩周封國論衡——陝西韓城出土
芮國文物暨周代封國考古學研究國際學術研討會論文集》)

扶風任家村西周遺寶離合記

　　民國二十九年陰曆二月初一，也就是公元 1940 年 3 月 9 日，陝西扶風縣任家村農民任玉和他的本家兄弟任登肖、任登銀等人正在村西南的土壕內給自家拉土，一鑔頭下去忽然土崖崩塌，顯現出一個大窖穴，裏面重重疊疊放滿了大大小小的青銅器皿，這就是聞名於世的西周善夫梁其和善夫吉父青銅器群，有一百多件。據任玉的好友扶風縣縣城人譚德雲講，銅器出土後任玉曾請他照看，他見到任玉的兩間房子裏放滿了銅器，因怕出現意外，隨後將其中的 128 件（當時有可能將蓋與器算作兩件）密藏在岐山縣賀家村的親戚賀應瑞家。[1]土匪得知任家村挖出青銅器，曾多次進行搶劫，包圍村莊，拷打群衆，村裏的無辜農民備受摧殘，四人被槍殺，五人被拷打致殘。從此當地就流傳着"窮人挖寶遭禍災，土匪搶寶發橫財"的民謠。據任登肖講，事態平定後的 1942 年，密藏在岐山縣賀應瑞家的青銅器，經岐山縣太方村傅鴻德、益店鎮北營村王有超等人之手才陸續賣出。

　　這批青銅器失散後，大部分到了古董商手中，賣來賣去，一些被盜賣到國外，一部分流散於民間，公秉藩、葛寶華、柯莘農等人有收藏。1949 年新中國成立後，許多博物館爲收集這批重要的國寶，做了大量的工作，從私人手中徵集回許多珍品。陝西省博物館（陝西歷史博物館前身）於 1951 年、1961 年陸續徵集到梁其鼎、善夫吉父鬲各 2 件，梁其壺、善夫吉父盂、新邑鼎、禹鼎（後調撥至國家博物館）、㜏鼎各 1 件；上海博物館徵集到善夫梁其簋、梁其盨各 2 件，梁其鐘 3 件，吉父鼎、太師盧簋各 1 件；故宮博物院徵集到今吉父簋 1 件；國家文物局徵集到太師盧簋 1 件（後調撥給故宮博物院）；南京博物院徵集到梁其鐘 1 件；西安市文物庫（現歸西安博物院）收集到善夫吉父鼎 1 件；首都博物館、河南省博物館（即今河南博物院）、四川博物館（即今四川博物院）和濟南市博物館各徵集到善夫吉父鬲 1 件。另外，扶風縣上樊村村民呂有蘭曾於 1942 年從任登銀手中購得一件雲紋鐘和一件弦紋鼎，也先後於 1973 年秋和 1977 年捐獻給扶風縣博物館和周原博物館。其中的吉父鼎，1942 年任登銀賣給古董商王振江，王又轉賣給西安洋行，洋行又轉賣到上海，後歸北京震寰閣駐上海收購站，1957 年被上海博物館購買入藏。[2]以上共計 28 件均已入藏國內博物館。

---

［1］　羅西章編著：《扶風縣文物志》，陝西人民教育出版社，1993 年。
［2］　羅西章：《扶風出土的商周青銅器》，《考古與文物》1980 年第 4 期。

　　這批青銅器已知海外收藏的共 5 件,美國弗利爾美術館收藏善夫梁其簋 2 件,三藩市亞洲藝術博物館收藏梁其壺 1 件,法國吉美博物館收藏梁其鐘 1 件,澳大利亞觀寶氏收藏善夫梁其簋 1 件。另外,見於著錄而下落不明的有梁其鼎、梁其鐘、善夫吉父鬲、善夫吉父簋、伯吉父匜各 1 件。

　　20 世紀 80 年代初,湖南省博物館曾展出過一批未見著錄的善夫梁其和善夫吉父銅器,其中有伯梁其盨、善夫吉父鬲、善夫吉父𤭊等,周世榮先生在 1983 年《古文字研究》第 10 輯發表了其中的一件善夫吉父𤭊。[1]據原湖南省博物館館長高至喜先生講,這批青銅器是“文革”期間紅衛兵從程潛先生家中抄家所得,送到博物館保管。湖南省博物館進行了編號登記,後來還公開對外展出,落實政策時已歸還給原主。

　　程潛先生 1938 年至 1940 年底曾任天水行營主任駐蹕西安,統一指揮西北地區抗戰,在陝西岐山縣周公廟曾建有寓所。在此期間先生遍游陝西的名勝古迹,諸如長安香積寺、護國寺等,還拜謁軒轅黄帝陵,題有“人文初祖”匾額,至今還懸掛在軒轅黄帝廟。1940 年 2 月適逢任家村窖藏青銅器出土,於是便得到了其中的一部分瑰寶,攜回湖南老家珍藏。

　　2005 年中國文物信息咨詢中心利用國家重點珍貴文物徵集專項經費購得的 9 件青銅器,其中 7 件有銘文。計伯梁其盨 1 件,善夫吉父鬲 3 件,善夫吉父𤭊 2 件,太師虘簋 1 件,環帶紋壺 2 件。[2]這批國寶 2006 年 6 月在國家博物館的《文化遺產日特別展覽——國家珍貴文物徵集成果》中公開展出,[3]現已移交到新建的中國文字博物館收藏。從公布的資料比對,可知這 9 件青銅器正是程潛先生收藏的任家村青銅器。這樣,到目前爲止,1940 年發現的扶風任家村窖藏青銅器,國内外博物館收藏和見於著錄的已達 47 件。

　　2008 年上海崇源公司又從美國徵得一件太師虘簋,不僅使這批瑰寶中的一員回到國内,總數達到了 48 件,更使得一組四件的太師虘簋離散六十八年後,又重新合璧(圖一),這是文物界的一件盛事,可喜可賀!

　　故宮博物院所藏太師虘簋著錄於《殷周金文集成》和《故宮青銅器》,[4]原由國家文物局調撥。上海博物館藏太師虘簋著錄於《上海博物館藏青銅器》。[5]崇源公司擬拍賣的這件太師虘簋原藏於著名金石學家和收藏鑒賞家柯莘農。

　　柯莘農(1883—1945),原名士衡,莘農其字,以字行,號逸園、葉語草堂主人等。祖籍山東膠州,清道光年間遷陝,久居西安。爲晚清以至民國陝西著名文物收藏大師、金石文字學者與金石椎拓高手,深得時任陝西省政府主席于右任的欣賞,1928 年受邀出任陝西省政府第

[1]　周世榮:《湖南出土戰國以前青銅器銘文考》,《古文字研究》第 10 輯,中華書局,1983 年。

[2]　《盛世藏寶》,《人民日報》海外版,2006 年 9 月 21 日。

[3]　《盛世藏珍——“文化遺產日特別展覽”巡禮》,中國文物信息網,2006 年 6 月 15 日。

[4]　中國社會科學院考古研究所:《殷周金文集成》,中華書局,1984—1994 年。故宮博物院:《故宮青銅器》,紫禁城出版社,1999 年。

[5]　上海博物館:《上海博物館藏青銅器》,上海人民美術出版社,1964 年。

圖一　太師虘簋

1. 上博　2. 故宮　3. 信息中心　4. 柯氏

四科科長,主管文化教育及文物古迹。1937 年轉任陝西省政府參議。在任期間柯先生爲陝西文物保護管理做出了不可磨滅的貢獻。柯莘農生於詩書世家,自幼就對文物鑒賞情有獨鍾。他博雅好古,精於鑒識。殷商甲骨、兩周彝器、秦磚漢瓦、明清瓷器、名人書畫多有收藏。已知的西周兩件伯鮮鼎、隋代督東宮左親衛鬱久閭墓誌、甘泉宮四獸“益延壽”磚、康熙墨地五彩山石花鳥紋棒槌瓶、灑藍釉玉壺春瓶、乾隆官窰仿宣德青花長頸瓶等等,都曾是他的藏品,具有珍貴的歷史價值和藝術價值。據其子柯仲溶講,太師虘簋 1940 年 2 月出土於扶風任家村窖藏。第二年的一天夜裏,岐山一位姓董的農民背着兩件銅器來到他家,想托他父親通過宋哲元的秘書把銅器賣給宋哲元。他父親看到這兩件銅器造型別緻,鑄有長銘,甚爲喜愛,於是就把自己收藏的幾件古董出讓,並賣掉了一院房子,把這兩件銅器留下。這兩件銅器就是太師虘簋。後來,柯莘農又把其中一件賣掉。柯莘農去世前將留存的太師虘簋及其他一批藏品轉移到美國好友芭芭拉夫婦處。崇源拍賣公司老總季崇建透露,已故上海博物館館長、國內外知名青銅器專家馬承源先生,生前曾數次説起自己在美國出差時得知此寶物藏在美國,並囑咐其一定要讓這件國寶回歸故里。今年年初,他從芭芭拉夫婦處覓得此物,並與柯氏後代核對確認,這就是當年柯莘農的藏品。

2001 年陝西人民美術出版社出版的宗鳴安《晅明樓金文考説》一書中,收録一件太師盧簋拓本,其上鈐有"大室之福""莘農"和"莘農手拓金石磚瓦"印鑒,經查對,此拓本就是故宮收藏的太師盧簋器銘。所以,故宮太師盧簋就是柯莘農賣掉的那件。

但是,1956 年陳夢家先生在其《西周銅器斷代》中考釋太師盧簋時却説"傳 1941 年西安出土。一藏上海博物館,一藏故宮博物院"。[1] 故宮太師盧簋是柯莘農在西安出售的,買家不知詳情,加之作器者太師盧與善夫吉父和善夫梁其在銘文中没有什麽聯繫,所以後來的收藏者便以出售地西安作爲出土地了,這種先例過去很多。柯莘農熟知陝西文物情況,又是太師盧簋最早的收藏者,他所瞭解的出土地點當是可信的。再則,程潛先生在任職天水行轅期間收藏的一批善夫梁其和善夫吉父器群中也有一件太師盧簋。這批青銅器均未清洗,仍保留着出土時的原貌,皮殼鏽色完全一致。況且,程潛先生 1940 年底就離開西安,到重慶任職。這從另一個側面也證明了陳夢家先生"1941 年西安出土"的説法是不確切的。

現將這 10 件重新面世的青銅器介紹於下:

1. 太師盧簋:2 件。現藏中國文物信息咨詢中心,原藏程潛先生,通高 18.7、口徑 21.5、腹深 9.7 釐米。柯氏家藏的通高 19、口徑 24 釐米,重 5 公斤。造型、紋飾與故宮博物院、上海博物館所藏者完全相同,低體寬腹,束頸侈口,蓋面隆起,蓋鈕作圓圈狀,圈足低矮而外撇,足徑與腹徑相差不大,頸部設置一對圓雕龍頭捉手,龍目呈蝌蚪形外凸,龍角作圓柱狀,龍頭没有連鑄通常的半環形耳圈,頗與一般簋耳不同。蓋上和腹部均飾直棱紋,頸和圈足各飾一道弦紋(圖一:3、4)。蓋、器同銘,各 70 字(圖二:1、2)。銘文是:正月既望甲午,王在周師量宫。旦,王各(格)大(太)室,即立(位)。王乎(呼)師晨(晨)召太師盧入門,立中廷。王乎(呼)宰習易(賜)太師盧虎裘。盧撵(拜)頴(稽)首。敢對凱(揚)天子不(丕)顯休,用乍(作)寶殷(簋)。盧其萬年永寶用。唯十又二年。

既望,西周月相名。《釋名》:"望,月滿之名也。月大十六日,月小十五日。日在東,月在西,遥相望也。"《聘禮》云:"既圖事。"鄭注:"既,已也。"以王國維爲代表的四分月相説認爲每月十五、十六日至二十二、二十三日爲既望,亦有人認爲十五至十八日爲既望;定點説則認爲每月十五、十六圓滿這一天爲既望,或説月圓後的一天爲既望。

周師量宫,周王朝的宫室名,或以爲是王臣師量的議事廳。

大室,太廟的中央大室。經籍作"太室",祭祀祖先或者舉行重大典禮的場所。《書·洛誥》:"王入太室裸。"孔傳:"太室,清廟。"孔穎達疏:"太室,室之大者,故爲清廟。廟有五室,中央曰太室。"《春秋·文公十三年》:"大室屋壞。"杜預注:"大廟之室。"

---

[1] 陳夢家:《西周銅器斷代(六)》,《考古學報》1956 年第 4 期。

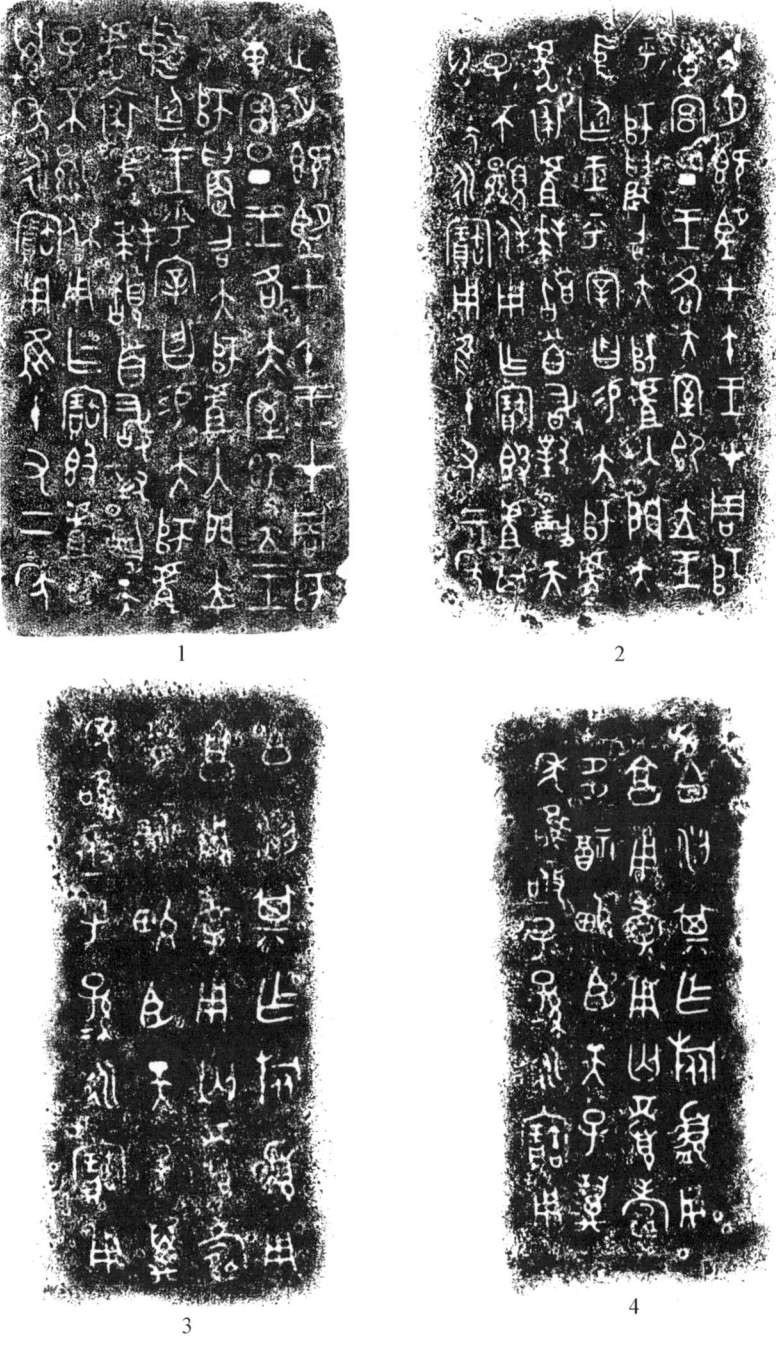

圖二

1. 柯氏簋蓋　2. 信息中心簋蓋　3. 梁其盨蓋　4. 梁其盨器

旦,清晨,早晨。《左傳·成公十六年》:"旦而戰,見星未已。"楊伯峻注:"從晨戰至黃昏後尚未停止。"

各,讀爲格。來,至,到的意思。《書·舜典》:"帝曰:格汝舜,詢事考言,乃言底可績,三載。汝陟帝位。"孔傳:"格,來。"《儀禮·士冠禮》:"孝友時格,永乃保之。"鄭玄注:"格,至也。"

乎,今作呼,呼喚之義。師㝬,即師晨,名晨,擔任周王朝的師職。

召,召喚,召見。《説文》:"召,評也。"《詩·小雅·出車》:"召彼僕夫,謂之載矣。"《史記·司馬穰苴列傳》:"景公召穰苴,與語兵事,大説之,以爲將軍,將兵扞燕晉之師。"

太師盧,本篇的器主,名盧,擔任周王朝太師之職。太師,周代最高職官之一,與太傅、太保合稱三公。《書·周官》:"立太師、太傅、太保,兹惟三公,論道經邦,燮理陰陽。"但在西周早期的金文中僅見太保,未見太師。到了西周中期才出現太師,如善鼎的"太師宫"、師望鼎的"太師小子師望"、伯克壺的"伯太師"等。隨後諸侯國也設置有太師的職官。

中廷,一作中庭。古代廟堂前階下正中部分。爲朝會或授爵行禮時臣下站立之處。

宰囟,名囟,擔任周王朝宰的官職。

搽頴首,即拜稽首。金文常用語,是周代宮廷的跪拜大禮。拜是雙膝跪地後雙手合抱在胸前,叩頭到手。這是古代下級對上級、小輩對長輩施行的禮節。稽首是雙手合抱按地,頭伏在手前邊的地方停留一會,是古人最恭敬的大禮。

虎裘,虎皮做的大衣,周王用虎裘賞賜臣下,此爲首見。

敢對㲋,即敢對揚。"㲋"是"揚"字的異體。敢,謙虛之詞,猶言冒昧。《儀禮·士虞禮》:"敢用絜牲剛鬣。"鄭玄注:"敢,昧冒之辭。"賈公彦疏:"敢,昧冒之辭者,凡言敢者,皆是以卑觸尊不自明之意。"對揚,古代常語,屢見於金文。凡臣受君賞賜時多用之,兼有答謝、頌揚之意。《書·説命下》:"敢對揚天子之休命。"孔傳:"對,答也。答受美命而稱揚之。"《詩·大雅·江漢》:"虎拜稽首,對揚王休,作召公考,天子萬壽。"朱熹集傳:"言穆公既受賜,遂答稱天子之美命,作康公之廟器,而勒策王命之辭,以考其成,且祝天子以萬壽也。"

丕顯,即丕顯,上古成語,意爲英明,用於對天子、諸侯及祖先德行的歌頌讚美。

全銘的大意是:在十二年正月,月相爲既望,干支爲甲午的一天,周王來到師量宫。清晨,王進入中央大室入座,命令師晨宣召太師盧進入大室之門,站立在堂前階下正中。王命令宰囟,賞賜給太師盧虎皮裘服。盧行叩拜大禮,稱頌感激天子的美好恩德。因而鑄造寶簋,千秋萬代永遠珍藏使用。

太師盧之器傳世的還有1件太師盧豆和5件盧鐘。從盧鐘銘文的"盧作寶鐘,用追孝于己伯,用享大宗,用樂好賓,盧罙蔡姬永寶"的語句分析,盧與蔡國女子婚配,鑄鐘的目的除用於追孝亡父己伯以外，還用享大宗。蔡國，姬姓，可知虘出身於非姬姓族氏，且是該族的小宗宗主，但却擔任了周王朝的高級執政官員。關於虘簋的時代，郭沫若先生曾在《陝西新出土器銘考釋》一文中，[1]以師晨鼎的司馬共爲共伯和，故定此組器物的年代爲周厲王，失之過晚。陳夢家先生改定爲懿王時期。從器物造型、紋飾以及銘文字體的風格排比，可以斷定太師虘簋是典型的西周中期遺物。再看銘文記載十二年正月甲午，周王在師量宫召見太師虘，賜以虎裘，佑導虘的儐相是師晨，受命賜虎裘的是宰曶。師晨也稱伯晨，有自作的師晨鼎和伯晨鼎，宰曶也見於蔡簋，這三件銅器與著名的諫簋、揚簋、王臣簋、望簋、癲盨等，同屬於懿王時期司馬共和史芀器組，所以太師虘簋亦當鑄於懿王十二年。

2. 善夫吉父鬲：3 件。形制、紋飾相同。第一件通高 11.3、口徑 16.7、腹深 6.8 釐米；第二件通高 12、口徑 16.7、腹深 6.6 釐米；第三件通高 12、口徑 16.8、腹深 6.8 釐米。寬平沿，束頸弧襠，三蹄足，與足對應的腹部各有一條扉棱，體飾一對卷鼻獸組成的獸面紋（圖三：1—3）。口沿鑄銘文 17 字（其中重文 2），銘文是（圖四：1—3）：

善（膳）夫吉父乍（作）京姬隮（尊）鬲，其子子孫孫永寶用。

善夫吉父，即膳夫吉父，作器者，字吉父，擔任周王朝膳夫之職。從同坑出土的器物推知，吉父與梁其可能爲同一人。名梁其，字吉父。膳夫，西周官名，掌宫廷的飲食。《詩・小雅・十月之交》："家伯維宰，仲允膳夫。"鄭玄箋："膳夫，上士也，掌王之飲食膳羞。"《周禮・天官・膳夫》："膳夫掌王之食飲膳羞。"由於接近周王，後來也參與朝廷政事。

京姬，姬姓女子，膳夫吉父的夫人。膳夫吉父非姬姓。

善夫吉父鬲原本一組 10 件，現已聚齊 9 件。除此 3 件外，其他 6 件，陝西歷史博物館 2 件，首都博物館、河南博物院、四川博物院和濟南市博物館各 1 件。還有一件不知下落。

3. 善夫吉父鑐：2 件。形制、紋飾均相同。第一件通高 37.8、口徑 15.5、腹深 30.8 釐米；第二件通高 37.2、口徑 15.7、腹深 31 釐米。喇叭口，長頸廣肩，肩上左右各有一個卷龍形耳，口沿下前後各有一個小環鈕，斂腹凹底，底部有十字和 V 字形凸綫紋。蓋面隆起，圈狀捉手，有長子口。肩、腹均飾垂鱗紋（圖三：5、6）。蓋、器同銘，各 15 字（其中重文 2），銘文是（圖四：4—6）：

善（膳）父吉父乍（作）旅鑐，其子$_=$（子子）孫$_=$（孫孫）永寶用。

4. 伯梁其盨：1 件。通高 19.5、口横 22.8、口縱 15.5、腹深 10 釐米。體呈橢方形，一對龍首耳，腹微鼓，圈足外撇，下有長方形缺，蓋上有四個雲朵形扉，可以却置。蓋頂飾獸目交連

[1] 郭沫若：《陝西新出土器銘考釋》，《説文月刊》1943 年第 10 期。

紋,蓋沿和口下飾變形獸體紋,蓋上和腹飾瓦紋(圖三:4)。蓋、器同銘,各 31 字(其中重文 2)。銘文是:白(伯)梁其乍(作)旅須(盨),用享用孝,用匄眉壽多福,畎(畯)臣天子,萬年唯亟(極),子=(子子)孫=(孫孫)永寶用。

圖三

1. 吉父鬲甲　2. 吉父鬲乙　3. 吉父鬲丙　4. 梁其盨　5. 吉父罐甲　6. 吉父罐乙

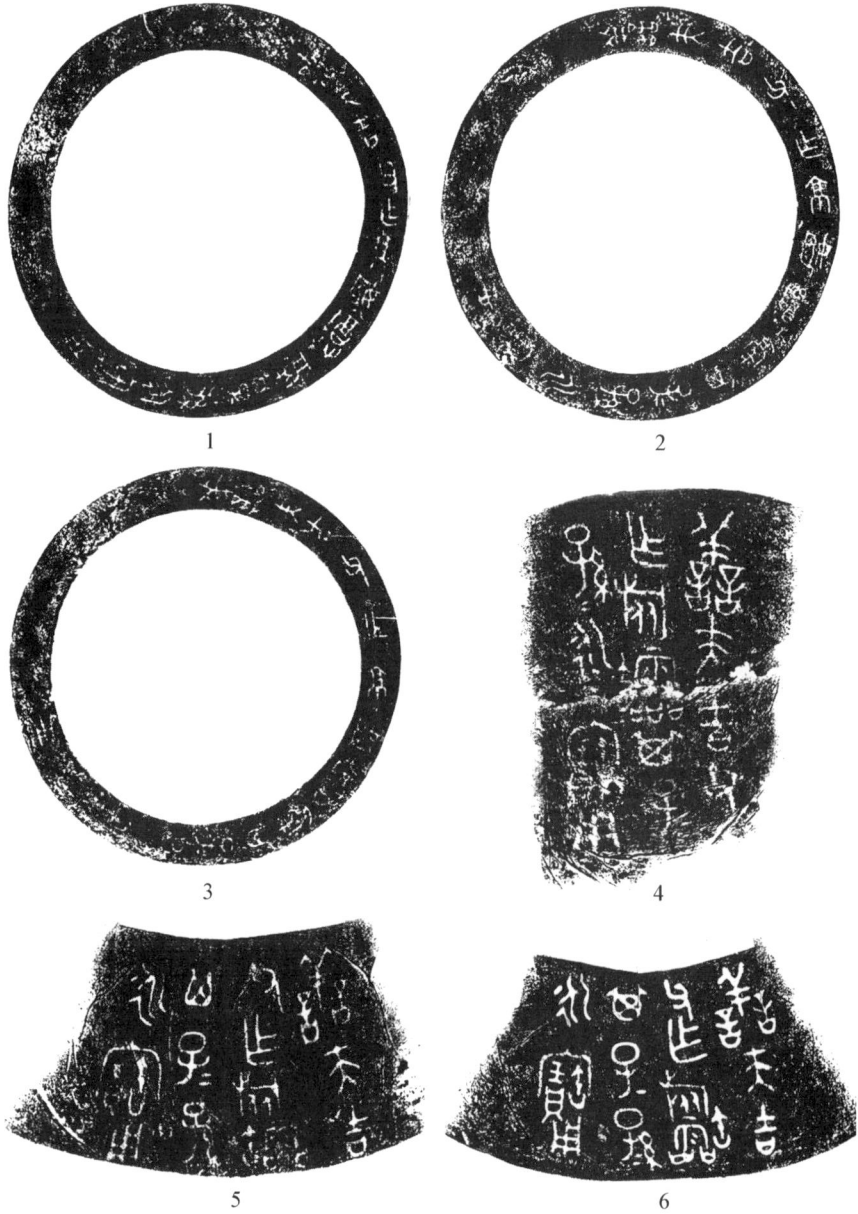

圖四

1. 吉父鬲甲銘　2. 吉父鬲乙銘　3. 吉父鬲丙銘　4. 吉父盨甲器銘
5. 吉父盨甲蓋銘　6. 吉父盨乙蓋銘

5. 波曲紋壺：2 件。形制、紋飾均相同。通高約 60 釐米。形制與幾父壺完全相同，紋飾也大同小異（圖五）。直口長頸，垂腹，矮圈足沿外撇，頸兩側有一對龍首銜環耳，内插式蓋，蓋上有圈狀捉手。除圈足飾斜角變形夔龍紋外，通體飾五道波曲紋，雲雷紋填地。頸腹部的紋飾深峻挺拔，蓋上的紋飾平緩。

圖五

（原載《文博》2010 年第 1 期）

賈國青銅器的新認識

　　文獻記載賈國係周康王所封,姬姓,伯爵,與晋同宗,但由於在古文字中"賈"字不能確釋,致使兩周時期賈國的青銅器也長期得不到確認。自李學勤先生在《矩伯、裘衛兩家族的消長與周禮的崩壞——試論董家青銅器群》一文中釋出"賈"字之後,問題才得以解決。最近,筆者在編著《商周青銅器銘文暨圖像集成》過程中,又收集到西周時期和春秋早期數件賈國的青銅器,有賈伯器、賈叔器、賈子器等,不僅爲古代青銅藝術寶庫增添了新的瑰寶,同時也爲李先生"賈"字的釋讀提供了充分的證據。這些銘文彌足珍貴,具有極爲重要的史料價值,對於研究周代賈國的歷史有着重要的意義。

　　先秦文獻中有關賈國的資料僅有兩條。

　　1.《左傳·桓公九年》載:"秋,虢仲、芮伯、梁伯、荀侯、賈伯伐曲沃。"杜預注:"賈,國名。"魯桓公九年即公元前703年。

　　2.《左傳·莊公二十八年》載:"晋獻公娶于賈,無子。烝於齊姜,生秦穆夫人及太子申生。"

　　至於賈國的始封,先秦文獻失載,只有唐宋時期的氏族書籍可供參考。唐林寶的《元和姓纂》載:"唐叔虞少子公明,康王封于賈,後爲晋所滅,以國爲氏。"《新唐書·宰相世系表》:"賈氏出自姬姓。唐叔虞少子公明,康王封之於賈,爲賈伯。河東臨汾有賈鄉,即其地也。爲晋所滅,以國爲氏。"宋鄭樵《通志·氏族略二》:"賈氏,伯爵。康王封唐叔虞少子公明於此。同州有賈城,即其地。或言河東臨汾有賈鄉是也。爲晋所滅,子孫以國爲氏。又晋既併賈,遂以爲邑。故晋之公族狐偃之子射姑食邑於賈,謂之賈季,其後則以邑爲氏。"南宋鄧名世《古今姓氏書辯證》也説:"賈出自姬姓。晋唐叔虞少子公明,周康王封之於賈,爲附庸,謂之賈伯。河東臨汾有賈鄉,即其地也。曲沃武公取晋,併賈國,以其子孫爲大夫。"

　　由以上資料可知賈國始封君係唐叔虞的小兒子公明,爲周康王所封,姬姓,伯爵,與晋同宗,後被晋武公所滅,但兩周時期的青銅器中何爲賈國之物,却因"賈"字的誤釋而成爲不解之謎。1974年山西聞喜縣桐城鎮上郭村出土的賈子己父匜,時代爲西周晚期,但當時人們不認識"賈"就是"賈"字,均把"賈子己父"釋爲"貯子己父"。[1]傳世青銅器銘文中屢次出現

[1]　山西省文物工作委員會編:《山西出土文物》,1980年。

的“<ruby>賈</ruby>”字,清代阮元始釋爲“貯”;王國維、黃盛璋釋“貯”,讀爲“予”;唐蘭、林甘泉釋爲“貯”,讀爲“租”;郭沫若、王玉哲釋爲“貯”,讀爲“賦”;平心和楊寬認爲“貯”是成家的奴隸。在中山王礜鼎、中山王礜壺和奸盗壺銘文的釋讀中,李學勤、裘錫圭、朱德熙、李零、于豪亮諸先生釋此字爲“賙”,張守中先生則釋爲“貯”;在六國陶文、侯馬盟書、包山楚簡中,人們都將它釋爲“貯”;在《古璽文編》中却把它歸入“周”字條。這些釋讀除用作爲人名不好知其錯外,在其他銘文中都與文意不合,無法讀通。楊樹達在《積微居金文説》格伯簋銘文的解釋中將此字釋爲“貯”,讀爲“賈”,即今價值之價,使銘文得以通讀,這給後來學者很大的啓發。20世紀80年代,李學勤先生在《矩伯、裘衛兩家族的消長與周禮的崩壞——試論董家青銅器群》[1]一文中直接將此字釋爲“賈”,並在注釋中列舉了“賈”字在金文中的四種用法,認爲都與賈字字義有關而與貯字無涉。馬承源先生在其《西周金文中有關貯字辭語的若干解釋》[2]一文中也認爲<ruby>賈</ruby>子己父匜的所謂“貯”即“賈”。這裏不是“貯”假爲“賈”,而是史籍中的賈假借爲貯,由此可訂正史書賈國之賈,當以貯(烽按:此字隸定爲“賈”更妥帖)爲正字。裘錫圭先生在1992年提交給中國古文字研究會的論文《釋“賈”》一文中,也非常贊同李學勤先生將“<ruby>賈</ruby>”釋爲“賈”,同時將中山王礜鼎等器中的所謂“賙”字也改釋爲“賈”,並舉六國璽印文、六國陶文、侯馬盟書和包山楚簡中的字例以證其説,認爲將該字釋爲賈“理由很有力,應可成爲定論”。幾位先生的卓見,使百年未能解決的難題得以豁然冰釋。

“賈”字在金文中的寫法均上從西下從貝,也有假“西”爲“賈”的。遍查傳世青銅器銘文,有此字者共20多條,依李先生指出的幾種用法,均可與其文意相合,通暢無礙。其中11條用爲名詞,義爲商賈、商人,引申爲經商、做買賣。今讀音爲 gǔ。

(1)西周晚期的頌鼎、頌簋、頌壺、頌盤等,銘文中有“王曰:頌,命汝官司成周賈廿家”,即周王任命頌管理成周的二十家商賈。

(2)西周晚期的善夫山鼎,銘文有“王曰:山,命汝官司飲獻人于晃,用作憲司賈”,是説周王命令山掌管在晃地宴饗士大夫禮儀事務,執掌法令,負責管理當地的商賈。

(3)西周晚期的射壺,銘文有“皇君尹叔命射司賈”,是説射的上司尹叔命令射管理商賈。

(4)西周晚期的兮甲盤,銘文説淮夷“其賈,毋敢不即次即市,敢不用命,則即刑撲伐,其唯我諸侯、百姓、其賈,毋敢不即次即市……厥賈,毋不即市,毋敢或入蠻宄賈,則亦刑”,意思是説淮夷的商人要到市場管理機構登記,在規定的市場進行交易,敢不聽從命令,立即進行

[1] 周瑗(李學勤):《矩伯、裘衛兩家族的消長與周禮的崩壞——試論董家青銅器群》,《文物》1976年第6期。

[2] 馬承源:《西周金文中有關貯字辭語的若干解釋》,《上海博物館集刊》第5輯,上海古籍出版社,1990年。

懲處。周人諸侯、百姓以及商賈也要到規定的市場去交易，若不到正規的市場而私下與淮夷的奸商進行非法交易，也要處以刑罰。

（5）西周早期的㝬觶，銘文有“㝬肇賈，用作父乙寶尊彝”。“肇”爲語氣詞，“㝬肇賈”是説㝬經營商業，做買賣。

（6）西周早期的鼓霉簋，銘文是：“□肇賈，衆子鼓霉鑄旅簋。”

（7）西周早期的㝬卣蓋，銘文是：“㝬肇賈，作父乙寶尊彝。”

以上兩條與（5）相同，是説作器者經營商業，做買賣。

（8）西周早期的剌鼎，銘文是：“剌肇西（賈），用作父庚寶尊彝。”

（9）西周早期的㝬角、㝬瓿、㝬簋銘文：“㝬肇西（賈），用作父乙寶尊彝。”

以上兩條中“西”讀爲“賈”，亦指剌和㝬經營商業。

（10）西周中期的齊生魯方彝，銘文有“齊生魯肇賈，休多贏”。贏，《左傳·昭公元年》：“賈而欲贏，而惡囂乎？”杜注：“言譬如商賈求贏利者，不得惡喧囂之聲。”《戰國策·西周策》：“臣嘗聞温囿之利，歲八十金，周君得温囿，其以事王者，歲百二十金，是上黨每患而贏四十金。”王煦曰：“《説文》：‘贏，有餘賈利也。’”“齊生魯肇賈，休多贏”，即齊生魯做買賣，幸喜多有贏利。

（11）西周晚期的㝬甗，銘文有“㝬肇賈，有贏，弗敢沮，用作父壬寶䵼彝”。這條與上條完全相同，也是經營商賈而獲利。

西周中期的五祀衛鼎：“正乃訊厲曰：汝賈田不？”“汝賈田不”與《左傳·襄公四年》“土可賈焉”例同，“賈”用爲動詞，義爲交易、買賣。“汝賈田不”，是説：“你賣不賣土地？”

西周中期的佣生簋的“格伯取良馬乘于佣生，厥賈卅田”和裘衛盉的“厥賈，其舍田十田”中，“賈”即價值、代價的價。《禮記·王制》：“命市納賈，以觀民之所好惡，志淫好辟。”鄭玄注：“賈，謂物貴賤厚薄也。”《漢書·食貨志上》：“其後，上郡以西旱，復修賣爵令，而裁其賈以招民。”顔師古注：“賈，讀曰價。”

傳世青銅器銘文中有4條是用爲國名、姓氏的。

（1）西周晚期賈子己父匜“唯王二月，賈子己父作寶盉”。“賈”，國名。“賈子己父”是西周晚期賈國的公子，字己父（詳後）。

（2）春秋晚期的賈孫叔子屖盤“賈孫叔子屖爲子孟姜媵盥盤”。此條的“賈”，是氏稱（詳後）。

（3）戰國晚期的大陰令賈弩戈“大陰令賈弩”，即大陰縣令，名弩，賈氏。

（4）戰國晚期的㕇奴曹令壯罍戈“工師賈疾”，即工師名疾，賈氏。

另外還有用作人名的，一般讀爲 gǔ。春秋時期晉國有一位大夫名叫屠岸賈，見於金文的如：

（1）西周晚期的昆疕王鐘“昆疕王賈作龢鐘”。“賈”是昆疕王的私名。

（2）戰國中期的中山王嚳壺“中山王嚳命相邦賈擇燕吉金，鑄爲彝壺”，好盗壺“或得賢佐司馬賈，而豖任之邦”。“相邦賈”“司馬賈”，即中山國的相邦，司馬氏，名賈。

（3）戰國中期的十年右使車壺"十茉,右使嗇夫吴羕、工賈"。"工賈",工匠名叫賈。

"賈"字既定,1974 年山西聞喜縣桐城鎮上郭村出土的所謂"貯子己父匜",就可以確鑿地定名爲賈子己父匜,是第一件出現的賈國青銅器,時代爲西周晚期。通高 13.5、通長 30.5、口寬 17 釐米。流較窄,龍首鋬,前足作象首伸鼻狀,後足作象足狀。口沿飾竊曲紋,腹飾瓦溝紋(圖一：1)。内底鑄銘文 18 字(其中重文 2),銘文是：隹(唯)王二月,賈子己父乍(作)寶盉,㣚(其)子＝(子子)孫＝(孫孫)永用(圖二：1)。

圖一

1. 賈子己父匜　2. 賈孫叔子盤　3. 賈伯簋甲　4. 賈伯簋乙　5. 伯㫃父鬲　6. 賈叔鼎

1981 年山東諸城市石橋子鎮都吉臺出土的所謂貯孫叔子屖盤,[1]也可以確定爲器主應是賈孫叔子屖。該盤直口窄沿,淺腹,底部近平,盤壁有一對環鈕,通體光素(圖一:2)。内底鑄銘文 31 字(其中重文 2),銘文是:賈子弔(叔)子屖爲子孟姜滕(媵)盥盤,其薑(萬)生(年)覍(眉)霁(壽),室家是儥(保),它它(施施)配配(熙熙),妻□壽(壽)尗(老)無丌(期)(圖二:2)。"賈孫叔子屖"原誤釋爲"調孫叔子屖"。該盤的時代爲春秋晚期,出土於齊地。形制與美國紐約大都會美術博物館收藏的齊侯盤完全相同,銘文字體瘦長而工整,豎筆多長垂而迂曲,使用的字詞,如"它₌(施施)配₌(熙熙)、壽(壽)尗(老)無丌(期)",以及"期"字作"丌"、"保"字作"儥"、"萬"字作"薑"、"年"字作"生"等等,與齊侯盤、齊侯匜、齊侯鼎、齊侯敦、齊侯盂、齊侯子仲姜鬲、慶叔匜、鮑子鼎等器相同,是典型的春秋晚期齊系文化風格,再結合作器者女兒爲姜姓,所以這是齊國的姜姓賈氏爲出嫁的女兒所作的陪嫁品,與姬姓賈國無涉。

最近,我在編著《商周青銅器銘文暨圖像集成》過程中,也收集到數件賈國青銅器的資料,甚爲重要,可作爲"賈"字的釋讀和周代賈國歷史的重要證據,現介紹如下:

1. 賈伯簋,3 件,私家收藏。通高 24、口徑 21.2、兩耳相距 39 釐米。器形厚重,斂口鼓腹,一對獸首耳,下有垂珥,蓋面隆起,上有圈狀捉手,圈足沿外侈,附鑄三個獸面小足。捉手内壁飾大小相間的重環紋,内底飾蜷曲夔龍紋,蓋沿、頸部和圈足均飾竊曲紋,頸的前後增飾浮雕獸頭,蓋面和腹部飾瓦溝紋(圖一:3、4)。蓋、器同銘,銘文是:佳(唯)王二月既死霸丁亥,賈白(伯)乍(作)邶孟姬隣(尊)殷(簋),用盲(享)用孝,用蘄(祈)萬壽,子₌(子子)孫₌(孫孫)永寶用盲(享)(圖二:3)。

2. 賈伯壺,一對,原爲海外私家收藏,現歸中國文字博物館。通高 48、寬 30 釐米。橫截面呈橢方形,侈口,長頸微内束,頸部有一對獸首耳,原應套有扁圓環,後缺失,腹部外鼓,矮圈足沿下折,形成一道邊圈,内插式蓋,上有方圈形捉手。蓋頂飾 S 形雙頭連體夔龍紋,蓋沿及圈足飾竊曲紋,頸部飾一周垂冠回首卷喙長鳥紋,腹部飾雙層絡帶紋,十字相交處呈菱角形尖狀突起(圖三:2)。蓋榫鑄銘文 33 字(其中重文 2)。銘文除將"簋"字改爲"壺"之外,其餘與賈伯簋完全相同(圖二:5)。

賈伯壺頸部裝飾的鳳鳥紋,與陝西扶風齊家村出土的鳳鳥紋貫耳壺和山西出土的虞政壺基本相同。特徵是體短而尾羽長,鳥首回顧,冠羽垂於頭前,鳥喙彎曲,尖翅上翹,尾羽分爲兩股,上股向後延伸,中部有一分支前卷;下股後端向下卷曲,中部亦有一分支前卷。這種長鳥紋與陳公柔、張長壽鳥紋譜系的Ⅲ7 式極相似,流行於西周中期後段。

像賈伯壺這種類型的壺出現於西周中期前段,西周中期後段到西周晚期最常見,而且是

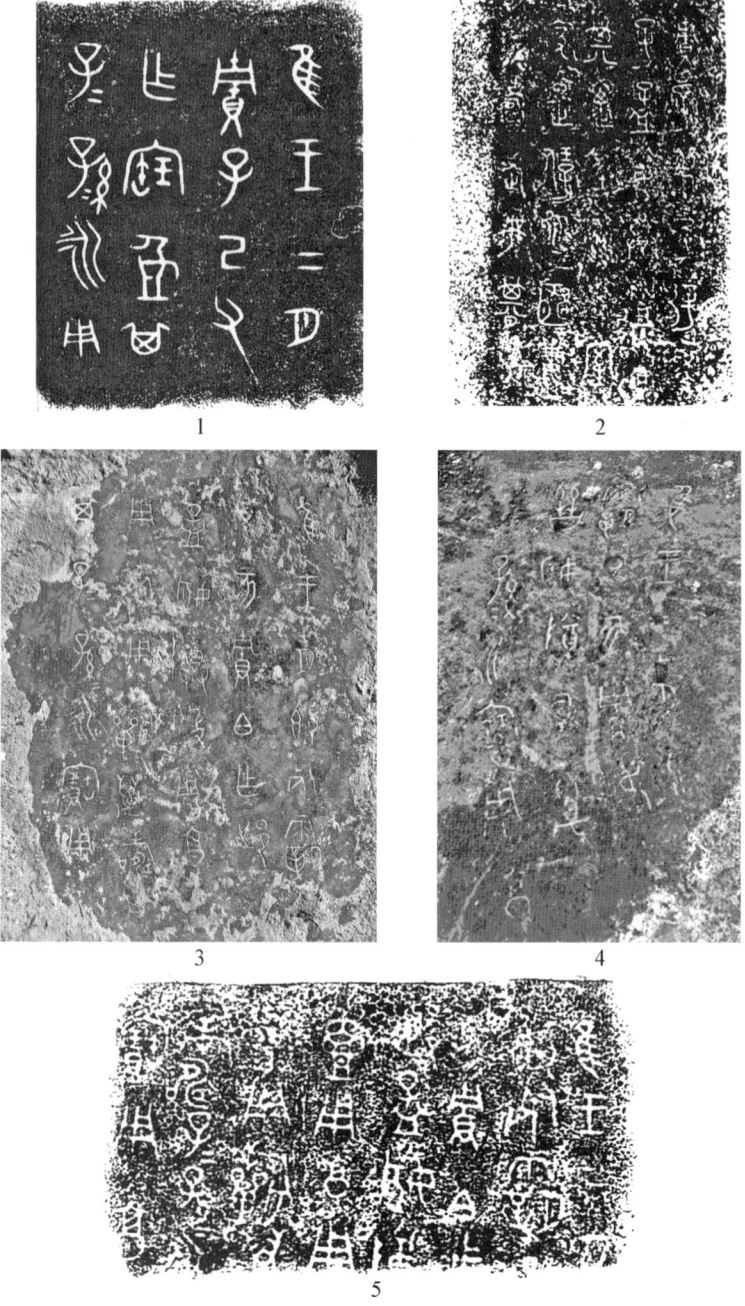

圖二

1. 賈子己父匜銘　2. 賈孫叔子盤銘　3. 賈伯簋銘　4. 賈叔鼎銘　5. 賈伯壺銘

成對出現,如 1967 年西安市長安區馬王鎮馬王村西周銅器窖藏出土的一對劦壺,1995 年 4 月河南登封市出土的一對魯侯壺,1976 年西安市臨潼區西段村西周銅器窖藏出土的一對冟車父壺等。竊曲紋屬Ⅰ型 3 式,是西周晚期常見的紋飾,賈伯簋飾有象鼻夔龍紋演變的竊曲紋,屬Ⅰ型2式,這種竊曲紋見於長由盉、南季鼎、函皇父鼎和梁其簋。長由盉是西周穆王時期的標準器,南季鼎時代在懿王時期,函皇父鼎和梁其簋則屬西周晚期,所以筆者認爲賈伯壺和賈伯簋的時代應定爲西周中期晚段。

這批青銅器是賈伯爲女兒所做的媵器。既稱"邨孟姬",説明她爲姬姓,賈伯的長女,夫家爲邨氏,也證明了文獻記載賈國是姬姓國無誤。"邨"字係金文中初見之字,从世从邑,即世字,加邑旁表示爲國名或者城邑,金文中此類現象常見,如奠或作鄭,若或作都,兒或作郳,豐或作酆,匽或作郾等等。"世"邑故址在今山西什麼地方不詳,估計距離賈國故址襄汾縣不會太遠。賈國故址依《通志》和《新唐書·宰相世系表》等書所説在"河東臨汾有賈鄉"即今襄汾縣賈罕村。

河東即河東郡,在黄河之東,今山西晋西南地區,始設於秦,一直延續到唐代,雖數次遷治,幾度易名蒲州,但習慣上人們仍稱爲河東。臨汾縣始設於西漢,屬河東郡管轄,北魏太平真君七年(446年)撤銷,故址在今山西襄汾縣西南晋城村,其後又在這裏設立泰平縣(北周改爲太平縣),唐貞觀七年(633年)移治敬德堡(即今襄汾縣汾城鎮),1914年改名汾城縣,1954年與襄陵縣合併後稱爲襄汾縣。隋大業三年(607年)又將平河縣改名臨汾縣,1983年併入臨汾市,故址在今臨汾市堯都區。所以《通志》和《新唐書·宰相世系表》等書所説的"河東臨汾",還是指漢代臨汾縣,也就是今襄汾縣西南的晋城村,而與唐宋時期的臨汾縣無涉。這些賈國青銅器均屬流散文物,出土地點不詳,給我們確定賈國古都的地望没有任何幫助。

3. 賈子伯昃父鬲,2件,私家收藏,寬平沿外折,束頸鼓腹,分襠,三條蹄足,與足對應的腹部各有一道扉棱。腹部飾直綫紋(圖一:5)。口沿鑄銘文8字,銘文是:賈子白(伯)昃父乍(作)障(尊)鬲(圖三:3)。該鬲與周原莊白窖藏出土的微伯鬲造型、紋飾基本相同,形制更接近於仲姞鬲,微伯鬲是西周中期後段之物,仲姞鬲的時代是西周晚期,所以賈子伯昃父鬲的時代定在西周晚期比較合適。

4. 賈叔鼎,1件,私家收藏。鼎體呈半球形,平折沿,一對附耳高聳,圜底,三條蹄形足内面較平。頸部飾無目竊曲紋,腹部飾環帶紋,均不施地紋(圖一:6)。内壁鑄銘文26字(其中重文2),銘文是:佳(唯)王二月既死霸丁亥,賈弔(叔)乍(作)晋姬障(尊)鼎,萬[年]子=(子子)孫=(孫孫)永寶用亯(享)(圖二:4)。

5. 賈叔簋,2件,私家收藏。弇口鼓腹,一對獸首半環形耳,獸耳高聳,下有垂珥,矮圈足外撇,其下連鑄三條獸面小足,蓋面弧形鼓起,上有圈狀捉手。蓋沿和器口沿飾竊曲紋,蓋面和腹部飾瓦溝紋,圈足飾垂鱗紋。内壁鑄銘文32字(其中重文2),銘文是:佳(唯)王二月既死霸丁亥,賈弔(叔)乍(作)晋姬隋(尊)毁(簋),丬(其)用亯(享)用孝,用麻(祈)萬壴(壽),子=(子子)孫=(孫孫)永寶用(圖三:1)。

賈叔鼎、賈叔簋的形制、紋飾都呈現出春秋早期的時代特徵,所以此賈叔當爲春秋早期的賈國公族。銘文中的晋姬有可能是晋侯出嫁女,亦有可能是賈伯之女(賈叔的姊妹或侄

女）嫁於晉侯者，即《左傳·莊公二十八年》"晉獻公娶於賈"的女子，因爲晉、賈均姬姓，無論
賈伯之女嫁於晉室者或賈娶晉侯之女，均可稱爲晉姬。筆者以爲前者的可能性極大，因爲晉
侯之女出嫁，同姓者勝，應該是賈伯爲晉侯之女作勝器，作爲賈國的公族賈叔就沒有必要爲
她作勝器了，但賈伯之女嫁於晉國，作爲兄弟或叔父是必須要爲其作勝器的。或云古者同姓
不婚，晉、賈均姬姓，晉侯不可能娶姬姓賈國之女爲夫人，此時賈國已被晉國兼併，此賈已非
姬姓。此説雖有一定道理，但賈國更迭爲異姓，史書無載，鄧名世的《古今姓氏書辯證》却有

1

2

3

圖三

1. 賈叔簠銘　2. 賈伯壺　3. 賈子伯戔父鬲銘

"曲沃武公取晉,併賈國,以其子孫爲大夫"的記載,既爲晉大夫,其姊妹或女兒適配晉侯則是可能的,就是到了晉襄公執政時期,曾封晉之公族狐偃的兒子射姑食邑於賈,謂之賈季,此賈仍然是姬姓,只不過不是賈國國君的後裔罷了。再則,同姓不婚制度到了春秋時期已不那麼嚴格了,《左傳·莊公二十八年》記載:"晉獻公娶于賈,無子。烝於齊姜,生秦穆夫人及大子申生。又娶二女於戎,大戎狐姬生重耳,小戎子生夷吾。晉伐驪戎,驪戎男女以驪姬,歸,生奚齊,其娣生卓子。"除齊姜和小戎子外,其他三位都是姬姓。同書《襄公二十三年》載:"晉將嫁女於吳,齊侯使析歸父媵之。"晉、吳皆姬姓,晉嫁女於吳,亦同姓婚姻。《論語·述而》記載魯昭公娶於吳,因爲是同姓,被譏爲"不知禮"。金文中就有蔡侯申的長姊大孟姬敬配吳王夫差的記載(《集成》10171),蔡、吳亦姬姓。不僅如此,吳王光鑒記載吳王光又把女兒(也可能是姊妹)叔姬寺吁嫁到蔡國(《集成》10298),這也是同姓聯姻,所以此晉姬還是以姬姓賈氏之女適配晉獻公的可能性較大,是否如此尚待進一步研究證實。

　　兩周時期賈國銅器的確定,充分證明了西周時期賈國的存在,特別是賈伯壺、簋的發現,也證明了賈國爲姬姓的記載是正確的。

2012 年 8 月 10 日初稿

2013 年 12 月 10 日修改

(原載《晉邦尋盟——侯馬盟書古文字暨書法藝術學術研討會論文集》)

先秦梁國考

查史書關於先秦時期梁國的記載有如下幾條。

其一,伯益所封的梁國。《路史·後紀》:"伯益之字隤凱,次居子族之三,爲唐澤虞。是爲百蟲將軍,佐禹治水,封之於梁。舜嬗禹,禹巽於益,辭焉。"又《路史·國名紀》高陽氏後:"梁,伯益國,《地理風俗傳》:扶柳西北五十有梁城,故漢西梁縣。西梁故城北,今冀之南宮堂陽鎮,鎮之東鹿(烽按:當爲束鹿)南六十。"注:"《縣道記》:西梁故城二三里,一名五梁城,後漢入扶柳。"《風俗通》亦云:"伯益治水封於梁。"

其二,姬姓梁國。《路史·後紀》:"平之子三,長曰精,封縱爲縱氏、精縱氏。次曰唐,封梁山,爲梁伯。少曰秀,封汝川,謂之周。"又《路史·國名紀》周氏:"梁,平王子唐,封南梁也。今汝治梁縣有梁山。梁故城在承休西南四十。"《左傳·哀公四年》:"夏,楚人既克夷虎,乃謀北方。……爲一昔之期,襲梁及霍。"杜預注:"梁,河南梁縣西南故城也。"《水經注·汝水》:"汝水之右有霍陽聚,汝水逕其北,東合霍陽山水,水出南山。杜預曰'河南梁縣有霍山'者也,其水東北流逕霍陽聚東,世謂之華浮城,非也。《春秋左傳》哀公四年,楚侵梁及霍。服虔曰:'梁、霍,周南鄙也。'……霍陽山水又逕梁城西。按《春秋》,周小邑也,於戰國爲南梁矣。"昭王二十五年,即公元前 491 年,此時梁、霍二姬姓小國尚在,後被楚所滅。

其三,秦仲少子康所封的梁國。《路史·國名紀》少昊後嬴姓國:"梁,伯爵,本少梁夏陽也,今同(州)之韓城有少梁故城。好城而亡,有梁山。"《通志·氏族略》:"梁氏,嬴姓,伯爵,伯益之後。秦仲有功,周平王封其少子康於夏陽梁山。夏陽,今爲同州縣,猶有新里城。新里,梁伯所城者。樂史云:新里在澄城。僖十九年,秦取之。"《廣韻》梁:"本自秦仲,周平王封其少子康於夏陽梁山,是爲梁伯,後爲秦併。子孫奔晋,以國爲氏。"

出土文物中有關先秦時期梁國的有以下兩件。

1. 梁伯敢簋,1993 年陝西岐山縣京當鄉賀家村岐山縣周原博物館東牆外出土。[1] 這是一座西周時期的窖藏,同坑出土的還有一組編鐘 3 件,分別重 11 公斤、9 公斤和 6.2 公斤,但沒有銘文。梁伯敢簋侈口鼓腹,一對獸首耳,耳下有長方形垂珥,圈足外侈,邊沿下折形成一

[1]　曹瑋主編:《周原出土青銅器》,巴蜀書社,2005 年。

道邊圈,頸部飾雲雷紋填地的卷尾回首的夔龍紋,夔龍頭部有長長的飄帶狀冠(圖一),内底鑄銘文11字,銘文是"沙(梁)白(伯)敢乍(作)殷(簋),其邁(萬)年永寶用"(圖三)。

　　2. 梁伯戈,清代出土,先後被陳介祺、羅振玉收藏,現藏故宮博物院。[1]著録於《三代吉金文存》《攈古録金文》《周金文存》《貞松堂吉金圖》《金文總集》《殷周金文集成》等書。通高17.5、闌高9.4釐米,重0.28公斤。戈援的前鋒呈三角形,直援有脊,中胡,上刃在援末揚起,與闌的上端形成弧綫;下刃與胡自然相接;内爲長方形,上有一横穿;闌上兩面各飾一獸頭,闌側有三長穿(圖二)。闌側兩面共鑄銘文14字,銘文是"沙(梁)白(伯)乍(作)宫行元用,抑畋(威)方緣(蠻),盉(鑄—討)政(征)北帝(狄)"(圖四)。

圖一　　　　　　　圖二

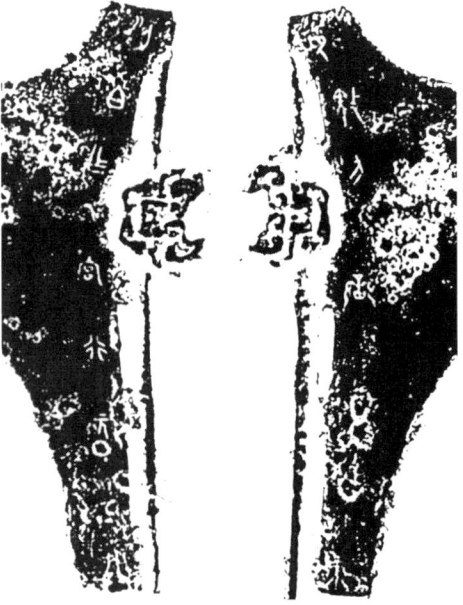

圖三　　　　　　圖四

[1]　故宮博物院:《故宮青銅器》,紫禁城出版社,1999年。

首先我們討論秦仲少子康受封的梁國(以下簡稱韓城梁國)。

古本《竹書紀年》載:"宣王四年,使秦仲伐西戎,爲戎所殺。王召秦仲子莊公,與兵七千人,伐戎,破之。"《史記·秦本紀》載秦仲:"有子五人,其長者曰莊公,周宣王乃召莊公昆弟五人,與兵七千人,使伐西戎,破之。"古代兄弟排行以伯仲叔季論,《通志·氏族略》和《廣韻》所說的"少子康",必是討伐西戎的莊公昆弟五人中最小者,是秦仲最小的兒子,名叫康。《水經注》載:"河水又南逕梁山原東,原自山東南出至河,晋之望也。"《春秋·成公五年》"梁山崩"。《清一統志》同州府:"梁山,在韓城縣西北九十里。"又《左傳·僖公十八年》:"梁伯益其國而不能實也,命曰新里,秦取之。"新里即秦之新城,故址在今陝西澄城縣東北 20 里。綜上所述可知,韓城梁國疆域東至於河,北境、西境掩有梁山,南到新里以南,界接芮國。大約有今陝西韓城市南部、合陽縣全部以及澄城縣北部。其都後改稱少梁。《讀史方輿紀要》韓城縣:"少梁城,縣南二十二里,周梁國也。《左傳》僖十九年'梁伯好土功,民罷而弗堪,秦穆公取之',即此。文十年,晋伐秦取少梁。《魏世家》:'文侯六年,城少梁。梁惠王九年,與秦戰少梁,虜我將公孫痤。'《秦紀》:'秦取魏少梁。'是也。惠文王十七年更名曰夏陽,漢因置夏陽縣。"秦漢夏陽故城在今韓城市芝川鎮瓦頭村西,略呈方形,東、西、南三面城牆尚存,殘高 0.5—2.2 米,東西長約 1.75、南北寬約 1.5 公里。[1]

韓城梁國地處秦晋之間的黃河西岸,是一個小國,見於史書記載僅有下列幾條。

1.《左傳·桓公九年》:"秋,虢仲、芮伯、梁伯、荀侯、賈伯伐曲沃。"

2.《史記·秦本紀》:"德公元年,初居雍城大鄭宮,以犧三百牢祠鄜畤,卜居雍。後子孫飲馬於河。梁伯、芮伯來朝。"

3.《史記·秦本紀》:"成公元年,梁伯、芮伯來朝。"

4.《左傳·僖公六年》:"六年春,晋侯使賈華伐屈。夷吾不能守,盟而行。將奔狄,郤芮曰:'後出同走,罪也,不如之梁。梁近秦而幸焉。'乃之梁。"

5.《左傳·僖公十七年》:"夏,晋大子圉爲質於秦,秦歸河東而妻之。惠公之在梁也,梁伯妻之。梁嬴孕,過期,卜招父與其子卜之。其子曰:'將生一男一女。'招曰:'然,男爲人臣,女爲人妾。'故名男曰圉,女曰妾。及子圉西質,妾爲宦女焉。"

6.《左傳·僖公十八年》:"冬,……梁伯益其國而不能實也,命曰新里,秦取之。"

7.《左傳·僖公十九年》:"冬,……梁亡,不書其主,自取之也。初,梁伯好土功,亟城而弗處,民罷而弗堪。則曰:'某寇將至。'乃溝公宮,曰:'秦將襲我。'民懼而潰,秦遂取梁。"

8.《穀梁傳·僖公十九年》:"冬,……梁亡,自亡也,湎於酒,淫於色,心昏,耳目塞,上無

---

[1] 呼林貴:《陝西韓城秦漢夏陽故城遺址勘查記》,《考古與文物》1987 年第 6 期。

正長之治,大臣背叛,民爲寇盜。梁亡,自亡也。如加力役焉,涵不足道也。梁亡,鄭棄其師,我無加損焉,正名而已矣。梁亡,出惡正也,鄭棄其師,惡其長也。”

9.《史記·秦本紀》穆公:“二十年,秦滅梁、芮。二十二年,晋公子圉聞晋君病,曰:‘梁,我母家也,而秦滅之。’”

從上述史料來看,韓城梁國是周平王時所封,受命立國者爲秦仲的小兒子康,故爲嬴姓,稱梁伯。春秋時期,梁國主要依附於秦國,魯桓公九年(前703年)曾參與伐曲沃之戰。公元前677年秦國遷都於雍城時,梁伯與芮伯曾去朝見德公,表示祝賀。到了公元前663年,秦成公即位,當時的梁伯與芮伯又去朝見祝賀,顯示出梁國和秦國的關係還是比較密切的。由於梁國地處秦晋之間,也和晋國有着良好的關係,晋獻公二十三年,也就是秦穆公六年(前654年),晋國公室內部爭鬥,公子夷吾(即後來的晋惠公)便逃到梁國避難,梁伯並將女兒許配給夷吾爲妻,稱梁嬴,生有一子一女。到了秦穆公二十年(前640年)秦國藉口“梁伯好土功,亟城而弗處,民罷而弗堪”滅掉了梁國。所以,韓城嬴姓梁國之器最早不能早到西周宣王之世,即公元前827年。

故宮博物院收藏的梁伯戈,三角形的前鋒與春秋早期的秦子戈完全相同,銘文字體亦較接近秦子戈。另外,銘文中提到“抑威方蠻,討征北狄”,即用以防禦蠻夷。西周末到春秋早期西戎和北狄一直是周王朝及其諸侯國的最大威脅。因此,從器形到銘文內容都表明它的時代在春秋早期,應是韓城嬴姓梁國之物。

梁伯敢簋的作器者名敢,而不是康,同時從梁伯敢簋的形制、紋飾和銘文字體判斷應是西周中期前段之物,所以梁伯敢簋與秦仲少子康受封的嬴姓梁國無關。

其次,我們討論姬姓梁國。

姬姓梁國立國亦在周平王東遷之時。《水經注·汝水》:“汝水之右有霍陽聚,汝水逕其北,東合霍陽山水,水出南山。杜預曰‘河南梁縣有霍山’者也,其水東北流逕霍陽聚東,世謂之華浮城,非也。《春秋左傳》哀公四年,楚侵梁及霍。服虔曰:‘梁、霍,周南鄙也。’……霍陽山水又逕梁城西。按《春秋》,周小邑也,於戰國爲南梁矣。”哀公四年爲楚昭王二十五年,即公元前491年,此時梁、霍二姬姓小國尚在,後被楚所滅。故址在今河南臨汝縣,其時代也早不過平王,亦與梁伯敢簋無涉。

下面,我們再討論伯益所封的梁國。

伯益是嬴姓始祖,《史記·秦本紀》:“女華生大費,與禹平水土。已成,帝錫玄圭。禹受曰:‘非予能成,亦大費爲輔。’帝舜曰:‘咨爾費,贊禹功,其錫爾皂遊。爾後嗣將大出。’乃妻之姚姓之玉女。大費拜受,佐舜調馴鳥獸。鳥獸多馴服,是爲柏翳。舜賜姓嬴氏。”梁玉繩《史記志疑》云:“按:費是國名,《竹書》‘費侯伯益’是,《史》誤以大費爲名,故不曰咨益而曰咨費。”較早的史書雖無伯益封梁的記載,但《路史》等書的記載也不會是空穴來風,當是有所本的。何光嶽《秦趙源流史》也説:“西周時,梁(此指伯益的梁國)

爲周所併。"[1]何氏之説不知何據。結合梁伯敔簋,我認爲伯益受封的梁國歷夏商到西周中期還應當存在。夏商時期的梁國,故址在今河北束鹿縣南六十餘里。商亡後梁國首領歸附於周,遷封在周原,梁伯敔就是其後裔,到了西周中期以後可能爲周所併。平王東遷時又將其後裔秦仲的少子康封到黄河西岸的韓城,仍稱梁,以續伯益之祀。

上述分析如果不誤,梁伯敔應是伯益的後代,嬴姓之國。這件簋的銘文爲補苴史書對梁國的缺載有着重要的意義。

最後還有必要討論一下梁伯敔簋和四件敔簋(敔作寶簋、四月敔簋、十月敔簋以及周至敔簋)的關係。

敔作寶簋現藏首都博物館,《三代吉金文存》6.46.1 著録,侈口束頸,鼓腹,圈足下沿有邊圈,一對獸首耳,下有方形垂珥。頸部和圈足均飾兩道弦紋,頸的前後增飾浮雕獸頭,時代屬西周早期。四月敔簋《三代吉金文存》8.44.1 著録,十月敔簋《殷周金文集成》04323 著録,兩器的造型、花紋和銘文字體均相同,爲一人所作,時代爲西周晚期。四月敔簋銘文記述周王在大室賞賜給敔玄衣等,敔揚王休,作了祭祀父丙的彝器。十月敔簋銘文記述南淮夷内侵到南洛河一帶,周王命敔阻擊,在上洛戰役取得勝利,十一月由武公陪同在成周太廟獻職,周王賞賜給敔圭瓚、貝幣和一百田土地。關於十月敔簋的時代,歷來爭論很大。唐蘭先生定在懿王世,郭沫若先生定在夷王世,徐中舒先生定爲厲王,李學勤先生定爲幽王,我認爲它是夷王時期之物。因爲武公見於南宫柳鼎、禹鼎、多友鼎等多件銅器,他是夷厲時期的執政大臣,多次參與征伐南淮夷和獫狁的戰争。因此,敔亦當是這個時期的人。不管怎麼説,十月敔簋不能早到懿王,也不會晚到幽王。梁伯敔簋的造型、紋飾和銘文字體既與敔作寶簋不同,也與四月敔簋、十月敔簋不同。敔作寶簋的時代要早於梁伯敔簋,而四月和十月敔簋的時代要晚於梁伯敔簋。他們是同名而不同時代的三個人。1982 年陝西周至縣出土一件敔簋蓋,[2]從其形制和銘文字體判斷,時代爲西周中期後段,亦較梁伯敔簋爲晚,同是一人的可能性不大。

另外,1986 年河南平頂山市薛莊鄉滍陽鎮西周墓葬出土的公簋,銘文有"公作敔尊簋,敔用錫眉壽永命,子子孫孫永寶用享"。[3]時代雖與梁伯敔簋相同,但他是應公家族之人,應與梁伯敔無涉。

(原載《文博》2008 年第 5 期)

---

[1] 何光嶽:《秦趙源流史》,江西教育出版社,1994 年。

[2] 劉自讀、路毓賢:《周至敔簋器蓋銘文考釋》,《考古與文物》1991 年第 6 期。

[3] 湯淑君:《平頂山應國墓地出土青銅器鑒賞》,《中原文物》2001 年第 3 期。

秦子與秦子墓考辨

一、秦子器的發現

　　傳世的秦子器有 3 件,兩件秦子戈,一件藏故宮博物院,銘文是:"秦子作造,中辟元用,左右市鮭,用逸宜。"另一件原藏山東陳介祺,現藏廣州市博物館,銘文是:"秦子作造,公族元用,左右市鮭,用逸宜。"一件秦子矛,原藏容庚先生,現藏不明,銘文是:"秦子作造,公族元用,左右市鮭,用逸宜。"

　　20 世紀 90 年代又陸續出現一批秦子器。1994 年 6 月西安市公安局打擊走私文物繳獲一件秦子戈,據說出土於甘肅某地,銘文是"秦子元用",我已作過報導。[1]2000 年松丸道雄先生告知日本美秀(MIHO)博物館收藏 4 件秦子鐘,銘文是"秦子作寶穌鐘,厥音鉠鉠雍雍,秦子畯龢(令)在位,眉壽萬年無疆"。2003 年王輝(陝西省考古研究院。按:因甘肅省考古研究所也有一位王輝,兩人均研究秦文化,撰寫同類文章,爲區別,故括注單位名)、蕭春源報導澳門珍秦齋收藏的一件秦子戈,[2]銘文是"秦子作造,左辟元用,左右市鮭,用逸宜"。2005 年李學勤、董珊發表澳門珍秦齋收藏一件秦子簋蓋,[3]銘文是"……時。又(有)嬰(柔)孔嘉,保其宮外。温恭穆秉德,受命屯魯,義(宜)其士女。秦子之光,昭于聞四方,子子孫孫,秦子姬用享"。2006 年張光裕報導香港某人收藏了兩件秦子戈,[4]銘文是"秦子作造,公族元用,左右市鮭,用逸宜"。2006 年早期秦文化聯合考古隊在甘肅禮縣大堡子山發掘的樂器坑出土 3 件秦子鎛,[5]其中一件有銘文"秦子作寶穌鐘,以其三鎛,厥音鉠鉠雍雍,秦子畯龢(令)在位,眉壽萬年無疆"。另外,還有 8 件編鐘和兩組 10 件石磬。其後,梁雲、李學

---

[１] 吳鎮烽:《秦兵新發現》,《容庚先生百年誕辰紀念文集(古文字研究專號)》,廣東人民出版社,1998 年。

[２] 王輝、蕭春源:《新見銅器銘文考跋二則》,《考古與文物》2003 年第 2 期。

[３] 李學勤:《論秦子簋蓋及其意義》,《故宮博物院院刊》2005 年第 6 期。董珊:《秦子姬簋蓋初探》,《故宮博物院院刊》2005 年第 6 期。

[４] 張光裕:《新見秦子戈二器跋》,《屈萬里先生百歲誕辰國際學術研討會論文集》,臺北國家圖書館,2006 年。

[５] 早期秦文化聯合考古隊:《2006 年甘肅禮縣大堡子山祭祀遺迹發掘簡報》,《文物》2008 年第 11 期。

勤又發表了美國某人收藏的一件秦子盉,[1]銘文是"秦子作鑄用盉,其萬壽,子子孫孫永寶用"。據說還有一些秦子器在流傳,只是資料尚未公布。

以上這些秦子器,除傳世的兩件秦子戈和一件秦子矛不能確定出土地點外,其餘秦子器根據收藏的時間和一些流傳的資訊,特別是大堡子山樂器坑的發掘,可以確定這些秦子器都出自甘肅禮縣大堡子山被盜的秦公墓地。

這些秦子器無論是從形制、紋飾,還是從銘文字體看,無疑是春秋早期秦國的作品,這在考古界和古代青銅器研究者來説,意見都是一致的。

秦子能夠製造這麼多成套而且體量很大的禮器、樂器,他製造的兵器特爲"公族""中辟""左辟"使用,其人的身份必定特殊,且死後能埋在禮縣大堡子山秦公陵園,所以秦子必定是秦國某個即位前的太子或公子。

二、秦子即秦静公

"秦子"這個稱謂是泛稱還是專稱,學者多有討論,歸納起來也就是三種。

1. "秦子"是秦公未稱公前的稱謂,也就是"秦國太子"。[2] 2. "諸侯在喪稱子",所以他可能是居喪期間的秦國某位國君。[3] 3. 秦子不必一定是太子,公子也可以稱子。[4]

我贊同秦國太子可以稱"秦子",一般公子也可以稱"秦子"。文獻中有許多例證。如《左傳·莊公九年》:"秋,師及齊師戰於乾時,我師敗績。公喪戎路,傳乘而歸。秦子、梁子以公旗辟於下道,是以皆止。"又《左傳·定公五年》:"秦子蒲、子虎率車五百乘以救楚。"《戰國策·秦策》:"秦子異人質於趙。"等等。秦子本是一個通稱,任何一位秦國太子和公子均可稱秦子,但具體到我們討論的這批秦國早期青銅器的器主時,他只能是一位秦國太子或公子。

關於秦子身份的認定,最早是清末陳介祺。他在《簠齋金文題識》論述秦子戈中認爲"秦子"就是秦襄公,"秦子"是其受封諸侯前的稱號。[5]其後未見有人考釋。20世紀80年代以來,特別是90年代甘肅禮縣大堡子山秦公陵園被盜後,私人收藏的秦子器陸續出現,關於秦子身份的討論也熱烈起來。綜合起來大體有6種説法。

其一,静公説。我在1985年編著《金文人名彙編》(中華書局1987年出版)中主張秦子

---

[1] 梁雲:《"秦子"諸器的年代及有關問題》,《古代文明》第5卷,文物出版社,2006年。李學勤:《秦子盉與秦子之謎》,《周秦文明論叢》第2輯,三秦出版社,2009年。

[2] 李學勤:《珍秦齋藏金前言》,《珍秦齋藏金(秦銅器篇)》,澳門基金會,2006年。

[3] 王輝(陝西省考古研究院):《關於秦子戈、矛的幾個問題》,《考古與文物》1986年第6期。

[4] 趙化成、王輝(甘肅省文物考古研究所)、韋正:禮縣大堡子山秦子"樂器坑"相關問題探討》,《文物》2008年第11期。

[5] (清)陳介祺著,陳繼揆整理:《簠齋金文題識》,文物出版社,2005年。

應是文公的長子靜公。1986 年陳平也提出秦子戈、矛上的“秦子”是春秋早期未享國而死的靜公。[1]李學勤先生 2005 年在《珍秦齋藏金前言》中論述秦子簋蓋時完全同意我的觀點。[2]另外,王偉 2008 年在《寧夏大學學報》第 30 卷第 3 期上發表文章,也同意靜公說。

其二,出子說。王輝先生(陝西省考古研究院)陸續發表幾篇文章認爲“諸侯在喪稱子”,“秦子”應是春秋早期某位初即位的秦國幼君,憲公、出子、宣公都有可能,出子可能性最大。[3]2006 年董珊《秦子姬簋蓋初探》中亦主出子說。並認爲“從銘文語氣可見,這件器物是秦子爲其母秦子姬所作的一件祭器,……則魯姬子(烽按:此指秦子姬)在秦子在位時就死去,器物的製作年代,不出秦出子在位(前 703—前 698 年)這六年之間。”[4]同意出子說的還有梁雲、楊惠福、侯紅偉等人。[5]在研究秦子兵器中,出子說是主流意見,被較多人接受。

其三,宣公說。1990 年陳平放棄了自己的靜公說,贊同王輝的“諸侯在喪稱子”之說,認爲憲公、宣公皆有可能,而宣公可能性尤大。[6]

其四,非子說。陳澤在《天水日報》2000 年 10 月 9 日發表《秦子鐘與西垂嘉陵》一文,認爲“秦子”是非子。

其五,襄公說。2003 年李學勤先生在《“秦子”新釋》中認爲“秦子”是秦君未稱公前的稱號,襄公七年始列諸侯,秦子應是襄公未稱“公”之前的稱號。[7]

其六,憲公說。日本松丸道雄在東京秦漢史學會第 13 次大會上論述大堡子山墓主時說“秦子”是“未稱公前稱子”,即位稱公,又葬於西山,能滿足這三個條件的春秋早期秦公,僅憲公一人。[8]

關於非子說,基本上沒有人同意,因爲非子是周孝王時期人,與秦子諸器的時代特徵不能調和,可以排除在外。

襄公受封於平王東遷之時,受封前是周宣王所封西垂大夫莊公的繼承人,理應仍稱西垂大夫,不當有太子或公子名分,況且這時也沒有“秦”這個國名,所以襄公不可能是“秦子”。

[1]　陳平:《試論春秋型秦兵的年代及有關問題》,《考古與文物》1986 年第 5 期。
[2]　李學勤:《珍秦齋藏金前言》,《珍秦齋藏金(秦銅器篇)》,澳門基金會,2006 年。
[3]　王輝(陝西省考古研究院):《關於秦子戈、矛的幾個問題》。王輝(陝西省考古研究院):《讀〈“秦子戈、矛考”補議〉書後》,《考古與文物》1990 年第 1 期。王輝(陝西省考古研究院)、蕭春源:《新見銅器銘文考跋二則》。
[4]　董珊:《秦子姬簋蓋初探》。
[5]　梁雲:《西新邑考》,《中國歷史文物》2007 年第 6 期。楊惠福、侯紅偉:《禮縣大堡子山秦公墓主之管見》,《考古與文物》2007 年第 6 期。
[6]　陳平:《〈秦子戈、矛考〉補議》,《考古與文物》1990 年第 1 期。
[7]　李學勤:《“秦子”新釋》,《文博》2003 年第 5 期。
[8]　[日]松丸道雄:《秦國初期の新出文物につい——甘肅禮縣大堡子山秦公墓地出土物を中心に》,東京秦漢時學會第 13 回大會,2001 年 11 月 10 日。内容摘見日本《秦漢史學會會報》第三號 2002 年 10 月出版。

《秦本紀》雖有"莊公立四十四年卒,太子襄公代立"的記載,但這是司馬遷編著《史記》時因襄公立國後追諡父親爲莊公而述寫的,並不是當時人的實録,也不是歷史事實。另外,秦子簋蓋銘文中出現"時",而秦立時是在襄公受封之後作西時肇始。所以,襄公的可能性就不存在了。

春秋早期幾位國君即位時的歲數和擔當太子的時間如下:文公即位在公元前765年,卒於前716年,享國50年,前777年開始即有太子名分,共12年。静公生年不知,卒於公元前718年,任太子起碼有四五十年,先於文公兩年去世,未享國。憲公,據《史記·秦本紀》記載"(文公)四十八年,文公太子卒,賜諡爲静公。静公之長子爲太子,是爲文公孫也",時年僅有8歲,兩年後祖父襄公去世,他便繼位秦公,當時也就10歲。出子是憲公的庶子,爲魯姬子所生,當時武公爲太子。公元前703年憲公卒,大庶長弗忌、威壘、三父廢太子而立出子,出子年僅5歲,立6年又被三父等人殺害,復立故太子武公。武公出生之年不詳,根據《秦本紀》記載"德公生三十三歲而立,立二年卒",德公繼位是在公元前677年,回推他的生年應爲公元前709年,當時他的父親憲公16歲,以此估算,憲公可能在15歲生武公,這樣武公即位時14歲,任太子也就六七年。德公是武公的同母弟,在武公20年卒後繼位(公元前677年),時年33歲。宣公是德公的長子,德公立2年卒,宣公即位,所以宣公任太子時間僅2年。

我們認爲,像鑄造秦子簋、盉、鐘、鎛等豐厚的大型禮樂器,鑄造自己使用和供給公族、中辟、左辟等軍隊使用的戈、矛等兵器的作器者,必然是年長、德隆、權重的顯赫太子或公子,年少、德薄、權輕的太子或公子都不可能。從上述時間表和所列情況來看,憲公、武公、宣公即位前年齡都不大,任嗣君時年歲小,時間短。憲公、宣公僅兩年,武公六七年。憲公、武公均未成年。宣公雖爲成年,任太子時間極短,因此這些人談不上什麼德隆、權重,更不可能帶兵征戰或者主持祭祀,所以作器的機會很小,從禮器之豐厚和銘文的氣勢來看都不合適。宣公是德公的兒子,雖處在春秋早期,但此時德公已將國都遷到了雍城,政治、經濟中心已經東移,德公、宣公葬地也不在西山,這麼多秦子器出土於大堡子山秦公陵區,若秦子是宣公,他的禮器、兵器怎麼可能埋到曾祖或高祖的陵墓中呢。所以,"秦子"是宣公的可能性也就没有了。

關於"公侯在喪曰子"之説,李學勤先生指出這只是經學上的書法問題,在金文中没有證據,況且秦子諸器銘文中也不見居喪的氣氛。公侯居喪書爲"子"實際上仍然是以嗣君的身份出現。上述憲公、出子、武公、德公、宣公等人,即便在居喪期間可稱秦子,但因年幼,且時間短促,没有必要也不可能在此期間鑄造這麼精美豐厚的青銅禮樂器,特別是供自己專用和供公族、左辟、中辟等軍隊使用的兵器,更不可能是居喪期間製造的。居喪不過數月時間,在居喪期間急急忙忙用"子"的名義鑄造這些禮器、兵器,還不如稍等幾個月喪事結束後用"公"的名義鑄造青銅禮器,更顯得尊貴和榮耀。所以,憲公、出子、武公、德公、宣公等人也可以排除在外了。

　　現在就剩下文公、静公父子二人了。文公享國 50 年之久,即位時年歲不可能很大,估計也就二十歲左右或者十七八歲,任太子時也可能未成年,或者青春年少,亦不符合年長、德隆、權重、顯赫太子的身份。文公的功績和鑄造的大批青銅禮器,主要集中在執政的五十年間,這點在大堡子山秦公陵園出土的衆多有銘文的秦公青銅器已得確證。另外,就目前所見的這批秦子器,無論從形制、紋飾,還是銘文字體上看,時代都很集中,就是春秋早期,但又早不到春秋初期也就是秦襄公時期,這也是絶大多數研究者的共識。基於上述兩點,這批秦子器的器主"秦子"是文公的可能性也不大。

　　静公,上面已經講過,任嗣君長達四五十年,先於父親而卒,未能享國。在死後,文公破例賜謚爲静公,可見生前在朝中是有重要作用的,從秦子戈、矛銘文可知他是公族軍隊的統帥,很可能在文公執政後期,由於文公年歲大了,他代父出征,主持祭祀等。這與秦子簋蓋、秦子鐘、鎛銘文所體現的情況是相符合的。

　　秦子簋蓋對於確定"秦子"即"静公"有着重要意義。銘文中的"秦子姬"研究者有四種不同的理解。其一,"秦子"與"姬"是兩個人,指秦子和他的姬姓夫人,秦子是静公;其二,"秦子"與"姬"是兩個人,指秦子和他的姬姓夫人,秦子是憲公;其三,"秦子"與"姬"是兩個人,指秦子和他的姬姓母親,秦子是出子,"姬"是魯姬子;其四,秦子姬是一個人,指秦子的母親,即出子的母親魯姬子。

　　第二種解釋秦子是憲公,但史書明載憲公任太子時年僅 8 歲,即位時才 10 歲,此時他不可能有夫人。出子也不可能,出子 5 歲即位,10 歲被殺,所以,他也不可能有夫人。鑒於上述原因,第三種解釋便把夫人改爲母親,把憲公改爲出子,同時也把太公廟秦公鐘、鎛中的"公及王姬"也改爲母子關係。我們知道太公廟秦公鐘、鎛大家已經公認器主是秦武公,這樣王姬就是憲公的夫人。憲公娶姬姓夫人史無記載,有人以《秦本紀》"武公弟德公,同母魯姬子,生出子"來證明武公和德公的母親(憲公夫人)就是王姬。這種見解是基於古代"同姓相媵"的婚姻原則,憲公的庶妾既然是魯姬子,故推得嫡夫人必定也是姬姓。事實上,春秋時期有的諸侯國並没有遵守這一原則,金文中有不少異姓女子相媵的例證,這裏就不列舉了。憲公夫人有可能是姬姓女子,但不一定就是姬姓女子,引此史料只能作爲推論,不能作爲確證。"公及王姬"理解爲公和母親還不如理解爲公和夫人更順當。如果理解爲公和母親,那就牽涉到母后臨朝的問題。秦武公十三歲即位,享國二十,死時已三十三歲,他是一位有作爲的國君。元年伐彭戲氏,至於華山下;三年誅三父等而夷三族,以其殺出子;十年伐邽、冀戎,初縣之;十一年初縣杜、鄭,滅小虢。太公廟秦公鐘、鎛銘文"康奠協朕國,盜百蠻具即其服"也正符合他的身份與轟轟烈烈、功績卓著的氣勢。所以母后臨朝一説是站不住腳的。第四種解釋"秦子姬"是指秦子的母親,在語句上也講不通,金文稱謂中也找不到任何例證,把秦子姬與魯姬子聯繫在一起更是没有任何道理。

　　上述三種解釋都不能成立,就只有第一種解釋了。"秦子姬"和"秦公及王姬"語例相同,只是中間省略了連接詞,這在金文中是常見的。"秦子姬"必須解釋爲秦子和他的姬姓夫人,也就是静公和他的夫人。再聯繫到秦子戈、矛,秦子鐘、鎛等青銅器,確定秦子就是秦静公就毫無疑問了。

但是,梁雲等人仍然堅持秦子不是静公而是出子。其最主要的依據是秦子鎛中的"畯龏在位"是指在國君之位。他説"金文中'在位'指在天子位或諸侯位","畯龏在位"有"高高在上的意思",是一國之君的口吻。所以秦子鎛的"秦子既然是國君,自然不會是未享國的太子静公,應是憲公之後即位的出子"。[1]梁雲在另一篇文章中還重點指出秦子簋蓋中的"受命屯魯"爲秦子受大命,所以只能指在位的國君,而春秋早期稱子的國君只有出子。[2]

爲了釐清是非,在這裏有必要把秦子簋蓋中的"受命屯魯"和秦子鎛中的"畯龏在位"作一解讀。

"受天命"這一語詞,一般多出現在訓誥類(如何尊、毛公鼎)、追孝類(如猷鐘、秦公鐘、秦公簋)和册命類(如詢簋、逑鼎)金文中。它是專指開國之君接受天命,擔任國王或者諸侯的意思。如何尊中的"肆,文王受兹大命"、毛公鼎中的"王若曰:父厝,丕顯文武,皇天厭厥德,配我有周,膺受大命,率懷不廷方"、逑鼎中的"王若曰:逑,丕顯文武,膺受大命,敷佑四方"、五祀猷鐘中的"用申恪先王,受皇天大魯命"等等。這些銘文都是周王對臣下述説先祖文王、武王接受上天的命令,建立了周王朝,統治四方。叔夷鐘中的"赫赫成唐(湯),有敢在帝所,溥受天命,刪伐夏后,敗厥靈師,伊少臣唯輔,咸有九州,處禹之土"是説商王朝開國之君成湯接受天命,伐滅夏朝,建立商國。太公廟秦公鐘中的"秦公曰:我先祖受天命,賞宅受國,烈烈昭文公、静公、憲公,不墜于上,昭答皇天,以號事蠻方"。傳世秦公鎛有"秦公曰:丕顯朕皇祖受天命,肇有下國,十又二公,不墜上下,嚴龏夤天命,保業厥秦,號事蠻夏"。傳世秦公簋有"秦公曰:丕顯朕皇祖,受天命,鼏宅禹迹,十又二公,在帝之坏,嚴恭夤天命,保業厥秦,號事蠻夏"。銘文中的"受天命,賞宅受國""受天命,肇有下國""受天命,鼏宅禹迹"都是指秦襄公受封諸侯,有國有家;晋公盨中的"我皇祖唐公[雁(膺)]受大命,左右武王,教威百蠻,廣闢四方,至于不廷,莫不□□,[王]命鄱(唐)公,建宅京師",也是繼位的晋公追述自己國家的緣起,唐叔虞受封始國。

秦子簋蓋的"受命屯魯"與上述"受天命""受大命"有所不同。金文中"大"與"天"字係一字之分化,有時候是不分的,"受大命"也就是"受天命"。"受天命"是指開國之君接受上天的命令,開國立業,擔當國家大任,這不是人人都可以使用的詞語,而"受命"就不同了。"受命"只是接受命令的意思,使用的範圍很寬泛。如沈子它簋的"它曰:拜稽首,敢爽昭告朕吾考,令乃鵬沈子作絼于周公宗,陟二公,不敢不絼休同,公克成綏吾考,以于顯顯受命"、

[1]　梁雲:《甘肅禮縣大堡子山青銅樂器坑探討》,《中國歷史文物》2008年第4期。
[2]　梁雲:《"秦子"諸器的年代及有關問題》。

曶鼎的"曶受休命于王"。

《説文》："命,使也。"金文中"命"除命令、派遣之義外,還有賞賜、賜予一義,如康鼎的"命汝幽黄、鋚勒"、即簋的"命汝赤市、朱黄、玄衣、黹純、鑾旂"、癲鐘的"受余屯魯通录永命"、伯康簋的"伯康作寶簋,用饗朋友,用王父、王母,它它受兹永命,無疆純佑,康其眉壽,永寶兹簋,用夙夜無已"中的"命",用的就是賜予之義。"受余屯魯通录永命"和"它它受兹永命"都是祈求祖先長久地賜給自己福壽與美善。"永命"就是長久賜予。"屯"者厚也,盈滿之意;"魯"有嘉美之義。"屯魯"即厚福、美善。秦子簋蓋的"受命屯魯"和癲鐘、伯康簋的銘文一樣,是作器者祈求上天或祖先賜予厚福,屬於追孝類銘文中的常見詞語。它與"受天命"是兩碼事,不能混爲一談。況且,秦國國君從來稱"公"不稱"子"。趙化成、王輝(甘肅省文物考古研究所)、韋正先生説得好:"出子在位期間沒有理由不稱公,所做銅器也應稱秦公,而不應稱秦子。出子即位雖然可能不合法,但合法不合法是後人的認識,在位期間當事人當然認爲是合法的,因而稱公是必然的。出子爲謚號,出即黜,我們不能根據出子的謚號來推測其生前在位時也如此稱呼。"[1]

秦子鐘、秦子鎛中的"畯龢在位"也在嘏詞位置,屬作器者祈求祖先保佑的範疇。"畯",假爲駿,長久的意思,"龢"解作美好,"畯龢在位"意思是長久地、美好地在其位。"畯龢在位"非天子或諸侯這樣一國之主所專用。"位"並不專指王位、君位,也可以泛指各種"職位"。屬王獻簋中的"朕位""畯在位",當然指的是王位,秦公鐘的"畯龢在位"是指國君位。但在懷后石磬銘文中的"孔聖盡巧,唯敏□竈,以虔夙夜在位"的"位",明顯指的是君夫人之位,是説器主(春秋晚期某位君夫人)早晚恭敬謹慎地在其位。伯桄虘簋"伯桄虘肇作皇考剌公尊簋,用享用孝,萬年眉壽,畯在位,子子孫孫永寶"中的"畯在位"是指一般公卿大夫的職位。所以,秦子鐘、秦子鎛中的"畯龢在位"只能理解爲長久地、美好地在其太子位,不能理解爲在君位。

總之,從秦子鐘、鎛銘文、秦子簋蓋銘文,以及秦子戈、矛等兵器銘文推斷,該秦子肯定不是一般的太子或公子。結合文獻記載文公享國五十年,太子先於他去世,死後賜謚静公,以國君禮制葬埋,並立其子爲太子,説明静公在文公執政後期肯定替父擔當了一部分或大部分國家大事。所以,銘文中的秦子必然是静公。

三、秦子墓的確定

關於禮縣大堡子山秦公陵園在 20 世紀 90 年代被盜的兩座大墓墓主的認定,意見分歧相當大,至今仍在討論。1994 年李學勤、艾蘭在美國發現一對秦公壺,遂考訂爲甘肅禮縣大堡

---

[1] 趙化成、王輝(甘肅省文物考古研究所)、韋正:《禮縣大堡子山秦子"樂器坑"相關問題探討》,《文物》2008 年第 11 期。

子山被盜大墓之物,並認爲器主是秦莊公,[1]揭開了大堡子山被盜兩座大墓墓主討論的序幕;其後陳昭容撰文認爲秦公壺和大墓主人爲文公;[2]韓偉 1995 年在其《論甘肅禮縣出土的秦金箔飾片》一文中提出被盜的兩座大墓墓主應是秦仲和莊公;[3]1998 年王輝(陝西省考古研究院)撰文認爲兩座大墓墓主爲襄公、文公;[4]陳平在其《淺談禮縣秦公墓地遺存與相關問題》中説:"大堡子山若果有二秦公之墓,這二秦公更有可能是秦之文公與憲公。"[5]祝中熹也認爲是襄公和文公,其中 M2 爲文公,M3 爲襄公;[6]2000 年甘肅省文物考古研究所對這兩座大墓進行了劫後清理發掘,發掘者戴春陽發表論文,認爲兩座大墓墓主是襄公夫婦,其中 M2 爲襄公,M3 爲襄公夫人;[7]日本松丸道雄在東京秦漢史學會和日本中國考古學會關東部會四月例會上演講説,日本美秀博物館收藏的秦子鐘的"秦子"是即位前的憲公,大堡子山兩座大墓墓主是文公和憲公;[8]梁雲認爲是憲公夫婦墓,規模小的是憲公,規模大的是憲公夫人王姬;[9]馬振智認爲目前並不能肯定兩座大墓是襄公夫婦墓,只能説是襄公夫婦或文公夫婦;[10]張天恩認爲是襄公和文公;[11]2005 年李學勤在考證秦子簋蓋時主張秦子就是静公,大堡子山兩座大墓是文公和静公的墓;[12]樂器坑發掘後,發掘者趙化成、王輝(甘肅省文物考古研究所)、韋正等人根據被盜出土的文物、甘肅省文物考古研究所搶救發掘的現象以及對整個陵區鑽探的資料分析,認爲大堡子山秦公陵區的 3 號大墓是秦文公的墓,2 號大墓是文公之子、未享國而卒的静公的墓。[13]其後,楊惠福、侯紅偉依據樂器坑等新的資料仍然撰文認爲 M2 是出子墓,M3 是襄公墓;[14]梁雲在其《甘肅禮縣大堡子山青銅樂

[1] 李學勤、[美]艾蘭:《最新出現的秦公壺》,《中國文物報》,1994 年 10 月 30 日。

[2] 陳昭容:《談新出秦公壺的年代》,《考古與文物》1995 年第 4 期;又陳昭容:《談甘肅禮縣大堡子山秦公墓地及文物》,《大陸雜誌》1997 年第 5 期。

[3] 韓偉:《論甘肅禮縣出土的秦金箔飾片》,《文物》1995 年第 6 期。

[4] 王輝:《也談禮縣大堡子山秦公墓地及其銅器》,《考古與文物》1998 年第 5 期。

[5] 陳平:《淺談禮縣秦公墓地遺存與相關問題》,《考古與文物》1998 年第 5 期。

[6] 祝中熹:《禮縣大堡子山秦西陵墓主及其他》,《隴右文博》1999 年第 1 期;又祝中熹:《禮縣大堡子山秦陵墓主再探》,《周秦社會與文化研究》,陝西師範大學出版社,2003 年。

[7] 戴春陽:《禮縣大堡子山秦公墓地及其有關問題》,《文物》2000 年第 5 期。

[8] [日]松丸道雄:《秦國初期の新出文物について——甘肅禮縣大堡子山秦公墓地出土物を中心に》,東京秦漢時學會第 13 回大會,2001 年 11 月 10 日。内容摘見日本《秦漢史學會會報》第三號 2002 年 10 月出版。《甘肅禮縣秦公墓の墓主は誰か——MIHO MUSEUM 新收の編鐘を手掛りに》,日本中國考古學會關東部會四月例會演講,2002 年 4 月 20 日。

[9] 梁雲:《西新邑考》。

[10] 馬振智:《關於甘肅禮縣大堡子山秦公墓地的幾個問題》,《陝西歷史博物館館刊》第 10 輯,三秦出版社,2003 年。

[11] 張天恩:《試説秦西山陵區的相關問題》,《考古與文物》2003 年第 3 期。

[12] 李學勤:《論秦子簋蓋及其意義》。

[13] 趙化成、王輝(甘肅省文物考古研究所)、韋正:《禮縣大堡子山秦子"樂器坑"相關問題探討》。

[14] 楊惠福、侯紅偉:《禮縣大堡子山秦公墓主之管見》,《考古與文物》2007 年第 6 期。

器坑探討》一文中,認爲樂器坑祭祀物件屬於 2 號大墓,樂器坑是秦子祭祀 2 號大墓墓主的,
只是這位秦子是出子而不是静公。[1]

其實,最早提出 M3 是文公墓,M2 是静公墓的學者是陝西澄城縣劉家窪鄉良周遺址文管
所的張文江,他於 2006 年撰寫了《甘肅禮縣大堡子山秦陵墓主考辨》一文,請我審閲。文中
對秦子和大堡子山 2、3 號大墓的墓主進行了考證,否定大墓發掘者的襄公夫婦墓之説,認爲
秦子就是静公,M3 是文公墓,M2 是静公墓,並列舉諸多證據以證其説。我看後頗感其説有
理,建議發表。後來張文江便與田亞岐聯名,在 2007 年 5 月的《唐都學刊》第 23 卷第 3 期發
表該文,公布了這一新的見解,可惜並未引起學界的重視。

上述諸説,秦仲、莊公之説因其時代太早,且未立國稱公,早已被排除在外。襄公夫婦
墓、文公夫婦墓、憲公夫婦墓三説也站不住脚。因爲,鳳翔雍城秦公陵園、臨潼芷陽秦東陵和
秦始皇陵園的勘探,以及秦景公大墓、財經學院基建工地秦國陵園(有可能是秦始皇祖母夏
太后陵園)的發掘,證明秦國的國君不論秦公、秦王或皇帝、皇太后,其墓葬都是獨立的,從來
就没有實行夫婦併葬制度。所以夫婦墓之説就得出局。

關於襄公和出子、襄公和文公、文公和憲公三説也是被否定的。《史記·秦始皇本紀》所
附《秦紀》記載,文公葬西山,憲公葬衙。西山和衙絶非一地,如果大堡子山是衙地,那麼文公
就不可能葬在這裏;如果大堡子山是西山,這裏就不會有憲公墓。我們也注意到《秦本紀》説
憲公"葬西山"。《秦紀》是流傳下來的秦人記事,《秦本紀》是司馬遷撰寫,當以《秦紀》爲是。
即便是憲公葬於西山,從現有資料看,大堡子山秦公器中找不到憲公所作之器(秦子器主非
憲公上面已經討論過了),所以文公和憲公組合就不復存在。襄公和出子,也不可能同處一
個陵園。出子,雖然在大庶長弗忌和威壘三父等人挾持下廢太子而即位爲秦公,但當時只有
5 歲,立 6 年又被三父等人殺害。其後即位的是原來的太子武公。出子被殺後埋葬只能是草
草從事,掌權的人們絶不可能再讓他享受秦公的葬禮,享用國君的中字形大墓制度,也不可
能埋入祖先的陵園。這由太公廟出土的秦武公鐘、鎛銘文没有把出子列入秦公世系可以得
到證明。現在就剩下襄公與文公、文公與静公二説。

襄公與文公之説出現較早,影響較深,但大堡子山樂器坑,出土豐富的成套秦子器,被盜
大墓之一也出土了不少秦子禮器和兵器,説明兩座大墓中必有一座是秦子墓。這位秦子身
份很特殊,不大可能是一般秦公即位前爲太子或公子時所能鑄造的。如果有其他即位前的
太子或公子的器物,在器物的時代特徵上當有所表現。可是,這批秦子器時代特徵却很一
致,即春秋早期,但又早不到襄公時期,所以他就不可能是文公。文公享國五十年,可以想見
在他執政的後期年事已高,國家大事必然委托給太子静公去做,所以秦子非静公莫屬。從其

[1]　梁雲:《甘肅禮縣大堡子山青銅樂器坑探討》。

死後賜謚爲靜公,且其子憲公被立爲太子來看,文公十分器重太子靜公,靜公雖未享國,却也被列入國君序列,死後享受國君待遇,享受宗廟祭祀大禮。所以,他的墓葬應該是國君級的中字形大墓。大堡子山兩座中字形大墓,其中必有一座是靜公墓。再從樂器坑是針對 2 號大墓設置的,祭祀的是 2 號大墓墓主,可以肯定 2 號大墓就是靜公之墓。流散於國内外的秦子鐘、盉、簋以及秦子兵器等,都應該是 2 號大墓中的隨葬品。樂器坑中的秦子鐘、鎛等樂器應是靜公生前使用的,是憲公即位後祭祀父親靜公時瘞埋的。3 號大墓理應是文公墓。爲什麽 2、3 號兩位秦公的墓葬如此靠近,給人以夫婦併葬的錯覺呢? 我認爲文公在位長達五十年,晚年兆域應該早已選定,大墓亦當建成,這就是 3 號大墓。而靜公尚未登基,不可能預先建造陵墓,他的死亡實屬意外,只好臨時選定墓址,又因時間緊迫,加之文公特别恩寵他,於是就把他的墓葬建造在自己的大墓旁,形制與自己的一樣,但規模略小,因受地域條件的限制,靜公的車馬坑也只好夾擠在自己的車馬坑旁。這就是大堡子山秦公陵園的最好解釋。

另外,還要提及的是,甘肅省博物館收集的西和縣公安局破案繳獲的 7 件秦公鼎和 5 件秦公簋,均屬殘器。經修復,7 鼎成序列,形制、紋飾銘文相同,大小遞減,簋的器形整齊劃一,製作略顯粗糙,銘文是器物鑄成後刻的。我認爲這些秦公器物應當出自靜公墓,是靜公墓的隨葬品,是靜公埋葬前臨時製作的冥器,並不是生前的實用器。之所以銘文爲秦公,正是因爲他已被賜謚靜公,隨葬禮器也要適用秦公的名分所使然。

(原載《文博》2012 年第 1 期)

秦武王二年始置丞相説不誤

《人文雜誌》1982 年第 2 期發表的韓養民先生的《秦置相邦丞相淵源考》一文,對秦國相邦丞相的設置進行了有意義的探討,讀之頗受啓發;然而文中據《呂氏春秋・無義》有稱"樗里相國"之語,來否定秦武王二年始置丞相之説,認爲秦國丞相的始置,不能早到秦武王二年,而應在秦王政十年以後,此説似欠妥實。我認爲秦武王二年始置丞相之説不誤。

據《史記・秦本紀》記載秦武王:"二年,初置丞相,樗里疾、甘茂爲左右丞相。"同書的《樗里子甘茂列傳》《六國年表》也有相同的記載。這一點可以得到出土文物的印證。1979 年春,四川省青川縣 50 號戰國秦墓出土的更修田律木牘有"二年十一月己酉朔朔日,王命丞相戊、内史匽:民臂(僻),更修爲田律"。[1]丞相戊即丞相甘茂,古戊通茂,如:《戰國策・韓策一》"公孫郝黨於韓,而甘茂黨於魏",《戰國策劄記》則作"甘戊黨於魏";《説苑・雜言》"甘戊使於齊,渡大河",《太平御覽・地部二十六》則爲"甘茂使齊,渡河"。木牘的"二年十一月"即秦武王二年十一月,這由木牘所記的朔日可以推定,同時與文獻記載相合。據《史記・樗里子甘茂列傳》記載,甘茂在秦國任丞相僅有四年,從秦武王二年到四年(公元前 310 年至前 307 年);昭王元年(公元前 306 年)便因向壽、公孫奭等人相讒而"亡秦奔齊"了。這件木牘有力地證明了秦武王二年曾設置過丞相,甘茂既稱丞相,樗里疾亦應稱丞相或左丞相。至於《呂氏春秋・無義》稱"樗里相國"(按韓説原爲樗里相邦),則有兩種可能,一是《呂氏春秋》是呂不韋門客所著,當時秦國所設置的是相邦而不是丞相,且相邦由呂不韋充任,故在其著作中叙述前代歷史時,仍使用當時的稱謂;另一種可能是漢代人在校訂《呂氏春秋》時有改動。

秦武王二年設置丞相後,此制是否一直延續下去? 没有。在秦昭王時就曾出現過相邦和丞相交替設置的現象,韓文中列舉的幾件秦國兵器銘文就是證明。這些秦國兵器是:十四年相邦冉戈、二十一年相邦冉戈和丞相觸戈。相邦冉就是魏冉,秦昭王母親宣太后的異父弟,自秦惠王時就任職用事,昭王時先後擊齊、楚,伐韓、魏,使秦國東益疆域,受封穰侯,四登相位。丞相觸就是客卿壽燭,陳邦懷先生在其《金文叢考三則》一文中[2]已經闡明,然而韓

[1] 四川省博物館、青川縣文化館:《青川縣出土秦更修田律木牘——四川青川縣戰國墓發掘簡報》,《文物》1982 年第 1 期。

[2] 陳邦懷:《金文叢考三則》,《文物》1964 年第 2 期。

先生爲了説明秦國丞相之設在秦王政十年之後,故捨棄陳先生之説,將丞相觸與壽燭判爲二人,將其時代定在秦王政十一年至二十五年之間,這是没有道理的。

丞相觸戈從銘文字體和造型特徵上來講,都不能證明它是秦王政時期之物。該戈僅殘存内部,内的左下角隅呈弧形,内的邊緣均開刃,這些特徵在秦孝公時期的標準器大良造鞅戈上已經出現,並非秦王政時期的戈所獨有。

按照史書的記載,壽燭在秦國擔任丞相是在魏冉謝病免相之年,即秦昭王十五年(公元前292年),第二年壽燭免職,魏冉復相,所以壽燭擔任秦相僅有一年多時間,丞相觸戈製造年代必在此期間,即秦昭王十五年或十六年初。這也是目前没有發現十五年或十六年相邦冉戈的緣故吧!

從史書的記載及出土的秦國兵器還可以證明秦莊襄王元年至秦王政十年十月,秦國設立的是相邦而不是丞相。這一點我和韓先生的看法是一致的,除韓文中列舉的兩件四年相邦吕不韋戈和一件五年相邦吕不韋戈以外,再補充三件:

1. 三年相邦吕不韋戈,[1]銘文是:"三年,相邦吕不韋造,寺工昭,丞義工。"

2. 八年相邦吕不韋戈,[2]正面銘文是:"八年,相邦吕不韋造,詔事圖,丞戠,工䵾。"背面銘文是:"詔事,屬邦。"

3. 十年相邦吕不韋戈,[3]銘文是:"十年,相邦吕不韋造,寺工□□□。"

這三件戈從出土地點和銘文紀年可以判斷爲秦王政(秦始皇)時期之物。

綜上所述,我認爲秦國在武王二年確曾設立丞相,樗里疾和甘茂分別擔任左右丞相;昭王時期復稱相邦,魏冉任其職,十五年魏冉謝病去職,曾以客卿壽燭(金文作"觸")接替,但稱丞相。第二年壽燭免職,又任用魏冉爲相邦,到秦王政十年十月,秦國一直設立的是相邦,秦莊襄王元年至秦王政十年十月吕不韋充任其職,可能在十年十月(公元前237年)吕不韋免職後,重新任命新人時將相邦又改稱丞相了。

(原載《人文雜誌》1983年第5期)

---

[1] 王學理:《秦俑坑青銅兵器的科技成就管窺》,《考古與文物》1980年第3期。

[2] 李仲操:《八年吕不韋戈考》,《文物》1979年第12期。

[3] 秦兵馬俑坑出土,待發表。

"蜀守斯離"鑒不能説明秦人對
蜀地實行羈縻政策

　　11月5日,陝西咸陽考古隊在陝西省考古研究院官方微信公衆號"考古陝西"上發表了《西咸新區秦漢新城坡劉村出土"蜀守斯離"督造銅器》一文(以下簡稱"考古隊文")。文中提到西安市西咸新區秦漢新城坡劉村 M3 出土一件青銅鑒。鑒壁刻有 16 字銘文(圖一)。"考古隊文"將銘文釋爲"十九年蜀守斯離造工師某臣求乘工耐",並對銘文進行了詮釋,提出斯離銅鑒説明秦人對蜀地實施"羈縻政策"。此文一出,華商報、西北信息報、陝西日報以及中新網、中國考古網等許多網絡媒體,大肆宣稱"蜀守斯離爲蜀國守,體現了秦國對蜀地實行了羈縻政策""秦人對蜀地已實施少數民族自治"等等,流傳甚廣,影響頗遠。筆者對此有不同看法,草就此文與之商榷。

圖一

　　考古隊釋文有誤,重新釋讀如下。

　　十九年,蜀守斯離造,工師狢,丞求乘,工耐。

　　"十九年","考古隊文"認爲此是秦昭襄王十九年是對的,因爲秦惠文王更元九年(前 316 年)滅掉蜀國,十四年去世,武王繼位,立四年便因舉鼎而亡,此後繼位的有昭襄王、孝文王、莊襄王以及秦王政(始皇)。這些秦王中只有昭襄王和秦王政在位年數超過十九年。從《史記·秦本紀》記載昭襄王二十三年,斯離與三晉和燕國共伐齊國可知,斯離與昭襄王爲同時人,昭襄王執政 56 年,再經孝文和莊襄二王,到秦王政十九年,期間多達 60 多年,斯離不可能活到秦王政十九年。就是還活着,也已經是垂垂老矣,不可能擔任蜀守,更不可能帶兵去征伐齊國。所以,此十九年只能是昭襄王十九年,即公元前 288 年。"考古隊文"説此十九年是公元前 287 年,大概是筆誤或者是一時之疏忽。

　　"蜀守斯離造",蜀守一般是指蜀郡守,在秦昭襄王二十二年改設蜀郡之前,當爲蜀國守。斯離是蜀守的私名,是此鑒的督造者。

　　"工師狢","工師"是鑄造作坊的管理官員,負責器物鑄造事宜。"狢"是工師的私名,

“考古隊文”未釋出，以“某”替代。

“丞求乘”，“考古隊文”將“丞”誤釋爲“臣”。“丞”是職官名，工師的附貳，協助工師管理鑄造事宜。“求乘”是丞的私名。

“工耐”，“工”即鑄造工匠，青銅鑑的實際鑄造者，“耐”是鑄造工匠的私名。

“考古隊文”依此鑑的督造者是蜀守斯離，又據《資治通鑒》胡三省注“斯，蜀之西南夷種，遂以爲姓”，認爲“斯”爲夷姓，“斯離”就是西南夷人，便判定秦滅巴蜀之後，保留了蜀侯，斯離曾一度擔任蜀守，“體現了秦國的‘羈縻政策’”。秦國在蜀國“保持少數民族原有的社會組織形式和統治機構，承認其酋長、首領在本民族和本地區中的政治地位和統治權力”。這也就是 11 月 6 日《華商報》報道時，記者所説的“考古專家認爲‘蜀守斯離’這四個字透露——秦人對蜀地已實施少數民族自治”。此説不妥。上述秦國在蜀國“保持少數民族原有的社會組織形式和統治機構……”諸語都是作者的推測，並不見於銅鑑銘文内容，也不見於任何史書記載。

筆者認爲，從文獻記載和出土文物看，都不能説明秦滅巴蜀之後對蜀實行過羈縻政策。坡劉村戰國墓出土的銅鑑銘文區區 16 字，是戰國時期秦國器物製造作坊的主管官員和工匠的署名，目的是“物勒工名，以考其誠”。銘文没有一句可以反映出秦國地方行政管理制度方面的信息，僅據一個人名的姓氏就判定秦國對一個地區實行什麼樣的管理制度，未免太草率了。

“考古隊文”引胡三省在《資治通鑑·周紀四》“（周赧王）三十一年……秦尉斯離帥師與三晋之師會之”下的注釋：“尉，秦官也。斯離，其名。或曰：斯，姓也；離，名也。斯，蜀之西南夷種，遂以爲姓。”從注文可知，胡三省首先認爲尉是官職，斯離是人名，其後又提出斯可能是姓，離是其名。胡三省將兩種可能列出，並没有肯定後者。“考古隊文”作者選擇了後者。我們知道，古人有單字名亦有雙字名，不能貿然將雙字名拆分成一爲姓（氏）一爲名字。秦國兵器銘文一般只書其名，不書其姓氏，如相邦冉戈的“冉”即魏冉，相邦義戈的“義”即張儀，上郡守疾戈“疾”即樗里疾，上郡守冰戈“冰”即李冰等。當然也有姓（氏）和名字一起並提的，如相邦張儀戈中的張義，相邦吕不韋戟中的吕不韋。不過這已到了秦王政時期。判斷是姓（氏）＋名還是雙字名，要有文獻依據或者其他旁證，不能僅憑主觀臆斷。

據《史記》《華陽國志》等文獻記載，秦惠文王更元九年（公元前 316 年）秦滅蜀國，殺死蜀王、太子及其傅相，蜀主改稱“侯”，封公子通爲蜀侯，陳壯爲蜀相，張若爲蜀守，實施統治，並移秦民萬家於蜀地。此後封爲蜀侯的還有公子煇、公子綰，這些“蜀侯”都是秦王子弟，輔佐者都是秦國的大臣，並不是原來的蜀王，統治集團中没有原來蜀國的上層貴族，蜀守是張若，也不是所謂的西南夷的斯離，怎麼能説這是“保持少數民族原有的社會組織形式和統治機構”呢？自秦國奪取蜀地之後，直到昭襄王二十二年（前 285 年）蜀侯綰（公子綰）被誅之前，一共 31 年都是實行的侯國制，與周代的分封制相似，最高首領就是蜀侯，也就是這些秦王子弟，蜀守就是蜀國守，與郡守有本質的不同，其職掌只能是軍事性質，負責國防和地方治安，不管理蜀國的行政事務。斯離就是斯姓的西南夷，是少數民族，他擔任蜀守，是在張若之後，昭襄王十九年前不久。這個時期蜀侯還是公子綰，不能説斯離任蜀守之後蜀地就實施了羈縻政策，況且斯離任蜀守之前的二十多年一直是秦人張若擔任蜀守，並非西南夷。

晋常璩《華陽國志》載："（周赧王）三十年（即秦昭襄王二十二年，前 285 年），疑蜀侯綰反，王復誅之，但置蜀守張若。"我理解"但置蜀守張若"的意思是"從此不再分封蜀侯，只設蜀守"，也就是説從此蜀國改稱蜀郡，直屬中央，並任命張若再次擔任蜀守。此時的蜀守就是蜀郡的最高行政和軍事長官。又據 1972 年四川涪陵小田溪 3 號戰國墓出土的二十六年蜀守武戈，可知張若第二次擔任蜀守僅兩三年，最長不超過四年，便由名叫武的人接任蜀守，至於李冰擔任蜀守當在昭襄王後期了。

《後漢書·南蠻西南夷列傳》云："及秦惠王併巴中，以巴氏爲蠻夷君長，世尚秦女，其民爵比不更。"從這條記載來看，秦國對巴地實行的是一種羈縻政策。不過對於此説歷代還有不同看法，晋常璩《華陽國志·巴志》云："秦惠文王遣張儀、司馬錯救苴、巴，遂伐蜀，滅之。儀貪巴、苴之富，因取巴，執王以歸，置巴、蜀及漢中郡，分其地爲三十一縣。"同書《蜀志》也説："周赧王元年，秦惠王封子通國爲蜀侯，以陳壯爲相。置巴郡，以張若爲蜀國守。"陳厚耀《春秋戰國異辭》等也認爲秦滅巴之後的第三年（惠文王更元十一年）便設立巴郡。至於巴國是否實行過羈縻政策，我們暫且不去討論，蜀地没有實行羈縻政策則是可以肯定的。

另外要提及的是"考古隊文"在談到"（昭襄王）二十三年，尉斯離與三晋、燕伐齊"時説"根據出土銘文再考證，可知斯離伐齊時的官職應該是蜀地的郡尉，具有五大夫以上的爵位"，此説可商。"郡尉"是郡守的輔貳，協助郡守管理軍事。《漢書·百官公卿表》云："郡尉，秦官，掌佐守典武職甲卒，秩比二千石。"銅鑒明確記載昭襄王十九年斯離已擔任蜀守，怎麼到了二十三年却降職爲蜀地的郡尉了呢？《史記·秦本紀》："二十三年，尉斯離與三晋、燕伐齊。"正義："尉，都尉。斯離，名也。"索隱："尉，秦官。斯離，其姓名。"戰國時期秦國、趙國都在軍中設立"尉"或者"都尉"，秦國並在朝中設立"國尉"。筆者以爲此時斯離擔任的"尉"應是軍尉或者都尉，如同尉錯（司馬錯）、尉繚，但還不是國尉。尉繚先任都尉後任國尉（見《史記·秦始皇本紀》），白起也擔任過國尉（見《史記·白起王翦列傳》）。都尉的職級相當或者高於郡守。依常璩《華陽國志》記載："周赧王元年，秦惠王封子通國爲蜀侯，以陳壯爲相。置巴郡，以張若爲蜀國守，……三十年，疑蜀侯綰反，王復誅之，但置蜀守張若。"結合青銅鑒銘文可知，斯離擔任蜀守是從張若第一次任蜀守之後，昭襄王十九年之前的某年，一直到昭襄王二十一年，在任四年以上。二十二年（即周赧王三十年）張若再次擔任蜀守，斯離便改任軍尉，二十三年（公元前 284 年）與韓、趙、魏、燕伐齊。

（原載復旦大學出土文獻與古文字研究中心網，2019 年 12 月 11 日，後更名爲《讀青銅器銘文劄記一則——"蜀守斯離"鑒不能説明秦人對蜀地實行羈縻制度》，載《出土文獻綜合研究集刊》第 12 輯）

樂府琴軫鑰及相關問題

拙著《商周青銅器銘文暨圖像集成三編》收録一件"樂府調琴器"(《銘三》1713)，正式名稱應叫"樂府琴軫鑰"。這件琴軫鑰是陝西淳化縣公安局打擊文物犯罪的繳獲品，現藏淳化縣公安局。形似鑰匙，由兩部分構成，上部是扁圓形鑰首，下部是圓柱形鑰體。鑰首由蜷曲龍身組成，中部鏤雕雙翼和四爪，肌肉强勁，趾爪尖鋭，龍頭下伸，耳角向後，雙目圓睜，獠牙外露，張口吞銜圓柱形鑰體。鑰體末端呈上細下粗的六棱形，内有方鋬。雕刻精緻細膩，紋飾灑脱流暢。通高 16、首寬 4.5、下端徑 1.5、鋬孔邊長 0.8 釐米(圖一)。龍尾刻銘文。這是目前見到的唯一刻有銘文的琴軫鑰。

1
2

圖一

1. 樂府軫鑰　2. 銘文(放大)

軫鑰是古代調節琴弦的工具。古琴是一種板箱體彈弦樂器，目前出土的先秦時期的琴一般爲五弦、七弦或十弦，琴身修長，箱體分上下兩層，下面是底板。琴弦設置在面板上，其下有軫池安置琴軫。琴軫是用來轉動絲弦調音的小軸，軫鑰則是用於套在琴軫後部，然後擰動琴軫來改變琴弦的張力，進行調音。由於琴軫以一段絲繩連接琴弦，被稱爲"絞繩式"調弦法，[1]與琵琶、板胡之類的"纏卷式"，或者瑟、箏之類的"移柱式"有所不同。以往研究琴史的學者，偶或提及琴軫，而對軫鑰却其少論述。

先秦和兩漢文獻對於軫鑰無載，琴軫的記載也僅見於西漢劉向的《列女傳·阿谷處女》，文曰："阿谷處女者，阿谷之隧浣者也，孔子南遊，過阿谷之隧，見處子佩瑱而浣……孔子曰：

---

[1] 李光明：《曾侯乙墓十弦琴弦軫調弦方法考辨》，《音樂研究》2010 年第 4 期。

'丘已知之矣。'抽琴去其軫，以授子貢曰：'爲之辭。'子貢往曰：'嚮者聞子之言，穆如清風，不拂不寤，私復我心，有琴無軫，願借子調其音。'處子曰：'我鄙野之人也，陋固無心，五音不知，安能調琴？'"[1]這一信息告訴我們，琴軫在春秋時期已經出現。但是，考古發現還未見到春秋時期或者更早的琴軫，目前見到時代較晚的僅有兩例，一例是曾侯乙墓出土的十弦琴帶有的 4 枚琴軫，[2]時代爲戰國早期，均爲木質，圓柱形，中空，高 2.6、外徑 1.4、内徑 0.8 釐米。另一例是長沙馬王堆 3 號漢墓出土的七弦琴，時代爲西漢早期（公元前 168 年），軫池内發現 7 枚琴軫，均爲角質，呈八棱柱體，上下貫穿一孔，上端有一側孔，通高 1.5、大端徑 1、小端徑 0.8 釐米。

由於先秦文獻從未提及軫鑰，故而此物未被人們所認識。早在明代就曾出土過一件青銅鎏金琴軫鑰，著録於王圻、王思義的《三才圖會》1108 頁，[3]該書云："頭爲一龍，蟠曲而下，銜其柄，蜿蜒若飛動勢，且以金鎏之。"該書將其誤爲"杖頭"（圖二：1）。20 世紀 50 年代，山西長治分水嶺古墓葬出土的 3 件青銅軫鑰，[4]也被稱爲"鴟鴞飾"（或者"銅鳥飾"）和"銅羊"（圖二：2—4）。直到 1983 年南越王墓的發掘，出土了數組琴軫和軫鑰，[5]才明確軫鑰與琴軫是一套配合使用的調音工具。

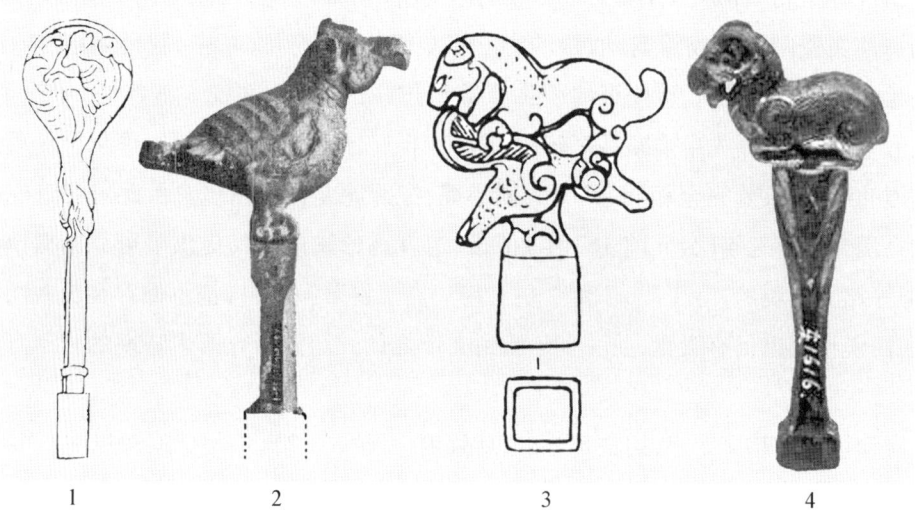

圖二

1. 明代軫鑰　2. 長治 M14 軫鑰　3. 長治 M7 軫鑰　4. 長治 M104 軫鑰

---

[1] （漢）劉向著，尚蕊、張佩芳編譯：《古列女傳》，哈爾濱出版社，2009 年。
[2] 湖北省博物館編：《曾侯乙墓》166—167 頁，文物出版社，1989 年。
[3] （明）王圻、王思義：《三才圖會》，上海古籍出版社，1988 年。
[4] 山西省文物管理委員會：《山西長治市分水嶺古墓的清理》，《考古學報》1957 年第 1 期。
[5] 廣州市文物管理委員會等編：《西漢南越王墓》45 頁，文物出版社，1991 年。

一、樂府琴軫鑰的時代

最初,筆者將這件軫鑰的時代定爲戰國秦到漢初,時限較爲寬泛。依據是:其一,這件軫鑰以及同坑出土的大批編鐘、編磬、琴瑟構件上的銘文字體接近秦隸,這些器物上的銘文有"詔事""寺工""左工""左工室""右工""右工室"等機構名稱(見《銘三》1273、1708、1710—1712、1740、1748、1752—1754、1756—1758)。"詔事"和"寺工"兩機構文獻無載,但見於戰國晚期秦國和秦代青銅器銘文,是製造器物的工官機構。同時,樂府的設置最早見於西安相家巷出土的"樂府""樂府丞印""樂府鐘官"封泥,[1]以及1976年秦始皇陵出土的樂府鐘。[2]相家巷封泥的時代根據中國社會科學院考古研究所漢長安城工作隊的發掘地層證明,屬於戰國晚期至秦代。[3]其二,樂府軫鑰的形制與西漢南越王墓出土的鎏金龍紋琴軫鑰的形制、紋飾極爲相似。鑰首均爲蟠曲的龍,圓柱形鑰體,方形銎孔,其時代必然相同或者相近。

後來,隨着盜掘古墓案件的調查有了進展,嫌疑人指認盜墓地點在西安白鹿原上的霸陵附近,現在陝西省考古研究院正在清理這些陪葬坑,證實案件涉及的數百件編鐘、石磬和琴瑟構件等文物,都是出自漢文帝霸陵的陪葬坑。2019年董珊先生在一篇考證拙著《商周青銅器銘文暨圖像集成續編》收錄的十三年編鐘的"祕府"文章中,認爲鐘銘的"祕府"是漢代宮廷內典藏圖書之所,徐州東甸子西漢墓出土"祕府"封泥可證。鐘銘的"十三年"應該是漢文帝十三年,董珊先生推斷是正確的(圖三)。[4]因爲這幾件編鐘與淳化公安局追繳的大批編鐘的形制、紋飾完全相同,銘文大同小異,來源應是同一出處。由此證明這件軫鑰的時代應爲漢文帝十三年(公元前167年)前後,這就爲軫鑰的斷代提供了可靠的標準器。石磬、編鐘等銘文出現的"寺工""詔事""左工室""右工室"等中央機構不僅存在於戰國秦到統一秦,在西漢早期也仍有設置,並一直延續到文帝之後。這對研究西漢時期的官制有着重要的意義。

樂府軫鑰刻有銘文5字,銘文是"樂府庫鐘府"(圖一:2),這是什麽意思呢?"樂府庫"就是放置樂器的庫房,"鐘府"應是樂府庫內的分庫,説明當時樂器是分類分組存放的,爲什

---

[1] 中國社會科學院考古研究所漢長安城工作隊:《西安相家巷遺址秦封泥的發掘》圖版拾陸.1,522頁圖16.3,《考古學報》2001年第4期。傅嘉儀:《新出土秦代封泥印集》6.2、7.1、7.2,西泠印社,2002年。周曉陸、路東之、龐睿:《秦代封泥的重大發現——夢齋藏秦封泥的初步研究》45頁圖45、46,《考古與文物》1997年第1期。

[2] 袁仲一:《秦代金文、陶文雜考三則》,《考古與文物》1982年第4期93頁圖1。

[3] 中國社會科學院考古研究所漢長安城工作隊:《西安相家巷遺址秦封泥的發掘》,《考古學報》2001年第4期。

[4] 董珊:《談十三年編鐘銘文中的祕府》,《出土文獻研究》第18輯,中西書局,2019年。

麼軫鑰會放在鐘府庫呢？有可能這組樂器是以編鐘爲主演奏，琴瑟伴奏，故這些琴瑟及其附件一起放在鐘府庫，以便演奏時配器方便。

圖三　十三年鐘銘之一（放大）

圖四

1. 寺工磬　2. 樂府磬　3. 黃左七磬　4. 北宮樂府磬

二、琴軫鑰出現的時代

什麼時候開始使用軫鑰調音，文獻無載。2000 年美國紐約城市大學波·勞沃格林（Bo Lawergren）對中國出土的琴、瑟、築等弦樂器進行研究，其中對琴軫、軫鑰有所論述，[1]波·勞沃格林認爲最早的軫鑰是某博物館收藏的虎噬蛇青銅軫鑰（圖五：1），時代爲公元前 6 世紀，約春秋晚期。波·勞沃格林的斷代是否準確，有待進一步研究。

目前國內考古發現最早的琴軫鑰是 20 世紀 50 年代，山西長治分水嶺古墓葬 M14、M7 和 M104 出土 3 件青銅軫鑰（圖二：2—4），限於當時的認知，這些軫鑰曾被誤爲銅飾件。長治分水嶺 M14、M7 和 M104 的時代被定爲戰國早期，約在公元前 450 年左右，[2]若果所定不誤，則軫鑰的出現最遲應在戰國早期前段。但是，目前考古發現最早的琴軫卻是 1978 年湖北隨州曾侯乙墓十弦琴的 4 枚圓柱形木質琴軫。[3]該墓的時代被定爲戰國早期晚段（公元前 433—前 400 年），晚於長治分水嶺出土的軫鑰，1973 年長沙馬王堆 3 號墓出土的七弦琴上的七個角質琴軫。琴軫呈八棱圓柱形，上下貫穿一孔，上部還有一個側孔，高 1.5、大端徑 1、小端徑 0.8 釐米，時代爲西漢早期。

波·勞沃格林認爲曾侯乙墓和馬王堆 3 號墓的古琴，雖然沒有出土軫鑰，由於琴軫相距間隙較小，手指旋轉不易，因此還是需要藉助軫鑰來操作。孫機、方建軍先生也持相同觀點。[4]而李光明先生通過仿製研究認爲十弦琴不是每根琴弦都有琴軫，而是設置在 2、4、6、9 弦端，推測是用手指旋擰琴軫調弦，[5]不需要軫鑰輔助。吳躍華先生通過對仿製的馬王堆七弦琴測試，認爲不論是七弦琴還是十弦琴，琴軫之間距離雖小，扭動琴軫並不需要手指伸入其間，只需捏住琴軫左右兩側就可徒手擰動琴軫。他認爲這個時期調弦是徒手擰轉琴軫和藉助軫鑰擰轉琴軫兩種方式並存。[6]

從長治分水嶺出土的軫鑰可以確定，最遲在戰國早期前段就出現了軫鑰。按常理琴軫應該出現在軫鑰之前，結合前面所引《列女傳·阿谷處女》故事，推測早在春秋時期琴上已經設軫，不過目前尚未見到實物出土，有待今後考古發現來驗證。

［1］ Bo Lawergren, The Iconography and Decoration Of The Ancient Chinese Qin-Zither（500BCE To 500 CE），*Music in Art*，Vol XXXII，No 1－2，Spring-Fall2007，PP.47－62.

［2］ 李夏廷、李建生：《也談長治分水嶺東周墓地》，《中國國家博物館館刊》2012 年第 3 期。

［3］ 湖北省博物館編：《曾侯乙墓》166—167 頁。

［4］ 孫機：《琴軫鑰》，《文物天地》2004 年第 1 期。方建軍：《琴瑟的軫和軫鑰》，《中國音樂學》2009 年第 2 期。

［5］ 李光明：《曾侯乙墓十弦琴弦軫調弦方法考辨》。

［6］ 吳躍華：《上古琴軫的形制和原理考略》，《中國音樂學》（季刊）2018 年第 1 期。

三、琴軫鑰的時代特徵

　　從筆者收集的軫鑰資料以及波·勞沃格林的資料來看,戰國時期到秦代的軫鑰大部分是以不同形態的圓雕鳥獸爲裝飾,如長治分水嶺的三件軫鑰,一件是鴟鴞軫鑰,鴞鳥佇立在鑰柱之上,毛角豎起,圓目勾喙,神態矍鑠;第二件是虎噬鳥軫鑰,猛虎後腿夾住鳥頭,前爪抓住鳥的雙翅,作張口欲噬狀;第三件是臥羊軫鑰,山羊雙角下卷,昂首垂鬚,收尾盤腿而臥,神態安詳(圖二:2—4)。大都會博物館收藏的兩件戰國時期軫鑰,一件是獸紋軫鑰,獸腿相對盤曲呈橢圓形,獸頭向下,兩面紋飾相同(圖五:1);另一件是蹲熊軫鑰,鑰首是圓雕熊,四爪抱柱而立,熊首朝下,似有居高臨下之感(圖五:3)。2012年3月紐約佳士得拍賣的瑞獸鈕軫鑰,鑰首是圓雕瑞獸,四足盤屈而臥,挺胸昂首,翹尾豎耳,作警覺狀,隨時準備站起(圖五:2)。2009年11月中拍國際拍賣的兩件軫鑰,一件是頑猴戲虎軫鑰,虎作四足蹬地,扭身翹尾,試圖甩掉背上的頑猴,猴子則緊緊揪住虎的雙耳,將虎的憤怒和猴子的頑劣表現得淋漓盡致(圖五:4);另一件是朱雀軫鑰,鑰首是一隻站立的圓雕朱雀,長頸寬尾,圓目扁嘴,栩栩如生。上海觀復博物館收藏的兩件軫鑰,一件是臥羊軫鑰,造型與長治分水嶺出土的臥羊軫鑰基本相同,只是質地爲黃金(圖六:1);另一件是青銅馬首軫鑰,鑰首兩面裝飾浮雕馬首,後部由一個回首獸體盤旋成圓環(圖六:3)。2010年紐約佳士得拍賣的思源堂舊藏戰國晚期至秦的銀質三猴琴軫鑰,鑰首是圓雕三隻獼猴,母猴蹲坐,懷抱一隻小猴。小猴雙臂緊摟母猴頸部,故作嬌態;背負一隻小猴,四肢緊擁母猴,似與懷中小猴嬉戲。形態生動,十分

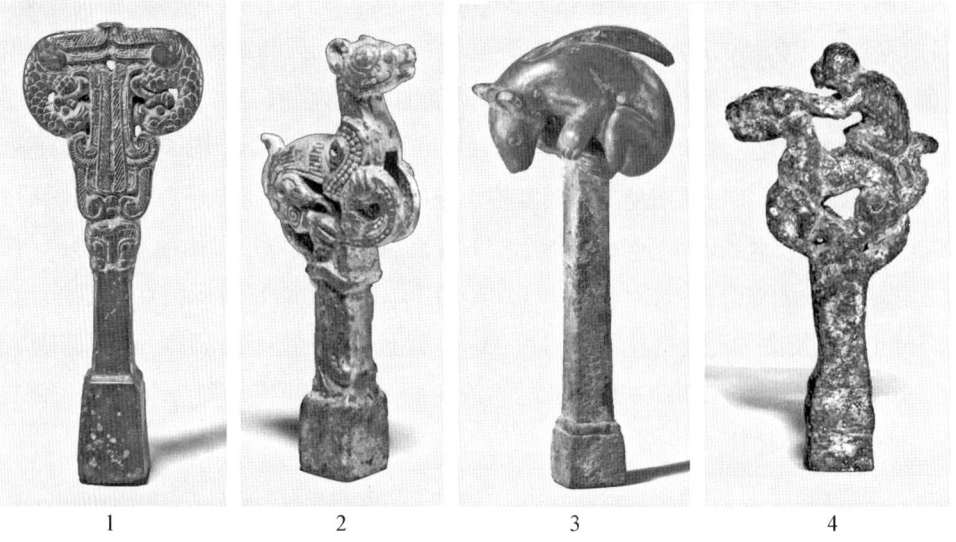

圖五

1. 獸紋軫鑰　2. 瑞獸軫鑰　3. 蹲熊軫鑰　4. 頑猴戲虎軫鑰

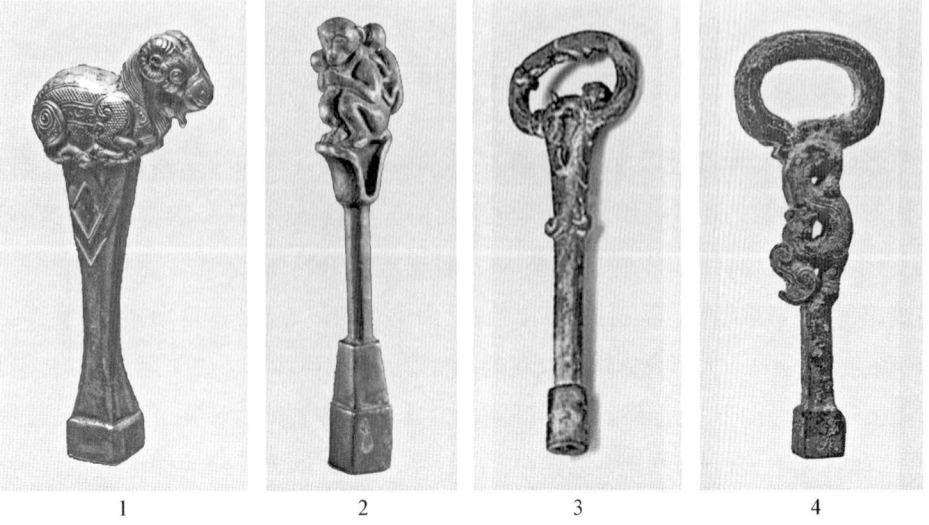

圖六

1. 觀復臥羊軎鑰　2. 母子猴軎鑰　3. 觀復獸首軎鑰　4. 洛陽西宮軎鑰

温馨可愛(圖六：2)。2017 年 1 月嘉德香港春季拍賣會"格物致知——泓燊堂吉金"的三猴琴軎鑰,與思源堂三猴銀軎鑰造型紋飾大同小異。只有 2001 年洛陽唐宮西路東周墓出土的青銅軎鑰(圖六：4),[1]鑰首構圖爲蟠龍,龍頭朝上,前體呈 S 形,後體向上彎曲成扁圓形,前爪握住方柱,後爪抓在腰間。時代屬戰國中期。這是目前見到最早的龍紋軎鑰,與西漢時期的龍紋軎鑰區別很大。波·勞沃格林收集境外藏家的軎鑰有虎噬蛇軎鑰、立猴軎鑰、猴頂虎軎鑰、雙猴對坐軎鑰、臥羊軎鑰、立鳥軎鑰、怪獸軎鑰等,另外還有角力軎鑰、巨人舉獸軎鑰、"人體旗幟"軎鑰等等(圖七,不包括 N、O、R)。

目前見到漢代軎鑰的造型、紋飾比較單一,鑰首呈橢圓形,圖案大多是鏤空的盤龍,龍頭朝下,個別的龍頭未伸到鑰柱,絕大多數是龍體盤曲在圈内,龍首下伸到鑰柱上部,張口露齒,給人以吞噬鑰柱之感。通長 6—16 釐米。鑰柱或圓或方,下端或作多棱體,銎口邊長大都爲 0.8 釐米。如 1983 年廣州南越王墓西耳室出土的鎏金銅軎鑰(圖八：1)、山東臨淄商王 2 號墓出土的銅軎鑰(圖八：2)、[2]2009 年 11 月北京中拍國際拍賣的龍紋銅軎鑰(圖八：3)、《三才圖會》中的鎏金銅軎鑰(圖二：1)、2020 年 12 月香港邦瀚斯拍賣的鎏金龍紋銅軎鑰(圖八：4),以及波·勞沃格林圖中的 N、O、R(圖七),均是如此。而現藏於徐州博物館的徐州北郊火山劉和墓和東甸子一號墓出土的銅軎鑰,時代爲西漢早期(圖八：5),鑰首是透雕盤龍,龍首未伸到鑰柱。[3]

［1］　洛陽市文物工作隊:《洛陽市唐宮西路東周墓發掘報告》,《文物》2003 年第 12 期。

［2］　淄博市博物館、齊故城博物館:《臨淄商王墓地》17 頁,齊魯書社,1997 年。

［3］　徐州博物館:《徐州東甸子西漢墓》,《文物》1999 年第 12 期。

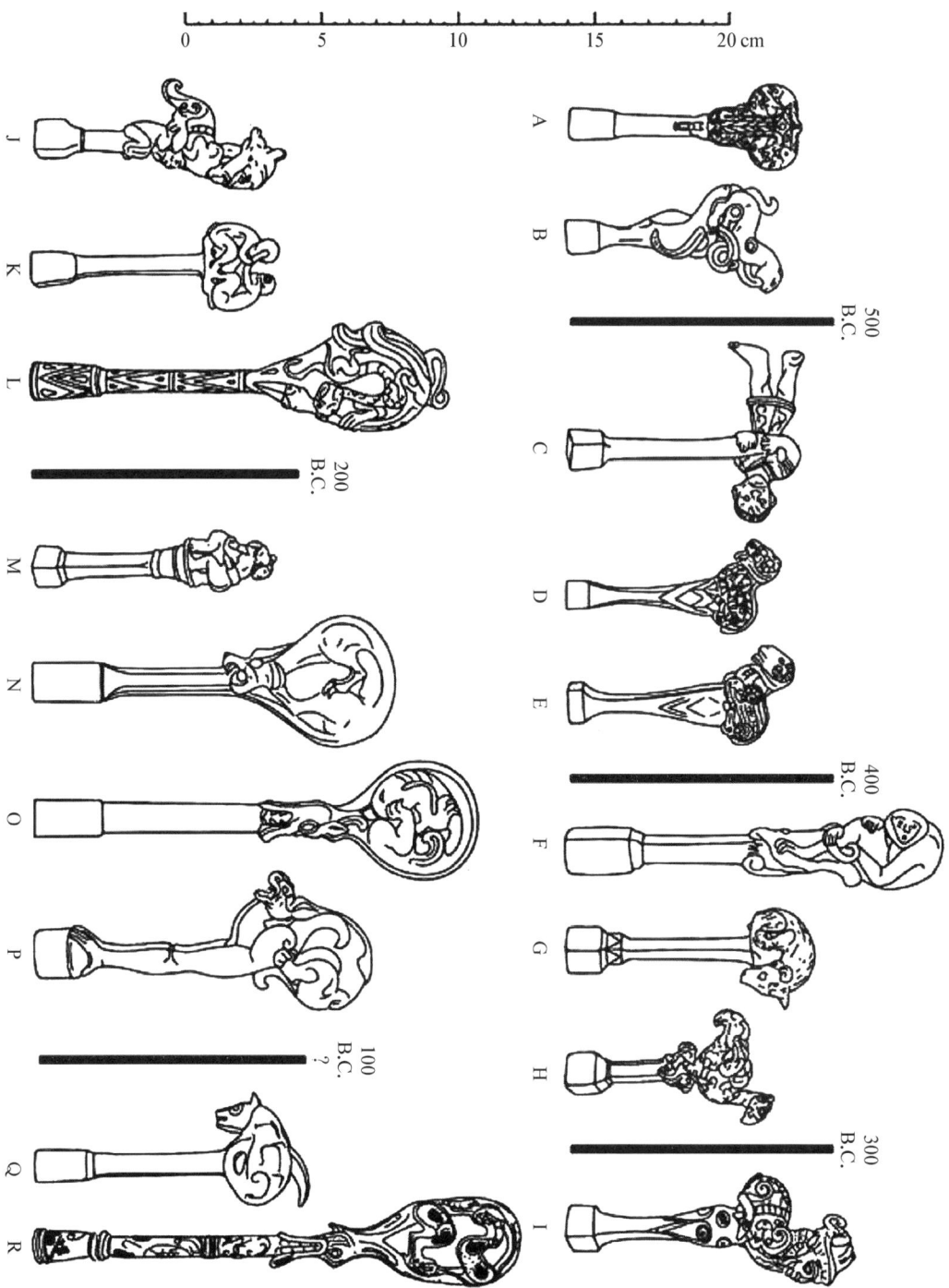

圖七　軛飾類型（引自波・勞沃格林文）

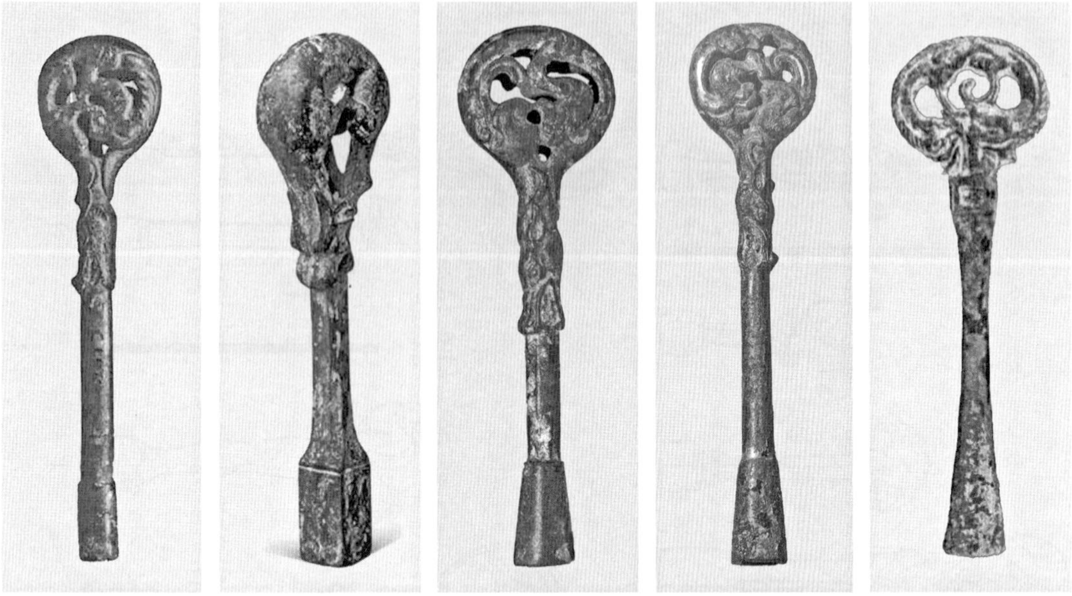

圖八

1. 南越王軝鑰　2. 臨淄軝鑰　3. 中拍軝鑰　4. 邦瀚斯軝鑰　5. 東旬子軝鑰

四、秦漢樂府問題

據史料記載樂府始創於秦代,《漢書·百官公卿表》云:"奉常,秦官,掌宗廟禮儀,有丞,景帝中六年更名太常,屬官有太樂、太祝、太宰、太史、太卜、太醫六令丞。"又:"少府,秦官,掌山海池澤之稅,以給共養,有六丞,屬官有尚書、符節、太醫、太官、湯官、導官、樂府……十六官令丞。"《通典·職官七》也説:"秦漢奉常屬官有大樂令及丞,又少府屬官併有樂府令、丞。""太樂"掌管國家祭祀的舞樂,"樂府"掌管帝王享樂的世俗舞樂。

上面已經講過,1976 年秦始皇陵出土的樂府鐘以及西安相家巷出土的"樂府""樂府丞印"等秦封泥,爲秦代樂府官署的存在提供了最權威的實物證據。2018 年陝西省考古研究院在秦都咸陽城北區發掘的秦代府庫遺址,出土大量做工精細的編磬和封泥,許多石磬刻有"北宮樂府"銘文(圖四:4),[1]説明除中央少府屬下的樂府之外,有的宮室也單獨設立樂府。

但是,班固《漢書·禮樂志》又説:"至武帝定郊祀之禮,祠太一於甘泉,就乾位也;祭后土於汾陰,澤中方丘也,乃立樂府。"顏師古注云:"始置之也,樂府之名,蓋起於此。"歷來許多研

---

[1] 《陝西首次發現秦代大型國家府庫遺址》,中華人民共和國中央人民政府網,2018 年 1 月 29 日。

究者囿於顔師古的這條注釋,忽視史書中秦代和漢武帝之前有關樂府的資料,認爲"樂府"始設於漢武帝時期。

《史記·樂書》云:"高祖過沛詩《三侯之章》,令小兒歌之。高祖崩,令沛得以四時歌儛宗廟。孝惠、孝文、孝景無所增更,於樂府習常肄舊而已。"《漢書·禮樂志》也有:"高祖樂楚聲,故《房中樂》楚聲也。孝惠二年,使樂府令夏侯寬備其簫管,更名曰《安世樂》。"賈誼《新書·匈奴》也説:"上(文帝)使樂府幸假之俾樂,吹簫皷鞀,倒絜面者更進,舞者蹈者時作,少間擊鼓舞其偶人。"這些資料充分説明,漢代樂府從高祖開始,歷經孝惠文景諸帝,一脈相承,從未間斷。正如《漢書·百官公卿表》所説:"(秦)立百官之職。漢因循而不革。"本文介紹的漢文帝霸陵陪葬坑出土的樂府軫鑰,更是文、景時期樂府存在的確證。

那麽,漢武帝"乃立樂府"又如何理解呢?從《漢書·禮樂志》所載這段話的上下文語言環境及整體表述意境上看,筆者認爲漢武帝"乃立樂府"的真實含義,不應理解爲武帝始立樂府,應理解爲漢武帝撤銷舊的樂府,建立新的樂府,擴大樂府職能,制定樂府采詩譜樂制度,開創了樂府詩的先河,也就是廣義上的樂府,可稱之爲樂府的改制。

漢武帝樂府的改制,對於我國民間音樂的蒐集、整理以及促進各民族之間的文化交流、融合起到了積極作用,對於我國音樂文化的發展產生了深遠的影響。

(原載《文博》2022 年第 3 期)

上林三官官署新解

　　1997年在西安漢長安城遺址中出土了一些漢代封泥,其中有"六廏錢丞""六廏火丞"和"技巧火丞",對於解決爭論已久的上林三官鑄錢官署等問題有着極爲重要的意義,現簡介如下:

　　六廏錢丞封泥,方形,土紅色,右下部殘,殘長3.1、寬2.9、厚1.2釐米,背有簡牘縛繩印痕(圖一)。

　　六廏火丞封泥,方形,土紅色,三邊殘,殘長3、寬2.6、厚0.9釐米,右側有簡牘縛繩印痕(圖二)。

　　技巧火丞封泥,方形,土紅色,三邊殘,殘長2.9、寬2.6、厚0.9釐米,左右兩側有簡牘縛繩印痕(圖三)。

圖一　　　　　　圖二　　　　　　圖三　　　　　　圖四

　　另外,陝西歷史博物館亦收藏一枚"技巧火丞"封泥(圖四),1962年入藏,據説也是出土於漢長安城遺址。《齊魯封泥集存》又有"鐘官錢丞""鐘官火丞"和"技巧錢丞"封泥(圖五、六、七)。"鐘官"即傳世文獻的"鍾官"。這七枚封泥的發現爲研究西漢上林三官鑄錢管理官署提供了有力的證據。

　　關於上林三官鑄錢之事,《漢書·食貨志》説:"其後二歲(即元鼎四年),赤仄錢賤,民巧法用之,不便,又廢。於是悉禁郡國毋鑄錢,專令上林三官鑄。錢既多,而令天下非三官錢不得行,諸郡國前所鑄錢皆廢銷之,輸入其銅三官。而民之鑄錢益少,計其費不能相當,唯真工大奸乃盜爲之。"《漢書·百官公卿表》載:"水衡都尉,武帝元鼎二年初置,掌上林苑,有五丞。屬官有上林、均輸、御羞、禁圃、輯濯、鍾官、技巧、六廏、辯銅九官令丞。又衡官、水司空、都水、

圖五　　　　　　　　圖六　　　　　　　　圖七

農倉,又甘泉上林、都水七官長丞皆屬焉。上林有八丞十二尉,均輸四丞,御羞兩丞,都水三丞,禁圃兩尉,甘泉上林四丞。成帝建始二年省技巧、六廄官。"顔師古引《漢舊儀》説:"天子六廄,未央、承華、騊駼、騎馬、輅軨、大廄也,馬皆萬匹。據此表,太僕屬官以有大廄、未央、輅軨、騎馬、騊駼、承華,而水衡又云六廄、技巧官,是則技巧之徒供六廄者,其官別屬水衡也。"從以上資料可知,武帝元鼎四年(前113年)令上林三官鑄錢時,管理上林苑的官員已不是文帝時的上林令,而是元鼎二年(前115年)新組建的水衡都尉,屬官有上林、御羞、禁圃、輯濯、鍾官、技巧、六廄、辯銅、均輸九官令丞。過去注解《漢書》者都認爲上林三官是指均輸、鍾官和辯銅。陳直先生在其《漢書新證》中依據《齊魯封泥集存》有"鐘官火丞""技巧錢丞"和漢長安城出土的"鐘官錢丞"三枚封泥以及錢範證之,技巧必在三官之列,而不當有均輸。陳先生認爲上林三官應是鍾官、技巧和辯銅。[1]錢劍夫先生在其《秦漢貨幣史稿》中也説:"則'鐘官'即爲主管鑄錢的官署,自無疑義,而'技巧'則又有'技巧錢丞'的封泥發現於後世,其於鑄錢必有密切的關係當亦無疑,加上'辯銅',則所謂'上林三官'當爲'鐘官''技巧''辯銅'三官,而没有也不應該有'均輸'。"[2]陳直、錢劍夫二先生糾正了前人之誤,在三官中剔除了均輸,加入了技巧,難能可貴。

根據史書記載,均輸職司調劑運輸貨物諸事。大司農屬下的均輸令丞主管郡國統一徵收、買賣和運輸貨物之事,《史記·平準書》載:"而桑弘羊爲大農丞,筦諸會計事,稍稍置均輸以通貨物矣。"裴駰集解引孟康説:"謂諸當所輸於官者,皆令輸其土地所饒,平其所在時價,官更於他處賣之,輸者既便而官有利。"桓寬《鹽鐵論·本議》:"往者郡國諸侯,各以其物貢輸,往來煩雜,物多苦惡,或不償其費;故郡置輸官以相給運,而便遠方之貢,故曰均輸。"水衡都尉下屬的均輸令丞職責亦當如此,只是管轄範圍有别而已。《九章算術·均輸》有題云:"今有程傳委輸,空車日行七十里,重車日行五十里,今載太倉粟輸上林,五日三返,問太倉去上林幾何?"可知水衡都尉下屬的均輸令丞主管上林苑中的調濟運輸之事,確與鑄錢無涉。

［1］陳直:《漢書新證》,天津人民出版社,1979年。
［2］錢劍夫:《秦漢貨幣史稿》208頁,湖北人民出版社,1986年。

至於辩銅是否爲鑄錢三官之一,史無明載,陳直和錢劍夫二先生均認爲是主管原料之官,但亦無證據。《説文·辡部》:"辩,治也。從言在辡間。"《左傳·昭公元年》:"主齊盟者,誰能辩焉。"杜預注:"辩,治也。"辩字引申爲辩論、辩解,如《荀子·勸學》:"有争氣者,勿與辩也。"辩又通辨,有辨别、區别之義,如《後漢書·仲長統傳》:"目能辩色,耳能辩聲,口能辩味。"辩銅令丞的職責當爲區别銅的成色、檢驗銅的品類,屬銅料的質檢部門和供應部門,而非鑄錢的管理官署。它可以給鍾官、技巧供應銅料,用以鑄錢;也可以給少府的尚方供應銅料,用以鑄造帝王用器;給東園匠供應銅料,用以鑄造帝王陵園器物;還可以給考工室供應銅料,用以鑄造兵器和生活用具等等,而非專爲鑄錢供應銅料。又據史載,漢武帝元鼎四年悉禁郡國鑄錢,令各郡國把以前所鑄的錢廢銷掉,"輸入其銅三官",而不是"入其銅於辩銅",可見辩銅令丞與鑄錢没有直接關係,當排除在三官之外。那麽,上林三官鑄錢官署到底是哪三官呢?

最近,"六廄錢丞"等封泥的發現爲解決這一問題提供了重要依據。傳世封泥中有鍾官錢丞、鍾官火丞和技巧錢丞,現在又發現六廄錢丞、六廄火丞和技巧火丞,説明鍾官、技巧、六廄是上林苑主管鑄錢的三個官署,鍾官、技巧、六廄各設有錢、火二丞,以司鑄錢。

武帝時,水衡都尉爲什麽在六廄下面設立錢丞和火丞鑄錢? 這要從當時的政治背景中找出答案。西漢建立政權後,西北部的匈奴侵邊一直是西漢統治者頭痛的事。武帝執政後,爲確保邊疆的平安,動用了數十萬騎兵,連續數次與匈奴血戰,犠牲了數十萬戰士和戰馬,消耗了大量財力、物力,這在《史記·平準書》和《漢書·食貨志》中都有記載。《漢書·食貨志》云武帝元朔初"衛青歲以數萬騎出擊匈奴","此後四年,衛青比歲十餘萬衆擊胡,……而漢軍士馬死者十餘萬","其明年,票騎仍再出擊胡,大克獲。渾邪王率數萬衆來降,於是漢發車三萬兩迎之"。元狩四年"大將軍、驃騎大出擊胡,……漢軍馬死者十餘萬匹"。由於對匈奴連年作戰,必然要豢養大批戰馬以充軍需,《史記·平準書》云:"天子爲伐胡,盛養馬,馬之來食長安者數萬匹,卒牽掌者關中不足,乃調旁近郡。""衆庶街巷有馬,阡陌之間成群。"不但天子養馬,而且"令民得畜邊縣,官假馬母"。並令縣官出錢買馬,"縣官錢少,買馬難得,乃著令,令封君以下至三百石以上吏,以差出牝馬天下亭,亭有畜牸馬,歲課息"。以上史實説明,武帝時期馬政是相當重要的。由於戰争的需求,馬價在當時六畜中是最貴的,《居延汗簡》有"馬五匹二萬""馬一匹五千五""馬五千三百"等記載。可以看出,漢初對匈奴的戰争所需購馬的錢數是一筆巨資。這一龐大軍事開支西漢中央財政是無力支付的,當時錢幣的鑄造權又操持在郡國手中,僅靠攤派縣官出錢購馬和政府養馬是不夠的,有可能武帝時便在太僕所屬的養馬機構中設立錢丞和火丞,負責鑄錢,這樣既解決了購馬資金的來源,又減輕了郡縣的負擔。元鼎四年,武帝進一步集權,廢止郡國鑄錢,並把中央分屬於少府的鍾官、太僕所屬的天子六廄以及技巧(不知所屬,在此之前亦當鑄錢)統歸水衡都尉管理,這樣就形成了所謂的上林三官鑄錢機構。

　　爲什麼要叫"上林三官"呢? 我們認爲鍾官、技巧、六廐三家鑄錢工廠都在上林苑之內,且又都歸上林苑的主管官水衡都尉管轄,故稱上林三官。

　　鍾官鑄錢遺址在今陝西户縣兆倫村北,倉河故道西岸,屬漢上林苑範圍,面積將近 90 萬平方米,堆積層厚達 1—2 米,包括陶窰區、製範區、冶鑄區、官署區等,發現有大型夯土臺建築基址,大量的筒瓦、板瓦、石板、石條、空心磚、工字型磚,回紋鋪地磚,五角形水道,葵紋瓦當、雲紋瓦當、四神瓦當、上林瓦當、與天無極瓦當、千秋萬歲瓦當、永奉無疆瓦當、延年益壽瓦當,西漢五銖錢範、小五銖錢範、平背錢範和帶錢模的背範,王莽時的大泉五十、小泉直一、幼泉二十、中泉三十、壯泉四十、契刀五百、次布九百、大布黄千、幼布、貨布、布泉等錢範,一刀平五千銅範,銅渣、坩堝、陶拍以及製範工具等;錢幣有四銖半兩、八銖半兩、榆莢半兩、有郭半兩、五銖錢、小五銖錢及王莽時期的錢幣。有的錢範上有紀年銘記,如宣帝元康某年,王莽的"鐘官前官始建國元年三月工常造"等,另外還有一枚"鍾官錢丞"封泥,[1] 這裏當是西漢鍾官鑄錢工廠,王莽時期繼續使用。

　　西漢六廐和技巧官署設在何處,它們的鑄錢廠址設在何處,史無明載。據目前考古工作者發現,處於上林苑內的西漢大型鑄錢遺址有四處,除户縣兆倫村鍾官鑄錢遺址外,其餘三處是: 長安縣窩頭寨鑄錢遺址、西安北郊高低堡鑄錢遺址和相家巷鑄錢遺址。長安縣窩頭寨鑄錢遺址包括窩頭寨、黄堆壇和金家村等,屬長安縣紀陽鄉,西距灃河 1 公里,北距渭河 6 公里。這裏文化層堆積很厚,約 3—4 米,出土大量五銖錢範,有穿上橫劃、穿上半星和無記號錢型,同時出土有上林、延年、延年益壽、長生未央及雲紋瓦當、幾何紋方磚、板瓦、筒瓦等建築材料,黄堆壇村還出土了"上林農官"瓦當。[2]

　　高低堡鑄錢遺址包括高低堡、東柏梁、北沙口、孟家村、焦家村等村莊。這個遺址原在漢長安城章城門和直城門外,屬上林範圍。高低堡村的夯土臺基是西漢建章宮前殿遺址,東柏梁在漢太液池西邊,北沙口村西有漢曝衣閣遺址,孟家村爲漢承露臺遺址。該鑄錢遺址面積很大,堆積層很厚,但都在建章宮遺迹之下,出土有大量五銖錢範,有巧一、巧二、工字、穿上橫劃等五銖範。《漢書·武帝紀》載太初元年(前 104 年)"二月,起建章宮",同書《食貨志》云:"自孝武元狩五年(前 118 年)三官初鑄五銖錢。"而由上林三官統一鑄五銖錢時在元鼎四年(前 113 年)。以時間推算,高低堡鑄錢工廠的時間當在武帝元狩五年(前 118 年)到太初元年(前 104 年)之間。太初元年修建建章宮時鑄錢工廠必然遷廢。這個工廠所鑄錢可能有三官五銖,也有三官之前的五銖。其遺址出土的平背五銖肯定是元鼎四年以前之物。

　　相家巷鑄錢遺址包括相家巷、相小堡、曹家堡、袁家堡等村莊。在渭河南岸,長安城北的橫門、廚城門內。這裏原來也在上林苑範圍之內。出土有工字五銖範,元鳳、元康、神爵、五

[1] 姜寶蓮:《户縣發現西漢大型鑄幣遺址》,《中國文物報》,1997 年 6 月 1 日。
[2] 陝西省博物館、文管會考古調查組:《長安窩頭寨漢代錢範遺址調查》,《考古》1972 年第 5 期。

鳳、永光等年號錢範。

　　從出土錢範看，這四處鑄錢遺址在漢武帝元鼎四年前後都在鑄錢，且都在上林苑之內。這幾處鑄錢工廠肯定不屬於郡國的鑄錢工廠，應是中央政府某些部門所屬的鑄錢工廠。漢代，自武帝建元以來，"縣官往往即多銅山而鑄錢(三銖)，民亦間盜鑄錢，不可勝數"。元狩五年"乃更請諸郡國鑄五銖錢"，是將鑄錢權由縣邑集中於郡國。當然，郡國可以鑄錢，中央一些部門也可以鑄錢，特別是像大司農、少府甚或太僕所屬的一些部門都可以鑄錢，鍾官、技巧和六廄此時鑄錢當在情理之中。因此，可以推斷高低堡、相家巷、窩頭寨幾處鑄錢遺址當爲技巧和六廄的鑄錢工廠。高低堡鑄錢工廠在修建建章宮時停鑄，很可能與窩頭寨鑄錢工廠合併。元鼎四年進一步將鑄錢權由郡國集中於中央，並將地處上林苑之內的少府所屬的鍾官、技巧和太僕所屬的六廄的鑄錢工廠劃歸水衡都尉掌管，即所謂的"上林三官"。

　　關於上林三官的分工，陳直先生認爲鍾官主鼓鑄，技巧主刻範，辨銅主原料。辨銅不屬上林三官上面已辨明，鍾官與技巧的分工亦似可商。據出土的封泥看，鍾官、技巧和六廄都設有錢丞和火丞。若鍾官主鼓鑄，那麼是鍾官的錢丞管鼓鑄呢，抑或是火丞管鼓鑄；若技巧主刻範，是技巧的錢丞主刻範呢，抑或是火丞主刻範，還有六廄的錢丞和火丞又是幹什麼的，都不好解釋。我們認爲鍾官、技巧和六廄等"上林三官"都是管理鑄錢的官署，或者説它們的職責之一是主管鑄錢之事。它們既是鑄錢的行政管理機構，又是官辦的鑄錢工廠。各官署既管鼓鑄，又管刻範，另外還設有其他的丞，主管其他的事。錢丞與火丞的分工，當是火丞主鼓鑄，錢丞主刻範和成品加工。

（此文與黨順民先生合作，原題《上林三官鑄錢官署新解》，

載《中國錢幣》1997年第4期，曾獲金泉獎）

考釋篇

邲尊銘文初探

　　邲尊是香港一位收藏家新近從美國購回的商代晚期青銅器。該尊形制雖爲三段式,但頸部特長,圈足較矮,腹部與圈足的界限比較明顯,與頸部相比略微顯得粗一些,但不外鼓;紋飾起伏不大,特別是頸部獸面蕉葉紋的地紋較淺,腹部和圈足的紋飾也平滑無棱角,没有常見的高浮雕狀的挺拔高峻氣勢,但腹部和圈足的紋飾構圖却異乎尋常,其佈局不是三個單元而是兩個單元,形成了前後對稱和左右對稱。腹部前後各飾兩組獸面紋,每組獸面紋由兩個鼓睛裂口獠牙外露的獸面組成,上下重疊。上部的獸面體短角長,角呈"乙"字形曲折,與常見的蛇紋相似;下部的獸面寬綽,獸角上翹。上部兩組獸面紋之間增飾一個下卷角雙腿前抱的小獸;下部兩組獸面之間增飾一對勾喙立鳥,鳥爪相互套合,處於分範的縫隙上,這種現象在商周紋飾中極爲少見。圈足裝飾相互對稱的兩組夔龍紋。獸面和夔龍均"臣"字眼,是典型的商代晚期特徵(圖一、二),尊銘字體與邲其卣三器極爲接近。總之,從其造型、紋飾、銘文字體以及 36 字的長篇銘文等特點判斷,該尊的時代大約在商代晚期的乙辛階段,以帝辛世的可能性最大。

圖一

圖二

圖三

尊內底鑄銘文36字（圖三），銘文是：

辛未，婦陴（尊）宜才（在）

寙大（太）室，王鄉（饗）酉（酒），奏

庸新宜欤（坎），才（在）六月，

魶十冬（終）三朕（朕）。迴肯（前），

王賓（賞），用乍（作）父乙彝。大万（萬）。

銘文中的“婦”常見於商代甲骨文，是指商王的配偶。如《殷虛書契前編》（以下簡稱《前編》）8.12.3：“戊辰卜，王貞：婦鼠冥（娩）余子？”《前編》1.25.3：“己亥卜，王：余弗其子婦姪子。”《殷虛文字甲編》668：“辛丑，獻祀婦好。”

此銘文中的“婦”同樣是指商王的配偶，極有可能是殷紂王的寵妃妲己。

“陴”即尊，有置酒、陳設、進獻之義。《儀禮·士冠禮》：“側尊一甒，醴在服北。”鄭玄注：“置酒曰尊。”胡培翬正義：“置酒謂之尊，猶布席謂之筵，皆是陳設之名。”《逸周書·嘗麥解》：“宰坐，尊中于大正之前。”朱右曾校釋：“宰乃奠中于兩楹間，尊猶奠也。”給祖先神靈置酒敬獻膳肴，也就是祭祀。所以卜辭中多作祭名。如《戩壽堂所藏殷虛文字》26.3：“辛亥卜，貞，其衣？翌日其征，尊于室，其衣。”《鐵雲藏龜》1.6.7：“癸丑卜，史貞：其尊壺告于唐牛。”均是其例。

“宜”，訓爲膳肴。《爾雅·釋言》：“宜，肴也。”《詩·鄭風·女曰雞鳴》：“弋言加之，與子宜之。”毛傳：“宜，肴也。”給祖先神靈敬奉酒肴亦祭祀也。《殷虛書契後編》上19.15：“共宜于妣辛，一牛。”天亡簋：“丁丑，王饗，大宜。”《禮記·王制》：“天子將出，類乎上帝，宜乎社，造乎禰。”鄭玄注：“類、宜、造，皆祭名，其禮亡。”《書·泰誓》：“宜于冢土。”傳：“祭社曰宜。冢土，社也。”

“尊宜”是一種奉獻酒肴的禮儀。尊、宜可以分用，也可以連用；既可以用於活着的人，也可以用於故去的人和神靈。令簋的“作册矢令尊宜于王姜”就是用於活人的，因爲王姜此時還在世。“尊宜于王姜”就是給王姜敬奉酒肴。另外，還可以在尊、宜兩者之間加上祭祀對象。如四祀邲其卣的“尊文武帝乙宜”，可以翻譯爲“置酒肴以祭祀文武帝乙”。

“寙”，地名，在金文中亦作嘓、寙、嘓、嘓、寙幾種形體，見於商代晚期的宰椃角、戍嗣子鼎、版方鼎、古亞簋，西周早期的利簋、嘓監引鼎等，在西周中期的新邑鼎和匐盉銘中寫作“柬”。商王在此建有宗廟大室，殷紂王常常在此舉行祭祀活動和賞賜臣下；周武王克商之後，也移師寙地論功行賞，以下歷成王以迄西周中期。《金文編》以爲此字是闌字之繁體，是對的。于省吾先生認爲寙當讀爲管，即管蔡之管，管叔所封之地，在鄭州管縣,即今鄭州市西北。[1]徐中舒先生同意于先生釋"管",但認爲該"管"在殷都朝歌附近(即今河南淇縣附近)。[2]黃盛璋先生認爲"鬲"即"洹",就是殷人舊都安陽,[3]《逸周書》的《大匡解》及《文政解》均言武王克殷以後在管。雷晋豪先生也同意于先生讀"鬲"爲"管",但他認爲該地不是漢代的管縣,而是戰國時期的趙顯侯所都之中牟,在今河南鶴壁市淇濱區大河澗鄉。[4]此後,王寧先生則認爲"鬲"即"闌",就是朝歌。"朝歌"之名來源於"朝闌"("闌"讀若"柬""簡",與"歌"是見紐雙聲、歌元對轉,故相通假),本是帝乙、帝辛時期的別都,在河南淇縣。到了帝辛之時進行大規模營建,成爲實際意義上的商都。商亡後武庚被封在闌,由管叔監督,故後來稱"管"。[5]王寧之說與徐中舒之說大同小異。總之,從戍嗣子鼎、版方鼎、宰椃角以及本銘文可知,鬲地建有宗廟和大室,商王帝辛長居於此,在此地祭祀祖先,宴饗賓客,賞賜臣工,所以"鬲"即朝歌,或者在朝歌附近較爲合理。

"王",指商王。上面已經講過,從尊的形制、紋飾以及銘文字體特點分析,此尊的時代當在商代的乙辛時期。從銘文記載該王在鬲祭祀宴饗來看,也符合帝辛經常在鬲和召地活動的特點。所以,此商王有可能就是商紂王。

"奏庸"。奏,演奏;庸,今作"鏞",過去均解釋爲大鐘。《詩·商頌·那》:"庸鼓有斁,萬舞有奕。"毛傳:"大鐘曰庸,斁斁然盛也。"其實,從出土的實物來看,在商代庸就是大鐃。卜辭中"其罔(置)庸豈(鼓)于既卯"(《合集》30693)和"庸豈(鼓)其杲(逨)熹豈(鼓)尊"(《合集》31017)就説明這一點。陳夢家先生在《西周銅器斷代》中就把商代的大鐃稱爲"鏞"。裘錫圭先生在《甲骨文中的幾種樂器名稱》一文中也認爲商代卜辭裏所説的庸,就是一般人稱爲大鐃的樂器。"鐃"的放置是口向上甬向下,甬端植於座中。把庸"植於座中"就是"置庸","置庸鼓于既卯"就是把鐃和鼓放置在鐃座和鼓座上。

鐃由多枚組成一套的稱爲編鐃。小型編鐃比較常見,一般由三枚組成一套,婦好墓曾出土一套五枚編鐃。到了西周,鐃就演變成鐘,周代及其以後所説的庸,也就是大鐘了。本銘中的奏庸,就是演奏鐃樂。卜辭中也有"奏庸""庸奏"和"作庸",都是説演奏鐃樂。現將有關條目引述如下:

　　1."其奏庸,□美,又(有)正。"(《合集》31023)

　　2."叀庸奏,又(有)正。"(《合集》31014)

　　3."万其伇(作)庸,屮叀□。"(《合集》31018)

[1] 于省吾:《利簋銘文考釋》,《文物》1977年第8期12頁。

[2] 徐中舒:《關於利簋銘文考釋的討論》,《文物》1978年第6期。

[3] 黃盛璋:《關於利簋銘文考釋的討論》,《文物》1978年第6期;又黃盛璋:《利簋的作者身份、地理與歷史問題》,《歷史地理與考古論叢》262頁,齊魯書社,1982年。

[4] 雷晋豪:《金文中的"鬲"地及其軍事地理新探》,《歷史地理》第26輯211頁,2012年。

[5] 王寧:《殷周金文中"闌"地旁議》,新浪博客,2018年8月17日。

4. "于翌日,壬壐伇(作)庸,不講(遘)大鳳(風)。"(《合集》30270)

"万其作庸"説明演奏庸是万人的職責。

另外,周初的天亡簋也有"不(丕)顯王乍(作)眚,[1]不(丕)緐(肆)王乍(作)庸"之句。

宋人金石書著録的商代晚期器戌伶方彝(《銘圖》13540,作器者爲万剠,故應稱爲万剠方彝)銘文裏也提到奏庸:

　　　己酉,戌伶隌(尊)宜于鄲(召),奏庸,歌九律歌,商(賞)貝十朋,万剠用宝(鑄)丁宗彝,
才(在)九月,隹(唯)王十祀翌日五,隹(唯)來束。

"庸"上一字由於臨摹刊刻而略走形,從其大形及上下文可以確定爲"奏"字。

"歌九律歌"。歌,《説文·欠部》云:"歌,詠也。"即詠唱,但也指奏樂。《詩·大雅·行葦》:"嘉殽脾臄,或歌或咢。"毛傳:"歌者,比於琴瑟也,徒擊鼓曰咢。"《禮記·檀弓下》:"歌於斯,哭於斯。"孔穎達疏:"歌謂祭祀時奏樂也。"《吕氏春秋·古樂》云:"帝嚳命咸黑作爲聲,歌《九招》《六列》《六英》。"這裏的"歌"也指的是演奏這些樂曲,而不是歌唱。

"九律歌"爲樂舞名,可能指一種有多重音樂伴奏且以鐃樂爲主旋律的宫廷樂舞。[2]"歌九律歌"是説九律揆奏,舞帶曼揚,在召地祭祀神靈。

該方彝銘文記帝辛十五年九月在東伐夷方舉行翌日祭祀期間的己酉日,在召宫尊宜的儀式中演奏鐃樂,九律曼舞,祭祀神靈,並以樂侑食,宴饗行賞。其内容與逦尊有相似之處。

"新宜坎"。"坎"字從田與從土,係形旁代换。從傳世文獻和甲骨卜辭可知,此當爲樂曲名或音律名。《屯南》4338:"[貞]其奏商。"《逸周書·世俘解》:"癸酉,薦殷俘王士百人。籥人造,王矢琰,秉黄鉞,執戈。王入,奏庸《大享》一終;王拜手稽首。王定,奏其《大享》三終。甲寅,謁戎殷于牧野,王佩赤白旂。籥人奏《武》,王入,進《萬》,獻《明明》三終。乙卯,籥人奏《崇禹生開》三鍾終,王定。"《國語·魯語下》:"夫先樂金奏《肆夏樊》《遏》《渠》,天子所以饗元侯也。"韋昭注:"金奏,以鐘奏樂也;《肆夏》,一名《樊》,《韶夏》,一名《遏》,《納夏》,一名《渠》,此三夏曲也。""新宜坎"與"大享""明明""崇禹生開""武""萬""樊""遏""渠"所處的詞位相當,應該就是樂曲名。它是一個樂曲名,抑或是兩個、三個樂曲名? 如"新宜""坎",或者是"新""宜""坎",是否也可以理解爲新的"宜坎"樂曲,都是有可能的。

《周禮·春官·大司樂》賈公彦疏引《孝經緯》云:"伏犧之樂曰立基,神農之樂曰下謀,祝融之樂曰屬續。"又引皇甫謐《帝王世紀》曰:"少昊之樂曰九淵。"《吕氏春秋·古樂》記載:

"帝顓頊好其音,乃令飛龍作效八風之音,命之曰《承雲》,以祭上帝。"又説:"帝嚳命咸黑作爲聲,歌《九招》《六列》《六英》。"這些雖然有樂曲名,但不見於現存的先秦古籍,屬於傳説,是否可靠有待進一步考證。文獻記載商代和商代之前的樂舞有黄帝時的《雲門》《大卷》《咸池》(又稱《大咸》,堯增修沿用),堯時的《大章》,舜時的《韶》,禹時的《夏》《萬》和《九歌》《九辯》,殷商時期的《濩》(也稱《大濩》)和《桑林》等。

《濩》見於殷墟卜辭。如《前編》1.3.5:"乙亥卜,貞,王賓大乙濩,無尤。"羅振玉云:"濩,謂用大濩之樂以祭也。"(《殷虚書契考釋》上十一)又《前編》7.32.4:"□□卜,貞,翌日洒隻,日月歲,一月。"郭沫若説:"隻字殆假爲濩,用濩樂助祭也。"[1]大濩樂舞是表現商湯滅夏的功績,故用它來祭祀以示尊祖不忘。《左傳·襄公二十九年》:"吴公子札……見舞《韶濩》者,曰:聖人之弘也,而猶有慚德,聖人之難也!"《桑林》之名未見於卜辭,但在春秋時期各國還在奏演,《左傳》等先秦文獻中就有記載。

另外,《雲門》《咸池》見於《周禮》;《韶》又稱《大韶》《蕭韶》,見於《尚書》《左傳》,説明這些樂曲在春秋時期仍然存在。《論語·述而》云:"子在齊聞韶,三月不知肉味,曰:不圖爲樂之至於斯也。"同書《衛靈公》也有:"子曰:行夏之時,乘殷之輅,服周之冕,樂則韶舞。"可見《韶》樂在春秋時期仍然在齊國演奏。《夏》又稱《大夏》《九夏》,《左傳·襄公二十九年》記:"吴公子札……見舞大夏者,曰:美哉!勤而不德。非禹,其誰能修之!"《萬》是舞曲,這個舞曲在春秋時期貴族們還常常奏演。《詩·商頌·那》:"萬舞有奕。"《左傳·莊公二十八年》:"楚令尹子元欲蠱文夫人,爲館於其宫側,而振《萬》焉。夫人聞之,泣曰:先君以是舞也,習戎備也。"儘管如此,古代亡佚的樂曲還是相當多的,"新宜坎"樂曲也應該是亡佚的殷商樂曲。

古代樂舞是聯繫在一起的,奏庸樂,必然要跳庸舞。《合集》12839有"□雨,庸無(舞)□"的記載,庸舞就是邊奏庸邊跳舞。

"鮋十冬三朕",即由十終三朕。"鮋"字在金文中首次出現。《廣韻·尤韻》:"鮋,魚名。"體側扁,延長,頭大,口大,牙細,背鰭連續始於頭後,種類繁多,棲息於近海巖石間。鮋在此讀爲由。由,經由;經過。《廣韻·尤韻》:"由,經也。"《論語·爲政》:"視其所以,觀其所由,察其所安。"何晏注:"由,經也。"《孫子·九變》:"塗有所不由,軍有所不擊。"又,由有爲、從事之義。《墨子·非命中》:"子墨子言曰:凡出言談,由文學之爲道也,則不可而不先立義法。"孫詒讓《閒詁》:"由、爲義相近。下篇云:'今天下之君子之爲文學出言談也。'"

"冬",即終。在古代,奏畢一章之樂謂之一終,如《儀禮·大射儀》:"小樂正立於西階東。乃歌《鹿鳴》三終。"《儀禮·鄉射禮》:"歌《騶虞》若《采蘋》,皆五終,射無筭。"《禮記·鄉飲

---

[1]　郭沫若:《卜辭通纂》316頁,科學出版社,1983年。

酒義》：“工入，升歌三終。”孔穎達疏：“謂升堂歌《鹿鳴》《四牡》《皇皇者華》，每一篇而一終也。”《逸周書·世俘解》：“王不革服，格于廟，秉語治庶國，籥人九終。”

“朕”，可有三種解釋。一、讀爲騰，義爲跨越、超越、上升、登上，引申爲高潮。三騰，謂演奏中金聲玉振三次出現高潮。二、“朕”通“稱”，朕爲侵部定紐，稱爲蒸部穿紐，蒸侵通轉，定穿旁紐，故可通假。稱，稱頌也。三稱，是說演奏期間三次受到王的稱贊。三、“朕”通“成”，“朕”是侵部定紐，“成”是耕部禪紐，耕侵通轉，定禪旁紐。若此，則“三朕”即“三成”。《儀禮·燕禮》“大師告于樂正曰：正歌備”，鄭玄注：“正歌者，升歌及笙各三終，閒歌三終，合樂三終爲一備。備亦成也。”在西周，按照《鄉飲酒禮》升歌三終所歌者爲《鹿鳴》《四牡》及《皇皇者華》；笙三終是說笙所吹的樂曲爲《南陔》《白華》及《華黍》；閒歌三終就是歌一曲則吹一曲，歌唱《魚麗》，笙奏《由庚》，歌唱《南有嘉魚》，笙奏《崇丘》，歌唱《南山有臺》，笙奏《由儀》；合樂三終就是歌唱與樂器演奏同時進行，表演了《關雎》《葛覃》《卷耳》與《鵲巢》《采蘩》《采蘋》。這就是說每一章樂曲爲一終，一備（一個組合）樂曲稱爲“成”，也就是說演奏完一組樂曲稱爲一成，演奏三組樂曲即爲三成，當然一組樂曲演奏三遍也可以稱爲三成。《禮記·樂記》：“且夫《武》，始而北出，再成而滅商，三成而南。”鄭玄注：“成，猶奏也。每奏《武》曲一終爲一成。”若此，則“由十終三朕”可解釋爲演奏了十首樂曲，反覆演奏了三遍。筆者傾向於第三種解釋。

“迺”，作器者。該字在商代晚期的卹鬲、卹簋和西周時期的伯卹簋中作“卹”，在或簋中作“卹”，在本器和敔簋中作“迺”。“卹”“卹”與“迺”實爲一字。過去人們在卹鬲、卹簋和伯卹簋中認爲即“健”字異體，[1]在敔簋和或簋銘文中都把它讀爲“禦”，[2]“追迺于上洛”和“追迺戎于棫林”，即“追禦于上洛”和“追禦戎于棫林”。也有讀爲“攔”的，即“追攔于上洛”和“追攔戎于棫林”。[3]1992年晉侯對盨發現後，銘文中的“其用田獸（狩），甚樂于邍（原）迺”，馬承源先生讀爲“甚樂于原隰”，十分正確，[4]所以裘錫圭先生也把敔簋和或簋銘文的“追迺于上洛”和“追卹戎于棫林”，讀爲“追襲于上洛”和“追襲戎于棫林”。[5]在此器中“迺”是作器者之名，其身份是大万，万人之長，是這場奏庸樂舞的主要參與者。

“兿”，即前，前引，引導。《儀禮·特牲饋食禮》：“尸謖，祝前，主人降。”鄭玄注：“前，猶導也。”《詩·邶風·簡兮》有“簡兮簡兮，方將萬舞，日之方中，在前上處”，此“迺前”與《簡兮》的“在前上處”相當，是說迺排列在舞蹈隊列的前面，擔任前導。

［1］ 張亞初：《殷周金文集成引得》24、61、69頁，中華書局，2001年。

［2］ 上海博物館商周青銅器銘文選編寫組：《商周青銅器銘文選》115、286頁，文物出版社，1990年。

［3］ 張亞初：《殷周金文集成引得》88頁。

［4］ 馬承源：《晉侯對盨》，《第二屆國際中國古文字學研討會論文集》221頁，香港中文大學中文系編輯出版，1993年。

［5］ 裘錫圭：《關於晉侯銅器的幾個問題》，《傳統文化與現代化》1994年第2期。

"大万"，"万"讀爲萬舞之萬。裘錫圭先生在《釋万》中指出"大万應即万人之長"，万是從事樂舞工作的一種人。《合集》28461："☐乎(呼)万無(舞)。"《合集》30028："叀万乎(呼)無(舞)。"《合集》31022："万叀美奏，又正。"《合集》31018："万其伇(作)庸。"這幾條都應是占卜祭祀中，呼喚万人舞蹈或者奏庸(鏞)之事。《合集》3028"貞：叀万吳令"中的万吳，以及万傻鼎中的万傻、万剢方彝中的万剢都是万人，其中"万"是其職業，"吳""傻""剢"是万人的私名。

根據以上的解讀，筆者理解這篇銘文的大意是：

某年六月辛未，商王的后妃在寓地的太室用宜祭祭祀祖先，商王舉行隆重的酒宴，其間演奏庸樂新宜坎，樂工演奏庸樂十曲，一共演奏了三遍，大万迴擔任這場樂舞的前導有功，王給予了賞賜，於是鑄造了宗廟的祭器以作紀念。

上面提到的万剢方彝也是商代晚期之物，與迴尊的時代相同。銘文所記十年九月己酉，戍鈴在召地舉行尊宜之禮，万剢奏庸，歌九律歌，得到賞貝十朋，於是鑄造了宗廟祭器，以作紀念。銘文中的召和寓一樣，也是商王朝一個重要城邑，建有宗廟大廳。四祀邲其卣記載商紂王祭祀其父帝乙就是在召大廳。

《禮記·郊特牲》云："殷人尚聲，臭味未成，滌蕩其聲，樂三闋，然後出迎牲。聲音之號，所以詔告於天地之間也。"迴尊、万剢方彝正是記載商人在祭祀祖先的儀式中演奏大鐃樂曲的實錄，銘文反映了商人與周人部族的崇尚不同。周人尚臭，殷人尚聲。周人在祭祀祖先時，往往用祼鬯或焚香(用艾蒿與黍稷一起燃燒)來讓鬯酒、艾蒿與黍稷犧牲的馨香氣味通達天地之間，使神靈嗅聞之，以招迎祖先神靈。殷人在祭祀中則崇尚以音樂方式來達到溝通人與鬼神的目的，所以祭祀中樂舞是重要的儀典之一。因此，深入地研究迴尊、万剢方彝銘文對於研究商代祭祀禮儀和樂舞具有重要意義。

（原載復旦大學出土文獻與古文字研究中心網，2013年7月29日）

一批子颛銅器在澳門面世

2007年5月2日崇源國際(澳門)首届大型藝術品拍賣會上,出現一批商末周初的子颛組青銅器,其中有子颛鼎2件,子颛簋1件,子颛角2件,另外還有1件商代晚期的鴞卣,這批青銅器均未見著録,首次面世,都具有重要的歷史價值和藝術價值。

圖一　子颛鼎 1

圖二　子颛鼎 2

圖三　子颛鼎 1 銘文

圖四　子颛鼎 2 銘文

子颛鼎,兩件(圖一、二),不屬列鼎形式,而是一對,形制、紋飾、尺寸大小基本相同,這在商周青銅器中還比較少見。第一件通高23.7、口徑18.1釐米;第二件通高23.1、口徑18.2釐米。口稍斂,腹微鼓,窄口沿甚薄,口沿上有一對厚重的立耳,襠部稍分,三條足呈圓柱形。鼎內壁鑄有"子颛父丁"銘文4字(圖三、四),是子颛族人爲其過世的父親鑄造的祭器。

這兩件鼎的裝飾也頗爲精緻,主體紋

飾是三組大獸面，分別佈置在與三條柱足對應的腹部。這種紋飾過去也叫饕餮紋，呈半浮雕狀，闊口獠牙，曲折角立於額上，雙目突出，炯炯有神，兩角之間比較寬綽。獸面的兩側配以倒立的夔龍，龍角上卷，突目翹唇。通體以纖細的雲雷紋填地，層次分明，給人以和諧美的感受，充分顯示了這一時期青銅器製造的高度水平。

這兩件鼎的形制接近於安陽殷墟西北崗 2020 號商代大墓出土的栩鼎、陝西鳳翔南指揮西村先周墓出土的鼎鼎、河南洛陽馬坡出土的臣辰父癸鼎和日本泉屋博古館收藏的燕侯旨鼎，前三件被認爲是商代晚期後段之物，後兩件是西周初期的作品。因此，該鼎的時代也應在商末周初。

子𪕮簋，通高 27.1、口徑 20 釐米。它與 1971 年在陝西涇陽縣高家堡先周墓出土的蝸體獸紋方座簋的形制、紋飾完全相同，但方座還要高大。周武王時期的標準器天亡簋，除設有四耳外，造型、紋飾也和此簋基本相同。該簋口沿外侈，下腹微鼓，圈足下連鑄着一個方座，給人以穩重大方之感。腹兩側設有一對獸首耳，獸頭似牛，闊口翹鼻，兩角下卷，高度超出器口，耳環飾雲紋，下有寬厚的長方形垂珥，上飾禽爪紋。圈足飾以蛇紋，器腹和方座的四壁裝飾着蝸身獸紋。這種獸紋頭大體短，闊口卷唇，獠牙交錯，圓目鼓突，並有利爪前伸，頭上有一隻高矗而後卷的觸角，身體蜷曲如蝸牛狀，通體以雲雷紋填地。另外，在簋的頸部前後還有兩個浮雕獸頭，分別置於蝸體獸的上唇上方。這種蝸體獸紋一般都作高浮雕狀，紋飾凸起，立體感強，形象非常怪異，從目前出土的器物來看，主要流行在商末周初，時代特徵非常明顯（圖六）。內底鑄有銘文"子𪕮父丁"4 字（圖五）。

圖五　子𪕮簋銘文

圖六　子𪕮簋

子𪕮簋造型雄偉，紋飾神秘譎奇，品質上乘，且鑄有銘文，器主明確，具有很高的歷史價值和藝術價值，是中國青銅器寶庫中不可多得的藝術瑰寶。

子𪕮角 2 件，形制、紋飾和大小基本相同，通高 25 釐米，兩翼相距 19.8 釐米。角的名稱始於宋人王黼的《博古圖録》。可能是因口緣兩端呈尖葉形翹起,頗似兩角,故以典籍所説之"角"爲名。其名未必是這類酒器的名稱,因無自名,仍暫以"角"稱之。角也是一種酒器,像爵而無柱無流,兩翼翹起,口呈凹弧形,卵圓形腹,腹一側同樣有一個獸首鋬,圜底下三條刀形足外撇(圖七、八)。鋬内的腹壁鑄銘文,銘文是:"亞車,子𪒠父乙。""子𪒠"重文,對稱分佈在"亞車"二字的左右,左邊"子𪒠"二字爲取對稱美觀而反書(圖九、一〇)。子𪒠角的形制、紋飾與臺北故宮博物院收藏的册父己角極爲相似。腹部飾雲雷紋組成的獸面紋,兩翼下飾雲雷紋組成的蕉葉紋,足面飾三角雲雷紋。雲雷紋均爲陰綫組成,綫條較粗,除獸目微凸外,紋飾與器表一樣平,没有高突的現象,呈現出早期紋飾的特點。

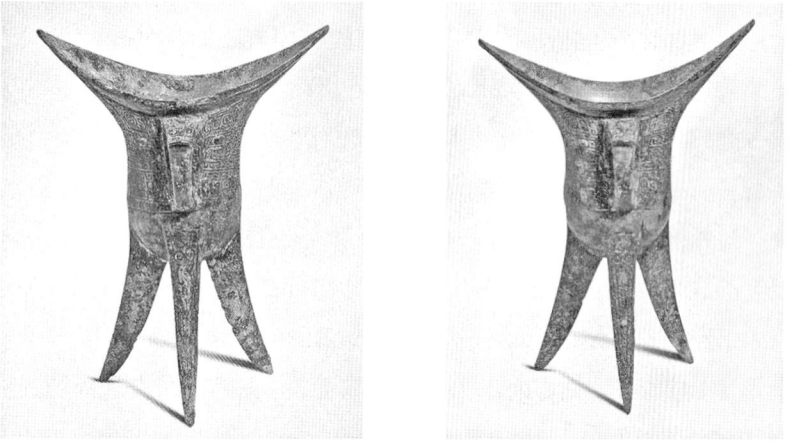

圖七　子𪒠角 1　　　　　圖八　子𪒠角 2

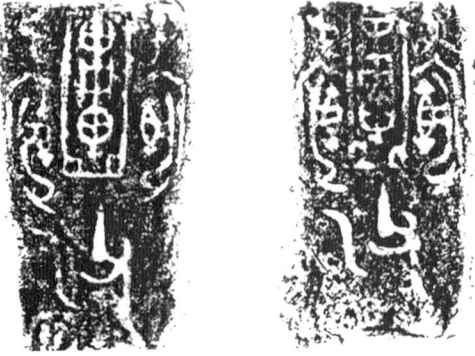

圖九　子𪒠角 1 銘文　　圖一〇　子𪒠角 2 銘文

角的功能與爵基本相同,都是商周時期的禮器。角最早出現於夏代晚期,主要流行於商代晚期到周初。角的出土和傳世數量遠遠少於爵,這種形體大且成對出現的、有銘文的角頗爲難得。

子𪒠銅器傳世的約有 6 件。其中子𪒠鼎 1 件,《貞松堂集古遺文》和《三代吉金文存》都曾著録,原藏日本小川氏,鼎内壁鑄有"子𪒠"2 字;子𪒠尊 1 件,《西清古鑒》9.23 著録,内底也只鑄有"子𪒠"2 字;子𪒠圖尊、子𪒠圖卣、子𪒠圖方彝各 1 件,分別見於《西清古鑒》10.24、《三代》12.57 和《故宮青銅器圖録》下下 241。另外,《西清古鑒》15.3 著録的一件子𪒠卣,銘文與這次新面世的鼎、簋完全相同;臺北故宮博物院收藏的子𪒠觶,銘文與角基本相同,但只有"子𪒠父乙"四字,説明觶是子顤族人爲其父乙做的祭器;而子顤角除了作器者和被祭祀的父乙外,還有"亞車"2 字,是作器者的署名,亞應是其官職,車是其私名,"子顤"是其族氏。這批子顤器爲研究子顤家族的歷史提供了非常珍貴的資料。

鴞卣,通高 19 釐米,是一件集實用性與藝術性爲一體的酒器,時代屬商代晚期。通體像相背佇立的兩隻鴞鳥。蓋的兩端爲兩隻鳥的頭部,尖喙突出,圓目鼓起,眼眶有一圈鱗紋,上有向下蜷曲的角形雙耳,蓋中設有四坡屋頂形鈕,鈕上飾雲紋,器身腹部鼓起,各飾一對旋渦形羽紋翅膀,胸前飾鱗紋,四爪粗壯有力,上飾卷龍紋。頸部稍微收束,兩側有一對獸首形貫耳,可以穿繩提攜,貫耳旁各飾一對蛇紋,兩兩相對。蓋沿和器口均飾以連珠紋。全器主體花紋突出,又施以纖細的雲雷紋襯地,主次分明,顯得十分精緻(圖一一、一二)。

圖一一　鴞卣(側面)　　　　　圖一二　鴞卣(正面)

鴞俗名貓頭鷹,是著名的益鳥,鼠類動物的天敵,國家二級保護動物,也是占代人們喜愛和崇拜的神鳥。鴞卣本來就十分罕見,出土和傳世也不過十多件。此卣造型優美,小巧玲瓏,且裝飾着滿身花、三層花,富麗堂皇,極富藝術價值和歷史價值,爲商代晚期鳥獸形青銅器中的上乘佳作。

(原載《收藏界》2006 年第 6 期)

記新發現的幾件西周銅器

2008 年西安發現一些青銅器,有的造型優美,紋飾精緻,有的銘文重要,對於研究上古史有一定參考價值,現就其中重要者介紹如下。

圖一

1. 長子方鼎:西周早期之物,通高 23、口橫 18.2、口縱 14.4、腹深 9.8 釐米。長方體,直口深腹,窄沿方唇,四壁向下漸有收分,口沿上有一對立耳,底部近平,四條柱足。四角及四壁中部各有一道扉棱,四壁上部飾夔龍紋,下部飾獸面紋,均以雲雷紋填地,耳外側飾雙凹綫紋,足根飾浮雕獸面。外底有三綫"×"形加强筋,並有一層煙炱(圖一)。內壁鑄銘文 8 字。銘文是:長子乍(作)母癸寶彝,□(圖五)。

1997 年河南鹿邑縣太清宮發掘的長子口墓,共出土帶有長子口銘文的鼎、簋、甒、爵、角、觶、斝、尊、觥、卣、罍、盉等青銅器 43 件,[1] 其時代爲西周成王時期。另外,"長子"還見於美國芝加哥博物館收藏的長子鼎,[2] 時代爲西周早期前段,約略與長子口器組時代相同。再一件就是 1978 年湖北黃陂縣魯臺山 30 號墓出土的長子狗鼎,時代爲西周早期後段。[3] 第三件是上海博物館收藏的長子欁臣簋,[4] 時代爲春秋中晚期。

《鹿邑太清宮長子口墓》報告作者認爲"長子口"的"長"應是氏名或國名,原爲東夷的後裔,後臣服於商;"子"是身份,亦即長侯或長伯;"口"是私名。"長子口"是商代長國最後一位封君,周滅商後又臣服於周。張亞初先生認爲"長子狗"和長甶盉中的"長甶"都是以"長"

[1] 見河南省文物考古研究所等:《鹿邑太清宮長子口墓》,中州古籍出版社,2000 年。
[2] 中國社會科學院考古研究所:《美帝國主義劫掠的我國殷周銅器集錄》A82、R452,科學出版社,1962 年。
[3] 黃陂縣文化館、孝感地區博物館、湖北省博物館:《湖北黃陂魯臺山兩周遺址與墓葬》,《江漢考古》1982 年第 2 期。
[4] 馬承源:《記上海博物館新收集的青銅器》,《文物》1964 年第 7 期。

爲氏,是箕子的後代。在其《論魯臺山西周墓的年代和族屬》中説傳世的高卣銘文後部的"亞
異長夨"是高的族氏文字。族氏名中增加一個"長"字,表明此族又得到了一塊叫"長"的封
地。"異"就是箕子之箕的本字。箕邑在今山西榆社一帶,長地也應在其附近。"長子狗"和
長由盉中的"長由"是箕子的後人,是殷遺民。長子狗是箕子的孫子,是長氏宗子;長由是重
孫輩。[1]馬承源先生認爲長子㚯臣簋中的"長子"是氏名,即晉國的長子,周初爲史辛甲所封
國,後歸晉。簋是晉國器,長子㚯臣是晉國的大夫,而以封邑爲氏。《史記·周本紀》集解引
劉向《別録》云:"辛甲,故殷之臣,事紂,蓋七十五諫而不聽,去至周,召公與語,賢之,告文王,
文王親迎之,以爲公卿,封長子。"《左傳·襄公十八年》:"晉執衛行人石買于長子,孫蒯于純
留。"杜預注:"長子、純留二縣今皆屬上黨郡。"也就是現在山西省長子縣。上述三種意見各
有其理。筆者認爲河南鹿邑太清宫長子口墓地處河南東部,接近山東,極有可能就是商代東
夷後裔的長國;長子㚯臣簋中的長子是氏稱也大致不誤;而長子狗鼎能否與傳世的高卣扯到
一起,高卣中的"長"能否解釋爲箕族的又一封地,還有待進一步研究。長子狗鼎、美國芝加
哥博物館的長子鼎以及此次發現的長子方鼎中的長子,是長氏(也就是長國)的後裔,擬或是
長子氏(辛甲)的後裔,尚不好斷定。

　2. 昔須甗:通高41、口徑27.8、腹深16.5釐米。連體
式,侈口深腹,腹微下垂,口沿上有一對立耳,束腰内有
隔,以環連接心形箅,可以自由啓閉,箅中部有半環形鈕,
周圍分佈着五個十字形鏤孔,外底有範綫,三足下部作圓
柱形,上部飾浮雕牛角獸面,甑部光素(圖二)。内壁鑄銘
文21字。銘文是:昔須眔趞(遣)東征,多剶(鈞—勳)工
(功),孚(俘)戈,用乍(作)父乙寶隩(尊)彝,巽子,日庚
(圖六)。

　"眔",《説文》:"目相及也。"郭沫若以爲此字殆"涕"
之初文,像目垂涕之形。在金文中"眔"通"逮",表示及、
到的意思。也有作連詞用的,表示及、與、和,文獻作
"暨"。"東"指東國,也就是西周王朝的東部地域。"昔
須眔遣東征"就是昔須與遣一起東征。

圖二

　昔須甗與宔鼎時代相同,爲西周中期前段之物,宔鼎云:"王令趞(遣)戠(捷)東反尸
(夷)。"昔須與宔均是"遣"的部下,參與征伐東夷的戰争。"遣"即遣仲,也見於盂簋,所征伐
的對象是"無需",東夷反叛的參與者之一。參加此次平叛戰争的還有毛公和盂的父親。這

[1]　張亞初:《論魯臺山西周墓的年代和族屬》,《江漢考古》1984 年第 2 期。

可能就是班簋所説的"三年静東國"戰争中的某一次戰役。"匂"本爲鈞字,在此讀爲勳。
"鈞"屬真部見紐,"勳"屬文部曉紐,見曉旁紐,文真通轉。"鈞"從匀聲,"勳"從員聲。從匀
聲字與從員聲字可相通,如《文選・嘯賦》:"音均不恒。"李注:"均,古韻字。"《史記・貨殖列
傳》:"郇關。"《正義》:"郇當爲徇,徇水上有關。""匂工"即勳功,也就是功勳、功勞。《書・大
禹謨》:"爾尚一乃心力,其克有勳。""巽子",即"巽"的分書,昔須的族徽。"巽",一般認爲是
商族的一支。"日庚",昔須亡父的日名。這也説明昔須是商人的後裔。銘文大意是説昔須
與遣仲東征反夷,獲得許多戰功,繳獲了敵人的戈,爲過世的父親日庚鑄造了這件祭祀用
的甗。

　　3. 應監甗:通高 38、口徑 27.2、腹深 24.2 釐米。連體式,侈口深腹,腹微下垂,口沿上
有一對索狀立耳,束腰内有隔,箅已失。外底有三角形範綫,三個袋狀足,下部作低矮的圓
柱形。頸部飾兩周弦紋,鬲部光素(圖三)。内壁鑄銘文 11 字。銘文是:雁(應)監乍(作)
寶隣(尊)彝,其屬(萬)年永用(圖七)。

圖三　　　　　　　　　　　　　　　　圖四

　　"雁監",即應監,周王朝派往應國的監國者,名不詳。"應監"還見於 1958 年 9 月江西
餘干縣黄金埠初級中學出土的應監甗,時代爲西周早期。銘文是:雁(應)監乍(作)寶隣
(尊)彝。[1]此甗從形制、紋飾和銘文字體判斷,當爲西周晚期之物,與上述應監職官相同,
時代相異,不是同一個人。

　　除應監外,見於青銅器銘文的還有西周早期句監鼎中的句監(《集成》02367)、西周中期

[1]　郭沫若:《釋應監甗》,《考古學報》1960 年第 1 期。

管監引鼎中的管監引、西周晚期叔趙父簠中的榮監。[1]這說明周王朝曾經實行過一套監國制度,普遍在各個諸侯國設監,派駐中央代表,由王室節制,監督諸侯國。仲幾父簋銘文的"仲幾父使幾使于諸侯、諸監"中的"諸監"就是一個明證。這種監國制度從西周早期一直延續到西周晚期。

4. 仲甾父盆:2 件,形制、大小、紋飾、銘文完全相同。通高 17.7、口徑 19.1—19.4、腹深 12.5 釐米。侈口束頸,折肩斂腹,平底,肩下部有一對浮雕獸頭銜環耳,蓋面隆起,上有圈狀捉手。蓋上飾瓦溝紋,蓋沿和器頸飾垂冠回首尾下卷作刀形的夔龍紋,均以雲雷紋填地(圖四)。器內壁和蓋捉手內各鑄銘文 10 字,內容相同。銘文是:中(仲)甾父乍(作)旅盆,其永寶用(圖八)。

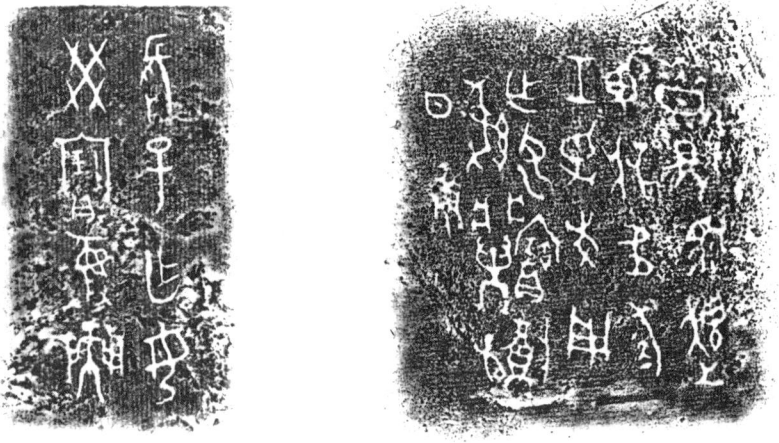

圖五　　　　　　　　圖六

圖七　　　　　　　　圖八

[1] 李步青、林仙庭:《山東省龍口市出土西周銅鼎》,《文物》1991 年第 5 期。羅西章:《扶風溝原發現叔趙父簠》,《考古與文物》1982 年第 4 期。

盆是一種小型盛食器,兼可盛水、盛血。《儀禮・士喪禮》:"新盆槃瓶。"注:"盆以盛水。"《周禮・地官司徒・牛人》:"凡祭祀,共其牛牲之互,與其盆簝,以待事。"注:"盆所以盛血。"從出土和傳世的青銅盆來看,大多數自名爲"飤盆""餝盆""饗盆""饗盆""行盆""旅盆",其用途主要爲盛食是顯而易見的。

春秋時期盆的異名較多,有的自名爲"盨",如伯戔盆云"邥中(仲)之孫伯戔,自乍(作)餝(饋)盨"、晋公盆自名爲"媵盨";也有的自名爲"盂",如子諆盆云"隹(唯)子諆鑄其行盂";還有的自名爲"皿",如曾太保慶皿云"曾大保慶用乍(作)寶皿"等。其形制和用途基本相同。

目前所見帶有銘文的青銅盆均爲春秋時期之物,但形制相同的陶盆在商周時期已經出現,青銅盆是仿陶盆製作的。仲垟父盆與 2004 年周原莊李村 57 號周墓出土的被稱爲陶盂的器物,形制基本相同,唯雙耳無環。該墓葬的時代被認爲是西周中期,[1]故仲垟父盆的時代應與之相同或者相近。再從該盆所飾的帶有冠翎的體呈 S 形的夔龍紋來看,與西周穆恭時期的標準器彧方鼎、邢伯甗、伯雍父盤的夔龍紋十分接近,因此仲垟父盆的時代斷定爲西周中期前段是大致不誤的,這就把青銅盆鑄造的歷史提前了一百四五十年。另外,值得一提的是盆蓋的捉手内鑄銘文也是青銅器中極少見的現象。

(原載《考古與文物》2010 年第 4 期)

---

[1]　周原考古隊:《陝西扶風縣周原遺址莊李村西周墓發掘簡報》,《考古》2008 年第 12 期。

内史亳豐同的初步研究[*]

2009 年 8 月在西安鑒定青銅器時,發現一件内史亳豐鑄造的青銅器,據傳出自山西,甚爲重要。這是目前發現的鑄造精良、裝飾華麗、時代明確,且自名爲"同"的一件西周青銅酒器,特介紹如下,並作初步研究,以就教於方家。

這件青銅器的形制,就是考古界通常稱之爲"觚"的酒器,喇叭口,長頸,腹部略粗,喇叭形高圈足,下沿無邊圈,腹部和圈足鑄有四道扉棱。頸部飾小鳥紋,其上飾蕉葉紋,腹部和圈足飾站立的小鳥,兩兩相對,均以雲雷紋填地,兩縷鳥尾下垂後又向前向上回旋,中間裝飾一個目紋,並以綠松石鑲嵌,十分華麗(圖一)。通高 29.3、口徑 15.8、底徑 8.9、腹深 20.5 釐米,重 1.19 公斤。

圈足内壁鑄銘文 4 行,共 14 字(圖二)。銘文是:

成王易(賜)内史亳豐襛(祼),弗叙(敢)號(饗),乍(作)襛(祼)鋽(同)。

圖一

圖二

---

* 烽按:"内史亳豐同"應改稱"内史亳同",作器者爲"内史亳",所謂的"豐"應改釋"豊",讀爲"醴",即醴酒,一種甜酒。《詩·周頌·豐年》:"爲酒爲醴,烝畀祖妣。"高亨注:"醴,甜酒。"筆者原文誤釋,且與亳連讀爲"亳豐"作爲器主名。現予更正。原文不動,以作存照。

一、銘 文 釋 讀

銘文中的"成王"自是周成王死後的謚號,所以作器時的王世應在康王時期。從内史亳豐同的造型、紋飾和銘文字體分析,也與康王之世相合。該器形制、紋飾與1976年陝西扶風莊白村窖藏出土的一對蕉葉鳥紋瓶基本相同,特別是圈足上瘦長的立鳥,鳥尾下垂,然後向前向上回旋,中間添加一個目紋的做法,兩者如出一人之手,所區別的是内史亳豐同的腹部也鑄有低矮的扉棱,且裝飾有與圈足相同的立鳥紋,目紋還鑲嵌着綠松石,莊白蕉葉鳥紋瓶則没有。莊白蕉葉鳥紋瓶被定爲西周早期前段之物,兩者屬於同一時期的作品。

1. 内史亳豐,[1]即作器者,名亳豐,擔任西周王朝的内史之職,由銘文可知,亳豐是周王朝的老臣,職任内史,事奉成王、康王二世。

2. 禮,今作祼或灌。祼字見於金文的有16器(不指方鼎2件同銘)。

(1)何尊:"復禀珷(武)王豐(禮),禩(祼)自天。"

(2)德方鼎:"祉(誕)珷(武)禩(祼)自蒿(郊)。"

(3)敎卣:"王在廞,降令曰:歸禩(祼)于我多高。"

(4)不指方鼎:"王才(在)上侯应,奉(祓)禩(祼)。"

(5)我方鼎:"祉(誕)礿祭二母,咸。與遺禩(祼)二。"

(6)鄂侯馭方鼎:"噩(鄂)侯馭方内(納)壺于王,乃禩(祼)之。"

(7)萬杯(萬觶):"其則此瓶禩(祼),用盜(寧)室人、佳人。"

(8)庚嬴鼎:"王蔑庚嬴曆,易(賜)禩(祼),執(賞)貝十朋。"

(9)榮仲方鼎:"子加(賀)榮中(仲)觓(祼)章(璋)一、牲大牢。"

(10)榮簋:"王休易(賜)厚(厥)臣父榮禼(瓚)、王禩(祼)、貝百朋。"

(11)小盂鼎:"王禩(祼),禩(祼)述,贊邦賓。"

(12)鮮簋:"鮮穢(蔑)曆,禩(祼),王執(賞)禩(祼)玉三品、貝廿朋。"

(13)守宫盤:"王才(在)周,周師光守宫,吏(使)禩(祼)。"

(14)毛公鼎:"(王)易(賜)女(汝)騄(秬)鬯一卣,禩(祼)圭禼(瓚)寶,……"

(15)史獸鼎:"尹賞史獸禩(祼),易(賜)豕鼎一、爵一。"

上列例句中,除榮仲方鼎以"觓"假借爲"祼"以外,"祼"字有禩、禩、禩、禩、禩、禩、禩、禩、禩、禩、禩諸形,加上内史亳豐同的"禮",就有13種之多。"禩、禩、禩、禩"當是"祼"的初文,像單手或雙手執酒器澆酒於地以祭祀之形,"禩、禩、禩、禩、禩、禩、禩、禩"則是加了

---

[1]"内史亳豐"應改稱"内史亳",作器者爲"内史亳",所謂的"豐"應改釋"豊",讀爲"醴",即醴酒,一種甜酒。

祭祀之人的跪拜形旁或示字意符的異體字,王國維《觀堂集林·再與林博士論〈洛誥〉書》云:"古祼字即借用果木之果。《周禮》故書之果,乃其最初之假借字,而祼乃其孳乳之形聲字也。故果字最古,祼字次之。惟《論語》《戴記》始有灌字。"

從古文獻及上列銘文内容看,"祼"在古代有兩種用法。一種是用作祭名,也就是以香酒灌地而求神的一種祭祀儀式。《書·洛誥》:"王入太室祼。"孔穎達疏:"王以圭瓚酌鬱鬯之酒以獻尸,尸受祭而灌於地,因奠不飲,謂之祼。"上列(1)至(4)皆謂祼祭。何尊的"復爯武王禮,祼自天",是説仍舊按照武王當初舉行過的大禮儀式,在天室裏舉行祼祭。德方鼎的"誕武(王)祼自郊",是説武王在郊外舉行祼祭儀式。夋卣的"歸祼于我多高",是説周王爲多位祖先舉行祼祭。不栺方鼎的"王在上侯应,祓祼",是説周王在上侯的臨時居所舉行祛災求福的祼禮。

第二種是賜祼賓客。周王以爵杯酌香酒招待朝見的諸侯或重臣亦謂之祼,也叫賜祼或行祼禮。《周禮·春官·典瑞》:"祼圭有瓚,以肆先王,以祼賓客。"鄭玄注:"爵行曰祼。"賈公彦疏:"此《周禮》祼,皆據祭而言。至於生人飲酒,亦曰祼,故《投壺禮》云'奉觴賜灌',是生人飲酒爵行亦曰灌也。"上舉鄂侯馭方鼎的"鄂侯馭方納壺于王,乃祼之",就是鄂侯馭方朝見周王,並獻上銅壺之後,周王爲鄂侯馭方舉行祼禮,賜給香酒。庚嬴鼎:"王蔑庚嬴曆,賜祼。"是説周王勉勵庚嬴,並賜祼於庚嬴。鮮簋:"鮮蔑曆,祼。"是説周王勉勵鮮,並賜祼於鮮。另外,守宫盤的"周師光守宫,使祼"和史獸鼎的"尹賞史獸祼",都説明了除周王之外,周王朝的重臣,也可以對其部下賜祼。本器的"成王賜内史亳豐祼"與史獸鼎的"尹賞史獸祼"語例完全相同,"賜"與"賞"都是動詞,同爲贈送、給予的意思。"成王賜内史亳豐祼"是説周成王以酌酒而待内史亳豐。

王國維《觀堂集林·再與林博上論〈洛誥〉書》説:"《周禮》諸書,祼字兼用於神、人,事實也;《大宗伯》以肆獻祼爲序,與《司尊彝》之先祼尊而後朝獻,再獻之尊,亦皆事實而互相異者也。"《禮記·投壺》:"當飲者皆跪奉觴曰:'賜灌。'"鄭玄注:"灌,猶飲也。言'賜灌'者,服而爲尊敬辭也。"而楊伯峻對《左傳·襄公九年》"君冠,必以祼享之禮行之"注曰:"以配合香料煮成之酒倒之於地,使受祭者或賓客嗅到香氣。此是行隆重禮節前之序幕。"到底是讓生人飲酒曰祼,還是嗅之以酒氣曰祼,現在已無從得知了。但是,在西周早期對於諸侯或臣下舉行賜祼之禮則是確實存在的事實。内史亳豐同的"成王賜内史亳豐祼"就是最好的例證。

3. "敢"字之後的一個字,曾見於同簋、鮮鐘、奢虎簋和十三年癲壺。對於同簋銘文中的此字,强運開認爲"從水從虎,當是古滹字",[1]郭沫若釋爲"滹",認爲"殆即陝西之洛

---

[1] 强運開:《説文古籀三補》卷十一1頁,中華書局,1986年。

水”,[1]吳闓生釋爲“佫”,讀爲洛,[2]楊樹達釋爲“洰”,[3]1985 年版《金文編》隸定爲
“虔”,均不確。張世超在《金文考釋二題》中認爲是“號”字的古體:“像聲氣自虎口而出之
形,構字之意與‘牟’字相同,當爲獸類號叫的象意初文。”[4]到了戰國時期此字又加意符
“言”,[5]可能標誌爲人呼號之意。古文字作爲意符的“言”“口”是通用的,所以後來就出
現從口的“號”字。口下的“丂”不是音符,而是從虎口所出像聲氣之形的訛變。其説十分
精當。在此,該字假借爲“饕”,意爲貪婪。《莊子·駢拇》:“不仁之人,決性命之情,而饕
貴富。”《漢書·禮樂志》:“民漸漬惡俗,貪饕險詖,不閑義理。”顏師古注:“貪甚曰饕。”“弗
敢饕”意思是説内史亳豐受到成王賞賜的香酒,不敢有所貪婪,只是淺嘗一下,示飲而實不
飲也。《書·顧命》:“太保受同,祭嚌宅。”孔安國傳:“既祭受福,嚌至齒。”孔穎達疏:“禮
之通例,啐入口,是嚌至於齒,示飲而實不飲也。”《禮記·雜記下》:“小祥之祭,主人之酢
也,嚌之;衆賓兄弟,則皆啐之。”鄭玄注:“嚌、啐,皆嘗也。嚌,至齒;啐,入口。”

4. 襖同,即祼同。“同”字下的“∵”不是重文符號。重文符號所在位置一般在字的左
下方或右下方,而“∵”在同字的正下方,是銅餅的象形,表示器爲金屬所鑄,當隸定作
“銅”。“銅”即“同”,因“同”爲金屬鑄品,故從金。猶如“壺”作“鏂”,“鼎”作“鋊”等。
“作祼同”一句是動賓結構,“同”是名詞,必然是一種器物,從其上的修飾詞“祼”可知它是
一種用以祼祭的酒器。祼祭所用祭器則稱祼器。《周禮·春官·鬱人》:“鬱人掌祼器。”
鄭玄注:“祼器,謂彝及舟與瓚。”孫詒讓正義:“注云‘祼器謂彝及舟與瓚’者,此皆盛鬯及
酌祼之器,通謂之祼器。”《周禮·春官·鬱人》:“及葬,共其祼器,遂貍之。”如鮮簋的“祼
玉三品”,庚嬴鼎和榮仲方鼎的“祼璋”,毛公鼎的“祼圭瓚寶”等。本銘的“同”是祭祀時盛
香酒及酌祼的一種酒器,所以就稱爲祼同。《書·顧命》載:“上宗奉同瑁,由阼階隮……
(王)乃受同瑁,王三宿、三祭、三咤。上宗曰:‘饗!’太保受同,降,盥,以異同秉璋以酢,授
宗人同,拜。王答拜。太保受同,祭嚌宅,授宗人同,拜,王答拜。太保降,收。諸侯出廟
門,俟。”孔安國傳:“同,爵名。”孔穎達疏:“天子執瑁,故受瑁爲主,同是酒器,故受同以
祭。鄭玄云:王既對神,則一手受同,一手受瑁,然既受之後,王受同而祭,則瑁以授人,禮
成於三酌者,實三爵於王,當是實三爵而續送,三祭各用一同,非一同而三反也。”《説文》大
徐本云:“同,爵名也。《周書》曰‘太保受同,嚌’,故從口。”《五禮通考》“《書·顧命》‘上
宗奉同瑁’”,疏:“禮於奠爵無名‘同’者,但下文祭酢皆用同奉酒,知同是酒爵之名也。”雖
然孔安國等人把“同”解釋爲“爵”不確,但都認爲“同”是一種酒器却是可取的。該器自名

[1] 郭沫若:《兩周金文辭大系圖録考釋》87 頁,科學出版社,1958 年。

[2] 吳闓生:《吉金文録》卷三 13 頁,中國書店,2009 年。

[3] 楊樹達:《積微居金文説》233 頁,上海古籍出版社,2007 年。

[4] 張世超:《金文考釋二題》,《于省吾教授百年誕辰紀念文集》,吉林大學出版社,1996 年。

[5] 睡虎地秦墓竹簡整理小組:《睡虎地秦墓竹簡·封診式》,文物出版社,1978 年。

裸同，其形就是考古界通常所説的觚，由此可證這類酒器本名叫同，宋人定名爲觚是搞錯了（詳下）。

通過以上的考釋，我們認爲全銘的大意是説：周成王曾經賜給内史亳豐裸酒，亳豐不敢有所貪婪，僅僅淺嘗了一下，示飲而實不飲。爲了紀念這件榮寵，於是在成王去世後不久就鑄造了這件裸祭用的酒器——同。

二、重 要 意 義

1. 内史亳豐同銘文有成王稱號，按照謚號説，器當鑄造於康王世，時代明確，爲我們提供了一件斷代標準器。同時，銘文内容具有極爲重要的史料價值，對於研究上古史有着重要的意義。

2. 内史亳豐同的發現，將以往被稱爲“觚”的酒器正名爲“同”。觚，見於《論語·雍也》：“觚不觚，觚哉！觚哉！”《集解》引馬融注云：“觚，禮器也。”朱熹集注：“觚，棱也；或曰酒器，或曰木簡，皆器之有棱者也。不觚者，蓋當時失其制而不爲棱也。觚哉！觚哉！言不得爲觚也。”《説文·角部》：“觚，鄉飲酒之爵也；一曰，觴受三升者謂之觚。”觚之於觶，古籍記載頗有混淆處。如《周禮·冬官考工記》：“梓人爲飲器，勺一升，爵一升，觚三升。”鄭玄注：“當爲觶。”《儀禮·特牲饋食禮》：“實二爵、二觚、四觶、一角、一散。”鄭玄注：“舊説云：爵一升，觚二升，觶三升，角四升，散五升。”《儀禮·燕禮》：“主人北面盥，坐取觚洗。”鄭玄注：“古文觚，皆爲觶。”

現在考古界通稱的“觚”，乃是宋代人所定之名，是否即爲古籍中的“觚”，無由證明，因爲出土的這類商周青銅器中從來就没有一件自名爲“觚”。内史亳豐同銘文自名爲“裸同”，從其形制上看，和宋代人定名的“觚”完全一致，可以確定，此類青銅酒器本名應當叫作“同”。至於古文獻中的“觚”到底是什麽樣的器物有待進一步研究。

我認爲“同”是“筒”和“箭”的本字，最初的形狀就是同字上部所從的“𠕹”（商周金文“同”字均如是作，請參看《金文編》），是一個象形字，像截竹而成的一種管狀器物，也就是竹筒。𠕹字的兩豎，象竹筒的外壁，中間兩横，以示竹節之形。這種竹筒古人用以飲水飲酒，其後添加意符“口”，變成了“同”。《韓非子·説疑》：“數日不廢御觴，不能飲者，以箭灌其口。”到了商周時期便仿其形以銅鑄造，且成爲一種祭祀燕享的禮器。我們所見的商周青銅同（也就是通常所説的觚），呈喇叭形，中間微鼓肚，多麽像𠕹。同呈圓形，故引申爲會合、聚集、齊一、統一等，引申義取代了本義，所以後來另造從竹的“筒”和“箭”爲此器物的名詞，而作爲器物名稱的“同”字本義就不爲人們所知了。

3. 内史亳豐同的發現，冰釋了幾千年來關於《書·顧命》“同瑁”的紛争。自漢以降，對於《書·顧命》中“上宗奉同瑁……（王）乃受同瑁”的解釋聚訟紛紜，莫衷一是。如：三國時人虞翻認爲"同瑁"就是瑁,並没有"同"。"瑁"古作"冃",似同而訛。王國維《顧命考》以爲是酒器,只有"同",没有"瑁"。"乃受同瑁"的"瑁"字疑涉上文而衍;而在《同瑁説》中反而認爲"同"是名而此物是"瑁"。以鄭玄、孔安國爲代表的學者認爲"同"是酒器,《説文》大徐本説:"同,爵名也。《周書》曰'太保受同,嚌',故從口。"《蔡傳》也説"同,爵名,祭以酌酒者"。而江聲、王鳴盛又以爲"同蓋圭瓚,可盛鬯酒者"。郭沫若認爲"同"是"壺",[1]説洹子孟姜壺中的"羞銅":"即《書·顧命》中'上宗奉同瑁'之同。《白虎通·爵篇》引作銅。……今此器爲壺而釋之以'銅',用知古者壺有銅名,省之則爲同。酒器之鍾,盛算之中,均是一音之轉變。《顧命》之同,實當是壺。蓋即盛算之中,有簡册盛於其内。"吴大澂《字説》謂"同"即"𠕥"字之訛,"𠕥"爲彝器中習見字,於觚爵觶所見尤多,考古家皆釋爲"舉"字(今多釋爲"冉"字),商周以酒器爲"舉"。另外,還有馬融、虞翻等人認爲"同瑁"本作"銅瑁",是天子的副璽[2]等等。

　　内史亳豐同自名爲"同",且作器時間在康王世,既是記述成王賜祼的榮寵,自當距離成王去世不會太遠,而《書·顧命》是記述成王的葬禮和康王登基的典禮,是當時的實録。也就是説,内史亳豐同銘文和《書·顧命》所記載的名物應該是一致的。内史亳豐同銘文的"同"與《顧命》上宗所奉"同瑁"的"同"、太保所受的"同"自是一物。"同"和"瑁"是兩件器物。"同"就是像内史亳豐同這樣的酒器,用於祼祭和飲酒;"瑁"就是天子所執的瑞玉,用以合諸侯之圭者。一器之現,千年疑案冰釋。

(原載《考古與文物》2010 年第 2 期)

---

[1] 見郭沫若:《兩周金文辭大系圖録考釋·洹子孟姜壺》。

[2] 見宋蕭常:《續後漢書》吴載記十一,四庫全書版。

觳壺銘文補釋

最近看到曹錦炎先生《新見觳卣銘文及其相關問題》一文，[1]公布了現藏日本某私家收藏的一件"觳卣"的全形拓及銘文拓本(圖一、圖二：1、3)，甚爲重要，曹先生做了釋文，並進行了深入研究，讀後頗受啓發。本文想就其器名和釋文再作一些補充。

過去人們在卣和壺的命名上多有混亂，一般研究青銅器的學者都將帶有提梁的青銅器歸爲卣類。這種分類實不科學。近年來，人們注意到一部分帶有提梁的所謂"卣"卻自名爲"壺"的情況，如日本出光美術館的佳壺，銘文是"佳壺"；河南平頂山北滍村出土的姜壺，銘文是"姜作用壺"；湖北隨州葉家山出土的曾侯壺，銘文是"曾侯作田壺"。這類提梁器一般都是内插式蓋。對此，張昌平先生曾提出"以承蓋方式區別卣和壺，即將母蓋承子口的歸爲卣，母口承子蓋者稱爲壺"。[2]筆者基本上贊同張説，但應再補充四點。其一，提梁壺整體修長，提梁卣矮胖；其二，提梁壺壺體橫截面一般呈圓形，提梁卣卣體橫截面一般爲橢圓形；其三，提梁壺一般口小且較直，或者微侈，提梁卣多爲斂口或者口微内收；其四，提

圖一

梁壺頸較細長，而提梁卣頸較粗矮。以上四點當然也有個別的例外。"觳卣"直口長頸，器體橫截面呈圓形，圓腹圜底，下部有四條獸蹄形足，頸部有一對小鈕，套接扭索形提梁，内插式蓋，蓋面隆起，上有圈狀捉手，下有長子口，通體光素。造型與山東滕州前掌大商墓出土的提梁壺、小子省壺風格基本相同，只是把圈足改成了四條獸蹄足而已。故筆者認爲此器應改稱"觳壺"。

觳壺蓋、器對銘，各56字。曹先生文中所附的蓋、器銘文拓本有些字較模糊，筆者又得到朋友提供的銘文照片較清晰(圖二：2、4)，可互相參照。該壺銘文與2000年山西曲沃縣曲

[1] 曹錦炎：《新見觳卣銘文及其相關問題》，《半部學術史　一位李先生——李學勤先生學術成就與學術思想國際研討會論文集》，清華大學出版社，2021年。
[2] 張昌平：《論濟南大辛莊遺址M139新出青銅器》，《江漢考古》2011年第1期。

1. 蓋銘拓本

2. 蓋銘照片

3. 器銘拓本

4. 器銘照片

圖二

圖三　戎鬲銘文

村鎮北趙村晋侯墓地 M114 出土的戎鬲銘文相同（圖三），但由於墓葬被盜掘破壞，鬲體殘破較甚，許多字缺失，此壺的發現既可補足戎鬲缺失的字，又可印證戎壺銘文拓本中一些模糊不清的字。

筆者對這篇銘文重新釋文如下（分行依戎壺器銘）：

佳（唯）十又一月王令（命）
南宮伐犾（豺）方之年，
唯正月既死霸庚
申，王才（在）宗周，王朝

令(命)毃事(使)于緐(繁),易(賜)貝

五朋,毃叔(敢)軏(揚)對王休,

用乍(作)寶隮(尊)彝,子=(子子)

孫=(孫孫)㠯(其)永寶用。

"王令南宫伐豺方之年",這是以重大事件來紀年的一種方式,最早見於西周早期青銅器銘文,如山東黄縣出土的旅鼎"唯公太保來伐反夷年",湖北孝感出土的中方鼎"唯王令南宫伐反虎方之年",傳世的鼓翼簋"王令東宫追以六師之年"等。戰國時期楚國用此方式紀年的現象就更多了。

銘文中的"南宫",李學勤先生和曹錦炎先生都認爲與中方鼎的"南宫"是一個人,時代爲西周昭王時期,[1]筆者贊同此説。

"豺方",即豺方,曹先生釋爲"狄方",孫慶偉、李學勤先生對毃甗的這兩個字釋爲"虎方",[2]均不確。第一個字左從犬,右從才,當釋"豺(豺)"。毃甗這個字左上方雖然稍殘,但可看出確實是"豺"。毃壺的器銘拓本十分清楚,其下再無筆畫。孫、李二先生之所以釋爲"虎方",可能受中方鼎的"王令南宫伐反虎方之年"的影響,曹先生發現此字並不像虎,左旁是"犬",右旁還有筆畫,推測右旁是"火"字的殘筆,故釋爲"狄"。李學勤先生推定南宫伐虎方之年即昭王十八年。此壺的南宫伐豺方與伐虎方不是一回事,也不可能是同一年發生的事件,若用同年發生的兩件大事分別紀年就無法區别了。又因十九年昭王伐楚"南征不復",死於漢水,故此伐豺方也不可能發生在昭王十九年,應在伐虎方和伐楚之前,即昭王十八年之前,具體年份尚難推定。

"豺方"一詞,金文首次出現,古文獻未見記載,它在什麽地方?值得探討。壺銘記載在南宫伐豺方之年的正月庚申日,周王命毃"使于繁"。繁,見於西周中期的班簋"王令毛伯更虢城公服,屏王位,作四方極,秉緐、蜀、巢",李學勤、孫慶偉、曹錦炎諸先生均認爲此"繁"也就是《左傳》屢屢出現的"繁陽",春秋早期的曾伯霥簋也有"克狄淮夷,卬燮郷(繁)湯(陽),金道錫行"。春秋時期"繁"爲楚地,故址大致在今河南新蔡縣東北。中方鼎記載南宫伐虎方,周王命"中"先省南國,而南宫伐豺方,周王也命"毃"出使繁,兩者肩負的任務應該一樣,都是與南宫伐虎方或者豺方有密切關係。虎方是商周時期南方小國,大概地處江淮地區。武丁時期的卜辭亦有記載商朝對虎方的征伐。既然毃出使的繁在今河南新蔡縣一帶,那麽豺方也應在南方,與虎方毗鄰或者相近,因爲都是以猛獸爲族徽或族氏名。

[1]　李學勤:《論毃甗銘及周昭王南征》,《仰止集——王玉哲先生紀念文集》,天津人民出版社,2007年。

[2]　孫慶偉:《從新出毃甗看昭王南征與晋侯燮父》,《文物》2007年第1期。李學勤:《論毃甗銘及周昭王南征》。

　　戠壺銘文蓋、器兩拓本第三行最後二字均模糊不清,器銘拓本可見"朝"字左旁,右旁僅見一豎,曹先生釋爲"各廟"。可能是曹先生依照一般錫命類銘文在"王在宗周"之後常有"各廟"或"各大室"之語推測爲"各廟"2 字。我們發現在戠甗銘文照片中"宗廟"2 字之後是"王"字,十分清楚可見(圖三),"朝"字則完全缺失,戠壺器銘照片上"朝"清晰可見,兩器合觀,此二字釋爲"王朝"絶無問題。"王朝"之"朝"讀爲朝夕之"朝"。"王朝"2 字連同下列 5 字合爲一句,讀爲"王朝令(命)戠吏(使)于緐(繁)",文從字順。全句是説周王在正月庚申日早晨命令戠出使繁。

　　銘文其他字句就没有難理解的了,此不贅述。

　　　　　　　　　(原載復旦大學出土文獻與古文字研究中心網,2019 年 12 月 10 日)

京師畯尊釋文補正

《文物》2010 年第 1 期發表了李學勤先生的《由新見青銅器看西周早期的鄂、曾、楚》一文，提到一件流散社會的京師畯尊，公布了該尊的銘文拓本（圖一），並對銘文作了很好的考證，指出它在研究西周史和確定周初楚國地望方面的歷史價值，甚爲重要，但文中未附器物圖像，銘文拓本也不佳。2010 年筆者有幸見到了這件尊，蒙收藏者同意，對該尊作了詳細觀察和度量，並對器形和銘文進行了拍照（圖二、三）。現予公布，以供研究者參考。

該尊通高 21、口徑 18.5 釐米，大口筒狀三段式，屬於王世民、陳公柔、張長壽的《西周青銅器分期與斷代研究》所分的 II 型 2 式尊。喇叭口，長頸鼓腹，圜底，高圈足。頸的下部和圈足上部

圖一

各有兩周細弦紋，腹部上下各飾一條長鳥紋帶，兩兩相對，以雲雷紋填地，上部兩組鳥紋之間增飾浮雕獏頭，腹部中間光素。這種造型和裝飾與西安市長安區張家坡 M163 出土的盲琡父丁尊、[1] 甘肅靈臺 M2 出土的㣈伯尊、[2] 隨州葉家山 M65 出土的作尊彝尊（《銘圖》11411）以及傳世的作册嬰尊[3] 的造型和裝飾風格極爲相似。這種大口筒狀三段式的造型，頸下部和圈足上部僅飾兩周弦紋、腹部上下飾長鳥紋或夔龍紋，中部光素的風格是西周早期後段青銅尊裝飾的典型特徵。II 型 2 式尊流行於西周早期後段，其中的作册嬰尊被確定爲西周昭王時期之物，再結合本器銘文中的"王涉漢伐楚"，比照古本《竹書紀年》"周昭王十六年，

[1] 中國社會科學院考古研究所編：《張家坡西周墓地》160—161 頁圖 121 圖版 108－3，中國大百科全書出版社，1999 年。
[2] 中國青銅器全集編輯委員會編：《中國青銅器全集》第 6 卷 188，文物出版社，1997 年。
[3] 陳芳妹編：《商周青銅酒器》，（臺北）故宮博物院，1989 年。

伐楚荆,涉漢"的記載,可以確定這件尊是西周昭王伐楚後不久鑄造的一件藝術品,是昭王時期青銅器斷代的重要標準器。

圖二　　　　　　　　　　　　　　　　圖三

　　李先生當時可能沒有見到原器,加之拓本模糊,有些字的筆畫又未拓出,故出現一些誤釋。現補正如下:

李先生釋文:

　　王涉漢伐

　　楚,王又戝工,

　　京師䀠昌斤

　　工犙貝,用乍

　　日庚寶隩

　　彝,册奂。

筆者釋文:

　　王涉漢伐

　　楚,王又癸工(功),

　　京自(師)䀠(䐺)克斤,

　　王犙(鰲)貝,用乍(作)

　　日庚寶隩(尊)

　　彝,巽。

1. 李先生認爲第二行第四字"上方似爲戈而有省筆,下左從'医'即'医'"。隸定爲"戝",認爲"戝"是地名。[1]筆者觀察到該字上部由一横一撇一捺組成,下部很明顯是從大。此字不識,暫隸定爲"夶"。"王又夶工(功)"與師穀尊的"王如上侯,師穀從,王夜(掖)功,易(賜)師穀金"中的"王夜(掖)功"比照,文例相同,時代相當,"夶"作爲地名解似不妥當。從上下文看,"夶"字在此似爲動詞,有褒勉、獎勵之義,該句是講周王再次褒獎有功者。至於此字該當何字,待考。

2. 李文云:"第三行'師'原只寫作'𠂤',後更正加上右方的'帀',以致筆畫打破了闌綫。西周作師旅講的'師'寫爲'𠂤',作官長講的'師'寫爲'師',是有區別的。"筆者曾仔細觀察該尊原物,此字本來就寫作"𠂤",右旁並沒有從"帀",也沒有後來更改添加的痕迹。

李先生所説西周時期作師旅講的"師"寫作"𠂤",作官長講的"師"寫作"師"是對的。如:班簋"王令吳伯曰:以乃𠂤左比毛父,王令吕伯曰:以乃𠂤右比毛父"、禹鼎"王乃命西六𠂤、殷八𠂤,曰:撲伐鄂侯馭方"、子犯編鐘"大攻楚荆,喪厥𠂤,滅厥孤"等銘文中的"𠂤",均是師旅之師;而小臣傳簋的"師田父"、師寏父盨的"師寏父"的"師"均指官長;更有師衛鼎的"豐公捷反夷,在歔𠂤,鼇師衛",同時出現"𠂤""師"兩形,"𠂤"用作師旅,而"師"用作官名。那麽,"京𠂤畯"的"京𠂤"是當師旅講,還是作官長講呢?

首先我們考察"𠂤"字。"𠂤"字最早見於甲骨文。殷墟卜辭有𠂤般、𠂤貯、𠂤山、𠂤虎、𠂤高、𠂤更、𠂤戈等,[2]其中的般、貯、山、虎、高、更、戈是人名,"𠂤"不是地名、族氏便是身份。從相關卜辭内容看,他們主要是從事軍事活動,"𠂤"應該是這些人的身份,説明這些人是軍事將領。西周沿襲殷商官制並有所發展變化,由"𠂤"分化出"師"字。"𠂤"便用作師旅或者師旅駐地,"師"則表示師旅的官長。商代晚期(殷墟四期)就有用"師"稱軍事長官之例,如:緤簋銘文的"弜師"[3]就是弜地的軍事長官。西周早期的静方鼎有"俾汝司在曾噩𠂤",[4]就是周王册命静擔任噩地的軍事長官,故静也可以稱爲"噩𠂤静"。依此例"京𠂤畯"的"京"當是地名,"京𠂤"就是京地的師旅,"畯"就是京地師旅的長官,所以"京𠂤畯"也可以寫作"京師畯"。西周晚期有鄭師原父(見鄭師原父鬲)亦是其例。"京𠂤"還見於多友鼎和克鐘。多友鼎云"唯十月,用獫狁方興,廣伐京𠂤,告追于王,命武公:遣乃元士,羞追于京𠂤";克鐘也有"王親令克,遹涇東至于京𠂤"。京𠂤畯尊的"京𠂤"應與之相同,也和"管𠂤"(見利簋)、"鼇𠂤"(見旅鼎)、"堂𠂤"(見戜鼎)、"噩𠂤"(見中甗、静鼎)、"由𠂤"(見遇甗、录戜尊、戜

[1] 李學勤:《由新見青銅器看西周早期的鄂、曾、楚》,《文物》2010年第1期。以下所引,均出自該文,不再注釋。

[2] [日]島邦男:《殷墟卜辭綜類》440—442頁,(東京)汲古書院出版,1977年。

[3] 中國青銅器全集編輯委員會編:《中國青銅器全集》第2卷101,文物出版社,1996年。

[4] 徐天進:《日本出光美術館收藏的静方鼎》,《文物》1998年第5期。

尊、稽卣等)、"商自"(見穆公簋蓋)、"齊自"(見引簋)、"炎自"(見召尊)、"成自"(見競卣)一樣,既是一個重要的師旅駐地,也是一支重要的師旅。李學勤先生認爲此"京"就是《詩·大雅·公劉》"乃覯于京""于京斯依"的"京",其地在今陝西旬邑縣西。

在這裏需要説明的是,在西周時期作爲師旅的"自"與作爲長官的"師"也有混用的現象。如:西周中期的㝬簋"王命㝬罶叔緋父饋吳姬饗器,自(師)黄賓璋一、馬兩"、太師事良父簋"太自(師)事良父作寶簋"等。就是到了戰國中期,中山國十二年左使車壺"工師賃"也寫作"工自賃"。春秋戰國時期"工師"之"師"一般都用"帀",其他官名大多用"師",但也有用"帀"的,如:鐘伯侵鼎作"太帀(師)鐘伯侵"、蔡太師腆鼎作"蔡太帀(師)腆"、宋右太師罶鼎作"宋右太帀(師)罶"等。西周晚期到戰國時期師旅之"師"也有用"帀"的,如師袁簋"今余肇令汝率齊帀(師)……,征淮夷"、鄂君啓節"大司馬昭陽敗晉帀(師)於襄陵之歲"等,所以從西周早期到戰國時期"自""師""帀"三形混用的現象還是存在的。如果把此尊的"京師畯"理解爲混用了"自",亦無不可。

3. 李文將第三行第四字和第四行第一字分別釋爲"昌"和"工",將"京師畯昌(以)斤工(功)斝(釐)貝"讀爲一句,以爲京師畯因在斤地的戰功受王賞賜。此種解釋雖然能够講得通,但於銘文不符,實際上第三行第四字當釋"克",第四行第一字應是"王"。"王"字應屬下讀,即"京自(師)畯(畯)克斤,王斝(釐)貝"。"斤"是楚國的一個城邑,也見於征人鼎(《集成》02674,又稱天君鼎),銘文是:"丙午,天君饗褵酒,在斤,天君賞厥征人斤貝,用作父丁尊彝,天黽。"征人鼎記天君在斤地饗酒,並以斤地的貝賞賜征人。李先生曾指出天君就是作册矢令簋中的王姜,是王后,昭王征伐荆楚時也曾隨行。天君在斤邑饗酒,説明斤邑已在周師的掌控之下,其時應在京師畯克斤之後。所以,征人鼎也是昭王十六年之物,但應晚於京師畯尊。

京師畯尊銘文大意是:(昭)王渡過漢水征伐楚國,王褒獎有功者,京師畯攻克了斤邑,王賞賜貝幣,於是鑄造了先祖日庚的祭器,斝(京師畯的族氏徽記)。

2012 年 8 月完稿

(原載復旦大學出土文獻與古文字研究中心網,2012 年 7 月)

昔雞簋銘文補釋

2015 年周原考古隊在陝西岐山縣賀家村發掘的 M11,未經盜擾,保存完好,是近幾年來考古發掘的重要西周早期墓葬。該墓出土了大量的青銅器,其中昔雞簋(圖一)、昔雞卣銘文重要,Bohong、王寧、章寧、付强等先生都做了考釋,受益良多,但就其中對關鍵的“王𡚱(姒)乎(呼)昔奚(雞)遣芛(艿)姞于𩏵(韓)”(圖二)一句的解釋各不相同,我也有不同理解,寫出來以就教於大家。

圖一

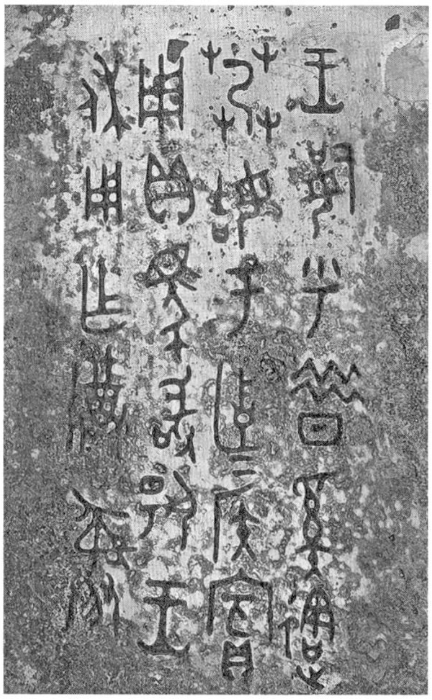

圖二

由於所采用的銘文照片不清,Bohong 先生的釋文,在“奚”字之下漏釋了一個關鍵字——“遣”。[1]王寧先生已看出“奚”字之下還有一個字,但猜想爲“隹”,認爲“奚”與“隹”係“雞”字之分書,並將昔雞與艿姞並列,以爲艿姞是昔雞的妻子,也在宮中擔任某種職務。“王姒乎昔雞、艿姞于韓,就是王姒召喚昔雞、艿姞前往韓去辦某事”“韓侯敬獻給他們貝、馬”。[2]

其實,同墓出土兩件昔雞簋,第一件“雞”作“奚”,第二件“雞”不省“隹”。所以,第一件不存在雞字分書現象,而是以“奚”代“雞”。“雞”從奚聲,“奚”爲支部匣紐,“雞”爲支部見紐,兩者疊韻,見匣旁紐,故相通假。馬王堆帛書《五十二病方・漆》:“漆王若不能漆甲兵,令某傷,奚矢鼠襄(壤)塗漆王。”“奚矢”即“雞屎”。《淮南子・主術》:“天下之物莫凶於雞毒。”《群書治要》引雞作奚。所以,銘文作“昔奚”不誤。

---

[1] Bohong:《岐山縣賀家村殷商遺民墓葬 M11 昔雞簋銘文考釋》,Bohong 的新浪博客,2015 年 3 月 15 日。

[2] 王寧:《岐山縣賀家村墓葬 M11 出土昔雞簋銘箋釋》,武漢大學簡帛網,2017 年 2 月 13 日。

上述二位先生由於缺釋關鍵的字詞，致使銘文內容被曲解，不足爲怪。

章寧先生釋出了"遣"，但認爲此字通"會"，將"王姒呼昔雞遣芳姑于韓"，解釋爲"成王之后王姒呼令昔雞會芳姑於韓地"。[1]"遣"與"會"均屬月部匣紐，雙聲疊韻，通假不存在問題，但問題在於此篇銘文中"遣"字是否是"會"字的假借字，值得商榷。如果作會見解，王姒呼令昔雞一位男士到韓國去會見韓侯的夫人，韓侯還賓贈給昔雞貝幣和馬匹，這似乎不合情理。所以，將該字理解爲"會"字的假借字，恐怕不妥。

付强先生認爲"遣"字見於甲骨文，同意趙平安先生將此字釋爲"達"，讀爲如，訓爲致、送，表示讓某某來或讓某某去。[2]他認爲銘文的大意是"韓侯的妻子芳姑可能是去周王室參加活動去了，活動結束以後，成王的王后讓昔雞把芳姑安全護送回韓國"。[3]付先生對銘文的含義理解不錯，但對於"遣"字的釋讀還值得再議。甲骨文中的"𡉰"字，從辛從止。劉桓先生釋爲遣，讀爲遏。《詩·大雅·民勞》："式遏寇虐。"鄭箋："遏，止也。"《爾雅·釋詁》："遏，止也。"又"遏"有到達義。《爾雅·釋言》："遏，逮也。"《方言》卷七："蝎、噬，逮也。東齊曰蝎，北燕曰噬。逮，通語也。"郝懿行《爾雅義疏》認爲遏、蝎音遏，通作"曷"。《詩》"曷云能穀"，傳："曷，逮也。"《玉篇》："逮，及也。""及"有至、到達之義。

將昔雞簋銘文中的"遣"字讀爲遏，用其遏止義，顯然不合適。用其逮義，即至、到達之義，也似是而非。因爲該字後面是"芳姑于韓"。于爲介詞，有至、到之義。《書·湯誥》："慄慄危懼，若將隕于深淵。"《詩·小雅·鶴鳴》："聲聞于天。""芳姑于韓"就是芳姑到達韓，回到韓的意思。所以，不能再在"于韓"之前，特别是在昔雞和芳姑兩個人名之間加上至、到之類的詞語。

我意將"遣"讀爲"介"。遣字從害聲，害與介、匃、割、曷古相通用。《易·晉卦》"受兹介福"，庚叔多父盤作"受害福"；《詩·豳風·七月》"以介眉壽"，無更鼎作"用割眉壽"，師至父鼎作"用匃眉壽"；《書·泰誓》："予曷敢有越厥志。"敦煌本曷作害；毛公鼎："邦將害吉？"《金文編》讀害爲曷，均其例證。介，有佐助之義。《爾雅·釋詁》："介，右也。"邢昺疏引孫炎曰："介者，相助之義。"《詩·豳風·七月》："爲此春酒，以介眉壽。"鄭箋："介，助也。"這樣，"昔雞遣芳姑于韓"則是昔雞佐助芳姑到達韓國，也就是昔雞護送芳姑回到韓國。昔雞是周王和王后的使者，所以韓侯感謝周王和王姒的恩德，也感謝昔雞一路辛勞，於是賓贈給昔雞貝幣和馬匹，順理成章。

（原載武漢大學簡帛研究中心綱，2017年7月3日）

［1］章寧：《近出昔雞簋銘文考釋》，《石家莊學院學報》2017年第2期。
［2］趙平安：《"達"字兩系説——兼釋甲骨文所謂"途"和齊金文中所謂"造"字》，《中國文字》新27期51—63頁，藝文印書館，2001年。
［3］付强：《昔雞簋銘文新釋》，武漢大學簡帛網，2017年6月18日。

懋尊、懋卣考釋

懋尊、懋卣是近年出現的重要有銘青銅器。承蒙收藏者贈送照片和拓本,我才得以對這兩件青銅器進行研究。

懋尊通高 22、口徑 21、腹深 17.5 釐米;懋卣通高 30、口徑 12.9×10、腹深 15.8 釐米。器主名懋,首次見於青銅器。器物造型優美,四面扉棱,裝飾華麗,通體滿花,銘文內容有"穆王在鄭,蔑懋曆,賜緄帶",對於西周青銅器斷代和西周史的研究有重要價值。

一、形 制 與 年 代

懋尊屬於大口筒狀三段式,喇叭口,長頸鼓腹,高圈足,通體有四道扉棱。頸部以扉棱爲中心裝飾八組蕉葉紋和四組兩兩相對的垂尾小鳥紋,腹部飾兩兩相對的兩列長尾鳥紋,中部飾直棱紋,圈足飾兩組卷尾長鳥紋,除直棱紋外,均以細密的雲雷紋填地(圖一：1)。

懋卣是扁圓體罐形卣,橫截面呈橢圓形,子口微斂,鼓腹圈足,外罩式蓋,頂部有花苞形鈕,蓋沿下折,扁條形提梁設在縱向口沿中部,兩端有闊葉狀扁角圓雕獸頭,通體也有四道扉棱。蓋面飾三道花紋,內圈爲尖喙垂尾小鳥紋,中圈爲直棱紋,外圈是一小鳥一長尾鳥爲一組,共四組。蓋沿和器口下也是四組小鳥與長尾鳥的組合,圈足飾長尾鳥紋,鳥冠均呈鱗狀牛角形後垂,其後有多齒形裝飾;上腹飾直棱紋,下腹飾兩組鳳鳥紋,鳥冠與小鳥相同,其後亦有多齒形裝飾,鳥尾上卷,其上又有一飄冠垂尾小鳥,提梁飾 S 形夔龍紋,除直棱紋外,均以細密的雲雷紋填地(圖二：1)。

懋尊和懋卣銘文相同,造型設計的時代風格、紋飾的佈局等裝飾手法相同,應是同時同人鑄造,其年代可從以下幾點來確定。

1. 懋尊屬於王世民、陳公柔、張長壽先生《西周青銅器主要類型分期圖譜》的 I 型 1 式。[1] 喇叭口,長頸鼓腹,高圈足,通體有四道扉棱。這種形制的尊最早出現在商代晚期,流行於西周武成康時期,昭王時期已較少見。如清光緒辛丑年(1901 年)陝西寶雞鬭雞臺出土

[1] 王世民、陳公柔、張長壽:《西周青銅器分期斷代研究》261 頁,文物出版社,1999 年。

的鼎尊、傳世的亞黌父辛尊、衛簋父辛尊,1971 年陝西涇陽縣高家堡出土的卣尊,1975 年北京
房山琉璃河出土的單子父戊尊、作寶尊彝尊,奧地利朱利思・艾伯哈特收藏的亞其疑尊(圖
一:2),1976 年陝西扶風莊白 1 號西周銅器窖藏出土的商尊、作册炘尊,1980 年陝西寶雞市
竹園溝 7 號西周墓出土的伯各尊以及保利藝術博物館收藏的司尊(圖一:3)等。

圖一

1. 戀尊　2. 亞其疑尊　3. 司尊　4. 豐尊

　　鼎尊和卣尊屬於商代晚期或者商末周初之物,其他大部分均是西周成康時期器,只有作
册炘尊學者公認是昭王時器,司尊大約也在昭王時期。

　　可確定爲穆王時期標準器的豐尊(圖一:4),以及緰尊、效尊、次尊、免尊、聞尊、叔尊等,
都是《分期圖譜》的Ⅱ型 3 式,喇叭口,下腹向外傾垂,圈足低矮而外撇較甚,與戀尊的形制完
全不同。

　　2. 戀卣屬於《分期圖譜》的Ⅱ型 1 式 b,扁圓體罐形卣,橫截面呈橢圓形,斂口鼓腹,蓋沿

下折形成束腰形,花苞形鈕,提梁兩端有圓雕獸頭,通體有四道扉棱。這類卣也產生於商代晚期,主要流行於商代晚期到西周早期前段,西周早期後段很少見。目前見於著錄的以商代晚期最多,如1990年河南安陽郭家莊商代墓出土的亞址卣,1978年河北靈壽縣西木佛村出土的亞伐卣,1965年河南輝縣褚邱村出土的祖辛卣,1970年湖南寧鄉縣黃材出土的戈卣,1974年廣西武鳴縣馬頭公社出土的𡕭卣,1976年陝西岐山縣賀家村墓葬出土的𦉢卣,1901年與鼎尊同坑出土的兩件鼎卣,1971年陝西涇陽縣高家堡出土的飲卣,2012年陝西寶雞市石嘴頭西周墓出土的兩件户卣和單父丁卣,美國烏士特美術博物館的舌卣,美國華盛頓弗里爾美術博物館的鳶卣,日本東京根津美術館的隻卣,上海博物館的戈葡卣,原藏於羅振玉的奚卣等;西周早期前段有1976年與商尊同坑出土的商卣,1980年與伯各尊同墓出土的兩件伯各卣,以及上海博物館的冉𡴆父丁卣,美籍華人范季融首陽齋的牛卣,時代大都在西周早期前段,最晚的也不會晚於康王時期。戀卣的形制與上述諸器的造型基本相同,提梁設置在口沿縱向兩側,與亞址卣(圖二:2)、亞伐卣、祖辛卣、𦉢卣、隻卣、奚卣、戈葡卣、鼎卣、舌卣、户卣、戈卣、𡕭卣、鳶卣、單父丁卣、冉𡴆父丁卣相同,小鳥紋、長尾鳥紋、大鳥紋與直棱紋相間的裝飾風格,也與亞址卣、祖辛卣、戈卣、𡕭卣、鼎卣、户卣、單父丁卣、舌卣、冉𡴆父丁相同。不同點只是戀卣提梁兩端的獸頭是闊葉狀豎角,而戈卣、𡕭卣、鳶卣、單父丁卣、冉𡴆父丁卣的獸頭是彎角。亞址卣、亞伐卣、祖辛卣、𦉢卣、隻卣、奚卣、戈葡卣、商卣是長頸鹿角龍頭,鼎卣、舌卣、户卣是多齒狀角龍頭,同時戀卣的圈足也較低,折沿平緩,扉棱稍矮,不如亞址卣、户卣那樣有峻拔高挺的氣勢,這可能是時代稍晚的表現吧!

昭穆世流行的是Ⅱ型2式,如競卣甲,器形變矮,蓋上的花苞形鈕變成了圈形捉手,圈足沿外撇較甚,四面無扉棱。可以確定爲穆王時期標準器的录𢏑卣,以及競卣乙、繁卣(圖二:3)、𩰬卣,體形由橢圓變成橢方,蓋面兩側出現豎立的犄角,屬於《分期圖譜》的Ⅱ型3式。另一件穆王時期的標準器豐卣(圖二:4),以及庚嬴卣、效卣,屬於Ⅱ型4式a,總體與Ⅱ型3式相同,但蓋沿又變成了圓折。

就目前所見到的西周青銅器,穆王之後的尊、卣見於著錄的僅有兩件瑪生尊,一般認爲是厲王時期,形制仿陶器,自名爲鹽(盧),是否屬尊類尚存爭議;還有一件虢叔尊,僅存銘文,器形不明,時代亦爲西周晚期。《故宮青銅器》著錄的虢季子組卣,[1]從造型、紋飾和銘文來看,頗疑爲贋品。因而一般認爲酒器中的尊、卣也就消失在穆王時期。當然,也不排除此後有其孑遺。

3. 戀卣的紋飾種類、裝飾部位與商代晚期的亞址卣、祖辛卣、戈卣、𡕭卣、鼎卣、户卣、單父丁卣、舌卣、冉𡴆父丁卣完全形同,都是直棱紋、小鳥紋、長尾鳥紋和大鳳鳥。區別在於上

[1] 故宮博物院:《故宮青銅器》202,紫禁城出版社,1999年。

1. 懋卣   2. 亞址卣

3. 繁卣   4. 豐卣

圖二

述諸器無論大鳳鳥、長尾鳥或小鳥的嘴都是鈎喙,懋尊、懋卣的鳥都是尖喙。在鳥冠上也有
所區別,未見綬帶形鳥冠,而出現了前細後粗的微向下彎曲的鱗狀牛角形鳥冠,在長尾鳥紋
和大鳥紋中已不見與鳥首相接的多齒形冠,而是在鱗狀牛角形冠之後再有一個多齒形裝飾。
這是懋尊、懋卣鳥紋晚於上述器物鳥紋的具體表現。

　　懋尊、懋卣的小鳥紋屬於陳公柔、張長壽《鳥紋圖譜》中的Ⅰ型7式173。[1]鳥首向前,尖
喙微彎,尾羽三股,上股向後,中股下垂,下股向內卷曲,但鳥冠不是綬帶形,而呈鱗狀牛角
形。Ⅰ型7式173小鳥紋流行於西周成康時期,如矢令尊、榮子尊等。

---

[1] 王世民、陳公柔、張長壽:《西周青銅器分期斷代研究》203頁。

　　戀尊的長尾鳥紋屬於《鳥紋圖譜》中的Ⅲ型3式332。鳥首向前,尖喙微彎,尾羽兩股,上股細短而向後,下股長而向上卷曲,鳥冠後垂。這種長尾鳥紋流行於西周昭穆時期,如2010年發現的京師畯尊腹部,1981年西安市長安區花園村的諆簋方座,1976年扶風莊白1號窖藏的父辛爵腹部,伯戔飲壺甲頸部,上海博物館的矢王鼎蓋四邊,晋南出土的倗叔壺蓋沿和頸部,故宫博物院的罍簋頸部,首都博物館的戈尊頸部等。另外,戀尊、戀卣的鳥紋與直棱紋相間的裝飾風格也與父辛爵一致。

　　京師畯尊銘文記"王涉漢伐楚",諆簋銘文記"鴻叔從王員征楚荆",都是昭王時期的標準器,倗叔壺的年代是穆王廿八年。录戔卣、父辛爵、伯戔飲壺也被認爲是穆王時器,矢王鼎蓋、罍簋、戈尊的時代也都在昭穆時期。所以,戀尊、戀卣鳥紋的年代應該與之相同或相近。

　　戀卣的大鳳鳥紋在《鳥紋圖譜》中還未見到,構圖類似Ⅲ型3式332長尾鳥紋,只是體型寬大,尾羽增至四股,上三股寬短而向後,下股長而向上卷曲。其時代應與Ⅲ型3式332長尾鳥紋相同。

　　4. 戀尊、戀卣的銘文行款有列有行,字體規整,首尾出鋒,"王""對"等字還有早期常見的肥筆,"寶"字的"宀"作銳頂聳肩形,兩側筆向下直折,"隣"字所從的西字上部兩豎筆出頭;"貝"字下兩筆向內彎曲等,這些都是西周昭穆時期銘文的特徵。這種字體見於1971年陝西扶風縣齊鎮西周墓出土的一對不𣄴方鼎,1981年西安市長安區花園村西周墓出土的一對諆簋,1975年陝西扶風縣莊白村西周墓出土的戔方鼎、戔簋,1975年陝西岐山縣董家村窖藏出土的裘衛簋,1976年陝西扶風縣莊白村1號西周銅器窖藏出土的豐尊,1954年西安市長安區普渡村西周墓葬出土的長由盉,以及傳世的鮮簋、通簋等器。不𣄴方鼎、諆簋是昭王時期的典型器物,戔方鼎、戔簋、裘衛簋、鮮簋、通簋、豐尊、長由盉則是穆王時期的標準器。所以,戀尊、戀卣的字體時代也是在西周昭穆時期,最晚可能到恭王初年。

　　綜上所述,從出土和傳世的青銅器中,與戀尊、戀卣器形特徵相同的,其時代都在商代晚期到西周早期成康世,個別的可到昭王時期,目前還沒有見到晚於西周昭王時期的。但是,戀尊、戀卣所裝飾的鳥紋却較多地表現了昭穆時期的特徵,特別是銘文字體較多地表現了西周中期前段的特點,是這三種因素中表現的時代特點最晚者。故依據這些因素中最晚字體來確定戀尊、戀卣的年代應在西周中期前段。結合銘文所記事件發生在穆王之世,如果按照"穆王"係生稱説,戀尊、戀卣應是穆王時期之物;按照"穆王"係謐號説,戀尊、戀卣的鑄造年代則在恭王初年。[1]

---

[1] 金文中的斌(王)、成王、康王、昭王、穆王、恭王、懿王等。目前學術界流行謐號説,生前只稱"王"。有如下銅器銘文值得研究。如利簋:"斌征商,唯甲子朝……辛未,王在𡩜師,賜右史利金,用作𣄴公寶尊彝。"德方鼎:"唯三月王在成周,延斌祼自蒿(郊)咸,王賜德貝廿朋,用作寶尊彝。"義尊、義卣:"唯十又三月丁亥,斌王賜義貝卅朋,用作父乙寶尊彝。"獻侯鼎:"唯成王大袤在宗周,賞獻侯顯貝,（轉下頁）

二、銘 文 考 釋

　　懋尊内底鑄銘文 6 行,每行 6 字,共 36 字;懋卣蓋、器對銘,各 5 行,蓋銘前四行每行 7字,第五行 8 字。器銘前三行和最後一行各 7 字,第四行 8 字,内容相同(圖三:1、2)。現按尊銘行款寫出釋文,並予以詮釋。

> 佳(唯)六月既朢(望)丁
> 子(巳),穆王才(在)奠(鄭),蔑
> 懋曆(曆),易(賜)犬(緄)帶。懋
> 捽(拜)頒(稽)首,叡(敢)對魝(揚)
> 天子休,用乍(作)文
> 考日丁寶隣(尊)彝。

　　"佳(唯)六月既朢(望)丁子(巳)","朢"甲骨文作"𡇒",像人站立縱目遠望,金文多從月作"朢",爲其繁文。"望"爲後起形聲字。"子"通"巳"。金文記載地支"巳"多作"子"。

　　"穆王才(在)奠(鄭)","穆王"即周穆王,據文獻記載穆王名滿,昭王之子,文獻記載其在位 55 年,致力於向四方發展,兩度征伐犬戎,並把部分戎人遷到太原(今甘肅鎮原一帶),東攻徐戎,在塗山(今安徽懷遠東南)會合諸侯,鞏固了周王朝在東南部的統治,並命吕侯作

(接上頁)用作丁侯尊彝。"内史亳同:"成王賜内史亳醴裸,弗敢虒(弛),作裸同。"黿尊、黿卣:"唯四月,王初祉裸于成周。丙戌,王格于京宗,王賜宗小子貝,黿眔麗錫,黿對王休,用作薛公寶尊彝,唯王五祀。"胡應姬鼎:"唯昭王伐楚荆,胡應姬見于王,辭皇,賜貝十朋,玄布二匹,對揚王休,用作厥嫡君公叔乙尊鼎。"通簋:"唯六月既生霸,穆穆王在莘京,呼漁于大池。王饗酒,通御無譴,穆穆王親賜通爵。通拜手稽首,敢對揚穆穆王休,用作文考父乙尊彝。"長甶盉:"唯三月初吉丁亥,穆王在下減应,穆王饗醴,即邢伯、大祝射,穆王蔑長甶以逑即邢伯,邢伯氏彌不盩,長甶蔑曆,敢對揚天子丕杯休,用肇作尊彝。"叕簋:"唯正月初吉,王在莘京。丁卯,王格于溼宮,穆王親命叕曰:'更乃祖考胥乃官,賜汝□□矢、金車、金黿。汝尚用宮事。'叕拜稽首,受穆王休命,對揚穆王休命,用作朕文祖戊公寶鷺彝。"茍盤、茍盉:"唯正月初吉丁卯,王在溼宮,玉茍獻鳳圭于穆王,蔑茍曆,賜鬱邑,茍對揚王休,用作父乙簋。"趞曹鼎:"唯十又五年五月既生霸壬午,恭王在周新宮,旦,王射于射廬,史趞曹賜弓、矢、夬、櫓、胄、干、殳,趞曹敢對,曹拜稽首,敢對揚天子休,用作寶鼎。"匡卣:"唯四月初吉甲午,懿王在射廬,作象舞,匡甫象樂,王曰:休。匡拜手稽首,對揚天子丕顯休,用作文考日丁寶彝。"這些周王稱號,如果是謚號,那麼這些受到賞賜的人對賞賜他的周王,爲什麼不在在世的時候作器頌揚感謝,偏要等到死後才用其謚號作器追述其事? 如果有一兩個人恰在賞賜後不久周王去世,在新王即位初作器追念猶可,但這些周王不可能均在賞賜後就去世,特別是黿,他在成王五年四月受到賞賜,爲什麼卻要等到十多年後成王去世康王即位才用其謚號作器追述? 這樣就不可思議了。所以,周王的名號是生稱還是死謚還有待進一步研究。

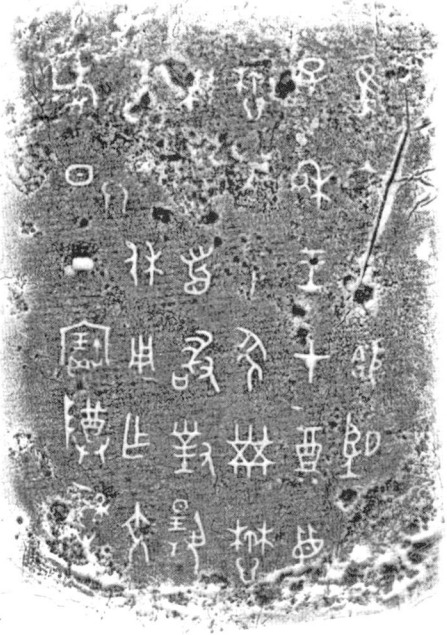

1. 戀尊銘

2. 戀卣蓋銘

圖三

《吕刑》，使中國有了成文的刑典。牆盤稱頌其爲"祇覲穆王，型帥宇謀"説明穆王是一位充滿智慧，而又能統御四方、威震宇内的君王。

　　"鄭"，即鄭邑，西周時建有宮室和廟宇，周王常在此宴饗和頒賜臣卿。古本《竹書紀年》云："（穆王元年）築祇宮于南鄭（按：當爲西鄭之誤）。自周受命，至穆王百年。穆王以下，都于西鄭。"又云："王所居有鄭宮、春宮。"金文中記載"王在鄭"的還有六月大簋："唯六月初吉丁巳，王在鄭，蔑大曆，賜犅騂韐。"免尊、免卣："唯六月初吉，王在鄭，丁亥，王格大室。邢叔右免。王蔑免曆，令史戀賜免緇巿、冋黃，作司工。"三年癲壺："唯三年九月丁巳，王在鄭饗醴，呼虢叔召癲，賜羔俎。"

　　另外，最近發現的兩件斿伯簋（《銘圖》05147、05148），銘文有："隹（唯）正月初吉辛未，王客（格）奠（鄭）宮，王易（賜）斿白（伯）貝十朋……"斿伯簋字體古樸，"宮""寶""客"字的"宀"頭作鋭頂聳肩形，兩側略有弧度，"其"字頭上仍作平筆，"王""吉"等字仍有肥筆，特別是"王"字下橫畫像鉞刃形。器形是盂形簋，與伯㦰簋相同，所飾的長尾鳥紋與Ⅲ型5式351大致相同，但還没有分尾，可以斷定爲穆王時期作品。六月大簋、免尊的時代一般也定在西周中期前段。這三器的"王在鄭"所説的"王"應該就是穆王。斿伯簋的"王格鄭宮"與古本《竹書紀年》的"王所居有鄭宮"完全相合。三年癲壺時代較晚，一般認爲是夷王時期。這些金文爲"穆王以下，都于西鄭"提供了可靠的證據。

　　過去人們一般認爲西鄭即漢代的鄭縣，也就是今陝西渭南市華州區。經過20世紀七八十年代的考古發現及研究,人們已經認識到鄭縣説不確,認爲在今關中西部的寶雞鳳翔一帶。《史記·秦本紀》"德公元年初居雍城大鄭宫"的"大鄭宫"有可能就是穆王時期的鄭宫。有人將"德公元年初居雍城大鄭宫"標點爲"德公元年初居雍城,大鄭宫"。理解"大"字爲擴大之義。"大鄭宫"就是把鄭宫擴而大之,可備一説。可能性更大的是西周時期的鄭宫已經坍圮,秦德公在都城修建宫殿,用其舊名,因規模更大,故名"大鄭宫"。

鄭是一個大地名,減、下減是鄭地的一個小地名。長由盉記載穆王在下減应饗醴;元年師旋簋記載某王元年四月既生霸甲寅,在減应的廟内册命師旋;蔡簋記載某王元年既望丁亥,在減应廟内册命蔡掌管王家内外事務。

陝西鳳翔縣北有棫山,《山海經·西山經》稱爲"榆次之山",其下有減水(即雍水)。減应是建造在減水旁的周王駐蹕的行宫。秦昭王在這裏也曾建有棫陽宫。秦都雍城遺址在今陝西鳳翔縣城南,今縣城南牆之下就疊壓着雍城的北牆。1963 年城南東社村出土"棫"字瓦當,[1] 1982 年又出土"棫陽"瓦當。[2] 所以,尹盛平先生推斷西周時期的"鄭"在今寶雞、鳳翔一帶,下減在今鳳翔縣南雍城遺址一帶。[3] 尚志儒則認爲西鄭在今鳳翔縣東田家莊鎮的西勸讀村。[4] 不管怎麽説,西周時期的鄭在今鳳翔縣境内是可信的。

"犬帶","帶"字原篆作"□",曾見於寰盤、寰鼎,爲人名,前人均誤釋爲"黄"或"黹",1981 年吴匡先生釋爲"帶"是對的。□是一個象形字,像帶形,中間作雙 X 形像布帛的織紋,上下一横三竪像流蘇。同時指出山東壽張縣梁山下出土的太保方鼎,作器者之名從彳從□之字爲"遰"字。[5] 子犯編鐘的"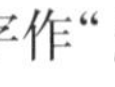"字,裘錫圭先生亦釋爲"帶"。[6] 此字是將"□"字分爲左右對稱的兩部分,中間增加義符"巾",變成一個形聲字,從巾□聲。戰國晚期秦上郡守閒戈"帶"字作"",將中間雙 X 形的下平劃兩頭向下彎折,下部的流蘇改爲巾形,與今之"帶"字已十分接近。睡虎地秦簡"帶"字作"",完成了它的演變。戰國璽印"帶"字作"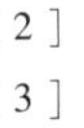",[7] 是將□簡化爲半邊,下部的流蘇改爲巾形,右邊從糸,即締。"締"爲"帶"累增形旁的後起字。信陽楚簡"帶"字作"",中間所含的 X 形,已有變化。

如頌鼎的"易女玄衣黹屯"是説"賜給你繡有花紋衣邊的赤黑色上衣","黹"的引申義爲

[1] 徐錫臺、孫德潤:《鳳翔縣發現"年宫"與"棫"字瓦當》,《文物》1963 年第 5 期。

[2] 陝西省雍城考古隊:《1982 年鳳翔雍城秦漢遺址調查報告》,《考古與文物》1984 年第 2 期。

[3] 尹盛平:《邢國改封的原因及其與鄭邢、豐邢的關係》,《三代文明研究(一)》129 頁,科學出版社,1999 年。

[4] 尚志儒:《鄭、棫林之故地及其源流探討》,《古文字研究》第 13 輯 438 頁,中華書局,1986 年。

[5] 吴匡:《説帶》,《大陸雜誌》1981 年第 4 期 4—6 頁。轉引自蔡哲茂:《説古文字中的"帶"字》,《蔡哲茂學術文集 第三卷:金文卷》,花木蘭文化事業有限公司,2021 年。

[6] 裘錫圭:《也談子犯編鐘》,《故宫文物月刊》第 13 卷第 5 期,1995 年;又裘錫圭:《裘錫圭學術文集》第 3 卷,復旦大學出版社,2012 年。

[7] 故宫博物院:《古璽彙編》1834,文物出版社,1981 年。

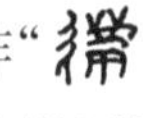

縫紉、刺繡,後稱女工爲針黹。《爾雅·釋言》:"黹,紩也。"郭璞注:"今人呼縫紩衣爲黹。"金文中没有發現單獨賜黹(刺繡花紋)之例。它必須附着在衣物上,所以懋尊、懋卣銘文中的"賜緄絘",爲"帶"字的考釋提供了又一有力證據。在這裏穆王只賞賜了這個物件,别無他物。如果將"絘"釋爲"黹",此句就無法講通。"黹"像刺繡花紋之形,原義是刺繡圖案。李孝定《甲骨文集釋》説:"契文、金文黹字,正像所刺圖案之形。"賜衣物才能有黹(花紋),皮之不存毛將焉附。在古代市和佩都繫於帶,"帶"是禮服中重要的物件,可以單獨賞賜。此銘文中的"絘"釋爲"帶"文從字順。

《説文·巾部》:"帶,紳也。"段玉裁注:"古有大帶,有革帶;革帶以繫佩韍,而後加之大帶,則革帶統於大帶,故許於紳於鞶,皆曰大帶。"朱德熙、裘錫圭二先生説古代帶有三類:一是革帶,以皮革製成,用以繫鞸佩;二是大帶,以素、練、錦、縞等物剪裁而成,用以束衣;三是緄帶,以色絲編織成的束帶。[1]

"帶"字之前的字原篆作"",是"帶"的修飾語。該字的構形與史獸鼎、多友鼎、冊三年述鼎己的"獻"字,以及𤔲卣的"器"字所從的"犬"字接近,只是犬尾較短,且未上卷,表示後腿的筆畫與哀成叔鼎"器"字所從的犬字下部一樣,[2]向下延伸,而未向前延伸,但仍當釋爲"犬"字,讀爲緄。《漢書·匈奴傳》:"周西伯昌伐畎夷。"顔注:"畎夷又名昆夷。昆字或作混,又作緄,二字並音工本反。昆、緄、畎聲相近耳。"《史記·匈奴列傳》:"有縣諸、緄戎、翟豲之戎。"正義:"緄音昆,字當作混。顔師古云:混夷也。"《國語·周語上》有"犬戎",《孟子·梁惠王下》和《詩·小雅·采薇》均作"昆夷",而《詩·小雅·綿》又作"混夷"。所以,犬帶就是緄帶,用色絲編織的束帶。緄帶也是大帶的一種。

銘文的大意是説:在某年的六月既望丁巳這天,穆王在鄭,勉勵懋,並賜給緄帶。懋行跪拜大禮,稱揚穆王的賜命,於是鑄造了祭祀父親日丁的禮器。

三、懋尊、懋卣發現的意義

懋尊、懋卣的問世,其意義十分重要。

1. 懋尊、懋卣銘文記穆王在鄭,賞賜給懋緄帶,事情是發生在穆王在世之時,這就確定了它的時代不能早於穆王。按照"穆王"係生稱説,懋尊、懋卣的時代應在穆王之世;按照謚號説,鑄器應在穆王過世之後,那就是恭王時期。根據器形和紋飾表現出來的早期特徵,它們只能在恭王初年,不能再晚。

上面已經分析了懋尊、懋卣的形制、紋飾和銘文字體,知道懋尊屬於大口筒狀三段式通

[1] 朱德熙、裘錫圭:《信陽楚簡考釋(五篇)》,《朱德熙古文字論集》,中華書局,1995年。
[2] 容庚:《金文編》683、129頁,中華書局,1985年。

體有四道扉棱的Ⅰ型1式尊;懋卣屬於Ⅱ型1式b,它們與上述商代晚期的亞龏父辛尊、衛箙父辛尊和亞址卣、户卣,以及西周早期的亞其疑尊、商尊、商卣、冉𦍒父丁卣一脈相承,其造型特徵變化並不大,所裝飾的鳥紋也大同小異。如果没有“穆王在鄭”之語,我們會很自然地將它們斷定爲西周早期之物,現有銘文作證,可知這種形制的尊、卣的時代可以晚到穆王時期,以至於到了恭王初年。這就爲《分期圖譜》的Ⅰ型1式尊和Ⅱ型1式b卣的形制,以及《鳥紋圖譜》中的Ⅰ型7式173小鳥紋、Ⅲ型3式332長尾鳥紋,下限可延續到共王時期提供了有力的證據。這兩件新的恭王時期尊、卣的標準器,使我們對於今後的青銅器斷代中穆恭時期青銅器特徵有了新的認識。

2. 懋尊、懋卣銘文的“穆王在鄭”,以及新近發現的兩件旂簋銘文的“王格鄭宫”,進一步印證了古本《竹書紀年》“穆王以下,都于西鄭”和“王所居有鄭宫、春宫”記載的真實性。

3. 懋尊、懋卣出現的“帶”字原始構形“𡿪”,爲帶字的確釋,提供了有力的證據,對研究西周賞賜制度有重要的意義。銘文中的“緄帶”是色絲編織成的束帶,是大帶的一種。另外,害簋記載周王賜給害的“賁朱帶”,是華美紋飾的朱紅色大帶,都説明了上古禮服中帶類是很講究的,是賞賜臣下的重要物品。

（原載《高明先生九秩華誕慶壽論文集》）

新見玉苟盤、玉苟盉小考

　　新見到西周中期盤、盉各一件，是一組盥洗器，未見著録，内容重要，現介紹出來，與大家共賞。

　　該盤在墓中被擠壓變形，敞口坦底，窄沿方唇，腹部有一對附耳，略低於盤口，圈足下有一道邊圈。口沿下飾垂冠回首體呈 S 形的夔龍紋，以雲雷紋填地，圈足飾斜角雷紋，間以目紋(圖一)。盉呈侈口高領，圓肩，肩的一側有管狀流向上斜伸，另一側有牛首半環形鋬，弧形分襠，三足下部呈圓柱形，蓋呈弧形鼓起，頂部有半環形小鈕，下有子口，蓋沿一側有小鈕，以蛙形鏈條與鋬相連。腹部飾 V 形雙折綫紋，蓋沿和器頸均飾體呈 S 的夔龍紋，以雲雷紋填地(圖二)。這套盤、盉作器者名"玉苟"，以青銅器命名慣例，稱爲"玉苟盤""玉苟盉"。這套盤、盉與 1954 年西安市長安區斗門鎮普渡村西周墓葬出土的長甶盤、長甶盉的形制相同，均有"穆王"稱謂。過去以"穆王"是生稱，故將長甶盤、盉的時代斷定在西周穆王時期。現在以"穆王"爲謚號，所以長甶盤、盉與苟盤、盉同爲恭王初年的作品，是恭王時期青銅器的標準器。

圖一　玉苟盤

圖二　玉苟盉

玉苟盤、玉苟盉銘文基本相同，各 43 字(圖三、四)。現以玉苟盉銘文的行款，釋文如下：

　　隹(唯)子(正)月初吉丁卯，

王才(在)溼宮,玉苟(敬)獻(獻)
鳳圭于穆王,穖(蔑)苟(敬)
厤(曆),易(錫)枒(鬱)鬯,苟對趴(揚)
穆王休,用乍(作)父乙
𣪕(簋),子孫亓(其)永寶。□(琡)葡(箙)。

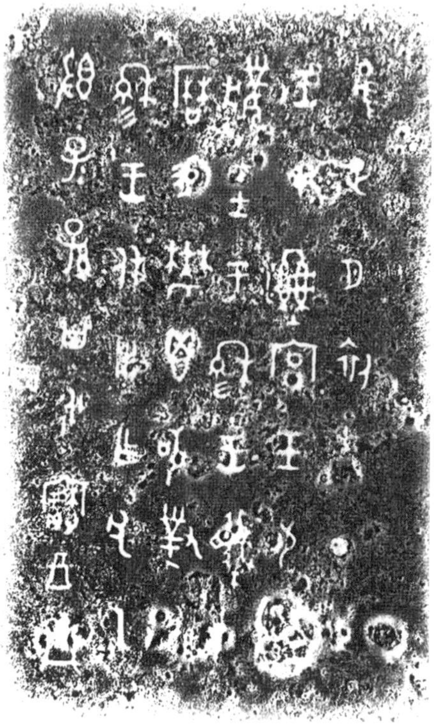

圖三　玉苟盤銘文

圖四　玉苟盉銘文

"子月"係"正月"之誤。盤銘作"正月",可證。

"溼宮",還見於伯姜鼎、史懋壺和艮簋三器(《銘圖》02445、12426,《銘續》0456)。從上述三器可知溼宮是莾京中的一個宫殿。西周中期,周王,特别是穆王、恭王常在這裏册命和賞賜大臣。

"莾京",金文中凡35見,出現於西周早期到西周中期金文中,西周晚期目前僅見一例。莾京有莾宫、上宫、學宫、溼宫、咼宫、大室等宫室,還有辟雍大池,周王經常在這裏舉行鄉射禮,賞賜册命典禮。王及公侯大臣泛舟、捕魚、射箭、獵禽等以游宴的形式開展各種政治活動。其具體地望各家分歧很大,大體可分三説。

其一,認爲莾京即豐京,此説郭沫若先生首先提出,他説:"彝銘中所見之莾京與宗周比鄰,是則莽京即豐京矣。"[1]黃盛璋先生作了進一步闡述。[2]莽京即豐京已被金文和玉器銘文所否定,金文中的"王在豐""王禹旅于豐"即其證。

其二,認爲莽京是鎬京,此説吳大澂首先提出,[3]贊同者最多,如羅振玉、丁山、容庚、朱芳圃、陳夢家等先生。莽京也不是鎬京。"莽"與"鎬"二字之形、音、義均無可通。金文中"鎬"作"蒿"。如德方鼎的"珷(武)禑(祼)自蒿(鎬)",司土斧的"司土北征蒿(蒿—鎬)",周原甲骨文的"祠自蒿(鎬)于壹"和"祠自蒿(鎬)于周",都可證明此蒿即鎬京無疑。

其三,認爲莽京是豐、鎬以外某地。王國維指爲蒲阪,[4]今已無人采信。方濬益認爲即《詩·小雅·六月》"侵鎬及方"的方,[5]但未確定鎬及方的具體位置。唐蘭先生起初認爲莽是豳地,在司土斧考釋中認爲莽即方,但將鎬和方定在了涇水之北,後在麥方尊考釋中説:"我過去因爲《詩經》所説'侵鎬及方',認爲莽京應在北方,是考慮不周的……"[6]又説:"金文裏常見的莽京是和鎬京在一起的,是宗周的一部分。"[7]這一論斷得到劉雨先生的贊同,[8]並做了詳細的闡述。王玉哲先生從阿房宫的得名、鎬京、莽京同有辟雍以及古都建置的形勢等方面考察,認爲莽京在阿房宫之南,灃水以東,滈水與皂河之間。[9]他説:"阿房宫的得名,據《史記正義》引顏師古云:'阿,近也。以其去咸陽近。'按'阿'字有近義,又見《廣雅·釋詁》卷三,也解釋'阿'字謂'近也'。所以顏説'阿'義爲'近'説可取。但他又説近咸陽,則純係推測。因爲'阿房宫'字面上明明説的是近於'房'的宫殿,……而'房'實即《詩經》所稱'侵鎬及方'的'方'。二字同爲《廣韻》的陽部字,同聲同韻,完全可以通假。"所以"近房"就是近方,接近莽京。王輝先生更提出莽京就是秦之阿房。[10]二説大同小異,將莽京定格於秦阿房宫遺址及其以南地區。此地區也符合唐蘭、劉雨先生所説的"這個莽京和鎬京在一起,是宗周的一部分""鎬和方是一地,所以銅器銘文一般稱莽京"。

"玉苟",作器者。"苟"是私名。"玉"的本義是指一種細密温潤有光澤的美石,在這裏是一種官職或者身份,即《周禮》的玉府。《周禮》記載,玉府的職務是"掌王之金玉、玩好、兵器,凡良貨賄之藏",賈公彥疏:"釋曰:云'掌王之金玉、玩好、兵器'者,言玉府以玉爲主,玉

[1]　郭沫若:《臣辰盉銘文考釋》,《金文叢考》234—326頁,人民出版社,1954年;又郭沫若:《兩周金文辭大系圖録考釋》,科學出版社,1957年。
[2]　黃盛璋:《周都豐鎬與金文中的莽京》,《歷史研究》1956年第10期。
[3]　吳大澂:《愙齋集古録》8.13,涵芬樓影印本,1918年。
[4]　王國維:《周莽京考》,《觀堂集林》卷十二,商務印書館,1940年。
[5]　方濬益:《綴遺齋彝器款識考釋》1.3.7,涵芬樓石印本,1935年。
[6]　唐蘭:《論周昭王時代的青銅器銘刻》,《古文字研究》第2輯,中華書局,1981年。
[7]　唐蘭:《西周青銅器銘文分代史徵》251頁,中華書局,1986年。
[8]　劉雨:《金文莽京考》,《考古與文物》1982年第3期。
[9]　王玉哲:《西周莽京地望的再探討》,《歷史研究》1994年第1期。
[10]　王輝:《金文莽京即秦之阿房説》,《陝西歷史博物館館刊》第3輯,西北大學出版社,1996年。

外所有美物亦兼掌之。"玉府的組成人員有"上士二人,中士四人,府二人,史二人,工八人,賈八人,胥四人,徒四十有八人",鄭注:"工能攻玉者。"《周禮·冬官考工記》中的"玉人",也可能就是《周禮·天官·玉府》中的"工",雕琢玉器的工匠。《周禮·冬官考工記》:"玉人之事。"賈公彥疏:"云玉人之事者,謂人造玉瑞、玉器之事。"《荀子·大略》:"和之璧,井里之厥也。玉人琢之,爲天子寶。"所以玉苟就是西周王朝玉府的負責人或者是一名雕琢玉器的高級工師,故稱玉苟。

"鳳圭",未見文獻記載。《周禮·冬官考工記》載:"玉人之事,鎮圭尺有二寸,天子守之;命圭九寸,謂之桓圭,公守之;命圭七寸,謂之信圭,侯守之;命圭七寸,謂之躬圭;伯守之。"鄭注:"命圭者,王所命之圭也,朝覲執焉,居則守之,子守穀璧,男守蒲璧,不言之者,闕耳。故書或云'命圭五寸,謂之躬圭'。杜子春云:'當爲七寸。'玄謂五寸者,璧文之闕亂存焉。"《考工記》又云:"天子圭中必,四圭尺有二寸,以祀天。大圭長三尺,杼上,終葵首,天子服之。土圭尺有五寸,以致日,以土地。裸圭尺有二寸,有瓚,以祀廟。琬圭九寸而繅,以像德。琰圭九寸,判規,以除慝,以易行。"此圭是玉苟獻給周王的,當屬鎮圭或大圭,應是天子所守之圭。之所以稱爲"鳳圭",大概是圭上雕琢有鳳紋。華麗的鳳鳥是西周早中期最顯著的紋飾。周人在青銅器和玉器上酷愛裝飾鳳紋和鳳族的鳥紋,自然和周人開國有鳳鳴岐山的祥瑞傳説有關。目前考古發掘中出土的玉圭都是素面的,尚未見到有雕琢花紋的。

"䅒苟曆",即"蔑苟曆"。此句省去主語,完整句式應是"穆王蔑苟曆"。"蔑曆"是上古時期常用語,是周天子或王公大臣對下級人員政績表示勉勵和嘉獎。一般"蔑曆"連用,也可將賓語(被嘉勉的人名)放在蔑曆二字的中間,本銘即是。李零先生認爲"蔑曆"即古書中的"伐矜",基本含義是誇贊。[1]"蔑"字下從"伐",是從"伐"得聲。"曆"上從麻下從甘,以"甘"得聲,應讀矜,與伐同義。陳劍先生認爲所謂"蔑曆"之"曆",應該釋讀爲"懋";"蔑"與"被"義近。"曆"早期寫法從厂從秝從甘,以秝爲聲,從秝從林的曆、厤都是後來的變體。[2]

"柗鬯",即鬱鬯,亦單稱鬯,用鬱金香草之汁合黑黍釀成的酒,用於祭祀神靈和宴饗,被認爲有降神驅鬼的功效。《周禮·春官·鬱人》載:"鬱人掌裸器,凡祭祀賓客之裸事,和鬱鬯,以實彝而陳之。"鄭注:"築鬱金煮之,以和鬯酒。"亦稱"秬鬯"。秬即黑黍。周王常常用此酒賞賜臣下。

"用作父乙簋",此器是盉銘文却稱簋,盤銘也稱簋。這是鑄造一組禮器,使用同一篇銘文所致,金文中不乏其例。如:由鼎、由盨、由盉,銘文均爲"用作朕考簋"(《銘圖》02453、05673、14798);曾孫史夷簠,銘文稱"曾孫史夷作飤簋"(《銘圖》05921);齊侯子仲姜鬲,銘文

---

[1] 李零:《西周金文中的"蔑曆"即古書中的"伐矜"》,《出土文獻》2016 年第 1 期。
[2] 陳劍:《簡談對金文"蔑懋"問題的一些新認識》,復旦大學出土文獻與古文字研究中心網,2017 年 5 月 5 日。

稱"齊侯子中姜滕鋪(罍)"(《銘續》0260)等。

"🔲葡",即珌箙。"🔲"以前釋爲"戉"(鉞)。陳劍先生考釋此即玉戚的象形字,其字形像鋒刃朝上放置的兩側有齒牙形扉棱的戚體之形,即《爾雅·釋器》中的"珌"字,《説文》作"璹"。[1]珌箙是複合族氏,常見於金文,凡 19 例。這是玉茍所在的族群徽號。複合族氏有的可能是族的分支,也有的是族與族間的聯合。"珌"和"箙"均爲單一的族氏,除了"珌箙"之外,他們各自也與其他族氏複合。單一"珌"族見於金文的 2 例,珌與享複合者 4 例;單一"箙"族 25 例,鉞箙複合者 1 例、丙箙複合者 4 例、箙貝複合者 3 例、◇峷箙複合者(或 ◇ 箙峷)4 例、箙方複合者 2 例、卒箙複合者 2 例,另外還有箙參、衛箙、羊箙、五箙、箙榮等。所以"珌箙"當爲族與族之間的聯合。

銘文大意是説:某年正月初吉丁卯這天,穆王在涇宫,玉茍把鳳圭獻給穆王,穆王奬勵玉茍,賞賜了鬱金香草之汁合黑黍釀成的美酒,玉茍稱揚並感謝穆王的賞賜,於是鑄造了祭祀過世父親的寶簋,希冀子孫永遠寶用。珌箙。

玉茍盤、盉銘文雖不長,但却第一次出現"鳳圭"之名,也爲我們提供了研究恭王時期的一件標準器,其學術價值還是很重要的。

（原載復旦大學出土文獻與古文字研究中心網,2017 年 7 月 9 日）

---

[1] 陳劍:《説殷墟甲骨文中的"玉戚"》,《"中研院"歷史語言研究所集刊》78 本第 2 分,2007 年。

兒方尊、兒方彝銘文小考

2017 年 4 月香港大唐春季拍賣會上出現一件兒方彝,此後筆者又見到另一件兒方彝和一件兒方尊的資料,銘文雖不長,但器形、紋飾頗有特點,銘文内容也有較爲重要的價值,今做介紹,並述己見,以求教方家。

圖一　兒方尊

兒方尊是三段式,俗稱天圓地方式,上段呈圓形,喇叭口,頸粗長;中段爲腹部,呈橢方形,微向外鼓;下段是高圈足,呈方形,足沿外撇。通體有四條寬綽的扉棱,腹部扉棱出牙,上部扉棱伸出口沿,拓寬了人們的視野,具有很强的立體感,給人以美的享受。頸部以扉棱爲中綫,飾蕉葉紋,葉内填以倒置的一對夔龍,腹部四組紋飾,獸角向上相對内卷,與常見的上卷角獸面紋迥異,圈足飾變形夔龍紋(又稱竊曲紋)。紋飾高凸,不施地紋(圖一)。

兩件兒方彝形制、紋飾、銘文基本相同。横截面均呈長方形,侈口方唇,曲壁平底,内有隔,將體腔分成兩部分,方圈足,沿外侈,蓋呈四坡屋頂形,中脊上有一個四坡屋頂形小鈕。紋飾風格與方尊一致,扉棱寬綽,腹壁四角的扉棱出牙。腹壁和蓋面裝飾的卷角獸面紋與方尊相同,但蓋面的獸面紋倒置,圈足亦飾變形夔龍紋,通體不施地紋(圖二:1)。甲方彝通高22、口横 15.5、口縱 13 釐米;乙方彝稍小(具體尺寸不詳),在墓中因受壓稍有變形,一條扉棱殘破,蓋的四條坡脊出檐較長(圖二:2)。

兒方尊和兒方彝的造型、裝飾與衆不同,在傳世和新出土的青銅器中極爲少見,與此相同或相近的目前僅有兩組器物,一組是 2006 年山西絳縣横水鎮西周墓地出土的覷爾方尊、覷爾方彝和覷爾方觥(圖三、四),[1] 其形制、紋飾可説是與兒方尊、兒方彝均完全相同(當然,

---

[1] 大連現代博物館、山西博物院、山西省考古研究所編:《晋國雄風:山西出土兩周文物精華》,萬卷出版公司,2009 年。

1　　　　　　　　　　　　　　　　2

圖二　兒方彝

圖三　覷爾方尊　　　　　　　　　　圖四　覷爾方彝

構圖上有些細微差異）；另一組是 1963 年陝西扶風縣法門鎮齊家村一座西周銅器窖藏出土的日己方尊、日己方彝和日己方觚，[１]其中日己方尊的形制、卷角獸面紋也與之相同（圖

---

[１]　梁星彭、馮孝堂：《陝西長安、扶風出土西周銅器》，《考古》1963 年第 8 期。

五），方彝雖然屬於直壁式，但其主體紋飾——卷角獸面紋却與兒器組和覭爾器組基本相同（圖六）。山西絳縣橫水鎮是倗國的墓地，倗國爲媿姓之國，懷姓九宗的一支，是商周時期鬼方的後裔，從其使用日名和族徽也可知其不是姬周族類。日己器組雖然出土在周原，但其銘文也用日名和族徽，顯非周人系統，有没有可能也是來自鬼族的後裔，有待進一步考證。

圖五　日己方尊　　　　　　　　　　圖六　日己方彝

　　覭爾方尊、兒方尊的造型屬於王世民等先生在《西周青銅器分期斷代研究》所分的Ⅰ型2式尊，日己方彝屬於Ⅰ型2式方彝，[1]時代均定爲西周早期；而Ⅰ型2式尊的典型器物令方尊、榮子方尊，主體紋飾屬於陳公柔、張長壽先生《殷周青銅容器上獸面紋的斷代研究》中所分的Ⅰ型3式，[2]流行於殷墟二期到西周早期。日己器組的主體花紋——卷角獸面紋，陳、張二位先生定爲Ⅰ型10式，時代是西周昭穆時期。另外，覭爾器組和兒方尊、兒方彝圈足上所飾的變形夔龍紋（即《殷周青銅容器上獸面紋的斷代研究》中的Ⅰ型2式竊曲紋）常見於西周中期前段。

　　這批器物的銘文書體也呈波磔體向玉柱體過渡的形式，正是西周昭穆時期流行的書體。這樣看來，把兒方尊、兒方彝和覭爾器組的時代定爲西周昭穆時期是比較合適的。

［1］　王世民、陳公柔、張長壽：《西周青銅器分期斷代研究》112、140頁，文物出版社，1999年。

［2］　王世民、陳公柔、張長壽：《西周青銅器分期斷代研究》226—228頁。

方尊銘文爲26字（圖七），行文從右向左，兩件兒方彝均蓋、器對銘，各27字（圖八、九），行文從左向右。方尊和方彝銘文内容相同，但方尊銘文缺少最後一個"用"字。兒器銘辭過於簡約，實難理解，現做初步梳理考釋。

圖七　兒方尊銘文

銘文按兒方尊原行款隸寫（並按兒方彝銘文補入"用"字）如下：

佳（唯）王八月，
戎伐𩣑，膚
殳。彭，蜀（逐）追，
工（功）于嵩（郊），兒用
郛（俘）器盤（鑄）旅
彝，子＝（子子）孫永用。

1. 戎伐𩣑

"戎"指北方的少數部族。與兒方尊、兒方彝時代大致相同的菁簋、臣諫簋、霸伯盤、格仲

1. 兒方彝甲蓋銘

2. 兒方彝甲器銘

圖八

1. 兒方彝乙蓋銘

2. 兒方彝乙器銘

圖九

簋都是記載戎人侵犯楷、軝、霸等諸侯小國的器物。耆簋有"馭戎大出于楷",臣諫簋有"戎大出于軝",霸伯盤有"戎大捷于霸",格仲簋有"戎捷于桑原"。[1]李學勤先生指出"馭"是"朔"的假借字,"馭(朔)"指北方,"馭戎"就是北方之戎。楷國就是史書所載的黎國(也稱耆國),故址在今山西黎城縣黎侯鎮附近。軝國是西周時期一個小諸侯國,文獻失載,從"戎大出于軝,邢侯搏戎",並派臣諫率兵駐守,可知軝國在邢國的附近,也就是今河北南部或者山西晉中地區東部。霸國是一個未見文獻記載的西周諸侯國,金文亦作"格",有人認爲就是春秋時期的潞國。西周到春秋時期就在今山西翼城隆化鎮和長治潞城區一帶。另外,2009年甘肅合水縣何家畔村西周墓出土的伯碩父鼎,銘文記載伯碩父受命"遹司冢戎、馭方"。從這些資料可知,北戎就是分佈在這些國家北部的戎族部落,地處今隴東、陝北、山西中北部到河北西部一帶。兒器組中的戎人應該就是北戎的一支。

"伐"謂攻打、征伐。《孟子・告子下》:"是故天子討而不伐。"焦循正義:"討者,上對下也。伐者,敵國相征伐也。"

"堇",王寧先生釋"燺",[2]不確。甲骨文和早期金文"堇"字均從火,象人在火上之形。西周後期開始發生訛變,遂從火從土不分,春秋以後基本都是從土。此"堇"字與五年琱生簋的"堇"字構形完全相同。"堇"在此當爲國族名或者城邑名,西周早期青銅器有堇伯鼎(《銘圖》01594、01595),春秋時期晉國有堇陰邑。《左傳・文公七年》:"先蔑將下軍,先都佐之。步招禦戎,戎津爲右。及堇陰。"杜注:"堇陰,晉地。"秦蕙田《五禮通考》云:"堇陰,文七年趙盾禦秦師於堇陰。杜注:晉地。疑亦當在蒲州府榮河縣,蓋蒲州界接潼關,與秦以大河爲限。秦晉戰争刳首、令狐、河曲、羈馬,俱在今永濟、臨晉、榮河、猗氏之地。"1954年榮河縣與萬泉縣合併,稱爲萬榮縣。所以,堇陰故址當在今山西萬榮縣西南。西周時期的堇國或者堇邑有可能就是此地。"戎伐堇"是説戎人攻打堇國(或者堇邑)。

2. 膚殳

"膚"本義是人或動物體表的一層組織,即皮膚,有時亦包括肌肉。《詩・衛風・碩人》:"手如柔荑,膚如凝脂。"《孟子・告子上》:"無尺寸之膚不愛焉,則無尺寸之膚不養也。"焦循正義:"膚,爲肌肉。"在上古用於祭祀或供食用的肉類也稱爲"膚"。《儀禮・聘禮》:"膚、鮮魚、鮮腊,設扃鼏。"鄭玄注:"膚,豕肉也。"《禮記・内則》:"麋膚,魚醢。"鄭玄注:"膚,切肉也。"從上下文來看,"膚殳"二字當爲叙述戎人伐堇的行爲動作。"膚"在銘文中並不能用其本義來解釋。王寧先生認爲"膚"可讀爲"虜"或"擄","殳"象手持刈鈎斬刈之形,是"殊"的

[1]　李學勤:《耆簋銘文考釋》,《故宫博物院院刊》2001年第1期。李學勤、唐雲明:《元氏銅器與西周的邢國》,《考古》1979年第1期。謝堯亭等:《山西翼城大河口西周墓地1017號墓發掘》,《考古學報》2018年第1期。謝堯亭等:《山西翼城大河口西周墓地2002號墓發掘》,《考古學報》2018年第2期。
[2]　王寧:《兒方彝銘文釋讀》,新浪博客,2018年6月11日。

本字,也就是誅殺的"誅"的初文,"殳""殊(誅)"乃古今字關係,意爲擄掠誅殺,[1]此説可從。

3. 酌

"酌"字常見於殷墟甲骨文,亦見於商周金文。金文中"酌"也用於人名,如商末周初的酌尊、酌簋,但主要還是用於與祭祀有關的銘文中。商代金文僅見於戲鼎,銘文是"戊寅,王曰:戲隐馬酌,賜貝";西周金文見於早期的叔夨鼎,銘文是"王酌、大㓞,秉在成周,咸秉",棘狀鼎銘文有"唯王初秉于成周,乙亥,王酌祀在北宗",麥尊銘文有"王饗荐京,酌祀";中期前段的繁卣,銘文有"唯九月初吉癸丑,公酌祀,越旬又一日辛亥,公禘酌辛公祀"。

"酌"字迄今仍未得到確釋。徐桐柏、吳大澂、阮元釋爲"酎",劉心源釋爲"酬",均非是。羅振玉、孫詒讓、馬叙倫、郭沫若、高鴻縉釋爲"酒",[2]亦不合甲骨金文意。李孝定雖釋爲"酒",但他認爲:"字從酉從彡,乃象形字。然從彡(水滴形)終嫌與彡(毛髮)易溷,故主篆文變彡爲水,是易象形爲會意。甲骨金文酒字名詞作酉,至作酌者,則爲酒祭之專名,從彡象酒滴沃地以祭之象。"[3]此説雖然還是釋"酒",但他和祭祀聯繫起來,認爲是一種祭祀禮儀則較前説爲優。近年李學勤先生在其《談叔夨方鼎及其他》一文中認爲"酌"字雖然目前還不能確釋,但從卜辭看,它作爲與祭祀有關的動詞,可單獨使用,也可與種種祀典相連使用。例如:酌伐、酌升伐、酌歲、酌蘁、酌彡、酌亡(報)、酌毛、酌宜、酌舀、酌燎、酌秉、酌品、酌御、酌祭、酌告等等。所以"酌"是與祭祀有關的一個近似"享""獻"之類意義寬泛的動詞,但並不是一個特定的祀典或祀典中特定的儀節。[4]

筆者認爲此字從酉(酒)從彡。"彡"確象酒滴沃地之形,李孝定所説的"酌"是酒祭之專名有一定道理。由酌祭、酌祀、酌秉(禱)、酌告、酌宜、酌燎等祭祀儀式可知,"酌"應是諸多祭祀的一個重要環節,"酌"作名詞,是一種祭名或者祭祀的一種儀節,這是較爲明確的。

在兒方尊、兒方彝銘文中,"酌"應是"酌日"之省,是紀時之詞,意思是説在酌祀的這一天。

4. 蜀追

"蜀"字幾位先生釋爲"睘"或"還",讀爲"還",以爲是戎人伐蕫,擄掠之後返還。筆者以爲不確。"睘"字金文作""(番生簋),上從目,下從衣,中部有圓環,從辵的"還"字,亦如是作。戰國石刻文字作"",目字稍有訛變。"蜀"就是野生的蠶,未經馴化的蠶。"蜀"字周原甲骨作"",金文作""(班簋),蠶身上端加一飾筆,似人形,左下方加虫

---

[1] 王寧:《兒方彝銘文釋讀》。

[2] 周法高主編:《金文詁林》8375—8376頁,香港中文大學出版,1974年。

[3] 李孝定:《甲骨文字集釋》,《"中研院"歷史語言研究所專刊》之五十4399—4400頁,1965年。

[4] 李學勤:《談叔夨方鼎及其他》,《文物》2017年第10期。

旁;戰國時期作“圌”(戈銘)或“圐”(璽印)。“圐”,蠆目也有所訛變,且省去蠆身。《説文·虫部》:“蜀,葵中蠶也。从虫,上目象蜀頭形,中象其身蜎蜎。”段玉裁注:“葵,《爾雅》釋文引作桑。”《詩·豳風·東山》云:“蜎蜎者蠋(蜀),烝在桑野。”毛傳:“蜎蜎,蠋貌,桑蟲也。”鄭玄箋:“蠋蜎蜎然特行,久處桑野,有似勞苦者。”兒方尊、兒方彝銘文中這個字,正是上从目,下从虫,目下的人形只是右側短了些,其構形與“圌”或“圐”字相差甚遠,當改釋“蜀”字。

“蜀”在此可有兩解。

其一,讀爲“獨”。“獨”字从蜀聲,例當通假。郭店楚簡《老子》甲簡 21:“蜀立而不亥(改)。”馬王堆帛書《老子》甲、乙本“蜀”均作“獨”。又銀雀山竹簡《王兵》:“所憙之國能蜀利之,所亞(惡)之國能蜀害之。”《管子·爲兵之數》内容相同,作:“所愛之國而獨利之,所惡之國而獨害之。”又《石鼓·吾車》有:“射其猏蜀。”郭沫若先生云:“蜀,叚爲獨,當指離群獨逸者。”[1]“蜀”與“獨”不僅音可通假,義亦相若。《方言》卷十二:“一,蜀也。南楚謂之獨。”郭璞注:“蜀,猶獨耳。”“獨追”例同“邢侯搏戎”,不能理解爲單槍匹馬獨自一人追殺敵人,應是獨自率領部屬追殺敵人。

其二,讀爲“逐”。古音“蜀”和“逐”分別在禪紐屋部和定紐覺部。屋覺旁轉,定禪準旁紐,故可通假。如《易·姤卦》:“羸豕孚蹢躅。”《釋文》:“躅,古文作蹱。”《集解》躅作蹱。[2]“逐”與“追”爲同義詞,義爲追趕,驅逐。《左傳·莊公十年》:“(曹劌)下視其轍,登軾而望之,曰:‘可矣!’遂逐齊師。”《公羊傳·莊公十八年》:“夏,追戎於濟西。”“逐追”係同義詞連用,亦作追逐。

“獨追”與“逐追”在此銘文中均可讀通,但兩相比較,筆者認爲釋作“逐追”較優。“逐追”獨立成句,是説兒率其部屬追擊敵人。

5. 工于蒿

首先説“蒿”。“蒿”可讀爲“鎬”,也可通假爲“郊”,在此銘文中似以讀“郊”爲妥。因爲戎伐董,事件發生在今山西西南部,距周都鎬京甚遠,它應是董邑的郊野。

“工”有兩解。其一,讀爲“攻”,義爲攻擊,進攻。有攻必有守。“攻于郊”是説進攻駐守在董之郊區的戎軍。但是,上一句“逐追”是説兒已率部追擊敵人,那就是説敵人誅殺擄掠之後,已經離開了董地,那麽在郊攻擊就沒有對象了。所以,釋讀爲“攻”並不貼合上下文意。其二,讀爲“功”。“工”與“功”音同字通。《書·皐陶謨》:“天工人其代之。”孫星衍《今古文注疏》:“工,一作功。”《漢書·律曆志》引作“天功”。《吕氏春秋·孟冬》:“工有不當。”畢沅新校正:“《月令》‘工’作‘功’。”古語中,名詞後面用介詞結構作補語,該名詞一般用作動詞。

[1] 郭沫若:《郭沫若全集·石鼓文研究、詛楚文考釋》76 頁,科學出版社,1982 年。

[2] 高亨纂著、董治安整理:《古字通假會典》693 頁,齊魯書社,1989 年。

所以，“功于郊”意思就是在郊獲得了戰功。

6. 䢔器

“䢔”讀爲“俘”。“俘器”就是繳獲敵人的兵器之類。

　　通過以上分析，我們認爲兒方尊、兒方彝銘文是記載戎人侵伐菫國，一個名叫兒的軍將殺敵立功的事迹。銘文語譯如下：在周曆的某年八月，戎人侵伐菫國，擄掠誅殺。酌日，兒率部追擊敵人，在（菫國）郊野立有戰功，於是用繳獲敵人的兵器，鑄造了這件旅彝，希冀子孫永遠寶用。

（原載《青銅器與金文》第三輯）

獄器考釋

　　上海崇源藝術品拍賣公司和誠源文化藝術公司,最近從海外購回一批商周青銅器,9 月 22 日到 25 日聘請國内著名青銅器和古文字專家,在上海舉辦海外回流青銅器觀摩研討會,筆者有幸參加,飽享眼福。崇源公司和誠源公司爲保護祖國文化遺産和弘揚中國傳統文化做出了重要貢獻。作爲民營公司,他們的這一義舉在全國也是絶無僅有的,令人十分感佩。

　　這批青銅器共有 18 件,其中有商代晚期的父己祖辛尊,西周時期的鴞卣、一組獄器、一件周夆壺以及春秋戰國時期的鎛、劍等。這批青銅器品相好,保存完整,秀麗典雅,斑駁陸離,是一批不可多得的青銅器藝術珍品。父己祖辛尊是商末周初典型的大口筒狀三段式尊,體形高大,喇叭形大口外侈,頸部飾回首卷尾鳥紋,其上飾蕉葉紋,葉内填以對鳥紋,腹部飾外卷角獸面紋,圈足飾曲折角獸面紋,均以雲雷紋填地,層次分明。頸部、腹部和圈足並有向外延伸的扉棱,使整個尊體顯得寬大穩重,給人以視覺美的感受。鴞卣,整體像一對相背佇立的鴞鳥,蓋作鴞頭,圓目彎眉,尖喙微鉤,蓋頂有四阿形鈕;腹作鴞身,羽翼貼於腹部,頸部飾龍紋,兩側各有一隻獸面貫耳,四爪粗壯穩健。主體花紋凸顯,以雲雷紋填地,十分精緻,是鳥獸卣中的一件藝術精品。特別是其中一組獄器,不但是造型優美、鑄作精工的藝術瑰寶,其銘文對於研究西周時期的祭儀亦具有重要的價值。現將這批青銅器中有銘文的器物作一介紹,並着重論述獄器。

一、銘 文 釋 讀

　　1. **一式獄簋**,共 2 件,形制、紋飾、銘文以及大小基本相同。通高 24.5、口徑 24 釐米。侈口束頸,口沿上唇尖凸,蓋沿中部内凹,形成子母口,腹部鼓起,圈足沿外侈,一對獸首耳,耳下有方形垂珥,蓋面隆起,頂部有圈狀捉手。頸部飾目雷紋,前後增飾浮雕虎頭,其下有一周連珠紋,蓋面和器腹飾斜方格乳丁紋,圈足飾雲雷紋組成的獸面紋(圖一:1)。蓋内鑄銘文 68 字,其中重文 1 字(圖二:4);器内底鑄銘文 16 字,其中重文 2 字(圖四:1)。釋文如下:

　　蓋銘:獄肇乍(作)朕(朕)妛(文)考甲公寶鬻(簋)彝,叀(其)日夙(夙)夕用亯(厥)醴(馨)香(香)韋(敦)示(祀)于亯(厥)百神,亡(無)不鼎(剘—則);燹(幽—芬)夆(芳)醴(馨)

1. 一式獄簋

2. 二式獄簋

3. 獄鼎

4. 獄盉

5. 獄盤

6. 作寶彝壺銘文

圖一

昏(香)劀(則)羍(登)于上下;用匃百福,邁(萬)年俗(裕)丝(兹)百生(姓),亡(無)不窹臨雦(逢)魯,孫孫子圱(其)邁(萬)年夲(永)寶用丝(兹)彝,圱(其)謻(世)母(毋)朢(忘)。

　器銘:白(伯)獄乍(作)甲公寶障(尊)彝,孫=(孫孫)子=(子子)圱(其)邁(萬)年用。

獄肇乍(作)朕(朕)変(文)考甲公寶鬺(鬺)彝

獄,音思,見於《玉篇》,有二義,一爲獄官,一爲察看。此處爲作器者之名。傳世有魯侯

1. 作寶彝壺　　　　　2. 南姑甗

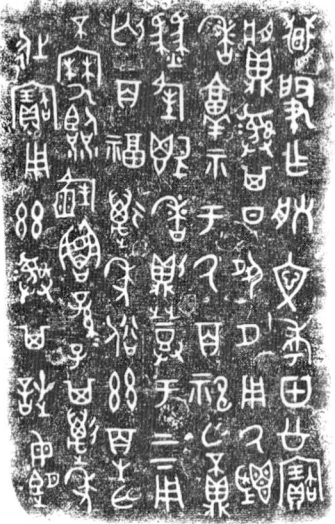

3. 獄鼎銘文　　　　　4. 一式獄簋蓋銘

圖二

獄鬲,與此不是一人(詳後)。"朕"即"朕",自稱之詞,相當於現在的"我"。商周時期不分貴賤均可自稱"朕",秦始皇二十六年定爲帝王自稱,其他人不得使用,沿襲至清代。《書·堯典》:"帝曰:'咨,四岳,朕在位七十載,汝能庸命,巽朕位。'"《楚辭·離騷》:"帝高陽之苗裔兮,朕皇考曰伯庸。"漢蔡邕《獨斷》卷上:"朕,我也。古代尊卑共之,貴賤不嫌,則可同號之義也。""变"是"文"的古體,"文"謂文采、文德。"文考",有文德的父親。"甲公",是對去世後父親的稱謂。"庫"即"肇",語氣詞。全句是說:獄製作了祭祀有文德的父親甲公的祭器。

犮(其)日殀(夙)夕用乓(厥)醒(馨)昏(香)臺(敦)示(祀)于乓(厥)百神

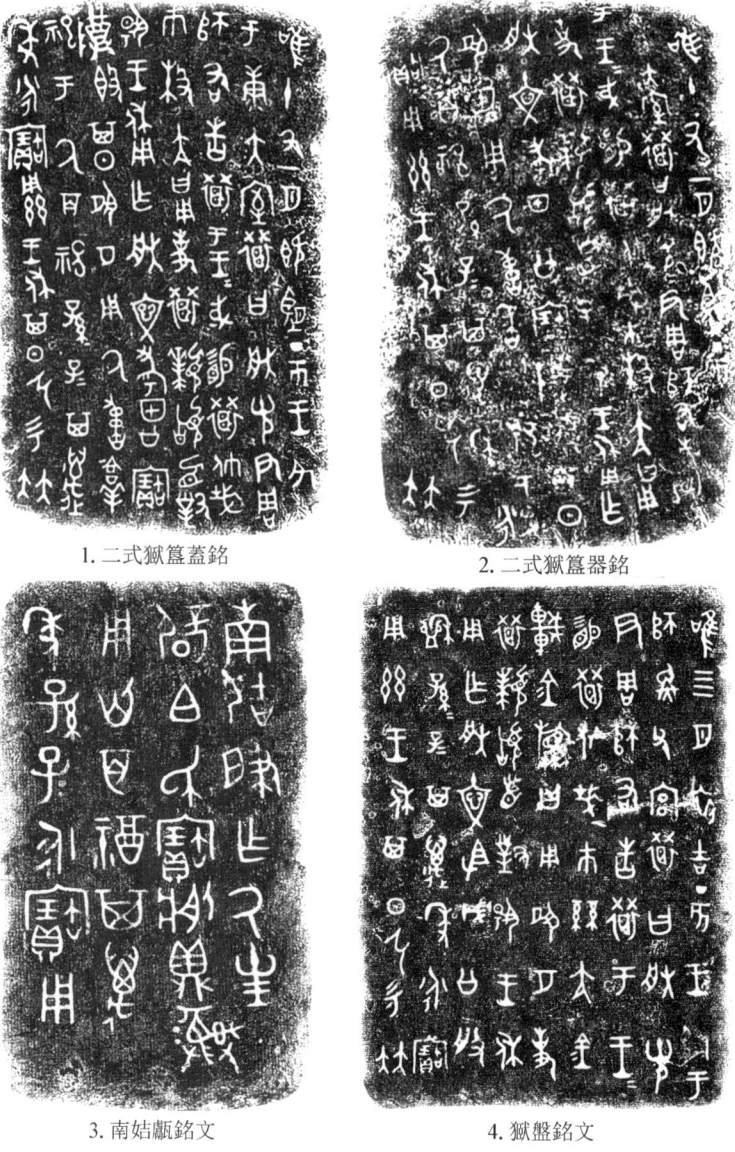

1. 二式獄簋蓋銘　　　　2. 二式獄簋器銘

3. 南姞甗銘文　　　　4. 獄盤銘文

圖三

　　“𠃬”是“其”字的古體。“其”在此用作發語詞，無義。“姍”即“夙”，早、早晨。夙夕，早晚。“毐”即“厥”，代詞，相當於“其”，起指示作用。《詩·周頌·噫嘻》：“率時農夫，播厥百穀。”《孟子·滕文公上》：“書曰：‘若藥不瞑眩，厥疾不瘳。’”

　　“𦔻”字從𡴎從聖省，聖字是“聽”字的古文，耳下所從爲人形，像人站立豎耳以聽。郭沫若說：“聖本古聲字，從口耳會意。”[1]林潔明說：“諸家並云聖、聲、聽乃一字，從口耳會意。

────────────

［１］郭沫若：《兩周金文辭大系圖録考釋》考釋81頁師望鼎，科學出版社，1957年。

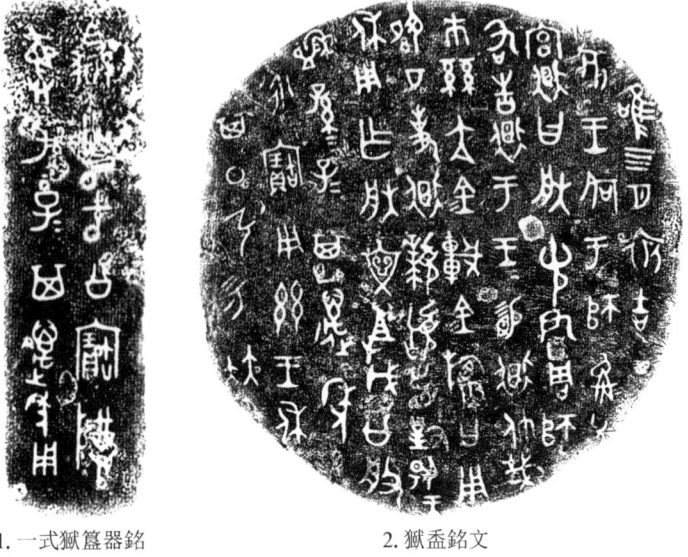

1. 一式獄簋器銘　　　　　2. 獄盂銘文

圖四

言口有所言,耳得之而爲聲,其得聲之動作則爲聽。"[1]"醒"當是"馨"的本字,"馨"爲後起字。"醒"所從的鬯是義符,聖是聲符,鬯者香酒也,故鬯與香作爲偏旁可相互替代,聖、殸古音相同,可通。後來"馨"行而"醒"廢。

　　"香"字金文首次出現,即"香"字。香的本義是穀物成熟後散發出來的芬芳氣味。《說文·禾部》:"香,芳也,從黍從甘。春秋傳曰:黍稷馨香,凡香之屬皆從香。"此字從禾四點,會意禾熟後散發芳香,《說文》誤爲"黍"。從口與從甘同,小篆又變甘爲曰。小篆香字禾旁的四點雖移於下方左右兩邊,但仍不失原意,其嬗變的蹤迹清晰可見。又《漢華山廟碑》和《字彙補》有香字,《字彙補》:"香,與香同。"該字禾下的"木"是禾旁四點的隸變或者訛誤。"馨香"就是黍稷散發的香氣,《左傳·僖公五年》引《周書》"黍稷非馨,明德惟馨",孔疏:"馨香謂黍稷。""馨香"屢見於文獻記載,如《書·君陳》:"我聞曰:至治馨香,感于神明。"《書·酒誥》:"弗惟德馨香,祀登聞於天。"《書·呂刑》:"虐威庶戮,方告無辜于上,上帝監民,罔有馨香,德刑發聞惟腥。"

　　"韋示"讀爲"敦祀";"韋"讀爲"敦",敦厚、篤實、恭謹。《易·艮卦》:"敦艮,吉。"孔穎達疏:"敦,厚也……在上能用敦厚以自止,不陷非妄,宜其吉也。"程頤傳:"敦,篤實也。""百申"即"百神",衆多的神靈、列位神靈。"百神"金文中出現兩例:獣鐘"唯皇上帝百神保余小子",寧簋蓋"其用各(格)百神"。全句是說:每天早晚用其馨香享祀於上天列位神靈。

　　從禮書記載來看,古人認爲鬼神歆享氣味,所以用馨香來溝通神靈與人間,也就是本銘

[1]　周法高主編:《金文詁林》6582 頁引林潔明語,香港中文大學版,1975 年。

裏所説的“馨香登于上下”，神靈便會降福祉於祭祀者。周人祭祀是以焚燒香草達到馨香的效果。《周禮·天官·冢宰》：“祭祀共蕭茅。”《詩·大雅·生民》：“取蕭祭脂。”蕭就是艾蒿，凡祭祀都要用許多艾蒿與黍稷、牲畜脂膏同燒，以其香氣感神。《禮記·郊特牲》也説：“蕭合黍稷，臭陽達於牆屋，故既奠，然後焫蕭合羶薌，凡祭慎諸此。”艾蒿合黍稷同燒，名曰馨香，香浮室内；艾蒿合牲畜的脂膏同燒，名曰羶薌，香飀户外。這篇銘文描述了這一祭儀的生動場面，爲我們提供了研究周人以馨香降神祈福的珍貴材料。

亡（無）不鼎（劊—則）

“亡”，讀作無，用作否定詞，《師詢簋》“民亡不康静”即“民無不康静”，與此句式相同。“鼎”讀爲“則”，義爲規律、法則、法度。《詩·大雅·烝民》：“天生烝民，有物有則。”《管子·形勢》：“天不變其常，地不易其則。”漢賈誼《鵩鳥賦》：“合散消息，安有常則？千變萬化，未始有極！”《書·五子之歌》：“有典有則，貽厥子孫。”《周禮·天官·大宰》：“以八則治都鄙。”鄭玄注：“則亦法也。典、法、則所用異，異其名也。”“無不則”是説一切都合乎常則。

燅（幽—芬）夆（芳）醒（馨）昏（香）劊（則）奔（登）于上下

“燅”即“幽”字。“幽夆”即芬芳。幽通芬，《周禮·春官·司几筵》：“設莞筵紛純。”鄭注引鄭司農云：“紛讀爲幽。”紛、芬同聲。夆通芳，《史記·項羽本紀》的“蠭（同蜂）午”，《漢書·霍光傳》作“旁午”，是蜂旁相通之證。蜂從夆聲，旁從方聲，故夆、芳亦可通。“芬芳”見於先秦文獻，《楚辭·思美人》：“妒佳冶之芬芳兮，嫫母姣而自好。”《荀子·榮辱》：“口辨鹹酸甘苦，鼻辨芬芳腥臊。”

“上下”指天地，《書·堯典》：“光被四表，格于上下。”傳：“故其名聞充溢四外，至于天地。”“奔”即登，《爾雅·釋詁》：“登，升也。”“馨香則登于上下”與者減鐘的“穌穌倉倉（鏘鏘），其登于上下，聞於四旁（方）”之句可相比附。

用匄百福

匄，祈求；百，泛指很多，百福即很多的福祉。這一句是祭祀中的祝告之辭，是祭祀者向神祇發出自己的祈願，祈求神靈賜給很多的福祉。

邁（萬）年俗（裕）丝（兹）百生（姓）

“邁”即萬；“俗”讀爲裕，豐裕、優裕之義，在此用作動詞；“百生”即百姓，即奴隸主貴族，與戰國以後作爲平民稱呼的百姓不同。全句是説：永遠將使貴族們豐裕。

　　亡（無）不寐臨畔（逢）魯

　　“寐”字不識。《爾雅·釋詁》：“臨，視也。”盂鼎有“古（故）天異臨子（慈）”，于省吾説：“言天對於（文王）之慈惠，特加殊異之臨視也，猶今俗書牘言青睞。”《詩·魯頌·大明》：“上帝臨女。”疏：“臨者，在上臨下之名。”《穀梁傳·哀公七年》：“春秋有臨天下之言焉，有臨一國之言焉，有臨一家之言焉。”注云：“臨者，撫有之也。”也就是臨御、擁有之義。

　　“畔”字右從夆，左旁像兩個臣字正反相連，中間共用一筆，當爲“臣”字的繁構，夆爲聲符。該字未見字書，其義不詳。從上下文看，似應讀爲逢，《書·洪範》：“身其康强，子孫其逢吉。”馬注：“逢，大也。”

　　“魯”訓爲嘉，美善之義。高卣的“受厥永魯”，就是受厥永嘉，永久享受美善。所以“魯”也通“嘏”，嘏者福也。師丞鐘：“用祈屯（純）魯永命。”《詩·魯頌·閟宮》：“天錫公純嘏，眉壽保魯。”箋：“純，大也；受福曰嘏。”“畔魯”就是豐厚的福。這句的主語應當就是上句的百姓，是説百神無不臨視，賜給貴族們豐厚的福祉。

　　才（其）諜（世）母（毋）望（忘）

　　“諜”即詍字，讀爲世；“母”通毋；“望”借爲忘。“其世毋忘”就是世世不忘。
　　銘文大意是：獄製作了有文德的先父甲公的珍貴祭器，每天早晚用其香氣遠聞的祭品享祀於上天衆多的神靈，無不芬芳濃鬱，馨香充滿天地。祈求神靈降以多福，永遠優裕我們的貴族。百神無不臨視，賜給貴族們豐厚的福祉。子子孫孫千年萬載永遠珍藏使用此簋，世世不要忘記。
　　2. 二式獄簋，共2件，另1件現存臺灣某氏。形制、紋飾、銘文以及大小基本相同。通高19、口徑19.5釐米。侈口束頸，鼓腹圈足，一對獸首耳，耳下有方形垂珥，蓋面隆起，圈形捉手上有一對穿孔，蓋沿和器頸均飾垂冠回首分尾的長鳥紋，以雲雷紋填地，頸部前後增飾高浮雕虎頭，圈足飾兩道弦紋（圖一：2）。蓋内和器内底鑄有銘文，内容相同，蓋銘89字，其中重文3字（圖三：1）；器銘88字，重文也是3字（圖三：2），蓋銘漏鑄“香”字。釋文如下：

　　　　唯十又一月既望丁亥，王各（格）于康大（太）室。獄曰：朕（朕）光（皇）尹周師右告獄于王＝（王，王）或（又）賜（錫）獄仲（佩）、戈（緇）市（韍）衺（朱）亢（衡）。曰：“用事。”獄頴（拜）頴（稽）首，對珝（揚）王休。用乍（作）朕（朕）変（文）考甲公寶隓（尊）設（簋），才（其）

日夙（夙）夕用尹（厥）裛（茜）香（香）鞏（敦）祀于尹（厥）百神，孫＝（孫孫）子＝（子子）㤅（其）邁（萬）年永寶，用丝（兹）王休，㤅（其）日引勿籨（替）。

獄曰：朕（朕）光（皇）尹周師右告獄于王

“光”讀爲皇，義爲大。《詩·大雅·皇矣》：“皇矣上帝，臨下有赫。”毛傳：“皇，大。”《逸周書·祭公解》：“汝其皇敬哉！”孔晁注：“皇，大。”“尹”，官名。《書·益稷》：“庶尹允諧。”傳：“尹，正也，衆正官之長也。”“右”讀爲佑，即佑者，儐相。《廣韻》：“告，報也，告上曰告，發下曰誥。”

從下述有“用事”一詞看，銘文記述的是一次册命。這裏的“佑”和“告”是兩件事。“佑”是周師擔任獄的佑者，陪同獄接受册命；“告”是周師把擬任命官職和應賞賜的器用報告給王，由王來宣布。二式獄簋以及下面的獄盤和獄盉銘文，是一些較早的册命記録，這種册命程序爲我們研究西周册命制度的演變，提供了新的資料。

王或（又）賜（錫）獄仚（佩）、𢆶（緇）市（韍）粅（朱）亢（衡）。曰：“用事。”

“仚”，即佩。《説文·人部》：“佩，大帶佩也。從人從凡從巾。佩必有巾，巾謂之飾。”高鴻縉説：“佩本爲大帶之名。”[1]按：此佩字謹從人從巾，是會意字，從“凡”乃是後加的聲符。“易佩”就是賜給大帶。

“𢆶市粅亢”讀爲緇韍朱衡，《説文》：“緇，帛黑色也。”《詩·鄭風·緇衣》：“緇衣之宜兮。”傳云：“緇，黑色。”“韍”即蔽膝，“衡”是蔽膝上的横帶。“緇韍朱衡”就是黑色的蔽膝朱紅的横帶。“用事”，就是履行職責。

獄頪（拜）頴（稽）首，對乿（揚）王休

“頪”字金文中首次出現，從頁秦聲，即“捧”字，也就是“拜”字的古文，“拜”爲後起字。捧頴首，即拜稽首，金文常用語，是周代宫廷的跪拜大禮。“拜”是跪下後雙手合抱在胸前，叩首到手。這是古代下級對上級、小輩對長輩施行的禮節。“稽首”是雙手合抱按地，頭伏在手前邊的地方停留一會，這是古人最恭敬的一種禮拜。

“乿”是“揚”字的古體。“對乿王休”即對揚王休。“對揚”，金文常用語，表示受賜者對賞賜者的贊美感激。《書·説命下》：“敢對揚天子之休命。”孔傳：“對，答也。答受美命而稱

[1]　周法高主編：《金文詁林》4989 頁引高鴻縉《頌器考釋》語。

揚之。”《詩・大雅・江漢》:“對揚王休。”箋云:“對,答。休,美。作,爲也。”張日升謂:“對之本義爲符節,有相當相配之意,引申之爲對答、對應。”銘文中或單稱“對”,如番生簋:“番生敢對天子休。”或省稱“揚”,如守宫尊:“守宫揚王休。”或對、揚出現在一句話中却不連用,有的“對”在前而“揚”在後,如梁其鐘:“梁其敢對天子丕顯休揚。”有的“揚”在前而“對”在後,如趩簋:“揚王休對。”

“休”義爲美、善。《爾雅・釋詁》:“休,美也。”《廣雅・釋詁一》:“休,善也。”《易・大有卦》象傳:“順天休命。”《詩・商頌・長發》:“向天之休。”鄭箋:“休,美也。”金文中亦常用作賜予。如《書・大誥》:“天休于寧王,興我小邦周。”昜鼎:“休咝小臣金。”效卣:“王易(賜)公貝五十朋,公易(賜)氒(厥)𡉚(世)子效王休貝廿朋。”“對揚王休”是贊美感激王的美好的賞賜。

甘(其)日舛(夙)夕用氒(厥)𨠒(莤)𩡧(香)𦎫(敦)祀于氒(厥)百神

“𨠒𩡧”,也可隸定爲害香。甲骨文有“醎”[1]“𨣧”[2]和“𨡚”[3]字,均可隸定作醎,王國維釋爲莤,[4]極確。後兩字左邊從“酉”乃盛酒器,右邊爲雙手持束茅以濾酒渣,前一字省雙手。“𨠒”字上從束茅之形與甲骨文同,下邊所從實爲盛酒的器皿,其用義與酉相同,當是莤字的古體。《説文・酉部》:“莤,禮祭,束茅加於祼圭,而灌鬯酒,是爲莤,象神歆之也。”也就是以鬯酒灑於茅束而祭神,後謂釀酒以茅束過濾爲莤酒。古書多假“縮”爲“莤”。《左傳・僖公四年》:“爾貢包茅不入,王祭不共,無以縮酒。”《説文・酉部》引作“莤”。魯侯爵有“用尊㠱盟”,“㠱”字下部所從亦束茅之形,束亦聲,兩旁的數點,像酒滴或者散發出來的香氣,上部從“自”,“自”是鼻的象形,以示神歆也。孫詒讓、郭沫若釋爲“祼”,義相通而字不類。此字亦應是莤字的别體。“尊”“盟”均爲祭名,“㠱”也應是一種祭名,上引《説文》就是明證。“用尊㠱盟”就是用於尊祭、莤祭和盟祭。“𨠒𩡧”即莤香,也就是澆酒於束茅之上所散發的香氣。莤祭是周人祭祀的一種祭儀,或者就是祼祭。

甘(其)日引勿𣌭(替)

“其”字亦爲發語詞;“𣌭”即替。中山王鼎有“毋替厥邦”,“替”字從二“立”,左大右小,

---

[1] 羅振玉:《殷虚書契後編》2.22.13,珂羅版影印本,1916年。
[2] 羅振玉:《殷虚書契前編》6.57.2、《殷虚書契後編》2.8.2和林泰輔:《龜甲獸骨文字》2.11.1,[日]三省堂石印本,富晋書社翻印本,1917年。
[3] 羅振玉:《殷虚書契前編》6.16.2,珂羅版影印本,1913年。
[4] 中國科學院考古研究所編:《甲骨文編》571頁“醎”字注,中華書局,1965年。

左下右上,張政烺先生釋爲"替",[1]極確。此字從二大,與二立同,亦應是替字。二式獄簋兩個大字左上右下,大小基本相仿,獄盤、獄盉銘亦爲左小右大,但下部平齊。《説文》:"竝,併也。"又:"替,廢,一偏下也,從竝,白聲。"段玉裁注:"相竝而一邊庫下,則其勢必至同下,所謂夷陵也。"《書·旅獒》:"無替厥服。"傳:"無廢其職。"替和引都是動詞,替是廢除,引是延續。《詩·小雅·楚茨》:"既醉既飽,小大稽首。神嗜飲食,使君壽考。孔惠孔時,維其盡之。子子孫孫,勿替引之。"傳:"替,廢;引,長也。"就是説子子孫孫永遠行之勿廢。"其日引勿替"就是日日延續,不要廢棄。

銘文大意是説:十一月既望丁亥這天,周王來到康宮太室。獄説:獄的顯赫的長官周師陪同獄來見王,並把準備册命獄的事報告給王。王於是又賜給獄大帶、連有朱紅色橫帶的黑色蔽膝。王説:"去履行職責吧!"獄行叩拜大禮,稱頌周王的美好恩德,因此製作了祭祀德行高尚的先父甲公的寶簋,每日早晚用酋香來享祀上天的列位神靈,子子孫孫千年萬載都要記住周王的美德,(祭祀神靈)日日延續,不要廢棄。

3. **獄鼎**,通高 33、口徑 39 釐米。斂口立耳,下腹向外傾垂,底部近平,三條柱足較細,足內側面削平。頸部飾雲雷紋填地的鳥紋,腹部飾勾連雷紋(圖一:3)。内壁鑄銘文 130 字,其中重文 2 字(圖二:3)。銘文是:

> 獄肁(肇)乍(作)朕文考甲公寶隣(尊)彝,其日朝夕用雔(敦)祀于乒(厥)百申(神),
> 孫=(孫孫)子=(子子)𢎜(其)永寶用。

"雔祀"讀爲敦祀。其餘詞語已在獄簋中作了解釋,此不贅述。

4. **獄盤**,通高 15.5、口徑 38.7 釐米。窄沿方唇,一對附耳略高出盤口,矮圈足沿外侈。裝飾樸素,僅於口沿下和圈足各飾兩道弦紋(圖一:5)。内底鑄銘文 78 字,其中重文 3 字(圖三:4)。銘文是:

> 唯三(四)月初吉丁亥,王各(格)于師禹父宫。獄曰:朕(朕)光(皇)尹周師右告獄于
> 王=(王,王)賜(錫)獄仲(佩)戈(緇)巿(韍)蘂(索一素)亢(衡)、金車、金㫃。曰:"用夙
> (夙)夕事。"獄頴(拜)頴(稽)首,對凱(揚)王休。用乍(作)朕(朕)変(文)旻(祖)戊公
> 般(盤)盉,孫=(孫孫)子=(子子)𢎜(其)邁(萬)年永寶用丝(兹)王休,𢎜(其)日引勿
> 汱(替)。

5. **獄盉**,通高 22 釐米。侈口束頸,前有管狀流,後有獸首鋬,分襠,三足下部作柱狀,蓋

[1]　張政烺:《中山王署壺及鼎銘考釋》,《古文字研究》第 1 輯 231 頁,中華書局,1979 年。

上有半環形鈕,一側有鏈條與鋬相連。裝飾風格與盤相同,蓋和頸部各飾兩道弦紋,腹飾雙綫曲折紋(圖一:4)。蓋內鑄銘文 78 字,其中重文 3 字(圖四:2)。內容與盤相同。

　　王各(格)于師㝬父宮

　　"各"讀爲格。來,至之義。《書·舜典》:"帝曰:格,汝舜,詢事考言,乃言底可績。三載汝陟帝位。"孔傳:"格,來。"《儀禮·士冠禮》:"孝友時格,永乃保之。"鄭玄注:"格,至也。""師㝬父",人名,字㝬父,擔任周王朝的師職。"師㝬父宮"應是師㝬父的家廟。

　　㦿(緇)市(韍)、縈(索—素)亢(衡)黹屯(純)

　　"㦿"讀爲緇,黑色。《論語·陽貨》:"不曰白乎?涅而不緇。"《周禮·冬官考工記·鍾氏》:"三入爲纁,五入爲緅,七入爲緇。"鄭玄注:"染纁者,三入而成……又復再染以黑,乃成緇矣。"就是帶有絲織橫帶的黑色蔽膝。"市"即韍,蔽膝。古代大夫以上祭祀或朝覲時遮蔽在衣裳前的服飾。用熟皮製成。形制、圖案、顏色按等級有所區別。《禮記·玉藻》:"一命縕韍幽衡,再命赤韍幽衡,三命赤韍葱衡。"鄭玄注:"此玄冕爵弁服之韠,尊祭服,異其名耳。韍之言亦蔽也。"孔穎達疏:"他服稱韠,祭服稱韍。"《禮記·明堂位》:"有虞氏服韍。"鄭玄注:"韍,冕服之韠也。舜始作之,以尊祭服。""緇韍"就是黑皮做的蔽膝。"縈"即"索"字,讀爲素。"亢"讀爲衡,繫蔽膝的帶子。"黹屯"即黹純,就是有針刺花紋的邊。"素衡黹純"就是帶有針刺花紋的素色繫蔽膝的橫帶。

　　金車、金旟。用夙夕事

　　"金車",用銅零件裝飾的車子。"金旟"還見於衛簋、𢼸簋,輔師嫠簋作"絲(鑾)旟",雝鼎作"㪩旟"。"旟"字從㫃,當是一種旗幟。稱其爲"金旟"應是一種裝有銅飾的旗幟。"用夙夕事"即夙夕用事,是說早晚都要盡職盡責。

　　盤、盉的銘文記載的應是𤼈初次受命,時間是在四月初吉丁亥,比二式簋要早,賞賜的物品有佩飾、緇韍素衡,另外還有裝飾有銅零件的車子,以及代表身份的旗幟。二式簋銘文稱"王或賜",即王又賜,則爲再一次賞賜。盤、盉是爲祭祀其祖父戊公而作,二式簋是爲祭祀其父親甲公所作,先祖父而後父親。因此,此次册命應在二式簋之前。

　　6. 南姞甗,通高 50.5、口徑 33 釐米。侈口深腹束腰,口沿上有一對立耳,鬲部分襠柱足(圖二:2)。口內壁鑄銘文 25 字(圖三:3)。銘文是:

南姞庫（肇）乍乑（厥）皇辟白（伯）氏寶鼐（齍）彝，用匄百福，其萬（萬）年孫子永寶用。

　　此甗是南姞爲伯氏所作，伯氏即獄，一式獄簋內底銘文即稱伯獄，當爲南姞的夫君。

　　7. **作寶彝壺**，通高 25.8、口徑 8、腹徑 12.8 釐米。直口長頸，頸部有一對半環鈕，所套接的提梁已失，蓋上的圈狀捉手有一對穿孔，圈足沿下折成較高的邊圈。頸部飾雲雷紋填地的小鳥紋，蓋面和壺腹飾粗細相間的鱗狀雷紋，圈足飾兩道弦紋（圖二：1）。口內壁鑄銘文 3 字（圖一：6）。銘文是：

乍（作）寶彝。

二、獄器的時代與器主

　　獄器共 8 件（其中包括南姞甗），其造型頗具西周中期前段的時代特徵，鼎的形制與穆恭時期的標準器或鼎、五祀衛鼎接近，雖飾有早期流行的勾連雷紋，但腹已變淺，下腹向外傾垂較甚，三柱足較細，底部極似十五年趙曹鼎；3 件獄簋的形制與穆王時期的長甶簋、裘衛簋、录簋相同。一式簋的斜方格乳丁紋，與西周早期的此類花紋大不相同，枚作圓泡形，略比器表隆起，方格內四周僅用雷紋勾邊；二式簋所飾的鳥紋已經分尾，是西周中期前段，特別是穆王時期最流行的裝飾花紋。獄盤、獄盉也與長甶盉、衛盉、牆盤的形制相同或者相似。南姞甗的腹已變淺，內腰已出現銅算，所飾鳥紋已經分尾，都與西周早期的風格有所區別。再從銘文字體分析，亦呈現出中期所流行的"玉箸體"特徵，但"其""寶""公""文"等字還保留早期的特徵，有個別字還使用肥筆和破磔。綜合上述形制、花紋和銘文字體的特徵，筆者認爲這組器的時代應斷在穆王前期爲宜。

　　這組青銅器除南姞甗以外，作器者均爲獄。傳世有魯侯獄鬲，有人認爲此"獄"即魯侯獄，也就是文獻記載的魯煬公熙，非也。原因有三，其一，時代不符。魯侯熙爲西周早期人，此組銅器已進入西周中期。據史載魯國立國是在周公東征，成王踐奄之後。成王即位後周公東征，"三年靜東國"，據禽簋記載，周公東征，成王踐奄時，伯禽在軍中主持祭祀。東夷平定之後，伯禽受封魯侯。也就是說伯禽被封爲魯侯是在成王三年或者三年之後不久。《史記·魯周公世家》載："魯公伯禽卒，子考公酋立，考公四年卒，立弟熙，是謂煬公，煬公築茅闕門，六年卒，子幽公宰立。"據裴駰《集解》伯禽在位 46 年，考公在位 4 年。按成王在位 20 年，康王在位 38 年計算，伯禽享國的 46 年跨成王 17 年，康王 29 年，那麼考公酋在位則爲康王 30 到 33 年，魯侯獄也就是魯煬公在位 6 年，昭王元年便離開了人世。這批獄器無論從形制、花紋還是銘文字體看，都是西周穆王時期之物，說早一點也只能是西周昭穆之際的作品，上限不能早到康王之世，所以該獄與魯侯獄不會是一個人。其二，該獄亦稱伯獄，"伯"者長子也，

《史記·魯周公世家》明確記載魯侯獄係考公酋之弟,顯非長子。其三,既爲魯侯,銘文中自應冠以魯侯的稱謂,以顯示自己的身份地位,此組銘文中無一稱魯侯獄者。另外,獄盤、獄盉以及二式獄簋銘文中都有"光尹周師右,告獄于王"之句,可見獄是周師的屬史。周師其人曾見於守宮盤和免簋,也是守宮和免的上司。由此可見,此獄與守宮和免的地位相同,不可能高到列侯的地位。守宮盤是典型的西周中期前段之物,免簋的時代可能還要晚一些。所以獄不可能是魯侯獄,當爲與魯侯獄同名的另一個人。

三、獄簋銘文的重要價值

一式獄簋和二式獄簋銘文,爲我們提供了周人以馨香和苣香享祀百神、祈求福祉的真實資料,一式獄簋還記錄了周人歲時祭的簡略過程,非常珍貴,對於研究周人祭祀禮儀有着非常重要的意義。

據文獻記載,周人在日常祭祀禮儀中,最常用的祭儀有三種。一種是燔柴,就是積柴而燒,並放置牲體或玉帛,讓升騰的煙氣使神靈感知。這種祭儀主要用於祭祀天神。《周禮·春官·大宗伯》記載的"禋祀""實柴"和"槱燎"指的就是此法。《大宗伯》:"以禋祀祀昊天上帝。"鄭玄注:"禋之言煙,周人尚臭,煙,氣之臭聞者。槱,積也。《詩》曰:'芃芃棫樸,薪之槱之。'三祀皆積柴實牲體焉,或有玉帛,燔燎而升煙,所以報陽也。"小盂鼎的"入燎周廟"、叀伯𣪘簋的"至燎于宗周"、保員簋的"佳(唯)王既燎,厥伐東夷"、大盂鼎的"有髭(紫)糞(烝)祀無敢醵"、史牆盤的"義(宜)其赫(禋)祀"、哀成叔鼎的"哀成叔之鼎,永用赫(禋)祀"、齔史屖壺的"用赫(禋)祀于兹宗室"、蔡侯申尊的"禋享是台(以)"、中山王嚳壺的"節于醞(禋)醹,可瀘(法)可尚(常),以饗上帝,以祀先王"等都是燔柴燎祭的記錄。

第二種是祼鬯,祼即灌,就是酌酒澆灌於地。鬯是用一種叫作秬的穀物,也就是黑黍釀造的酒,再和以鬱金草汁,便具有濃鬱的香味。灌鬯於地是讓鬯酒的香氣通達天地之間,以招迎祖先神靈。在金文中,土上卣記載周王賞賜成周百姓以豚、鬯卣和貝;叔簋(又稱叔卣)記載太保賞賜給叔以鬱鬯、白金和犛(驪)牛;作册夨令方尊記載明公分別賜給亢師和令以鬯、金和小牛,並說"用禱"。另外,最近中國國家博物館入藏的任鼎,記載了周王賞賜給任"脡牲大牢、又薔束、大卉(材)、鬱糞(貫)"等;上海博物館入藏的亢鼎,記載了公太保贈送給 𤟥 亞"鬱糞(貫)、鬯鼅(觶)、牛一"。[1] 這些物品都是犧牲和鬯酒的組合,是用於宗廟祭祀的祭品。亢鼎的"鬯鼅(觶)"就是鬯酒一觶,是成品鬯酒;而任鼎的"薔束"和"大卉(材)"是釀酒所用的穀物和酒麴。"鬱糞"則是鬱金草一貫,是調和鬯酒香味的原料。《説文·鬯部》:

---

[1] 此采用董珊説,見《任鼎新探——兼説亢鼎》,《黄盛璋先生八秩華誕紀念文集》,中國教育文化出版社,2005年。

“鬱，一曰鬱邑，百艸之華，遠方鬱人所貢，芳草合釀之以降神。鬱，今鬱林郡也。”上述資料説明，在周代不僅王室經常使用祼祭祭祀祖宗神靈，就是在一般貴族中祼祭也十分流行。

第三種是焚香，周人在宗廟祭祀中用艾蒿與黍稷一起燃燒，讓香氣彌漫於空間，使神靈嗅聞之，並饗受黍稷。這就是《詩·大雅·生民》“取蕭祭脂”，孔穎達疏：“以香蒿合黍稷，欲使臭氣通達於牆屋……莫之而後燒此香蒿，以合其馨香之氣，使神歆饗之。”這或許就是後世敬神焚燒炷香的濫觴。

一式獄簋記錄周人歲時祭的簡略過程，可以在文獻中找到許多類似的記載，相互印證。如銘文中的“圝夆”，實際上就是《詩·大雅·生民》中所詠的“其香始升”，就是把“或舂或揄，或簸或蹂，釋之叟叟，烝之浮浮”製作出來的黍稷食品再加上艾蒿進行焚燒，芬芳氣味紛紜升騰；“馨香則登于上下”是馨香氣味充滿天地，接下來則是《生民》中所説的“上帝居歆”，神靈歆聞到馨香，人神之間得到了溝通；“用匄百福，邁（萬）年俗（裕）兹百生（姓），亡（無）不寀臨雝（逢）魯”，就是祭祀者向神祇發出自己的祈願，這就叫作“祝辭”或者“祝文”。《詩·大雅·生民》的“以興嗣歲”，《詩·周頌·雝》的“綏我眉壽，介以繁祉”，《詩·商頌·烈祖》的“綏我眉壽，黃耇無疆”“自天降康，豐年穰穰”“壽考且寧，以保我後生”等等，都是這類祭祀時向神靈所發出的祈願之辭。

不論是以鬱邑灌地降神，或是以黍稷、牲胥與艾蒿焚燒所產生的馨香、羶薌感神，都是周人尚嗅的充分表現。

總之，這組獄器的銘文內容豐富，出現許多新的文字，涉及的問題較多，筆者僅作了粗淺的論述，以求教於大方。

（原載《考古與文物》2006 年第 6 期）

作册吴盤、盉的初步研究

2009 年 8 月中國文物信息咨詢中心徵集到一件作册吴盉,筆者參與徵集的鑒定工作,有幸欣賞了這件珍貴文物。同年,筆者在民間也見到同人同時所鑄造的作册吴盤,據傳其出土於晉南某地。這組青銅器造型別緻,形體碩大,銘文記載周王參加執駒典禮,賜予作册吴馬駒的史事,紀時四要素俱全,對於西周曆法、諸王王年、青銅器斷代以及西周禮儀制度的研究,都有着極其重要的意義。

一、作册吴盉

作册吴盉是青銅盉中形體碩大的佳作,通高 20.5、通長 47、口徑 20.5、腹深 18.7 釐米(圖一)。器作低體寬腹式,侈口束頸,肩微折,腹扁圓,淺腹圜底,其下有三條矮柱足,腹的一側斜出一隻長長的管狀流,另一側設置獸首半環形鋬,口上無蓋(可能蓋已遺失)。這種形制的盉,在傳世和考古發掘中甚爲罕見。與此形制接近的青銅器見於殷墟婦好墓出土的一件婦好匜鼎[1]和安陽市博物館收藏的一件三足匜。[2]這兩件青銅器形制一樣,時代爲商代晚期偏早的武丁時期,侈口束頸,圓腹,口沿一側有一個像爵流一樣的敞口流槽,另一側有一個扁條半環鋬,圜底下設有三條較矮的柱足。命名其爲匜鼎或三足匜是否妥當尚待研究,但它們與作册吴盉的形制確有相似之處,區別在於腹較深,扁條鋬,流爲敞口槽,而非管狀。另一種與作册吴盉相近的是梨形柱足盉,如 2007 年 9 月出現在紐約佳士得拍賣行的□

圖一

[1] 中國社會科學院考古研究所:《殷墟婦好墓》43 頁圖 29.9,文物出版社,1980 年。
[2] 安陽市博物館:《安陽市博物館藏文物精品圖錄》圖 20,文物出版社,2009 年。

盉(《銘圖》14596)和臺北故宮博物院收藏的父乙飤盉,[1]體呈梨形,管狀流,獸首圓形半環
鋬,但體瘦高,最大腹徑在下部。這種盉從商代晚期出現一直流行到西周早期。作册吴盉可
能就是由商代晚期的匜鼎和圜底罐形盉發展而來。

　　作册吴盉頸部和腹部均裝飾變形獸面紋,也就是通常所説的竊曲紋,流管飾變形蟬紋,
均以纖細的雲雷紋填地,鋬上部裝飾浮雕虎頭,下部飾鱗紋,三足飾陰綫變形蟬紋。盉内底
鑄銘文60字,圖二是X光片,圖三是摹本。下面按銘文原來的行款,寫出釋文如下:

佳(唯)卅年三(四)月既生霸壬午,
王才(在)〓,執駒于〓南林,衣(卒)
執駒。王乎(呼)䖵偈召乍(作)册吴,
立庹門。王曰:"易(賜)駒。"吴搽(拜)頴(稽)
首,受駒以出。吴叡(敢)對〓(揚)天
子不(丕)顯休,用乍(作)弔(叔)姬般(盤)盉。

　　這篇銘文不難釋讀,其中需要解釋的只有四點。

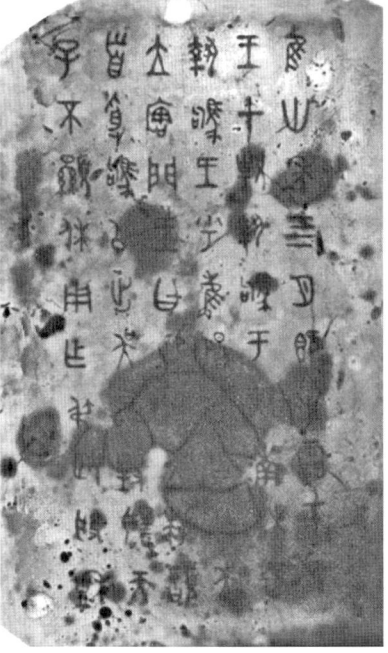

圖二

圖三

[1]　容庚:《善齋彝器圖録》109,燕京大學哈佛燕京學社,1936年。

1. 觌和觌南林

"觌"字曾見於散氏盤,文作"觌人司工騄君",即觌氏族人名叫騄君,擔任散國的司工。此人曾參與夨人付給散氏田地的交接儀式和勘定田界。可知"觌"既是族氏名也是地名,其地當在散國境内或者附近。散國一般認爲在今陝西寶雞市渭河以南,大散嶺以北地區,觌當距此不會太遠。"觌南林"就是觌地南邊的林地,這裏有水池草地,是周王朝一個養馬的場所,所以周王在此舉行執駒典禮。

2. 舊偈

"舊偈"是人名。此人在周王召見作册吳時擔任傳唤官。"舊"有兩解,一爲職官名。李學勤先生在《商末金文中的職官"攜"》[1]一文中,認爲金文中"舊緻""舊夽"的"舊",均應讀爲"攜",是職官名,即《書·立政》"左右攜僕"的"攜"。"舊"後面的緻、夽是其私名。攜僕,侍御之官,周王的近臣。《書·立政》:"左右攜僕,百司庶府。"孔傳曰"左右攜持器物之僕",即小臣隸僕之屬;蔡傳云"攜持僕御之人",也就是主管侍御僕從的職官。兩説以蔡説爲優。因爲車御僕從的主管職官在周王出行時必陪侍左右,在賜駒儀式上奉命傳召受賜者是情理中事。二是氏稱,《左傳·哀公二十七年》被鄭人俘獲的晋士鄬魁壘,即爲鄬氏;攜氏也頗古老,見於《姓苑》。鄬、攜與舊音同相通。其或因國得氏,或因官得氏,或來源於商代的"舊"族。在青銅器銘文中,固然擔任傳召官或儐相的人在私名之前大多具稱官職,但也有具稱其族氏的現象,如善夫山鼎的"南宫乎(呼)入,右善夫山",瘋鼎的"王乎(呼)虢叔召瘋"等。

1984年陝西長安張家坡井叔墓出土的達盨蓋銘文有"王才(在)周,執駒于滆应,王乎(呼)舊趑召趌(達),王易(賜)趌(達)駒",此"舊趑"與"舊偈"均爲攜僕或舊氏,時代相同,又同在周王左右,當是一人,趑與偈乃一名一字。偈,形容疾馳。《詩·檜風·匪風》:"匪車偈兮。"毛傳:"偈偈,疾驅,非有道之車。"《文選·宋玉〈高唐賦〉》:"偈兮若駕駟馬,建羽旗。"趑,形容踟躕不決,不敢前行的樣子。《説文·走部》云:"趑,一曰不行皃。"趑趑,越趄不前貌。名與字的含義相反,相輔相成。這種命名的方式在金文中不乏其例,如春秋中期蘇國有個公子名甲,字癸父(蘇公子癸父甲簋)。甲和癸分别是天干的首和尾,一首一尾,寓意相反。這些含義相反的名與字,都因其關係十分密切,兩者仍能相輔相成,起到相互呼應的作用,表現出古人命名取字的創造性和藝術性。舊趑還有自作器二祀趑觶(原稱趑尊)(《集成》06516),現由上海博物館收藏,亦爲同時器。

3. 作册吳

作册吳是作器者,名吳,擔任周王朝的作册之職。另有作册吳方彝,當爲同人所作之器。

---

[1] 李學勤:《商末金文中的職官"攜"》,《史海偵迹——慶祝孟世凱先生七十歲文集》,香港新世紀出版社,2005年。

牧簋、師虎簋、師瘨簋蓋有内史吴,與作册吴是同一個人。内史,掌管周王朝圖録典籍,著作簡册,奉王命册命諸侯、卿大夫,或稱作册、作册内史、作命内史。

4. 㡧門

"㡧"字金文首見,讀爲戟。㡧從广從害,害亦聲,害實從丰聲。丰,月部見紐,與害、割、匃相通。戟爲鐸部見紐。㡧戟雙聲,鐸月通轉。戟在金文中亦作丰(周公戟),[1]另外還作㦸(曾侯郕雙戈戟)(《集成》11098)、戜(鄬子受之用戟)、[2]戭(曾侯乙三戈戟)(《集成》11173)、旓(冢子韓政戟刺、三年吴邡令戈)、[3]㦸(十年洱陽令張疋戟)、[4]鈝(斨君墨啟戟)(《集成》11214)、鉞(陵右戟)(《集成》11062)等形,均以丰爲聲符。故知㡧、戟相通無礙。

㡧門即戟門、棘門,周王行宫之門。古代帝王外出,在止宿處插戟爲門,故稱戟門,一作棘門。《周禮・天官》載:"掌舍,掌王之會同之舍,設梐枑再重,設車宫轅門,爲壇壝宫棘門,爲帷宫設旌門,無宫則共人門。"鄭玄注引鄭司農云:"棘門,以戟爲門。"

這篇銘文的大意是,在王的三十年四月既生霸壬午這天,王在覭地的南林,舉行執駒典禮。典禮完畢,王讓蕎偈把作册吴召來,站立在行宫的門内。王説:"賜給你一匹馬駒。"作册吴行跪拜大禮,接受馬駒出來。作册吴稱揚王的恩德,於是給夫人叔姬鑄造了這套盤盉。

二、作 册 吴 盤

作册吴盤形體巨大,僅次於散氏盤、逑盤和牆盤。通高 12、口徑 45、兩耳間距 50.8、腹深 8.5 釐米,重 8.29 公斤。直口淺腹,窄沿方唇,一對附耳高出器口,圈足沿外侈然後下折。腹部和圈足均飾變形獸面紋,以雲雷紋填地。紋飾與盉完全相同(圖四)。

出土時盤底缺失一大塊,約有 110 多平方釐米,傷及銘文上部,即第一、五、六行上部四字,第二、三行上部三字以及第四行上部六字,僅存銘文 42 字,修補者只給第一行上部補了個"天"字,第四行上部補了"弔召叡"3 字,五、六行上部分别補了"盉"字和"姬"字,使每行湊夠 7 字(圖五)。由於修補者不懂金文,隨意在盤上翻了幾個字範補鑄,故使文句不能通讀。我們在釋文中特將這幾個字用方括號標出,以示區别。

---

[1] 鄒安:《周金文存》6.22.2,廣倉學宭,1921 年。

[2] 河南省文物考古研究所、南陽市文物考古研究所、淅川縣博物館:《淅川和尚嶺與徐家嶺楚墓》163 頁圖 154,大象出版社,2004 年。

[3] 四川省文物考古研究院編:《巴蜀埋珍——四川五十年搶救性考古發掘紀事》60 頁圖 67,天地出版社,2006 年。

[4] 孫敬明、蘇兆慶:《十年洱陽令戈考》,《文物》1990 年第 7 期。

圖四

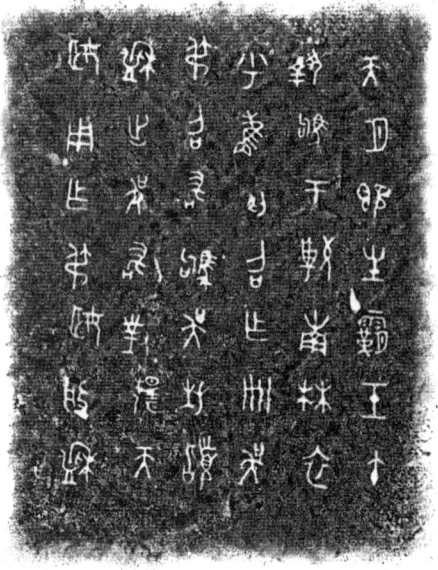

圖五

現存盤銘是：

……[天]月既生霸壬午，

……執駒于鴅南林，衣（卒）

……乎（呼）舊訇（偈）召乍（作）册吳，

……[弔召叔]駒吳搻（拜）頴（稽）

……[盂]出吳叔（敢）對鴅（揚）天

……[姬]用乍（作）弔（叔）姬般（盤）盂。

作册吳盤、盂的年代，可以從以下五個方面來考察。

1. 作册盤的形制與史牆盤完全相同。盤、盂所裝飾的早期竊曲紋，也見於史牆盤的圈足。另外還見於二十七年衛簋。這種竊曲紋左右兩組對稱，還可看出由獸面紋蛻變的痕迹，是竊曲紋的早期形態。它和西周中期後段到晚期流行的竊曲紋有較大的區別。史牆盤是恭王時期的標準器；衛簋與恭王時期標準器裘衛盂、五祀衛鼎和九年衛鼎同坑出土，根據紀年衛簋早於鼎、盂，是穆王二十七年鑄造，所以作册吳盤、盂與上述諸器的時代相去不會太遠。

2. 盤、盂的銘文字體與鮮簋、静簋、虎簋蓋、師虎簋、史牆盤較接近，結體緊湊，行款規整，筆道圓潤，粗細均匀，即所謂的"玉箸體"。不像早期那樣筆意雄肆，筆畫多有波磔的形態。所以它們的時代基本相當，具有典型的西周中期前段的風格。

3. 作册吳即内史吳。内史吳還見於牧簋、師虎簋、師瘨簋蓋，在周王册命這三人的儀式上代宣王命。師虎簋、師瘨簋蓋銘文有司馬邢伯,邢伯另見於長由盉和七年趞曹鼎等。師瘨簋蓋裝飾着流行於西周中期前段的垂冠回首分尾長鳥紋。所以,這組青銅器一般研究者都斷定爲恭王時期,作册吴盤、盉應與之相近。

4. 作册吴盤、盉紀時爲"卅年四月既生霸壬午",四要素俱全。據史書記載,西周各王在位年數超過三十年的有成王三十七年(包括周公輔政年數),穆王五十五年,厲王三十七年,宣王四十六年。根據盤、盉的形制、紋飾和銘文字體所反映的時代特徵,它們不可能早到成王,但也不會晚到厲、宣,故以穆、恭二世最爲合適。穆王在位五十五年見於《史記·周本紀》,恭王在位年數不見早期文獻,後世或説二十年,或説二十五年,但都未超過三十年,穆王超過三十年則有鮮簋爲証。

5. 考慮到穆王在位時間應在公元前 10 世紀左右,查張培瑜《中國先秦史曆表》得出兩種可能。一爲公元前 942 年,四月丁卯朔,既生霸壬午爲 16 日,如果允許有一兩日的誤差,此年也是可以的。如果此年爲周穆王三十年,以此來與裘衛簋、虎簋蓋、鮮簋的紀時校驗,可得出裘衛簋的"廿又七年三月既生霸戊戌"爲公元前 945 年,三月乙酉朔,既生霸戊戌爲 14 日;虎簋蓋的"卅年四月初吉甲戌"爲公元前 942 年,四月丁卯朔,初吉甲戌爲 8 日;鮮簋的"卅又四祀,唯五月既望戊午"爲公元前 938 年,五月甲辰朔,既望爲 15 日。二是公元前 999 年,四月己巳朔,既生霸壬午爲 14 日,與作册吴盉的時日完全相合,如果此年爲周穆王三十年,與裘衛簋、虎簋蓋、鮮簋的紀時校驗,可得出穆王二十七年爲公元前 1002 年,三月丙戌朔,既生霸戊戌爲 13 日;穆王三十年爲公元前 999 年,四月己巳朔,初吉甲戌爲 6 日;周穆王三十四年爲公元前 995 年,五月甲辰朔,既望戊午爲 15 日。四器曆日、月相完全相符不悖,這在青銅器中還是極少見的。

總之,從以上五個方面看,我認爲作册吴盤、盉的年代只能定爲穆王時期,也就是穆王三十年。

作册吴方彝蓋紀時爲二年二月初吉丁亥,其時代有恭王、懿王、孝王、夷王、幽王諸説。按其造型與恭王時期的師遽方彝相同,主體紋飾亦相同,是方彝的最後形式,蓋頂邊緣飾回顧式夔龍紋,四面坡飾倒置的解體式獸面紋,有人稱其爲竊曲紋。如果作册吴盤、盉確爲穆王三十年,作册吴方彝蓋自應放在恭王時期爲宜,即恭王二年。這樣,作册吴在朝任職時間就跨越了穆、恭兩代。

作册吴盤、盉銘文重要之處還在於它反映了西周的執駒禮制。

馬是古代非常重要的牲畜,養馬、用馬,關乎軍國大事,《後漢書·馬援傳》稱其爲"甲兵之本,國之大用""安寧則以別尊卑之序,有變則以濟遠近之難",故歷代統治者都十分重視馬政。據《周禮》記載,周王朝設有衆多職官掌管養馬教馬,同時還規定許多養馬制度和與馬有關的祭祀禮儀,以保證馬大繁息。《周禮·夏官司馬·校人》:"春祭馬祖,執駒。夏祭先牧,頒馬,攻特。秋祭馬社,臧僕。冬祭馬步,獻馬,講馭夫。"又《庾人》:"掌十有二閑之政教,以阜馬,佚特,教駣,攻駒,及祭馬祖,祭閑之先牧,及執駒、散馬耳、圉馬。"就是説庾人掌管十二閑王馬的政令和教治,以使馬匹健壯,使馬用之而不過分勞累,教習駣馬(三歲馬)服役,閹割公馬,春季祭祀馬祖,夏季祭祀先牧(最先養馬者),舉行執駒典禮,以及使馬習慣聲音刺激,並給圉人傳授飼養和放牧的方法等。

　　"執駒"禮是周王朝的一種重要的養馬禮制。楊寬《執駒的禮制》和沈文倬《執駒補釋》都作了詳盡的考釋,[1]可參閱。駒,二歲的馬。《周禮》鄭玄注引鄭司農説:"馬,三歲曰駣,二歲曰駒。"執駒禮就是兩歲馬駒牽離母馬升爲役馬時舉行的一種儀式。

　　西周王朝非常重視此禮,儀式特別隆重,周王親自參加。《夏小正》載四月"執陟攻駒",戴德傳云:"執也者,始執駒也。執駒也者,離之去母也,陟,升也(案各本脱此三字,今從張本方本),執而升之君也。攻駒也者,教之服車數舍之也。"也就是説執駒的目的有二:一是使馬駒離開母馬,套上絡頭繮繩,教其駕車服役;二是獻馬於王閑,正式納入國家馬匹的編制。周王親自參加典禮,接受馬官所獻之馬。作册吳盤、盉銘文就記載了周王親自參加在斛南林舉行的執駒典禮和賜駒儀式。另外還有1955年陝西眉縣李村西周窖藏出土的盠駒尊。該尊作馬駒形,銘文記述某年十二月甲申,周王在庌地舉行執駒典禮,並賜給盠名爲雛子和駱子的兩匹馬駒(《集成》06011、06012)。1984年陝西長安縣張家坡井叔墓出土的3件達盨蓋,銘文也記述周王於三年五月既生霸壬寅在滆的行宫舉行執駒典禮,並賜給達一匹馬駒。[2]

　　作册吳盤、盉銘文記述了周王參加執駒典禮之後又舉行賞賜臣下馬駒儀式的全過程,較盠駒尊和達盨蓋更爲詳盡。如命鴌偈召唤作册吳,作册吳站立戟門,周王宣布賜駒,作册吳行跪拜大禮感謝,接受馬駒出門等,都使我們更爲全面地了解周代的執駒賜駒儀式。

　　另外要提及的是,《周禮》和《禮記》《夏小正》所記舉行執駒禮的月份有所不同。《周禮·夏官司馬》載"春祭馬祖,執駒",《夏小正》載四月"執陟攻駒",《禮記·月令》和《吕氏春秋》則説仲夏之月"游牝別群,則縶騰駒,班馬政",這是説五月,遊走的母馬已經懷胎,爲了不使相互踢咬傷及胎兒,就從牧群中分出,同時把原來隨從母馬的二歲馬駒套上絡頭,舉行執駒典禮,送進王閑以供使用。據研究,《夏小正》是一種十月曆,一年只有十個月,是夏代和周人居豳時期使用的曆法。其四月大體相當於《禮記·月令》的五月,[3]所記執駒的月份與《禮記·月令》基本相同。從出土的青銅器銘文來看,達盨蓋是在五月也就是仲夏,舉行執駒典禮,與《夏小正》《禮記·月令》《吕氏春秋》的記載相合,而作册吳盤、盉的四月也就是孟夏,盠駒尊的十二月,則到了季冬年末,與上述各書均不相合,可見當時執駒的時間並没有嚴格的規定。

2009 年 9 月 10 日完稿

---

[1]　楊寬:《西周史》,上海人民出版社,1999 年。沈文倬:《執駒補釋》,《考古》1961 年第 6 期。

[2]　中國社會科學院考古研究所:《張家坡西周墓地》312 頁,中國大百科全書出版社,1999 年。

[3]　王安安:《〈夏小正〉經文時代考》,西北大學碩士學位論文,2005 年。

斯 簋 考

有一件私家收藏的盂形簋,通高 13.7、口徑 21 釐米。侈口深腹,圈足外撇,頸部有一對附耳略高出器口。保存基本完好,鏽色斑駁,字口深峻,唯底部有一道不長的裂縫,但無大礙。頸部飾垂冠回首體呈 S 形的回首夔龍紋,以雲雷紋填地(圖一)。內底鑄銘文 73 字,屬冊命類型,爲研究西周冊命制度和西周史增添了新的資料,其中紀年的四要素俱全,對於青銅器斷代研究也有一定的意義。

圖一

簋銘是:

> 佳(唯)廿又八年正月既生霸丁卯,王才(在)宗周,各(格)大(太)室,即立(位),毛白(伯)入右斯(虖)立审(中)廷,北鄉(嚮),王令(命)乍(作)冊寏(憲)尹易(錫)斯(虖)緣(鑾)旂,用足(胥)師毃嗣(司)田(甸)人。斯(虖)捧(拜)首頴(稽)首,對趴(揚)天子休,用乍(作)朕(朕)文孝(考)砍父寶毁(簋),孫子萬年寶用。(圖二)

“宗周”,即鎬京。過去我在《關於應侯鐘“見工”一詞的解釋》一文中同意陳夢家先生的説法,認爲宗周是指岐周,也就是太王至文王之都,文王遷豐,武王營鎬之後,舊都岐周尚存,周之宗廟所在,故稱宗周。現在看來此説不確。

“斯”,作器者,金文中首次出現,《説文》作虖。《説文·虍部》云:“虖,虎聲也,從虎斤聲。”此處用作人名。

“毛伯”,與班簋的毛伯當爲一人,也就是盂簋的毛公,西周穆王時期人,征伐無需的主帥(《集成》04341、04162)。

“作冊寏尹”也是首次出現。金文中常見作冊尹、作冊尹某,從未見到作冊某尹。“尹”前一字上從宀,其下所從爲一橢圓圈,其中有一點,圓圈與宀字右下角用弧形筆畫相連,與常見的“害”字下從口、“寏”字下從目均不同,而與沈子它簋的“眪”字所從相同,當爲“目”字的訛

圖二

變,故該字隸定爲"㝨",即憲,本爲法令,法度。《書‧說命下》:"監于先王成憲,其永無愆。"孔穎達疏:"視先王成法,其長無過。"《管子‧立政》:"憲既布,有不行憲者,謂之不從令,罪死不赦。"後引申爲對上司的尊稱、美稱。牆盤有"憲聖成王",這裏是對作册尹的尊稱、美稱或者作册尹之名,金文中有私名放在姓氏或者官名之前的現象。

"縊旟",即鑾旟,西周時期帶有鈴鐺的一種旗幟。金文中周王賞賜給臣子的旗幟是一種身份等級和權力的象徵,最常見的是旂和鑾旂,另外還有鑾旆(師訇鼎)、鑾旂(輔師嫠簋)、鑾旟(束盉)、攉旟(雝鼎)等。這些不同名稱的旗幟,可能代表着官職等級的不同。從救簋蓋的"旂四日",師道簋的"旂五日"和王臣簋的"鑾旂五日"可知,旗幟上一般都繪有不同的圖案;從宷盤的"鑾赤旂五日"可知,旗幟不僅有圖案區別,還有顏色的區別。至於以什麼圖案、什麼顏色代表什麼等級,目前還無法得知。

"用疋","用"是語首虛詞。"疋"讀爲胥,輔佐之義。在西周金文中"胥"借"疋""楚"爲之。《方言》:"胥,輔也,吳、越曰胥。"《廣雅‧釋詁二》:"胥,助也。"王念孫疏証:"郭璞注:'胥,相也;由,正也。'皆謂輔持也。"

"田人"讀爲"甸人"。甸人還見於柞鐘"司五邑甸人事",善夫克盨"王令尹氏友史趛,典善夫克甸人",次尊"公姞令次司甸人",嘼鼎"作尹氏□妾甸人"等。多數學者認爲甸人是天子或諸侯的田官,相當於《周禮‧天官》中的"甸師"。《左傳‧成公十年》:"晋侯欲麥,使甸人獻麥。"注:"甸人,主爲公田者。"《禮記‧文王世子》:"公族其有死罪,則磬于甸人。"注:"甸人,掌郊野之官。"但陳絜先生在其《嘼鼎銘文補釋及相關問題》一文中,提出一種新的觀點,[1]認爲西周金文中的"甸人"當讀爲佃人(烽按:其實不用讀爲佃人,金文中均作"佃人"或"田人",未見從勹從田的"甸"),是依附於貴族土地上的農民,是王室及貴族內的農事者,或即與金文中習見的"僕庸"身份相似,可備一說。

"搽首頡首",即拜手稽首,行跪拜大禮。第二字應用"手"字,而銘文用了"首"字,當係誤字。

---

[1] 陳絜:《嘼鼎銘文補釋及相關問題》,《新出金文與西周歷史》196頁,上海古籍出版社,2011年。

"文孝",即文考。"孝"通"考"。"文考",有文德的父親。"文"是對過世父親的讚美之辭。

"欨父","欨"字金文中也是首次出現。《説文・欠部》:"欨,吹也。一日笑意。"清李調元《卍齋瑣録》卷一:"《六書故》:欨,溫吹也。凡歆、翕、歙、呬、飲,皆内氣也;欨、歔、欼、呼、呵,皆出氣也。廣陿輕重象其聲。欨呵爲陽,吹呼爲陰,欲暖者欨之,欲涼者吹之。通作'煦'。"此處作人名用字。"欨父"即斷的父親。

銘文大意是説:二十八年正月既生霸丁卯這天,周王在宗周,來到太室就位,毛伯陪同斷進門站立在中庭。周王命令作册尹賞賜給斷一種繫有鑾鈴的旗幟,讓他輔佐師毃管理甸人。斷行跪拜大禮,稱揚周天子的恩德,於是鑄造了這件祭祀過世父親的寶簋,子孫萬年永遠寶用。

斷簋的時代,從器形、紋飾和銘文字體分析,我們認爲應該在西周中期前段。

這種盂形簋傳世和出土的數量不是很多,但有銘文的將近 10 件,其時代特徵還是很明顯的,如伯戜簋、滋簋、命簋、叔簋、仲簋、旂伯簋、不壽簋和仲師父簋等,有的自名爲盂簋(見滋簋)。這些簋上的紋飾,常見的是長鳥紋和體呈 S 形的回首夔龍紋,也有少量的弦紋和變形獸面紋。這種形制和長鳥紋、回首夔龍紋,最早出現在昭王時期,懿王之後逐漸消失。所以,上述簋大多被定爲西周中期前段即穆恭時期,個別的有可能晚到懿孝時期。

斷簋從形制、紋飾看,不可能晚到懿孝時期,放在穆恭時期是比較合適的。

若按斷代工程的《夏商周年表》來排比,只能放在穆王時期。因爲懿、孝、夷三王的紀年合計也不到二十八年,因而懿、孝、夷三王就得排除在外。西周王年超過二十八年的只有穆王、厲王和宣王。陳久金的《歷史紀年表》認爲康王在位 30 年,[1]陳夢家的《西周銅器斷代》康王在位年數也定爲 38 年。[2]即便如此,從青銅器類型排列來看,厲、宣時期的標準器都沒有此種形制的簋,體呈 S 形的回首夔龍紋厲、宣時期也已經消失,斷簋的形制、紋飾也絕對早不到康王時期,所以按照斷代工程的《夏商周年表》斷簋應放在穆王時期。銘文中的右者"毛伯",與穆王時期標準器班簋的"毛伯"爲一人,也給予支持。但是,斷代工程年表中,穆王 28 年爲公元前 949 年,該年正月庚戌朔,丁卯已經到了 18 日,與月相既生霸不合。此種現象如何解釋,有待進一步研究。

大家知道,西周並無曆譜傳世,共和之前也沒有確切的紀年,目前擬定的曆譜,都是根據現代曆算知識,結合金文記載的曆日資料形成的,況且古人是用肉眼觀察天象,必然有一定誤差,所以金文中記録的曆日未必與新擬曆譜相合。彭裕商先生指出,目前對西周曆法的認識仍然非常有限,各家所排曆譜都有不可靠之處,因此不能將曆法作爲斷代的主要依據,只

---

[1] 陳久金:《中朝日越四國歷史紀年表》,群言出版社,2008 年。
[2] 陳夢家:《西周銅器斷代》,中華書局,2004 年。

能作爲一種輔助手段。多年的實踐證明考古學和古文字學方法是完全靠得住的,器形紋飾以及銘文内容、銘文字體、詞彙等都具有時代特徵,運用這些資料斷代,同時適當參照金文中的曆日資料,這樣才能盡量減少失誤。[1]其説無疑是正確的。上面我們依據斷簋的形制、紋飾將其時代定在穆、恭時期,再結合銘文字體風格把它具體到恭王世,可能顯得更合適。穆王時期的銘文字體,一般還帶有波磔體的遺風,許多字還保留着肥筆和首尾出鋒的現象。如"王、又、㝅"等,"宀"頭作鋭頂聳肩,兩側直折或略有弧度,"貝"字下兩筆或在内或移在左右兩筆的頂頭等。斷簋銘文已不見肥筆,也没有出鋒的現象,"宀"頭均作弧肩圓折;"貝"字下部似已封口,表現出了較晚的特徵。如果所定不誤,恭王在位年數至少就有二十八年之多。

過去各家對西周諸王在位年數的推斷,大多受制於文獻記載和對金文曆譜的認識,認爲恭王不超過 20 年,穆王 55 年。斷代工程將恭王定爲 23 年,穆王仍爲 55 年。其實,文獻記載不可不信,也不可全信,特別是時代晚的文獻。關於穆王在位 55 年最早見於《史記》。恭王在位的年數最早見於西晋皇甫謐《帝王世紀》。《太平御覽》引其文説"(恭王)在位二十年崩",《資治通鑑外紀》引文説"(恭王)在位二十五年,年八十四",兩相不一。皇甫謐自己也承認"周自恭王至夷王四世年紀不明",可見恭王在位 20 年並無可靠根據,穆王在位 55 年也多受質疑。目前根據最可靠的鮮簋紀年,穆王在位不少於 34 年。依上所述恭王紀年最少 28 年,穆王的紀年也只能有 40 多年。因爲兒子在位時間較長,父親在位就不會很長,既然恭王在位已經達到 28 年,穆王就不可能在位 55 年了。

（原載《考古與文物》2012 年第 3 期）

---

[1]　彭裕商:《西周青銅器年代綜合研究》21—22 頁,巴蜀書社,2003 年。

戚簋銘文釋讀

最近見到一件戚簋的資料,未見於著録,似新近出土,現與讀者分享。該簋通高 14.2、口徑 21.2、腹深 13、兩耳相距 33.7 釐米。口微斂,有子口,下腹外鼓,蓋面隆起,沿下折,頂部有圈狀捉手,腹部有一對獸首耳,下有方形垂珥,圈足沿外撇,其下連鑄三個象鼻獸面小足。蓋沿和器口沿下飾竊曲紋,以雲雷紋填地,蓋面和器腹飾瓦溝紋(圖一)。

關於戚簋的製作時代,從形制、紋飾、銘文内容和字體風格看應在西周中期。在已知的西周青銅器中,它和西周中期後段伐簋(《銘圖》05321)的形制、紋飾、銘文書體都十分相似。銘文中出現的單伯是恭、懿時期的執政大臣,見於裘衛盉和揚簋。裘衛盉被公認是恭王時期的作品。揚簋的形制是典型的西周中期後段流行的弇口圈三足簋,圈足下都是卷鼻形獸面小足,紋飾爲竊曲紋帶和瓦紋,特别是銘文字體與戚簋如出一人之手。同時,周王册命揚和册命戚都是單伯擔任擯相。陳夢家的斷代體系將揚簋歸入懿王時期,[1] 再結合兩簋所裝飾的竊曲紋出現在懿王時期,瓦紋流行於西周中期後段到西周晚期的情況,我認爲把戚簋和揚簋的時代定在懿王世是比較合適的。

戚簋蓋、器對銘,各 70 字(其中重文 2)(圖二)。

圖一

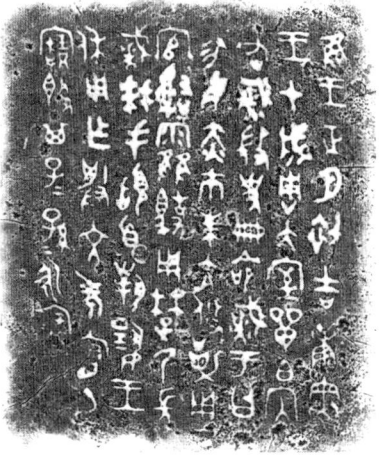

圖二

[1] 陳夢家:《西周銅器斷代》192 頁,中華書局,2004 年。

下面按蓋銘的行款寫出釋文（蓋銘"用言" 2 字磨滅，依器銘添補），然後就有關詞句加以討論。釋文如下：

> 隹（唯）王正月初吉庚寅，
> 王才（在）成周大（太）室，單白（伯）内（入）
> 右戚，敫（微）史册命戚，王曰：
> "易（錫）女（汝）赤市（韍）朱亢（衡）、攸（鋚）勒，用
> 官嗣（司）靇（霍）馺（馺—使），用楚（胥）乃長。"
> 戚捧（拜）手頵（稽）首，凱（對）嬰（揚）王
> 休，用乍（作）朕（朕）文考寉（憲）白（伯）
> 寶毁（簋），닝（其）子＝（子子）孫＝（孫孫）永寶用言（享）。

下面就有關詞語作一詮釋。

"單白"，即單伯，人名，西周中期的揚簋記揚在接受周王册命時單伯擔任右者；裘衛盉記載單伯與伯邑父、榮伯、定伯、琼伯等執政大臣一起處理裘衛與矩伯庶人以玉器和裘皮交換土地的事情。另有單伯吴生鐘（《銘圖》15265），一般認爲就是單伯的自作器。從揚簋可知單伯的官職是司徒，地位相當高。在本銘中他亦擔任擯相，陪同戚接受周王的册命。

"内右"，即入右，陪同進入之意。導引賓客，執贊禮儀者，金文稱"右"。右，助也。後多作"佑"。《詩·大雅·大明》："篤生武王，保右命爾。"毛傳："右，助。"導引受命者晉見周王，故稱"入右"。文獻稱"擯""擯相"。《周禮·秋官·小行人》："凡四方之使者，大客則擯，小客則受其幣而聽其辭。"鄭玄注："擯者，擯而見之王，使得親言也。"《論語·鄉黨》："君召使擯，色勃如也，足躩如也。"陸德明釋文："擯，本作賓，又作儐。"朱熹集注："擯，主國之君所使出接賓者。"《周禮·秋官·司儀》："掌九儀之賓客擯相之禮，以詔儀容辭令揖讓之節。"鄭玄注："出接賓曰擯，入贊禮曰相。"

"戚"，人名，作器者。

"敫史"，即微史，見於史牆盤，但此銘的"微史"與史牆盤的"微史"無關。史牆盤的"微史"是史牆的烈祖，商末周初人，微地的史官，而本銘的微史從他在册命戚的儀式上宣讀王命來看，是周王朝的史官。"史"是官職，"微"是其私名。

"赤市、朱亢、攸勒"即"赤韍、朱衡、鋚勒"。此三項是周王賞賜給戚的物品，册命銘文中常見。"赤韍"即祭服中的紅色蔽膝。"亢"與"黄"同，讀爲"衡"。"亢"爲陽部溪紐，"衡"爲陽部匣紐，兩字疊韻旁紐，故可通假。金文中稱"亢"的有猋簋、衛簋的"殺（朱）亢"，猋盤、猋盉的"索（素）亢"，師道簋、柯簋的"朱亢"，趩簋、宰獸簋、盝尊、盝方彝的"幽亢"，除柯簋可晚到夷厲時期外，基本上都集中在西周中期，它和"黄"同時並用，用"黄"的數量還要多於

"亢",但到了西周晚期"亢"就很少出現了。"朱亢(衡)"就是用於束繫蔽膝的朱紅色横帶。"鋚勒"就是綴有銅飾件的馬頭絡銜。

"用官嗣霍駛"即"用官司霍駛(使)",這是周王授予戚的職責。"用",用以。"官"的本義爲館,也就是供人居住的館舍,"館"是後起字。漢賈誼《新書・耳痺》:"百世名寶,因閒官爲積。"俞樾《諸子平議・賈子二》説:"官乃館之古文,説詳匈奴篇。閒官即閒館,謂館舍之空虚者。"《漢書・韓延壽傳》:"修治學官。"顏師古注:"學官,謂庠序之舍也。"楚簋的"嗣荼畐官"(《銘圖》05284)中的畐官就是鄙館,但在古文獻和金文中多數是其假借用法,作職官解。如《書・皋陶謨》:"俊乂在官,百僚帥師。"《荀子・正論》:"夫德不稱位,能不稱官,賞不當功,罰不當罪,不祥莫大焉。"師嫠簋"命汝司乃祖舊官小輔、鼓鐘"(《銘圖》05381),均作職官解。"官"還有一義是駕馭,管理。《管子・權修》:"審其所好惡,則其長短可知也;觀其交遊,則其賢不肖可察也。兩者不失,則民能可得而官也。"《荀子・天論》:"如是則知其所爲,知其所不爲矣,則天地官而萬物役矣。"楊倞注:"言聖人自修政則可以任天地役萬物也。"《荀子・解蔽》:"勢亂其官也。"楊倞注:"官,司主也。""官"一作職責解。《國語・晋語八》:"上醫醫國,其次疾人,固醫官也。"韋昭注:"官,猶職也。"《韓非子・難一》:"耕、漁與陶,非舜官也,而舜往爲之者,所以救敗也。"《禮記・樂記》:"欣喜歡愛,樂之官也。"

"嗣",司字繁體,其義爲主管、職掌、職守、職責。《書・高宗肜日》:"嗚呼!王司敬民,罔非天胤,典祀無豐于昵。"孔傳:"王者主民,當敬民事。"《書・胤征》:"俶擾天紀,遐棄厥司。"孔傳:"司,所主也。"

周代金文中官嗣、嗣、啻官、啻官嗣爲含義相同的習語。"嗣"在金文中有治理、管理、司職、職掌等相近的義項。"啻"在金文中多讀爲"敵"或"適",《廣雅・釋詁三》:"敵,主也。"《詩・衛風・伯兮》:"誰適爲容?"毛傳云:"適,主也。"《逸周書・寶典解》:"心思慮適。"朱右曾集訓校釋:"適,專主也。"《助字辨略》卷五:"適,專主之辭,猶云職也。"《左傳・僖公五年》:"一國三公,吾誰適從。""官"與"嗣""啻"連用時,屬名詞用作動詞,表示"主司"之義,本銘的"官嗣"以及"啻官""啻官嗣"是同義詞連用,均可解爲職掌、主司、司理、管理等。

"官嗣霍駛",即官司霍使。"霍"即"霍"。"霍"字之後一字應爲"駛"字。該字的寫法有些特殊,左邊從馬十分清楚,右邊所從的"吏"字中間一豎不通過口字,其下所從的"又"與上部分離。這種結構與伯晨鼎、師旂鼎、彔伯簋的"吏"字基本相同,故可斷定爲"駛"。《龍龕手鑒・馬部》以"駛"同"駛",亦通"使"。唐玄應《一切經音義》卷二"駛河"引《三蒼》説:"古文使字,或作駛。"故"霍駛"即"霍使",是一個動賓結構的短句,是説周王命戚掌管的具體執事是霍使。"霍使"在金文中首次出現,在此有兩解。

1. "霍",古國名。始封之君爲周武王之弟叔處,春秋時爲晋所滅。故址約在今山西省霍州市西南。《左傳・襄公二十九年》:"虞、虢、焦、滑、霍、揚、韓、魏,皆姬姓也,晋是以大。"杜預注:"八國皆晋所滅。"《書・蔡仲之命》:"降霍叔于庶人。"孔穎達疏:"《世家》云:'武王已克商,平天下,封功臣昆弟,封叔處於霍。'"使"義爲使者。"霍使"就是王朝出使霍國的使臣,或者霍國來朝的使臣。

2."霍"又有疾速之義。《玉篇·雨部》:"霍,鳥飛急疾皃也。"引申爲疾速,急速。漢司馬相如《大人賦》:"煥然霧除,霍然雲消。""駛"也有疾速之義,《説文新附·馬部》:"駛,疾也。從馬吏聲。""霍駛"就是疾使、速使的意思,疾速傳達王命或傳遞文書的使臣。"駛"字之所以從"馬"從"吏",當是傳達王命或傳遞文書的吏臣最初都是騎馬疾馳前往,故"駛"爲"霍使"的專字。

兩者相比,我以爲後一解較優,因爲霍國來朝的使臣不需要周王册命,王朝出使霍國只是臨時性的差遣,也不需要正式册命。既然舉行如此隆重的册命儀式,當是任命常設的職官,其後緊接着有一句"用楚乃長"。"楚"讀爲"胥",胥有輔助之義。《爾雅·釋詁》:"胥,相也。"《方言》:"胥,輔也。"《廣雅·釋詁二》:"胥,助也。""用楚乃長"是説協助你的長官履行職責,説明周王册命戚的職責是掌管霍駛,而不是擔任霍駛。

"霍駛"有可能是西周時期傳驛的一個分支機構,設有數員或數十員,並設有長官統領,戚是其副職。

傳驛,又稱傳遽,商代已有之,商代甲骨文中的"遘"字,于省吾先生考證爲古代的"駔"字,爲傳車驛馬之名。卜辭中的"遘來""遘往""遘入""遘來歸"都是指傳驛的運作。又如《殷虛書契後編》下7.13的"傳氏盂伯",洹子孟姜壺的"齊侯命大子乘遘(傳)來句宗伯",都是商周時期設有傳驛的佐證。《周禮·秋官》載:"行夫,掌邦國傳遽之小事,媺惡而無禮者。凡其使也,必以旌節,雖道有難而不時,必達。"鄭康成注:"傳遽,若今時乘傳騎驛而使者也。美,福慶也,惡喪荒也,此事之小者無禮,行夫主使之,道有難,謂遭疾病他故,不以時至也,必達,王命不可廢也。"孫詒讓説:"傳遽,謂乘輕車傳達王命或報告消息。"《周禮·秋官》又載:"行夫,下士,三十二人。"可以看出行夫是一種低級的信使,其級別只是下士,是周王朝設置的負責以禮儀爲主前往諸侯國傳達有關福慶或喪荒等事,其上司爲大司寇。

"霍駛"與"行夫"尚有區別,它應是傳達緊急王命或文書的專設機構,當與唐宋時期的急遞、駛卒之類的性質相近。《夢溪筆談·官政一》説:"驛傳舊有三等,曰步遞、馬遞、急腳遞。急腳遞最遽,日行四百里,唯軍興則用之。"《韓非子·外儲説右上》記載西周初年封太公望於齊,太公望到了營丘(臨淄)要殺兩位不服統治的"賢士",周公在魯國聞訊覺得殺了他們影響太大,就乘"急傳"赴齊加以阻止。"急傳"一般是信使乘坐輕車疾馳傳達命令或傳送文書,此因事關重大,差信使恐不能阻止太公望,所以周公便親自乘"急傳"前往。在周代,諸侯國的職官和各種機構的設置,大都參照中央王朝,這種"急傳"就是類似"霍駛"的一種傳遞緊急命令、消息或文書的一種設置。

在西周册命銘文中"右者"(儐相)與受命者職務之間有一定的統屬關係,"右者"往往是受命者的上級長官,受命者往往是"右者"的下級屬官。如吕服余盤:"備仲入右吕服余,王曰：服余，令汝更乃祖考事，疋（胥）備仲司六師服。"從上述周王册命戚是單伯擔任"右者"來看，戚應當爲司徒單伯的僚屬，協助單伯管理霍駛。看來，西周時期的霍駛是由司徒掌管的，與行夫由大司馬掌管有所不同。

"用乍朕文考害白寶毁"，"害白"即憲伯，作器者戚的父親。憲伯還見於故宮收藏的一對揚簋。從簋銘文得知，周王册命揚擔任司工之職，掌管司量田佃、司空、司芻、司寇、司工事，册命儀式上，也是司徒單伯擔任右者，且揚稱其過世的父親爲"朕烈考憲伯"。揚簋和戚簋的時代同屬西周中期後段，册命時同爲單伯擔任右者，又都稱其過世的父親爲憲伯，説明揚和戚是同宗兄弟。西周時期主要是世卿世禄制，職官父子相襲，主要是長子繼承，但還是要經過周王册命的。同胞弟兄同朝爲官也是可以的，如西周中期前段的獄和衛[1]均言爲"文考甲公"作器，獄曾自稱"伯獄"，應是兄長，他可能是承襲父親的官職，他的上司是周師，而衛則是拔擢册命的新官職，他的上司是仲侃父，所以衛在擔任王官以後，就脱離大宗獨立門户，成爲小宗宗子，來爲父親鑄造祭器。揚和戚也是類似的情況，從所鑄祭器銘文中可以看出揚的官職是司工，官職高於戚，他應是長子，繼承了父親憲伯的舊官，戚是新獲得的官職，職位較低，但他也是王官了，也可以成爲小宗宗子，這就形成一支新的世官世禄家族。

簋銘中的"霍駛"在金文中第一次出現，未見諸史書記載，它應該是古代傳驛的一個特殊的分支。它的發現爲研究西周職官制度和傳驛制度提供了重要的資料。

（原載《文博》2014 年第 6 期）

---

[1]　朱鳳瀚：《衛簋與伯獄諸器》，《南開學報》2008 年第 6 期。

衍簋、槐簋研究

近見一件衍簋和一對槐簋，均西周中期後段之物。兩者形制、紋飾完全相同，尺寸大小、皮殼鏽色也十分接近，傳出晉南，有可能是同一墓地出土。其形制爲斂口鼓腹，一對銜環獸首耳，衍簋一環失落，矮圈足連鑄三條尾上卷的獸面扁足，蓋面呈弧形隆起，上有圈狀捉手，捉手有對穿小孔。蓋沿和器口沿均飾以雲雷紋填底的竊曲紋，蓋上和器腹均飾瓦紋（圖一、二）。兩者銘文內容相關聯，所任官職相同，氏稱相同，極有可能是一家之人，下面進行分析。

圖一　衍簋

圖二　槐簋

一、衍　簋

衍簋，通高 22.3、口徑 18.1、兩耳間距 26.8 釐米。

蓋內鑄銘文 81 字（圖三），銘文是：

佳（唯）三月初吉戊寅，王才（在）宗周，各（格）于大（太）室，焚（榮）白（伯）內（入）右衍，王命女（汝）曰：“死（尸）嗣（司）王家，易（賜）女（汝）冋（絅）衣、赤舄、幽黄（衡）、鋚鞶（勒），易（賜）女（汝）田于盍、于小水。”衍頡（稽）首，叙（敢）對凱（揚）天子不（丕）顯休，用乍（作）朕（朕）文考頁（鄭）丼（邢）季寶毁（簋），子＝（子子）孫＝（孫孫）廿（其）償（萬）年永寶用，趩（遣）姑罘乍（作）。

衍簋銘文係册命類。記載某年三月初吉的戊寅日,周王在宗周大室,册命衍主管王室事務,並賜給襌衣、赤紅色的朝靴、暗黑色繫帶和飾有青銅配件的馬轡。衍爲了感謝周王的恩惠,就和夫人遣姞一起鑄造了祭祀過世父親鄭邢季的寶簋。

現就銘文中的語詞作以解釋。

"宗周",指周都鎬京,故址在今西安市長安區灃河東岸斗門鎮北。

"大室",典籍稱爲太室。周王祖廟的中央大室,祭祀祖先或者舉行重大典禮的場所。

"焚白",即榮伯,見於康鼎、衛簋、同簋、豣伯師耤簋、輔師嫠簋、宰獸簋、卯簋蓋、十月敔簋、裘衛盉、永盂、由鼎、由盨蓋、由盉、應侯見工鐘,並有自作器榮伯鬲、榮伯簋等,共 23 件青銅器銘文。從宰獸簋的"司土榮伯右宰獸入門立中廷",永盂記載榮伯與益公、邢伯、尹氏、師俗

圖三　衍簋銘文

父、遣仲共同傳達王命,賜給師永洛河南北的土地,以及裘衛盉中榮伯與伯邑父、定伯、琼伯、單伯一起處理裘衛與矩伯庶人的土地交易之事,可知榮伯乃是西周中期的執政大臣,職務是司徒,經常參與大臣的册命儀式,擔任右者。

"衍",人名,作器者。鄭邢氏。

"死嗣王家",即尸司王家。"死"同"尸",義爲主、主持、職掌。吳大澂曰:"死,即尸。《說文》:尸,陳也;屍,終主也。引申之凡爲主者皆爲屍,經傳通作尸。"《書·康王之誥》叙曰:"康王既尸天子。"傳云:"尸,主也。主天子之正號。"《詩·召南·采蘋》:"誰其尸之?有齊季女。"注:"尸,主。"《穀梁傳·隱公五年》:"卑不尸大功。"注:"尸,主。"《墨子·大取》:"一愛相若,其類在死也。"于省吾新證:"死應讀作尸……尸之通詁訓主……言無論兼愛一愛,均以他爲主,而非爲我也。"《晏子春秋·内篇諫上五》:"死三日而畢。"于省吾新證:"主管其事曰尸,猶今人言職務。《爾雅·釋詁》:'職、尸,主也。'是職、尸同訓,……此云'死三日而畢'言其職尸之事三日而畢也。"

"嗣"即"司",其義亦爲主、主管、職掌。《書·高宗肜日》:"嗚呼!王司敬民,罔非天胤,典祀無豐于昵。"孔傳:"王者主民,當敬民事。"《書·胤征》:"俶擾天紀,遐棄厥司。"孔傳:"司,所主也。""尸司"係同義字連用,加強語氣。

"王家",有兩解。一是指王族,王室,國王之家;二是指王朝、朝廷。《書·武成》:"至于

大王,肇基王迹,王季其勤王家。"孔穎達疏:"王季修古公之道,諸侯順之,是能纘統大王之業,勤立王家之基本也。"該銘的"王家"是指周王的家室,而不是朝廷、國家。"尸司王家"是說掌管周王的家室事務。同類的銘文還見於蔡簋:"先王既命汝作宰,司王家,今余唯申就乃命,命汝眔죔攝胥對各,从司王家外内,毋敢有不聞,司百工,出入姜氏命,厥有見有即令,厥非先告蔡,毋敢庚有入告,汝毋弗善效姜氏人,勿使敢有庚止縱獄。"望簋有"尸司畢王家",宰獸簋有"攝司康宫王家臣妾,奠墉外内"等。

從蔡簋、宰獸簋銘文可知主管王家事務的職官一般都是宰,其掌管王家内外事務,管理各種工匠,傳達王后命令,接待進見聽命者,同時負責教導内宫人員等。衍簋的"尸司王家"和蔡簋的"司王家外内"、望簋的"尸司畢王家"、宰獸簋的"攝司康宫王家臣妾,奠墉外内"一樣,但衍簋銘文只言其職事,没有説明其官職,按照常規而言,主司王家的職事,一般都像蔡一樣是内官"宰",所以衍的官職亦當是宰或者與宰職相當。

"问(絅)衣、赤舄、幽黄(衡)、鋚鞾(勒)",此爲周王賞賜衍的物品,常見於册命類型的金文中。

"问衣",即絅衣,也就是禪衣,罩在外面的單衣。《禮記·玉藻》:"禪爲絅。"鄭玄注:"有衣裳而無裹。"《禮記·中庸》引《詩》説:"衣錦尚絅。"朱熹集傳:"裻、絅同,禪衣也。"今本《詩·衛風·碩人》作"衣錦褧衣"。

"赤舄",紅色的朝靴。《詩·豳風·狼跋》:"公孫碩膚,赤舄几几。"傳:"赤舄,人君之盛屨也。"《周禮·天官·屨人》注:"舄有三等,赤舄爲上。"

"幽黄",即幽衡,黑色的衡。"幽"通"黝"。《禮記·玉藻》:"一命緼韍幽衡,再命赤韍幽衡。"鄭玄注:"衡,佩玉之衡也。幽讀爲黝,黑謂之黝。"《簡明金文詞典》謂"幽黄"即"幽璜",是"由暗黑色絲帶絡着玉璜構成的配飾品"。唐蘭先生認爲"黄"讀爲"衡",是繫韍的帶子。[1]"幽衡"是暗黑色繫韍的帶子。唐説爲是。

"鋚鞾",即鋚勒。康鼎作"鋚革",《詩·大雅·韓奕》作"鋚革"。此"勒"字從金從革,金文中第一次出現,與班簋的"鞶(勒)"相比,有金旁却省去力旁。"勒"爲職部見紐,"革"爲職部來紐,二字疊韻多通假。"鋚勒"就是綴有銅飾的馬絡銜。

"易(錫)女(汝)田于盍、于小水",此爲周王賞賜給衍的田地,也就是衍的采地。盍與小水是田地的所在地名。

"奠丼季",即鄭邢季,作器者衍過世的父親。"鄭"是新封邑所在地,亦即新的氏稱,"邢"是原來的氏稱,組成複合氏名,稱"季"是衍的父親在兄弟間的排行。西周時期的大簋、免尊、免卣、瘻壺都有"王在鄭",旗伯簋有"王格鄭宫"。《竹書紀年》云"穆王以下都于西鄭",即此。尹盛平先生認爲西周時期的鄭在今陝西鳳翔、寶雞一帶,鄭丼(邢)氏的封邑在今

[1]　唐蘭:《西周青銅器銘文分代史徵》370頁,中華書局,1986年。

鳳翔縣南雍城遺址一帶。[1]尚志儒先生則認爲西鄭在今鳳翔縣東田家莊鎮的西勸讀村,[2]不管怎麼説,西周時期的鄭邢氏封邑在今鳳翔縣境内是可信的。

正如尹盛平先生所説,鄭是一個大地名,在今陝西鳳翔寶雞一帶,其地西周時期建有鄭宫,西周中期周王常來此地,並在鄭宫册命朝臣。同時把許多大臣的采邑分封在鄭地,除鄭丼(邢)氏之外,還有鄭虢氏(見鄭虢仲簋)、鄭羌氏(見鄭羌伯鼎)、鄭義氏(見鄭義伯盨、鄭義羌父盨)、鄭登氏(見鄭登伯鼎、鄭登叔盨)、鄭噩氏(見鄭噩叔之子寶登鼎)、鄭鑄氏(見鄭鑄友父鬲)、鄭楙氏(見鄭楙叔賓父壺)等等,西周中期前段的粉簋就有"隹(唯)正月初吉丁丑,昧爽,王在宗周,格大室,祭叔右粉即立中廷,作册尹册命粉,錫鑾,令邑于鄭"的記載。[3]

"丼",即井、邢。商代有井方國,故址在今河北邢臺市附近,成王時期封周公子於其地爲邢侯,《漢書·王莽傳》説:"成王廣封周公庶子六人,皆有茅土。"《左傳·僖公二十四年》也有:"昔周公弔二叔之不咸,故封建親戚,以藩屏周,……凡、蔣、邢、茅、胙、祭,周公之胤也。"邢侯的子輩,在王朝服務,擔任卿士者,便形成邢伯、邢叔、邢季三支,到了西周中期後段,邢叔一支人丁興旺,又繁衍三支家族,因各自獲得采邑,成爲新的小宗宗主,於是就有了鄭邢、豐邢、咸邢(詳後)的稱謂,也就是新的複合氏稱。

鄭邢氏的青銅器,目前見到的還有:西周中期後段的康鼎、鄭邢叔康盨(2件)、鄭邢叔鐘(2件);西周晚期的鄭邢伯奔父甗、鄭邢叔甗、鄭邢叔毃父鬲(2件)、叔男父匜(銘末署"鄭邢")等。

"趞姞",即遣姞,衍的夫人。"遣",族氏名,從稱遣姞看,遣氏當爲姞姓。青銅器中有遣叔鼎、遣小子師簋、遣伯簋、遣伯盨、遣叔吉父盨、遣妊爵、守鼎、孟簋、永盂銘文出現"遣仲",易旁簋銘文出現"遣叔",柞伯鼎銘文出現"遣氏",均遣國族人。遣氏也是一個顯赫的族群,遣仲是恭懿時期的執政大臣之一,曾擔任主帥征伐東夷。

"眔",及也,暨也。《説文·目部》:"眔,目相及也。從目,從隸省。"在金文中一般用作連詞。清阮元《積古·吳彝》:"眔,及也。"臣辰盂:"王令士上眔史寅殷于成周。"郭沫若考釋:"眔字卜辭及彝銘習見,均用爲接續詞,其義如'及'如'與'。"[4]"遣姞眔作"應理解爲遣姞與衍共同鑄造了這件簋。

二、槐　簋

槐簋,通高 22、口徑 18.2、兩耳相距 26.5 釐米。

[1] 尹盛平:《邢國改封的原因及其與鄭邢、豐邢的關係》,《三代文明研究(一)》130 頁,科學出版社,1999 年。

[2] 尚志儒:《鄭、棫林之故地及其源流探討》,《古文字研究》第 13 輯 438 頁,中華書局,1986 年。

[3] 陳昭容主編:《古文字與古代史》第 1 輯 210 頁,臺北"中研院"歷史語言研究所,2007 年。

[4] 郭沫若:《金文叢考》326 頁,人民出版社,1954 年。

蓋內鑄銘文,共 76 字(圖四),銘文是:

佳(唯)正月初吉丁亥,王才(在)宗周,各(格)于大(太)室,卿(卿)事內(入)右槐(槐),
命乍(作)典(册)尹册命槐(槐)曰:"易(賜)女(汝)幽黃(衡)、鋆鉾(勒),用死(尸)嗣(司)王
家。"槐(槐)捧(拜)頶(稽)首,叡(敢)對凱(揚)天子不(丕)顯休,用乍(作)朕(朕)皇且(祖)
文考寶殷(簋),用追孝百神,貞(其)子=(子子)孫=(孫孫)永寶用。奠(鄭)丼(邢)槐(槐)。

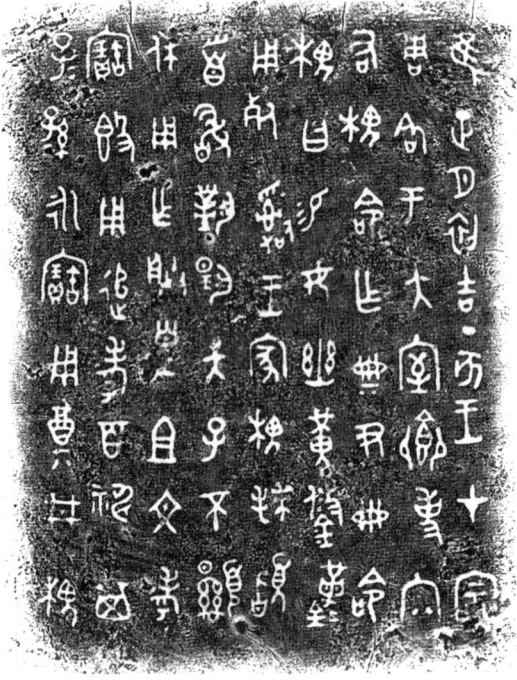

圖四　槐簋銘文

槐簋銘文亦係册命類。銘文記載某年正月初吉的丁亥日,周王在成周大室,册命槐掌管王室事務,並賜給暗黑色繫帶和青銅馬轡。槐就鑄造了這件寶簋,既感謝周王的恩惠,也用以祭祀過世的祖父和父親。

銘文的"槐"字,金文中首見,從木鬼聲,今作槐,樹木名,落葉喬木。此處爲作器者人名。

"作典尹"一詞也首見於金文,即作册尹,作册之長,西周史官,專掌王朝圖録、册封、詔命等事務,屬太史管轄。"典"字的構形與邢侯簋的"典"字極接近。典,就是簡册,指可以作爲典範的重要書籍。《書·五子之歌》:"明明我祖,萬邦之君,有典有則,貽厥子孫。"孔傳:"典,謂經籍。"册,也指典籍,古代文字書於簡,編連諸簡謂之"册",常以稱文獻、典籍。所以典與册詞義相同,可以連用互易。

"作册"之職出現於商代,盛行於西周早、中期。西周中期又出現"作册尹",同時還出現了"內史"和"內史尹"。內史尹是內史之長。內史與作册同爲史官,既有相當的密切關係,又有一定的分別。"內史"顧名思義,是主內之史。主要掌管記載周王的活動事迹,執行王后的差使,參與周王的賞賜錫命儀式等。西周晚期內史和內史尹就取代了作册和作册尹。

另外,還有一件鄭邢叔槐鼎(《銘三》0251),也是鄭邢槐的作品。鼎呈大半球形,立耳三柱足,鼎足上部稍有鼓起,頸部飾大小相間的重環紋(圖五、六)。銘文表明槐是鄭邢槐,也稱鄭邢叔槐。銘文是:

奠(鄭)丼(邢)弔(叔)槐(槐)肇乍(作)朕(朕)皇且(祖)文考寶鼎,子=(子子)孫=(孫孫)永用。

圖五　槐鼎

圖六　槐鼎銘文

"鄭邢叔"是一個複合族氏名，是"槐"的氏稱。

三、衍、槐、康三人的關係

臺北故宮博物院收藏一件康鼎（圖七、八）。銘文是：

　　唯三月初吉甲戌，王才（在）康宮，娑（榮）白（伯）内（入）右康，王命死（尸）嗣（司）王家，命女（汝）幽黄（衡）、鋚革（勒），康搡（拜）頴（稽）首，叡（敢）對剴（揚）天子不（丕）顯休，用乍（作）朕（朕）文考釐白（伯）寶障（尊）鼎，子＝（子子）孫＝（孫孫）才（其）萬年永寶用。奠（鄭）丼（邢）。

圖七　康鼎

圖八　康鼎銘文

　　康鼎銘文記述某年三月初吉甲戌，由榮伯擔任右者，周王在康宮册命康“尸司王家”，即管理王室事務，並賜給暗黑色繫帶和青銅馬彎。康行叩頭大禮，感謝周王的恩惠，鑄造了祭祀過世父親釐伯的尊簋。

　　銘末署有“鄭邢”，傳世又有鄭邢叔康盨二件，可知，康也是鄭邢氏。傳世的趩尊（也稱趩觶、趩簋）銘文有“王在周，格大室，咸丼（邢）叔入右趩”，陳夢家先生認爲“咸邢叔”即“鄭邢叔”。[1] 而《商周青銅器銘文選》和《長安張家坡西周井叔墓發掘簡報》却認爲“咸井叔，咸字似屬上讀，自成一句，則此右者井叔當即免簋、免尊之井叔”。[2] 徐良高先生在其《邢、鄭井、豐井芻議》一文中也贊同此説。[3] 我認爲以上兩説均不妥。“咸丼（邢）叔”和“鄭丼（邢）叔”“豐丼（邢）叔”一樣，是丼（邢）叔氏支裔的不同稱謂。

　　《商周青銅器銘文選》和《長安張家坡西周井叔墓發掘簡報》把“咸丼（邢）叔”讀爲“咸，丼（邢）叔”更不可取。咸同既，畢也，終結也。漢揚雄《法言·重黎》：“或問：六國並，其已久矣。一病一瘳，迄始皇三載而咸。時激，地保，人事乎？”于省吾《雙劍誃諸子新證·法言新證》：“咸謂畢也……言至始皇三載而畢也。”金文中“咸”的用例很多，如德鼎：“唯三月王在成周，延珷祼自郊，咸，王賜德貝廿朋。”作册般甗：“王宜夷方無敔，咸，王賞作册般貝。”史懋壺：“唯八月既死霸戊寅，王在葊京溼宮，親令史懋路筮，咸。王呼伊伯賜懋貝。”班簋：“唯八月初吉，在宗周，甲戌，王令毛伯更虢城公服，屏王位，作四方極，秉緐、蜀、巢、令錫鈴、勒，咸。王令毛公以邦冢君、徒馭、或人伐東國痛戎，咸。王令吳伯曰：以乃師左比毛父。”上述四器的“咸”，都是表示敘述同一個人做幾件事情，當完成一件事情之後，便用一個“咸”表示這件事情的終結，然後再敘述第二件事情，“咸”起着承上啓下的作用。與“咸丼（邢）叔”的情況完全不同。趩觶的“王才周，各大室”，只説王來到大室，還没有册命趩，怎麽就可以説“咸”（完畢或者結束）呢？所以，此説不合語例，文法不通。我意“咸丼（邢）叔”三字應連讀，是人名。“咸丼（邢）叔”是居於“咸”地的丼（邢）氏，與鄭丼（邢）無涉。陝西扶風法門鎮齊村出土有豐（丼）邢叔簋，還有同村出土的犀甗，銘末署有“豐丼（邢）”，可證鄭丼（邢）、豐丼（邢）和咸丼（邢）同爲丼（邢）氏，但采邑所在地不同，分別是鄭、豐、咸。

　　鄭邢、豐邢、咸邢都是姬姓邢氏的分支，由於居地不同，爲了相互區别，就在邢氏之上再加上居地名，於是就形成了邢的複合氏名。所以，鄭丼（邢）叔、豐丼（邢）叔、咸丼（邢）叔肯定不會是同一個人，應是邢叔的三個分支。凡是邢伯、邢叔、邢季等不加鄭、豐、咸的邢氏，其時代都在西周早期到西周中期前段，署有鄭邢、豐邢、咸邢者，最早的不能早過穆王世，大多

―――――――――

［1］ 陳夢家：《西周銅器斷代》180 頁，中華書局，2004 年。

［2］ 馬承源主編：《商周青銅器銘文選》，文物出版社，1990 年。中國社會科學院考古研究所灃西發掘隊：《長安張家坡西周井叔墓發掘簡報》，《考古》1986 年第 1 期。

［3］ 徐良高：《邢、鄭井、豐井芻議》，《三代文明研究（一）》118—125 頁，科學出版社，1999 年。

數是西周中期後段到西周晚期。

上面已經説過"鄭"在今陝西鳳翔縣境内。"豐"就是周都豐京,即今西安市長安區灃河西岸,1984年馬王鎮發現的丼叔家族墓地,應該就是豐丼叔祖上的墓地。"咸"也是一個地名。商代晚期的咸爵、咸父乙簋、咸妣癸尊,其中的"咸"就是族氏名,商周時期族氏名也就是地名。雖然上述三件咸器不知出土地點,不能確定與咸丼(邢)叔的"咸"是否爲一地,但咸邢叔的"咸",應當就在西周王畿之内的陝西關中地區,或者晋南、豫西一帶。

《山海經·北山經》記載:"又東北七十里,曰咸山,其上有玉,其下多銅,是多松柏,草多此草,條菅之水出焉,而西南流注于長澤,其中多器酸,三歲一成,食之已癘。"長澤,即今山西運城市的鹽池。《水經注》:"涑水西南逕監鹽縣故城,城南有鹽池,上承鹽水,水出東南薄山,西北流,逕巫咸山北。《地理志》曰:'山在安邑縣南。'"《水經注》所説的巫咸山,也就是《山海經》所説的咸山,又名覆奥山、瑶臺山,在今夏縣東南,山麓有巫咸祠、巫咸墓。咸山實際上就是中條山東端。《漢書·地理志》:"安邑。"注曰:"巫咸山在南。鹽池在西南。魏絳自魏徙此,至惠王徙大梁。"《肇域志》:"瑶臺山,在縣東五里,高一里許,商相巫咸、巫賢所居。《隋書》名巫咸山。《後漢書》注作咸山。孤峰峭拔,蒼翠摩空。巫公父子墳、祠在山麓。巫谷,在瑶臺左,白沙河所出。虞坂,在縣南十五里中條山,俗名三橋坡。平陸縣,古虞國,此路通平陸,故名。"咸丼(邢)氏的封邑有可能就在今山西夏縣、運城一帶。

衍簋稱其父親爲"鄭邢季",槐簋和康鼎銘末又都署有"鄭邢",槐鼎自稱爲"鄭邢叔槐",説明衍、槐和康是同一氏族人。從形制、紋飾以及銘文分析,兩簋的形制相同,與西周青銅器分期圖譜Ⅳ3式簋的形制紋飾完全相同,都是西周中期後段典型的獸首銜環耳矮圈三足式;鄭邢叔槐鼎和康鼎的形制與圖譜的Ⅴ4式所列舉的晋侯鼎比較接近,深腹圜底,三足呈現柱足向蹄足過渡的形式,所不同的是康鼎是立耳,晋侯鼎是附耳而已;從紋飾方面看,三器完全相同,都是雲雷紋填地的竊曲紋。銘文内容也有相同之處,周王册命衍、康、槐三人掌管的執事都是"尸司王家",且衍和康在接受册命時都是榮伯擔任右者,三器的銘文書體也比較相似,就連"勒"字的構形衍簋和槐簋也完全一樣,在其他青銅器銘文中尚未見到。這絶不是一種偶然現象,説明三器的時代都處在西周中期後段這個大的範圍内;同時可以確定三人乃爲同一家族人,但三人是兄弟關係還是祖孫三代尚不清楚。在西周,兄弟幾人同時在王朝任職是有例證的,如伯獄簋(《銘圖》05315)中的"伯獄"和衛簋(《銘圖》05368)中的"衛"是兄弟倆,就大體同時在王朝任職,伯獄的上司是周師,衛的上司是仲侃父。但未見弟兄幾人同時掌管同一事務的現象,所以弟兄三人怎麽會都是"尸司王家"呢?商周時期有世官制度,若是祖孫三代,同司一職是完全符合制度的,但從形制、紋飾和銘文字體等方面,怎麽也看不出它們之間有大的時代差異,銘文内容也沒有積極的信息證明。他們之間的關係只能依靠現有資料來推斷。衍簋中記載周王在册命衍"尸司王家"之後,賜給他"田于盍、于小水",這應該就是賜給衍的采地,可能就是鄭邢衍這一分支的初封,其時代定在懿王世。康鼎記載康接受册命時,與衍接受册命時一樣,都是榮伯擔任右者,其時代當相去不遠,所以他有可能是衍的兒子,定爲孝王世比較合適。康鼎的"文考釐伯"就是衍。結合槐鼎表現出的西周晚期造型和紋飾特徵來看,槐的生世當在夷王世到厲王前期了。

最後,還需要提及的是,據傳衍簋和槐簋都出土於晋南某地,上面已經講過,鄭邢氏的采邑在今陝西鳳翔縣境内,那麼作爲鄭邢氏的"衍"和"槐"的器物怎麼會出土於晋南呢? 這有兩種可能,一是西周末年平王東遷時鄭邢氏衍和槐的後代也隨之東遷到今山西晋南地區,故將這些祖上的禮器也攜帶到了新的住地;另一種可能就是,在西周中期後段,鄭邢季這一支的後代(即衍,衍稱其父爲鄭邢季)得到周王册命,采邑被安置在晋南。衍簋銘文中"田于盍、于小水"就是周王賜給衍的采地,但他們仍然保留了祖先的複合氏稱,把鄭邢氏的稱號帶到了新的居地。我傾向於第二種可能。這種現象在周代並不少見,如"虢"就有多處,一處在今河南滎陽一帶,稱爲"東虢";一處在今河南三門峽和山西平陸一帶,稱爲"上虢"或"北虢";一處在今陝西寶雞市陳倉區虢鎮一帶,稱"西虢"。另外,鳳翔縣有虢季氏居住,清代該地曾出土一組虢季氏子組器,包括簋、鬲、壺、卣等,這可能就是鄭虢的後裔;扶風縣强家村也有一支虢季家族居住,1974 年此地出土了 7 件虢季家族的銅器,[1] 寶雞虢川司出土的虢季子白盤,説明寶雞的秦嶺北麓也有虢季氏的支系居住。這説明虢氏家族人丁興旺,不斷分化出許多支系。丼(邢)氏也是如此,不但有封於今邢臺市的邢國,還有其别支留在王室服務,在朝擔任王官卿士,食邑於京畿,其名仍稱邢。所以就出現了除邢侯之外的邢伯、邢叔、邢季、鄭邢叔、豐邢叔、咸邢叔等稱謂。有的是指個人,有的已經形成了複合氏稱。衍、槐諸器可惜不是科學發掘所得,不知其出土的具體地點,也不知其他隨葬品,故不能斷定墓葬的時代,若是西周中期後段甚或是西周晚期墓葬,那麼就可以斷定它是鄭邢氏新的分支,如果是東周墓葬,那就是鄭邢氏東遷時攜帶過去的器物了。不過故宫博物院收藏的叔南父匜,能爲我們提供一條重要信息,叔南父匜銘文是"叔男父作爲霍姬勝旅匜,其子子孫孫其萬年永寶用,丼(邢)"。銘文記載叔男父爲霍姬鑄造媵器,銘末署有"丼(邢)",表明它是姬姓,霍國也是姬姓,所以不可能是他的女兒嫁到霍國,應是他爲霍國國君之女所鑄造媵器。《左傳·成公八年》云:"衛人來媵共姬,禮也。凡諸侯嫁女,同姓媵之,異姓則否。"我們知道,霍國故址在今山西霍州市西南,或許叔男父就是鄭邢衍的後裔,鄭邢衍的封邑與霍國相距不遠。

2014 年 5 月 10 日完稿

(原載《文物季刊》2022 年第 1 期)

---

[1] 吳鎮烽、雒忠如:《陝西省扶風縣强家村出土的西周銅器》,《文物》1975 年第 8 期。

也談山西大河口⬚鼎的"⬚"字

　　4月15日在微信上看到蘇建洲先生發表的《說山西省翼城縣大河口村 M6096：34 的"列"鼎》一文，把 M6096：34 鼎的器主"⬚"釋爲"列"，稱列鼎。張新俊、馬超也將此字釋爲"列"。[1] 發掘簡報作者則將其隸定爲"覓"，[2] 未加解釋。覓上從巛，下從兒，與鼎銘字形不符。"列"字金文作"⬚"（見晉侯蘇鐘己），左從卣右從刀，此字上部所從既不是卣，下部所從也不是刀而是人。所以，我認爲釋"列"和釋"覓"均不確。該字應隸定爲"覍"或"覍"，即傳世文獻的"弁"字。

　　"⬚"字，金文中首次出現，下從"人"，與"儿"可通用，上部像冠冕，"小"字形是帽子頂部裝飾，其下"⬚"是帽體，隸定作"冃"（古文"帽"字），作爲字的組成部分，也可隸定爲"曰"形（如曼、最等字即是）。這既是形符，也是音符，與"冒""冕""冠""曼"（⬚）字所從相同，故"⬚"字就是"覍"字。甲骨文有"⬚"字（《類纂》0042），亦應是"覍"字，"⬚"上的羊角形也是帽頂的裝飾。

　　《說文·兒部》："覍，冕也。周曰覍，殷曰吁，夏曰收。從兒，象形。"段玉裁注："覍，按當云冕屬。"《玉篇·兒部》："覍，弁也，攀也，所以攀持髮也。"《說文通訓定聲》："覍，冠也。字亦作絣，俗作卞。"《讀書雜志·荀子第六·禮論》王念孫按："覍，今經傳皆作弁。"《正字通》："覍，弁本字，冕也。《說文》作覍，從兒，兒即貌字。……舊本作覓，見部作覓，並非。"又："覓，覍字之訛。""⬚"字的出現，可知"覍（覍）"爲正字，而"覓"爲訛字，糾正了《說文》等字書的錯誤。

　　弁，甲骨文作⬚（《續五》53），金文作⬚（牧弁簋），《說文》籀文作⬚。段玉裁注："從廾者，敬以承之也。"弁字的本義不明，尚待進一步研究。覍爲弁冕的本字無可置疑，經傳用弁而覍廢。

　　陳初生《金文常用字典》："曼，甲骨文作⬚，郭沫若曰：'金文從此冃聲，則受爲曼之初文也。象以兩手張目。《楚辭·哀郢》："曼余目以流觀兮。"即其義。'金文益冃爲聲，曼龏父盨

---

[1] 見蘇建洲：《說山西省翼城縣大河口村 M6096：34 的"列"鼎》附記，"語言與文獻"公衆號，2020 年 4 月 15 日。

[2] 山西省考古研究所等：《山西翼城大河口西周墓地 M6096 發掘簡報》，《文物》2020 年第 1 期。

所從之〇，〇即月之形變，[囗字]從女月聲者，即曼之異構。”方濬益曰：“晏，即曼字，鄧國之姓，鄭昭公母、楚武王夫人皆稱鄧曼。古姓多從女，此文從女月聲，自是曼姓本字。經傳作曼，同聲通叚字也。”[1]我以爲鄧孟壺銘“監囗”的“囗”字，從月從女，隸定爲“晏”，像女子頭戴帽形，應是兑字的異體。我們知道用作偏旁“女”與“人”可通，如“光”字，子尊和宰甫卣均作“姕”，子尊有“子姕（光）賞姒丁貝”；宰甫卣有“王姕（光）宰甫貝五朋”。在鄧孟壺中“晏”讀作“曼”，係通假關係。兑（弁）字爲元母並紐，曼字是元部明紐，兩者疊韻，並、明旁紐，故可通假。上博楚竹書（二）《從政》甲篇簡17：“［君子先］人則啓道之，後人則奉相之。是以曰君子難得而易事也，其使人器之，小人先人則弁敬之。”楊澤生《上博竹書考釋（三篇）》讀弁爲慢，[2]可知晏（兑、弁）亦可通曼。

“兑”字所從的“月”，單體字在甲骨文中作“囗、囗”（《類纂》3297），從月或從月，象帽之形，上部的羊角形是帽頂的裝飾，與“囗”上的“小”字形相類。金文中單體“月”尚未見到，九年衛鼎的“冒”字作“囗”，“月”則作“囗”。“月”下疊加聲符“目”，“月”上省去裝飾。“冒”又疊加形符巾作“帽”。朱駿聲《説文通訓定聲》：“月，今字作帽。”《玉篇·月部》：“月，小兒、蠻夷頭衣也。或作帽。”

“免”金文作“囗”（見免簋、免卣），睡虎地秦簡作“囗、囗”[3]從〇從人，〇即冂，像人冠冕之形，當隸定爲“兓”或“冗”，今作“免”當是以戰國秦字形（囗、囗）隸定之。吳大澂《説文古籀補》：“冂，古文以爲冕字。”劉心源《奇觚室金文述》：“冂，冕省。井侯尊亦云：冂衣市舄。”郭沫若云：“免字原作囗，與三字石經《春秋》‘既免牲’古文作囗、篆文作囗者同。余謂乃冕之初文，象人箸冕之形。”十分正確，此字從人，頭著帽，象形，其後疊加形符兼音符“月”則作“冕”。“免”字所從的“冂”與“囗”字所從的“月”，本意相同，都是指帽子。高鴻縉《中國字例》：“《説文》：‘冂，覆也。從一下垂也。’又：‘月，重覆也。’王筠句讀：‘冂又加一，故曰重也。’又：‘月，小兒及蠻夷頭衣也。從冂，二其飾也。’又：‘冒，冡而前也。從月從目……’雷濬《説文外編》曰：‘帽，《説文》無帽字……，又通作冒。’按冂、月、月、冒、帽，五形一字。且由古文冑字作囗，知冒即帽。又由冠字從冂，知冖即帽。由大盂鼎知冂即帽。”唐蘭：“冂衣市舄，冂《説文》‘覆也’，莫狄切。《廣韻·二十三錫》引《文字音義》説‘以巾覆’，與幎（覆也）、褾（車覆軨也）、鼏（鼏蓋）、幂（覆巾）等字同音。此處用作蓋在頭上的頭巾，演化爲冃字、月字，月就是冒（帽）字。又音轉爲冕字，從免聲。”[4]

————————————

［1］ 方濬益：《綴遺齋彝器考釋》，涵芬樓石印本，1935年。
［2］ 楊澤生：《上博竹書考釋（三篇）》，《第四屆國際中國古文字學研討會論文集》，香港中文大學，2003年。
［3］ 方勇：《秦簡牘文字編》248頁，福建人民出版社，2012年。
［4］ 唐蘭：《論周昭王時代的青銅器銘刻》，《古文字研究》第2輯，中華書局，1981年。

"▢"字下部與 ▢ 基本相同,只是在帽頂增加了裝飾。《論語·子罕》:"冕衣裳者。"經典釋文云:"冕,鄭本作弁。鄭云:魯讀弁爲絻。"《論語·鄉黨》:"見冕者。"經典釋文:"冕,鄭本作弁。"

《説文·冖部》云:"冠,絭也。所以絭髮,弁冕之總名也。從冂從元,元亦聲,冠有法制,故從寸。"段玉裁注:"析言之,冕、弁、冠三者異制;渾言之,則冕、弁亦冠也。"包山楚簡 219 有冠字作"▢(完)",西安北郊出土的秦封泥有"尚冠",冠字作"▢"。《説文》"冠"字篆體作"▢",漢印作"▢",可以看出"冠"字上部還是從冃,下部從人,冃亦聲。當然,看作從冂從元也不錯,元與人本爲一字之分化,故可相通。其後增加從又(手),隸古定爲寸。

冃、皃、免(冕)冠爲同源字,它們原本是一個詞,完全同音,字形上稍有差別,後來分化爲幾個相近的讀音,才産生細微的意義差別。從甲骨文的 ▢ ▢ 和冒字所從的 ▢、免字所從的 ▢ 可知,"冃、冃"就是最早的"皃"字,其下增添形符"人",即"皃";疊加音符"目"就是"冒",疊加音符"免"就是"冕",疊加音符元就是"冠"。

2020 年 4 月 20 日完稿

踐鼎銘文考釋

　　1995年6月的一天，陝西省咸陽市渭城公安分局文物派出所收繳了一批文物，邀請省文物鑒定委員會派員鑒定，侯養民、呼林貴、王翰章、禚振西、劉合心和我等委員前往咸陽，對這批文物作了認真的鑒定。

　　這批文物有青銅器、陶俑、陶器、石刻等，從周秦漢唐到明清各個時代都有，當中有許多珍品。對於三級以上的珍貴文物，王翰章先生都作了記錄，劉合心先生進行了拍照，青銅器有銘文者，我都一一作了拓印。時隔九年，近日整理自己收藏的拓本，發現當年的踐鼎拓本至今仍未發表，現介紹如下，並對其銘文加以考釋，以饗讀者。

　　踐鼎雖然造型一般，但銘文頗有價值。鼎體呈半球形，平沿方唇，口沿上有一對立耳，圜底三蹄足。前左足連鼎底的一部分與鼎體斷開，可修復。該鼎是西周晚期流行的式樣，形同毛公鼎，時代當在厲、宣之世。通高21、口徑21.5釐米。內壁鑄銘文61字（圖一）。

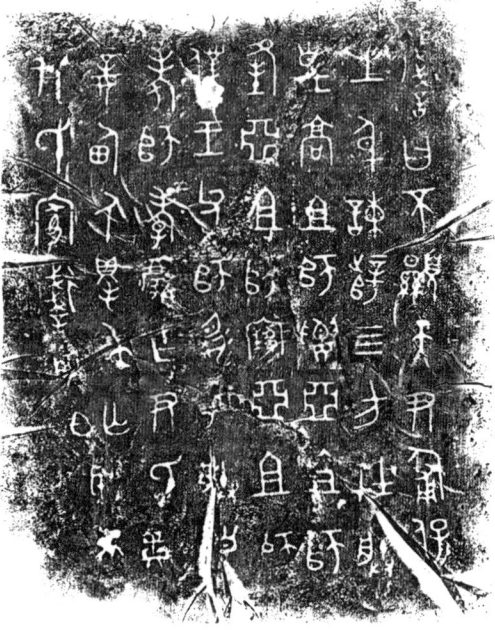

圖一　踐鼎銘文

　　踐曰：不（丕）顯天尹，甸保王身，諫辭（乂）三（四）方，在朕（朕）皇高且（祖）師婁、亞且（祖）師夆、亞且（祖）師襄、亞且（祖）師僕、王父師彪，于（與）朕（朕）皇考師孝，□乍（作）尹氏，□妾甸人，舉（得）屯（純）亡（無）戡，□尹氏家。踐姚（夙）……

　　從銘文未完看，當是分鑄在兩鼎或數鼎。

　　踐是作器者。踐字金文初見，從衒從言。衒字從行戔聲，《説文》解作足迹，《玉篇》：“衒，蹈也。”又《類篇》：“與後同，迹也。”可見衒、後就是踐踏、實踐的“踐”字的別體。衒爲踐字的聲符兼義符，踐字亦當讀爲踐，言字爲形旁，踐當爲踐言的專用字。

　　“不（丕）顯天尹”，丕顯，上古成語，意爲光明正大,常用於對天子、諸侯和祖先德行的歌頌贊美。天尹是西周時期對主要執政大臣尊隆的别稱。公臣簋:"虢仲令(命)公臣:'嗣(司)朕百工,易(錫)女(汝)馬乘、鐘五、金,用事。'公臣搽(拜)頴(稽)首,敢揚天尹不(丕)顯休。"此天尹是指虢仲。作册大鼎"大揚皇天尹大保宝"所頌揚的皇天尹大保是召公奭。此銘天尹當是害的上司,官職可能是太師。

"匍保王身",《説文》:"匍,手行也。從勹甫聲。"《玉篇》:"匍匐,伏也。手行盡力也。"《集韻》:"匍或作扶。"《方言》:"扶,護也。"郭璞注:"扶挾將護。"匍保,盡力保護之意。述盤的"匍保乓(厥)辟考(孝)王、幈(夷)王"與此語意相同。

"諫辥(乂)三(四)方",《説文·言部》:"諫,證也。從言柬聲。"《廣雅·釋詁一》:"諫,正也。"《周禮·地官·司諫》鄭玄注:"諫,猶正也。以道正人行。"辥,古文獻作乂,《書·君奭》:"用乂厥辟。"諫、辥均治理之義。"諫辥四方"意即治理四方、治理國家。述盤的"保奠周邦,諫辥四方",番生簋的"虔夙夜専(溥)求不暜德,用諫四方",作册封鬲的"虔夙夕卹周邦,保王身,諫辥四或(國)"和大克鼎的"肆克龏保乓(厥)辟龔(恭)王,諫辥王家"均與此銘用意相同或者相近。

"皇高祖師婁",關於"高祖"的解釋歷來有不同的説法,歸納起來大約有四種。其一爲"曾祖父之考",即曾祖父的父親。《爾雅·釋親》:"父爲考,母爲妣;父之考爲王父,父之妣爲王母;王父之考爲曾祖王父,王父之妣爲曾祖王母;曾祖王父之考爲高祖王父,曾祖王父之妣爲高祖王母。"是其説的典型代表。又《禮記·喪服小記》:"有五世而遷之宗,其繼高祖者也。"所謂五世祖,也就是曾祖父的父親爲高祖。其二爲遠祖、始祖。《左傳·昭公十七年》郯子來朝曰:"我高祖少皞摯之立也,鳳鳥適至,故紀於鳥,爲鳥師而鳥名。"這裏所説的高祖很明顯是指郯子的始祖。顧炎武不同意漢儒的"曾祖父之父"爲高祖説,他在《日知録》中除同意遠祖、始祖説之外,還提出受命之君和九世祖之説。舉出《書·盤庚》"肆上帝將復我高祖之德,亂越我家"和《書·康王之誥》中的"惟周文、武,誕受羑若……今王敬之哉!張皇六師,無壞我高祖寡命"爲後輩稱其受命之君爲高祖的例子。康王稱文王、武王爲高祖,是以曾祖父或祖父爲高祖。又舉《左傳·昭公十五年》王謂籍談曰:"且昔而高祖孫伯黶,司晋之典籍,以爲大政,故曰籍氏。"孫伯黶是籍談的九世祖,此謂九世祖爲高祖。《書·盤庚》:"肆上帝將復我高祖之德,亂越我家。"從商湯到盤庚亦九世而稱之爲高祖。金文中稱高祖者,除此鼎之外凡九見。

1. 1978 年陝西户縣楊家坡出土的大簋蓋,銘文爲"唯十又五年六月,大作隣毁,用享于高祖、皇考"(《集成》04125)。

2. 岡刧卣,現藏美國舊金山亞洲藝術博物館(布倫戴奇藏品),銘文有"用作朕高祖寶尊彝"(《集成》05383)。[1]

---

[1] 犅刧尊銘文作"用作魚(慮)高祖缶(寶)尊彝"(《集成》05977)。

3. 陳侯因𣲷敦, 傳世品, 銘文有"皇考孝武桓公恭戴, 大謨克成, 其惟因𣲷揚皇考, 紹緟高祖黃帝, 邇嗣桓文, 朝問諸侯"(《集成》04649)。

4. 1992 年山西曲沃縣曲村鎮北趙村晋侯墓地 8 號墓出土的楚公逆鐘, 銘文爲"楚公逆祀厥先高祖考, 夫(敷)任四方"。[1]

5. 1976 年 12 月陜西扶風縣法門鎮莊白村 1 號西周銅器窖藏出土的史牆盤, 銘文有"青幽高祖在微靈處, 雩武王既戈殷, 微史剌祖迺來見武王, ……𢓜(惟)乙祖述匹氒(厥)辟, 遠猷腹心, 子(兹)𢓜(納)㝬(舜)明, 亞祖祖辛, 𣪊毓子孫, ……害(胡)㞊(遲)文考乙公, 𠊮(遽)𧺫(爽)曇(得)屯(純)無諫, 𧊒嗇(穡)戉(越)稘(曆)"(《集成》10175)。

6. 莊白村 1 號西周銅器窖藏出土的一式癲鐘, 銘文有"癲起𧺫夙夕聖趚, 追孝于高祖辛公、文祖乙公、皇考丁公龢龥鑰鐘"(《集成》00246)。

7. 莊白村 1 號西周銅器窖藏出土的 2 式癲鐘"癲曰: 丕顯高祖、亞祖、文考克明厥心"(《集成》00247)。

8. 2003 年陜西眉縣出土的逨盉, 銘文有"逨作朕皇高祖單公、聖考𤤩盉"。[2]

9. 2003 年 1 月陜西眉縣馬家鎮楊家村西周銅器窖藏出土的逨盤, 銘文有: "逨曰: 丕顯朕皇高祖單公, 桓桓克明哲厥德, 夾紹文王武王達殷, 膺受天魯命, 匍有四方。……雩朕皇高祖公叔, 克逨匹成王, ……雩朕皇高祖新室仲, 克幽明厥心, 柔遠能邇, 會紹康王, 方襄不廷雩朕皇高祖惠仲盠父, 𧯷龢于政, 又成于猷, 用會昭王、穆王, 盭政四方, 撲伐楚荆; 雩朕皇高祖零伯, 粦明厥心, 不墜服, 用辟恭王、懿王; 雩朕皇亞祖懿仲, 諫諫克, 匍保厥辟孝王、夷王。"[3]

大簋蓋和牆刧卣中的"高祖"不能確指是哪一代, 牆刧卣中的高祖有可能是指牆刧的遠祖、始祖, 或者泛指其先祖, 而大簋蓋中的高祖和皇考連稱, 也有可能就是指其祖父。陳侯因𣲷敦明顯是指遠祖、始祖, 而楚公逆鐘泛指其先祖。史牆盤中的高祖亦指始祖, 也就是第一代先祖。五式癲鐘與史牆盤同屬一個家族, 癲是史牆的兒子, 他所稱的高祖辛公是他的曾祖父, 史牆的祖父(亞祖祖辛), 也就是説曾祖父亦可稱爲高祖。逨盤前後五代都稱爲高祖, 並與周王一一對應, 這説明從祖父的父親(即曾祖父)開始均可稱爲高祖。本銘的"高祖師𡕓"雖没有與周王對應, 但可看出他應是𦙜的立族之祖, 也就是第一代先祖。從上列文獻和金文稱高祖的實例看, 商周時期以至於春秋戰國時期, 曾祖父之父(五世祖)可稱高祖, 九世祖可

[1] 山西省考古研究所、北京大學考古學系:《天馬——曲村遺址北趙晋侯墓地第四次發掘》,《文物》1994
　　年第 8 期 6 頁圖 6。
[2] 陜西省文物局、寶雞市文物局、中華世紀壇藝術館編:《盛世吉金》16 頁, 北京出版社, 2003 年。
[3] 陜西省考古研究所、寶雞市考古工作隊、眉縣文化館聯合考古隊:《陜西眉縣楊家村西周青銅器窖藏》,
　　《考古與文物》2003 年第 3 期。

稱高祖,遠祖、始祖以及受命之君和立族者都可以稱高祖,甚或曾祖父(四世)亦可稱爲高祖。總之,筆者認爲在商周時期直到春秋戰國時期,"高祖"只是一種尊稱,並不是哪一代先祖的專稱。"高"字和"皇"字一樣,是對"祖"的一種尊隆之詞。

"亞祖師夆、亞祖師㝬、亞祖師僕",連續三個亞祖,亞祖者何?《爾雅·釋言》:"亞,次也。"次於、僅次的意思。亞祖就是次一輩的先祖。1979 年陝西扶風縣南陽公社五嶺大隊豹子溝出土的南宮乎鐘,銘文有"先祖南公、亞祖公仲、必父之家……,用作朕皇祖南公、亞祖公仲……"。亞祖公仲即司徒南宮乎的祖父,南公的兒子。該銘一連三個亞祖,應該和逨盤一連五代都稱高祖是一樣的,就是連續的三代先祖,也就是從始祖師㝬向下第二、第三、第四代先祖。羅泰先生在其《有關西周晚期禮制改革及莊白微氏青銅器年代的新假設:從世系銘文説起》[1]一文中認爲癲鐘和牆盤銘文中的高祖是指該族的命氏立族者,而亞祖(折)是微氏家族這一分支的立族者。對照牆盤和癲鐘所記述的微氏家族的世系,可以知道史牆盤所説的"青幽高祖"才是微氏家族的命氏立族者,癲鐘所説的高祖或高祖辛公,是癲的曾祖父作册折,亞祖(也稱文祖乙公)是癲的祖父,也就是史牆的父親,史牆稱其爲文考乙公。史牆稱爲亞祖祖辛的是癲的曾祖父,癲鐘銘文則稱其爲高祖辛公。兩個"亞祖"所指不同,説是微氏家族的分支立族者於理不通,再從𩵋鼎一連三個亞祖分析,將亞祖解釋爲一個家族的分支立族者更是沒有道理,既是分支就不能繼承嫡系的官職。𩵋鼎所述的三個亞祖均爲師,也給羅泰先生的論點提供了一個反証。

"王父師彪",《爾雅·釋親》云:"父之考爲王父。"也就是説王父就是祖父。《禮記·曲禮下》:"祭王父曰皇祖考,王母曰皇祖妣。""王父"一詞還見於《史記·周本紀》引《太誓》:"離逷其王父母弟。"《牧誓》也有"昏棄厥王父母弟不迪",鄭玄注:"王父母弟,祖父母之族,必言母弟,舉親者言之也。"以"王父母弟"爲一個詞,意爲同祖的從父昆弟,也就是伯父、叔父的兒子,即堂兄弟。《書》傳則説:"王父,祖之昆弟;母弟,同母弟。"認爲是兩個詞。筆者認爲鄭玄之説是錯誤的,同祖的堂兄弟,上古稱爲"從父昆弟",不稱"母弟",母弟者同母之弟也。《書》傳讀爲兩詞是對的,但認爲王父是祖父的昆弟,即祖父的弟弟也是不對的。本銘的"王父"自成一詞,"王父師彪"就是𩵋的祖父,名彪,擔任周王朝的師,故稱師彪。"母弟"一詞,另見於河北元氏縣西張村出土的臣諫簋,其文是"母弟引庸有長子□",是説臣諫的同母弟引庸有大兒子某(名字已漶漫)。很明顯"母弟"應爲同母所生的胞弟。

如果將王父解釋爲祖父的昆弟,三位亞祖和王父便成爲兄弟四人。兄弟四人同時擔任師職,這是西周時期世官制度所不允許的,何況𩵋在自述世系時也沒有必要叙及祖父的兄弟這些旁系親屬,在文獻和金文中也沒有發現這種先例。

---

[1] 羅泰:《有關西周晚期禮制改革及莊白微氏青銅器年代的新假設:從世系銘文説起》,《中國考古學與歷史學之整合研究》,"中研院"歷史語言研究所,1997 年。

　　從整個銘文看,皇考師孝是瞏的父親,王父師彪是瞏的祖父,亞祖師僕是瞏的曾祖父,也就是瞏的第四代先祖,亞祖師襄是師僕的父親,也就是瞏的第三代先祖,亞祖師夆是師襄的父親,也就是瞏的第二代先祖,皇高祖師娶是瞏的第一代先祖,是該族的立族者。一連六代均擔任周王朝的師。

　　"□乍(作)尹氏",第一字不識,從文意猜測當爲臣事或者輔佐之類的字詞。尹氏是指上述的天尹。

　　"□妾甸人",甸人,官名,還見於柞鐘"司五邑甸人事",師晨鼎則作"奠人"。《禮記·文王世子》:"公族其有死罪,則磬于甸人。"注:"甸人,掌郊野之官。"《左傳·成公十年》:"晋侯欲麥,使甸人獻麥。"注:"甸人,主爲公田者。"《國語·周語中》:"虞人入材,甸人積薪。"注:"甸人掌薪蒸之事也。"《周禮·天官》有"甸師":"掌率其屬而耕耨王藉,以時入之,以共齍盛。"注云:"甸師,主共野物官之長。"

　　"睪屯亡敃","睪屯"即得純,所得到的完整而美好。丼人妄鐘:"𧴪(得)屯用魯,永冬(終)于吉。"徐中舒先生謂得屯者猶言得全也。于省吾先生謂"得純"即"所得者美"之意。"亡敃"讀爲無泯,意爲無盡,沒有盡頭。在金文中,"睪屯"與"亡敃"往往連用。如虢叔鐘:"御于厥辟,睪屯亡敃。"師望鼎:"用辟于先王,睪屯亡敃。"

　　銘文的大意是:瞏說:光明偉大的天尹,能夠盡力保護周王的身體安然無恙,治理周邦的四方。從我的始祖師娶、先祖師夆、師襄、師僕,祖父師彪,到我的父親師孝都是輔佐尹氏,管理宮室的臣妾和郊野的甸人,所得到的完整美好,沒有盡頭。在尹氏家,瞏日夜[不懈]……

(原載《考古與文物》2005 年增刊)

琱生尊銘文的幾點考釋

　　《考古與文物》2007 年第 4 期發表了 2006 年 11 月陝西扶風縣城關鎮五郡西村發現的西周銅器窖藏簡報，其中兩件琱生尊（這兩件器物自名爲"盧"，爲叙述方便仍稱"尊"）銘文内容非常重要，對於解讀傳世的五年琱生簋和六年琱生簋銘文很有幫助。該期同時刊載了王輝先生的《讀扶風縣五郡村窖藏銅器銘文小記》，對尊銘也作了簡要的釋讀，新解頗多，令人很受啓發，其中一些銘辭，筆者有不同的解釋，今述拙見，以就正方家。

一、"𢼸 五 帚"

　　銘文一開頭就説"召姜以琱生𢼸五帚、壺兩，以君氏命曰"，《簡報》釋文爲"召姜以琱生熾五帥（帨）、壺兩，以君氏命曰"。王先生意譯爲"召姜因爲琱生（曾奉獻過）五條紅絲巾，一對壺，用君氏的名義發布命令説"，就對行文的整體理解和其中的人物關係來説，是非常正確的。但將其中的"𢼸"釋爲"熾"字異文，訓赤色；"帚"釋爲"帥"，異體作"帨"，認爲是佩巾、絲巾，"𢼸五帚"就是五條紅絲巾。其説似不妥帖，我以爲"𢼸"非熾字，"帚"字左旁所從也不是"帛"，同時將形容詞置於數詞之前也頗感彆扭。

　　"帚"從巾從彐，即帴字，也就是尋字。"尋"，甲骨文字"𓂀"，像伸兩臂度量長八尺之形，即尋之本字。"帴"字所從的"彐"，構形與子口尋鼎的"尋"字完全相同，[1]只是方向相反而已。"彐"字或體卿簋作"𣎴"（《集成》03990），尋仲盤和尋仲匜作"𤔔"（《集成》10135、10266），尋伯匜（《集成》10221）和其六鐘作"𤔔"，[2]曹𪓚众尋員劍作"𤔔"。[3]"尋"除用作國名、人名之外，亦作長度單位。《周禮·冬官考工記》注："八尺曰尋，倍尋曰常。"《小爾雅》載："四尺謂之仞，倍仞謂之尋。"五尋即四丈。因爲所獻之物爲幣帛之物，故增巾旁。

　　"𢼸"字從以"尋"度量來看，當爲幣帛之屬無疑。《周禮·天官·大宰》："以九式均節財

[1] 河南省文物考古研究所、周口市文化局編：《鹿邑太清宮長子口墓》61 頁圖 42.1，中州古籍出版社，2000 年。
[2] 劉雨、盧巖：《近出殷周金文集録》96，中華書局，2002 年。
[3] 朱俊英、劉信芳：《攻盧王姑發邸之子曹䤸劍銘文簡介》，《文物》1998 年第 6 期 91 頁。

用,……六曰幣帛之式。"注:"幣帛,所以贈答賓客者。"《春秋》正義引《雜記》説:"納幣一束,束五兩,兩五尋,八尺曰尋,則五尋四丈謂之兩者,分爲兩段故也。謂之匹者,兩兩合卷,若匹偶然也。"我認爲"戝"字即"斁"字的異體,左旁所從看似目與火,實爲"哭"之訛變或者誤書,將正面人形的兩臂與主體分開所致;右旁從戈與從攵(支)相通。實際上"哭"(見縣改簋)是"睪"字的初形,本義爲監視、偵察,像人睜大眼睛觀望。《説文·目部》:"睪,司視也。從横目從夲,令吏將目捕罪人也。"金文中"哭"的變體甚多,有哭(或簋、或方鼎)、罪(静簋)、臭(牆盤)、臭(梁其鐘)、哭(師詢簋、南宮乎鐘)、哭(毛公鼎)和臭(中山王𦊆壺)等。上面的"日""白"皆横目的省略變形;下面作"矢""尤"或"廾"爲正面人形之訛變。欒書缶斁字所從的"𤇾",邕子良人匜睪字所從的"𣎴",王孫壽匜睪字所從的"𣎴",亦横目和人形之訛變,其間可清楚地看出由"哭"演變爲"睪"的大致脈絡。金文中"亡哭"就是"無睪",意爲没有被監察到過錯,也就是説没有過錯或差錯。引申爲無厭,没有厭惡、不厭惡。"斁"和"睪"即"擇",古文中攴(攵)、手(扌)、収(廾)三部通用不分,金文均用其本義,作選擇講,典籍則假借爲"睪",或假"射"爲"睪",如亡斁、無斁、無射,訓爲無厭,本字則廢而不用。

以聲類求之,"戝"在此當讀如"緆"。《説文·糸部》:"緆,細布也。"《儀禮·大射禮》:"冪用錫若絺。"鄭注:"今文錫或作緆。"同書《少牢饋食禮》:"主婦被錫。"鄭注:"今文錫爲緆。"《淮南子·齊俗》:"有詭文繁繡,弱緆羅紈。"緆亦稱阿緆,《文選·子虛賦》:"被阿緆。"李注:"《列子》:'鄭衛之處子,衣阿緆。'""戝五帛"就是細布四丈。這與《春秋》正義所説的以幣帛贈答賓客,"納幣一束,束五兩,兩五尋,八尺曰尋"完全相符,而絶非巧合。全句是説召姜因珦生送來四丈細布和兩件青銅壺,而以君氏的名義發布命令説。

二、余 老 止

五年珦生簋有"余老止公僕🧍(庸)土田多諫(刺)",過去釋家有從"余老止公"斷句,解釋爲"我的父親止公",[1]林澐先生指出:"'余'在金文詞例中無一例外的只做'我'的意思,從來不做'我的'講。"[2]非常正確。但林先生仍將"止公"連讀,認爲是人名,並説:"止公是誰? 無法肯定。然必與周生有密切關係。"

尊銘也有"余老止我僕喜(庸)杜(土)田多束(刺)",兩銘對讀,徹底否定了"止公"爲人名的説法。簋銘的"余老"不能理解成我的父親,"止公"二字也不能連讀起來作人名解。這句應從"止"字斷讀,"公"字與"僕庸土田"連讀。"公僕庸土田多刺",就是"我僕庸土田多刺"。"公"指公家、公室。"我"在此作"我的""我們的"講,因爲君氏是一族之長,他就代表

[1] 洪家義:《金文選注繹》,江蘇教育出版社,1988年。
[2] 林澐:《周生簋新釋》,《古文字研究》第3輯,中華書局,1980年。

公家。

　　"余老止"，"余"乃是君氏在命辭中的自稱，而不是珊生的自稱。止，語尾助詞，用如已、矣、了。《詩·召南·草蟲》："亦既見止，亦既覯止。"又同書《周頌·良耜》："百室盈止，婦子寧止。""余老止"是宗君説"我老了"。林澐先生認爲"余"仍是珊生自稱，命辭雖是珊生爲君氏所擬，但在此叙述時仍是珊生的口氣。其説似不妥，銘文中不見稱宰珊生，説明四器的時代要早於師兌簋，此時珊生不至於老了，況且在宗君、宗婦面前珊生也不可能稱老，也不敢稱老。

三、勿叏（變）㛚（散）亡

　　勿同毋，猶莫，不要。叏是弁字的簡省，讀爲變。㛚，《説文·女部》："㛚，分離也。"今作散。亡，有無和失二義，在金文中一般用作無，作失講僅見此例。散亡即離散亡失，《楚辭·天問》："勳闔夢生，少離散亡。"《史記·高祖功臣侯者年表》："天下初定，故大城名都散亡，户口可得而數者十二三。""勿變散亡"是説不要讓這些僕庸土田散離亡失。

四、其朕（兄）公其弟乃

　　王輝先生將此句與下一句的"余"字連讀爲"其兄公，其弟乃余"，釋爲"哥哥就是公家，弟弟就是我"。將"余"字與"其弟乃"連讀，在此銘中似乎還講得通，但我們要再看看同一人所作的五年珊生簋銘就知其非了。

　　五年珊生簋銘的上句是"公宕其貳，汝則宕其一"，下句是"余叀（惠）于君氏大章（璋）"，與尊銘的下句"余叀（惠）大章（璋）"句式完全相同，只是中間省略了惠贈的對象。五年珊生簋銘中"余"只能是"惠于君氏大璋"的主語，不能再有別的解釋。尊銘的"余"也應該是"惠大璋"的主語。

　　再則，召伯虎是大宗的嫡長子，代表召氏公室；珊生是小宗，且年幼於召伯虎，這在召氏家族中是盡人皆知的，根本没有必要在"合事"的記録中特別寫出。按照王先生譯文，此句話又是珊生説的，那就更没有必要了。

　　我認爲此句仍應從乃字斷句。公，作公平、公正講。《廣雅·釋詁一》："公，正也。"《淮南子·脩務》："何可以公論乎？"注："公，平也。"《吕氏春秋·貴公》："昔先聖王之治天下也，必先公。"注："公，正也。"《淮南子·原道》："與民同出於公。"乃，讀爲仍。《説文·人部》："仍，因也。從人乃聲。"《廣雅·釋詁一》："仍，從也。"《楚辭·九章》："觀炎氣之相仍兮。"王逸注："相仍者，相從也。"《周禮·春官·司几筵》："凡吉事變几，凶事仍几。"注："故書仍爲乃。鄭司農云：變几，變更其質，謂有飾也；乃讀爲仍。仍，因也。因其質謂無飾也。"《楚辭·悲回風》:"隨飇風之所仍。"注:"仍,因也。""其兄公,其弟仍"這句話應該還是婦氏傳達君氏的話,是説"其兄(召伯虎處事)公正,其弟(珦生)仍能服從"。意思是説召伯虎和珦生都對僕庸土田的最終分割方案没有意見,那就這樣定了。

五、隊(尊)盧(虘)

很明顯,"盧"字是該器物的名稱。既稱尊盧,應爲用於祭祀的盛酒銅禮器。該字從皿從虘,並以虘爲聲。又,申簋蓋有周王命申"更乃祖考胥大祝,官司豐人眔九戲祝"。"戲"用爲地名。"盧、戲"當係一字,"戲"是"虘"字的繁化。《説文·虍部》:"虘,古陶器也。"可知此類器物本名叫虘,最初的形狀大概就是商周時期常見的三段式"大口尊",下具高圈足,外形類似豆,故形旁從豆,以虍爲聲。初爲陶質,後以青銅鑄造。"盧、戲"二字再從皿,又是疊加的形旁。

另外,我認爲珦(周)生諸器(包括兩尊、兩簋、兩豆和一盃(《集成》04292、04293、04682、04683、00744))的時代應定爲孝王,不應晚到厲、宣,陳夢家先生在其《西周銅器斷代》中有所論述,[1]其觀點和論據值得參考,限於篇幅,這裏就不再贅述。

(原載《考古與文物》2007 年第 5 期)

---

[1] 陳夢家:《西周銅器斷代》125 頁,中華書局,2004 年。

楷叔孎盤考

最近見到一件盤,通高 14.5、口徑 36.7、兩耳相距 46.7、腹深 6.7 釐米。造型別緻,裝飾華美,内底鑄有銘文,器主明確,是一件頗有歷史價值的藝術珍品。

該盤盤體厚重,敞口淺腹,窄沿方唇,下腹圜收成坦底,高圈足,足沿外撇然後下折,腹部前後鑄有一對圓雕翼龍耳。龍耳寬大,體飾鱗紋,翼作雲朵形,分成兩片。左右兩邊連鑄透雕鳳鳥耳。鳳首飾羽毛紋,鳳翅卷曲,鳳尾亦作兩片雲朵形。龍鳳兩兩成對,相互呼應,呈現一種祥和的氣氛。盤體滿飾花紋,内底是一條蟠龍。龍頭居中,軀體盤旋成圓形,鼻梁像隻蜻蜓,雙目突起,龍身飾重環形鱗紋。内壁飾一周寫實性魚紋;外壁飾四對浮雕圓餅,這種圓餅是由西周早期的浮雕圓渦紋簡化而來。兩隻圓餅之間裝飾着下卷角獸面紋,兩側增飾雲雷紋襯底的夔龍紋。夔龍上唇和尾巴均向上卷曲,利爪前伸,炯炯傳神,圈足亦飾卷唇卷尾的夔龍紋,而以菱形乳釘相間隔(圖一)。

圖一

這件盤別具一格的造型,令人耳目一新。雖然盤體還是西周晚期的式樣,但圈足增高,不附加獸面小足,用一對圓雕翼龍和一對透雕鳳鳥替代了傳統的附耳,這種龍鳳呈祥,對稱和諧的設計,獨出心裁,不僅在以往的盤體上没有出現過,就是在别的器類上也從未見到,確是一件不同凡響的傑作。

該盤在鑄造工藝上也很有特點,如龍鳳的鏤空尾翼作兩片形,中間以幾根細梁相連的做

法,西周中期未曾出現,目前見到的只有 1974 年廣東信宜縣光頭嶺出土的獸面紋龍流盉的後
鋬(圖二),[1]以及 2015 年西泠印社拍賣的鳳鳥耳折肩尊[2]的鳳鳥冠羽、兩足及尾部的做
法與之完全相同(圖三)。另外,該盤寬大下垂的龍耳也與上海博物館收藏的獸面紋龍流
盉[3]的流口、蓋頂上的龍耳極爲相似(圖四)。

圖二

圖三

圖四

圖五

　　盤外壁所飾的卷唇夔龍紋則多見於西周晚期後段到春秋初期,一般施於鼎、甗和鬲的腹
部,壺、盉和罍的頸部。如 1967 年西安市長安區新旺村西周銅器窖藏出土的逦盉、[4]2006

[1] 葉威:《品賞獸面紋袋足龍流青銅盉》,《文物鑒定與鑒賞》2014 年第 4 期。

[2] 見西泠印社秋季拍賣會:《金石永年・重要青銅器 碑刻專場》圖録,2015 年 12 月。

[3] 陳佩芬:《夏商周青銅器研究》(東周篇上)192 頁,上海古籍出版社,2004 年。

[4] 張天恩主編:《陝西金文集成》11 册 196 頁 1261,三秦出版社,2016 年。

年山西黎城縣黎侯鎮西關村春秋墓出土的楷侯宰娿壺[1]（圖五）、河南三門峽上村嶺出土的
虢季鬲[2]（圖六）和龍紋方甗[3]（圖七）等。但這些器物上的卷脣龍紋大多粗獷簡略，一般
都未刻畫出龍的利爪，没有此盤精緻傳神。内底裝飾的盤龍和魚紋也是西周晚期和春秋早
期流行的盤内紋樣。如1978年安徽繁昌湯家山出土的魚龍紋盤[4]（圖八）的内底就裝飾此
種紋飾。

圖六　　　　　　　　　　　　　　　　圖七

上面所説的遹盂時代爲西周晚期，楷侯宰娿壺、虢季鬲、廣東獸面紋龍流盉、上海博物館
的獸面紋龍流盉、安徽繁昌魚龍紋盤以及上村嶺方甗的時代均是春秋早期。西泠印社拍賣
的鳳鳥耳折肩尊一般認爲是西周晚期或者春秋早期之物。楷叔盤的時代亦應在這個時代範
疇，結合該盤造型和紋飾上存在較多的前期特點，我們認爲把它的時代確定爲西周末期較爲
妥當。

這件盤的内底龍頭上方鑄有銘文4行，共9字（圖九）。銘文是：

膚（皆—楷）弔（叔）瓂自乍（作）般（盤），戝（其）永用。

銘文中的“膚”字，是金文常見的“楷”字的聲符，可隸定作“皆”，讀爲“楷”。“瓂”字是楷
叔的私名。該字從箙聲，相當於今之何字待考。楷叔瓂是楷國的公族。銘文大意是説楷叔
瓂自己鑄造了這件盤，希冀永遠寶用。

[1]　山西省考古研究所：《山西黎城西關墓地M7、M8發掘簡報》，《江漢考古》2020年第4期。
[2]　河南省文物考古研究所、三門峽市文物工作隊：《三門峽虢國墓》43頁圖32.1，文物出版社，1999年。
[3]　河南省文物考古研究所、三門峽市文物工作隊：《三門峽虢國墓》43頁圖32.2。
[4]　中國青銅器全集編輯委員會：《中國青銅器全集》第11册55、56，文物出版社，1997年。

圖八　　　　　　　　　　　　　　　　　圖九

　　楷國,文獻作黎國或耆國。黎地初爲姜姓伊耆之國,堯的母家,到商代,統治者變爲太丁母弟堂陽氏後裔的封國,子姓。周武王八年征伐耆國之後,始封畢公之子爲楷侯,是爲姬姓,清華簡《耆夜》也證明了這點。2006 年山西黎城縣黎城鎮西關村發現了楷國墓地,其中 8 號墓出土的一對楷侯宰娿壺,銘文是:"橺(楷)侯宰娿作寶壺,永用。"時代爲春秋早期。楷侯宰娿壺的字體、用語以及"楷"字所從的"膚",均與此盤基本相同,亦可證此盤爲西周末期的斷代基本不誤。

　　總之,楷叔璘盤的發現,不僅爲我國的青銅器藝術寶庫增添了一件瑰寶,同時也爲楷國(黎國)的研究增添了新的實物資料,彌足珍貴。

2019 年 7 月 29 日完稿

釋讀黎城出土的季姒盤銘文

——兼論否叔器

2006 年山西黎城縣黎侯鎮西關村春秋早期墓葬 M7 出土了一組青銅器,包括鼎一件,簋兩件,壺兩件,盤、匜各一件,[1]均未發現使用痕迹。其中青銅盤的内底鑄銘文 24 字,從盤銘可以確定這是一組隨葬死者的遺器,對我們探討古代喪葬制度、用鼎制度以及對青銅器功能的研究有着重要意義。

一、季姒盤銘文考釋

該盤通高 11.4、口徑 33.2、腹深 4.9、足徑 25.6 釐米,重 3.675 公斤。敞口坦底,窄沿方唇,腹部圜收。一對附耳高聳,圈足外侈,外底有加强筋。腹部飾一周重環紋。銘文是(圖一):

> "中(仲)丂(考)父不录(禄),季
> 奻(姒)尚誓,遣爾
> 般(盤)、盇(匜)、壺兩、段(簋)兩、
> 鼎一,永害(匄)福爾後。"

現詮釋如下:

"仲考父",死者,也就是受器者。從同墓地 M8 出土的器銘可知死者名婺,[2]字考父,兄弟間排行第二,擔任楷侯宰,是楷侯的家臣。

圖一 季姒盤銘文

[1] 山西省考古研究院:《山西黎城西關墓地 M7、M8 發掘簡報》,《江漢考古》2020 年第 4 期。

[2] 楷侯宰之名見《銘圖》12241,楷侯宰婺壺中隸定爲從吹從皿從女,不確,發掘簡報隸定爲從吹從龠亦是錯的。從壺甲(M8.12)的器銘看,該字從吹從女當是本字,壺乙(M8.7)器銘上部從吹,下部則是女字上舉雙手抱"吹",應是女字的繁化,所謂的"皿"也是雙手的訛變,故今以器銘壺甲隸定爲"婺"。

“不录”,即不禄,金文中也有作“非录”的(見曾亘嫚鼎)。“禄”是指官吏的俸給。《廣韻·屋韻》:“禄,俸也。”《集韻·屋韻》:“居官所給廩。”《國語·楚語下》:“成王每出子文之禄,必逃。”韋昭注:“禄,俸也。”《周禮·天官·大宰》:“四曰禄位,以馭其士。”鄭玄注:“禄,若今月俸也。”《禮記·王制》:“任事然後爵之,位定然後禄之。”“不禄”就是不再能享受俸禄,所以古代士死便諱稱“不禄”。《禮記·曲禮下》云:“天子曰崩,諸侯曰薨,大夫曰卒,士曰不禄,庶人曰死。”鄭玄注:“不禄,不終其禄。”孔穎達疏:“士曰不禄者,士禄以代耕,而今遂死,是不終其禄。”仲考父爲楷侯的宰,死後稱“不禄”,身份應是士一級。

“季妇”,即季姒。作器者,參考 M8 出土器銘可知她是仲考父的夫人,來自姒姓國。

“耑”,音 zhuān,同專。專一,專此,專意。

“誓”,有告訴、告知之義。《儀禮·大射》:“司射西面誓之曰:公射大侯,大夫射參,士射干。”杜預注:“誓,猶告也。”《逸周書·世俘解》:“用小牲羊犬豕于百神水土于誓社。”孔晁注:“誓,告也。”

“遣”,送也。也用作名詞,指死者隨葬的器物。《儀禮·既夕禮》:“讀遣,卒,命哭,滅燭,出。”鄭玄注:“遣者,入壙之物。”盤銘記載遣器的種類及數量,具有《儀禮·既夕禮》中所說的“書遣於策”的性質。

“爾”,第二人稱代詞,相當於“你”。商周時期上下通用,不分尊卑,後來只用於平輩或者上對下。《詩·小雅·無羊》:“誰謂爾無羊? 三百維群!”鄭玄箋:“爾,汝也。”《正字通·爻部》:“我稱人曰爾……古人臣稱君皆曰爾。”

“害”,讀爲匄,意爲祈求、乞求。《説文·亡部》:“匄(匃),气(乞)也。”《玉篇·勹部》:“匄,乞也,行請也。”《左傳·昭公六年》:“禁芻牧採樵,不入田,不樵樹,不采蓺,不抽屋,不强匄。”陸德明釋文:“匄,本或作丐。音蓋,乞也。”《漢書·陳湯傳》:“家貧匄貸無節,不爲州里所稱。”顏師古注:“匄,乞也。”

“福”,即幸福,福氣。古稱富貴壽考、康健安寧、吉慶如意齊備爲之福。《書·洪範》:“五福: 一曰壽,二曰富,三曰康寧,四曰攸好德,五曰考終命。”《詩·小雅·瞻彼洛矣》:“君子至止,福禄如茨。”鄭玄箋:“爵命爲福,賞賜爲禄。”孔穎達疏:“凡言福者,大慶之辭;禄者,吉祉之謂。”《禮記·祭統》:“賢者之祭也,必受其福,非世所謂福也。福者,備也。備者,百順之名也,無所不順者謂之備。”另外,福還有保佑、造福之義。《説文·示部》:“福,佑也。”《左傳·莊公十年》:“小信未孚,神弗福也。”《三國志·魏志·文帝紀》:“使死者有知,將不福汝。”

“後”,指子孫後代。《詩·大雅·瞻卬》:“無忝皇祖,式救爾後。”鄭玄箋:“後,謂子孫也。”《書·太甲上》:“旁求俊彦,啓迪後人。”蔡沈集傳:“旁求俊彦之士,以開導子孫。”晉陶潛《命子》:“三千之罪,無後爲急。”

盤銘大意是説: 仲考父去世了,季姒專此奉告: 致送給你盤、匜各一件,壺兩件,簋兩件,鼎一件,祈求福佑你的子孫。

　　M7 和 M8 相鄰,是夫妻並葬。M7 是楷侯宰娑(仲考父)的墓,M8 是夫人季姒的墓。仲考父隨葬的青銅禮器是夫人所作的遺器,説明仲考父先亡,隨葬器物與盤銘所記完全相符,反映了這個時期士一級使用禮器的情況。季姒墓隨葬禮器也是一鼎二簋二壺一盤一匜,只是多了一甗,説明夫人的等級隨從其夫。

二、否叔器銘文考釋

　　季姒盤銘文明確説仲考父去世,季姒製作隨葬器物爲之遣送,爲研究商周青銅器中的遣器提供了重要的證據。由此我們聯想到了 1999 年張光裕先生公布的否叔所作的一組器物,有必要對其再作探討。

　　否叔器組是西周早期後段之物,包括尊、卣、瓠(2 件)、爵(2 件)、觶等。否叔尊、卣的銘文是(圖二):

圖二　否叔卣銘文

　　　　否弔(叔)獻彝,疾不已,
　　　　爲母宗彝剬(則)
　　　　備,用遣母,⚹。

　　否叔瓠甲銘文是“否用遣母⚹”,否叔瓠乙銘文是“用遣母⚹”,否叔爵銘文是“用遣”,否叔觶銘文是“遣”。銘文逐件省減,直到只用一個“遣”字。

　　張光裕先生稱這組器物爲“遣器”,這是十分正確的,但張先生將銘文最後的“⚹”釋爲“霝”,認爲有兩種可能:一爲名詞,是否叔母親的名字;二是可讀作“霝終”之“霝”(令),訓作善,“用遣母霝”是説“母有善終,因以爲遣”。[1]

　　基於銘文中有一句“疾不已”,學者們多將其與疾病聯繫在一起。張光裕先生認爲染疾者是否叔之母,患病而亡。陳英傑先生認爲染病者是否叔本人,也把銘文後邊的“⚹”釋爲“霝”,讀爲神靈的“靈”,認爲自己久病不愈是母親的神靈作祟,“用遣母靈”是遣送作祟母親的神靈。[2]李學勤先生將“⚹”釋爲“星”,讀爲“眚”,訓作“災”。[3]李春桃先生贊同李學勤先生之説,並以爲“疾不已”是否叔染疾,原因是其母作祟所引起,“爲母宗彝則備,用遣母眚”

[1]　張光裕:《西周遣器新識——否叔尊銘之啓示》,《“中研院”歷史語言研究所集刊》70 本第 3 分,1999年。
[2]　陳英傑:《西周金文作器用途銘辭研究》,綫裝書局,2008 年。
[3]　李學勤:《論殷墟卜辭的新星》,《北京師範大學學報》2000 年第 2 期。

就是專門爲其母準備了一套銅器，以遣逐亡母所作之災眚。他進而認爲這一組“宗彝”是祭祀禮器，是否叔爲了遣逐母親眚祟而作的祭器，不是遣器，並説銘文首句“否叔獻彝”所獻之彝不是此套銅器，而是另有所指。[1]

馮時先生認爲銘文中“疾”訓作痛，“疾不已”是指器主悲哀痛苦之情不絶。馮先生認爲“遣”是遣奠之意；“ＤＣ”爲“晶”字，“晶”是星的初文，“母晶”即“母精”，指母之魄體與其精魂。[2]

要解決否叔尊、卣銘文的釋讀，關鍵在於認識銘文最後邊的“ＤＣ”。筆者在《商周青銅器銘文暨圖像集成》中也曾釋作“霝”，現在看來是錯誤的。細審該字，其結構並不是並列的三個口，而是左右各爲一個Ｃ形（即耳字的訛變），方向相反，中間是一個方框。一般釋爲“聑日”。商代晚期“耳”字多爲象形，“日”呈長方框中有一横畫，如日本山中商會收藏的父乙鼎的“ＤＥＣ”，父乙方彝的“ＥＣ”；西周早期“耳”則變成“Ｃ”形，“日”變成空心方框或者實心方形，如故宫博物院隻爵的“ＪＩＣ”，河北博物館聑日卣的“ＤＣ”和聑日爵的“ＤＣ”等。這是一個族徽（或者複合族氏銘文）。故銘文之後的“聑日”，是作器者否叔的族氏標識，與銘文内容無關。

這個問題解決了，其他問題就迎刃而解，既排除了“久病不愈”，也排除了“鬼魂作祟”的紛擾。

銘文首句“否叔獻彝”，語言直白，是説否叔爲母親獻彝，也就是給母親製作隨葬品。因後句有“爲母”，故這裏便省略了受器者“母”。

“疾不已”，疾是一個多義詞，既是名詞，指疾病、病痛，也可作動詞，表示憂慮、憂患、着急。《玉篇·疒部》：“疾，患也。”《論語·衛靈公》：“君子疾没世而名不稱焉。”《莊子·田子方》：“草食之獸，不疾易藪；水生之蟲，不疾易水。”成玄英疏：“疾，患也。”另外，“疾”還有盡力，努力之義。《荀子·榮辱》：“小人也者，疾爲誕而欲人之信己也，疾爲詐而欲人之親己也。”《墨子·尚賢下》：“有力者疾以助人，有財者勉以分人。”《吕氏春秋·尊師》：“疾諷誦，謹司聞。”“不已”，不止，繼續不停。《詩·周頌·維天之命》：“維天之命，於穆不已。”孔穎達疏：“言天道轉運無極止時也。”從銘文叙事結構來看，如果把“疾”解釋爲疾病，那麽“否叔獻彝”後面又説宗彝齊備用以遣母，中間却突然插入一句“疾不已（久病不愈）”，顯得十分突兀，使得銘文語序混亂。我認爲聯繫首句的“否叔獻彝”，將“疾不已”解釋爲否叔爲了製作母親的遣器憂慮不止、焦慮不已，或者是不斷盡力辦理，更覺合理。

“爲母宗彝則備”，則，副詞，猶乃、才。《詩·小雅·出車》：“既見君子，我心則降。”《孟子·梁惠王下》：“齊人將築薛，吾甚恐，如之何則可？”“備”，完備、齊備。《廣韻·至韻》：

---

[1] 李春桃：《否叔諸器銘文釋讀——兼釋甲骨文中的“眚”字》，《文史》2019年第1期。

[2] 馮時：《我方鼎銘文與西周喪奠禮》，《考古學報》2013年第2期。

“備,具也。”《易·繫辭下》:“廣大悉備。”《詩·小雅·楚茨》:“禮儀既備,鍾鼓既戒。”“爲母宗彝則備”是説給母親的宗彝(隨葬品)製作齊備。

“用遣母”,用,介詞,表示行爲、動作賴以進行的憑藉,相當於“以”。“用遣母”與季姒盤的“遣爾”句式完全相同,可以互證,前者只是把隨葬品(宗彝)置於“遣母”之前,後者則是把遣送的器物放在“遣爾”之後。“用遣母”是説用以致送給母親,也就是説隨同母親埋葬。另外的幾件器物上的銘文無論是“否用遣母”“用遣母”“用遣”還是“遣”,都表明其遣器的性質,所以説否叔器組是真真正正的遣器,毋容置疑。

全篇銘文按字面本身解釋順暢無礙,大意説否叔爲給母親獻彝(製作隨葬品),不斷盡力辦理,給母親的宗彝製作齊備,用以致送母親(隨從母親一起埋葬)。

2020 年 1 月 10 日完稿

新出晋公盤與傳世晋公蠿銘文對讀

　　清代吳榮光《筠清館金文》第三卷著録的晋公蠿,是一件非常著名的青銅器,原稱周敦,其實爲盆,自名爲蠿,故稱晋公蠿。此後的主要金文著録圖書均有收録,郭沫若、楊樹達、唐蘭、李學勤、謝明文諸先生都做了很好的研究,有許多精辟的見解。但由於該蠿有兩處老補丁,許多關鍵字漫泐不清,致使各家説法不一,特別是作器者是哪位晋公,至今没有讓人信服的結論。

　　近年出土的晋公盤,甚爲重要,有助於搞清上述許多問題。

　　該盤現藏山西青銅博物館,通高 11.7、口徑 40、兩耳相距 45 釐米。淺腹平底,窄平沿外折,腹側有一對附耳,耳內側有一對横梁與盤沿相連,耳飾重環紋,盤外壁飾雙龍糾結紋,盤底的邊緣設置三個圓雕裸體人形支足。裸人雙膝跪地,雙臂向後揹負着盤體。盤外壁飾蟠螭紋;內壁飾四條浮雕魚紋,相間七塊銘文;內底中央飾一對浮雕龍,相互盤繞成圓形;雙龍的中心有一隻立體水鳥,雙龍之外有四隻立體水鳥和四隻浮雕烏龜,水鳥與烏龜相間;再向外有四隻圓雕跳躍青蛙(一隻殘缺)和四條游魚(一隻殘缺),青蛙與游魚相間;最外圈有四隻蹲姿青蛙、八隻浮雕游泳青蛙(一隻殘缺)和四隻圓雕爬行烏龜,青蛙、烏龜彼此相間。這些圓雕動物都能在原處 360 度轉動,鳥嘴可以啓閉,栩栩如生,頗富情趣(圖一、二)。盤內壁鑄銘文七處,每處三行,共 183 字(其中重文 1,合文 1,漏鑄 2 字及 2 個重文符號)(圖三)。

圖一　晋侯盤正視　　　　　　　　　　圖二　晋侯盤俯視

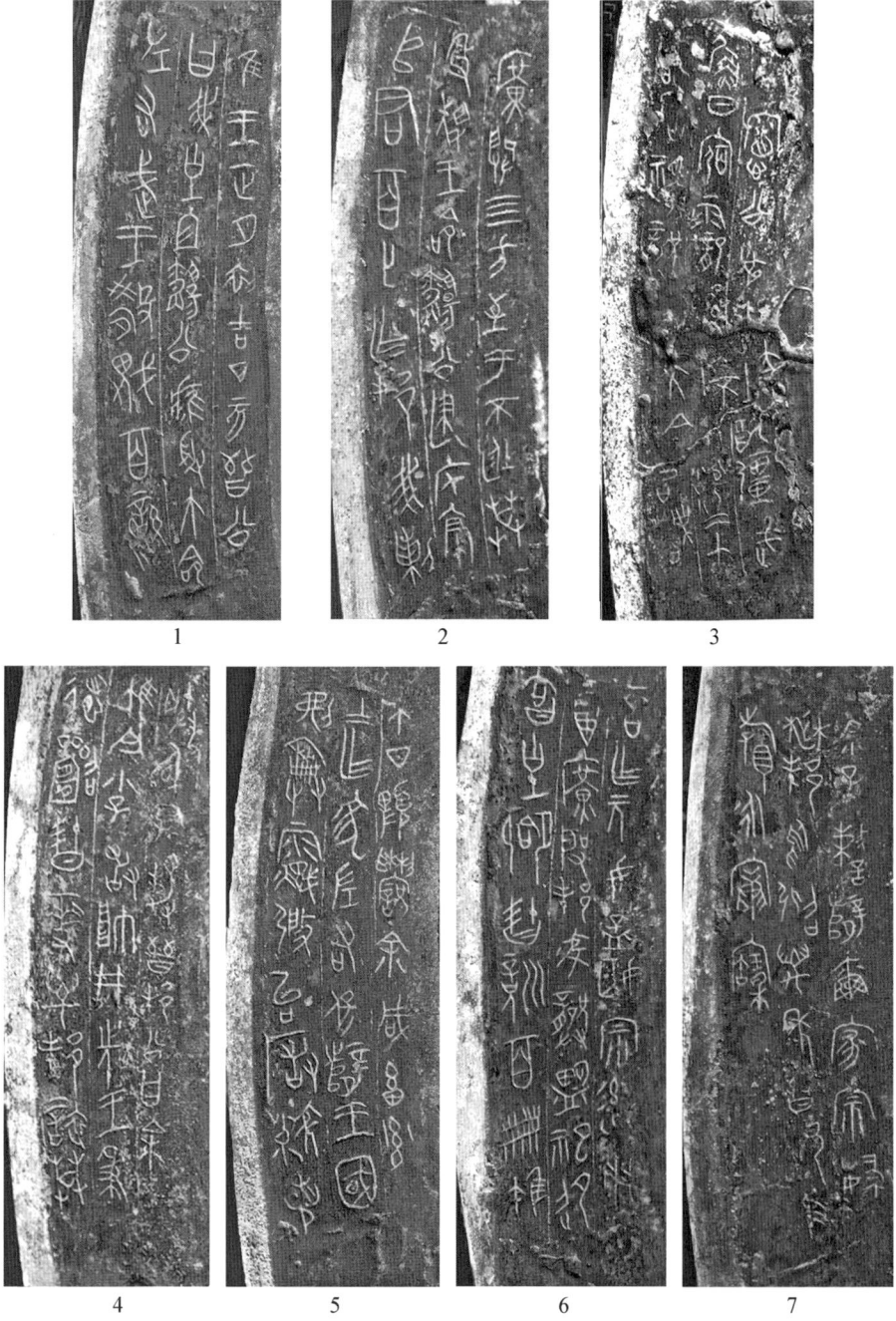

圖三　晉公盤銘文

　　該盤的造型、裝飾與上海博物館收藏的太師盤(又稱子仲姜盤)有諸多相似之處,盤腹較淺,兩個附耳甚高,並且切近盤沿,內底裝飾浮雕、圓雕的游魚、青蛙、水鳥和烏龜,立體的均可轉動,只是太師盤壁裝飾有圓雕的兩隻攀緣曲角龍,晉公盤則沒有,太師盤圈足下是三隻圓雕卷尾虎,晉公盤圈足下是三個圓雕裸體踑坐人。

　　該盤的銘文結構與秦公鎛、秦公簋也基本相同,所使用的語詞具有較大的一致性,都是先述先祖功績,後表決心;内容上也存在諸多關聯,尤其是稱述先祖部分非常相似。

　　從晋公盤、太師盤、秦公簋以及秦公鎛所表現的形制、紋飾和銘文特徵來看,其時代均爲春秋中期偏早之物。

　　晋公盤銘文與晋公盞銘文(圖四、五)基本相同,但繩子往往從細處斷,晋公盤也有一個補丁,恰巧也在晋公盞缺字之處,幸好有所錯位,兩銘可互相校補,使許多關鍵問題得以解決。

　　現將晋公盞、晋公盤銘文的釋文録書如下(盞銘采用謝明文釋文)。[1]

圖四　晋公盞(集成拓本)

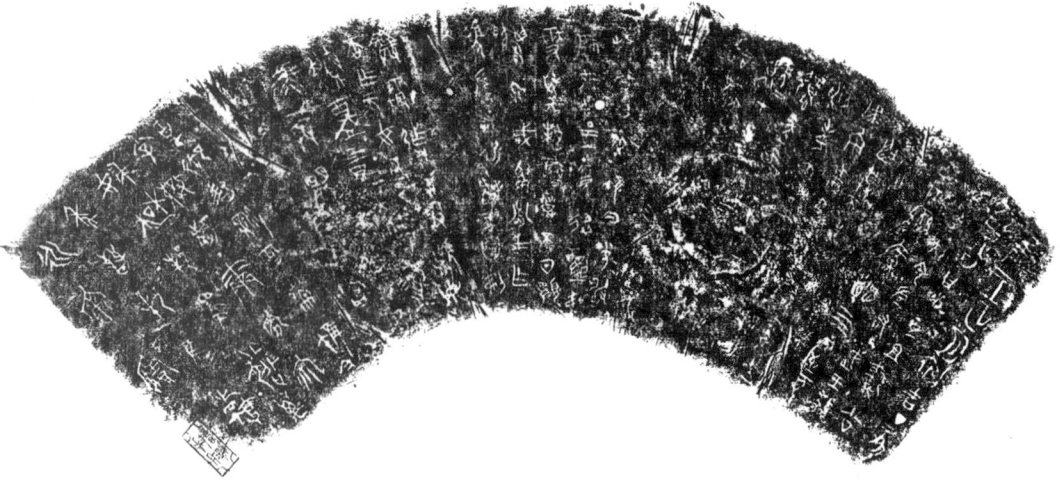

圖五　晋公盞(小校拓本)

---

[1]　謝明文:《晋公盞銘文補釋》,《出土文獻與古文字研究》第五輯,上海古籍出版社,2013 年。

晋公<ruby>盃</ruby>釋文：

佳(唯)王正月初吉丁亥，

晋(晋)公曰：我皇且(祖)酈(唐)公，

[雁(膺)]受大命，左右武王，敬

□百<ruby>絲</ruby>(蠻)，廣嗣(司)三(四)方，至于

大廷，莫不史(事)公。[王]命酈(唐)公，

成(定)宅京師，□□晋邦，我

剌(烈)考□[公]，☑

疆，武(?)☑，

虢=才(在)[上]，☑，[文]

台<ruby>燅</ruby>☑晋

邦。公曰：余蜰(唯)今小子，叙

帥井(型)先王，秉德劓=(秩秩)，珅(柔)

爕萬邦，諫=(哀哀)莫不日頓(卑)

<ruby>龏</ruby>(恭)，余咸畜胤士，乍(作)

馮(淜)左右，保辥(乂)王國，刜

<ruby>奧</ruby>(暴)<ruby>霖</ruby>(? 舒)㞑(迮)，不(丕)<ruby>厰</ruby>(嚴)虢若

否。乍(作)元女孟[姬]

<ruby>媵</ruby>(媵)<ruby>盃</ruby>三(四)[盃]，□□□□，

虔<ruby>龏</ruby>(恭)盟祀，吕(以)<ruby>盦</ruby>(答)[揚]

皇卿，坤(柔)新(親)百黹(?)，蜰(唯)今

小子，整辥(乂)爾家，宗

婦楚邦。烏(於)<ruby>袑</ruby>(昭)萬

年，晋(晋)邦佳(唯)<ruby>翰</ruby>(翰)，

永康(康)寶。

晋公盤釋文：

佳(唯)王正月初吉丁亥，晋(晋)公

曰：我皇且(祖)<ruby>酈</ruby>(<ruby>觴</ruby>—唐)公，雍(膺)受大命，

左右武王，<ruby>敫</ruby>(<ruby>敫</ruby>—教)<ruby>戝</ruby>(<ruby>畏</ruby>—威)百<ruby>絲</ruby>(蠻)，

廣闊(<ruby>闢</ruby>)三(四)方，至于不(丕)廷，莫[不]

秉牧(敬)。王命<ruby>酈</ruby>(唐)公，建<ruby>庀</ruby>(宅)京

自(師),君百生(姓)乍(作)邦。我剌(烈)

考憲公,克亢□猷,彊武

魯宿,靁(靈)□不□,虢=(赫赫)才[上],

嚴(嚴)襮(龏)齀(恭)天命,台(以)釁

朕(朕)身,鼏(謐)静晉(晋)邦。公曰:余

惟(唯)今小子,敃(敢)帥井(型)先王,秉

德嗌(秩)[秩],帉(協)燮(燮)萬邦,諒(哀)[哀]莫

不日頼(卑)齀(恭),余咸畜胤(俊)

士,乍(作)厷(蒙)左右,保辪(乂)王國,

剌奠(典)臧屄,台(以)厰(嚴)虢若

否。乍(作)元女孟姬宗彝般(盤),

將(將)廣启邦,虔齀(恭)盟祀,卲(昭)

會(答)皇卿(卿),帉(協)訓(順)百瀞(職)。惟(唯)

今小子,誓(敕)辪(乂)爾家,宗婦

楚邦,烏(於)屚(昭)萬年,晉(晋)邦佳(唯)

韓(翰),永康(康)襄(寶)。

下面就以晋公盤銘文對照晋公蓋銘文校閱,對蓋銘釋文中一些字詞補釋,並就有關問題談一些自己的見解。

　　蓋銘:我皇且(祖)酀(唐)公,[雁(膺)]受大命
　　盤銘:我皇且(祖)䶊(唐)公,雁(膺)受大命

唐公的"唐",蓋銘左上邊從爵省,下從易,右旁從邑,郭沫若《大系》隸定爲"酀",《集成》(增補本)和謝明文隸定爲"䴤",而盤銘則左從爵,右上邊從卂,右下邊從易,當隸定爲"䶊",此爲"觴"字的異體,在此仍應讀爲唐。

　　蓋銘中"受大命"之前一個字,各家補爲"雁(膺)"是對的。

　　蓋銘:敬□百繇(蠻),廣嗣(司)三(四)方
　　盤銘:敊(敊)畏(畏)百繇(蠻),廣闓(闢)三(四)方

《大系》對蓋銘的前二字未有釋補,謝明文將第一字釋爲"敬",第二字未補,《集成》將第一字釋爲"龢",第二字補爲"燮",均不確。前二字盤銘作"敊畏",細觀蓋銘拓本,第一字左上部從爻,非常清楚,所以左邊是肴字的繁體是没有問題的,右邊的"殳"稍有模糊,但該字左

邊絕不像"苟",故釋"敬"是不對的,釋爲"龢"更不沾邊,當與盤銘的"敠畏"相同。"敠",即
敊字的異體,讀爲教。"畏"即"畏",讀爲威。教威,蔡侯產劍作畏戏(威教)。威,威嚴;教,
令也。《荀子·大略》:"以其教出畢行。"楊倞注:"教,謂戒令。"威教,威嚴的命令。"敠畏百
蠻",就是以威嚴的戒令管理衆多的非華夏部族。

螰銘"廣"字之後的一個字各家均釋爲"嗣(司)",盤銘作"鬨(闢)"。細觀螰銘拓本也可
以確定此字是"鬨(闢)",其下部所從的兩個"又(雙手)"清晰可見,上部所從的"門"字,也能
看見一部分,故可以確定螰銘這個字也是"鬨(闢)"字而不是"嗣(司)"。司者主也,掌管也;
闢者開也,開闢,開拓之義。掌管四方和開拓四方的含義還是有根本的區別,"廣闢四方"是
講周王開拓疆域,正好與下句的"至于大廷"相合。

> 螰銘:至于大廷,莫不史(事)公
>
> 盤銘:至于不(丕)廷,莫〔不〕秉敬(敬)

"至于"之後的一個字,《集成》的螰銘拓本漏拓一行字,北京圖書館所藏拓本該字模糊不
清,而《三代吉金文存》拓本該字確爲"大"字,"大廷"即大庭,也就是史書記載的大庭氏國。
但盤銘此字却爲"不"字,"不"讀作"丕"。"丕"訓大,"不廷"也就是大廷、大庭。或謂"不"
用爲副詞,表示否定,與《詩·大雅·韓奕》"榦不廷方"、秦公簋的"鈠(鎮)静(靖)不廷"、逨
盤的"方裹不廷"的"不廷""不廷方"相同,就是不來王廷朝覲的方國。我以爲此處還是作爲
具體的國名較爲妥帖,也與螰銘相合。因爲上面的"至于"是到達之意,後邊必然是到達的
地名。

第二句前二字螰銘作"莫不",而盤銘僅有一個"莫"字,顯然是漏鑄了"不"字。螰銘後
二字《大系》及《集成》(增補本)釋爲"來王",謝明文則釋爲"史(事)公"。盤銘與"來王""史
(事)公"均不類。所以,把螰銘此二字釋爲"來王"和"事公"亦值得懷疑。盤銘頭一字似爲
"秉"字,其禾字的下部未鑄出。第二字作 𢼸,似爲"敬",即"敬"字。"秉敬"即尊敬、崇
敬,"莫不秉敬"是説四方部族都很崇敬(周王)。極有可能所謂的"事公"也是"秉敬"二字。
有人以爲將"王命"屬上,讀爲"莫不秉敬王命",似可通順,其實不然。因爲上面説的是唐公
接受大命,教威百蠻,廣闢四方,至于大廷,與王命無涉。所以這裏的"秉敬"應秉敬的是唐
公,而不是王命。"王命"應屬下讀爲"王命唐公",這也符合該銘文大部分爲四字一句的
通例。

> 螰銘:〔王〕命鼺(唐)公,成(定)宅京師
>
> 盤銘:王命鼺(唐)公,建庀(宅)京𠂤(師)

　　蓋銘第一字各家釋補"王"字是對的,盤銘此處正是"王"字。"王命唐公"是説周王命令唐公叔虞。第五、六字《大系》和《集成》(增補本)均釋爲"宀(冪)宅",第五字謝明文釋爲"戌",認爲是"成"字之省訛。"成"讀爲"定",全句讀爲"定宅京師",而盤銘則爲"建庀(宅)京自(師)"。"宅"字從广乇聲,與蓋銘的從宀乇聲有所不同,但在古文字中從广與從宀例可通用。"建宅京師"就是建都京師,在京師建立國都。蓋銘幾個拓本第一個字乍看似"戌"或"成"字,細觀之,蓋銘也應該是"建"字,其字所從的"聿"還是可以看得出來,只是所從的"廴"下橫畫不甚清楚。

　　關於"京師"的解釋,各家有所分歧。李學勤先生認爲:"晋公蓋所説'京師',可能指武王所都鎬京,即宗周。武王命唐叔宅(居)於鎬京,事在封唐以前,也與分封無涉。"[1]郭沫若先生認爲"京自"即"京陵"。《漢書·地理志》太原郡有京陵縣,故址在今山西平遥縣東北京陵村。[2]大多數學者認爲此處的"京師"與晋姜鼎的"京師"應該是同一地方,當是晋國的國都。筆者以爲晋國國都曾經數次遷徙,這裏指的是武王封叔虞於唐時期建立的早期國都。

　　再從銘文語句本身來講,此京師亦當指唐都。"宅"雖有住宅、房舍之義,但在古文字資料和古文獻中,"宅"的大多數詞義都是指都邑或者都邑所在地。例如: 何尊"初遷宅于成周""宅茲中或(國),自之乂民";秦公簋"鼏(宓)宅禹責(蹟)";鍾離公鼓座"余以宅于東土,至于淮之上"。《書·盤庚上》:"我王來,既爰宅于茲。"孔傳:"言祖乙居於此。"《詩·商頌·玄鳥》:"天命玄鳥,降而生商,宅殷土芒芒。"鄭玄箋:"自契至湯八遷,始居亳之殷地。"《書·洛誥》:"召公既相宅,周公往營成周,使來告卜,作《洛誥》。"《左傳·昭公十二年》記載楚靈王語"昔我皇祖伯父昆吾,舊許是宅"等等。所以,"建宅京師"是説唐叔虞建立國都於京師,而不是説武王讓唐叔在鎬京建立居室,其下的"君百生乍(作)邦"更説明了這一點。

　　　蓋銘: □□晋邦
　　　盤銘: 君百生(姓)乍(作)邦

　　謝明文釋蓋銘"□□晋邦",此四字各拓本均不清晰,盤銘爲"君百生乍(作)邦"。以盤銘校勘,釋"晋邦"可能有誤。今以盤銘考釋。

　　君,主宰,統治。《書·説命上》:"天子惟君萬邦,百官承式。"《管子·内業》:"執一不失,能君萬物。"三國魏曹植《責躬詩》:"帝曰爾侯,君兹青土。"

　　"君百生乍邦"的"生"字,筆者最初隸定爲"㠯",以爲與杞伯鼎、杞伯簋杞伯私名"每㠯"的"㠯"爲同一字,但在此無法讀通。後經朋友提示,此當爲"生"字的殘字,遂改釋爲"生"。

[1] 李學勤:《晋公蓋的幾個問題》,《出土文獻研究》第 1 輯 135 頁,文物出版社,1985 年。
[2] 郭沫若:《兩周金文辭大系圖録考釋》,科學出版社,1958 年重印本。

“百生”即“百姓”。“百姓”一指百官,二指民衆。《書·堯典》:“九族既睦,平章百姓。”孔傳:
“百姓,百官。”《國語·周語中》:“官不易方,而財不匱竭;求無不至,動無不濟;百姓兆民,夫
人奉利而歸諸上,是利之内也。”《大戴禮記·保傳》:“此五義者既成於上,則百姓黎民化緝於
下矣。”《書·泰誓中》:“百姓有過,在予一人。”孔穎達疏:“此‘百姓’與下‘百姓懍懍’皆謂天
下衆民也。”《論語·顔淵》:“百姓足,君孰與不足? 百姓不足,君孰與足?”

“作邦”謂建立國家。“作”,建立。“邦”,國家。大盂鼎:“武王嗣文作邦。”《詩·大雅·
皇矣》:“帝作邦作對。”鄭氏箋云:“作,爲也。天作邦謂興周國也。”孔穎達疏:“作邦,謂使之
爲天子之邦。”《周禮·夏官·大司馬》:“進賢興功以作邦國。”鄭康成注:“興,猶舉也。作,
起也。”

《左傳·定公四年》引衛國祝佗的話説成王:“分唐叔以大路、密須之鼓,闕鞏、姑洗,懷姓
九宗,職官五正。命以《唐誥》,而封於夏虚。”唐叔虞(唐公)是在周公滅掉異姓唐國之後,成
王將他分封到唐地的。唐國地處夏人的故墟,四周遍佈戎狄部落,這“懷姓九宗”就是被征服
的夏虚周邊的戎狄部落。

“君百姓作邦”是講唐公君臨百官和民衆,建立自己的邦國。

盖銘: 我剌(烈)考□[公]

盤銘: 我剌(烈)考憲公

盖銘“考”下一字僅能看見“宀”,“公”字各家是根據上文增補。盤銘明顯爲“憲公”。

文獻記載晋國没有憲公,而有獻公。憲公即獻公。“獻”“憲”均爲元部曉紐,雙聲疊韻,
故相通假。《隸釋·咸陽靈臺碑》:“驛憲鮎魚。”洪适釋“憲當讀爲獻”。《四庫全書》所收《逸
周書·諡法解》云:“博聞多能曰獻,聰明叡哲曰獻。”《史記正義·諡法解》和《汲冢周書·周
公諡法解(晋孔晁注)》均作“博聞多能曰憲”。可知“憲公”就是“獻公”。

晋獻公是晋武公之子,名詭諸。晋武公本爲曲沃武公,其祖上是晋文侯(仇)的弟弟成
師。晋昭侯元年(前745年)其叔父成師被封於曲沃,稱爲桓叔,勢力强大,民心歸附,其城邑
比晋國國都翼城還大,一直謀求取代晋國君位,歷經莊伯和武公,幾經失敗,到晋侯湣二十八
年(前679年,也就是武公三十七年)終於滅掉翼城晋國,兩晋復合爲一,並將次年改爲三十
八年,遷入翼城,第二年去世,其子詭諸繼位,是爲晋獻公。晋獻公在位二十六年,卒於魯僖
公九年(前651年),時處春秋早期之末。

盖銘: □疆,武(?)□,

盤銘: 克亢□猷,疆武魯宿

　　蓋銘"剌(烈)考"到"晋邦"之間,僅能看出"彊武""台糞""虩₌(赫赫)才"七字,且互不相連。謝明文於"虩₌(赫赫)才(在)"之後補入"上",應該不誤。盤銘在此處也正處在補丁之處,銘文爲"克□亢獣,彊武魯宿,霝(令)名不□,虩₌(赫赫)才[上],嚴(嚴)禟(寅)糞(恭)天命,台(以)攀(乂)朕(朕)身,孔静譖(晋)邦"。

　　"克□亢獣",由於缺字,語意不明。"彊武魯宿","彊",義爲堅强、堅定。《書·皋陶謨》:"彊而義。"孔傳:"無所屈撓。"孔穎達疏:"彊,謂性行堅强。"《墨子·修身》:"志不彊者智不達。言不信者行不果。""武",與文相對,指有武功。"魯",通"嘉",善也。金文習見。牆盤:"宏魯昭王。"頌壺:"敢對揚天子丕顯魯休。""宿"當讀爲"肅","宿""肅"同爲心母覺部,常相通假。"肅",恭敬、莊重。《書·洪範》:"恭作肅,從作乂,明作哲,聰作謀,睿作聖。"孔傳:"心敬。""魯宿"意即善良莊重。這句是頌揚憲公堅强而威武,莊重而又善良。

　　　　蓋銘:□,虩₌才(在)[上]
　　　　盤銘:霝(靈)□不□,虩₌(赫赫)才[上]

　　"霝"即"靈"字,秦公大墓石磬"靈"字下部亦作"瓏"。"霝"字上部從"雨",是"霝"的減省,所從的"瓏"是疊加聲符。"霝"字之後一字有可能是"名"字,"霝"讀爲"令","令名"就是美名。《左傳·襄公二十四年》:"僑聞君子長國家者,非無賄之患,而無令名之難。"《國語·晋語二》:"吾聞君子不去情,不反讒,讒行身死可也,猶有令名焉。""靈名"之後爲"不□",意思不明。"虩₌(赫赫)才"之後亦缺鑄"上"字。"虩₌"讀爲赫赫,顯赫盛大貌。《詩·小雅·節南山》:"赫赫師尹,民具爾瞻。"《國語·楚語上》:"赫赫楚國,而君臨之。"韋昭注:"赫赫,顯盛也。""虩₌(赫赫)才(在)[上]"是説其先祖顯赫地在天上。

　　　　蓋銘:□,[文]
　　　　盤銘:嚴(嚴)禟(寅)糞(恭)大命

　　蓋銘此處銘文均殘缺,盤銘是"嚴(嚴)禟(寅)糞(恭)大命",秦公簋銘文作"嚴恭寅天命",蔡侯龖尊有"蔡侯申虔共(恭)大命",司馬楙鎛有"嚴糞(恭)天命"。"嚴恭",莊嚴恭敬。《書·無逸》:"昔在殷王中宗,嚴恭寅畏天命。"孔傳:"言太戊嚴恪恭敬,畏天命。"《亢倉子·訓道》:"君后所愛,雖小物,必嚴龔。"南朝梁劉勰《文心雕龍·祝盟》:"所以寅虔於神祇,嚴恭於宗廟也。""嚴恭寅天命"是説莊嚴恭敬地奉事天命。

　　　　蓋銘:台糞□晋邦
　　　　盤銘:台(以)攀朕(朕)身,鼏(謐)静譖(晋)邦

　　盞銘首二字《大系》《集成》(增補本)和《銘文選》均釋爲"召戁",誤"台"爲"召"。謝明文釋"台戁"是正確的,"戁"字有可能下從"去",盤銘即作"戁"。

　　"台",讀爲"以",用也。馬王堆漢墓帛書《道原》:"人皆以之,莫知其名。人皆用之,莫見其刑(形)。"《禮記·儒行》:"禮之以,和爲貴。"按,《論語·學而》"以"作"用"。《韓非子·揚權》:"聖人執要,四方來效。虛而待之,彼自以之。"舊注:"以,用也。君但虛心以待之,彼則各自用其能也。"

　　"戁",讀爲辥、乂,治也。《書·堯典》:"浩浩滔天,下民其咨,有能俾乂?"孔傳:"乂,治也。"《漢書·地理志上》:"淮沂其乂。"顏師古注:"淮沂二水已治。"秦公簋有"保戁(乂)氒(厥)秦",大克鼎有"保辥周邦",叔趯父卣有"敬辥乃身",《書·君奭》有"用乂厥辟"。"以戁朕身",意思是説用以修習我身。"鼐",讀爲謐,謐者安寧也。漢賈誼《新書·禮容語下》:"其詩曰:'昊天有成命,二后受之,成王不敢康,夙夜基命宥謐。'謐者,寧也,億也。""静",通靖,治也,使其安定也。《篇海類編·聲色類·青部》:"静通作靖。"《國語·晉語四》:"同出九人,唯重耳在,離外之患,而晉國不靖,二也。"韋昭注:"靖,治也。"《詩·周頌·我將》:"儀式刑文王之典,日靖四方。"《逸周書·大匡解》:"小匡用惠,施捨静衆。"《史記·范雎蔡澤列傳》:"決裂阡陌,以静生民之業而一其俗。""謐静晉邦"是説晉國安寧無事。

　　總之,這一段殘辭是作器的晉公贊揚其父憲公功業的言辭,稱頌有加,但對於驪姬之亂追殺群公子則諱而不書。

　　　　盞銘:余蜼(唯)今小子
　　　　盤銘:余惟(唯)今小子

　　盞銘第二字,楊樹達、郭沫若、唐蘭、馬承源諸先生均釋爲"惟",以爲是晉定公之名。[1]李學勤、謝明文先生釋爲"蜼"讀爲虛詞"唯"。[2]"余蜼(唯)今小子"是晉平公的謙稱(李先生認爲晉公盞的作器者是晉平公),張政烺先生同意釋爲"惟",但應讀爲"惟"(惟與唯通)。[3]從晉公盞和晉公盤銘文看,此字左旁確從午,不從虫,與侯馬盟書的偏旁所從的虫字還是有區別的,所以隸定爲"惟"讀爲"唯"是準確的。此是作器者晉公的自稱、謙稱。此晉公既不是晉定公午,也不是晉平公彪(詳下)。

[1]　楊樹達:《積微居金文説》(增訂本)55頁,中華書局,1997年。唐蘭:《晉公惟盞考釋》,《唐蘭先生金文論集》15頁,紫禁城出版社,1995年。郭沫若:《兩周金文辭大系圖録考釋》231頁。馬承源主編:《商周青銅器銘文選》587頁,文物出版社,1990年。

[2]　李學勤:《晉公盞的幾個問題》,《出土文獻研究》第1輯135頁。謝明文:《晉公盞銘文補釋》,《出土文獻與古文字研究》第五輯237頁。

[3]　張政烺著、朱鳳瀚等整理:《張政烺批注〈兩周金文辭大系考釋〉(整理稿)》160頁,中華書局,2011年。

盞銘：秉德劅=（秩秩）

盤銘：秉德齰=（秩秩）

　　盞銘"秉德"之後一字，《大系》《銘文選》以及《集成》（增補本）均隸定爲"嬲"，下有重文符號，但仔細觀察此字左旁從"疊"，右旁並不從"女"。謝明文隸定爲"劅"，以爲此字的左下部從"俎"。從拓本中看似從"且"而不是"俎"。不過金文中"嬲"字所從的"疊"，三日之下有從"宜"者（見齊嬲姬簋），有從"且"者（見嬲妊壺），也有從"俎"者（見晶嬀壺），至於此字的準確隸定還是以從"疊"爲好。衆家讀爲"秩秩"是對的。

　　此字在盤銘左上部從晶，左下部從"宜"，右上部從"刀"，右下部從"口"，隸定爲"齰"。此字"疊"是音符還是"召"爲音符？我以爲此字仍是以"疊"爲音符，"刀"是義符，"口"是飾筆。金文中常有以"口"作爲飾筆的，如1997年河南鹿邑縣太清宫西周墓出土的長子口爵，"長"字就增飾"口"作"昏"，美國某收藏家的山仲簋的"殷"字也增從"口"，而另一件"陣"字下從"口"。該字之下未見重文符號，當爲漏鑄，故"齰＝"亦應讀爲"秩秩"。"秩秩"，有常也，又有肅敬之義。《詩・大雅・假樂》："威儀抑抑，德音秩秩。"傳："秩秩，有常也。"又《詩・小雅・賓之初筵》："賓之初筵，左右秩秩。"毛傳："秩秩然肅敬也。""秉德齰＝"謂秉持其德肅敬如常。

盞銘：珇（柔）爕萬邦，諒=（哀哀）莫不日頿（卑）龏（恭）

盤銘：邿（協）爕萬邦，諒（哀）[哀]莫不日頿（卑）龏（恭）

　　盞銘第一字《大系》和《銘文選》均隸定爲"智"，認爲意與柔近。謝明文隸定爲"珇"，讀爲"柔"，可備一説。徐中舒先生將此字釋爲"邿"，讀爲"協"。"協"有和睦，悦服，調和等義，《書・微子之命》："上帝時歆，下民祗協。"《爾雅・釋詁》："悦、懌、愉、釋、賓、協，服也。"郭璞注："皆謂喜而服從。"《左傳・僖公二十二年》："吾兄弟之不協，焉能怨諸侯之不睦？""爕"，和順；協和；調和。《書・洪範》："爕友柔克。"孔傳："爕，和也。世和順，以柔能治之。"《詩・大雅・大明》："爕伐大商。"毛傳："爕，和也。"鄭玄箋："使協和伐殷之事。"《書・顧命》："爕和天下，用答揚文武之光訓。""協爕萬邦"與《書・堯典》的"協和萬邦"、《顧命》的"爕和天下"相同，是説安和所有諸侯國。

　　宋代出土的秦公鎛銘文中有"虩爕百邦"和"乍（作）盇（淑）龢鎛，毕（厥）名曰邿邦"，"虩"讀爲"柔"，"柔爕百邦"相當順暢。同銘中的"邿"再讀爲"柔"，似乎就不太可能了，所以將它讀爲"協"是比較合適的，把鐘鎛命名爲"協邦"，就是取"協和萬邦"之意。

　　盞銘的"諒＝"《大系》釋爲"論"，拙著《商周青銅器銘文暨圖像集成》亦從此釋。釋"論"與拓本此字不類，謝明文釋爲"諒＝"是對的，盤銘正如是作，但漏鑄重文符號。謝氏以爲

“諒”是“哀”的繁體，“諒＝”讀爲“殷殷”。“殷殷”，衆多貌。《文選·左思〈魏都賦〉》：“殷殷寰内，繩繩八區，鋒鏑縱横，化爲戰場。”李善注：“殷，衆也。”“頓罄”馬承源讀爲“淖滂”，解釋爲形容功業盛大。郭沫若讀爲“卑讓”，謝明文讀爲“卑恭”，“諒＝（哀哀）莫不日頓（卑）罄（恭）”是説衆邦没有誰不日日恭順於晋邦。筆者贊同謝説。

> 盍銘：乍（作）馮（凭）左右，保辥（乂）王國
> 盤銘：乍（作）尨（蒙）左右，保辥（乂）王國

　　盍銘的“乍（作）馮左右”，多數釋者均將“馮”讀爲“凭”，董珊先生認爲應讀作“三壽作朋”的“朋”，[1]即國君友其賢臣之意。此字筆者最初也從舊説釋爲“馮”。張崇禮先生認爲該字從彡友（犬）聲，當釋爲髮，讀爲“蔽”，屏障之義。[2]受此啓發，細觀該字，盤銘確是在“犬”形左邊加彡，盍銘是在“犬”形頸部加彡。此字當是“尨”，讀爲“蒙”。“蒙”有覆蓋、遮蔽、屏障之義。

　　“保辥”的“辥”各家大都隷定爲“辥”，並不十分準確。該字還見於晋姜鼎和楚大師登鐘，字從辥從月，謝明文隷寫是準確的。“辥”是辥的別體，同乂，治理之義。晋姜鼎：“魯覃京自（師），辥（辥—乂）我萬民。”毛公鼎：“命女（汝）辥我邦我家内外。”《睡虎地秦墓竹簡·爲吏之道》：“賢鄙溉辥，禄立（位）有續執暋上？”等等，不勝枚舉。“保乂”意爲治理使之安定太平。《書·君奭》：“率惟兹有陳，保乂有殷。”孔傳：“以安治有殷。”“作蒙左右，保乂王國”是説惠公願作爲周王的左右屏障，安治王朝，表明晋公維護周天子地位的政治態度。

> 盍銘：刜奭（暴）霾（？舒）屖（迡），不（丕）厰（嚴）虩若否
> 盤銘：刜（拂）龠（典）霾屖，台（以）厰（嚴）虩若否

　　《大系》將盍銘這四個字隷定爲“刜奭烖偠”，郭沫若云：“刜，擊也。奭，今作票，叚爲暴。烖即舒字。偠當是迡迫字之本字。暴者擊之，受迡迫者舒之，猶言弔民伐罪或除暴安良矣。”各家皆從其説。但細觀盍銘各拓本，第二字上部確從向下的雙手，但中部從今從册，下部從雙手上舉，明顯不是“奭”字，當隷定爲“巽”。盤銘則作“龠”，原篆爲“龠”上部省去雙手，中間所從草頭的“册”與公典盤的“典”字上部所從相同。該字與盍銘的“巽”應爲一字之異構。與該字相近或者相同的字還見於Ⅱ式瘐鐘和龠簋。在龠簋中原篆爲“龠”，用作人名。瘐鐘中原篆作“龠”，用作動詞，銘文是“克明乒（厥）心，疋（胥）尹龠乒（厥）威義（儀），用辟先

[1]　謝明文：《晋公盍銘文補釋》，《出土文獻與古文字研究》第五輯237頁注6。
[2]　張崇禮：《晋公盤銘文補釋》，復旦大學出土文獻與古文字研究中心網，2014年7月3日。

王"。同坑出土的癲簋銘云:"顥皇且(祖)考嗣(司)威義(儀),用辟先王。"可證"龡"與"司"的詞義相同。

"龡"即"捄"字,通"腆",指國主。《書·大誥》:"殷小腆,誕敢紀其叙。"孔穎達疏:"鄭玄云:'腆,謂小國也。'王肅云:'腆,主也。殷小主,謂禄父也。'"或通"敟""典"。"龡""龡"也可能就是"典"的別體,義爲主,主持,掌管。《書·舜典》:"帝曰:咨,四岳,有能典朕三禮?僉曰:伯夷。"孔穎達疏:"掌天神、人鬼、地祇之禮。"《周禮·天官·叙官》:"典婦功。"鄭玄注:"典,主也。典婦功者,主婦人絲枲工官之長。"《説文·攴部》:"敟,主也,從攴典聲。"李富孫《説文辨字正俗》説:"戴氏侗曰:典之以治人,故從攴。今相承通用典册字。"徐鍇《説文解字繫傳》云:"敟,今作典。"段玉裁注:"凡典法、典守字皆作敟,經傳多作典,典行而敟廢矣。"

"刜",讀爲"拂"或"弼"。《漢書·王莽傳上》:"方今天下聞崇之反也,咸欲褰衣手劍而叱之。其先至者,則拂其頸,衝其匈,刃其軀,切其肌。"王念孫《讀書雜志·漢書十五》:"拂,讀爲'刜'。刜,斫也。""拂"亦有輔助、輔佐之義。《晏子春秋·内篇雜上二十》:"好則内無拂而外無輔,輔拂無一人,諂諛我者甚衆。"《墨子·耕柱》:"我何故疾者之不拂,而不疾者之拂?"于省吾新證:"拂、弼古字通……弼謂輔助也。"漢袁康《越絶書·越絶請糴内傳》:"胥聞之:拂勝則社稷固,諛勝則社稷危。"章炳麟《秦政記》:"武帝以降,國之輔拂不任二府,而外戚竊其柄。"

第三字《大系》隸定爲"𤓌",謝明文隸定爲"𩏷",都不確。此字在盤銘中爲"𩏷",盨銘拓本也明顯可以看出兩字頭,其下左旁從火,中間是"鬼"字,右旁"戈"字鏽蝕後僅留下部,應與盤銘爲同一個字。這個字不見於字書,音義不明。

第四字《大系》隸定爲"偃",以爲迮迫字之本字;謝明文隸定爲"屟",從尸复聲,認爲是"㮚"字的早期異體,但都認爲在此讀爲"迮"。從盨銘拓本看謝氏隸定無疑是正確的,"复"上並不從"爪",郭老把泐痕當成了筆畫。但是,盤銘的第四字爲"屟"。

"𩏷屟"或可讀爲"畏忌"。"𩏷"字從"畟","畟"即"畏"之別體,故"𩏷"可讀爲"畏"。"屟"從"尸"從"戉","戉"當爲聲符。"啓"通"起",可見"戉"與從己聲的字相通,所以"屟"可以讀爲"忌"。王孫誥鐘:"敚(畏)忌(忌)趩=(趩趩),……敬厥盟祀。"鎛:"余彌(彌)心畏諕(忌)。"配兒句鑃:"余卹(畢)𩏷(恭)威(畏)㲉(忌)。"復丰壺:"哉(識—畢)𩏷(恭)威(畏)諆(忌)不爻(墜)。"陳財簋蓋:"畢(畢)𩏷(恭)㲉(愧、畏)忌。"郘公華鐘:"余畢(畢)𩏷(龏)威(畏)忌,盅(淑)穆不爻(墜)于乎(厥)身。"傳世文獻均作"畏忌",如《儀禮·士虞禮》:"孝子某孝顯相,夙興夜處,小心畏忌,不惰其身。"漢張衡《陳事疏》:"恭儉畏忌,必蒙祉祚。""畏忌"猶如謹慎。

"刜龡𩏷屟"就是"拂敟畏忌",是說小心謹慎地輔佐國君。"刜龡𩏷屟"與"刜龡𩏷屟"依文例意思應該相同。"屟"似應讀爲"怍",慚怍之義,也與小心謹慎意近。

螽銘的"不(丕)厰(嚴)虢若否",《大系》釋爲"□攻離者(都)否",並將"否"字連下句讀,《銘文選》亦從郭釋,《集成》(增補本)釋爲"攻虢者否",亦把"否"字連到下句,均有誤。此釋與螽銘字形不合,於文意不通。謝明文釋出"厰(嚴)虢若"三字,且將"否"字連讀,十分正確。但謝明文將第一字釋爲"不(丕)"是不對的。《集成》螽銘拓本的第一字模糊不清,而北京圖書館拓本顯然是"台"字,與盤銘相同。"台"讀爲"以"。所以,螽銘釋文應改爲"台(以)厰(嚴)虢若否"。

"厰",讀爲"嚴",莊嚴、嚴肅之義。《詩·小雅·六月》:"有嚴有翼,共武之服。"毛傳:"嚴,威嚴也。""虢"讀爲"赫",明察之意。《詩·大雅·皇矣》:"皇矣上帝,臨下有赫。"朱熹集傳:"赫,威明也。""若否",意即善惡、好壞、得失、順逆。《爾雅·釋詁》:"若,善也。"《易·鼎卦》:"鼎顛趾,利出否。"陸德明釋文:"否,惡也。"《詩·大雅·烝民》:"邦國若否,仲山甫明之。"朱熹集傳:"若,順也,順否,猶臧否也。""若否"亦作"善否""臧否",《左傳·襄公三十一年》:"夫人朝夕退而遊焉,以議執政之善否。"《莊子·漁父》:"不擇善否,兩容頰適,偷拔其所欲,謂之險。"《後漢書·仲長統傳》:"善者早登,否者早去。"《詩·大雅·抑》:"於呼小子,未知臧否。"鄭玄箋:"臧,善也。"《左傳·隱公十一年》:"師出臧否,亦如之。"杜預注:"臧否,謂善惡得失也。"

張崇禮先生在其《晉公盤銘文補釋》[1]認爲"黱屟"當讀爲"威儀"。"黱"字從"戝"聲,自可讀爲"威"。"屟"字,尸、啓皆聲,可讀爲"儀"。"弼典威儀"和瘨鐘銘文的"典厥威儀"、瘨簋銘文的"司威儀"義近。晉公盤的"刲衆黱屟"和晉公螽的"刲冀黱屟",均當讀爲"弼典威儀"。"弼典威儀,以嚴赫若否",意即輔助周王主管諸侯的行爲規範,來明察是否有人違逆。張先生的釋讀可備一說。

螽銘:乍(作)元女孟[姬]媵(媵)螽三(四)[螽]
盤銘:乍(作)元女孟姬宗彝般(盤)

"作元女"句,郭沫若將上句的"否"連下讀爲"丕作元女",謂"乍猶嫁也",並將最後一字釋爲"酉"。《集成》(增補本)和《銘文選》採用郭説。謝明文將"否"字歸於上句,且補釋出"孟姬"二字,將"酉"改爲"螽",拓本中"酉"字下部明顯有泐痕,補"螽"十分正確。

郭沫若先生將這一句分作兩句,將"作"解釋爲"嫁"有商榷之處。這句的"作"是"作爲""作鑄"的意思。"媵(媵)螽"是"作"的賓語,不能把"媵(媵)"視作謂語。這個句子的主語是晉公,承上文被省掉了。全句是説晉公鑄造了大女兒孟姬陪嫁的螽四件,這和盤銘的"乍

(作)元女孟姬宗彝般(盤)"相合。在盨銘中由於有"賸(媵)"字,可以勉强把它分作兩句,在盤銘中這位置上是"宗彝盤",就無法分作兩句了。

盨銘:□□□□,虔龏(恭)盟祀
盤銘:𤯷(將)廣啓邦,虔龏(恭)盟祀

盨銘前四字漫漶不清,盤銘第一字上部稍有磨損,從殘存筆畫看,當爲"𤯷"字,讀爲"將"。《爾雅・釋詁》:"將,大也。"《方言》卷一:"將,大也。"《書・盤庚》:"古我先王,將多于前功。"孔傳:"言以遷徙,多大前人之功美。"《法言・孝至》:"夏殷商之道將兮,而以延其光兮。"李軌注:"將,大。""廣"亦有大義。"將廣"爲同義詞連用。"啓",開也,開拓。《廣雅・釋詁三》:"啓,開也。"《詩・魯頌・閟宮》:"大啓爾宇,爲周室輔。"《韓非子・有度》:"齊桓公併國三十,啓地三千里。""啓邦"猶啓疆,謂開拓疆域。"將廣啓邦"是説廣開疆土。

第二句的"龏",讀爲恭,盤銘有疊加聲符"兄"。"盟"字所從的明字偏旁不是日而是田,當屬筆誤。"盟"指結盟、盟誓。古代諸侯爲釋疑取信而對神立誓締約的一種儀禮,多殺牲歃血。《詩・小雅・巧言》:"君子屢盟,亂是用長。"毛傳:"凡國有疑,會同,則用盟而相要也。"《春秋・隱公元年》:"三月,公及邾儀父盟于蔑。"孔穎達疏:"天子不信諸侯,諸侯自不相信,則盟以要之。凡盟禮,殺牲歃血,告誓神明,若有背違,欲令神加殃咎,使如此牲也。""祀"指祭祀。古代對神鬼、先祖所舉行的祭禮。《書・洪範》:"八政:一曰食,二曰貨,三曰祀。"孔傳:"敬鬼神以成教。"《國語・魯語上》:"夫祀,國之大節也。""虔龏(恭)盟祀"是説虔誠地對待諸侯間的盟誓和祖先神靈的祭祀。

盨銘:㠯(以)畣(答)[揚]皇卿,珛(柔)新(親)百嗇(?)
盤銘:卲(昭)畣(答)皇卿(卿—享),劦(協)剾(順)百嗇(職)

第一字盨銘拓本漫漶不清,各家均釋爲"㠯(以)","畣"字之下各家或作缺釋符號"□",或補釋"揚"字,從《集成》拓本看"畣"字之下明顯無字。盤銘作"卲(昭)畣(答)皇卿(卿—享)","卿"誤作"卿","卿"與"鄉"同字,讀爲"享",盨銘亦同。"昭答",表示誠敬地酬答。亦見於秦公鎛:"卲(昭)合(答)皇天。"

第二句《大系》《銘文選》等均釋爲"智親百嗇",於"智"字無説。《集成》(增補本)釋爲"甜(固)親百嗇"。謝明文釋爲"珛(柔)新(親)百嗇",於"嗇"字存疑。第一字隸定爲"珛",讀爲"柔",可備一説。徐中舒、王輝將該字隸定爲"劦",讀爲"協"。從盤銘看所釋"嗇"字不錯,"百嗇"讀爲"百職"大致不誤。"百職",即百官。《漢書・百官公卿表》:"官失而百職亂。"

盡銘第二字釋"新""親"均不確,從盤銘看此字應隸定爲"剃",從竞川聲,讀爲"順"。"協順百職"是説協調理順百官,文從字順。釋"珛"讀爲"柔","柔順百官"還可以講得通;釋"辪"讀爲"固"不確,此字明顯不從"古"。"固順百官"講起來也有點扞格。

　　盡銘: 蠉(唯)今小子
　　盤銘: 惟(唯)今小子

　　謝明文從李學勤先生將"惟今小子"改釋爲"蠉今小子",且讀"蠉"爲"唯",上面已講過此字確應釋爲"惟",依張政烺先生也讀爲"唯"。但李先生認爲這裏的"唯今小子"和前面的"余唯今小子"都是晋公的自稱,值得商榷。謝明文引陳劍先生之説,認爲:"'蠉今小子'語省略了主語'爾'(可視作承下'整乂爾家'之'爾'而省;或者本亦可不説出且爲避免與下文重復),係另起一端引出對其女的告誡。此'小子'是晋公對其女的稱呼,與前文晋公曰'余蠉(唯)今小子'之'小子'乃晋公對先人、神鬼而言是自稱不同。"我贊成陳、謝之説。上古男女均可"稱子",《廣韻·止韻》:"子,子息。"《儀禮·喪服》:"故子生三月,則父名之。"鄭玄注:"凡言子者,可以兼男女。"《詩·周南·桃夭》:"之子于歸,宜其室家。"毛傳:"之子,嫁子也。"《孟子·告子下》:"逾東家牆而摟其處子。"趙岐注:"處子,處女也。"

　　盡銘: 整辬(乂)爾家,宗婦楚邦。
　　盤銘: 誓(敕)辬(乂)爾家,宗婦楚邦。

　　第一句各家均釋爲"整辪(乂)爾容",謝明文改釋"整辬(乂)爾家"。從拓木看,第四字釋"家"是可信的,盤銘亦作"家"字。但第一字是否是"整"字,值得懷疑。從盤銘看,此字爲"誓",從言敕聲,應是"敕"的異體。從盡銘的幾個拓本對照來看,此字也當是"誓"字,"束"和"支"的中間是"言"字而不是"正"字。盤銘"言"字在"敕"字之下,與盡銘稍異。敕,整飭,治理。《廣雅·釋詁二》:"敕,理也。"秦公簋:"萬民是敕。"《韓非子·主道》:"賢者敕其材,君因而任之,故君不窮於能。"陳奇猷校注:"此謂賢者理其材,以備君之任用。"《漢書·息夫躬傳》:"可遣大將軍行邊兵,敕武備,斬一郡守以立威。"顏師古注:"敕,整也。""辬",同乂,治理之義。敕、辬爲同義詞,故可並列連用,如作册封鬲的"諫(敕)辬四或(國)"。"敕乂爾家"是説治理好你的家室。

　　"宗婦楚邦"兩銘無異。"宗婦"謂大宗子之婦。"宗婦楚邦"是説作楚國的宗婦,也就是做楚國國君的嫡妃。從這一句可知孟姬是嫁給了當時在位的楚王。

　　盡銘: 烏(於)祒(昭)萬年,瞽(晋)邦佳(唯)幹(翰)

盤銘：烏（於）屌（昭）萬年，晉（晋）邦隹（唯）韓（翰）

盨銘“烏䇨”《大系》《銘文選》讀爲“於卲”，謝明文讀爲“於昭”。盤銘第二字與盨銘結構稍異，從尸從卲，應隸定爲“屌”，卲當爲聲符，亦當讀爲“昭”。該字中部似爲匕，實爲卜字的訛變。“於昭”就是明顯，顯著，顯揚。“於昭萬年”，就是顯揚萬年。

“翰”，輔翼之義。盤銘“翰”字所從的“隹”刻畫有些變形。《詩·大雅·崧高》：“維申及甫，維周之翰。”唐顔真卿《郭公廟碑銘》：“昔申伯翰周，降神於維嶽；仲父匡晋，演慶於筮淮。”“晋邦唯翰”一語楊樹達認爲“晋當爲楚之藩翰”，《銘文選》認爲“晋國是你的楨幹”，吳闓生、于省吾、謝明文則認爲銘文説的“是以楚爲晋之藩翰”。李學勤先生也認爲“意即爲晋國的輔翼”。謝説：“‘晋邦唯翰’的‘晋邦’應看作是‘翰’的受事，晋公之女則是‘翰’隱含的施事。‘晋邦唯翰’應即‘翰晋邦’，可能是爲了與上句‘年’字合韻且湊成四字句，所以把‘翰晋邦’説作‘晋邦唯翰’。”謝氏之説完全正確，在這裏晋侯不可能把自己的國家説成是楚國的“翰”。

盨銘：永康（康）寶。
盤銘：永康（康—庚）寁（寶）。

“永康寶”與秦公鎛的“毅（其）康寶”，語例相同。盤銘的“寶”字所從的不是“貝”而是“杲”。《銘文選》將“康”讀爲“康”，解作“安，安好”。“永康寶”，就是“永遠安好保守此器”。

筆者以爲“康”通“庚”。“庚”有賡續，繼續之義。《詩·周頌·天作》：“彼作矣，文王康之。”陳子展直解：“古文康、庚字形相似，音相近，故得通段也。”《詩·小雅·大東》：“東有啓明，西有長庚。”毛傳：“庚，續也。”黃侃《春秋名字解詁補誼》：“古文賡從庚，庚亦續也。”“永康寶”就是“賡續不斷地永寶此器”，也就是“子子孫孫永寶用”之意。

總之，晋公盨和晋公盤都是晋公爲其長女孟姬出嫁所作的媵器。兩銘除器名部分字不同外，其餘基本相同。銘文可分爲三個段落。第一段從開頭到“鼎（諡）靜晋邦”，是晋公述説始祖唐公和父親憲公的功業，第二段從“公曰”到“軒（協）剒（順）百嗣（職）”，是晋公自述，表白自己的作爲，第三段從“隹（唯）今小子”到結束，是晋公對女兒的告誡和祝福之辭。

現語譯如下：

在周曆的某年正月初吉丁亥這天，晋公説：我的始祖唐公，接受了大命，輔佐他的父親武王，以威嚴的戒令管理衆多的非華夏部族，開拓疆域，達到大廷之國，衆多方國莫不臣事天子。成王命唐公建都於京師，君臨百官和民衆，建立自己的國家。……。我顯赫的父親憲公……顯赫的神靈在天上……，莊嚴恭敬地奉事天命，修習我身，安寧晋邦。晋公説：我這個小子，效法先王，秉持其德肅敬如常，安和所有諸侯國，衆邦沒有誰不日日恭順於晋邦。我收羅才俊之士，友其賢臣，以安治有周王朝，小心謹慎地輔佐天子，國事不管好壞，都以敬畏之心待之。鑄造大女兒孟姬的嫁妝（盞銘：盞四件。盤銘：祭祀用的盤）。孟姬你這孩子，（嫁到楚國後）整治好你的家室，作楚國國君的嫡妃，昭顯萬年，藩翰晉國，世代不斷地永寶此器。

最後要討論的就是作器的晉公是誰的問題。

唐蘭、郭沫若、楊樹達諸先生依據銘文有晉公自稱“余雉今小子”認爲“雉”當讀爲“午”，史載晉定公名“午”，故認爲作器者就是晉定公。李學勤先生將“余雉今小子”改釋爲“余䧹（唯）今小子”，認爲“䧹”讀爲“唯”，不是人名，否定了定公説，並提出平公説。認爲晉公嫁其元女，“宗婦楚邦”即爲楚王夫人，在春秋時期歷史上是一件大事，是一次政治聯姻。《左傳·昭公四年》記載，即位不久的楚靈王派椒舉到晉國，表示願與諸侯結歡，同時請婚於晉，晉平公許之。次年，晉平公親自送女出嫁楚國。楚靈王得位於弑君，爲了鞏固自己地位有意與諸侯結好，特別想拉攏晉國，而晉國這時已走向衰落，也願乘機與楚國消除爭端。在此背景下晉、楚聯姻。所以，他定此晉公爲晉平公彪。作器年代是晉平公二十一年（前537年）。

晉公盤出現後，明確作器的晉公之父爲憲公。晉定公之父是頃公，晉平公之父是悼公，這就否定了作器者平公説和定公説。上面已經講過，“憲公”即“獻公”，他比頃公早了八代一百三、四十年，比悼公早了六代一百多年。

《左傳·莊公二十八年》記載：“晉獻公娶于賈，無子。烝於齊姜，生秦穆夫人及大子申生。又娶二女於戎，大戎狐姬，生重耳，小戎子生夷吾。晉伐驪戎，驪戎男女以驪姬，歸，生奚齊，其娣生卓子。”另外還有三個兒子，一共八個兒子，太子申生在立儲的變亂中自殺，重耳逃到狄國，夷吾逃到梁國。晉獻公二十六年（前651年）九月去世。十月，里克在守喪的草廬裏殺死了奚齊（15歲），荀息立公子卓（2歲）爲君。十一月，里克在朝堂上殺死了公子卓。齊隰朋率軍隊會合秦國軍隊送夷吾回國繼位，是爲惠公。惠公在位十四年，前637年去世，太子圉繼位，是爲懷公。第二年春，秦穆公又護送在外流亡十九年的重耳回國，殺死懷公，即位晉侯，是爲文公。

在這期間，晉國先後繼位的有公子卓、惠公夷吾、懷公圉和文公重耳。懷公是獻公的孫子，可以排除在外；公子卓在位不到一個月，且是個兩歲的小孩子，所以，嫁女於楚的晉公只能是惠公或文公。

晉惠公夷吾是文公重耳的異母弟，在獻公末年立儲的變亂中逃到梁國，獻公死後，依靠秦、齊的勢力回國繼位。據史書記載看，在位的十四年中，惠公主要是安定國内和處理周王室的變亂，以及與秦國的關係。這時，楚國國力還不是很强盛，晉國與楚國既未結盟，來往亦少，又没有發生過大的衝突。晉、楚聯姻没有政治上的需求。況且，惠公即位時不過十七、八歲，死時也就三十二、三歲，不可能有成年女兒出嫁。所以，惠公夷吾嫁女與楚王的可能性較小。

筆者認爲此晉公極有可能是晉文公重耳。銘文中晉公自述“秉德秩秩，協燮萬邦，哀哀莫不日頓（卑）龏（恭），余咸畜胤士，乍龍左右，保乂王國，刜㱿藏屍，以嚴號若否”的話語，都與晉文公重耳一生的作爲相合。文公重耳精明能幹，十七歲時就有賢士趙衰、狐偃咎犯（其舅父子犯)、賈佗、先軫和魏武子等五人。獻公二十二年(前 655 年)因驪姬陷害,獻公追殺,於是逃到他的母國——狄國,跟隨他的有十多位賢士,後來都是治國的棟梁。狄國把討伐咎如所獲的叔隗嫁給他,生伯儵(shū)、叔劉。在狄五年,晋獻公去世。有人就勸他回國繼位,他認爲父親去世,不能守喪,貪戀君位,恐起禍端,於是謝絶了。其弟夷吾繼位後又派人追殺,於是離開狄國,流亡齊國,齊桓公把同宗女兒嫁給他,在齊五年,後經過曹、宋、衛、鄭,到達楚國,楚成王盛情接待,在楚住了幾個月,惠公十三年(前 638 年)受秦邀請離楚赴秦。秦穆公把同宗女兒五人嫁給重耳,其中包括晋太子圉的妻子懷嬴(後稱辰嬴),惠公十四年(前637 年)九月去世。十二月,秦穆公派兵送重耳回國,即位晋侯,這時重耳出國逃亡十九年,時年三十六歲。他的一生兩次被追殺,顛沛流離,最終又得到君位,勵精圖治,施展抱負,成爲春秋五霸之一,正所謂"國事不管好壞,都以敬畏之心待之"。

　　在楚國,楚成王以相當於諸侯的禮節接待,臨走時又以厚禮相贈。楚成王曾説:"子即反國,何以報寡人?"重耳説:"羽毛齒角玉帛,君王所餘,未知所以報。"成王説:"雖然,何以報不穀?"所以,重耳嫁女與楚成王極有可能是在即位後的元年到四年之間,此時楚成王年 45—48歲,晋文公重耳爲了報答楚成王的盛情接待,並希冀獲得楚國的支持,故在此時有可能將女兒嫁給楚成王。再後就不可能了,因爲晋國在重耳主持下逐漸興盛起來,並與秦、齊等大國結盟,於魯僖公二十八年(前 632 年)四月,會同齊師、秦師與楚人戰於城濮,楚師敗績。晋國此時强盛,成爲霸主,晋、楚從此交惡。

　　出嫁的女兒孟姬不會是重耳的親生女兒,因爲重耳已將女兒嫁於趙衰,生有原同、屏括、樓嬰三子。[1]重耳流亡狄國,與狄女季隗只生有二子,《左傳》記載在重耳即位後"狄人歸季隗於晋,請其二子",意思是將夫人季隗送回晋國,將兩個孩子留在狄國。不管"二子"中有無女兒,他們都留在了狄國,所以不可能出嫁楚王。重耳與齊女相處五年,未聞有生育,即就是有子女,這時也只不過六七歲,還未成年;秦國之五女,如果生有子女,那就更小了。所以,出嫁楚王的孟姬只能是文公同宗中之長女。

2014 年 4 月 10 日初稿
2014 年 8 月 10 日定稿

(初稿原載復旦大學出土文獻與古文字研究中心網,2014 年 6 月 22 日,修改稿載《綿瓞集——張領先生 100 周年誕辰紀念文集》)

---

[1]《左傳·僖公二十四年》載:"文公妻趙衰,生原同、屏括、樓嬰。趙姬請逆盾與其母。"注:"趙姬,文公女也。"《列女傳》卷二晋趙衰妻:"晋趙衰妻者,晋文公之女也,號趙姬。……及反國,文公以其女趙姬妻趙衰,生原同、屏括、樓嬰。"

淺議北白鵝虢季甗中的"匽姬"

　　2020 年 12 月 8 日考古匯公衆號發布了《山西垣曲北白鵝出土周代虢國重器》一文,介紹了山西運城市垣曲縣英言鎮北白鵝村重大考古發現。[1]該村發現一處兩周之際到春秋早期的貴族墓地,目前發掘了 9 座大中型墓葬,出土帶有銘文的青銅器近 50 件套,其中有西周中期的奪簋、春秋初期的虢季甗(圖一)等。

圖一

圖二

　　虢季甗没有公布銘文照片,僅公布了釋文是"虢季爲匽姬作媵甗,永寶用享"12 字。其後,《文博中國》2020 年 12 月 11 日發表的《山西北白鵝墓地,殷遺民 or 周人貴族? 專家直呼讓人捉摸不透》一文,公布了該甗的銘文照片(圖二)。可知銘文有 11 字,其中並没有"作"字。我的釋文是"虢季爲匽(燕)姬媵(媵)獻(甗),永寶用盲(享)"。有學者懷疑"這裏的匽會不會是春秋時期的姞姓南燕國",有的學者以該墓地 M6 出土 9 件編鐘和 13 件石磬,符合春秋早期國君級墓葬會用到甬鐘的情況,也以爲該墓地有可能是姞姓的南燕國;更有人以西周時期南燕國的地望在山西汾水流域的聞喜、夏縣之間,春秋初期遷到河南衛輝、延津地區,

[1]　山西省考古研究院:《山西垣曲北白鵝出土周代虢國重器》,"考古匯"公衆號,2020 年 12 月 8 日。

距離垣曲不遠爲據,認爲"匽姬"可能是"嫁到南燕的姬姓虢氏女子"。[1]還有學者在《山西垣曲出土青銅器奪簋解讀》中認爲:"'虢季爲匽(燕)姬作媵甗'似乎表明,虢國與'匽(燕)'存在聯姻,匽(燕)姬指的是嫁往匽(燕)國的姬姓女子,也就是虢季的宗女。那麼此匽(燕)國可能不是召公奭後裔的北燕,而是姞姓的南燕。那麼'太保燕仲'可能與《左傳》中記載的燕仲父有關。"[2]

這件甗的銘文有"媵"字,肯定是一件媵器,解釋爲虢季爲自己的女兒出嫁(到南燕)所作的媵器似可説得通,但是,有四點不好講通。其一,這件甗並沒有出土在南燕國所在的河南衛輝、延津地區,而是出在山西垣曲,所以南燕國的可能性似乎並不存在;其二,目前傳世和出土的青銅器中還沒有發現南燕國的器物,也沒有發現與南燕國相關的銘文;其三,南燕國的"燕"是否也寫作"匽"目前還無從得知;其四,更爲不好解釋的是該墓地 M5 出土有燕太子簋,銘文是"匽(燕)大(太)子乍(作)彝簋",還有 M6 出土"太保匽仲"盨。這些燕器,只能理解爲姬姓燕國之物。怎麼也看不出有南燕國的色彩。《史記·燕召公世家》載:"召公奭與周同姓,姓姬氏。周武王之滅紂,封召公於北燕。"司馬貞《索隱》:"武王封之北燕,在今幽州薊縣故城是也。"北燕國的"燕"在西周到春秋時期的金文中作"匽"。始封君是召公奭,但他留在宗周輔佐成王,由長子克就封,故址在今北京市房山區琉璃河童家林。約在公元前 7 世紀,燕國兼併薊國,並以薊城爲都,故址在今北京市區西南部廣安門附近。西周時期燕國就和晋南一些異姓侯國有着婚姻關係,如 2007 年山西絳縣横水鎮横北村西周倗國墓地 M2158 就曾出土有太保罍。倗國是一個媿姓小國,太保罍不可能是掠奪而來,應是燕國宗女嫁於倗伯,將太保器帶到了倗國。該墓還出土有魯侯鼎、芮伯諸器,這些都是姬姓諸侯國。2010 年山西翼城縣隆化鎮大河口霸國墓地 M1 出土的燕侯旨尊、卣共 3 件,銘文是"燕侯旨作姑妹寶尊彝"。同墓出土還有兩件旨爵,銘文是"旨作父辛爵"。大河口墓地是媿姓霸國的族墓地,説明該墓是霸伯夫人的墓葬,也就是來自燕國的女子——燕侯旨的姑妹,她把燕侯旨給父親所作的兩件祭器也帶到了夫家,死後埋在了自己的墓葬中。"姑妹"一詞如何理解,一種可能就是其姑名叫"妹",或者她的年齡小於燕侯旨,故燕侯旨稱其爲"姑妹"。

鑒於上述理由,筆者認爲這個"匽(燕)姬"應該就是姬姓燕國的女子。她不可能是虢季的女兒或者姊妹嫁到燕國,因爲燕、虢同爲姬姓,也不是虢季的女兒或者姊妹嫁到南燕國。這件甗應該是虢季給同姓的燕侯宗女出嫁所作的媵器。只是女子的稱謂是由父家國氏+父家的姓組成。這是女性稱謂中他稱的一種方式。

作器者虢季就是三門峽虢國墓地 M2001 的墓主,生世在兩周之際到春秋初期,這點也與

---

[1]　學者意見參看山西省考古研究院:《山西北白鵝墓地,殷遺民 or 周人貴族? 專家直呼讓人捉摸不透》,"文博中國"公衆號,2020 年 12 月 11 日。
[2]　網友"大意覺迷":《山西垣曲出土青銅器奪簋解讀》,新浪微博,2020 年 12 月 11 日。

甗的時代相符。

至於"太保燕仲"與"燕仲父"更是無法聯繫在一起。我們知道燕仲父是南燕人,見於《左傳》,生世在春秋早期到春秋中期前段,曾參與東周五個大夫聯合蘇國、衛國,於公元前675年驅逐周惠王、擁立王子頹爲天子事件,並於公元前640年"春,鄭伯和王室不克,執燕仲父"(見《左傳·莊公二十年》)。此時已進入春秋中期,而北白鵝M3出土的器物與三門峽虢季墓相似,時代在兩周之際或者春秋初期,況且,燕仲父並沒有擔任過周太保。故"太保匽中"絕不會是南燕仲父,他應是太保召公奭的後裔。

另外,《商周青銅器銘文暨圖像集成續編》收錄有賈叔鼎、簋兩件,傳説出土於晉南,這兩件鼎、簋的情況與虢季甗極爲相似。簋銘是:"唯王二月既死霸丁亥,賈叔作晉姬尊簋,其用享用孝,用祈萬壽,子子孫孫永寶用。"賈國與晉國同爲姬姓,賈叔給晉姬作器,晉姬不可能是賈叔的女兒或者姊妹嫁到晉國,只能是賈叔爲出嫁的晉侯宗女所作的媵器或者饋贈品。

《左傳·成公八年》云:"衛人來媵共姬,禮也。凡諸侯嫁女,同姓媵之,異姓則否。"《公羊傳·莊公十九年》説:"媵者何?諸侯娶一國,則二國往媵之,以姪娣從。"《儀禮·士昏禮》也有:"婦徹于房中,媵御餕,姑酳之。"鄭玄注:"古者嫁女必姪娣從,謂之媵。姪,兄之子;娣,女弟也。"從金文中得知,媵女除同姓諸侯國外,異姓諸侯國也從媵,與《左傳》所説不同。諸侯可以以本國的女子往媵另一個同姓國出嫁的女子,那麼,給同姓國出嫁的女子製作媵器更在情理之中。虢季甗、賈叔鼎簋發現的意義所在,就是給我們提供了這一方面的有力例證。

(原載復旦大學出土文獻與古文字研究中心網,2020年12月14日,後載《出土文獻綜合研究集刊》第13輯)

新出秦公鐘、鎛考釋與有關問題

1978 年元月寶雞縣太公廟村出土的秦公鐘、鎛(以下稱太公廟鐘、鎛),[1]是歷來發現春秋秦國青銅器中最爲重要的一批,共 8 件。其中鎛 3 件,每件鑄銘文一篇;甬鐘 5 件,甲乙兩件合鑄銘文一篇,丙、丁、戊三件的銘文相連,從文字未完看還缺一件,這套編鐘至少在 6 件以上。太公廟秦公鐘、鎛不但可以訂補史書對秦國歷史記載的錯誤和不足之處。同時,可以解決傳世秦公鐘和秦公簋的鑄造年代問題。

一、器 銘 考 釋

太公廟鐘、鎛每篇銘文 135 字(圖一),內容相同,可以韻讀,全篇以之部爲主,插用東、陽二部。釋文中之部韻腳用"●"號標出,東部韻腳用"▲"號標出,陽部韻腳用"△"號標出。今依秦公鎛銘文行款釋文如下:

秦公曰:"我先

且(祖)受天命,商(賞)

宅受或(國),剌=(剌剌—烈烈)卲(昭)
　　　　　●

文公、静公、憲

公、不豕(墮)于上,
　　　　　　　△

卲(昭)合(答)皇天,呂(以)

䠩事繚(蠻)方。"公
　　　　　　△

及王姬曰:"余

小子,余夙(夙)夕虔
　　　●

---

[1]　寶雞市博物館等:《陝西寶雞縣太公廟村發現秦公鐘、秦公鎛》,《文物》1978 年第 11 期。

圖一　秦公鎛銘文

敬朕祀,㠯(以)受

　　●

多福,克明又(㠯—厥)

心,盩(戾)龢(和)胤士,

　　　●

咸畜(畜—蓄)左右,趫=(趫趫—藹藹)

　　　●

允義,龔(翼)受明

德,㠯(以)康奠龤(協)

●

朕或（國），盜（盜）百絲（蠻），
　　　　　●

昇（俱）即其服（服），乍（作）
　　　　　●

旾（厥）穌（和）鐘，霝（靈）音
　　　　　▲

鍬＝（肅肅）雖＝（雍雍），㠯（以）匽（宴）皇
　　　　　▲

公，㠯（以）受大福，
▲　　　　●

屯（純）魯多釐，大
　　　　●

釁（壽）萬年。"粦（秦）公
殹（其）畯龡（絪）才（在）立（位），
　　　　　●

雁（膺）受大令（命），覍（眉）
釁（壽）無彊（疆），匍（敷）有（佑）
　　　△
三（四）方，殹（其）康寶。
　　△

　　"賞宅受或"，《説文》："宅，所托也。"《爾雅·釋言》："宅，居也。"疏："謂居處也。"又所居之位曰宅。《禮記·郊特牲》："土反其宅。"《書·立政》："克用三宅三俊。"注："宅以位言，俊以德言。三宅謂居常伯、常任、準人之位者。""或"，即域字，亦即國字。"受或"即"受國"。《説文·口部》："國，邦也，從囗從或。"又戈部："或，邦也，從囗從戈，以守一。一，地也；域，或又從土。"金文中域、國二字大多作"或"字。毛公鼎銘的"康能四或"和"是喪我或"即是"康能四域"和"是喪我國"。穆王時期的录戜卣"淮夷敢伐内國"和傳世秦公鎛"造佑下國"的國字均作國。"賞宅受國"是謂公元前 771 年，秦襄公率兵救周，護送平王東遷洛邑，平王封襄公爲諸侯，並賜給岐西之地。

　　"剌剌"，即烈烈。金文中"烈"字均作"剌"或"剌"，"烈"爲後起字。《爾雅·釋詁》："烈，業也。"又《爾雅·釋訓》："烈烈，威也。"《詩·小雅·黍苗》："烈烈征師。"箋："烈烈，威武貌。"

　　"卲"，即昭。《書·文侯之命》："昭升于上。"三體石經"昭"作"卲"。《汗簡·日部》："卲，昭字也。"《左傳·定公四年》："以昭周公之明德。"注："顯也。"顯亦明也。

“文公”，即襄公的兒子。公元前 765 年即位，享國 50 年。

“静公”，文公的太子。《史記·秦本紀》寫作竫公，於文公四十八年卒，未享國。《史記·秦始皇本紀》作静公，與鐘銘相同。

“憲公”，静公的兒子。《秦始皇本紀》作憲公，而《秦本紀》作寧公。云：“五十年文公卒，葬西山，竫公子立，是爲寧公。”又云：“寧公生十歲立，立十二年卒。”《秦會要》注：“徐廣曰：寧，一作曼。而《始皇本紀》作憲公。按謚法，博文多能曰憲，無謚寧與曼者，則作憲爲是。”今得太公廟秦公鐘、鎛，可知《秦會要》注是對的。憲、寧、曼三字在金文和小篆中均形體相近，故相訛誤。

“不象于上”，“象”讀爲“惰”，金文習見。如克鐘的“克不敢象”即“克不敢惰”；录伯威簋的“女肇不象”即“汝紹不惰”。“不象于上”的意思是不在君位上怠惰。

“卲合皇天”，“卲”仍讀爲“昭”，“合”讀爲“答”。皇天即天。《書·君奭》：“時則有若伊尹，格于皇天。”王先謙《孔傳參證》裏説：“《史記集解》引鄭云：‘皇天，北極大帝也。’……按：格於皇天者，謂湯得伊尹，輔佐成功，升配於天也。”

“虩事緣方”，《説文》訓虩爲恐懼，與文意不合。叔夷鐘有“虩虩成唐”，楊樹達先生謂虩古音與赫同，赫有光義、顯義。“虩虩成唐”即“赫赫成唐”。“事”通“嗣”，金文“參有嗣”，《詩經》作“三有事”，“嗣”訓“治”。“緣”借爲“蠻”。蠻方，泛指秦國周圍的部族方國。

“公及王姬”，“及”在本句中當作並列連詞使用，義與和、與相同。西周金文中兩名詞並列相連大都使用“眔”，如静簋：“小子眔服、眔小臣、眔夷僕學射。”及字的本意是逮捕、追及。《説文·又部》：“及，逮也，從又從人。”徐注曰：“及，捕人也，會意。”保卣的“王令保及殷東國五侯”，不其簋的“戎大同從追汝，汝及戎，大敦”，都是用本義。春秋時期的及字多用爲並列連詞，如沇兒鐘的“以樂嘉賓，及我父兄”，許子鐘的“用樂嘉賓大夫，及我朋友”。“王姬”即秦公夫人。周天子的女兒，姬姓，適秦公，故稱王姬。春秋時期周秦通婚史書未載，銘文可補其不足。

“克明又心”，“又心”即“有恖”。《爾雅·釋言》：“克，能也。”《漢書·郊祀志》：“恖明上通。”注：“恖與聰同。”“克明有聰”意即精明聰敏。不過金文中多見“克明氒心”，如二式㝬鐘的“不（丕）顯高祖、亞祖、文考，克明氒（厥）心，疋（胥）尹典氒（厥）威儀，用辟先王”。此鎛的“又”也有可能是“氒”字之誤。“克明氒心”意即能夠精明其心境。

“縶穌胤土，咸蓄左右”，史牆盤有“縶穌于政”。“縶”當讀爲“戾”，戾有至、止之義。“穌”即“和”字的繁文，“戾和”在句中似有搜羅、招納人才的含意。“胤士”讀爲“俊士”，有傑出才智的人。“咸蓄”即兼蓄，也就是統統任用的意思。晋公墓、秦公簋都有“咸蓄胤士”，傳世秦公鐘有“咸蓄百辟胤士”，均與此語意相同。全句的意思是説搜羅、團結天下的優秀人材，統統置之左右以爲輔佐。

"蠚蠚允義",郭沫若先生認爲"蠚"即"盉"字。[1]《廣雅·釋器》:"盉,杯也。"盉字從皿正聲,"蠚"字所從的"趞"則從走去聲,去聲與正聲同在魚部。以聲類求之,蠚蠚當讀爲肅肅。肅、正、魚音相近,故相通假。《説文·聿部》:"肅,持事振敬也。"《爾雅·釋訓》:"穆穆,肅肅,敬也。"注:"皆容儀謹敬。"又《詩·小雅·黍苗》:"肅肅謝功,召伯營之。"箋:"肅肅,嚴正貌。"《詩·周南·兔罝》:"肅肅兔罝。"朱熹集傳:"肅肅,整飭貌。"此銘的"肅肅允義"和繛鎛的"簫簫(肅肅)義政"語意相近,即形容容儀嚴謹整飭。《詩·小雅·六月》:"有嚴有翼。"毛傳:"翼,敬也。"明德即光明之德。全句是説恭恭敬敬地接受光明的德行。"以康奠燮朕國",《爾雅·釋詁》訓康爲安。"奠"有定的意思。《書·盤庚》:"奠厥攸居。""燮",郭沫若先生釋爲"協",協有和義。全句是説以安定協和我的國家。

"盗百蠻","盗"讀爲"討","討百蠻",即討征諸方國部族。"百"泛指其多。

"具即其服","具",即盡、完全。《詩·小雅·節南山》:"民具爾瞻。"《史記·項羽本紀》:"良乃入,具告沛公。""即"是就、當的意思。"服"當作事或職講。《書·旅獒》:"無替厥服。"傳云:"使無廢其職。"服事天子的邦國亦稱服。《論語·泰伯》有:"三分天下有其二,以服事殷。"《四書逸箋》引《叢説》云:"禹貢五服之内所封諸侯,朝貢皆有時,各依服數,以事天子,故曰服事。"可能當時秦國奴隸主階級對周圍被征服的方國部族仍采用商周奴隸主階級的剝削方式,規定一定的服數,按期交納貢賦。全句的意思是説周圍的部族方國都安分守己,遵照規定的服數,以事秦國。

"以匽皇公","匽"通"宴"。《説文·宀部》:"宴,安也。"亦有樂義。《左傳·成公二年》:"衡父不忍數年之不宴,以棄魯國,國將若之何?"注:"宴,樂也。""以宴皇公"是説以樂皇公。

"屯魯多釐","屯魯"克鐘作"屯叚",郭沫若先生讀爲純嘏。[2]《詩·大雅·卷阿》:"純嘏爾常矣。"箋:"純,大也。予福曰嘏,使女大受神之福,以爲常。""多釐"即多福。《説文·里部》:"釐,家福也。"

"殷畯龔才立","殷"是"其"字的繁文。"畯"當讀爲"峻"。"才立"即"在位"。秦公簋有"畯才立"與此語意相同,意思是説秦公高履君位。

現將全文語譯如下:

秦公説:"我的先祖接受了天命,得到土地和臣民,建立了國家。功業昭著的文公、静公、憲公,没有使國家墜落,没有辜負上天和先祖的期望。光明顯赫,升配於天,以治理周圍的部族方國。"秦公和王姬説:"我們這些後輩,也是早晚虔誠地祭祀祖先和上帝,以便得到多福、精明聰敏,悉聚天下的優秀人才,統統置之左右以爲輔佐。容儀恭謹,敬受光明的德行,以安定協和我的國家。周圍的方國部族都安分守國,遵照規定的服數以事秦國。做這套和鐘,動

[1] 郭沫若:《兩周金文辭大系圖録考釋》釋248頁,科學出版社,1958年。

[2] 郭沫若:《兩周金文辭大系圖録考釋》釋112、釋250頁。

聽的鐘聲鍨鍨雝雝,以樂皇公,求得多福、長壽。"秦公高履君位,承受大命,萬壽無疆,撫有四方。和鐘永久寶用。

二、太公廟遺址與秦都平陽

秦公鐘出於窖藏。據調查,這裏是一個春秋時期的遺址。1964 年在附近的秦家溝發現了分佈密集的春秋墓葬區,出土春秋早期秦國青銅器等。[1] 太公廟在陽平鎮之西,秦家溝在陽平鎮之東,相去都不遠。它處在寶雞、眉縣和岐山縣相鄰之處。汧河與渭河在它的西面匯合。

《史記・秦本紀》載:"三年,(秦)文公以兵七百人東獵。四年,至汧渭之會。曰:'昔周邑我先秦嬴於此,後卒獲爲諸侯。'乃卜居之,占曰吉,即營邑之。"又:"寧公(即銘文中的憲公)二年,公徙居平陽。"集解引徐廣説平陽故址即"郿(故址在今眉縣東北)之平陽亭"。正義引《帝王世紀》説:"秦寧公都平陽。按岐山縣有陽平鄉,鄉内有平陽聚。"《括地志》説:"平陽故城在岐州岐山縣西四十六里。秦寧公徙都之處。"根據太公廟遺址的地理位置和文化性質分析,其與文獻記載的春秋早期秦都平陽是符合的,可能就是平陽遺址。從憲公二年正式遷都,經過出子和武公,到德公元年遷都雍城。平陽作爲國都,歷時 38 年。

文獻記載平陽當時建有封宫等宫殿,秦公鐘當是平陽封宫或宗廟的遺物。

三、關於鑄鐘的秦公問題

鐘銘在叙述先祖接受天命建立國家之後,連述文公、静公和憲公的事迹,可知鑄鐘的秦公在憲公之後。《史記》記載憲公生子三人,長子武公立爲太子,次子德公,少子出子。德公和出子爲魯姬子所生。憲公死後,大庶長弗忌、威壘和三父廢太子而立出子爲君。出子立六年又被三父等人殺害,後武公遂即位。我們認爲鑄鐘的秦公不是出子,應是武公。

鐘銘記述的秦公是一個精明能幹的國君。他朝夕虔祀祖先,納聚優秀人才,勵精圖治,勤於國政。同時,威服周圍的部族方國,使其服事秦國。這和出子在位的背景完全不符,而與《史記》記載的武公的事迹是吻合的。

出子繼位是弗忌等人結幫營私,争權奪利的結果。出子立時年僅 5 歲,11 歲便遭殺害,其時政局動蕩,經濟破敗,鑄鐘的條件是没有的。武公當政後,采取斷然措施,誅殺三父等人,消除了内部隱患,鞏固了國内的安定和統一。經過一段時間的努力,國力漸强。元年征

---

[1] 陝西省文物管理委員會:《陝西寶雞陽平鎮秦家溝村秦墓發掘記》,《考古》1965 年第 7 期。

伐彭戲氏至於華山下，十年征伐邦戎、冀戎，十一年滅掉小虢。先後設立了邽（今甘肅天水）、冀（今甘肅甘谷縣南）、杜（今陝西長安）、鄭（今陝西華縣）等縣。疆域擴大到了陝西關中東部和甘肅隴西一帶。這樣一位有作爲的國君，鑄鐘勒銘，稱頌祖先，誇耀自己的文治武功是合乎情理的事情。

此外，甬鐘的造型古樸，篆間飾歧身夔龍，鼓部飾夔鳥、長甬、高枚、體呈梯形等特徵，和克鐘、走鐘等西周晚期的甬鐘一樣，加上其在平陽遺址範圍内出土等情況，都給武公作鐘提供了有力的佐證。

四、傳世秦公鐘、秦公簋年代的推定

除太公廟出土的秦公鐘、秦公鎛外，傳世的還有一件秦公鎛（原稱秦銘勳鐘、盅和鐘、秦公鐘）和一件秦公簋。秦公鎛宋代慶曆年間出土，其圖像及銘文見於《考古圖》和《薛氏鐘鼎彝器款識》。秦公簋民國初年出土於甘肅秦州（今天水市），銘辭和太公廟秦公鐘、鎛大同小異。

關於傳世的秦公鎛和秦公簋的年代久成懸案。人們依據鐘銘的“十又二公”紛紛立説，宋代楊南仲説：“秦鐘，其銘云‘十有二公’。按秦自周孝王始邑非子於秦爲附庸，平王始封襄公爲諸侯。非子至宣爲十二世，自襄公至桓公爲十二世。”歐陽修説：“《史記·（秦）本紀》自非子始邑，而秦仲始爲公，襄公始爲諸侯；於《諸侯年表》，則以秦仲爲始。今據《年表》始秦仲，則至康公爲十二公，此鐘爲共公所作也；據《本紀》自襄公始，則至桓公爲十二公，而銘鐘者當爲景公也，未知孰是。”[1] 清代羅振玉則以爲十二公應自秦侯始，至成公爲十二公，鑄鐘者爲穆公。郭沫若先生在《兩周金文辭大系圖録考釋》中力主景公鑄鐘之説。除以襄公封侯爲十二公之始加以推定外，又以秦公鐘的形制、紋飾都和齊靈公時期的叔夷鐘酷似，斷定傳世秦公鎛和秦公簋的秦公爲秦景公。[2]

我們將太公廟秦公鐘、鎛銘文與傳世秦公鐘、秦公簋銘文試作對比，就會發現傳世秦公鐘的形制和紋飾，都是模仿太公廟秦公鐘設計鑄造的，就連銘文格式和用辭（包括秦公簋銘）也是脱胎於太公廟秦公鐘銘，略加改動而成的。這就爲我們推定它的鑄作年代提供了可靠的依據。現將三篇銘文中和斷代有關的段落摘録如下：

太公廟秦公鎛：秦公曰：我先祖受天命，賞宅受國，烈烈昭文公、静公、憲公，不墜於上，昭答皇天，以虩事蠻方。

傳世秦公鎛：秦公曰：丕顯朕皇祖受天命，肇有下國。十有二公，不墜在上，嚴恭夤天命，保乂厥秦，虩事蠻夏。

［1］ 呂大臨：《考古圖》，乾隆十七年亦政堂刻本。
［2］ 郭沫若：《兩周金文辭大系圖録考釋》釋248頁。

　　秦公簋：秦公曰：丕顯朕皇祖受天命，鼏宅禹迹。十有二公，在帝之坏，嚴恭夤天命，保
乂厥秦，虩事蠻夏。

　　可以看出，三篇銘文的開頭數語都是講述秦先祖接受天命，建立國家的事情。"我先祖"
和"朕皇祖"所指的先公自是一人，應即受命立國的秦襄公。太公廟秦公鐘、鎛接下講述後繼
諸公虔敬從事，威服蠻夏，確保秦邦，從文公開始，連述三公。傳世秦公鎛和秦公簋不言所
始，總稱"十又二公"。如此，十二公有兩解。

　　一是襄公爲受命立國之君，首句"朕皇祖"就是襄公，所以十二公不再包含襄公。根據
《史記·秦本紀》記載，從襄公之後的十二公爲文公、寧公（應爲憲公）、出子、武公、德公、宣
公、成公、穆公、康公、共公、桓公、景公。那麼，鑄造傳世秦公鎛和秦公簋的秦公就是秦哀公
（《秦本紀》和《春秋》均作哀公，《秦始皇本紀》作畢公）。

　　二是太公廟秦公鎛、鐘首句云"我先祖受天命，賞宅受國"，傳世秦公鎛有"朕皇祖受天
命，肇有下國"，秦公簋也説"朕皇祖受天命，鼏宅禹迹"，都是講述秦之先祖接受天命建立國
家。那麼，這個受天命建立秦國的先祖就是襄公。因爲非子雖然是秦氏的始祖，但在周孝王
時，他只是因養馬有功被封爲附庸，莊公擊敗西戎，保衛周朝西土，僅被宣王封爲西陲大夫，
只有到了公元前 771 年，申侯聯合犬戎進攻鎬京，襲殺周幽王於驪山之下，秦襄公以兵救周。
平王東遷，秦襄公又出兵護送，以功被封爲諸侯，又被賜之岐山以西之地。自此，才正式有了
諸侯國——秦，所以秦國開國之君就是襄公，鎛銘接着説"十又二公，不墜在上"，簋銘説"十
有二公，在帝之坏"，都是説自立國以來，十二位先公沒有辜負上天之命，沒有失落君位，先公
的神靈都在上帝的身旁。所以這十二公中應當包含受命立國之君的襄公。如此，第十二位
秦公就是桓公，鑄造傳世秦公鎛和秦公簋的秦公就是他的兒子景公。我們認爲郭沫若先生
的景公説十分正確。他所列舉的秦公鎛與齊國的叔夷鎛鐘的形制、花紋完全相同。叔夷鎛
鐘的時代爲齊靈公的中期，秦景公於齊靈公六年即位，年代正相同。這些證據十分可靠，説
明器物類型學在斷代上之重要。

　　另外，還要説明的是依據太公廟秦公鐘、鎛所述受命立國的先公（襄公）之後是文公、静
公、憲公三公。静公《史記·秦本紀》作竫公，《始皇本紀》作静公，與鎛銘同，是文公的太子，
青銅器銘文稱爲"秦子"。傳世和甘肅禮縣大堡子墓地出土大量秦子戈、矛等兵器，以及秦子
簋、盉、鐘、鎛、石磬等禮樂器，筆者認爲此秦子就是文公的太子，結合文獻記載静公的父親文
公享國五十年，太子在文公執政後期肯定替父擔當了一部分或大部分國家大事。文公四十
八年太子先卒，雖未享國，但由於佐父有功，死後還是被賜謚静公，作爲一代秦公對待。這
樣，傳世秦公鎛和秦公簋的"十二公"也應包括静公，而出子享國六年，死後無謚，在太公廟秦
公鐘、鎛銘中沒有被排在先公之列。因此，我們推測十二公中應該包含静公而不包含出子。

（原載《考古與文物》1980 年第 1 期。1982 年發掘秦景公大墓期間修改）

競之定銅器群考

2007 年 4 月崇源國際(澳門)拍賣公司徵集到一批青銅器,共 28 件,計君鼎 6 件(另 1 件尚在臺灣)、君簋 6 件、競之定簋 2 件、競之定豆 2 件、競之定鬲 7 件、龍耳方壺 2 件、提鏈浴缶 1 件、楚王酓忎盤 1 件、楚王酓忎匜 1 件(圖一:1)。其中 21 件有銘文。從造型、紋飾風格和鏽色看,似爲同坑出土,按禮制其中最少還缺失鬲 1 件、浴缶 1 件。21 件有銘文的銅器中,11 件爲競之定所作;8 件署名爲"君","君"是競之定的身份,故稱爲競之定器群;兩件楚王酓忎器是楚王酓忎賞賜給競之定的器物。這批青銅器很重要,對於研究春秋戰國時期楚國的歷史、楚王世系、青銅器鑄造,以及楚文化有重要的價值。現就崇源公司提供的資料,發表一些不成熟的看法,以就教方家。

一、器 物 簡 介

1. 君鼎:7 件。直口方唇,口沿上有一對立耳,作弧形向外張開,淺腹束腰,中部有一道箍棱,底部較平,三條蹄足內面削平,平蓋中部略微鼓起,有銜環小鈕,兩旁有長方形缺口以納鼎耳。腹部裝飾四隻圓雕爬獸,爬獸似龍,長尾上卷,闊嘴屈頸,獸身飾雲雷紋、渦紋和鱗紋。鼎的頸部、腹部和足上部均飾浮雕狀細密繁縟的蟠虺紋,製作比較粗疏(圖一:4)。已知 4 件的內壁各鑄一"君"字(圖二:2)。

2. 君簋:6 件,均爲方座簋,形制、紋飾相同,尺寸基本一致。口微斂,腹較圓,窄沿方唇,圈足外侈特甚,其下連鑄方座,方座四邊各有一個方孔,簋耳的獸面高聳,耳圈很小且無垂珥,蓋面隆起,亦爲窄沿方唇,鈕作璧形,中有圓筒連鑄於蓋。簋體、兩耳以及底座均分鑄後再焊接而成。通體飾雲紋和變形龍紋,紋飾膚淺(圖一:2)。其中 4 件內底各鑄一"君"字(圖二:3)。

3. 競之定簋:2 件,形制、紋飾相同,尺寸相差無幾。總體造型與君簋基本相同,但兩耳作獸體形,耳圈很小且無垂珥,蓋面隆起,亦爲窄沿方唇,鈕作璧形,中有圓筒連鑄於蓋。簋體、兩耳以及底座均分鑄後再焊接而成。簋體鑄有榫頭,通過與簋耳根部的卯孔接合後,填以焊料;圈足接合處焊料清晰可見。腹飾 S 狀竊曲紋,紋飾深峻,蓋上、圈足和方座均飾雲紋和變形龍紋,紋飾膚淺(圖一:3)。內底各鑄銘文 22 字(圖三:3)。銘文是:"隹(唯)䣋=

（弍日），王命競之定救𣥆（秦）戎，大有玌（功）于洛之戎，甬（用）乍（作）隌（尊）彝。"

4. 競之定豆：2 件，形制、銘文相同，尺寸相差不大。直口方唇，淺盤平底，豆柄很高，上粗向下漸細，座呈喇叭口形。光素無飾，豆座內可見範芯（圖一：5）。內底鑄銘文 22 字（圖三：1）。銘文是："隹（唯）𢦏𢦏（弍日），王命競之定救𣥆（秦）戎，大有玌（功）于洛之戎，甬（用）乍（作）隌（尊）彝。"

1

4. 君鼎

2. 君簋

5. 競之定豆

3. 競之定簋

6. 競之定鬲

圖一

1. 龍耳方壺

2. 君鼎銘文

3. 君簋銘文

4. 提鏈浴缶

5. 楚王酓忎盤

6. 楚王酓忎匜

7. 楚王酓忎匜銘文

圖二

5. 競之定鬲：7件，形制、紋飾皆相近，尺寸略有差別，銘文基本相同。口較直，窄沿方唇，束頸折肩，襠部平緩，三足作蹄形，微向外撇，內面微凹，與足對應的腹部各有一道扁體顧龍形扉棱。頸部和腹部均飾變形龍紋（圖一：6）。口沿內壁各鑄銘文22字，其中5件銘文是"佳（唯）哉二（式日），王命競之定救秦（秦）戎，大有玌（功）于洛之戎，甬（用）乍（作）隣

（尊）彝”（圖三：4）；另外 2 件爲“隹（唯）哉＝（弍曰）王命競之戎甬（用）乍（作）隮（尊）彝大有𠀠（功）于洛之定救𡘋（秦）戎”，當爲鑄造時銘文排列錯亂所致（圖三：5）。

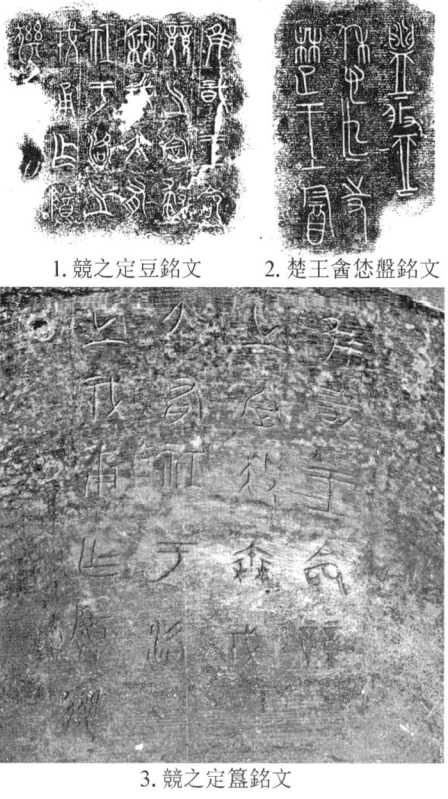

1. 競之定豆銘文　　2. 楚王酓悆盤銘文

3. 競之定簠銘文

4. 競之定鬲銘文

5. 競之定鬲銘文（有錯亂）

圖三

6. 龍耳方壺：2 件，形制、紋飾、大小基本相同。形體高大，製造精緻，是這批青銅器中最爲精美的一對藝術品。器作圓角方形，侈口方唇，頸部特長，下部與壺肩之間形成一個臺階，壺肩作喇叭狀與腹相接，頸兩側有一對圓雕的屈頸卷尾顧龍形耳，龍身滿飾鱗紋，腹部豐滿而低矮，圈足沿外侈而下折，形成一個高臺，蓋作直口，上有鏤空蟠螭紋冠。頸部飾兩道蟠螭紋，其上還有變形仰葉紋，内部仍填蟠螭紋，肩部和腹部以寬帶網絡各分成四區，肩部四區内飾蟠螭紋，腹部光素，蓋沿、圈足以及龍身均飾纖細的卷雲紋（圖二：1）。

7. 提鏈浴缶：1 件。也稱盥缶，直口方唇，短頸，上有外罩式蓋，蓋頂略向下凹，中部有圈狀捉手，肩部寬廣且圓，腹向下内收，形成假圈足，底部向内凹。肩部有一對半環狀獸形耳，内套提鏈。蓋和上腹均飾浮雕圓餅紋，圓餅之間以及圓餅上面均是淺浮雕蟠虺紋，上腹圓餅紋帶略微高出器表，它的上下還增飾兩道蟠虺紋（圖二：4）。

8. 楚王酓悆盤

口微斂，腹稍鼓，底部近平，窄沿方唇，一對小鈕銜環耳（一耳失環），三條扁環支足。魚子紋填地的變形龍紋(圖二：5)。内底鑄銘文 8 字(圖三：2),銘文是：楚王酓(熊)悆(㤘)乍(作)寺(持)盥盤(盤)。

9. 楚王酓悆匜

口微斂,腹稍鼓,平底,前有短管流,上飾浮雕獸面紋,後部有龍首鋬。口沿下飾魚子紋填地的變形龍紋(圖二：6)。内底鑄銘文 6 字(圖二：7),銘文是：楚王酓(熊)悆(㤘)乍(作)寺(持)。

二、銘 文 考 釋

競之定簠、競之定豆、競之定鬲銘文完全相同。

"戠",式日的合文,表示月名"二之日",指夏正十二月,周正二月。"戠"的右下方有合文符號"="。《詩·豳風·七月》記載了排在十月之後的月名有"一之日""二之日""三之日"和"四之日",毛傳云："一之日,十之餘也。一之日,周正月也;二之日,殷正月也;三之日,夏正月也;四之日,周四月也。"孔穎達正義："一之日、二之日猶言一月之日、二月之日。故《傳》辨之,言一之日者,乃是十分之餘,謂數從一起而終於十,更由餘月,還以一二紀之也。"也就是説這四個月名是指夏正的十一月、十二月、正月和二月,周正的一月至四月。2002 年 3 月湖北鄖縣五峰鄉肖家河村春秋墓出土的唐子仲瀕兒盤、匜,[1]銘文有"佳(唯)正月戜辛亥","戜"是"一日"的合文,也就是"一之日",與此同例,董珊先生已有精辟的考證,請參閲。[2]

"競之定",競讀爲景,姓氏,楚國公族之後,見《路史》。包山楚簡 110 有"連蹸(敖)競愄",118 有"連蹸(敖)競快",《古璽彙編》3131 有"競訓"。"之定"爲其私名,古人取名喜以"之某"爲稱。如春秋時期晉國大夫介之推,虞國大夫宫之奇,鄭國大夫佚之狐、燭之武,曾國大夫塘之點(見曾侯乙墓遺册),楚國人龔之脽,[3]均其例。

"救",援助,救援、解救。《爾雅·釋詁》："救,助也。"《禮記·檀弓下》："扶服救之。"注："救,猶助也。"

"秦戎",見於《管子·小匡》："西征攘白狄之地,遂至於西河;方舟投柎,乘桴濟河,至於石沉;縣車束馬,逾大行與卑耳之貉。拘秦夏,西服流沙西虞,而秦戎始從。"此秦戎乃齊人用以泛指居住在西北的少數部族,而非專指秦國。該銘文中的"秦戎"大概是指當時居住在從西北遷居於伊洛流域的一支戎族。春秋時期,伊洛流域居住着許多戎族,如《左傳·僖公二

[1] 鄖縣博物館：《湖北鄖縣肖家河出土春秋唐國銅器》,《江漢考古》2003 年第 1 期。

[2] 董珊：《弍日解》,《文物》2007 年第 3 期。

[3] 馬承源主編：《上海博物館藏戰國楚竹書(四)》,上海古籍出版社,2004 年。

十二年》記載的被秦晉誘遷於伊川的陸渾之戎。《後漢書・西羌傳》也載："陸渾戎自瓜州遷于伊川，允姓戎遷于渭汭(今陝西潼關)，東及轘轅(今河南偃師東南)，在河南山北者，號曰陰戎。"因爲這些戎族中，有些來自秦國的西北，故楚人稱之爲秦戎。

"釭"，讀爲功，《郭店楚墓竹簡・窮達以時》有"子疋前多釭，後戮死"，即"子胥前多功，後戮死"。裘(錫圭)案："《韓詩外傳》卷七：'伍子胥前多功，後戮死，……'……與簡文基本相同。"[1]"大有釭"，即"大有功"，有大的功勞。

"洛之戎"，自古以來，"洛水"就有兩條。一條是北洛水，發源於陝西北部的定邊縣子午嶺，流經吳起、志丹、甘泉、富縣、洛川、宜君、白水、澄城、蒲城，在大荔南部注入渭水。北洛水商周時期即有其名，號季子白盤"搏伐玁狁，于洛之陽"即指北洛水。另一條是南洛水，發源於陝西洛南縣秦嶺南麓，流經河南盧氏、洛寧、宜陽、洛陽、偃師等地，在鞏義市境內注入黄河。南洛水《左傳》均作"雒水"，段玉裁《説文解字注》"雒"字下也説："自魏黄初以前，伊雒字皆用此，與雍州渭洛字迥判。"但在兩周金文和帛書中南洛水、北洛水均作"洛"。西周中期的永盂銘文有"公乃出厥命，錫畀師永厥田陰陽洛"；西周晚期的十月敔簋銘文有"南淮尸遷、殳，内伐涅、昂、參泉、裕敏、陰陽洛，王令敔追迿(襲)于上洛、炌谷，至于伊班"；《上海博物館藏戰國楚竹書(二)・容成氏》："墨(禹)乃濰(通)沈(伊)、洛。"均指南洛水。《春秋・文公八年》："公子遂會雒戎，盟于暴。"雒戎即居於洛水一帶的戎人。據陳槃先生考證，河南山北號曰陰地，是一塊很大的地方，這裏居住着許多戎人，如陸渾之戎、陰戎等，[2]《左傳》所説的同伐京師的揚、拒、泉、皋、伊、雒之戎，也居住在這一帶。銘文中的"洛之戎"是南洛水、伊水流域諸戎的統稱，古文獻也稱"伊洛之戎"，係指包括揚、拒、泉、皋、伊、雒之戎，以及陸渾之戎和陰戎在内的許多少數部族，而非單指洛戎一族。

伊洛諸戎，與東周王城近在咫尺，又界於晉、秦、楚三國之間，不但給東周天子造成很大的威脅，同時也是晉、秦、楚三大國必爭之地。據《左傳・僖公十一年》記載，公元前649年夏，"揚、拒、泉、皋、伊、洛之戎同伐京師，入王城，焚東門"，於是秦、晉兩國出兵伐戎以救周。後二年，戎人又寇京師，齊桓公徵集諸侯以成成周。同書《昭公九年》也記載，公元前533年"周甘人與晉閻嘉争閻田"，晉國的梁丙和張趯便率領陰戎攻伐周人的潁邑。楚國爲了自身的利益，强盛時也發動戰争，伐戎以向北拓展地盤。如《左傳・宣公三年》記載，公元前533年"楚子(莊王)伐陸渾之戎，遂至於雒，觀兵於周疆"，還詢問鼎之大小輕重。楚國衰弱時則把伊洛諸戎當作它的北方屏障，以抵擋秦晉，在戎人危難之時予以援助亦是情理中的事情。如《左傳・昭公十六年》記載楚平王趁着戎蠻内部動亂，藉口其首領不講信用，出兵占領其地，殺掉戎蠻子嘉，然後又扶持他的兒子繼位，以作附庸。第二年(前525年)晉國認爲"陸渾

[1]　荆門市博物館編：《郭店楚墓竹簡》，文物出版社，1998年。
[2]　陳槃：《春秋大事表列國爵姓及存滅表譔異》，《"中研院"歷史語言研究所專刊》之五十二，1969年。

氏甚睦於楚",因而伐滅了陸渾之戎,陸渾戎的首領逃到楚國,楚平王予以收留。楚昭王二十五年(前491年)楚晉仍在爭奪這一帶的戎族。《春秋・哀公四年》記載:"晋人執戎蠻子赤,歸于楚。"

"甬乍",即用作。

"隨彝",即尊彝,祭祀用器的統稱。

銘文大意是説在某年二月,楚王命令競之定救助了南洛河一帶的少數部族,立有大功,因而鑄造祭祀用的禮器。

君鼎、君簋銘文僅有一個"君"字,聯繫其他器物的銘文内容,可知此是作器者競之定的身份,是楚國的一位封君(詳後)。

這批競之定銅器的發現,對於理解1973年湖北當陽縣季家湖楚城遺址出土的一件銅鐘銘文有着重要的意義。當陽鐘銘所記事件與此相同,銘文是"秦王卑命競坪王之定救秦戎"。饒宗頤先生在其《説"竞重"、"重夜君"與"重皇"》一文中將"坪"釋爲"重",斷讀爲:"秦王卑命。竞重。王之定,救秦戎。"[1]饒先生認爲"竞重當讀爲竞庸,謂鐘鏞竞作""古者戰勝薦俘即奏庸","王之定"即"王定","蓋古奏樂時之習語",並引《逸周書・世俘解》:"王定,奏庸,大享三終。"以及朱右曾云:"庸,大鐘也,以金奏之,故云奏庸。定,安也。"以証其説。並以鐘云秦王、秦兵(戎)推測此爲秦昭襄王二十九年白起破郢、楚國徙陳以後,是時漢北悉爲秦所有,斯則秦昭襄王所鑄之鐘。這批競之定銅器的發現,証明其説非是。所謂的"秦王鐘",應是楚鐘,是一組編鐘中的一件,銘文上下數鐘連讀,"秦"字應屬上一鐘銘最後一句的最後一字,接下來這一句應讀爲"王卑命競坪王之定救秦戎",其後的内容鑄在另一件鐘上。該鐘銘文應斷讀爲:"……秦。王卑命競坪王之定救秦戎。"銘文中的"王"應指楚王,而不是秦王。"卑",即俾,使也。"競坪王之定"比較難理解,如果參照競之定銅器群銘文,"競"自當是氏稱,"坪王"與"之定"是否可以理解爲一名一字。"坪王"讀爲"屏王",與"之定"寓意相因。金文中名字連稱的例子很多,如叔向父禹(見叔向父禹簋)、伯家父都(見伯家父都簋)、虢旅魚父(見虢旅魚父鐘)、蘇公子癸父甲(見蘇公子癸父甲簋)、伯其父麜(見伯其父麜簋)等。此鐘的"王卑命競坪王之定救秦戎"也是説楚王命令競之定去解救秦戎之事,只不過是名與字連稱而已。鐘應爲競之定所鑄,當稱競之定鐘,由銘文字體亦可證明此鐘爲楚器而非秦器。(按:原文將"競坪王之定"理解爲"坪王"與"之定"爲一名一字是錯誤的。應依李學勤先生之説,"競坪王"讀爲"景平王",是楚平王的雙謚,"定"是作器者。"競之定"就是"競平王之定"的簡稱,即景平王之子名定。類似的楚王後裔名還有昭王之諟、昭王之即、昭王之信、昭之瘠夫、景之𤔲、競之㦰等。)

---

[1]　饒宗頤:《説"竞重"、"重夜君"與"重皇"》,《文物》1981年第5期。

盤、匜銘文簡略。酓悆，即熊悆，楚王私名。酓，讀爲熊，銅器銘文中楚王的氏稱均如是作。悆，從心休聲。《廣韻》作忰，云："忰，戾也。"包山楚簡 95 有"張悆"，185 有"陽悆"，均用作人名。"乍寺"，曾侯乙諸器作"詐時"，即作持，守持。方濬益謂寺爲古持字。《石鼓文》"弓茲以寺""秀弓寺射"皆用其本義。邾公牼鐘："至于萬年，分器是寺（持）。"《國語·越語》："夫國家之事，有持盈，有定傾，有節事。"韋昭注："持，守也。""盤"即盤字別體，戰國楚文字中從月與從舟往往混用，從攴與從支相同。匜銘與盤銘基本相同，其中省略了器名。

三、時 代 推 定

器物組合有鼎、簋、鬲、豆、盤、匜、浴缶和壺，根據其形制、紋飾以及銘文等方面所表現出的特徵，可與淅川下寺春秋楚墓、曾侯乙墓、荆門包山楚墓、江陵望山楚墓和天星觀一、二號楚墓進行比較分析，推定其年代。

從器形來看，君鼎是典型的最富特徵的楚式升鼎。這種形式的鼎，淺腹蹄足，束腰平底，兩耳作弧形向外伸張，腹壁一般都裝飾有四到六個圓雕的爬行龍。這種鼎出現在春秋中期，一直流行到戰國晚期，而君鼎的造型與淅川下寺 1、2 號墓的王子午升鼎、蔡侯申升鼎、天星觀 M2.115、85、98 升鼎以及曾侯乙升鼎基本相同。[1] 相比之下，可以看出王子午升鼎的腹較深，君鼎的腹較淺；王子午升鼎腹部有六條龍形裝飾，君鼎只有四條龍形裝飾；王子午升鼎耳向外伸張的角度較小，君鼎的耳向外伸張的角度較大，與天星觀 2 號墓的二式升鼎相同，都呈現出較晚的特點，但它們又比曾侯乙升鼎的腹深，鼎耳向外張侈的角度也沒有曾侯乙升鼎大；整體造型則最接近於蔡侯申升鼎。

競之定鬲的造型與天星觀 2 號墓的鬲較接近，寬平沿已經消失，襠部平緩，腹部裝飾着顧龍形扉棱，這種風格也見於下寺 M2 出土的薦鬲。

競之定簋、君簋的整體造型除蓋鈕和耳稍有變化外，與蔡侯申簋幾乎完全相同，也與楚惠王時期標準器卲王之諻簋比較接近，但卲王之諻簋没有蓋。另外，競之定簋的造型與荆州天星觀 2 號楚墓出土的一式簋、君簋與二式簋基本相同；競之定豆與其一式豆（M2.91）也比較接近。

提鏈浴缶與下寺 M10.39、M11.8 浴缶、曾侯乙墓 C.189 盥缶的形制、紋飾以及造型風格也基本相同，而更接近前者。

楚王酓悆盤、匜與下寺 1、2 號墓出土的佣盤、佣匜，3 號墓的蔡侯作鄅仲姬丹盤、蔡侯作

---

[1] 河南省文物考古研究所等：《淅川下寺春秋楚墓》，文物出版社，1991 年。安徽省文物管理委員會等：《壽縣蔡侯墓出土遺物》，科學出版社，1956 年。湖北省荆州博物館：《荆州天星觀二號楚墓》，文物出版社，2003 年。湖北省博物館：《曾侯乙墓》，文物出版社，1989 年。

鄬仲姬丹會匜以及臺北故宫收藏的王子齰匜基本相同;[1]特别是與下寺 M10.40 盤、M10.41 匜的形制更爲接近。楚王盤、匜銘文用語均有"作持"。這種用語見於曾侯乙和曾侯郕銅器,也説明它們的時代相同或者相近。

下寺 M1、2 的時代被認爲是春秋晚期前段,下寺 M10、11 爲春秋晚期後段。王子齰即王子申,又稱公子申、子西,楚平王的庶弟,楚昭王十一年至楚惠王八年(前 505—前 481 年)擔任令尹,後被白公勝所殺。[2]蔡侯申是春秋晚期蔡國國君,公元前 518 年即位,在位 28 年,基本與楚昭王同時;從曾侯乙墓出土的楚王酓章鎛可知,他與楚惠王同時。最晚的要算天星觀 2 號墓,其時代有可能進入戰國中期。

鼎、甫、簋、豆製作比較粗糙,紋飾也顯得模糊,應是埋葬前臨時鑄造的明器。兩件壺、浴缶以及盤、匜,表面光潔,鑄造精工,則是實用器。

總之,競之定器群中楚文化的氣息是比較濃厚的,但也有中原文化的因素。侈口立耳束腰平底升鼎,是典型的楚文化禮器,環耳環足盤、短流平底匜、外罩式蓋的提鏈浴缶,龍耳方壺等,也完全變成了楚式。簋爲雙耳方座,還是周式簋的基本形態,甫的形制束頸平襠,器身飾龍紋,有龍形扉棱,也是周式的延續。另外,鼎腹較淺,甫的寬平沿消失,都是春秋晚期到戰國早期楚國青銅禮器的顯著特徵,與上述有可靠年代的銅器相近或者相同。因此,把競之定器群的時代確定在春秋晚期後段到戰國早期前段是比較合適的。

最重要的是,我們從銘文所記"救秦戎"和"有功于洛戎"事件,可以推算出該組器物的下限。據《左傳》記載魯昭公十七年,也就是楚平王四年(前 525 年)晋國伐滅了陸渾之戎;《資治通鑑外紀》記載貞定王"二十五年,秦伐義渠,虜其王;是時,韓魏共滅伊洛陰戎,其遺脱者皆走,西逾汧隴,自此中國無戎寇,唯餘義渠種焉"。也就是説到了戰國早期的公元前 444 年,伊洛一帶諸戎全部被三晋所伐滅。所以,這批競之定銅器所記"救秦戎"和"有功於洛戎"事件只能發生在公元前 444 年以前,也就是説這組銅器的鑄造應在春秋晚期後段到戰國早期前段的公元前 444 年(楚惠王四十五年)期間。

四、楚王酓忎考

盤、匜的作器者楚王酓忎,即楚王熊忎。金文首次出現,亦不見於史書。

根據上述銅器的斷代,楚王熊忎應該處在春秋晚期後段到戰國早期前段的公元前 444 年之間。在此時段中的楚王,惠王熊章見於銅器銘文,一作"酓章"(見酓章鐘、酓章鎛),一作"酓璋"(見楚王酓璋戈、楚王酓璋劍),與史書記載的楚惠王名熊章相合,那麽在此時段中就

---

[1] 陳昭容:《故宫新收青銅器王子申匜》,《中國文字》新 25 期,藝文印書館,1999 年。

[2] 馬承源主編:《商周青銅器銘文選(四)》,文物出版社,1990 年。

剩下楚平王熊居和楚昭王熊珍父子二人。

查《史記·楚世家》："丙辰，棄疾即位爲王，改名熊居，是爲平王。"《左傳·昭公十三年》亦云："丙辰，棄疾即位，名曰熊居。"熊怎即是熊居，怎、居一名一字。怎讀爲休，《説文·人部》："休，息止也。從人依木。"《詩·大雅·瞻卬》："婦無公事，休其蠶織。"傳云："休，息也。"居，也有止息之義。《易·繫辭下》："變動不居，周流六處。"《左傳·僖公二十八年》："不有居者，誰守社稷？不有行者，誰扞牧圉？"《吕氏春秋·慎人》："手足胼胝不居。"高誘注："居，止也。"《荀子·不苟》："唯所居以其類至。"注："所居，所止也。"楚平王於周景王十七年（前528年）即位，在位十三年，其時處在春秋晚期後段，與器物形制、紋飾的時代風格亦相符合，故楚王熊怎當爲楚平王熊居。

競之定諸器銘文所載"救秦戎，大有功于洛之戎"的事件，也有可能就是《左傳·昭公十六年》所載的"楚子聞蠻氏之亂也，與蠻子之無質也，使然丹誘戎蠻子嘉殺之，遂取蠻氏。既而復立其子焉"。此段文字今在"十六年春，王正月"之下，研究《左傳》諸家均以爲當置於"二月"。果真如此，則與競之定器銘所載的月份正好相合。銘文云："隹（唯）哉=（哉日）。"前面已經説過，"哉"是"二之日"的合文，意爲"二月之日"，指夏正十二月，也就是周正的二月。魯昭公十六年即楚平王三年（前526年）。楚平王這時趁着戎蠻氏内部發生動亂，藉口其首領不講信用，主動出兵占領其地，殺掉戎蠻子嘉，然後又扶持他的兒子繼位，以作附庸。這應該就是所謂的"救戎"和"大有功于洛之戎"吧！但是，文獻記載此次伐戎主帥是然丹，其與競之定是否一人，或同時派遣二人率兵前往亦未可知，有待進一步研究。

另外，楚王酓怎也有可能是楚昭王熊珍。《史記·楚世家》載："十三年，平王卒，……乃立太子珍，是爲昭王。"《左傳·昭公二十六年》作壬，云："九月，楚平王卒，令尹子常欲立子西，曰太子壬弱，其母非適也，王子建實聘之。"鄭玄注："壬，昭王也。"李夢生注："壬，即位爲昭王，改名軫，時年八歲。"《春秋·哀公六年》亦作軫："秋，七月庚寅，楚子軫卒。"怎、珍當爲一名一字。怎讀爲休，美善，喜慶。《爾雅·釋言》："休，慶也。"《國語·楚語》："明德以昭之，和聲以聽之，以告徧至，則無不受休。"韋昭注："至，神至也。休，慶也。"珍，也有美善、祥瑞、喜慶之義。《玉篇》："珍，貴也，美也。"《詩·周頌·臣工》："將受厥明。"傳云："我周家大受其光明，謂爲珍瑞，天下所休慶也。"《爾雅·釋詁》："休、嘉、珍、禕、懿、鑠，美也。"楚昭王於周敬王五年，也就是公元前515年即位，在位二十七年。其時也在春秋晚期後段，與蔡侯申、吳王光同時。從器物形制、紋飾的時代風格考慮，昭王熊珍則更爲切近。

在楚昭王二十五年（前491年）也曾發生"晋人執戎蠻子赤，歸于楚"的事件。《左傳·哀公四年》云："夏，楚人既克夷虎，乃謀北方。左司馬眅、申公壽餘、葉公諸梁致蔡於負函，致方城之外於繒關，曰：'吳將泝江入郢，將奔命焉。'爲一昔之期，襲梁及霍。單浮餘圍蠻氏，蠻氏潰。蠻子赤奔晋陰地。司馬起豐、析與狄戎，以臨上雒。左師軍於菟和，右師軍於倉野，使謂陰地之命大夫士蔑曰：'晋、楚有盟，好惡同之。若將不廢，寡君之願也。不然，將通於少習以聽命.'士蔑請諸趙孟.趙孟曰:'晋國未寧,安能惡於楚,必速與之.'士蔑乃致九州之戎,將裂田以與蠻子而城之,且將爲之卜.蠻子聽卜,遂執之.與其五大夫,以界楚師于三户.司馬致邑,立宗焉,以誘其遺民,而盡俘以歸."但其時在夏天,與銘文所説的"二月"不符,且參與事件的左司馬眅、申公壽餘、葉公諸梁以及單浮餘,均與競之定無涉.

五、競之定的身份

　　競之定器群作爲禮器最少可以分爲兩套,第一套爲7件君鼎、6件君簋、2件壺、1件浴缶(一般爲兩件)及盤、匜各1件;另一套是有競之定銘文的2件簋、2件豆、7件鬲(共8件,另一件後來出現在北京)及其他,因非考古發掘兩套禮器組合似不全.

　　在兩周時期,禮器是用來表示身份等級的,特別是其中的鼎、簋,《公羊傳·桓公二年》何休注:"禮祭,天子九鼎,諸侯七,卿大夫五,元士三也."競之定器群第一套組合中的君鼎、君簋數量與上述諸侯的大牢相符.我們知道何休注所説的是西周古制,到了春秋中期以後,禮崩樂壞,周王室地位日趨低微,諸侯競相稱王,随着宗法制走向衰落,原有的等級制度及其從屬的禮樂制度也遭到破壞.《儀禮》等禮書所記載的用鼎制度也已變化爲"諸侯用太牢九鼎,卿或上大夫用太牢七鼎,下大夫用少牢五鼎,士用牲三鼎或特一鼎".[1] 競之定器群數量相吻合.其中君鼎7件,是一列從大到小的升鼎;君簋一組6件,正好符合當時卿、上大夫所用鼎簋.競氏是楚王室的後裔,競之定所用鼎簋的數量又符合當時的上大夫之制度,再證之以鼎、簋銘文的"君"字,説明他是楚國的卿或上大夫,且握有兵權、有着自己的領地(封邑),是一位很有權勢的封君.

　　最後要特别感謝崇源國際拍賣公司盛情邀請參加新發現的楚王銅器學術討論會,提供有關資料,並慨允發表.非常贊賞季崇建總經理及其公司同仁對祖國文物的關心和保護.

(原載《江漢考古》2008年第1期)

---

[1] 俞偉超、高明:《周代用鼎制度研究》,《先秦兩漢考古學論集》,文物出版社,1985年.

鮑子鼎銘文考釋

2007 年 4 月西安發現一件春秋晚期齊國鮑子的銅鼎。通高 33.9、口徑 27.8、腹深 15.8 釐米，重 12 公斤。體扁圓，斂口鼓腹，蓋與器子母合口，一對附耳高聳，平蓋，蓋沿下折，上有三個曲尺形扉，中部有一個半環鈕，圜底下設三條蹄形足，蓋上和腹部均飾蟠螭紋帶（圖一）。內壁鑄銘文 45 字（其中重文 3）（圖二、三）：

圖一

鼉（鮑）子伐（作）朕（媵）中（仲）匋始（姒），其隻（獲）生（皇）男子，勿或（有）柬（闌）巳（已），它＝（佗佗）屁＝（熙熙），男女無其（期），中（仲）匋始（姒）返（及）子思，其壽君母（毋）死，儂（保）而（爾）兄弟，子孫＝（孫孫）永儂（保）用。

從銘文看，這是一件齊國望族鮑氏與鄭國公族聯姻的陪嫁禮器。它不僅爲中國青銅器藝術寶庫增添了新的瑰寶，同時也是研究春秋戰國歷史的重要資料。現作初步解釋，以就教於大家。

1. "鼉"即鞄，通鮑。古代齊國的望族。其先爲杞國公子敬叔，到齊國出仕，食采於鮑邑，故址在今山東歷城縣東，因以爲鮑氏，稱鮑敬叔。其子鮑叔牙，亦稱鮑叔，齊莊公時大夫，著名賢臣，以知人並篤於友誼著稱於世。《史記·管晏列傳》載："管仲曰：'吾始困時，當與鮑叔賈，分財利多自與，鮑叔不以我爲貪，知我貧也。吾嘗爲鮑叔謀事而更窮困，鮑叔不以我爲愚，知時有利不利也。吾嘗三仕三見逐於君，鮑叔不以我爲不肖，知我不遭時也。吾嘗三戰三走，鮑叔不以我爲怯，知我有老母也。公子糾敗，召忽死之，吾幽囚受辱，鮑叔不以我爲無恥，知我不羞小節而恥功名不顯於天下也。生我者父母，知我者鮑子也。'"其孫鮑牽、鮑國，世代爲齊上卿。鮑子，是對鮑姓卿大夫的一種敬稱，在金文中也見於自稱。如鮑叔牙、鮑國、鮑牽、鮑牧皆可稱爲鮑子。此鼎銘文中的鮑子當指鮑牧（詳後）。

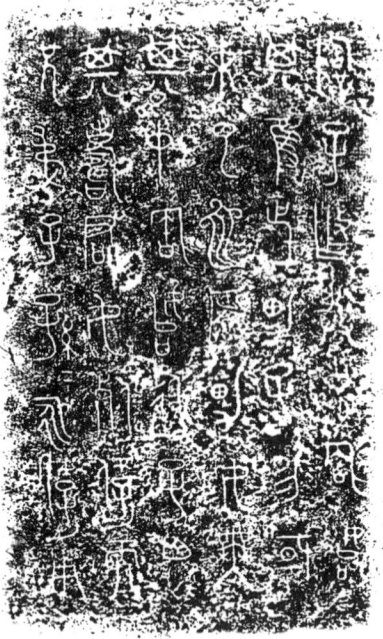 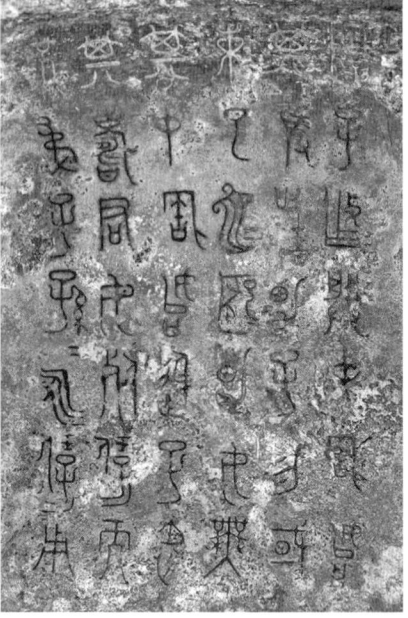

圖二　　　　　　　　　　　　　　圖三

2.“戗”,通作,製作。

3.“朕”,通媵,古代諸侯嫁女,以侄娣從嫁稱媵。《左傳·成公八年》:“衛人來媵共姬,禮也。凡諸侯嫁女,同姓媵之,異姓則否。”以臣僕或器物陪嫁亦稱媵。彝器中用於陪嫁的禮器也叫媵器。倗仲鼎:“倗中(仲)乍(作)畢媿媵鼎,其萬年寶用。”齊侯盂:“齊侯作媵子中(仲)姜寶盂。”曾侯簠:“曾侯作叔姬、邛嬭媵(媵)器甫彝。”均其例。

4.“中匋始”,即仲匋姒,鮑子的女兒或姊妹,從上下文意分析似爲其姊。鮑氏姒姓,故稱仲匋姒。仲,在姊妹間的排行。匋,其名也。

5.“其隻生男子”。“其”,語首助詞,無義。“隻”即“獲”之本字,《廣韻》:“獲,得也。”此處用作獲匹,得到配偶之意。《法苑珠林》卷三十:“巍巍堂堂,光儀無上,心喜而曰:吾女獲匹,正是斯人。”生,通皇,意爲美、美好。《詩·周頌·臣工》:“於皇來牟,將受厥明。”孔穎達疏:“皇,訓爲美。”朱熹集傳:“於皇,歎美之辭。”漢揚雄《法言·孝至》:“堯舜之道皇兮,夏、殷、周之道將兮。”李軌注:“皇,美。”“男子”指剛强有作爲的男人。《楚辭·天問》:“吳獲迄古,南嶽是止。孰期去斯,得兩男子。”全句是説仲匋姒獲配了美好的剛强有爲的丈夫。

6.“勿或柬巳”,即勿有闌已。勿或,金文常用語,勿是禁戒副詞,表示禁止,不要。或,通有。“勿或”翻譯成現代漢語就是“不要有”。哀成叔鼎:“勿或罷訇(已)。”鼏鎛:“枼(世)萬至於辝(台)孫子,勿或俞(渝)改。”楚繒書也有:“敬之哉!毋或弗敬,惟天作福,神則恪之,惟天作灾,神則惠之。"柬,讀爲闌,有阻隔、阻攔、將盡、將完等意。《史記·高祖本紀》:"酒闌,呂公因目固留高祖。""勿或柬巳"與"勿或罷訇(已)""勿或弗敬""勿或渝改"句法相同。"勿或闌已"是説不要有所完結。

7. "它它熙熙",讀爲"佗佗熙熙"或"施施熙熙"。佗佗,美好綿長無盡的樣子。《詩·鄘風·君子偕老》:"委委佗佗,如山如河。"《爾雅·釋訓》:"委委、佗佗,美也。"郭璞注:"皆佳麗美豔之貌。"陸德明釋文:"佗佗,本或作'它'字。"邢昺疏引孫炎曰:"佗佗,長之美也。"熙熙,(1)和樂貌。《老子》:"衆人熙熙,如享太牢,如春登臺。"《漢書·禮樂志》:"衆庶熙熙,施及夭胎;群生噊噊,唯春之祺。"顏師古注:"熙熙,和樂貌也。"(2)繁盛貌。《逸周書·太子晉解》:"萬物熙熙,非舜而誰能?"孔晁注:"熙熙,和盛。"《史記·日者列傳》:"天地曠曠,物之熙熙,或安或危,莫知居之。"施施,也作迤迤,有延長之意,形容連綿不絶貌。"佗佗熙熙"就是歡歡樂樂、和和美美、綿延無盡的意思。

8. "男女無𦱤",即男女無期,亦見於齊侯鼎、公典盤、慶叔匜。方輝在《郜公典盤銘考釋》中説:"男女無期,金文習見,極言其男女之多。"[1]王文耀《簡明金文詞典》也説,"𦱤"假借爲"計","男女無𦱤"就是無數男女。[2]筆者以爲不確,"𦱤"是"期"字的異體,"期"不必假借爲"計",應用其本義。"無期"就是没有期限;無窮盡;無限度。《詩·小雅·白駒》:"爾公爾侯,逸豫無期。"俞樾《群經平議·毛詩三》:"《詩》中言'無期'者,如《南山有臺》篇'萬壽無期'及此篇'逸豫無期',皆謂無窮極也。"《吕氏春秋·懷寵》:"上不順天,下不惠民,徵斂無期,求索無厭……若此者,天之所誅也。"高誘注:"期,度;厭,足。"漢班婕妤《自悼賦》:"勉虞精兮極樂,與福禄兮無期。"徐王子旃鐘:"韹韹(皇皇)䁀䁀(熙熙),眉壽無諆(期)。"王孫誥鐘:"趯趯(皇皇)趏趏(熙熙),邁(萬)年無具(期)。"𢼸公壺:"它它(佗佗)䁀䁀(熙熙),受福無期。"夆叔匜:"沱沱(佗佗)䁀䁀(熙熙),壽老無期。"均用其本義。男女無期,即夫妻綿延没有終期,也就是百年和好,白頭偕老之意。此類吉語是春秋中晚期齊系諸侯國媵器的常用語。

9. "子思",人名,仲匋姒的丈夫。筆者認爲此即《左傳·哀公五年》中的鄭大夫子思,又稱桓子思、國參,子國(鄭穆公的兒子公子發)之孫,子産(即公孫僑)之子。約活躍於魯昭公到哀公時期(詳後)。

10. "返",及字異體。介詞,猶跟,同。《詩·邶風·谷風》:"德音莫違,及爾同死。"

11. "其壽君母死"。此"其"是語氣副詞,表示祈使、希望。《書·盤庚》:"其克從先王之烈。"曹操《選軍中典獄令》:"其選明達法理者,使持典刑。"金文中也不乏其例。縣改簋:"其自今日,孫孫子子毋敢望(忘)伯休。"或方鼎:"其用夙夜享孝于氒(厥)文祖乙公。""母"讀爲

[1] 方輝:《郜公典盤銘文考釋》,《文物》1998 年第 9 期。
[2] 王文耀:《簡明金文詞典》,上海辭書出版社,1998 年。

毋,否定詞。毋死,即無死、不死,長生不死之意。《左傳·昭公二十年》:"公曰:'古而無死,其樂若何?'晏子對曰:'古而無死,則古之樂也,君何得焉!'""君",用在此比較費解。金文中常見的是"用祈壽老母(毋)死"(鐈鎛),此爲"其壽君母(毋)死"。"君",除用作對諸侯、卿大夫的稱呼以外,還有以下幾種。(1)諸侯之妻,《詩·鄘風·鶉之奔奔》:"人之無良,我以爲君。"毛傳:"君,國小君。"孔穎達疏:"夫人對君稱小君,以夫妻一體言之,亦得曰君。"《穀梁傳·莊公二十二年》:"癸丑,葬我小君文姜。小君,非君也。其曰君何也?以其爲公配,可以言小君也。"鍾文烝補注:"夫人與公一體,從公稱也。"(2)稱先祖及父母。意爲一家之主。《易·家人卦》:"家人有嚴君焉,父母之謂也。"孔穎達疏:"父母,一家之主,家人尊事,同於國有嚴君。"《後漢書·孔融傳》:"先君孔子,與君先人李老君,同德比義。"(3)妻妾亦稱夫爲君。《禮記·内則》:"君已食,徹焉。"鄭玄注:"凡妾稱夫曰君。"一、三種情況均可以排除,因爲鮑子嫁女(姊妹)與夫家的國君無涉;另外,前句已提及"仲匋姒及子思",所以也不可能是妻稱其夫。這裏只能是指子思的父母,也就是仲匋姒的舅姑。"其壽君毋死"當是希冀仲匋姒的舅姑(公婆)長壽不老。

12."僳而兄弟",即保爾兄弟。"僳"同"保","而"讀爲"爾",保佑你們的兄弟。兄弟指子思的兄弟。

鼎銘是一篇韻文,除最後一句外,每句均叶之部韻,如:始、子、已、巸、期、思、死、弟。

銘文可意譯爲:鮑子鑄造陪嫁仲匋姒的鼎。仲匋姒獲配了美好的剛强有爲的丈夫,不要有所盡頭,歡歡樂樂,和和美美,綿延久長,白頭偕老。仲匋姒嫁給子思,希冀你們的父母長壽不老,保佑你們的兄弟平安。子子孫孫永遠珍藏使用此鼎。

此鼎的造型與光緒十八年(1892)出土於河北易縣的齊侯鼎、[1]1956年春山東省臨淄縣姚王村出土的國子鼎[2]非常接近;所飾蟠螭紋也常見於同時期的齊器,是典型的春秋晚期齊器風格;特别是"××(作器者)作媵××(出嫁的女子)××(陪嫁的器物名,鮑子鼎省略)"的銘文格式,"它它巸巸,男女無碁"的銘文用語,都和齊侯鼎、慶叔匜完全相同;就連字體寫法如"保"作"僳"、"作"作"伎"、"期"作"碁"與慶叔匜(《集成》)也完全相同。因此,我們判斷該鼎鑄造於春秋晚期後段。

銘文中的鮑子是鮑叔牙的哪一代後裔?從鼎的時代來看,極有可能是齊景公到齊悼公時期的大夫鮑牧。

鮑牧見於《左傳》,齊景公的重臣,據宋程公説《春秋分記·世譜六》齊諸氏載:"鮑氏敬生叔牙,亡二世,至曾孫二人,牽及國,國又亡二世,至曾孫牧。"也就是説鮑牧是鮑國的曾孫,鮑叔牙的五世孫。在周敬王三十年(前490年)秋九月景公去世後,因爲没有嫡長子,國夏、高

[1]　曾毅公編:《山東金文集存》齊2.1,齊魯大學國學研究所,1940年。

[2]　中國青銅器全集編委會編:《中國青銅器全集》9卷5,文物出版社,1996年。

張專權,便立景公寵妃鬻姒的兒子荼爲君。第二年六月陳乞(一作田乞)與鮑牧等人發動政變,驅逐了國、高二氏,但在擁立新君的問題上二人產生分歧。陳乞召回寓居魯國的公子陽生,立爲新君,强爲之認可。《左傳‧哀公六年》有如下記載:"冬十月丁卯,立之。將盟,鮑子醉而往。其臣差車鮑點曰:'此誰之命也?'陳子曰:'受命于鮑子。'遂誣鮑子曰:'子之命也。'鮑子曰:'女忘君之爲孺子牛而折其齒乎?而背之也!'悼公稽首曰:'吾子奉義而行者也,若我可,不必亡一大夫。若我不可,不必亡一公子。義則進,否則退,敢不唯子是從?廢興無以亂,則所願也。'鮑子曰:'誰非君之子?'乃受盟。"公子陽生繼位之後便下毒手,派朱毛把荼殺死在野外。齊悼公二年(前487年),因魯國不將其妻季姬送回,悼公怒,於五月派鮑牧帥師伐魯,占領了讙及闡兩地。九月,由於鮑牧本不想擁立陽生爲君,故誘唆諸公子而被告密,悼公就對鮑牧説:"或譖子,子姑居於潞以察之。若有之,則分室以行。若無之,則反子之所。"意思是説有人説你的壞話,你暫且住在潞城,以等候審查。如果有這事,就讓你帶着一半家產出國;如果没有,就讓你恢復原位。實際上,在鮑牧出門時就只給他帶了三分之一的家產,走到半路,只讓他帶兩輛車子,到了潞地,就把他殺了。

子思,見於記載的有二人,一爲孔伋,字子思,孔子之孫,戰國時期魯國陬邑人。生世在公元前483—前402年。相傳受業於曾子,曾爲魯穆公師。以"誠"及"中庸"爲其學説核心。另一位是鄭國的大夫國參,字子思,又稱桓子思,出自鄭國公族。據《世本》記載:"鄭穆公生子國發,發生子產僑、簡成子,僑生子思參,參生子玉珍、武子,珍生子樂卑、顯莊子,爲子國氏。"《春秋》只稱國氏。也就是説子思是鄭穆公的重孫,子產的兒子,是鄭獻公、聲公時期舉足輕重的人物。

子思的事迹最早見於《春秋‧昭公三十二年》(前510年):"冬,仲孫何忌會晋韓不信、齊高張、宋仲幾、衛世叔申、鄭國參、曹人、莒人、薛人、杞人、小邾人,城成周。"《左傳》也有三處記載。(1)哀公五年(前490年):"鄭駟秦富而侈,嬖大夫也。而常陳卿之車服於其庭。鄭人惡而殺之。子思曰:'詩曰:不解于位,民之攸墍。'不守其位,而能久者鮮矣。"(2)哀公七年,宋國軍隊包圍曹國,子思就説:"宋人有曹,鄭之患也,不可以不救。"於是鄭國援救曹國。(3)哀公二十七年(前468年)四月,晋國的荀瑶率領軍隊攻打鄭國,鄭駟弘向齊國求救,陳成子率兵援救,援軍到達濮水,天下大雨,軍隊不肯渡河。子思曰:"大國在敝邑之宇下,是以告急,今師不行,恐無及也。"

根據以上所述,鮑子與孔子爲同時代人,孔伋所處時代爲戰國早期前段,在其出生前四年,鮑牧已死,故鮑牧姊妹或女兒的丈夫是孔子之孫孔伋(字子思)的可能性應當予以排除。鄭大夫子思,生世在魯定公到魯哀公時期,與鮑牧基本同時,與鮑子鼎所表現的春秋晚期時代特徵相符,故鼎銘中的子思極有可能是鄭國的子思。

另外,還要提及的是清同治九年(1870年)出土於山西榮河縣(今萬榮縣)後土祠旁,現藏中國國家博物館的龢鎛,[1]這也是一件非常重要的春秋時期鮑氏家族的器物。該鎛是鮑叔牙的孫子龢爲其妻子仲姜所鑄造的樂器。銘文中追述了鮑叔牙爲齊桓公建樹了功勳,榮耀於齊國,桓公賜給他二百九十九個城邑,以及鄩地的民人都鄙。桓公還説:"世萬至於孫子,勿或渝改。"並命其掌管大攻厄、大史、大司徒和大宰四項政事。這件鎛銘不僅填補了史籍對鮑叔牙當年勸小白出逃莒國、奉小白返齊爲君以及對鮑叔牙封賞記載的不足,同時也補充了鮑氏的世系。上面我們所引的《春秋分記·世譜六》所列鮑氏世系"鮑氏敬生叔牙,亡二世,至曾孫二人,牽及國",其失載的二世正好是龢鎛中的龢及其父親遴仲,龢也就是鮑牽和鮑國的父親。如此,我們可以列出鮑氏的世系如下:

敬(聖叔)————叔牙(有成惠叔)————遴仲————龢————牽
　(聖姜)　　　　　(有成惠姜)　　　(□□)　(仲姜)　|—國——□——□——牧

（原載《中國歷史文物》2009 年第 2 期）

---

[1] 郭沫若:《兩周金文辭大系圖録考釋》録 251,科學出版社,1958 年。

六年相室趙翠鼎考

2007 年在西安某收藏家處見到一件戰國時期銅鼎。該鼎通高 21.8、口徑 21.8、腹深 13
釐米,重 4.3 公斤,容積 3872 毫升。典型的戰國中
晚期三晉鼎型,與四年昌國鼎的形制完全相同,體
呈扁圓形,斂口鼓腹,蓋與器子母扣合,口沿下有一
對向外張侈的附耳,蓋面隆起,上有三個環鈕,鈕上
有凸釘。三條蹄足,腹部有一道凸弦紋,底部有圈
狀凸起,並有較厚的煙炱(圖一)。

鼎的口沿下刻有銘文 12 字,銘文是:六年相室
肖(趙)翠,工帀(師)稾(椁—郭)弢,詔(冶)即(圖
二:1);蓋上有西漢刻銘 7 字,銘文是:二斗鼎,八
左,三斤(圖二:2)。銘文並不難釋讀。"肖翠",
即趙翠,趙氏,名翠,相室是其官職。"稾",即椁字,
讀爲郭,工師的姓氏。工師名弢。"詔",即冶字的別體。"冶"後一字上似從目,下從卪,當爲
"即"字。此鼎流傳到西漢時期,又在蓋上加刻銘文,記載鼎的容積、編號和重量。

圖一

這件鼎口沿下的銘款是戰國時期三晉的格式,與戰國中期趙國的四年昌國鼎、魏惠王十
九年亡智鼎、廿七年大梁司寇趙亡智鼎、卅五年虒令周收鼎以及梁上官鼎、梁陰令鼎的形制
比較接近,有的甚至完全相同。文字風格屬晉系,如"相"字加"="、,"椁"字作"稾","冶"字
作"詔"等。

趙國禮器銘文至爲罕見,比較重要的有趙孟介壺和智君子鑒,但其時代尚處在春秋末
期,真正屬於戰國時期趙國的青銅禮器,器主明確的僅有昌國鼎,銘文係"物勒工名",屬三級
監造,監造者爲昌國君,主造者爲工師翟伐,製造者爲冶工更。相室鼎的發現爲研究戰國時
期趙國的古文字、官制、禮器等提供了重要的實物資料。

出土的趙國兵器銘文很多,是研究趙國文字的重要資料,其銘文款式比較固定,可知趙
國兵器鑄造也是三級監管,監造者一般有相邦、守相、令,主辦者爲工師,製造者爲冶。所謂
製造者並非直接鑄造的工人。關於"冶"的身份,從大量的趙國兵器銘文看,有"冶"則無"冶
尹",有"冶尹"則無"冶",可知"冶"就是"冶尹"的省稱。從"冶"或"冶尹"之後常有"執劑"

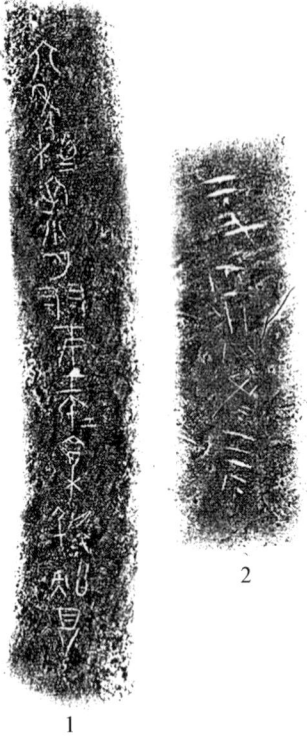

圖二

之語可知,他是掌管冶金成分的調劑工藝,相當於《考工記》中的冶氏。《廣雅·釋詁四》云:"尹,官也。"所以"冶""冶尹"應是有技術的工頭,冶鑄作坊的低級官吏,地位低於工師。趙國銘文每用"＝"符號,表示重文、合文,如"工師""公孫""匕陽(曲陽)""馬重(馬童)"等;或者純爲飾筆,如"相""邦"等字。該鼎"相"字有飾筆"＝",並具有相室、工師和冶較爲簡單的三級監造銘文格式,説明這是一件戰國中期趙國的禮器。

鼎銘中的督造者相室趙嬰地位應當與昌國君鼎中的昌國君、八年相邦建信君劍中的相邦建信君、六年相邦司工馬鈹中的相邦司工(空)馬、十三年守相信平君鈹中的守相信平君和十五年守相杢波鈹中的守相杢波相當。

相邦和守相是趙國兵器銘文中習見的職官名稱,都是國家高級執政大臣。相邦相當於晋國的上卿,守相即代理相邦。相邦建信君、相邦春平侯均見於《戰國策·趙策》,相邦司空馬見於《戰國策·秦策》,守相信平君、守相杢波,就是戰國時期赫赫有名的趙國大將廉頗。相室,既然出現在三級監造的刻銘中,就應該是相當於相邦、守相之類的中央高級執政官員。相室,亦見於晋璽,如《璽彙》4561"相室"。《辭海》解釋爲執政大臣;《辭源》有兩種解釋,一是"指執政大臣,丞相",二是"隨嫁的婦女";《漢語大詞典》也有兩種解釋,一爲"相國;宰相",二爲"古代爲卿大夫管理家務的人。男稱家老,女稱傅母,通稱家臣"。

古籍中有關"相室"的記載有以下幾條:

1.《戰國策·秦策三》應侯失韓之汝南:"梁人有東門吳者,其子死而不憂,其相室曰:'公之愛子也,天下無有,今子死不憂,何也?'"宋鮑彪注:"室家之相,此女也,男曰家老。"《列子·力命》也有相同記載。

2.《戰國策·趙策三》秦攻趙於長平:"公甫文伯官於魯,病死,婦人爲之自殺於房中者二人。其母聞之,不肯哭也。相室曰:'焉有子死而不哭者乎?'"《史記·平原君虞卿列傳》也有相同的記載,張守節正義:"相室,謂傅母之類也。"

3.《烈女傳·齊東郭姜》:"東郭姜與前夫子棠無咎俱入,崔子愛之,使爲相室。"

4.《韓非子·説林》:"隰斯彌見田成子,田成子與登臺四望,三面皆暢,南望隰子家之樹蔽之,田成子亦不言。隰子歸,使人伐之,斧離數創,隰子止之,其相室曰:'何變之數也?'隰子曰:'古者有諺曰:"知淵中之魚者不祥。"夫田子將有大事,而我示之知微,我必危矣。'"陳奇猷集釋:"《孤憤》篇舊注云:'相室,家臣也。'"《資治通鑑外紀》也有相同記載。

5.《韓非子·孤憤》:"故主失勢而臣得國,主更稱蕃臣,而相室剖符,此人臣之所以謿主便私也。"

6.《管子・地圖》："論功勞,行賞罰……使百吏肅敬,不敢懈怠行邪,以待君之令,相室之任也。"

7.《韓非子・內儲說下》："狐突曰:國君好內則太子危,好外則相室危。"

8.《韓非子・八經》："相室約其廷臣,廷臣約其官屬。"

9.《韓非子・外儲說左上》："王登爲中牟令,上言於襄主曰:'中牟有士曰中章胥已者,其身甚修,其學甚博,君何不舉之?'主曰:'子見之,我將爲中大夫。'相室諫曰:'中大夫,晉重列也,今無功而受,非晉臣之意,君其耳而未之目邪?'"

10.《韓非子・亡徵》："后妻賤而婢妾貴,太子卑而庶子尊,相室輕而典謁重,如此則內外乖,內外乖者可亡也。"

11.《漢書・五行志》："記曰:不當華而華,易大夫;不當實而實,易相室。"應劭曰:"冬,水王木相,故象大臣,冬實者,變置丞相與宮室也;但華,則變大夫也。"顏師古曰:"相室,猶言相國,謂宰相也。合韻故言相室。相室者,相王室。"惠士奇《惠氏春秋說》解釋:"相室謂貴臣,言當易而更之,不可使久輔政。"宋任廣的《書叙指南》職官名事也說"宰相曰相室"。

從以上十一條資料來看,第一條東門吳兒子死後而不憂,相室向東門吳的發問;第四條隰斯彌見田成子回來後命人伐樹的時候,隰子和相室的對答,文中使用的都是"其相室"。"其"指代的分別是東門吳和隰子,可見這兩個相室就是東門吳家和隰子家的相室,而不會是國家的相室,從與主人的關係看,是爲男性問題不大。第二條和第三條的相室也明顯可知是公甫文伯家和崔子家的相室,東郭姜爲女性;公甫文伯家的相室從上下文看也當爲女性。因此,第一至第四條的相室是春秋戰國時期列國卿大夫的屬下,宋鮑彪注以爲是家室之相,張守節正義以爲是傅姆之類,《韓非子》舊注以爲是家臣,均大體不誤。但我們認爲相室的地位要高於一般的傅姆或者家臣,從上述數條可以看出他與主人關係相當密切,常陪伺主人左右,敢與主人理論,當爲家臣之長,相當於後世的管家,掌管卿大夫家室的事務。

第五至第十一條的相室係指國家的執政大臣。第五條《韓非子・孤憤》:"故主失勢而臣得國,主更稱蕃臣,而相室剖符,此人臣之所以謫主便私也。"謫主就是欺詐主上;剖符就是分封、授官。可見此條的相室也是指朝廷中的執政大臣而非指家臣。在第十一條中"相室"與"大夫"相對,明確是指官職,而且是地位很高的國家執政官員,應劭解釋爲"丞相"和"宮室"是不對的。顏師古說:"相室者,相王室。"但又說"相室"就是"相國",也就是宰相,爲了合韻所以才稱相室。宋代的任廣在其《書叙指南》職官名事中也說"宰相曰相室"。第九條趙襄子任用中章胥已爲中大夫事,《呂氏春秋・知度》也有相同記載,但將相室徑直寫作相國。第八條"相室約其廷臣,廷臣約其官屬",廷臣,就是朝臣,能夠在朝廷中共商國家大事的臣僚。相室既然可以約束廷臣,可見相室要高於一般的朝臣。在戰國時期列國的職官中高於朝臣的也就是相邦、丞相或者上卿之類的人物。相室既然出現在青銅鼎的三級監造刻銘中,就更說明了相室的地位相當於相邦、守相,無疑是列國中央高級執政大臣。

　　相室究竟是否是相國,漢代之前的史書没有明確的記載,秦漢及其以後再也未見設置此官職。從趙國青銅器銘文中既出現相邦、守相,又出現相室來看,可知相室並非相邦或守相。相,就是輔助、佑助的意思。“相邦”,顧名思義就是輔佐國家,協助國君管理國家政務。那麽,相室就是掌管國君家室事務的官員,當然,權重的相室也會參與國家的政事。相室出現在戰國中期的鼎銘,相邦和守相出現於戰國晚期兵器銘文,有没有可能相室與相邦有前後相承的關係,也就是説相室一職出現較早,最初只是掌管國君室諸事,後來權力擴大,漸攝國家政務,到了戰國晚期便改設爲相邦,此説尚待進一步研究。

（原載《考古與文物》2008 年第 5 期）

記新發現的兩把吳王劍

最近在無錫市見到兩把吳王劍,頗感其銘文重要,對於研究春秋時期吳國的歷史具有重要的價值,現介紹如下。

一、攻敔王者彶戲虘劍

2008 年 12 月無錫博物院徵集入藏,通長 41、最寬 2.7、莖長 9.5 釐米。窄長扁條形,無格無首,前鋒尖銳,兩刃近鋒略內收,向後漸寬,劍身中綫起脊,直通莖末。莖作梯形,前寬後窄,中部有一小孔。劍身飾"王"字形暗紋(圖一)。兩從靠近莖的地方鑄銘文 12 字(圖二)。銘文是:

攻(句)敔(敔—吳)王者彶戲虘自乍(作)元用鐱(劍)。

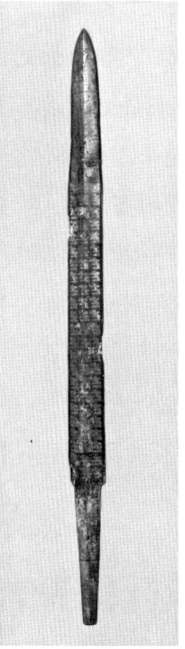

圖一　　　　　　　　　　圖二

　　從形制上看,此劍具有春秋晚期的特點,與 1997 年浙江紹興市魯迅路出土的壽夢之子劍、[1]2003 年春山東新泰市周家莊東周墓出土的諸樊之子通劍基本相同,[2]也與 1983 年山東沂水縣諸葛公社略疃村春秋墓出土的攻盧王劍較接近,[3]銘文字體與上述三劍亦相近似。特別值得一提的是劍身所飾的"王"字形暗紋與壽夢之子劍完全相同。這種暗紋也見於 1964 年山西原平縣峙峪村春秋墓葬出土的吳王光劍(峙峪墓簡報作者稱其爲火焰紋),[4]故其時代應該相去不遠。

　　銘文中的"攻敔"即"攻敔",是吳國國名,也就是《淮南子·繆稱》所說的"句吳"。在出土的吳國青銅器中,吳國國名有作"工𢿐""攻𢿐""工盧""攻盧""攻敔""攻吾""敔""吳"等。其時代有早晚之別,就目前所知,稱"工𢿐""攻𢿐""工盧"和"攻盧"者,大都在諸樊在位時期及其以前;此後一般稱"攻敔""攻吾"和"攻吳",夫差時期還有省稱"敔"或"吳"的。但也有所交叉,吳王壽夢之子劍是吳王壽夢在位時期鑄造的,也作"攻敔"。此劍稱"攻敔",結合其形制、紋飾判斷,時代當在諸樊前後。

　　"者㲋䖂鹿"四字爲吳王之名,"䖂"字常見於金文,有的用作發語辭,如小臣謎簋的"䖂！東尸(夷)大反",录戜卣的"䖂！淮尸(夷)敢伐内國";有借作"祖"的,如生史簋"用事乎(厥)䖂(祖)日丁,用事乎(厥)考日戊";有借作"徂"的,如散氏盤的"陟霻,䖂(徂)㰈(遷)陜以西";也有的借作"且"字,如王孫遺者鐘的"自作龢鐘,中翰䖂(且)膓(揚),元鳴孔煌"等。在此則是記錄人名用字。"鹿"字金文首見,不見於傳世字書,從虎從力,虎當爲聲符。[5]以下"自作元用劍",乃劍銘中常用語。"元用"即長用、常用。銘文大意是:吳王者㲋䖂鹿自鑄其常用劍。

　　從已發表的資料來看,攻敔王者㲋䖂鹿劍尚屬首次發現。"者㲋䖂鹿"究竟是哪位吳王呢?《史記·吳太伯世家》以及春秋三傳等歷史文獻所載吳王有七位。1. 吳王壽夢,郝氏曰《世本》稱孰姑,《春秋》又稱乘;2. 吳王諸樊,壽夢的長子,《春秋》稱遏,《公羊傳》作謁;3. 吳王餘祭,壽夢次子,《左傳》稱戴吳,又稱句餘(杜預認爲句餘是夷末);4. 吳王餘眛,壽夢三子,《左傳》稱夷末,《穀梁傳》作夷昧;5. 吳王僚,《左傳》又稱州于,《公羊傳》以爲是壽夢的庶子;6. 吳王闔廬,一作闔閭,又稱吳王光,諸樊之子;7. 吳王夫差,闔廬之子。從音讀分析,頗疑"者㲋䖂鹿"就是《左傳》所稱的"州于"。

　　"者"爲魚部照紐,"州"爲幽部照紐;聲符相同,魚幽旁轉,故相通無礙。文獻中就有從"者"的"都"字與"州"字相通之例。如《書·舜典》"流共工于幽洲",《庄子·在宥》作"流共

[1]　曹錦炎:《吳王壽夢之子劍銘文考釋》,《文物》2005 年第 2 期。

[2]　任相宏、張慶法:《吳王諸樊之子通劍及相關問題探討》,《中國歷史文物》2004 年第 5 期。

[3]　沂水縣文物管理站:《山東沂水縣發現工盧王青銅劍》,《文物》1983 年第 12 期。

[4]　戴遵德:《原平峙峪出土的東周銅器》,《文物》1972 年第 4 期。

[5]　有學者認爲此字應隸定爲"虜",者㲋䖂虜即吳王闔廬,可備一說。

工于幽都"。"洲"乃"州"的俗字。《釋文》云："幽都,尚書作幽州。""虒"字從構形分析,從虎從力,如"虎"爲聲符,則可讀爲"于"。"虎"爲魚部曉紐,"于"爲魚部匣紐,疊韻,曉匣旁紐通轉。"者汲戲虒"是春秋時期吳越一帶所用的多音節夷式名,"州于"爲華化名。"者汲戲虒"就是"州于"的緩讀音,急讀即"州于"。這種名字在金文中常見,如吳王諸樊在 1995 年安徽六安市九里溝春秋墓出土的戈銘中作"工盧王姑發者坂";[1]在 1985 年山西榆社縣城關鎮三角坪出土的劍銘中作"工盧王姑發誓(胥)反";[2]在 1982 年湖北襄陽縣襄北農場新生磚瓦廠出土的劍銘中作"攻盧王姑妟(發)邔";[3]在 1959 年 12 月安徽淮南市八公山區蔡家崗趙家孤堆戰國墓出土的劍銘中作"工䲣太子姑發胥反"。[4]吳王句余(即吳王餘祭)在 1988 年 7 月湖北穀城縣皮家窐出土的劍銘中作"攻盧(吳)王戲伐此鄬(鄰)";[5]在下面要介紹的一件劍銘中作"攻敔(敔—吳)王盧伐此邻"。

"州于"也就是吳王僚。《左傳·昭公二十年》:"員如吳,言伐楚之利於州于。"杜注:"州于,吳子僚。"王僚於魯昭公十五年(前 527 年)正月繼位,第二年改元,至魯昭公二十七年(前 515 年)四月被鱄諸所弑,在位十二年。

關於王僚的身世諸史記載有所不同。《史記·吳太伯世家》載:"四年,王餘眜卒,……乃立王餘眜之子僚爲王。"《吳越春秋》也説:"王僚,夷眜子。"夷眜即餘眜,實與《史記》相同。但是,《公羊傳·襄公二十九年》却説:"謁也,餘祭也,夷眜也,與季子同母者四,季子弱而才,兄弟皆愛之,同欲立之以爲君。謁曰:'今若是迮而與季子國,季子猶不受也。請無與子而與弟,弟兄迭爲君,而致國乎季子。'……故謁也死,餘祭也立;餘祭也死,夷眜也立;夷眜也死,則國宜之季子者也,季子使而亡焉。僚者,長庶也,即之。季子使而反,至而君之爾。闔廬曰:'先君之所以不與子國,而與弟者,凡爲季子故也。將從先君之命與,則國宜之季子者也。如不從先君之命與,則我宜立者也。僚惡得爲君乎?'於是使專諸刺僚。"《史記索隱》援徐廣引《世本》説:"夷眜及僚,夷眜生光。"《左傳·昭公二十七年》孔穎達正義引服虔云:"夷眜生光而廢之。僚者,夷眜之庶兄。夷眜卒,僚代立,故光曰'我王嗣也'。"《左傳·襄公三十一年》狐庸對趙文子論夷眜:"甚德而度。德不失民,度不失事。民親而事有序,其天所啓也。有吳國者,必此君之子孫實終之。"如果王僚是夷眜的兒子,狐庸就不會有此言論。正因爲僚爲壽夢庶子,繼承了王位,所以才招致了餘眜之子光弑君之禍。從 1995 年江苏邳州市戴莊鎮九女墩 2 號春秋墓出土的戲巢鎛也可以説明王僚爲壽夢之子,而非餘眜之子。鎛銘云:"余

[1]　鍾柏生、陳昭容、黃銘崇、袁國華:《新收殷周青銅器銘文暨器影彙編》,臺灣藝文印書館,2006 年。

[2]　晋華:《山西榆社出土一件吳王胏發劍》,《文物》1990 年第 2 期。

[3]　朱俊英、劉信芳:《攻盧王姑發邔之子曹銛劍銘文簡介》,《文物》1998 年第 6 期。

[4]　商承祚:《"姑發胥反"即吳王"諸樊"別議》,《中山大學學報》1963 年第 3 期。

[5]　陳千萬:《湖北谷城縣出土"攻盧王戲伐此邻"劍》,《考古》2000 年第 4 期。

攻王之玄孫,余詨子。"[1]此"攻王"就是者減鐘銘的"攻敔王皮然",也就是吳君畢珍,[2]是最早稱王的吳君。"詨"就是王僚。畢軫之後二世至壽夢,三世至王僚,者減正爲其玄孫。

如此説不誤,此劍當鑄於王僚在位期間,即公元前 527 至前 515 年。由此亦可知吳王僚,在文獻中既稱"僚",又稱"州于";在金文中一作"詨",一作"玟",一作"者彶戲赿"。

王僚的兵器只有 1961 年山西萬榮縣廟前村賈家崖出土的兩件王子玟戈,[3]係未即位時的作品,其時代當在吳王壽夢在位之時。此劍是目前僅見的一把王僚劍,它的發現對於研究吳國的青銅器以及吳越歷史有着極其重要的意義。

二、攻敔王盧戉此邾劍

該劍的形制與香港中文大學文物館收藏的攻敔王夫差劍相同,[4]長扁條形,中有脊,刃部鋒利,兩從微下凹,前部殘斷,收藏者磨成現狀。劍首作璧形,莖本爲圓筒形,殘斷後今人補鑄成扁圓形(圖三)。現長 32.1、莖長 8.4、刃的最寬處 4.4 釐米。兩從鑄銘文 12 字(圖四)。銘文是:

攻(句)敔(吳)王盧戉此邾自乍(作)其元用。

1988 年 7 月湖北穀城縣城關鎮過山皮家窪出土的攻吳王戲哉此邾劍,[5]現藏湖北穀城縣博物館。該劍劍身較寬,鋒部殘斷,有中脊,窄格呈山字形,莖作扁圓形,莖兩側各有兩個相互對稱的乳突,劍首平實。銘文是:攻(句)虞(吳)王戲哉此郖(邾)自之元用鐱(劍)。兩劍應是同一吳王所鑄。

上面已經講過,"虞"通"敔""吳","攻虞"即"攻敔",也就是"句吳"。"戲"與"盧"相通。"戉"爲"哉"字之省。"哉"從戈句聲;"戉"從戈丩聲。其實"句"本也從丩聲。此字不見《説文》,在此當讀爲句。"郖"是"邾"字的繁構,金文中徐國的"徐"就寫作"邾",原本作"余",春秋時期增邑旁。這兩柄劍係一人所作,即"句余"。古吳越語具有多音節的習俗,春秋時吳越人稱"盧戉此邾""戲哉此邾"或者"戲哉邾",在文獻記載中均作"句余"。

---

[1] 南京博物院、徐州市文物局、邳州市博物館:《江蘇邳州市九女墩二號墩發掘簡報》,《考古》1999 年第 11 期。

[2] 馬承源:《關於覅生盙和者減鐘的幾點意見》,《考古》1979 年第 1 期。

[3] 張頷:《萬榮出土錯金鳥書戈銘文考釋》,《文物》1962 年第 4、5 期。

[4] 陝西師範大學、寶雞青銅器博物館:《黃盛璋先生八秩華誕紀念文集》307 頁,中國教育文化出版社,2005 年。

[5] 陳千萬:《湖北谷城縣出土"攻虞王戲哉此邾"劍》。

關於句余是餘祭還是餘眛，自來意見不一。《左傳·襄公二十八年》載十一月，慶封"奔吳，吳句余予之朱方"。杜預注："句余，吳子夷末也。朱方，吳邑。"孔穎達疏："以慶封此年之末始來奔魯，齊人來讓，方更奔吳，明年五月而閽弑余祭，計其間未得賜慶封以邑，故以句餘爲夷末也。"而《春秋左傳正義》引服虔之語以"句余"爲"餘祭"。司馬貞索隱也説："按餘祭以襄二十九年卒，則二十八年賜慶封邑，不得是夷末，但句餘或別是一人，杜預誤以爲夷末爾。唯《史記》《公羊》作餘眛，《左氏》及《穀梁》並爲夷末。夷末、句餘音字各異，不得爲一。"《史記·吳太伯世家》叙及此事説："王餘祭三年，齊相慶封有罪，自齊來奔吳。吳予慶封

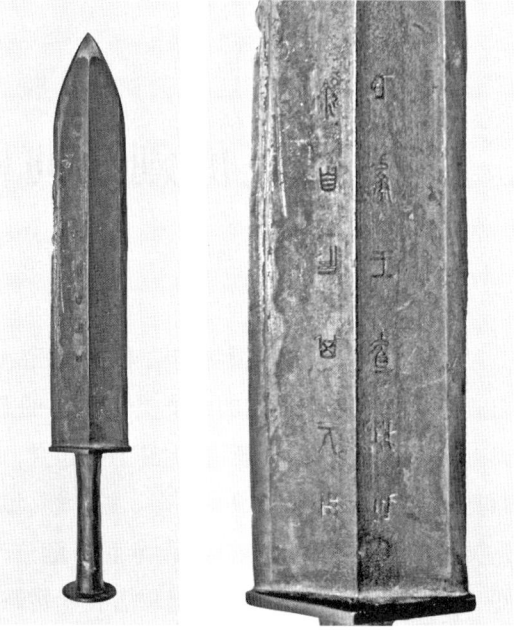

圖三　　　　　　圖四

朱方之縣，以爲奉邑，以女妻之。"很顯然，《史記》是將賜慶封朱方之事列於余祭在位時。曹錦炎在考釋吳王壽夢之子叡戗郐劍時從服虔説，陳千萬在考釋攻盧王叡戗此郐劍從杜預説。我認爲服虔説較爲符合歷史事實，因爲《左傳》《史記》均記載齊相慶封奔吳事在餘祭三年，雖説他在次年五月遭弑，但事屬偶然。他在世時接納慶封，並賜給封邑、妻之以女是情理中事，而夷末（餘眛）此年並未在位，無權賞賜封邑，如在即位之後，那已時過境遷，再行封賜就沒有什麼意義了。因此，句余自當是餘祭。那麼，"盧戗此郐""叡戗此郐"也就是吳王餘祭。攻盧王盧戗此郐劍和攻盧王叡戗此郐劍應鑄造於餘祭在位之時，即公元前544—前541年之間。

"餘祭"在位年數，據《左傳》記載爲4年，自魯襄公二十六年至二十九年（前547年—前544年），《史記·吳太伯世家》錯記爲17年，而把餘眛在位17年（前544年—前528年）錯記爲4年，使兩位吳王的在位年數相反。

附記：無錫博物院常務副院長陳鋭農研究員盛情邀請鑒賞，並慨允拍照發表，在此謹表謝忱。

（原載《江漢考古》2009年第3期）

吴王僚劍爲何稱"劍"不稱"鈹"

2008 年 12 月無錫博物院徵集的吴王者彶戲戤劍具有極爲珍貴的歷史價值和藝術價值，對於研究春秋時期吴國的歷史具有重要的意義。該劍呈窄長條形，無格無首，前鋒尖鋭，兩刃近鋒處略内收，向後漸寬，劍身中綫起脊，直通莖末。莖作梯形，前寬後窄，中部有一小孔。通長41、最寬2.7、莖長9.5 釐米。經考證，這是春秋時期吴國國王州于所用之劍。吴王州于是吴王壽夢的庶子，公元前 527 年正月繼位，在位十二年。"州于"史書又稱"僚"，爲行文方便我們就稱其爲吴王僚劍。有學者在鑒賞時認爲此劍形似鈹，應稱爲"吴王僚鈹"，藏家特囑余撰文以申看法。

我以爲此劍還是稱吴王僚劍爲妥。理由有三。

其一，此劍鑄"攻敔王者彶戲戤自作元用劍"十二字，銘文明白告訴我們它叫作"劍"。既然自報其名爲"劍"，爲什麼要改稱"鈹"呢？劍是一種短兵器，劍莖護以竹片或木片，然後纏以絲緱，以便手握。古代貴族隨身佩帶，用以自衛防身，進行格鬥，可斬可刺。《説文·刀部》："劍，人所帶兵也，從刀僉聲。"《釋名·釋兵》："劍，檢也，所以防檢非常也。又，斂也，以其在身時，拱斂在臂内也。"鈹則是一種長兵器，它的青銅部分雖然與劍相似或者相同，但其下部裝有木質或竹篾做成的長柄，其作用和矛一樣，配發給一般兵士或衛隊，用於較遠距離刺殺，兩者的形制和使用物件完全不同。

其二，從使用者身份判斷，此物應是劍而不是鈹。銘文記載此劍是吴王僚"自作元用劍"。這和吴王光劍的"攻敔王光，自作用劍"、吴王夫差劍的"攻敔王夫差，自作其元用"、吴王餘眛劍的"攻膚王戲戉此郐，自作元用劍"等語例完全相同。元者善也，吉也，常也，含有專用、吉祥之意。表明這是吴王僚爲自己鑄造的專用劍、常用劍。既然是吴王僚所用，它只能是劍，而不是鈹。吴王僚作爲一國之君，佩戴此劍既顯示其至高無上的身份，又用以防身自衛，是最合適不過了。如果它是鈹，吴王僚總不能扛上一杆長鈹出行或者接待賓客吧！

其三，從形制上講，它也是劍而不是鈹。從目前考古發現來看，劍出現在西周早期前段，如寶鷄竹園溝、北京琉璃河、甘肅白草坡、洛陽北窰村西周早期墓地，都出土了青銅短劍，有的還帶有鏤空蟠蛇紋劍鞘，特別是寶鷄竹園溝西周墓地出土短劍竟達 11 件之多。這些短劍長度一般在 21.2—29 釐米之間，劍身扁長，呈柳葉形，劍刃平直，中脊隆起，無格無首，扁莖前寬後窄，上有一孔或二孔，或者左右出齒。吴王僚劍就是由西周短劍發展演變而來的一種無格無首扁莖式劍。圓莖(或橢圓莖)圓首劍大約出現在春秋早期,但這種無格無首扁莖劍從春秋時期一直到戰國晚期仍在流行,不過有所變化而已。劍身和劍莖都有所加長,劍臘下部一般較平齊。1997年浙江紹興市魯迅路出土的壽夢之子劍,[1]2003年春山東新泰市周家莊東周墓出土的諸樊之子通劍,[2]1983年山東沂水縣諸葛公社略疃村春秋墓葬出土的攻吴王劍,[3]就是春秋時期此式劍的典型例證。另外,1976年陝西鳳翔縣八旗屯C區戰國墓葬出土的吉爲劍,[4]1974年洛陽市西工區凱旋路出土的繁陽之金劍,[5]是戰國中晚期此式劍的例證。春秋戰國時期此式劍的長度一般在33—46釐米之間。

無格無首扁莖式劍,一般都比較短,便於藏匿。《左傳・昭公二十七年》記載專諸刺僚時説:“鱄設諸置劍於魚中以進,抽劍刺王,鈹交於胸,遂弑王。”劍可藏於魚腹之中,可見其劍之短。這種短劍,又稱匕首。《漢書・鄒陽傳》:“匕首竊發。”顔師古注:“匕首,短劍也,其首類匕,便於用也。”《史記・刺客列傳》:“使專諸置匕首於炙魚之腹中而進之,既至王前,專諸擘魚,因以匕首刺王僚。”又荆軻刺秦王,圖窮匕首見。“荆軻廢,乃引其匕首以擲秦王,不中,中銅柱。”

鈹是一種用於衝刺的長柄兵器,它的出現要比劍晚得多。鈹的最早記載見於《左傳・襄公十七年》(前556年):“宋華閲卒,華臣弱皋比之室,使賊殺其宰華吴,賊六人以鈹殺諸盧門合左師之後。”同書昭公二十七年(前515年)有:“夏四月,光伏甲於窟室而享王,王使甲坐於道,及其門,門階户席,皆王親也,夾之以鈹,……執羞者坐行而入,執鈹者夾承之。”又,哀公十一年(前484年)也有:“吴子呼叔孫曰:而事何也?對曰:從司馬。王賜之甲、劍、鈹。曰:奉爾君事,敬無廢命。”《國語・吴語》:“吾先君闔廬,不貰不忍,披甲帶劍,挺鈹搢鐸,以與楚昭王毒逐於中原柏舉。”西漢軍隊還設有長鈹都尉之職。《漢書・高惠高后文功臣表》記隆慮克侯周灶稱:“以連敖入漢,以長鈹(即鈹)都尉擊項籍,侯。”可見鈹從春秋晚期一直沿用到西漢前期。由於鈹僅見於文獻記載,未有實物傳世。所以,自東漢許慎以來,人們對鈹的解釋就模糊不清。《説文・金部》説:“鈹,大鍼也。一曰劍如刀裝者。”《方言》:“錟,謂之鈹。”郭璞注:“今江東呼大矛爲鈹是也。”《史記・刺客列傳》:“夾立侍皆持長鈹。”索隱曰:“兵器也。劉逵吴都賦注:‘鈹,兩刃小刀。’”顔師古在《漢書注》中説:“長鈹,長刃兵也,爲刀而劍形,《史記》作長鈹,鈹亦刀耳。”直到1974年,秦始皇陵兵馬俑坑發掘中,考古工作人員在出土的4萬餘件青銅兵器中,發現了鈹這種兵器,其首和短劍相似,長約30釐米,後裝長約3米左右

[1] 曹錦炎:《吴王壽夢之子劍銘文考釋》,《文物》2005年第2期。
[2] 任相宏、張慶法:《吴王諸樊之子通劍及相關問題探討》,《中國歷史文物》2004年第5期。
[3] 沂水縣文物管理站:《山東沂水縣發現工𠫑王青銅劍》,《文物》1983年第12期。
[4] 吴鎮烽、尚志儒:《陝西鳳翔八旗屯秦國墓地發掘簡報》,《文物資料叢刊》第3輯,1980年5月。
[5] 洛陽博物館:《河南洛陽出土“繁陽之金”劍》,《考古》1980年第6期。

的木柄或積竹柄,柄末裝有銅鐏,人們自此才得以認識銅鈹的真面目。

目前所見的鈹大都是戰國時期之物,且絕大部分屬戰國晚期。三晋的鈹一般長度在 32—33.5 釐米之間,最長的兩件也没有超過 40 釐米。秦鈹長度一般在 35.5 釐米左右。鈹頭與無格無首扁莖劍相似,也是尖鋒長從,兩邊開刃,扁條形莖,前寬後窄,上有一孔,但其區别在於劍的脊弧形隆起或脊如直綫,横截面作棗核形或菱形,平脊者較少;而鈹基本上都是平脊,横截面呈窄長六邊形,且鈹頭是裝在一根長柄上。從考古發現證明,所謂劍如刀裝者,實際是劍如矛裝柄。現在所見鑄有銘文的鈹以戰國晚期趙國和秦國的居多,秦鈹一般都帶有格和鐏。至於《首陽吉金》183 頁著録范季融先生收藏的商鞅鈹,其脊爲直綫形隆起,銘文爲"十六年,大良造庶長鞅之造,畢澖侯之鑄",長度達 52.1 釐米,較戰國晚期的秦鈹頭還要長出十四五釐米,且銘文没有自稱爲鈹,它與同時期的圓莖圓首劍的長度相當,也與 1959 年安徽淮南市八公山區蔡家崗趙家孤堆 2 號戰國墓(M2.18.10)出土的蔡侯産劍,1997 年山東淄博市臨淄區齊都鎮出土的燕王職劍,形制基本相同,長度也比較接近。所以,我以爲此應是劍,而不應是鈹。《首陽吉金》稱其爲"商鞅鈹"是錯誤的。

總之,劍出現早,鈹出現晚,劍是護身短兵,鈹是作戰長兵。鈹是由扁條莖無首式劍與長矛木柄相結合發展演變而來的。劍是古代王公貴族所佩戴之物,鈹是兵士或衛隊所持的兵器。所以,吳王僚劍不論從其自名,還是使用者身份以及其形制來講,都應該稱爲"劍",而不應稱"鈹"。

(原題《吳王僚劍是"劍"還是"鈹"》,載《無錫文博》2010 年第 2 期)

試釋蘇州博物館的吳王餘眛劍

——兼論魯迅路壽夢之子劍

　　2014 年底蘇州博物館入藏了一把吳國青銅劍（以下簡稱"蘇博吳劍"），劍身鑄有長篇銘文，是目前所見青銅劍中銘文最長者。器主自名爲攻吳王姑讎於雜，並明確記載他是壽夢之子、戲钺此郊之嗣弟，同時還記載了吳國伐麻、抵禦楚國和越國的幾次戰爭（圖一、二）。不僅解決了長久糾纏不清的餘祭、餘眛兩者之間的關係，補苴了春秋時期的歷史，同時也解決了浙江紹興市魯迅路出土的吳王壽夢之子劍（以下簡稱魯迅路吳劍）銘文中的許多疑難問題。下面就這些問題提出一些不成熟的意見，請方家指正。

圖一 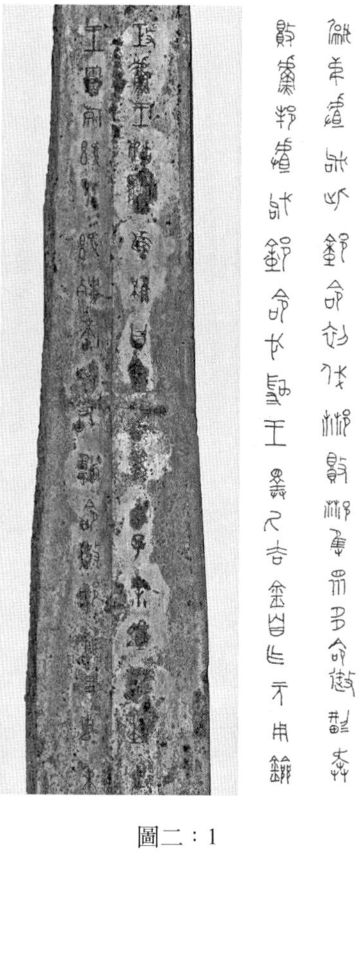　　　　　　圖二：1 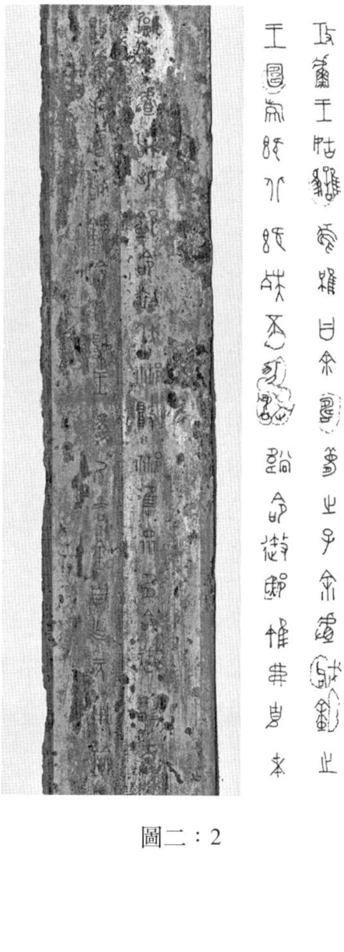　　　　　　圖二：2

一、蘇博吴劍銘文試釋

該劍銘文共 75 字。銘文是：

攻(句)虞(吴)王姑讎於䧹曰：余冨(壽)夢之子,余䖒戗郐(郐)之歞(嗣)弟。䖒戗此郐(郐)命初伐郙(麻),敗(敗)郙(麻),隻(獲)衆多,命御(禦)誓＝(荆,荆)奔,王圍旟(陽),既北既殃,不争(?)叡(敢)鞴。命御(禦)邚(越),锥(唯)弗克,未敗(敗)虞(吾)邦。䖒戗郐(郐)命戈(我)爲王。睪(擇)乓(厥)吉金,自乍(作)元用鐱(劍)。

攻(句)虞(吴)王姑讎於䧹

“攻虞”,文獻作吴或句吴,吴國國名。金文中因時代不同,有作工虞、工敔、攻虞、攻敔、攻五、攻孜、攻敔、攻吾、攻䛆、攻敔、攻敔、竆敔、句敔、敔、吴等。吴、五、吾以及從五、吾的孜、敔、敔、敔,從魚的虞、敔等字,古音相同,係通假字;句吴是中原人記吴音。關於吴國國名的歷史演變曹錦炎先生有專文研究,[1]可供參考。

“姑讎於䧹”,器主,吴王之名,自稱爲壽夢之子,䖒戗郐之弟。“姑讎”在攻吴王姑發者坂戈、攻吴王姑發者反之子通劍、曹鰥众尋員劍、攻吴王姑發胥反之弟劍、攻吴太子姑發胥反劍等銘文中均作“姑發”。“發”“讎”古音相近可通。曹錦炎先生説的很對,這是吴國王室的氏稱。[2]氏稱來源於地名,是吴國王族來到蘇南後的居地名。

器主私名的第一字或以爲與吴季子之子逞劍和虡公白劍的“元”字相近,有鳥形裝飾,故釋元或亓,其實不確。該字應是“烏”字。《説文・烏部》:“烏,孝鳥也,象形。”“烏”與“隹”均爲鳥形,兩者之别在於“烏”字上部開口,此字正像其形。“烏”“於”本爲一字,越王者旨於睗劍等春秋金文多爲“烏”字之省形,故隸定作“於”。“烏”“於”古音屬魚部影紐,“餘”屬魚部喻紐,兩字聲母相同,影紐和喻三(歸匣)同屬喉音,故可相通。如《易・繫辭上》:“而察於民之故。”《集解》:“於作與。”“與”就是魚部喻紐,可證“烏”“於”與“餘”通假没有問題。“䧹”字,不見傳世字書。該字從芇從隹,與惟、維、帷、推、堆等字一様從“隹”聲。“隹”屬微部照紐,而“昧”爲物部明紐,“眛”爲月部明紐。微物陰入對轉,月物又屬旁轉關係,故䧹、昧、眛可相通假。前面已經説過,“姑讎”是其氏稱,因此,姑讎於䧹就是餘眛。這也與劍銘及文獻記載的他與壽夢、餘祭之間的輩分、行第以及繼承王位的順序相吻合。

[1] 曹錦炎:《從青銅器銘文論吴國的國名》,《東南文化》1991 年第 6 期。
[2] 曹錦炎:《吴王壽夢之子劍銘文考釋》,《文物》2005 年第 2 期。

余戲㦴郘（邾）之勵（嗣）弟

“戲㦴郘（邾）”，一作“戲㦴此郘（邾）”，即餘祭，餘眛之兄。“勵弟”的“勵”字，右從女，左旁上從尸，尸亦聲，下部所從似爲嗣字的左邊，如若不誤，可能就是“始”字的異構，在此可讀爲“嗣”。“嗣弟”猶如“嗣子”。“嗣子”意即繼承君位的兒子；“嗣弟”就是繼承君位的弟弟。全句是説：我是餘祭的繼承人。

戲㦴此郘（邾）命初伐䅻（麻），敗（敗）䅻（麻）

“戲㦴此郘（邾）”，見於 1988 年湖北穀城縣城關鎮過山皮家洼出土的攻吳王戲㦴此邾劍。“戲㦴此郘”即“戲㦴此余”，亦即“句郘”“句余”，《左傳·襄公二十八年》作“句餘”。古吳越語具有多音節的習俗，“戲㦴此邾”在文獻記載中作“句餘”，是中原人記吳人名。《春秋左傳正義》引服虔之語以“句餘”爲“餘祭”，吳王壽夢第二子；《左傳·襄公二十八年》杜預注曰“句餘，吳子夷末也”，以爲是壽夢第三子（亦作餘眛）。今從蘇博劍銘可證杜預之説殊誤。根據《左傳》記載句餘（餘祭）在位四年，自魯襄公二十六至二十九年（前 547—前 544 年），而《史記·吳太伯世家》錯記爲十七年（魯襄公二十六年到魯昭公十一年，即前 547—前 531 年），把餘眛在位十七年錯記爲四年，使兩位吳王的在位年數顛倒。

“䅻”字即“枺”字，作爲地名或國名，故加邑旁。《説文·枺部》：“枺，萉（枲）之總名也。枺爲之言微也。微纖爲功。象形。”《廣韻·卦韻》：“枺，麻紵。”段玉裁《説文解字注·枺部》：“枺，治萉枲之總名。下文云‘枺人所治也’，可證。”“枺”通“麻”。《説文·枺部》：“麻，與枺同。人所治，在屋下。从广從枺。”徐鍇繫傳：“麻，枲也。人所治，在屋下。”麻從枺聲，故枺、䅻、麻相通。《郭店楚簡·六德》“疏衰齊戈枺實”即“疏衰齊牡麻経”，枺讀爲麻。

“伐麻”，即征伐麻國，或以爲是《史記·吳太伯世家》所載的“吳亦攻楚，取三邑（棘、櫟、麻）而去”之役。筆者認爲非也。其一，劍銘稱“伐麻、敗麻”。“伐”之義爲征討、討伐，用於對敵國或背叛者的武力行動。如《孟子·梁惠王下》：“湯放桀，武王伐紂。”三國魏曹植《王仲宣誄》：“公高建業，佐武伐商。”在戰爭中對於一個城邑的軍事行動一般用“攻”或“取”之類的詞語，而不用“伐”。如《春秋·隱公十年》：“公敗宋師于菅。”“敗麻”即打敗麻國。其二，劍銘稱“戲㦴此邾（餘祭）命初伐䅻（麻），敗䅻（麻）”，而昭公四年（公元前 538 年）吳伐楚，取三邑，時值餘眛六年，餘祭早已作古，怎麼還能命令餘眛去伐麻呢？餘祭在位時期的“麻”可能是一個未見經傳的小國，是楚國的附庸，所以最先受到吳國的討伐。從劍銘的“敗麻”可知，吳國這次只是打敗麻，給麻一個懲罰，並沒有占領麻，其後麻國可能被楚國吞併，設置爲縣邑，到了魯昭公四年（前 538 年）吳伐楚時便和棘、櫟一起被吳國占領了。

麻的故地在今何處？《史記集解》：“《左傳》曰：吳伐楚，入棘、櫟、麻，以報朱方之役。”
《史記索隱》：“杜預注彼云‘皆楚東鄙邑也。譙國酇縣東北有棘亭，汝陰新蔡縣東北有櫟亭’。
按：解者以麻即襄城縣故麻城是也。”而李夢生的《左傳譯注》則説：“麻，在今安徽碭山縣東
北。”[1]不知何據。麻邑若在今安徽碭山縣東北，此地鄰近宋國國都商丘，與楚、吳相隔有
陳、許、蔡、徐、淮夷等比較大的國家，另外還有申、息、黃、蔣、沈、蓼、弦等這些淮河沿岸的小
國，這個時候恐怕碭山一帶還不是楚國的領土，吳國軍隊遠征此地對於楚國構不成大的威
脅，也非容易之事。《史記索隱》引杜預注所説的襄城縣（今河南襄城縣）故麻城也不可能，此
時此地當是許國的領土，就是到了戰國時期楚國的疆域也沒有到達這裏。陳明遠、汪宗虎主
編的《中國姓氏辭典》説麻：“據《姓考》所載，春秋時有楚國大夫食采於麻邑（今湖北麻城
縣），以邑名麻爲氏。”此説也不知何據。據史載湖北麻城縣（今麻城市）西漢時是西陵縣地，
南朝梁置信安縣，隋改名麻城，城爲後趙將麻秋所築，故名。看來該縣稱麻城與楚國麻邑無
關。以上諸説都不可靠，我以爲麻國、麻邑故址應在今湖北省東部或河南東南部，安徽西南
部某地。

命御（禦）瑡＝（荆，荆）奔，王圍虙（陽）

“瑡”，型字別體，在此讀爲荆，即楚國。“御”，本義爲駕馭車馬。在此讀爲禦，抵禦、抵
抗。“王圍虙（陽）”的“王”指吳王餘祭。“虙”，即陽，楚國地名。《文選·宋玉〈神女賦〉》：
“惑陽城，迷下蔡。”李善注：“陽城、下蔡二縣名，蓋楚之貴介公子所封。”曾侯乙墓遣册有陽城
君。此陽應即陽城，故址在今何處，待考。全句是説餘祭命令我抵禦楚軍的進犯，楚軍敗逃；
於是餘祭親自帶兵圍攻陽城。

既北既殃，不爭（？）叞（敢）鞴

“既”，本義是人已食畢，引申之義爲盡，所以也就有窮盡，終盡，終了等義。用作副詞當
全、都講。如《左傳·僖公二十二年》：“彼衆我寡，及其未既濟也，請擊之。”《穀梁傳·襄公六
年》：“家有既亡，國有既滅。”
“不爭（？）叞（敢）鞴”，第二字是否是“爭”不敢卒定。“鞴”，同鞴，蓋在馬鞍上的皮子，即
鞍披。《玉篇·革部》：“鞴，扇安皮。”《篇海類編·革部》：“鞴，扇馬鞍皮。”又，把皮子縫補在
鞋頭或鞋底也叫作鞴，俗稱給鞋打鞴子。《字彙·革部》：“鞴，縫皮。”《篇海類編·革部》也

---

[1] 李夢生：《左傳譯注》，上海古籍出版社，2004年。

説:"鞾,縫皮也。""敢",在此作不敢、豈敢講。《書·盤庚上》:"予敢動用非罰?"《左傳·昭公二年》:"寡君命下臣來繼舊好,好合使成,臣之禄也。敢辱大館?"杜預注:"敢,不敢。""敢鞾"是説不敢顧及馬的鞍韉。全句的意思可能是:全軍敗退,遭到災難,丢盔撩甲,連馬鞍都不敢顧及。

命御(禦)郮(越),惟(唯)弗克,未敓(敗)慮(吾)邦

"郮",文獻多作"越",金文中一般寫作"郮"或"戉",指越國。春秋時期越國也是南方大國,世與吳國爲仇。從劍銘可知此次又是越國率先進犯吳國,餘眛奉吳王餘祭之命抵禦越軍。"惟"字從午從隹,見於晉公䀇和晉公盤,楊樹達、郭沫若、唐蘭、馬承源諸先生均讀爲午,認爲是晉定公之名,實則誤也。張政烺先生在批注《兩周金文辭大系圖録考釋》時將此字讀爲惟(與唯通),[1]句首虚詞,無義。"弗",古文獻和金文用作否定詞,相當於"不"。《書·堯典》:"九載績用弗成。"《莊子·秋水》:"至德者,火弗能熱,水弗能溺,寒暑弗能害,禽獸弗能賊。"大簋:"余弗敢斁(斁)。""克",戰勝;攻取。《易·既濟卦》:"高宗伐鬼方,三年克之。"《吕氏春秋·愛士》:"(繆公)遂大克晉,反獲惠公以歸。"高誘注:"克,勝也。"全句是説:又命令我抵禦越國的進攻,雖然没能打敗越國,但我國也没有被越國打敗。

虘戗郮(郐)命戈(我)爲王

"戈",讀爲我。戈、我均爲兵器;"戈"的上古音屬見紐歌部;"我"字屬疑紐歌部,兩字聲紐同屬牙音,韻則疊韻,故可通假。"戈"字之後的字程義定爲"爲"字不誤。"虘戗郐命我爲王",應該是記述餘祭臨終時的囑托,傳大位於餘眛。

劍銘大意是:攻吳王姑䤾於雄説:我是壽夢的兒子,虘戗此郐的王位繼承人。虘戗此郐曾命我征伐麻國,我打敗了麻,俘獲了衆多的敵人;又命我抵禦楚國的進攻,楚軍敗退,於是王(虘戗此郐)便圍攻楚國的陽城,楚軍敗北,潰不成軍。後來命令我抵禦越軍的進犯,我雖然没能克敵制勝,但我國也没有遭受損失。虘戗郐臨終囑托我繼承王位。於是我選擇了上好青銅,鑄造了永久使用的寶劍。

該劍的鑄造年代,從劍銘自稱"吳王姑䤾於雄"可知鑄劍時餘眛已經繼位,伐麻、禦楚、禦越幾次征戰,都是追述當年還是嗣弟時,曾奉餘祭之命進行的幾次戰爭。從劍銘未提及餘眛八年(魯昭公六年,前536年)楚將薳泄伐徐,吳軍在房鐘大敗楚軍,俘獲宮厩尹棄疾之戰和餘眛十

---

[1]　張政烺著、朱鳳瀚等整理:《張政烺批注〈兩周金文辭大系考釋〉(整理稿)》160頁,中華書局,2011年。

五年(魯昭公十三年,前529年)楚師從徐國返回,吳軍在豫章將其打敗,並俘獲楚軍五名將帥的輝煌戰績,可以判斷此劍鑄造於餘眜元年到八年(前543—前536年)之間。再結合劍銘的"戲戉鄁命我爲王"分析,該劍極有可能是餘眜即位的元年,即公元前543年鑄造的。

二、魯迅路吳劍補釋

蘇博吳劍的發現,填補糾正了紹興魯迅路壽夢之子劍的缺釋和誤釋之字,使該劍器主名稱明晰,史事清晰,鑄造年代可以確定,史料價值得以提高。

魯迅路吳劍出土後,曹錦炎先生在《文物》上發表了《吳王壽夢之子劍銘文考釋》,[1]董珊先生在復旦大學出土文獻與古文字研究中心網發表了《讀吳王壽夢之子劍銘的補充意見和推測》,[2]李家浩先生在《古文字與古代史》第1輯發表了《攻吳王姑義雠劍銘文及其所反映的歷史》,[3]都有很好的發明,特別是董珊、李家浩兩先生將器主定爲吳王餘眜是非常正確的,爲研究吳國史起到了重要的推動作用,由於此劍鏽蝕比較嚴重,銘文筆道纖細,有些文字的筆畫剝蝕,故出現釋文分歧。

魯迅路吳劍銘文共40字(圖三、四),現重新釋文如下:

攻(句)致(吳)王姑讎雠,昌(壽)夢之子,戲戉鄁(鄁)之義弟,初命伐郴(麻),又(有)隻(獲)。瞀(荆)伐郐(徐),余嶺(親)逆,攻之。敓(敗)三軍,隻(獲)[車]馬,攴七邦君。

攻(句)致(吳)王姑讎雠,昌(壽)夢之子

這一句曹錦炎先生釋爲"攻致(敔)王姑發難昌(壽)夢之子",李家浩先生釋爲"攻致(敔)王姑義雠昌(壽)夢之子",細觀銘文照片,可以發現所謂的"發難"或"義雠"實際上就是"讎雠"。"讎"字左側所從的反寫"佳"清晰可見,中部所從的"言"也可以看到部分筆畫,所謂的"難"字左側明顯是從"帀",與"難"字所從的"莫"差別甚大,而與蘇博吳劍的"攻處王姑讎於雠"的"雠"相同,是同一個人,即吳王餘眜,只是魯迅路吳劍將"姑讎於雠"省稱爲"姑讎雠"而已。

曹錦炎先生將"攻致(敔)王姑發難昌(壽)夢之子"連讀爲一句,故將劍名稱爲"壽夢之子劍"。李家浩先生在"雠"字之後斷開,認爲之前是器主名,其後是講自己的身世。李先生

---

[1] 曹錦炎:《吳王壽夢之子劍銘文考釋》。

[2] 董珊:《讀吳王壽夢之子劍銘的補充意見和推測》,復旦大學出土文獻與古文字研究中心網,2008年1月。

[3] 李家浩:《攻吳王姑義雠劍銘文及其所反映的歷史》,《古文字與古代史》第1輯293—308頁,臺北"中研院"歷史語言研究所,2007年。

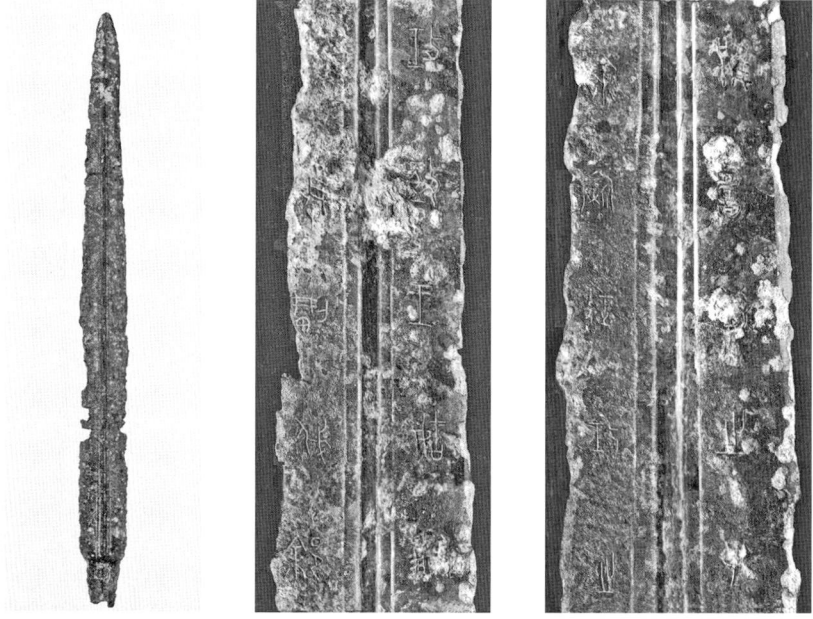

圖三　　　　　　　　圖四：1　　　　　　　　圖四：2

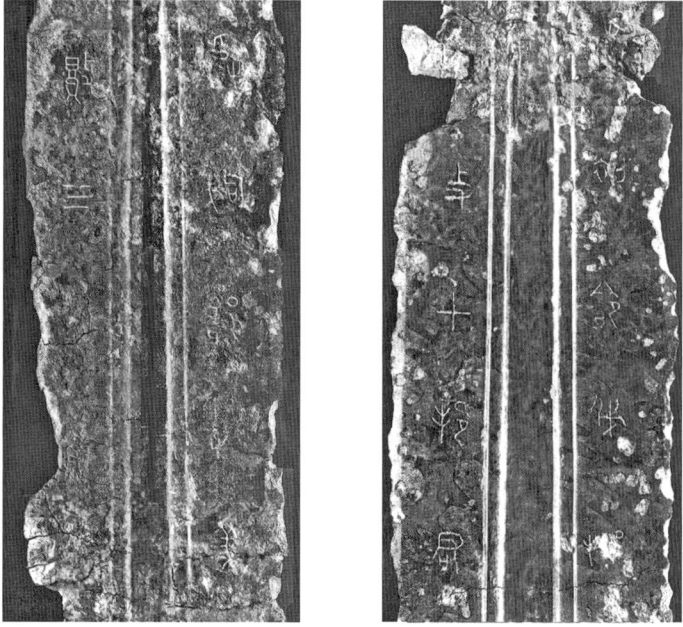

圖四：3　　　　　　　　圖四：4

的斷句是對的,筆者贊同此説。這種句式金文屢見,主語與謂語之間省略了關係詞,如:戲鐘"戲,吕王之孫",戲鎛作"戲,余吕王之孫"。因此,此劍應改稱攻吳王姑讎雒劍或者吳王餘眛劍。

戲战鄒(邾)之義弟

此句"義"字之後的字銘文照片中不甚清楚,有鏽蝕,董珊先生補釋爲"弟未"2字,不確。"義"字之後只有一字的地位。李家浩僅補一"弟"字是對的。董珊先生增添"未"字,顯然多餘了,從蘇博吳劍的"余之嗣弟"也可以得到佐證。"義"謂符合大義或道德規範。《論語·述而》:"不義而富且貴,於我如浮雲。"《韓非子·忠孝》:"湯武自以爲義而弒其君長。"《左傳·桓公二年》:"武王克商,遷九鼎于雒邑,義士猶或非之。""義弟"猶"義士",是對弟的美稱。另外,"義"字之下也有可能是"嗣"字。"義"通宜。《左傳·襄公十四年》:"君,義嗣也。"杜預注:"諸樊,適子,故曰義嗣。"《史記集解》:"王肅曰:義,宜也,適子嗣國,得禮之宜。"這樣,魯迅路吳王壽夢之子劍的器主就是攻吳王姑發䛅雜,即吳王餘眜。

初命伐郴,又(有)隻(獲)

第四字曹錦炎先生闕釋,董珊先生補釋爲"揶(鄭)"字,李家浩先生補釋爲"郴(曹)"字,李先生還從"初命"之後斷句,將"伐郴(曹)"與"有獲"連讀,謂"初命"是餘眜即位後第一次受到周天子的錫命,具有紀年性質,意思是説兩次戰爭是發生在"初命"之年。今從蘇博吳劍可知此字不應釋"鄭"或"曹",而是"郴(麻)"。魯迅路吳劍銘文照片上,此字左邊所從的"林"能看到一半,但"中"下部的兩豎劃漫泐不清,右旁所從的"邑"約略可見。"邑"字上部的圓圈更是清楚。蘇博吳劍作"戲战此鄒命初伐郴(麻)"。可知"初命"是"命初"的倒置,是説戲战此鄒命令餘眜初次征伐麻國,與周王錫命無關。

哲(荆)伐鄒(徐),余寍(親)逆,攻之。敗(敗)三軍,隻(獲)[車]馬,支七邦君

這句講的是楚國聯合了七個小國攻伐徐國,餘眜親自率軍援徐抗楚,打敗了楚國三軍,並給予了七個小邦國以打擊。這次不像蘇博吳劍所説的受餘祭之命抵禦楚軍("命禦荆,荆奔"),而是得知楚軍伐徐,便親自率軍迎敵。所以,筆者認爲這次戰役記述的是餘眜繼位以後與楚國發生的一次戰爭,吳國最終取得了重大勝利。

《左傳》記載餘眜在位期間,因徐國的關係,吳、楚共有兩次大的戰事。一次是餘眜八年(魯昭公六年,前536年):"徐義楚聘于楚,楚子執之,逃歸,懼其叛也,使薳泄伐徐,吳人救之。令尹子蕩帥師伐吳,師于豫章,而次于乾谿。吳人敗其師於房鐘,獲宮厩尹棄疾。"另一次是餘眜十四年十月(魯昭公之十二年,前530年)"楚子伐徐",這次仍以乾谿、豫章爲戰場,因翌年楚公子比殺楚靈王於乾谿,次年"楚師還自徐,吳人敗諸豫章,獲其五帥"。劍銘記載

的戰事應是這兩次戰事之一。餘眛十四年到十五年這次楚伐徐是楚靈王親自率軍,勢頭很大,所以有可能餘眛也親自率師迎擊,這與劍銘的"余親逆,攻之"相合。所以,銘文所記應該是這次戰役。此説如若不誤,該劍的鑄造年代應在吳王餘眛十五年到十七年(前529年—前527年)之間,以這次戰役結束後不久的當年或第二年可能性爲最大。

三、結　語

1. 蘇博吳劍和魯迅路吳劍兩劍所記的壽夢、戲戕此郐(戲戕郐)、姑䲦於䳠(姑䲦䳠)是春秋晚期吳國的兩代三王。壽夢即吳王壽夢,是戲戕此郐(戲戕郐)和姑䲦於䳠(姑䲦䳠)的父親。戲戕此郐(戲戕郐)與姑䲦於䳠(姑䲦䳠)相繼繼承王位,即《史記·吳太伯世家》所説的餘祭、餘眛。

2. 餘祭在位期間,餘眛曾奉命征伐麻國,抵禦楚國和越國的侵略。這些史事可補史書之闕。

3. 魯迅路吳劍所記"荆伐徐,余親逆,攻之。敗三軍,獲[車]馬,撲七邦君"戰役,可能是《左傳》記載的餘眛十五年(魯昭公十三年,前529年)楚伐徐,"楚師還自徐,吳人敗諸豫章,獲其五帥"的吳楚之戰。

4. 蘇博吳劍鑄造於餘眛元年到八年(前543—前536年)之間,結合劍銘的"戲戕郐命我爲王"分析,該劍極有可能是餘眛即位的元年,即公元前536年鑄造的。劍名應稱爲"攻吳王姑䲦於䳠劍"或"吳王餘眛劍"。據上分析,魯迅路吳劍鑄造於餘眛十五年到十七年之間,而以餘眛十五年吳楚豫章戰役結束後不久的當年或第二年(前529年或前528年)可能性最大,劍名也應改爲"攻吳王姑䲦䳠劍"或"吳王餘眛劍"。

總之,蘇博和魯迅路的兩把吳王餘眛劍是記事兵器銘文中最長者。銘文記載的吳國兩代三王的繼承關係,以及吳、越、徐、楚之間的戰爭史料,對於研究春秋史、吳國世系都具有重要的意義。

(原載蘇州博物館編:《兵與禮——蘇州博物館新入藏吳王餘眛劍研討會論文集》)

司敗壴章劍考釋

最近見到一件銘文劍,通長 53.2、格長 5.3、劍首徑 3.8 釐米。前鋒尖鋭,劍身前部收束,後部較寬,兩從微凹,中有脊,横截面呈菱形,圓筒形莖,向後漸粗,玉璧形劍首,菱形窄格。劍格一面飾錯金雲紋,另一面飾錯銀雲紋。劍首有錯金銀銘文 12 字,錯金字與錯銀字相間,銘文右旋讀。銘文是:"司敗壴章羿(擇)乓(厥)吉金,自复(作)甬(用)僉(劍)。"(圖一、二)從銘文可知作器者爲司敗壴章,故命名該劍爲司敗壴章劍。

司敗壴章劍的造型與傳世的攻吴王光劍(《銘圖》17921)、20世紀 30 年代安徽壽縣出土的越王劍(《銘圖》17870)、1933 年安徽壽縣朱家集李三孤堆楚王墓出土的楚王酓章劍(《銘圖》17972)、上海博物館收藏的越王嗣旨不光劍(《銘圖》17951)以及1979 年河南淮陽縣劉振屯鄉大朱村平糧臺墓出土的越王不光劍(《銘圖》17959)基本相同,其中最接近於楚王酓章劍。吴王光劍的時代爲春秋晚期,越王劍、楚王酓章劍和越王嗣旨不光劍爲戰國早期,越王不光劍可晚到戰國中期之初。所以,司敗壴章劍的時代應與之大體相當,再根據其銘文書體和銘文所出現的職官(詳後),我們認爲將其時代定在戰國早期,國別定爲楚國比較合適。

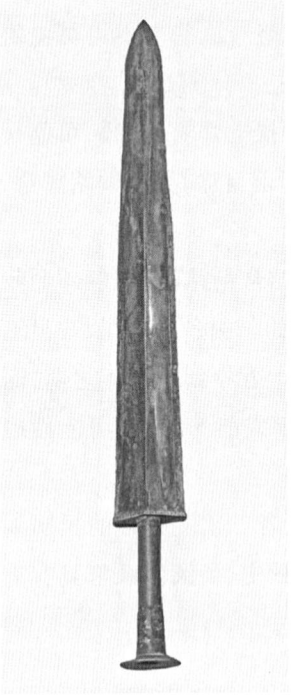

圖一

首先,我們要討論的是劍銘的第二個字。從銘文照片看,該字似從"貝"從"又",當釋"㝵",一般認爲是"得"字。遍查春秋戰國時期的金文、簡文和帛書,"得"字均不如是作,一般爲下從"又",上從"目"形(或目形右下部帶一捺筆),即"貝"字之簡省,並不是完整的"貝"字。如春秋時期的子犯鐘"得"字作"𦥑",戰國時期的葛得鼎作"𦥑",中山王𦥑鼎作"𦥑",清華簡、上博簡作"𦥑""𦥑"或"𦥑",無一與此相同。況且,其下的"壴章"二字顯係作器者私名,但"司得"一詞,既不是姓氏、國族,也不是地名或官職,於銘文不能通讀,故應另尋別解。筆者以爲該字當釋"敗"字,但目前見到的春秋戰國時期簡帛的"敗"字一般作"𣀗""𣀗""𣀗""𣀗",也没有見到如此寫法,此當如何解釋呢? 我以爲可從兩方面考慮。其一,該字可看作從"貝"從"攴","攴"是一個借筆偏旁,其上部的一豎一平是借用"貝"字左下部筆畫。其二,在古文字中,從"又"的偏旁往往可以與從"攴"互作,如"啓"作"敢","敢"作"叡","改"作"攺","敏"作"敆"等等,故該字亦當釋爲"敗"。該"敗"字的形體屬首次出現,與"旻"(得)同形不同字,是"敗"字的一個別體。"司敗"爲職官名,文從字順。

圖二

"司敗"一詞在先秦典籍中出現過五次。《論語》《國語》各一次,《左傳》三次。

1.《論語・述而》:"陳司敗問:昭公知禮乎? 孔子對曰:知禮。"

2.《國語・楚語》:"君實有國而不愛臣,何有於死,死在司敗矣。"

3.《左傳・文公十年》:"(子西)懼而辭曰:臣免於死,又有讒言,謂臣將逃,臣歸死於司敗也。"

4.《左傳・宣公四年》:"箴尹(克黄)曰:棄君之命,獨誰受之? 君,天也,天可逃乎? 遂歸,復命,而自拘於司敗。"

5.《左傳・定公三年》:"(唐人)竊馬而獻之子常,子常歸唐侯。自拘於司敗。"

對於"司敗"的解釋,《論語・述而》何晏注:"孔安國曰:司敗,官名也,陳大夫也。"陸德明音義:"孔(安國)云司敗官名,陳大夫也。鄭(玄)以司敗爲人名,齊大夫。"《國語・楚語》韋昭注:"楚謂司寇爲司敗。"《左傳・文公十年》杜注:"陳、楚名司寇爲司敗。"楊伯峻注云:"《論語・述而》有'陳司敗',定三年傳述唐人'自拘於司敗',是知陳、楚、唐俱有司敗之官。此'歸死於司敗',與襄三年傳'請歸死於司寇'文意同,足知陳、楚、唐之司敗即他國之司寇。"[1]

從上述解説中可知"司敗"是陳、楚、唐等國的司法之官名,掌管糾察刑獄與司法審訊,相當於中原諸侯國的司寇,鄭玄以爲"陳司敗"是人名,是齊國大夫是錯誤的。《國語》《左傳》中的"死於司敗""拘於司敗"的"司敗",既是官名,亦指代司敗之官府。

1986 年出土的《包山楚簡》法律文書中含"司敗"的簡牘達 35 枚。其中有中央的司敗,縣司敗,封君的封邑司敗,還有某些機構設立的司敗。如簡 25:"八月辛未之日,司敗黄貴㠪受期,癸巳之日,不遰(詳)玉敓(令)步、玉婁痳以廷,阩門又敗。"[2]該司敗無前綴成分,且奉命將中央機構"玉府"的官員玉敓(令)步和玉婁痳告上法庭,可見這是中央的司敗。

---

[1] 楊伯峻:《春秋左傳注》(修訂本),中華書局,1995 年。
[2] 劉信芳:《包山楚簡解詁》40 頁,臺北藝文印書館,2003 年。

簡071:"十月己丑之日,帀(中)昜(陽)司敗黄馘(勇)受期,臭月辛亥之日,不遅(詳)帀(中)昜(陽)之仔門人軋慶以廷,阩門又敗。"[1]簡177:"郣(奉)陽司敗郲賭,兼陵公之人戠斬。"[2]中陽、奉陽均爲楚國縣名,是知楚國的縣也設司敗。簡23:"八月己巳之日,邻少司敗臧未受期,九月癸丑之日,不遅(詳)邻大司敗以盟邻之懷里之旦無又李竸由,阩門又敗。"邻也是楚國一個縣名,設有大、小二司敗,大概與縣的規模之大小有關。除此之外,《包山楚簡》中還有尚、喜、陰、繁丘、兼陵、下蔡等縣都設有司敗之職。

簡054:"九月辛亥之日,喜君司敗史善受期,丙辰之日不督長陵邑之死,阩門又敗。"[3]簡076:"十月乙未之日,噩君之司敗舒丹受期,臭月辛丑之日,不遅(詳)周緩以廷,阩門又敗。"[4]"噩君"即鄂君,還見於鄂君啓節,兩者時代相同,自是一人。喜君、鄂君,均爲楚國的封君,可見封君亦設有司敗。

簡15背面:"五帀(師)宵倌之司敗告胃(謂):卲行之大夫竆執其倌人,新偌让尹不爲其詳(督),不愁。"[5]"師"是古代軍隊的一級編制。《説文》:"師,二千五百人爲師。"《周禮·地官·小司徒》:"五人爲伍,五伍爲兩,四兩爲卒,五卒爲旅,五旅爲師,五師爲軍。"鄭玄注:"師,二千五百人,軍,萬二千五百人。此皆先王所因農事而定軍令者也。"《周禮·夏官·叙官》:"王六軍,大國三軍,次國二軍,小國一軍。"《左傳·襄公十四年》:"成國不過半天子之軍。周爲六軍,諸侯之大者,三軍可也。"簡文"五師"即《周禮》所謂"五師爲軍",就是三軍的一支。"五師宵倌"屬於軍事機關,也設有司敗之職。

簡52:"九月己酉之日,郯(越)異司敗番豫受期,癸丑之日不遅(詳)郯(越)異之大帀(師)價以廷,阩門又敗。"[6]"異"指災異。《公羊傳·定公元年》:"異大乎災也。"《春秋繁露》:"異者,天之威也。""越異"即渡災。作爲官府名"越異"應是楚國特設的救災機構,這種機構也設有司敗。

另外,關於"司敗"的命名問題,也有不同的説法。龐光華先生認爲:"司敗之敗以雙聲借爲法。司敗猶言司法。敗借爲法,在古書中有迹可循。《漢書·藝文志》:'漢興,改秦之敗,廣開獻書之路。'此'敗'爲法之借。改秦之敗猶謂改秦之法。……司敗爲司法之借,故與司寇同意。"[7]明代陳士元在其《論語類考》中認爲:"陳改司寇爲司敗,避太子御寇之諱。"又宋代易袚《周官總義·秋官司寇》:"此司寇所以掌邦禁,而後言行邦國也。然刑所以弼教也,

---

[1]《包山楚簡解詁》70頁。

[2]《包山楚簡解詁》199頁。

[3]《包山楚簡解詁》59頁。

[4]《包山楚簡解詁》73頁。

[5]《包山楚簡解詁》23頁。

[6]《包山楚簡解詁》58頁。

[7] 龐光華:《"司敗"解》,《古漢語研究》2001年第3期。

寇則敗其教之成者也。縱欲敗類,乃教之所棄而刑之所取,故掌刑者謂之寇,而後世亦謂之司敗,是刑所以懲其敗類者也。"易袚認爲寇是敗其成者,敗是敗類,司寇、司敗都是懲治敗類,其意相同。以上三種看法,筆者以爲明代陳士元的避諱説不可信,陳國可以避太子諱,但楚國、唐國又爲什麼要避陳國的太子諱呢? 龐光華先生的"敗"字爲"法"字的假借,可備一説,但是周代没有哪個諸侯國把"司寇"稱爲"司法"的,所以,假借説也没有可靠的根據,而易袚的詞義相同説較爲接近實際。"司敗"與"司寇"兩者詞義相同,職能相似,名稱有所區別,大概還是地域、國家等差異因素所形成的。

劍銘中的"壹章"是司敗的私名。"壹"爲氏名,《包山楚簡》002 有"剣(汾)敀(令)壹圉命之於王大子,而以徵剣(汾)人"。劉信芳先生認爲"壹"讀爲"僖",亦即"釐",並引《通志·氏族略·以諡爲氏》説:"釐子氏,出楚釐子觀起之後,芈姓。楚有大夫釐子班。""釐子"即"僖子"。《春秋》三傳之"僖公",《史記》《漢書》作"釐公"。[1]"壹圉"就是一位以"壹"爲氏,名"圉"的人,擔任剣(汾)縣令。"壹章"亦當讀爲"釐章",王族的後裔。壹章擔任楚國司敗不見於文獻記載,但從其官職之前没有前綴成分,可以確定他是楚國的中央司敗,屬於楚國的大夫,地位顯赫。

此劍的發現,具有重要意義,其一,這是一件證據確鑿的楚國中央大臣的用劍。在此之前,除兩件楚王酓璋劍外,還未見到楚王或者楚國中央大臣的佩劍,該劍的發現爲研究楚劍提供了重要的實物資料。其二,此劍的造型設計、鑄造工藝與吴越劍基本相同,具有很高的藝術水平。其三,此劍對於研究楚國的職官、姓氏具有重要的意義。

(原載《出土文獻綜合研究集刊》第 11 輯)

---

[1]《包山楚簡解詁》8 頁。

新見十四年上郡守匽氏戈考

2009 年在無錫見到一件十四年上郡守匽氏戈,未見著錄。該戈通長 21.7、闌高 10.7、內長 7.7 釐米。直援尖鋒,中脊偏上,闌側三穿,闌下出齒,直內後部呈刀形,三邊開刃(圖一)。

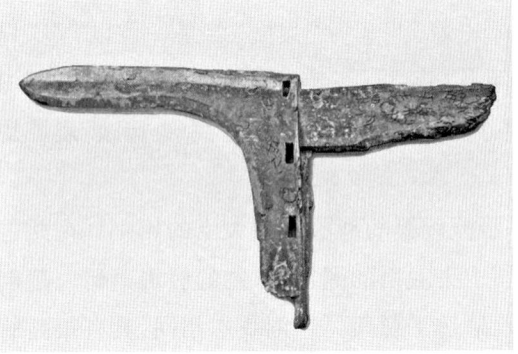

內部正面刻銘文 11 字,背面 2 字,胡部 2 字。一般認爲中長胡三穿戈是戰國中期秦莊襄王之前的形制,所以這是一件典型的戰國中期的秦戈。該戈與南越王墓出土的王四年相邦張儀戈、[1] 陝西歷史博物館收藏的王五年上郡疾戈、[2]《嚴窟吉金圖錄》下 58 著錄的王六年上郡守疾戈以及澳門珍秦齋收藏的王八年內史操戈、[3] 十四年匽氏戟[4] 的形制基本相同。只是內史操戈的內部有一橫穿,張儀戈、上郡疾戈和十四年匽氏戟的脊部隆起而已。所以,我們判斷這些戈的王世應當相同,年代應當相近。

圖一

該戈內的正面銘文是: 十四年上郡守匽氏造,工麜(瓶);背面: 洛都;胡部: 博望(圖二)。

"十四年",應爲秦惠文王後元十四年,即公元前 311 年。《史記·六國年表》記載秦惠文君在十三年四月戊午稱王,第二年更元。稱王的頭幾年銘辭的紀年前都冠以"王"字,如王四年相邦張儀戈、王五年上郡疾戈、王六年上郡守疾戈、王七年上郡守疾戈、王八年內史操戈等。秦國國君稱王是當時諸侯國之間的一件大事,秦君把自己的地位抬高到與周王平起平坐,所以就在紀年前冠以"王"字,以炫耀自己的地位,後來諸侯大國都已稱王,也就沒有必要

[1] 廣州市文物管理委員會、中國社會科學院考古研究所、廣東省博物館:《西漢南越王墓》,文物出版社,1991 年。
[2] 周尊生:《"王五年上郡疾殘戟"考》,《人文雜誌》1960 年第 3 期。
[3] 王輝、蕭春源:《珍秦齋藏王八年內史操戈考》,《故宮博物院院刊》2005 年第 3 期。
[4] 王輝、蕭春源:《珍秦齋藏秦銅器銘文選釋(八篇)》,《故宮博物院院刊》2006 年第 2 期。

再加"王"字了。

　　"上郡"，戰國時期的行政建制，初屬魏，秦惠文王前元八年（前330年）秦魏雕陰之戰，魏國失敗，便把黃河以西部分縣邑獻納於秦。第三年，又將上郡15縣全部獻納秦國。過去，學者多根據酈道元《水經注》的記載，認爲秦上郡始建於秦昭襄王三年（前304年），但從《史記・張儀列傳》"儀相秦四歲，立惠文王爲王。居一歲爲秦將，取陝，築上郡塞"的記載來看，上郡的始置之年不會晚於惠文王後元元年（前324年），極有可能就在占領河西地的當年設立上郡，也就是惠文王前元十年（前328年）。治所仍設在膚施，所轄縣仍爲原來魏國的15縣，轄地約爲今陝西省北部及内蒙古自治區准格爾、伊金霍洛和烏審旗地。

圖二

　　"守"，郡守，一郡的行政及軍事長官。

　　"匽氏"，上郡郡守，此戈的監造者。匽氏有可能是私名，秦器刻銘中的人名，極少有姓氏與名並舉，往往只舉私名，如王五年上郡疾戈中的"疾"即樗里疾，廿一年相邦冉戈中的"冉"即魏冉，始皇詔版中的丞相"狀""綰"，即左丞相隗狀和右丞相王綰等。特別是四川青川出土的更修田律木牘"王命丞相戊（茂）、内史匽氏……"中，茂與匽氏並列。茂即甘茂，所以匽氏是私名似乎較爲合理。但"匽"字後綴"氏"字，也不能完全排除是姓氏的可能。《姓氏急就篇》匽："咎繇之後，漢桓帝母匽氏。"《古今姓氏書辯證》："後漢孝桓帝母匽氏，諱明。《史記》曰：偃姓，皋陶之後。按此則偃姓後人或去人爲匽。"巫聲惠《中華姓氏大典》："齊有匽尚，見《管子・小匡》。則匽氏由來以久矣，不始於漢代。"此處的"匽氏"是名是氏，尚待更多出土資料證明。

　　"工棍"，即工瓶，秦國上郡高奴縣冶鑄作坊的工匠，亦見於王五年上郡疾戈。看來，此人擔任高奴縣冶鑄作坊工匠的時間長達二十三年之久。

　　"洛都"，戈的第一置用地。此戈鑄成後即被發送到洛都縣使用。"洛都"還見於三年相邦建信君鈹、十二年上郡守壽戈、廿五年上郡守厝戈和洛都劍（《集成》11687、11404、11406、11574）。三年相邦建信君鈹雖屬趙器，鑄造於趙孝成王三年（前263年），但"洛都"二字是此劍被秦軍繳獲後配發給洛都縣駐軍首領時加刻的。洛都縣秦漢均屬上郡管轄。《漢書・地理志》上郡："洛都，莽曰卑順。"從上述兵器刻銘可知洛都縣始設於戰國晚期，是上郡十五縣之一,初屬魏後歸秦,洛都在今什麼地方史書失載。筆者以爲既名洛都,當與洛水有關,很有可能就在今陝北北洛河流域的志丹、吳起縣一帶,有待今後考古證明。

"博望",即博望,此戈的第二置用地,也見於 1987 年 3 月河南登封縣告成鄉八方村出土的六年上郡守閒戈。[1]戰國時期齊國有博望城,故址在今山東荏平縣西北 35 公里,黃河故道南岸,東距博陵城遺址約 10 公里。這兩件戈的"博望"應是秦軍占領齊國博望後,留給博望駐軍使用時加刻的。

十四年上郡守匧氏戈發現的意義。

1. 爲研究戰國史特別是秦史提供了新的重要資料。過去,我們只知道擔任秦國上郡守的歷史人物有樗里疾、李冰、白起、向壽、司馬錯、暨(王齕)、黿(客卿竈)、閒、慶、高等。除樗里疾爲惠文王時期的上郡守外,其餘均在昭襄王時期,該戈的發現爲惠文王時期增添了新的標準器和研究資料。

2. 糾正了青川木牘的誤釋誤讀。《四川青川縣戰國墓發掘簡報》木牘釋文有"二年十一月己酉朔,朔日,王命丞相戊(茂)、内史匧□□更脩爲田律"一段。[2]其中缺釋的二字,李昭和釋爲"取臂",假爲"取譬",其義爲據旁例以喻所言之論題;[3]于豪亮釋爲"民願",[4]義爲民衆願意修改田律;徐中舒、伍仕謙釋爲"吏臂",[5]並斷讀爲"内史匧、吏臂",說:"在丞相、内史署名之下,最基層的行政官員'吏'也要同時署名,……而臂即吏之名。"進而推斷"五十號墓主人,有可能就是這個吏臂"。雖然分爲二人,但又將臂的身份定爲基層行政官員"吏";另外也有學者釋爲"民辟""氏臂",或以"匧氏臂"爲一人。董珊在其《讀珍秦齋秦銅器劄記》中也釋爲"氏臂",但讀爲"王命丞相戊(茂)、内史匧氏、臂更修爲田律",[6]以"匧氏"爲一人,"臂"爲另一人,同爲内史。這是十分正確的。十四年匧氏戈的發現無疑給董珊的釋讀提供了極有力的證據。第一字是"氏"不是"民",更不是"吏"或"取"。仔細察看木牘照片,此"氏"字字形與始皇陵出土的楊氏居貲大(教)瓦片墓誌、楊氏居貲公士富瓦片墓誌、楊氏居貲武德公士契必瓦片墓誌以及秦都雍城遺址出土的北園呂氏缶刻銘中"氏"字的構形完全相同。[7]上從"尸"形,下部右勾,與"民"字極易相混,袁仲一先生的《秦代陶文》就隸定爲

[1] 劉雨、盧巖:《近出殷周金文集錄》1194,中華書局,2002 年。

[2] 四川省博物館、青川縣文化館:《青川縣出土秦更修田律木牘——四川青川縣戰國墓發掘簡報》,《文物》1982 年第 1 期。

[3] 李昭和:《青川出土木牘文字簡考》,《文物》1982 年第 1 期。

[4] 于豪亮:《釋青川秦墓木牘》,《文物》1982 年第 1 期。

[5] 徐中舒、伍仕謙:《青川木牘簡論》,《古文字研究》第 19 輯,中華書局,1992 年。

[6] 董珊:《讀珍秦齋秦銅器劄記》,《珍秦齋藏金(秦銅器篇)》,澳門基金會,2006 年。

[7] 袁仲一:《秦代陶文》拓本 485、486、487、1488,三秦出版社,1987 年。作者將 1488 釋爲"呂氏",而將 485、486、487 誤釋爲"楊民"。

“民”字了。

　　“氏臂”二字以頓號分開是對的，“氏”字與“匽”字連讀“匽氏”，不應讀爲“匽氏臂”。此“內史匽氏”就是戈銘的“上郡守匽氏”。戈鑄造於秦惠文王十四年，匽氏擔任上郡郡守；木牘的年代是秦武王二年，匽氏已升遷爲內史了，前後相距僅二年。“匽氏”和“臂”同任內史之職，也就是左內史和右內史，一同和丞相茂參與頒布更修田律之事，這也符合當時的實際。戰國時期秦國丞相分左右，內史也分左右，署名時以官名冠於兩個私名之前，前者爲左，後者爲右。七年丞相朁殳戈的“丞相朁、殳”、十七年丞相启狀戈的“丞相启、狀”、始皇詔版的“丞相狀、綰”和王四年相邦張儀戈的“內史都、操”都是最好的例證。

　　3. 證明珍秦齋收藏的十四年□平匽氏戟應爲十四年上守匽氏戟。王輝、蕭春源在《故宫博物院院刊》2006 年第 2 期發表的珍秦齋一件秦戟，釋文爲：“十四年□平匽氏造戟（内正面）。平陸（内背面）。”紀年之下的一個字不清晰，王、蕭依據殘存筆畫和文例推斷是“上”字，以爲是“上郡”或“上郡守”之省，將郡守之名讀爲“平匽氏”，“平”是姓氏，該人的名字由氏與名兩部分組成，並在其後加上“氏”字，屬姓名特例，並以爲“平匽氏”就是陝西鄠縣（今户縣）出土的秦惠文王前元四年（前 334 年）封宗邑瓦書中的“桑匽”。這件十四年上郡守匽氏戈證明王、蕭將“年”下之字定爲“上”字是正確的，其下的“平”字應是“守”字的誤刻，不應讀爲“平匽氏”。古人鑄錯、刻錯字也是常見的現象，如師㝉簋蓋銘“賜汝叔市，金黃”中的“金黃”，就鑄成“令黃”；加拿大籍華人蘇致准收藏的七年丞相朁、殳戈，就將“咸陽工師”刻成了“咸戊工師”。[1] 所以將“上守”刻成“上平”也就不奇怪了。

　　珍秦齋秦戟的刻銘準確釋文是：“十四年上守匽氏造戟。平陸。”應稱爲十四年上守匽氏戟。“上守”係“上郡守”的簡稱。這種文例金文中常見，如故宫博物院的一件戈銘爲“廿七年上守趙造”（《集成》11374）；朝鮮平壤市樂浪郡遺址出土的一件戈銘作“廿五年上守厝造”（《集成》11406），“上守趙”即“上郡守厝”，也就是惠文王時期伐蜀的司馬錯，昭襄王時期任上郡守。1972 年四川涪陵縣小田溪 3 號戰國墓出土的一件戈，銘文有“廿六年，蜀守武造”，“蜀守”就是“蜀郡守”；荆州博物館收藏的一件戈，銘文有“六年，莫（漢）中守趄（運）造”，“漢中守”就是“漢中郡守”。同理，十四年匽氏戟的“上守匽氏”，自然就是這件十四年上郡守匽氏戈中的“上郡守匽氏”了，兩戈係同年同人所監造。

　　至於“匽氏”是否就是“桑匽”的問題，我們先看看封宗邑瓦書中相關的一段銘文：“大良造庶長游出命曰：取杜才（在）酆邱到潏水，以爲右庶長歜宗邑。乃爲瓦書。卑司御不更顝封之，曰：子子孫孫以爲宗邑。顝以四年冬十壹月癸酉封之。自桑障之封以東，北到桑匽之封，一里廿輯。”我認爲其中的桑障、桑匽是地名，而不是人名。“桑障”讀爲“桑埠”。“障”從阜

［1］　梁雲：《秦戈銘文考釋》，《中國歷史文物》2009 年第 2 期。

從享,"埠"字從土從享,從阜與從土可通。《集韻》:"埠,壘土地。""桑埠"就是生長有許多桑樹的堤壩;"桑匿"讀爲"桑堰",就是周圍有桑樹的池塘。這段銘文的大意是司御䫞奉命在四年十一月癸酉日,對秦王賞賜給右庶長歌的宗邑進行丈量封樹,從桑堤的封椿以東,北邊到達桑池邊的封椿,共一里二十輯。這樣文從字順,毫不扞格,而將桑障、桑匿解釋爲人名似嫌勉强。

另外,戟内正面"造"字之下還有二字,王、蕭未釋,依文例此當爲工匠名。第一字爲"工"字無可置疑,第二字位於"工"字的左下方,部分筆畫爲鏽蝕所掩,從殘存筆畫並對照這件十四年匿氏戈銘文分析,此字似爲"㲻"字,下部所從的"瓦"字猶存。

(原載《秦始皇帝陵博物院院刊》總第 2 輯)

十四年上郡守匽氏鋼刀考

環首直刃長鋼刀，是漫長華夏文明中的一個非常具有代表性的武備種類。它在相當長的時間裏是世界上最爲先進、殺傷力最强的近身冷兵器，也是人類歷史上具有非凡意義的一種兵器。傳世和出土的環首直刃鋼刀，基本上都認定爲兩漢之物，有錯金銘文的鋼刀，目前僅見於東漢。所以傳統的説法是西漢時期才出現環首鋼刀。

2016 年筆者在一次文物鑒定中見到三把戰國中期鋼刀，兩種形制，一把直柄帶格，可稱爲直柄鋼刀或劍式鋼刀；另外兩把是環首鋼刀。這三把鋼刀質地精良，錯金工藝精湛，紋飾瑰麗奇特，銘文内容重要，保存狀況基本良好，是目前已知的最早的長鋼刀，具有極其重要的歷史價值和製造工藝價值。現介紹出來，以供大家研究。

第一把鋼刀，通長 57.3、寬 2.2、脊厚 0.6、柄長 16.6 釐米。形似劍，故稱劍式鋼刀。窄長條，尖鋒，但爲一邊開刃，刀體橫截面呈窄長的等腰三角形，刀柄呈圓柱形，後部略粗，頂端微鼓，凹字形格。該刀做工精細，裝飾富麗。格的兩面均飾鎏金獸面紋，柄後端用金箔纏裹。獸面圖案與春秋晚期到戰國早期的吳越劍格上的獸面紋基本相同（圖一）。刀脊上有錯金銘文 24 字（圖二）。銘文是："十四年，上郡守匽造，戕（丞）□、司馬巷、嗇許□止、上□者，咸陽工卒。"

第二把鋼刀，通長 100.33、寬 2.8、柄長 19.6、脊厚 0.7 釐米。窄長條，一邊開刃，鋒尖偏向刀脊一側，扁平莖，橢圓形環首，環首另造，夾在折返的扁平莖末端，環首大徑 5.2 釐米，故稱環首鋼刀。其形制與商周時期的青銅削較接近，更與西漢時期的環首鋼刀完全相同。刀身品質非常出色，熱處理技術相當成熟，裝潢十分講究，環首及柄部均用金箔纏裹，鐔部以上刀身兩面均飾錯金鳥紋。下部是直立向右行走形似唐老鴨的神鳥，體肥尾短，雙翅伸展，一支帶雲頭的花枝從右側向上繞頭而過，在左上方向右彎曲。花枝中部有一隻並足佇立的長頸鳥，張口展翅，形似朱雀，身後有花枝從左側繞到鳥首上方，從右上方下卷，中部連接禮帽形華蓋，罩在鳥首之上（圖三、四）。這種紋飾極爲罕見，表現的是什麽神話故事有待進一步研究。刀背上有錯金銘文 39 字。銘文是："十四年，守匽氏造，内□□□、□□冉□，工師庶、□臣敨嗇，司馬許□命左工工□、司寇（寇）公乘兄□□疕。"（圖五）

第三把通長 85.2、寬 2.8、柄長 19.6、環首大徑 5.2、脊厚 0.6 釐米。亦爲環首鋼刀，形制與第二把鋼刀基本相同，只是稍短，刃微内弧，環首及柄部亦用金箔纏裹，但無錯金紋飾（圖

圖一　　　　　　　　　　　圖二

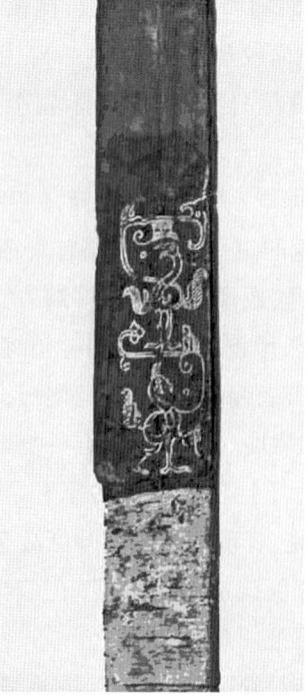

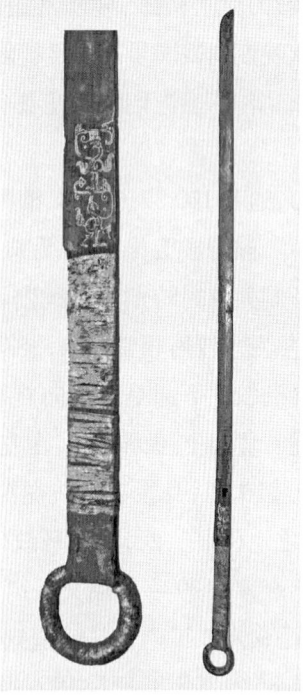

圖三　　　　　　　　　　　圖四

六）。刀背的錯金銘文現存 13 字，因鏽蝕嚴重，清理出來的字缺筆斷畫，能識之字寥寥無幾（圖七）。銘文是："……廿五□□□□□□訢（韓）□□□。"

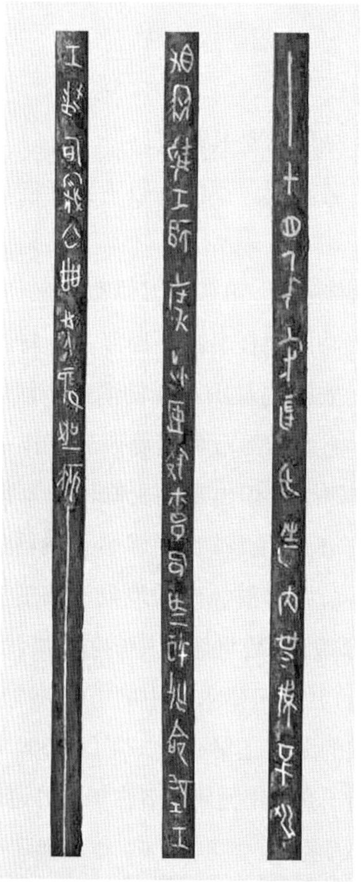

圖五 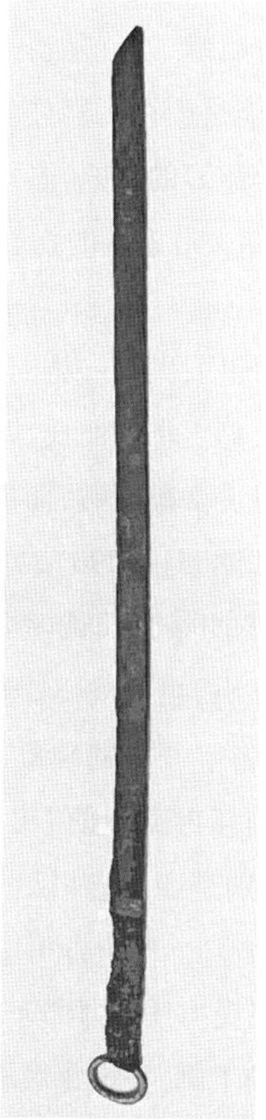　　　　　圖六 　　　　　圖七

下面，就刀銘作一簡要考釋。

"十四年"，這是製作此刀的紀年，即秦惠文王後元十四年，也就是公元前 311 年（詳後）。

"上郡守匽"，即秦上郡郡守，名匽。"上郡"是戰國時期的行政建制，初屬魏，秦惠文王前元八年（前 330 年）秦魏雕陰之戰，魏國失敗，便把黃河以西部分縣邑獻納於秦。第三年，秦國占領了魏國黃河東岸的汾陰、皮氏等地，魏國被迫"盡入上郡於秦"。此時爲秦惠文王前元十年（前 328 年）。其後秦國便以原地設立上郡，直屬中央。《史記·六國年表》記載秦惠文君在十三年四月戊午稱王，第二年更元。所以，刀銘中的"十四年"就不會是惠文君前元時期，只能是稱王之後的後元十四年，也就是公元前 311 年。

"戓□"，即丞□。"丞"意爲承，輔佐。丞的私名不識。此丞是上郡郡丞，郡守的輔貳，協助郡守管理行政等事務。

　　“司馬巷”,上郡守的屬吏,協助郡守管理軍事。《史記·曹相國世家》:“(曹參)虜秦司馬及御史各一人。”秦郡郡守屬吏設有司馬,如秦封泥的“琅琊司馬”“東郡司馬”“臨淄司馬”“東海司馬”“南陽司馬”可證。[1]“巷”是司馬的私名。

　　“嗇許□止”,文意不是十分明瞭,或許是嗇夫之名,亦屬監造的職官。

　　“上□者”,文意不明,也可能是製造工官之名。

　　“咸陽工卒”,這是具體製作該刀的工匠,名卒。咸陽當是其籍貫。

　　這是戰國秦所見到的兵器銘文最繁複的物勒工名制度。從郡守以下到工匠竟達五六層級,一級一級向上負責。

　　第二把刀的紀年也是“十四年”,與第一把刀同時製造。第二把刀的監造官“守匽氏”,與第一把的“上郡守匽”實爲一人,即上郡守匽氏,戰國時期擔任秦國上郡郡守。前者省去“氏”字,後者省去“上郡”。此人不見於文獻記載,而見於安徽馬鞍山出土的兩把十四年上郡守匽氏戈,一把爲無錫博物院收藏(《銘圖》17290),另一把爲漯河市飛諾藝術品工作室收藏,[2]另外還見於澳門珍秦齋收藏的十四年匽氏戟[3]和四川青川出土的更修田律木牘。[4]木牘有“王命丞相戊(茂)、内史匽氏、臂,更脩爲田律”之句。“匽氏”應是私名。秦器刻銘中的人名,往往只舉私名,未見姓氏與名字並舉的現象,也未見單稱姓氏的現象。如王五年上郡疾戈中的“疾”即樗里疾,廿一年相邦冉戈中的“冉”即魏冉,始皇詔版中的丞相“狀、綰”,即左丞相隗狀和右丞相王綰等。特別是四川青川出土的更修田律木牘中的“茂”與“匽氏”並列。茂即甘茂,所以匽氏是私名較爲合理。四川青川木牘的紀年是秦武王二年(前 309 年)十一月,也就是說秦惠文王十四年前後匽氏擔任上郡郡守,到了秦武王元年或者二年便升遷爲内史了。

　　“工師庶”,製造兵器工室的工師,技術總負責人,名庶。

　　“司馬許□”,“許□”爲司馬的私名,“許”後一字不識。

　　“左工”,即左工室的簡稱。戰國秦除了在中央少府設立左、右工室之外,在郡一級的地方也設有左、右工室,西安相家巷出土秦封泥有“櫟陽右工室丞”,[5]説明舊都櫟陽城也設有左、右工室。“巴左工印”,[6]即巴郡左工室印的省稱。刀銘的左工室應是上郡的左工室。

---

[1]　傅嘉儀:《新出土秦代封泥印集》192 頁,西泠印社,2002 年。陳曉捷、周曉陸:《新見秦封泥五十例考略——爲秦封泥發現十周年而作》,載西安碑林博物館編:《碑林集刊(十一)》311—321 頁,2005 年。

[2]　宛鵬飛編著:《飛諾藏金(春秋戰國篇)》6 頁秦 1,中州古籍出版社,2012 年。

[3]　王輝、蕭春源:《珍秦齋藏青銅器銘文選釋(八篇)》,《故宮博物院院刊》2006 年第 2 期。

[4]　四川省博物館、青川縣文化館:《青川縣出土秦更修田律木牘——四川青川縣戰國墓發掘簡報》,《文物》1982 年第 1 期。

[5]　傅嘉儀:《新出土秦代封泥印集》191、192 頁。

[6]　中國社會科學院考古研究所漢長安城工作隊:《西安相家巷遺址秦封泥的發掘》圖版十七.1,《考古學報》2001 年第 4 期。

"工□"即左工室所屬的工匠,具體製造這把刀的工人,私名之字暫未識出。

"司寇公乘兄","寇"是"寇"字別體。"司寇"是職官名,掌管刑獄、糾察等事。此處的司寇當爲上郡的司寇,也參與到製刀的監管行列。"公乘"是秦國的爵位名。戰國時期秦國設立二十等爵,公乘爲第八級。所謂"公乘"就是受此爵位的人可以乘坐公家配備的車子。《文獻通考・封建考・秦楚之際諸侯王》"八公乘"注引劉昭說:"自吏民爵不得過公乘,則公乘者得貰與子若同産,然則公乘者,軍吏之爵最尊者。""兄"是司寇的私名。其後三字文意不明。

第三把刀的文字殘缺太多,較難釋讀。銘文中的"五"之後不是"年"字,可以確定它不是紀年,從殘存的筆畫推斷,極有可能是"涷(煉)"字。"涷"數經常出現在漢代鍛製的鋼鐵刀劍銘文中。如永元十六年鋼刀:"永元十六年,廣漢郡工官卅涷……史成、長荆、守丞熹主。"[1]永初六年大刀:"永初六年五月丙午造卅涷大刀,吉羊(祥),宜子孫。"[2]

"涷(鍊)"就是在製作鋼鐵刀劍時,把坯料放在炭火中加熱滲碳,並反復折疊鍛打,使鋼的組織緻密,成分均勻,擠出夾雜物,從而提高鋼的質量。折疊鍛打就叫作涷,"五涷(鍊)"就是經過五次折疊鍛打,涷數越多含碳量就越多,夾雜物就越少,鋼的質量就越高,所謂"愈鍛愈善"。當然鍛打次數也不能過度,過則反使鋼的含碳量減少,硬度變小。所謂"百鍊鋼"應理解爲多次鍛鍊的鋼,精煉的鋼,而非實際的鍛打次數。這三把鋼刀都是經過"涷"的,屬於含碳的鋼刀而不是鐵刀,刀的組織緻密,硬度大,兩把環首刀的環都是夾在折返的扁平莖末端。"涷"也出現在漢代銅器上,但與鋼鐵的"涷"概念不同。它指的是將粗銅入爐鎔化精煉,而不是折疊鍛打。鏡銘中有"涷冶銅錫去其宰(滓)",是其明證。戰國中期是否出現鋼鐵刀劍"涷"的概念和"涷"字,還有待新的考古發現來驗證。

十四年上郡守匽氏鋼刀的發現,其學術意義有三。

第一,新發現的三把鋼刀是目前我國時代最早的長鋼刀,它把我國環首鋼刀的出現提前了一百多年。它的發現,對於研究戰國中晚期的冶鐵技術、鋼鐵兵器製造以及物勒工名制度等,都具有十分重要的價值。

1972 年河北藁城臺西商代遺址出土的一件鐵刃銅鉞,[3]其時代爲商代中晚期,距今約3400 多年,可算是我國目前發現最早的鐵兵器。但這不是人工冶鍊的鋼鐵,而是天然隕鐵。考古發現的人工冶鐵製品,年代最早的爲河南三門峽虢國大墓中出土的玉柄銅芯鐵劍,[4]其時代爲西周晚期後段或者春秋早期。這件器物屬人工冶鐵的塊煉鐵製品,已爲學術界所

[1] 容庚:《秦漢金文録・漢金文録》卷 6,667,"中研院"影印本,1931 年。
[2] 劉心健等:《山東蒼山發現東漢永初紀年鐵刀》,《文物》1974 年第 12 期。
[3] 河北省文物研究所編:《藁城臺西商代遺址》2 頁,文物出版社,1985 年。
[4] 河南省文物考古研究所、三門峽文物工作隊:《三門峽上村嶺虢國墓地 M2001 發掘簡報》,《華夏考古》1992 年第 3 期。

公認。此外,在甘肅、青海、寧夏和陝西西部等地出土的春秋時期鐵器已有 50 多件,其中屬於春秋早期的有青海湟源莫布拉出土鐵刀 1 件、甘肅永昌三角城和蛤蟆墩出土鐵器 4 件;[1]甘肅靈臺春秋早期墓出土銅柄鐵劍;[2]禮縣大堡子山秦公墓地 M32 出土銅柄鐵劍、趙坪墓區 2 號貴族墓出土鎏金鏤空銅柄鐵劍;[3]陝西隴縣邊家莊出土銅柄鐵劍;[4]長武縣出土鐵短劍;[5]寶雞益門村春秋晚期前段墓(M2)出土 3 把金柄鐵劍,13 把金柄鐵刀,[6]鳳翔一號秦公大墓也曾出土春秋晚期前段直口鐵錏[7]等。據上述事實,學術界認爲我國中原地區人工冶鐵最早發生於西周晚期到春秋初期。這些早期鐵器經金相核驗,多數屬固態還原的塊煉鐵(指不含碳的鐵)。而湖南長沙楊家山春秋晚期墓葬出土的鐵劍是經過熱處理,劍身斷面可以看到反復鍛打的層次。這説明,我國在春秋晚期已經能夠冶鐵鍊鋼,掌握了塊煉滲碳鋼及其淬火工藝,大大提高了鐵器的實用性能,爲戰國中期以後鐵器大量應用於軍事和農業生產創造了技術條件。

　　戰國時期鋼鐵兵器出土較多,鋼鐵矛在北方、南方均有發現,河南登封告成鎮韓國鑄鐵遺址發現鐵矛範,河北易縣燕下都 44 號墓出土鐵矛 19 件,其中一件經金相鑒定爲低碳鋼製成。[8]鋼鐵戟在長沙、衡陽楚墓均有出土,易縣燕下都 44 號墓出土了 12 件,經鑒定也是經過折疊鍛打淬火處理製成的鋼戟。鋼鐵劍以楚國最爲著名,秦昭王就曾説"吾聞楚之鐵劍利"(《史記·范雎蔡澤列傳》)。目前所知楚地的湖北、湖南發現戰國鐵劍十多把,其長度都超過青銅劍,郴州馬家坪楚墓出土的鐵劍長達 1.4 米,[9]這顯然是適應步兵或騎兵實戰的需要。燕下都 44 號出土鋼劍 15 把,陝西鳳翔高莊秦墓出土 5 把鐵劍,[10]其中一把通長 1.05 米。

　　戰國時期的鐵刀,我國出土範圍很廣,楚、燕、秦、趙、韓、魏、齊、匈奴等故地,均有發現,[11]但一般都很短小,如燕下都 22 號遺址所出 12 把鐵刀,最長的僅 17.2 釐米,1950 年河南輝縣固圍村出土的鐵刀也只有 20.2 釐米,刃寬 1.3 釐米,[12]這些鐵刀只能屬於生產工具,

[1] 甘肅文物考古研究所:《永昌三角城與蛤蟆墩沙井文化遺存》,《考古學報》1990 年第 2 期。

[2] 劉得禎、朱建唐:《甘肅靈臺縣景家莊春秋墓》,《考古》1981 年第 4 期。

[3] 秦文化與西戎文化聯合考古隊:《甘肅禮縣大堡子山秦墓及附葬車馬坑發掘簡報》,《文物》2018 年第 1 期。禮縣博物館等:《秦西垂陵區》23 頁,文物出版社,2004 年。

[4] 張天恩:《秦器三論》,《文物》1993 年第 10 期。

[5] 袁仲一:《從考古資料看秦文化的發展和主要成就》,《文博》1990 年第 5 期。

[6] 寶雞市考古隊:《寶雞市益門村二號春秋墓發掘簡報》,《文物》1993 年第 10 期。

[7] 韓偉、焦南峰:《秦都雍城考古發掘研究綜述》,《考古與文物》1988 年第 5、6 期。

[8] 北京鋼鐵學院壓力加工專業:《易縣燕下都 44 號墓葬鐵器金相考察初步報告》,《考古》1975 年第 4 期。

[9] 張中一:《湖南郴州市馬家坪古墓清理》,《考古》1961 年第 9 期。

[10] 吳鎮烽,尚志儒:《陝西鳳翔高莊秦墓地發掘簡報》,《考古與文物》1981 年第 1 期。

[11] 何清谷:《戰國鐵兵器管窺》,《史學月刊》1985 年第 4 期。

[12] 何清谷:《戰國鐵兵器管窺》。

還不能算作兵器。1976 年甘肅秦安上袁家秦代墓 M6 出土鐵卜字戟 1 件,鐵劍 1 件,鐵長刀 1 件,鐵匕首 1 件,鐵鈹 2 件,鐵鏃 10 件,[1] 全部都是實戰用的兵器,這些鐵兵器不論是種類還是數量都超過兵馬俑坑目前發現的鐵兵器。其中鐵劍通長 83 釐米;鐵刀單刃直背,刀尖呈弧形。表面留有木鞘和漆皮痕迹,通長 67 釐米。

目前見到的鋼鐵長刀,都是漢代的,洛陽西郊漢代墓地出土 23 把環首鐵刀,[2] 長度 85—114 釐米。有錯金紋飾和銘文的鋼刀,目前見到的都是東漢時期的。如：1969 年河北定縣東漢中山穆王劉暢墓出土一件環首鋼刀,[3] 通長 105 釐米,刀身後部兩側和刀脊裝飾着精美的綫條流暢的錯金渦紋和流雲紋圖案。2011 年中國國家博物館徵集到一件東漢永壽二年錯金鋼刀,[4] 通長 79.8、刀身寬 3、脊厚 0.7、環首外徑 6 釐米,刀脊有錯金銘文 54 字。1974 年山東蒼山縣東漢墓出土一件永初六年環首鋼刀,[5] 刀脊有錯金銘文 18 字。還有 1978 年江蘇徐州銅山縣駝龍山東漢墓出土的建初二年錯金銘文鋼劍,[6] 1961 年日本奈良縣天理市古墓出土的東漢中平年間錯金銘文鋼刀。[7]

此次發現的三件鋼刀屬戰國中期,有明確的紀年,最短的 57.3 釐米,最長的竟達 1 米以上,均可謂是長兵了。這種鋼刀是騎兵和步兵用於單兵格鬥的先進武器。這種刀的特點是：

第一,直刃窄體,一側開刃,另一側爲厚實的刀脊,身柄間没有明顯的界限,刀柄外面夾以木片,再纏裹一層或數層編織物,以便握持。它與劍不同處在於,劍爲雙刃,脊在中部,由於寬度所限和刃部鋒利的要求,脊不能太厚,而刀脊可以適當加厚,所以刀體不易折斷,更適合於騎兵猛烈衝擊時劈砍的需要。第一把直柄刀,也稱劍式刀,就是由劍發展來的。劍的尖鋒,凹字格和圓形莖仍舊保留,只是將劍的雙刃改爲單刃,增加了脊部的厚度。第二、三把鋼刀,就有了更大的變化,鋒尖偏向刀脊,没有了劍格,將圓莖改爲扁平莖,其後連接環首,一般稱爲環首刀或者把刀。這種刀就成爲流行於兩漢時期的典型刀制。但從銘文可知第一把鋼刀和第二把鋼刀都是秦惠文王十四年製造,説明劍式鋼刀和環首鋼刀曾同時存在。其後,劍式刀逐漸被淘汰。

第二,環首鋼刀的出現與步騎兵的出現有關。商周時期到春秋時期的戰争以車戰爲主,步卒則配合戰車作戰。春秋中期開始出現獨立作戰的步兵。戰國中期趙武靈王爲對付北方遊牧民族騎兵的襲擾,倡導"胡服騎射",組建了一支騎兵部隊,此後各國紛紛效仿。騎兵的

[1]　甘肅省文物考古研究所：《甘肅秦安上袁家秦漢墓葬發掘》,《考古學報》1997 年第 1 期。
[2]　陳久恒、葉小燕：《洛陽西郊漢墓發掘報告》,《考古學報》1963 年第 2 期。
[3]　定縣博物館：《河北定縣 43 號漢墓發掘簡報》,《文物》1973 年第 11 期。
[4]　田率：《對東漢永壽二年錯金鋼刀的初步認識》,《中國國家博物館館刊》2013 年第 2 期。
[5]　臨沂文物組、蒼山文化館：《山東蒼山發現東漢永初紀年鐵刀》,《文物》1974 年第 12 期。
[6]　徐州博物館：《徐州發現東漢建初二年五十涷鋼劍》,《文物》1979 年第 7 期。
[7]　日本梅原末治：《奈良縣櫟本東大寺山古墳出土の漢中平紀年の鐵刀》,《考古學雜誌》48 卷 2 號。

出現,作戰方式的改變,促使兵器發展變化,加之此時冶鐵技術提高,鋼鐵長刀便應運而生。這種鋼鐵刀到了漢代成爲騎兵和步兵的主要裝備。這三把鋼鐵長刀的出現,從一個側面説明戰國中期的秦國可能也組建了騎兵部隊。過去,人們認爲楚國最先使用鐵兵器,秦國使用鐵兵器較晚,特別是秦始皇兵馬俑坑的發現,其所出土全是青銅兵器,人們便認爲秦人是用銅兵器統一六國的,有秦一代鐵兵器都不發達。這三把鋼鐵長刀的出現,説明秦國在戰國中期就已經使用鐵兵器了,而且還很先進。雖然這三把鋼刀製作精緻,裝飾華美,是高級將帥所佩戴之物,不是一般騎兵或者步卒所使用的兵器。但可知此時秦國肯定已有發達的冶鐵業,能夠大量製造鋼鐵兵器了。史載秦惠文王更元九年(前 316 年)司馬錯滅蜀,張儀築城成都,同時設立了鹽鐵官。[1]1996 年西安相家巷秦遺址出土"鐵兵工室""鐵兵工丞""鐵市丞印"等封泥,[2]丁冕圃《璽印集英》有"右冶鐵官",[3]證明秦國中央政府設有專門製造鋼鐵兵器的機構,還有鐵器交易市場,設官管理。《睡虎地秦墓竹簡·秦律雜抄》:"大官、右府、左府、右采鐵、左采鐵課殿,貲嗇夫一盾。"[4]説明戰國時期秦國中央政府已設立兩個開採鐵礦的機構。戰國時期許多郡也設有鐵官,如見於里耶秦簡的"蓬下鐵官"(屬洞庭郡),[5]荆州周家臺秦簡的南郡鐵官[6]等。目前關中地區的咸陽聶家溝,櫟陽遺址和鳳翔史家河、東社、高莊一帶都發現了冶(鑄)鐵遺址,[7]這些地點均在秦人故都範圍,應該都是官營作坊。而《史記·貨殖列傳》載:"蜀卓氏之先,趙人也,用鐵冶富。秦破趙,遷卓氏……至之臨邛,大喜,即鐵山鼓鑄。""程鄭,山東遷虜也,亦冶鑄,賈椎髻之民,富埒卓氏。俱居臨邛。""宛孔氏之先,梁人也,用鐵冶爲業。秦伐魏,遷孔氏南陽。大鼓鑄……"[8]這些都説明了戰國晚期秦國私營冶鐵業也很發達。從考古資料和文獻記載來看,秦國鋼鐵業在戰國時期已經有了飛躍式發展。

　　第三,這三把鋼鐵刀作派大氣,裝潢精美,紋飾瑰麗,品質非常出色,是目前所見最豪華、等級最高的古代鋼刀,是鋼鐵兵器文物中的極品,代表了戰國中期我國最先進的制刀工藝水

[1] 晋常璩撰,任乃强校注:《華陽國志校補圖注》113 頁,上海古籍出版社,1987 年。

[2] 傅嘉儀:《秦封泥彙考》402—406 頁,上海書店出版社,2007 年。

[3] 丁冕圃:《璽印集英》,轉引自李學勤《東周與秦代文明》211 頁,上海人民出版社,2007 年。

[4] 睡虎地秦墓竹簡整理小組:《睡虎地秦墓竹簡·秦律雜抄》85 頁,文物出版社,1978 年。

[5] 里耶秦簡牘校釋小組:《新見里耶秦簡牘資料選校(二)》196 頁,《簡帛(第十輯)》,上海古籍出版社,2015 年。

[6] 陳偉主編:《里耶秦簡牘校釋(第 1 卷)》,武漢大學出版社,2012 年。莊小霞:《〈里耶秦簡(壹)〉所見秦代洞庭郡、南郡屬縣考》,《簡帛研究(2012)》,廣西師範大學出版社,2013 年。

[7] 陝西省考古研究所:《秦都咸陽考古報告》,科學出版社,2004 年。中國社會科學院考古所櫟陽發掘隊:《秦漢櫟陽城遺址的勘探和試掘》,《考古學報》1985 年第 3 期。田亞岐:《秦都雍城布局研究》,《考古與文物》2013 年第 5 期。

[8] 《史記·貨殖列傳》3259、3277—3279 頁,中華書局,1959 年。

準。從郡守監造這點來看，刀的持有者就不可能是郡守自己，極有可能是比郡守地位更高的貴族，筆者推測極有可能是秦王或者王室成員佩戴之物。

　　關於它們的鋼鐵成分、製作工藝、紋飾內容和科技含量，有待金相檢測和進一步研究。

（原載《文博》2020 年第 6 期）

三年大將吏弩機考[*]

2003 年 9 月陝西歷史博物館收藏了一件刻有銘文的弩機,可稱"三年大將吏弩機"。這件弩機由望山、懸刀、栓塞(鍵)和鈎牙(牛)組成。造型精緻,機件靈活。從其銘文字體和尚未出現郭來看,當屬戰國晚期之物。

弩機的望山長 8.4、寬 4.55、厚 2.25、鍵徑 1.05 釐米,鈎牙長 6.7、寬 2.48、厚 0.9、鍵徑 1 釐米,懸刀長 10、寬 1.5、厚 0.98 釐米,兩件栓塞的長分別爲 3.98 釐米和 3.7 釐米,直徑分別爲 0.92 釐米和 0.9 釐米,重 420 克。

圖一

這件弩機的望山正背面和懸刀上刻有銘文 23 字,這是我們近年來所見到的一件非常重要的戰國晚期文物,銘文是目前所見弩機中字數最多的一件,並且有紀年、多個職官和人名、地名,對於研究戰國晚期歷史和兵器鑄造有着重要的價值(圖一)。

弩機的銘文均用鋒刃器刻劃而成,筆畫纖細,通體略具欹斜之勢,其中一些字非常草簡,不易辨識。望山正面的銘文爲第一次刻記,望山背面和懸刀上的銘文爲第二次刻記。現試將銘文隸寫出來,分別考釋,以就教大家。

望山正面的銘文先刻,係晋系文字,共 19 字,其中合文 1(圖二:1、三),銘文是:

三年,大牁(將)吏敊、邦大夫王平、豫(掾)長(張)承(承)所爲,綌(綬、受)事伐。

望山背面和懸刀上的銘文後刻,係秦國文字,各爲"灊丘"2 字。

"大牁"即大將,係大將軍的簡稱。《史記・趙世家》云:"(趙孝成王)十七年,假相大將

---

* 按:銘文中的"敊"字是"牧"字的誤釋,"吏牧"讀爲"李牧",即趙國大將李牧,所以應稱爲"三年大將李牧弩機"。原文不動,以作存照。

武襄君攻燕,圍其國。"又:"(趙繆王遷)七年,秦人攻趙,趙大將李牧、將軍司馬尚將,擊之。"
同書《廉頗藺相如列傳》亦有:"後七年,秦破趙,殺將扈輒於武遂城,斬首十萬。趙乃以李牧
爲大將軍,擊秦軍於宜安,大破秦軍。"

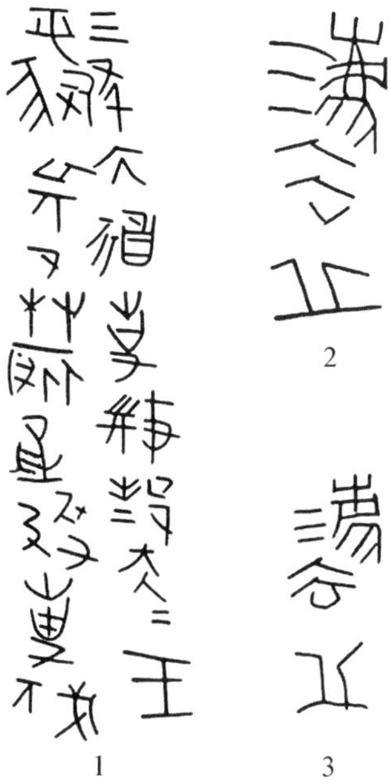

圖二

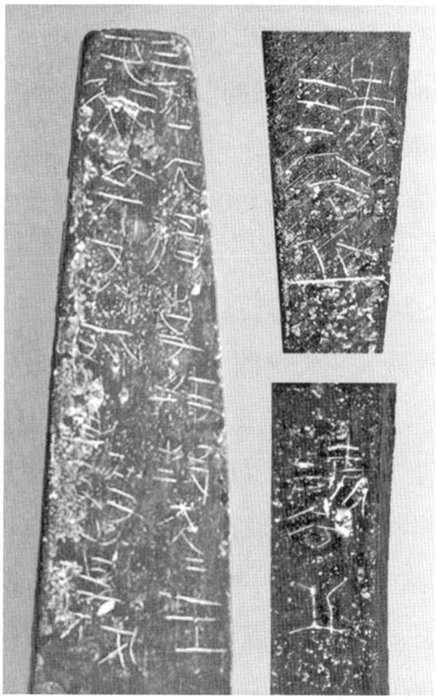

圖三

"㪔"字銘文初見,從攴并聲,《集韻》:"㪔,普庚切,音烹,擊也。"此處用作人名。"大將
吏㪔"即大將軍的吏屬名㪔。

"大夫"二字爲形體借用合文。邦大夫亦稱國大夫。《韓非子·内儲説上》:"(吴起)乃
下令曰:'明日且攻亭,有能先登者,仕之國大夫,賜之上田宅。'"《史記·趙世家》:"(趙武靈
王)二十七年,五月戊申,大朝於東宫,傳國,立王子何以爲王。王廟見禮畢,出臨朝。大夫悉
爲臣。"故宫博物院收藏的邦府大夫趙閒戈銘文有"□年,邦府大夫肖(趙)閒,邦上庫工師韓
山"(《集成》11390),其中的"大夫"亦作形體借用合文。"邦府大夫"也就是此銘文的"邦大
夫"。"邦大夫王平"即邦大夫名叫王平。

"象"字在金文中首見,其構形與趙國的行氣玉銘、[1]舒盉壺中的"墜"字所從基本相同
(《集成》09734)。此處應讀爲"掾",即掾屬、掾吏之"掾"。古代官府分曹治事,各曹的負責
人稱爲"掾"或"吏"。《史記·曹相國世家》載:"平陽侯曹參者,沛人也。秦時爲沛獄掾。"
《史記·田單列傳》亦云:"田單者,齊諸田疏屬也。湣王時,單爲臨菑市掾。"此處的"掾"應

---

[1]　羅振玉:《三代吉金文存》20.49,中華書局,1983年。

爲邦大夫的屬吏。

　　“長”即張,是承的氏稱,如四年相邦春平侯劍銘文中的“長身”即“張身”,[1]二十年鄭令韓恙戈銘文中的“長阪”即“張阪”等。[2]“承”字最早見於甲骨文,[3]戰國時期見於中府丞趙許杖首、令狐君孺子壺、梁十九年亡智鼎以及奵盉壺等(《集成》10465、09719、02746、09734),從収從卩,本應隸定作“承”,會意一個人以雙手奉承另一個人之意。《集韻》:“承,奉也,受也,或作丞。”小篆的“承”字下加手繁化,遂隸變爲“承”,此處用作人名,即邦大夫的掾吏名叫張承。

　　“爲”字的構形與庫嗇夫鼎、四年昌國鼎、主父戈、王何戈、中山國兆域圖(《集成》02608、02482、11364、11329、10478),以及二年邦司寇趙厷鈹[4]中的“爲”字較接近。“所爲”是戰國晚期趙國銅器的常見用語,是製造、製作的意思。如:庫嗇夫鼎的“賈氏大令所爲”,四年昌國鼎的“冶更所爲”,主父戈的“左工師□許馬童丹所爲”,二年邦司寇趙厷鈹的“冶尹頵所爲”等等。

　　“緌事伐”的“緌”字右旁從舟從又,左旁爲“糸”字的省變,當隸定爲“緌”或“綬”,即“綬”字。保利藝術博物館於 20 世紀末購藏的兩件戰國晚期趙國的銅鈹就有此字。六年相邦司空馬鈹銘文是“六年,相邦司工(空)馬,邦左庫工師申沱、冶尹明所爲,緌(綬)事苂鬲敦(執)齊(劑)”;二年邦司寇趙厷鈹銘文是“二年,邦司寇趙厷,下庫工師鄭(焦)厷,冶尹頵所爲,緌(綬)事爲敦(執)齊(劑)”。另外,1999 年山西朔縣趙家口出土的四年代相樂宬鈹也有“緌(綬)事”一詞,銘文爲:“四年,代相樂宬,右庫工師長(張)五鹿,冶吏息緌(綬—受)事。”二年邦司寇趙或鈹的“緌”字從“糸”,六年相邦司空馬鈹的“緌”字從“幺”,是糸字之省,四年代相樂宬鈹的“緌”字亦從“幺”,但左右偏旁互換,弩機的“緌”字所從的“糸”有所省變,四者其實一也。

　　李學勤先生在考證六年司空馬鈹和二年邦司寇趙厷鈹的文章中説“綬”當讀爲受,“受事”就是“冶”,“是直接執行鑄造的工匠。他接受工師或者冶尹的命令,承擔具體操作的任務,因而稱作受事”。[5]此釋讀可從。弩機刻記的“受事伐”與代相樂宬鈹一樣,是“受事×執劑”的省簡式。弩機只刻記了受事者名叫伐,而省略了“敦(執)齊(劑)”,代相樂宬鈹刻記了“冶吏息受事”,連受事者的名字也省略了。

　　弩機望山正面銘文的“年”“邦”“平”“長”“吏”“大夫”等字,與趙孝成王到悼襄王時期

[1]　高士英:《朔縣趙家口發現戰國劍》,《考古與文物》1989 年第 3 期 20 頁。

[2]　郝本性:《新鄭“鄭韓故城”發現一批戰國銅兵器》,《文物》1972 年第 10 期圖版 5.4。

[3]　中國社會科學院歷史研究所:《甲骨文合集》4094,中華書局,1978—1982 年。

[4]　鍾柏生、陳昭容、黃銘崇、袁國華編著:《新收殷周青銅器銘文暨器影彙編》1631,臺灣藝文印書館,2006 年。

[5]　《保利藏金》編輯委員會:《保利藏金:保利藝術博物館精品選》274 頁李學勤文,嶺南美術出版社,1999 年。

的春平侯矛和春平侯鈹基本相同,大夫合文用"＝"號表示,"邦"字左下方也都增飾"＝";"長"字則與長子盉銘文中的"長"字相似(《集成》09452),從銘文整體風格看,更接近於上述三鈹。

弩機與三鈹不但字體相近、詞例相同,就連題記的格式也基本一樣。不過,弩機的監造者爲大將吏,三鈹的監造者一爲相邦,一爲邦司寇,一爲代相;弩機的主辦者爲邦大夫及其掾屬,三鈹的主辦者爲工師和冶尹(或冶吏),具體鑄造者都是"受事",只是監造者或主辦者所屬機構不同而已。大將吏署名監造當是代替其上司行事的。

另外,"所爲"之類的刻銘用語和"受事"這一稱謂,也是戰國末期趙國兵器所特有的現象,並不見於三晋其他國家。因此,我們推斷此弩機是戰國末期趙國製造的,年代應和三鈹相近。

司空馬見於《戰國策・秦策》文信侯出走章,他在趙悼襄王八年(前 237 年)從秦國來到趙國擔任守相,趙繆王遷七年(前 229 年)又離趙出走。故六年司空馬鈹鑄造於趙繆王遷六年(前 230 年),二年邦司寇趙或鈹與之相近,當鑄造於趙繆王遷二年(前 234 年)。四年代相樂寏鈹的年代非常明確,那就是代王嘉四年(前 224 年)。准此,大將吏弩機銘文所記載的三年應當是趙王繆遷三年,即公元前 233 年。

戰國晚期趙國的大將見於史書記載的有三位,第一位是廉頗,他擔任大將軍是在趙惠文王時期到趙孝成王七年(前 259 年),《史記・廉頗藺相如列傳》:"趙惠文王時,得楚和氏璧。秦昭王聞之,使人遺趙王書,願以十五城請易璧,趙王與大將軍廉頗諸大臣謀。"到了趙孝成王七年(前 259 年),秦趙戰於長平,廉頗率領的趙軍屢戰不勝,趙王聽信了秦國間諜散佈的謠言,罷免了廉頗,任用趙括爲將,導致了趙國的全軍覆没。孝成王臨死的前一年,即二十一年(前 245 年)又重新啓用廉頗爲假相國,伐魏,取繁陽。第二年趙孝成王去世,其子悼襄王繼位,派武襄君樂乘代替廉頗,於是廉頗投奔魏國。第二位是武襄君樂乘,也是兩次任職。第一次是在趙孝成王十七年(前 249 年)前後,也就是在廉頗免職期間,《史記・趙世家》:"(趙孝成王)十七年,假相大將武襄君攻燕,圍其國。"第二次是在趙悼襄王元年,趙王派樂乘代替廉頗,從而導致了廉頗奔魏。第三位便是李牧,這是趙國最後一位大將軍,據《史記・趙世家》及《廉頗藺相如列傳》記載,趙繆王遷二年(前 234 年)秦軍在武遂打敗趙軍,殺了趙將扈輒,殺死士兵十萬,於是趙王任用李牧爲大將軍,抗擊秦軍於宜安,大破秦軍,趙王封李牧爲武安君。趙繆王遷七年(前 229 年),秦國又派王翦進攻趙國,大將李牧和將軍司馬尚抵抗。秦國施行反間計,使李牧被誅,司馬尚被免。李牧擔任趙國大將軍前後共 6 年,從趙繆王遷二年到七年。大將吏弩機製作於趙繆王遷三年(前 233 年),此時正是李牧擔任趙國的大將軍,所以"大將吏牧"應是大將軍李牧的屬吏。[1]

---

[1] "牧"字是"牧"字的誤釋,"吏牧"即"李牧",趙國大將軍。

　　從以上記載可以看出趙國的大將軍往往又擔任着假相（代理相邦）或相邦。廉頗和樂乘既是大將軍也是假相，李牧擔任相邦見於《史記·秦始皇本紀》："趙王使其相李牧來約盟，故歸其質子。"

　　望山背面和懸刀上的"灋丘"銘文爲秦系文字，是弩機落入秦人之手後加刻上去的。這種繳獲的敵國兵器，加刻秦國使用地的例子屢見不鮮，如：趙國的邦府大夫趙閏戈，内上就加刻有"咸陽"；五年邦司寇馬憗劍，下部加刻有"武垣"；三年相邦建信君鈹，背面加刻有"洛都"，都是當時秦國的縣邑名。

　　"灋丘"即廢丘，原名犬丘，西周晚期犬戎曾居於此，《漢書·高帝紀》："立秦三將章邯爲雍王，都廢丘。"顔師古注："韋昭曰：即周時犬丘，懿王所都，秦欲廢之，更名廢丘。"《史記·高祖本紀》："（二年）引水灌廢丘，廢丘降，章邯自殺，更名廢丘爲槐里。"廢丘縣於漢高帝二年（前205年）六月改設槐里縣，遺址在今興平市南佐村與阜寨村之間。據調查，此地面積約有200萬平方米，散佈着西周、戰國和秦漢時期的陶片、板瓦、筒瓦等遺物。

　　傳世有灋丘鼎蓋、[1]"灋丘工同"瓦，[2]另外故宫博物院收藏有"灋丘左尉"銅印，[3]19世紀90年代後期西安市未央區漢城鄉出土"廢丘丞印"封泥，[4]1972年陝西武功縣薛固鄉亦出土一件廢丘鼎，[5]均爲戰國晚期到秦代的遺物。此弩機上的"廢丘"二字"廢"字作"灋"不作"廢"，從字體風格看，顯係戰國晚期秦人所刻，不能晚到秦統一。

（與師小群合作，原載《文物》2006年第4期）

---

［1］　劉體智：《小校經閣金文拓本》11.56，石印本，1935年。

［2］　吳式芬：《攈古録金文》4.41，吳氏家刻本，1895年。

［3］　羅福頤主編：《秦漢南北朝官印徵存》0036，文物出版社，1987年。

［4］　周曉陸等：《秦代封泥的重大發現》，《考古與文物》1997年第1期48頁圖135。

［5］　吳鎮烽等：《記武功縣出土的漢代銅器》，《考古與文物》1980年第2期65頁圖3.10。

"灋丘"即"廢丘"辯證

我們在《三年大將吏弩機考》一文中將弩機望山和懸刀上所刻的秦系文字"灋丘"解釋爲"廢丘",是戰國秦所設置的縣名。王琳先生在《中原文物》2007 年第 5 期發表《有關〈三年大將吏弩機考〉的灋丘問題》,提出不同見解,這種勇於探討的精神可嘉。可是,王先生説"將灋丘釋爲廢丘,在音韻學上是難以成立的",並認爲"灋丘"是人名,即姓法名丘,進而説"其人很可能是齊人法章的後裔",對於王先生這些説法我們不敢苟同。

首先,我們談談"灋丘"是人名還是地名。

王先生在其文章中承認:"此弩機望山背面和懸刀上'灋丘'銘文爲秦系文字,是弩機落入秦人之手以後加刻上去的。"接着王先生又説:"其斷代時間在戰國晚期之後,正是物勒工名制度盛行之時。因此,我認爲弩機望山背面和懸刀上所刻'灋丘'二字應釋解成人名才較爲妥當。"

在這裏,王先生將"灋丘"解釋爲人名,把他與戰國晚期秦國的物勒工名制度聯繫起來,並舉商鞅三器和此後各代相邦戈和上郡戈,以説明其物勒工名制度的時代背景。言下之意,"灋丘"不是弩機的監造者(或督造者),就是製造者(工匠)。這不和王先生承認的此弩機是趙國之物落入秦人之手以後加刻"灋丘"二字相矛盾了嗎? 此弩機既然是趙國原物,就只能是趙國的官員監造和趙國的工匠鑄造,與秦國的"物勒工名"制度毫無關係。所謂齊王後裔的"法丘",不管此時是不是秦國的子民(詳後),都與弩機鑄造時的"物勒工名"無關。

另外,王先生在叙述了《後漢書·法雄傳》和《廣韻》法氏的來歷之後,接着説:"不僅如此,'灋丘'二字在弩機望山背面和懸刀上作兩次加刻,更證明了灋丘應是人名,而不是地名,是弩機所有者後刻上的銘文,很可能是弩機流落到法章後裔手中以後追刻上去的。"在這裏王先生又把"灋丘"看作是弩機後來的所有者,也就是後來的器主,那麽"灋丘"二字就是"物勒主名"了。這不又和前面所説的"物勒工名"相矛盾了麽? 同時,怎麽能説"兩次加刻"就"更證明了灋丘應是人名,而不是地名"。地名就是地名,人名就是人名,刻鑿次數並不能作爲人名的一種證據,這是常識。

我們説"灋丘"是地名證據有三。

其一,遍檢戰國時期秦國以至秦始皇統一中國以後的秦代,青銅兵器上只有物勒工名的監造者相邦(丞相、郡守)、工師(寺工)、丞等負責官員名以及工匠名,從來没有發現在兵器上鑿刻器主或使用者私名的現象。相反,在戰國晚期的秦國兵器上加刻置用地名(或某郡武庫)的現象相當普遍。據不完全統計,見於著録的就有三十餘件。如:漆垣戈胡部刻有"漆垣"(見《集成》10935。以下所引金文資料除注明者外,均見金文集成,恕不再注明。);成固戈(4件)內部刻有"成固";廣衍中陽戈胡部刻有"廣衍",內部刻有"中陽";[1]櫟陽戈內部刻有"櫟陽";[2]中陽戈內部刻有"中陽";中陽矛骹上刻有"中陽";高望戈內上刻有"高望";[3]高望矛(2件)骹上刻有"高望";高奴戈內部刻有"高奴";[4]高奴矛骹上刻有"高奴";平周矛(3件)骹上刻有"平周";廣衍矛骹上刻有"廣衍";合陽矛骹上刻有"合陽";[5]洛都劍從上刻有"洛都";元年上郡假守暨戈內的一面刻有"平陸";[6]六年上郡守閒戈內的一面刻有"陽城",胡部刻有"博望";[7]七年上郡守閒戈內的一面刻有"高奴,平周",胡部刻有"平周";[8]十二年上郡守壽戈內的一面刻有"定陽";□□年上郡守戈內的一面刻有"定陽";[9]十七年丞相啓狀戈內的一面刻有"郃陽";二年上郡守冰戈內的一面刻有"上郡武庫";十二年上郡守壽戈內的一面刻有"洛都,廣衍";十五年上郡守壽戈內的一面刻有"中陽、西都";十八年上郡戈內的一面刻有"上郡武庫";廿五年上郡守厝戈內的一面刻有"上郡武庫"和"洛都";廿五年上郡守厝戈內的一面鑄有"上,平周",[10]"上"即上郡;卌年上郡守起戈內的一面刻有"平周";[11]卌八年上郡假守矗戈內的一面刻有"上郡武庫""廣武";[12]廿四年戈內的一面刻有"葭明";[13]卅四年蜀守戈內的一面刻有"成、邛(邛)、陝";[14]十四年屬氏戟內的一面刻有"平陸";[15]四年相邦樛斿戈內部刻有"吾(衙)";九年相邦呂不韋戟內的一面刻有"成都";[16]元年丞相斯戈內的一面刻有"石邑";[17]卅年詔事戈胡部刻有"中

[1] 烏蘭察布盟文物工作站:《內蒙古清水河縣拐子上古城發現秦兵器》,《文物》1987年第8期63頁。

[2] 西安市文物保護考古所:《西安文物精華·青銅器》117,世界圖書出版西安公司,2005年。

[3] 樊瑞平、王巧蓮:《正定縣文物保管所收藏的兩件戰國有銘銅戈》,《文物》1999年第4期88頁。

[4] 蕭春源:《珍秦齋藏金(秦銅器篇)》,澳門基金會,2006年。

[5] 趙安傑:《戰國宜陽古城調查簡報》,《中原文物》1988年第3期810頁。

[6] 王輝、蕭春源:《珍秦齋藏秦銅器銘文選釋(八篇)》,《故宮博物院院刊》2006年第2期77—79頁。

[7] 河南省文物考古研究所:《河南登封縣八方村出土五件銅戈》,《華夏考古》1991年第3期31頁。

[8] 陶正剛:《山西屯留出土一件"平周"戈》,《文物》1987年第8期61頁。

[9] 黃盛璋:《新出秦兵器銘刻新探》,《文博》1988年第6期39頁。

[10] 河南省文物考古研究所:《河南登封縣八方村出土五件銅戈》,《華夏考古》1991年第3期31頁。

[11] 鄒寶庫:《釋遼陽出土的一件秦戈銘文》,《考古》1992年第8期757頁。

[12] 蕭春源:《珍秦齋藏金(秦銅器篇)》。

[13] 鍾柏生、陳昭容、黃銘崇、袁國華編著:《新收殷周青銅器銘文暨器影彙編》2005,臺灣藝文印書館,2006年。

[14] 吳鎮烽:《秦兵新發現》,載《容庚先生誕辰百年紀念文集》,廣東人民出版社,1998年。

[15] 王輝、蕭春源:《珍秦齋藏秦銅器銘文選釋(八篇)》,《故宮博物院院刊》2006年第2期66頁。

[16] 黃家祥:《四川青川縣出土九年呂不韋戈考》,《文物》1992年第11期93頁。

[17] 許玉林、王連春:《遼寧寬甸縣發現秦石邑戈》,《考古與文物》1983年第3期22頁。

陽”；[1] 十三年少府矛骹上刻有“西成（城）”；寺工矛骹上刻有“咸陽”[2]……等等。

　　秦國自己製造的兵器如此，就連繳獲的敵國兵器也是如此。如：原爲趙國的邦府大夫趙
閒戈，秦軍繳獲後在内上加刻“咸陽”；五年邦司寇馬慫劍在從上加刻“武垣”；三年相邦建信
君鈹背面加刻“洛都”；廿一年晋國下庫戟在内的一面加刻“襄鞏”，在胡部加刻“義陽”；[3]
原爲韓國的卅一年鄭令郭活戈，[4] 秦軍繳獲後在内的一面加刻“雒（雍）”；原爲魏國的九年
弋丘令癰戈，秦軍繳獲後在援的後部加刻“高望”……等等。

　　上述這些資料不知王先生看到過没有。這些地名都是當時秦國的縣邑。咸陽、雍、櫟
陽、成都這些著名的都邑就不用説了，漆垣、高奴、定陽、廣衍、洛都、高望六縣見於《漢書·地
理志》，戰國時期屬趙、魏，後歸秦，秦漢爲上郡屬縣，故址在今陝西省北部和内蒙古自治區河
套地區。“廣武”，故址在今山西省代縣西南，秦漢屬太原郡。“中陽”“平周”“西都”三縣，戰
國時期屬趙，亦見於趙國貨幣平肩尖足布，故址分别在今山西省吕梁市的中陽、介休、孝義境
内，歸秦後先後屬上郡和太原郡，西漢屬西河郡。“平陸”，古代有兩個，一個是戰國時期齊
邑，故址在今山東省汶上縣西北，《史記·齊世家》“康公十五年，魯敗齊平陸”即此，有三件戰
國齊系銘文的平陸戈可証。歸秦設置平陸縣，屬薛郡，西漢改爲東平陸縣，屬東平國。另一
個平陸，又見於戰國時期魏國的平陸印，故址在今山西省西北部，戰國時期先屬魏後屬趙，歸
秦後屬上郡，西漢改屬西河郡。元年上郡假守暨戈爲秦莊襄王元年（前249年）上郡鑄造，此
時秦國尚未占領齊國平陸，故此平陸爲晋西北平陸的可能性較大，但也不能完全排除是山東
平陸的可能，或許在秦滅齊以後該戈配發到薛郡平陸縣加刻。“成固”，即今陝西省城固縣，
西成（城）即今陝西省安康市漢濱區，戰國晚期到秦漢兩縣均隸漢中郡。“葭明”，秦隸蜀郡，
漢屬廣漢郡，轄區約爲今四川省廣元市和陝西省寧强、略陽等地。“陽城”，故址在今河南省
方城縣東，另見於河南省登封縣告城鄉八方村1987年出土的戰國晚期韓國六年陽城令韓季
戈；[5] “博望”，故址在今河南省方城縣西南博望鎮。陽城、博望兩縣，戰國時期屬韓，歸秦後
屬潁川郡。“合陽”，一作部陽，故址在今陝西省合陽縣東南，戰國時期屬魏，後歸秦屬内史。
“吾（衙）縣”，春秋彭衙邑，戰國晚期改設衙縣，秦屬内史，故址在今陝西省白水縣東北部。
“成”，即成都的省稱。“卭（邛）”或爲臨邛縣的簡稱，或另設有邛縣，故址當在今四川省邛崍
市和蒲江、丹棱、雅安、洪雅一帶，秦隸蜀郡。“陝”，即陝縣，戰國時期屬魏，後歸秦，屬河内
郡，故址在今河南省陝縣。“石邑”，故址在今河北省獲鹿縣東南，戰國時趙邑，歸秦後屬恒山
郡。“義陽”，今河南省信陽市北，古申國，戰國時期屬楚國，後歸秦，隸衡山郡。“襄鞏”，或即

［1］王輝、蕭春源：《珍秦齋藏秦銅器銘文選釋（八篇）》，《故宮博物院院刊》2006年第2期70頁。
［2］華義武、史潤梅：《介紹一件先秦有銘銅矛》，《文物》1989年第6期73頁。
［3］蕭春源：《珍秦齋藏金（秦銅器篇）》。
［4］蕭春源：《珍秦齋藏金（吳越三晋篇）》259頁，澳門基金會，2008年。
［5］河南省文物考古研究所：《河南登封縣八方村出土五件銅戈》，《華夏考古》1991年第3期31頁。

春秋時期衛國的襄牛邑,故址約在今河南省濮陽市境内,魯僖公二十八年衛侯曾出居於此,戰國時期屬魏,後歸秦屬東郡。“武垣”,故址在今河北省肅寧縣東南,先爲燕國所有,後歸秦,屬巨鹿郡。

其二,我們在《三年大將吏弩機考》一文中列舉過的“灋丘工同”瓦[1]和故宫博物院收藏有“灋丘左尉”銅印[2]等歷史文物,其上的“灋丘”只能作爲縣名解釋,而絶不能是人名。這是無可辯駁的事實,而王先生竟然視而不見,避而不談。“灋丘左尉”印大家公認是官印,是灋丘縣左尉的印信。“灋丘工同”是灋丘縣名叫同的工匠戳印在自己所造陶瓦上的印記,總不能把這些“灋丘”也解釋爲所謂姓法名丘的“齊襄王法章的後裔”吧!

現在再舉一例。睡虎地秦簡《封診式·遷子》:“告灋丘主:士五(伍)咸陽才(在)某里曰丙,坐父甲謁鋈其足,遷蜀邊縣,令終身毋得去遷所論之,遷丙如甲告,以律包。今鋈丙足,令吏徒將傳及恒書一封詣令史,可受代吏徒,以縣次傳詣成都,成都上恒書太守處,以律食。灋丘已傳,爲報,敢告主。”[3]這是一件解送犯人的文書,其中“灋丘”就是灋丘縣,“灋丘主”就是灋丘縣令(縣長)。該文書的意思是:謹告灋丘縣縣長:士伍咸陽縣某里人丙,因其父甲請求將他斷足,流放到蜀郡邊緣縣份,叫他終生不得離開流放地點而定罪。按甲所告將丙流放,並依法命其家屬同往。現將丙斷足,命吏和徒隸攜帶通行憑證及恒書一封,送交令史,請更换吏和徒隸,逐縣解送到成都,到成都將恒書上交太守,依法給予飯食。解到灋丘縣,應回報,謹告縣長。很明顯該文書中的“灋丘”是通往成都途中必經的一個縣名。

其三,王先生所引的《後漢書·法雄傳》説:“法雄,字文彊,扶風郿人也,齊襄王法章之後。秦滅齊,子孫不敢稱田姓,故以法爲氏。宣帝時,徙三輔,世爲二千石。”試想,此弩機本爲趙軍之物,在秦伐趙之戰或秦滅趙之時落入秦軍之手。按照《後漢書》的記載,齊襄王的後裔在秦滅齊之後才改姓“法”。大家知道,秦滅趙在公元前 222 年,而秦滅齊在公元前 221 年,比秦滅趙晚了一年。也就是説在齊襄王的後裔改姓“法”之前,該弩機已經落入秦軍之手。此時齊襄王的子孫尚在齊國,並未改姓“法”氏,也不是秦軍中的一分子,所以齊襄王的後裔不可能成爲弩機的主人。況且,法章的後裔到了漢宣帝時才遷到關中。

下面,我們討論“灋”與“廢”的通假問題。

王先生在談到灋、廢的通假問題時説:“按照音韻學的通假規則,一般説來只有韻部相同才可相互通假,而法(灋)的古音在葉韻幫紐,廢字的古音在月韻幫紐,怎麽可以相通假呢?”在這裏,王先生還對王輝《商周金文·大盂鼎》注釋中的“灋爲法之篆文,讀爲廢”,郭沫若《管子·侈靡》集校所説的“金文以法爲廢字,此兩字(指‘利不可法,故民流;神不可法,故事之’

[1]　吳式芬:《攈古録金文》4.41,吳氏家刻本,1895 年。

[2]　羅福頤主編:《秦漢南北朝官印徵存》0036,文物出版社,1987 年。

[3]　睡虎地秦墓竹簡整理小組:《睡虎地秦墓竹簡》261 頁,文物出版社,1978 年。

中的兩個法字)均當讀爲廢",陳直《漢書新証》槐里條所説的"法與廢同音,發爲廢字之假借(論語廢中權,鄭注,發動貌)。蓋灋丘即廢丘也。濰縣陳氏所藏廢丘鼎,正作廢丘,與志文相合",唐蘭《西周青銅器銘文分代史徵‧二十三祀盂鼎》注釋的"灋通廢,《爾雅‧釋詁》:廢,大也"等論述一一作了批駁。並説唐蘭先生"把二十三祀盂鼎中的'灋保先王',讀成廢保先王,解釋成大大地保護先王可能就有些不恰當了"。

王先生批駁了我們讀灋爲廢之後接着説:"對於古音通假的問題,唐蘭先生曾有過論述。唐先生認爲古音通假是清代所謂漢學家最喜歡講的,近代學者用得似乎太濫了。語音變化,自有一定的軌迹,所以應該追溯每一語詞的歷史,才能信而有徵。不能只是聲轉、韻同,就都可以通假。至於旁轉,就更渺茫。如離開語詞歷史,空談通假,任何不同音的字都可想法把它講通,這不是科學的態度。"唐先生説得很好,我們完全同意唐蘭先生的觀點。如果没有相關語詞的歷史依據,不要説旁轉的字不能通假,就是韻部相同的字也不一定就能通假。我們相信唐蘭、郭沫若諸先生説"灋(法)通廢",肯定不只是考慮到灋、廢同聲,葉、月兩韻可以通轉;更重要的是追溯了灋字相關語詞的歷史和上下文例,所以説它是信而有徵的,是科學的。

王先生説:"法的本意是指計量器説的,這與二世元年詔'灋度量盡始皇帝爲之'的灋應當是同一意義,都有法定、法度的含義,這在金文中隨處可見。所以不能把灋片面地理解爲廢。"據我們檢索,在商周金文中至今尚未發現一例使用"法定、法度"含義的"灋"字銘文,而只見於戰國晚期的睡虎地秦墓竹簡《語書》、秦駰玉牘和秦始皇統一度量衡的詔版。在商周金文中幾乎全部都是以"灋"爲"廢",據不完全統計約有 45 條之多。如:大克鼎:"敬夙夜用事,勿灋朕令(命)。"伯晨鼎:"用夙夜事,勿灋朕令(命)。"述鼎:"敬夙夕弗灋朕令(命)。"[1]師酉簋:"敬夙夜勿灋朕令(命)。"逆鐘:"敬乃夙夜用欝(屏)朕身,勿灋朕命。"[2]叔夷鐘:"余弗敢灋乃命。"晉姜鼎:"勿灋文侯覲命。"柞伯簋:"柞白(伯)十伿(稱),弓無灋矢。"[3]

上述引文中所有的"灋"字都應讀爲"廢",若用"灋(法)"字的本義去解釋,是無法講得通的。"勿灋朕命"就是不要廢棄我的命令;"勿灋文侯覲命"就是不要荒廢文侯的命令;"弓無灋矢"就是弓無廢矢,也就是箭無虛發。你能説"勿灋朕命"就是不要效法我的命令嗎?"弓無灋矢"就是弓没有法矢嗎?

王先生批駁唐蘭先生把盂鼎中的"灋保先王"讀成"廢保先王",説:"解釋成大大地保護先王可能就有些不恰當了。"唐先生把"灋保先王"讀成"廢保先王"采用的是"廢"字衆多含義中的"大"義。《爾雅‧釋詁》:"廢,大也。"大,形容程度深。《詩‧小雅‧四月》"廢爲殘

---

[1]　陝西省考古研究所等:《陝西眉縣楊家村西周青銅器窖藏》,《考古與文物》2003 年第 3 期 11 頁。

[2]　吳鎮烽:《陝西金文彙編》13—16 頁,三秦出版社,1989 年。

[3]　王龍正、姜濤、袁俊傑:《新發現的柞伯簋及其銘文考釋》,《文物》1998 年第 9 期 56 頁。

賊,莫知其尤”中的“廢”就當大字解釋,所以《毛傳》説:“廢,大也。”盂鼎中的“古(故)天異(翼)臨子,灋保先王”,意思是説:所以上天輔助並庇護他的兒子,大力保護先王。這有什麽不通的呢?另外,王先生没有看到,就在盂鼎銘文裏還有一句:“盂!若茍(敬)乃正,勿灋朕令(命)。”這個“灋”字更應該讀爲“廢”,而且要采用“廢”字的“廢棄、荒廢”之義。全句是説:盂!你要敬重你的政事,不要荒廢我的命令。在這句裏倘若把“灋”字讀爲“法”,能解釋得通嗎?你總不能把它解釋成“盂!你要敬重你的政事,不要效法(遵守)我的命令”吧!

不僅金文中均以“灋”爲“廢”,在出土的其他上古文獻中也是如此。現舉10例。

1.《詛楚文·巫咸》:“欲剗伐我社稷,伐威(滅)我百姓,求蔑灋皇天上帝及不(丕)顯大神巫咸之卹祠、圭玉、義(犧)牲,述(遂)取俉(吾)邊城新郢及鄀、敍,俉(吾)不敢曰可。”[1]灋,讀爲廢。“求蔑灋皇天上帝及丕顯大神巫咸之卹祠、圭玉、犧牲”,就是荒廢對上帝和巫咸的祭祀。

2.睡虎地秦簡《語書》:“今灋(法)律令已具矣,而吏民莫用,鄉俗淫失(泆)之民不止,是即灋主之明灋(法)殹(也)。”[2]其中“灋主之明灋(法)”的第一個“灋”讀爲廢,意思是廢棄,即不遵守、不執行;後一個“灋”字和“今灋律令已具矣”中的“灋”字用的是本義,即法則、法律。全句是説現在法律已經具備了,仍有一些官吏、百姓不加遵守,習俗淫侈放恣的人未能收斂,這是不執行君上的大法啊!

3.《秦律雜抄》:“爲(僞)聽命書,灋弗行,耐爲侯(候);不辟(避)席立,貲二甲,灋。”又:“馬殿,令、丞二甲;司馬貲二甲,灋。”“不當稟軍中而稟者,皆貲二甲,灋。”“稟卒兵,不完善(繕),丞、庫嗇夫、吏貲二甲,灋。”“漆園三歲比殿,貲嗇夫二甲而灋,令、丞各一甲。”“三歲比殿,貲嗇夫二甲而灋。”“任灋官者爲吏,貲二甲。”以上的灋字均讀爲廢,意思是廢除,也就是免職。灋官,指撤職永不録用者。

4.《法律答問》:“可(何)如爲犯令、灋令?律所謂者,令曰勿爲而爲之,是謂犯令;令曰爲之弗爲,是謂灋令殹(也)。”灋令,就是廢令。全句是説:什麽叫犯令、廢令?律文的意思是,規定不要做的事做了,稱爲犯令;規定要做的事不去做,稱爲廢令。

5.《法律答問》:“灋令、犯令,遝免、徙不遝?遝之。”全句是説:廢令、犯令的罪,對已經免職或調任的應否追究?應予追究。

6.《爲吏之道》:“興事不時,緩令急徵,決獄不正,不精於材(財),灋置以私。”灋置,即廢置,任免。

7.《包山楚簡》16:“新佸迅尹不爲儯(僕)剆(斷),儯(僕)袋(勞)倌頣(夏)事晒(將)灋,

---

[1] 郭沫若:《石鼓文研究·詛楚文考釋》327—332頁,科學出版社,1982年。

[2] 睡虎地秦墓竹簡整理小組:《睡虎地秦墓竹簡》261頁。

不樀(隊)新佁迅尹,不敢不告見日。"[1]事將灋,即事將廢。

8.《包山楚簡》18:"佁(蔡)遺受鑄劍之官宋弝,宋弝灋丌(其)官事,命受正以出之。中酓嚠迨内(入)之。"灋其官事,即廢其官事。

9.《包山楚簡》102:"上新都人佁(蔡)蓷訟新都南陵大宰繇(樂)瘠、右司寇正、墜(陳)得、正弁炎,以其爲其敓(兄)佁(蔡)瘅劃(斷),不灋。"不灋,即不廢。

10.《包山楚簡》145:"月袤旦灋之,無以賫(歸)之。"灋之,即廢之。

另外,傳世文獻中也有法字讀爲廢的例證,《管子・侈靡》:"利不可法,故民流;神不可法,故事之。"郭沫若集校云:"金文以法爲廢字,此兩法字當讀爲廢。"就是一例。

上面所舉例証足以説明,在上古時期"灋"是可以通假爲"廢"的。那麽,"灋丘"作爲一個地名,必然就是"廢丘"了。

廢丘在古代確是一個很有名的都邑,地處咸陽以西20多公里,是兵家常争之地。據文獻記載最早稱"犬丘",周懿王曾徙都於此,戰國時期秦更名爲"廢丘",楚漢相争之際,項羽封秦降將章邯爲雍王,都廢丘即此。劉邦還定三秦,包圍廢丘,數攻不下,二年六月引水灌城,城陷後章邯自殺,遂改名"槐里"。

王先生説他爲印證灋丘與廢丘的關係,翻檢了《國語》和《史記・項羽本紀》索隱,只發現有"廢丘"而無"灋丘"。同時還翻閲了《元和郡縣志》和《括地志》兩部地方志書,發現兩書中均没有"灋丘"即"廢丘"的記載,故認爲"以灋丘爲廢丘在歷史地理文獻中找不到根據"。

我們知道古字通假,是商周秦漢時期常常出現的一種文字現象。這主要是因爲當時文字數量不多,流傳亦復不易,以致人們難於處處使用本字,難於做到書寫的規範化。另外,古人表達思想,執筆寫文,往往也習慣於各自按照口頭讀音的相同或相近,比較寬泛地、不那麽嚴格地選用漢字,用其音同、音近的彼一字表達此一義的現象;也有誤以音同或音近的彼一字代替表達本義的此一字,後一情況就類似今天的"寫別字"了。但是到了漢代以後,特別是唐宋時期使用假借字的現象基本就不存在了。《元和郡縣志》和《括地志》是唐代人的著作,《史記・項羽本紀》索隱也是唐人對《史記》所作的注解。"灋"字作爲"法"字的古字、"廢"字的假借字早已不通行了,當代人寫書作注均用當時通行的漢字,一般是不采用古字的。至於《國語》,雖爲戰國時期的作品,但經歷代傳抄,許多字也往往改用當時的通用字了,所以王先生在裏面只找到"廢丘",而没有找到"灋丘"。王先生爲什麼不到與弩機時代相同的雲夢睡虎地秦簡中去找呢?這可是戰國晚期秦人的手筆,是最具有價值的真實材料。雲夢睡虎地秦簡《封診式・遷子》中的"灋丘"不就是"廢丘"嗎!上面已經説過這是一件押解犯人的文書,把咸陽的犯人押解到成都,第一站就到當時的廢丘縣,也就是今天的興平縣,按照文書所

---

[1] 湖北省荆沙鐵路考古隊:《包山楚簡》,文物出版社,1991年。

講,到達廢丘縣就要更換押解犯人的官吏和徒隸,然後逐縣解送到成都。這個灋丘縣不是戰國晚期秦國始置的廢丘縣漢高祖二年改名的槐里縣(今興平縣東南),又能是什麼呢?

王先生説:"吳鎮烽先生又認爲廢丘鼎最晚應爲漢高帝三年以前鑄造。因此,從灋丘與廢丘同時存在的史實來看,把互不相涉的兩個問題拉扯到一起應該是不太妥當的。"不是我們把"灋丘"和"廢丘"硬要拉扯到一起。相反,倒是王先生硬要把"灋丘"和"廢丘"分開。我們認爲"灋丘"和"廢丘"作爲地名,本來就是一回事,它絶不是無涉的兩個概念。之所以有的用"灋",有的用"廢",這有個時間問題。故宮博物院收藏的"灋丘左尉"印和《攈古録金文》著録的"灋丘工同"瓦是戰國晚期遺物;而武功縣出土的廢丘鼎和《小校經閣金文拓本》所著録的廢丘鼎蓋,與漢初的美陽共廚鼎、犛車宮鼎字體相同,是漢高祖元年到二年六月之間的作品,最早也不能早於公元前221年。至於王先生所列舉的夢齋藏品"廢丘丞印"封泥,最多也只能是統一秦的遺物。因爲遍檢秦始皇統一中國之前的古文字(包括甲骨文、金文、帛書、竹簡、璽印文、錢幣文、石刻文等)目前尚未發現"廢"字,凡用荒廢、敗壞、懈怠、廢棄、黜免等意,均采用"灋"字。能夠確鑿證明"廢"字出現的出土文獻,最早的就是馬王堆漢墓竹簡和帛書。如《老子甲本》的"故大道廢";《十問》的"不可廢忘也";《經法》的"法立而弗敢廢";《易之義》的"廢則不可入于謀"等。我們上述列舉的大量出土文獻以"灋"爲"廢",以"灋丘"爲"廢丘"的資料,其時代都在西周早期到戰國晚期,絶不會晚於戰國時期,我們估計"廢"字的出現極有可能在秦始皇統一文字之時,所以説灋丘與廢丘並不同時存在。

綜上所述,在上古時期"灋"字可以通假爲"廢"字,這不僅有音韻上的依據,同時有大量的出土文獻資料可以證明。三年大將吏弩機上的"灋丘"是秦人所加刻的地名。它就是戰國晚期秦國設立的廢丘縣,經歷秦代到漢高帝二年(前205年)六月改名槐里縣,故址在今陝西興平縣東南5公里的南佐村與阜寨村之間。王琳先生把弩機上的"灋丘"解釋爲姓法名丘的人名,説是齊襄王法章的後裔是錯誤的,是不符合歷史事實的。

(原載《考古與文物》2009年第6期)

二十九年楚國弩機考

　　近日,朋友拿來一件弩機鑒賞,使我大爲驚喜。這是一件戰國晚期之物,其上竟然刻滿了銘文,從望山前後邊棱到左右鈎牙,以及鈎心(牛)、懸刀的邊棱共 66 字。這是目前見到銘文最長的弩機。它記載了戰國晚期秦、楚之間的一次戰爭,也反映了這一時期秦、楚、齊之間的關係和縱橫家活動的史實,有極爲重要的史料價值。

　　該弩機通長 13.3、高 7 釐米。由望山(規)、鈎牙、鈎心(牛)、懸刀和栓塞(鍵)構成,無郭。除栓塞爲鐵質外,其餘構件均爲青銅鑄造。因栓塞生鏽,故弩機已不能活動(圖一)。從形制無郭判斷,其時代爲戰國晚期,又從銘文得知它是公元前 300 年(楚懷王二十九年)楚國製造。

圖一

　　銘文刻劃細淺,鏽蝕不嚴重,字迹目視清楚,但不能製作拓本,由於表皮顏色一致,照片不易分辨字迹,故在字口塗以黄粉拍照,以增强其反差。

　　銘文應從望山前邊棱起讀,次爲左牙棱,再次爲懸刀前邊棱,然後是右牙棱,再後是鈎心(牛)邊棱,最後是望山後邊棱。現録銘文如下(圖二,1—6):

　　二十九年,猌(秦)攻膚(吾),王昌(以)子横質玗(于)齊,又使景鯉、蘇歷(厲)昌(以)求平,竝(並)令尹乍(作)弩五千,矢卌萬與之,重丘左司工辰乍(作)三(四)千又卅五。戊午,昌(以)重刃肌與猌(秦),忒(其)與金與絲與帛與奴與絾(城)。

　　銘文考釋如下:

　　1.“二十九年”爲楚國紀年,即楚懷王二十九年,也就是公元前 300 年。

　　2.“秦攻吾”,即秦國進攻楚國。

　　3.“王以子横質于齊”,此王就是楚懷王,子横就是太子横。據《戰國策·楚策》和《史記·楚世家》記載,楚懷王二十六年(前 303 年)太子横因齊、韓、魏聯軍伐楚而入質於秦,求秦出兵救楚。次年,與一秦大夫私鬥,殺之而亡歸。二十九年又爲質於齊,公元前 298 年歸國

1   2   3   4   5   6

圖二

繼位,是爲楚頃襄王。[1]

4.“景鯉”,見於《戰國策》的秦策、齊策、楚策、韓策等,是楚平王的後裔,與蘇秦、張儀同時,事楚懷王和頃襄王,任大夫、令尹等職,有謀略,善雄辯,曾多次出使秦國。

5.“蘇歷”,史書作蘇厲,戰國晚期東周洛陽人,蘇秦、蘇代的弟弟,從事政治外交活動的謀士,先後仕燕、齊,公元前 310 年以後仕楚,事迹屢見《戰國策》的東周策、西周策、楚策、魏策和燕策等,亦見賈誼《過秦論》和《史記·蘇秦列傳》。

6.“以求平”。求,請求、乞求。《易·蒙卦》:“匪我求童蒙,童蒙求我。”謀求;追求。《詩·大雅·文王有聲》:“遹求厥寧,遹觀厥成。”《淮南子·説山》:“求美則不得美,不求美則美矣。”平,媾和、和好之意。《左傳·僖公二十四年》:“宋及楚平,宋成公如楚。”《史記·吳太伯世家》:“(吳王)卒許與越平,與盟而罷兵去。”此處的“求平”,就是楚與秦講和。

7.“並令尹作弩五千”,“並令尹”有四種解讀。其一,“並令尹”似應讀爲“並令令尹”,“並”在此作而且、並且用,表示兩個動作同時進行,但銘文中看不出“令”字之下有重文符號。

---

[1] 見《史記·楚世家》《戰國策·楚策》。

其二，"令"作動詞解，尹作職官解，此尹當爲工尹。"並令尹作弩五千"意爲並且命令尹製造弩機五千。其三，並作地名，令尹作官名解。文獻記載戰國時期楚國僅在中央設置令尹之職，掌管全國軍政大權，地位相當於三晉的相邦，都邑、郡縣似未見設置令尹，但也不是沒有可能。春秋戰國時期楚國都邑長官初稱"公"，後亦稱"尹"，如曾都尹定簠中的"曾都尹"。者旨瘏盤有"疕君之孫、徐令尹者(諸)旨(稽)瘏(耕)"，此盤爲春秋末期之物，徐國已在魯昭公三十年(前512年)被吳國所滅，此時楚國已占領徐國舊地，徐令尹當爲楚國任命管理徐地的令尹。其四，並作地名，令作官名，尹作人名解，並令尹就是並縣縣令，私名尹；其後的"重丘左司工辰"，就是由地名、官名和人名組成。

8. "與之"。與，給予。《周禮·春官·大卜》："以邦事作龜之八命：一曰征，二曰象，三曰與。"鄭玄注引鄭司農云："與謂予人物也。"之，代詞，此處指代秦國。

9. "重丘左司工辰"，"重丘"，地名，戰國時期屬楚，故址在今河南泌陽縣東北付莊街；"左司工"，職官名；"辰"，重丘左司工之私名。司工，文獻作司空，與司徒、司馬合稱三有司，爲朝廷重要執政大臣。西周始置，掌管建築工程、製造車服器械，監管手工業奴隸。春秋戰國時期中原一些國家仍有設置，往往還分設左右司工，但史書未見楚國設有此官。重丘左司工的發現，説明楚懷王時期楚國都邑已設置司工，且分左右二職，楚國朝廷亦當設有此官。此銘文可彌補文獻記載之不足。

10. "以重刃肌與秦"，"重刃肌"在句中似爲地名，是一地抑或二地，似以"重刃、肌"兩地較妥。全句是説將重刃、肌兩地給予秦國。

11. "其與金與絲與帛與奴與城"，"其"，第三人稱代詞，指代他(它)或他(它)們，這裏是指秦國。"金"，青銅。"與"，作交付、償還解。《史記·孟嘗君列傳》："歲餘不入，貸錢者多不能與其息，客奉將不給。"司馬貞索隱："與，猶還也。"此"與"跟上述給予之"與"含義稍有不同，"與金與絲與帛與奴與城"，是説秦國退還了擄去的青銅、蠶絲、束帛、奴隸和城池。

全文大意是説：二十九年，秦國進攻楚國，楚王將太子橫送到齊國作人質，又派遣景鯉和蘇屬到秦國去求和，並令尹製作弩機五千，矢鏃四十萬送給秦國，重丘左司工辰製作弩機四千零三十五件也送給秦國。戊午這天，又將重刃、肌二地割讓給秦國，於是秦國退還了擄去的青銅、蠶絲、束帛、奴隸和城池。

《戰國策·楚策二》載："齊、秦約攻楚，楚令景翠以六城賂齊，太子爲質。昭雎謂景翠曰：'秦恐且因景鯉、蘇屬而效地於楚。公出地以取齊，鯉與屬且以收地取秦，公事必敗。公不如令王重賂景鯉、蘇屬，使入秦，齊恐，必不求地而合於楚。若齊不求，是公與約也。'"大意是説：齊國跟秦國聯起手來侵犯楚國，楚懷王命令景翠到齊國去割地求和，割讓給齊國六個城邑，並讓太子作爲人質。昭雎就對景翠説："秦國聽到你去齊國有些緊張，景鯉和蘇屬能夠説服秦國歸還土地給楚國，而你却割地給齊國以求和，你幹的事必遭人怨。你不如説服楚王派遣景鯉和蘇屬出使秦國，秦國一定會與楚國講和，這樣齊國也就不會要求割地了。果真如此,豈不是你就不用割地而能簽約了嗎!"這段故事與弩機銘文所記載的史實基本相符,雖説太子橫爲質於齊,不是因爲齊國和秦國共同伐楚,但在此年到齊國當人質,以及景鯉和蘇厲出使秦國求和却是事實,至於派遣景鯉和蘇厲出使秦國這一舉措,是楚懷王自己的主意還是昭雎的計謀就不得而知了。

弩機銘文的發現意義有五:

1. 印證了史書記載楚懷王二十九年秦國進攻楚國,楚懷王使太子橫爲質於齊和派遣景鯉和蘇厲入秦求和的歷史事實。

2. 糾正了《戰國策·楚策二》關於楚懷王二十九年"齊、秦約攻楚"的誤記。弩機銘文"二十九年秦攻吾",證明此次進攻楚國的乃秦國一家所爲,與《史記·楚世家》所載完全相符。

3. 證明《史記·楚世家》"二十九年,秦復攻楚,大破楚,楚軍死者二萬,殺我將軍景缺"的記載是正確的。繆文遠《戰國史繫年輯證》[1]認爲《秦本紀》"(昭王)七年拔新城"應當是八年,《楚世家》"(懷王)二十九年秦取我襄城(當作新城)殺景缺"和《六國年表》"秦敗我襄(新)城"應爲三十年,其説是錯誤的。繆氏妄改的依據是睡虎地秦簡《編年記》有"(昭王)八年,新城歸"。從弩機銘文看,《楚世家》和《六國年表》記載並不誤。新城在懷王二十九年被秦占領之後,因景鯉和蘇厲的"求平",當年就歸還給楚國了(即銘文中的"與城"),《編年記》所説的"八年新城歸",應該是指次年(即秦昭王八年)將軍芈戎攻楚時重新占領新城。[2]

另外,《史記·秦本紀》的昭王六年"庶長奂伐楚,斬首二萬""七年拔新城",睡虎地秦簡《編年記》的"六年,攻新城",《史記·六國年表》秦昭王七年"擊楚,斬首三萬",楚懷王二十九年"秦取我襄(新)城,殺景缺",均指的是此一事件,有云六年有云七年者,當是戰爭開始於秦昭王六年(也就是楚懷王二十八年,前301年),一直延續到秦昭王七年攻陷新城。這次戰役規模很大,延續時間長,楚國損失慘重。所以,在新城失陷後,楚懷王驚恐,一方面派太子橫爲質於齊,結好齊國,另一方面派景鯉和蘇厲與秦國講和,以罷戰事。

4. 關於楚太子橫質於齊的年代和原因,《史記·楚世家》《戰國策·楚策二》記載在楚懷王二十九年,理由是齊、秦兩國從東西兩面同時夾攻楚國,爲向齊國求和而將太子橫質於齊。《戰國策·楚策四》則認爲是"長(垂字之誤)沙之難,楚太子橫爲質于齊"。歷代研究戰國史者多承後説,也就是説時在楚懷王二十八年,原因是垂沙之役戰敗,將軍唐昧被殺,宛、葉以北疆土丢失,爲了向齊國求和而爲之。楊寬《戰國史》就持此説。[3]從弩機銘文看,《戰國

---

[1] 繆文遠:《戰國史繫年輯證》,巴蜀書社,1997年。

[2] 《史記·秦本紀》:"(昭王)八年使將軍芈戎攻楚,取新市。""新市,故址在今湖北京山縣。此時秦軍尚深入不到楚國腹地,故"新市"當爲"新城"之誤。

[3] 楊寬:《戰國史》152頁,上海人民出版社,1955年。

策·楚策四》的二十八年是錯誤的,《史記·楚世家》和《戰國策·楚策二》所記載的二十九年是對的,但《戰國策·楚策二》所述理由也不確切,因爲二十九年齊國並没有參與攻打楚國。太子横爲質於齊是因秦國進攻楚國,楚懷王要與齊國修好,以齊國來牽制秦國。

5.《史記·楚世家》記載楚懷王二十八年秦、齊、韓、魏攻楚,殺楚將唐昧之後説"取我重丘而去"。這與弩機銘文有所相悖。根據《史記·孟嘗君列傳》和《戰國策·西周策》薛公以齊爲韓魏攻楚一節記載,楚懷王二十八年垂沙之戰失敗,韓、魏兩國占領了楚國宛、葉以北地區,也就是今河南南陽、方城、葉縣等地,重丘故地在今河南泌陽縣東北,地處宛、葉一綫之南,故仍在楚國控制之下,有楚國官員駐守,有製造兵器的大型冶鑄作坊。如果被秦國或韓、魏侵占,那就不可能在二十九年鑄造數以千計的弓弩等兵器,故此處史遷可能有誤。

(原題《二十九年弩機考》,載《考古與文物》2013 年第 1 期)

戰國秦印"印章飤廚"別釋

戎壹軒主人新獲的一枚古印,取名爲"印章飤廚"(圖一),據云出於渭河。半環狀鼻鈕,印牆有收分,近鈕處呈壇臺狀。邊長 21.8、寬 21.4、高 15.2、鈕寬 10 毫米。通體鏽色綠褐參差,品相上佳。印面有田字格。

圖一

周曉陸先生對該印進行了研究,認爲:"此印文字字體接近小篆,早於比較成熟的摹印篆,字體略長,風格比較圓融,字迹没有充填滿字格,它相對要早於'高章宦丞''高章宦者''麗山飤官'等封泥文字。從該印章的印體分析,要早於統一的秦王朝向西漢初期過渡時,公印的印牆較直,印的上部壇臺狀的感覺消失等特徵。所以,此印的時間當斷爲秦統一前爲宜,或在戰國秦由櫟陽移都咸陽之時。"筆者贊同周先生的意見,但周先生將印文讀爲"印章飤廚",並認爲"印章"是指不見於文獻記載的"印章宫"或者"高章宫"[1]則不可取。

筆者認爲印文應左讀爲"飤廚印章"。"飤廚"爲官府名,即飤官(食官)屬下的廚官的簡稱。該印名稱應改稱"飤廚印章"。

固然秦印中大多是從右向左豎讀,但也有從右上角向左旋讀,如"斡廥都丞""泰官庫印""中官斡丞";[2]也有右上角向左下角斜讀,然後從左上角向右下角斜讀,如"小殹將馬""尚

[1] 周曉陸:《秦印"印章飤廚"初讀》,文雅堂網,2016 年 1 月 6 日。張小東:《戎壹軒藏秦印珍品展》9 頁,中國印學博物館,2016 年 1 月。
[2] 傅嘉儀:《新出土秦代封泥印集》34、35、55 頁,西泠印社,2002 年。

臥倉印""内者府印";[1]還有從左上角向右橫讀,再從左下角向右下角橫讀的,如"尚御弄虎"[2]等。該印從左向右豎讀應不爲怪。

"飤官"作爲官府名,見於傳世文獻和戰國青銅器銘文。戰國青銅器銘文作"私官",傳世文獻作"私官"或"食官"。"食"與"私""飤"相通假。王室飤官掌管太后、王后(皇后)、太子等後宫膳食。戰國時期一些高級貴族家也設有飤官。戰國時期"飤官"銘文多見於秦國和三晋。如1956年西安市臨潼區斜口鄉地窰村出土的私官甑鼎、[3]1966年4月陝西咸陽市渭城區塔兒坡出土的私官鼎、[4]故宫博物院收藏的韓氏私官壺(《銘圖》12250)等。掌管國君膳食的官府稱大官(文獻作太官),屬少府統領。《漢書·百官公卿表》:"少府,秦官,掌山海池澤之税以給共養,有六丞。屬官有尚書、符節、太醫、太官、湯官、導官、樂府、若盧、考工室、左弋、居室、甘泉居室、左右司空、東織、西織、東園匠十六官令丞。"顏師古注:"大司農供軍國之用,少府以養天子也。"同書又有:"詹事,秦官,掌皇后、太子家,有丞。屬官有太子率更、家令丞、僕、中盾、衛率、廚、廄長丞;又中長秋、私府、永巷、倉、廄、祠祀、食官令長丞,諸宦官皆屬焉。"宗廟寢園也設有飤官,《漢書·百官公卿表上》:"奉常,秦官,掌宗廟禮儀,有丞。景帝中六年更名太常,屬官有太樂、太祝、太宰、太史、太卜、太醫六令丞,又均官、都水兩長丞,又諸廟寢園食官令長丞。"《漢書補注》錢大昭曰:"《漢舊儀》食官令,秩六百石,丞一人。"《漢舊儀》:"太官尚食用黄金釦器,中官私官尚食用白銀釦器,如祠廟器云。"秦封泥的"大官飤室"[5]應該屬於少府管轄,負責國君膳食。"右中飤室"和"飤官丞印"[6]以及漢鼎銘文"長樂飤官",應該是詹事管轄的後宫食官。秦陶文、秦封泥的"麗山飤官",[7]應該是奉常所屬的"諸廟寢園食官",掌管帝王陵寢祭祀事務。

"廚"乃"廚官"的省稱。廚官設有令丞。《漢書·百官公卿表上》:"詹事,秦官,掌皇后、太子家,有丞。屬官有太子率更、家令丞、僕、中盾、衛率、廚、廄長丞。"秦印章有"弄狗廚印""旃郎廚丞",[8]西安市長安區神禾原戰國秦大墓(初步研究墓主爲秦始皇祖母夏太后)有"廚""中廚"和"私廚"等銘文。[9]這些廚官應該都是後宫的廚官。秦始皇陵麗邑遺址出土

[1]《新出土秦代封泥印集》19、31、40頁。

[2]《新出土秦代封泥印集》45頁。

[3]陝西省博物館:《介紹陝西省博物館收藏的幾件戰國時期的秦器》,《文物》1966年第1期。

[4]咸陽市博物館:《陝西咸陽塔兒坡出土的銅器》,《文物》1975年第6期。

[5]楊廣泰:《新出封泥彙編》,西泠印社出版社,2010年。

[6]楊廣泰:《新出封泥彙編》。

[7]袁仲一、劉鈺:《秦陶文新編》下册143—145頁,文物出版社,2009年。孫慰祖:《中國古代封泥》,上海人民出版社,2003年。

[8]羅福頤:《秦漢南北朝官印徵存》,文物出版社,1987年。

[9]段清波:《關於神禾原大墓墓主及相關問題的討論》,《考古與文物》2009年第4期。

的陶文有"麗山二升半,八廚",[1]秦始皇陵飲官建築遺址出土的陶文有"麗山□廚""六廚"等,[2]則是帝陵寢廟的廚官。

"印"是"抑"的本字,義爲按抑、壓抑。曾伯霥簠的"抑燮繁陽"和梁伯戈的"抑威方蠻","抑"均作"印"。《淮南子·齊俗》:"若璽之抑埴,正與之正,傾與之傾。"許慎注:"璽,印也;埴,泥也。印正而封亦正也。""抑埴"就是抑壓封泥、抑壓陶坯。

其實,"印(抑)"和"印"本爲一字之分化。羅振玉在其《增訂殷虛書契考釋》中説:"卜辭'印'字從爪從人跽形,象以手抑人而使之跽。其誼如許書之抑,其字形則如許書之印,……予意許書印、抑二字古爲一字,後世之印信,古者謂之璽節,初無印之名。""印之本訓既爲按抑,後世執政以印施治,乃假按印之印字爲之,反印爲抑,殆出晚季,所以別於印信字也。"《馬王堆漢墓帛書·老子甲本·德經》:"高者印之。"今本《老子》第七十七章作"高者抑之",是其明證。

所以,"飲廚印章"亦可直接釋爲"飲廚印章"。《秦代印風》107"郝印"的印字作"卩",[3]《珍秦齋古印展》138虎印的印字作"卩",[4]都是戰國晚期秦印,"印"字的結構與"印"字無別。

"章",本指文彩,花紋。《書·皋陶謨》:"天命有德,五服五章哉。"孔傳:"尊卑彩章各異。"《詩·小雅·六月》:"織文鳥章,白斾央央。"鄭玄箋:"鳥章,鳥隼之文章。"《周禮·冬官考工記·畫繢》:"青與赤謂之文,赤與白謂之章。""章"也指印章,是璽印的一種名稱。璽印稱"章"也是取義其抑印的圖案文字如鳥隼之華美文章。《文選·陸機〈漢高祖功臣頌〉》:"跨功踰德,祚爾輝章。"李善注:"章,印章也。"《初學記》卷二十六引《漢舊儀》:"丞相、將軍,黃金印,龜鈕,文曰章,……一千石、六百石、四百石,銅印鼻鈕,文曰印。"戰國時期,無論官、私所用印章都稱"璽",一般寫作"鉥",不分等級尊卑。秦統一六國後,"璽"才爲帝王專用,其他官員稱"印"或"章"。"抑章"就是按捺圖章之義。殷墟出土商代晚期的一枚銅璽,田字格,璽文四字,李學勤先生釋爲"刊旬印直"。[5]"印直"讀爲"抑埴",也就是《淮南子·齊俗》所説的"抑埴"。此印的"抑章"等同於彼璽的"抑埴",所以"飲廚抑章"的涵義就是飲廚之璽、飲廚印章。此印文自名爲"章"説明戰國晚期璽印也開始用"章"作爲名稱。

官印分爲官署印和官名印。官署印是官署的公用璽印,是各級官署行使權力的憑證。印文只具官署名,不列官職名,如"少府""大官飲室""中廚印信""咸陽亭印"等。官名印是頒發給做官本人的璽印,是官員行使權力的憑證。印文同時具有官署名和官職名(地方官署

[1]《秦陶文新編》下册146頁。

[2]《秦陶文新編》下册148、149頁。

[3]黃惇、許雄志:《秦代印風》,重慶出版社,2011年。

[4]蕭春源輯、裘錫圭釋文:《珍秦齋古印展》,澳門市政廳出版,1993年。

[5]李學勤:《試説傳出殷墟的田字格璽》,《中國書法》2001年第12期。

具有地名,官署名可省略),如“奉常丞印”“四川太守”“灅丘左尉”“咸陽亭丞”等。“飤廚印章”是戰國晚期秦王室後宮某飤官屬下的廚官的公用印章。

　　“飤廚印章”璽印的發現,具有重要的意義。1. 說明戰國時期璽印不但自稱“鉨(璽)”,也自稱“章”。2.“飤廚印章”銅印可以作爲戰國晚期秦國官署印的標準器,印文文字跌宕率意,結體略長,風格圓融,是這一時期的標準印文字體。3. 傳世文獻有飤官和廚官的記載,出土文物也有飤官和廚官的銘文,但飤官與廚官的統屬關係不明確,“飤廚印章”銅印明確是飤官統領廚官,補苴了文獻之不足,爲研究秦史和中國璽印藝術提供了重要的資料。

　　(原題《戰國秦印“印章飤廚”釋讀》,復旦大學出土文獻與古文字研究中心網,

2016 年 8 月 30 日,後載《收藏界》2016 年第 10 期)

陝西歷史博物館館藏封泥考

我在陝西歷史博物館任職陳列保管部部長期間，接觸到該館收藏的一批漢代封泥，頗感重要。於是，隨手捶印拓本、測量尺寸，並查閱了原始檔案，得知這批封泥是 20 世紀五、六十年代原陝西省博物館的藏品。大部分是陝西省文物管理委員會在配合基本建設考古發掘中所得，一部分是中國科學院考古研究所在漢長安城發掘所得，還有一部分係博物館徵集品和私人捐贈品，大都出土於西安北郊的漢長安城遺址中，從未公開報導過。1991 年初，陝西省博物館被撤銷，其原址設立西安碑林博物館，這批封泥便隨同其他文物移交給新成立的陝西歷史博物館。

這批封泥共 69 枚，可分爲官印封泥、私印封泥和其他三大類，對於研究秦漢官制、行政建置方面有着重要的參考價值，現將全部資料公布，並作考釋，以就教方家。

一、官 印 封 泥 類

1. 長沙相印章封泥（館藏號：五五·437。以下各條將"封泥"二字及"館藏號"三字省略，僅以括弧注出各封泥的館藏號碼）。

1955 年 3 月陝西省文物管理委員會撥交。土紅色，方形或長方形，上部殘，長 2.8、殘寬 2、厚 1 釐米。印面正方形，邊長 2.1 釐米。印文篆書五字（圖一：1），"沙、印"二字完好，所殘三字從留存的下部觀察，左邊是"章"字，中上部是"相"字，右上一字從殘痕及帶有"沙"字的漢代王、侯國名推測，當是"長"字無疑。全文應是"長沙相印章"。《封泥考略》亦收錄"長沙相印章"的封泥一品。

查西漢時期有兩個長沙國，一個爲異姓王國，一個爲同姓王國。《漢書·異姓諸侯王表》載，高帝五年（前 202 年）二月乙未改封衡山王吳芮爲長沙王，傳五世，到文帝后元七年（前 157 年）靖王吳產薨，無子，國除。又《漢書·諸侯王表》載，景帝二年（前 155 年）三月甲寅封其子劉發爲長沙王，傳五世，到元帝初元元年（前 48 年）煬王劉旦薨，無後嗣，初元四年續封刺王之子劉宗爲長沙王，傳三世，到劉舜時，王莽建立新朝，國廢。

從上引資料可知，西漢的吳氏長沙王和劉氏長沙王，屬同地先後所封。《漢書·地理志》載："長沙國，秦郡，高帝五年爲國，莽曰塡（鎮）蠻，屬荊州。"西漢長沙國領 13 縣，轄區約爲今湖南省長沙、岳陽、湘潭三市轄地,益陽、婁底二地區,邵陽市市區及新邵、邵東二縣,衡陽市市區及衡陽、衡山、衡南、衡東四縣地。治所設在臨湘,故址在今長沙市區。

《漢書·武帝紀》:"太初元年(前104年)……夏五月正曆,以正月爲歲首,色上黃,數用五。"注云:"張晏曰:漢據土德,土數五,故用五,謂印文也。若丞相曰丞相之印章,諸卿及守相印文不足五字者,以'之'足之。"此封泥印文五字,應該是劉氏長沙王國的相印所鈐,而且只能是武帝太初元年(前104年)以後之物。

2. 衡山相印(五四·372)

1954年入藏。黑色,長方形,邊長2.4×3.4、厚1.5釐米。印面正方形,邊長2釐米。印文篆書四字,筆畫粗壯,文爲"衡山相印"(圖一:2)。

西漢先後有兩個衡山國,一個見《漢書·異姓諸侯王表》,其王爲吳芮,都邾,高帝元年(前206年)一月項羽所封。高帝五年改封爲長沙王,其地改置江夏郡。另一個見《漢書·諸侯王表》,始封王爲劉勃,淮南王劉長的次子,文帝十六年(前164年)四月丙寅由安陽侯進封。《史記·淮南衡山列傳》:"孝文十六年,徙淮南王喜復故城陽。上憐淮南屬王廢法不軌,自使失國蚤死,乃立其三子:阜陽侯安爲淮南王,安陽侯勃爲衡山王,陽周侯賜爲廬江王,皆復得屬王時地,參分之。"景帝四年(前153年)又將劉勃徙封爲濟北王,而將劉長的第三子廬江王劉賜徙封爲衡山王。武帝元狩元年(前122年)冬因謀反事發,劉賜自殺,國除。次年,又設六安國。

吳芮的衡山國轄區較大,與秦衡山郡轄地相同,約有今湖北省黃岡地區,鄂州、黃石二市轄地全部,孝感、咸寧二地區東部,河南省信陽地區淮河以南,安徽省安慶市及六安地區的淮河以北,霍山以西地區。國都設在邾,故址在今湖北省黃岡縣西北。劉氏衡山國係分淮南國所置,轄區約有今安徽省六安地區的六安市及六安、霍山、霍丘、金寨四縣地,湖北省黃岡地區的英山以北,羅山、麻城以東地區,以及河南省信陽地區的商城、固始二縣地。國都設在六縣,故址在今安徽省六安市東北。

《漢書·百官公卿表》載:"景帝中五年令諸侯王不得復治國,天子爲置吏,改丞相曰相。"此封泥印文稱"相"而不稱"丞相",可知其爲景帝中五年(前145年)以後之物,即劉賜時期的衡山國相印,而不是吳芮的衡山國相印。

3. 襄陽相印章(五三·584)

1953年入藏。土紅色,長方形,邊長3×2.8、厚1釐米。印面正方形,邊長2釐米。印文篆書五字,文爲"襄陽相印章"(圖一:3)。

此封泥行文規整,筆道較細,與會稽太守章、臨淮太守章風格一致,時代當在西漢。武帝太初元年迷信漢以土德王,土數爲五,規定三公、九卿、將軍、郡尉及王國相印皆用五字,九卿屬官、侯國及縣令長印只用四字。此封泥印文五字,應是武帝太初元年(前104年)以後的諸侯王國相印。

查《漢書・諸侯王表》及《漢書・地理志》均不載襄陽王國,或爲此王受封時間不長,旋被廢徙,故史書失載。《漢書・地理志》南郡屬縣有襄陽,《齊魯封泥集存》亦録有"襄陽長印"一品。襄陽故城在今湖北省襄陽市漢水南岸,城在水曲,隔水與樊城相望,今仍名襄陽。襄陽王國的得名當與襄陽城有關。

4. 楚相之印章(五五・439)

1955年3月陝西省文物管理委員會撥交。土紅色,方形或長方形,右邊及上下邊略殘,邊長1.6×2.1、厚0.5釐米。印面可能是正方形,邊長2.1釐米。印文篆書五字,文爲"楚相之印章"(圖一:4)。其中"楚"字上部殘,"相、印"二字下部殘,"章"字上下皆殘。此封泥五字,當爲武帝太初元年(前104年)以後之物。

據《漢書・異姓諸侯王表》及《諸侯王表》載,楚國本爲霸王項羽的王國,高帝五年(前202年)誅項羽,又封韓信爲楚王,旋廢。六年正月丙午,以其地封弟劉交爲楚王,傳三世,景帝三年(前154年)楚王劉戊反叛被誅,四年又封劉交另一子平陸侯劉禮爲楚王,傳五世,到宣帝地節元年(前69年)楚王劉延壽又因謀反被誅,甘露四年(前50年)十月乙亥再以宣帝之子定陶王劉囂徙封楚國,傳二世,成帝陽朔元年(前24年)懷王劉文薨,無後,次年徙劉囂另一子思王劉衍爲楚王,傳二世,王莽始建國元年(9年)廢楚王劉紆,國除。

《漢書・地理志》載:"楚國,高帝置,宣帝地節元年更爲彭城郡,黃龍元年復故。莽曰和樂,屬徐州。"楚國領七縣,轄區約有今江蘇省徐州市轄地的沛、邳二縣以西,安徽省宿州地區北部及山東省棗莊市南部。國都設在彭城,故址在今徐州市城區。

5. 蜀郡太守(五五・422)

1955年3月陝西省文物管理委員會撥交。磚灰色,長方形,邊長2.8×3、厚0.9釐米。印面正方形,邊長2釐米。印文筆畫粗壯,篆書四字,文爲"蜀郡大守"(圖一:5)。"大守"即"太守"(下同),古文獻均作"太守"。《封泥考略》收録"蜀郡太守章"一品。

《漢書・地理志》載:"蜀郡,秦置,屬益州。"西漢蜀郡治所設在成都,故址在今四川省成都市區。領15縣,轄區約有今四川省成都(不含新都、金堂二縣)、自貢二市,雅安地區,阿壩藏族羌族自治州邛崍山以東及甘孜藏族自治州的貢嘎山以南地區。

漢初沿襲秦代舊制,實行以郡統縣的兩級地方行政制度,每郡置守,治理民政。景帝中元二年(前148年)改稱太守。又武帝太初元年(前104年)因迷信漢以土德王,土數五,規定三公、九卿、將軍、國相、太守及郡尉的印文皆用五字,不足五字者加"之、章"等字以足其數。此封泥印文既稱"太守",且只有四字,應該是景帝中元二年至武帝太初元年這四十四年間之物。

6. 蜀守之印(五四・378)

1954年入藏。土紅色,方形,殘長2、寬2.8、厚0.8釐米。印面正方形,邊長2釐米。印文筆道粗壯,篆書四字,文爲"蜀守之印","蜀"字上部殘(圖一:6)。

此封泥印文四字,且稱"守"不稱"太守",應是景帝中元二年(前148年)以前之物。

7. 跋舊太守章（五五·420）

1955 年 3 月陝西省文物管理委員會撥交。黑色，方形，右邊略殘，邊長 2.3、厚 1.1 釐米。印面正方形，邊長 2 釐米。印文筆畫較細，篆書五字，文爲“跋舊太守章”（圖一：7）。其中“跋舊”二字殘損，跋字所從的“戊”殘去“戈”，舊字僅存上部。《封泥考略》收錄“跋舊太守”封泥一品，“跋舊太守章”封泥三品。跋舊，西漢郡名，《漢書·地理志》作越巂，武帝元鼎六年（前 111 年）設置，屬益州。按：跋與迤、越實同一字，在商周古文字中，足、走、辵作爲偏旁表意常可相互置換。《説文·足部》：“跋，輕也，從足戊聲。”桂馥曰：“輕當作趲。”徐灝曰：“走部越同。”《説文·走部》：“越，度也，從走戊聲。”《廣雅·釋詁二》：“越，渡也。”朱駿聲曰：“與迤略同。”《禮記·曲禮上》：“戒勿越。”注云：“越，踰也。”《説文·辵部》：“迤，踰也。……《易》曰：雜而不迤。”今《易·繫辭下》作“雜而不越”。徐灝曰：“迤與越、跋音義並同。”封泥的“舊”字從萑，與蒦、舊、蔖等字所從相同。《説文·萑部》：“萑，鴟屬，從隹從丫，有毛角。所鳴其民有旤，凡萑之屬皆從萑，讀若和。”但《説文》有“雟”而無“舊”。《説文·隹部》：“雟，周燕也，從隹，屮象其冠也，冏聲。一曰蜀王望帝淫其相妻，慚亡去，爲子雟鳥。故蜀人聞子雟鳴，皆起云望帝。”

按《漢書·地理志》所載，跋舊郡領 15 縣，治所設在邛都，故址在今四川省西昌市西南，轄區約有今四川省涼山彝族自治州、攀枝花市、樂山市峨邊彝族自治縣以南地區，雲南省麗江地區、楚雄彝族自治州的永仁、大姚二縣以及大理白族自治州的賓川縣東部。

武帝太初元年（前 104 年）規定太守印章必須用五字，結合跋舊郡始設於元鼎六年（前 111 年）的事實，可以斷定“跋舊太守”封泥是元鼎六年到太初元年這七年間之物，“跋舊太守章”封泥是太初元年以後之物。

8. 沛郡太守章（五五·426）

1955 年 3 月陝西省文物管理委員會撥交。土紅色，方形，右上角略殘，邊長 2.8×2.7、厚 1.2 釐米。印面正方形，邊長 2 釐米。印文篆書五字，文爲“沛郡太守章”（圖一：8）。《封泥考略》收錄“沛郡太守”封泥一品，“沛郡太守章”封泥五品。

《漢書·地理志》載：“沛郡，故秦泗水郡，高帝更名，莽曰吾符。屬豫州。”西漢沛郡治所設在相縣，故址在今安徽省濉溪縣西北 15 公里，領 37 縣，轄區約有今安徽省淮北市、宿縣地區的蕭縣、阜陽地區西淝河以北地區、淮南市大部，江蘇省徐州市的沛、豐二縣及河南省商丘地區的夏邑、永城二縣地。

武帝太初元年（前 104）規定太守印章必須使用五字。因此，“沛郡太守”封泥應是景帝中元二年（前 148 年）改郡守爲太守之後，到武帝太初元年這四十五年間之物，“沛郡太守章”封泥應是太初元年以後之物。

9. 五原太守章（五五·450）

1955 年 3 月陝西省文物管理委員會撥交。土紅色，略呈長方體，下邊稍殘，並未殘字。

邊長 2.5×2.8、厚 1 釐米。印面正方形，邊長 2.2 釐米。印文筆道寬博，篆書五字，文爲“五原太守章”（圖一：9）。

圖一

《漢書·地理志》載："五原郡，秦九原郡，武帝元朔二年(前127年)更名。東部都尉治稒陽。莽曰獲降，屬并州。"五原郡治所設在九原縣，故址在今内蒙古自治區包頭市西北，領16縣，轄區約有今内蒙古自治區陰山以南、巴彦淖爾盟的烏梁素海以東、土木特右旗以西地區，包括包頭市、達拉特旗、烏拉特前旗東部及准格爾旗北部。此封泥印文五字，應是武帝太初元年(前104年)規定太守印章必須使用五字以後之物。

10. 臨淮太守章(五五·421)

1955年3月陕西省文物管理委員會撥交。土紅色，長方形，邊長2.4×3.2、厚0.7釐米。印面正方形，邊長2.1釐米。印文筆道較細，篆書五字，文爲"臨淮太守章"(圖一：10)。《封泥考略》收錄相同印文封泥三品。

《漢書·地理志》載："武帝元狩六年(前117年)置，莽曰淮平。"西漢臨淮郡治所設在徐縣，故址在今江蘇省泗洪縣東南15公里，領29縣，轄區約有今江蘇省淮陰市市區，泗洪、宿遷、洪澤、盱眙、淮陰、漣水、淮安等縣市地，南通、鹽城二市地，南京市的六合縣、徐州市的睢寧縣，以及安徽省滁縣地區的天長、嘉山二縣地。

此封泥印文五字，應是武帝太初元年(前104年)規定太守印章必須使用五字以後之物。

11. 會稽太守章(五五·429)

1955年3月陕西省文物管理委員會撥交。土紅色，文爲"會稽太守章"(圖一：11)。其中"章"字上部殘缺。《封泥考略》收錄"會稽守章"一品，"會稽太守章"二品。

《漢書·地理志》載："會稽郡，秦置，高帝六年爲荆國，十二年更名吳，景帝四年屬江都。屬揚州。"又據同書《高帝紀》《荆燕吳傳》可知，荆國係高帝從父弟劉賈的封國，始封於高帝六年(前201年)，轄區爲東陽、鄣、吳三郡五十三縣，約有秦會稽、閩江二郡全部及九江郡東部(即後來的丹陽郡)。十一年十二月被黥布攻殺。次年，又以其地封代王之子劉濞爲吳王，景帝三年(前154年)吳楚七國叛亂，吳王劉濞被誅。第二年封地劃歸江都國(見《漢書·景十三王傳》)，武帝元狩二年(前121年)江都王劉建因謀反事發自殺，六年(前117年)國除，其地入漢，復設會稽郡，郡治吳縣，故址在今江蘇省蘇州市市區，領26縣，轄地約有今浙江(不含杭州市轄地西部)、福建(不含漳州市南部四縣)、上海三省、市，以及江蘇省長江以南的蘇州、無錫、常州(不含溧陽)、鎮江(不含句容)四市轄地。

《漢書·百官公卿表》載："郡守，秦官，掌治其郡，秩二千石，有丞。……景帝中二年更名太守。""會稽守章"自當是景帝中元二年(前148年)以前之物，"會稽太守章"應在景帝中元二年之後，其上限不應超過武帝太初元年(前104年)規定太守印章必須使用五字之時。但是，景帝中元二年以前其地先後屬荆國、吳國和江都國，此會稽郡自應是諸侯王國所設，轄地約與秦會稽郡相同。

12. 山陽太守章(五四·370)

1954年入藏。土紅色，方形，邊長2.9×3、厚1.6釐米。印面近方形，邊長2.1×2.2釐米。

印文篆書五字,文爲"山陽太守章"(圖一:12)。《封泥考略》亦收録一品。

據《漢書·地理志》《諸侯王表》《武五子傳》所載,山陽郡漢初屬梁國,景帝中元六年(前144年)分梁爲五國,其地置山陽國,以封梁孝王子劉定,武帝建元五年(前136年),劉定薨,無嗣,國除爲郡。天漢四年(前97年)六月,又以山陽郡改設昌邑國,以封武帝子劉髆,元平元年(前74年)昭帝崩,昌邑王賀被徵爲昭帝典喪,六月受皇帝璽,襲尊號,即位二十七日,因行淫亂,廢歸故國,賜邑二千户,國除,復設山陽郡。元康三年(前63年),劉賀又改封海昏侯,移居豫章國(今江西南昌)。

山陽郡治所設在昌邑,故址在今山東省金鄉縣西北20公里,領23縣,轄區約有今山東省濟寧市的金鄉、魚臺、兗州、鄒、嘉祥等五縣地,荷澤地區的單、曹、成武、巨野、鄆城五縣地,鄆城縣南部以及河南省商丘地區的民權縣地。

此封泥印文五字,應是武帝太初元年(前104年)以後之物。若是第一次設郡時物,只能在太初元年到天漢四年的八年間。

13. 東海太守章(五四·379)

1954年入藏。黑色,方形,邊長2.5×2.6、厚1.2釐米。印面正方形,邊長2釐米。印文篆書五字,文爲"東海太守章"(圖一:13)。筆畫纖細,壓印較淺,其中"海"字模糊不清,拓印不出。《封泥考略》收録一品,與此相同。

東海郡,秦始設,楚漢之際改名郯郡,高帝時復爲東海郡,治所設在郯縣,故址在今山東省郯城縣北。領38縣,轄區約有今山東省臨沂地區的臨沂、費、蒼山、臨沭、郯城五縣市,棗莊(不含滕州市)、連雲港二市,濟寧市的微山縣,江蘇省徐州市的新沂、邳二市縣,淮陰市的沭陽、灌南二縣地。

此封泥印文五字,應是武帝太初元年(前104年)以後之物。

14. 天水太守章(五四·371)

1954年入藏。土紅色,長方形,邊長3.3×2.7、厚1.2釐米。印面正方形,邊長2.1釐米。印文篆書五字,文爲"天水太守章"(圖一:14)。《封泥考略》收録二品,與此相同。

《漢書·地理志》有天水郡,武帝元鼎三年(前114年)置,治所設在平襄,故址在今甘肅省通渭縣西。領16縣,轄區約有今甘肅省天水市轄地(不含秦城區),平涼地區的靜寧、莊浪二縣,定西地區的通渭、定西二縣及蘭州市的榆中縣地。

此封泥印文五字,應是武帝太初元年(前104年)規定太守印章必須使用五字以後之物。

15. 樂浪太守章(六二·150)

1962年7月13日徵集。土紅色,長方形,邊長2.7×2.5、厚0.7釐米。印面正方形,邊長2.1釐米。印文篆書五字,文爲"樂浪太守章"(圖一:15)。

《漢書·地理志》載:"樂浪郡,武帝元封三年開,莽曰樂鮮,屬幽州。"郡治設在朝鮮縣,故址在今朝鮮民主主義人民共和國平壤市大同江南岸的土城洞(一説即今平壤市)。領15縣,轄區約爲今朝鮮民主主義人民共和國清川江及蓋馬高原以南,春川、江陵以北地區。

此封泥印文五字,當是武帝太初元年(前 104 年)規定太守印文必須使用五字以後之物。

16. □□都尉章(七二·325)

1964 年西安市北郊漢長安城遺址出土,中國科學院考古研究所撥交。土紅色,方形,右部殘,長 2.6、殘寬 2、厚 0.6 釐米。印面正方形,邊長 2 釐米。印文篆書五字,右二字係郡名,殘去大部,不識,餘"都尉章"三字(圖一:16)。

都尉爲郡太守的佐官,掌治軍事。《文獻通考》卷六三云:"守治民,丞佐之,尉典兵。"語意似爲守與尉分管民政和軍事。《漢書·百官公卿表》載:"郡尉,秦官,掌佐守典武職甲卒,秩比二千石。"據此郡尉爲郡守的輔佐甚明。又《百官公卿表》云:"景帝中二年(前 148 年)改稱都尉。"此封泥印文爲都尉,又是五字,時代應在武帝太初元年(前 104 年)規定三公、九卿、將軍、國相、太守及郡尉的印文必須使用五字之後。

17. 沛郡副貳印(五五·432)

1955 年 3 月陝西省文物管理委員會撥交。土紅色,方形,邊長 2.4、厚 0.6 釐米。印面正方形,邊長 2.1 釐米。印文篆書五字,文爲"沛郡副貳印"(圖一:17)。從印文辭例分析,封泥應爲新莽時期之物。《秦漢南北朝官印徵存》收錄"水須副貳印"一品,龜鈕銅質,辭例與封泥相同,可以爲證。

"副貳",即輔佐。沛郡副貳就是沛郡都尉,輔佐郡太守掌典武職甲卒。《後漢書·景丹傳》載:"景丹,字孫卿。馮翊櫟陽人也。少學長安,王莽時舉四科。丹以言語爲固德侯相,有幹事稱,遷朔調連率副貳。"注云:"朔調,上谷也;副貳,屬令也。"上谷本秦郡,王莽改稱朔調,治沮陽,故址在今河北省懷來縣小南辛堡鎮大古城村北官廳水庫畔。屬令爲新莽時郡守的職名。王莽建立新朝,更改職官名稱。名目繁多,甚至一職數名。如天鳳元年(14 年)四月,王莽規定郡守由侯爵擔任者稱卒正,伯爵擔任者稱連率,無爵者稱大尹;郡尉由子爵擔任者稱屬令,男爵擔任者稱屬長。此稱副貳,當爲無爵者擔任尉的稱謂。

18. 郫令之印(五五·424)

1955 年 3 月陝西省文物管理委員會撥交。土紅色,長方形,右邊殘,邊長 2.1×2.4、厚 0.9 釐米。印面正方形,邊長 2 釐米。印文篆書四字,文爲"郫令之印"(圖一:18)。"郫、令"二字略殘。此封泥時代爲西漢。

漢承秦制,地方實行郡縣制,以郡統縣。縣分二等,萬戶以上的縣,其長官稱令,萬戶以下稱長。縣令縣長管理全縣政務、治安和民事。郫縣,見《漢書·地理志》,屬蜀郡,秦始置,故址在今四川省郫縣郫筒鎮。

19. 雒令之印(3853)

1952 年陳堯廷先生捐獻。土紅色,餅形,右下部略殘。直徑 2.5—2.7、厚 0.8 釐米。印面正方形,邊長 2.1 釐米。印文篆書四字,文爲"雒令之印"(圖一:19)。《封泥考略》亦收錄二品,均西漢之物。

《漢書·地理志》廣漢郡有雒縣,《讀史方輿紀要》漢州條下:"廢雒縣,今州治本漢之雒縣,屬廣漢郡,後漢爲郡治,建安十八年先主圍雒,明年雒城潰。"明末清初的漢州今爲廣漢市。據《四川政區沿革與治地今釋》考證,雒縣故址在今四川省廣漢市北的北外鄉。

20. 涪令之印(七二·326)

1964 年西安市漢城鄉查家寨出土,中國科學院考古研究所撥交。查家寨在漢長安城遺址中。封泥磚灰色,長方形,右邊殘,長 2.7、殘寬 2.2、厚 1.2 釐米。印面正方形,邊長 2.1 釐米。印文篆書四字,文爲"囗令之印"(圖一:20)。此封泥是西漢之物。第一字爲縣名,從殘留部分看左邊從水,右邊下部從口。

查《漢書·地理志》左邊從水之字的縣名,京兆尹有湖縣,右扶風有漆、汧二縣,上黨郡有沾、潞二縣,河內郡有汲、波、溫三縣,廬江郡有灊縣,沛郡有沛縣,魏郡有沙縣,涿郡有涿縣,丹揚郡有涇縣,武都郡有沮縣,廣漢郡有涪縣。右下部從口的縣只有沾縣和涪縣。再用《封泥考略》收錄的"涪令之印""涪長之印"封泥與此殘字對比分析,此字只能是涪縣之涪。西漢涪縣故址在今四川省綿陽市市中區涪江東岸。

21. 嚴道長印(3849)

1952 年陳堯廷先生捐獻。土紅色,長方形,邊長 2.8×3、厚 0.8 釐米。印面正方形,邊長 2 釐米。印文篆書四字,文爲"嚴道長印"(圖二:1)。《封泥考略》收錄"嚴道長印"封泥十一品,"嚴道令印"一品。這幾枚封泥均是西漢之物。

《漢書·地理志》蜀郡有嚴道縣,秦始置,縣境有邛崍山,邛水所出,東入青衣水。縣城故址在今四川省滎經縣西六合鄉古城坪。前已叙述,嚴道縣既有長印封泥,又有令印封泥,按西漢制度,一縣民戶在萬戶以上設令,萬戶以下設長。有令有長,當是官名隨民戶增減而曾有過更易。嚴道長印封泥的時代應早於嚴道令印。

22. 汁邡長印(五四·375)

1954 年入藏。黑色,長方形,邊長 2.6×2.8、厚 1 釐米。印面正方形,邊長 2 釐米。印文篆書四字,文爲"汁邡長印"(圖二:2)。《封泥考略》亦收錄三品。這幾枚封泥均是西漢之物。

《漢書·地理志》廣漢郡有汁方縣,即此汁邡縣。《後漢書·郡國志》及《説文解字》均作什邡,而《隸釋》王君平鄉道碑有武都丞呂國題名作汁邡,與封泥相同,當以碑文及封泥爲正。《讀史方輿紀要》載:"什邡縣在州西二十里,東南至新都縣五十里,漢縣,屬廣漢郡。……後周改方亭縣,尋廢入雒縣,唐武德二年復置什邡縣,屬益州,尋屬漢州,宋因之。今城周三里有奇。"《四川政區沿革與治地今釋》考證,漢汁邡縣故址在今什邡縣方亭鎮南。

23. 殺栩丞印(五五·441)

1955 年 3 月陝西省文物管理委員會撥交,土紅色,長方形,殘長 1.8×2.3、厚 0.8 釐米。印文篆書四字,文爲"祋栩丞印"(圖二:3)。該封泥是西漢之物。"栩、印"二字下部殘缺。王厚之《集古印譜》收錄"祋栩丞印"一品,印文與此封泥全同。

《漢書·地理志》左馮翊有祋祤縣。封泥印文的"祋栩"即《地理志》的"祋祤"。"栩"字從木不從示,與《漢書·衛青霍去病傳》"趙食其,祋栩人"的"栩"字相同,可知《地理志》作"祤"者誤,《金石錄》收錄的漢蒼頡廟碑陰有祋栩候長題名,亦可爲證。

《水經注·沮水》載:"(沮水)又西南逕宜君川,世又謂之宜君水,又得黃嶔水口,水西北出雲陽縣石門山黃嶔谷,東南流注宜君水。又東南流逕祋祤縣故城西,縣以漢景帝二年置。其水南合銅官水,水出縣東北,西南逕銅官川,謂之銅官水,又西南流逕祋祤縣東,西南流逕其城南原下,而西南注宜君水。"沮水今名沮河,銅官水今名漆水河,兩水在今陝西省耀縣城南交匯。很顯然,兩漢到南北朝時的祋栩縣城都在兩水交匯處的三角臺地上,即今耀縣城北的塔坡遺址。據考古調查得知在今耀縣西南與淳化、三原兩縣交界的西獨冢村是漢代步壽宮、祋栩宮遺址,面積達 4 平方公里,發現大型夯土建築基址兩處,出土雲紋、葵紋瓦當,祋栩、長樂未央、長生無極和宮字瓦當,以及筒瓦、板瓦、幾何紋鋪地磚等。《三輔黃圖》載:"漢祋祤宮,宣帝神爵二年(前 60 年)鳳凰集祋祤縣,鳳凰集處得玉寶,乃起步壽宮。"

24. 長陵丞印(五五·423)

1955 年 3 月陝西省文物管理委員會撥交。土紅色,餅形,直徑 2.8、厚 0.6 釐米。印面正方形,右上角略殘,邊長 2 釐米。印文篆書四字,文爲"長陵丞印"(圖二:4)。《封泥考略》亦收錄"長陵丞印"二品,均西漢之物。

《漢書·地理志》左馮翊有長陵縣,本爲咸陽縣長山,高帝十二年(前 195 年)五月葬於此,因名長陵,置長陵縣,以奉陵寢。據《漢書·百官公卿表》載,長陵縣初屬奉常(景帝六年改名太常),元帝永光元年(前 43 年)改屬左馮翊。《太平寰宇記》咸陽縣條載:"長陵故城,在今縣東北四十里。初,漢徙關東豪族以奉陵邑,長陵、茂陵各萬戶,其餘五陵各五百戶,皆屬太常,不隸於郡。去高帝長陵三里。晋省,今廢城存。"《長安志》引《關中記》云:"長陵城有南北西三面,東面無城,陪葬者皆在東。"據實地勘查,長陵縣城故址在今咸陽市東北怡魏村,屬渭城區韓家灣鄉,南距高帝陵墓冢 1.5 公里,城址猶存,南北西三面有城牆殘基,東面無,與《關中記》所載相合。地面殘垣南北長 2000 米,東西寬 1245 米,牆基寬 7—9 米。[1]

25. 鄲長之印(五四·374)

1954 年入藏。黑色,餅形,直徑 3.3—3.7、厚 1.2 釐米。印面正方形,邊長 2 釐米。印文篆書四字,文爲"鄲長之印"(圖二:5)。封泥屬西漢之物。

《漢書·地理志》沛郡有鄲縣。《水經注·淮水》載:"渙水又東,苞水注之,水出譙城北白

――――――――――

[1] 劉慶柱:《西漢十一陵》,陝西人民出版社,1987 年。

汀陂,陂水東流經鄲縣南,又東,逕鄆縣故城南。漢景帝中元年封周應爲侯國。王莽更之。曰單城也。……又東,逕嵇山北,嵇氏故居。嵇康本姓奚,會稽人也。先人自會稽遷於譙之銍縣,改爲嵇氏,取稽字之上以爲姓。蓋志本也。"苞水今名包河,在河南永城縣南五十里,東流入安徽,經亳縣東北,又東南錯入永城縣界,沿邊界東南流經安徽渦陽縣北部,進入淮北市濉溪縣與澮河(古澳水)交匯。由《水經注》記載可知西漢鄆縣城在包河北岸,轄地橫跨包河南北,東北與鄲縣接壤,西南可達嵇山北麓。鄲縣故城在今河南永城縣西,今名鄲城鎮,嵇山在今安徽渦陽縣東北六十里,與淮北市濉溪縣交界。因此,鄆縣故城應在這兩者之間的包河北岸。查渦陽縣東北與永城縣交界處的包河北岸有丹城集,應是鄆縣故城所在,丹城即鄆城之訛。

另《讀史方輿紀要》河南省鹿邑縣下載:"鄆縣城,在縣東北。漢置鄆縣,屬沛郡,鄆音多,後漢仍屬沛國,晉屬譙郡,後魏因之,後齊廢,今爲鄆城鎮。"此說誤,前述鄆縣城在鹿邑縣東北,後又說今爲鄆城鎮,前後矛盾。明末清初,鹿邑縣有鄆城鎮,在縣西南七十里,今爲鄆城縣,屬河南周口地區,此乃隋開皇六年(586年)復設之鄆縣故城,唐初撤銷,與漢鄆縣無涉。

26. 郟丞之印(6986)

1952年入藏。土紅色,餅形,直徑2.3—2.8、厚0.9釐米。印面正方形,邊長2釐米。印文篆書四字,文爲"郟丞之印"(圖二:6)。封泥屬西漢之物。

《漢書·地理志》潁川郡屬縣有郟縣。春秋鄭邑,後屬楚。《左傳·昭公元年》:"楚公子圍使公子黑肱、伯州犁城犫、櫟、郟。"《國語·鄭語》載史伯謂鄭桓公曰:"惟謝郟之間,其冢君侈驕。"即此。秦置郟縣,治所在今河南省郟縣城。

27. 雒丞之印(五五·416)

1955年3月陝西省文物管理委員會撥交。黑色,方形,邊略殘,邊長2.6、厚0.8釐米。印面正方形,邊長2釐米。印文篆書四字,文爲"雒丞之印"(圖二:7)。《封泥考略》亦收錄一品,均西漢之物。

雒丞即雒縣縣丞。《漢書·地理志》廣漢郡有雒縣,王莽改名吾雒縣,東漢復爲雒縣。故址在今四川省廣漢市北的北外鄉。隋以後移治今廣漢市區。

28. 戲丞之印(五五·440)

1955年3月陝西省文物管理委員會撥交。土紅色,餅形,左邊略殘。直徑2.3—2.6、厚0.8釐米。印面正方形,邊長1.1釐米。印文篆書四字,筆畫纖細,有田字格,文爲"戲丞之印"(圖二:8)。從田字格的印章形式和印文風格看,"戲丞之印"封泥應是秦代至西漢初年之物。

戲縣,史書失載。八十年代秦始皇陵的勘查發掘爲解決這一問題提供了可靠的資料。在兵馬俑坑、始皇陵園内外之間以及附近的建築遺址出土的磚瓦和陶俑上,發現帶有地名的陶工戳記數十種,如"咸陽慶""櫟陽重""芷陽癸""美陽工蒼""頻陽狀""臨晉廖""好畤工夥”“西處”“楊工積”“安邑□”“宜陽暢”“烏氏工昌”“高陽工烏”“延陵工□”“新城章”“鄖陽具”“戲□”“戲工禾”等,都是來自全國各地的陶工,以縣、邑爲單位開設窯場,爲始皇陵燒造磚瓦、陶俑,在其産品上都要列印上戳記,以便考核。戳印上的咸陽、櫟陽、芷陽、美陽、頻陽、臨晉、好時、西、楊、安邑、宜陽、烏氏、高陽、延陵、新城、鄖陽都是當時的縣邑名,大都見於《史記·秦本紀》《漢書·地理志》以及新近出土的睡虎地秦簡《編年記》等。無疑,“戲”也應是當時的一個縣邑。《國語·魯語》:“幽滅於戲。”《史記·秦始皇本紀》二世:“二年冬,陳涉所遣周章等將西至戲。”《史記·高祖本紀》:“聞沛公已定關中,大怒,使黥布等攻破函谷關,十二月中遂至戲。”又:“漢元年四月,諸侯罷戲下,各就國。”集解引蘇林曰:“戲,邑名,在新豐縣東南三十里。”正義引《括地志》云:“戲水源出雍州新豐縣西南驪山,《水經注》云戲水出驪山馮公谷,東北流,今新豐縣東北十一里,戲水當官道,即其處。”唐新豐縣,在今西安市臨潼區新豐鎮。因此,戲邑故址應在臨潼區東北二十公里戲河西岸,西潼公路經此。戲河西岸今有戲下村,當是諸侯罷兵處。

29. 新豐之印(3850)

1952年陳堯廷先生捐獻。土紅色,餅形,直徑2.8、厚0.9釐米。印面正方形,邊長2釐米。印文篆書四字,文爲“新豐之印”(圖二:9)。《封泥考略》亦收錄一品,均西漢之物。

《漢書·地理志》京兆尹轄縣有新豐,云:“驪山在南,故驪戎國。秦曰驪邑。高祖七年置。”注云:“應劭曰:太上皇思東歸,於是高祖改築城寺街里以象豐,徙豐民以實之,故號新豐。”《史記·高祖本紀》載十年七月:“太上皇崩櫟陽宮,楚王梁王皆來送葬,赦櫟陽囚,更命酈邑曰新豐。”正義引《括地志》云:“新豐故城在雍州新豐縣西南四里,漢新豐宮也。太上皇時,悽愴不樂,高祖竊因左右問故,答以平生所好,皆屠販少年,酤酒賣餅,鬥雞蹴踘,以此爲歡,今皆無此,故而不樂。高祖乃作新豐,徙諸故人實之,太上皇乃悦。按前于酈邑築城寺,徙其民實之,未改其名,太上皇崩後,命曰新豐。”據上分析,當是高帝七年(前200年)自櫟陽遷都長安後,太上皇獨居櫟陽宮,感到寂寞,思歸故里,於是在驪邑築城寺市里,以像豐,並使豐民遷住其中,十年七月太上皇崩後,撤銷驪邑縣,始設新豐縣。漢新豐縣轄區相當於今西安市臨潼區渭河以南地區(不含驪山鎮以西),及渭南市臨渭區渭河以南地區。故城在今臨潼區東北七公里,今名陰盤城,東漢靈帝末年,陰盤縣寄治於此,因徙新豐縣於故城東二十里零河西岸。

此印及“槐里之印”“好時之印”等,但有縣名,而不著官號,與前述的雒令、汁邡長等印不同。吳式芬認爲這類印章是縣邑佐史之印,他在《封泥考略》中説:“按《漢書·百官公卿表》縣令長皆有丞尉,是爲長吏,百石以下有斗食佐史之秩,是爲少吏。又云吏員自佐史。此與下陰、平道印及嚴道桔園印當即佐史印也。”陳直先生則認爲這類印章是官署的公用印章。他在《漢書新證》中説:“漢代官吏所用印章,有公用者,有專用者。……如漢封泥縣令長中有某縣之印,疑爲縣令長丞尉,所公用者,在某種公牘中適宜於用之。又如某某長印、某某丞

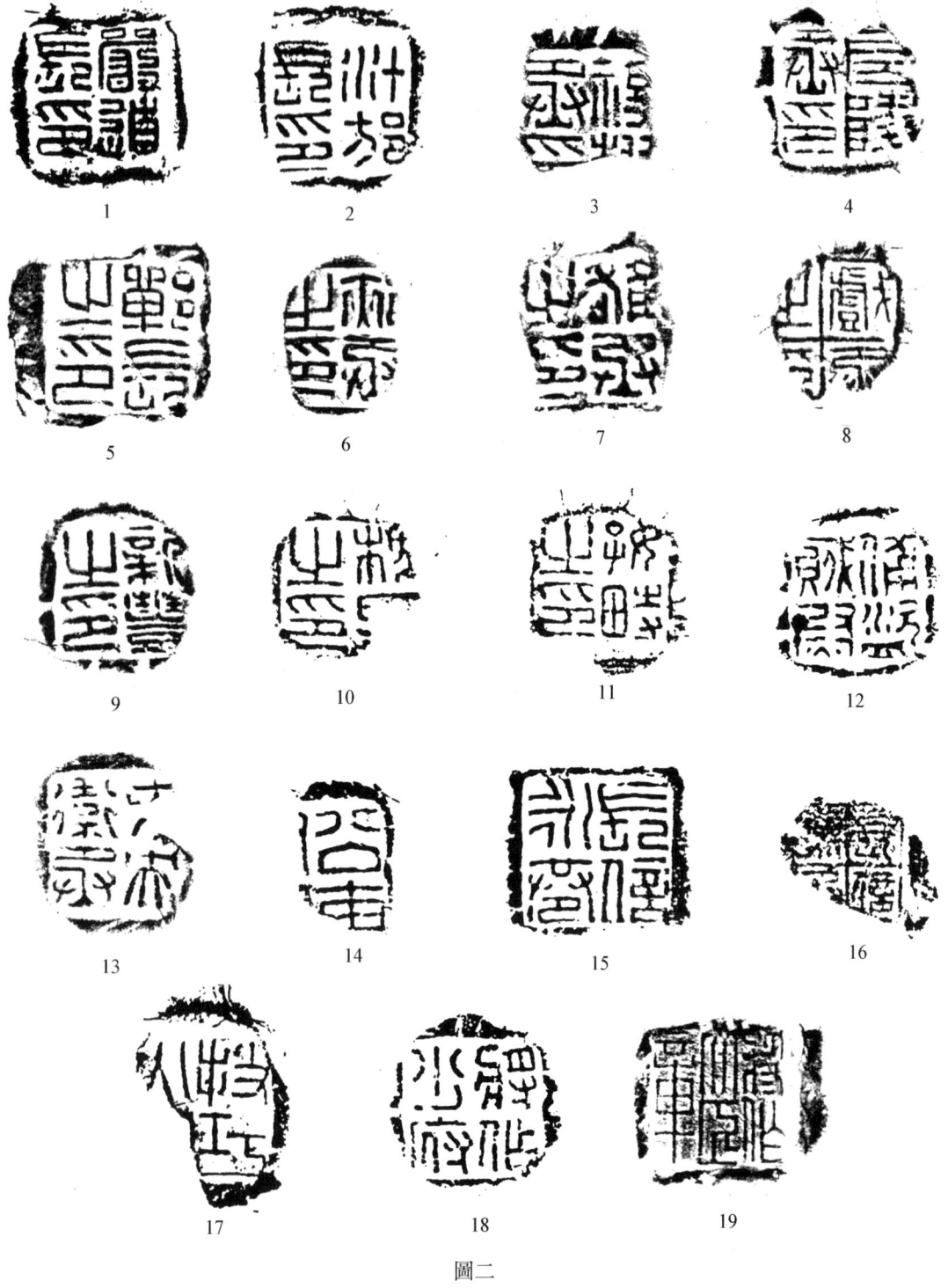

圖二

印,是專用者,在某種公牘中適宜於用之。不獨縣令長爲然,在九卿屬官令丞中,此例亦多。"
陳直之説似近情理。

30. 槐里之印（五五・433）

1955 年 3 月陝西省文物管理委員會撥交。土紅色，餅形，右下部殘。直徑 2.7、厚 0.9 釐米。印面正方形，邊長 2 釐米。印文篆書四字，文爲"槐里之印"（圖二：10）。"里"字殘。《封泥考略》收録"槐里丞印"一品，均西漢之物。

《漢書・地理志》右扶風屬下有槐里縣，注云："周曰犬丘，懿王都之。秦更名廢丘。高祖三年更名。"《史記・高祖本紀》載二年六月："引水灌廢丘，廢丘降，章邯自殺，更名廢丘爲槐里。"據上所述，廢丘更名爲槐里應在高帝二年（前 205 年）六月，《地理志》所言三年乃舉其整數。《長安志》興平縣條載："槐里故城，即犬邱城，在縣東南十里，周十二里，崇二丈五尺，晉太康中始平也。其城繞帶防陸，舊渠尚存，即《漢書》所謂槐里環堤者也。"經實地勘查，槐里城故址在今興平縣東南 5 公里阜寨村與南佐村之間，遺址面積頗大，經常出土秦漢磚瓦遺物。

31. 好畤之印（五五・414）

1955 年 3 月陝西省文物管理委員會撥交。土紅色，餅形，直徑 2.5、厚 0.9 釐米。印面正方形，邊長 2 釐米。印文篆書四字，文爲"好畤之印"（圖二：11）。《封泥考略》收録"好畤丞印"一品，均西漢之物。

《漢書・地理志》右扶風有好畤縣，戰國時期秦置，公元前 206 年劉邦進攻章邯，雙方戰於好畤，即此。故址在今陝西乾縣城東 5 公里的好畤村。

32. 備盜賊尉（五五・413）

1955 年 3 月陝西省文物管理委員會撥交。土紅色，餅形，直徑 2.8—3、厚 1 釐米。印面正方形，邊長 2 釐米。印文篆書四字，文爲"備盜賊尉"（圖二：12）。陳直《漢書新證》中尉條下稱毛子静藏有"備盜賊尉"封泥一品。[1]

《史記・淮南王傳》載，文帝六年淮南王劉長謀反事發，衆臣進言文帝當按律判處劉長以棄市之刑。進言者有丞相臣張倉、典客臣馮敬、行御史大夫事宗正臣逸、廷尉臣賀、備盜賊中尉臣福。又《漢書・百官公卿表》載："中尉，秦官，掌徼循京師。有兩丞、候、司馬、千人。武帝太初元年更名執金吾。"注云："如淳曰：所謂遊徼，徼循禁備盜賊也。"兩相參校可知《淮南王傳》的備盜賊中尉即《百官公卿表》的中尉，中央列卿，其職責是掌管國都治安，負責國家安全。"備盜賊尉"當是"備盜賊中尉"的省稱。"備盜賊尉"應是武帝太初元年（前 104 年）改名執金吾以前之物。

33. 未央衛丞（五五・417）

1955 年 3 月陝西省文物管理委員會撥交。土紅色，餅形，直徑 2.9、厚 0.8 釐米。印面正方形，邊長 2 釐米。印文篆書四字，文爲"未央衛丞"（圖二：13）。"未"字殘。《鐵雲藏陶》

---

[1]　陳直：《漢書新證》110 頁，天津人民出版社，1959 年。

附封泥亦收錄"未央衛丞"封泥一品,均西漢之物。

　　陳直《漢書新證》認爲未央衛丞是太僕屬官未央令的五丞之一,其説不確。陳直云:"未央令,《漢書》稱爲未央廏令,見《霍光傳》及《外戚傳》。《續漢書·百官志》亦稱未央廏令。本表未央令係簡稱。《十鐘山房印舉》二有未央廏丞印,《十六金符齋印存》有未央廏監印。……又《鐵雲藏陶》附封泥十六頁有未央衛丞封泥。衛丞蓋爲五丞(指未央廏令的五丞)之一。"謂未央令是未央廏令的簡稱,未央廏丞是未央廏令的五丞之一都是對的,但未央衛丞絕非未央廏令的五丞之一。此兩者風馬牛不相及。未央衛丞是未央衛尉的輔佐。未央衛尉見於《漢書·李廣蘇建傳》:"武帝即位,左右言廣名將也,由是入爲未央衛尉,而程不識亦爲長樂衛尉。"《漢書·百官公卿表》中的衛尉係未央衛尉的簡稱,與備盜賊中尉簡稱中尉一樣,同屬西漢中央九卿之一,掌管宮門衛屯兵。景帝初更名中大夫令,後元年復爲衛尉。長樂、建章、甘泉諸宮設立衛尉,各隨所掌之宮以名官,但不常設,所以未央衛尉便可簡稱衛尉了。

　　34. 公車司馬(3855)

　　1952年陳堯廷先生捐獻。土紅色,方形,殘長2.2、殘寬1.5、厚0.7釐米。印文篆書,筆畫寬博,字體方正,殘存"公車"二字,左上字殘存"丁",推測最後二字當爲"司馬"(圖二:14)。《封泥考略》亦收錄一品,印文相同。

　　《漢書·百官公卿表》載衛尉屬官有公車司馬令、丞。公車司馬令簡稱公車令(見《漢書·張釋之傳》),掌管守衛宮殿的南闕門(司馬門)及夜間徼巡宮中。凡吏民上章、四方貢獻及被徵召者,皆由其轉達。《敦煌漢簡校文》有簡文"詣公車司馬,元始五年……",《居延漢簡釋文》有簡文"□□平明里大女子充,上書一封,'居延丞印'上公車司馬",皆爲明證。

　　35. 長信永巷(6983)

　　1952年入藏。土紅色,長方形,邊長2.3×2.9、厚0.6釐米。印面正方形,邊長2.1釐米。印文篆書四字,筆畫寬綽,字體方正,文爲"長信永巷"(圖二:15)。

　　永巷本指宮中妃嬪住地,亦指幽禁妃嬪和宮人的地方。秦代設有永巷令及丞,由宦官擔任,掌管後妃及宮中獄事,西漢因之,屬少府(武帝太初元年改名掖庭)。此"長信永巷"《漢書·百官公卿表》未載。長信是長信宮的簡稱,皇太后所居之宮。"長信永巷"封泥的發現,證明在長信宮亦設有永巷令、丞,當隸屬於長信詹事,景帝中六年(前144年)屬長信少府。平帝元始四年(公元4年)長信少府改名長樂少府。因此,此封泥應是元始四年以前之物。

　　36. 長信私丞(五五·448)

　　1955年3月陝西省文物管理委員會撥交。土紅色,餅形,左下部殘,直徑2.6、厚1釐米。印面正方形,邊長2釐米。田字界格,印文篆書四字,筆畫較細,文爲"長信私丞"(圖二:16)。《封泥考略》收錄"長信私丞""長信宦丞""長信倉印""長信車府"各一品,均爲《漢書·百官公卿表》所未載。

　　《漢書·百官公卿表》載:"長信詹事掌皇太后宮,景帝中六年更名長信少府,平帝元始四年更名長樂少府。"張晏曰："以太后所居宮爲名也,居長信宮則曰長信少府,居長樂宮則曰長樂少府。"長信私丞當是長信私府丞之省文,以適應印文四字之限制。長信宦丞當是長信宦者丞之省文,是景帝中六年(前 144 年)長信詹事改稱長信少府時所設。倉印、車府當是長信宮倉儲、車府官吏公用之印。

長信詹事屬官雖然《漢書·百官公卿表》缺載,但從出土的封泥可知其有私官令、丞,宦者令、丞,車府令、丞,倉長、丞,永巷令、丞等。推測其屬官種類和數量,與掌管皇后太子家的詹事屬官大體相當。

37. 技巧火丞(六二·151)

1962 年 7 月 13 日徵集。土紅色,餅形,直徑 3、厚 1 釐米。印面正方形,邊長 2.1 釐米。印文篆書四字,文爲"技巧火□"(圖二:17)。"火"字殘,最後一字缺,推測爲"丞"字。《再續封泥考略》收錄"技巧錢丞""鐘官火丞"各一品,西安漢長安城遺址出土有"鐘官錢丞"一品(現藏西北大學文博學院文物陳列室),均爲《漢書·百官公卿表》所未載。

《漢書·百官公卿表》載："水衡都尉,武帝元鼎二年(前 115 年)置,掌上林苑,有五丞,屬官有上林、均輸、禦羞、禁圃、輯濯、鍾官、技巧、六廄、辨銅九官令丞。"表中屬官僅列出官府之目,未詳分職之名。由上述三品封泥,可證鍾官和技巧各設有"火""錢"二丞。陳直先生在其《漢書新證》中考證,武帝元狩五年(前 118 年)罷天下郡國毋鑄錢,專令上林三官鑄造五銖。過去注解《漢書》者都認爲三官指鍾官、均輸和辨銅,以封泥、漢印及錢範證之,上林三官可定爲鍾官、技巧和辨銅。鍾官主鼓鑄,技巧主刻範,辨銅主原料。陳先生糾正了前人之誤,難能可貴。但所說三官之分工,或爲最初情形,其後當有變化,技巧除製造錢範外亦兼鼓鑄,鍾官以鼓鑄爲主,亦自製錢範。上述鍾官和技巧都設"火丞""錢丞"自是明證。另外,西安漢城上林苑鑄錢遺址出土的刻有"巧一""巧二""工二"和"官一""官二""官三"等編號的五銖錢範,亦可得到證明。"巧"字和"工"字應是技巧官署所造錢範之編號。"官"字應是鍾官官署所造錢範之編號。

關於"技巧火丞"封泥的年代問題,依《百官公卿表》所載,水衡都尉是武帝元鼎二年(前 115 年)設置,技巧令丞是其屬官。《漢書·成帝紀》載建始二年三月:"丙午,立皇后許氏,罷六廄技巧官。"建始二年即公元前 31 年。故技巧火丞封泥應是公元前 115 年到前 31 年之間的產物。

38. 將作少府(五五·415)

1955 年 3 月陝西省文物管理委員會撥交。磚灰色,餅形,直徑 3、厚 4 釐米。印面正方形,邊長 2 釐米。印文篆書四字,筆畫寬博,文爲"將作少府"(圖二:18)。

將作少府是西漢時期掌管營建宮室、皇家宗廟、陵寢及其他土木工程的官長,始設於秦代。《漢書·百官公卿表》載:"將作少府,秦官,掌治宮室,有兩丞,左右中候。景帝中六年(前 144 年)更名將作大匠,屬官有石庫、東園主章、左右前後中校七令丞。"1957 年中國科學院考古研究所在漢長安城遺址亦發掘到"將作少府"封泥一品。這兩品"將作少府"封泥,無疑是景帝中元六年(前144年)以前之物。

39. 將作大匠章(2703)

原西北軍政委員會文物處撥交。土紅色,餅形,直徑3—3.2、厚1釐米。印面正方形,邊長2釐米。印文篆書五字,筆畫較細,字體修長,文爲"將作大匠章"(圖二:19)。

將作大匠亦見於《漢書·溝洫志》《傅常鄭甘陳段傳》《佞幸傳》等。據《漢書·百官公卿表》載將作大匠,景帝中六年(前144年)之前稱爲將作少府。該封泥既稱"將作大匠",又爲五字,應是漢武帝太初元年(前104年)規定中央諸卿、郡國守相印章必須使用五字以後之物。

40. 大匠丞印

其一(五五·418)1955年3月陝西省文物管理委員會撥交。土紅色,餅形,直徑2.9、厚0.8釐米。印面正方形,邊長2釐米。印文篆書四字,文爲"大匠丞印"(圖三:1)。

其二(6985)1952年入藏。亦爲土紅色,餅形,直徑2.4、厚0.5釐米。印面正方形,邊長2釐米。印文篆書四字,文爲"大匠丞印"(圖三:2)。《封泥考略》和《齊魯封泥集存》亦各收錄一品。

"大匠"是將作大匠的省稱,大匠丞是將作大匠的輔佐,協助將作大匠管理國家營建宮室、宗廟、陵墓等土木工程。《漢書·百官公卿表》載將作少府,景帝中元六年(前144年)改名將作大匠,有兩丞。又武帝太初元年(前104年)規定中央諸卿、郡國守相印章必須使用五字,故這幾品封泥應爲景帝中元六年(前144年)到武帝太初元年(前104年)期間之物,稱"丞"而不分左右,當是先爲兩丞後改設一丞。

41. 大官丞印(六〇·424)

1960年入藏,土紅色,餅形,上部略殘,直徑2.5、厚0.6釐米。印面正方形,邊長2釐米。印文篆書四字,田字界格,筆道纖細,文爲"大官丞印"(圖三:3)。《封泥考略》亦收錄五品,印文相同。"大官"文獻一般作"太官"。

《漢書·百官公卿表》載,少府屬官有太官令,七丞。秦代始設,掌管宮廷膳食、酒果等。《漢舊儀》云:"太官尚食,用黃金釦器……太官主飲酒,皆令丞治,太官、湯官奴婢各三千人,置酒,皆緹襦、蔽膝、綠幘。"封泥的大官丞即少府屬官太官丞,輔佐太官令掌管宮廷膳食、酒果等。陳直先生《漢書新證》認爲"大官丞印"不稱某丞,似大官僅有一丞,與《百官公卿表》太官令有七丞不同,或爲漢初制度。此印正是田字格,筆畫纖細古樸,應爲漢初之物,可證陳説不誤。

42. 内官丞印(五四·373)

1954年入藏。土紅色,餅形,直徑3.7—3.3、厚1.2釐米。印面正方形,邊長2釐米。印文篆書四字,筆畫寬博,文爲"内官丞印"(圖三:4)。

《漢書·百官公卿表》載,宗正屬官有内官長、丞,但未載明職掌,僅云:"初,内官屬少府,中屬主爵,後屬宗正。"而同書《律曆志》云:"度者,分寸尺丈引也,所以度長短也。……職在內官,廷尉掌之。"注引師古曰:"內官,署名也。百官表云:內官長、丞,初屬少府,中屬主爵,後屬宗正。"於此分析,似內官掌管審度,即掌管長度的標準化和技術監督,但同書《東方朔傳》載:"隆慮公主子昭平君尚帝女夷安公主,隆慮主病困,以金千斤錢千萬爲昭平君豫贖死罪,上許之。隆慮主卒,昭平君日驕,醉殺主傅,獄繫內官。"這又似乎說明內官是宗正屬下的官獄,或者説內官是繫押皇室親屬犯法者的監獄。上述情形與宗正主皇室親屬的職掌吻合,宗正是漢代朝廷的九卿之一,掌管宗室名籍,分別嫡庶,逐年編纂同姓諸侯五世系譜,宗室犯法當受髡以上刑者,須先報宗正,方可執行,諸王犯法,宗正亦多參與審理。《百官公卿表》載宗正屬官有都司空令丞、內官長丞,又有諸公主家令、門尉等。以上事實或可說明內官在由少府掌管時,其職責主要是主管審度,由主爵掌管或宗正主管時,其職責已有變化,或者職權範圍有所擴大。

43. 居室丞印

其一(五五・425),土紅色,呈方形,邊長 2.6、厚 1.1 釐米。印面正方形,邊長 2 釐米(圖三:5)。

其二(五五・428),土紅色,呈長方形,邊長 3×2.5、厚 0.9 釐米。印面亦爲正方形,邊長 2 釐米(圖三:6)。

這兩品居室丞印封泥,均爲 1955 年 3 月陝西省文物管理委員會撥交。印文篆書四字,均爲"居室丞印",但前者字體方折,後者略呈圓潤,當屬不同印章所鈐。"居室丞印"封泥以前有所出土,清代吳式芬、陳介祺所輯《封泥考略》收錄三品。

居室是拘禁犯罪官吏的監獄,設有令、丞掌管。《史記・魏其武安侯傳》附灌夫:"(田蚡)劾灌夫罵坐不敬,繫居室。"集解引如淳曰:"居室爲保宮,今守宮也。"《衛將軍驃騎列傳》:"青嘗從入至甘泉居室。"正義云:"居室,署名,武帝改曰保宮。"《漢書・百官公卿表》載,少府屬官有居令、丞。武帝太初元年(前 104 年)更名保宮。這兩品封泥的時代應在太初元年以前。

44. 宮司空丞(五四・380)

1954 年入藏。土紅色,餅形,右部殘,直徑 2.5、厚 0.9 釐米。印面正方形,邊長 2 釐米。印文篆書四字,文爲"宮司空丞"(圖三:7)。其中"宮司"二字略殘。

司空,在西周是主管工程營建之官,金文寫作司工。它和司土、司馬合稱"三有司",是中央執政大臣之一。春秋戰國時期,工程多用刑徒,所以司空亦兼管刑徒。到了秦代,司空逐漸演變成主管刑徒的職官。《漢書・百官公卿表》宗正屬官有都司空令、丞,少府屬官有左右司空令、丞,水衡都尉有水司空令、丞,但未見宮司空令、丞。宮司空丞封泥除本品外,《齊魯封泥集存》收錄一品,《秦漢南北朝官印徵存》收錄"宮司空"印和"宮司空丞之印"各一品。

漢承秦制,西漢的司空也是主管刑徒的。《漢書・百官公卿表》注引如淳曰:"律,司空主水及罪人。賈誼曰:輸之司空,編之徒官。"又同書《公孫劉田王楊蔡陳鄭傳》載:"(陳成)起家復爲南陽太守,所居以殺伐立威,豪猾吏及大姓犯法,輒論輸府,以律程作司空。"注引師古曰:"司空,主行役之官。"筆者以爲所謂"司空主水及罪人"當是水司空的職責,因爲水司空屬水衡都尉。水衡都尉掌治上林苑,主都水。水司空管理的刑徒必多從事上林苑中水利工程的勞作;左右司空屬少府,少府供養皇室,主管皇家膳食、起居、織造、鑄器和修建陵墓等,從始皇陵出土的磚瓦文字及茂陵霍去病墓石雕上刻有"左司空"署名看,左右司空的刑徒主要從事皇家陵墓工程的勞作;都司空的刑徒主要爲國都修建工程燒造磚瓦。陳直先生在其《漢書新證》中考證説,西漢都司空令主要是督造磚瓦,署中徒隸衆多,故便於燒製。並舉漢長安城門、未央大殿等遺址出土的"都建平三年"瓦、"都元始五年"瓦、"元延元年都司空瓦"、"居攝二年都司空"瓦、"始建國四年保城都司空"瓦、"天鳳四年保城都司空造官瓦"等文字瓦片以作證明。"宮司空"《百官公卿表》未載,僅見於封泥印章,依上分析其職責當是管理宮中從事工程勞作的刑徒。漢代諸侯王國的官制與中央相同,《齊魯封泥集存》收録的"齊宮司空"封泥,應是齊國管理宮室修建工程刑徒的官署遺物。

45. 挏馬丞印(五五・427)

1955年3月陝西省文物管理委員會撥交。土紅色,餅形,左下部殘,直徑3.5、厚0.7釐米。印面正方形,邊長2.1釐米。印文篆書四字,文爲"挏馬丞印"(圖三:8)。

《漢書・百官公卿表》載,太僕屬官有大廄、未央、家馬三令,各五丞一尉。武帝太初元年(前104年)更名家馬爲挏馬。挏馬令、丞掌管馬乳及用馬乳釀製馬酒等事宜。注引應劭曰:"主馬乳取其汁挏治之,味酢可飲,因以名官也。"引如淳曰:"主乳馬,以韋革爲夾兜,受數斗;盛馬乳,挏取其上肥,因名曰挏馬。"《禮樂志》:"丞相孔光、大司空何武奏:……其七十二人給大官挏馬酒。"顏師古注引李奇曰:"以馬乳爲酒,撞挏乃成也。"師古曰:"馬酪味如酒,而飲之亦可醉,故呼馬酒也。"王先謙補注引錢大昭:《説文》:挏,攤引也。漢有挏馬官作馬酒。"

此封泥的時代屬西漢武帝太初元年(前104年)以後。

46. 騎□丞□(五五・447)

1955年3月陝西省文物管理委員會撥交。土紅色,餅形,殘甚,僅存右上角,殘徑1.5、厚0.7釐米。印文殘存"騎、丞"二字(圖三:9)。推測此封泥印文當爲"騎馬丞印"四字。《封泥考略》亦收録一品,均西漢時期之物。

《漢書・百官公卿表》載太僕屬官有騎馬令、丞,職掌御馬。嚴安曾任騎馬令(見《漢書・嚴安傳》)。

47. 衛士校長(五五・434)

1955年3月陝西省文物管理委員會撥交。土紅色,餅形,左上角殘。直徑2.8、厚0.7釐米。印面正方形,邊長2釐米。印文篆書四字,筆畫粗壯,文爲"衛士校長"(圖三:10)。此封泥屬西漢時期。

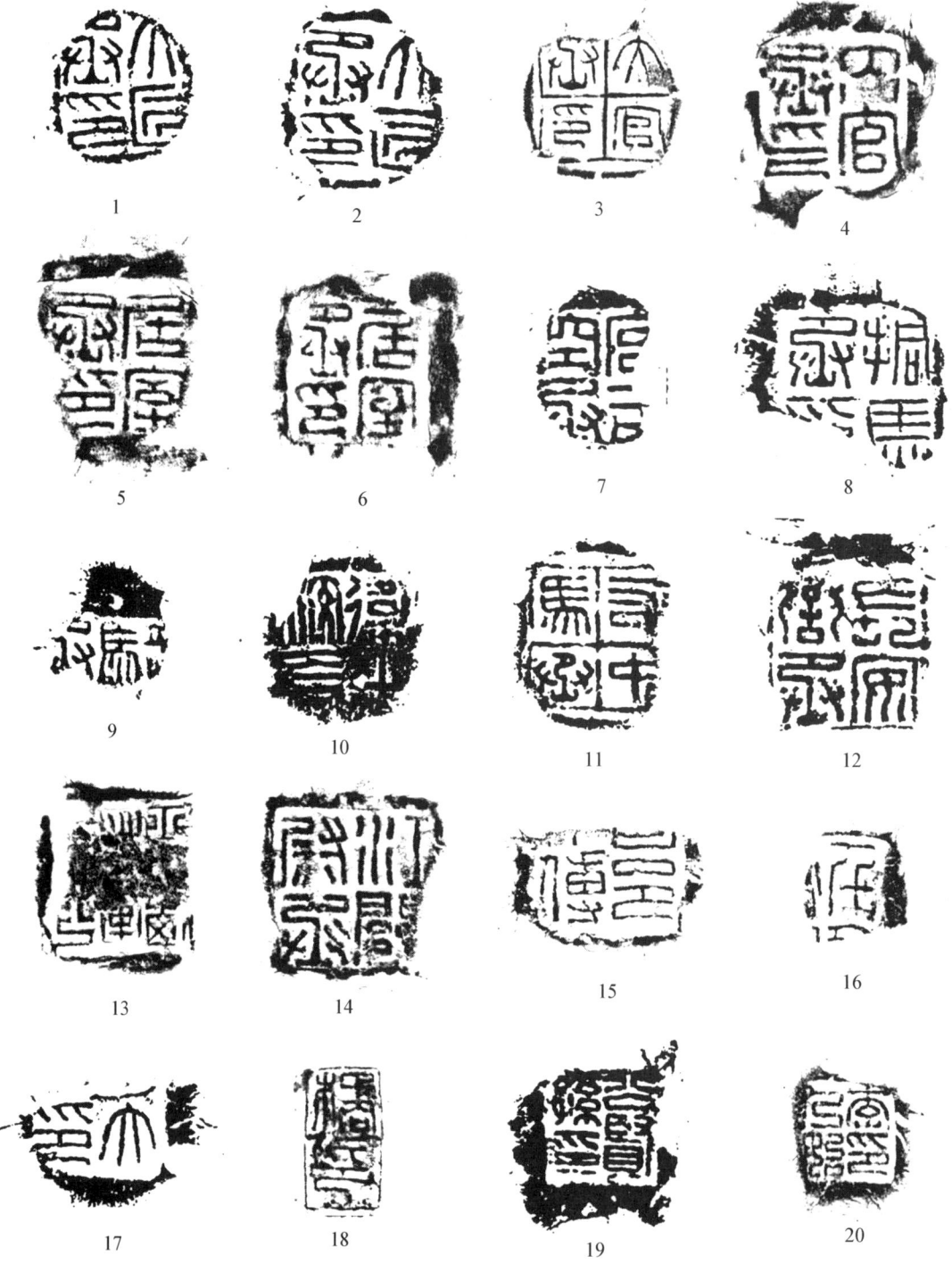

圖三

衛士見於《漢書・百官公卿表》,屬衛尉。衛尉職掌宮門衛屯兵,屬下有衛士令、丞,統領衛士。衛士校長當是駐守宮門軍隊中的一校士兵之長。《漢書・衛青霍去病傳》載:"護軍都尉公孫敖三從大將軍擊匈奴,常護軍傅校獲王,封敖爲合騎侯。"注引師古曰:"校者,營壘之稱,故謂軍之一部爲一校。"又《後漢書・百官志》載:"先帝陵,每陵園令各一人,六百石。本注曰:掌守陵園,案行掃除;丞及校長各一人。本注曰:校長,主兵戎盜賊事。"是知漢代警衛宮門、徼巡皇宮、守護帝陵的衛屯兵,都是分部校統領,衛士校長是一校衛士兵的長官,一校的兵員數額文獻失載。

48. 右中馬丞(3851)

1952 年陳堯廷先生捐獻,土紅色,餅形,直徑 3、厚 0.8 釐米。印面正方形,邊長 2.1 釐米。印文篆書四字,文爲"右中馬丞"(圖三:11)。"右"字殘。

從其封泥印文風格和具有田字界格等特點分析,此封泥的時代在秦至西漢初期。據《漢書・百官公卿表》記載,秦漢皆設中郎將,分五官、左、右三將,分掌三署諸郎。平常諸郎執戟守衛殿門,出行充當車騎扈從。"右中"當爲右中郎將的簡稱。"馬丞"乃掌馬之官,大駕出行車騎扈從甚多,用馬不在少數,各署養馬實屬必然。"右中馬丞"殆是右中郎將署掌管馬匹之官。見於秦漢印章封泥的有代馬丞印、西河馬丞、軍中馬丞等。[1]

49. 長安獄丞(七二・324)

1964 年西安市漢城鄉查家寨出土,中國科學院考古研究所撥交。查家寨在漢長安城遺址中。此封泥呈土紅色,長方形,邊長 2.5×2.8、厚 1.2 釐米。印面正方形,邊長 2.1 釐米。印文篆書四字,筆畫粗壯,字體方正,文爲"長安獄丞"(圖三:12)。《善齋吉金録・璽印録》收録"長安獄丞"印一品,《秦漢南北朝官印徵存》收録"長安獄丞"鉛質兩面印一品。

獄丞是管理監獄的官吏。獄丞之名不見於《漢書・百官公卿表》,而《漢書・薛宣傳》有陽翟獄丞,居延漢簡有禄福獄丞。陽翟、禄福二縣分別是潁川郡和酒泉郡的治城。長安既是國都,又是京兆尹、左馮翊、右扶風三輔的治城,或許説明西漢時期國都和郡治所在的縣設置獄丞。《宋書・百官志》云:"縣令,漢制,置丞一人,後則無復有丞,惟建康有獄丞。"建康是南朝宋的國都,可見國都郭下的縣設置獄丞之制延續到了南朝。《居延漢簡釋文》6 頁:"(建平五年)十二月辛卯,禄福獄丞博行丞事,移過所,如律令。"[2]《西漢會要》云:"官缺則卑者攝爲之曰行。"如王尊守京輔都尉行京兆尹事,翟義南陽都尉行太守事等。禄福獄丞博兼行縣丞事,説明獄丞的地位略低於縣丞。

50. 平西將軍□(2702)

原西北軍政委員會文物處移交。土紅色,餅形,直徑 3.6、厚 1.6 釐米。印面正方形,邊長

---

[1] 羅福頤主編:《秦漢南北朝官印徵存》10、33、26 頁,文物出版社,1987 年。

[2] 陳直:《居延漢簡研究》181 頁,天津古籍出版社,1986 年。

2 釐米。印文篆書五字,印文爲"平西將軍□"(圖三:13)。所缺之字當爲"章"字。

《秦漢南北朝官印徵存》收錄"平東將軍章"一品。金質,龜鈕,中國歷史博物館收藏,1957 年出土於山東嶧縣,羅福頤先生定爲東漢之物。《三國志·魏志·呂布傳》裴注引《英雄記》云:"以布爲平東將軍,封平陶侯。"又《通典·職官》四平將軍(指平西、平東、平北、平南將軍),並漢魏間置。此名"平西將軍[章]"字體與"平東將軍章"相似,亦應爲東漢時期之物。

51. 江關尉丞(6982)

1952 年入藏。土紅色,長方形,邊長 3.3×2.5、厚 1 釐米。印面亦爲長方形,邊長 2.2×2 釐米。印文篆書四字,筆畫粗壯,字體方正,文爲"江關尉丞"(圖三:14)。

江關,在四川奉節縣東長江北岸赤甲山上,今名瞿唐關。《漢書·地理志》載:"魚復縣江關,都尉治。"東漢時,公孫述遣田戎與將軍任滿出江關,即此。漢魚復縣治在今四川奉節縣東白帝。

關丞,《漢書·百官公卿表》未載,《百官公卿表》僅有"關都尉",武帝初始置。此"江關尉丞"當爲"江關都尉丞"的簡稱,輔佐都尉守衛江關。

52. 昌邑中傅(五五·436)

1955 年 3 月陝西省文物管理委員會撥交。土紅色,餅形,上部殘,直徑 2.9、厚 0.7 釐米。印面正方形,邊長 2 釐米。印文篆書四字,文爲"□邑□傅"(圖三:15)。

第一字從殘文看,當爲"昌"字。昌邑,西漢諸侯王國。原爲山陽縣,天漢四年(前 97 年)六月武帝封其子劉髆爲昌邑王。據《漢書·諸侯王表》載,劉髆立十一年薨,始元元年(前 86 年)劉賀嗣位,十二年徵爲昭帝后,立二十七日,以行淫亂,國除,予邑三千户,昌邑國改設爲縣,隸山陽郡,故址今山東巨野縣東南。

封泥的第四字爲"傅"。按西漢諸侯王國帶有"傅"字的職官有"太傅""中傅",從第三字豎劃殘筆看,其字只能是"中"字。中傅之官《漢書·百官公卿表》未載,而《武帝紀》有:"(建元三年)秋七月,有星孛于西北。濟川王明坐殺太傅、中傅,廢遷防陵。"注云:"應劭曰:中傅,宦官也。"《齊魯封泥集存》亦收錄"齊中傅印"一品,足證西漢諸侯王國設有中傅之職,以宦者充任,職掌王國内宫諸事。

53. 千□□□(五五·444)

1955 年 3 月陝西省文物管理委員會撥交。土紅色,方形,殘長 1.5、殘寬 1.4、厚 0.6 釐米。印文約爲四字,僅存"千"字(圖三:16)。《秦漢南北朝官印徵存》收錄有"千人督印",漢有千乘縣、千乘郡。此封泥之印是千乘郡、縣官印,抑或是千人督印,不得而知。

54. □大□印(五五·446)

1955 年 3 月陝西省文物管理委員會撥交。磚灰色,餅形,上部殘,直徑 2.8、厚 0.6 釐米。印面約爲正方形,邊長 2 釐米。印文篆書四字,僅餘"大、印"二字(圖三:17)。

55. 橘印（2704）

原西北軍政委員會文物處撥交。土紅色，餅形，直徑 3.6、厚 1.8 釐米。印面爲長方形半通印。日字格，邊長 2.1×1.2 釐米。印文篆書二字，筆畫纖細，文爲“橘印”（圖三：18）。時代爲西漢。

橘印即橘官之印。西漢時期在産橘之縣設橘官。《漢書·地理志》載朐忍、魚復二縣有橘官。《封泥考略》及《續封泥考略》收錄“嚴道橘園”“嚴道橘丞”“橘邑丞印”“橘監”等封泥，均爲嚴道等縣橘官之印。橘官主管歲貢御監橘。

二、私印封泥類

56. 公孫賢印（五五·438）

1955 年 3 月陝西省文物管理委員會撥交。土紅色，方形，邊長 2.5、厚 0.7 釐米。印面正方形，邊長 1.5 釐米。印文篆書四字，從右向左橫讀，文爲“公孫賢印”（圖三：19）。時代約爲西漢。

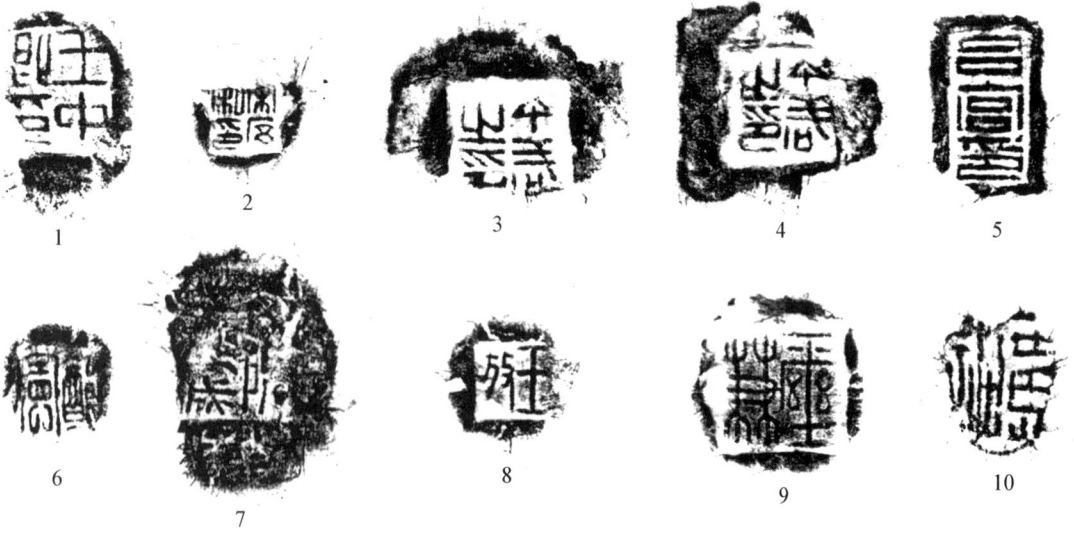

1　　2　　3　　4　　5

6　　8　　9　　10

7

圖四

57. 李乃始印（五五·442）

1955 年 3 月陝西省文物管理委員會撥交。土紅色，餅形，直徑 1.8—2.5、厚 0.6 釐米。印面正方形。邊長 1.3 釐米。印文篆書四字，左旋讀，文爲“李乃始印”（圖三：20）。《封泥考略》收錄一品，印面邊長 1.2×1.3 釐米，亦左旋讀。印文全同，但非一印所鈐，均西漢之物。

58. 王中卿印（五五・419）

1955 年 3 月陝西省文物管理委員會撥交。土紅色，餅形，左邊殘，直徑 3.2、厚 0.8 釐米。印面正方形，邊長 1.5 釐米。印文篆書四字，從右向左豎讀，文爲"王中卿印"（圖四：1）。西漢之物。

59. 宋序私印（五五・445）

1955 年 3 月陝西省文物管理委員會撥交。土紅色，上邊殘，直徑 1.9、厚 0.6 釐米。印面正方形，邊長 1 釐米。印文篆書四字，從右向左豎讀，文爲"宋序私印"（圖四：2）。

60. 丁咸之印二品（五五・430、五五・432）

1955 年 3 月陝西省文物管理委員會撥交。其一（五五・430）呈磚灰色，約爲長方形，下邊殘，殘長 2、寬 3、厚 0.9 釐米。印面正方形。其二（五五・432）呈土紅色，方形，邊長 2.5×2.6、厚 1.2 釐米。印面正方形，邊長 1.4 釐米。邊殘。二封泥印文均篆書四字，從右向左豎讀，文爲"丁咸之印"（圖四：3—4）。此二封泥係西漢之物，爲同人使用不同印章所鈐。

61. 吕宫印（五五・431）

1955 年 3 月陝西省文物管理委員會撥交。土紅色，長方形，長 2.3、寬 1.4、厚 0.8 釐米。印面亦長方形，長 2、寬 1 釐米。印文篆書三字，豎讀，文爲"吕宫印"（圖四：5），屬西漢之物。

62. 鄭憲（五五・143）

1955 年 3 月陝西省文物管理委員會撥交。餅形，直徑 1.8、厚 0.5 釐米。印面正方形，邊長 1.1 釐米。印文篆書二字，文爲"鄭憲"（圖四：6），屬西漢時期。

63. □成（五五・449）

1955 年 3 月陝西省文物管理委員會撥交。磚灰色，餅形，直徑 3、厚 0.4 釐米。印面正方形，邊長 2 釐米。印文篆書二字，前一字殘，後一字爲"成"（圖四：7）。時代約爲西漢。

64. 王放（6984）

1952 年入藏。土紅色，餅形，直徑 2.8、厚 0.7 釐米。印面正方形，邊長 1 釐米。印文篆書二字，文爲"王放"（圖四：8）。時代爲西漢。

65. 璽兼（5989）

1952 年入藏。土紅色，餅形，直徑 2.2—2.5、厚 0.9 釐米。印面正方形，邊長 1.65 釐米。印文篆書二字，文爲"璽兼"（圖四：9）。璽姓罕見，爲符璽郎之後，以官爲氏。明代有璽書，見於《萬姓統譜》，陽谷人，正德年間任富峪衛。此封泥的時代亦爲漢代。

三、其　它

66. 黄神陶印（2705）

原西北軍政委員會文物處移交。土紅色，鈕作龍首形，中有橫孔，可以穿繫。印面略殘，邊長 1.8×1.5、厚 1 釐米。印文篆書"黄神"二字（圖四：10）。

此屬漢代方士之印。郭沫若《奴隸制時代》引漢鎮墓文云："黄神生五嶽，主死人録；召魂召魄，主死人籍。"羅福頤《秦漢南北朝官印徵存》亦收録有龜鈕、瓦鈕、環鈕等形式的"黄神之印""黄神越章"和"黄神越章天帝神之印"，皆屬此類。秦漢時，好方士求仙，祭致天神。漢武帝聽信欒大之言，以方士爲天神使者，佩帶印信，通言於神人之間。後來，民間亦效之，道家方士佩帶黄神越章之類印符，攘災除禍。《抱朴子·登涉》云："古之人入山者，皆佩黄神越章之印，若有山川社廟血食惡神能作福禍者，以印封泥，斷其道路。則不復能神矣。"

（原載《考古與文物》1996 年第 4、6 期）

柯氏藏權考

最近,上海崇源公司從海外取回一枚始皇詔銅權(圖一)。此權頗有來頭,它是民國時期陝西著名收藏家柯莘農先生寄放在朋友家中的藏品,足足八十多年了。

柯莘農生於詩書世家,自幼就對文物鑒賞情有獨鍾。他博雅好古,精於鑒識。殷商甲骨、兩周鐘鼎、秦磚漢瓦、明清瓷器、名人字畫多有收藏。西周兩件伯鮮鼎、兩件太師虘簋、隋代督東宮左親衛鬱久閭墓誌、甘泉宮四獸"益延壽"磚、康熙墨地五彩山石花鳥紋棒槌瓶、灑藍釉玉壺春瓶、乾隆官窰仿宣德青花長頸瓶等等,都具有珍貴的歷史價值和藝術價值。始皇詔銅權便是其中的珍寶之一。

柯氏視此權爲瑰寶,精心護理,經世珍藏。在其西安曹家巷故居——"葉語半園"的中院一座五間寬兩層小樓,便以這枚秦權命名爲"小權山房",用來庋藏金石文物、椎拓拓本、習字作畫以及友朋雅集的處所。

圖一　柯氏小權

這枚秦權呈十邊形棱柱體,上細下粗,見棱見角,頂部有一個半環形鈕。通體紅中泛黃,皮殼温潤,綠鏽斑駁,古色古香。通高 5.5、底徑 4.3 釐米,重 372 克。在銅權的表面鑄有秦始皇廿六年統一度量衡的詔書,除第一行 5 字、第 5 行 3 字外,其餘每行 4 字,上下左右結構整齊,共 40 字。詔書是:廿六年,皇帝盡并兼天下諸侯,黔首大安,立號爲皇帝,乃詔丞相狀、綰,灋(法)度量劓(則)不壹,歉疑者,皆明壹之(圖二)。字體呈標準秦篆,書寫工整,遒勁有力。

現將始皇詔書詮釋如下:

1. "廿六年",秦始皇即位的第二十六年,也就是公元前 221 年。這一年秦國滅掉齊,統一了中國。

2. "皇帝",上古天子稱皇,其次稱帝,再次稱王。原本爲秦王的嬴政,在公元前 221 年統一六國後,自以爲德兼三皇、五帝,故並以爲號,改稱始皇帝。《史記·秦始皇本紀》:"王曰:

圖二　小權銘文

'去泰著皇,采上古帝位號,號曰皇帝。'"

3."諸侯",指戰國時期的趙、魏、韓、楚、齊、魯等國。

4."黔首",古代稱平民;老百姓。《禮記·祭義》:"明命鬼神,以爲黔首則。"鄭玄注:"黔首,謂民也。"孔穎達疏:"黔首,謂萬民也。黔,謂黑也。凡人以黑巾覆頭,故謂之黔首。"《史記·秦始皇本紀》:"二十六年……更民名曰黔首。"

5."丞相狀、綰",指時任秦國左右丞相的隗狀和王綰。丞相,古代輔佐君主的最高行政長官。戰國時期秦武王二年始置左、右丞相。以後各朝,時廢時設。

6."灋度量劓不壹"。"灋",即法,法則。"度"是指計量長短,"量"是指計量容積。"劓"即則,"則"就是準則、法則。《爾雅·釋詁》:"則,法也。"《增韻·德韻》:"凡制度、品式,皆曰則。"《廣韻·德韻》:"則,法則。"在這裏是指標準權衡器。《史記·律書》:"王者制事立法、物度軌則,壹稟於六律。"《漢書·律曆志上》:"權與物鈞而生衡,衡運生規,規圜生矩,矩方生繩,繩直生準,準正則平衡而鈞權矣。是爲五則。"《宋史·律曆志一》:"其則,用銅而鏤文,以識其輕重。"現藏於中國國家博物館的湘潭出土的北宋銅則銘文有:"銅則,重一百斤。黃字號。嘉祐元年丙申歲造。"清王筠《説文句讀·刀部》:"則,蓋即今之天平法馬也。""不壹"就是不統一。

7."歉疑者",是説有所疑惑的,也就是不合標準的。

詔書大意是説:二十六年,始皇帝消滅了所有的諸侯,統一了中國。老百姓得到了安寧。現在立尊號爲皇帝,於是命令丞相隗狀和王綰,宣布全國統一度量衡制度,使有疑惑的都明確起來,一律校正統一。

刻有或鑄有始皇詔書的銅權、鐵權以及銅量、銅升,在秦都咸陽遺址、西安阿房宮、臨潼始皇陵、陝西華陰、甘肅鎮原、山西左雲、山東文登、河北圍場、江蘇東海、內蒙古赤峰等地皆有出土。它們充分證明秦代統一的度量衡制度確實有力地推行於全國。秦始皇統一中國後,隨之實行的統一文字、統一貨幣、統一度量衡、統一車軌的舉措,不僅對當時剛剛建立的統一的多民族中央集權制國家有着積極的作用,對於後世也有着深遠的意義。

圖三　北大藏權

圖四　珍秦齋權

傳世和出土的秦權以饅頭形的爲最多,如陝西歷史博物館收藏的高奴銅石權和北京大學賽克勒考古與藝術博物館收藏的始皇詔銅權(圖三),其次爲半圓體瓜棱形,如旅順博物館收藏的始皇詔斤權和澳門蕭春源珍秦齋收藏的始皇詔斤權(圖四),再次爲弔鐘形,如上海博物館收藏的美陽權和 1975 年秦始皇陵園出土的兩詔斤權(圖五)。此種上細下粗的多邊形棱體權,尚屬首次發現。《小校經閣金文拓本》著錄,現分別藏於天津市歷史博物館、南京博物院的郇邑權和大騩權,呈八棱體,空腔平底,平頂中部凹下置一道橫梁。雖作棱體,但内部結構和鈕的製作以及詔書字體均失秦代風格,出自一人之手製作,商承祚先生斷爲贋品。

圖五　始皇陵權

　　根據西安高窰村出土的高奴銅石權測得秦代一斤相當於 256.25 克;[1]旅順博物館收藏的一枚自名爲十六斤的始皇詔權一斤合今 251.3 克,一枚自名爲八斤的始皇詔權,一斤合今 249.7 克;中國國家博物館收藏的一枚自名爲八斤權,一斤合今 257.9 克。[2]又 1967 年甘肅秦安出土的兩詔斤權重 250.4 克,1973 年陝西臨潼始皇陵出土的兩詔斤權重 247.5 克。[3]從以上資料可以得出秦代一斤約合今 250 克左右。若此,柯氏所藏始皇詔銅權重 372 克,應是秦代 1.5 斤。這種不是斤的整數權曾有出土,如

[1]　陝西省博物館:《西安市西郊高窰村出土秦高奴銅石權》,《文物》1964 年第 9 期。
[2]　丘隆、丘光明、顧茂森、劉東瑞、巫鴻:《中國古代度量衡圖集》,文物出版社,1984 年。
[3]　丘隆、丘光明、顧茂森、劉東瑞、巫鴻:《中國古代度量衡圖集》。

1978 年秦陵考古隊在始皇陵園發掘出土的兩枚兩詔權，一枚重 254.6 克，另一枚重 325克。[1]第一枚是一斤權，第二枚就不是一斤的整數，有可能是一斤四兩權。過去學術界一直有秦權是天平的砝碼還是桿秤秤砣的争論，[2]上述現象正好爲研究這一問題提供了絶好的材料。

2008 年 12 月 19 日完稿

［1］ 王輝、程學華：《秦文字集證》，臺北藝文印書館，1999 年。

［2］ 丘光明：《我國古代權衡器簡論》，《文物》1984 年第 10 期。

鉴赏篇

國寶百年失落　兮盤今朝重現

——析論國寶兮甲盤

　　兮甲盤是傳世的國寶重器,出土於宋代,南宋時藏於紹興内府,南宋末年戰亂,此盤流出内府,逐漸不爲人知,遂湮滅無聞。元代流落民間,大書法家、鑒藏家鮮于樞在僚屬李順父家發現此盤,已被其家人折斷盤足,以作炊餅用具。哲人識寶,遂予收藏,兮甲盤重放光彩。清代又入保定官庫。清代末年,輾轉落入著名收藏家陳介祺之手,之後便流落海外,不知所在。

　　真器下落不明,於是贋品時有出現。20世紀四、五十年代,傳聞日本書道博物館收藏有兮甲盤。然而,經多位專家鑒定,結果令人失望,這是一件民國時期僞造的兮甲盤。80年代,又傳香港中文大學也有一件兮甲盤,後經專家鑒定,發現這件所謂的兮甲盤,盤體確是周代的真品,但盤中的銘文却是後人僞作,是依據《三代吉金文存》兮甲盤銘文拓本用强酸腐蝕而成,字口風韻與陳氏的原始拓本相差甚遠,也是一件贋品。

　　2014年11月,在武漢舉行的中國(湖北)文化藝術品博覽會展出一件兮甲盤,據説購自美國。中國文物信息咨詢中心邀請國家文物鑒定委員會數位專家進行鑒定,筆者有幸參加(圖一)。經鑒定,不論從形制、紋飾、皮殼鏽色、鑄造遺痕以及銘文書體,都可以確定這就是

圖一　筆者在武漢文化藝術林博覽會鑒定兮甲盤(新華社記者郝同前　攝)

失傳已久的赫赫有名的西周重器兮甲盤的真品,特別是這件兮甲盤銘文拓本與陳介祺的原
始拓本絲毫不差。兮甲盤真器的重現,是學術界和收藏界的一件盛事,我們率先目睹了這件
國寶的光輝風彩。

圖二　兮甲盤

兮甲盤,現高 11.43 釐米,口徑 46.99 釐米。敞口淺腹,窄沿方唇,內底微向下凹,一對附耳高出盤口,兩耳各有一對橫梁與盤沿連接,圈足殘缺。腹部飾竊曲紋,耳內外均飾重環紋,簡潔樸實(圖二)。

兮甲盤的造型、紋飾雖屬一般,但其內底 133 字的長篇銘文(圖三),內容十分豐富,價值彌足珍貴。銘文記錄有西周王朝與玁狁的戰爭、與南淮夷的貢賦關係、詔令諸侯百姓進行貿易的命令等,是非常重要的歷史文獻,其中反映了很多典籍中久已失載的歷史事實,更是十分寶貴。不論是文體還是內容,在西周金文中都不多見,這是歷代收藏家所看重之處。

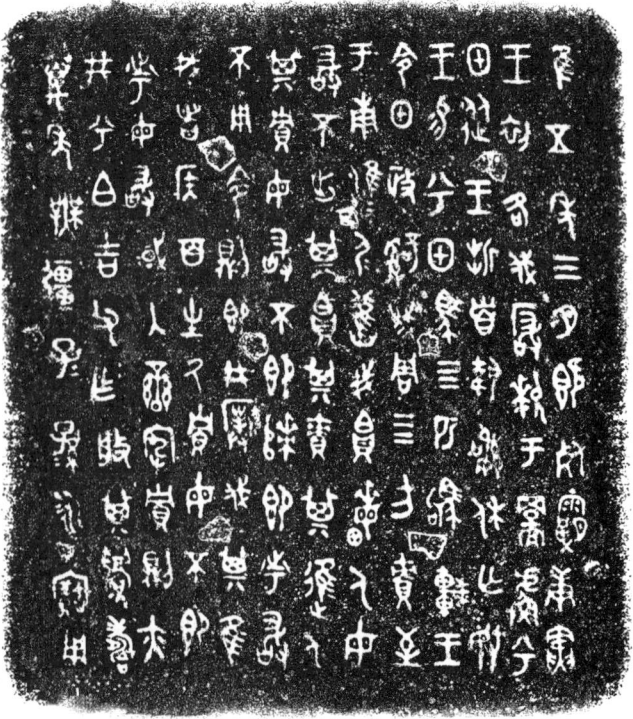

圖三　兮甲盤銘文

兮甲盤銘文釋文如下：

佳(唯)五年三月既死霸庚寅,王初各(格)伐厰(厰—玁)執(狁)于䨓虞,兮田(甲)從王,折首執噝(訊),休亡敃(愍),王易(錫)兮田(甲)馬三(四)匹、駒車,王令田(甲)政嗣(司)成周三(四)方賨(積),至于南淮=尸=(淮夷,淮夷)舊我負(帛)畮人,母(毋)叙(敢)不出其負(帛)、其賨(積)、其進人,其賈,母(毋)叙(敢)不即餗(次)即岑(市),叙(敢)不用令(命),𠛬(則)即井(刑)𢿨(撲)伐,其佳(唯)我者(諸)医(侯)、百生(姓),㽙(厥)賈,母(毋)不即岑(市),母(毋)叙(敢)或入䜌(蠻)宄(宄)賈,𠛬(則)亦井(刑)。兮白(伯)吉父乍(作)般(盤),其釁(眉)壽(壽)萬年無彊(疆),子=(子子)孫=(孫孫)永寶用。

銘文大意是説：在周宣王五年三月,國王親自率兵討伐玁狁,兮甲隨王出征,殺敵執俘,榮立戰功,宣王賞賜給兮甲馬四匹車一輛。又命令兮甲掌管成周及四方的交納糧賦。南淮夷本來就是順從周王朝的貢納之臣,不敢不繳納貢賦,不敢不運送通商貨物,否則將興兵討伐。凡屬南淮夷來的人,必須到指定的地方留住;做買賣的商人,必須到政府管理的市場營業,如果膽敢不服從周王的命令,則受刑罰處置。周王朝屬下的諸侯、百姓做買賣,膽敢不到市場上去,膽敢擅自接納蠻夷的奸商,也要受到嚴厲的懲罰。

銘文中的兮甲,亦稱兮伯吉父、兮吉父、伯吉父。該人名甲,字吉父,“兮”是其氏稱,“伯”是其在兄弟間的排行。該人是周宣王時期的重臣,也就是《詩・小雅・六月》“文武吉甫,萬邦爲憲”中的吉甫,“甫”與“父”字相通。《竹書紀年》和《書序》又稱爲“尹吉甫”,“尹”是其官職。“甲”是天干的開始,“吉”也有始義。名與字含義相同,兩相呼應。

尹吉甫是西周宣王時代的輔弼大臣,武功文治都建有重大的功業,是對華夏民族發展有突出貢獻的歷史人物。他又是確鑿可信的西周大詩人。《詩・大雅》中的《崧高》《烝民》《韓奕》《江漢》諸篇,都是他的作品。他的多篇政治抒情詩,或譽或刺,在思想和藝術上已相當成熟,比戰國時代楚國的屈原要早四百多年。

尹吉甫的青銅器,歷代出土甚多,最著名的除兮甲盤外,見於著録的還有清代出土的兮吉父簋,道光年間陝西寶雞縣出土的兮伯吉父盨蓋,1940 年陝西扶風縣任家村銅器窖藏出土的吉父鼎、善夫吉父鼎,善夫吉父鬲(10 件)、善夫吉父簠、善夫吉父盂、善夫吉父𨱔(2 件),1972 年陝西扶風縣北橋村銅器窖藏出土的伯吉父鼎、伯吉父簋和伯吉父匜等。可知兮氏的封邑就在今陝西扶風縣周原。

兮甲盤自宋元以來,有宋張掄的《紹興内府古器評》、元鮮于樞的《困學齋雜録》、清代吴大澂的《愙齋集古録》、近代羅振玉的《三代吉金文存》、郭沫若的《兩周金文辭大系圖録考釋》、中國社會科學院考古研究所的《殷周金文集成》、嚴一萍的《金文總集》、筆者的《商周青銅器銘文暨圖像集成》等 35 種圖書著録,方濬益、王國維、郭沫若、楊樹達、李學勤、連劭名等十多位專家學者進行了考釋,足見其重要程度。

　　總之,兮甲盤是迄今所見傳世青銅器中,流傳年代最久遠的國寶重器,從宋代至今,屢遭不幸,時隱時現,實屬不易。它是漢代到宋代間出土的商周青銅器中唯一流傳至今的一件瑰寶。兮甲盤鑄造於周宣王五年(公元前823年),年代明確,銘文所記內容,時間、地點、人物、事件齊全,涉及的人物爲周宣王及其重臣尹吉甫,涉及的事件包括宣王伐玁狁的戰爭、尹吉甫司政成周及四方積,以及貿易管理等,對於研究西周王朝與北方玁狁、南方淮夷等少數部族的關係,西周的賦稅制度、市場管理等方面,均具有重要價值。正如王國維所説:"此種重器,其足羽翼經史,更在毛公鼎之上。"

(原載2017年6月《西泠印社拍賣圖録》)

崇源國際澳門秋季拍賣會青銅器鑒賞

　　崇源國際拍賣(澳門)公司 2006 年秋季拍賣會的拍賣品中,共展出中國古代青銅器 115 件,從商周到明清,幾乎各個朝代的都有;從禮器、銅鏡、帶鉤到佛教造像,樣樣俱全;從鑲嵌、雕鏤到鎏金銀,眾多工藝齊備。真是種類繁多,精品紛呈,讓人目不暇接,就像一個歷代青銅器的展覽會,令人大飽眼福。現就其中八件罕見的藝術珍品作一評介,與青銅器愛好者和藏友們共用。

一、鴞　尊

　　整體作鴞形,是商代晚期盛酒的器皿,通高 26 釐米(圖一)。"鴞"一作"梟",學名鴟鴞,俗稱貓頭鷹,屬猛禽類。頭圓,上唇鉤曲,眼圓大,有毛圈,頭側有毛角如耳,腿強壯,爪銳利,晝伏夜出,捕食鼠類小動物,是一種益鳥。該鴞尊的造型實際上是古代匠師以鴞的主要特徵爲主,並綜合了多種鳥獸的特徵,創造出來的一種藝術形象。以鴞頭爲蓋,子母合口,軀體爲容器。鴞鳥昂首挺胸,圓目前視,尖喙微鉤,絨角上聳,雙腿粗壯,寬尾垂地與兩爪巧妙地構成三角支撐,使尊體可以穩當地放置。雙翅併攏,體甚健壯,兩翼飾蜷曲龍紋,胸前裝飾獸面紋。在造型上特別強調了鴞的大圓眼和寬綽的雙翅,形象生動地塑造出鴟鴞機警兇猛的神態,把一隻伺機出動、準備捕捉獵物的鴟鴞表現得活靈活現。

　　鴞尊出現在商代晚期,甚少見,傳世和出土的不超過十件,且形象並不相同,各具特色。此尊與日本泉屋博古館收藏的鴞尊較爲相似,但也不完全相同。日本泉屋博古館的鴞尊脖頸高,尾部兩邊上卷,通體顯得高挺;此尊脖頸粗矮,通體肥圓,頭上還有一個向前彎曲的尖角,造型頗爲別緻,形態優美,栩栩如生,人見人愛,確屬商周青銅器中不可多得的藝術瑰寶。

圖一　鴞尊

二、雙鴞四足斝

這是一件商代晚期的青銅藝術品,通高 25 釐米(圖二、三)。斝是一種酒器,是商周時期奴隸主貴族祭祀祖先神靈時盛酒行裸禮的用具,還可以用來温酒。王國維《説斝》引用羅振玉之説,認爲甲骨文有斝字,因其字形與古文"散"字相近,而經籍中便將酒器的"斝"訛爲"散"。《禮記·禮器》所説的"貴者獻以爵,賤者獻以散"中的散就是斝。

圖二　雙鴞四足斝(側面)　　　　　　圖三　雙鴞四足斝(正面)

《禮記·明堂位》記載:"灌尊,夏后氏以雞彝,殷以斝,周以黄目。"又《周禮·春官·司尊彝》説:"秋嘗、冬烝,裸用斝彝、黄彝。"《左傳·昭公十七年》也説:"若我用瓘斝玉瓚。""瓘斝"即"裸斝",是古人行裸禮所用的斝。所謂"裸禮",是古人祭祀天地鬼神的一種祭儀。裸、灌、瓘三字可互相通假,裸即灌,就是酌酒澆灌於地。禮書記載,古人認爲鬼神歆享氣味,所以用馨香來溝通神靈與人間,神靈便會降福祉於祭祀者。裸祭就是用一種叫作秬(黑黍)的糧食和以鬱金香草釀制的香酒(叫作秬鬯或鬱鬯)澆灌在地上,讓鬯酒的香氣通達天地之間,以招迎祖先神靈。斝就是盛放和澆灑鬯酒的器具,所以它也是一種祭祀的禮器。

這件雙鴞斝造型奇特,設計別具一格,是前所未見的。器腹爲兩個相背而合的鴞形,頸部收束,頂面圓鼓,中部開設橢方形口,上置弧形蓋,蓋面中間設有半環形鈕。頂部横向的兩端做成鴞頭形,圓目勾喙,形象逼真,鴞額設有方柱,柱帽作四坡屋頂形,四面裝飾了獸面紋,這是商代晚期方彝、方罍、方卣和方斝等方形酒器上常見的鈕形,頗有時代色彩。器腹呈橢圓形,兩端塑造成浮雕羽翼,與勾喙相應,組成兩隻鴉鳥,圈底之下有四條四棱形錐足,足尖微向外侈,腹內側有一個裝飾着浮雕獸首的半環形把手。

商周青銅器中有鴉形卣、鴉形尊,個別青銅罍也有裝飾鴉紋的,如美國奧爾勃來特美術陳列館收藏的寅方罍(見《美帝國主義劫掠我國青銅器集錄》A318)和 1968 年河南溫縣小南張村出土的徙罍(見《中國青銅器全集》4 卷 62 頁),但還從未見過鴉形罍。這件雙鴉四足罍,設計別出心裁,形象生動有趣,皮殼包漿溫潤,鏽色斑駁陸離,品相非常好,是一件絕無僅有的藝術價值非常高的青銅器藝術品。

三、獸面紋方彝

方彝是商周時期的盛酒器,只流行在商代晚期到西周中期前段,式樣也多有變化,此後便消失了。在古文獻和青銅器銘文中,都沒有出現方彝這個名稱。這類器物是宋代人命名的,約定成俗,如今仍沿用此名。

該方彝通高 18 釐米,小巧玲瓏,形狀像一座房屋,橫剖面呈長方形,器口略大於器底,故腹壁略有收分,四坡屋頂形蓋,蓋面微鼓,上有蓋鈕,下部有方圈足,圈足四面中部各設一個門洞形缺口(圖四)。蓋面、器腹均飾獸面紋,但形態各異。蓋面的獸面紋爲下卷角,而且倒置,因佈局的需要,雙角設計得特別寬大;腹部的獸面紋爲虎頭形,闊口寬鼻,圓睛高突,獸角設計成兩隻相對的蟠曲形虎耳龍,頗爲奇異,這種紋飾只見於珍貴的青銅器上。口沿下和圈足上裝飾着兩種風格不同的龍紋,前者俯首弓背,尾上卷,有長頸鹿角;後者昂首向前,軀體呈長條形,前後有足,上喙長而上卷。通體以縝密工整的雲雷紋填地,每組紋飾之間以單綫條鱗紋爲界格,這是商代青銅器紋飾中很少見的現象。

圖四　獸面紋方彝

這件方彝的造型和紋飾,與美國三藩市亞洲藝術博物館布倫戴奇藏品中的鄉両方彝相似(見《鄴中片羽》3 卷 21),但也不完全相同,各有千秋,最明顯的是鄉両方彝蓋上紋飾與腹部紋飾一樣,只是倒置而已;這件方彝蓋上獸面紋的設計有別於腹部,避免了雷同的缺陷,給人以多姿多彩的感受。總之,該方彝造型莊重大方,紋飾精美,做工一絲不苟,在造型紋飾設計上富於變化,是方彝中少見的品種,具有非常高的藝術價值,充分表現了商代晚期青銅器精湛的工藝水準。

四、作寶彝鳥紋扁足鼎

　　這是西周早期一件具有特殊功能的鼎,從其他同類型的鼎可知,這種鼎是用來溫食物的。該鼎通高 23 釐米,口呈直角長方形,腹以下逐漸收束成圜底,寬口沿平向外折,腹甚淺,口沿上有一對寬大厚實的立耳,鼎腹的四隅裝飾耳形透雕扉棱,其間飾以兩兩相對的勾喙鳥紋。紋飾采用浮雕,不施地紋。與扉棱對應的底部設置四條鳳鳥形扁足,鳳鳥向上,圓目高突,勾喙碩大(圖五)。鳥身以浮雕和陰綫勾勒出翼翅輪廓和羽毛。翼稍上翹,尾羽歧分,短羽垂折,長羽着地後上卷。鳳體略向外傾斜,以增加鼎體的穩定性。腹內壁鑄有“乍(作)寶彝”三字(圖六),故名爲“作寶彝鳥紋扁足鼎”。從造型、裝飾到鑄造工藝,這件鼎都稱得上是西周時期青銅器藝術品中的上乘佳作。

圖五　作寶彝鳥紋扁足鼎　　　　　圖六　作寶彝鳥紋扁足鼎銘文

　　傳世和出土的扁足鼎較多,但體作方形,下承四條鳥獸形扁足者寥寥無幾。見於著録的只有 18 世紀末山東壽張縣梁山腳下出土的周太保後裔名叫徲的人所作的三件鳥紋方形扁足鼎,其中兩件原藏清宮內府,現不知流落何處;另一件被瑞典卡爾貝克氏(Orvar Karlbeck)購去,現藏在瑞典斯德哥爾摩遠東古物館,現在國內一件也沒有了。作寶彝鳥紋扁足鼎的出現爲我們填補了這一缺憾。

五、龍　鳳　尊

　　這是一件西周中期前段的鳥獸形酒尊,通高 32 釐米(圖七、八),龍鳳合體,頭部以龍的造型爲主,也綜合了牛、羊、虎等幾種動物的特徵,形象爲寬鼻闊口,嘴角獠牙交錯,兩耳豎起,雙目前視,頂上有夔龍形雙角,頭後有鳳冠,頸部飾羽紋。鳳體豐腴,雙足站立,爪作鴨蹼形。鳳的兩翼併攏,後梢上翹,尾翎寬大逶迤,下垂後兩邊內卷,尾稍後伸。胸、翼均飾羽紋。胸前有一圓雕趴伏的卷尾龍,龍首回顧,龍角上卷,闊口做成中空的流管,與體腔相通。鳳背有一伏臥的圓雕小鳳,圓目勾喙,栩栩如生。尾上有一個圓雕趴伏的卷尾顧龍,在顧龍與小鳳之間又有一隻躍虎,後腿蹬於龍首,騰空而起,前爪搭在鳳尾上(圖八)。

圖七　龍鳳尊(左側)　　　　　　　　　圖八　龍鳳尊(右側)

　　這件龍鳳尊的設計者,極盡構思之能事,將現實生活中許多禽獸的特點,如牛面、虎嘴、鹿角、雞冠、鳥體、鴨蹼等有機地組合在一起,並加以巧妙的變化,創造出一個既華美富麗又富有神秘感的藝術品,充分表現了古代匠師們深厚的藝術修養和高超的技術水準。這件龍鳳尊造型奇特,鑄造工藝精良,具有極高的收藏價值,截至目前,它是中國青銅器藝術寶庫中獨一無二的珍品。

六、戰國鏤空花紋銅鏡(兩枚)

　　兩枚,時代爲戰國時期。一枚是鏤空蟠螭紋圓鏡,直徑 15.7 釐米(圖九)。鏡作圓月形,鏡背中央有一個小環鈕,圓鈕座,座外有四出葉瓣,鏡緣由兩圈重環紋構成。鏡緣與鏡鈕之間,分佈着十六條蟠螭。蟠螭體飾鱗紋,軀體皆呈 S 形,相互盤繞,錯綜複雜,其中有四條螭龍嘴銜鏡緣,其餘的皆首尾相互銜接,佈局頗爲對稱,繁而不亂。紋飾中有二十八個實心圓圈紋,均匀地分佈在蟠螭之間,起到連結和加固鏡背的作用。

圖九　鏤空蟠螭紋圓鏡　　　　　　　　　圖一〇　鏤空玄鳥紋方鏡

　　另一枚是鏤空玄鳥紋方鏡，邊長9釐米（圖一〇）。玄鳥今稱燕子，是一種候鳥，以昆蟲爲食，春夏生活在北方，秋後便飛往南國。該鏡呈正方形，寶珠形鈕座，中有小環鈕，四邊寬緣，上飾S形組成的幾何紋。鈕座與鏡緣之間，左右以橫梁相連，橫梁上下各有一對展翅欲飛的玄鳥，兩兩相對，燕頸前伸，雙爪扒於橫梁，喙銜梁邊，燕尾歧分，搭在鏡緣，翼翅分展，羽毛用斷續陰綫勾勒，栩栩如生，活靈活現。

　　鏤空鏡的製作工藝十分複雜，最少得三次澆鑄，首先分別鑄出鏡面和鏡背，然後再將兩者復合而成。鏡面和鏡背的銅、錫配比也往往不同。鏡面錫的成分要多，以增加硬度和光潔度，鏡背的銅成分要大，增强韌性，以使鏤空的連接處不易折斷。

　　這兩件鏤空花紋銅鏡，紋飾優美，鑄造工藝精湛，在中國古代銅鏡中是極少見的藝術佳作。

七、錯金銀蟠螭紋鼎

　　這是戰國晚期製作的一件銅鼎，通高21.7釐米，距今約有兩千三百年，原爲日本千石唯司先生的藏品。該鼎蓋與器扣合後就像一個扁圓球，蓋上有三個環鈕，鈕上有釘蓋形突起，將鼎蓋倒置，可以當作一個盛食的器皿。鼎的口沿有一對附耳，造型與同時期的一般鼎有所不同，耳的上部斜向外折，頂部斜殺，圜底下設有三條蹄形足（圖一一、一二）。

　　這件鼎通體以錯金銀花紋裝飾，錯金與錯銀交替使用。蓋沿和器口下飾幾何形雲紋，三足飾獸面紋，以流轉的雲紋組成；耳內外飾雲紋，側面飾鱗紋；蓋面和器腹均飾蟠螭紋，蟠螭身軀以雲朵和雲頭組成。變化多端，華麗無比。蓋面中部作漩渦形，周圍數條蟠螭相互重迭盤繞；腹部的蟠螭紋有三組，每組以一螭頭爲中心的橢圓形展開，數條蟠螭交錯盤旋其間。

圖一一　錯金銀蟠螭紋鼎

圖一二　鼎蓋花紋

　　這件通體裝飾錯金銀花紋，每個部位的紋飾不拘一格，頗富變化，金光璀璨，銀色輝映。在中國青銅器寶庫中，鎏金銀、錯金銀的青銅器不少，但像這樣滿身花紋、富麗堂皇的瑰寶並不是很多，1966 年陝西咸陽出土的一件錯金銀雲紋鼎可以與之相提並論，咸陽的錯金銀雲紋鼎的紋飾纖細疏朗，錯金銀蟠螭紋鼎的紋飾豐腴富麗，可謂各有千秋。總之，該鼎是一件不可多得的古代藝術珍品，具有特別重要的歷史和藝術價值，爲研究古代工藝美術史提供了可貴的實物資料。

（原載《收藏界》2006 年第 12 期）

師姬彭簋簡析

　　師姬彭簋原藏日本井岡家族，2008 年 2 月在法國巴黎戴克成藝廊（Galerie Christian Deydier）展出。展覽圖録 12—15 頁有其介紹，但國内未見著録，2016 年 1 月出現在保利春季拍賣會，人們才得以識其廬山真面目。

　　該簋通高 21、寬 26 釐米。侈口束頸，腹部微鼓，下部圜收，一對獸首半環形耳，獸頭扁平寬大，但耳圈扁細，垂珥下部作鱷豆形並向内傾斜，圈足較直，其下連鑄方座。頸部、圈足均飾夔龍紋。夔龍凸目咧嘴，象鼻上卷，以纖細的雲雷紋填地。簋頸的前後增飾浮雕犧首，腹部裝飾連珠紋鑲邊的斜方格雷紋，中間填以方底小乳釘，方座四壁的上下左右均飾以條狀的斜方格小乳釘雲雷紋，方座面的四角飾以三角雷紋（圖一）。

圖一　師姬彭簋　　　　　　　　　　　圖二　師姬彭簋銘文

　　該簋的造型、紋飾、耳形與 2008 年山西翼城大河口一號墓出土的伯簋（圖三）、1982 年山東省滕州莊里西村西周墓出土的滕侯簋（圖四）基本相同，特別是鱷豆形内鈎小珥與大河口的伯作彝簋如出一轍。方座簋是西周早期前段的產物。所謂方座簋，就是將簋和禁連鑄在一起，抬高簋體，以便適應跽坐就食的方便，因此伯簋、滕侯簋和師姬彭簋，都應是西周早期前段之物。有學者認爲方座簋這一器形來源於陝西寶雞。寶雞是目前唯一出土銅禁的地方，時代爲西周早期前段。第一套爲端方舊藏，現藏美國紐約大都會博物館，另一件現藏天津博物館，2013 年寶雞石鼓山西周早期墓又出土了一套。值得注意的是，大都會博物館和石鼓山器組裏各有一件提梁卣與一件方禁組合。此套組合中方禁與上面所承的卣相互搭配使用，但可以分開，很容易讓人們聯想到連鑄一起的方座器是由它發展而來。

圖三　伯簋　　　　　　　　　　　　圖四　滕侯簋

帥姬彭簋内底鑄銘文 11 字（圖二）：

帥姬彭（彭）乍（作）氒（厥）辟日戊寶隣（尊）彝。

帥姬彭，是一位女性，該簋的作器者。在古代，一般情況下，自作器的女性必然是已婚女子，且在家族中處於主導地位。就目前所見資料，尚没有確鑿證據證明未出嫁女子有自作器。

西周時期自作器的婦女，其稱謂一般由夫家族氏、母家的姓以及女子私名組成（私名也可省略）。如楊姞壺銘文：“楊姞作羞醴壺，永寶用。”“楊”是夫家的族氏，“姞”是女子的姓，故稱“楊姞”。芮姞簋：“芮姞作旅簋。”“芮”是姬姓諸侯國，“姞”是嫁給芮伯的姞姓女子，作器時便自稱“芮姞”。有的婦女自稱時爲了顯示父家的族氏，在夫家族氏之後或之前再加上父家的族氏。如蘇衛改鼎：“蘇衛改作旅鼎，其永用。”“衛”爲姬姓，周文王之子康叔的封國；“蘇”爲改姓，祝融之後，昆吾之子的封國。蘇國族女子嫁於衛國，自稱時便在夫家國名之前加上父家國名“蘇”。而“獣應姬”（見獣應姬鼎）便是在夫家國名之後加上父家國名“應”。不論是父家國名在前還是夫家國名在前，國名都是在女子姓之前，絶不會放在女子姓之後。所以帥姬彭簋的作器者，“彭”是其私名，“姬”是彭的父家的姓。帥姬彭的“帥”是夫家的族氏。“帥”作爲國名或族氏名在金文中尚屬首次出現。

“帥”甲骨文作“✲”（《類纂》2921），從屮從土從卜，會意草木生長受阻之意，隸定爲“宋”。或以爲從丰從卜，會意次於邊境之意，疑“次”之本字。金文原篆作“帥”。商代晚期的宰甫卣：“王來狩自豆麓，在礟帥（次），王饗酒。”小子夶鼎：“乙亥，子賜小子夶，王賞貝，在丫帥（次）。”均用爲“次”。《左傳·莊公三年》：“凡師一宿爲舍，再宿爲信，三宿爲次。”《左傳·襄公二十六年》："師陳焚次。"注云："次,舍也。"東周空首布有地名"峀",讀爲訾。《左傳·昭公二十三年》："夏,四月乙酉,單子取訾,離子取牆人直人。"注云："三邑屬子朝者,訾在河南鞏縣(今鞏義市)西南。"帥姬彭簋的"帥"有可能就是春秋時期東周國的訾邑。

聿,代詞,相當於"其",文獻作"厥"。《書·大誥》:"厥父菑,厥子乃弗肯播。"臺北故宮博物院收藏的衛鼎銘文有"衛肇作聿(厥)文考己仲寶黚鼎",帥姬彭簋的用法與衛鼎完全相同。

辟,對天子、諸侯以及長官、長輩的尊稱。《詩·大雅·蕩》:"蕩蕩上帝,下民之辟。"《爾雅·釋詁》:"辟,君也。"大克鼎:"肆克龏保厥辟恭王。"彧鼎:"王唯念彧辟刺(烈)考甲公。"南姞匜:"南姞肇乍聿(厥)皇辟伯氏寶肆彝。"孟姬脂簋:"孟姬脂(脂)自作饋簋,其用追孝于其辟君武公。"商尊:"商用作文辟日丁寶尊彝。"這裏是對自己夫君或者長輩的尊稱。

銘文大意是説:帥姬彭鑄造了過世的夫君日戊的祭器。

從帥姬彭爲姬姓可知,她是周族女子;而夫君死後使用日名,極有可能是商族的後裔,或者受商族文化影響的部族。這種情況在西周金文中曾經出現過,如西周早期的鈇應姬鼎的作器者鈇應姬,就是姬姓女子嫁給鈇(胡)侯,在其鑄造祭祀死去的夫君(胡侯)的鼎時,銘文使用的就是日名"公叔乙"。

縱觀帥姬彭簋的造型、紋飾和銘文書體,確是一件不可多得的具有較高藝術價值和歷史研究價值的西周早期青銅藝術品。其銅質優良,鑄造精工,紋飾華美,保存完好,鏽色斑駁,且鑄有銘文,器主明確,特別是銘文中第一次出現帥這個國名或族氏名,爲我們研究西周時期歷史提供了第一手資料,對進一步認識西周王朝與殷商部族、少數部族的融合和友好相處,以及青銅器藝術的發展都具有重要的意義。

2016 年 2 月 29 日完稿

(原題《帥姬彭簋考釋》,載 2016 年《保利(香港)拍賣公司春季拍賣會圖録》)

古卣生輝　神面傳情

——析論西周真卣

　　最近出現的一件西周早期極爲瑰麗珍奇的青銅提梁卣,引起了我們的極大興趣。該卣是繼保利藝術博物館神面卣和隨州羊子山出土的神面卣之後又一件神面卣,不但裝飾奇特,内涵信息也很重要,值得共賞。

　　該卣是 20 世紀 20 年代日本天琴坊藏品,最近出現在香港大唐國際春季拍賣會。通高19、寬 22 釐米(圖一)。卣體橫截面呈橢方形,直口短頸,腹部向下傾垂,頸部有一對半環形小鈕,套接拱形提梁。提梁兩端有圓雕虎耳卷鼻獸頭,形象生動,使卣體帶有幾分靈動感。圈足低而沿外撇。外罩式帽形蓋,上部圓拱,弧形下折,没有出沿,渾然一體。頂部設有封頂橢圓形捉手,兩端有一對犄角。

圖一

圖二

　　卣腹和蓋面主體紋飾爲淺浮雕和藹喜人的四組神面圖像。這是一種近似人面的神像,稱爲人面紋或神面紋,也有人稱爲異形獸面紋。

　　神面紋雙目則似人目,上下眼瞼裹住眼球,眉毛彎曲,情態端莊,炯炯傳神,與通常青銅器上的獸面紋的眼睛大不相同,沒有那種神秘、譎奇和猙獰的形態。神面的鼻寬而有翼,額上彎角下垂,眉宇之間有一對圓渦紋,雖然紋樣中還是闊口獠牙,但設計師的意圖是要將人的形貌與神的威嚴結合起來,並凸顯人的特徵,給人們一種親和感。人形神面紋的出現爲上古神話開啓了先河。

神面紋兩側則配置小夔鳳,夔鳳體軀刻畫陰綫紋,碩大的冠羽直聳頭上,用心工巧,極富動感。卣的頸部裝飾浮雕小獸面,兩邊配飾勾喙卷尾夔龍。頸腹之間用一條光素的條帶作爲分隔。提梁飾以對角夔龍紋,捉手平頂裝飾垂冠回首鳳鳥紋。通體以纖細的雲雷紋填地,並在主體花紋之上刻鏤陰綫斜紋和雲頭紋,於是形成了所謂的"三層花"。紋飾瑰麗,層次分明,製作精細,彰顯出設計者巧妙周到的運思和鑄造匠師的功力。卣蓋内和器内底各鑄銘文20字,内容相同(圖二),其中19字在一個大型"亞"字之内,銘文是:

眞(眞)奻(夙)夜亯(享)于大宗,乍(作)父辛寶障(尊)彝,其孫子永寶。亞束。

文字結體長方,章法參差錯落,字與字的騰挪揖讓極爲自然。銘文大意是説:"眞日夜享孝於大宗,鑄造了這件祭祀父親的提梁卣,希冀子孫們永遠保存,用於祭祀祖先。"鑄器者是一個名叫眞的人,從他享祀大宗來看,他應是這個家族的小宗,也就是説不是長子,是庶子;但從他能鑄造如此豪華的提梁卣來看,其人必是官高位顯,或者家境異常富足。

"亞束"是眞的族徽。"亞束"族的青銅器主要見於1980年陝西長安縣花園村M15、M17出土的8件青銅器。其中6件和此卣的銘文佈局相同,即亞字框内鑄正銘,後以束字結尾;兩件在銘文後屬"亞束"二字。另外還有1972年河北正定縣新城鋪鎮馮家莊出土的雀鼇爵,英國倫敦大英博物館收藏的亞束壺(又稱亞束卣),以及近年出現的亞束父丁方杯、亞束尊、宣尊、宣觶等。其中亞束父丁方杯和亞束壺是商代晚期之物,其餘爲西周早期後段之物,這説明亞束族從商代晚期到西周早期一直是一個顯赫的家族。

眞卣與1965年安徽屯溪市弈棋鄉西周墓葬出土的公卣、1976年陝西扶風縣法門鎮莊白村1號窖藏出土的豐卣、傳世的庚嬴卣,以及美國弗利爾美術博物館收藏的作宗彝卣的造型相似。通體圓潤無棱角,卣蓋呈帽形。帽形卣蓋是其突出的特點,出現於西周康王時期,流行於昭穆時期。眞卣的主體紋飾與2007年湖北隨州羊子山4號墓出土的神面卣,以及保利藝術博物館的神面卣風格一致,銘文書體、用語也較接近。庚嬴卣的時代是康王晚期,保利神面卣和隨州神面卣被定爲西周早期後段,安徽屯溪公卣、弗利爾作宗彝卣的時代均在昭穆時期,豐卣則是穆王前期作品,根據以上對比分析,可以確定眞卣的時代當在西周早期後段,以昭王時期更覺合適。

總之,眞卣是青銅文化發展鼎盛時期的藝術珍品,是國寶級文物,具有極高的藝術價值、科學價值和歷史文化價值,奇特的神面紋樣彌足珍貴,對於探索古代神靈信仰具有極爲重要的意義。

2017 年 3 月 27 日完稿

(原題《古卣生輝　人面傳神——析論西周眞卣》,載 2017 年

《香港大唐國際春季拍賣會圖録》)

傳世瑰寶✶方鼎

　　中國古代青銅器具有華夏文明的特色和風格,以其雄偉的造型、古樸的紋飾、精湛的鑄造工藝和豐富多彩的銘文著稱於世。它不僅是中華文化寶庫的藝術瑰寶,也是世界美術史上的一顆燦爛明珠,備受各國人民的青睞。

　　青銅鼎出現於夏代,歷經商周,一直沿用到兩漢,乃至魏晋,是青銅器中使用時間最長的青銅禮器。

　　青銅鼎具有烹煮肉食、實牲祭祀祖先神靈和燕饗賓客等各種用途。在古代社會裏,它又被當作"明尊卑,別上下"的標誌,用來表示統治階級等級和權力大小。等級越高,使用鼎的數量就越多,也就是説享受的肉食品種就越豐富。據禮書記載,西周時期天子用九鼎,稱爲大牢,也稱太牢,第一鼎盛牛肉,以下爲羊、豕、魚、腊、腸胃、膚、鮮魚、鮮腊;諸侯一般用七鼎,也稱大牢,減少鮮魚、鮮腊二味;大夫用五鼎,稱少牢,分別盛放羊、豕、魚、腊、膚;士用三鼎,盛放的是豕、魚、腊,士也有用一鼎的,鼎内盛放豕肉。

　　相傳夏禹鑄九鼎,歷商至周,爲傳國的重器,後遂以指代國家政權和帝位。古代有關鼎的典故有很多。"問鼎"的典故就是其中最著名的一條,語出《左傳·宣公三年》,大意是説:楚莊王爲討伐外族入侵者來到洛陽,在周天子境内檢閲軍隊。周定王派大夫王孫滿去慰勞,楚莊王借機詢問周鼎的大小輕重。王孫滿説:政德清明,鼎小也重,國君無道,鼎大也輕。周王朝定鼎中原,權力乃上天所賜。鼎的輕重不當詢問。楚莊王問鼎,大有取代周王而君臨天下的意思,結果遭到王孫滿的嚴詞斥責。後來就把圖謀簒奪王位叫作"問鼎"。現在也把獲得一定地位或者在某方面取勝叫作問鼎。另外,還有"一言九鼎"的典故,出自《史記·平原君列傳》。事情發生在戰國時期,秦昭王十五年秦國軍隊包圍了趙都邯鄲,形勢十分危急,趙孝成王派平原君赴楚求救,毛遂自願同往。到了楚國,平原君立即與楚王商談"援趙"之事,談了半天毫無結果。這時,毛遂曉之以利害,楚王心服口服,立即答應出兵援趙。回國後平原君感慨地説:"毛先生一至楚,而使趙重於九鼎大吕。""一言九鼎"和"毛遂自薦"的典故便由此而來。平原君誇獎毛遂"一言九鼎"的本意是説毛遂一句話可産生極大的力量,演變到現在就成了信守諾言了!

　　✶方鼎就是西周青銅鼎中的佼佼者,也是中國青銅器寶庫中的一件瑰寶(圖一)。該鼎通高 22.9 釐米,造型規整,體呈長方箱形,窄沿方唇,口沿微向内傾斜,其上有一對 U 字形雙耳,四壁向下漸有收分,底部平坦,其下設有四條柱足,鼎體四角鑄有 F 形扉棱,以拓展空間,其上飾 F 形陰紋。鼎的四壁上部鑄有浮雕狀螭龍,以雲雷紋填地。龍呈一頭雙身,龍頭居中,張口凸鼻,刻畫逼真,龍身向兩側蜿蜒伸展,彎曲處填以圓渦紋,龍體飾纖細的菱形雷紋。四壁下部和左右兩邊各飾三排乳釘紋,四足飾陰綫簡化蟬紋。林林總總,既富麗堂皇、威嚴壯美,又不落繁縟俗套。這種龍紋像是將龍從尾部劈開,向兩邊展開,使人們看到龍的左右兩個側面。鼎的外底有木字形加強筋,並遺留有範綫和煙炱。内壁鑄一“屳”字(圖二),係作器者族氏銘文。“屳”字本作上從“山”形,下作側立的人形,但方鼎上的屳字却進行了美術化處理,在“山”形之下增添了一個相背的人形,且用雙綫勾勒,十分美觀。

圖一　　　　　　　　　　　　　　圖二

屳族也有復合族氏名,叫作單屳族和西單屳族,是商周時期顯赫的家族,從商代晚期到西周早期見於著録的屳族青銅器有 30 多件,如:屳甗、屳觶、屳父乙鼎、屳父乙盉、屳父辛爵、屳祖乙卣、屳作父戊鼎、屳作母辛觶、單屳簋、西單屳瓿、壹卣等,但方鼎却較少見,特別是像這樣紋飾俊美、鑄造精緻的方鼎更是難得。從出土地點看,屳器主要出土於河南安陽、河清和山西曲沃等地,這爲研究商周時期屳族繁衍遷徙,增添了可靠的歷史資料,其重要性可想而知。

屳方鼎規整大方,鑄造精工,紋飾清晰俊美,皮殼温潤,鏽色斑駁,品相確屬一流,且鑄有器主銘記。從其造型特徵、花紋風格判斷,其時代爲西周早期前段。從鼎底所遺留的鑄造痕迹和一足下部裸露的範土可證,該鼎確爲真品,是一件難得的藝術佳作,極富收藏價值和歷史研究價值。

屳方鼎早年出土,初爲盧芹齋收藏,1939 年在紐約舉行的“中國青銅器展覽”中展示,1947 年爲瑞士瓦諾梯博士(Dr. Franco Vannotti)購藏,1976 年後又爲英國古董商埃斯肯納茨

（Giuseppe Eskenazi）收藏，1989 年轉手給英國某收藏家，1995 年美國收藏家勞埃德‧科特森從紐約佳士得拍賣會購得，可謂流傳有序，不斷得到有識之士賞識。該鼎曾先後著録於 C. T. Loo（盧芹齋）& Co, compiled by J.leroy Davidson, "An exhibition of Chinese Bronzes（中國青銅器展覽）", New York, 1939; B. Karlgren and H. F. E. Visser, "Bulletin van de Vereeniging van Vrienden der Aziatische Kunst", Stedelijk Museum Amsterdam, Bulletin number 5, May 1939;容庚：《商周彝器通考》，1941 年;J. P. Dubosc, "Une Collection d'Art Chinois", Formes et Couleurs, no3, series XI, Lausanne, 1950; Carl Hentze, "BRONZEGERAT, Kultbauten, Religion im Altesten China der shang-zeit"（中國商代青銅器及紋飾和宗教），1951;巴納、張光裕：《中日歐美澳紐所見所拓所摹金文彙編》第 9 册，1978 年;汪濤、劉雨：《流散歐美殷周有銘青銅器集録》，上海辭書出版社，2007 年;筆者《商周青銅器銘文暨圖像集成》第一卷，上海古籍出版社，2012 年。

盧芹齋（原名盧焕文，1880—1957），浙江湖州人，先後旅居法、美、瑞士等國，20 世紀初是國際上享有盛譽的中國古董鑒賞家，也成爲歐美華人中的名人。他使歐美收藏者學會了欣賞中國的古代青銅器、玉器、陶俑、唐三彩、佛教造像等等。從某種意義上講，盧芹齋是讓西方認識中國古董的啓蒙者。他以精湛的文物鑒賞知識和天才的商業才能，逐漸征服了歐美收藏者，從此開拓了世界範圍的中華文物流通市場。時至今日，也留下了中華文物的流通、回歸與保護的話題。𠦪方鼎被盧芹齋自己留藏了十多年而未出手，可見其藝術價值和歷史價值不同凡響。

（原載 2014 年 11 月《北京嘉德秋季拍賣圖録》）

康丁器百年後現身　説尊道敦原是方彝

——康丁方彝解析

　　康丁方彝曾經被稱爲"康丁彝""康丁尊""康丁敦""康丁簋"，最早著録於吳式芬《攈古録金文》，僅有銘文摹本，稱其爲"彝"，其後有著録銘文拓本者，但所見十多種著録，均没有器形圖像。所以，考古學界、古文字學界、青銅器學界和收藏界誰也没有見過它，也不知道它是什麽器物。

　　據記載，該器出土於清道光年間（1812—1850），初爲葉志詵收藏。

　　葉志詵（1779—1863），字東卿，湖北漢陽人，清代著名學者、青銅器收藏家、藏書家、書法家。貢生出身，嘉慶九年（1804年）入翰林院，官拜國子監典簿，升兵部武選司郎中，後辭官就養於其子葉名琛（先後任廣東巡撫、兩廣總督）在廣州的署府。學問淵博，長於金石文字之學，能辨其源流，剖析毫芒。收藏金石、書畫、古今圖書甚豐。所藏青銅器見於乾隆年間自撰的《平安館藏器目》者凡一百六十一器（見《叢書集成初編》），其中不乏精品重器，如趞尊（後歸吳大澂，現藏上海博物館）、揚簋、齊侯簋、伯太師鼎等。第二次鴉片戰爭中，其子被英軍俘虜，葉志詵倉皇逃歸故里，生平所藏金石古器，流散殆盡。葉氏的藏品大部分輾轉進入北京琉璃廠鋪肆，繼而流轉到其他大收藏家手中，青銅器中的精品多爲潘祖蔭所得，康丁器就在其中。

　　潘祖蔭（1830—1890），字在鐘，小字鳳笙，號伯寅，亦號少棠、鄭盦。江蘇吳縣（今蘇州市）人。通經史，精楷書，好收藏，清代三朝元老，咸豐二年一甲探花（第三名），授國史館協修。同治年間（1862—1874）任工部侍郎、署理吏部左侍郎、户部右侍郎、吏部右侍郎，特旨賞翰林院編修、南書房行走，數掌文衡殿試，在南書房近四十年。光緒年間官至工部尚書，後又任禮部尚書、軍機大臣上行走、兵部尚書等。收藏金石甚富，爲晚清青銅器收藏巨擘，青銅器三大國寶中的大克鼎和大盂鼎都是潘氏舊藏。1951年潘祖蔭孫媳潘達于捐獻給國家，放置上海博物館陳列（大盂鼎現藏中國國家博物館）。潘氏收藏青銅器據《攀古樓藏器目》所載凡四百五十器之多，後來也有所散逸，康丁器就在20世紀初被一位歐洲收藏家購去，至今110多年間，一直秘藏不宣，亦無圖像傳出。

　　該器曾著録於吳式芬的《攈古録金文》卷一之二第五十七頁（光緒二十一年吳氏家刻本）、朱善旂《敬吾心室彝器款識》下卷第三十八頁（光緒三十四年朱之溱石印本）、吳大澂《愙齋集古録》卷八第八頁（光緒二十二年成書，民國七年涵芬樓影印）、方濬益《綴遺齋彝器考釋》卷十七第二十三頁（光緒二十五年印本）、盛昱《鬱華閣金文》己 14（書成未刊印，2005年出版的《金文文獻集成》收錄其中）、羅振玉《殷文存》卷一第十六頁（1917 年上海倉聖明智大學石印）、劉體智《小校經閣金文拓本》卷七第二十頁（1935 年初版）、羅振玉《三代吉金文存》卷六第二十二頁（1937 年日本珂羅版精印本）、嚴一萍《金文總集》2008（臺灣藝文印書館1983 年）、中國社會科學院考古研究所《殷周金文集成》第七冊 10537（中華書局 1984 年）、筆者《商周青銅器銘文暨圖像集成》卷八 287 頁 04005（上海古籍出版社 2012 年）等書。但是著錄的僅爲銘文摹本或拓本，從未有圖像。所以，《攈古》《殷存》《三代》《小校》《敬吾》等稱其爲“彝”（這個彝並不是專指方彝，而是一種泛稱，不知器形者均稱爲“彝”），《綴遺》稱“尊”，《窓齋》稱“敦”（清代及其之前均將“簋”稱爲“敦”），而《集成》稱“器”（《集成》所稱的“器”是一些不知名的器物），《總集》稱“簋”，拙著《商周青銅器銘文暨圖像集成》亦根據《總集》稱其爲“簋”。

圖一

時隔 110 多年，康丁器終於露面了，最近筆者目睹了它的“廬山真面目”。初見該器，頗爲驚異，它既不是尊，也不是敦，更不是簋，而是一件造型優美、裝飾華麗、鑄工精湛的方彝（圖一）。

“彝”是古代青銅器中禮器的統稱。《爾雅·釋器》：“彝，卣、罍，器也。”郭璞注：“皆酒尊，彝其總名。”在古籍中未見以“方彝”爲禮器的名稱。宋代《博古圖錄》稱侈口無蓋之簋爲彝，但其銘文往往自名爲敼（簋）。《宣和博古圖》將一種無蓋、器腹側面與橫截面皆爲長方形、四隅與腰間有扉棱、方圈足之器亦稱爲彝。容庚先生在 1941 年出版的《商周彝器通考》中指出，此種方形彝無所系屬，故別爲一類，乃名之曰方彝。後世出土的這類器物銘文中也未發現器名，因而考古學界仍沿襲容庚之說，稱其爲方彝。

方彝最早出現在商代晚期，器形像一座古代宮殿建築，截面縱短橫長，上有廡殿式屋頂蓋（也稱四坡流水式屋頂），下有長方形圈足。器體大多有四條或八條棱脊（也稱扉棱），俗稱爲“出戟”。方彝在青銅器中是地位崇高的器類之一，商王武丁的后妃婦好墓中就出土五件方彝，其中還有一件曲壁鼓腹的偶方彝（連體方彝）。方彝造型別緻，紋飾精美，但數量甚少，頗受收藏家喜好。

該方彝高 13.14、口橫 14、口縱 12 釐米。造型魁偉，器壁厚重，出土時未見其蓋，器身侈口，短頸較直，腹部呈弧形鼓出，圈足較高，足沿外侈，每側有一個門洞形缺口。鼓腹增添了器體在造型上的曲綫變化，使器物在莊重中不失優雅，肅穆中平添生氣。周身八條厚重的扉棱更強調了器形綫條的起伏變化，拓展了人們的視野，使得器物顯得更加穩重大方。傳世曲壁鼓腹方彝皆爲重器,如美國弗利爾美術館的作册夨令方彝、日本根津美術館的萘子方彝、陝西扶風莊白窖藏出土的折方彝等。目前已知世界範圍著錄的這類方彝僅有 17 件,絕大多數爲博物館收藏。康丁方彝又爲曲壁鼓腹方彝增添了一件藝術瑰寶。

更令人欣賞的是其設計巧妙、鑄造精美的紋飾。康丁方彝的主體花紋是闊口獠牙、鼓目曲角的獸面紋(過去稱爲饕餮紋)佈置在四壁角隅,以扉棱爲獸面鼻梁,同時與方彝的鼓腹相配合,突顯了獸面的立體感,做到了器形和紋飾的和諧統一,每組獸面後下方又增飾由七個小乳釘構成的圓渦紋,佈局精當,疏密有度。頸部和器足的夔龍紋也是以四角的扉棱爲中心,兩兩相對佈置,從四壁正面觀看則爲相背而行的夔龍,從四角觀看又是四組獸面紋,與腹部的獸面紋主從相配,相得益彰,呈現了方彝裝飾的獰厲之美。地紋采用細如髮絲的雲雷紋,迴旋盤繞,一絲不苟,做工非常精到。該方彝造型與婦好偶方彝、末方彝有相似之處,但更接近西周早期的万甫方彝,紋飾和銘文字體具有商代晚期的時代,所以其時代應斷定在商代晚期後段,約在帝乙、帝辛(紂)時期。

此器內底鑄銘文四字:“女康丁⊞。”(圖二)關於銘文的釋讀,曾有多種意見。一種讀爲“康丁女皿”,一種讀爲“康女丁皿”,另一種讀爲“女康丁⊞”。“⊞”係族徽,釋“皿”有誤。我以爲此銘文應讀爲“母康丁,⊞”。“女”“母”本爲一字之分化,在此讀爲“母”。“康”和“孔”等字一樣是祭祀對象的名號。夏王有孔甲,商王有康丁。郭沫若先生在其《甲骨文研究》指出:“康字訓安樂,訓和静,訓廣大,訓空虛。……康字必以和樂爲其本義,故殷周帝王即以其字爲名號。”上古時期,王侯可以稱“孔甲”“康丁”,一般貴族也可以用其命名,“母康丁,⊞”就是⊞族首領過世的母親,名叫康丁。這件方彝就是⊞族首領爲祭祀母親康丁而鑄造的禮器。所以,依據青銅器

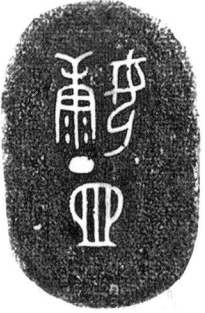

圖二

定名通例,該方彝應稱爲⊞母康丁方彝,也可簡稱“康丁方彝”。從受祭人使用日名(用甲、乙、丙、丁等天干作爲死者名稱。殷人用日名,周人不用日名)可知,該家族是殷人貴族。

“⊞”在銘文中還寫作“⊞、⊞、⊞”等形,目前所見帶“⊞”族徽的青銅器除本器外還有 32 件,包括鼎、簋、爵、瓿、觶、斝、尊、勺、盉、戈等器類,絕大部分爲商代中晚期之物,只有辟卣和懋父卣是西周早期器,另外還有一件鬼壺爲西周中期器物。可見⊞氏是殷人中的一個顯赫氏族,從商代中晚期一直到西周中期,世代相替,綿延不衰。

總之,康丁方彝造型魁偉,器壁厚重,鑄造精細,紋飾華貴俊美,鑄有銘文,且流傳有序,雖然失却器蓋,但仍不失爲中國青銅器藝術寶庫中的一件瑰寶。除具有很高的藝術價值、歷史研究價值外,它還開啓了西周曲壁鼓腹方彝藝術風格的先河,爲方彝的發展演變提供了寶貴的實物資料。

(原載 2015 年 11 月《北京嘉德秋季拍賣會圖錄》)

評説雙鵂紋提梁壺

　　雙鵂紋提梁壺的時代屬於商代晚期前段,通高 29.8 釐米。造型奇特,裝飾別緻,有學者認爲應叫作卣或提梁卣,不管名稱作卣還是作壺,其功能是商代盛酒的器具,已是大家的共識。

　　該壺侈口,細長頸,頸的中部向內收束,圓腹略向下垂,矮圈足微外侈,圈足上部有一對小方孔。肩部有一對高凸的小鈕,套接提梁。提梁緊貼頸部,呈倒置的束腰"U"字形,提梁可以前後自由擺動。提梁橫剖面呈半圓形,兩端裝飾着圓雕青蛙。青蛙鼓睛闊口,四足蹲伏,伸頸前視,作待捕獵物之狀,寓動於靜,以靜待動,表現了濃郁的生活氣息。蓋面呈弧形鼓起,下部有子口,納入壺口,頂部有圓雕立鳥形鈕,鳥翼收攏,昂首挺胸,鳥足以鏈盤與提梁上的環鈕相連,鏈盤缺失。

　　該壺的裝飾爲通體滿花,特別是肩部、腹部的紋飾與衆不同。它利用肩腹的造型曲度,裝飾着相背的兩隻鷗鵂,也就是俗稱的貓頭鷹。鷗鵂頭部寬大,短嘴勾喙,圓目巨睛,毛角勾眉,嘴部、雙耳、雙眉和毛角均呈高浮雕,特別是勾喙翹出器表,立體感特強。鵂的雙足呈浮雕狀立於圈足之上,利爪蜷曲。鵂體飾鱗狀羽紋,用寬綫條勾勒出兩翼,活靈活現,栩栩如生。鵂頭兩側各有一隻倒置的夔龍,蓋面飾一對夔龍,均以雲雷紋填地。提梁飾蟬紋,口沿下飾帶狀獸面紋,頸部的兩組獸面紋,鼻梁窄細,"臣"字形眼,眸子突起,眉上豎。圈足飾雲雷紋。鵂鳥和青蛙的眼睛原來都鑲嵌有綠松石,經年久遠,現已不存(圖一、二)。這種相背的鷗鵂紋細頸提梁壺是鵂卣的濫觴,其後流行的像生形鵂卣就是由此演變而來。

　　壺蓋內鑄有 1 字,銘文是"史",是一個族氏銘文。因爲有"史"字銘文,也稱爲史壺。金文中的"史"字一般從"中"從一手(又),而此卣的"史"字從兩手,且均在右邊(圖三),與衆不同。史族在商周時期與冉(𠂤)、丙(𠀠)、戈(𢦏)並稱四大族群,大本營在今山東滕州市官橋鎮一帶,也有一部分高級貴族居住在殷都安陽。

　　該提梁壺包含附件較多,且壺蓋、提梁及壺體之間相互連接,提梁與壺體間空隙很小,紋飾精細,因此鑄造工藝十分複雜。根據觀察到的現象分析,壺體鑄型是垂直對分的,壺蓋、提梁、鏈盤與壺體采用了分鑄法,進行多次鑄接成型。首先分別鑄好壺蓋和帶環孔的鏈盤,然後將鏈盤的大環端放入蓋和鈕之間,套上鈕範,再澆鑄蓋鈕(立體鳥),這樣就將鏈盤與壺

圖一

圖二

蓋連接；然後將鏈盤的小環端穿在提梁上半圓形套環的鑄型中，通過澆鑄與提梁連接；而後將提梁放在壺體鑄型中的環鈕部位，最後澆鑄壺體，便告成功。這種鑄造工藝難度十分大，鑄造工匠務必精心操作，一絲不苟，稍有不慎，便前功盡棄，在失蠟法發明之前，這可是鑄造工藝的高精尖技術了，從出土數量甚少可知，掌握此技術的工匠數量不是很多。這種提梁壺僅出現在殷墟二期（商王武丁—祖甲時期），行用時間短，生產量小，就目前所知大多數出土於殷墟安陽的商代貴族大墓，常常和大口折肩尊伴出，總數也就十來件，由考古發掘出土的有安陽小屯婦好墓和 18 號墓出土的兩件，現藏中國社會科學院考古研

圖三

究所；安陽武官村北地 1 號墓出土的一件，現藏中國國家博物館；安陽武官村 1022 號大墓出土的一件，現藏臺北"中研院"史語所等。另外還有幾件也傳說出自安陽，分別收藏在美國華盛頓賽克勒美術館、舊金山亞洲藝術博物館和法國巴黎吉美博物館。其中武官村北地一號墓、賽克勒美術館以及法國吉美博物館收藏的有銘文。本壺與這些細頸提梁壺的造型基本相同，但區別在於這些壺的提梁兩端大多數爲龍頭、蛇頭、獸頭，蓋鈕多作菌形，只有婦好墓和三藩市亞洲藝術博物館的兩件是立體鳥鈕；小屯 18 號墓和武官村 1 號墓的壺，僅在蓋沿、頸部和圈足裝飾花紋，腹部光素，其他壺在腹部裝飾獸面紋，唯有賽克勒美術館的册告壺（卣）與此壺相同，腹部裝飾雙鷗鴟紋，但其提梁却爲龍頭，蓋鈕也僅是鳥首。

綜上所述,這件細頸提梁壺在目前見到的同類器物中,造型最爲優美,裝飾非常得體,三千多年來保存完好,包漿凝厚,紅斑綠鏽,甚爲耐看,是一件非常有價值的商代青銅藝術品瑰寶。

(原題《評説雙鴉紋提梁卣》,載 2017 年《香港大唐西市拍賣會圖録》)

評説亞盉豕提梁卣

卣是古代重要的盛酒器,古文獻與青銅器銘文中常有"秬鬯一卣"之説,所以卣在祭祀、宴饗時常被用來盛放"秬鬯"這一香酒。又因爲卣一般都設有一個用於提攜的梁鋬,所以也被稱爲提梁卣。卣主要流行於商代和西周前期,西周中期之後逐漸消失。

臺北德能堂收藏一件亞盉豕提梁卣(圖一),造型莊重,質地優良,裝飾華美,時代屬於商代晚期後段,即殷墟三、四期。

圖一

這件提梁卣通高 23、口徑 8.1×10.3、腹深 13.1、腹寬 15×17 釐米,重 2.61 千克。

該卣保存完好,紅斑綠鏽,品相上乘。橫截面呈橢圓形,直口微斂,鼓腹圜底,圈足沿外撇然後下折,形成一道矮邊圈;特別是套接提梁的小鈕設置在短頸的兩邊,提梁兩端有圓雕龍頭,豎角小耳,彎眉圓目,鼻頭從兩邊翻卷,活靈活現。外罩式蓋,蓋面隆起,左右兩端的一對犄角形似鳥喙,與一般卣蓋翹起的犄角有別,蓋頂有花苞形鈕,腹部和頸部各有兩道扉棱,蓋面縱向有一道扉棱,將蓋面分成兩區。通體滿花,除圈足飾單層 S 形雲雷紋之外,其餘均爲三層花。

運用浮雕、圓雕、綫刻等多種手法,構思精巧別緻。主體紋飾呈浮雕狀高出器表,主體花紋之上陰刻小雲頭或細綫條,主體紋飾的空白處填襯雲雷紋。頸部飾張口回首尾下卷的夔龍紋,蓋面和器腹均飾兩組牛角展體獸面紋(亦稱饕餮紋),獸面凸睛闊口,獠牙外露,肢體在兩旁展開,利爪前伸,彰顯出獰厲之美。大獸面兩旁增飾倒置的夔龍,提梁的一對夔龍則體態逶迤,張口卷尾,栩栩如生。整體紋路清晰,綫條深峻,優美自然,於規整華麗中透露出盎然生機,給人以極高的美的享受。

這種豎置提梁的卣,流行於殷墟三、四期,行用時間較短,如 1990 年河南安陽市郭家莊商代墓葬出土的亞址卣(圖二:1)、1976 年陝西岐山縣賀家村墓葬出土的丙卣(圖二:2)、1978 年河北靈壽縣西木佛村出土的亞伐卣(圖二:3)、1976 年廣西興安縣文化館從土產公司收購站揀選的天父乙卣(圖二:4),以及日本東京根津美術館收藏的舌卣、隻卣等,總數也就 25 件左右。主體紋飾一般爲下卷角獸面紋或者鳳鳥紋,唯獨廣西興安縣的天父乙卣係牛角獸面紋,與此卣相同,但提梁紋飾爲蟬紋,兩端是牛頭而非龍頭。

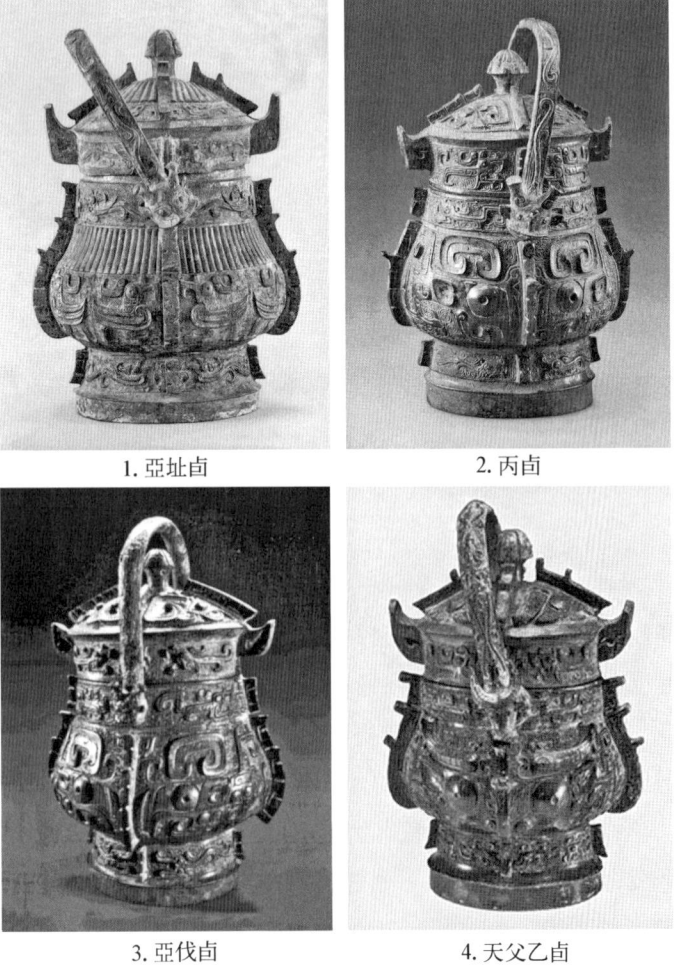

1. 亞址卣　　　　2. 丙卣

3. 亞伐卣　　　　4. 天父乙卣

圖二

　　值得一提的是,該卣蓋内與器内底鑄有相同的銘文,各 3 字(圖三)。銘文是"亞盉豕","盉豕"2 字在"亞"内。"亞"的含義,學界進行了長期的討論,但衆説紛紜,有宗廟説、職官説、爵稱、異姓方國的標誌、内服諸侯的標誌、新氏族或小宗的標誌、宗族和姻親關係等十多種説法,大多數學者贊同"亞"最初是一種職官,其職司與軍事有密切的關係。其後,"亞"便演變成一種族氏名。"亞盉"是復合族氏名,"盉"有可能是亞族的分支,或者結盟的友族。"豕"是其作器者的私名。"亞盉"是商代到西周早期著名的大族,目前見於著録的青銅器就有 20 餘件,其中包括鼎、甗、簋、爵、瓿、觶、尊、壺、卣、盉和矛等,僅亞盉豕所作之器就有鼎 3件,簋、卣各 1 件。時代從商代晚期到西周早期,延續數百年之久。

蓋銘　　　　　　　　　　器銘

圖三

　　綜上所述,這件提梁卣在目前見到的同類器物中,造型莊重大方,裝飾嚴謹得體,器主明確,三千多年來完好無損,包漿温潤,紅斑緑鏽,甚爲耐看,是一件既有重要的史料價值,又有高超藝術價值的青銅瑰寶。

2019 年 11 月 27 日完稿

析論商代獸面紋三羊尊

　　"尊"是一種大中型盛酒器。金文中稱禮器爲"尊彝"。古文字"尊"象雙手捧着酒罈子，"彝"象雙手奉獻瀝血雞，乃是以尊酒奉雞牲祭祀之意。尊彝是祭祀禮器的共名，是指一組祭器，而不是某種禮器的專名。現在所謂酒器中的尊，是宋代人定的名，約定俗成，沿用至今。

　　青銅尊最早出現在商代早期，盛行於商代晚期到西周中期前段，西周中晚期基本消失，但春秋時期南方的楚、蔡、吳、越等諸侯國偶爾還有鑄造。從考古發掘資料來看，在中原與關中地區，尊作爲隨葬禮器往往與卣或方彝相配。

　　青銅尊的形制一般分爲有肩尊、觚形尊和鳥獸尊。這裏介紹的獸面紋三羊尊，是一件有肩尊，也稱爲廣口折肩尊。這種尊最早出現在商代早期（二里崗文化上層），流行於商代中期和晚期前段，即殷墟一、二期，殷墟三期以後衰落，觚形尊始成爲主流。

　　該尊早年出土，1919 年以前流入日本，被二代藏六（1854—1932）收藏，1959 年至 1988 年間歸於日本著名古董商平野古陶軒，其後售於出光美術館，1960 年曾參加大阪"古代中國青銅器名品展"，2013 年在香港佳士得春季拍賣會拍賣，現藏國內某私家。該尊見於水野清一的《殷周青銅器と玉》、林巳奈夫的《殷商時代青銅器の研究——殷周青銅器綜覽》、平野古陶軒的《古陶軒撰華》，以及出光美術館的《中國の工芸：出光美術館藏品図録》。

　　該尊通高 37.4、口徑 33.3、圈足徑 19.5 釐米，重 7.980 千克。造型是典型的廣口折肩形，高峻挺拔，質地精細，造型規整，胎體豐滿。大喇叭口，粗長頸，口徑大於肩徑，折肩斂腹，圜底，高圈足，圈足上有三個方孔，這是鑄造工藝上的需求，也是商代晚期與西周早期青銅器的區別特徵之一。肩部、腹部和圈足各有六道扉棱，拓展了視覺的空間，給人們以穩重大方的美感。肩部等距離分佈着三個高浮雕盤角羊頭，故名三羊尊（圖一）。

　　這件尊的裝飾更見匠心。主體花紋呈高浮雕，地紋施以纖細的雲雷紋，主體紋飾上又雕刻陰綫雲頭紋，即所謂的"三層花"；同時花紋佈局呈集群式，以獸面紋作主紋，以夔龍紋作附飾，佈滿全身，即所謂的通體滿花（圖二）。這種"三層花""滿身花"成爲當時青銅裝飾藝術最爲突出的特點，也是衆多收藏家最爲偏愛的裝飾藝術。

　　該尊頸的下部飾一周垂冠回首夔龍紋，上部飾蕉葉紋，肩部羊頭兩側配飾夔龍，腹部以扉棱爲中心裝飾三組下卷角獸面紋，過去稱爲饕餮紋，獸面兩側配飾倒置的夔龍；圈足則飾曲折角獸面紋，兩側亦有倒置的夔龍。獸面紋均爲分解式，與以往的展體式獸面紋不同。此

圖一　獸面紋三羊尊

圖二　獸面紋三羊尊拓本

種獸面各部分單獨表現,突出眼、耳、口、角等部件,以增加神秘感。分解式獸面紋的源頭可以追溯到商代中期,如河北藁城臺西出土的一件瓿就飾有較爲原始的分解式獸面紋,成熟期在殷墟晚期前段。獸面紋是商代傳統信仰與觀念的反映,人們把它當作能夠溝通天地的神物加以崇拜。獸面面目猙獰,給人以威嚴恐怖之感,也顯示出一種獰厲之美。

高浮雕紋飾(西方稱爲羅樾 V 式)發軔於商代中期,成熟於殷墟二期晚段(約公元前1200 年)。高浮雕紋飾與殷墟早期的平面綫刻紋飾相比,其製作難度要大得多。它不僅突出主體紋飾,賦予器物華美靚麗,同時增强了青銅禮器的莊重和威嚴氣氛。這種費工耗時的裝飾技法不是一般貴族所能享用,只能爲像婦好那樣的高級貴族獨享。婦好爲商王武丁的配偶,在甲骨文中屢屢出現,武丁甚至親自卜問其分娩的凶吉,其寵幸可見一斑。婦好也參與國政,亦是領兵的統帥,曾親率一萬三千名士兵伐羌。婦好墓中出土的青銅器,特別是帶有"婦好""司母辛""司㚸母"銘記的器物皆爲高浮雕裝飾。

飾有高浮雕主紋的有肩尊極爲罕見,除本件尊以外,目前已知的僅有十件,其中八件分別收藏在中國社會科學院考古研究所(圖三)、[1]日本國京都泉屋博古館、[2]神户白鶴美術館、[3]東京根津美術館(圖四)、[4]美國華盛頓弗里爾美術館(圖五)[5]以及波士頓美術館(圖六);[6]私人收藏的兩件皆在臺北樂從堂,[7]可資參考。

[1] 中國社會科學院考古研究所編著:《殷墟婦好墓》56 頁圖版 21,文物出版社,1980 年。
[2]《泉屋博古: 中國古銅器編》64 頁,全屋博古館出版,2002 年。
[3] 水野清一:《殷周青銅器と玉》58 頁,日本經濟新聞社出版,1959 年。
[4]《根津美術館藏品選: 工藝編》21 頁,根津美術館出版,2001 年。
[5] John A. Pope, *The Freer Chinese Bronzes*, pp.98 - 103,1967.
[6] 中國科學院考古研究所編:《美帝國主義劫掠的我國殷周銅器集録》A400,科學出版社,1962 年。
[7] 清翫雅集編撰:《清翫雅集廿周年慶收藏展: 器物》270 頁,清翫雅集出版,2012 年。

圖三　司辱母尊

圖四　根津美術館尊

圖五　弗利爾美術館尊

圖六　波士頓美術館尊

　　除了精美的裝飾藝術和蘊含的文化信息以外,三羊尊所代表的高超的鑄造工藝技術也值得大書特書。該尊在製模翻範采用了新的工藝,也就是水平分範的技術。按照以往的垂直分範,一件尊需要分成三塊外範,各自占圓周的三分之一,高度從口沿一直延續到圈足。高度不大的器物分範不成問題,但是過高的器物,具有複雜輪廓綫的器物,大塊範無法從模上取得水平和垂直面上的完整紋飾,另外在陰乾及烘範過程中也極易收縮乃至變形。水平分範技術的發明很好地解決了這些難題。這件三羊尊,水平方向分爲頸部、肩部、腹部,以及圈足四個部分;垂直方向以扉棱爲界分爲六扇,總共 24 塊外範。肩部的三個浮雕獸頭,要確保鑄造成功還需要在其內部放置泥芯,爲了不使泥芯裸露影響美觀,還需使用芯撐來固定泥芯和內外範之間的空間。這樣,鑄造這件尊需要外範、內範、頂範、泥芯在內的總共 29 個範塊,工藝難度之大不言而喻。更爲難得的是,鑄銅匠師們在使用如此多範塊的情況下,還能保證合範的精確度,以及隱去所有顯著位置上的範綫,使器物在視覺上渾然一體,靚麗美觀。

　　近年來在安陽孝民屯鑄銅遺址發掘中,出土的範塊就有修治平整的水平分型面及分型面上的榫卯,有力地證明了這一時期水平分範的廣泛應用。[1]

　　總之,這件三羊尊造型高挺大氣、莊重典雅,紋飾瑰麗獰竣、質地精良,鑄造工藝精湛、品相優良,是青銅藝術高峰時期(商晚期)一件不可多得的藝術珍品,具有很高的藝術價值和歷史研究價值,充分體現了商代晚期我國鑄銅技術的高度成就,也反映了當時社會經濟的進步。

(原載《大唐西市 2018 年夏季藝術品拍賣會圖録》)

---

[1]　安陽市文物考古研究所:《殷墟新出土青銅器》33 頁,雲南人民出版社,2008 年。

藝術瑰寶子蝠方彝

　　方彝最早出現在商代晚期,沿用到西周中期前段,是古代青銅器中地位崇高的器類之一,只有高等級的奴隸主貴族才能享用。商王武丁的后妃婦好墓中就出土了五件方彝,其中還有一件是連體方彝,也稱偶方彝。方彝造型別緻,紋飾精美,但數量極少,頗受中外收藏家所珍愛。

　　子蝠方彝,原藏羅福頤,現藏美國哈佛大學福格美術館。通高 29.7、口橫 17.1、口縱 14.6釐米。長方體,直口直壁,深腹平底,四壁中部及四角均鑄有棱脊,也叫扉棱,俗稱"出脊"或"出戟"。圈足下部每邊各有一個門洞形缺口。器口上部有一個蓋子,形狀像廡殿式屋頂(也稱四坡流水式屋頂),其上的九條扉棱就是九條屋脊,上部的橫脊正中還有一個四坡屋頂鈕(圖一),它既是一種實用的捉手,也是一種屋頂的裝飾,給人以高大華美的感覺,至今古建築的屋脊上還有類似的裝飾物。

圖一　子蝠方彝

圖二　子蝠方彝銘文(上蓋銘、下器銘)

　　與此方彝造型、紋飾相同或者相似的方彝,目前僅有美國華盛頓賽克勒美術館收藏的戈方彝(圖三)和臺北故宮博物院收藏的亞醜方彝(圖四)。戈方彝的造型、紋飾與子蝠方彝幾乎完全雷同,但高度只有 26.2 釐米;亞醜方彝稍有差別,唯其圈足外侈,四壁的獸面紋爲曲折角,口下和圈足的紋飾均爲夔鳥紋,高度僅有 23 釐米,可資參看。

圖三　戈方彝　　　　　　　　　　　圖四　亞醜方彝

　　這種器物整體造型很像古代祭祀祖先的宗廟,給人一種古樸典雅、莊重神秘之感和獰厲之美。方彝的周身裝飾三層浮雕花紋,邊角和四壁中部都有凸出的扉棱(俗稱出戟),拓寬了人們的視野,使器物顯得更加穩重大方,具有很強的立體感,給人以美的享受。

　　該器通體裝飾花紋,鑒賞家稱其爲"滿身花"或"滿花"。有主體花紋、有填地花紋。主體花紋之上又有細花紋,即所謂的"三層花",是收藏家所最喜愛的,也是比較難得的。它的花紋由三部分組成,四壁中部裝飾的是下卷角獸面紋,獸面闊口獠牙,角尖翹出器表;口沿下部飾夔鳥紋,勾喙卷尾,利爪前伸,兩兩相對;圈足飾夔紋,俯身張口,大耳尖尾,兩兩相背。蓋面裝飾倒置的下卷角獸面紋,通體以纖細的雲雷紋襯底,同時主體花紋之上刻鏤有陰綫的雲頭紋,形成繁複的三層花紋。四面猙獰的饕餮紋讓人們感受到來自遥遠的商代威懾力量,爲整件器物增添了幾分神秘譎奇的色彩。

　　方彝的用途一般認爲是禮器,是商周時期貴族們在祭祀祖先神靈和宴饗賓客時盛酒的一種器具。但是,到了西周中期出現一種形體低矮,兩側設置象鼻形鋬,淺腹內有一隔斷,將其分爲兩格,每格放置一件斗勺,蓋沿一側有兩個方形小缺口,可讓器內斗勺柄伸出,如 1955 年陝西郿縣(今眉縣)李村西周銅器窖藏出土的盠方彝、1985 年西安市長安區馬王鎮張家坡西周墓出土的邢叔方彝(圖五),以及上海博物館收藏的師遽方彝(圖六)等。其用途有人認爲兩室分別盛放不同的酒漿,有人認爲應是放置調料或顏料之用。

圖五　邢叔方彝

圖六　師遽方彝（正面、俯視）

方彝上裝飾的獸面紋,過去稱爲饕餮紋。"饕餮"是古代傳說中一種貪財的怪物。"饕餮"之名來源於《呂氏春秋·先識》載"周鼎著饕餮,有首無身,食人未咽,害及其身,以言報更也"。《神異經·西南荒經》也説:"西南方有人焉,身多毛,頭上戴豕,貪如狼惡,好自積財,而不食人穀,强者奪老弱者,畏群而擊單,名曰饕餮。"所以後來人們把貪得無厭、貪財者或貪食者稱爲"饕餮"。宋代金石學家將青銅器上表現獸類頭部,或以獸類頭部爲主的紋飾都叫作饕餮紋。其實,這類紋飾是各種各樣動物或幻想中的物象頭部正視的圖案,所以現在考古界都把這類紋飾稱爲獸面紋。

獸面紋這個詞優於饕餮紋,因爲它指出了這類紋飾的構圖形式,而饕餮紋一詞只限於"有首無身"的定義,但絶大多數這樣的紋飾並非如此。獸面紋的特點是以鼻梁爲中綫,兩側作對稱排列,上端一道是角,角下有目,有的兩側有耳,多數獸面紋有曲張的爪,兩側有左右展開的軀體或獸尾。獸面紋並不是單一的哪一種動物的形象,圖案大都集合了好幾種動物的特徵,有的是虎面牛角,有的是羊頭獸爪,有的是獠牙利爪,有的是下卷角,有的是上卷角,有的是曲折角等等,千變萬化,不一而足,幾乎没有一個是完全相同的形象。

方彝上裝飾的夔紋,也是傳説中的獸名。《山海經·大荒東經》載:"東海中有流波山,入海七千里,其上有獸,狀如牛,蒼身而無角,一足,出入水則必風雨,其光如日月,其聲如雷,其名曰夔。"《莊子·秋水》説:"夔謂蚿曰:'吾以一足跰踔而行,予無如矣。'"《説文·夊部》:"夔,神魖也。如龍,一足……象有角手人面之形。"所以夔紋也叫作夔龍紋。

方彝上裝飾的所謂夔鳥紋,是一種鳥化了的夔紋,它的頭像鳥,圓目勾喙,有鳥冠,體修長,但其尾巴上卷,像獸類的尾巴,腿像食肉動物的腿,前部有利爪。

蓋內和器內底各有2字,銘文是"子蝠"(圖二),所以取名作子蝠方彝。"蝠"是一個象形字,像蝙蝠。蝙蝠是一種哺乳動物,頭部和軀幹像老鼠,四肢和尾部之間有薄膜相連,常在夜間飛翔,捕食蚊、蛾等昆蟲,休息時常用爪倒掛在屋檐下或樹枝上,冬天在隱蔽的地方冬眠。

蝙蝠視力很弱,靠自身發出的超聲波來引導飛行。《爾雅·釋鳥》:“蝙蝠,服翼。”郭璞注:“齊人呼爲之蟙蠼,或謂之仙鼠。”《方言》卷八:“蝙蝠,自關而東謂之服翼,或謂之飛鼠,或謂之老鼠,或謂之𪕬鼠;自關而西秦、隴之間謂之蝙蝠,北燕謂之蟙蠼。”漢焦贛《易林·豫之小畜》:“蝙蝠夜藏,不敢晝行。”五代馬縞《中華古今注·蝙蝠》:“蝙蝠,一名仙鼠,一名飛鼠。”聞一多《古典新義·〈爾雅〉新義》:“蝠讀爲蹼,下文‘鳧雁醜,其足蹼’,注:‘脚指間幕蹼屬相着。’蝙蝠之足亦有膜蹼屬相着,故謂之蝙蝠也。蝙蝠連綿詞,析言之可曰蝙,亦可曰蝠。”“子某”之稱,在殷墟甲骨卜辭和金文中經常出現,如子龍、子龏、子漁、子妥、子衛、子豪、子叏、子彔等,是商人貴族的一種稱謂。對於商王室來説,最初稱“子某”者應該都是商王子,後來各支王子的後代就以各自的名字作爲族氏名。“子蝠”在此銘文就是族氏名,不是私名。鑄此銘文表明該方彝是子蝠族人所作的禮器。

“子蝠”族是商代晚期一個著名的族群,傳世和出土的青銅器很多。見於著録的有15件,有子蝠鼎、子蝠爵、子蝠觚、子蝠何觚、子蝠斝、子蝠盉等,都是商代晚期之物。

子蝠方彝形體高大,造型莊重,典雅古樸;紋飾綺麗精細,華美獰厲;鑄造精工,鏽色斑駁陸離,品相極佳,體現了當時高超的青銅冶煉和鑄造工藝。商代晚期是青銅器的鼎盛時期,子蝠方彝完美地反映了這一時期青銅器“器制沉雄厚實,紋飾獰厲神秘,刻鏤深重凸出”的特點,是商代晚期青銅禮器的經典之作,中國青銅器藝術寶庫中的一件瑰寶。它除了具有很高的藝術價值之外,還具有一定的歷史研究價值,彌足珍貴。

2016年3月5日完稿

(原載2016年《保利春季拍賣會圖録》)

千年寶劍風采如初　越國工藝名冠華夏

——論述漢唐雅集所藏越王者旨於賜劍

劍是古代貴族隨身佩帶,用以自衛防身、進行格鬥、可斬可刺的武器。《説文》:"劍,人所帶兵也。"《釋名·釋兵》:"劍,檢也,所以防檢非常也。"春秋戰國時期,佩劍也有標示身份等級的作用。《考工記·陶氏》載,士的身份分爲上士、中士、下士,所佩的劍長短重量不同,也分爲上制、中制和下制。國王的寶劍自然是至高無上的了。

劍産生於何時,尚無確切的考古資料證明,不過西周早期的青銅劍形制已經相當成熟。陝西寶雞竹園溝和甘肅靈臺白草坡西周早期墓出土的柳葉形劍,就是最好的證據。

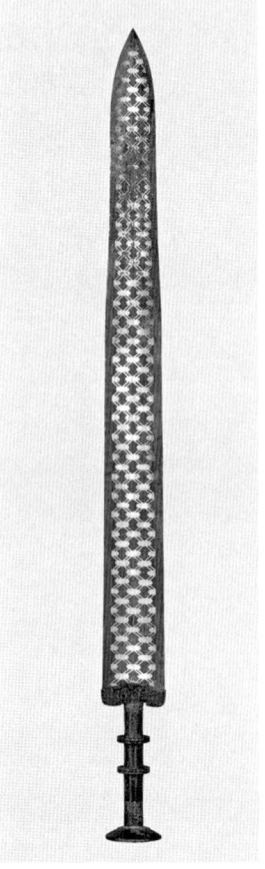

圖一

春秋戰國時期是青銅劍最盛行的時代,特別是吳越地區出産的劍,銅質優良,設計合理,製作精工,裝飾考究,總體水準遠在其他地區之上。吳國的干將、莫邪夫婦因善鑄劍而出名,其後"干將"便成了劍的別名。越國也有鑄劍能手歐冶子,相傳他曾爲越王勾踐鑄造了湛盧、純鈎、勝邪、魚腸、巨闕五柄寶劍,也譽滿天下。《呂氏春秋·贊能》説:"得十良劍,不若得一歐冶。"漢桓寬《鹽鐵論·通有》也説:"公輸子以規矩,歐冶子以熔鑄。"晋葛洪《抱朴子·尚博》還説:"雖有擬斷之劍,猶謂之不及歐冶之所鑄也。"因此"歐冶"也成爲鑄劍師的代稱。唐裴夷直《觀淬龍泉劍》詩:"歐冶將成器,風胡幸見逢。"明王錂《春蕪記·説劍》:"因此上向樓邊歐冶,早成就匣裏純鈎。"《戰國策·趙策》記述趙奢論劍:"夫吳干之劍,肉試則斷牛馬,金試則截盤盂。"《莊子·刻意》也説:"夫有干越之劍者,柙而藏之,不敢用也,寶之至也。"

吳越之劍最爲人們矚目和珍視的,自然是吳王劍和越王劍。迄今出土和傳世的吳王劍和越王劍有 30 多把。其中佼佼者如湖北江陵出土的越王勾踐劍、浙江博物館購藏的越王者旨於賜劍、中國國家博物館所藏的吳王夫差劍、臺灣龔欽龍先生收藏的越王州句復合劍,以及這裏要介紹的漢唐雅集的越王者旨於賜劍(圖一),其代表了青銅劍製作的最高水準,堪稱國之瑰寶。

漢唐雅集的越王者旨於睗劍得自日本著名收藏家中尾氏。該劍於昭和九年(1934年)五月曾在大分市川部商會展出,著録於《中尾家所藏品展觀入劄》69號。

該劍通長59釐米,寬從寬格式,劍身修長,中起脊綫,兩從斜弧,前部收狹,前鋒尖鋭。劍身裝飾雙綫菱格暗紋與橢圓形圖案相結合的幾何紋樣(圖四);圓盤形劍首,内有九道粗細不等的同心圓紋(圖三);圓莖中部兩個箍棱,其上各自鑲嵌三道緑松石(圖五);凹字形寬劍格,兩面鑄有雙鉤鳥篆銘文八字,正面是"戉(越)王戉(越)王",背面是"者(諸)旨(稽)於睗"(圖二)。劍格上亦鑲嵌蟬翼般的緑松石,由於年久,箍棱和劍格的部分松石脱落,脱落處可見黏接材料的痕迹。

圖二

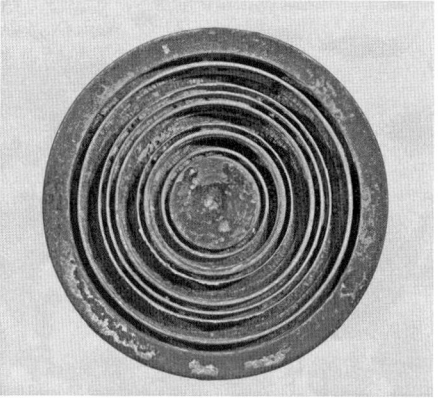

圖三

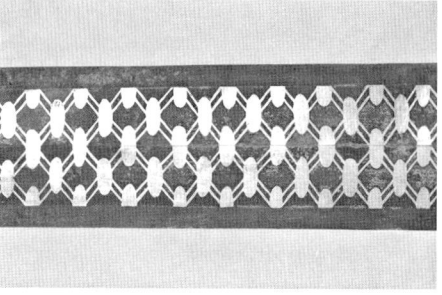

圖四

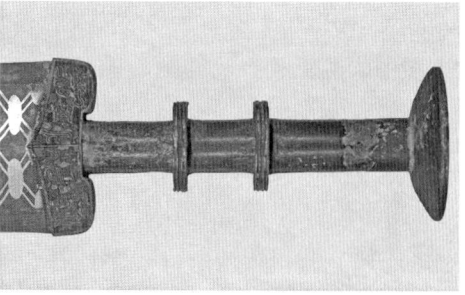

圖五

銘文的"戉王"即越王,越國國君。"者旨於睗",是越王之名。"者旨"讀爲"諸稽",是越國王室的氏稱,"於睗"是其私名。這位越王就是赫赫有名的越王勾踐之子,爲越國第三代國王,《史記・越王勾踐世家》寫作"鼫與",《左傳》作"適郢",《竹書紀年》作"鹿郢",《吳越春秋》作"興夷",都是中原人記越語的不同用字,也就是劍銘的"於睗"。《左傳・哀公二十四年》記載,魯哀公到越國訪問,與當時還是太子的適郢(即者旨於賜)十分投緣,適郢準備把女兒嫁給哀公,而且給他很多土地。魯哀公想用越國的力量,去對付魯國國内日益强大的季孫氏勢力。季孫氏得到消息後,用賄賂的方法阻止了他們的結盟。

越國在勾踐時期,國力達到了頂峰,滅掉吴國,擴大疆域,並把都城從會稽遷到琅邪(今山東膠南附近),成爲春秋霸主之一,與大國諸侯展開争霸戰争。公元前 465 年勾踐去世,顧與(即者旨於賜)繼位,國力依舊强盛,當時的越國,土地之博,至數千里;人口之衆,至數百萬。

顧與在位時期(前 464—前 459 年),曾命冶師爲他精鑄了一批戈、矛、劍、鈹等兵器,僅青銅劍目前就發現二十多把,而保存完好、像者旨於賜劍這樣精緻的却寥寥無幾。此劍銅質純正,鑄工精湛。劍體裝飾的菱形與橢圓形相間的暗格紋,以脊綫爲中心左右對稱分佈,紋飾的灰白色與非紋飾區間的亮黑色交相輝映,給人以藝術美的享受。

這種暗紋極爲少見,目前僅見於 1965 年湖北江陵縣楚墓出土的越王勾踐劍、1983 年湖北江陵縣楚墓出土的吴王夫差矛、保利藝術博物館收藏的攻吴大叔戲夠工吴鈹和者差其餘劍,而後四件裝飾的均是雙綫菱形暗格紋,此劍在雙綫菱格相交處還增飾橢圓形圖案。這種暗紋拭之不去,磨之不變。20 世紀 70 年代,國内學者及美國、加拿大學者都曾做過研究,當時還没有弄明白這種紋飾是如何製作出來的。1996 年上海博物館與上海材料研究所、寶山鋼鐵集團公司鋼鐵研究所合作研究,終於揭開了這個千古之謎。這種暗紋是用金屬膏劑塗層工藝製作而成,工序複雜,在當時只有高級鑄工師才能掌握,同時還要後天埋藏條件下氧化腐蝕作用才能形成。這正是不易見到的原因。

劍首的同心圓,也僅見於少數吴越青銅劍。實戰用劍絶無這種華麗裝飾,目前僅見兩把越王勾踐劍、兩把越王者旨於賜劍、兩把越王州勾劍、四把吴王夫差劍和五把吉日壬午劍等爲數不多的吴越王劍有這種同心圓紋,可見此種裝飾技術在當時亦僅少數鑄劍高手才能夠掌握。如此精細嚴密的薄壁同心圓,即使在現代亦很難鑄出。

古代越王劍素負盛名。《吴越春秋》記述楚昭王與風胡子談論越王勾踐的一把劍的價值時,風胡子説:"臣聞此劍在越之時,客有酬其直(值)者:有市之鄉三十,駿馬千匹,萬户之都二,是其一也。薛燭曰:'赤菫之山已合,若耶之溪深而莫測,群臣上天,歐冶死矣,雖傾城量金,珠玉盈河,猶不能得此寶,而況有市之鄉,駿馬千匹,萬户之都,何足言也?'"大意是説:那把劍在越國的時候,有人曾以三十個有集市的鄉聚、一千匹駿馬和兩個千户都邑换取都没有答應;相劍高手薛燭曾説過,出錫的赤菫山已合攏,產銅的若耶溪水深不可測,協助鑄劍的神人已上了天,鑄劍能手歐冶子也死了,雖有傾城的金銀、滿河的珠玉,也不能得到這把寶劍。雖然風胡子的話有誇張之嫌,但也説明春秋戰國時期越王劍確爲劍中之極品,在國際間享有崇高的聲譽,就是一般的越國寶劍,也屬劍中上品,價值不菲,争相獲取。

　　總之,該劍是越王鼫與的自用劍,等級高,鑄工精,裝飾亮麗,保存完好,雖歷二千四百多年的歲月,仍然風采依舊,光澤晶瑩,鋒鍔犀利,寒氣逼人,在出土和傳世的吳越劍中實屬少見,可謂稀世珍寶。

2015 年 4 月完稿

史地篇

秦漢谷口縣考

《漢書·郊祀志》載:"其後黃帝接萬靈明廷。明廷者,甘泉也。所謂寒門者,谷口也。"顏師古注引服虔云:"寒門,黃帝升仙之處。"又《史記·范雎蔡澤列傳》范雎説秦王云:"大王之國,四塞以爲固,北有甘泉、谷口,南帶涇渭,右隴蜀,左關阪。"甘泉、谷口是戰國時期秦國的北塞要地,也是秦漢時期皇帝避暑離宮所在和通往漠北河套的直道起點,具有重要的戰略意義。

"甘泉"指甘泉山,在今淳化縣北部,秦代在山麓建有甘泉宮和林光宮。《史記·秦始皇本紀》載:"齊人茅焦説秦王曰:'秦方以天下爲事,而大王有遷母太后之名,恐諸侯聞之,由此倍秦也。'秦王乃迎太后於雍而入咸陽,復居甘泉宮。"劉歆曰:"秦王政二年,起甘泉宮。"秦直道即由此開始,北通九原。《漢書》顏師古注:"秦之林光宮,胡亥所造。"《三輔黃圖》載:"林光宮,胡亥所造,縱廣各五里,在雲陽縣界。"甘泉宮、林光宮一直到漢代依然存在,有漢元帝建昭元年(前37年)林光宮行鐙可證。[1] 漢武帝時曾擴建甘泉宮,《史記·封禪書》載元封二年"甘泉則作益延壽觀,……乃作通天莖臺……於是甘泉更置前殿,始廣諸宮室"。甘泉宮區建有通天臺、泰畤等。秦漢時期皇帝常常駐蹕其宮避暑、祭祀、接見匈奴單于,處理國家大事。

"谷口"是秦漢時期咸陽、長安通往甘泉山乃至塞北河套地區的交通要衝,也是一個戰略要地。秦孝公十二年(前350年)設立谷口縣,因地處谷口得名,楚漢之際廢,漢文帝後元三年(前161年)復設,東漢併入雲陽縣。

關於谷口縣故址,歷來有"涇河出山口"和"冶峪河出山口"兩説。涇河出山口之説占統治地位,大有成爲定論之勢。

"涇河出山口説"最早見於酈道元的《水經注》。酈道元説:"涇水東經九嵕山東中山西,謂之谷口。"《史記》正義引《括地志》也説:"谷口故城,在雍州醴泉縣(即今禮泉縣)東北四十里,漢谷口縣也。"又《後漢書·順陽懷侯嘉傳》:"更始,鄧王廖湛將赤眉十八萬攻嘉,嘉與戰於谷口。大破之。嘉手殺湛,遂到雲陽就穀。"李賢注:"谷口,縣,故城今醴泉縣東北四十里。"《元和郡縣志》亦云:"漢谷口縣,在九嵕山東、仲山西,當涇水出山之處,故謂之谷口。"

---

[1] 容庚:《秦漢金文録》3.20,"中研院"影印本,1931年。

《長安志》《醴泉縣志》，以及《中國歷史地名大辭典》[1]《中國歷史地名辭典》[2]《辭海》等
工具書均采用此説，譚其驤主編的《中國歷史地圖集》[3]秦關中諸郡圖和西漢司隸部圖也將
谷口縣標在了涇河西岸，即今醴泉縣北屯鎮附近。我在《陝西地理沿革》和《陝西省志·行政
建置志》中亦沿其舊，現在看來此説需要修正。醴泉縣北屯鎮地處涇河出山之口，與甘泉宮
之間隔有涇河與冶峪河的分水嶺仲山，自此向北，山大谷狹，無大道可以通行。北屯附近至
今亦未發現秦漢遺址，在此設縣的可能性不大。

　　“冶峪河出山口説”見於《漢書·郊祀志》：“所謂寒門者，谷口也。”師古注：“谷口，仲山
之谷口也。漢時爲縣，今呼之治谷是也。以仲山之北寒涼，故謂此谷爲寒門也。”杜佑《通典》
注亦云：“谷口，今雲陽縣冶谷是。”又《太平寰宇記》雲陽縣條：“冶谷去雲陽宮八十里，《封禪
書》所謂谷口是也。其山出鐵，冶鑄之所，因此爲名。”此冶谷即冶峪河出山之處，宋代屬雲陽
縣，今屬涇陽縣，在涇陽縣口鎮附近。《中國古今地名大辭典》[4]谷口條采用冶峪説，曰：“谷
口，在今陝西涇陽縣西北。”並引用顏師古之説作證，但在同書的谷口縣條又引用《元和郡縣
志》之説：“谷口縣，漢置，後漢省。故城在今醴泉縣（即今醴泉縣）東北七十里。”自相矛盾。

　　首先從文獻記載分析，《漢書·地理志》載：“谷口（縣），九嵕山在西。有天齊公、五牀山、
仙人、五帝祠四所。莽曰谷喙。”《漢書音義》亦曰：“九嵕山在左馮翊谷口縣西。”又《史記·河
渠書》載：“乃使水工鄭國閒説秦，令鑿涇水自中山西，邸瓠口爲渠。”索隱曰：“小顏云：‘中，音
仲。即今九嵕山之東仲山是也。邸，至也。’瓠口即谷口，乃《郊祀志》所謂‘寒門谷口’是也。與
池陽相近，故曰‘田於何所，池陽谷口’也。”這兩條史料説明谷口縣境内有九嵕山和仲山，兩山
都在谷口縣城以西，而九嵕山又在仲山之西，涇河從兩山之間穿過。九嵕山在今醴泉縣北屯鎮
北涇河以西，橫亙於醴泉縣北境，仲山在今淳化縣南與涇陽縣交界處，也就是涇陽縣口鎮以西，
它是涇河與冶峪河的分水嶺。如果谷口縣故址在今醴泉縣北屯鎮附近，那麼仲山就不在谷口縣
西，而是在其東北了。若谷口縣在今涇陽縣口鎮附近，與《漢書·地理志》和《漢書音義》所説的
“九嵕山在西”正好相合，也與《史記·河渠書》索隱所説的“此山（指仲山）在馮翊谷口縣西”相
合，因爲涇河出山之處在“九嵕山東、仲山西”。今涇陽縣口鎮原名冶峪口鎮，因地處冶峪河出山
之處得名，後簡稱口鎮。這裏是通往甘泉宮的必經之路，順谷而上，經車廂阪，可達雲陽和甘泉
宮，古今均爲大道。秦漢時期在此設立谷口縣是理所當然的事。

　　最重要的是，據考古調查得知，醴泉縣北屯鎮附近迄今未發現秦漢遺址，而涇陽縣口鎮
附近卻有口鎮、楊趙、東曹、賈河灘等四處秦漢時期的大型宮殿遺存（圖一），僅口鎮宮殿遺址

[1]　魏嵩山主編：《中國歷史地名大辭典》，廣東教育出版社，1995年。

[2]　復旦大學歷史地理研究所編：《中國歷史地名辭典》，江西教育出版社，1986年。

[3]　譚其驤主編：《中國歷史地圖集》，地圖出版社，1982年。

[4]　臧勵龢等編纂：《中國古今地名大辭典》，商務印書館，1930年。

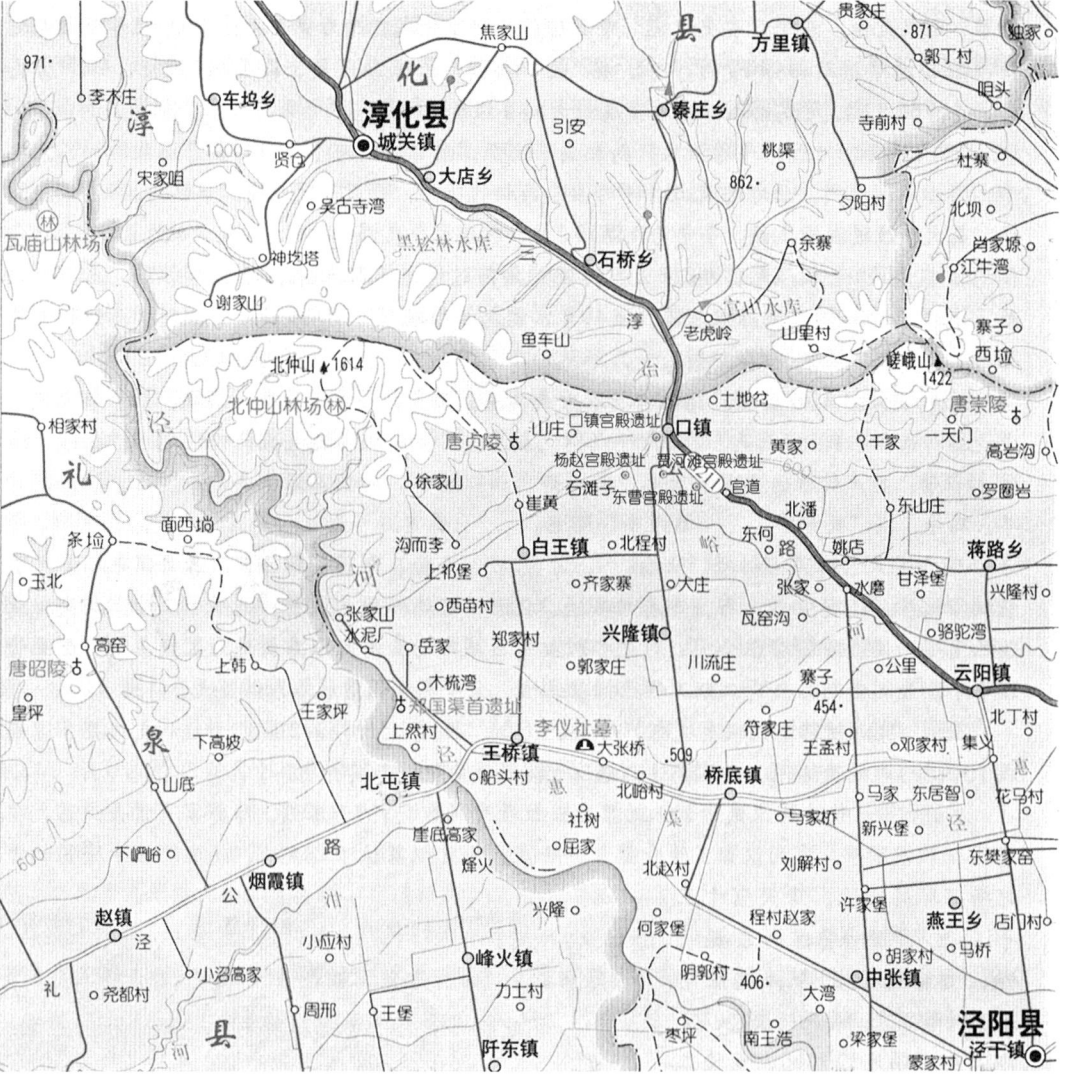

圖一

面積就達 90 萬平方米,楊趙宮殿遺址也有 40 萬平方米,[1] 這些宮殿遺址都有宮殿建築基址,出土有漢代繩紋板瓦、筒瓦、陶水道、幾何紋鋪地磚、雲紋和帶有"宮"字的瓦當等。據《漢舊儀》載漢代"祭參、辰星於谷口,夾道左右爲壇",這些遺址應該就是谷口宮遺址,其中也可能有祭祀參星和辰星的祭壇遺址。谷口宮的遺物見於著錄的有兩件:一件是元康二年谷口宮鼎,現藏淳化縣博物館。體呈扁球形,覆鉢形蓋,蓋與器子母口扣合,一對附耳向外曲張,腹部有一道凸棱,三條蹄形足。通高 24、口徑 21 釐米。鼎外壁有"谷口宮,元康二年造"八字

[1]　國家文物局主編:《中國文物地圖集》(陝西分册),西安地圖出版社,1998 年。

銘文(圖二)。[1]"元康"是漢宣帝劉詢的年號,元康二年爲公元前 64 年。另一件是太初四年(前 101 年)谷口宮鼎,僅見銘文拓本,[2]銘文爲:"谷口宮,太初四年造,谷口。"谷口縣應該就設在谷口宮附近,或許就是這四處遺址中的一處。要得到直接證據,還有待於今後的考古發掘。

圖二 谷口宮鼎及銘文

秦漢時期在通往甘泉宮的大道沿途各縣都建有行宮,以供皇帝往來甘泉宮臨時住蹕。除谷口縣建有谷口宮外,雲陽縣也建有雲陽宮,《漢書·外戚傳》載:"(馮昭儀)徙雲陽宮。"《淳化縣志》載:"雲陽宮在故雲陽縣,秦離宮也。"雲陽宮創於秦,經漢、魏至後周仍在使用,《周書·太祖紀》載:"魏恭帝三年,太祖有疾,還至雲陽,十月己亥崩於雲陽宮。"池陽縣也建有池陽宮,有傳世的甘露四年池陽宮行鐙可證。[3]池陽縣故址在今涇陽縣西北寶峰寺村附近,也是長安通往甘泉宮的大道必經之地。從池陽縣(今涇陽縣寶峰寺村)去甘泉宮必須經過口鎮,然後沿冶峪河谷西北行到今淳化縣,再上塬北行即可到達甘泉宮;並不需要涉涇水到禮泉縣北屯鎮,沿涇河谷北上,再翻仲山到甘泉宮。

谷口縣治的故址既然在今涇陽縣口鎮附近,那它的轄境應包括哪些地方呢? 我認爲秦漢時期的谷口縣的管轄範圍應包括今涇陽、禮泉二縣北部。《漢書·地理志》載:"谷口(縣),九嵕山在西。有天齊公、五牀山、仙人、五帝祠四所。莽曰谷喙。"説明谷口縣轄境内有九嵕山。九嵕山是涇河與泔河的分水嶺,逶迤於禮泉縣北部,主峰今名五鳳山,高 1467 米,位於禮泉縣南坊鄉北,唐太宗的昭陵、肅宗的建陵就在九嵕山的南麓。所以説谷口縣的轄境應包括

[1] 姚生民:《淳化縣固賢村出土谷口宮鼎》,《考古與文物》1983 年第 2 期 21 頁。
[2] 孫慰祖、徐谷甫:《秦漢金文彙編》,上海書店出版社,1997 年。334 條銘文爲:"池陽宮行鐙,重十二兩,甘露四年工虞德造。"
[3] 容庚:《秦漢金文録》1.1。劉體智:《小校經閣金文拓本》11.39,石印本,1935 年。

今禮泉縣北部。

另外要説明的是《漢書·溝洫志》所載:"太始二年,趙中大夫白公復奏穿渠。引涇水,首起谷口,尾入櫟陽。"其中所説的"谷口",當指白渠渠首所在的大地名——谷口縣,而非指渠首所在的具體地點"九嵕山東、中山之西"的涇水出山之處。"九嵕山東、中山之西"的涇水出山之處當時屬於谷口縣管轄,故只言縣名。"谷口"與"櫟陽"相對,櫟陽亦指櫟陽縣。古書記載簡賅,縣名未帶縣字,這可能就是《括地志》《元和郡縣志》和《後漢書》注的作者們誤把涇水出山之口當作谷口縣故址所在地的原因吧!

（原載《陝西史志》2005 年第 5 期）

秦漢平周縣考

　　兩漢平周縣見於《漢書·地理志》和《後漢書·郡國志》，屬西河郡，但未說明設置的時間。從《史記》等文獻及出土文物可知，平周縣始建於戰國時期，本爲魏邑，後歸秦，屬上郡，西漢元朔四年（前 125 年）劃歸西河郡。《史記·魏世家》載襄王：“十三年，張儀相魏。……秦取我曲沃、平周。”1984 年山西屯留出土的七年上郡守閒戈、1987 年河南登封縣告成鄉八方村出土的廿五年上郡守厝戈和 1985 年遼寧遼陽市沙坨子村出土的卌年上郡守起戈，銘文中均有置用地平周。[1] 這三件戈分別鑄造於秦昭襄王七年（前 300 年）、二十五年（前 282 年）和四十年（前 267 年）。另外，還有三件戰國晚期秦國的平周矛（《集成》11465—11467），戰國時期魏國的平首尖足布幣文也有“平州”。[2] 魏國的這些幣文均爲鑄造地名，黃盛璋先生說“平州”即“平周”，漢時仍有此稱。《漢書·衛青霍去病傳》：“路博德，西河平州人。”《王莽傳》：“民棄城郭，流亡爲寇賊，并州、平州猶甚。”錢大昕云：“州、周古字通用。”也就是說，在戰國晚期的魏襄王十三年（前 306 年）之前，平周就已經建縣。

　　平周縣故址自北魏以來一般認爲在今山西介休縣西。《史記·魏世家》正義引《十三州志》說：“古平周縣在汾州介休縣西五十里也。”《讀史方輿紀要》卷四十三介休縣下載：“平周城，在縣西四十里。”近代臧勵龢等人編撰的《中國古今地名大辭典》、復旦大學歷史地理研究所編撰的《中國歷史地名辭典》以及譚其驤主編的《中國歷史地圖集》，均采用此說。但是 1978 年 10 月陝西米脂縣銀州鎮官莊村發掘的牛季平墓[3] 却對這一傳統說法提出了挑戰。

　　該墓出土的畫像石上刻有“永和四年九月十日癸酉，河內山陽尉西河平周壽貴里牛季平造作千萬歲室宅”（圖一）。題記說明了牛季平是西河郡平周縣壽貴里人，生前在河內郡山陽縣擔任縣尉，永和四年九月十日埋葬在今陝西米脂縣官莊。

　　按傳統的說法，今米脂縣在西漢時期是上郡獨樂縣轄地，東漢屬膚施縣管轄，而兩漢山陽縣故址在今河南省焦作市東南。古代人死後一般都要歸葬故里，或者埋在當官的所在地。

---

［1］　陶正剛：《山西屯留出土一件“平周”戈》，《文物》1987 年第 8 期。鄒寶庫：《釋遼陽出土的一件秦戈銘文》，《考古》1992 年第 8 期。
［2］　朱華：《三晉貨幣》59—63 頁，山西人民出版社，1994 年。
［3］　李林等：《陝北漢代畫像石》，人民出版社，1995 年。

牛季平死後没有埋在山陽縣（今河南焦作市），那麼當是歸葬故里。如果平周縣當時設在今山西介休縣境内，那麼牛季平的靈枢從山陽（今河南焦作市東南）出發，走高都（今山西晋城），過上黨（今山西長子縣西）、穀遠（今山西沁源縣），翻過介山，便到了界休縣（今介休縣東南），用不多時日便到了平周老家（今介休縣西五十里），何必再從平周老家又西北行，翻吕梁山、渡黄河水，把靈枢運到上郡膚施縣境内（今陝西米脂縣）埋葬呢？膚施縣既不是他的任職之縣，也不是他的故鄉平周縣，他的"千萬歲室宅"建造在這裏是没有道理的。

圖一　　　　　圖二　　　　　圖三

　　此墓的發現，無疑説明了今陝西米脂縣官莊一帶，在東漢時期不屬於膚施縣管轄，而應是平周縣的壽貴里。官莊地處米脂縣城西南郊，無定河西岸，距縣城 2 公里，米脂火車站所在地。這裏在當時屬平周縣壽貴里管轄，那麼，平周縣城故址又在何處？據考古調查得知，米脂縣城無定河西岸南北 10 公里之内就有官莊畫像石墓群、郭家山漢代墓群、尚莊畫像石墓群、黨家溝畫像石墓群（圖四），可以推測平周縣故址當在無定河東岸的班家溝漢代遺址。該

遺址在米脂城北 5 里,班家溝村西 50 米,現知面積約 2 萬平方米,地面散布有灰陶片、繩紋陶
罐等殘片等,不過此遺址顯得較小。平周縣城故址也有可能就是今米脂縣城所在地,之所以
未見到漢代遺迹,有可能是已被後來的米脂縣城破壞殆盡。

圖四

如果説牛季平墓是孤證,那麼 2005 年米脂縣官莊發現的一座東漢木君孟山夫人畫像石
墓又添一證。[1]木君孟山夫人墓在其前室中柱上刻有隸書題記:"故大將軍掾并州從事屬國
都尉府丞平周壽貴里木君孟山夫人德行之宅。"(圖二)題記明確揭示木孟山是平周縣壽貴里
人,擔任大將軍掾、并州從事和屬國都尉府丞。并州治所在太原,其夫人死後没有埋在太原,
而是歸葬故鄉平周縣壽貴里。木孟山夫人墓的發現,再一次證明了東漢及其以前的平周縣
故址是在今陝西米脂縣境内,而不是在山西介休縣。

《史記・張儀列傳》張儀説魏王:"大王不事秦,秦下兵攻河外。"索隱云:"河之西,即曲
沃、平周之邑等。"也説明了戰國時期的平周縣在黄河之西。1993 年 4 月山西省考古研究所
在山西吕梁市離石區城西南 2 公里處的馬茂莊西山原上發掘的牛産墓就是一個很好的旁證。

牛産墓畫像石題記記載"漢故西河圜陽守令平周牛公産萬歲之宅兆""熹平四年六
月"[2](圖三)。題記説明牛産也是平周縣人,生前擔任西河郡圜陽縣令,死於東漢靈帝熹平
四年六月,即公元 175 年。

據《後漢書・順沖質帝紀》記載,東漢順帝永和五年(140 年),也就是牛季平葬後的第二
年,由於匈奴南侵,河套及陝北一帶被匈奴等部族占領,"徙西河郡居離石(今山西吕梁市離

---

[1]　榆林市文物保護研究所、榆林市文物考古勘探工作隊:《米脂官莊畫像石墓》,文物出版社,2009 年。
[2]　山西省離石市文物管理所王金元先生信告,資料待發表。

石區），上郡居夏陽（今陝西韓城市），朔方居五原"。到東漢靈帝熹平四年（175 年）西河郡治從黃河以西的平定遷到離石已經 36 年了。故牛產所任的圜陽縣令無疑是一個流亡政府。平周縣的流亡政府此時亦當設在離石縣的馬茂莊一帶，所以他死後就埋在這裏。這種例子很多，如 20 世紀 80 年代在山西中陽縣道棠村出土的沐叔孫畫像石題記，記載"和平元年十月五日甲午 故中郎將安集掾平定沐叔孫□□"。此題記説明沐叔孫爲西河郡平定縣人，生前擔任使匈奴中郎將的安集掾，[1] 死後葬於東漢和帝和平元年（150 年）十月五日。沐叔孫死後爲什麽没有埋葬在黃河以西的平定縣或者圜陽縣而是埋葬在中陽縣呢？ 上面已經講過順帝永和五年（140 年）匈奴占據了西河郡的黃河以西地帶，西河郡遷治離石，大凡平定、圜陽等縣的官員和一些富豪也隨郡治遷到了河東，寄居於中陽縣境。和平元年（150 年）失地仍未收復，所以沐叔孫死後也只能埋在圜陽縣或者平定縣流亡政府所在地的中陽縣道棠村了。

　　流亡政府的設置在漢晉時期就有，南北朝時期最爲流行，近代仍有此種現象，如抗日戰爭時期陝西綏德、葭縣、米脂等縣初爲統戰區，國民黨政府在綏德設有陝西省第二行政督察區，1940 年 2 月 29 日當地民衆將經常搞磨擦的專員和縣長趕走，建立了各縣的抗日民主政府，歸入陝甘寧邊區。這些縣的國民黨官員逃到榆林縣，在魚河堡一帶設立了流亡政府，妄圖有朝一日回到故地。

　　陝西米脂縣官莊除發現牛季平、木孟山夫人墓以外，1971 年和 1972 年還發現牛文明墓和牛君墓。[2] 牛季平、牛文明、牛君和牛產都姓牛，都是平周縣人，他們或許就是本家。牛季平、牛文明等人死後可以埋在本鄉本土，牛產没有那麼幸運，死時故鄉已被匈奴占據，不能歸葬故里，就只好埋骨異鄉了。這從一個側面也證明了平周縣從東漢順帝永和五年（140 年）也隨着西河郡流亡到了河東。

　　那麼，今山西介休縣的平周城又是怎麼一回事呢？ 我認爲它可能是東漢末年到曹魏時期僑置的平周縣，也就是這一時期平周縣流亡政府所在地。兩漢時期西河郡轄地主要在黃河西岸，東岸只有吕梁山以西地。介休縣地處吕梁山東麓，汾河西岸，當時設有界休縣，屬太原郡管轄。東漢末年匈奴等少數部族趁漢室衰弱，除繼續占領西河郡黃河以西地區外，還吞併了河東吕梁山北部，西河郡僅餘的離石、中陽等縣也朝不保夕。所以，到了曹魏黃初二年（221 年）就將西河郡治遷到了太原郡的兹氏縣（今汾陽縣），[3] 同時把屬於太原郡的兹氏、界休（包括今靈石縣）等四縣也劃歸西河郡管轄，這樣西河郡的轄境就到了汾河流域。這時

［1］ 吳鎮烽：《秦晉兩省東漢畫像石題記集釋》，《考古與文物》2006 年第 1 期。
［2］ 李林等：《陝北漢代畫像石》。
［3］ 《水經注》引晉司馬子政廟碑云："西河，舊處山林，漢末擾攘，百姓失所，魏興更開疆宇，分割太原四縣以爲邦邑。"《元和郡縣志》亦載："黃初二年，於兹氏縣置西河郡。"

原西河郡的許多縣也跟着東遷,中陽縣就寄理在兹氏縣境内(今爲孝義縣)。[1]雖然平周縣東遷未見史書記載,但極有可能也是在此時寄理在界休縣西部的。

自東漢順帝時陝北一帶就被内遷的匈奴諸部占據,郡縣的設置中斷了四百四五十年,晋西北一帶的郡縣也廢設無常,到了北魏太和年間(477—499年)重新設立郡縣,加之北魏政權又非漢族,郡縣名稱、治地面目全非。所以這一帶兩漢時期的郡縣治地也就失傳了。《史記·魏世家》正義所引的《十三州志》係闞駰所著。闞駰是十六國到北魏時期人,初仕北涼,入魏後爲樂平王元丕從事中郎。所以,《十三州志》記載的平周縣應是東漢末到曹魏時期的平周縣,而不是戰國秦漢時期的平周縣。

2006年9月9日初稿

2009年10月定稿

---

[1]《太平寰宇記》中陽縣"魏氏移縣寄理兹氏地"。又見《中國歷史地圖集》第三册三國西晉時期。

兩漢圜陽、圜陰縣考

據文獻記載,圜陽、圜陰兩縣係西漢時期設置,然而從出土文物來看,圜陽始建於戰國時期。内蒙古自治區准格爾旗廣衍故城出土的秦昭襄王時期的廣衍矛銘有"□陽",從殘存筆畫看似爲"圜陽"。[1]

圜陰、圜陽之"圜",也寫作"圓"。如《汗簡》中就作"圓陽",[2]戰國時期則作"言"字。山西出土的戰國貨幣"言刀""言陽刀""言陽親刀"刀幣,和"言半釿""言陽一釿""言陽二釿"[3]等布幣文字中的"言陽"就是"圜陽"。圓字從口言聲,言元部疑紐,圓元部匣紐,二字疊韻,聲母俱爲舌根音,旁紐。故圜、圓可通用。這些刀幣和布幣是戰國晚期魏國的貨幣,三晉貨幣都是地方鑄造的,所以貨幣上的銘記前面都標記鑄造地名。"言陽"是戰國晚期魏國的縣名,"言"是言陽的簡稱,可見圜陽縣始置於戰國晚期無疑,初屬魏國,後歸秦。從"言陽"可以簡稱"言",且未見"言陰"來看,戰國晚期到秦代只設有言陽縣,也就是圜陽縣。

據《漢書·地理志》記載,圜陰縣惠帝五年(前190年)置,初屬上郡,武帝元朔四年(前125年)設立西河郡,圜陰改隸西河。

圜陰、圜陽蓋因圜水(圓水)得名。圜水究竟是今天的什麼水,歷來有不同的解釋。歸納起來有四個觀點:1.《元一統志》云:"無定河即圜水。"2.《明一統志》謂奢延水一名圓水。3.《清一統志》謂禿尾河就是圜水;楊守敬《歷代輿地沿革圖》(光緒丙午年)亦將禿尾河標爲圜水;近人譚其驤、史念海均沿襲此説。[4]4. 鄭樵《通志》:"莜麥河即無定河上游,自懷遠出塞後復合塞外圜水,由波羅堡入邊。"《中國古今地名大辭典》依據《清會典圖》認爲:"圜水,源出陝西靖邊縣,爲莜麥河,東北流出邊城,復折東入懷遠(今橫山縣)爲歸水。又東北出邊入鄂爾多斯。"《明一統志》所説的奢延水實際上就是無定河;《清會典圖》的莜麥河實際上就是無定河上游,"歸水"也是無定河在橫山縣境内的別名。所以四説實際上就是"無定河説"與"禿尾河説"兩説。我在《陝西地理沿革》和《陝西省志·行政建置志》中也沿用了禿尾河

[1] 崔璿:《秦漢廣衍故城及其附近的墓葬》,《文物》1977年第5期。

[2] 宋郭忠恕撰:《汗簡》卷中之一33頁,清康熙四十二年汪立名一隅草堂刊本。

[3] 汪慶正主編:《中國歷代貨幣大系》第一卷3995、3994、1383、1376,上海人民出版社,1988年。

[4] 譚其驤主編:《中國歷史地圖集》,地圖出版社,1987年。

説,現在看來此説不確。古圜河應該是今之無定河,圜陰、圜陽二縣應在無定河流域。現論述如下:

首先從文獻記載來分析。《漢書·地理志》載:"白土,圜水出西,東入河。"又:"鴻門,有天封苑,火井祠,火從地出也。"《水經注·河水》:"圜水出上郡白土縣圜谷,東逕其縣南。……東至長城,與神御水合。水出縣南御山、峽山,東出至長城入於圜。圜水又東,逕鴻門縣,縣故鴻門亭。《地理風俗記》曰:'圜陰縣西五十里有鴻門亭,天封苑火井廟,火從地中出。'圜水又東,梁水注之,水出西北梁谷,東南流,注圜水。又東,逕圜陰縣北,漢惠帝五年立,王莽改曰方陰矣。又東,桑谷水注之,水出西北桑溪,東北流,入於圜。圜水又東,逕圜陽縣南,東注於河。"

《漢書·地理志》和《水經注》所描述的圜水及其支流的發源地、流向、流經地和交匯處,正是無定河流域的靖邊、横山、米脂縣西部和綏德縣一帶的地理環境。如説"圜水出上郡白土縣圜谷,東逕其縣南。……東至長城,與神御水合",無定河發源於今靖邊縣西與定邊縣交界處,東北流經靖邊縣的白城子南,再東流到横山縣城北與蘆河交匯。白城子其地盡是白土,所謂白土縣應由白土得名。大夏赫連勃勃的統萬城當是在白土縣城的基址上擴建的。"圜水出上郡白土縣圜谷",説明北魏時期今定邊縣東部與靖邊縣屬於白土縣管轄。

神御水"出(白土)縣南御山,東出長城入於圜"。御山今名白於山,仍保留"御"音,蘆河就發源於白於山北麓,東北流經今横山縣(懷遠堡)城西,然後出長城與無定河交匯。正和《水經注》所描述的神御水相同。"圜水又東,逕鴻門縣",可知鴻門縣與白土縣接壤。鴻門縣故址當在今横山縣白界鄉境内。據考古調查得知,白界鄉十里梁有面積很大的戰國秦漢遺址,或即鴻門縣故址。[1]《漢書·地理志》所説的鴻門縣境内所謂的"火井""火從地中出",實際上就是這一帶藴藏的天然氣所産生的自燃現象。

"圜水又東,梁水注之,水出西北梁谷,東南流,注圜水"。梁水即今榆溪河,發源於榆林市榆陽區西北的馬合鄉,水向東南流,到魚河堡附近與無定河交匯,這和《水經注》所描述的梁水相符。梁水注入後圜水便東流,經過圜陰縣北,圜陰縣應在今横山縣黨岔鄉境内。北周武帝保定三年(563年)在此設立銀州,蓋易"圜"爲"銀",仍保留其音,隋代廢銀州,唐代復設,宋代又廢爲銀州城。可見從北朝到宋代仍以無定河爲圜水。所以鄭樵在《通志》説:"莜麥河即無定河上游,自懷遠出塞後復合塞外圜水,由波羅堡入邊。"把圜水作爲了無定河的一個支流。據考古調查得知,黨岔鄉西的楊口則有戰國到秦漢時期遺址和漢墓,地處無定河南岸,圜陰縣故址當在此地。[2]

"圜水又東,逕圜陽縣南,東注於河"。確定了圜陽縣在無定河北岸,東臨黄河。這與綏

---

[1]　國家文物局主編:《中國文物地圖集·陝西分册下》711頁,西安地圖出版社,1998年。
[2]　李林、康蘭英、趙力光:《陝北漢代畫像石》,人民出版社,1995年。

德縣的地理位置相符。圜陽縣治應在今綏德縣無定河北岸。

　　民國十八年《橫山縣志》曹思聰的《圜陰考》也認爲無定河就是古圜水。他説："今之無定河殆爲古之圜水，由西北而東南，沖貫斜注，其三縣(指白土、圜陰、圜陽)均位於是河之左右岸。吾人以地望準之，水北曰陽，水南曰陰，是圜陰確在圜水南岸無疑。考魚河堡無定河西五里有故城一所，城周九里，形迹甚大，半跨山川，近發現鈔幣多屬漢物，故説者咸謂是城爲圜陰縣所在，揆與諸志記載吻合。……懷遠邊外之白城子即晋赫連氏蒸土築城之統萬也。其土堅白，古今不易，漢縣白土無待考慮。依《水經注》圜水出白土之西，東迤其縣南，考今之無定河由塞外西來，流經白城子南，復折而東南流入邊，故鎮志謂波羅堡爲白土縣地，其南境也。再東南流經響水、魚河即爲圜陰，是白土之東爲圜陰，再東爲圜陽，參酌形勢，地壤銜接，似無大軒輊矣。"曹思聰的考證基本正確，《圜陰考》所説的"城周九里"的故城當爲橫山縣無定河南岸黨岔鄉楊口則的戰國秦漢城址。

　　根據出土的東漢畫像石題記也可以確定漢圜水即今無定河，圜陽縣在今綏德縣無定河東北岸。1957 年綏德縣五里店出土的郭稚文畫像石題記[1](圖一：1)，1980 年 5 月綏德縣四十里鋪出土的田文成畫像石[2](圖一：3)，1998 年綏德縣白家山出土的張文卿畫像石[3](圖一：4)，以及郭仲理、郭季妃畫像石[4](圖一：2)，都記載他們是西河圜陽人，他們死後埋葬的所在地應當就是圜陽縣的屬地。特別是 1998 年綏德縣四十里鋪出土的田魴畫像石題記[5](圖一：5)更給我們提供了直接的證據。該題記在石柱的中上部，四周作陰刻長方框，分上下兩部分。上部兩行 55 字，文爲"西河大守都集掾圜陽富里公乘田魴萬歲神室，永元四年閏月廿六日甲午卒上郡白土，五月廿九日丙申葬縣北鵂亭郡大道東高顯塚營(塋)"；下部四行，共 67 字，內容是招魂辭。上部題記記載死者的身份、籍貫、爵位、去世的時間、地點和葬埋的時間、地點。"西河大守"即西河郡太守，大、太相同；"都集掾"是西河郡太守的屬吏；"公乘"是田魴享受的爵位。《漢書・百官公卿表》注："公乘，言其得乘公家之車也。"秦漢時期實行二十等爵，以尚有功者，拜爵之人可以享受相應的特殊待遇。公乘是二十等爵的第八級，出入可乘坐公家配備的車子。

　　該題記是説田魴是圜陽縣富里人，爵位是公乘，擔任西河郡的太守都集掾，永元四年閏三月廿六日甲午死於上郡白土縣，五月廿九日丙申埋葬在縣北鵂亭郡大道東高顯塚塋。這個"縣北"指圜陽縣北，因爲白土縣在今靖邊縣白城子，地處墓葬所在地綏德縣四十里鋪西

[1]　李林、康蘭英、趙力光：《陝北漢代畫像石》。
[2]　李林、康蘭英、趙力光：《陝北漢代畫像石》。
[3]　綏德漢畫像石展覽館編：《綏德漢代畫像石》，陝西人民美術出版社，2001 年。
[4]　趙萬里：《漢魏南北朝墓誌集釋》卷十一補遺，科學出版社，1956 年。
[5]　榆林地區文管會、綏德縣博物館：《陝西綏德縣四十里鋪畫像石調查簡報》，《考古與文物》2002 年第 3
　　　期 19 頁。

圖一

1. 郭稚文畫像石　2. 郭季妃畫像石　3. 田文成畫像石　4. 張文卿畫像石　5. 田魴畫像石

北,其間相隔鴻門、圜陰二縣(約今橫山、米脂、子洲等地)數百里之遥,所以不會是白土縣北,只能是圜陽縣北。"郡大道"應指圜陽縣通往西河郡的大道。該題記爲研究漢代圜陽縣的方位提供了極其重要的資料,既言埋葬在縣北,那麼圜陽縣城就一定在它的南面,且臨郡大道,也就是説在交通大道旁。這就確定了無定河一定是古圜水(圜水),圜陽縣故址應在今綏德縣無定河東北岸,四十里鋪以南。

　　從以上論述我們可以得出漢代的白土縣治即大夏時期的統萬城,也就是現在靖邊縣無定河北岸的白城子。白土縣的轄區約有今靖邊縣東北部、榆林市榆陽區西部、内蒙古自治區烏審旗東部和橫山縣西部。鴻門縣治在今橫山縣無定河北岸的白界鄉西,其轄區約有今橫山縣無定河以北地區和榆林市榆陽區南部。圜陰縣故址在今橫山縣黨岔鄉西的楊口則附近,漢圜陰縣轄區約有今橫山縣無定河以南地區東部,米脂縣西部及子洲縣地。圜陽縣故址當在今綏德縣無定河北岸,轄區約有今綏德、吳堡、清澗三縣地。

2012 年 9 月 9 日初稿

2002 年 7 月定稿

唐宋漢陰、石泉縣治考

　　漢陰縣地處秦巴山區的月河中上游,轄地西南部跨有漢江南北,今爲安康市屬縣。據史載,漢陰縣之名始於唐代,説者以爲漢陰縣的得名,因縣治初在漢江之南,水南爲陰,故名漢陰。其説最早見於清康熙二十六年《漢陰縣志》,此後的雍正十三年《陝西通志》和道光二十九年《石泉縣志》亦承其説。《陝西通志》説:"漢陰,唐縣名,本漢安陽,至德初改。《漢陰縣志》云:'舊治漢江南,紹興初徙治新店。'按水南曰陰,初治漢南,故名漢陰,後徙漢北而仍名漢陰者,襲舊名而誤也。"《石泉縣志》進而明確説:"古漢陰縣在石泉嘴,縣(指石泉縣)東南一百二十里漢水之南,按《宋史》紹興二年漢陰縣遷治新店,《漢陰志》亦云舊治在今石泉界,皇祐四年没於漢水,此其遺址也。"這樣一來,就將唐宋時期的漢陰縣治定在了今石泉縣東南漢江南岸的石泉嘴,而將歷代石泉縣治説成一直設在今石泉縣城附近。這一説法爲譚其驤教授主編的具有權威性的《中國歷史地圖集》和魏崇山主編的《中國歷史地名大辭典》所采納,似乎成了定論。

　　20世紀80年代,筆者在編纂《陝西省志·行政建置志》的過程中,對於漢陰縣的建置沿革,稽諸史籍,考其流變,證以地理,始知此説之謬誤。漢陰縣舊治確在今石泉縣界,但並不在漢江之南,而在漢江北岸的遲河流域。今石泉縣東南120里的石泉嘴也曾設過縣治,不過它不是漢陰縣,而是石泉縣,現考證如下。

一、漢陰縣治的變遷

　　漢陰縣的前身是西漢的安陽縣,東漢末年廢,曹魏復設,晉太康元年(280年)改名安康縣,唐至德二年(757年)改名漢陰縣。[1]

　　關於漢代安陽縣治的所在,舊有兩説。其一,《太平寰宇記》漢陰縣:"本漢安陽縣,屬漢中郡。有安陽故城,在今縣西二十四里,即今敖口東十五里漢江之北故城是也。"此説本於《宋書·州郡志》和《魏書·地形志》。其二,《嘉慶重修一統志》認爲兩漢安陽縣治在今城固

---

[1]　見《新唐書·地理志》及《太平寰宇記》。

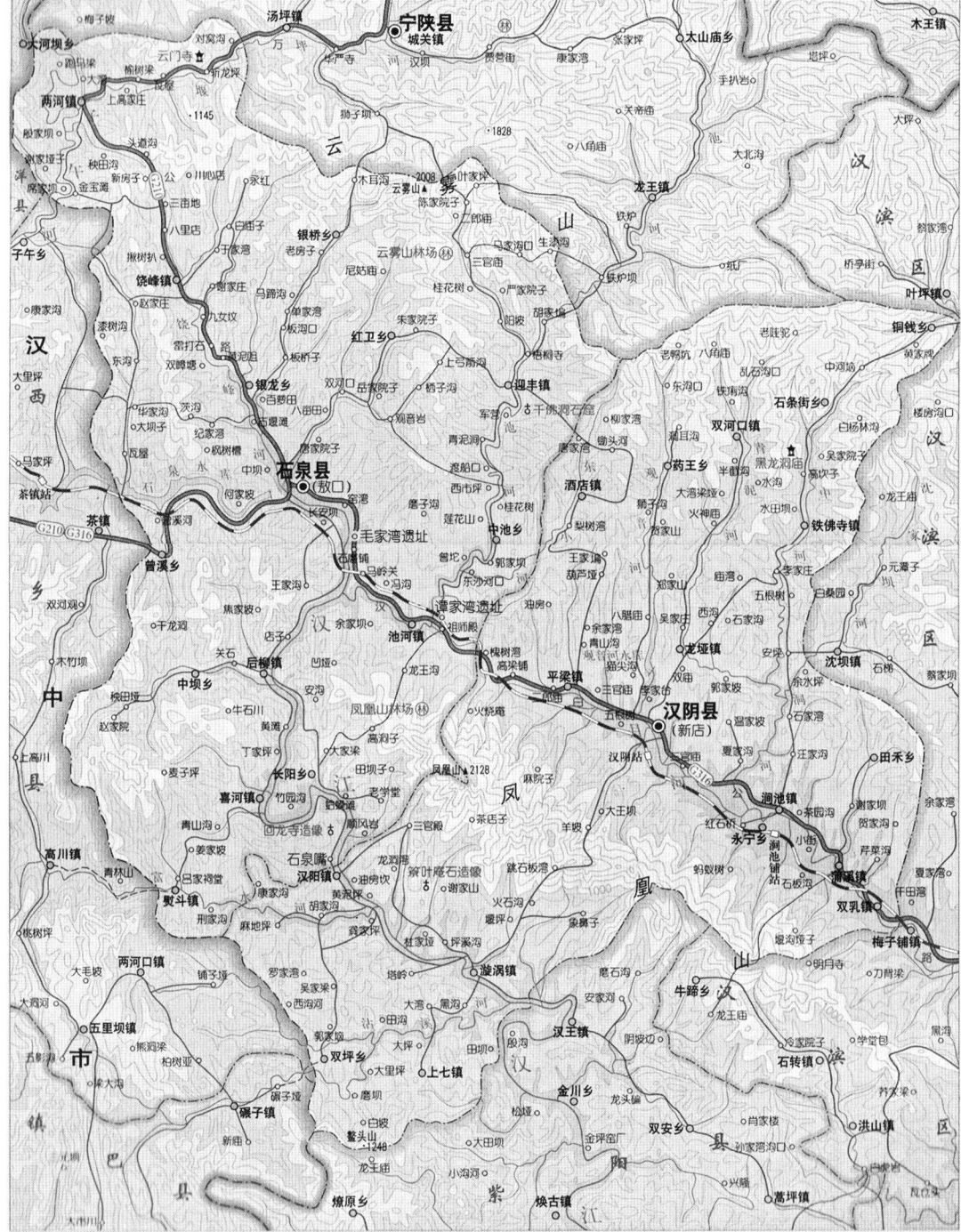

石泉縣　漢陰縣

縣東,曹魏時始遷今石泉縣東,楊守敬的《歷代疆域沿革圖》和《中國歷史地圖集》等書基本上承襲其説,分別將兩漢安陽縣標繪在今城固縣北的湑水河上游和洋縣北部的酉水河源頭。此説是根據酈道元《水經注》所載"漢水又東,過城固縣南,又東,過魏興安陽縣南"之語推斷的。漢城固縣治在今城固縣東六里,南距漢江二里,東距湑水河九里。今湑水之東不遠就是洋縣界,如此區區之地並設二縣殆無可能。湑水河上游和酉水河源頭,地處秦嶺南麓,山大溝深,人煙稀少,兩漢時期有無人户尚成問題;而湑水以東直到當時的西城縣(即今安康市漢濱區)長達 500 公里的漢江及其支流兩岸,不乏民豐物阜、水陸輻湊的平壩,西漢太平盛世設縣,統治者絶無舍此優越的地方而選擇秦嶺深山之理。20 世紀 80 年代考古工作者在石泉縣東南十多里的毛家灣(又稱毛家院)發現較大規模的西周、秦漢和南北朝時期遺址,面積約 7 萬平方米,文化層厚 1—3 米,發現有西周時期的陶罐、陶鼎、陶鬲,秦漢時期的盆、罐、甕、鼎,繩紋板瓦、筒瓦、陶水管、鐵鐮,以及半兩、貨泉、大泉五十等錢幣。其方位與《太平寰宇記》記載相合,當爲漢魏安陽縣和北周以前的安康縣舊址。故筆者認爲《太平寰宇記》之説應是可信的,至於《水經注》的"漢水又東過城固縣南"之後出現的"又東過魏興安陽縣南"之句,似爲錯簡所致,此句原應在"漢水又過敖口"之後。《水經注》由於長期傳抄,經文和注文互混以及錯簡訛漏等現象是屢見不鮮的,如對今安康市附近的水系城邑方位的記述是"漢水又東,逕魚脯溪口……又東,過西城縣南……漢水又東,右得大勢……漢水右對月谷口"。大勢即今吉水,月谷口即今月河入漢江之處。按此段記述,西城縣治就在月谷口和吉水之西的漢江北岸,而實際上西城縣城遺址在月谷口東北 20 里的西城山下,今漢江北岸的安康火車站附近的中渡台。[1] 可見"又東過西城縣南"之句得放在"漢水右對月谷口"一句之後了。

　　隋、唐到宋代的漢陰縣治,據北宋地理名著《太平寰宇記》和《元豐九域志》的記載分析,當在今石泉縣東部的遲河東岸。其轄區約爲今石泉、漢陰二縣北部及寧陝縣南部,即鳳凰山以北地區。《元豐九域志》載:"漢陰,州(指金州,即今安康市城區)西北一百六十五里,四鄉,有鳳凰山、漢水、直水。"《太平寰宇記》載:"漢陰縣,州西一百一十里,舊十二鄉,今六鄉。本漢安陽縣。……晋太康元年更名安康縣。……宇文周始從舊縣移於今所,唐至德二年改安康爲漢陰。梁門山在縣東十八里,即月川水之源也。鳳凰山,《周地圖記》謂:'鳳凰山爲龍子山,疊嶂十二層。'按《道書》云:'鳳凰山十二層,上有仙人藥園。'直水,源出永興軍乾祐縣弱嶺姜子關,經縣理西,又南注於漢,北流當終南山子午谷路是也。漢水,在縣南二里,東流。"梁門山在今漢陰縣與石泉縣交界,地勢高亢如梁,南北對峙如門,故名梁門。山東有高梁鋪,月河即古月川水,發源於鋪南,東南流入漢江。乾祐縣今名鎮安縣,遲河發源於鎮安、寧陝二縣交界的腰嶺(又稱腰竹嶺),西南流經今石泉縣東部,入於漢江。遲河即直水,遲、直古音相同;腰嶺或腰竹嶺即弱嶺、弱

---

[1] 徐信印:《安康史略》,三秦出版社,1988 年。中渡台遺址面積達 100 萬平方米,文化層厚達 4 米,安康鐵路分局基建中曾出土大量秦漢錢幣、瓦當、筒瓦、板瓦、繩紋條磚及各類陶片。

竹嶺之音轉。鳳凰山在今漢陰縣南,西脈伸入今石泉縣東南部。以上兩書所記當時漢陰縣的山嶺和水系方位,與今石泉、漢陰二縣北部及寧陝縣南部的地理相合,再由"直水流經縣理西"、"梁門山在縣東十八里"和"漢水在縣南二里"推度,北周遷治後的安康縣,也就是唐宋時期的漢陰縣城,應在今石泉縣東,遲河與漢江交匯的三角地帶。1989 年安康地區文物普查時,在前池鄉漢王城南 20 米的譚家灣村發現一處面積很大的古遺址,面積達 40 萬平方米,文化層1—3.8 米,出土有繩紋板瓦、筒瓦、陶鼎、陶罐、陶釜、陶甕,秦漢半兩、五銖、貨布等錢幣,西漢鎏金銅甗;唐宋寶相花瓦當、金鐲、鎏金壓勝錢等。遺址東南至安康市(北宋金州)85 公里,與《元豐九域志》的"漢陰縣,在州西北一百六十里"的記載基本相合,當爲隋唐到宋代漢陰縣城址無疑。《太平寰宇記》所載"州西一百一十里"或爲"州西一百七十里"之誤。

今漢陰縣城所在地,宋代名叫新店,南宋紹興二年(1132 年)才將漢陰縣治由遲河東岸遷到這裏,[1]歷代相沿,至今未變。

漢陰縣遷治新店的原因,當是從有利於全縣的行政管理和民衆輸納方便考慮的;清康熙二十六年《漢陰縣志》載:"舊治在石泉縣界,漢江之南,皇祐四年没於漢水,紹興初徙治新店,即今治也。"似乎是將遷治新店歸之於舊城被漢水沖毀之故,而清康熙三十四年《興安州志》紀事條却説:"皇祐四年漢陰縣没於水,邑令甄履築城。"又載"至和二年復築漢陰城"。"没於漢水"被改爲"没於水",是否是編纂者認爲皇祐四年淹没漢陰縣城的不是漢水而是直水。《漢陰縣志》作"漢水"是與上文相呼應的,是在説明漢陰縣舊治在漢水南,遷治新店是由於縣城已被沖毀。從《興安州志》的記載來看,漢陰縣城在皇祐四年被水沖毀之後,當年就曾築城,至和二年再次築城,兩次築城距遷治新店達七八十年之久,可見遷治與縣城遭受水災無關。即就是《漢陰縣志》所載舊治"没於漢水"不誤,也與上説不悖。漢陰縣舊治僅在漢江以北二里的直水東岸,漢水暴漲,直水不能暢流入漢而倒灌上來,縣城必然遭水淹没,但這並不能説明遷治新店是由於舊城被漢水沖毀,更不能説明漢陰縣舊治就在漢江以南。

二、石泉縣治的變遷

石泉縣在兩漢魏晉時期一直是西城縣的轄地,到了東晉永和三年(347 年)桓温爲了安置巴漢一帶的逃難流民,設置了晉昌郡和長樂、寧都等縣,[2]北魏時長樂縣改名永樂,西魏時又改名石泉,晉昌郡也改稱魏昌郡。北周保定三年(563 年)撤銷魏昌郡,隋開皇三年(583年)撤銷寧都縣,轄地歸入石泉縣。當時石泉縣轄區約有今石泉、漢陰二縣漢江以南地區及紫陽縣地。

---

[1] 見《宋史·地理志》"利州"條。
[2] 見《晉書·地理志》。

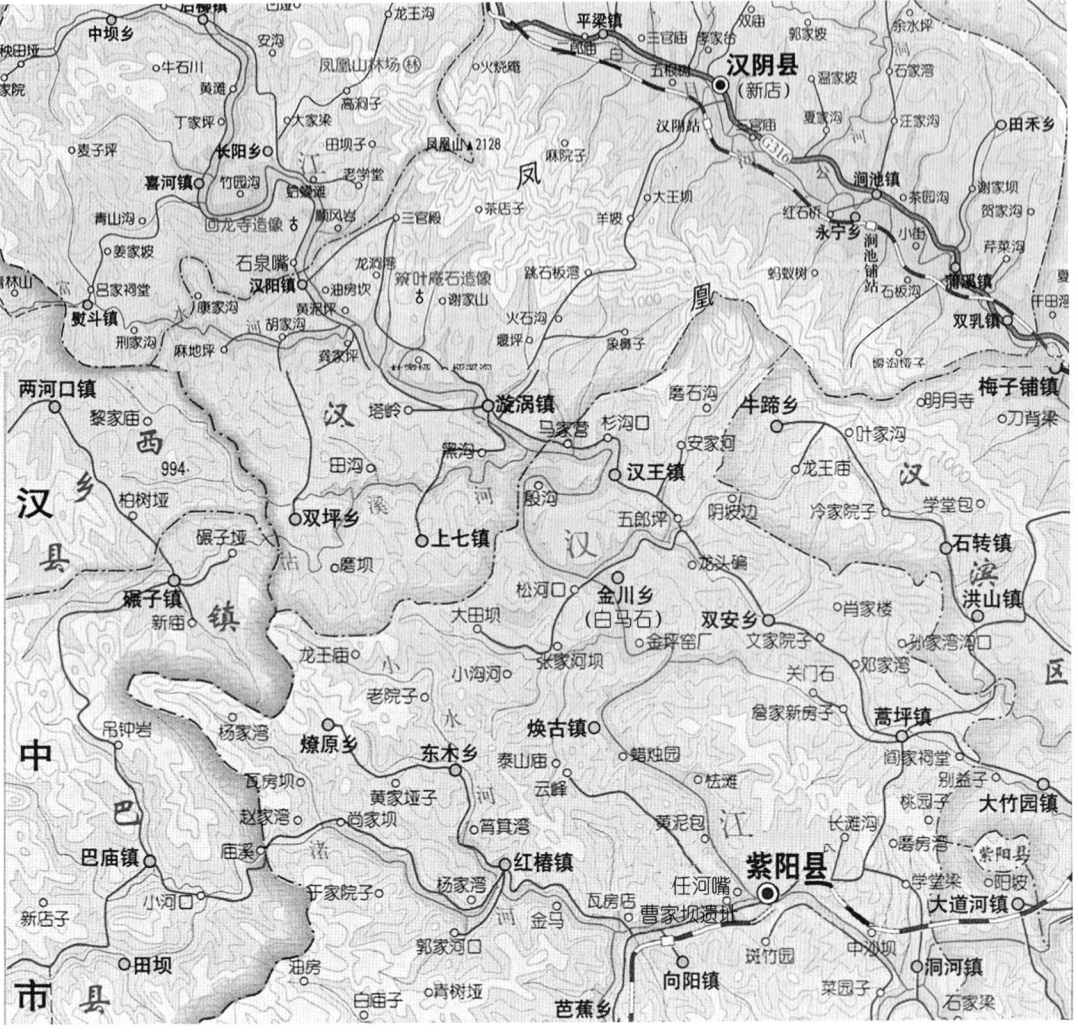

紫陽縣

《太平寰宇記》石泉縣條載:"本漢西城縣地,梁武帝立晋昌郡,治王水口。……王水口在縣(指西城縣)西八十里。"可知北宋時期石泉縣轄地有王水流域。王水即壬水之訛,這由北宋另一部地理名著《元豐九域志》記載的"石泉縣……有漢江、壬水、石泉"可以得到證明。壬水今名任河,在今紫陽縣境内。它發源於重慶市城口縣,北流至紫陽縣南匯入漢江。所謂壬水口,就是任河流入漢江之處,今名任河嘴。任河嘴南三里的曹家壩有南北朝遺址,當爲晋昌郡故址。

北魏正始二年(505年)晋昌郡曾遷治長樂縣東陽村,延昌三年(514年)又遷治興勢縣境,[1]故址在今洋縣東。西魏廢帝元年(552年)因黄衆寶反叛,遷回壬水口,並改名魏昌

---

[1] 見《魏書·地形志》及《太平寰宇記》。

郡。北周武成三年（561 年）復遷東陽川永樂縣北一里，即今石泉嘴，保定三年（563 年）撤銷。[1]

長樂縣初治東陽川，故址在今石泉縣石泉嘴南一里，北魏延昌三年（514 年）改名永樂，西魏廢帝時改名石泉，因縣北的石泉得名。北周保定三年（563 年）撤銷魏昌郡後，縣治遷入郡城，即今喜河鎮的石泉嘴（喜河鎮政府駐地）。《太平寰宇記》載：“石泉縣，（州）西南約三百里。……保定三年廢魏昌郡，移石泉縣理郡城，即今縣理是也。……漢水在縣東百步，王（壬）水口在縣西八十里。”今石泉嘴村旁的藕溪應即古之東陽川，漢江在這裏正好是南北流向，石泉嘴村東即漢江，村南一百八十里即今紫陽縣城，城西南就是任河口。《太平寰宇記》所載“王水口在縣西八十里”不確，不但將“壬”字訛爲“王”字，且有脱漏，“縣西八十里”或爲“縣南百八十里”之訛。

另外，還要提及的是寧都縣舊治。寧都縣自設置到撤銷 230 多年間，縣治一直在松溪口，故址在今紫陽縣西北 80 里漢江北岸的白馬石。《水經注·沔水》載“漢水又東，逕晋昌郡之寧都縣南，縣治松溪口”；《陝西通志》引《漢陰縣志》云：“寧都故城，在今漢陰縣東南七十里。”白馬石正在今漢陰縣東南 70 餘里，今屬紫陽縣金川鄉政府駐地。白馬石村西的安家河自北而來，匯流漢江，此即古松溪無疑。今白馬石之西八里的漢江南岸松溪鄉附近亦有松河，但是由南向北流進漢江，與《水經注》所載的松溪不合，當爲後世附會的。

三、漢陰縣名的由來

漢陰縣治從來就没有設在漢江南岸，那麼漢陰縣之名又是怎麼來的呢？北宋歐陽忞的《輿地廣記》載安康縣“至德二載（757 年）以安禄山姓改爲漢陰縣”，同書“金州條”又説：“唐武德元年曰金州，天寶元年曰安康郡，至德二載改曰漢陰郡。”這就是説安康郡和安康縣都是唐至德二年改名的，原因是李唐王朝出於對安史之亂的罪魁禍首安禄山的憎惡。據統計，安禄山攻陷長安，肅宗李亨在靈武即位後的至德元年到至德二年，全國改名的郡縣除陳倉縣改名寶雞，雍縣改名鳳翔外，[2] 其他數十個改名的郡縣全都是帶有“安”字的。如：至德元年李亨逃奔靈武途中經過的安化郡和安化縣就改名順化，安定郡和安定縣改名保定，安静縣改名保静縣，後又將安北、安西兩大都護府分别改名鎮北、鎮西大都護府。第二年改名的就更多了，如：安南都護府改名鎮南都護府，安邊郡和安邊縣改名興唐，同安郡和同安縣改名盛唐，安武郡改名唐林，興安縣改名理定，軍安縣改名軍寧，安邑縣改名虞邑等。

---

[1]　見《太平寰宇記》。
[2]　寶雞、鳳翔因係肅宗即位後重返關中的駐蹕之地，決心在安史亂後振興李唐，故用歷史上周秦將興時的鳳鳴岐山和雞鳴陳寶的祥瑞故事爲名，特别是鳳翔，至德元年還立爲西京。

安康郡和安康縣改名時爲什麼要取名漢陰呢？是知唐代的安康郡治設在西城縣。西城縣城位於漢江南岸，即今安康市漢濱區的北部，舊稱北城或老城，至德二年取名漢陰郡是名符其實的。安康縣不是郡治所在地，而地處漢江以北的遲河東岸，但它既與屬郡同名，又同時改名，故仍用同一名稱，於是就形成了縣名與治城的地理位置相悖的情形。南宋紹興二年（1132年）遷治新店時又沿用原名，而新店又在月河中上游北岸，不但不在漢江南岸，而且離開漢江愈來愈遠了。

另要説明的一點是北魏延昌元年（512年）曾經設過一個漢陰縣，經西魏到北周時撤銷，歷時50餘年。這個漢陰縣治確在漢江南岸，名實相符。但這個縣的地望在今漢中市的南鄭縣境內，是北魏王朝攻占漢中郡之後分南鄭縣漢江以南地區設立的縣制，北周撤銷後轄地復歸南鄭縣（當時稱光義縣）。其故址距今漢陰縣二三百公里，中隔城固、西鄉、石泉等縣，轄地既不毗連，又不曾有過統屬關係，故今漢陰縣不可能承襲北魏漢陰縣之名。

四、漢陰、石泉二縣東西分治格局的形成

從上述漢陰、石泉兩縣的沿革情況，我們可以知道唐宋時期兩縣的轄區約有今石泉、漢陰、紫陽三縣地，寧陝縣南部，以及安康市漢濱區西北部（恒河上游），大約是以月河和漢江的分水嶺鳳凰山爲界，南北分治。石泉縣居南，轄有今石泉、漢陰二縣南部及紫陽縣地；漢陰縣居北，轄有今石泉、漢陰二縣北部，寧陝縣南部及安康市漢濱區西北部。現今東西分治格局的形成是在南宋時期。《宋史·地理志》"利州路金州"條載漢陰縣："紹興二年遷治新店，以舊縣爲鎮。嘉定三年升漵口鎮爲縣，有饒風鎮。"此條記載含混却重要，首先它説明了漢陰縣是在南宋紹興二年（1132年）遷到今縣城。當時該地叫作新店，遷治後舊縣城設立舊縣鎮；另外，它又透露了一個極爲重要的信息，就是嘉定三年（1210年）升漵口鎮爲縣，這個縣還轄有饒風鎮。所謂含混就是説漵口鎮、饒風鎮一帶本爲漢陰縣轄地，説它升爲縣又没有説清是爲何縣，以及轄地分割情況，但我們通過分析可以解開這個謎。

漵口鎮即漵頭，故址在今石泉縣城附近，地處饒風河與漢江交匯處，《水經注》説它是"傍山通道，水陸輻湊"，並設有倉儲。饒風河古稱漵水，"漵"又寫作"敖"或"磝"等，饒與敖古代都是宵部字，同音相假。"風"即"峰"字之訛。此地有敖水，敖水源頭的山峰稱爲敖峰。後來敖峰訛作饒風，敖水也稱爲饒風河了（今又作饒峰和饒峰河），唯作爲鎮名的敖口仍用原字。《明史·地理志》載石泉縣："南有十八盤山，有漢江；西有饒風河，東有遲河，俱入漢；又西有饒風嶺巡檢司，本治縣東遲河口，後遷下饒風鋪，更名。"這裏記述的石泉縣山阜川流方位，其北部恰好是北宋時期漢陰轄區西部，也與《宋史·地理志》所載"嘉定三年升漵口鎮爲縣，有饒風鎮"之語相合。由此可知，嘉定三年設在漵口鎮的縣制應該就是石泉縣，也就是説嘉定三年石泉縣由舊治石泉嘴遷到了漵口鎮，同時也把漢陰縣梁門山以西地區劃歸了石泉縣。

再由明代漢陰縣轄地"南有漢水，東北有直水，又有恆河，俱流入漢水"，[1]以及明正德六年分漢陰縣東南部設立紫陽縣[2]來看，在嘉定三年將石泉縣遷治漱口鎮以後，就把石泉嘴以東的漢江流域和壬水中下游地區劃歸了漢陰縣，這樣就形成了現在漢陰、石泉二縣東西分治的格局。

（原載《陝西歷史博物館館刊》第 1 輯，1994 年）

［1］　見《明史·地理志》"興安州"條。
［2］　見《明會典》。

長楊、五柞宮考辨

　　長楊、五柞是秦漢時期有名的兩座離宮，地處渭河之南上林苑中，每見於文獻記載。秦漢皇帝遊獵南山，都要駐蹕在這些宮殿裏，《漢書·武帝紀》《宣帝紀》《元帝紀》《成帝紀》以及《司馬相如傳》《東方朔傳》《揚雄傳》《張湯傳》等，大量記載着西漢武帝、元帝、成帝經常在上林苑行獵，來往於長楊、五柞宮之間，特別是漢武帝，“好自擊熊羆，馳逐野獸”，每到冬季，都要到長楊宮狩獵，甚至徵發右扶風民衆進入南山，西自褒斜，東到華山，南驅漢中，張網設置，捕捉熊羆、豪豬、虎豹和狄獷之類的野獸，然後運送到長楊宮射熊館，放逐於圍欄中，讓胡人徒手搏鬥，自取其獲以取樂。揚雄還作過《長楊賦》以諷勸，其中有“振師五柞，習馬長楊，簡力狡獸，校武票禽”之句。[1]後元二年(前 87 年)二月漢武帝還帶病行幸五柞宮，不日便駕崩於五柞宮。[2]

　　長楊、五柞宮亦見於出土文物，如《小校經閣金文拓本》卷十一就收錄 3 件長楊鼎，[3]西安市文物保護考古所也收藏 1 件五柞宮鼎蓋，[4]然而由於年代久遠，行政區劃變遷，關於其遺址所在，多有歧異之説，現加以考辨。

　　《中國文物地圖集·陝西分冊》(以下簡稱《文物地圖》)[5]周至縣下載：長楊宮遺址，在終南鎮竹園頭村北 150 米，時代爲秦漢。並説：“1980 年發現，面積約 20 萬平方米，瓦礫堆積厚 0.5—1.5 米。採集有雲紋瓦當、四神瓦當、空心磚、回紋鋪地磚，以及泥質灰陶罐、缶等殘片。”從考古調查所見到的遺迹、所採集到的遺物分析，這裏確是一處秦漢宮殿建築遺址，但是否就是長楊宮遺址呢？請先看文獻記載：

　　《三輔黃圖》載：“長楊宮，在今盩厔(周至)縣東南三十里。本秦舊宮，至漢修飾之以備行幸。宮中有垂楊數畝，因爲宮名，門曰射熊觀，秦漢遊獵之所。”《陝西通志》引《雍勝略》也説“長楊宮，在盩厔縣東南三十三里”。

---

[１]　見《漢書·揚雄傳》，四庫全書本。
[２]　見《漢書·武帝紀》，四庫全書本。
[３]　劉體智：《小校經閣金文拓本》，石印本，1935 年。
[４]　王長啓：《西安市文物中心藏戰國秦漢時期的青銅器》，《考古與文物》1994 年第 4 期。
[５]　國家文物局主編：《中國文物地圖集·陝西分冊》下 151 頁，西安地圖出版社，1998 年。

　　上述文獻記載説明，長楊宮應在盩厔縣東南三十餘里。盩厔縣即今周至縣，而竹園頭宮殿遺址雖距周至縣也是三十多里，但在周至縣之東，不在東南，方向並不符合，故這裏不是長楊宮遺址，應是另外的一處秦漢宮殿。

　　《水經注》是一部很有價值的歷史地理名著。其在記述周至、户縣一帶的河流時説："渭水又東合田溪水，水出南山田谷，北流逕長陽宮西，又北逕盩厔縣故城西，……田溪水又北流，注于渭水也。……東有漏水，出南山赤谷，東北流逕長楊宮東，宮有長楊樹，因以爲名。漏水又北歷葦圃西，亦謂之仙澤。又北逕望仙宮，又東北，耿谷水注之，水發南山耿谷，北流與柳泉合，東北逕五柞宮西，長楊、五柞二宮，相去八里，並以樹名宮。"

　　根據《水經注》記載分析，長楊宮應在田溪水和漏水之間，且在上游，靠近南山。田溪水今名田峪河，發源於秦嶺，向北流出田峪口，經過殿鎮村西之後繼續北流，再經過終南鎮西北流入渭河。漏水發源於南山赤谷，所以又稱赤峪河，從赤峪口出山，東北流經殿鎮村東，再北流經過竹園頭村（此指赤峪水故道，今爲灌田，已從嚴家堡之南改爲直向北流入渭），再東北流與耿峪河匯合。這與《水經注》的記載完全吻合。

　　殿鎮地處周至縣城東南三十餘里的臺原上，正在田峪河（田溪水）之東，赤峪河（漏水）之西。相距盩厔縣的方位、里程也與《三輔黄圖》和《雍勝略》所記長楊宮與盩厔縣的方位、里程相契合，故長楊宮當在殿鎮村附近。殿鎮或因附近曾有過古代宮殿而得名（見下圖）。

　　田溪水"北流逕長陽宮西，又北流逕盩厔故城西"的盩厔縣故城，就是《文物地圖》所説的終南遺址，在終南鎮西南300米處，文化性質爲漢代，正是秦漢時期的盩厔縣所在地。至於漏水東北流經長楊宮東，"又北逕望仙宮"的望仙宮，應是《文物地圖》所記的竹園頭宮殿遺址，附近的窪地就是仙澤舊址，望仙宮之名當與仙澤有關。

　　五柞宮，《三輔黄圖》説"在扶風盩厔。宮中有五柞樹，因以爲名。五柞接連抱上枝，覆蔭數畝"，《陝西省志》引《雍勝略》説"五柞宮，在盩厔縣東南三十八里"。"扶風盩厔"是指右扶風盩厔縣，兩漢時期盩厔縣屬右扶風管轄。

　　上引《水經注》的記載，其中已經提到耿水"發南山耿谷，北流與柳泉合，東北逕五柞宮西"，並説"長楊、五柞二宮相去八里"。《水經注》還有"渭水又東合甘水，水出南山甘谷，北逕秦文王葲陽宮西，又北逕五柞宮東，又北逕甘亭西"的記載，結合現今周至、户縣一帶河流、地名的現狀，可以知道五柞宮故址應該在今周至縣九峰鄉與户縣蔣村鎮交界處的千户村一帶。這裏地處耿峪河與甘峪河之間，與長楊宮東西相望，其東南的甘河東岸就是葲陽宮所在地户縣白廟鄉曹村（詳後），地望與《水經注》的記載完全相合。

　　另外，附帶要説的是秦漢葲陽宮。葲陽宮爲戰國時期秦文王所建，秦王政九年（前238年）嫪毐作亂被誅，就曾將皇太后遷往葲陽宮，漢武帝建立上林苑時修葺，作爲遊獵行幸憩息

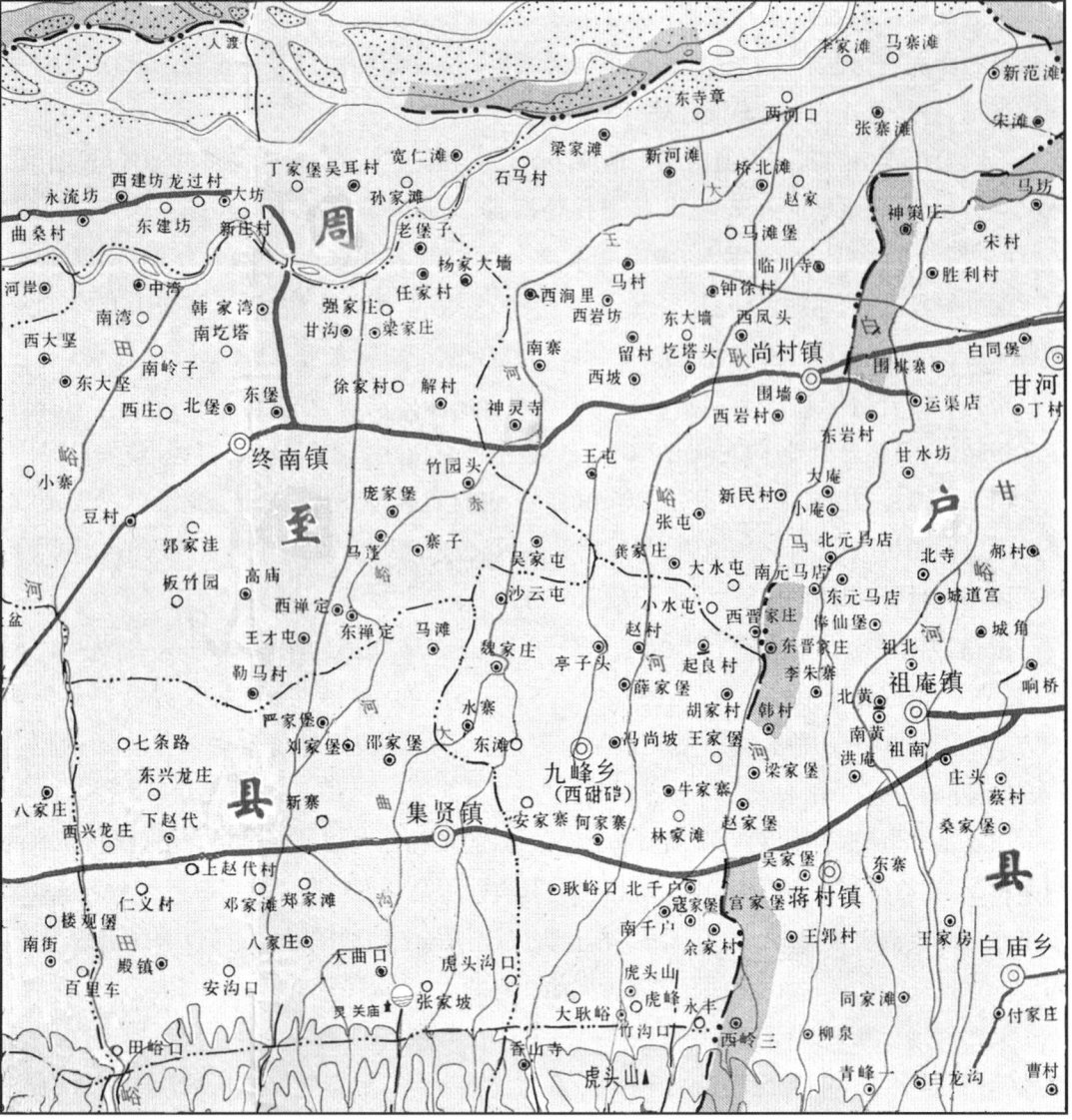

之所。關於蓳陽宮的故址,周曉陸先生在其《蓳陽鼎跋》一文中認爲在户縣北的美陂,[1]我認爲這是一種毫無根據的猜測。上面已經説過,《水經注》記載的"渭水又東合甘水,水出南山甘谷,北逕秦文王蓳陽宮西,又北逕五柞宮東,又北逕甘亭西",蓳陽宮就應在户縣西南的甘河流域。《水經注》的作者酈道元是南北朝時期人,關中這些宮觀到兩晉時期有可能還存在,所説應該是可信的。1982 年在户縣白廟鄉曹村(今屬蔣村鎮)村東崇真觀舊址發現了元祐六年(1319 年)創建崇真觀碑,該碑記載:"秦之蓳陽宮故址在焉,信夫天壤間自昔爲佳處也。"這裏地處甘河之東,與《水經注》記載蓳陽宮的地望完全吻合,也與《三輔黄圖》所説"在

---

[1] 周曉陸:《蓳陽鼎跋》,《文物》1995 年第 11 期。

今鄠縣西南二十三里"相一致。《三輔黃圖》的成書年代不晚於魏晋時期，他所説的鄠縣，故址在今户縣北一公里，向西南到曹村也就十一、二公里。周曉陸先生所説的美陂故址，在户縣西北一公里的陂頭村一帶，是秦漢時期的美水陂，與《三輔黃圖》所説的萯陽宮在户縣西南二十三里，不僅方向有悖，而且相去甚遠，所以是不可靠的。

2008 年 4 月 1 日完稿

西漢關中水利建設的成就

　　漢代是我國歷史上繼秦代之後又一個統一而又强盛的封建王朝,不但在政治、經濟、軍事、文化和科技方面有着巨大的成就,在水利建設方面,特別是關中的水利建設,也取得了重大的發展。

　　西漢國都長安城地處關中地區,南面是綿延橫亘的秦嶺山脈,北面是岡巒起伏的北山,其間是一個東西長約三百多公里、南北寬約一百公里的平原,其間分佈着許多河流,所以又稱"八百里秦川"。渭河自西向東流貫全境,沿途有幾十條發源於秦嶺和北山的支流匯入。其中發源於甘肅的涇河和發源於陝北的洛河較大,流長都在三百公里以上,另外還有千河、金陵河、清姜河、黑河以及澇、灃、滻、灞、沈、羅敷等河流,構成了一個羽狀水系,提供了灌溉和交通運輸方面的有利條件。

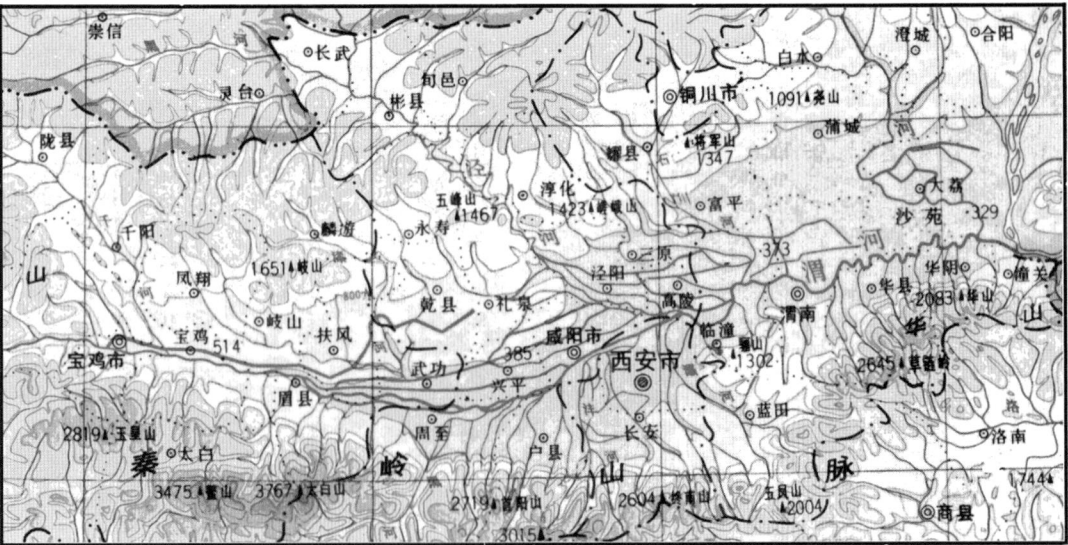

關中地形與河流分佈圖

　　西漢國都長安城處於關中平原的中心,占地 36 平方公里,八街九陌,有 160 個閭里,9 個商業區,是當時全國政治、經濟、軍事和文化中心,也是世界上最大、最繁華的國際大都市。它不僅與現在亞洲的日本、朝鮮、越南、柬埔寨、斯里蘭卡、泰國、老撾、印度、伊朗等國家往來,更有著名的"絲綢之路"與中亞、北非和歐洲國家進行商業貿易和友好交往。長安城的常住人口五十多萬,流動人口自然也非常之多。西漢王朝特別是漢武帝時期,考慮到這麼大城市的供水來源問題,爲了有足夠的農副産品供應京師之需,爲了驅逐匈奴戰爭的軍需供應,便特別重視關中地區的農業發展,興建了一批大型水利工程,掀起了我國歷史上又一次水利建設高潮,取得了輝煌的成就,其規模之大,效益之高,不僅超越了前代,居於全國首位,就是在當時的世界上也名列前茅。

　　説到漢武帝時期興修關中的水利,不得不先回顧一下關中最早的一條舉世聞名的水利工程"鄭國渠"。

　　鄭國渠始建於戰國末期(前 246—前 236 年)。它增强了秦國國力,奠定了統一六國的物質基礎,爲關中水利事業打下了良好的根基,同時也爲西漢王朝的水利建設起了一個示範作用。鄭國渠一直沿用到唐代,前後達一千一百多年。

　　鄭國渠的修建原本是一個大陰謀。戰國晚期秦王政(秦始皇)即位後,國力不斷强盛,成爲戰國七雄中實力最强的國家,在政治、經濟、軍事等方面與關東六國相比,都占據了絕對優勢。秦國兼并六國,統一全國的條件已經成熟,而韓國地處崤函之東,緊靠秦地,隨時都有被秦國消滅的危險,韓桓惠王便想出了一個"疲秦"的怪招,企圖以修建水利工程牽制住秦國大量人力物力,消耗秦國的力量,使它顧不上發動吞并韓國的戰爭,於是派遣了一個名叫鄭國的水工(水利工程師)去見秦王,建議從涇河出山口,開渠東通洛河,用以灌溉農田。秦王當時不知這是個陰謀,於是采納了這個建議,並任命鄭國爲該工程的負責人,投入了大量人力

鄭國渠渠首

物力,沿關中北山修築溝通涇河與洛河的渠道。工程正在進行時,鄭國的間諜身份暴露了,秦王準備殺掉鄭國,鄭國辯解説:"是的,我當初確實是來作間諜的,然而渠修成之後可是秦國之利啊! 它只爲韓國苟延殘喘幾年,却爲秦國建立了萬世之功。"秦王認爲鄭國説得有理,就赦免了他,並繼續讓他帶領廣大民工,完成了這項偉大的水利工程。

鄭國渠渠首保護碑

這座水利工程起於仲山之西的瓠口(今涇陽縣王橋鎮船頭村西張家山),引涇水東流,横絶自北山流下的冶峪河、清水河、濁水河、漆水、沮水,到重泉縣(今蒲城縣東南)匯入洛河,長達三百餘里,灌溉今涇陽、三原、高陵、閻良、臨潼、富平、蒲城等地四萬多頃(約合今 200 多萬畝)田地,變鹽鹼地爲良田沃土。渠成之後確實給秦國帶來了莫大的利益。人們爲了紀念這位偉大的水利工程師,就把這條渠稱爲"鄭國渠"。

鄭國渠從戰國晚期到西漢武帝時沿用了 130 多年,但是一些高亢的田地無法灌溉。於是,漢武帝元鼎六年(前 111 年),京師東部行政長官倪寬建議,在鄭國渠的上游另開六條小渠,以灌溉鄭國渠旁地勢較高的田地,得到了漢武帝的采納。這六條渠道位於鄭國渠之北,今涇陽、三原北部。這些渠道作用是輔助鄭國渠灌溉,被稱爲"六輔渠"。六輔渠的修建,使涇水引水工程發生了從淤灌到澆灌的技術轉變,實現了由主要淤灌低窪鹽鹼地到澆灌高亢農田的空間轉移。倪寬在六輔渠管理方面創造性地制訂了水令,按畝收取水税,使得灌溉田地有了合理的用水制度,因而擴大了灌溉面積。這是農田水利管理史的一個重大進步。

到了太始二年(公元前 95 年),趙國中大夫白公又向漢武帝建議,開挖引涇灌溉新渠,從池陽縣谷口(今涇陽縣口鎮)鄭國渠之南引涇河水,注入櫟陽(故址在今西安市閻良區武屯鎮關莊北)境内的渭河。這條灌溉渠由於是白公主持修建的,故名"白渠"。白渠規模宏大,是關中地區僅次於鄭國渠的水利工程,全長 100 多公里,經過今涇陽、三原、高陵、閻良、臨潼等

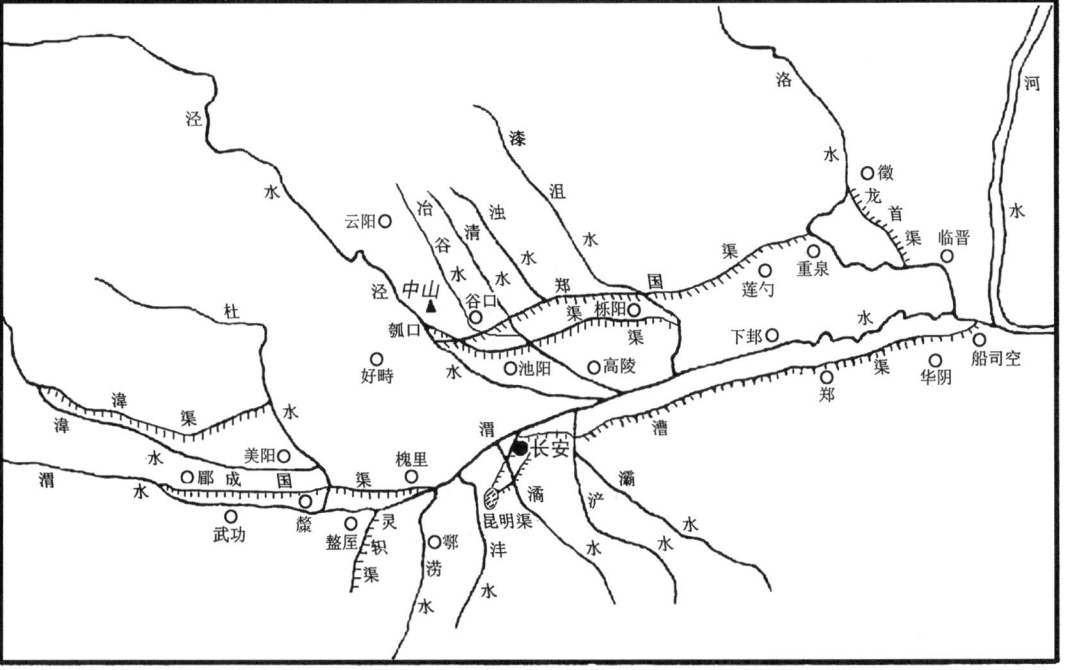

西漢關中水利示意圖

縣區,可灌溉四十五萬畝田地。

　　鄭國渠和白渠,再加上六輔渠,使渭河以北形成了一個龐大的灌溉管道網絡,人們合稱它們爲"鄭白渠"。涇水不但可以灌溉,水中所攜帶的泥沙還可以肥田,改善鹽鹼地。鄭白渠對於關中地區農業生產起到了很大的促進作用。當時人們歌頌道:"田於何處,池陽谷口。鄭國在前,白渠起後。舉鍤爲雲,決渠爲雨。涇水一石,其泥數斗。且溉且糞,長我禾黍。衣食京師,億萬之口。"漢代文學家班固的《西都賦》也説:"鄭白之沃,衣食之源,……決渠降雨,荷鍤成雲,五穀垂穎,桑麻鋪棻。"從當時的這些歌賦中,也可以看出鄭白渠對於關中地區農業發展,起了多麼大的作用! 鄭白渠歷經兩漢、魏晋到隋唐。唐王朝又組織民工將鄭白渠改建爲三條幹渠,即太白渠、中白渠和南白渠,合稱三白渠。灌溉範圍主要分佈在石川河以西,只有中白渠穿過石川河,在下邦縣(故址在今陝西渭南市臨渭區故市鎮故縣村)注入金氏陂。此後歷代沿用和疏浚,但由於河牀不斷升高,灌溉面積逐年減少,清代乾隆年間便廢棄了。直到1932年,在李儀祉主持下,修建涇惠渠,引涇灌溉又得以恢復。涇惠渠的走向也基本上是沿着鄭白渠故道修建的。

　　西漢時期在關中修築的第一項大型水利工程是龍首渠。漢武帝元朔年間(公元前128—前123年)采納了莊熊羆的建議,開發洛河水利工程,引洛河水灌溉重泉(今蒲城東南部)以東和臨晉(今大荔)一帶田地。當時動員了一萬多民工開渠。這條灌溉管道北起徵縣(今澄城縣),南到臨晉縣之南匯入洛河。渠首在今澄城縣與蒲城縣交界處的交道鎮狀頭村附近,

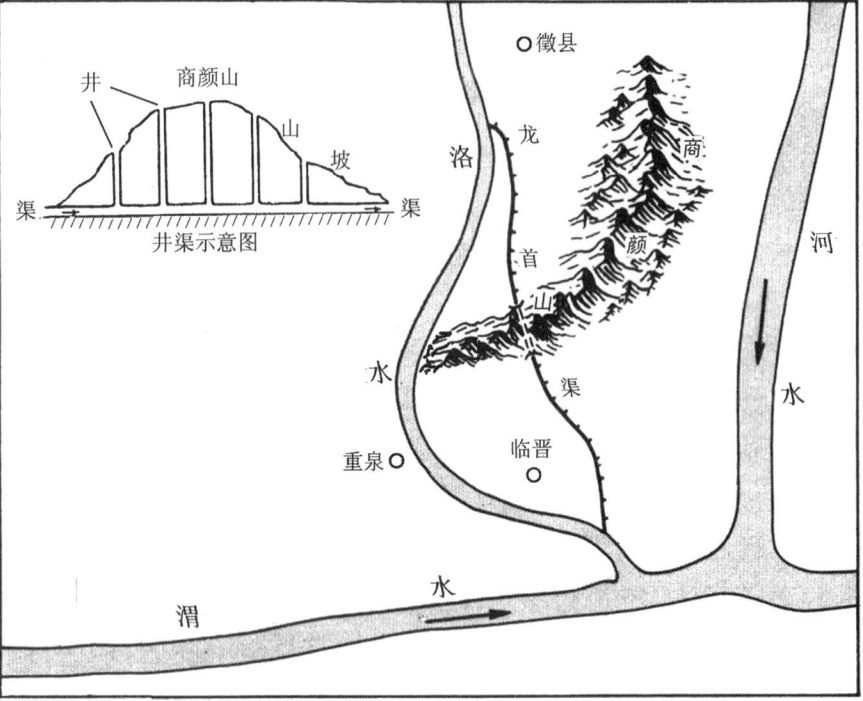

龍首渠工程示意圖

龍首渠渠首

引洛水入渠,沿洛河左岸南流 5 公里,越大浴河進入今蒲城縣永豐鎮境內,渠道要經過蒲城縣河城原東西橫互在其間的商顏山(今名鐵鐮山)。山高四十餘丈,均爲黃土覆蓋,如果渠道向西沿洛河東岸,傍山開鑿,不但路綫過長,工程浩大,而且渠岸經常坍塌,無法通過,於是人們發明了一種“井下相通行水”的辦法施工。首先在商顏山上測量出管道要經過的南北路綫,然後沿綫開挖若干豎井,再把井下挖成隧洞相連成渠。這種“井下相通行水”的施工方法就叫“井渠法”。這種方法既可增加施工工作面,加快工程進度,同時有利於暗渠的出土和改善洞內通風採光條件。井渠總長 3.5 公里,從蒲城河城原到溫湯緩坡地帶爲第一段井渠,自王武到大荔縣義井村商顏山山脊地帶爲第二段井渠。

這條引洛灌溉渠是我國歷史上第一條地下管道,也是世界水利史上一個偉大創造。這條渠在施工中挖到許多古動物化石——龍骨,於是取名“龍首渠”。經過十多年的努力,龍首渠建成,大荔平原五、六十萬畝鹽鹼地得以被灌溉,變成了“畝産十石”的上等田地。現在的洛惠渠基本上仍沿漢代的龍首渠舊道,仍然采用井渠施工辦法修建。1944 年修建洛惠渠時,人們就曾在大荔遠志山村東的 13 號、16 號、18 號豎井中,發現了西漢時期用以支撐井渠的柏木板和柏木柱。木柱呈方形,長約 2 米,斷面 20×15 釐米。現在蒲城縣永豐鎮境內共發現 7 個龍首渠豎井遺址,並發現漢代繩紋板瓦、筒瓦及陶罐、甕、盆、釜等殘片。特別是大荔縣境內的洛惠渠五號隧洞就是漢代龍首渠的舊址,現均爲省級文物保護單位。當年出土“龍骨”的地方,就是 1978 年發現大荔猿人遺址的大荔縣段家鄉。

龍首壩紀念碑

龍首渠“井渠”輸水法是我國水利史上一個偉大創舉。這種先進科學工程技術,在當時就通過絲綢之路傳到了西域,産生了“坎兒井”的水利工程型式。漢宣帝時“漢遣破羌將軍孫武賢,將兵萬五千人至敦煌,遣使者案行表,穿卑鞮侯井以西,欲通渠轉穀,積居廬倉以討之”。這種卑鞮侯井就是井渠。多少世紀以來,新疆地區,特別是吐魯番盆地北部的柏格達山和西部的喀拉烏成山一帶,人們仍然沿用“井渠法”,並結合當地的地理特點,引戈壁灘下潛流的融化雪水和雨水灌溉農田。這種灌溉管道,當地稱爲“坎兒井”。井渠技術也爲後代修築穿越山丘公路、鐵路的隧道工程所采用。

　　西漢經文景之治,到武帝時期國力强盛,關中人口不斷增加,京師的糧食供應,以及對匈奴戰爭的糧秣需求、徵調關東糧食的規模也突飛猛漲,但渭河流淺沙深,河道彎曲,航道遥遠,從長安到黃河有九百多里,而且時有難處。漢武帝於元光六年(前 129 年)采用了大司農鄭衆的建議,開鑿了一條人工運河——漕渠。命令齊地水工(水利工程師)徐伯表負責,徵調數萬兵卒民工,經過三年時間,完成了這項工程。於是,漕運大便,關東的糧食物資沿着漕渠可以直達長安城。過去每年從黃河經過渭河漕運糧食物資到長安需要六個月,槽渠修成後三個月即可完成。漕運糧食的數量從漢初每年數十萬石,猛增到四百多萬石,到了元封年間達到了六百萬石。"一歲之中,太倉、甘泉倉滿"。漕渠確實爲西漢的經濟繁榮做出了重大貢獻,對穩定大漢王朝的政治統治和伸張國力起了積極作用。

　　漕渠最初西起長安城西,引渭河水東流,穿過龍首原北麓,向東沿途收納灞、滻、沈等河水,南靠山原,經過今西安市未央、灞橋、臨潼三區,以及渭南、華縣、華陰等縣市,在華陰、潼關交界附近匯入渭河,長達三百餘里。爲了周轉儲存漕糧,同時還在渠口附近(今華陰市段家城東北)修建了規模宏大的京師倉,亦稱"華倉"。倉城東西長 1120 米,南北寬 700 米。1979 年經陝西考古研究所發掘,現爲全國文物重點保護單位。

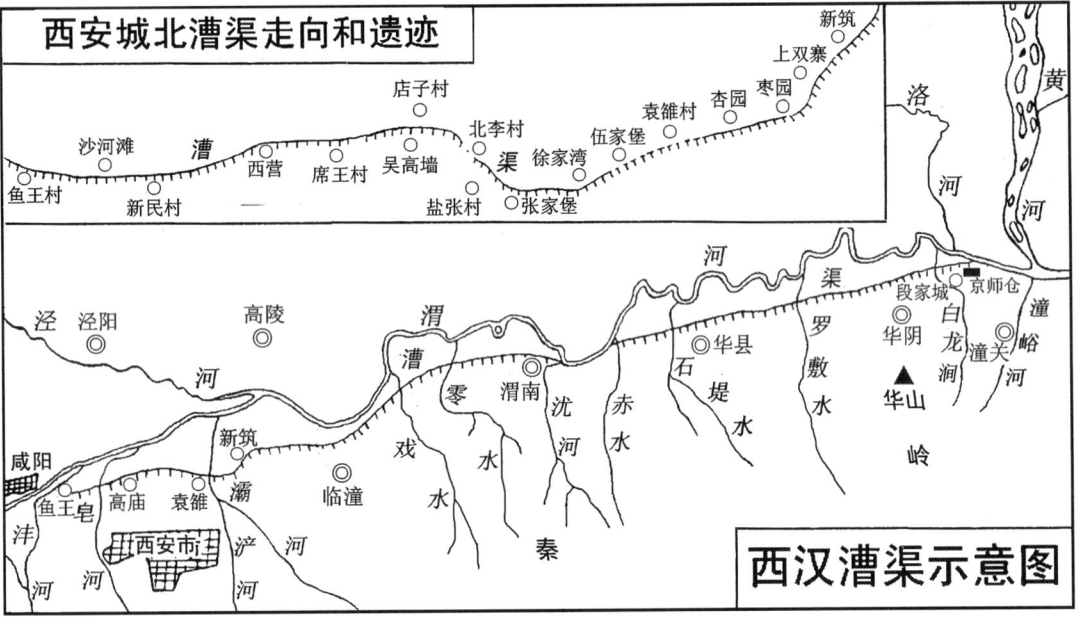

　　元狩三年(前 120 年)鑿昆明池後,又開鑿昆明渠,一支北流入渭,一支在張家堡與漕渠相接,成爲漕渠的補充水源,使漕渠的水流更加豐沛。漕渠的修建不僅便利了漕運關東的糧食物資供應長安城,同時也爲沿岸一萬多頃農田帶來了灌溉之利。漢代史學家班固贊揚説:"通溝大漕,潰渭洞河,泛舟山東,控引淮湖,與海通波。"《後漢書・李篤傳》也説:"鴻渭之流,徑入於河;大船萬艘,轉漕相過;東綜滄海,西綱流沙。朔南暨聲,諸夏是和。"

　　東漢遷都洛陽,不再向關中漕運糧食,漕渠乾涸。隋唐建都長安,漕渠又迎來了新的機遇。隋開皇四年(公元584年)上命宇文愷重新開通漕渠,改名廣通渠,引渭水自大興城(即長安城),東到潼關入黃河,漕運糧米,十分方便。唐天寶元年(公元742年)又築興城堰,把渠首移到咸陽西南十八里的短陰原下,並將灃河之水歸入漕渠,又在長樂坡下滻河上修築大型配套工程"廣運潭",停泊往來船隻,進行水上貨物交易。這樣,就把唐初漕運關東的糧食從二十萬石一下子提高到了四百多萬石。但是好景不長,安史戰亂,渠道失修,泥沙淤積,堤堰破壞。特別是唐末遷都洛陽,使長安城失去了國都地位,漕糧西運終止,漕渠也就從此廢棄了。

　　昆明池開鑿於漢武帝元狩三年(公元前120年),水源來自交河和灃河。這是我國歷史上第一個人工蓄水工程,在我國水利史上和文化史上都占有極其重要的地位。

　　昆明池遺址位於長安區南豐村、石匣口村、斗門鎮和萬村之間,範圍東西約4.25公里,南北約5.69公里,沿岸周長約17.6公里,面積約16.6平方公里,相當於四個杭州西湖,在中國古代,還沒有一個人工湖泊的面積超過它。漢武帝修建昆明池徵調了隴西、北地的戍卒,以及沒有按法律辦事的謫吏上萬人,歷經一年多時間完成。元鼎元年(公元前116年)又進行過一次擴建。西漢以後,昆明池繼續使用,後秦末年(公元415年)關中大旱,昆明池曾一度枯竭。北魏太平真君元年(公元440年),人們也對昆明池進行了一次疏浚。後來到了唐朝,昆明池經歷了先後三次修建,宋代以後湮廢。

　　《漢書·武帝本紀》注引臣瓚説:"西南夷傳有越嶲昆明國(今雲南昆明市一帶),有滇池,方三百里,漢使求身毒國,而爲昆明所閉,今欲伐之,故作昆明池象之,以習水戰。周圍四十里。"練習水戰,可能是開鑿昆明池最初的原因,其實昆明池後來的主要功能是給長安城供水和給漕渠補充水源,客觀上也改善了長安城的自然環境。昆明池建成後,又開鑿昆明渠,從昆明池東口引水東北流,同漕渠相接,補充漕渠的水量;另外還有一條從昆明池北端引水,經由長安城西南,北流入渭,中間串接滄池和太液池,以供應未央宮、長樂宮和建章宮用水。昆明池的這種儲備和調節水量,爲後代城市供水系統建設提供了很好的經驗。唐代詩人杜甫曾有一首詩《秋興八首·昆明池水》:"昆明池水漢時功,武帝旌旗在眼中。織女機絲虛月夜,石鯨鱗甲動秋風。波漂菰米沈雲黑,露冷蓮房墜粉紅。關塞極天唯鳥道,江湖滿地一漁翁。"

　　漢武帝時期在關中西部修建的另一項大型水利工程是成國渠,位於渭河以北,渠首在今眉縣境內的渭河上,築有六個石門,稱爲六門堰。成國渠向東經過今扶風、楊陵、武功、興平等縣區,流入上林苑的蒙籠渠,下游約在今咸陽市渭城區東部注入渭河,現在渭惠渠的走向和成國渠大致相同。灌溉今眉縣北部、扶風南部、楊陵、武功、咸陽一帶的田地,雖然長度小於白渠,但灌溉面積遠大於白渠。西漢後期,一度成爲最主要的灌溉渠道,在西漢時期關中西部農業發展過程中發揮了很大的作用。

　　另外,西漢前期還在關中西部開鑿了湋渠、靈軹渠。湋渠是引渭水支流湋河水的水利工程。漳河發源於鳳翔縣西北,上游又叫雍河,東南流經岐山、扶風、楊陵,在武功縣匯入渭水。漳渠灌區主要在今扶風南部、楊陵和武功縣一帶。靈軹渠自周至縣靈軹原下起,引水東北流,然後注入渭水。灌溉今周至、户縣和咸陽渭河南岸數千頃田地。

總之,由於西漢王朝的刻意經營,關中水利建設的成就十分巨大,使得整個地區形成了一個功能完善的水利網絡,既有用於灌溉農田的惠民渠,又有用於通舟漕糧的大運河,還有保證城市供水和改善環境的人工湖,其效果都是非常顯著的。這在當時的條件下是一件很了不起的事情,在提高農業抗災能力,促進農業生産和關中地區經濟的全面發展發揮了重要作用,使其成爲當時全國農業最發達的地區,保障了長安城這個規模宏大的國際大都市的物質供應,同時對於鞏固大漢王朝的封建統治等諸多方面,發揮了積極作用,並在政治、經濟、文化、科技領域産生了廣泛而深遠的影響。

2015 年 7 月完稿

其他篇

叔作銅件漆木直筒提梁卣復原

　　朱鳳瀚先生在《叔器與魯國早期歷史》一文中,[1] 發表了海外私家收藏的一組叔器,每件都鑄有長篇銘文,是研究西周前期魯國歷史的富有重要價值的資料。朱先生已對銘文進行了詳細考釋,本文僅就其中所謂的提梁套盒發表一點不同的意見。

　　2010 年我曾在海外見過這組叔器,其中所謂的提梁套盒,並不是一件器物,而是兩件漆木與銅構件組成的直筒提梁卣。漆木已朽没,只留下青銅構件,計:器底 2 件,腰箍 2 件,卣蓋 1 件和銅釦 1 件(圖一)。銅釦連有提梁,器底連有圈足。圈足較矮,下部出沿,另一件圈足的沿更寬綽。兩件器内底和一件卣蓋鑄有銘文,内容相同。其中缺失一件銅釦和卣蓋,收藏者誤將這些構件套合在一起,很像 20 世紀六七十年代流行的搪瓷多層飯盒,故誤稱提梁套盒(圖二)。其實這個所謂的多層提梁盒是提不成的,手捉提梁向上一提,只能提起口沿和蓋,下部幾層便會脱節。因爲它們每件既没有用於穿連的貫耳,也没有子母口相扣。當時,我對這些構件進行了詳細觀察和測量,認爲是兩件漆木和銅構件組合成的筒狀提梁卣,一件完整,另一件缺失銅釦和器蓋,僅存器底和腰箍。

圖一

---

[1]　朱鳳瀚:《叔器與魯國早期歷史》,《新出金文與西周史》,上海古籍出版社,2011 年。

圖二

第一組構件中的銅釦高 3.3、通梁高 11.5、口徑 15×16、口沿寬 1.1 釐米；蓋高 6.3、內徑 12.2×13、外徑 15.2×16.2 釐米；器底高 3.7、上徑 15.3×15.8 釐米；圈足高 1.4、外徑 16.3×16.5 釐米；腰箍高 3、上下徑均爲 15×16 釐米。第二組構件中器底高 4.1、上徑 15.5×15.8 釐米；圈足高 1.6、外徑 16.5×17 釐米；腰箍高 3、上下徑均爲 15.2×16 釐米。銅釦和提梁均飾三角形垂冠回首夔龍紋，一正一倒配置，圈足飾 S 形夔龍紋，腰箍和蓋面均飾粗綫目雷紋，均以纖細的雲雷紋填地。卣底略呈弧形下凹，並有外撇的矮圈足，器底內壁有兩兩相對的四個方形卯槽。卯槽的左右及上部有加强筋，加强筋及卯槽呈"同"形。

目前所見的青銅直筒提梁卣，最早出現在商代晚期，如上海博物館收藏的亞古父己卣，但絕大多數還是西周早期前段的，有的可晚到康王時期。這對直筒提梁卣銅構件上的對角夔龍紋常見於西周昭穆時期，銘文字體與昭王時期的不指鼎、諆簋，穆王時期的彧簋、彧方鼎相似，豎成列，橫成行，筆畫緊凑，偶爾還可見到肥筆和首尾出鋒的現象，所以其製作年代應在西周昭穆時期，這是目前所見到的時代最晚的直筒提梁卣。

下面我們就第一件直筒提梁卣作以復原，現介紹如下：

此器的形態由器底、腰箍、卣蓋和銅釦（連帶提梁）得以確定爲直筒提梁卣。體呈直筒形，蓋面隆起，上有圈狀捉手，下有小子口，銅釦兩側有半環鈕套接虎頭提梁，圈足下部出沿。卣體的高度因漆木部分已經朽没，無法得知。但我們可根據同類青銅直筒提梁卣推得。1972年甘肅靈臺縣白草坡西周墓出土的陵伯卣（M2.9），[1] 通高 26、口徑 12、器高（器底到口沿）19.5 釐米，器高與口徑之比爲 1：1.625；涇伯卣（M1.3），通高 29、口徑 12、器高 19.6 釐米，器高與口徑之比爲 1：1.633，兩器平均器高與口徑之比爲 1：1.63，那麽按第一件卣的器口平均直徑 15.5 釐米，器高約爲 25.2 釐米，如果再加上提梁超過口沿部分的高度（25.2+11.5−3.3＝33.4 釐米），該卣的通高約爲 33.4 釐米。

製造方法是首先分別鑄造出銅構件，製作好木胎，然後進行組裝。

關於木胎的加工方法，推測是由一整塊木料直接刻鑿而成一個圓筒形。木胎的外徑要與銅釦、銅箍、器底的內徑相同，厚度要與銅釦口沿的寬度一致，在下端作出四個與器底卯槽大小相當位置對應的榫頭（圖三）。整器的合成應該是先套上腰箍，再插入底座，然後扣上口

---

[1] 甘肅省博物館文物隊：《甘肅靈臺白草坡西周墓》，《考古學報》1977 年第 2 期。

沿,這樣器底、腰箍和口沿以及提梁就連成一體,其間的微小縫隙可能使用類似今天的膩子填充,最後再行內外髹漆(圖四)。漆的顏色和紋飾不得而知,從以往西周墓葬出土的漆器殘片的顏色推測,一般多爲黑色和朱紅色,由於銅扣、腰箍和器底均鑄有花紋,對照青銅筒狀提梁卣的裝飾,除個別滿身花紋外,一般都是在蓋面、頸部和下腹裝飾條狀花紋,花紋與花紋之間都作素面,如靈臺縣白草坡西周墓出土的陵伯卣,上下各飾一道花紋,中腰光素(圖五)。此卣木胎暴露在外面的部分只是髹以黑漆或者朱紅漆,不再繪畫花紋。

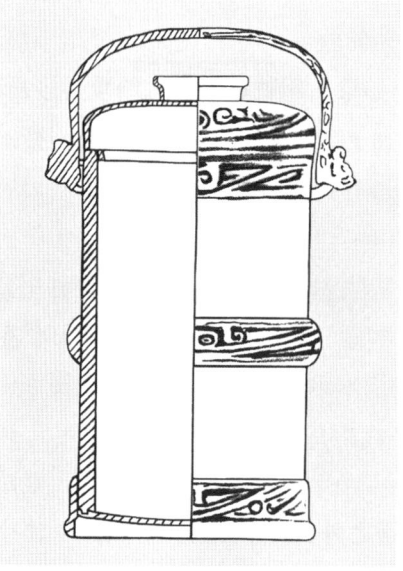

圖三

圖四

圖五

圖六

　　漆木與銅構件組合的器物,銅構件不僅對漆器起到加固的作用,同時還有裝飾的作用。這件漆木銅件提梁卣,銅釦和銅底是對漆木卣胎的口部和底部進行箍套,主要用以加固,其次也有裝飾作用。通常筒狀提梁卣的提梁,都是安裝在頸部,與頸部的條帶花紋處在同一位置上,也就是距離口沿約4—6釐米處,但銅釦的高度只有3.3釐米,所以提梁的連接鈕和花紋就只能放在銅釦上,這樣就顯得提梁的位置偏上;同樣,通常下部花紋帶一般處在下腹,而這個卣的花紋鑄在器底和矮圈足外壁,也显得偏下,所以就在兩者之間加了一道腰箍,一方面是對木胎起到加固作用,另一方面也用於填補中間過於寬綽的空隙,起到裝飾的作用。青銅筒狀卣,有的也在中腰裝飾花紋,如日本出光美術館收藏的亞其疑筒狀卣,腰間就是有一道垂冠回首夔龍紋,上下配以直棱紋(圖六)。此卣如果不用腰箍而在木胎上直接繪製漆花,就與銅釦、銅底的高低起伏和紋飾風格不相一致,加上這個鑄有紋飾的銅箍,則給人以美的享受,在視覺上令人感到器表高低起伏以及紋飾錯落有致,非常協調得體。

　　除此之外,漆木與銅構件組合的器物還有1974年寶鷄市茹家莊強伯墓出土的一件鳥紋包銅漆木方盒,[1]1984年西安市長安區馬王鎮張家坡M152出土的漆木與銅件組合的3件達盨、M170出土的銅足漆案、M61出土的銅釦漆木壺、M152出土的銅釦銅底漆木罍以及M176出土的包銅漆木方盒等。張家坡出土的這些漆木銅件組合的器具,張長壽和張孝先先生都作了復原,可資參考。[2]這些銅件漆木器的時代均在西周早期後段。

　　這些漆木銅件組合器具的發現,表明了西周早期在器具的製作上已經有了飛躍性的發展,出現了許多新的工藝,除傳統的青銅器、漆木器之外,像北京琉璃河燕國墓地出土的漆瓢、漆罍和漆豆,不僅器形仿自青銅禮器,同時還用各式蚌片鑲嵌成各種圖案,有的還貼金鑲翠;[3]張家坡西周墓葬中也發現過鑲嵌蚌片的漆俎、漆豆,[4]還有我們介紹的這些青銅構件與漆木器做成直筒提梁卣、銅足漆盨、銅足漆案、銅釦漆壺、銅釦銅底漆罍以及包銅漆盒等復合器具,大大地豐富了西周時期的禮器。這些器具同時兼顧了實用與審美的需求;這些藝術形式充分體現了西周早期到中期前段器具製造上一種新的時代風尚。

（原載復旦大學出土文獻與古文字研究中心網,2012年7月）

［1］　盧連城、胡智生編著:《寶鷄強國墓地》,文物出版社,1988年。

［2］　張長壽、張孝先:《西周時期的漆木器具》,《考古》1992年第6期。

［3］　中國社會科學院考古研究所、北京市文物工作隊:《1981—1983年琉璃河西周燕國墓地發掘簡報》,《考古》1984年第5期。

［4］　中國社會科學院考古研究所灃西發掘隊:《1967年長安張家坡西周墓葬的發掘》,《考古》1980年第4期。

越王不壽劍辨僞

2003 年 10 月,爲了江蘇省首屆文物節暨南京博物院建院 70 周年慶典,臺灣龔氏攜帶越王州句復合劍等 38 件青銅兵器在南京博物院舉辦了"龔欽龍藏越王劍暨商周兵器特展",其中包括一件越王不壽劍(圖一)。

這個展覽開幕後,引起了新聞界的轟動,中新網、新華網、新浪網、京東網、維普網、寧波網以及許多重要平面媒體競相刊載展出消息,中新網以《海峽兩岸聯手越王劍彙聚南京博物院"四世同堂"》爲題報道說:"越王勾踐劍、越王者旨於賜劍(者旨於賜爲勾踐之子)……與越王不壽劍(不壽爲勾踐之孫)、越王州句復合劍(州句爲勾踐曾孫),構成了自越王勾踐始的四代越王佩劍系列。"新華網以《僅存的越王不壽劍將首次公開展覽》爲題報道說:"越王不壽劍問世後,解開了越國史上的一個不解之謎……美輪美奐的越國青銅寶劍被列國譽爲極品,越王寶劍更是上乘之作。"京東網說:"不壽乃勾踐之孫,本劍爲現今發現之唯一越王不壽劍,並帶有劍鞘,品相、長度及氣勢爲現今發現之王劍之冠,可用'完美'形容,對越國歷史研究,意義非比尋常。"在研討會上有不少學者呼籲回購這批青銅兵器。南京晨報以《專家紛紛簽字打響"越王劍"保衛戰》爲題報道說:"不壽面世,越王劍風雲再起,……此劍有幾個特點頗值得注意,一是劍身偏長,品相及氣勢均爲越王劍之冠;二是絲織纏緱

圖一　越王不壽劍

保存完整,對我們全面、完整地瞭解越國劍的形制很有幫助;三是對研究越國歷史意義重大,不壽劍的問世,證明了司馬遷的記載及《竹書紀年》說法正確可信,即越國史上有越王不壽,在位十年。"等等。

此後,所謂的越王不壽劍不絕於書,其影響可謂大矣。《文物》2002 年第 2 期刊載有《記

新發現的越王不壽劍》;[1]中華書局 2002 年出版的《古文字研究》第 24 輯刊載《新出鳥蟲書越王兵器考》[2]一文中有越王不壽劍的考釋;南京出版社 2003 年出版的《臺灣龔欽龍藏越王劍暨商周青銅兵器》[3]載有越王不壽劍,並有介紹文章;臺灣藝文印書館 2006 年出版的《新收殷周青銅器銘文暨器影彙編》[4]收錄有越王不壽劍;廣西師範大學出版社 2006 年出版的《青少年百科全書系列》叢書中的《兵器百科全書》[5]有一節"越王不壽劍";文物出版社 2007 年出版的《吳越歷史與考古論叢》[6]有一章"記新發現的越王不壽劍";科學出版社 2010 年出版的《古越遺珍研究》[7]著錄有越王不壽劍,並有研究文章。

該劍 2001 年在臺北陳氏手中面世,後來臺北著名收藏家龔欽龍先生以鉅資從陳氏手中購得。劍型屬蕭夢龍、華覺明等先生所分的吳越地區青銅劍 F 型,[8]寬從寬格式,兩從斜弧,中起脊,雙刃於近鋒處呈弧形收窄,喇叭形素面劍首,圓柱形實心莖,莖上有兩周凸箍,一般也稱爲雙箍劍(圖一)。通長 690、格長 46、莖長 96 毫米,重 1050 克。帶有劍鞘,木胎,外表髹黑漆。其實這是一把今人製作的僞劍。

該劍給學術界造成了極大的混亂,特別是被編入《青少年百科全書》之中,使得謬種流傳,貽誤子孫。所以,不得不進行考辨,以正視聽。本人曾參加過該劍的鑒定工作,上手摩挲過較長時間,從多方面判斷,越王不壽劍確爲今人所做的贗品。下面我們就逐項分析。

1. 該劍超長超重,不合吳越劍 F 型的常規。請看下列 30 件 F 型越王劍和 7 件吳王劍的長度、重量數據列表:

劍　　名	長度(毫米)	重量(克)	收　藏　單　位
越王勾踐劍	557	875	湖北省博物館
越王之子勾踐劍	554		原藏陳仁濤
越王者旨於睗劍	524		浙江省博物館
越王者旨於睗劍	640	1000	故宮博物院

[1] 曹錦炎:《記新發現的越王不壽劍》,《文物》2002 年第 2 期。
[2] 曹錦炎:《新出鳥蟲書越王兵器考》,《古文字研究》第 24 輯,中華書局,2002 年。
[3] 南京博物院編:《臺灣龔欽龍藏越王劍暨商周青銅兵器》,南京出版社,2003 年。
[4] 鍾柏生、陳昭容、黃銘崇、袁國華編著:《新收殷周青銅器銘文暨器影彙編》,臺灣藝文印書館,2006 年。
[5] 方菲:《兵器百科全書》,《青少年百科全書系列》叢書,廣西師範大學出版社,2006 年。
[6] 曹錦炎:《吳越歷史與考古論叢》,文物出版社,2007 年。
[7] 王結華、毛穎、劉國文:《古越遺珍研究》,科學出版社,2010 年。
[8] 蕭夢龍、華覺明、蘇榮譽、賈瑩:《吳干之劍研究》,《長江流域青銅文化國際學術討論會論文資料彙編》162—194 頁,北京,2001 年。

劍　　名	長度（毫米）	重量（克）	收　藏　單　位
越王者旨於賜劍	565	860	上海博物館
越王者旨於賜劍	547	860	上海博物館
越王者旨於賜劍	565	860	中國國家博物館
越王者旨於賜劍	602	860	澳門珍秦齋
越王者旨於賜劍	650		荆州博物館
越王者旨於賜劍	545		壽縣博物館
越王者旨於賜劍	520		飛諾藝術品工作室
越王者旨於賜劍	538		臺北市古越閣
越王州句劍	587	790	上海博物館
越王州句劍	502	495	上海博物館
越王州句劍	636	1000	上海博物館
越王州句劍	495	555	臺北故宮博物院
越王州句劍	517		臺北市古越閣
越王州句劍	507		香港中文大學文物館
越王州句劍	457		美國哈佛大學福格博物館
越王州句劍	450		巴黎賽爾諾什博物館
越王州句劍	537		荆門市博物館
越王州句劍	430		澳門珍秦齋
越王州句劍	629		原藏陳仁濤
越王州句劍	532		某收藏家
越王州句復合劍	535		龔欽龍
越王不光劍	610		中國國家博物館
越王不光劍	575		河南博物院
越王不光劍	610		河南博物院
越王丌北古劍	640		安徽博物院

劍　　　名	長度(毫米)	重量(克)	收　藏　單　位
越王丌北古劍	652		臺北市古越閣
吳王光劍	507		山西博物院
吳王光劍	540		安徽博物院
吳王夫差劍	580		中國國家博物館
吳王夫差劍	583		臺北市古越閣
吳王夫差劍	600		鄒城市博物館
吳王夫差劍	608		某收藏家
吳王姑發郯之子劍	480		湖北省文物考古研究所

以上可知 F 型吳越劍一般長度在 500—550 毫米之間,最長的是臺北古越閣的越王丌北古劍 652 毫米,最重的是故宫博物院的越王者旨於賜劍和上海博物館的越王州句劍,各 1000克,而越王不壽劍長達 690 毫米,重 1050 克,超乎尋常。我們知道,青銅器的重量也是鑒定者關注的一個重點。一般而言,通體鑄造的僞器都重於真器,拿到手中有一種死沉的壓手感,原因是商周青銅器埋藏地下兩三千年,經過長期浸蝕氧化,表面略有膨漲,因而比重下降,而僞品没有經過這個過程,仍然是鑄造時的重量。另一個原因是作僞者把劍搞得超長和超重,或與衆不同,就是爲了迎合人們的好奇心理,這樣也恰恰露出了作僞者的馬脚。

2. 鏽色浮淺,缺乏光澤。古代青銅器由於埋在地下數千年,在土壤中的水份和化學成分的作用下,其表層的銅質會發生質的變化,生成氧化層和各種銅的鹽類。真鏽的顏色入骨而不浮,亮光程度也不一樣。而越王不壽劍却不是這樣。鑒定會上陳佩芬先生曾説這把劍的鏽色看不出是從内部自然生成的,顯得浮淺,劍格與劍身相接處鏽色暗紅,與劍身粉藍色截然有别,没有過渡色,整體缺乏一種自然光澤,鏽斑裏没有結晶體(圖一)。顯然劍的皮殼和鏽色都是後作的。

3. 打磨紋路凌亂,與古法不同。吳越劍的打磨是很講究的。打磨又分爲粗磨、細磨、研磨和拋光等工序。粗磨和細磨分别采用粗、細礪石砥礪。細磨須將粗磨留下來的擦痕磨去,然後用木炭或鐵屑、細土,再加上水或油脂,精細研磨,之後再用絶細的織物或毛皮反覆擦拭(即拋光),直至通體晶瑩,光可鑒人,整個工序方告完成。譚德睿先生在會上説,經過精細研磨和拋光,劍體遺留的磨痕極窄極細微,一般情況下肉眼是看不到的,只有在電子顯微鏡下才可以觀察得到。其紋路劍從是縱向分佈,劍刃是横向分佈,也就是與劍身走向相垂直,這是由劍身修長的形制特點和劍刃劈刺功能要求所決定的。縱向磨礪兩從是出於施工方便和提高功效;横向磨刃不但利於施工,也可保證刃部具有適當的切削角度,使鋒鍔堅固鋭利。越王不壽劍的打磨紋路紊亂,這明顯是作僞者不懂得古代作劍的工藝流程,只是打磨平整和光亮而已,同時使用的打磨工具也是現代的砂布、砂紙之類,所以就出現了紋路紊亂的現象。

4. 劍格寬度(指劍格中部凸尖到兩側弧度下部的距離)異於常規。在出土和傳世的 F 型越王劍中,兩把越王勾踐劍劍格長寬之比分别是 1∶2.9 和 1∶3,越王者旨於賜劍的劍格長寬之比在 1∶2.5 到 1∶2.8 之間,越王州句劍的劍格長寬之比在 1∶2.4 到 1∶2.6 之間。大量的資料顯示,出土和傳世的 F 形吳越劍劍格最寬的 23.5 毫米,最窄的 18 毫米。其發展趨勢是:時代越早劍格越窄,時代越晚,劍格越寬,而越王不壽劍的劍格長 46 毫米,寬却只有 10 毫米,它們的比例是 1∶4.6。不壽是勾踐之孫、者旨於賜之子,但他的劍格寬度不但小於者旨於賜時期,而且還比其祖父勾踐時期窄得多(圖四、五),這不能不使人懷疑它的真實性。本文圖二列舉的浙江博物館的者旨於賜劍格、圖三荆州博物館的者旨於賜的劍格與圖五不壽劍的劍格相比,真僞一目瞭然。

圖二　浙博者旨劍纏緱

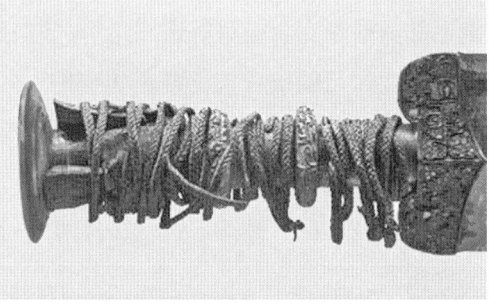

圖三　荆博者旨劍纏緱

圖四　不壽劍纏緱(正面)

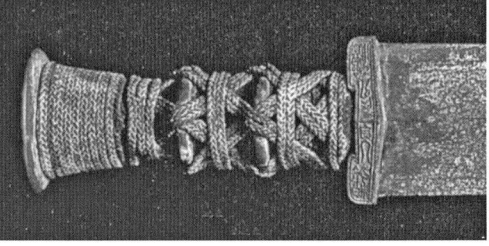

圖五　不壽劍纏緱(背面)

5. 纏緱不合理,絲緱堅硬扎手。古代劍莖上都要纏裹絲緱,其作用是爲了人們握持舒服。纏緱用品主要有絲繩、絲帶和絲織品等,但在存世的越王劍中極少發現纏緱的存在,這是因爲絲織品難以保存。現在已知的只有湖北省博物館的越王勾踐劍出土時殘留有纏緱痕迹。浙江省博物館的者旨於賜劍纏緱保存狀況較好,在近首處是用弧形木片墊襯,其上纏裹多層平紋絲織品,再上用寬約 2 毫米的絲帶(出土時已呈黑色)纏繞在整個劍柄之上(圖二)。

荊州博物館的者旨於賜劍莖近首處也用弧形木片包夾,箍間均用絲繩纏裹(圖三)。荊州博物館的越王州句劍,出土時莖部也纏有絲緱,近首處墊有木片,絲繩腐朽較甚。這些絲緱絕大部分都已腐朽,不可觸摸,浙江博物館的者旨於賜劍的絲緱雖富有彈性,但也不能用手去握,而越王不壽劍的絲緱係人字紋編結,纏繞方法除近首部作平纏外,其餘均作菱形交叉纏縛,且在箍棱上交叉(圖四、五)。纏緱的作用就是要使劍莖的粗細與兩道箍棱一樣平齊,且向劍首處逐漸加粗,因而在靠近劍首的一段劍莖上,往往墊襯前薄後厚的弧形木片。纏繞方法一般都是平行纏繞,不能在箍棱上相互交叉,這樣纏裹的絲緱緻密平整,用手捉拿感到很舒服。越王不壽劍的菱形交叉都在箍棱之上,整個劍莖高低不平,疏密不一,絲繩堅硬(不知塗抹了什麼化學藥品),一點也沒有腐朽的痕迹,嗅到的氣味並不是泥土味或絲織物的朽味,現在還可以任意用手握持,但感到堅硬硌手,極不舒服,可以肯定這是外行人新做的纏緱。

6. 越王不壽劍的銘文係鳥蟲書,內容據說是:"戉(越)王不昌(壽)不昌(壽),自乍(作)用僉(劍)用僉(劍)。"(圖六)銘文或正書或反書,鳥篆構形有簡有繁。其中"戉王自乍用僉"等字的構形,與荊門博物館和臺北古越閣州句劍的相關字基本相同(圖七)。特別是"王"字豎劃下部與橫劃交合處呈等邊三角形,酷似荊門博物館的州句劍的"王"字,而"僉"字則是用荊門博物館州句劍或者古越閣州句劍的"僉"字改寫而成,將中部橢圓形內兩個小圓圈改爲一橫,與兩豎十字交叉,這種結構的"僉"字在吳越劍中從未出現過。所謂的"不"字裝飾的鳥與"壽"字裝飾的鳥除方向相反外,構形完全相同,下部添一鳥腿,但無鳥爪,鳥腿前再增圓鈎形一筆,怎麼看也不像"不"字。"昌(壽)"字極似荊門博物館越王州句劍的"句"字,只是將鳥尾縮短與"句"字的拐勾相連,既不像"句"也不成"昌(壽)"。在鳥篆金文中曾經出現過"邑(壽)"字(《集成》11544),作"🦋"形,與此構形迥異。總體上看,越王不壽劍銘文結構板滯,裝飾的鳥都沒有爪,所造的"不壽"二字不倫不類(圖六)。

圖六　不壽劍銘文

在鑒定會上,衆位專家從上述六個方面提出質疑,基本上已認定該劍是一件贋品,但在有力證據方面還有點遺憾。"山重水復疑無路,柳暗花明又一村",筆者在午飯後又去觀察,從劍格的縱向觀看,發現了劍格的兩側各有一條黑綫,用指甲剝摳一側的黑綫,黑綫變成了

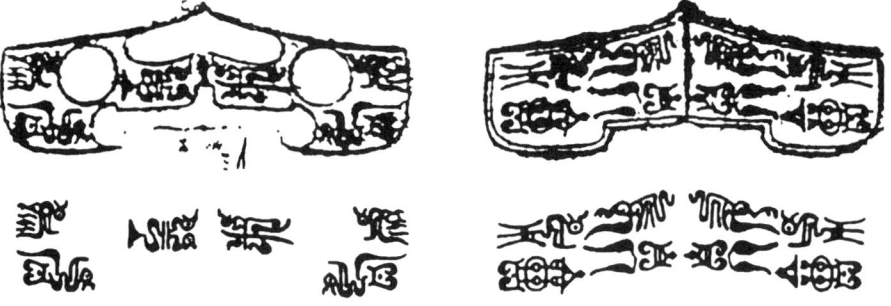

圖七　荊門州句劍銘文

縫隙,從而證明銘文與劍格是兩張皮。銘文是用一毫米厚的銅鈑製作而成,然後再粘貼到劍格上的。劍格鏽色發紅,與劍身相接處也可看到塗抹的紅色假鏽,與劍身灰藍色鏽層明顯不同。我讓衆專家觀看,得到認可。

　　到此,大家才定下確鑿結論,所謂"解開了一段歷史之謎"的、品相極佳的孤品——越王不壽劍,可以肯定是一件不折不扣的欺世贋品。

2004 年 1 月完稿

2010 年 10 月定稿

三秦金文總匯　一部文獻傑作

——評《陝西金文集成》

　　陝西省考古研究院和陝西省古籍整理辦公室編纂,張天恩先生擔綱主編的《陝西金文集成》,共 5 卷 16 册,歷時十年完成,最近由三秦出版社出版發行。這部鉅著的問世,無疑對於中國古代青銅器、古文字、古代史以及書法藝術的研究,提供了重要的科學資料。

　　青銅器銘文(亦稱金文)的研究發端於漢代。據《漢書·郊祀志》記載,漢宣帝神爵四年(公元前 58 年),美陽縣(今陝西扶風縣法門鎮)出土尸臣鼎,京兆尹張敞對其銘文作了釋讀。隨着青銅器銘文的出土,資料越來越多,到了宋代,就形成了專門研究古代鐘鼎彝器、碑碣石刻,考辨今古文字的一門學問,稱爲"金石學"。尤其是清代,考據學興盛,出現了許多金文專家和著作。特別是 20 世紀 70 年代以來,新的青銅器銘文和帛書竹簡的不斷發現,青銅器和古文字研究蔚然成風,許多大學都設立了專門的教學或研究機構,古文字研究人才濟濟,成果豐碩,有關金文的著作也不斷出現,《陝西金文集成》就是其中的佼佼者之一。

　　我拜讀了這部著作,認爲該書至少有三個顯著特點值得稱道。

其一,蒐羅廣泛,收録宏富。該書收録商周、春秋、戰國、秦漢時期的青銅器銘文 1973 件。這是目前收録陝西金文資料最齊全、最完備的集大成之作。

20 世紀 80 年代,我曾編著了《陝西金文彙編》,收録陝西境内歷代出土和收藏的商周青銅器銘文 1035 件(不包括秦漢器),在當時算是收録陝西金文最多的著作了。時隔三十多年,就顯得不足了。三十多年來,隨着社會主義建設的發展,新出土的金文資料非常多,諸如韓城梁帶村芮國墓地出土的芮國青銅器,寶雞市渭濱區石鼓山周墓出土的商周青銅器,以及省内其他地區出土的青銅器銘文,將近 800 件。《陝西金文集成》都把它們一併收録。

另外,該書還收録了秦漢(包括三國時期)青銅器銘文 150 多件。秦漢銘文過去多不著録,清代劉喜海的《長安獲古編》僅收録 24 件,《陝西金文彙編》限於體例没有收録。其實,秦漢金文内容與商周金文有所不同,它主要記載着銅器的置放地、監造工官、製作工匠、鑄造時地、重量容積等内容。這對於研究秦漢的歷史文化,尤其是郡縣設置、離宫別館、度量衡制以及冶鑄業的“物勒工名,以考其誠”的管理制度,有着重要參考價值。秦漢金文的收録填補了過去陝西金文著録的缺憾。

其二,體例得當,利於科研。過去絶大多數金文著録,諸如《三代吉金文存》《殷周金文集成》《金文總集》等,只是收録金文拓本,並不著録其所在青銅器圖像和銘文的釋文,以及其他背景資料,致使研究者使用極不方便。《陝西金文集成》汲取了《商周青銅器銘文暨圖像集成》的優點,采用了既録金文拓本,又附器物圖像,同時把相關的器物時代、出土時地、收藏單位、流傳經過、著録書目、銘文釋文等,一併羅列在一起,免去了使用者前後翻檢,甚或再去查找其他書籍的麻煩。現代考古學講求綜合研究,金文研究也是一樣,不能孤立進行,必須結合它所在青銅器的形制、紋飾、功能、工藝以及同出器物的組合關係,作全面而綜合的分析研究,才能做出正確的時代判斷和内容詮釋。《陝西金文集成》就滿足了研究者的這一需求。

更值得一提的是,《陝西金文集成》還采用了以地域和出土單位設計卷目,改變了以往金文著録以器類爲綱,以字數多少排列順序的傳統模式。

傳統編排法好處是便於排版,節省版面,查找相同器類銘文方便,但是古代同一地域、同一族、同一人的器物往往分列幾種器類、幾個卷册,不便於研究者進行綜合系統的對比分析。《陝西金文集成》采用按地域分卷分集,以出土單位(一座窖藏或一個墓葬)進行完整的金文資料排列,並采取逐組逐件説明,使之形成一部系統的有銘青銅器的考古報告集。特別是將歷史上出土的、流散世界各地的金文資料,重新編排在一起,簡要説明出土的時間、地點、環境和組合關係等,這對流散金文資料間相互關係的綜合研究提供了方便。

其三,全彩精印,圖文並茂。據我所知,《陝西金文集成》的銘文拓本絶大部分都是重新在原器上搥拓,照片也都重新拍攝,並增添了銘文照片和花紋局部特寫,這樣便於器形全圖與局部特寫、銘文拓本與銘文照片兩相對照,優劣互補,有利於使用者做出合理的正確的判斷。

該書采用了全彩製版印刷,版面精緻,文字清晰,圖文並茂。既是一部金文著録文獻,也兼有青銅藝術圖録的功能。該書開啓了金文著録書籍彩色印製的先河。雖然成本有所提高,但畢竟使金文著録書籍登上了一個新臺階。

該書不足的一點,就是正文和銘文釋文的字體太小,年齡大的人閱讀感到不便,有待今後改善。

總之,迄今爲止,《陝西金文集成》是一部收録廣泛,内容豐富,編排合理,印製精良的大型金文著録書籍。它是古代青銅器、古文字、古音韻、歷史學、考古學,以及書法篆刻藝術的工作者和業餘愛好者必不可少的一部大型工具書。

(原載人民日報 2017 年 3 月 16 日 24 版,名稱爲《集三秦金文著録之大成》)

何家村盛唐遺寶重見天日紀實

1970 年 5 月,陝西省考古研究所在"工宣隊"144 隊的領導下,進行完所謂的"鬥、批、改"運動,全所 44 位職工,20 位職工被下放到"五七"幹校、農村生產隊和工廠,剩下的 24 人於 6 月份合併到陝西省博物館、文管會。在博物館、文管會裏,我們這些人仍然負責全省的田野考古調查和發掘工作。這一時期的主要任務是配合農田基本建設和其他建設中的文物清理與保護工作。

這年國慶日過後的第四天,即 10 月 5 日,西安市南郊友誼西路南側的水文巷 2 號,一個公安局收容站(現爲陝西省國家安全廳所在地)蓋房子挖地基,在房子北側的基槽内挖到 80 釐米深的時候,出現了一個大陶甕,裏面裝滿了閃閃發光的金銀器,陶甕的西側還放着一個銀罐子。收容站負責同志意識到這是古代珍貴寶物,馬上打電話到西安市文物管理處,當時接電話的同志説只有他一人值班,不能離開崗位;收容站負責同志緊接着打電話給陝西省博物館、文管會,革委會主任延文舟得知後,立即派遣杭德州、王玉清等人乘坐李振漢駕駛的美國舊吉普前往察看。趕到現場後,文物已經搬到室内。據民警介紹,金銀器分別裝在一個陶甕和一個銀罐内。體積較大較重的裝在陶甕裏,體積較小的裝在銀罐裏。辦理完交接手續,他們便將陶甕和文物裝車運回。回來後,所有文物和陶甕都被擺放在革委會辦公室西側的臺階上,林林總總一大片,金光燦燦,光耀奪目,在場的人都震驚了,誰也沒有見過這麼多的金銀文物,何老太(何正璜先生,我們當時都這樣稱呼她)拍着雙手,高興地説:"太好了! 太好了! 這是唐代達官貴族的金銀器。這可是極重要的國寶啊!"

這一重大發現,引起了革委會主任延文舟的極大重視,他馬上決定對基建現場進行全面勘探,弄清文物出土地點的遺址範圍。當天下午雒忠如就揹了一根洛陽鏟去收容站基建工地鑽探。10 月 10 日下午 5 時許,我在大殿廣場散步,雒忠如揹着探鏟回來,嘴裏還叼根黑雪茄,一步一步走來,碰見我後神秘地説:"老吳! 又有一甕(指金銀器)。"我不相信地説:"胡編啥哩,哪有恁好的事。出了一甕還有一甕。"他説:"真的。今天下午我探着探着,一鏟子下去,好像打到一個陶甕上,撲騰! 鏟子掉下去一截,我拿着鏟杆上下拉動,感到忽閃忽閃,可能是打在一摞子銀盤上。"我説:"咋辦? 現在下班了,人都走了,明天又是禮拜天。"他説:"不要緊,我已作了記號,除我以外任何人都不知道。安全着哩! 坑也不深,只有一米左右,用不了幾個人,咱們明天一早去挖。"於是我又約了韓偉(韓偉家住西安東關孟家巷,當時還没有回去）。第二天一大早，我們三人拿上洋鎬、鐵鍬、手鏟等工具直奔收容站工地。我們按照考古發掘的操作規程，佈好方，然後自己動手挖掘，去掉擾亂層，找到坑邊，一層一層仔細地清理，不到一個小時就把窖穴中的填土取淨，陶甕露出來了。通過清理，我們發現原來兩個陶甕同處在一個窖穴之中，窖穴大體呈長方形，南北長 2.35 米，東西寬 1.48 米，第一甕在窖穴的南邊，第二甕在窖穴的北邊，兩甕相距 0.8 米，第二甕較深，底部上距地表 1.95 米。陶甕的形制、大小與第一甕基本相同，甕高 65 釐米，口徑 37.5 釐米，腹徑 60 釐米。甕口蓋着一塊煉銀剩下的爐渣（據説這還是一種中藥），蓋頂上距地表 1.3 米。陶甕的肩上果真被洛陽鏟打了一個圓洞，我説：“老雒啊！你真神了，探得這麼準。”韓偉接着説：“老雒咷是照準冒探哩！”經查看，甕內相應的部位正放着一摞銀盤子，最上面的一個被探鏟打得變了形，盤中有一個馬蹄形印痕。我們做了清理記録，然後繪圖、照相。

陶甕裏面裝滿了金銀器，也積滿了水，十分沉重，雖然只有一米多深，可是我們三個人怎麼也弄不上來，叫來幾位民警幫忙，也無濟於事。没有辦法，收容站的負責同志只好叫來七八個被收容的人員，以粗繩將陶甕十字捆綁，用木杠才擡上地面。這時候我去給博物館值班人員打電話，他們倆照看着把甕擡到收容站的會議室裏，收容站的民警急着要看國寶，他們説：“在我們這裏出土的國寶，應當叫我們先睹爲快，運到你們博物館，我們不知何時才能看到。”會議室裏已經擠滿了人，我們人手太少，害怕文物的安全出現問題，正在着急，延文舟主任和董文喜、羅忠民等人乘坐李振漢駕駛的美國吉普就趕來了，隨後戴應新等人也乘坐公共汽車來到了現場，爲了滿足收容站幹警的要求，我們五六個人圍了一個圈，當場打開陶甕的蓋子，從水中撈出一摞一摞的銀盤子、銀盒子、銀碗、金碗、金盆、金杯、金走龍、銀鋌、銀餅，還有玉鐲、鑲金牛首瑪瑙杯等等……，甕裏的文物取出一半左右，就滿滿擺了一地，金光燦燦，琳琅滿目，在場的人們簡直都驚呆了，無不嘖嘖贊歎！這時人越來越多，爲了文物安全，延文舟主任向收容站負責同志作了解釋，我們就趕緊把地上的文物放回甕内，擡上汽車，匆匆運回博物館。

經清點登記，這兩甕瑰寶共有 1000 餘件。從質地上分，有金、銀、銅、玉、瑪瑙、寶石、玻璃、礦物等。從類别上講，有食器、酒器、茶具、盥洗器、日用器、裝飾品、藥具、藥物、貨幣（包括銀鋌、銀餅、銀板）和其他。其中金銀器物 271 件，銀鋌 8 件，銀餅 22 件，銀板 60 件，金銀銅錢 466 枚，瑪瑙器 3 件，玻璃器 1 件，水晶器 1 件，白玉九環蹀躞帶 1 副，玉帶板 9 副，玉鐲 2 副，金飾品 13 件，金箔 4388 克，另外還有麩金、寶石、玉材、硃砂、石英、琥珀、石乳等藥物（數量均書寫在所盛銀盒蓋）。金器總重量 298 兩，銀器總重量 3900 多兩。其中最引人注目的有伎樂紋八棱金杯、金筐寶鈿團花金杯、鎏金仕女狩獵紋八瓣銀杯、鑲金牛首瑪瑙杯、鎏金鸚鵡紋提梁銀罐、鎏金舞馬銜環紋皮囊式銀壺、鴛鴦蓮瓣紋金碗、鎏金海獸水波紋銀碗、葡萄龍鳳紋銀碗、鎏金石榴花紋銀盒、孔雀紋銀方盒、鎏金雙狐紋雙桃形銀盤、鎏金合頁鑲嵌寶石虎頭紋玉鐲、白玉九環蹀躞帶、葡萄花鳥紋銀香熏、鎏金蔓草鴛鴦紋銀羽觴、金走龍等。件件精緻富麗，個個燦爛奪目，這些巧奪天工的文物，使觀看者無不陶醉於對古代文明的浪漫想象中。

　　許多金碗、銀盒、銀餅、銀鋌上都書寫或鏨刻着文字，器皿上記錄本身的名稱、重量，或者內裝的物品名稱、數量、重量等。如：一個銀盒蓋內外均記錄着："大粒光明砂一大斤；白馬瑙鉸具一十五事，失玦；真黃錢卅；黃小盒子一，六兩一分，內有鈒金三兩強，釵釧十二枚，共七兩一分。"銀鋌上一般記錄的是年號、地名、賦稅種類等，都是當時人們的真實記錄，對於研究唐代度量衡制度、賦稅制度、庫藏制度等都有重要價值。

　　經過在何家村周圍的勘探，可知這處金銀器窖藏位於唐代長安城興化坊西南部位，據唐人韋述《兩京新紀》興化坊條載："西門之北，今邠王守禮宅，宅南隔街有邠王府。"我們推測這批窖藏金銀器的出土地點在唐長安城興化坊邠王府的東側。

　　西安是唐代國都長安城的所在地，歷來出土唐代金銀器甚多，自 1949 年以來，發現唐代金銀器窖藏約有 20 多處，但大多是一兩件或兩三件，最多的沒有超過五件。這次何家村金銀器窖藏，數量大、種類多、品級高，製作精美，保存完好，都是以往發現的金銀器窖藏所無法相比的。這些精美絕倫的寶物震驚了學術界，許多器物前所未聞，更引人注目的是，其中還有古代西方和東方輸入的物品，對於唐代考古和"絲綢之路"文化研究而言，是一次劃時代的發現。它的發現充分展現了盛唐時期的恢宏氣勢和中華文明的豐富多彩，集中反映了大唐王朝的技術水準、藝術成就和精神面貌，極大地豐富了中國金銀器藝術寶庫，對研究中世紀人類物質文明具有非常重要的意義，同時，也為研究中外文化交流提供了重要的實物資料。

　　這一重要發現立即上報省文化局、國家文物局，引起了省革委會和國家文物局的高度重視。首先我們在博物館延文舟主任辦公室外面的會議室舉辦了"何家村唐代珍貴文物"臨時展覽，供省、市領導和文物考古界的同事參觀。隨後又在西廡舉辦"'文化大革命'期間出土文物展"，公開對外展出。一時間，轟動了西安，轟動了全國。不久，周恩來總理陪同柬埔寨西哈努克親王來西安訪問，專門指示將何家村盛唐遺寶中一部分金銀器、玉器和琉璃器珍品運到南郊丈八溝國賓館，供西哈努克親王和莫尼克公主參觀。1971 年 6 月國家文物局在故宮的慈寧宮舉辦"全國出土文物珍品展"，何家村盛唐遺寶也參加了展出，首次與國內外觀眾見面。其後，便參加各地文物展覽，足迹遍及日本、韓國、新加坡、英國、法國、德國、美國、加拿大等國家和中國香港、澳門、臺灣地區，享譽全國，享譽世界！

　　何家村盛唐遺寶的重見天日，對我們發掘者來說，既有無比自豪、狂歡喜悅的時刻，也有令人心寒和不堪回首的記憶，考古工作者的酸甜苦辣盡在其中。1974 上半年博物館裏發生了一樁所謂的"金箔大案"，使我們這些發掘者經歷了一次莫名其妙的考驗。事情起因是：保管部在核查庫存文物時，發現金箔重量比原來少了三斤多，報告給館領導，後來有人竟然告到了中央"文革"小組，王洪文批示："嚴查嚴辦。"於是省革委會宣傳組（相當於現在的省委宣傳部）立即派遣以王炎同志（此人"文革"後調任西安醫學院黨委書記）為組長的工作組進駐博物館查辦，通過個別談話、召開座談會，進行摸底調查，一時間博物館裏空氣十分緊張。

　　金箔，也稱金薄，就是用黃金捶打成的薄片，常用來貼飾佛像和器物，俗稱"貼金"。南朝梁宗懍《荆楚歲時記》載："正月七日爲人日,以七種菜爲羹,剪綵爲人,或鏤金薄爲人,以貼屏風,亦戴之頭鬢。"唐張鷟《遊仙窟》也有："珠繩絡翠衫,金薄塗丹履。"金箔也是製作銅器、銀器鎏金的一種主要原料。把金箔剪成細絲,放入潔淨的鍋内加熱燒紅,倒入數倍於金絲重量的水銀,使之溶化,製成金汞劑。鎏金時將金汞劑塗抹於器表,再經烘烤,形成鍍層。

金箔要比普通紙張薄得多,明宋應星《天工開物·黄金》記載："凡金箔每金七分造方寸金一千片,粘鋪物面,可蓋縱横三尺。"也就是説一兩黄金可以錘打出 143 平方尺的金箔。何家村盛唐遺寶中的金箔都是折疊成長方體,相互疊壓在一起,長約 15 釐米、寬約 10 釐米、厚 2—3 釐米,共三包,從甕中取出時緊緊疊壓在一起,後來爲了展覽分開,一包庫存,一包在館内陳列室展覽,另一包在北京慈寧宫展出。

起初,案件主要懷疑對象是保管部負責人李長慶和保管員劉向群,後來目標又轉移到我們這幾位發掘人員,以及直接接觸過這批文物的人員,甚至就連當時入庫稱量和登記的人員都成了被懷疑的對象,特别是韓偉同志。因爲韓偉在舉辦"臨時展覽"期間擔任講解工作,後來又被安排負責編寫發掘簡報,整理材料,直接接觸這批文物長達數月之久,於是就成了被懷疑的主要對象。當時"臨時展覽"是在延文舟辦公室套間前的會議室裏,西哈努克親王參觀這批珍貴文物時,又是韓偉、延文舟他們幾個人晚上運到丈八溝賓館,當晚又運回博物館,所以延文舟(案發時已調到省文化局領導小組)也被牽連進去了。

在全體職工大會上,分析金箔短少的原因時,有人説出土時金箔是泡在陶甕的水裏,肯定裏面夾帶水分,現在經過幾年,水份揮發了,自然就輕了。有人立即起來反駁説:"二兩麵粉做成燒餅,摻不到一兩水,難道八斤多金箔就能夾帶三斤多水嗎?"這一時期,博物館内簡直鬧得人人惶恐,個個自危,人們見面都不敢互相打招呼,不知道哪一天就會大禍臨頭,或者被扣上互相串供的罪名。韓偉被隔離審查。我們這些人被送到草堂寺舉辦"學習班"。所謂"學習班"實際上就是互相監督,互相揭發問題。

雖然處在那個極左思潮泛濫的年代,工作組組長王彦同志還是比較冷靜而實事求是的。他還是相信科學的,於是請來了西北大學物理系、西安交通大學金相專業的教授進行分析研究,弄清金箔短少的原因是自然現象還是人爲所致。後來他采納了模擬實驗的辦法,進行驗證,派遣省文化局吴永琪和一位姓羅的同志前往故宫取回在慈寧宫展出的另一包金箔,一併進行核對。將全部金箔重新稱量,然後浸入水中 24 小時,拿出來擦去表面的水份,並使勁來回摔動,直至摔不出水來,再放到烘乾機中烘烤 24 小時,最後再行稱量,結果和入庫時的重量完全相符;同時把三包金箔疊放在一起,上面的凹凸部位也相互吻合。這一科學的結論得到了大家的信服,也得到了上級組織的認可。前後折騰了數月的"金箔大案",總算結了案,我們這些被懷疑對象才得以"解放"。至今思之,仍不禁使人萬分感慨!

(原載《文博》2009 年第 2 期)

國寶太師盧簋與著名收藏家柯莘農

　　2008 年上海崇源公司從美國徵集到一件太師盧簋。這件簋屬於國家一級文物，造型別緻，鑄造精工，作器者名盧，在周王朝擔任太師之職，銘文記載周王賞賜給太師盧一件虎裘（虎皮大衣），這在周代可是極其珍貴的賞賜物。太師盧簋具有極爲重要的歷史研究價值和藝術鑒賞價值。這件簋是民國時期陝西著名收藏家柯莘農寄放到美國朋友家裏的，此次回到國內，使得一組四件的太師盧簋，離散六十八年之後重新合璧（圖一）。這是文物界的一件盛事，可喜可賀！

1. 上博　　　　　　　　　　2. 故宮

3. 信息中心　　　　　　　　4. 柯氏

圖一

柯莘農像

柯莘農（1883—1945），原名士衡，字莘農，以字行，號逸園、葉語草堂主人等。祖籍山東膠州，清道光年間遷陝，久居西安。祖輩父輩皆以道德文章與金石文字彰顯於世。堂祖柯紹忞，史學鴻儒，官至翰林院編修、京師大學堂監督、宣統皇帝侍讀。民國時期任清史館總纂、代館長，主持纂修《清史稿》，獨立編著《新元史》。堂叔父柯昌泗曾任察哈爾省教育廳長，以編著《語石異同評》《語石劄記》《漢晉石刻略錄》《魯學齋自用印譜》《葆貞拙軒石刻法帖》等享譽金石考古學界。堂叔父柯昌濟，清華大學文史研究院畢業，古文字學家，與商承祚、容庚、唐蘭等齊名，王國維稱爲“四少年”，著有《殷虚書契補釋》《金文分域編》《姓氏源考》等。另一位堂叔父柯昌汾娶孔子七十七代嫡女孔德懋爲妻，亦爲著名治史學者。莘農亦頗輝煌，畢業於陝西客籍中學堂，爲晚清以至民國時期陝西著名文物收藏大師、金石學家與金石椎拓高手。深得時任陝西省政府主席于右任的欣賞，1928 年受邀出任陝西省政府第四科科長，主管文化教育及文物古迹。1937 年轉任陝西省政府參議，在任期間爲陝西文物保護管理做出了不可磨滅的貢獻。

柯莘農出身詩書世家，自幼就對文物鑒賞情有獨鍾。博雅好古，精於鑒識，收藏殷商甲骨、兩周彝器、秦磚漢瓦、明清瓷器、古拓珍本、名人書畫數千件。已知的西周兩件伯鮮鼎、兩件太師虘簋、隋代督東宮左親衛鬱久閭墓誌、甘泉宮四獸“益延壽”磚、康熙墨地五彩山石花鳥紋棒槌瓶、灑藍釉玉壺春瓶、乾隆官窯仿宣德青花長頸瓶等等，都具有很高的歷史價值和藝術價值。著有《葉語草堂金石文字存考》，凡 35 卷，未及刊行，原稿於“文革”期間抄家丟失。

柯莘農除宏富的收藏以及精湛的鑒賞水準之外，還有一個難以企及的絕活——立體影拓和幻形拓。其作品如首創昭陵六駿縮本立體影拓、仿米家山水甲骨文幻形拓等。他把傳統的金石捶拓技術與傳統的中國繪畫造型手法，融合到藝術創作過程中，使其作品產生了新的飛躍，具有極強的藝術魅力。陝西經學大師毛昌傑贊譽柯莘農：“追蹤劉（劉燕庭）吳（吳大澂）陳（陳介祺）端（端方）之獲古長安，籍名不朽，豈獨賢於煙雲過眼？僅止爲助我秦人張目已哉！況乎是正文字，功在學術也。”[1]

柯莘農爲友朋雅集以及庋藏鑒賞文物起見，從三十年代初期開始，便充分利用西安曹家

[1] 劉宏才：《葉語半園》，《收藏家》2009 年第 9 期。

巷故居原址,精心設計,慘澹經營,經十餘年之努力,終於建成"半園"之寓(圖二)。半園雖不大,時人對其佈局的錯落有致、匠心獨運、小中見大和功能齊全倍加贊賞。竣工之際,辛亥革命元老寇遐先生問柯莘農:"何以造園不再大些?"柯説:"出身貧寒,世代都是讀書人,哪敢妄談造園? 眼下這規模還是幾代人在原來庭院基礎上一點一滴改造增補的,哪裏稱得起園林?"寇説:"那就按你的意思叫'半園'吧。"欣然提筆隸書"半園"二字,這就是園名的由來。[1]

半園大門門楣上鑲嵌着寇遐題寫的"半園"匾額,再上面是由名家用四塊方磚雕刻成的朱雀瓦當圖案,最上面是一塊唐代琉璃瓦當。這些看似簡單的裝飾組合,卻使園門的整體形象顯得古樸端莊,保持着典雅的古文化氣息。

走進園門是個小院,稱前院,有門房和廁所。西、中、東三面各有腰門通向不同景觀、不同用途的三個精緻院落。西院三面廈房,一面廊房,是典型的四水投堂的中式四合院。北屋是他的起居室,門前花圃中東西植有兩棵高大挺拔的梧桐樹,西風乍起,樹葉沙沙作響,仿佛

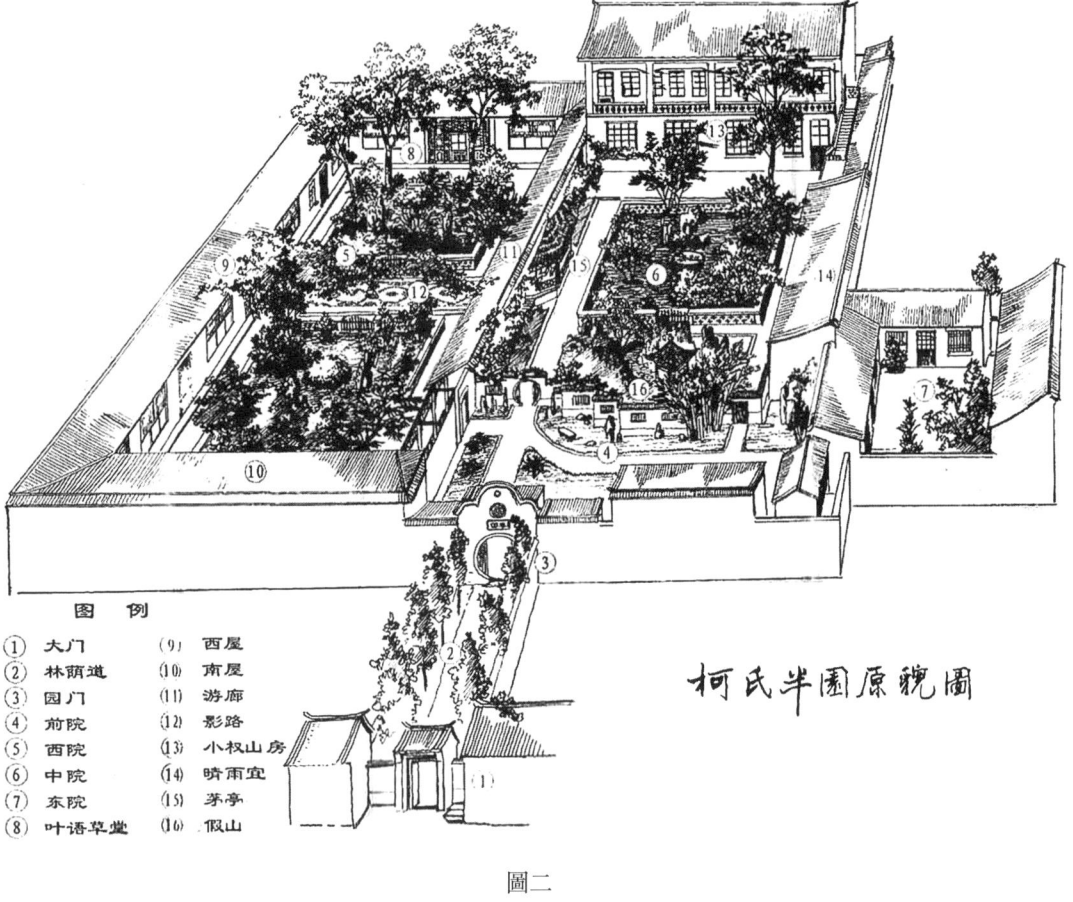

図例
① 大门　　　⑨ 西屋
② 林荫道　　⑩ 南屋
③ 园门　　　⑪ 游廊
④ 前院　　　⑫ 影路
⑤ 西院　　　⑬ 小权山房
⑥ 中院　　　⑭ 晴雨宜
⑦ 东院　　　⑮ 茅亭
⑧ 叶语草堂　⑯ 假山

柯氏半園原貌圖

圖二

[1] 柯仲溶:《百年故園——半園》,《西安晚報》,2004 年 12 月 1 日。

樹葉在説話,故名"葉語草堂",客廳粉牆掛滿名人字畫,楠木條几陳設着秦漢陶、唐三彩和唐宋明清名瓷古玩。

西院西邊的房子住着三家好友,第一家是于右任先生的侄女于惠玉和其夫婿余大奎一家。第二家是高少穆先生,北伐戰争前任洛陽縣縣長。後棄官經商,經營唐三彩和銅鑲金致富。第三家是劉紀曾先生一家,劉老是中共黨員,在西安搞地下活動,解放後任寧夏大學校長。

中院東邊的閣樓是柯先生讀書寫作、篆刻拓片的地方。不管天晴下雨,他都在此讀寫不輟,所以題名"晴雨宜"。中院北面是五間寬的兩層小樓,寬敞明亮、陳設典雅,是柯先生會客和鑒賞古玩的場所。居高臨下,假山亭臺盡收眼底。柯先生藏有一枚小秦權,故將小樓命名爲"小泉山房"。當時的政要和名流,如于右任、宋伯魯、景梅九、李儀祉、馮玉祥、宋哲元、楊虎城、張學良、邵力子、楊鎮南、閆甘園、宋聯奎、白集五、景莘農、黨晴梵、沈兆坤、許以粟,進步人士南漢宸、楊明軒、杜斌丞,以及李長慶、鄭育文等文物愛好者,都來這裏欣賞金石、書畫、古玩,探討學術,在這裏還接待過王子雲教授率領的西北藝術文物考查團。因此,近百年來的半園早已超出了柯氏家族居家庭院的意義,它實際上成了當時古城西安一處名人雅士聚會,鑒賞字畫、文物,探討學術,談古論今的不可多得的文化沙龍和中共地下黨活動的場所。可惜,這座經由幾代人刻意營造的北方文化園林在"文革"中被洗劫一空,又經20世紀70年代末毀園建樓,使得百年故園蕩然無存,僅餘平房數間、亂石一堆和古樹一棵而已。

太師盧簋是1940年扶風縣任家村窖藏出土的。關於這個西周青銅器窖藏的發現,還有一段令人傷悲的故事。那是民國二十九年陰曆二月初一,也就是公元1940年3月9日,村民任玉和他的本家兄弟任登肖、任登銀等人在村莊西南的土壕內正在給自家拉土,一鑱頭下去忽然土崖崩塌,顯現出一個大窖穴,裏面重重疊疊放滿了大大小小的青銅器皿,這就是聞名於世的西周善夫梁其和善夫吉父青銅器群,有一百多件。據任玉的好友扶風縣城人譚德雲講,銅器出土後任玉曾請他照看。他見到任玉的兩間房子裏放滿了銅器,因怕出現意外,隨後將其中的128件(當時有可能將蓋與器算做兩件計算)密藏在岐山縣賀家村的親戚賀應瑞家。[1]土匪得知任家村挖出青銅器,曾多次進行搶劫,包圍村莊,拷打群衆,村裏的無辜農民備受摧殘,四人被槍殺,五人被拷打致殘。從此當地就流傳着"窮人挖寶遭禍災,土匪搶寶發橫財"的民謠。據任登肖講,事態平定後密藏在岐山縣賀應瑞家的青銅器,經岐山縣太方村傅鴻德、益店鎮北營村王有超等人之手陸續賣出。4件太師盧簋就在這時失散了。後來,故宮博物院收藏1件,上海博物館收藏1件。2005年中國文物信息咨詢中心徵集到程潛先生收藏的9件青銅器,其中也有1件太師盧簋,現藏中國文字博物館。[2]

---

[1] 羅西章:《扶風縣文物志》,陝西人民出版社,1993年。

[2] 吳鎮烽:《扶風任家村西周遺寶離合記》,《文博》2010年第1期。

太師虘簋是一組禮器,形制、紋飾、大小相同,每件簋的蓋內和器內底都鑄有銘文。每篇銘文 70 字,翻譯成現代語是:十二年正月,月相爲既望,干支爲甲午的一天,周王來到師量宮。清晨,王進入中央大室就座,命令師晨宣召太師虘進入大室之門,站立在堂前階下正中。王命令宰詞賞賜給太師虘虎皮裘服。虘行叩拜大禮,稱頌天子的美好恩德。因而鑄造寶簋,千秋萬代永遠珍藏使用。

太師虘簋是西周懿王十二年(約公元前 889 年)之物,對於研究西周史有着重要意義。這件瑰寶怎麼到柯莘農手中的呢? 據柯莘農的兒子柯仲溶回憶:任家村銅器窖藏發現的第二年的一天夜裏,岐山縣一位姓董的農民背着兩件銅器來到他家,想托他父親通過宋哲元的秘書把銅器賣給宋哲元。他父親見到這兩件銅器造型奇特,又有長篇銘文,甚是喜愛,於是就把自己收藏的幾件古董出讓,並賣掉了一院房子,把這兩件銅器留下。這兩件銅器就是太師虘簋。後來由於手頭拮據,他父親就把一件賣掉,去世前又將留存的一件及其他一批藏品寄存到美國好友芭芭拉夫婦處。崇源拍賣公司老總季崇建透露,已故上海博物館館長、國內外知名青銅器專家馬承源先生生前得知此簋藏在美國,囑咐一定要讓這件國寶回歸故里。2008 年年初,季崇建從芭芭拉夫婦處覓得此物,並與柯氏後代核對確認,這就是當年柯莘農的藏品。

2001 年陝西美術出版社出版的宗鳴安《硒明樓金文考説》一書中,收錄一件太師虘簋拓本,其上鈐有“大室之福”“莘農”和“莘農手拓金石磚瓦”印鑒,經查對,此拓本就是故宮收藏的太師虘簋器銘。所以,故宮收藏的太師虘簋就是柯莘農賣掉的那件。

歷史的歲月逝去了,離散大半個世紀的太師虘簋團聚了,昔日“半園”却無奈地消失在滾滾不盡的紅塵之中,而柯莘農先生爲陝西文物保護管理做出的貢獻,以及他在學術上的成就,會永遠留存在人們的記憶中,他親手捶拓的金石拓本也會永遠流傳於人間,供人們鑒賞研究。

（原載西安文史館《説古道今》2014 年第 4 期）

難忘的懷念和追思

——緬懷馬承源先生

馬承源先生離開我們整整一年了，他毅然捨棄了他日日夜夜爲之奮鬥的文物博物館事業，溘然長逝。他的逝世是我國文物、考古、博物館事業的巨大損失，使我們失去了一位德高望重、寬厚仁愛的長者和導師，一位青銅器和古文字研究的泰斗。聞噩耗致唁以志哀思者，無不同聲悲泣！

我們再也見不到他的音容笑貌了！但他的德澤，他的事功，他對祖國、對人民和對文博事業高度負責的敬業精神，將永存於我們的懷念和追思中。

馬承源先生是一位著名的中國青銅器學家、古文字學家、文物鑒定家和博物館學家。他爲中國古代青銅器研究、古文字研究、保護和搶救祖國文物、博物館建設以及培養文博人才，都做出了卓越的貢獻，深受人們的尊敬和愛戴；他忠於祖國的文博事業，"一生但爲文物謀"，以驚人的毅力、高度負責的精神從事工作和研究，一生筆耕不已，著述等身；他爲人胸懷坦蕩，無私無畏，待人誠懇，提攜後進；他的學術成就和事業精神將永遠留給後人、留給社會。

我在 20 世紀 60 年代就讀過馬承源先生的文章，受到了很大的啓發，對我從事中國古代青銅器的研究有着重要的影響。我親浴馬承源先生教益是在 1975 年秋天，那時我在故宫博物院籌辦陝西省寶雞新出土的青銅器展覽，馬先生是在中國歷史博物館籌辦出國文物展。當時我們並不相識，有一天我和同事到中國歷史博物館參觀，馬先生聽説我們是從陝西來的，就主動找到我們。他説："你們來了好，我要告訴你們一個好消息。我有一個重大發現，你們陝西送展的一件獸面紋銅尊，不但造型宏偉、紋飾優美，我在清鏽時，還意外地發現了尊的内底鑄有長篇銘文，内容十分重要。"一邊説着一邊把他親手捶拓的一張銘文拓本贈送給我，並説："這是你們家鄉的寶貝，拓本首先應該送給你們。"馬先生所説的這件尊，就是後來赫赫有名的西周成王時期的標準器——何尊。銘文記述了周成王五年，秉承武王的遺志開始營建成周，要"宅兹中國"，從這裏來統治民衆的重大歷史事件。當時，馬先生已寫好一篇考證文章，他説："我做了一些研究，有些看法，但要得到你們寶雞的同志同意才能發表，因爲文物是你們寶雞博物館的。"短短的相見，寥寥的數語，他那爲人做事的態度，高尚的職業道德，使我感銘至深。

記得有一次，馬承源先生和陳佩芬等同志到陝西考察青銅器。西安市文物管理處同志讓他觀看了最新出土的一批西周青銅器，並讓他拓印了拓本。這些青銅器的資料當時尚未發表，西安市文物管理處的同志曾告訴他，他可以使用，但不要轉贈別人。馬先生見到我，將這一信息告訴了我，並讓我觀看了這批珍貴的拓本，他說：“我知道你正在編著《陝西金文彙編》，很需要這批拓本，但我不能讓你使用，因爲人家尚未發表。你直接和西安市文管處的同志聯繫，得到同意他們會給你拓本的，我們要尊重他們的勞動。”相比之下，我幾次到上海博物館參觀，馬先生不僅讓陳佩芬副館長全程陪同，還讓我進入青銅器庫房，親手摩挲原物，要看哪件，就提哪件。對我的要求馬先生和上博的同事們無不重視，盡量滿足，到了上海博物館，就像回到自己單位一樣，要照片給照片，要拓本給拓本。他們没有把文物資料當作本單位的“私產”，從不搞所謂的“資料保密”。不光對我是這樣，和他們交往過的人都有此感受，都說在和上海博物館的交往中，切身感受到了馬承源先生和上博人高尚的做人準則和認真的做事態度。中國社會科學院考古研究所編撰《殷周金文集成》時，上海博物館收藏的有銘文的青銅器，不管資料發表與否，拓本全部予以提供。馬先生這種開闊的胸襟，誠懇待人的品質，尊重他人勞動的態度，高尚的職業道德以及上博人胸懷全局的大館風度，給全國文博考古界樹立了一個良好的榜樣。

最使我不能忘懷的是 20 世紀 80 年代，我曾兩次參加馬承源先生主編圖書的編撰工作。一次是 1984 年馬先生受命主編國家文物局的文物博物館系列教材之一的《中國青銅器》，陳佩芬、熊傳薪和我參與編撰；另一次是馬先生主編的大型系列圖書《中國青銅器全集》，我承擔了其中的第 5 冊。在編撰過程中，我跟着馬先生學到了不少專業知識，同時從他身上也學到了許多做人的準則。馬先生對書的品質要求很高，把關很嚴，從編寫提綱、學術觀點、版面的設計，甚至一張照片、一幅插圖，都嚴格要求，一絲不苟。在討論《中國青銅器》的編寫提綱時，他說：“這是教材，一定要有學術性、科學性，要有品質。我們要爲事業負責，不能誤人子弟。”這是多麼嚴肅負責的態度啊！在編寫過程中，有不懂的問題我去請教他，他都耐心解答。他對青年人的培養，不僅授之以術、教之以方，而且曉之以義、喻之以德。要求不但做好學問，同時要養成良好的職業道德。對我所寫的這兩部書的初稿、修改稿，馬先生都一字一句地認真審閱，提出了許多很好的意見供我修改。有些意見他說“僅供參考”，表現了他尊重科學、尊重他人和實事求是的工作作風。《中國青銅器全集》共 16 卷，曾獲得全國圖書的最高獎項——第四屆“國家圖書獎”。《中國青銅器》一書，不僅系統地從青銅器的類別、紋飾、銘文、斷代、鑄造等多方面對中國青銅器的特性做出了總結，還獨闢“青銅器鑒定”一節，對各類作僞手段詳加說明，教人以辨僞的方法。此書被牛津大學翻譯出版後，影響很廣，成爲許多大學的文博考古專業教材，不是馬先生的淵博學識、辛勤勞動和嚴格把關，這些書怎麼會達到如此良好的效果呢？

20 世紀 70 年代後期到 80 年代，馬先生曾多次到陝西考察青銅器，有幾次是我陪同的。那個時候生活條件很差，交通不便。馬先生很能吃苦，他堅持到有收藏青銅器的縣博物館裏去,到基層文管所去,親自走走,親眼看看。每到一處,他都是不辭疲勞,堅持先看文物多看文物。觀察青銅器,他一絲不苟,反復揣摩,潛心研究,沉浸其中,樂此不疲。雙手摩挲着一件件青銅器物,同時還不厭其煩地回答收藏單位的同事們的提問,講解保管青銅器的常識。他說一定要對文物"珍視之,善護之,保其安全完好,就是對祖宗對子孫的負責"。對於生活方面他却從來沒有特殊的要求。馬先生的那種敬業精神,勤奮工作、吃苦耐勞的作風,孜孜不懈的求索精神,不但給我留下了深刻的印象,同時也是一種無形的有力的鞭策和鼓舞。

馬承源先生留給我們的又一寶貴財富,是他那宏富的學術論著和開拓進取的爲學精神。他的貢獻和學術成果是多方面的,不論中國古代青銅器、古文字學、歷史學、文獻學、樂律學以及西周曆法等方面,他都有研究和著述,特別是在中國古代青銅器和古文字學方面的研究,造詣尤深,獨樹一幟,碩果累累。《中國青銅器研究》《青銅禮器》《中國青銅器全集》和《上海博物館藏戰國楚竹書》等巨著,集中展示了馬先生精深的學術成就。他對中國古代青銅器的研究,特別注重綜合利用銘文資料和歷史文獻,從縱、横兩個方面打開了中國青銅器研究的視野;在其形制、紋飾、銘文、分期斷代以及與之相關的歷史事實,乃至鑄造、修復、鑒定等方面,都有新穎獨到的見解和許多科學合理的論斷,形成了具有自己特點的研究體系。他的努力與創新,在海内外產生了重大影響,爲學術界所廣泛矚目。

馬承源先生爲祖國的文博事業,爲他所從事的專業,操心勞力,直到生命的最後一息。馬承源先生雖然和我們永別了,但他的道德、文章、事功和他創造的業績,將永遠光耀人寰,他將永遠活在人們的心中!

(原載《馬承源紀念集》)

附錄一　吳鎮烽著作總目

一、專　　著

1.《陝西出土商周青銅器》四卷,與尚志儒、魏勇娥合著,文物出版社分別於 1979 年、1980 年、1980 年、1984 年陸續出版。

2.《陝西地理沿革》,陝西人民出版社,1981 年。

3.《西周金文擷英》,三秦出版社,1987 年。

4.《金文人名彙編》,中華書局,1987 年初版;《金文人名彙編》(修訂本),中華書局,2006 年。

5.《中國青銅器》,與陳佩芬、熊傳薪合著,上海古籍出版社,1988 年;《中國青銅器》(修訂本),上海古籍出版社,2001 年。

6.《陝西金文彙編》上下二卷,三秦出版社,1989 年。獲得陝西省 1989—1992 年社會科學優秀成果三等獎,陝西省文物局社會科學優秀成果二等獎。

7.《陝西省志·行政建置志》,三秦出版社,1992 年。獲得 1993 年全國新編地方志優秀成果一等獎。

8.《文物鑒定指南》,主編兼部分撰稿,三秦出版社,1995 年。

9.《中國青銅器全集》第五卷,文物出版社,1996 年。

10.《陝西新出土文物選粹》,主編,重慶出版社,1998 年。

11.《中華國寶——陝西珍貴文物集成·青銅器卷》,主編兼部分撰稿,陝西教育出版社,1999 年。

12.《掌上珍·中國古青銅器》,湖北美術出版社,2001 年。

13.《考古文選》,科學出版社,2002 年。

14.《文物藏品定級標準圖例·青銅器卷》,與高至喜、郝本性、王海文合著,文物出版社,2006 年。

15.《史地考古論文選》,陝西科學技術出版社,2014 年。

16.《商周青銅器銘文暨圖像集成》三十五卷,上海古籍出版社,2012 年。獲得 2012 年度全國古籍圖書一等獎以及第三屆中國出版政府獎提名獎。

17.《商周青銅器銘文暨圖像集成續編》四卷,上海古籍出版社,2016 年。獲得 2016 年度全國古籍圖書一等獎。

18.《商周青銅器銘文暨圖像集成索引》(含續編)二卷,上海古籍出版社,2019 年。

19.《商周青銅器銘文暨圖像集成三編》四卷,上海古籍出版社,2020 年。

二、主要考古報告及論文

1.《陝西省扶風縣强家村出土的西周青銅器》,與雒忠如合作,《文物》1975 年第 8 期。

2.《陝西户縣宋村春秋秦墓發掘簡報》,與尚志儒合作,《文物》1975 年第 10 期。

3.《西安任家坡漢陵從葬坑的發掘》,與王學理合作,《考古》1976 年第 2 期。

4.《陝西省岐山縣董家村西周銅器窖穴發掘簡報》,與龐懷靖、雒忠如、尚志儒合作,《文物》1976 年第 5 期。

5.《陝西扶風縣召李一號周墓清理簡報》,與羅西章、尚志儒合作,《文物》1976 年第 6 期。

6.《陝西扶風出土西周伯戈諸器》,與羅西章、雒忠如合作,《文物》1976 年第 6 期。

7.《關於應侯鐘銘文的解釋》,1975 年 10 月撰寫,《文物》1977 年第 8 期僅發表了其中的一部分,取名爲《關於應侯鐘"見工"一詞的解釋》。

8.《陝西省近年收集的部分商周青銅器》,與尚志儒、朱捷元合作,《文物資料叢刊》第 2 輯(1978 年)。

9.《陝西永壽、藍田出土的西周青銅器》,與尚志儒合作,《考古》1979 年第 2 期。

10.《陝西出土商周出土青銅器概述》,《陝西出土商周青銅器》收録,文物出版社,1980 年。

11.《陝西鳳翔八旗屯秦國墓地發掘簡報》,與尚志儒合作,《文物資料叢刊》第 3 輯(1980 年)。

12.《陝西藍田出土商代青銅器》,與樊維嶽合作,《文物資料叢刊》第 3 輯(1980 年)。

13.《新出秦公鐘、鎛考釋與有關問題》,《考古與文物》1980 年第 1 期。

14.《陝西淳化史家原出土西周大鼎》,《考古與文物》1980 年第 2 期(本人撰稿,發表時署名爲淳化縣文化館)。

15.《記武功縣出土的漢代銅器》,與羅英傑合作,《考古與文物》1980 年第 2 期。

16.《王臣簋的出土與相關銅器的年代》,與王東海合作,《文物》1980 年第 5 期。

17.《陝西鳳翔高莊秦墓地發掘簡報》,與尚志儒合作,《考古與文物》1981 年第 1 期。

18.《武功縣出土平安君鼎》,《考古與文物》1981 年第 2 期(署名爲羅昊)。

19.《金文研究劄記》,《人文雜誌》1981 年第 2 期。

20.《師瘨簋蓋銘文辨僞》,《人文雜誌》1981 年第 6 期。

21.《青銅器裝飾藝術》,《考古與文物》1983 年第 5 期。

22.《鳳翔南指揮西村周墓的發掘》,與韓偉合作,《考古與文物》1982 年第 4 期。

23.《秦武王二年始置丞相説不誤》,《人文雜誌》1983 年第 5 期。

24.《半兩錢及其相關的問題》,《陝西省考古學會第一屆年會論文集》(《考古與文物叢刊》第 3 號 1983 年出版),1984 年的《陝西金融·錢幣專輯(2)》轉載,1985 年的《中國錢幣論文集》第 1 輯又轉載。修訂稿發表於《秦文化論叢》第 1 集,西北大學出版社,1993 年。

25.《陝西西周青銅器斷代與分期研究》,《中國考古學論集——紀念夏鼐先生考古五十周年》,三秦出版社,1987 年,後收入《陝西金文彙編》。

26.《陝西商周青銅器的出土與研究》,《考古與文物》1988 年第 5、6 期,後收入《陝西金文彙編》。

27.《金文人名研究》,1993 年在國際周秦文化學術討論會上宣讀,1998 年 11 月收入《周秦文化研究》,陝西人民出版社,1998 年。

28.《關於秦半兩錢幾個問題的研究》,《陝西金融·錢幣專輯(10)》(1988 年 12 月),日本《收集》月刊 1989 年 10 月號轉載,1991 年三秦出版社的《慶祝武伯綸先生九十華誕論文集》再轉載。

29.《澄城坡頭西漢鑄錢遺址之我見》,最初發表於 1989 年《陝西金融·錢幣專輯》(12),中國金融出版社 1992 年出版的《中國錢幣論文集》第 2 輯轉載。

30.《史密簋銘文考釋》,《考古與文物》1989 年第 3 期,後收入《周文化論集》,三秦出版社,1993 年。

31.《青銅藝術的宮殿》,《文化藝術報》,1992 年 4 月 18 日。

32.《周王朝接納異族人才初探》,1992 年 10 月在第二次西周史學術討論會上宣讀,後收入《西周史論文集》,陝西人民出版社,1993 年。

33.《用金文資料來研究西周政治法律制度》,《考古學研究》,三秦出版社,1993 年。

34.《高陵君鼎考》,《第二屆中國古文字學研討會論文集》,香港中文大學,1993 年。

35.《唐宋漢陰、石泉縣治考》,《陝西歷史博物館館刊》第 1 輯(1994 年)。

36.《秦兵新發現》,1994 年在容庚先生誕辰一百周年紀念學術討論會上宣讀,後收入《容庚先生百年誕辰紀念文集》(古文字專號),廣東人民出版社,1998 年。

37.《古文字與古文字研究》,《三秦論談》1996 年第 5 期。

38.《大唐皇室陵墓考古新發現》,1996 年在日本兵庫縣立博物館學術報告會上宣讀,後譯成日文收録於該館的論文集中。

39.《陝西歷史博物館館藏封泥考》,《考古與文物》1996 年第 4、6 期。

40.《〈新莽錢範〉評介》,《中國錢幣》1997 年第 4 期。

41.《工師文罍考》,《陝西歷史博物館館刊》第 4 輯,西北大學出版社,1997 年。

42.《陝西新出土文物選粹序言》,載《陝西新出土文物選粹》,重慶出版社,1998 年。

43.《〈中國古代冶金與金屬文物〉序言》,路迪民、王大業編著:《中國古代冶金與金屬文物》,陝西科技出版社,1998 年。

44.《上林三官鑄錢官署新解》,與黨順民合作,《中國錢幣》1997 年第 4 期發表,獲得中國錢幣學會第三屆金權獎,陝西人民美術出版社 1998 年出版的《遠望集——陝西省考古研究所華誕四十周年紀念文集》轉載。

45.《再論上林三官鑄錢遺址》,《中國錢幣》1999 年第 1 期。

46.《讀金文劄記三則》,《考古與文物》2001 年第 2 期。

47.《越王不壽劍辨僞》,2004 年 1 月完稿,2010 年 10 月定稿。

48.《 鼎銘文考釋》,《考古與文物》2005 年增刊。

49.《秦晋兩省東漢畫像石題記集釋》,《考古與文物》2006 年第 1 期。

50.《崔如琢先生所藏燕侯銅器補正》,《收藏界》2005 年第 4 期。

51.《秦漢谷口縣考》,《陝西史志》2005 年第 5 期。

52.《難忘的懷念和追思》,《馬承源紀念集》,上海博物館,2005 年。

53.《說爵》,《收藏家》2006 年第 2 期。

54.《近年所見所拓兩周秦漢青銅器銘文》,《文博》2006 年第 3 期。

55.《三年大將吏弩機考》,與師小群合作,《文物》2006 年第 4 期。

56.《談子龍鼎》,《中國歷史文物》2006 年第 5 期。

57.《崇源國際澳門秋季拍賣會青銅器鑒賞》,《收藏界》2006 年第 12 期。

58.《高祖、亞祖、王父考》,《考古》2006 年第 12 期。

59.《獄器銘文考釋》,《考古與文物》2006 年第 6 期。

60.《一批子廝銅器在澳門面世》,《收藏界》2006 年第 6 期。

61.《漢代金文所見宮觀叢考》,《陝西歷史博物館館刊》2006 年(總 13 期)。

62.《崇源國際澳門春季拍賣會銅器精品欣賞》,《收藏界》2007 年第 5 期。

63.《瑪生尊銘文的幾點考釋》,《考古與文物》2007 年第 5 期。

64.《長楊、五柞宮考辨》,2008 年 4 月 1 日定稿。

65.《競之定銅器群考》,《江漢考古》2008 年第 1 期。

66.《近年新出現的銅器銘文》,《文博》2008 年第 2 期。

67.《對劉勇先所藏古錢幣的補釋》,《收藏界》2008 年第 5 期。

68.《六年相室趙斐鼎考》,《考古與文物》2008 年第 5 期。

69.《先秦梁國考》,《文博》2008 年第 5 期。

70.《重圈銘帶"清白"鏡賞析》,《收藏快報》(福建),2008 年 9 月 3 日。

71.《柯氏藏權考》,2008 年 12 月 19 日完稿。

72.《三十年來西安文博事業的巨變》,2008 年。

73.《攻敔王者叡戲剹劍考》,《無錫文博》2009 年第 1 期。

74.《鮑子鼎銘文考釋》,《中國歷史文物》2009 年第 2 期。

75.《何家村盛唐遺寶重見天日紀實》,《文博》2009 年第 2 期。

76.《記新發現的兩把吳王劍》,《江漢考古》2009 年第 3 期。

77.《新見大師虘盨説略》,與王輝合作,《收藏》2009 年第 4 期。

78.《"瀍丘"即"廢丘"辯證》,《考古與文物》2009 年第 6 期。

79.《作册吳盤、盉的初步研究》,2009 年 9 月 10 日完稿。

80.《〈寶鷄商周金文編〉序》,《寶鷄商周金文編》,三秦出版社,2009 年。

81.《扶風任家村西周遺寶離合記》,《文博》2010 年第 1 期。

82.《内史亳豐同的初步研究》,《考古與文物》2010 年第 2 期。

83.《吳王僚劍是"劍"還是"鈹"》,《無錫文博》2010 年第 2 期。

84.《記新發現的幾件西周銅器》,《考古與文物》2010 年第 4 期。

85.《吉金存國史　青銅鑄輝煌——陝西商周青銅器鑒賞》,《收藏》2010 年第 6 期。

86.《大力發展民營博物館　繁榮西安文化事業》,《2010 年民辦博物館發展論壇論文集》,陝西人民出版社,2010 年。

87.《秦子與秦子墓考辨》,《文博》2012 年第 1 期。

88.《新見十四年上郡守匽氏戈考》,《秦始皇帝陵博物院院刊》總第 2 輯,三秦出版社,2012 年。

89.《斳簋考》,《考古與文物》2012 年第 3 期。

90.《京師畯尊釋文補正》,復旦大學出土文獻與古文字研究中心網,2012 年 7 月。

91.《叔作漆木銅件直筒提梁卣復原》,復旦大學出土文獻與古文字研究中心網,2012 年 7 月。

92.《秦漢平周縣考》,2012 年 9 月 9 日初稿,2009 年 10 月定稿。

93.《兩漢圜陽、圜陰縣考》,2012 年 9 月 9 日初稿,2002 年 7 月定稿。

94.《〈夷盦輯古璽印〉序》,石峰:《夷盦輯古璽印》,2012 年 12 月。

95.《二十九年弩機考》,《考古與文物》2013 年第 1 期。

96.《逆尊銘文初探》,復旦大學出土文獻與古文字研究中心網,2013 年 7 月 29 日。

97.《傳世瑰寶𤔲方鼎》,《北京嘉德秋季拍賣圖録》,2014 年 11 月。

98.《科學使用地名資源　提升城市文化品位》,西安市文史館《説古道今》2014 年增刊。

99.《國寶太師虘簋與著名收藏家柯莘農》,西安市文史館《説古道今》2014 年第 4 期。

100.《新見芮國青銅器及其相關問題》,《兩周封國論衡——陝西韓城出土芮國文物暨周代封國考古學研究國際學術研討會論文集》,上海古籍出版社,2014 年。

101.《亞離辛方彝賞析》,2014 年 4 月。

102.《戚簋銘文釋讀》,《文博》2014 年第 6 期。

103.《衍簋、槐簋研究》,《文物季刊》2022 年第 1 期。

104.《"魚鼎匕"新釋》,《考古與文物》2015 年第 2 期。

105.《試釋蘇州博物館的吳王餘眛劍——兼論魯迅路壽夢之子劍》,《兵與禮——蘇州博物館新入藏吳王餘眛劍研討會論文集》,文物出版社,2015 年。

106.《新出晋公盤與傳世晋公盦銘文對讀》,復旦大學出土文獻與古文字研究中心網,2014 年 6 月 22 日,修改稿載《綿邅集——張頷先生 100 周年誕辰紀念文集》,三晋出版社,2020 年。

107.《千年寶劍風彩如初　越國工藝名冠華夏——越王者旨於睗劍賞析》,2015 年 4 月完稿。

108.《西漢關中水利建設的成就》,2015 年 7 月完稿。

109.《康丁器百年後現身　説尊道敦原是方彝——康丁方彝賞析》,《北京嘉德秋季拍賣會圖録》,2015 年 11 月。

110.《中國最早的龍鈕玉璽》,復旦大學出土文獻與古文字研究中心網,2016 年 6 月 10 日。

111.《戰國秦印"印章飤廚"另釋》,復旦大學出土文獻與古文字研究中心網,2016 年 8 月 30 日,後載《收藏界》2016 年第 10 期。

112.《懋尊、懋卣考釋》,《高明先生九秩華誕慶壽論文集》,科學出版社,2016 年。

113.《師姬彭簋考釋》,《保利(香港)拍賣公司春季拍賣會圖録》,2016 年。

114.《藝術瑰寶子蝠方彝》,《保利(香港)春季拍賣會圖録》,2016 年。

115.《古卣生輝　神面傳情——析論西周眞卣》,《香港六唐國際春季拍賣會圖録》,2017 年。

116.《雄偉瑰麗的需方彝》,2017 年 4 月 15 日。

117.《國寶百年失落　兮盤今朝重現——析論國寶兮甲盤》,《西泠印社拍賣圖録》,2017 年 6 月。

118.《新見玉苟盤、玉苟盉小考》,復旦大學出土文獻與古文字研究中心網,2017 年 7 月 9 日。

119.《昔雞簋銘文補釋》,武漢大學簡帛研究中心網,2017 年 7 月 3 日。

120.《三秦金文總匯　一部文獻傑作——評〈陝西金文集成〉》,人民日報,2017 年 3 月 16 日 24 版,名稱爲《集三秦金文著録之大成》。

121.《評説雙鴉紋提梁卣》,《香港大唐西市拍賣會圖録》,2017 年。

122.《析論商代獸面紋三羊尊》,《大唐西市夏季藝術品拍賣會圖録》,2019 年。

123.《〈國寶傳奇〉序》,載杨曙明編著:《國寶傳奇(陝西古代青銅器)》,文物出版社,2019 年。

124.《兒方尊兒方彝小考》,《青銅器與金文》第三輯,上海古籍出版社,2019 年。

125.《楷叔璘盤考》,2019 年 7 月 29 日完稿。

126.《兩周金文所見諸侯國及族氏考(山東篇)》,2019 年 8 月完稿。

127.《兩周金文所見諸侯國及族氏考(河南篇)》,2019 年 9 月完稿。

128.《兩周金文所見諸侯國及族氏考(山西篇)》,2019 年 10 月完稿。

129.《兩周金文所見諸侯國及族氏考(陝甘篇)》,2019 年 11 月完稿。

130.《兩周金文所見諸侯國及族氏考(其他篇)》,2019 年 12 月完稿。

131.《評説亞盉豕提梁卣》,2019 年 11 月 27 日完稿。

132.《敔壺銘文補釋》,復旦大學出土文獻與古文字研究中心網,2019 年 12 月 10 日。

133.《也談山西大河口𩰫鼎的"𩰫"字》,2020 年 4 月 20 日完稿。

134.《試論古代青銅器中的隨葬品》,《青銅器與金文》第五輯,上海古籍出版社,2020 年。

135.《賈國青銅器的新認識》,《晋邦尋盟——侯馬盟書古文字暨書法藝術學術研討會論文集》,北嶽文藝出版社,2020 年。

136.《司敗叴章劍考釋》,《出土文獻綜合研究集刊》第 11 輯,巴蜀書社,2020 年。

137.《"蜀守斯離"鑒不能説明秦人對屬地實行羈縻政策》,復旦大學出土文獻與古文字研究中心網,2019 年 12 月 11 日,後載《出土文獻綜合研究集刊》第 12 輯,巴蜀書社,2020 年。

138.《釋讀黎城出土的季姒盤銘文——兼論否叔器》,2020 年 1 月 10 日完稿。

139.《十四年上郡守匽氏鋼刀考》,《文博》2020 年第 6 期。

140.《試論周代女性稱名方式》,《青銅器與金文》第六輯,上海古籍出版社,2021 年。

141.《康衛問題再研究》,《青銅器與金文》第七輯,上海古籍出版社,2021 年。

142.《淺議北白鵝虢季甗中的"匽姬"》,復旦大學出土文獻與古文字研究中心網,2020 年 12 月 14 日,後載《出土文獻綜合研究集刊》第 13 輯,巴蜀書社,2021 年。

143.《樂府琴軒鎛及相關問題》,《文博》2022 年第 3 期。

附録二　自學出人才　勤奮出大家

——記著名考古學家吳鎮烽

楊曙明

　　2018 年 11 月 18 日,在北京召開的"致敬國學:第三屆全球華人國學大典"頒獎盛典上,吳鎮烽先生的《商周青銅器銘文暨圖像集成》獲"第三屆全球華人國學成果獎"。此項盛典被譽爲海内外研究中華文化的學者們的思想盛宴、熱愛中華文化的各界同道的文化盛宴,其獎項由 200 多位海内外知名學者、學術機構實名推薦及評選,是國學領域的最高獎項之一。作爲我國著名的考古學家、青銅器鑒定專家,吳鎮烽先生獲此獎項可謂名至實歸。

自學成才的典範

　　1960 年 5 月,吳鎮烽即將高中畢業時,來到西安看病,一個老鄉介紹他去勞動廳看看,説那裏正在招工。他來到勞動廳一看,發現很多單位都在招工,其中就有剛成立不久的中國科學院陝西分院考古研究所(即今陝西省考古研究院)。吳鎮烽覺得上大學也是爲了就業,這

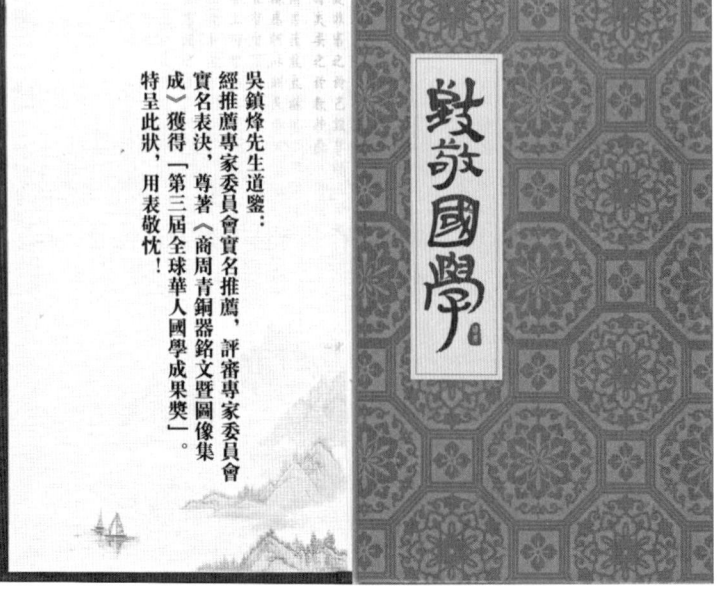

個招工就直接工作了,而且考古與自己的歷史愛好相近,於是就報了名。

令吳鎮烽没想到的是,當天他就持介紹信順利進入了中科院陝西分院考古研究所,成爲了一名考古人員,實現了自己的就業夢想,也實現了自己的考古夢想。不久,他被分配到西鄉縣李家村新石器時代文化遺址發掘工地,擔任考古見習員。當時財力有限,現場發掘基本都是自己動手,考古隊員既是現場指揮,也是發掘工地勞力,在這些具體的實踐工作中,他學到了考古發掘、現場記録、繪圖、照相、文物修復等最基本的考古基礎知識。由於考古發掘是個非常繁重的體力活,與吳鎮烽一起招來的 60 多名年輕人,或因文化程度低而難以適應,或因學習不刻苦而缺乏長進,或嫌田野發掘太辛苦,後來相繼離開考古研究所,只有吳鎮烽等少數人留下來了。

1960—1962 年冬春,由於天寒地凍,田野發掘工作無法開展。爲提高考古研究所業務水準,考古所領導決定利用冬春季空閒時間舉辦業務進修班,邀請故宫博物院副院長唐蘭教授、中國科學院古脊椎動物與古人類研究所賈蘭坡教授、中國科學院考古研究所安志敏研究員、黃展岳研究員、北京大學宿白教授、四川大學馮漢驥教授、陝西師範大學斯維至教授、史念海教授、上海社科院歷史研究所副所長楊寬教授、南京博物院院長曾昭燏教授等國内著名學者授課。年輕的吳鎮烽抓住這次難得的機會,如饑似渴地學習,每節課都積極參加,每次都認真聽講,認真記録。這次培訓,他學到了許多

文物考古、歷史和古文字知識,爲他以後的考古工作研究奠定了堅實的基礎。

　　吳鎮烽後來回憶，當時賈蘭坡先生對他影響最大，賈先生不但學術造詣很深，而且平易近人。講學期間他不住賓館，就住在考古所宿舍，學員有不懂的問題和工作中的難題，他都能一一作答。最爲重要的是，賈先生也没有上過大學，三十年代初他從匯文中學畢業後，在中國地質調查所新生代研究室當了一名練習生，在北京周口店中國猿人地點協助裴文中先生進行"北京人"發掘工作。他靠着爲祖國争光的志氣，靠着刻苦自學，逐步從練習生晋升爲練習員、技佐、技士、副研究員和研究員，並成爲世界著名的學識卓著的古脊椎動物與古人類學專家，成爲科學殿堂的泰斗級大師和傳奇式人物。賈先生勤奮好學、刻苦鑽研的事迹，使吳鎮烽受到極大鼓舞，從此便立志以賈蘭坡先生爲榜樣，刻苦學習，做一名優秀的考古工作者。

　　在後來的工作中，吳鎮烽不論是在田野搞考古發掘，還是在室内進行整理，都堅持利用一切可利用的時間刻苦學習。白天時間不够用，就利用夜晚伏案學習，常常是伴隨着鬧鈴迎來新的一天。在自學中，除對考古學各時代的知識涉獵外，他著重學習了商周考古和古文字學。

　　自學可成才，勤奮出大家。儘管只有高中文化程度，没有上過大學；儘管不是科班出身，也没有專業導師專門指導，但吳鎮烽天性好學，勤奮刻苦，充分利用親手發掘的考古材料，堅持邊工作邊自學，觸類旁通，不但掌握了考古學的基本理論和方法，還攻剋了深奥難懂的商周金文；不但能從事田野發掘的技術業務，還能開展學術研究，先後發表和出版了一大批影響深遠的研究成果，成爲了考古研究大家、西北大學兼職教授、碩士研究生導師！

　　1982 年 7 月，吳鎮烽被評爲助理研究員，由考古技術系列進入研究系列；1987 年，由於研究成果豐碩，又被破格晋升爲副研究員；1993 年 8 月，又晋升爲研究員。在評定副研究員時，他的推薦人是著名考古學家、北京大學鄒衡教授和著名歷史學家、古文字學家、中國社會科學院歷史研究所張政烺教授。張政烺先生在他的推薦書中寫道："吳鎮烽廿五年來努力學習考古學，參加關中各地發掘工作，能認真總結經驗，實踐出真知，已具備考古學專業知識和理論知識，而且能結合古文獻對出土文物進行深入研究，在西周銅器方面尤有顯著成績，對於分期問題有不少獨到見解，確實超過前人，爲後來者鋪平道路。吳鎮烽在考古學領域已具備升任副研究員條件。他自學成才，尤宜嘉獎，給學術界立一個樣板。"

　　1996 年 12 月，吳鎮烽被授予陝西省職工自學成才一等獎；1997 年 7 月，被授予全國職工自學成才獎；1997 年 1 月，成爲享受國務院政府特殊津貼的專家。吳鎮烽用自己的親身經歷證明，自學完全可以成才，而且可以成爲大家！這無疑是非常勵志的典型，是我們學習的榜樣。

考古戰綫的一個老兵和強將

吳鎮烽長期奮鬥在考古第一綫,數十年在田野從事考古調查和發掘工作,可以説,既是考古戰綫的一位老兵,也是文博事業的一名強將。參加工作後,他先後擔任考古隊副隊長、隊長等職,主要參加和主持過西鄉李家村石器時代遺址、周原岐邑遺址、鳳翔秦都雍城遺址、西漢竇太后陵陪葬坑、新小寨古墓葬、户縣宋村春秋秦墓、寶雞茹家莊西周墓、鳳翔秦景公大墓、西安何家村金銀器窖藏等大中型古遺址和古墓葬的發掘工作,以及陝北考古調查。

1974年,吳鎮烽主持對鳳翔秦都雍城遺址的發掘時,發現一個大方坑,底部還有一條直通雍河的排水道。考古隊有人説這個大方坑是糧倉,但他認爲應該與水有關,大家爲此展開爭論。後來,在發掘現場參觀的唐蘭告訴他們,這是"淩陰",是古代貯藏冰塊的地方,排水道的作用是使融化的冰水隨時流到河裏。聽了唐蘭的解答,大家頓感豁然開朗,而吳鎮烽最受鼓舞。

1981—1990年,吳鎮烽先後擔任《考古與文物》雜誌常務副主編、主編和編輯部主任,此時正值刊物的初創和發展關鍵期。爲把刊物辦得既有豐富的資料,又有很強的學術性,他堅持日夜審閲稿件,時常下到印刷工廠指導排印。在他的努力和帶領下,《考古與文物》越辦越好,受到了學術界的一致好評,被譽爲全國考古文物界的"四大雜誌"之一。

1991年,吳鎮烽調入陝西歷史博物館,擔任陳列部部長。開館前夕,他雖身患冠心病,但仍帶病工作,與大家一起夜以繼日地布展,使新館如期開放,使衆多珍貴文物以嶄新的面貌呈現在觀衆面前。此後,他在擔任陳列保管部部長期間,堅持每天深入文物庫房,整理文物,建檔建卡，爲博物館的文物保管工作走上正軌打下了堅實基礎。

1994 年 10 月，吳鎮烽被調回陝西省考古研究所工作，任黨總支書記、副所長，兼任秦始皇陵考古隊隊長。雖然擔任考古所的主要領導職務，但他仍沒有放棄學術研究工作。回顧自己一生的經歷，吳鎮烽常説："考古要取得成績，關鍵要有平臺；自己所在的陝西考古研究所就是一個考古和研究青銅器的最好平臺。因爲陝西出土的青銅器很多，而且具有較高的研究價值；陝西考古研究所給了我學習、實踐和研究的極好機會。"既然選擇了考古事業，便把自己的一生奉獻給熱愛的考古事業，而考古也給吳鎮烽了提供了載體和平臺，使他鍛煉成長爲了一位專業人員，一名國内外著名的考古大家。

珍貴文物的搶救者

作爲一名文博工作者，吳鎮烽不僅主持發掘出土了大量文物，也曾參與搶救了大量珍貴文物。

1974 年 12 月，陝西省文物管理委員從扶風運回一件青銅大鼎，高 85 釐米，重 106 公斤。在清洗去鏽時，許多人圍着觀看，都説這麼大的鼎，可惜没有銘文。吳鎮烽從鼎内壁向下望，不覺眼睛一亮，發現堅實的緑鏽上面隱隱約約可以看出一條條的凹陷，他判斷這下面一定是銘文。於是親自動手除鏽，果然清出了 19 行銘文，共 196 字。這就是後來赫赫有名的師訇大鼎。這篇銘文記載了周恭王册命師訇的一篇命辭，是周人以德治國思想的典型記録，七處提到了"德"，有"孔德""安德""胡德""烈德""介德""懿德"等，是研究西周王朝"德治"思想的珍貴資料。

2003 年 8 月，陝西歷史博物館文物徵集中心主任師小群拿着一件準備收購的弩機讓他鑒定，吳鎮烽一看，這是一件戰國晚期的弩機，上面刻有 23 字，是目前所見弩機中字數最多的一件，並且有紀年、多個職官和人名、地名，對於研究戰國晚期歷史和兵器鑄造有重要的價值，他反復叮囑師小群一定要趕快收購。後來，聽説博物館由於資金有限仍没收購，吳鎮烽再次告訴師小群，千方百計説服館領導一定要把這件弩機留住，在師小群的努力下，最後博物館花了 8000 多元購進了這件珍貴的弩機。後來，在一次文物鑒定會上，幾位專家看後説，這麼重要的文物，要是在我們館裏會花 18 萬去購買它的！

2015 年 8 月，國家文物信息諮詢中心擬收購一批青銅器，請吳鎮烽先生鑒定。他不顧天氣炎熱立即趕去鑒定，認爲這批青銅器是 20 世紀 40 年代初扶風任家村青銅器窖藏中失散的一部分，而且保存完整，品相很好，尚未著録，有幾件已達到國家一級文物標準，具有極爲重要的藝術價值和歷史價值。他建議盡快購藏這批青銅器，避免再次流散社會，堅決杜絶流失海外。在他的力主下，這批文物得以妥善入藏國有博物館。

西部青銅器鑒定第一人

吴鎮烽先生既是一位考古學家,也是一位青銅器鑒定專家。長期擔任陝西省文物鑒定委員會委員、陝西省文化藝術品司法鑒定委員會委員。2015 年,被聘爲國家文物鑒定委員會委員,是西部地區文物系統中唯一的國家文物鑒定委員,被譽爲西部青銅器鑒定第一人。多年來,吴鎮烽不僅發掘搶救了大量珍貴文物,也去僞存真,識別了大量青銅贋品。

吴鎮烽常説:"我們不能把贋品鑒定成真品,但也絕不能把真品鑒定成贋品,讓它流失。"2015 年 7 月,一家文物單位擬收購一批青銅兵器,請吴鎮烽等專家前往鑒定。這批兵器中有一柄越王劍,通長 69 釐米,重 1050 克,文物單位提供的器物介紹説:"這柄越王劍系首次發現,對研究越國歷史意義重大。"在鑒定會上,吴鎮烽與陳佩芬、高至喜、譚德睿等先生都提出了各自的疑問,此劍偏長偏重,超過已見著録的所有先秦劍的長度和重量;劍格特窄,劍柄顯得較短,劍格和劍身相接處的鏽色有異於四周;劍柄絲縅堅硬,未見一點腐朽痕迹,纏法除近首處順纏外,其餘均作菱形交叉,與以往出土的吴越劍不同;劍從和劍刃打磨紋路紊亂等等。雖然有諸多疑點,但却没有堅實證據可以確定此劍爲贋品。午飯後他又去觀察,從劍格的縱向觀看,發現了劍格的兩側各有一條黑綫,用指甲剥摳一側的黑綫,於是黑綫變成了縫隙,證明銘文與劍格是兩張皮,銘文是用一毫米厚的銅版做成,然後粘到劍格上的。這下大家恍然大悟,再結合其他疑點分析,從而肯定這是一柄製作工藝特別好的贋品劍。

作爲一名青銅器鑒定專家,吴鎮烽有着豐富的銅器鑒定經驗,但他從來不保守,而是樂於傳人。1987 年以來,吴鎮烽曾先後在國家文物局北京鑒定培訓班、鄭州培訓中心、咸陽培訓中心、國家海關總署西安培訓班等處講授青銅器鑒定知識,無私地講授自己的鑒定經驗。而且,他既講文物鑒定技能,又講文物鑒定人員要有學術正義和道德良知,引導文博工作者樹立良好的職業道德,潛心做學問,拒絶利益誘惑。

筆耕不輟、著作等身的學術大家

從事文博工作五十多年來,吴鎮烽堅持筆耕不輟,寫作起來往往是廢寢忘食,通宵達旦。在撰寫陝西省《陝西省志·行政建置志》期間,他曾病倒兩次,但仍堅持工作,如期完成了這部 100 多萬字的著作,他本人也因此被評爲陝西省地方志先進工作者。據不完全統計,他先後在國内外學術期刊上發表考古報告和論文 140 餘篇,上百萬字,出版學術專著 16 部 850 多萬字、圖版 38000 多幅。這些著作加起來,可謂真正的著作等身。其中《陝西省志·行政建置志》獲得 1993 年全國新編地方志書優秀成果一等獎,《陝西金文彙編》獲得陝西省社會科學優秀成果二等獎,《商周青銅器銘文暨圖像集成》獲得 2013 年全國優秀古籍圖書一等獎和第三屆中國出版政府獎的提名獎;《上林三官鑄錢官署新解》獲得中國錢幣學會優秀學術成果最高獎——金泉獎,《半兩錢及其相關問題》《陝西出土商周青銅器概述》《青銅器裝飾藝術》分別獲得 1981 年和 1985 年陝西省社會科學優秀成果獎。

　　2001 年退休後,吳鎮烽有了大量自己可支配的時間,但他仍筆耕不輟,潛心研究。十多來年,每天工作 10 小時,没有星期天,没有節假日,天天如此,先後用壞了 5 臺掃描器,更換了 4 臺電腦。每見到新的青銅器銘文資料,他就馬上掃描拓本圖像,編寫文字資料,然後輸入電腦保存。日復一日,年復一年,堅持不懈。比退休前工作還忙,比退休前成果還多。

　　吳鎮烽一生最大的貢獻是編著了《商周青銅器銘文暨圖像集成》,這套書共 35 卷,體量巨大,每部書厚約五釐米,相當於兩三本普通著作。僅這 35 本書放在一起就讓人頓感震撼,是真正的著作等身。目前,影響較大的青銅器銘文集成著作有 3 套,除了吳鎮烽的《商周青銅器銘文暨圖像集成》,一套是中國社會科學院考古研究所的《殷周金文集成》,另一套是臺北藝文印書館的《新收殷周青銅器銘文暨器影彙編》。

　　從編著力量來看,《殷周金文集成》和《新收殷周青銅器銘文暨器影彙編》是集體力量編著,有單位人力、物力、財力等保障,但《商周青銅器銘文暨圖像集成》係吳鎮烽以一己之力完成,其艱辛和難度無法想象。

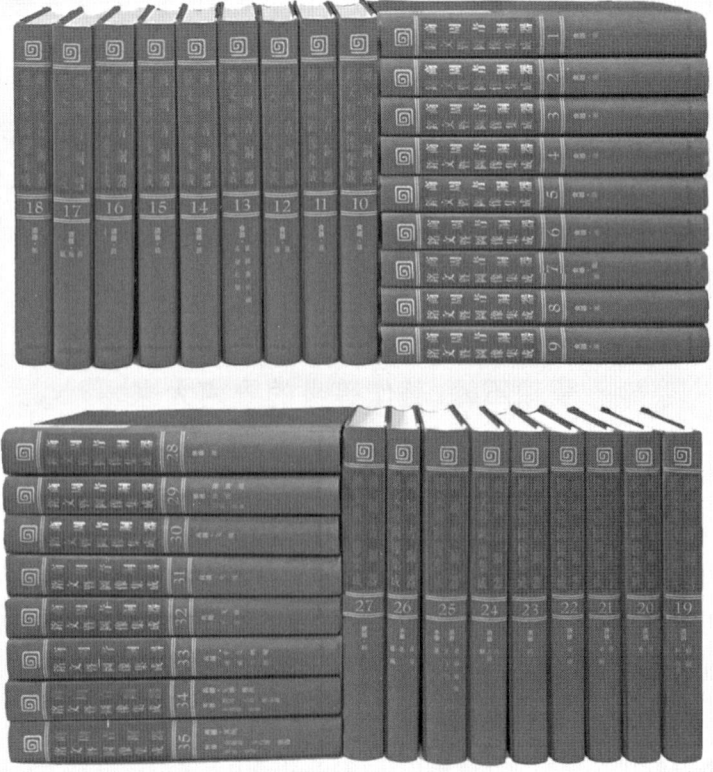

從收錄數量來看,《殷周金文集成》收錄銘文近 12000 件,且再未出版續編;《新收殷周青銅器銘文暨器影彙編》主要收錄《殷周金文集成》失收、漏收和近年新出青銅器銘文,共收錄 2005 件有銘銅器;《商周青銅器銘文暨圖像集成》則系統全面、一網打盡,將《殷周金文集成》和《新收殷周青銅器銘文暨器影彙編》所收錄青銅器全部包括,並超出了這兩套書收錄範圍,共收錄 16800 多件青銅器,且還在收錄編撰續編。

從內容來看,《殷周金文集成》只收錄了青銅器銘文,沒有釋文和背景資料;《新收殷周青銅器銘文暨器影彙編》中除了銘文和圖像,還有器名、時代、國族、出土地、現藏地、尺寸等資料;《商周青銅器銘文暨圖像集成》則有詳細的銅器基本資料,包括銘文拓片、器物圖像、時代、出土地點、收藏者、尺度重量、形制紋飾說明以及銘文的字數、釋文等,還收錄有著錄資料,方便讀者查閱。

《商周青銅器銘文暨圖像集成》出版後,學界受益匪淺,好評如潮! 陝西師範大學張懋鎔教授評價說:"這是一本具有里程碑意義的金文著錄書。"中國社會科學院考古研究所研究員劉雨先生評價吳先生:"幾乎以一人之力,完成了這部金文研究史上集傳統與創新爲一體的優秀作品。在學風浮躁的今日,一個年過七旬的人,不計報酬,不顧得失,認准目標,堅忍不拔地奮鬥,他所體現的人格精神,實在令人肅然起敬!"北京大學教授、原中國歷史博物館館長朱鳳瀚先生指出:"這套書是吳先生在沒有任何科研資助的情況下,憑一己之力,付出大量心血完成的,出版以來,得到文物考古學界、歷史學界、古文字學界眾多專家學者的好評與贊賞。"著名歷史學家、古文字學家李學勤先生在該書序言中高度評價說:"這部巨作的問世,無疑會對中國古代青銅器及其銘文的研究起重要的推進作用,並且有裨於一系列有關學科——包括考古學、古文字學及古史研究等等的發展,是一項非常有價值的貢獻。"復旦大學教授、古文字學家裘錫圭先生也指出:"《商周》(即《商周青銅器銘文暨圖像集成》)正式出版……可以說是吳先生研究商周青銅器及其銘文的總結。特別值得一提的是,吳鎮烽先生在商周青銅器銘文的鑒定、搜集、整理方面有深厚積累,見聞廣遠,有機會接觸到大量一般學者不易看到的新見銅器。正因爲這方面的優勢,《商周》新收了數以百計的未見舊著錄的器銘,其中許多新資料對古文字學和相關研究具有很重要的價值。"

2016 年,在《商周青銅器銘文暨圖像集成》基礎上,他又編著出版了《商周青銅器銘文暨圖像集成續編》4 卷本,其中圖版 3530 餘幅、文字 36 萬字。2020 年,編著出版了《商周青銅器銘文暨圖像集成三編》4 卷本,收錄有銘文青銅器 1772 件,其中圖版 4260 多幅,文字 38.7 萬字。現在,他每天都在忙着編撰《商周青銅器銘文暨圖像集成四編》,目前已完成了 3 卷本,正在編撰第 4 本。

不斷創新創造的電腦達人

作爲一個年近八旬的老人,吳鎮烽先生有驚人的創新創造力。按理說,這個年紀的老人大多都不會用電腦,但吳老先生却不斷自學成才,不斷創新創造,以驚人的毅力學會了電腦的多項操作技能,就是現在的年輕人也望塵莫及。

對吳老先生而言,在電腦上打字寫文章已是小兒科,編撰青銅器研究著作時,需要處理大量圖片,他從攝影、摳圖、調色等環節都是自己完成。有時別人拿來一件器物鑒定,他就在家中先照相,再上傳電腦用專業軟件修圖。這些本來需要專業技術人員操作的業務,吳老先生一人在家就自己全部完成了,的確令人歎服!

如果說電腦修圖已經很牛了,那對吳鎮烽老先生而言,這還不是最牛的。爲了方便寫作,他還自己動手編製了《商周金文資料通鑑》(電子版),在電腦上集中制作金文隸定字字庫,也就是電腦字庫中沒有的字,他平均每天造50多個字,堅持用4個多月時間完成了這項常人難以想像的艱苦工作。如今,他自己製作的金文字庫已達8800多個字元,其中金文隸定字7500多個,圖形字1300多個。有了這個字庫,電腦中就可以顯示出來這些金文隸定字,也可以打印出來,經過一定轉換就可以在出版物中印刷出來,不用製版工人再行造字了。

在吳鎮烽老先生身上,没有最牛,只有更牛! 他不但會電腦修圖、造字,而且自學了電腦書籍排版。吳老先生的研究著作中,有大量金文隸定字和圖片,印刷廠排版校對來回很不方便,他就自己在家排好版面。這樣一來,交給出版社的書稿就比較成熟,編輯人員比較省事,略加調整,經過幾次校對,就可出版印製了,而吳老先生却付出了巨大的艱辛。

活到老,學到老,研究到老,創新到老。退而不休,老有所爲,老有所樂,是吳鎮烽先生退休生活的真實寫照。在陝西考古研究院附近的古樂游原上,唐代詩人李商隱曾發出"夕陽無限好,只是近黃昏"的感歎,而吳鎮烽先生用自己的退休生活證明:"夕陽無限好,黃昏最精彩!"

(原載《西安文史研究》2020年第3期)

作者簡介:楊曙明,陝西省社科院特聘研究員、西北大學歷史學院客座研究員、寶雞文理學院特聘教授、西安翻譯學院客座教授、《陝西社會科學》副主編。